本书出版得到天津市"131"创新人才培养专项经费资助

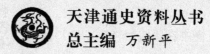

天津通史资料丛书

总主编 万新平

北洋官报
天津史料辑录

上

杨莲霞 辑校

天津社会科学院出版社

图书在版编目（CIP）数据

北洋官报·天津史料辑录 / 杨莲霞辑校. -- 天津：
天津社会科学院出版社，2019.12（2022.2 重印）
（天津通史资料丛书 / 万新平总主编）
ISBN 978-7-5563-0606-0

Ⅰ．①北… Ⅱ．①杨… Ⅲ．①天津－地方史－史料－
近代 Ⅳ．①K292.1

中国版本图书馆 CIP 数据核字(2019)第 286073 号

北洋官报·天津史料辑录
BEIYANG GUANBAO·TIANJIN SHILIAO JILU
————————————————————————————
出版发行：天津社会科学院出版社
地　　址：天津市南开区迎水道 7 号
邮　　编：300191
电话/传真：（022）23360165（总编室）
　　　　　（022）23075303（发行科）
网　　址：www.tass-tj.org.cn
印　　刷：北京建宏印刷有限公司
————————————————————————————
开　　本：787×1092　毫米　　1/16
印　　张：77
字　　数：1100 千字
版　　次：2019 年 12 月第 1 版　2022 年 2 月第 2 次印刷
定　　价：188.00 元（全 2 册）
————————————————————————————

总　序

万新平

　　盛世修史是我国的文化传统。编纂《天津通史》是天津市广大干部群众和专家学者期盼已久的文化盛事。2004年12月,在纪念天津设卫建城600周年之际,《天津通史》编纂工作正式启动,这是跨入21世纪后天津历史学界的一件大事,是一项具有重要现实意义和学术价值的划时代的文化建设工程。

　　《天津通史》作为天津市哲学社会科学重大研究项目,坚持以马克思列宁主义、毛泽东思想、邓小平理论、"三个代表"重要思想和科学发展观为指导,以唯物史观为主导,完整把握天津历史发展的脉络,全面分析天津历史变迁的特征,深入总结天津发展的规律,深刻论述天津在中国历史发展中的地位和作用。这项工程对进一步推进天津改革开放和现代化建设,挖掘地方历史文化资源,推动文化建设和学术研究的发展,进而提高天津城市文化品位,都具有十分重要的作用。

　　编纂地方通史历来是一个地区文化建设的重要标志性工程。近年来,地方通史编纂工作方兴未艾,北京、上海、重庆、河北、山东、山西、湖北、贵州等省市都相继编辑出版了大型地方通史。天津是我国历史文化名城,有许多独特的历史发展轨迹和特点。在古代,天津从军事重镇逐步成为畿辅名城,具有中国封建城市发展的典型意义。在近代,天津是近代中国的缩影,所谓"近代中国看天津"就是对天津近代重要历史地位的一种通俗的概括。比如,天津是近代帝国主义列强侵略中国的战略要地,是中国人民反抗外来侵略的重要战场,是近代中国政治势力角逐的主要舞台,是近代中国海陆军建设的重要基地,是中国北方城市近代化的发源地,是中国共产党领导北方白区革命斗争的重要中心,是中国北方最大的进出口贸易口岸和工商业经济中心。中西社会思潮在此交汇,新式文化教育由此兴起,一批思想家、教育家和文人巨匠聚集津门,从而形成汇纳百川、包容中外的社会人文环境和历史文化积淀。新中国成立后,在社会主义建设历程中,天津克服了发展中的种种艰难曲折,取得了令人振奋的显著成就。改革开放以来,天津进入了社会主义现代化建设快速发展的新时期。在党的领导下,全市广大干部群众,在中国特色社会主义伟大旗帜指引下,解放思想,开拓创新,求真务实,团结奋进,努力建设国际港口城市、北方经济中心和生态宜居城市,不断开创改革开放和社会主义现代化建设的新局面。天津正在迅速崛起,成为推动环渤海经济圈发展的强大引擎。

回顾历史,在中国社会由一个建基于古老农业文明之上的传统社会,逐步向以高度发达的工业文明为标志的现代社会转变的历史进程中,天津占有突出的地位,起了很重要的作用,拥有极为丰厚的历史文化底蕴。中国城市发展进程中的成就与局限、经验与教训、发展与曲折、突破与障碍,都集中反映到天津这一历史文化名城身上,使天津的演变成为中国城市变迁的重要代表。通过编纂《天津通史》,对天津历史进行深入的研究,可以更深刻地认识中国城市发展的复杂性和多样性,不仅可以深入地研究天津、认识天津、展示天津,而且可以更深入地研究中国、认识中国、展示中国。

编纂《天津通史》,是一项凝聚集体智慧和力量的系统工程,是对前人基础上的升华和提高,是在新的起点上的开拓和创新。所以,必须牢固树立精品意识,力求在理论构架、学术观点、研究方法和史实资料上有所创新,有所突破;必须组织一批素质优良、功力深厚、作风扎实的专家学者集体攻关。因此,从专题研究着手,从基础资料起步,是做好该工程的基本路径。要坚持对天津历史发展进程进行全方位、综合性的研究,把各个时期、各个阶段天津地区变迁的历史全貌,真实地加以展现和记述,深入地总结天津城乡地区的政治、军事、经济、社会、文化诸方面的发展进程。不仅要研究和叙述天津的规模、形制、建筑和环境,更需要研究和分析其经济特征、文化渊源、社会结构、人口变化、居民素质等发展和演变的内涵;不仅要注重天津与周边地区,乃至与华北、西北、环渤海地区的关系和互动,还要关注天津与国内其他区域中心城市、东北亚地区乃至世界各国的相互关系;不仅要着重叙述天津本身在政治、军事、经济、文化和社会诸方面的演变史实,并从中得出符合客观实际的带有规律性的认识,还要反映出不同时期天津在全国的地位和影响。要高度重视天津历史资料的搜集和积累。史料是史学研究的基础。应该看到,前人已经收集整理了大量的天津历史资料,但从编写大型多卷本通史的需要来看,还有相当大的差距。如历代实录、通鉴、类书、文集、方志中有关天津地区的史料,开埠以来各个时期的大量档案文献,特别是散失在国外档案馆、图书馆收藏的有关天津的外国租界、领事馆、教会活动的文件、报告、调查和私人日记、信件等,近现代中外文报纸杂志中关于天津的记述,以及反映天津历史的考古和现存文物资料等,都需要进行全面系统的征集整理工作,以使《天津通史》编纂工作建立在坚实完备的史料基础之上。

为此,我们根据《天津通史》编纂工作的需要,将国内外专家学者对天津历史研究的重要成果汇编为"天津通史专题研究丛书";将经过专家整理的较为珍贵的中文历史档案和文献资料选编为"天津通史资料丛书";将征集到的有重要价值的外文历史档案和书刊资料编译为"天津通史编译丛书"。这三种丛书的编辑出版,不仅有利于提高《天津通史》的研究和编纂工作水平,同时可以把一些重要的研究成果和珍贵的历史资料及时介绍给学术界和广大读者,对深入地了解天津,认识天津,研究天津,将发挥积极的不可或缺的作用。

导　言

　　清末官报是晚清十年清政府各级、各部门主办的近代形态的机关报刊,在新闻发展史上,作为晚清报业高潮的重要组成部分,它宣告了古代形态报刊的终结,提高了报刊在社会生活中的地位,刺激了中国近代意义上报业的发展。受外报的传入、中国传统官报的发展、民报的迅速崛起及印刷技术的发展等因素的影响,《北洋官报》是由直隶总督兼北洋大臣袁世凯于1902年12月25日(光绪二十八年十一月二十六日)在天津创办的近代形态的报刊,是清末最具代表性、报龄最长、最有影响的地方政府官报,也是中国历史上第一份邮政发行报纸。

　　作为政府机关报的《北洋官报》,在内容上和形式上都具有近代新闻事业的特点,有一定的进步性,比较真实地反映了晚清时期中国的政治格局、经济情况、文化走向、社会变化、观念演变、风俗变革等,也比较系统地介绍了国外的情况,起到了"开风气之先"的作用。

　　《北洋官报》诞生于天津并非偶然。天津地处渤海口岸,是近代北方的通商口岸,与上海遥相呼应。直隶总督兼北洋大臣驻地,意味着自19世纪60年代以后兴起的洋务运动中诸多"自强求富"的洋务举措,大都在天津率先实践和开展,诸如铁路的修建、电报的架设、新式学堂的建立,等等。八国联军侵华之后,天津再一次成为新政的实验场,许多颇具试验意义的政治制度与举措纷纷得以建立和实施。朝廷自上而下展开的政治、文化、思想变革对天津地方社会与晚清政治走向影响深远。

　　关于天津的地理形胜,有"环城皆水也,昔人称为九河尾闾。北拱神京,南控诸夏,东连沧海,西望太行。自通商以来,中外轮舶,咸集于此。近者,电报通乎五洲、铁路连于汉口,诚哉海上之咽喉,畿南之屏障也"①这样

---

① 来新夏主编:《天津皇会考》,天津古籍出版社1988年版,第139页。

的记载。畿辅之地意味着它位于中国政治版图的核心地带,传统的拱卫京师的军事职能在义和团运动后清政府军事自强运动中得到强化;衔接河海的交通枢纽,使天津以海运漕运为代表的交通业较为发达,作为交通运输业后起之秀的铁路运输也颇具规模,"惟天津为南北通衢"①;电话、电报等通讯设施建设也在全国居于排头兵的位置。

1860年,天津被辟为通商口岸后,列强势力迅速涌入。作为北洋的腹地,自1870年以来,天津一直是清廷官方改革的试验区与中心区,政府在这里设立租界,创办洋行,开展贸易。这是天津的地位在晚清政治版图中第一次获得提升。

综观各种因素,近代天津发展变迁的重要原因无外乎是1860年开埠之后的新形势对于城市传统定位的冲击以及清廷面对冲击所做出的应变。天津共有英、法、美等九国租界,面积之大,国内少有。与此同时,大量国内官僚、商人和买办也来到天津活动,使得天津成为北方开放的最前沿和最大的金融商贸中心,中国第二大经济城市。"天津一口距京甚近,各国在津通商,若无大员驻津商办,尤恐诸多窒碍,拟请于牛庄、天津、登州三口,设立办理通商大臣,驻扎天津,专管三口事物。"②由于洋务运动与天津开埠发展几乎同步,天津逐渐成为洋务运动的中心区域。清政府设立了海关道负责海关和税收事务,使得天津成为中国外交的中心。1902年直隶总督兼北洋大臣也改驻天津。天津迅速成为北方中心城市,在外交方面的作用有时甚至比北京还为重要,成为"北方商务之中心,当时新政之试验场也"③。"隶总督为袁世凯,颇热心于改革。故光绪二十七年④冬,即首有《北洋官报》之刊行。"⑤

《北洋官报·天津史料辑录》耙梳整理了3053期《北洋官报》中与天津相关的内容,政治、财政、常务、民事、商务、实业、法政、军政、警政、路矿、邮电、外交、杂记等门类几乎依照《北洋官报》之"新政纪要"栏目之小目编排,一是基本遵循官报的风格,二则希冀为不同领域的专家、学者集中提供可

---

① 《恭报抵津日期接收地方情形折》,《袁世凯奏议》,天津古籍出版社1987年版,第621页。

② 吴慧元等编:(同治)《续天津县志》(卷6),1870年(同治九年)年刻本,第18页。

③ 戈公振:《中国报学史》,上海古籍出版社2014年版,第40页。

④ 应为"光绪二十八年冬"。

⑤ 戈公振:《中国报学史》,上海古籍出版社2014年版,第40页。

资参考的文献。

《北洋官报·天津史料辑录》文献学上的意义在于通过报纸来返观和透视清末直隶新政的展开。一方面,《北洋官报》的创刊,标志着直隶新政在天津试验田上的启动。另一方面,《北洋官报》通过刊发白话文告示,宣介阅报社、宣讲所之创办及附属报刊之创办,对于新政之"鼓吹"、对于民众之启蒙发挥了舆论引导的作用。

在多媒介时代的今天,从清末新式官报梳理史料,可为多媒介时代的官方媒介与政治、经济、文化、卫生、教育之间的互动提供基础史料和新的视角,也为国家治理体系和治理能力的现代化提供智力支持与决策服务。

由于水平所限,再加上时间仓促,书稿中难免会有疏漏甚至是错误,敬请各位专家和同行批评指正!

目　　录

（上）

学　务 ·· 297

政　　治

顺天府补署各缺

武清县郑沛溶知县调辕差委,遗缺委准补大兴县知县王继武调署,递遗固安县缺,委宁河县知县李培之署理,补东路同知许元震赴本任,所遗宝坻县缺,委准补香河县知县马为瑷署。

（光绪二十九年正月二十四日"本省公牍"栏目）

院示照登

钦差北洋大臣、太子少保、直隶总督部堂袁为出示晓谕事,照得天津旧有六书院,案经善后局禀请归并北洋校士馆,今值甄别之期,本大臣现已批定本年二月初二日开考,此示仰各举贡生监知悉。尔等务宜于试期前五日均到校士馆报名投考,听候本大臣届期点名面试。幸勿迟疑观望,自致愆期。

（光绪二十九年正月二十六日"本省公牍"栏目）

饬天津府县巡警局员申禁私钱札

本督部堂查得河北大街恒源城内东大街中与恒宫南街泰记三号又复挽用私钱,前此业经三令五申,该号商并不恪遵,仍敢犯禁,殊堪痛恨。除从严科断外,应查明系巡警第几局地段,将该局员职名查复记过并亟应申明旧章。嗣后再有犯禁挽用者,加一百倍科罚,并将该号伙禁押。查府县及两巡警局皆有督察地方之责,自应实力稽查。经此次申禁之后,如再有行用私钱之案,实惟该守令及巡警局员是问。

（光绪二十九年正月二十六日"本省公牍"栏目）

津门官话

署天津县唐大令则瑀于十三日申刻接印,署天津道庞观察鸿书于十三日到津,择吉十六日接印。

（光绪二十九年二月十五日"新闻录要"栏目）

津海关道详英商租华人地亩仿照上海用联契章程并批

英商在上海租地办法议定章程六条：

一、西人租地以华民执业田单为凭。近来新租契地，每有单地不符以及轇轕不清等事，皆缘不查明于前，致有奸民勾串，经中地保但图得费，遽行加戳立契，而租地之西人，受其欺弊而不知也。迨经送契发勘委员有经丈之责，辗转报查，致多延搁。嗣后凡租赁一地，须各该图地保于未立契以前，带同租地西人与出租之原业户将所执何号田单，赴局验明，约以十日为期。由会丈局查粮册单地相符，并查无轇轕等情，即知照领事衙门，传同租地西人令出租原业户当堂写立出租契，由地保加盖图戳。一面填写道契送请道宪发勘。一经发局，只须订期会同勘丈，便可禀覆盖已查明。事前不致再有稽搁。

一、所租契地如查有单地不符以及轇轕不清等事，亦须于到局验单后，尽十日期内将因何单地不符、轇轕不清之处知照领事衙门，转饬该西人退租。倘系可以清理之事，应俟理清后，再行核办。

一、西人租地价银每有于未经勘丈、印立道契以前，但凭地保，于出租契加盖图戳，遽行付价。迨经送契发勘，查有单地不符，或轇轕不清等事，委员将契禀销，而租赁是地之西人地价已付过半，且有以为抵有田单价银全付后竟无可追取者，缠讼受亏，时所恒有。嗣后须俟会丈局查明相符，毫无轇轕，于知照领事衙门准其立契后，方可酌付银两。若未经会丈局查明知照准其立契，以后不得先行付价，以杜欺朦。

一、从前旧契未经勘丈各地，如一地两契或其中有侵占官地，须令缴价升科，以及有商令原业主迁坟等事，非经丈委员所能自主，此外分划转租毫无轇轕之地，均随到随勘，断不延搁。

一、勘丈所租契地向系按照地价大小以八厘计费，由原业华民付给。为地保各役加戳纸张、饭食、车辆等费，今仍照旧归原业华民承缴，惟不必由地保经手，因每有侵蚀等弊，拟请由租地西人于所付地价内代扣缴，由领事署所派会勘之员送局，当场照向章分派给领。倘费已送局分派，而该契或有事故不能批印送还，自应仍由会丈局将所给分派之费，限一月内如数送还。

一、勘丈旧契租契向不给费，惟较之勘丈新契地，倍觉辛劳。因已造有房屋,难于分晰之故。兹既明定章程,拟除全地转契不经勘丈毋庸给费外,如系划租分文新契,拟每契给费四元,交会丈局核收分给。

以上酌拟六条,如有未尽事宜,仍当随时商办。

督宪袁批:详折均悉。英商租用华人地亩仿照沪章,拟用联契办法,详阅章程,尚属周妥,自应照办。至设立会丈局,应需员弁薪工准在契费项下开支,仰即遵照。此缴。

（光绪二十九年二月十五日"本省公牍"栏目）

县示照登

天津县正堂唐为出示严禁事,案据绅民郑文选等禀称:窃查前据宫北铺户吉兴顺等联名禀请示禁房产增租隐弊讼端等情,当蒙赏示所有宫北破烧各铺,或照数赔房,房东不肯加价,悉听其便等因在案。向蒙体爱商民无微不至,殊不知该商民等挟嫌妄渎蒙混请示,在彼等合谋奸巧之处,不得不详细陈之。查原禀声称,各铺户自被灾后,或作帐篷或支木板,而房东有硬行驱逐,或订妥租价,再为清理者或硬行收回房间者。查宫北自被灾后,而各铺随搭棚理业,如果房东有硬行驱逐者,曷能一律齐盖;如果房东有索回门面者,曷致依样清理,是伊等挟嫌妄渎难逃洞鉴之中。又查原禀,称有情愿赔房而房东或租或典,不准租住者,然养房之家贫富不等,出售典卖亦属常情,每经住主添有土木家具以后歇业,即百般讹索。前车可畏,后患宜防,何况出赁自盖尤有借口,及至出售,定必把持不交,以致买卖终止者有之。既碍国课又碍民生。现朦请示谕名曰赔房,究为房东名正,欺人房东入其牢计,其中包藏祸心以备日后搅赖地步,此种奸风万不可长,且天津霸产之案,县卷存之颇多,曾未奉有赁主赔房之政体,即或房东另有增租者,而住主断无许其随便增租之理,一面之词,希图朦准。又查原禀声称,绅士富户出入利息不过四五厘,经费若干,仿此增价不得谓不便宜也。

夫宫北房东数十户未必尽是绅富,纵有家道宽裕者,自遭兵燹,无不大加伤耗,何况有专产养生者,有指产借贷者。更有孤寡赖此存活者。如贫苦小户征论重息,借贷尚行不易,即有钱之主开至钱铺。现今钱业公所拆息章程今尚停轮,每月均合一二分钱,日后增长更难预定。此新例一开,昭昭在人耳目,孰肯以四五厘放及长年,是该铺等设局取巧,奸心毕露。如伊等私心而断加租,仅出四五厘钱,除每月房捐、历年岁修,又闰月不加租价,究真仅合二三厘钱,在养房之家甘受挟制,再欲置产者必裹足不前。此端一开,课税从何而裕,房捐从何而出,讼端从何而止?是伊等利己损人,实非浅鲜。

曰查津市被灾之铺,除老租应烦中友秉公另议外,近年新租估修若干,亦均按一分多钱酌量加价,足昭公允,彼此乐为,尚有指日开工者。此次朦请示谕,乃因宫北有一二奸商不务正业,扛帮惯讼,久为正人所不齿。津郡之风向习唱和,乃奸商勾串,各铺鐏谋拨弄,无所不为,亦有素畏其名不敢不随声附和者。总之,凡房出租自有霸产欠租者,未有凭折取租额外多索者,联名之铺内有欠租数月者,更有欠至一二年者勒租霸产,现未便直指其名。

宫北自被灾后,养房者亦有数十户,虽铺户良莠不齐,欠租者有之,把持者有之,违约转租者有之,□房东隐忍吃亏而房东并未首先控告铺户,究竟谁弭讼端,谁启讼端,谁为幸灾乐祸更难逃乎洞鉴之中?伏请宪示,亦为商民息讼之意,可否再申禁令?凡被灾之铺,如房东不愿赔房,亦未便硬行起盖喧宾夺主,致启讼端,必先烦出公正,绅耆秉公酌定增租,勿得各执己见俾昭协,尤如房东倘或自用及出售情事,并不许铺户借端挠阻致误课税。

绅等为申明前情,严禁奸商取巧以免刁风日炽起见,为此不揣冒昧乞出示,严禁租房取巧以免后患等情。据此,查此案奉督宪暨工程局宪札饬,当经先后出示,禁止任意加租各在案。兹据前情并据各租主吉兴顺等禀请立案严禁前来,除分别批示外合再出示严禁。为此,示仰宫北各房户及租户人等知悉。自之后,尔等凡被灾之房,究应如何修理,以及如何加租,须知会公正绅耆和衷商办,该房户等不得任意居奇设词抬价,该租户等亦不得借词挠阻任意霸占。

（光绪二十九年二月二十一日"新闻录要"栏目）

藩宪牌示

委署武清县杨村管河县丞庞德懋缴委,遗缺饬委河工尽先县丞袁锡恩署理。

（光绪二十九年二月二十九日"藩宪牌示"栏目）

太子少保北洋大臣直隶总督臣袁世凯跪

奏：为天津县额定书役人等名数，并酌收民间讼费，以济工食。谨陈试办情形，吁恳敕部立案，恭折仰祈圣鉴事，窃查光绪二十七年四月十七日，奉上谕，各州县衙门往往舞文弄法，差役更般扰害闾阎，甚至一县白役多至数百名，著各督抚通饬所属将额设书吏分别裁汰，差役尤当痛加裁革。等因。仰见朝廷整饬纪纲，除弊安民之至意钦服莫名，嗣两江督臣刘坤一、湖广总督臣张之洞会奏条陈变法第二折内亦以裁书役差役为言，其办法则拟会各州县选用生员以充稿书雇用，读书安分之书手以充清书，另行募勇以充役，酌收讼费以养勇，并经政务处咨行各省酌量饬照办理在案。臣查书役人等，害民蠹政，积弊最深，而州县事繁，不能不需人策遣。其剧邑大县人少且不敷用，例定役食为数极薄，势难责其枵腹从公今若概令收取讼费，以资养赡。又虑繁苛滋扰，熟筹审顾，行之其难。

惟天津承大乱之余，百度经营有同草创，如趁交还地面之始，革去宿弊，书役人等力加裁并，其万不可减者逐细挑选，酌定名数，于应得役食外量给工食，洋各项陋规差费，一律禁革，不准需索分文，违者处以极刑，严饬遵办，去后兹据署天津县章焘禀称：县署家丁、书吏、差役之众，甲于通省，历任以来所用不下三千余人，该令奉饬认真整顿，首先裁门丁，其司事家人照旧额减半，使用五十余名书吏则详加考验，分别去留，共用百名。差役之积习过深者，悉数裁革，选募壮勇六十名，皂役四十名，此外不许另用散役一人，勇役均改穿号衣，悬挂腰牌，俾民间易于识别，应需工食银两，酌收讼费，按月开支。讼费画分三等，上户限交制钱十千，中户八千，下户六千，令理曲者当堂交纳，贫户酌量免缴，和息案交钱十六千。遇有控追欠债，统按追出之数酌提一成作为公费，并将限定数目悬示晓谕，俾众周知，以免额外需索。民间乐于去弊，且有定额，莫不甘心输纳，交口称便。

自上年八月试办起，以迄今日官无废事，役无贪索，民无扰累，业已著有成效。禀恳奏请敕部立案以资经久，等情，前来臣，维官多一役则民多一害，津邑号称繁剧，需用书役较众，一经认真裁汰，尚无不敷驱遣之时，以之推行各属，当亦无所窒碍。惟是津邑词讼之繁，亦为各属之冠，以讼费开支工食，可不虞短绌，他邑讼案繁简不等，能否提集私费，及讼费能否敷用，尚难预定。容臣通饬各属，各就地方情形，详定章程察度办理，以期变通，尽利流弊不滋。所有天津县额定书役人等名数,并酌收讼费以济工食缘由,分咨政务处、吏部、户部查覆外,理合先将试办情形恭折具陈伏乞皇太后、皇上圣鉴。敕部查照立案谨奏,奉朱批:"知道了。"钦此。

(光绪二十九年三月初一日"奏议录要"栏目)

天津县示

捏词诬告,加等严惩,煌煌例禁,自应恪遵,有种刁徒,以及愚民,或因微嫌,或偶相争,不信好人,排难解纷,听从恶棍,构讼公庭,诡言巧语,耸人听闻,迨到传案,审究分明,所告情节,一事无凭,被告之家,受累不轻,此等风气,奸险万分,亟应反坐,以警顽佞,笞杖徒流,重有死刑,本县执法,决不容情,先此示谕,切记在心,毋贻后悔,罚及尔身。

(光绪二十九年三月初三日"天津县示"栏目)

天津县唐大令告示三则

为出示严禁事,案照章前县禀明,各县裁汰值堂家丁专责、承发房管理堂事原为杜绝需索,除讼费以外,无论取保取结,不准再索分文。兹值本县莅任伊始,即当循旧办理,恐有不肖之徒,仍假名色需索保结等费,除亲行密察并责成承发房书吏随时稽查外,合亟出示严禁,为此示。仰县属军民人等一体知悉。自示之后,尔等凡遇讼事,倘有不法棍徒假借名色需索保结等费,准即立刻扭禀以凭尽法惩办,毋得徇隐致干咎戾。各宜凛遵。毋违特示。

为出示晓谕事,照得津邑讼狱之繁,甲于通省,非勤审速结,不足以省拖累。本县历任各处凡审理大小词讼案件,但使两造均已传到不拘清早或午前午后皆系随到随审,并无片刻稽迟。兹于大堂悬挂铜锣一面,倘两造已到而书差或有压搁情弊,请即赴大堂鸣锣禀首,以凭立时查究其平常控告事件,或以期呈递,或随时喊告,概不准妄擎铜锣。如敢故违,亦干提究其,各凛遵。毋违特示。

为悬赏严拿讼棍事:案查接管卷内据小刘庄佃户沈汝庆等与刘少圃因园地互控一案,屡经集讯未结,兹讯明沈汝庆等迭次呈词,系由讼棍张士铜代写呈递,亟应严拿究办。除差缉外合行悬赏购缉,为此示仰阖邑诸色人等一体知悉。尔等务照后开年貌随时查访,如能将该犯张士铜拿获送县者赏银四十两,或查知该犯实在下落住址,赴县报信,因而缉获者赏银二十两,此银业已封存在库,犯到即发,决不食言。尔等毋得徇延。切切特示。计开张士铜系讼棍,年五十余岁,山东口音,向来在西关外出摊算卦。

（光绪二十九年三月十一日"本省公牍"栏目）

天津转奉宪谕行知课吏馆启

敬启者,顷奉道宪示谕,转蒙宫保行知,凡在天津差委候补人员,无论是否分府,应一律课试,将试卷送省城课吏馆校阅,定于三月二十三日在道署局试。等因。相应开单布闻,单到即祈书知,依期应试。幸勿延误为祷。唐则瑀谨启。

光绪二十九年三月二十一日"上谕"栏目）

北洋善后总局详缴销关防由并批

为详报事,光绪二十九年二月初八日奉宪台札开,照得天津地方前以甫经收回诸待兴办因设立善后总局遴委司道等经理在案,查天津现在元气渐复,一切应办事宜均有头绪,自应将该剧裁撤归并支应局管理,以节糜费,合行札饬。札到该局,仰即将局内经手事件一一清厘禀报裁撤,并将刊用关防即日缴销,毋违此札。等因。奉此当饬局员将经手一切事件诸件清厘,拟定本月三十日撤局,除将账目、文卷等件一并移送支应局接收管理外,合将原领关防备文详送宪台查销。

批:据详已悉,关防存销。此缴。

（光绪二十九年三月二十一日"本省公牍"栏目）

宝坻县禀教民逼民奉教暨率众持枪滋扰由

批:禀折均悉,查传教章程载,内地随同习教之人,若已习教而别有不法情事,地方官仍应照所犯之案办理,并将案内所犯情由声明,与习教两无干涉。又,地方官于交涉习教事件务须查明根由,持平办理各等语,据禀该县不法教民既有率众骑马持枪滋扰并逼勒平民奉教情事,自应秉公讯办,以昭允协,所有折开未结各案,仰即由该令分别重轻照章办理,无庸由本大

9

臣照会主教,免多周折。仍一面出示晓谕民教,各释猜嫌,共敦和好。遇有案件,持平断结,两无偏袒,以期民教相安为要。此缴。

（光绪二十九年四月初二日"本省公牍"栏目）

天津县示

为出示晓谕事,照得御河、大红桥两处,经前县饬令张起顺、何芸各充鸡鸭行经纪,业经分别示谕,兹查该两处鸡鸭经纪为向章所无,即经本县将该经纪张起顺、何芸一并裁革,永远不准设行抽用。诚恐民间未及周知,合亟出示晓谕,为此示仰该处商民人等一体知悉,以后买卖鸡鸭及鸡鸭蛋,听由商人自行交易,并无牙纪评价抽用,倘有不法之徒再向鸡鸭担勒索用钱,许即指名扭送赴县,以凭尽法惩办,毋得徇隐干咎。其各怀遵毋违。切切特示。

（光绪二十九年四月初八日）

天津县示

为悬赏缉拿事,案蒙海防府宪札开,转奉营务处宪札饬,据西泥沽童生马国贤禀称,柴家等庄海洋头目杨二等在东西塘沽一带凡有船只进口,拦船索捐,如有不受捐者,即上船持械抢夺。伊船开往镇口装载,行至塘沽即被该海洋头目等上船勒捐一案,令即选差干役严拿,务获从重惩办。等因。蒙此当经选差干役侦缉,务获在案。惟杨二系海洋要犯,应再悬赏缉拿。为此示仰阖邑居民人等一体知悉。自示之后,尔等如能将后开杨二拿获送案者,赏银洋一百元,知该犯下落来县送信,因而拿获者赏洋银三十元。此项赏款业已封固存库,决不食言。须至赏格者。

计开:海洋盗犯,咸水沽人。

（光绪二十九年四月十二日）

天津县示

为悬赏缉拿事,案据七班总役刘广来、八班总役许少卿禀称:窃有已革以前本班散役刘万成,不知被何人勾出,私在署前设立下处,掺越公事,伊等向刘万成理论反行横恶，请拘究等情，据此，当即飞签选差干役严拿，嗣据该原差禀称，刘万成闻拿逃跑请票缉，等情。查刘万成借用民房，希图设立下处。虽未设成，实属目无法纪，亟应悬赏缉拿。为此示仰阖邑居民人等一体知悉，尔等如能将后开刘万成拿获送案者，赏银洋三十元，知该犯下落来县送信，因而拿获者，赏银洋一十元。此项赏款业已封固存库。拿到即发，决不食言，须至赏格者。

计开：已革旧散役刘万成年五十八岁，口中面黄有须，住河东官汛。

（光绪二十九年四月二十二日）

天津县示

正堂唐谕各班差役人等知悉，照得本县票传，各案人证该役等自应懔遵朱标，依期按名传齐送审，乃近来各案承差。于票传事件，或称原告患病，或称被证外出，屡以空言搪塞，并不依期带讯。其中，显有贿延情弊。除随时严密访察外，合再晓谕遵照，嗣后该役等奉票传人，务须依限传道送审，不许稍有逾延。倘敢再以患病外出等词捏饰，禀覆定行立提究办不贷，懔之毋违。切切特谕。

（光绪二十九年四月二十四日）

天津县示

为出示严禁事，光绪二十九年五月初五日蒙督宪袁札开，为札饬事，据河南商船助赈捐局详称，窃照本年四月二十日据河南商船王永祥、朱增芳等二十四家联名禀称，商等均以养船为生，由河南至天津千有余里，所有经过码头向被棍徒讹索。自设船局以来，屡蒙派员前往各处查禁，并咨山东、河南抚宪一律保护。从此奸宄敛迹，商务流通，乃自庚子乱后船局停办，沿河土棍故态复萌且较前尤甚。去年七月收回天津，复蒙督宪批准，设局保护并出示严禁，各在案奈蠹役土棍视为利薮，阳奉阴违，所有商船经过码头，仍不免勒索讹诈谨将商等被累，处所暨间，有票据开单粘呈公恳恩准转详督宪饬下沿河各州县并咨豫、东两省一律保护示禁，以安商业实为恩便等情前来。窃思中外通商以来，早成一商战之世界，恭阅邸钞，伏读迭次上谕创设商部体恤民艰，所以为商民谋者无微不至。况值此津市窘迫之日，方且力除积弊以金流通,卑局规复旧章,亦为护持众商起见,似此蠹役棍徒仍前讹索,人人视为畏途,寔于商务大有滞碍。应请严行示禁以广招徕,并请咨明豫、东两省,切饬各州县一律保护,实为恩公两便。为此据情转详,恳请查核。等因。到本督部堂据此,除批详折,均悉仰候咨行一体出示严禁。如有蠹役棍徒仍前讹索,即行严拿惩办,照票存,此徼。等因。印发外合行札饬。札到该县,即便查照办理。此札计粘抄单,等因。蒙此,合行出示严禁。为此示仰津邑沿河一带地方居民人等一体知悉。自示之后,凡遇商船经过,不得刁难阻挠,借端勒索,倘有不肖之徒仍敢向经过船户讹索钱文,许该船月投同地方赴县指禀定行拘案严办不贷,各宜凛遵毋违。切切特示。

（光绪二十九年五月二十六日）

天津县示

为出示严禁事,照得偷窃电杆、电线定章罪名甚严,津郡所设官商电线及各国电报四通八达,随处皆有,迭经设法保护,严禁偷割。近来陈家沟至东局一带地方法国所设电线仍有被匪割毁情事,显系另有不法之徒销赃收买。除随时查拿外,合亟出示严禁。为此示仰阖邑诸色人等一体知悉。自示之后,如果有以电杆、电线携赴乡间售卖,务将该匪犯扣住禀送来县,以凭按法惩办,仍厚赏获犯之人,以示奖励。而军民人等亦应各安本分,不得贪图微利,妄买电杆等物,致干并究。倘敢故违,一经查出或被告发,定即拘案严惩,决不宽贷。其各凛遵毋违。切切特示。

（光绪二十九年闰五月初五日）

藩宪牌示

天津海防同知熊寿篯革职,遗缺以候补同知严士琦酌补;天津河防同知周炳蔚丁忧,遗缺以河工同知达洪额酌补;多伦诺尔抚民同知卢靖丁忧,遗缺以万全县王锡光升补;芦台通判罗荧阳调补,丰宁县遗缺以候补通判松寿酌补;玉田县陈缙升补河间府同知,遗缺以即用县杨云卿酌补;磁州许之杕病故,遗缺以永年县刘传祁升补;滦平县缪桂荣试署赤峰县,遗缺以大名县苗玉珂调补;宣化县王华清革职,遗缺以曲周县齐耀琳调补;霸州吕品律病故，遗缺以候补州陈其元酌补；新乐县福厚病故，遗缺以候补县王志范请补；怀柔县鲁人瑞病故，遗缺以候补县陈泰请补；抚宁县贵咸告病，开缺以大挑县王增禧序补；博野县陈书告病，开缺以候补县许湘甲酌补；任邱县王蕙兰病故，遗缺以曲阳县周斯亿调补；新城县谢恺调补雄县，遗缺以撤回另补知县郑辅酌补；阜城县严书勋回避，与获鹿县谢鉴礼互相调补；署大名府陶式銮期满，遗缺委候补府刘绍邺署理；署深州延誉病故，遗缺委候补府黄本庆署理，束鹿县马乘时开缺另补，以即用知县张凤台请补；赞皇县盛时滢革职，遗缺以候补县韩廷焕请补；东明县罗鼎焜开缺另补，遗缺以候补县马庆麟酌补；沙河县王前彰期满，遗缺委候补县王锦阳署理；宁津县程稣撤任，遗缺以静海县沈葆恒调署；所遗静海县缺委，候补县杨鸿仪署理。

（光绪二十九年闰五月初七日）

天津县示

为再行谕饬查禁事，照得本县前因津属电线屡有被匪偷窃、割毁之事，即经出示严禁，并谕饬该绅董等认真稽查，如遇贼匪持电线售卖，许其据实首报，从重给赏在案。乃现在又有贼匪王二复敢偷窃电线，经北段巡警局拿获，送由营务处宪提案审明，将王二就地正法，在无业贫民，从此当亦触目警心，深知利害或不敢再有偷割之事。但贼匪之所以敢于私窃者，皆由不肖之徒代为销赃所致，欲期窃案稀少，必须严禁收买，除再出示严禁并勒限首报外，合亟谕饬。为此谕仰该村正副首事、地方人等一体遵照，务须传谕村众安分守法、各勤正业，切勿贪图小利偷割电线，致干重辟。

一面饬令各家住户以及收买铜线器物之杂货铺荒、货摊人等，如有从前买存之电线，限示谕五日后，概行来县呈缴，本县不但宽其既往，仍当照值给价，亦不准书役留难勒索。惟各该铺民此后永远不许再有收买，如敢故违，定照窝主代贼销赃例惩办，倘逾限不将收存电线缴官，将来查出，仍以新收买论从严究治，决不姑宽，平时责成该村正副首事，地方广为劝禁，实力巡防。若遇贼匪携带电线入村藏匿或托人销卖，必须遵照前示，立将人贼一并扭住带送赴县，以凭分别给赏治罪，切勿循隐疏纵。该村正副首事地方如果督查不力，致村民复有偷窃电线、窝贼销赃等事，亦必并予革惩不贷，懔遵。特谕。

（光绪二十九年闰五月十九日）

天津县示

为出示晓谕事,案查前据河东锦衣卫桥小关乡民王文藻等联名禀称:窃身等世居本村,向以种菜为生,相沿已久,舍此别无技艺。忽于前日奉分府示谕,贾家大桥以东用二十余亩民地为织绒厂地基。情因大桥以东皆系菜园,赖以养生者百余户,本属小民恒产,倘被织绒厂占用,一方贫民势必坐而待毙,况西沽原有筑成织绒厂地基一段。如蒙体恤民生,将菜园让出仍在旧址,不但身等得以养生,且与织绒厂被毫无妨碍。再者,织绒厂水火汽电势所必需,若有一时失慎,附近居民被害非轻。身等奉谕之后,甚觉惶惶,辗转伏思,不敢冒渎,寔不得不来转叩,乞转详改修厂基,让出菜园以救民生,等情。据此,当经转详。兹蒙分府宪沈批示,内开:查此案前奉督宪札饬,以据吴道禀称,织绒厂地基已在河东小关勘定,与地主黄绅商妥价让,等因,是此地乃为黄绅所有,并非王文藻等恒产,何得出头冒认,至谓水火汽电有害居民,殊不知督辕迆西所设之银元局每日所用水火汽电不在少处,而该处居民仍能相安无事,可见王文藻等借口逞刁,况事经督宪奏明有案,断难随意更改,仰即遵照照剀切批示晓谕。此缴。等因蒙此合行出示晓谕,为此示仰该处居民人等知悉。自示之后,尔等须知织绒厂基,事经督宪奏明有案,断难随意更改,倘有无知之徒仍前抗违定行传案,究惩不贷,各宜凛遵毋违。特示。

(光绪二十九年闰五月二十一日)

天津县示

为出示晓谕事,据娄家庄村正王万一、村副孙德发、汪家庄村正张相轩、村副孙虞辉等联名禀称:窃伊等住居海河西岸,当年在伊等近村挑有引河一道,伊等村对即河系下河圈,因开引河以致过往行人许多不便。因此伊等各村公议,安设渡船一只,暂派娄家庄高辅臣经管摆渡,不准需索留难。伊等诚恐附近无知之徒出为阻挠致滋争讼,但事关添设义渡,伊等未敢擅专乞赏发示谕,等情。据此,除禀批示并谕饬高辅臣勤慎渡送外,合行出示晓谕,为此示仰该处居民及地方人等一体知悉。自示之后,尔等须知该村正等安设义渡,所以济送行旅不得肆行阻扰致滋事端,该渡夫高辅臣亦不得需索阻滞。倘敢不遵，一经查出或被告发，定即拘案究办，决不姑宽，各宜凛遵毋违。特示。

（光绪二十九年闰五月二十五日）

北洋大臣袁奏故督驻津日久功德在民请建专祠折

奏：为故督驻津日久功德在民公请建立专祠恭折，仰祈圣鉴事，窃据天津在籍绅士翰林院编修严修，户部郎中李士铭，刑部郎中李玉铭，候选员外郎黄昭章、杨俊光，光禄侍署正卜煜光，候选部司务华承彦，特用道黄世煦，前浙江台州府知府徐士銮，山东补用知府王文郁，河南试用知府王贤宾，候选知府宁世福、李贤恒等联名呈称已故直隶总督太傅一等肃毅侯大学士李鸿章，勋隆柱石，名震环球，业经奉旨准于京师及立功省分建立专祠。

直隶之保定省城，亦经奏准建祠在案。伏念故督坐镇畿辅前后几三十年，以驻节天津之日为最久。津民之追维遗爱亦较他郡为尤深。同治九年，民教交讧，酿成丰大业之案。法人调集兵舰，势将决裂。故督亲率劲旅由陕入直，防务渐固。法使卒就范，围成约以去。其年，遂奉命移督直隶兼通商大臣。天津不至再滋教案者，故督有以消弭之也。津沽本系九河入海故道，自同治十年以后，叠遭水灾。故督或奏请截漕，或饬商轮运米平粜，或各处派员劝捐，协赈灾势。以光绪十六年为最重，集款至千万以外，存活饥黎无算，且留余款备荒。天津属邑屡被水灾而不至流离失所者，故督有以拯济之也。十七年，热河朝阳县胡匪为变。故督不动声色，调兵助剿，不日敉平。天津幸得免罹寇乱者，故督有以绥定之也。平日讲求新法，锐意富强。致富莫要于通商崇工；致强莫急于正军储饷；如创办招商局、电报学堂、开平煤矿、漠河金矿、津京铁路以及设立海军衙门、水师学堂、武备学堂、机器局、军械所；购铁甲战舰、筑大沽炮台，是皆富强筹策之显著者。采泰西之精华，树中原之基础，巩京师之屏翰，壮甸服之声威。津地为发迹所自之区，津民有造福无穷之感。盖亲承故督之政教，观摩奋起三十年如一日也。至若北洋医院之疗治疾苦；集贤书院之振拔寒畯乃惠津之绪余耳。

各国综论外交专家咸推故督为巨擘，心悦诚服，异域同声。中外方恃以为安危。天津一隅假赖尤甚。甲申、甲午两役，海上多事，迄未窥犯天津。迨庚子变生，天津先受其害。佥谓故督不去，何至若斯？及闻移节议和，由粤莅沪，虑其缓至，不啻大旱之望云霓，喜其果来，有似婴儿之获父母。入都越岁，和议垂成，方期还我贤臣与民休息，胡天不吊，遽怆骑箕。津民设位尽哀，为之罢市。灵柩过津回籍，津民爇香行哭，私奠塞途。是故督之再造天津，与天津之永怀。故督悉本一诚所固结，历始终而罔，或渝也。昔蜀中伏腊，拜丞相之祠堂，岘首涕洟，抚太傅之碑石，旗常不朽，俎豆有虔，以古方今，夫岂异致绅等恪遵明诏详述遗型？勤尸祝于生前，冀歆承于殁后，拟于天津建立故督专祠，藉隆报飨，呈请据情陈奏前来。臣伏查李鸿章移督直隶，长驻天津行馆，从容擘画，一以养民，固圉为经而达变通，权则在交邻之政策。臣相从甚久，知之较深。兹承恩命，忝绾疆符。愧抚辑之未遑，幸规随之有，自高山景仰之咏。前事堪师甘棠芨憩之思，莫谈无斁。既据该绅士等呈称：故督驻津日久，功德在民。公请建立专祠，出自真诚，未敢壅于宸听。合无仰恳天恩俯准于天津建立故督李鸿章专祠，并敕部列入祀典，由地方官春秋致祭，以昭伟绩而顺舆情，理合恭折具陈，伏乞皇太后、皇上圣鉴，训示。谨奏。奉朱批著照所请礼部知道，钦此。

（光绪二十九年闰五月二十五日"奏议录要"栏目）

天津县示

为出示谕禁事，照得本县等禀，奉督宪批准，在于城隍庙侧开设师范讲习所，借以培养蒙学堂教习，事关地方兴学，目宜格外肃静，以昭慎重，乃该处附近居民铺户竟敢招集卖唱人等歌唱词曲，彻夜喧闹，致妨功课，殊属不成事体，合行出示谕禁，为此示仰该处地方并附近居民人等一体知悉。自示之后，尔等须知事关学校，务宜格外肃静，不得在于该处歌唱喧闹。倘敢故违定即拿。究其各懔遵毋违。特示。

（光绪二十九年闰五月二十九日）

天津县示

为牌示招领事，照得前县及本县任内词讼案件已结，未结案内存有银钱洋元，迄今日久未经具领，合亟悬牌招领。自牌示之日起，务各迅速来县投递领状，以凭核案给领，毋得自误。切切特示。

（光绪二十九年六月初二日）

督宪批示

具禀定州绅民境内盗贼猖獗由,批:据禀已悉。候确查核办。此批具呈职妇邵皎氏系天津县人,抱告孙邵效闵批呈词支离,恐系谋争绝产,来辕砌渎,仰天津县集案讯明,秉公断结具报,具呈文童陈焕文系天津县人,批该文童有无为匪不法,前饬武清县集讯,明确结案具报迄今四月之久,何以尚未讯结。仰该县迅速集讯拟议详夺,毋得再延。具禀大昌斗店商人李凤池等批,查河西集斗行八名坐落集场,向有一定额界,沿河二堡地方向无集场,不准开行。从前会有私挪挽越者均经饬回本界,该斗纪系顶补旧牙王钤遗额,按照原定界址只准在大街头堡开设。今若移设,沿河二堡垄断渔利各牙亦必效尤,移集争讼恐无已时。仰天津县确核具覆,饬遵抄禀批发。

(光绪二十九年九月三十日)

天津道示

照得光绪二十九年十月初十日恭逢皇太后万寿圣节,行庆贺礼,文武各官俱穿蟒袍、补褂、挂珠,自初七日起至十三日止,不理刑名照常办事。特示。

(光绪二十九年十月初八日"畿辅近事"栏目)

天津道批

辅仁书院官庄租户郭永安等批:此项地亩是否被淹?应否酌量减租?仰天津县查勘核办。详夺禀抄。存。

(光绪二十九年十月初八日"畿辅近事"栏目)

天津道批

天津县商民穆荣轩禀批:据禀穆志鹏欠钱不偿,是否属实?仰天津县传讯秉公核断。具覆词抄。存。

(光绪二十九年十月初八日"畿辅近事"栏目)

天津府批

盐邑民人王保贞呈批郑恺殴打尔媳堕胎,尔即将胎呈经该县饬行验明,郑德容无论如何巧滑,岂能狡赖不认? 即便供果狡执,尔岂不可当堂质证呈词仍难凭信? 至尔子殴打杨和,既经取辜医治,伤必深重。无论现在医痊与否,尔子均有应得之罪,自应听候详办,何得屡渎。

(光绪二十九年十月初八日"畿辅近事"栏目)

天津道示

为出示晓谕事,照得本道服官以来,事必躬亲,权无外假,署中亲属有限,家丁无多防范,素严决不任其干预外事。前于到任后曾经出示晓谕,阅时已久。犹恐商民等视为具文,合再申明前谕。为此仰津郡诸色人等一体知悉。本署食用各件均系现钱置买,并无赊欠。倘有冒充道署亲友丁役在外招摇赊欠情事,尔等宜一概拒绝,不与往来。如其仍事纠缠,立即指名扭控,定即尽法惩治决不姑容。倘隐忍不言或随同诓借,一经查出,必从严并究。本道言出法随,不稍宽贷。切勿视为具文,其各凛遵。切切特示。

(光绪二十九年十月十六日"畿辅近事"栏目)

发审设局

天津城内丁公祠近设立发审局一区,委现署海防同知章丞总理局事。此局专为候补牧令诸员习学审理案件之所。

(光绪二十九年十月二十二日"畿辅近事"栏目)

讯案登簿

天津县唐令昨饬各房由本月十九日起凡有承审案件,或结或限及如何审讯之处登簿叙明,每日二更时呈送谳员朱令处查阅。

(光绪二十九年十月二十二日"畿辅近事"栏目)

天津府批录要

日本东京大学工科毕业生张奎、天津商人宋寿恒禀集股开设造胰有限公司由。批：如禀立案，仍仰随时考求逐渐扩充，以期收回利源。章程存此。

批：花翎候选同知穆云湘，贡生林兆翰，生员刘秋涛、张际和禀保送半日学堂学生入教养局学习织染由。

批：据禀已悉。该绅等关怀桑梓，拟将津郡半日学堂贫苦子弟挑送入局兼习织染工艺，以便他日谋生，具征利济情殷良用，钦佩所请，应即照行。并饬教养局员司妥为照料。此批。

(光绪二十九年十月三十日"畿辅近事"栏目)

直藩到津

藩台杨士骧、方伯于前日由省乘火车来津，六点半钟至新开河车站，现住榷署内。

(光绪二十九年十二月初三日"畿辅近事"栏目)

德商庆祝

本月十一日为德皇诞辰，在津德国众官商等定于初十日在紫竹林利顺德饭店内公宴以伸庆祝，并柬请华官等宴饮以敦睦谊。

(光绪二十九年十二月初五日"畿辅近事"栏目)

预备视学

袁宫保饬行津郡各学堂预先妥备以俟张香帅来津亲临视学。

(光绪二十九年十二月十一日"畿辅近事"栏目)

天津县示

为出示晓谕事,照得天津光绪三十年正月廿二日,蒙督宪袁札开,为札饬事,照得本大臣接准日本驻津少将仙波函:"开敝军马队将领二员、弁目以下十七名,拟于东历三月十日(即华历正月二十四日)启程前往北京演练无子发枪等事,敬求转饬沿途地方官吏预备宿舍,照拂一切。此次行军为试验马力起见,即系平时所演,与时局无涉。刻下,北边多事,或难保无人民误传谣言、惊扰闾阎之虞,并请出谕宣言以镇物情。至于人马所需粮秣,悉由敝军备办,不仰给于宿舍地方,预此奉闻只请查照"等语。并开行军路由一单到本大臣准此。查日本马队将领、弁目暨以下各人共十七员此次由天津至京,自系与现在时局无涉,所有该员弁等经过地方、住宿处所,合行札饬,妥为安顿照料,并即出示晓谕,以镇人心。切切。特札。

计粘日本马队行军路,由单一纸内开行军预定表:三月十日(即华历正月二十四日)发往海光寺,抵于杨村;三月十一日发杨村,抵于马头镇;三月十二日发马头镇,抵于北京;三月十三日勾留北京,抵于武清县;三月十六日发武清县,归还天津。等因。蒙此合亟出示晓谕,为此示仰阖邑军民人等一体知悉日本军队试验马力操演起程日期,毋得惊恐,毋违。切切特示。

(光绪三十年二月初一日"畿辅近事"栏目)

钞关新章

津海关所出之子口单向经钞关总局盖印,该关现立新章,凡此项子口单,定于每日三点三刻以前赴关盖印,当日即可发回,迟则须俟次早十点钟方能领单。昨已谕令商民一体遵照。

(光绪三十年二月二十一日"畿辅近事"栏目)

津道公旋

天津道王观察前赴德州验看机器局工程公事既毕,已于前晚回津,当即进署。

(光绪三十年三月初七日"畿辅近事"栏目)

藩辕牌示

天津府海防同知严士琦撤任,遗缺委候补知县史源署。

(光绪三十年四月十一日"畿辅近事"栏目)

天津钞关示

为晓谕事,本关设立禀箱,嗣后各商民等凡有投递禀件,务须置此箱内,以备本关随时亲自检阅。倘有不遵仍托人代递者,均不接收,毋违。特示。

(光绪三十年四月十八日"畿辅近事"栏目)

督宪批示

具呈天津县商人何企之批:仰天津县迅即调集账目,会同商务公所核算清楚,秉公断结具报。毋任缠讼。

具呈天津县斗店商人王松樵等批:据呈孙雨洲在奥国租界私设斗店揽截客僦,规避官差,是否属实?仰天津道查明确情,会同津海关道妥筹核办具报。粘单抄存。

(光绪三十年六月初一日"畿辅近事"栏目)

臬台批示

武清县六品衔杨俊臣来司呈控一案批:此案前据该县将该犯杨铁审拟解,经本司以案情未确驳斥,据保定府覆审,因行提人证拖累堪虞,详明将犯发回该县就近申办在案。兹阅所呈并粘抄呈稿已悉。查此案原审本不可靠,据控尔子杨子和系被杨铁用洋枪打死,恐非无因。案关服制县审已久,未便任延。候札该管东路厅酌提人证并提同犯卷,认真研审,务得确情据实详办。至所指赵连会等挟嫌谋害并赵小八同场放枪,词出一面,恐有牵控情弊,应由厅俟讯明,犯供如有应提之处再行补提。该抱(报)告即回籍听候传解可也。

(光绪三十年十二月十一日"畿辅近事"栏目)

天津县牌示

照得本县审理词讼以钱债为最多,其中欠户之轇轕帐(账)目之悬殊,均所不免质讯。著追动需时日,迨至被告分限措交原告,又因缴款零星,难偿所欲,往往抗延不领,夫钱债而至于涉讼需用必殷,乃经堂讯追出又不肯即领,未免意存挟制。上年,本署房书汤克明挪用船价一事,亦由银两追存未领,致启弊混。现虽责成赔缴,已费许多周折。津邑为通商巨埠,债案纷繁,此等刁风万不可长。嗣后控追欠款,无论华洋绅商追出若干,即由各该原告随时具领,如敢仍前狡抗不领,藉词要挟,即属不知自爱,亦必系有力之家,致视零星银钱无关紧要,应将此项追出之款全数充公提拨学堂经费,以示罚惩。除通禀各宪立案外,合行牌示,其各凛遵。毋违。特示。

（光绪三十一年三月初七日"畿辅近事"栏目）

津海关道遵拟饬由地方官禁售吗啡药针并禁私运进口办法请核咨饬遵文并批

为详请事,案蒙宪台札开,据京师大学堂直隶学生靳瀛旭等具禀,请饬严禁售卖吗啡药针等情到本大臣,据此除批:据禀已悉。候行津海关道妥筹禁法具复核夺等因印发外,合行札饬。札到该道,即便查照办理。此札计粘抄禀等因。蒙此查莫啡鸦及刺入肌肤莫啡鸦之各针,除医治所需于进口时照则纳税外,其余无论由何国何地运来者,均应一律禁止,毫无歧视。中国亦尤禁止国内之铺户制练(炼)莫啡鸦或制造此项之针,以杜隐患。条约均已载明,自应照办,当经职道函致新关署税务局司费妥玛查照遵办去后,兹准复称除饬认真查验。如实系各国医士备用,方准进口,其余一律严禁外,函复查照等因前来,复查吗啡药针贻害甚巨,亟应申明条约禁止以全民命,除咨会直隶藩司通饬各该地方官,随时严禁不准售卖外,理合具文,详请宪台查核批示,并请转咨外务部查照饬知。总税务司转行各关税司认真遵约查办,务将医士所运吗啡鸦进口数目若干,按月详细报明各关道,以便稽核。实为公便。

督宪袁批:据详已悉,候咨呈外务部饬知总税务司转行各关,认真遵约查办,并将医士所运吗啡鸦进口数目,按月报明各关道以便稽核,暨通饬各府厅直隶州转饬所属各州县一体，认真严禁，不准售卖。此缴。

（光绪三十一年三月二十九日"文牍录要"栏目）

天津县详日本租界私开小押准其展限改设质铺文并批

　　为详请立案事，窃照卑县于光绪三十年九月间查得奸民违例私开押当，重利盘剥，苦累穷黎，当经查封、严禁。嗣闻有迁避日本租界消弭盗赃情事，即经先后禀请津海关道照会日本领事封禁查办，并照会各国领事，一体禁止。旋奉津海关道札饬，以准日本国伊集院总领事照覆内称，日本租界设有小押当十一家，原为取便华民，前已拟定办法，令该小押当十一家公举首事一名，议定只准以四分取息，押期至少以六个月为满。遇有金珠、皮货等贵重当物，先由该首事立行举报警察，随时稽查，酌核办理。每日定准于晚十一点钟关门止当等语。蒙津海关道以该领事所拟；并未将病民之小押当局根除净尽，究属不妥，行令由县妥议详覆等因。卑职遵查奸徒私开小押，暗销盗赃，均干例禁。况深夜收当，盗赃更易锁售，隐患无穷。再四审察，仍应一律禁止。随覆详请津海关道照会日本领事查办。嗣奉津海关道函谕，以日本领事馆翻译官赴道面谭，该领事甚愿妥商办法，令即亲往商办，此次能使洋界一律禁阻，自属妥善。即或稍有变通，亦须订定妥章，使开设押铺各商无论在华界、洋界共同遵守，总期奸商无从避就，小民得免盘剥等因。卑职调查光绪二十九年六月间，曾据歇业当商通聚号等五家，拟请试开质铺，三分取利，以十八个月为满，试办二年后，即行领帖、纳税等情，禀由卑县具详请示，蒙升任藩司批府核明详覆，转详宪台批准照办有案，当即致函，订期亲往日领事馆，与该总领事伊集院彦吉会晤，商酌禁止。该领事意谓，租界贫民较多，初犹不欲禁绝。卑职即以病民违例为言，详晰辩论，并举境内暂行质铺章程相告，该领事始行悦服，允为照办。兹于光绪三十一年三月初七日接准该领事覆函内称，前以日本租界开有押铺一事，屡烦函牍往来，并面商一切，当将各商传集，劝谕再四。据称商等亦愿遵照质铺章程，以三分取息，十八个月为限满。惟商等均系小本经营，今骤遵改章办理，所亏实多。预请展限六个月，一律遵办。倘至期有不能办者，歇业，亦无大亏等语。本总领事详察尚属实情，不得不量加体恤。因准以展限三个月后，至华历六月初六日一律遵照新章办理。有不愿者，听其歇业。如于三个月内有敢作奸害民之事，本馆立即查禁。似与公事商情两有裨益。特此函覆,即希贵县查照是荷等因。卑职覆查津郡地方,从前城乡当铺共有四十四家。自经庚子兵灾,焚抢殆尽。现计复业之大当铺仅止十七家,加以通聚等五号质铺,亦不过原额一半之数。而大当铺类皆资本欠缺,不若昔日之富,以致收当物件价值减落。又如低次货物、破旧衣饰,往往拒而不纳。小民周转为难,奸商从而渔利。此私开小押当局之所由来也。惟是中国地面一经查禁,即行移避租界。卑职详审察酌,与其此闭彼开,难绝根株。曷若明定章程,使就范围。今日本租界内私设之小押当十一号,既经日本总领事共念民艰,协力除弊,拟定展限三个月,统自本年六月初六日起一律改照质铺新章,三分取息,十八个月为满,应请准其照办。如果限满,各押当有不愿改设质铺及抗延不遵者,勒令歇业,不准复开。并即以十一家为额各商姓名字号责令呈报卑县及日领事馆立案。嗣后,只准荒闭,不准添开。经此次展限之后,亦不准各商捏称受亏续请宽展。一面照会日领事与各商详订收质妥章,照知过县会衔出示晓谕,恪遵办理,俾昭慎重,借便穷黎。倘有暗销盗赃累民等弊,立即由县关会查封究罚,仍照案试办。二年期满,再行察夺,庶保官当利益而免漫无限制。似此量予变通,实于儆奸剔弊之中,兼寓顾全交涉之意。除禀请津海关道照会日本总领事查照妥办并函复外,所有县境日本租界私开小押,准其展限改设质铺以便贫民缘由,是否有当,拟合具文,详请宪台查核俯赐批示祗遵。如蒙允准,即请立案,实为公便。

督宪袁批:据详已悉。仰津海关道核办具覆并移藩司查照。缴。

(光绪三十一年四月初九日"文牍录要"栏目)

督宪批示

天津商务总会禀批:查此案,昨准外务部电开各埠华商以美禁华工续约,建不购美货之议,以为抵制,并纷电本部勿签押。查工约前由梁使拟稿照送美外部,迄未定议。柔电政府商改禁约,务希实力劝导,将本部现在商办情形晓谕各商,以释群疑等因。本大臣查昨接路透电载:美总统谕令美国查验入口华人之员弁,嗣后入口之华商及游历者须竭力优待等语。业经札饬津海关道,督饬天津府县晓谕津埠各华商,万勿煽此浮议,败坏本埠商务。并切实传谕该商会妥为观导在案。兹据禀称:前因南省来电相约不购美货,为抵制禁阻华工之计,经该商会出具传单,传知各行照常交易,仍请电商外部,力请美国政府删改苛约办法甚是。候咨外部查照办理。示覆饬遵。单存。此缴。

(光绪三十一年六月初四日"畿辅近事"栏目)

预备祝贺

天津初级师范学堂牌示:本月二十六日恭奉皇上万寿圣节,本堂在津学生是日同往宫保衙门行庆祝礼。仰诸生豫于二十一日起每日上午七钟齐集本学堂演习步伐,免致临时行路参差,不足以昭整肃。切切。此谕。

(光绪三十一年六月十四日"畿辅近事"栏目)

委署津道

天津道王观察仁宝升授浙江臬司,所遗道缺现奉督宪札委北洋银圆局总办周观察学熙署理。

(光绪三十一年七月初五日"畿辅近事"栏目)

天津县请饬局添印改订法律各书暨由司补编通饬章程禀并批

敬禀者,窃照近奉刑部暨修律大臣先后奏定、改订法律变通条例及议恤、刑狱各节,业蒙宫保饬将原奏折片拼印成本通行遵照。当此改法之初,必使官民上下咸知删订本意,方不致视为具文。卑县讼狱滋繁,瓛员不少引拟判断,动关民生,尤宜将所奉新章各置一编,与删存旧例参互考证、习之有素,以免临时歧误。惟查原发刊本仅各一册,卑职于奉文以后,拟即另购多本欲分送瓛局委员,一体研习。而询之天津官书局已无存本,坊间书肆更无从购取,合无仰恳宪台檄饬官书局再将前项折片刷印多部,随时发售庶官、绅人等,互相购阅,得有遵循。谨候宪示遵行。抑卑职更有请者:各省现行事例往往辑有成书,直隶自周升臬司在任之时,曾将光绪十七年以前所奉宪辕通饬暨司署详定章程,分门别类编成四本,附以恤囚事宜刊印发售,一时官幕奉为圭臬,深资治理。今自辛卯后时逾十年,续定新章又复不少,而昔年通饬条规间有删改,似宜重校、补编另行刊发,庶各属有所遵守,遇事亦易于援引。可否批行,臬司酌核详办。统祈钧裁。所有拟请

25

饬局将改订法律折片、添印发售,暨由司补编直省通饬章程缘由,理合禀请宫保查核俯赐批示祇遵,实为公便。肃此具禀。

督宪袁批:据禀已悉。查先后奏定改订法律各条前已发局刊印成本,通饬遵行在案。惟当此改法之初必须官民人等互相购阅,俾资遵循。所请添印发售事属可行,候饬官报局查照办理。至直省通饬章程自辛卯编辑以来,时逾十载,续定新章,又复不少,自应重校、补编、汇刻成书。庶各属遇事易于援外,并候行臬司酌核详办饬遵。此缴。

(光绪三十一年七月十五日"文牍录要"栏目)

天津府榜示

为谕遵事,照得本府考试警务学员各卷现已报阅评定甲乙,合行胪列榜示,为此示仰各该员听候备文移送巡警学堂核阅,示期复试,该员等毋得远离须至榜者。计开上取二十七名:周行寿、林世瀚、郑光弼、姚长乐、赵光甲、曾瑞灵、吴松涛、田太亨、方硕彦、田绍文、陈自强、乔福麟、张家麒、宛萃、李铭谦、孙翔文、田赓、张兆沸、廖成章、杨文孝、管云程、德寿、刘象曾、何炳源、张文藻、张炳英、刘著林。中取三十二名:雷奎元、刘承恩、吴邦浩、孙德昌、穆成业、郁修、翁宝森、张祖源、冯景焘、陈鸿荃、吴景周、张登元、张遇辰、杨文钧、钱尔寿、张信忠、张束绅、吴师直、李锐、周桐唐、周鸿庆、章绍钧、卓维城、吴逢源、薛铭新、韩国衡、王瑛、李钊、刘寿嵩、祝绍廷、孙寿昌、张延爵。备取九名:姚寿昌、郑学泉、周行敏、章祖惠、张维墉、王子清、赵廷桢、赵金录、赵士茱。

(光绪三十一年七月二十七日"畿辅近事"栏目)

天津县详请禁止男女合演淫戏及蹦蹦戏文并批

为详请事,案据县属候选道前台州府知府徐士銮等禀称,窃查近日津郡戏馆日多一日,男女合演淫戏,亦日甚一日,丑态百出,肆无忌惮。妇女入座听戏,亦毫不知羞,伤风败俗莫此为甚。查津郡女戏之兴渐由德国租界而开,彼时虽女角登台尚无男女合演淫戏之事。自庚子后,毫无忌惮,竟敢男女合为一班。唱者高其声价,听者争先快睹,遂使卖买幼女者日益繁多。其间无耻之徒有女不嫁,专教演戏,并有匪混诱拐良家女孩卖为女优。

此等事件层见叠出，虽经出示严禁，但禁者自禁，演者自演，几成积重难返。今欲概行禁止，戏馆皆有捐输，又恐此禁彼开，禁犹未禁。窃拟仿照上海租界章程，恳请照会各国租界领事等官禁其男女合演，不禁其男女分演。各隶戏园男优只入男班，名其戏馆曰某茶园；女优只入女班，名其戏馆曰坤剧馆。各从其类不准溷杂，违则将园主重惩。如此变通，不但不致杜女优生活之路，而仿照上海租界定章照会津郡租界，事同一律，亦易于奉行。至于各种淫戏更须择尤禁演，在读书明理之士见其淫有淫报，或可藉为惩劝之资，所虑者惟蒙养小学堂之学生，每逢休息之期不免有相邀观剧之事，当此血气未定之年，忽睹此等男女宣淫之戏，恐其情窦萌芽不能遏抑，必至暗废学界发达之机，必须厉禁，不准演唱。倘敢故犯科，掌班及园主以诲淫之罪。最可恨者外来蹦蹦戏在河东、河北、西头等处演唱其戏。价既廉听者日众，则其诲淫尤甚，且男女同入散座，挨肩并膝，殊属不成事体。窃拟以后妇女听戏必须包厢，不准入散座，违则一律严罚。绅董等为挽风俗、正人心起见，故不揣冒昧敬献刍荛，如蒙采择，伏赐严明告示，勒诸碑石，以垂久远，违则从重惩办。庶津郡一方之人心从此日趋于正，而淫风靡俗亦可挽救于万一矣。除通禀外理合联名叩恳批示遵行实为德便等情。据此，卑县查该职等所禀仿照上海租界章程，示禁戏馆、茶园不得男女合演，准其专设坤剧馆，择尤禁演淫戏及外来蹦蹦戏，系为正人心维风化起见，自应照准严禁。惟必须各国租界一律禁止方能收效，除详请津海关道先行照会各国领事立案照办，一面传集各戏馆谕令禁止外，拟合具文详，请宪台查核，俯赐批示、立案。为此备由具册具呈。伏乞照详施行，须至册者。

督宪袁批：据详已悉。男女合演淫剧大为风俗人心之害，所请仿照上海租界章程示禁戏馆茶园，不得男女合演，准其专设坤剧馆，禁演淫戏及蹦蹦戏，应准立案。仰天津道饬县传谕各戏园遵照，并移津海关道照会各国领事一律禁止，以维风化。此缴。

（光绪三十一年八月初九日"文牍录要"栏目）

天津地震述闻

本月二十二日上午早两点半钟时地震，约一分余钟方止。

（光绪三十一年八月二十六日"畿辅近事"栏目）

督宪札饬静海县

为饬札事,照得该县独流镇地方人烟稠密,宵小易于潜踪,上年秋冬之间,闻有船客被劫两次,行旅咸有戒心,应饬查明具复,一面严拿逸犯,务获惩办,并将该处巡警实力整顿,毋任匪徒混迹,合行札饬,札到该县即便遵照此札。

（光绪三十二年二月二十八日"本省近事"栏目）

直隶学务处批示

武清县文生胡立镛禀恳赴辕投效由,批该生文字均尚清朗,惟现时各处人浮于事,姑存夹袋以待来年。

（光绪三十二年三月二十三日"本省近事"栏目）

官场纪要

津海关道梁观察敦彦于二十七日由津乘早车晋京。署通永道张观察孝谦于昨日早车晋京,即日赴通接印。

（光绪三十二年三月二十九日"本省近事"栏目）

藩台牌示

天津县葛沽巡检黄兆荣病故,遗缺委试用巡检劳缦章代理。

（光绪三十二年四月初九日"本省近事"栏目）

裁判所拟章开办

天津县前奉宪札饬设裁判所一事,现闻章程已经拟定,大约不日即可实行举办云。

（光绪三十二年四月十五日"本省近事"栏目）

津海关道牌示

谕天津新学书院头班学生李鉴銮知悉，现奉北洋大臣袁批，本道具禀以该生拟自备资斧随同赴美肄业，可否允准，请批示缘由，奉批据禀学生李鉴銮情愿自备资斧赴美留学，事属可行，应准立案，仰即转饬遵照。此缴。等因。奉此合行牌谕，为此，谕仰该生即便遵照。特谕。

（光绪三十二年四月二十一日"本省近事"栏目）

督宪牌示

照得天津镇标河间协左营都司刘龙光久假不归，遗缺应以尽先都司徐献廷补授，除会奏外合行牌示，仰即遵照毋违。

（光绪三十二年四月二十八日"本省近事"栏目）

天津工程局委员彭承谟拟呈南斐洲华工会馆章程禀并批

敬禀者，窃查南斐洲招工刻已一年有余，华工应募者三万余名。因会馆未立，良莠不齐，各报所言未尝无因，乃先不能自勉，则难于责人。现虽设立领事，无如华工过多，亦有照料不周之处。会馆一设，与华工之利益有三，各工人散在各厂工作，倘被洋人凌虐，一人之力何能与较。若立会馆，即聘有律师与其辩白，不受欺凌，其利一也；各工人由会馆可以往来通寄家信，遇有蓄积，亦可随时寄家，不致为人挪贷强借，以致互相浪费，其利二也；会馆一立，不但可寄银信，即衣、鞋、食用均可递寄，免为外人盘剥，其利三也。

查闽粤工人在新旧金山、檀香山、巴拿妈（巴拿马）、智利、古巴、秘鲁等处佣工，全仗设立会馆，延聘常年律师，合群力以维持合同。嘉庆、道光年间，未与各国换约之前，均是会馆与律师保卫。即各国洋商在中国贸易者，虽有领事与兵舰互相保护，而该洋商等亦设会馆维持商务，以补领事之不逮。卑职前在美国金山领事署当差，深知会馆律师之力有过于领事者。英公司招工之始，卑职曾上十二条呈请宫保采纳。斐洲创立会馆，非有华商之埠可比。该处多系工人，无人倡首，必须官为经理。兹不惮琐渎冒昧再上设立会馆章程十一条,伏望鉴察施行。敬请福安。伏乞垂鉴。

谨将南斐洲华工参仿新旧金山等处各会馆章程缮呈钧鉴。计开:

一、先设中华总会馆一所,延请品端、学粹、熟习外交之绅士充当总董事。另雇司事,并延聘常年律师维持合同,以免欺虐。且俟总馆工竣,再分设秦、直、晋、豫、齐、鲁等省分馆,共相保护。

一、妥筹的款以充修馆并常年经费。查外洋各埠华人立会馆捐章,有年捐、月捐、商捐、新到注册捐、归装销号捐等名目。虽重重捐募,工商乐助者可期保护也。今斐洲有工无商,且系洋公司雇船来华招运,与外洋各埠不同。窃拟先筹修馆与常年经费两种,修馆捐每人捐洋一元,常年经费捐按百抽一,譬如:每人每月工资十五元,只捐洋一角五分,注册只一次,捐洋五角,其余商捐、年捐、销号等捐一概删除。

一、代工人来往寄家信、寄衣物,免被外人盘剥。今斐洲虽设立会馆,天津亦需设立公所,派司事二名,工人四名,以资接送信物。此项公所须与开放留支局联络,方免遗漏。

一、聘请律师二人,以证合同。一倩有名望之大律师办理紧要交涉大案,一倩中等律师与会馆董事随时料理。

一、修建会馆。除议事办公等房外,须另修养病房(经费多筹则当多建,少亦需数百间。)与储备各种药材等房。所有华工内科病症如在洋医院久不痊愈者,可提至会馆医治,以全性命。

一、先聘精通内科医生二三名赴斐洲,以诊要病。此等医生必须考问医道精详,方可聘请出洋,即住会馆。

一、聘翻译五员,以资传话。此等人才不易多得,遴选洋文精通,熟谙交涉之人一员,遇有紧要案件,译知律师与公司政府辩驳。另聘四员往来各厂、医院,查译事件。

一、遴选精理医道、熟谙洋语之人,稽查英公司医院。此项人员须畅达华洋事理,方能和衷共济。

一、购义地暂埋病亡之人。查原定章程,工人因伤死亡者,有抚恤银元。病亡者,现蒙保工局与公司磋商发给运柩等费。将来各工家属不愿领银者,即将灵柩运回中国。除运柩耗费外,所剩多寡均交该家属掣取收条存查。

一、严查奸宄,以安良善。查现在斐洲工作者良善工人虽多,而亡命光棍之徒亦不少。该莠民等自尊自大,聚众敛钱,强借讹诈,弊端百出。不但攸关大局,且连累良民,必须规诫,方无后患。窃拟由会馆派公正之人明查暗访,如有敛钱、诈借之人,小则监于自新所,大则录案禀请领事官转知金矿公司解回中国严究。

一、会馆出入两项尤宜记载明白。每岁年终造册呈送领事署与保工局查核。无论出项多寡,必须本人签名,总董事画押,方能发给。

以上先呈十一条,所有详细章程,俟开办后由该总董事随时禀请添补。

督宪袁批:据禀已悉。候行保工局查核妥议具覆。折存。此缴。

（光绪三十二年闰四月初三日"文牍录要"栏目）

裁判所拨款修造

天津县署添设裁判所等情业经禀请批准,兹闻已经上宪拨发款项若干,以资修造,不日即可开工云。

（光绪三十二年闰四月初九日"本省近事"栏目）

实习工场监理回津

天津实习工场陈监理禀鉴前赴保定督建工场,业已事毕,兹于日前由省回津,仍接监理差事。

（光绪三十二年六月二十二日"本省近事"栏目）

官场纪要

天津道周观察前经请假南下公干,现届假满,由上海乘新丰轮船已于上月二十九晚到津,择吉接印。练兵处总参议王统制士珍于二十九日由京来津。赵观察尔萃亦于同日由京来津,随于前日赴奉。

（光绪三十二年七月初二日"本省近事"栏目）

官场纪要

天津道周观察回津后已于初二日接印,候补知州朱刺史端奉委署理长芦运分司。定于初四日接印,督宪于初二日换穿蓝葛纱。

（光绪三十二年七月初四日"本省近事"栏目）

官场纪要

天津道周观察暨银元局孙观察多鑫同于前日由津赴唐山公干。候补道姚观察文栋于前日由京来津。模范营总办田统制奉调赴粤所遗之差。闻已札委段统制接办。

（光绪三十二年七月初十日"本省近事"栏目）

阖埠士商欢祝立宪

昨为津郡商学两界欢祝立宪之期，清晨八点半，商学两界人均齐集河北学会处行恭贺立宪礼式，跄跄济济颇极一时之盛。是日，各学堂均放假一日，各局厂亦一律停公以志庆贺。

（光绪三十二年七月二十二日"本省近事"栏目）

邀集官绅庆贺立宪

二十一日为津埠欢祝立宪之期，先一日由天津府县同具名单邀请阖埠各官绅于前日九点钟恭具衣冠齐集公家花园行庆贺礼并宣布谕旨，同展庆忱。

（光绪三十二年七月二十三日"本省近事"栏目）

津海关道梁详覆查明葛沽职商
试办织布有限公司所用料物拟准给照免税文并批

为详覆事，现蒙宪台据批天津县详葛沽职商苏瑷等禀请，集股在葛沽试办劝业织布有限公司附呈章程一，扣叩请转详立案缘由，蒙批：详折均悉。职商苏瑷等集股，拟在葛沽试办劝业织布有限公司，诚为振兴工艺开辟乡村风气之要举，所拟章程亦属妥协，应准立案。至该公司购料剩货应否发给免税单，照以实行保护之外，仰津海关道核查具覆饬遵并移藩司知照缴。等因。蒙此查职商苏瑷等在葛沽试办织布有限公司，诚为振兴工艺要举，所有在津地购买料物运往葛沽经过钞关，果系织布应需之品，自可通融免税以轻成本,惟该公司购办料物必须先行禀由职道核定物类,随时请领护照以便各关卡查验放行。是否有当理合具文详覆宪台查核批示饬遵,实为公便。为此,备由具呈,伏乞照详施行。须至详者。

督宪袁批:如详办理,仰即饬遵。缴。

(光绪三十二年七月二十六日"文牍录要"栏目)

倡设立宪演说会

天津初级师范学堂订于明日下午七点半钟在西马路宣讲所开特别演说会演讲立宪宗旨,并有少年本堂军乐队同往,兹将开会次序列后:一、国歌合奏;二、演讲立宪之宗旨;三、风琴独奏《黄帝歌》、军乐合作(同上);四、演讲公德之大意;五、风琴独奏《中国军歌》、军乐合作《运动歌》;六、演讲自治之大意;七、风琴独奏《扬子江歌》、军乐合作《扬子江歌》;八、演讲立宪之利益;九、国歌合奏;十、闭会。

(光绪三十二年七月二十六日"本省近事"栏目)

自治局拟派宣讲员

天津府自治局内设有宣讲一科,闻现将以高绅振鋆、高绅崇祎、赵绅宇航、步绅以韶等充宣讲员,先就府城已设之宣讲处定期讲演自治法理冀开民智,并将讲义编成《白话报》,月出一册以期普及;其余四乡俟后再行推广。并闻天津府凌太守举办新政事事认真,而于宣讲一事尤十分注重。

(光绪三十二年七月二十九日"本省近事"栏目)

定期宣讲立宪宗旨

天津各学堂现奉学董传知,定于八月初五日假李公祠宣讲立宪宗旨,届期各生务各齐集听讲。

(光绪三十二年八月初一日"本省近事"栏目)

天津学务总董林兆翰等禀呈学宪卢
预备立宪谨拟办法三条请批示立案文

禀：为预备立宪谨拟办法三条恳请批示立案事，窃董等恭读光绪三十二年七月十三日立宪上谕，伏读之下仰见两宫孜孜求治之心，薄（渤）海臣民无不欢忻鼓舞，歌咏圣德。惟是国民之程度，非培根固本则进步不速，非家喻户晓则成效难期。揆诸当今时局，必人人崇尚公德而后可责，以自治必人人严守国宪而后可课以自强。但非授以法律知识终恐托空言而无实济，董等仰体士庶人等发愤为学之谕旨，谨拟办法三条，敬希鉴核！

一、学堂应设法律一科也。查东西各国中学以上皆授以法律学科，惟高等小学则东西不同，大概西洋则授专科，日本则编宪法及地方自治制度于修身课本之中，是以全国人民皆知遵守法律崇尚公德。今我国预备立宪，似宜自大学堂以至高等小学堂酌定钟点，增设法律一科，程度不求过高，但使通晓法学通论，以及宪法大意并地方自治大意，已足备立宪国民之资格。庶毕业以后本其忠君爱国之义、合群进化之理，以报效国家，必能团结团体，遵守宪章而有完全国民之资格矣。

一、宜筹设宪法讲演会也。士风锢蔽由来已久，新学新法方始萌芽，故中年以上之士绅有不知宪法作何解者，议地方公益之事则恒苦，涣群闻家国一体之言，则转滋疑窦其弊乃正坐。此似宜设立宪法讲演会，聘法政毕业学员主讲，席集各堂教员及士绅之有志求学者，分日到堂听讲，庶中流以上之士绅皆知爱国合群之理，以为地方自治之基础。如蒙俯允，拟在天津初级师范学堂内试办一处，由劝学所月支洋四十元之谱以后再议扩充。

一、宣讲所宜演讲地方自治制度也。津郡宣讲所自蒙督宪谕饬开办以来，开通风气，收效匪浅。全体人渐知国民与国家之关系，今当预备立宪，必使人民明悉政体，庶几奉公守法，勉为立宪国之国民。查天津府自治局章程有编辑白话讲义一条，应俟讲义编成后分期在宣讲所演讲。俾国民知守法律之范围，谋公众之利益。数年之间，立宪实行，不患国民程度之低弱矣。

以上三条谨就管见所及筹拟办法，董等承乏学界，凡足以造成国民资格及开通社会之风气者，苟有一得，不敢安于缄默，况事关立宪大政，尤当集思广益，务使士庶人等发愤为学，则国民之进步日速，立宪实行之期限亦速,一、以慰圣朝励精图治之心。一、以体宪台兴学育才之意,所有筹拟预备立宪办法各缘由,除禀督宪外,谨合词具禀陈明伏希学宪大人批示遵行,实为公便。上禀。

（光绪三十二年八月初五日"文牍录要"栏目）

自治局宣讲开所

天津府自治局拟设宣讲所一节已纪前报。兹闻所派四绅业经到差,特于昨日在已设之宣讲所四处宣讲自治局设立之宗旨及宣讲之理由云。

（光绪三十二年八月初七日"本省近事"栏目）

批准自治局禀设研究所

天津府自治局拟设研究所一事已纪本报。兹闻已经该局禀由督宪批准。定本月二十日后开课。兹将原批录下:禀单清折均悉自奉明诏预备立宪以来法政之学,凡官绅士民无人不当讲习研究,以副预备之实。该府所拟筹设地方自治研究所及办理各法均属妥善,至宣讲自治法理及编辑白话讲义尤为开通社会之要举。惟法学精深,常人不能尽解,而专门名词尤非谚语所能迻译,或失之文,或失之俗,皆非所宜,应如何斟酌尽善之处。仰饬该讲员等悉心讨论,以多数之人易于领解为要。此缴。

（光绪三十二年八月十八日"本省近事"栏目）

天津府自治局札文照录

为札饬事,照得本局附设自治研究所一所,业将办理情形禀请宫保核示,蒙批自奉明诏预备立宪以来法政之学,凡官绅士民无人不当讲习研究以副预备之实。该府等所拟筹设地方自治所及办理各法均属妥善等因,奉此查本局自治研究所定章招集津郡七属绅董入所研究并备房膳,以示优待。定期八月齐集,四个月毕业。已于八月初一日函属该州县秉公遴选品学兼优、富于经验而孚于乡评之绅董□人开具姓名、年岁、出身,备文酌给川资迅速来津在案,现在已经修理府学斋舍为各属士绅来津住宿之所克期开办。除分行外,合行札饬。札到该□即便遵照办理,勿再迟误。是为至

35

要。此札。

（光绪三十二年八月二十二日"本省近事"栏目）

天津自治局告示

为告示事,照得本局为普及自治智识起见,附设自治研究所一所,暂借东门宣讲所开讲,除调集津郡七属士绅来所,肄业有定额外,另设旁听席,凡愿听者,可赴本局报名,听候注册存记,截至八月三十日为止,幸勿自误特示。现闻已有赵孝廉承恩等十数人赴局报名矣。

（光绪三十二年八月二十七日"本省近事"栏目）

申送研究自治士绅

天津自治研究所系招集本府七属士绅肄业,而设现庆云、静海两县亦先后申送士绅来津,计庆云六名:解笈莪、王缙臣、王椿林、张芝田、田镇阳、陈国珍,静海四名:崔曾敏、赵性泉、张家荫、程维祺。

（光绪三十二年八月三十日"本省近事"栏目）

申送绅士研究自治

天津自治局因设立研究所通札津属各州县选送绅士来津肄业,已纪前报,现南皮县又送到绅士五名开列如下:伊仲权举人议叙知县,年五十三岁;张积庆试用典史,年四十九岁;张仁恕监生,年三十六岁;张国庆文生,年二十六岁;张炳阳文生,年二十九岁。

（光绪三十二年九月初七日"本省近事"栏目）

天津府自治局批示

旁听员贺伟等禀请归入寄宿舍由,批据禀已悉。该职等来自赵州,入所研究地方自治,具见好学之心,惟府学寄宿房舍无多,不能广庇,曷胜歉仄。直隶儒先经济理学多由艰苦卓绝而成,愿该职等勉之。此批。

（光绪三十二年九月初十日"本省近事"栏目）

饬催申送研究士绅

天津府自治局附设研究所,除许报名旁听外,各州县申送绅士以大县八人小县六人为定额。兹闻沧州、盐山尚未送到,南皮亦缺送一名,静海缺四名。该局因研究所已于初一日开课,功课繁密,到所过迟,补课较难。已分札各该州县迅速照章申送,以免稽时旷课云。

(光绪三十二年九月初十日"本省近事"栏目)

天津府自治局督理凌守等禀筹设地方自治研究所
暨派员宣讲自治法理编辑白话讲义文并批

敬禀者,窃卑府等前蒙宪谕设立天津府自治局,业将开局日期及调派各员绅衔名禀明在案。嗣奉批示,饬将未尽事宜随时禀报。等因。仰见宪台勤求上理,百度维新,莫名钦佩。窃维立宪之基础始于地方自治,而地方自治之基础始于人。人皆有普通之智识,事关创举利害得失所在。苟绅绅之间不能心知其意,每至阻力横生,事倍而功半。查天津府城学堂林立,风气早开,故奉诏预备立宪之日,无不欢呼踊跃。各绅董拟设立宪法讲演会以为四民提倡,而乡间绅者或以距城稍远,于地方自治制度多末谙悉。至静海、青县、沧州、南皮、盐山、庆云六属士风笃厚,亦能讲求新政,惟法律智识尚多未尽开通。卑府等现拟在天津初级师范学堂内筹设地方自治研究所,选送天津各属品学较优,富于经验而孚于乡评之绅董,入所研究、讲习。除天津城已设讲演会之绅董人多地近,不用另筹房膳外,其四乡绅董拟选送八人,静海、沧州、青县每属选送八人,南皮、盐山、庆云地稍僻远,每县拟送六人,由卑府等筹给每人每月房膳费银六两,以示优待之意。该所教习拟派曾经毕业法政专门者为正讲员,毕业法政速成者为副讲员。以四个月为毕业。毕业之后,由卑府等查取。研究学理已有心得者,将成迹(绩)列表,呈候宪台核定,以备发回原籍,帮同地方官办理自治事宜,则将来一切新政自可推行无阻矣。再,法政速成毕业之员绅可否亦令一律在所研究,以期所造益深,储为有用之才。除已派入自治局及发审公所各员绅无庸支给房膳费外,其余在津各绅亦拟一律月给房膳费银六两,以示体恤。另具员绅名单附呈钧览。至此次经费拟先由卑府等垫支。所有筹设地方自治研究所各缘由,是否有当,理合具禀陈明,伏祈宫保批示遵行。专肃恭叩勋安,伏乞垂鉴。

敬再禀者,前于拟呈自治局开办简章内禀准,由职局选派员绅,先在天津府城宣讲自治法理,现在教育尚未普及,识字之民尤稀,故目前于宣讲一事似属最关紧要,而宣讲尤以本地绅士能操土音者为合格。兹已选派法政速成毕业回国之直隶举人高振鋆、赵宇航、步以韶,附生高振祎充宣讲员,先就天津府城已设之宣讲处轮日讲演地方自治之法理及利益等事。此外四乡陆续推广并编白话讲义,月出一册,由局印送,以期家喻户晓、风气普开。所有职局业经派员在城宣讲,并编白话讲义各缘由,知关宪厪合并附陈。端肃恭叩勋安,伏祈垂鉴。

督宪袁批:禀单、清折均悉。自奉明诏预备立宪以来,法政之学凡官绅、士民无人不当讲习、研究以副预备之实。该府所拟筹设地方自治研究所,及办理各法均属妥善。至宣讲自治法理及编辑白话讲义,尤为开通社会之要举。惟法学精深,常人不能尽解,而专门名词尤非谚语所能迻译,或失之文,或失之俗,皆非所宜。应如何斟酌尽善之处,仰饬该讲员等悉心讨论,总以多数之人易于领解为要。此缴。

(光绪三十二年九月十四日"文牍录要"栏目)

禀给研究士绅膳费

天津府凌太守为注重地方自治起见,除禀设自治局外,又调集七属士绅来津研究,以为立宪之预备。惟各属士绅到津虽有寄宿处所,而膳资仍须筹备。现闻拟每名每月发给膳费银六两。先行由府垫给,俟筹有的款再行指拨,已详情督宪核示云。

(光绪三十二年九月十九日"本省近事"栏目)

自治期成会拟定简章

天津自治局照会学商两界设立自治期成会一节已纪昨报,兹将所拟之简章录下:

第一条　本会为发起天津县议事会、董事会及规定该会一切法制而设,俟该会等成立即行解散。

第二条　本会会员以劝学所公举本籍二十人,自治局公举绅士六人(后改为十二人),商会公举本籍十人及自治局局员全数组成之。

第三条　本会会期及时间,俟会员到齐后再行核定。

第四条　本会以自治局督理为议长、副议长,议长不到由副议长代理。

第五条　议案由自治局员拟稿,交本会逐条审议。其开议次序如左:一、拟稿员宣述意见,二、会员讨论利弊,三、表决可否。

第六条　议案以过半数意见取决可否,如可否同数时,则决于议长。

第七条　拟稿有遗漏必须增入者,会员皆得提议,仍依开议次序取决之。

第八条　本会议事规则另定之。

第九条　本会会所暂设天津府署内。

(光绪三十二年九月二十七日"本省近事"栏目)

天津自治区成会议事规则

第一条　开议时本会各会员按次坐定后,先由拟稿员宣述所议之事之原由、宗旨及其意见。

第二条　本会各会员讨论利弊或按法理,或凭事实,须于本事应有问题切实着想,不宜涉及他事以省时间。

第三条　本会各会员于讨论利弊后即表决可否,须直截了当不宜为含糊笼统之语。

第四条　凡发表意思及问难答辨,均须起立使人注目。

第五条　一人发议时各会员均宜肃静,如有辨驳,须俟其词毕再行问难,不宜中间发言,以乱众听。

第六条　凡会员问难、辨答均宜婉转达意,不宜语带讥讽以敦睦谊。

第七条　议决后,既经书记记录即为定议,不能更改。

第八条　议决后由拟稿员书定议案,朗诵一遍,如有错误,即时声明改正。

第九条　凡翌日应议之议案条项,先由拟稿员书明大概,于前一日散会时分布各会员,以便先期研究。

第十条　议决后由会长宣明事已议决,按次散会,以整秩序。

(光绪三十二年九月二十七日"本省近事"栏目)

天津自治局照会宣讲员

为照会事,照得本局开办简章**第六条**内开由本局选派员绅先在天津城内宣讲,再赴四乡,业经照会贵绅等照章宣讲在案,查津城开讲已经两月,亟应推广分赴四乡,暂借巡警分局宣讲,以期普及。所有四乡巡警分局业由本局知照预备。为此合行照会,并粘附巡警分局地段单,即烦贵绅等遵照办理。其应如何分段讲演之处,并希贵绅等协议具覆,是为至要,须至照会者。

(光绪三十二年九月二十八日"本省近事"栏目)

派定展览会执事员

天津公园内举行劝工展览会,已于初三日经员司人等布置一切,所有注册各商,均限于初五日陈列齐整。工艺局总办将所属之工业学堂、考工厂、实习工场、陈列馆等处员司全行派为执事员。

(光绪三十二年十月初五日"本省近事"栏目)

续纪女学界追悼会

初三日,天津女学界为已故北洋高等女学堂总教习陆荇洲女士开追悼会。先期遍发传单,专请男女众宾贲临并开会次序等情,已纪前报。是日,于李公祠台上设花供中位陆女士小影,各女士均佩白花。各学堂男女宾到者约千余人。女宾坐楼上,男宾坐楼下。先由吕碧城女士登台演说开会宗旨,次奏乐,女学生排班登台上唱挽歌。次由吕清扬、碧城两女士献花行鞠躬礼。次由各女学生、各女宾及各男学生代表均献花行鞠躬礼。次由傅监督演说陆女士历史。次来宾演说。奏乐。散会。兹附录其挽歌如下:

郑夫人

郑夫人

弹指隔音尘

记文坛角骋

现函翠墨留余沉

霜凋一夕万绿新

燕都谁市骏

学界惨无声

花簪白柰泪俱倾

试看遗容钉壁

应识女康成

密思郑

密思郑

冰玉莹姿性

弟子亲坛杏

六经珠唾承提命

我为女界劝

嘉言懿行怀欧孟

我为学界劝

春风化雨怀思孟

荐为秋水苹花

和哀弦泪迸

（光绪三十二年十月初五日"本省近事"栏目）

自治研究所问题

　　天津府地方自治研究所日昨发与各学员问题一道,照录如下:寔(实)行自治必须设立机关——如议事会、董事会等是也。然今日情势,欲设立机关,尚有数难,中国旧习,旅居有会馆,经商有同行。识者谓自治之萌芽,然而权责暧昧,情意涣散,未可据为准则。近虽设立劝学所商会等,然基础未固,组织未备,且学商两界外,多有向隅不合全体之名义。欲求团结,各不相谋。其难一也。即使设法联络而蚩蚩者,氓不知何谓权利,何谓义务。呼之不来,招之不集。其难二也。识者谓民智未开,法宜诱导。如自治局举办之宣讲、研究等事即是此意。然人才、物力限于一隅,欲使同时并行,势有不能兼顾。其难三也。为今之计,惟有劝各地方有志之士联络同志组织学社自为研究。即以关于自治所出书报讲义作为课本,并可通信问难、交换智识。庶可早明自治理法,共起图成。而诸生毕业还乡之日,亦不患孤手无援矣。诸生研究有日试各条陈学社办法参以本地情形,期于及早成立有厚望焉。

(光绪三十二年十月初七日"本省近事"栏目)

请派自治局谘议员

天津自治局以期成会闭议在即,事关地方兴革,最宜慎重。本地绅商固有利害切己之关系,而何利当兴,何弊当革,官斯土者当能洞见瘤结。特于日前禀请督宪就服官。本省人员中之曾任繁剧或富有学识者若干人,派为该局谘议员。

(光绪三十二年十月初八日"本省近事"栏目)

警局演习祝嘏典礼

本届万寿圣节,天津南段巡警总局先期饬令各局区长分两班到总局演礼,头班上午十钟,下午二钟,计初七日一局、四局,初八日二局、三局、五局云。

(光绪三十二年十月初十日"本省近事"栏目)

商会预备庆祝事宜

初十日,恭逢皇太后万寿,闻天津商务总会总理王观察贤宾拟演戏祝嘏,已令人在阖津会馆内演习高跷、秧歌、八仙等会,以便届期行演。现馆董业赴一局、二区禀请转详总局存案。

(光绪三十二年十月初十日"本省近事"栏目)

银行借地祝嘏

天津志成银行联络户部银行及中国各银行等于昨日起借公园地方公设彩棚藉伸祝嘏。

(光绪三十二年十月初十日"本省近事"栏目)

分期考试裁判书记

天津县署招考府县裁判书记生一节已纪前报,刻下报考者共有二百零八名,分为三牌赴府署考试。已将花名造送府署备考。定于十三日考赵中正等六十名,十四考李士镛等六十名,十五考夏绍哲等八十八名云。

（光绪三十二年十月十三日"畿辅近事"栏目）

官场纪事

天津南段巡警总监段观察芝贵并随员于十六日由津赴营口公干。

（光绪三十二年十月十八日"畿辅近事"栏目）

天津自治局照会绅董文

为照会事,现奉宫保面谕,以地方自治事关紧要,饬从天津一县先行试办议事会、董事会以备实行地方自治,并限一个月内即行开办等因。奉此,查创设议事会、董事会非先定法制不可,而欲定法制,非合有学识有经验之本地绅董公同协议不足以昭郑重。业蒙宫保批准,先设天津县自治期成会,除由劝学所公举二十人、商会公举十人及本局局员全体外,再由本局公举绅士十二人,以便谘议而期完密。现在奉诏预备立宪,地方自治即为将来宪法之基础。凡我津郡缙绅士夫,均宜协力提倡以期揄扬盛治。素仰贵绅热心爱国乡望久孚,其于本处地方兴利除弊之端、竞争进化之理,必能坐言起行,共图公益。为此,合行照会贵绅知照,除择定开会日期临期时通告外,先将自治期成会简章并议事规则送请查照,并希届时到会者至为盼切。须至照会者。

（光绪三十二年十月十九日"畿辅近事"栏目）

自治局借地茶会

天津府自治局定于今日午后假座李公祠,柬邀藩台、学台及镇台、运台、关道、天津道南北段巡警总办及此次所举期成会会员、绅商、学界四十二人并局员全体茶会,商议开会一切事宜。

(光绪三十二年十月十九日"畿辅近事"栏目)

自治局茶会述要

天津府自治局于昨日午后二点钟假李公祠茶会,藩学镇道各宪暨商学两界绅董自治局员全体均到。此外,尚有湖北特派来津调查自治委员亦到会参观。兹将开会顺序略述如下:一、宣读开会词;二、各宪演说;三、茶点;四、摄影;五、分赠试办议事会章程;六、闭会。闻是日系商议开办期成会事宜,现已议定于下月初一日开期成会云。

(光绪三十二年十月二十日"畿辅近事"栏目)

学界研究自治章程

天津自治局设立期成会,业经订期下月朔日开办,闻学界各会员以开办不过旬日,急须将原订章程所指警察赈恤水道工程各事研究办法以便临时提议,已公订二十四日在模范学堂茶话矣。

(光绪三十二年十月二十三日"畿辅近事"栏目)

会议自治地方草案

天津商务总会总协理及商会董事与学界董事等公同约定与二十四日午后二钟齐集文昌宫初级师范学堂集议地方自治草案事宜。

(光绪三十二年十月二十六日"畿辅近事"栏目)

研究开办裁判章程

天津府凌太守取录书记生一节已纪本报。刻下正在研究裁判章程,俟将章程厘定后即行开办,所有此次复试之榜不复揭晓,仍按照头场取定各生等第概不更动云。

(光绪三十二年十月二十七日"畿辅近事"栏目)

审判章程批准试办

督宪注意改良裁判事宜先从天津一隅办起,前曾札委天津府县会同法政各员商订简章,一百四十六条中间屡经增改。现已禀蒙督宪批准试办,并饬令印刷分发津府各属,责成宣讲所逐条讲演,俾民周知。

（光绪三十二年十月三十日"畿辅近事"栏目）

接订开办董事会章程

天津府自治局自十月二十日假李公祠茶话,将议事会章程草案分布绅董先行研究后即由督理协同局员每日上午九时至下午五时接草董事会章程。现闻已脱稿云。

（光绪三十二年十一月初一日"畿辅近事"栏目）

试办审判章程纪要

天津试办审判一事略纪本报,兹闻所订章程,其内容略分四编:第一编为总纲;第二编定厅局之官制;第三编内分三章,为民刑通则、民事专则、刑事专则;第四编则定一切诉讼费用,都一百四十六条。

（光绪三十二年十一月初二日"畿辅近事"栏目）

自治期成会开会纪要

初一日为天津自治期成会开会之第一日,午后,各会员齐集府署,二时开会,会场极为肃静,间有疑难问题,亦皆平心研究。必待众意佥同,方为定议。是日,共议决议事会草案中之第一条、**第二条**、**第三条**,又增添一条。至五时散会。并议定每月内每逢单日开会,又以劝学所及商会所举各绅日间有事不能分身,除星期在下午二时至五时外,其余各日均定于晚间七时半到十时办为止云。

（光绪三十二年十一月初三日"畿辅近事"栏目）

自治期成会第二次会议

初三日为天津自治期成会第二次开会之期,是晚七时开会,先由议长凌太守报告,副议长金伯屏太史因病不能到会,遂接议议事会章程,除将初一日已议成之第三、第四两条逐字细加修正外,又添增一条,仅将原文之**第四条**议妥。其时已逾十点钟,遂各散会。订于昨(明)晚再开第三次会议。是日并将董事会草案分送绅商各一册,计共二十六条。

(光绪三十二年十一月初六日"畿辅近事"栏目)

津郡官场纪要

宫保督宪于昨早八点钟率同阖城司道府厅县文武各官赴龙亭拜牌庆贺冬至令节。

(光绪三十二年十一月初九日"畿辅近事"栏目)

自治期成会第三次会议

天津自治期成会日前开第三次会议,议决原文中之第五、第六两条。**第五条**系定选举权之停止,原文一为"现充吏胥",一为"现为僧道",决议时将第一项改为"现为官幕胥役",第二项则加入"及其他宗教师"六字,**第六条**系定被选举之资格,讨论最久,决议将原文删去,另行商订其大概,除备具选举权之资格。而有下列各项之一者,方有被选举权:一、高等小学堂或与之同等及以上之学堂毕业者,或有著述经官鉴定者。二、自有二千元以上之营业或不动产者或代人营业至五千元以上者。三、曾办学界事务或地方公务者。四、曾经出仕或曾得科名者。

(光绪三十二年十一月初九日"畿辅近事"栏目)

期成会第四、五次会议

初七晚为天津自治局第四次开期成会之期。是日,议决议事会章程草案,原文之第八、九、十三条又增一条客籍一节,经大众议决,亦得有选举被选举之权利不过稍加限制,大致除备具本籍人有选举权之各种资格外,须继续住本县境内满五年以上且有二千元以上之营业或不动产者,方有选举权。其营业或不动产之数达五千元以上者,则有被选举权。此皆原文所未定而此次开会所公议添入者,初九晚开第五次期成会,是晚,因未到齐,故未议决。

(光绪三十二年十一月十一日"畿辅近事"栏目)

验看裁判所书记生

天津府凌太尊(守)考取裁判所书记生四十三名,业经榜示在案。现太守拟将该生等挑留三十名应差,其余十三名作为备补。已先期传谕该生等于初九日午刻各集府署验看矣。

(光绪三十二年十一月十二日"畿辅近事"栏目)

天津官场纪事

天津探访局总办杨观察以德于十一日由津乘火车赴沟帮子,预备迎接振、徐两大臣。

(光绪三十二年十一月十三日"畿辅近事"栏目)

期成会第六次会议

十一晚为天津自治期成会第六次开会之期。是晚七点半钟自治局各员及学商两界绅董先后莅会,议决议事会章程草案之第十一至第十七条,如议员任满改选、出缺挨补、选举投票以及被选举人分划区域等项,大致均照原文略加增节。至十点钟议毕而散。订于今晚再议。

(光绪三十二年十一月十三日"畿辅近事"栏目)

天津官场纪事

天津南段巡警总局总办段观察芝贵、津榆铁路总办周观察长龄均于日前由津赴奉预备迎接振、徐两大臣。

(光绪三十二年十一月十五日"畿辅近事"栏目)

期成会第七次会议

十三晚为天津自治局开第七次期成会之期。是晚,自治局督理天津府凌太守以下各员及学商两界绅董到者颇众。七钟半开议,当即议决议事会草案原文第十七至二十二各条。至十点散会。

(光绪三十二年十一月十五日"畿辅近事"栏目)

期成会第八次会议

十五日为天津自治期成会第八次开会之期。是日因系星期,改于下午一点半钟开议,所有议事会章程草案现已议决至原文第三十八条,并增加二条。据闻此项章程俟下次开会即可议毕云。

(光绪三十二年十一月十七日"畿辅近事"栏目)

天津官场纪要

振、徐两钦使于十七日下午两点钟到津,驻节中州会馆,督宪率同司、镇、道各官工商学界中人迎迓如仪。

(光绪三十二年十一月十九日"畿辅近事"栏目)

期成会第九次会议

十七晚为天津自治期成会第九次开会之期。是晚,自治局各员及学商两界绅董均于七钟半齐集,先将议事会章程草案一律议决,随即接议董事会章程草案。至十钟散会。

(光绪三十二年十一月十九日"畿辅近事"栏目)

期成会第十一次会议

二十一日晚为天津自治期成会第十一次开会之期。各员绅均于七钟半莅会,是晚,共议决董事会章程草案之第八至第十七十条,大致均照原文略加增改。至十钟始散,定于昨晚再议。

(光绪三十二年十一月二十四日"畿辅近事"栏目)

天津奥界限制烟照

自华界禁烟而奥国租界烟馆仍旧开设。现经奥领事传示,捐房此后再有来界诸开烟馆者一概不准给照,其已开者,亦务须告明六个月限期至期即行闭歇云。

(光绪三十二年十一月二十四日"畿辅近事"栏目)

期成会第十二次会议

天津自治期成会于二十三日开第十二次会议。是晚,商议董事会章程草案第十八条,因原文会员代理副会长有"代负责任"一语,彼此意见不同,故未议决。订于今晚议决。

(光绪三十二年十一月二十五日"畿辅近事"栏目)

自治研究所将次毕业

天津自治研究所本年第一学期将满,定于十二月初十日照章考试,以便评定甲乙发给文凭。现该局业已议定,此次毕业后复拟于明年二月间举办第二学期,其课程期限如旧。

(光绪三十二年十一月二十七日"畿辅近事"栏目)

颁发自治浅说

天津开办自治局一切情形迭纪前报。惟地方自治之性质及其作用,军民人等尚不知其益处何在,该局特于日前颁发白话传单大书,看看自治地方有这多好处,字样内叙五条演说办法效力,亦开通下流社会之一助也。

(光绪三十二年十一月二十七日"畿辅近事"栏目)

49

期成会第十三次会议

二十五晚为天津自治期成会第十三次开会之期。是晚,共议决董事会章程草案之第十八至第二十三条,并将原文第二十四条删去。查董事会章程原文共二十六条,现在未议决者只有二条,大约今晚开会,当可议竣云。

(光绪三十二年十一月二十七日"畿辅近事"栏目)

期成会第十四次会议

天津自治期成会于二十七晚开第十四次会议。是晚,仅议决董事会章程草案原文之第二十五一条下余一条尚须再议计。自七钟半开议至十钟始散。

(光绪三十二年十一月二十九日"畿辅近事"栏目)

期成会第十五次会议

上月二十九日为自治期成会第十五次开会之期。是日,因系星期改于午后集议,先将董事会章程议竣,接议财政一章,大致亦已议妥,所余者仅总则、附则、罚则数章,大约再开一二次会议即可蒇事云。

(光绪三十二年十二月初三日"畿辅近事"栏目)

期成会接续会议

天津自治期成会于初二晚开第十六次议会,议决处分稽查、赔偿各节。昨晚又开第十七次议会商议赒恤及罚则各条,因其中有须增改之处,尚未议决。

(光绪三十二年十二月初五日"畿辅近事"栏目)

期成会第十八次会议

初六晚为天津自治期成会第十八次开会之期,自治局员暨各绅董均于

七钟半齐集,臬台毛廉访适于日前因公来津,亦亲自莅会参观。是晚,除将
矜恤及罚则数条一律议决外并增入附则二条。此外尚有选举规则,俟今晚
会议一次即可完竣云。

(光绪三十二年十二月初八日"畿辅近事"栏目)

自治章程会议完竣

初八晚为天津自治期成会第十九次开会之期。是晚,将前期提议之选
举规则公同议决,所有关于自治之章程草案,至是始一律议竣,随即公议。
即日具禀督宪请批示立案施行。

(光绪三十二年十二月初十日"畿辅近事"栏目)

禀呈拟定自治章程

天津县试办地方自治章程草案已由期成会员绅陆续开会,议决共分七
章,都一百十一条。自治局督理天津府凌太守等当于日前缮具清单,并将
开会情形禀呈督宪请示遵行,俟批准后即须筹设议事会地址并接议选举
课,事宜以期早日开办云。

(光绪三十二年十二月十四日"畿辅近事"栏目)

传见自治研究学员

天津自治局凌、金两督理于十六日带领自治局研究所毕业学员七十余
人谒见督宪。当经督宪一律传见,再三勉谕而退。

(光绪三十二年十二月十八日"畿辅近事"栏目)

照会兼充驻日调查员

天津自治督理照会林课员鹍翔兼充驻日调查委员,内开为照会事,照
得本局设立调查一课,原为调查各州县地方现状以备地方行政入手之处,
但地方自治为现在特创之事,非参考他国之自治制度,不足以臻美备。而
日本与我文俗相近,其关于自治之一切现行法制,尤足为我所法,合亟派员

51

调查。兹查有本局调查课员候选同知林鸥翔在局供差,谨慎、勤奋、颇资得力。现既奉出使日本大臣杨调赴日本充当留学生监察员,于使署应尽职务外,堪以兼充本局驻日调查委员相应备文,照会所有日本之府县、市、町、村各会之现状及关于地方自治之一切规制,均希随时调查报告以备采择。为此,照会请烦查照须至照会者。

(光绪三十二年十二月二十三日"畿辅近事"栏目)

自治研究学员回籍传习

天津府自治局附设研究所所有七属学员业于十五日毕业给凭,现该局又札饬七属,略谓前据该州县等照章详送士绅来津入自治研究所肄业,现在已属毕业分科试验完竣,分别给与毕业、修业文凭,先令该士绅等回籍,以广传习。仰蒙宫保督宪提倡自治,属望殷殷。该士绅等到津之时、毕业之后,两蒙传见训诲周详,此次毕业试验,该士绅等成绩皆有可观。各该州县务各奖励而诱掖之云。

(光绪三十二年十二月二十三日"畿辅近事"栏目)

天津试办地方自治选举规则

第一条　于本局设选举总课,于左开各地设选举分课:一、围墙以内设分课,二、四乡按巡警总局、分局所在各设分课,并置投票箱。

第二条　选举总课课员以本局全体职员兼任之。

第三条　选举分课由总课派课员一人,以区内各村之村正副为分课照料员并通知该管巡警局到场弹压。

第四条　选举总课之职务如左:一、公告选举日期、地址。二、制印资格式纸、选举执照及选举票。三、分造选举人名册及被选举人名册。四、公告被选人名册。五、审查更正增补。六、第一次选举拣票核数注册。七、通告第一次当选人。八、照料复选举事宜。九、造复选举名次表。十、通告当选本人。十一、审定辞职升补。

第五条　选举分课课员之职务如左:一、招集本区各村村正村副,说明宗旨及办法。二、讲演选举之利益及方法。三、按照本规则第七条以下办理选举。

第六条　照料员之职务如左：一、分给各种式纸、票纸。二、帮助课员举行选举事宜。

第七条　凡资格式纸经本人填注后，由各照料员收齐汇交分课，由分课送交总课。

第八条　选举总课将前条式纸分别订成选举人名册及被选举人名册，其被选人名册即发交分课榜示，并发给选举执照。

第九条　选举执照由村正副于选举期前交选举人收执，届日选举人携带执照亲往分课之选举场换领选举票，当场书写，投入票箱。

第十条　各处之选举由各分课课员由邀同照料员于定期内行之。

第十一条　选举票箱于投票完毕由各分课员带回总课，择日公开之。

（光绪三十三年正月初六日"要件"栏目）

自治学员组织学社

天津自治研究所毕业诸君组织自治学社，闻刻下已由发起人郑君文选等六人缮录章程，并备通启延请绅学界中人预备开会事宜矣。

（光绪三十三年正月初七日"本省近事"栏目）

自治局预备实行

天津府自治局经期成会员议就，议事董事各会章程由督理凌太守等禀经督宪如详批准着即试办。刻已由凌太守、金太史料理开办事宜。据闻，选举之投票场即拟假用河北公园学会处，如果天津自治局办有成效，即升为直隶全省自治总局，各府作为分局以冀逐渐推广云。

（光绪三十三年正月初九日"本省近事"栏目）

批准禀办全省自治

天津自治局转详进士阎绅凤阁等禀请改办全省自治一事，已蒙督宪批示，大致谓津郡选举事毕，再议扩充，现已录批照会阎绅矣。

（光绪三十三年正月初十日"本省近事"栏目）

选举办法将次拟定

天津试办地方自治章程业经公同核定,禀奉督宪批准在案。其余选举规则亦已定妥,惟实行选举办法尚未拟定。现已由自治局法制课员吴君兴让编订,将次脱稿矣。

（光绪三十三年正月十六日"本省近事"栏目）

中州会馆定期团拜

旅津河南官绅定于本月十九日在中州会馆团拜。

（光绪三十三年正月十九日"本省近事"栏目）

拟定自治学社通则

天津自治研究所学员禀请设立自治学社一节已纪本报。兹由自治局法制课员编成《自治学社通则》若干条,拟禀督宪俟批准后即可通行各属,凡有设立此项学社者,均须遵照办理云。

（光绪三十三年正月二十二日"本省近事"栏目）

分派书记生办事

天津县章大令日昨（昨日）选派书记生十名,归高等审判厅办事,地方审判厅选用二十名均分三等。高等每月薪水十六两,二等十二两,三等八两。俟入局后即发给薪水,以资办公。

（光绪三十三年正月二十三日"本省近事"栏目）

提议再开期成会

天津自治局于去冬创设之期成会,原议俟各项自治章程议毕即行解散。现所议章程业经禀奉督宪批示准行。惟一切开办事宜尚须与期成会各绅董公同核议,故闻自治局各员拟再开会一次,俟选举事宜成立后始将期成会解散。

（光绪三十三年正月二十四日"本省近事"栏目）

天津府县通告

敬启者，前天津县吴静庵军门奉旨附祀天津李文忠公祠。兹择二月初四日巳时神位入祠献祭演戏，同伸报乡。特此布闻，恭候光临。

（光绪三十三年二月初二日"文告录要"栏目）

附录天津官事

天津府凌太守卓异引见，行将北上，已由上宪札委李星野太守兆珍代理府篆、天津官银号总办、兵部郎中、席部郎淦于日前请假回籍，候补道刘观察炳炎于日前奉委天津官银号差。

（光绪三十三年二月初二日"文告录要"栏目）

附录天津官事

农工商部左丞耆丞堂龄于初一日由京来津，初二日午前验看北洋陆军学工厂、劝业铁工厂、实习工厂、教育品制造所，午后阅孝工厂，初三日阅广仁堂女工厂、习艺所各处。

（光绪三十三年二月初四日"文告录要"栏目）

天津府自治局详督宪拟订自治学社通则请予立案文

为详请立案事，窃卑局附设之自治研究所，所有研究学员已于去年十二月毕业，业将试验分数详报在案。伏思地方自治之事，终非地方以外之人所能代谋，今第一班毕业学员大县仅有八人，小县则止六人，将来实行之时万不敷用，且非合县之人皆知自治之利益，尤不足以泯疑阻而期畅行。卑府等于各学员等回籍禀辞之时，勉谕其筹办自治学社，将研究于津者传习于其乡，并订公约四则予之。旋闻该学员等回籍后颇能遵照筹办。卑府等又以事关创始，益宜谨慎，复为标明宗旨，规定办法，订定学社通则十二条。此后有发起设立此项学社者，务各按照通则拟定章程，呈请该管州县核定转详卑局，批准之后方可开办，以示划一而昭慎重。所有拟订自治学社通则另缮清折备文，详请宪台察核批准立案。再由卑局将通则札发津郡七属，示谕各该学员遵行，须至详者。（清折后录要件）

（光绪三十三年二月十一日"公牍录要"栏目）

试办天津府属自治学社通则

第一条　设文学社时应有三人以上之发起人。

第二条　发起人应编定章程，缮写二分，呈请本县核定，转详自治局批准。

第三条　学社自得批准之日为成立。

第四条　学社对于社外事务应设代表员。

第五条　学社章程应记载之事项如左：一、目的。研究关于地方自治之法政知识，以培养议事人，讲求地方公益为范围。二、发起人之姓名、住址。三、学社名称。四、学社所在地。五、组织之方法。六、研究之课目（可分学理、事实二项）。七、经费筹画之方法（有定数者载明之）。八、社员定额之有无（有定额者载明之）。九、存立年限之有无（有年限者载明之）。十、代表员之选任方法及其姓名、住址。

第六条　学社得批准后三日内，应申报于所在地之巡警局，并送章程存案。

第七条　学社非依本通则前六条之规定不得成立及变更其章程。

第八条　学社章程所记载事项如有变更，应呈请本县核定转详自治局批准。

第九条　讲员之姓名及所担任课目，随时报告自治局核定。

第十条　学社迁移住址时，应于三日前时告于新旧所在地之巡警局存案。

第十一条　学社成立后受自治局询问及委托之事，有应尽报告或调查之义务。

第十二条　有存立年限之学社，非至期满不得解散；无存立年限者非得总社员四分之三以上之承诺不得解散。其因不得已之事故而须解散者应说明其理由。于解散前申报本县及自治局查核，并报告于所在地之巡警局。

（光绪三十三年二月十一日"要件"栏目）

预备开办选举事宜

　　天津府县现经会议，以创设自治局宜先立议事会，拟按照巡警界限分为八区，以便办理选举事宜。有总课、分课之别。居民每户先给空白格式一张——填写。俟汇齐后如查有合格者，再为换给选举票，俾人民得有选举之权。

（光绪三十三年二月十五日"新闻录要"栏目）

天津府县开办选举告示

　　为出示晓谕事，照得天津县自治的事，自治局和本县各绅商公订了一个章程，总督大人已经批准，着先行试办。按照章程，天津县先要立一个议事会，公举议员。应该把天津县境分作八区，就现在巡警局所定的各段界里边，设立办选举事情的总课和各分课，凡是天津县的住户，都发给一张空白的格式纸，要照纸上名项格式——填注明白，送回各该选举课。看他合了选举资格，再换给他一个选举执照，到了应该选举的期，凭执照换选举票选人。你们该知道地方自治，和你们身家大有好处。选成以后。将来公共的事情。自然旺盛。但是这事，是头一回创行，恐怕有糊涂人乱造谣言，从中拦挡，也许猜疑着这事儿是为征兵为加税打算。你们受了他们的愚弄，也许迟疑不进，实是地方自治的妨害。所以先要明白晓谕你们一番，你们见了告示以后，要紧按照自治局所发的格式纸，据实填写，不要隐瞒，不要撒谎。这是盼望你们的意思。切切特示。

（光绪三十三年二月十六日"文告录要"栏目）

天津府自治局颁发选举人被选举人填注格式纸(章程续录)

填注事项 一、填注人先将此纸后面所载各章程详细看明。 一、填注人如有第九条、第十条情事者,无庸填注。 一、填注人合于第六、**第七条**及第十一、第十二条中各项者,据实逐项填注于下方,其无可填注者,缺之。 一、填注既完,将此格式纸送交选举分课。	姓名(填注于此行之下格)	
	年岁(填注于此行之下格)	
	籍贯(填注于此行之下格)	
	住居(填注于此行之下格,如非天津县籍者,须书名已住几年)	
	职业(填注于此行之下格,就现在之职业填注;其代人营业者,须填营业地址、字号并其资本若干)	
	财产(填注于此行之下格,其营业者,须书明地址、字号及其资本若干;其有不动产者,须书明坐落及价值若干)	
	经验(填注于此行之下格,在学堂者,须书明学堂何名,何年毕业;有著述者,须书明何时出版;曾办学务或地方公益事务者,须书明年月;曾经出仕者,须书明履历;得科名或在庠者,须书明科分)	

因《北洋官报》部分内容阙如,此处经查阅文献后补齐。

试办天津县地方自治章程
第一章　总则

第一节　区域

第一条　县之区域从旧制。

第二节　住民

第二条　凡住于本县境内之本国人皆为住民,凡住民遵守本章程及条例所定得享有权利,负担义务。

第三节　条例

第三条　凡关于自治事宜得自定条例,但不得与法令及本章程抵触;凡条例由议事会议定,禀请本省总督批准并公布之,公布三十日后一律遵守。

第二章　议事会

第一节　组织及选举

第四条　本议事会以议员及由议员中公推之议长、副议长组织之。议员以三十人为定额。

第五条　议员均用复选举当选者任之。

(光绪三十三年二月十六日"文告录要"栏目)

天津府自治局颁发选举人被选举人
填注格式纸后开章程并附分课地址
(试办天津县地方自治章程)

第六条　凡有本县籍贯而备具左开资格者,均有选举权:一、二十五岁以上有业之男子。二、不仰地方公费赒恤者。三、能自写姓名、年岁、职业、住址者。

第七条　凡非本县籍贯之本国人,备具前条之资格而现住居(指营业或财产所在而言)本县境内,继续满五年以上,并在境内有二千元以上之营业资本,或不动产者,亦有选举权,但共有者自定其中一人行使之。

第八条　在本县境内,一人不得有二选举权。

第九条　凡有左开各项情事之一者,停止其选举权。一、犯国律载明之刑罚者。二、为不正当之营业者(其范围以条例定之,条例未定以前从习惯)。三、失财产上之信用,确有实据而尚未清了者。四、有心疾者。五、吸鸦片者。以上五项除法律及条例特定制限外,于公认为情事完结后仍得有选举权。六、犯本章程停权事项者。

第十条　有左列之身分者停止其选举权。一、现为官幕胥役者。二、现为僧道及其他宗教师者。

第十一条　凡有选举权之本籍人,具左开各项中身分之一,而无第九、

第十条情事者,得被选举为议员。一、高等小学堂或与之同等及以上之学堂毕业者,或有著述经官鉴定者。二、自有二千元以上之营业,或不动产者,或代人营业至五千元以上者。三、曾办学务或地方公益事务者。四、曾经出仕,或得科名,或在庠者。

第十二条　凡非本县籍贯之本国人,现住居本县境内,继续满五年以上,并有五千元以上之营业资本,或不动产,及备具**第六条**之资格而无第九条、第十条情事,亦得被选举为议员。

选举分课地址:第一区(围墙以内)分四路,用宣讲所,南路东马路宣讲所,西路西马路宣讲所,东路地藏庵宣讲所,北路河北宣讲所;第二区(东乡)用巡警各局,大毕庄、南程林庄、范家庄、何家庄;第三区(南乡)用巡警各局,蔡家台、张家窝、大寺村;第四区(西乡)除杨柳青外用巡警各局,杨柳青用公立学堂、三河头、大稍直口;第五区(北乡)用巡警各局,北仓、双街村、朱唐庄;第六区(海河一局地)用巡警各局,土城、灰堆;第七区(海河二局地)除咸水沽外用巡警各局,咸水沽用宣讲所,白塘口、下郭庄、八里台;第八区(海河三四局地)除葛沽外用巡警各局,葛沽用宣讲所,邓善沽。

第十三条①　议长、副议长均由议员中投票互选,以得票最多者为之。

第十四条　议长、副议长、议员均为名誉职不支薪水,其办公经费以条例定之。

第十五条　凡议员非因左开事项不得辞职。一、确有疾病不能担任职务者、二、确有职业不能常住境内者。三、年在六十岁以上者。四、其他特经议事会认许者。

第十六条　凡议员任期为二年,任满后改选之再被选而欲辞职者听之。议长、副议长每年于议员中互选之。议长因事出缺时,副议长补之;副议长因事出缺时,以复选举名次表前列之议员补之;议员因前项之补缺或其他事故而出缺者,以复选举名次表前列之被选者递升补之。凡补缺之议长、副议长、议员届期一律改选。

第十七条　凡选举事定之一切布置及选举时之规则,暂由自治局代办。另设选举课派专员经理之。选举日期及地址,暂由自治局临时酌定于半月前公告之。每次改选期前一个月,由议长通知董事会布置选举事宜。

第十八条　凡有选举及被选举之资格者,均各按照颁发格式逐项填

---

① 为了保证资料的完整性,此条之后根据《大公报》增补。

注,依限汇交选举课对照格式分造选举人名册及被选举人名册。被选举人名册由选举课公告之,如有虚伪及遗漏之处,除由选举课随时审查外,得由有选举权者呈请更正增补,但以公告后十五日内为限。

第十九条　初选举由选举人预领选举执照,届期至选举场验照换领选举票。各写所举人姓名,投入选举票箱。

第二十条　选举票箱暂由自治局督理,当众公开核数、唱名、注册。

第二十一条　初选举之选举票,先按被选举人所住区域划为八区,分拣各本区得票最多者四人共三十二人,复将所余各票,合拣得票最多者一百零三人以上(至)一百三十五人,为初选举当选人。但分拣时人数不足者,于合拣时补足之。前项之区域以巡警南北段所辖为第一区,四乡东局所辖为第二区,四乡南局所辖为第三区,四乡西局所辖为第四区,四乡北局所辖为第五区,海河一局所辖为第六区,海河二局所辖为第七区,海河三局、四局所辖为第八区。其住居县境而不在以上八区内者皆属于第一区。

第二十二条　复选举由初选举当选人齐集选举场,互举三十人记于一票,当时投入票箱。复选举票分拣合拣之法与第一次拣法同,但分拣减为每区一人,共八人,合拣减为二十二人以上三十人为当选议员。

第二十三条　凡选举以得票之多少造选举名次表。遇有二人以上得票同数时,以住居县境较久者列前,住居不辨先后时以年长者列前,年同时以抽签定之,其临当选满额时,即以列前者为当选。

第二十四条　凡选举票应作废者如左:一、被选举人不在被选举人名册,或无资格而误列被选举人名册者。二、不依式写或夹写入他事者。三、模糊不可认识者。四、不用选举课所发票纸者。五、选举人自署己名或写所举人之号者。六所举人数过于应举定数者。

第二十五条　凡选举于公开既毕之日,由选举课通告当选姓名,于当选本人,复选举当选者,如有第十五条事故得依限呈请辞职。有前项辞职者时,以复选举名次表前列之被选者递升补之。凡当选后因发见不得当选之事由,无论已未就职,得令其退职,其递升补缺之法亦同前项。

第二十六条　关于选举效力之争议,由省议事会裁决之(省议事会未立之前暂由自治局代理),不服省议事会之裁决者,得申诉于本省总督。

第二十七条　当选确定后,暂由自治局定期行议事会开会式,即由各议员互选议长、副议长。

第二节　职务权限及办事规则

第二十八条　议事会应行议决之事如左：一本县下级自治团体（如城镇乡各议事会及城镇董事会并乡长等）之设立事宜。二、自治事务（如教育、实业、工程水利、救恤、消防、卫生、市场、警察费等类）之创设、改良并其方法事。三、地方入款之清厘及筹集事。四、地方经费之豫算、决算事。五、地方公款、公产及利息之存储并动用事。六、董事会副会长、会员被人指摘之处分事。

第二十九条　议事会得以前条议决事项交董事会办理。

第三十条　议事会得稽查董事会所办事务，并会计及文牍报告之当否。

第三十一条　关于本地警察之创设、改良，议事会得请该管官署酌办，若该管官署委任地方接办时，则由议事会议决交董事会办理之。

第三十二条　议事会得上条陈于地方官。

第三十三条　议事会对于地方官所办之事，得上书质问，地方官应解答之。

第三十四条　议事会得受人民关于地方利弊之条陈，酌量议行或批却之。

第三十五条　议事会得代人民申述其困苦、不能上达之事于地方官，并调处民事上之争议。

第三十六条　议事会得应地方官之咨询，申述其意见。

第三十七条　前六条之事如不在会期中而事体重大者，应开临时会付议，但三十五条、三十六条之事遇有紧急不及开会时，得由议长、副长酌办并公布之。

第三十八条　议事会每年开通常会二次，其会期一次在正月至二月内，一次在十月至十一月内，均以三十日为限，但有必须接续会议者，得于会期中延长日限，此外事件经议长酌定，或地方官照会，或议员三分之一以上联名请求开会时，均得开临时会，其会期以十五日为限。

第三十九条　开会日期及会场由议长指定，并将所议事项于十日前发通知书于各议员并公布之，其开会一切布置由议长先期知照董事会办理。

第四十条　会议应公开之，但遇有左列情事者可禁旁听：一、地方官照会请禁旁听者；二、议长、副议长之同意或议员十人以上之同意请禁旁听者。

第四十一条　议长代表议事会定会议次序,开闭当日会议,并保持议场秩序,议长有事故时,以副议长代理之;副议长亦有事故时,得于到会议员中公推一人为临时议长。

第四十二条　议员须亲自到会,与议得以口述或说帖发表已见,但不到会而送致说帖者不在议决之数。前项之说帖均由议长揭示之。

第四十三条　凡会议非有议员半数以上到会不得议决,再由议长发通知书限期催到,届期仍不及半数时,即就现到议员议决之,凡议决以到会之议长、副议长及议员多数之同意决之可否,同数时则决于议长。

第四十四条　凡议事有关系议员本身,或其父母、兄弟、妻子者该议员不得加于议决之数,其因而不满议员之半数者,以董事会副会长、会员加入会议,如仍不满时亦得议决之。议长有前项情事时,副议长代理之;副议长亦有前项情事时,得于到会议员中公推一人为临时议长。

第四十五条　凡会议时地方官得到会,但随从人节不得入会场,地方官到会时得陈述意见,惟不在议决之数。

第四十六条　凡会议应守规则,除本章程载明各条外,于会场规则中定之。

第四十七条　议员会议时,如有违背本章程及会场规则者,议长得止其发议,违者得令退出,其因而紊乱会场秩序致不能会议者,议长得令暂时停会。

第四十八条　凡旁听者应遵守会场规则所载旁听各条,如有紊乱会场秩序者,议长得令退出。

第四十九条　议长、副议长、议员于议案范围中所发之言论对于会外不负责任。

第五十条　议长、副议长、议员除现行犯外,于会期中非得本议事会之承诺不得逮捕。

第五十一条　凡会议由书记录载议事始末,编成议事录,由议长阅订,交书记保存之。书记由议事会于议员外公同选任,其员额及薪水本会自定之。

第五十二条　凡会议决定之事,由议长移知本县知县及董事会,并公布之。其因本县知县照会,或到会之议长、副议长、议员多数认为应秘密者,可不公布。

第五十三条　议事会置常设事务所,由书记住所,经管日常庶务。议长、副议长随时督理之。

第三章　董事会
第一节　组织及选举

第五十四条　本董事会以左列职员组织之。一、会长一人。二、副会长一人。三、会员八人。

第五十五条　会长以本县知县兼任之,副会长、会员均由议事会选举任之。其被选举资格适用本章程第十一条、第十二条,但现任议员被选时,如愿就董事会职员者,应辞议员之职。

第五十六条　前条之选举,由议事会议长会同本县知县公开之,副会长之选举由议事会、议长、副议长、议员各举一人,不署己名。会员之选举由议事会、议长、副议长、议员各举八人,记于一票,不署己名,但所举不足八人者听之。

第五十七条　副会长以得票最多者为当选,但以八票以上为及格,如无及格者时则重选之。会员以递拣得票多数者为当选,但以八票以上为及格,如无及格者时则重选之。如及格者不足额时,则补选之。当选临满额而遇有二人以上得票同数时,则就得票同数者中再投票选举之,以得票最多者为当选。惟本人不在投票之数,如仍同数时,依本章程第二十三条办理。选举既毕,由议事会通知于当选本人。当选本人欲辞职时得依限申明,由议事会补选之。

第五十八条　副会长任期四年,任满改选,其再被选者得以连任。会员任期四年,每二年改选半数,其再被选者得以连任。本会成立后第一次会员改选期应留之,会员由议事会、议长、副议长各投四票,以得票最多者四人当之,而改选其余会员四人。副会长、会员出缺时即由议事会照行补缺选举,但届期一律改选。

第五十九条　本会副会长、会员不得以五服亲族及例应回避之姻戚同时为之。前项之回避以副会长避会长,以会员避会长、副会长。其会员中票少者避票多者,后选者避前选者,但票同时依第五十七条之法当选其一人。

第六十条　副会长、会员皆受薪水,不得兼任其他有薪水之职务。

第六十一条　副会长、会员于任期中非经议事会许可不得辞职。

第六十二条　凡本籍会办学务,或办地方公益事务之正绅,皆为董事会名誉会员,但现任议事会议员及本会职员者不在此限。

第六十三条　董事会依议事会之议决得设常任干事,或临时干事。前项之干事由议事会议定,员额就议员中选举半数,由董事会就有被选举权者中选举半数,若员额不能平分时,其奇数一人尽有被选举权者中选举之,并由副会长指定会员一人为干事长。干事于办公经费外得受相当之酬金。

第六十四条　董事会设会计、书记,其员额及薪水董事会自定之。

第二节　职务权限及办事规则

第六十五条　董事会担任之事务如左:一、议事会开会布置之事。二、议事会议决交办之事。三、依惯例或议事会议决应归管理或监督之事物。四、依议事会议决之豫算为收入支出之事。五、地方官以国费委办之事。六、对于其他自治团体商办之事。七、代表自治团体为诉讼之事。

第六十六条　前条第二目之事,如董事会查有越其权限,或违背法令,或妨碍地方公益者得说明理由,使之再议。若仍不改其议决时,由省议事会议决之(省议事会未立之前暂由自治局代理)。不服省议事会之议决者,得申诉于本省总督。

第六十七条　董事会就所担任事务有须议定执行之方法或规则者,应开会议决之。

第六十八条　凡开会以副会长为议长,非有议长及会员中六人以上到会,不得议决。凡议决以议长及到会会员多数之同意决之,可否同数时,则决于议长。议决之事件,由书记登载于议事录。

第六十九条　凡会议有关系会员本身及其父母、兄弟、妻子者,该会员不得加于议决之数。其因而不满六人时,由董事会通知议事会议长、副议长、议员加入会议。副会长有前项情事时,以名次列前之会员代为议长。

第七十条　董事会之议决有越其权限,或违背法令,或妨碍地方公益者,会长得说明理由止其执行,使之再议。若仍不改其议决时,由本县议事会议决之。不服本县议事会之议决者,得申诉于本省总督。

第七十一条　会长之职权如左:一、代表本会签布文件。二、稽查本会办事成绩。三、开会议时发表意见。

第七十二条　副会长之职权如左：一整理会中事务。二、分配会员职务。三、开闭会议定议事次第，并保持议场秩序。四、综核会计文牍报告。五、会署文件。六、选任会计书记及其他员役。七、保管文件钤记。八、应议事会之咨询、陈述意见，并报告会务。

第七十三条　副会长有不得已事故，经会长、会员多数公认时，应由最先就职会员中之名次列前者兼理副会长事，并负其责任，支其薪水，但以三个月为限，逾限应按照副会长出缺例办理。前项之得票最多者有同数时，依本章程第五十七条第三项办理，但以会员为选举人。

第七十四条　会员依副会长之分配掌理会中事务。

第七十五条　会员有不得已事，故经副会长、会员多数公认时，由副会长就会员中拣人兼理，并负其责任，支其薪水，但以三个月为限，逾限应照会员出缺例办理。会员有前项情事至三人后，而复有应代理者时，其代理者由副会长、会员就名誉会员中公推之。

第七十六条　名誉会员于开会议时得到会陈述意见，但不在议决之数。

第七十七条　会计掌收支、存储款项，并核数造册之事。

第七十八条　书记掌拟缮文牍、报告及其收发、存记等事。

第七十九条　会计、书记不得以会员兼充之。

第八十条　干事承董事会之监督与干事长之调度，各任其专管事务。干事就所管事务开会议时，以干事长为议长。干事被人措摘，其处分由董事会议决之。

第八十一条　副会长、会员因满任而解任时，应先期一个月就所办之事分别已结、未结、拟办各情形，开具清单，移交议事会查核。如无异议并经后任者接收清了后，始得解任。其因事故而解任者，应于事故发生后一个月内照前项办理。其因不测事故不能开单时，如系会员则由会长查明代办，如系副会长则由会员全体为主。会计、书记及干事解任时，应由副会长限期令其照第一项开单，交董事会查核无异议，始得解任。其因不测事故不能开单时，如系会计、书记则由副会长查明代办，如系干事则由干事长为之。

第四章　薪水酬金及办公经费

第八十二条　本章程所载各项薪水,除载明自定者外,其数目以条例定之。其他使用人役之薪工数目在议事会者,由议长定之,在董事会者副会长定之。

第八十三条　干事之酬金,由议事会临时议定订入各该事件专章。

第八十四条　凡因办理公务所用款项,得按实数开支公费(如路费、旅店费、通信费等类)。

第五章　自治之财政
第一节　自治之经费

第八十五条　自治之经费以本地之公款、公产及其利息充之,不足者由议事会另行议定。

第八十六条　因清厘公款、公产而生争议时,由省议事会议决(省议事会未立之前暂由自治局代理)。不服省议事会之议决者,得申诉于本省总督。

第二节　豫算、决算

第八十七条　董事会每年计来年之岁入、岁出造成豫算表,连同关系文案及财产明细表于九月十五日前交议事会,由议长于开会前发通知书时分送于各议员。

第八十八条　前条之豫算议事会应于十月至十一月之会期中议决,交董事会存案并公布之。前项之豫算如有错误遗漏,得由董事会指交议事会议决更正。

第八十九条　为备豫算不敷支出,得于豫算中置豫备费。

第九十条　凡事件发生在豫算表确定之后者,得为追加豫算。

第九十一条　董事会于每年正月内总计上年之收入、支出造成决算表,连同票据、账册交议事会查核。

第九十二条　议事会于每年正月至二月之会期中查核决算表,无异议时交董事会存案并公布之。

第三节　处分稽查及赔偿

第九十三条　董事会得收个人捐助之款项办理公益事业，但其事业于捐助时自行指定者，非经本人或其后嗣之许诺，不得议更其用法。

第九十四条　凡豫算中之费用，不得彼此挪用。

第九十五条　豫算中之豫备费用，不得充议事会驳斥事项之费用。

第九十六条　民产业款项之出入、存储由会长、副会长于每月底检查一次，其临时检查至少每年一次，由议事会议长及董事会副会长定期邀同通晓簿计者，会同会长行之。

第九十七条　因前条之检查及第八十一条之解任查核而查出有短欠，或违章支出情事者，由各该经手人照数填补。前项之填补在百元以上者，并照月息一分计算赔偿之。

第九十八条　凡填补赔偿之责任本人不能清了者，由其后嗣担任之。

第六章　自治之监督

第九十九条　县自治之监督官初级为本府知府，最高级为本省总督，其属于各司道主管之事务，各该司道亦得监督之。

第一百条　依法令应归县自治负担之支出，未经载入豫算者，本省总督得命议事会为追加豫算。

第一百一条　凡订立条例及新起征收经议事会议决后，须本省总督批准之。

第一百二条　凡一切自治行政之成绩，监督官厅得于必要时令其报告并调查其实况。

第一百三条　本省总督得解散县议事会，但须同时命县董事会举行政选，于三个月内召集开会，就同一事件不得为二次解散。

第七章　赒恤及罚则

第一百四条　凡因办理公务而致伤、或成病、或残废者，除给医药费外,应由议事会酌量情形给予津贴。因办理公务而致死者,应给资助家属金,其数目及年限由议事会定之。

第一百五条　凡罚则分左之三种:一、停权,凡选举权及被选举权均不得过十年。二罚款,自一元至二十元为轻罚,自二十一元至百元为重罚。三、退职。前项第二目之罚款归入地方公款。

第一百六条　议员无第十五条之事故而辞职者,除退职外并停止其选举权、被选举权三年。议员就任后无故不到会至满一年者,与前项同。

第一百七条　董事会副会长、会员及其他员役有过失时,应于轻罚范围内议其罚款。其有故意之凭据者,于重罚范围内议其罚款。前项之议罚对于副会长时,由议事会议决之;对于会员及其他员役时,则董事会决之。凡故意之过失,除议罚款外皆令退职,并停止其选举权及被选举权,其停止之年限由议事会议定之。

第一百八条　凡选举有纳贿之凭据者,除追夺其款,充地方公款外,由议事会于重罚范围内议罚,并停止其选举权、被选举权十年。其他妨害选举制行为确有凭据者,由议事会于三种罚则范围内议罚。

第一百九条　凡处罚皆由本县知县行之。

第八章　附则

第一百十条　本章程经本省总督批准后,自公布之日起施行之。

第一百十一条　本章程未尽事宜,由议事会随时修改,呈请本省总督批准施行。修改章程之提议,须具议案,经议员十六人以上之联署。前项之议案须得议员二十人以上之同意议决之。

(光绪三十三年二月十七日"要件"栏目)

天津地方审判厅牌示

为牌示事,照得嗣后各局所函送案件,该原告亟应遵照本厅诉讼规则,贴用印纸另行起诉,否则概不收理,以杜取巧,而昭平允毋违。切切特示。

(光绪三十三年二月十九日"文告录要"栏目)

实行裁减书差

天津县章大令以迭奉明诏裁减书差,并蒙各宪檄催,业经陆续删减。兹又大加裁汰,又恐该书差等一经闲散,或有招摇撞骗等事,不可不预为之防,特于日前榜示姓名,俾众公知。如有前项情弊,并准赴县喊诉,以凭究办云。

（光绪三十三年二月十九日"新闻录要"栏目）

审判厅申报各署

天津高等审判分厅现奉督宪饬发图记一颗,该厅遵奉领收,已于本月十八日启用,并由天津府县于前日申报各属查照云。

（光绪三十三年二月二十二日"新闻录要"栏目）

附录天津官事

升授陕西藩台冯方伯汝骙于日前来津,奉天营务处雷观察震春亦于日前由奉天来津,天津府高等审判分厅承审官和大令绅布奉委署理庆云县篆所遗承审一差,委书记官伍大令钧接充。

（光绪三十三年二月二十三日"文告录要"栏目）

审判厅拟添书记

天津府县审判厅一切事件忙碌异常,所有前考取之书记生不敷办公之用,现拟添书记生数名,以资佐理。

（光绪三十三年二月二十三日"新闻录要"栏目）

附录天津官事

天津南段警谳局改为发审处,应委发审人员已禀请札委蔡大令济勋为检事长,高大令绍陈为正审官,夏刺史继泉、叶别架澄为帮审官云。

（光绪三十三年二月二十四日"文告录要"栏目）

天津分府告示

为晓谕开征事,照得本分府所辖天津、武清二县境内苇渔课,各村庄地亩钱粮银两应纳节年粮银,各花户仍多延欠,殊属疲玩。现在又届本年上忙例应启征之期,本分府定于二月二十二日设柜开征,除谕饬各村正副协同该管地方按户催纳外,合亟出示晓谕。为此,示仰苇渔课各村庄地户以及庄头人等知悉。尔等务将应完上忙钱粮并蒂欠节年粮银仍遵照酌定章程,赍带清净钱文,赶紧亲身赴府,自封投柜,扫数全完以凭发给印串、收执,毋得假手他人,包揽代纳,致滋弊,实亦不得观望违延。倘敢抗违,一经查出,定将该粮户传案追究不贷,各宜凛遵毋违。特示。

（光绪三十三年二月二十五日"文告录要"栏目）

天津实行选举事宜

天津自治局拟于月之二十四日实行选举法,日前,天津府李太守已札委自治毕业生二十六名、蠡县学员二名、天津学员二十四名协同办理。

（光绪三十三年二月二十五日"新闻录要"栏目）

派员宣讲选举事宜

天津地方自治已将次开办,当经自治局督理商同执事各员拟将津邑四乡分为八区,每区分派研究毕业学员三员宣讲选举事宜云。

（光绪三十三年二月二十九日"新闻录要"栏目）

分派办理自治人员

天津自治局现经督理商酌将津城内外为一区,业将地段划清人员派定,并分散填注格式纸,令该区居民据实填写年贯、职业,以备选举云。

（光绪三十三年三月初一日"新闻录要"栏目）

选举分课员名单

天津自治局将行选举,派员于二月二十七日起分送填注格式纸等情已纪昨报。兹将各分课员名单探录于下:咸水沽分课石献琛,朱唐庄分课许权,北仓分课朱星焕,河家庄分课卢翰章,河北宣讲所分课李长澧,三河头分课周春熙,张家窝分课谢惠珍,范家庄分课张寿,葛沽分刘恩渠,八里台分课宋春霖,白塘口分课解元湜,河东宣讲所分课张濬川,邓善沽分课赵承恩,东马路宣讲所分课郭同春,大稍直口分课张炳臣,杨柳青分课刘文煜,西马路宣讲所分课郑文选,土城分课郑文衡,灰堆分课刘彭龄,大寺村分课徐延寿,大毕庄分课刘蕴直,下郭庄分课王文琴,南程林庄分课周文俊,双街村分课韩燮元,蔡家台分课韩玉瓒。

(光绪三十三年三月初二日"新闻录要"栏目)

天津地方审判厅照会商会

为照会事,案准天津县移途转奉督宪批发天津地方审判厅图记一颗,又赵家场、永丰屯、杨柳青、咸水沽各乡谳局钤记各一颗。令即分别查收转给启用具报等因,当经照收存储,现敝厅遵将奉发图记,于光绪三十三年二月十八日启用,除申报并分移暨将钤记转给各乡谳局查收并启用外,所有启用图记日期拟合备文照会。为此,照请贵局请烦查照,施行。须至照会者。

(光绪三十三年三月初三日"文告录要"栏目)

附录天津官事

新任闽浙总督松制军寿于前日由京来津,乘轮南下赴任。新授湖南岳常澧道荫观察荫图于前日由津晋京。

(光绪三十三年三月初三日"文告录要"栏目)

天津自治局牌示

为公布事,照得本局禀蒙官保批准筹设天津县议事会。业经分派选举课员,逐户散给格式纸,饬填注后送还各分课,以备查验。其收纸日期限三月十一日起至十四日止,已在纸上盖戳声明,除届期派员接收外,合再公布。望各遵照定期投送,不得逾限不交,亦不得先期豫交,切切特布。

（光绪三十三年三月初四日"文告录要"栏目）

自治局补发选举格式纸

天津自治局选举课为实行选举事宜,已派员分散填注格式纸,因恐或有遗漏,现复定于每日上午九点至下午四点在本局选举课补发,已刊广告通知矣。

（光绪三十三年三月初四日"新闻录要"栏目）

派送四乡选举格式

天津自治局派员在城厢内外散放选举被选举格式纸已纪前报。兹闻四乡课员亦于初四日启程下乡,分别派送。一俟监收事竣,即可回津。

（光绪三十三年三月初八日"新闻录要"栏目）

开所演说选举事宜

天津自治局开办选举一节因事当创始,乡愚不免迟疑。兹有演说家阎华庭、杨寿臣等商同自治课员,于初七日起至初十日止,每日在东西各宣讲所借地演说,以释群疑。

（光绪三十三年三月十一日"新闻录要"栏目）

附录天津官事

直隶候补道商观察作霖奉委行营营务处会办差。

（光绪三十三年三月十二日"文告录要"栏目）

展期填交选举格式纸

天津自治局办理选举事宜,所有填注格式纸,原限于十四日一律收齐,将纸解局,现因期限太促,恐一时难以收齐,议定展缓两日,于十六日截止。已于各分课门首贴示矣。

(光绪三十三年三月十六日"新闻录要"栏目)

农工商部批示

天津商务总理王贤宾、协理宁世福等禀批,据禀天津庆长顺粮商王辅臣禀控恒昌机器磨房宁幼宾欠款屡催未还。请谘山西巡抚转饬该商之子宁牧岱乡照数清偿等情,已据情谘行山西巡抚核办,应俟覆到核示。此批。

(光绪三十三年三月十七日"文告录要"栏目)

自治局选举课纪事

天津自治局选举分课各员日前陆续回城,兹将已回城者并各处所散填注格式纸及收回之数录下:北仓分课员朱星焕散二千,收回一千二百七十一;何家庄分课员卢翰章散二百三十,收回二百零六;朱唐庄分课员许权散七百六十三,收回五百十四;八里台分课员宋春霖散一千二百六十七,收回六十七;三河头分课员韩燮元散四百二十,收回三百六十;范家庄分课员张寿散三百五十,收回一百〇八。

(光绪三十三年三月十九日"新闻录要"栏目)

自治局选举课纪事

天津自治局选举分课各员在北仓等处散给格式纸及收回各数已纪昨报,兹又将土城等处分列如下:土城分课员郑文衡散三千一百,收回三百四十六;大沽分课员杨玉绶散八百六十八,收回三百五十三;邓善沽分课员赵承恩散七百四十,收回五百四十三;葛沽分课员刘恩渠散三百五十七,收回三百五十五;灰堆分课员刘彭龄散一百九十八,收回一百九十四;蔡家台分课员韩玉瓒散七百五十一,收回八十;下郭庄分课员王文琴散七百三十,收回三百六十六;杨柳青分课员刘文煜散一千三百四十,收回五百八十七;白塘口分课员解元湜散二百七十八,收回二百七十八。

(光绪三十三年三月二十日"新闻录要"栏目)

变通填注选举格式

天津自治局督理前日柬邀谘议及选举分课各员会议,以四乡填注格式纸约收回七千张之多,而围墙以内仅收回二千余张,因特商一变通办法,当即议定将财产一项通融填注,一面在宣讲所宣讲,如交回者仍属寥寥,再行挨户收回,以免遗漏。

(光绪三十三年三月二十一日"新闻录要"栏目)

附录天津官事

署津海关道蔡观察绍基定于二十六日接印,正任保定府署天津府凌太守福彭亦准于二十六日午时接印。

(光绪三十三年三月二十六日"文告录要"栏目)

自治局慎重选举

天津自治局自二十四日起复派前次散给填注选举格式纸,各绅亲临各户收回该纸,以免或有遗漏云。

(光绪三十三年三月二十六日"新闻录要"栏目)

纪被选举合格人数

天津自治局选举总课先后收回填注格式纸有二万四千余纸,其中,合于被选举资格者,约有二千余人之多。

(光绪三十三年三月二十七日"新闻录要"栏目)

附录天津官事

新任吉林巡抚朱中丞家宝于前日由南乘轮到津。直隶提督马宫保玉崑偕同文案朱何两观察亦于前日由津来京。

（光绪三十三年四月初一日"文告录要"栏目）

附录天津官事

新任吉林巡抚朱中丞家宝于初一日由津晋京。

（光绪三十三年四月初三日"文告录要"栏目）

选举名册将次印竣

天津自治局现在赶印被选举人姓名表,将于日内印成,届时即须分送天津城乡各处,俾选举人得以按表慎选,闻八区中有被选举之资格者,合共二千五百七十三人。

（光绪三十三年四月十二日"新政纪闻"栏目）

天津府自治局广告

本局已将被选举人名表印成,围墙以内,准于四月二十五日以前派员挨户分送四乡,准于四月三十日以前派员挨户分送,俾有选举权者得以按表选人,并于四月二十日由商报馆随报分送,以免遗漏。如仍有未得此表者,可向本局补领。又,围墙以内,准于五月初六、初七、初八日等日在东西南北四分课行初选举投票。凡有选举权者,务于此三日内各携带选举执照到各该分课照章办理;其四乡准于五月十六、十七、十八等日在四乡分课投票,均于五月二十四日在河北学会处当众公开。特此广告。

（光绪三十三年四月十九日"文告录要"栏目）

附录天津官事

护理直隶提督沈军门大鳌于日前来津寓集成栈,准补迁安县刘大令道春,准补广昌县刘大令芬均由日本游历回津。于二十日上院禀见。

(光绪三十三年四月二十二日"文告录要"栏目)

附录天津官事

天津厘捐局会办傅观察屺孙赴调赴东三省委用遗差,奉督宪札委候补道许观察引之接办。

(光绪三十三年四月二十四日"文告录要"栏目)

探访局划清权限

天津探访局现奉督宪谕饬改成"探访总局",并令嗣后一切探访案件凡有关巡警者应送归警局;关交涉者,送归权署;关审判者,送归审判厅,以便划清权限云。

(光绪三十三年四月二十四日"新政纪闻"栏目)

天津府自治局广告

本局收回填注格式纸日期曾经两次展限,于三月二十九日实行截止,嗣后尚有陆续交来者,具见热心公益,仍发给执照俾得选举。惟其中合于被选资格者,因被选举人名册业已印成发布,不能补入。应俟改选议员时续行增附可也。

(光绪三十三年四月二十六日"文告录要"栏目)

督宪批示录要

天津府县禀勘丈海河裁湾淤地设局变价拨充自治局经费由,批:如禀办理,仰俟地亩丈放完竣即行造册详报,并录报司道查照。此缴。

(光绪三十三年五月初七日"文告录要"栏目)

天津实行投票选举

初六日为天津自治局初选举投票之第一日,其投票场即借四处宣讲所,均高搭彩门,其额曰选举投票场,分出入两口,皆有巡警站立,故极整齐。门内分四处:一收执照换票处,一写票处,一投票处,一休息处。派三人分理其事:一人司引导入口,收执照,令本人自写姓名于执照后并发选举票。一人司监视写票并指引至投票处。一人司监视投票并指引出口。四处均派有局员在场照料。督理金伯屏、太史参议章受生大令亦均先后亲临。此为天津实行自治选举之第一日云。

(光绪三十三年五月初七日"新政纪闻"栏目)

天津自治局广告

凡有选举执照者,快到各宣讲所投票,不可错认,被选举人名表内无自己姓名,以为不能投票也,特此广告。

(光绪三十三年五月初八日"文告录要"栏目)

再纪投票选举详情

天津自治局开办投票选举日期,围墙以内,原定初六、七、八等日,后又展限两天,至初十日截止。当时所发执照有四千张,现计投票只有一千八百七十六张,数未及半。查所以不投之原因,一种是疑被选举表上既无其名、可以不投者;一种是疑被选举表已有其名、可以不投者;又一种是看做无足轻重、徘徊观望者。不知自治为轫办之事,与民间最有利益。现由该局张贴告白,凡围墙以内住民,有执照而尚未投票者,准于十六、七、八等日。四乡投票之时,速往各选举分课补投,毋再自误云。

(光绪三十三年五月十二日"新政纪闻"栏目)

附录天津官事

会办巡防营务处傅观察屺孙调赴东三省差,遗奉督宪札委董观察崇仁接充。随办营务田副将中玉另有差委,遗差委商副将德全接充。候补同致阮司马忠极现经北洋发审处禀奉督宪委充发审差。

(光绪三十三年五月二十四日"文告录要"栏目)

举行初选举开票式

天津自治局以选举为举办新政之要点,叠经会议详定章程,印就各种执照、初选举票散给各区,限期投票,业经竣事。现定今日上午七点钟起至下午七点钟止,假河北学会处举行天津县地方自治第一次初选举票式,并遍邀绅商学界莅会监视。兹将先期派定公开初选举投票箱执事人名单开列于下:

一、唱名。三人,三班轮流,赵承恩、刘彭龄、杨福元。

二、计数。二十八人,分二班轮流,李国熙、卢翰章、许权、刘蕴真、郑文衡、谢惠珍、张寿、徐延寿、刘恩渠、张炳臣、李金榜、王文琴、郑文选、张濬川、朱星焕、宋春霖、周文俊、李长澐、韩玉瓒、石献琛。

三、管票箱。二人,分二班轮流,张贺世、郭同春。

四、检票。十人,分二班轮流,阎凤阁、齐树楷、王任铸、李丙光、徐家驹、高振銮、刘文煜、解元湜、吴钟元、于梅阁、陈元诗。

五、照料。三人,张一鹏、吴兴让、张祖厚。

(光绪三十三年五月二十四日"新政纪闻"栏目)

初次选举开票纪盛

天津自治局昨日假公园学会处举行初次选举开票式,是日,凌、陶、金三督理及各课员均到场监视,来宾自卢学台以下各员及绅商学界各报馆记者到者甚众,闻第一区所投各票已于上午开竣,其中,得票最多者系李士铭、杨培之、高振銮、郑文选、解元湜诸员云。

(光绪三十三年五月二十五日"新政纪闻"栏目)

附录天津官事

北洋机器制造局帮办郑观察嘉荣现调铁工厂差使,所遗之差已委候补游击李游戎祥光接充。候选道谢观察恺前在宣化县任内由在候补知府加捐候选道于日前呈验亥收,青督宪批行藩司准归道员班候选。

（光绪三十三年五月二十九日"文告录要"栏目）

订定日期考试长警

天津马巡队自设立讲堂后每日上堂演讲警章数月以来,颇见进步,近又由该队队官任一齐君明定章程,每逢礼拜日考试长警一次,备有纸、笔、墨等件,以便奖赏。其考列优等者,即赏给纸、笔,其考不列等者,即从严申斥,以示劝戒云。

（光绪三十三年六月初一日"新政纪闻"栏目）

天津自治局通告

敬启者,本局开办初选举事宜已于本月二十四日在学会处当众开票,所有初选举当选人姓名及得票数除公布外,合再通告此次当选诸君皆乡望素孚,故得票如此之多,可为议事会、董事会预庆得人。自治为我国创办之事,天津为首先创办之地,将来推行无阻,实基于此,本局欣盼良深,今订于六月十五日仍借河北学会处举行复选举。照章,由初选举当选人互相推选议事会议员三十人。是日上午八点钟起投票,下午一点钟起开票,开毕即行宣布。业由本局禀请宫保督宪亲临监视。凡我当选诸君,务先于六月十三、十四两日内先到本局取齐。事关重要,务祈必到以抒翘企,耑此祗请台安不具。

（光绪三十三年六月初二日"文告录要"栏目）

天津自治局特别广告

敬启者,本局定于六月十五日举行复选,前已具启通告,兹复送上复选举投票凭照一纸,务祈届时携带赴复选举场(在贾家大桥北新考工厂旁学会处)换票写投为要。此次复选举,每票须举三十人,恐未及周知各人资格,因造成被选举当选人简明履历表,送上一份,以备参考。耑此,祗请台安不具。

（光绪三十三年六月初七日"文告录要"栏目）

天津审判研究所简章

研究所拟呈简章七条如下：

第一条　本所附设于审判厅,受审判厅督理之指挥,以研究中外法律、造就审判人才为宗旨。

第二条　本所研究员以三十人为定额。

第三条　研究科目如左:《大清律例》《直隶通饬章程》《审判厅章程》《万国公法》、各国通商条约。

第四条　设中西法律教员二,分任讲解《大清律例》《直隶通饬章程》《审判厅章程》,属中法;《万国公法》、各国通商条约,属西法。

第五条　研究以六个月为完毕,由监督分别试验后请督理覆核列表,呈报督宪注册候补充审判员。

第六条　设旁听员座。凡两厅审判、检事、书记等官及新选到省署事期满人员,有愿入研究所者报名后即入所旁听。

第七条　审判研究所拟暂借关道署之东偏新建房屋为讲堂及教员驻宿之所。

其详细章程另拟禀请备案,已奉督宪批准照办。

（光绪三十三年六月初七日"新政纪闻"栏目）

督宪批示录要

天津道赈抚局详委勘堤头减河下游及筐儿港西堤各工估用银两,请查核拨发。批:据详已悉。委勘堤头减河下游及筐儿港西堤各工估需银两一千六百六十二两零,应由赈抚局迅即拨发。仰饬从九邵震阳妥速兴修,务期一律坚实,以资捍御工竣。禀由天津道验收具报,并令将用款核实,造销折存。此缴。

（光绪三十三年六月初八日"文告录要"栏目）

附录天津官事

外务部吕尚书海寰定于日内由上海乘安平轮船来津,天津县已饬差在中州会馆预备行辕。

（光绪三十三年六月初八日"文告录要"栏目）

附录天津官事

南段巡警总局监督刘观察承恩详奉督宪札委,降补通判崔别驾鸿鼎充南北段巡警稽查委员。

（光绪三十三年六月初十日"文告录要"栏目）

天津府自治局广告

本月十五日在河北学会处举行复选举,上午八钟起投票,下午一钟开票,并宣布当选议员姓名。凡我天津城乡住民,幸各惠临参观盛典是盼。

（光绪三十三年六月十一日"文告录要"栏目）

督宪批示录要

天津道详改委谢县丞鸿恩接办军粮城等处屯田水利局事宜并到局日期由。批:据详已悉。缴。

（光绪三十三年六月十二日"文告录要"栏目）

预备举行复选举盛典

天津自治局定期十五日仍假学会处举行复选举等情已纪前报。兹将是日复选举场次序单照录于下:一、选举人到场领复选举票。二、领票后就写票席写票。三、写票毕封讫投入票箱。四、投票毕就休憩席休憩。五、奏乐。六、宫保督宪(卢学台代)临场奏乐,起立致敬。七、督理报告。八、本县演说。九、开票唱名。十、宣布当选人姓名。十一、奏乐。十二、毕场并闻自治局已先期传谕各局区,饬令各住户居民届时一律悬挂龙旗以庆贺自治之成立云。

（光绪三十三年六月十三日"新政纪闻"栏目）

天津复选举纪盛

昨日为天津举行复选举之期,自治局督理以下凌观察以下各员均到场照料。是日,首由卢学台代督宪演说。次由督理报告。又次由天津县章大令演说。

(光绪三十三年六月十六日"新政纪闻"栏目)

天津自治局督理复选举报告书

自五月二十六日初选举开票后,本局即制成当选人名表及简明履历表分送当选诸君。此外,有尚须报告者(中略)。此次被选举当选票数计五千九百九十七张,未当选票数计二千三百三十九张,废票计四百二十七张,共合八千七百六十三张,与前次报告城乡会计投票八千七百五十九张之数相差四张,此因票数众多检点时所误者。再,此次初选举当选人有实因疾病事故不能到场,则是出于无可如何,故准其以亲笔信连同复选举投票凭照并举定人名单倩人代书。以上各情谨报诸君鉴察。抑鄙人更有言者,选举议员与公举绅董村正副等不同。绅董村正副等为办事而设,故必就老于阅历及门阀素著之人;议员为议事而设,故须择识见超卓、熟悉情形之人,而阅历门阀转在其次。将来选举董事会会员时,即有从前公举绅董村正副等之意,此时选举议员固不必拘拘于阅历门阀也。又绅董村正副等名为公举,实则十余人举之可,三四人举之亦可,甚或自请充当亦无不可,故其于地方上之感情甚薄,议员则由普通选举而来,虽此次投票者不甚踊跃,然被选多者二百余票,至少亦是十三票,则较诸向来之公举不过出于数人意见者,孰公孰私,亦可见矣。此次选举为中国第一次创行,希望甚急,故责备愈严。虽然诸君勿以责备之严却步也。欲求一事之进步,必勉强维持,使其基础不摇,而后层累上进,方有成功之一日。然当其谋事之始,局外每多不谅,此亦非局外人故意欲破坏之也,希望急则责备严耳。若局中人因此而心厌意懒,甘于放弃,则基础一摇而全功尽弃矣。此则愿与被选诸君共相戒勉者也。

(光绪三十三年六月十六日"要件"栏目)

天津府自治局详开办选举各情形文并批

为详报事,窃卑局自二月间禀设选举总分课,先将围墙以内划为十有五段。是月十七日起至三十日止,由分课员将选举人、被选举人填注格式纸,协同各该段巡警挨户分送,并将格式纸五千张交由勤学所分发城乡各学堂,由教习分给各学生并将填注情形摘要演说,令其归述父兄,以期家喻户晓。三月初七日起十六日止,为四乡散纸、收纸之期。此项格式纸,合城乡散布实数共七万余张,而收回实数只一万一千余张。推其不肯缴回之原因,半惑于加税之谣传,遂登告白并贴广告,曲为劝导,宽展期限。天津县章令复亲至各乡镇演说,准其补缴总课。于是陆续缴回者又有二千余张,两共收回实数计一万三千五百六十七张。除不合格者有一千一百六张不计外,计给选举执照者共一万二千四百六十一张。复详细调查,其中有被选举资格者共二千五百七十二人,即制成被选举人名一览表,仍派前次散布格式纸各员,将此表先城后乡挨户分送,告以有选举权者即按表中选人,并由商报馆随报分送,以免遗漏。又登告白有未得此表者准向总课补领,一面布置投票事宜。先制成投票箱,箱上粘贴前次府县会衔告示,晓谕此次选举绝与加税征兵无涉,其投票场仍设于各分课,城厢各处高搭彩门,四乡亦均悬红挂旗。五月初六日起初八日止,为围墙以内投票日期,场中分三处:一为收执照换票处。有选举执照者令其于执照后自写姓名,给以初选举票;一为写票处。此处贴有被选举人姓名表,令其于表上择人写之;一为投票处。由写票人亲自投入箱中。三日之中投票者只一千三百余人,其不投票之原因有疑表上既无名可以不投者,有疑表上既有名可以不投票者,此外则不知选举为何事而观望者。复为登告白、贴广告,展限两天,投票者又增四百余人。五月十六日起至十八日止,为四乡投票日期。各种催劝方法较城内为简易,计投票者共七千人,合城乡投票实数共八千七百五十九人。谕于五月二十四日借河北学会处举行开票。先时函请司道及期成会会员,并登告白,遍告天津住民同来参观,并通知巡警局派巡警兵到场照料。场中设坛,坛下设桌,桌上置票箱,再下设记数座,其两旁一为管箱处,一为拣票处。其法由第一区至第八区顺次开箱,由唱名者按票唱名,一面由记数人于记数单上唱一票,即盖一选字,一面将票交拣票处按名分拣,并派照料员照料来宾。是日上午六钟开票,下午七钟开毕。职道福彭、检讨邦平、卑府式鋆及天津县章令终日在场,来参观者不下二千人。次日在局照章行分拣、合拣法,当日即将初选举当选人姓名并得票数榜示,并造初选举当选人姓名及得票表,又简明履历表,又复选举投票凭照,并编成复选举注意事项单,具函通告当选人。现已诹定六月十五日,仍借河北学会处举行复选举。除布置复选举事宜及预觅议事会地址外,所有卑局自散布填注格式纸,至初选票当选开票,中间一切办理情形,理合检同分散填注格式纸:第一区分段地址单、天津县被选举人名一览表、被选举人得票记数单、初选举当选人姓名及得票数表、初选举当选人简明履历表、复选举投票凭照、复选举注意事项单,具文详请宪台鉴核施行,须至详者。

督宪袁批:据详已悉。应将各项表单、凭照补具一份,详咨民政部备案,仍俟复选举事竣,胪陈简明事实,以便据奏,并将议事会地址速行觅定,仰即知照。此缴。各件存。

(光绪三十三年六月十九日"公牍录要"栏目)

通饬各署选择士绅

天津法政学堂定于七月初旬开堂,其简易科绅班经各属申送者,已有七十九名。现饬每属再送一名,以补缺额。已经督宪通饬各署选择四十五岁以下之士绅,试以史论时务策各一道,取定正备各一名,于六月二十日以前备文附卷,将正取送往该堂肄业云。

(光绪三十三年六月十九日"新政纪闻"栏目)

督宪批示录要

天津县详官立各学堂节省项下提出生息备修齐舍由,批:如详立案,仰提学司查照饬知。缴。

(光绪三十三年六月二十日"文告录要"栏目)

天津县示谕

为出示招考事,光绪三十三年六月初十蒙府宪札开,为札饬事,光绪三十三年五月二十五日奉藩宪增札,开札,天津府知悉。据北洋法政专门学堂监督黎渊等禀称:窃天津法政学堂定于七月初旬开堂授课,所有简易科绅班学员原定每属申送一名,此项学员,除前蒙咨送七十九名外,缺额尚多,而留保肄习各员又以毕业在迩,毋庸再送津堂。自应令各属再送一名以补缺额。又查各属之中尚有向未申送者,亦应令其一体申送以符定章。拟请通饬应行补送及未送各属在本地方选择四十五岁以下之士绅试,一史论时务策各一道,取定正备各一名,于六月二十日以前备文附卷。所有正取一名送往天津学堂肄业,务于开堂前赶到以免参差不齐之弊。其备取一名,俟正取生有更动时再行传补,是否有当? 伏候酌核施行等情。据此,查前取北洋法政学堂诸生除留省城学堂外,仅有七十九名堪送北洋法政学堂肄业,不足之数,已经本司通饬各属遵照径行补送投考在案。兹据前情,除分饬外合亟开单札饬。札到该府,立即转饬所属一体遵照迅速博访舆论,拣选品学兼符、乡望素著、年在四十五岁以下之士绅,各试史论、时务策各一道,取定正备各一名,于六月二十日以前先将正取一名送津入堂肄业,谕令备取一名听候传补,勿稍含混迁就稽延。切切此札。计粘单一纸等因。奉此,除分行外,合亟札饬,札到该县立即遵照宪札办理,毋稍稽延。切切此札。计粘单一纸,内开应补送学绅等因。蒙此,合行出示晓谕,为此,示仰合津学绅人等知悉。该绅等即遵照投考,由县录送,毋得自误。各宜凛遵毋违。特示。

(光绪三十三年六月二十日"文告录要"栏目)

督宪批示录要

天津道详官车局厘定收纳拉短车辆贴费缘由批:据详已悉。天津工巡局即收车捐,若再由官车局收纳贴费,虽专取买卖短车,惟一车两捐,究属不妥,且差车例价,单套每站津钱一千八百文,双套每站津钱二千八百文。似尚不至另行赔累,仰再议详核夺。折存。此缴。

(光绪三十三年六月二十三日"文告录要"栏目)

天津府自治局禀遵拟地方自治应办各事及权限文并批

敬禀者,前奉钧谕复选举已完,亟宜先将地方自治应办各事,应有权限分别妥拟等因。奉此查办事及权限之大纲已载自治章程,惟初次试办,先后、本末漫无头绪,官治自治界限未分,创办之始似宜择端试办逐渐进行。兹就章程范围略拟应办之事分为筹办、协议与监察三类,以明权限。所谓筹办者,由议事会议定办法交董事会施行者也。所谓协议者,议事会得与该主管处会商妥定后,仍由该主管处办理者也。所谓监察者,议事会得向该主管处查核、质问者也。以上三类,其实行之次序、方法仍应由议事会议定条例,禀请督宪批准、公布,然后施行。如此择端试办定明权限似于创办之始较有把握,至自治事务本不止此数端,自应由议事会按照自治章程逐一提议。兹所择举不过略示程序,以为过渡时代之阶梯而已。是否有当,理合禀请鉴核批示。俾得遵循,提交议事会开议。所有遵拟事项另折开呈,嵩肃恭叩钧安,伏祈垂鉴。

谨将遵拟地方自治应办各事及其权限开呈钧鉴。

计开:

议事会先宜筹办之事:一、预备组织董事会。二、筹设下级自治团体(指乡镇而言)。三、调查本地公款公产(指向归绅士管理者)。四、普及教育。五、补(辅)助禁烟。六、改良风俗。

议事会应行协议之事:一、工程重要事件。二、卫生重要事件。三、水利重要事件。

议事会应行监察之事:一、地方捐务(指捐务科所管之房铺、车船等捐)。

督宪袁批:禀折均悉。所分筹办、协议、监察三类颇有次序,将来自治能力既足,不难逐渐扩张。第一类筹办之事,应加四乡巡警以合于地方警察之原理,至普及教育除中学堂以上应由官辖外,其余各男女小学堂及宣讲所,均当由该会筹议推行。第三类监察之事,地方捐务以外,如津埠工巡事务有何利弊,亦可随时据实纠弹。仰即由局提交议事会,将所拟事项先行开议,并录批知照。缴。

(光绪三十三年七月初八日“公牍录要”栏目)

天津县议事会成立

天津县议事会议员三十人由自治局两次选举,已于前月底当选确定在案,昨复由自治局代行开会式,选举议长及副议长。议长为李君士铭,副议长为王君绍廉。闻即行正式开会以议开办事宜云。

(光绪三十三年七月十一日“新政纪闻”栏目)

天津自治局详报举办复选举情形及议员姓名文并批

为详报事,窃职局自开办选举,业将设选举总课、分课及初选举开票后一切情形先后禀陈在案。六月十五日仍借学会处举行复选举。先由职局通告当选各绅务于十三、十四两日先到职局取齐,是晨辰时除杨绅培之、穆绅兴俊、李绅树德、祁绅永昌、李绅金魁、吕绅岐祥、王绅富魁、王绅官未到外,余皆先后齐集。复选举场由初选举当选人先将投票凭照缴还,即凭此照发给复选举票,领票后各就写票席,写票毕亲投入票箱,旋提学司恭代宪台临场,奏乐迎迓,起立致敬。提学司及职道等天津县章令先后演说,午正开票。其开箱唱名及记数拣票各法概与初选举同,均由提学司及职道等监视,当即宣布当选名次及姓名并得票数目,奏乐闭场。时正酉末。次晨即将复选举名次表榜示,复经局员将票数详细复核,统计票数三千七百十一票,有短票九票,废票九十票,合计三千八百十票,与当日到场一百二十七人每人投三十票之乘数相符,遂刊复选举名次表,前列三十名为当选议员,此外遇有缺出挨次推补,并照章将分拣当选之杨绅培之等八人合拣当选之,李绅士铭等二十二人分别通告。旋据杨绅培之援本章程第十五条第三目:年在六十岁以上事项,函告本局,遵章可以辞职,经职道等查核属实应将复选举名次表第三十一名之宋绅春霖递补,仍照章通告。兹据该绅等于通告单上亲书知字,陆续缴回。限于二十五日作为当选确定,所有天津县议事会议员三十名,业经会同天津县榜示,并札饬天津县分别照会,并发报条以资提倡。除觅定议事会地址并将开办后至议事会成立一切详细情形另文禀陈,并恳请据奏外理合检同复选举名次表、当选议员姓名单各一份,又复选举名次表、当选议员姓名单,并此次详文稿折各一份,一并详请宪台鉴核,并予咨送民政部备案,实为公便,为此备由具详,伏祈照详施行,须至详者。

督意袁批:据送详文稿折,仰候咨送民政部查照备案。表单存送。此缴。

(光绪三十三年七月十二日"公牍录要"栏目)

天津议事会成立之日卢学使代督宪演说文

今日为天津议事会成立之日,可以为天津贺,并可为直隶全省贺,不但为直隶一省贺且可为我中国前途贺。自客岁预备立宪之诏下,朝野士夫莫不万口同声曰:地方自治为立宪之基础。于是各省纷纷议创自治,独天津之地方自治奉旨试办,实在预备立宪诏旨之前,今果先各省而成立。则发达地方上之一切公益及增造天津人民之幸福者,亦必先各省而收效,故可为天津贺。为天津贺者,为天津之人民贺也。天津之自治既先成立,亦即为全省之模范,逐渐推广,定更顺利,故为全省贺。天津既可为直隶全省之模范,亦各省所急欲仿办者是亦即全国自治之模范也。全国之自治成而立宪之基础成矣,此所以为中国前途贺也。且自治为立宪基础一语已尽人言之矣。其所以为立宪之基础者何在乎?在乎善养成议员之资格。盖立宪之重要问题在立议院,立议院必采两院制,则下议院之议员必由地方公选,今先试办地方自治之议会,一以使养成公德心,对于地方上事不视作旁观派,则渐起其爱国心矣;一以练习政治上识见。盖我国人向以不预闻公事为高,故不入宦途者政治上智识有限。今以办理自治为练习地步,则将来开设议院不患乏才矣。盖自治行政与官治行政无一非为民生计也,故自治议会亦即为议院之先声也。由此言之,则议事会之关系如此其大,而皆于今日始之。吾更有一言为诸君告者,天下事继起者易,为力创始者难为功,往往一事之初,局外旁观多事指摘,当局者处震撼危疑之际,每易灰心沮气,此最易误事者也。第一当以坚忍二字为要诀,苟有见地始终以之,平心静气以图厥成。迨至基础已固,成效稍著,享其利,食其福者有人,则旁观之议自息矣。更就地方自治之理由言之,地方官对于地方上事,每不能细微曲折,无不周到,故由官为谋之,不如地方上自为谋之之周密。议员者即代表一地方人自谋之人,亦即其义务所在也。故议员当以知无不言,言无不尽为尽其义务,必痛除随声附和,退有后言之积习,斯则尤有盼望者也。

（光绪三十三年七月十二日"要件"栏目）

附录天津官事

水利局坐办窦观察延馨前已委署永定河道,遗差奉督宪札委赈抚局会办邵观察国铨暂行兼代。

（光绪三十三年七月十九日"文告录要"栏目）

天津分府示谕

为出示晓谕事，照得现奉督宪在天津地方奏设高等分厅一处、地方审判厅一处、乡谳局四乡各一处。凡钱债及所争物价在一百两以内者，又不论价多少系属田亩界址之争讼者，均归乡谳局收理，其价值一百两以上者，归地方审判厅审理。如有不服乡谳局之判断者，可上控于地方审判厅，不服地方审判厅之判断者，可上控于高等审判分厅。查本分府衙门向有词讼，无非钱债及地亩界址。既已奏设专管厅局，本分府即无收理词讼之权，但民间未知细情，往往多照例呈递，诚恐尔等徒劳往返。为此，出示晓谕须知。嗣后，凡有两造争讼，应就近赴乡谳局或地方审判厅呈递，毋得图省讼费，仍至本署投递致干驳斥，至并非两造争讼之粮税等案，仍由本署收理。此为恪遵奏定章程起见，慎勿误会。切切特示。

（光绪三十三年七月二十五日"文告录要"栏目）

直督袁奏天津试办地方自治并请立案折

奏：为天津试办地方自治粗有规模，恭折缮具清单，仰祁圣鉴事，窃臣于光绪三十一年七月准政务处咨开，奏覆侍郎沈家本条陈时事一折内开，聘用公举之士绅参预谋议，不必拘定乡官之名、但求能办地方之事等语。又上年六月准政务处咨开，奏覆御史顾瑗请设乡官一折，并拟由奉直两省先行试办。先后奉旨：依议。钦此。咨行前来。

臣维周制，六官之数约五万余人，而乡遂之官多至三万七千八百有奇，分职愈繁，故与民相亲而事无不举。汉之三老、啬夫，犹存古意。自隋以后，尽废乡官，以数百里之地寄诸牧令一人之身，遂使猾吏奸胥因缘舞弊，治道之隳脟由于此。比者东西立宪诸国雄长大陆，稽其历史，则地方制度必先乎立宪政治而兴。德之建国发轫于州会，日本之维新造端于府县会，选举有定法，议决有定程，人以被选为荣，斯民德日崇，类能辅官治之所不及，比隆三代有自来矣。臣夙昔讨论及此，窃谓非行地方自治无以补守令之阙失，通上下之悃忱。爰饬于天津设立自治局，委升任天津府知府凌福彭、翰林院检讨金邦平会同筹办,招集法政各员暨明达妥绅拟议章程,往复辩论,至本年七月初十日天津县议事会始克成立。计此一年以来,惨淡经营,规模略具,谨为我皇太后、皇上缕晰陈之。

地方自治为我国创办之事,非先以预备则不能实行。目前教育未周,识字之民尚少,设有误会,流弊滋多。乃遴派曾习法政熟谙土风之绅士为宣讲员,周历城乡宣讲自治利益,复编印法政官话报,分发津属州县以资传习,并将自治利益编成白话,张贴广告,以期家喻户晓,振聩发聋。此派宣讲员与编官话报及白话广告之情形也。

各国自治章程俱有法理,研究比较,责在士绅,乃设自治研究所,饬津郡七属选送士绅之阅历较多素孚乡望者,大治八人,小治六人,并招旁听生入所研究。四个月毕业后,各回原籍筹设自治学社,为定学社通则,以研究所得者传习之。该绅等于自治理法约略能详,俱有期望实行之心,可收因势利导之效。此设自治研究所与自治学社之大略情形也。

实行自治,立法为先,公听并观,理无专断,乃仿日本期成会,合该局全员并由局公举绅士七十二人,学会公举二十人,商会公举十人组织全会,又委派服官本省饶有经验者四人为谘议。先由该局草拟自治章程,于开会时拟稿员宣述理由,诸会员逐条驳诘,多数赞成方为决议,计开会议十有九次,议成章程百十一条。此设期成会与谘议员会订章程之大略情形也。

自章程批准之后,由实行入手之初,选举者与被选举者既须有一定之资格,不可无调查之机关,乃设选举总分课。总课以本局人员兼任,分课以研究所之毕业士绅分任。散给选举人、被选举人格式纸,令其逐项自行填注,送还选举课,换给执照。计给照者一万二千四百六十一纸,其中有被选举资格者二千五百七十二人。此设选举总分课调查选举权与被选举权之大略情形也。

调查既毕,乃照章先行初选举。其法凭执照掉换(调换)初选举票,各写所举一人,投入票箱,当众公开。先按被选举人所住区域划成八区,分拣各本区得票最多者四人,共三十二人。复将所余各票合拣得票最多者一百三人,以上一百三十五人为初选举当选人。初选举既毕,乃照章行复选举。其法亦凭执照换给复选举票,凡初选举当选人各互举三十人,记于一票,投入票箱,当众公开,分拣每区减为一人,共八人,合拣减为二十二人,以上三十人为当选,即议事会之议员。此分别初选举、复选举与分拣、合拣之大略情形也。

所有当选议员经该员备函通告,并赁定议事会地址,于七月初十日行开会式,互选议长、副议长。其议长为在籍度支部郎中李士铭,副议长为分省补用知县王劭廉。此后即由该议事会自行筹设董事会,各按章程办理。计设自治局以讫议事会成立之日,适已经年,盖事关兴革,发端务极周详,理可贯通,循序自能普遍,既有天津为之模范,其余推行各属,当有事半功倍之望,臣已督饬自治局计画全省地方自治办法,期以三年一律告成,仰副朝廷预备立宪之至意。

所有天津试办自治章程,理合缮具清单,恭呈御览,仰恳天恩敕下民政部立案施行。谨恭折具陈,伏乞皇太后、皇上圣鉴训示。谨奏。

（光绪三十三年七月二十九日"公牍录要"栏目）

定期重开议事会

天津议事会前因中秋佳节暂行闭会,刻闻该会已议定二十三日重行开会,以便商榷董事会章程。

（光绪三十三年八月二十日"新政纪闻"栏目）

纪议事会第二次开会事

天津县议事会于七月初十日成立,即于是日起每日上午齐聚,议员会议各事。现其内部规则及条例大致决议,俟禀督宪批准后即行宣布。兹又定于二十二日起开第二次临时会,其最要之议案为整顿捐务、筹画海防淤地事宜,以及组织董事会等事,将来两会成立,当于年终再开通常会,筹议地方重要问题,以便议决实行。

（光绪三十三年八月二十二日"新政纪闻"栏目）

天津县自治学员朱星焕等禀自治局
愿自备公费权代董事会员以尽义务文并批

为权济时艰、保全社会、谨陈意见、恳乞鉴核事,窃自去年间朝廷预备立宪,津邑首树风声,轫行自治,学员等入所研究,稍通治理,本年春,承命选举事宜,自愧才学有负委任,特以列宪痛切民瘼、热心提倡所期望于津邑者,既备且至而责成于学员者,复重且殷,学员等生长兹土桑梓,攸关身家所寄公私交集,感慰咸深,竭诚尽愚亦固其分,遂以不敏之躬膺当然之责,数阅月而议会成基础立矣,当选士君子既通邑人望,谅无不秉公努力,以久大为目的学员等。惟有期社会之发达同享和平之福,而已讵敢私见敷陈,妄参治体,惟此中最难最大之问题,有不得不妥筹及之者,开议之始,董事会组织当先议决执行两机关自宜相继成立,使通邑人士咸有实行自治之思想而后新政易于举行,奈事关轫始,筹款维艰。此时,董事会期于速成则无相当之的款,置之不论又非当今之缓图,且无以为外县之程式。此议事会中所急于求全而难得者,学员等有见于此,因不揣朴陋起国民义务之思,拟请自备公费代董事之执行,自信庸质微躯,诚非其任,特以学员等承乏其间,日从议会诸君之后,倘获时聆,教益稍增幸福,于地方庸非社会之小补,学员等仅五人,为数较少,然开轫之初,重大事件暂难举办,兼以学员等多担劳力,大局尚可支持,俟公款有著,以津邑论贤有才者,固不乏人,再行投票选举,公决定员,较学员等当更有胜任而愉快者,其时,学员等下对同乡已尽应分之义务,上对列宪亦合知遇之报酬,如是而已,至于乐利均沾,妇竖同庆,厘然有立宪之规模,焕然于国民之程度,是所望于两会诸君,亟求上理此则学员等碌碌微忱,所希冀者,草莽菲才上渎聪听,惶恐无已,欲罄所云是否有当? 伏乞督理大人鉴核行知,议事会议案施行。

天津府自治局督理批:该员等欲自备公费权代董事会员,诚有见于筹款不易,故不惜牺牲私财,竭尽义务,如此热心公益,何让他国公民深堪敬佩。惟定章不可稍易,致启违章之端,仍应由议事会选举董事会员,以符定章。该员等如被选举,仍望本此禀之意为地方节经费,则尤难能可贵矣。此批。

(光绪三十三年八月二十四日"公牍录要"栏目)

天津县告示

为出示晓谕事,照得津郡地面旧有官车局收取贴费支应官车,官民称便,嗣因庚子兵燹,撤局停办。上年,据四关众客店及车厂人等禀请复设,当经本县详奉各宪批准照办,现在该局开办已久,以支应差车为专责,无论何项应差车,除领例价外,必须按套津贴喂养此项贴费。俟由往来津门载货远近各车户认缴向章,除年收纳远行货车津贴外,每至隆冬,由十月初一日起至次年正月底止,分别收纳柴炭米面粮石等车贴费,历经循办在案。现值冬令,自应仍照旧章收纳以济公需,合行出示晓谕。为此,示仰阖邑车户人等知悉。自示之后,尔等遇有装运柴炭米面粮石等车,必须遵循照章分别缴纳贴费钱文,倘有隐匿抗违,准该董事等指名送究该局,役等亦不得藉端滋扰致干重究,其各凛毋违,特示。

(光绪三十三年十月初四日"文告录要"栏目)

天津府县告示

为晓谕事,本年十月初十日恭逢皇太后万寿圣节,率土胪欢。本府县因查前蒙厘捐局宪详奉督宪批准,自十月初九日起至十一日止,所有天津来往集船携带零星用物估价在三十两以内者免抽厘金,以示格外体恤,其余大宗货船不在此例。至关税一项,仍照常征收札行,查照出示等因,历经遵办在案。现在万寿届期,自应援照成案办理,除报明榷宪外,合亟出示晓谕。为此,示仰津郡商民人等一体知悉。自十月初九日起至十一日止,所有来往集船携带零星用物估价在三十两以内者一律免抽厘金,其余大宗船货不在此例。一俟三日期满,无论商船、集船大宗、零星,仍一律稽征照旧抽收。毋违特示。

(光绪三十三年十月初十日"文告录要"栏目)

附录天津官事

本日,皇太后万寿圣节,督宪先于昨日率同文武印委各官在署设筵、演剧,同伸庆祝,并定于今日由早十钟至十二钟,晚九钟至十二钟接待各国官商茶会。

(光绪三十三年十月初十日"文告录要"栏目)

天津县议事会公启

敝会于十月十八日曾约请本埠各报馆在本会开茶话会,当公同约订旁听简章八条,此次约到已有十一家,尤恐未及周知,拟凡未经敝会约到之报馆及此后续开之报馆,均可随时到敝会事务所索取旁听券,仍照此次约到十一家报馆公约一律办理,特先布告。

　　附录与天津各报馆公约。一、本会特设报馆旁听座,赠与本县境内各报馆旁听券一张,以备来会旁听。一、本会特设书几,以备各报馆主笔旁听时随笔记录,其笔墨、纸张报馆自备。一、本会通知各议员开会时得将通知书及议案分送各报馆照登。一、本会凡应公布实行事件一律登报公布。一、本会凡议定各项事件及文件,除暂应秘密者外,一律登载。一、凡本会登载之件,以事关公益,概须勿收报资。一、凡报馆对于本会提议事件,如自有意见,或据他人意见得于开会前来函陈述以备研究。一、本会禁止旁听之日报馆亦得一律禁止。

　　　　　　　　　　　　　(光绪三十三年十月十九日"文告录要"栏目)

天津县议事会申详遵章议定各项条例文并批

　　为申详事,窃于光绪三十三年七月初十日,由自治局诹吉行开会式,当场即举定正副议长,已经自治局禀明升任,督宪袁批准在案。嗣由议员等公同开议自本月二十日为始,遵章草订会场规则及事务所办事规则,每日于上午九点钟开会,至十二点钟止。自开会以来,幸皆遇事协商,和衷定议。以期上副朝廷预备立宪之盛典,下慰人民推举代表之热诚。谨查自治局禀订地方自治章程第三节**第三条**"凡关于自治事宜,得自定条例,但不得与法令及本章程抵触。凡条例由议事会议定,禀请本省总督批准并公布之。公布三十日后一律遵守"等语,议员等遵即详晰,拟议期合法理,尤与地方相宜,就章程七项议定条例共三十八条,所有会议此项条例有因一事而多方研究者,有因一条而开议多次者。议员等初膺斯选智短材疏,所拟容有未当,惟乞俯赐察核,俾获遵循。现在开会将逾两月,除会场规则、事务所规则无庸禀明外,所有遵章议定各项条例,理合缮具清折恭呈宪鉴,伏祈批示,以便照章公布,于三十日后切实奉行,实为公便,须至申者。

　　　　　　　　　　　　(光绪三十三年十月二十一日"文告录要"栏目)

天津县议事会遵照自治章程议定各项条例

一、章程第九条第二目为不正当之营业者。

第一条　为不正当之营业者,其范围如左:一、自种鸦片及租他人之地种鸦片者。二、售卖鸦片者。三、开设妓馆者。

一、章程第十四条：议长、副议长、议员之办公经费。

第二条　本会议员办公费自愿暂不支取，俟后酌量情形再行议订实数开支办法。

一、章程第二十八条第四目：地方经费之豫算决算。

第三条　自治经费以某某种之利息充之。现在公议以某某种之款充之。

第四条　现在开办经费公议以某某种款充之，俟董事会成立时报告公认作为截止，以后概须列入豫算。

第五条　议事会之办公经费在自治经费上开支，此项经费按月由议长开列豫算表，向董事会支领，交书记照章支付。每月具领之时，将上月实用清账开交董事会，列入账簿。

第六条　议事会之办公经费豫算分为五目：一、议员办公费。二书记长、书记、书记生之薪水。三、夫役工资。四、伙食。五、杂用约计。如有不足之时，得由议长向董事会加领。

第七条　董事会之办公经费。在自治经费上开支，此项经费按月由副会长豫算，从自治经费内动支，交董事会会计照章支付应用。

第八条　董事会之办公经费豫算分为五目：一、副会长、会员及书记、会计之薪水。二、夫役工资。三、伙食。四、杂用约计。五、豫备费。

第九条　凡开会费用，统由董事会经理在自治经费上开支。凡会场豫备费归董事会经理开支，其事务所费用归议事会自开支。

第十条　地方自治之豫算表式如左。

第十一条　地方自治之决算表式如左。

一、章程第二十八条第五目：地方公款、公产及利息之存储并动用事。

第十二条　所称公款除一人或一团体所出之款外，其余办理地方上公益者皆为公款。

第十三条　所称公产除一人或一团体所自有者外，其余皆为公产。

第十四条　兹将应作为公款公产者列左：一、无主荒地。二、庙宇及其产业。三、地方学务经费。四、地方善举经费。

第十五条　关于自治经费筹得之款，应随时在督宪及本府县存案，两会各存一案并公布之。

第十六条　自治经费以左之各项为基本金、基本产业，已在督宪及本府县署存案。

第十七条　凡归入地方自治之款,总名曰自治经费,其应由自治经费项下开支者,必经议事会认许。

第十八条　有重要用项须动用基本金或变卖不动产者,须得议员全体三分之二以上之议决,应报告督宪及本府县并公布之。

第十九条　地方自治经费由董事会经理,遵照章程得由议事会调查。

一、章程第三十四条:议事会得受人民关于地方利弊之条陈,酌量议行或批却之。

第二十条　本县住民有所条陈于本会者曰条陈,不必用禀,本会答之曰议覆。

一、章程第三十五条:议事会得代人民申述其困苦,不能上达之事于地方官,并调处民事上之争议。

第二十一条　本县住民有所陈述于本会者曰说帖,不必用禀,本会答之曰议覆。

第二十二条　凡代人民申述困苦或由本会提议或由该人民具说帖陈请,均须由本会查明该事项困苦不能上达之实据。

第二十三条　本会代人民申述困苦,得对于地方官上书质问,地方官应解答之。

第二十四条　本会代人民申述困苦如须在公堂审判,本会得举代表人到审判处所观审。

第二十五条　凡民事上之争议如已经成讼,无论曾否判结,本会概不调处。

第二十六条　凡民事上之争议如非事体重大或非紧急,不在会期中概不收议。

第二十七条　凡民事争议须由两造均认,由本会调处始能收议。

第二十八条　调处之前两造须各具愿书声明:情愿由本会公议,遵议了结不另兴讼,如本会开议多次不能议决者,即行停议,仍听两造自便。

第二十九条　调处之后应将事由及决议移送审判厅存案备查。

第三十条　凡民事争议,经本会调处后,如另兴讼,本会得对于审判厅质问该案判结之理由,审判厅应解答之。

第三十一条　凡民事争议,如有字据为证者,须将原字据交由本会查核,调处后缴还。

第三十二条　两造争议须各将事实大端书作说帖。

第三十三条　调处争议时如须当面质问本会,得临时公推质问员二人以上,在会场质问,其他议员在座静听质问毕再行公议。

第三十四条　质问时两造均得自约证见人到会陈说事实。

第三十五条　争议时如须有调查之处,本会得交董事会调查之。

第三十六条　凡民事争议,本会得酌量情形分别调处与否。

第三十七条　争议人或争议人自约之证见人,如有故意欺诈狡赖情事,查实后送交地方官惩办。

一、章程第八十二条:本章程所载各项薪水,除载明自定者外,其数目以条例定之。

第三十八条　副会长每月支薪水银一百五十两,会员每月支薪水银八十两。

（光绪三十三年十月二十一日—光绪三十三年十月二十二日"要件"栏目）

天津县议事会申详拟定筹办协议监察
三项条例及他项规则文并批

为申详事,窃于光绪三十三年七月初十日奉到自治局移开,为移会事,敝局奉督宪谕以复选举已完,饬将地方自治应办各事应有权限分别妥议,敝局遵即会同天津县拟定筹办、协议、监察三类,开具清折禀请督宪示遵,奉批:禀折均悉。所分筹办、协议、监察三类颇有次序,将来自治能力既足,不难逐渐扩张。第一类筹办之事,应加四乡巡警,以合于地方警察之原理。至普及教育,除中学堂以上应由官辖外,其余各男女小学堂及宣讲所,均当由该会筹议推行。第三类监察之事,地方捐务以外,如津埠工巡事务有何利弊,亦可随时据实纠弹。仰即由局提交议事会,将所拟事项先行开议,并录批知照缴等因。奉此,合行录批并将原禀原折抄录一份移请贵会查照开议等因,奉此遵即照章开会,谨照升任督宪批示,饬将地方自治应办各事,应有权限分别议拟。兹先就筹办、协议、监察三项开列条目,缮呈清折。是否有当? 理合呈请宪台鉴核批示祗遵,实为公便。须至申者。

（光绪三十三年十月二十三日"公牍录要"栏目）

天津县议事会遵照督批议定筹办协议监察条例

第一条　议事会应行筹办之事,由本会议定办法,交董事会施行。

第二条　议事会之议决,董事会之执行,皆按照自治章程办理。

第三条　议事会应行协议之事得与该主管处会商妥订后,仍由该主管处办理。

第四条　议事会因协议之预备,得向该主管处请取现在办理一切章程。

第五条　凡协议之事,或由主管处提议,或由本会提议,均须在本会议场协议,其无须面议者可用公牍。

第六条　凡有应行协议之事,如不在会期中由议长、副议长酌量情形应否开临行会协议。

第七条　本会与该主管处之协议,如有意见不同之处,得各详述理由,呈请本省总督核定。

第八条　议事会应行监察之事,得向该主管处查核质问。

第九条　议事会因监察之预备,得向该主管处请取现在办理一切章程。

第十条　议事会监察之实行,得随时派员调查该主管处之一切办法及存储款项、账目、册籍。

（光绪三十三年十月二十三日"要件"栏目）

天津县议事会遵照章程四十六条议定会场规则

第一条　开议、止议均由议长振钤（铃）为定。

第二条　一凡议长、副议长、议员及地方官所提议之事件,必须起立宣布。

第三条　凡议长、副议长、议员及地方官对于提议事件有意见时,应俟提议者宣毕,然后起立辩论,如有二人以上同时起立,则由议长指定发议之先后。

第四条　本会场议事录既经编成,由议长阅定当场宣读,公认无讹,仍由议长盖用图章,以后无论何人不得更改。

第五条　凡提议事件应先审查者,由议长指定议员若干人为本事件审察员到审察室审察之。俟审察既毕,当场报告,然后接议表决。

第六条　一人发议时,无论何人不得搅越,如欲有所质辩,须俟其词毕,然后问难。

第七条　议事每问一题即照一事取决,不得于问题外另加别议。

第八条　议员议辩之时不得逾一点钟,恐妨他议员发议。

第九条　会议之日如一问题未能议决,或明日续议,或共订日期再议。

第十条　会议继续至一点钟以上,得由议长酌定休息时间(至多不得过十五分钟),其非在休息时间均不得离席。

第十一条　会议时无论何人不得吸烟、饮茶及闲谈、喧笑。

第十二条　开议时,一切夫役及随从人等,均不得入会场。

第十三条　旁听人须执有本会所发旁听券。

第十四条　旁听人各就旁听席。

第十五条　凡上客、外宾到会旁听者,由事务所人员导入特别旁听席,当会议时概不周旋。

第十六条　旁听人须衣履整齐,举动肃静。

第十七条　会议由议长先行知照巡警到场巡守。

(光绪三十三年十月二十三日"要件"栏目)

天津县议事会遵照章程第五十三条议定事务所规则

第一条　本事务所一切事务,由议长、副议长随时督理之。

第二条　议长每星期至少必须到所二次,副议长每星期至少必须到所一次,应预定时期,以便会商公事,彼此不可爽约。

第三条　本事务所设书记长、书记各一员,书记生二员。

第四条　书记长之职务承议长、副议长之委任,掌管保存及启用铃记事,保存议事录及文件,拟定各项文件,录载记事始末,并编辑议事录,稽查本所会计庶务各事。

第五条　书记之职务,草拟各项文件,录载记事始末并编辑议事录,遇书记长不在所时代其职务。

第六条　书记生之职务,钞录各项文件,收发各项文件,登载各项册籍、会计庶务各事,分认执掌,督饬本所夫役保持秩序;议场中遇有记载事项,帮同书记长或书记办理。本所中应办各事,须受成于书记长及书记。

第七条　本所办事时限自上午八点半钟起至十一点钟止,下午一点半钟起至四点半钟止。星期休息一日,但遇会期及有重要事,不在此限。

第八条　本事务所每日须有住所之值日员二人,或书记长及书记生一人,或书记及书记生一人。

第九条　本会办公经费及开支方法,应遵照条例第六条办理。

第十条　议长、副议长不在事务所时,遇有来文或函件由书记长或书记即行拆阅,如视为紧急之件,须速通知议长、副议长,约定时刻到所会商。

第十一条　各项文件应由书记摘要录出,俾各议员知之,并酌量调查,但有一切匿名之函及无关公益者,均不必记录。

第十二条　公决议案之意义,无论何人不得擅改。

第十三条　公决文件之字句如有未妥处,必须稍为修饰者,须有议长、副议长二人同意始得酌改。

第十四条　非经公决之文件,须有议长、副议长二人同意始能定稿。

第十五条　公议文件自议决至起稿不得过七日,自定稿至发行不得过七日,如事体繁琐或未行文件太多,可由议长当会声明。

第十六条　所行文件须有议长、副议长二人署押始得发行。

第十七条　公决议行文件,议长或副议长不得因与己意不合置不署押。

第十八条　本会文件,凡盖用铃记后,随下次开会时报告之。

第十九条　本会议员除因公到事务所外,不得在事务所闲谈。

第二十条　凡会外人有因公到会陈述事件者,在延接室接待。

第二十一条　所有本事务所一切公事,书记长、书记、书记生均须秘密,以防泄漏之弊。

第二十二条　本会购办之器具须详细注册,以便稽查。

第二十三条　本会议事场及本会所有器具非关地方公益事项,均不得外借。

第二十四条　于本所公役外,有愿自带跟役者,辛工(薪水)、伙食自给。

第二十五条　凡有未尽事宜,应随开会时公决、更订。

(光绪三十三年十月二十四日"要件"栏目)

议事会开会纪事

天津议事会于昨日下午开通常会,议员到者计二十余人。首宣读以前逐次议案,读毕,各议员均无异议,应即作为定案。次复报告各项事宜。又次提议议事会议员四人参入筹办谘议局。事后又宣读条陈各件。

（光绪三十三年十月二十五日"新政纪闻"栏目）

天津县议事会第一次开通常会提议草案

一、预备组织董事会。胡议员家祺提议本会期宜谋董事会之成立,李议员金榜提议预备成立董事会,高议员振鋆提议开办董事会须先指清地方上应办之事,不必专言筹款。苏议员式燕提议常期会必有应办各事宜,可暂举董事二人,再由本会公推六人为义务干事,解议员元湜提议组织董事会之预备事。

二、筹设下级自治团体,苏议员式燕提议议事必联络下级团体,又提议拟开各区议事必须代表议员发明天津县议事会非我三十人之所独有,又提议各区议有紧要事件准代表议员报告。孙议员洪仪、卢议员翰章提议实行组织城镇乡下级团体拟定章程后,第一区由本会组织之外区由区议员代行之,又提议清查四乡庙产预备乡自治经费。

三、公款公产。胡议员家祺提议本县境内凡以公款组织之公益事,皆令造具出入款详细表,截至年终一律报告于本会。解议员元湜提议地方入款之清厘及筹集事之手续法。刘议员光锡提议董事会经费可请于盐斤加价内指拨。孙议员洪仪、卢议员翰章提议请裁清丈公所庙产由本会直接管业,又提议实行调查善堂公款,又提议调查城基地租请归自治经费,又提议调查各行杂税除应纳部税外,请统归自治经费,又提议登报招告公款公产及隐匿之庙产。

四、教育事项。孙议员洪仪、卢议员翰章提议劝学所应遵奉督批实行统属于议事会,又提议分遣巡行教员实行强迫改良私塾,以为普及教育之预备,又提议筹给私立学堂之补助金,又提议四乡劝学员由本区议事会公举之用投票法,议事会未成立之先,由村正副及本区各学堂董事代行之,又提议增设义务劝学董事或十人或七八人,选举法与劝学员同受成,于劝学员分任劝学之事,又提议调查子弟年龄为实行强迫教育之豫算。

五、实业事项。孙议员洪仪、卢议员翰章提议调查实习工场课授之工艺为筹推广之法。

六、商业事项。孙议员洪仪、卢议员翰章提议商务会应照各国之例统属于本会,又提议知照商会凡纳交头、二等捐之铺户,自明年正月起添招学徒,须用小学堂领有卒业或修业之文凭之学生,又提议知照商会,外省商人在津营业者,每省得举商会议员一人,又提议知照商会劝令各行商人每行组织公会一所研究本行之现况,由本会为之规定会则,又提议知照商会设外国商业调查员随时报告各国商业之现状,登报公布以开商智而维商业,又提议催询商办津镇铁路。

七、民事事项。李议员金榜提议各当铺利息事。孙议员洪仪、卢议员翰章提议调查海关厘捐分卡章程及税则筹防弊之法,以维商业,又提议改良税契方法,又提议改良征收钱粮方法,又提议实行户籍法,又提议外国推广租界或租用民地须本会认为无妨害于地方者,始得定租,请政府立案,其房地价值亦由本会协同商定,又提议请审判厅将判结之案公布之,并声明其理由。

八、补助禁烟。刘议员光锡提议禁吸鸦片宜全省颁发告示,以速为要。

九、改良风俗。副议长提议禁止淫戏,胡议员家祺提议筹议风俗改良办法。

十、工程重要事件。解议员元湜提议抵制电车公司在南马路外违章加修双轨。

十一、卫生重要事件。胡议员家祺提议筹设公立病院。

十二、地方捐务。副议长提议驳外官制提陋规作州县津贴事。杨议员希曾提议所有牙税统归本会接办。高议员振銮提议木地工巡捐及牙行捐为地方自治先须实行接办之事,当准情据理以请之。孙议员洪仪、卢议员翰章提议设立公民所得,为公民者,每人每年纳公民捐一元。

十三、工巡事务。孙议员洪仪、卢议员翰章提议请工程局、卫生局、消防局统归董事会接管。

十四、续拟议会内部事项。李议员金榜提议本会除文件外应行公布之,又提议事务所应行管理之项,又提议选任书记长以符定章。苏议员式燕提议议事宜有秩序以便记录,又提议除已议决事件外莫论何事不可泄露外人,以昭郑重,又提议会内之事不合意不可退有后言,又提议拟举议员为常川干事。解议员元湜提议删事务所规则第十三条,理由书附。孙议员洪仪、卢议员翰章提议定本会办事宗旨,定本会办事方法,定对待官府之宗旨,定对待官府之方法,登报公告旁听,登报征收意见书,设接待员,举代表员与官府协商,举参议员,议员不常到会者应辞职,绘天津全境地图,创自治机关报,函请本县留学诸生请其调查报告,函知东南各省已设议会者,彼此通告,设各区自治讲习所,议长、副议长、议员违犯本会章程及条例,实行惩罚。

(光绪三十三年十月二十七日—光绪三十三年十月二十八日
"要件"栏目)

天津县议事会申报督宪遵批分别照办文

为申报事,案奉自治局移开为录批移会事,照得光绪三十三年十月二十日本局详覆督宪,遵议天津县议事会条例清折缘由一案,于二十九日奉督宪批开,详悉仰饬按照指驳各节另议,禀候饬遵缴等因,奉此相应录批移会请即遵照办理,须至移者计粘抄单一纸等因,奉此,查原定条例共三十八条,除将奉驳之第二十八、二十九、三十、三十七四条容俟筹议,拟定另行禀请鉴核外,其余三十四条经自治局核议,认为妥协详覆在案,应即以十月二十九日奉批之日为始,作为公布并遵章,以公布三十日后一律遵守,为此,备文申请宪台俯赐备案,实为公便,须至申者。

(光绪三十三年十一月十三日"公牍录要"栏目)

天津县议事会移请天津县抄阅典当增息三分文

为移请事,现据敝会议员提议,以津邑当商向系二分计息,如遇皮衣及贵重物品,则取息三分,每届严冬,则分别酌量减息,以惠贫民,法至善也。近数年来,无论何物,概系取息三分,冬令减息,日期亦毫无准则。查天津自庚子乱后,民困迄未稍苏,近今银价飞涨,小民生计益形艰窘,典质通融势不能免,若不设法统筹,俾商民两便,则津人之生业必至日艰,直不可想。昨由敝会柬约当行董事到会协议,金以三分取息,系禀准有案,每年减息,系照县示遵行。窃思此项统以三分取息成案,当初必有所以必须增息之理由,并何日可以规复二分取息之年限,其每年冬季减息亦必有一定之成例,敝会无案可稽,无从议决。为此,移请县台希烦查照饬承检齐三分取息原案,及每年冬季减息之成例见覆,并冀将本年冬季例应减息示谕迅速缮发,依限张贴,俾利贫民而广惠泽,事关公益,不胜盼切,施行。须至移者。

(光绪三十三年十一月十三日"公牍录要"栏目)

天津县议事会移巡警总局报告开会日期文

为移请事,窃敝会于光绪三十三年七月初十日开会,曾经移请查照在案,现当十月,照章开通常会三十日,查地方自治章程第四十条"会议应公开之",又,第四十八条"凡旁听者,应遵守会场规则所载旁听各条,如有紊乱会场秩序者,议长得令退出",又,敝会遵照章程议定会场规则第十七条"开会由议长先期知照巡警到场巡守"等因。此次为敝会第一次开通常会,订期自十月二十四日起每日下午二点钟开会五点钟闭会,照章公开,已有敝会印发旁听券赠送旁听之人,惟会场秩序难保不无紊乱,拟请贵局派拨巡长一员,带同警兵三名至期每日到场巡守,以资弹压,望将所派长警有无定员及由何局何区派拨,先期赐覆,实为公便。为此,合移贵局请烦查照速赐施行,须至移者。

(光绪三十三年十一月十四日"公牍录要"栏目)

议事会请拨经费函

天津县议事会日前致自治局金督理公函,略谓前敝会拟禀升任督宪请将徐晋瀛罚款量为指拨,以作敝会经费。曾蒙阁下代敝会面禀,奉谕敝会无烦,上禀将来自有办法。今阅徐晋瀛罚款五千两,全数拨交自治局暂存,尚未动用,未悉此项能全数拨归敝会否?想敝会开办之初,诸承擘画即经费一事已允设法代筹,仍乞俯鉴敝会困难情形,速即函知自治局将徐晋瀛罚款尽数拨归敝会,以作经费,无任感盼之至!再,议员办公费,几经公议决定,暂不支领,又,敝会一切条例规则,皆议订日内即议上详知,关厪系用,特奉闻。

(光绪三十三年十一月十四日"新政纪闻"栏目)

天津县议事会函请自治局督理筹拨经费开办董事会文

敬肃者,敝会现开通常会,所有议决事项甚夥,只以董事会未能成立,尚无执行机关,殊与议事会未能完备,查组织董事会之第一问题,首在筹拨经费,敝会前于九月十三日禀请督宪筹拨董事会经费,蒙批候行自治局核议,时逾月余,未蒙议覆,特于本月初三日备文径申自治局,请迅赐议行,不知刻下已核定否?窃思天津县地方自治仰赖大力赞助,始有今日,现时召集通常会议已及半月,而董事仍无成立之望,实于我政治名誉大有影响也。目下,无论此事能否核准,统望鼎力吹嘘,早日详覆,再定办法,免致光阴虚掷,坐误事机,甚盼切也。至前于九月初七日函商徐晋瀛罚款,迄今未蒙拨到,能否设法赞成,是为至盼!敝会自开办以来,津人士望治之心有如望岁,各议员虽识浅力薄,无补时艰,然无不勉竭愚诚,以尽国民责任。若竟因董事会无款成立,致已成之议会徒存一集议之虚名,不惟无以副宫保暨列宪提倡之热诚。想我督理亦必不忍睹此也。伏乞速饬局员迅作核覆,不胜殷盼!

(光绪三十三年十一月十五日"公牍录要"栏目)

藩台牌示

委署静海县独流镇巡检孙铭珍现充保定第一局巡官,所遗员缺另委试用典史窦光璧轮署。

(光绪三十三年十一月二十四日"文告录要"栏目)

天津县议事会广告

本会自上月开通常会,照章以三十日为期,现在已逾三十日,定于十一月三十日为止即行闭会。此次事属创办,一切应议事件甚多,所有未经议决各件及续收人民说帖条陈,容俟来年正二月开通常会时再为筹议,特此布达。

(光绪三十三年十一月三十日"文告录要"栏目)

督宪批示录要

天津县议事会禀实习工场郭管理违章棍责工徒请饬查惩办由，批：据禀实习工场管理郭芸夫棍责工徒恣行横暴，既与局章不合，又为乡论不容，应即撤差，候行工艺总局遵照办理，具报该工场管理规则及惩罚章程，仰局妥为拟订俾臻完善。此缴。

（光绪三十三年十二月初四日"文告录要"栏目）

天津府自治局移天津县议事会解付款项文

为移解事，光绪三十三年十一月初十日，本局详覆督宪遵批核议天津县议事董事两会筹给经费缘由一案，于二十日奉督宪批开，如详办理，仰即饬遵等因。奉此，合将李张氏与徐三涉讼之罚款银五千两拨交贵会，为议事、董事两会开办费用，除扣去本局前经垫付贵会银二千两外，再找拨银三千两内，志成银行现银票一千两，另原存期票银二千两。相应备文移解，为此，合移贵会请即查照验收具领，见覆须至移者。

（光绪三十三年十二月十七日"公牍录要"栏目）

天津县议事会禀督宪请接办捐务科
藉筹议事董事两会常年经费文

敬禀者，窃十一月二十五日准自治局移称十一月初十日详覆天津县议事董事两会筹给经费一案，二十日蒙宪台批示，准以徐三罚款银五千两拨归两会开办费用，其常年经费令即按照自治章程第二十八条第三目地方入款之清厘及筹集事由会自筹等因，除自治局扣作前垫开办费银二千两外，并找拨银三千两仰见我宪台提倡自治乐观厥成之盛意，议员等遵即公同筹议，金以董事会常年经费，原拟一万六千余金，议事会办公等费在外，委系核实节俭，无可减少之数，遽欲筹集此项巨款，苦于计无所出。查天津自庚子乱后亏耗殆尽、元气迄未稍苏，加以各项捐税日益加重，自无另设名目，取之于民之理，而旧有之地方入款，其大宗者已皆设有专局经理，其余绅民所经理者不过小宗入款，办理善堂等事尚苦不敷再三计议筹集之道穷矣。

惟就清厘地方入款之中求一变通可行之策，又必无碍于官无害于民，期合乎自治之法理尤顺乎公共之舆情，则以捐务科并入董事会即以酌减捐务科之常年经费作为议事董事两会之常年经费，是毋庸另筹他款，而董事会即能成立，如此略为权变，颇合自治之机关，既一举而两得，亦有利而无害。查日本地方捐税以营业家屋两税为大宗进款，其中分国税、地方税及附加税，皆系参事会经收，其属于市者，各区分设役所，所中分项经收，每日收毕汇存银行；其属于町村者，亦设役所，所中分项经收，每日收毕汇存银行并代征收地租与杂税，其役所经管事项甚多，经收捐税特其一端，惟以分项经理事既清晰，人无旷职，各参会之经理出款按期由银行指拨，绝无贻误其办事情形，凡纳捐及收捐之人，皆事事核实，并无欺诈等弊。各国办法大致相同，此地方自治之所以可贵也。今捐务科所收之房铺各捐只供地方举办新政之用，确系地方入款，若就入款言之，应由董事会经理，若就出款言之，此项捐款专备巡警工程卫生及学堂之用。议事会遵照自治章程第二十八条筹议教育实业工程水利卫生道路市场及巡警费等类，交由董事会办理，是此项捐款自应由董事会经收，以期呼应灵通，天津在联军代管地面之时，首由本地商人承认办理房铺车船等捐亦即由商人经理，所用员司多系本地商民和议既定交还地面，初则改名工巡捐局，近始改为捐务科。其办事用人仍循旧例，不过以官为总办督理其事耳。夫以官为总办，实因当时尚无地方自治机关，故不得不循例派委以总其成。今地方自治既已成立，无论搜剔中饱清厘弊端，本地人耳耳周详，较易为力，即就自治法理言之，地方捐务亦应归董事会经收为正当也。今议事会成立已及半载，而董事会尚未组成，推原其故，实因开办费用尚属易筹，而常年经费颇难为力。今奉自治局核准，两会常年经费应在地方入款项下清厘筹集，议员等思维至再，惟有捐务科经理之一切捐项改归董事会接办，揆之法理，按之事实，最为合宜。每年所入，除指定有案之巡警工程学堂等款仍按照捐务科成案如数拨解以重要需外，所有盈余及续行请出各款专备议事、董事两会常年经费之用，是指定各项用款既不致因局面变更稍有蒂欠，而议事、董事两会亦可因清厘入款资其挹注再四筹思，实为万全之策，用特不揣冒昧具禀上陈伏乞俯念两会关系重要，特予批准，俾克期组织董事会以期仰副我宪台提振维持有加无已之意，临颐颖不胜待命之至，肃此禀陈，恭请崇安，伏维垂鉴。

（光绪三十三年十二月十七日"公牍录要"栏目）

议事会定期开临时会

天津县议事会通知各议员书云敬启者,本会按照定章,每年正二月应开通常会一次,惟查年前禀请接办捐务科藉筹两会经费,曾蒙督宪批行吴京卿、凌运宪、张道宪府尊县尊会同核议,刻下尚未奉覆,是董事会一时尚难成立,若照章开通常会,所有议决事件无人执行,甚属虚耗时日。现拟正月二十日下午两点钟先开临时会一次,研究刻下应办一切要务,事关本会大局。务请台驾早临,幸勿不到为盼。

(光绪三十四年正月十四日"新政纪闻"栏目)

天津府自治局详遵改自治学社通行章程文并批

为详覆事,窃职局遵饬核议,盐山县自治学社规则,并拟订自治学社通行章程,详请宪台核定通饬各州县缘由一案,旋蒙批开:详折均悉。自治学社之设,原为养成组织自治人才,预备普通选举资格起见,自应颁发通行规则,以归画一而期进步。惟只有研究范围并无干涉性质,兹就所拟规则酌加添改,仰即按照签出各条,详候核饬通行折发此缴等因,奉此,仰见宪台筹画周详,孜孜图治之至意。钦佩莫名,当即遵奉宪台,添改各节依次照录,呈请鉴核批准立案,并恳通饬各厅州县,嗣后开办此项学社务各按照通行章程办理,以示划一而免纷歧。所有遵改自治学社通行章程,呈请核定通饬缘由,理合备由具详,伏乞照详施行,须至详者。

谨将遵改自治学社通行章程缮具清折,恭呈宪鉴计开,自治学社通行章程(附注),自治学社为自治之预备,去年本局提倡设立订一通则发交各属,于是热心之士相与组织学社以研究自治法理,但其所订章程人自为法,纷纭歧互不足以昭划一,顷有某某县以章程禀呈督宪批交,本局核议按之通则诸多不合,因再订一通行章程,以为模范,俾各自治学社办法无甚出入,将来亦可免核改往复之烦云。

第一条　本学社由(某县人某县某处人)公同设立,故名(某县某县某处)自治学社。(注):各处自治学社往往自立名目,既难记忆,又易蒙混,今正名为自治学社,而以某县或某处冠于其首,其学社为合县人组织者,则名某县自治学社。为某处人组织者,则名某县某处自治学社。

第二条　本学社以研究自治学理造就公民资格为宗旨。

第三条　本学社记载事项如左:一、本学社设在(某县某县某处)。二、发起人姓名、年岁、职业、住址。三、代表人姓名、年岁、职业、住址。四、讲员姓名、年岁、职业、住址。五、社员姓名、年岁、职业、住址。六、本学社于某年某月某日成立。(注)第六项之年月日须依批准立案之日填注。

第四条　本社以地方官为监督,所有讲员、社员由众公举候监督秉公选派。

第五条　本社讲员以研究法政通晓掌故者由本社延聘,或各发起人自行任定,分担讲席上之义务。(注):学社讲习应以掌故与法政并重,以自治学员乃为将来办事者也,否则学理与事实不能合一,无所据以为施行之地矣。

第六条　本社社员由发起人知照,各该处绅董公举入社。(注):自治学社目的在担任地方事务,今日研究自治之人多系将来议董两会之人,即不尽然,当得大半或可选入各区会,苟招致稍滥流弊滋多,故宜公举。

第七条　本社讲席之课目如左:《国法学》(法政丛编本)、《经济学》(小崎觉次郎著,王绍曾译)、《行政法》(法政粹编本)、《地方行政制度》(上海立宪公会出版)、《地方自治制纲要》(仝上)、《地方财政论》(天津自治研究所讲义)、《公民必读》(上海立宪公会出版)、《选举法》(天津自治研究所讲义)、《户籍法》(仝上)。前项课目外,应备参考各书如左:《大清律例》《大清会典》《部定商律》《刑律》《矿章》《印花税章程》《满汉通行刑律》《违警律》《报律》《交涉约章》《自治局章程文件》。

第八条　本社既为养成人民普通选举资格,为议会预备,以平时宣讲为要义。定期由社员明白宣讲共相讨论,学理实验互相维属以期研究进步,惟不得演说自治以外之事。

第九条　本社以□个月为毕业期限。(注):毕业期限应在六个月以上一年以内。

第十条　本社经费由发起人禀请地方官,就本地方酌夺筹给,并由好义者量力捐助。

第十一条　本社出入款项按月开列细数公布之。

第十二条　本社依通则禀呈之事如左:一、缮具章程二份,呈本县转详自治局。二、奉到批准后申报巡警局并送章程存案。三、迁移住址报告新旧所在地之巡警局。四、临解散前申报本县及自治局查核,并报告巡警局。

第十三条　本社社员所讲学理及事实应筹普及地方人之法。（注）旧习各事但求自知，不暇及人，自治事理非求普及不能为实行之预备，故社员毕业后或设分社或分投宣讲或编白话以相告语，乃无负所学之事。

第十四条　本社成立后，如受官府询问及委托调查之件，本社有申覆之义务，但不得侵越权限，干预地方官司法行政事务。

第十五条　本社讲堂斋舍规则另定之。（注）：学社讲堂在所必有，至斋舍应酌量情形而后设备，此等规则应附列学社章程之后，一并呈明立案。

第十六条　本社章程如有应行增改之处，应由本社社员公同议决后，呈由本县申报自治局核定，详请督宪批准施行。

督宪杨批：如详立案，仰候通行各府厅州县所有自治学社，均按此次通行章程办理，并候行藩学臬运四司查照折存。此缴。

（光绪三十四年二月十九日"公牍录要"栏目）

天津县议事会公告

启者，前阅报载有敝会副议长辞职一则，言者多为关注此事，当由敝会各议员竭力挽留，已经作为罢议，合将一切情形公布周知，以慰众念。副议长王君劭廉因供差大学，往返奔驰于本身，卫生诸多妨碍，特于正月二十九日来函辞职，当中敝会议长李君士铭及议员石君元士、胡君家祺、杨君希曾修函劝慰，尚未允许。嗣于二月初六、七两日开临时会核议，经各议员议定以本会初立诸事草创副议长辞职一节，均未认可，然因副议长实系勤劳太甚，遂函劝副议长作为暂行休假，俟从容调摄后再行到会办公。兹于十六日接到副议长覆函，允为照此办理。惟约定假期内对于会务，概不过问，并不担责任，庶可实行休息，特此布闻。敬希公鉴。

（光绪三十四年二月二十一日"文告录要"栏目）

天津县示谕

为出示晓谕事，案蒙藩宪增清河道宪熙札开，为通饬事，照得兴办女学为各项学务基础，而各属办理初高各项小学，独于女学多，未具报兴办，实于学务未为完备。本司道前于光绪三十二年九月即经详准筹款，因省城育婴堂收养女婴，开设学堂，并添招外间女生以广造就，惟开办伊始，系暂用育婴堂及旧仓房屋作为堂舍,地势狭隘,难容多数生徒,是以仅就省城收土客各籍女生分别初等高等办理,本司道旋择有仓房废址筹款估工,详准改建讲堂、宿舍及各项应用房屋,自上年秋间兴工,约计今春一律工竣。自应通行各属添招女生加开新班以广造就,并据女学堂总理声请,檄饬前来,合亟通行札饬,札到该县,即便遵照通行明白晓谕,并知照劝学总董按照后开招生格式分别查明。如有情愿遵章来堂,入学者即行取具保证愿书,申送来堂,仍于奉文后查明共有若干人照式开具清折先行录报查考。切切勿延! 特札! 计粘单一纸等因。蒙此,除本县照会劝学总董外,合行出示晓谕。为此,示仰合津绅民人等知悉,如有情愿遵章入学者,即行取具保证愿书,定限于本月二十□日以前来县报名,听候汇齐申送。切切特示。计开:

招生简章于左:课程高等初级均照部章,毕业高等初级均限四年,学龄高等须十岁以上二十岁以下略明字义者,初级须九岁以上者,学费每月银洋一元按季呈缴,膳费每月银洋二元五角,按季呈缴保证,须有官绅士商之资格者。

(光绪三十四年二月二十七日"文告录要"栏目)

天津县示谕文

为出示晓谕事,照得市肆食物本于小民生计所关,钱价涨缩亦于闾阎命脉所系。本县莅任后,查津邑地面前因铜元充斥、银价日涨,食用各物因之异常昂贵,小民度日艰难,受累尤深,言念及此日深焦,急正拟筹办整顿,适蒙督宪奏准行知,当将私贩钱摊一律查禁,并蒙道府各宪督饬商会官银号会议,设法维持。是以近来街市每洋一元换兑铜圆百十余枚,较前价值业已平减,惟查市肆食用各物仍(较)前昂贵,并未减价。如果属实,不特于小民生计攸关,且非持平之道,除饬差随时访查外,合行出示晓谕。为此,示仰合邑大小商贾人等一体知悉各该商等,要知银价既已平减,一应食物价值亦当随时减落,不得私心图利,有碍大局。本县为维持市面,体恤民生起见,当为该商民等所共谅也。特示。

(光绪三十四年三月二十七日"文告录要"栏目)

天津县议事会议覆公告

民妇靳赵氏说帖为请清讼累而苏困苦事议覆说帖阅悉,所述情形固属实在困苦。惟既在审判厅诉讼有案,必须俟审判厅判结后果有不能上达之实,据本会始能代为申述,应仍审判厅自行恳求公断可也。此覆。

（光绪三十四年四月十七日"文告录要"栏目）

天津议事会移知天津县清查隐匿庙产请备案文

为移知备案事,查地方庙产按照敝会禀定条例第十四条应列为地方公产,现据城西小营门外南辛庄村正高世荣,村副孟起山,乡民陈庆田、霍瑞田、王少亭、高庆云等呈递说帖,内称:村正等均世居南辛庄,地方廛墓杂居,世历数代。其间著名绅商坟茔尤夥,虽经兵燹之后,而有契据者尚多,民粮民地从未闻有庙产之说,亦未闻有僧道典卖价赎之事,不意,三月十八日忽蒙道宪出示,始知该地有如意庵住持王明山指为善庆庵庙产捐助农林学堂,该住持曾妄称三段捏指四至且故作侯,吾身裁与王明山价赎其种种支离,已觉自相矛盾。乃朦禀之后中学堂监督王用熊、华泽灏等不查,即行禀请派委谢宝华勘丈插签,并出示限期招迁。村正等惊悉之余,咸抱不平。除将访明王明山与赵朗亭勾串情形公禀道宪究办外,查该住持王明山先系游勇后始出家,现在勾通其亲戚李义中将善庆庵地基一段盖房开店,另有庙地二段均被占据。村正等以事不干己,未便举发。今该住持攘人之地犹复假名义务,若将原占庙产用之地方办理公益,更属理得心安,相应据实声明呈请查勘收管,俾充公用则地方受益匪浅矣等因,当即公同评议,佥以王明山既勾串其戚李义中隐匿庙地,其居心直不可问,除该村正等所述王明山与赵郎亭等勾串情事,现已公禀道宪究办外,所有隐匿庙地一节,亟应详查,以重公产。当即派人前往调查,并详加探访农林学堂所插标记在大道以北,而大道以南确有善庆庵庙地三段,复约集王明山、李义中到会质问,王明山承认实系善庆庵庙地,李义中亦认租庙地质之地方,岳永升供亦相同。查王明山系如意庵道士,辄以善庆庵庙地报效农林学堂,是否攘自他人?既经公禀道宪自应静候明断,惟既以善庆庵地报效学堂,何以又有李义中占用地段并不在农林学堂标记之内,其为隐匿无疑。兹遵照禀定条例由,会派人偕同王明山及村正副等插立标记,俾作地方公用,并粘贴公告令附近居民知晓,如有界外隐匿庙产界内侵占民地,均准来会声明查实更正,庶免轇轕。为此,移请县台查照备案,实为公便,须至移者。

(光绪三十四年四月十九日"公牍录要"栏目)

天津县议事会公告

现据南辛庄村正高世荣、村副孟起山等报告该村附近有善庆庵庙基一段、庙地二段,请本会查勘收管,俾作公用等因,嗣即招同王明山、李义中查询,据称实系庙地无讹,当查本会禀定条例应作为公产者内有庙宇及其产业一项,理应查勘收管,俾作公用。今派人携同村正、副并王明山、李义中及地方等公同勘验划明界址标签作记,惟标签界外,尚有庙产及标签,界内误划民产,拟自四月十六日结至月底如轇轕不清,务即来会声明查实更正,以更照详督院及府县存案。此布。

(光绪三十四年四月十九日"文告录要"栏目)

天津县议事会议覆公告

鲜姜杂货鲜果众号玉成号商人毕文衡等说帖为整顿市面生意,裕税便商,恳请转详议覆:说帖阅悉。所述统捐办法不为无见,惟此事关于国税定章,将来应同各商协议统筹全局,呈请上宪核办。

(光绪三十四年四月二十一日"文告录要"栏目)

天津戒烟所之成效

直隶戒烟总局自去冬开办戒烟医院研究良方精制丸药今已半载,戒断者前有余人,领药者复踵相接,每日发药十余斤或二十余斤不等,固已确有成效矣。昨复闻美国唐嘉利君以化学配药,无论瘾之深浅、年之壮老,三五日内即可解除净尽,津埠蒙其戒烟者复不少,日昨禁烟局总会办又躬往会晤,一再咨询,知其收效神速,遂面禀督宪蒙拨款三千金提倡斯举,专为延订唐君试办经费在法租界红楼后戒烟所医治,只因房膳医药需费太巨,暂以三百人为额,无论官商士庶,均可到禁烟局声明发给执照前往戒烟,既有戒烟医院开其先,复由美国唐君继其后,相辅而行,效果益广,津埠素称好义,谅不乏热心公益之士襄此善举,以助官力之不足也。

(光绪三十四年五月二十八日"新政纪闻"栏目)

天津学界祝嘏纪盛

二十六日恭逢皇上万寿圣节,直隶学务公所已先期传知天津各学堂至公园学会处行礼。是日,自北洋大学堂,以次各中小学堂学生均以四点钟四十分齐集公园,分班拜牌,济济跄跄,颇极人才之盛。

(光绪三十四年六月二十八日"新政纪闻"栏目)

定期开同学会办法

天津河东行宫庙拟开第二次同学会,开会日期已有大众公订,于七月初一日起至初三日止,所有会中议决各事件及分任各事等会员均会同会长投票选定,会中各事亦已粗有规模,无甚差异,兹将开会规则照录如下:

一、开会之日第一日,会长、会员及赞助员互相讨论,第二日,本堂学生及会员入分科成绩室观览成绩,第三日,任外人观览。

一、第一日入会场时限由下午一钟开会至晚十钟闭会,并是日在行宫预备晚馔,第二日入会场时限由早八钟开会至十一钟闭会,是日,会员如有公务者,可以不到会,会员已任事务者,必须按时到会照料一切,第三日入会场时限由下午一钟开会至六钟闭会。

一、会资,每会员出铜子四十八枚,由二十七日交起,结至二十九日止。

一、凡有会员姓名,均刊入同学录。

一、凡外人入览者,临时发给入览票。

一、凡会员欲送各科成绩者,须早为预备,务于二十五日以前送至行宫,以便陈列。

一、凡会员有对于本会应有改良各事件,务须早为预备,以便届期提议。

(光绪三十四年六月二十八日"新政纪闻"栏目)

天津巡警总局示谕

为通传饬遵事,案据三局二区禀称,窃奉宪谕,饬令卑区界内所有大小娼窑造订循环簿暨妓女花名、水牌、妓户门首号数牌,以资考察等因,奉此,区长当将名妓户传局饬令按照拟定办法、款式从速造订,并饬将各妓女出入娼窑日期,随时登簿禀报,以资调查而免疏漏,兹据各妓户报竣前来,区长覆查属实,理合据情禀报等情到局,除禀单批示官弁各予记大功一次以示鼓励,并饬考绩课注册外,合亟通传,为此,传仰各该局区遵照,凡有娼妓散居之处,一体作速仿办。毋违特示。

（光绪三十四年七月十三日"文告录要"栏目）

天津县议事会选举议长公启

启者,本年七月初十为议事会正副议长一年任满之期,例应改选,是日下午四点钟,各议员到场,按章投票公选。是日,到会议员共二十人,先举议长,以王君劭廉共得十一票,为当选;次举副议长,以胡君家祺共得十二票,为当选。事关选举,理合公布,并将投票数目列后,即乞周知。选举议长票数:王劭廉,十一票,李士铭,九票;选举副议长票数:胡家祺,十二票,李士铭,四票,杨希曾,三票,李家桢,一票。

（光绪三十四年七月十四日"文告录要"栏目）

议事会开通常会议案

天津议事会自七月初十日开第二次通常会,议案照录如下:开闭会确定时限;开会中间会员到会不过半数之办法;议员办公费;关于印花税事;清查公款公产事;接管义阡局;祇树园充公庙产;广仁堂地址;善庆庵庙地勘丈存案事;玉皇阁庙地未了事件;紫竹林泰山行宫地价;土城小学堂补助;侯家后马路;单玉祥茔地充公事;李张氏茔地充公事;贾家口民人换地事;请领盐斤加价款项兴办教养局事;关于渔苇地与丁粮地各事宜;关于海河裁湾取直淤地事;续议本会条例;遵前督宪袁批筹议监察办法;筹设天津县贫民病院;设立公民簿以备有选举权及被选举权者之题名,凡题名者各缴费小洋五角留充自治经费;募集普及教育基本金;募集实业教育基本金;紧要说帖十四件;寻常说帖二十件。

(光绪三十四年七月十四日"新政纪闻"栏目)

纪预备立宪纪念会

天津董事会以本月十三日为颁布预备立宪谕旨第二周年,特于先期通告言绅学商各界在议事会会场开预备立宪第三次纪念会,自午后二钟开会,六钟闭会。兹将其开会次序及演说诸君衔名照录如下:(一)振铃开会;(二)奏国乐(起立致敬);(三)董事会正副会长开会词(张县尊石君次青);(四)奏乐;(五)地方长官演说(学宪卢);(六)奏乐;(七)自治局职员演说(齐君隐斋吴君竹林);(八)奏乐;(九)地方工商学界绅士演说(陈君拓圃);(十)奏乐;(十一)议事会议员演说(王君吟生、胡君玉孙、李君子和)(十二)奏乐;(十三)董事会会员演说(苏君朵生);(十四)奏乐;(十五)振铃闭会。

(光绪三十四年七月十五日"新政纪闻"栏目)

天津县议事会公告

敬启者,本会苏议员之銮因患病多日不能常川到会,拟辞议员之职,当即公同开议,援照章程第十五条第二项"公认辞职"遵照章程第十六条"以复选举名次表前列之被选者递补之",查执事复选举时名次在前,应即遵章递补,理合专函奉告,敬请台施克日到会,并预为函覆,以便移会县尊查照。事关公益,想执事桑梓萦怀,必有以副当日推举之诚也,专此通告!敬请台安并希鉴察。

(光绪三十四年七月十九日"文告录要"栏目)

董事会与各报馆拟定公约

天津县董事会拟定公约六条如下:一、董事会为执行机关,例凡会议,概不公开,以免泄漏有碍执行,各报社员亦即不请到会旁听。二、董事会所有一切文牍报告及各种成绩表均拟送登各报藉资公布。一、董事会送登之件,凡有标明日期者,务请照登。一、董事会办理未完之件,皆须秘密,暂不

117

送登。一、各报社对于董事会之文件,请一律排登专栏。一、各报社对于董事会送登各件,请按照议事会章程概不收费。

(光绪三十四年九月十四日"新政纪闻"栏目)

补录董事会启用钤记申文

天津县董事会申报各宪云,光绪三十四年七月初九日准天津县议事会移开为移送事,敝会申报成立董事会及开会日期并请领钤记一案七月初一日蒙督宪批开如申办理,兹刊就天津县董事会钤记一颗随批发下,仰即查收启用具报抄由批发等因,蒙此相应录批并将天津县董事会钤记一颗一并移送贵会,即希查照启用,并将启用日期移覆等因,准此当日在会领收,遵于七月十八日开封启用,所有接收钤记及启用日期,除分别移行外,理合具文申报宪台查核,为此,具申伏乞照验,施行须至申者。

(光绪三十四年九月二十八日"新政纪闻"栏目)

体育观摩会续纪

天津劝学所日前在放生院官小学堂操场开体育观摩会已志昨报,二十八日上午为直指庵、玉皇庙、堤头村三处官小学堂在堤头村操场比赛之期、共到学堂三百余人、有总董林君、县视学华君、中区劝学刘君暨各堂堂长、教员在彼照料,仍由省视学陈蔗浦君评判,先分操步法变排身力,次演螺旋式,跑排离合动宕疾徐自如,终复殿以夺旌等游戏,中间有直指庵小学少年乐队作音乐以应节奏,直指庵、玉皇庙两堂往来时,堤头学生均作鼓号送迎,并有该处巡警局长张君带领警长、警兵各一名在彼指挥云。

(光绪三十四年九月三十日"新政纪闻"栏目)

天津议事会禀督宪请饬义阡公司
呈缴图册账款发会办理文

敬禀者,窃案地方自治章程第二节议事会职务权限内开第二十八条应行议决之事,其第二目为自治事务之创设改良并其方法内列救恤一项,第三目为地方入款之清厘及筹集事,第五目为地方公款公产及利息之存储并动用事。嗣经议员等遵照章程第一章第三节议定条例共三十八条禀蒙宪台批准，其第十四条应作为地方公款公产者，一、无主荒地，二、庙宇及其产业，三、地方学务经费，四、地方善举经费各等语，又于光绪三十三年七月初十日议事会开会之初，奉到自治总局移开升任督宪袁批定，议事会筹办、协议、监察三项权限范围，筹办之事第三项为调查地方公款、公产，并注明指向归绅士经理者，已由议事会照章分别通详公布各在案，兹查天津县境创有义阡公所，内由官督绅士经理择境内庙地或无主荒地作为义冢，凡地方人民或他乡侨客无地掩埋者，皆可于该地埋葬办理多年枯骨，被泽实为地方善举，久明明在人耳目，议员等窃以此地既多系庙地或无主荒地，而办此善举者，又向系绅士，是应由董事会办理，以符自治章程，又近据董事会报告，津浦铁路购买义阡公所经理之地为数甚多，事关出售公产，尤宜由董事会经理以昭慎重。议员等开会公议，当场议决。谨拟吁恳宪台札饬该公所将办理天津县境义地及一切图册账目款项呈明宪台札发议事会，或径由该公所移交议事会，以便转交董事会接办，庶于地方善举、自治章程两有裨益，理合肃具寸禀，统俟批示遵行，敬请钧安！伏希垂鉴。

（光绪三十四年十月初八日"公牍录要"栏目）

天津府县告示

为晓谕事，本年十月初十日恭逢皇太后万寿圣节，率土胪欢，本府县因查前蒙省宪批准自十月初九日起至十一日止，所有天津来往集船携带零星用物估价在三十两以内者，免抽厘金，以示格外体恤，其大宗货船不在此例，至关税一项，仍照常征收札行，查照出示等因，历经遵办在案，现在万寿将届，自应援照成案办理，除报明榷宪外，合亟出示晓谕，为此，示仰津郡商民人等一体知悉，自十月初九日起至三日期满，无论商船大宗零星仍一律稽征照旧抽收。毋违特示。

（光绪三十四年十月初十日"文告录要"栏目）

警局传知庆贺礼节

天津巡警总局以初十日为庆贺万寿节，所有应行礼仪已于日前饬知各局区，自初七日以至十四日分局、总局均升国旗，总局军乐队于初九日晚七钟至九钟奏庆贺乐，初十日早七句半钟升国旗、奏国乐，届时各局联队在总局行三呼礼，晚来五句钟落旗、奏国乐，联队仍行三呼礼，由五句钟至十钟频奏庆贺乐，初九至十一三天每早六钟至晚六钟，各岗警兵均穿新军衣，大帅赴龙亭恭行拜牌礼，由河北大胡同至龙亭沿路均行加派岗警，认真巡逻弹压。

（光绪三十四年十月初十日"新政纪闻"栏目）

天津劝学所拟定第二班各学堂庆贺万寿次序单

城隍庙两等官小学堂、河北大寺两等官小学堂、行宫庙两等官小学堂、惠慈寺两等官小学堂、药王庙两等官小学堂、直指庵两等官小学堂、放生院两等官小学堂、育德庵两等官小学堂、西方庵两等官小学堂、玉皇庙两等官小学堂、过街阁两等官小学堂、旧营务处两等官小学堂、堤头村两等官小学堂、广仁堂北初等官小学堂、太阳宫初等官小学堂、陈家沟初等官小学堂、葛沽镇两等官小学堂、长芦初等官小学堂、三清宫私立两等小学堂、周公祠私立两等小学堂、公立第一两等小学堂、公立第二小学堂、义振初等小学堂、铸新小学堂、民立第一小学堂、民立第二小学堂、民立第三小学堂、民立第五小学堂、民立第六小学堂、民立第七小学堂、民立第八小学堂、民立第十小学堂、民立十一小学堂、民立十二小学堂、民立十三小学堂、民立十八小学堂、民立十九小学堂、民立二十小学堂、民立二十一小学堂、民立二十二小学堂、民立二十三小学堂、民立二十四小学堂、民立二十五小学堂、民立二十六小学堂、民立二十七小学堂、民立二十八小学堂、民立三十小学堂、民立三十一小学堂、民立三十二小学堂、、三十四、三十五、三十六、三十七……五十一、五十三、五十四、于家庄私立小学堂、商家庄私立小学堂、谢公祠公立小学堂、新庆镇初等小学堂、公立第一初等商易小学堂、民立第一艺徒学堂、民立第二艺徒学堂、民立第三艺徒学堂、大悲庵官半日学堂、天齐庙官立半日学堂、甘露寺官立半日学堂、民立第二半日学堂、民立第三半日学堂、民立第五半日学堂、商务半夜学堂、广育学会。

（光绪三十四年十月初十日"要件"栏目）

天津县议事会公启

敬启者,查地方自治章程议事会每年开通常会二次,其会期一次在正月至二月内一次在十月至十一月内,均以三十日为限等语,今经酌定本月二十日下午准两点钟起开通常会,诸君有何提议之事,祈早为函示,以便汇列议案,并望届期惠临,照章开议。幸勿不到,无任企盼,附呈旁听券五张,即请检收转赠为荷,专此布达。敬请升安。

(光绪三十四年十月十一日"文告录要"栏目)

天津议事会移天津县文

为移覆事,案查光绪三十四年五月二十日奉县台移开,蒙南段巡警局宪札,为民人任士奎等禀称设置清秽公司一案,据批该民等拟设清秽公司抽收粪船谢钱报效洋银一千元,察核所禀该民等无非巧立公司各目,希图把持且查阅章程又复异常含混,流弊甚多,碍难率准,至运河及西河沿一带客贩粪秽船只究系何人揽雇,向来如何索取谢礼岁得若干,所谓跑合者,是否就地居民私收漏规,未据详细声叙,姑候札饬董事会长天津县令逐一查明,会同董事会员等集众公议,所有前项揽雇船只抽收谢礼钱文,能否化私为公另行设立公所,酌量收捐充作董事会办公经费,并由县体查情形,究竟于农民船户有无损碍,于地方、公家是否有益?迅即会同核议,克日禀覆,以凭查夺等因,当交董事会调查。兹据报告,津郡春秋二季粪秽出境每岁约三十万石,每石一百四十斤,其价资连上船车脚五百五十文,南运河及西河一带客贩来津购运,有一种游手之人包揽雇船,所谓跑合者是也。凡代雇船一只,有花费洋一元,连谢礼零费须洋二元数角,私相授受,久沿为例,查每船运粪平均约三百石,值年景好时运出船不下八九百只之多,此运售粪秽之大概情形也。按此,事如归董事会办理抽收捐款,似此可化私为公,惟设公所除用人一切费用外,余款亦属无多等情,前来议员等当查津中买卖往来,向有跑合人两面撮合,从中得用,似于私收漏规不同,况所得之费亦属无多,是此项雇船运粪之事,固不应由民人专立公司以图把持,即由公家改设公所,亦于筹集款项无甚裨补,似不若仍听农民船户便宜办理,而贫民生计亦可藉以维持,为此,据情移覆县台查照转详,须至移者。

(光绪三十四年十月十四日"公牍录要"栏目)

天津县议事会公启

敬启者,本会照章于十月、十一月内开通常会一次,业于本月初八日发函通知,订于二十日起开会,想登台鉴,本日届开会之期,到会议员仅十四人,合计不过半数,遵照章程第四十三条不能开议应再行发通知书,限期催到。兹订于本月二十三日起,每日下午二钟开会,至四钟闭会,临时如仍不及半数,即就现到议员议决,现在旁听人员甚多,而所有提出议案尤关紧要,务请届期必到,以重义务,是所至祷,专此即请公安。十月二十日。

(光绪三十四年十月二十二日"文告录要"栏目)

天津劝学所公启

启者,报载二十一日大行皇帝遗诏,二十二日大行太皇太后遗诏。凡我臣民,应共闻知,务祈诸公敬谨誊印,就修身钟点宣讲疏解,指授不厌精详,以期诸生共聆两圣遗训,宣讲所亦祈一律敬谨宣讲勿略,此请公鉴。

(光绪三十四年十月二十八日"文告录要"栏目)

天津劝学所通知四乡小学公启

启者,本月二十一日酉时,大行皇帝龙驭上宾,二十二日未时大行太皇太后仙驭升遐,所有应达事宜列后:一、遵照二十三日所奉提学宪谕,饬停课三日(凡未经停课各堂,即以接到此信之日起算)。一、管理员、教员、学生均在堂内北面望阙先叩奠大行太皇太后,次叩奠太行皇帝,均行三跪九叩礼。一、员司、学生一体换用蓝帽结或黑帽结,但不得用缸靠品月等色,以昭庄重。一、各堂大门外自二十二日起算悬白布彩二十七天以表哀思。一、各堂唱歌、游戏两科暂行停止并禁用鼓号(俟奉学宪谕定期限再行达知),可将书经尧典四海遏密八音之义对各学生说明,至所停唱歌、游戏之钟点酌改他科或温旧课。一、各堂员司学生名号有用仪字者应即改避,一、各堂员司学生剃发须过百日,一、学生禁用红色辫绳,应改用青色或蓝色者,女学生亦一律改换。

(光绪三十四年十月二十八日"文告录要"栏目)

天津劝学所通知城关小学公启

　　启者,顷奉学宪传知二十五日下午两钟,各小学堂学生恭诣公园学会处哭奠大行太皇太后、大行皇帝,所有应行通知事宜列后:一、学生制帽缘四分宽白滚边一道,两袖口缘二寸宽白布袖箍。一、学生均去帽章不带奖牌,并换青或蓝色帽结(万勿戴缸靠及品月等色帽结,以昭庄重)。一、学旗用白布写黑字。一、各堂禁用鼓号军乐。一、学生数愈多愈妙。一、学生准一点半钟在中州会馆齐集。一、堂外悬挂停课三日及二十五日下午全堂学生恭诣学会处行哭奠礼牌示。一、可令学生互相通知以期迅速。一、再者,第一条所列之帽上白滚边及白袖口均由劝学所备办,请于二十四日下午一点钟饬人来取,勿庸自备,藉归划一,至管理员、教员仍穿反羊皮褂去缨大帽。

　　　　　　　　　　　　(光绪三十四年十月二十八日"文告录要"栏目)

议事会要函照录

　　天津县议事会致天津县张大令函云敬启者,昨承照会敬悉海河裁湾取直河淤地亩碍难变价由董事会办理一案,业经具文转详当蒙府宪批示如详办理,仰即转移议事会查照等因,遵即公同开议,拟请将原详底稿饬抄一分发下,以冀敝会酌核情形转交董事会办理。为此,具函肃恳祇请升安,伏维台鉴。

　　　　　　　　　　　　(光绪三十四年十月三十日"新政纪闻"栏目)

天津劝学所公启

　　敬启者,现拟会集围墙以内官立、民立各小学堂初等第五年级学生考验一次国文、算术两科,务请于一二日内将贵堂应考学生若干名速为示知,以便合计人数择地定期再行举办,先此奉达,再者,如贵堂现时无五年级者,即可勿庸与考,仍请示知,以免久候。

　　　　　　　　　　　　(光绪三十四年十一月初一日"文告录要"栏目)

天津县董事会公告

十月份已结案件列下：议事会移交李澐等为咸水沽公款说帖学警两款已由本会会员核对，并无侵吞等弊，两造亦愿共谋地方进步不再争执，至以后学警两项办法已移知议事会核议。又函知调查锦衣卫桥火神庙和尚坟地，已查明函覆谭恩荣为租坑地辔辖说帖，已由两造自行了处。吴云祥、吴云彪为批分租地备案说帖，候查明备案。张元春为租地界限不清请清丈说帖，候查郭家庄义地时一同清丈。周永年声明民地民房契纸被押不能呈验说帖，已函请道署抄发契文查验属实。卞庄村正石光兴等请调查该村等义地说帖，已经查勘确是该村等义地，应如请备案，至所称减场变为膏腴各地段，候具到图说开列弓口再议。穆文发请减房租说帖，本会查明减租应由冬季起，春、夏、秋三季仍照旧上租。储仁临请勘丈地亩照章纳租说帖，俟勘丈坑地时再行核议。张献瑞请查勘地亩照章纳租说帖，候调查坑地时再行核议。李鸿纶请查新盖房间按等纳租说帖，已照章纳租。程瑞林认租善庆庵庙地说帖，俟勘丈明晰再行认租。刘文元缴地退租说帖，应准缴地由本会另行招租。李兆玉请减房租说帖，覆查该房确是十五间，中厕草棚均未在内，仍按十五间纳租可也。刘庆发为陈怀清争执租地说帖，务将租札送至本会查验以便核夺。杜中保请减地租说帖，庙地各租户均系按房纳租房间，既不短少租价即难从减。宣讲所刘威领十月份薪水洋三十元付讫。天后宫已故道士妻吕马氏领十月份养赡铜元二百枚付讫。劝学所支（城隍庙、行宫庙、河北大寺、大悲庵、药王庙、慈惠寺）学堂九月份经费三百元付讫。议事会支十月份经费银二百八十两正付讫。移县署出租公地拟定执照两种请备案，又拟定空地盖房收租办法请备案。又为祇树园庙产请派经纪随同估价，已派经纪勘估，并委陈巡检钟麒会同估价，移议事会拟定空地盖房收租办法请备案。又补助民立第六小学堂、普育女学堂经费，拟定先付半数。以上已结案件，计共二十五宗。

（光绪三十四年十一月十二日"文告录目"栏目）

天津县议事会禀督宪文

敬禀者，窃维现值大行太皇太后及大行皇帝之丧，薄海臣民同深悼痛，凡各处戏园均经天津府县出示晓谕停演百日在案,即在租界各处戏园亦奉各国领事谕令停演,惟风闻各国租界内戏园有于二十七日后禀请开演之说,查园主优伶均系中国子民,似应一律遵章定制,拟请宪台饬知海关道照会各国领事申明示禁,所有租界各戏园亦一律于百日内不得开演,以维风化,可否之处,理合备由禀恳宪台察核,施行祗请崇安,伏维钧鉴。

（光绪三十四年十一月十八日"公牍录要"栏目）

天津县董事会移议事会筹款抵拨警费文

为移议事,案查祇树园庙产充公估价一案,前准贵会移知会同天津县尊将该庙产清查估计,俟估价完毕即将应解之款照送巡警总局等因,当经移请天津县尊遴派委员会同勘估,嗣派陈少尉钟麒偕本会会员迭次前往祇树园勘查,计庙房大小四十二间、地基七段,拟定按照光绪三十二年闰四月乐贤堂严姓抵除官租并交十年现租作为管业案办理。复由陈少尉提议该庙房地进租每年共五百四十八元八角,核计房地所值以此租数比照定价实非平允,应议加租价等语,当即加房地各租共数至一千八十二元八角,除董玉山、维新成两家不能如数照加,其余各租户均已承认。据董玉山声称,于光绪二十四年庙中被火,已将后院房间全数焚毁,后经董玉山自行起盖北楼房六间、北房六间、西房三间半开设客栈,言定照借地不拆屋例每年订明租价二百五十千永不加租,俟客栈不开即将该房交归庙主,所以该客栈亦即按照庙产一律立有租折,当时并将戊戌年董玉山盖房花费账四册送会查验,已经查明确是自盖房间,议定按每间一元加租,除去半间不许外,共房十五间,应每年一百八十元。维新成声称地租每年一百二十八元,已形困苦。若再加六十四元,益觉不支,应请减让。今亦经议妥每年再纳一亩五分地租计三十元,并声明各租户今年仍照旧纳租,至明年正月再行加租。如此办法,应于原议加租共数一千八十二元八角内减去一百四十元,核计实得租价九百四十二元八角,按十倍计算,估价银九千四百二十八元,自应遵照前议筹备四千七百十四元拨解警局完案。现查敝会所存款项,只有贵会移交玉皇阁充公银四千三百十余元,是否即以此项抵拨抑另筹他款,如以玉皇阁充公银款抵拨,下欠四百元之谱,应如何筹补,统候卓裁再估价完毕,应将各租户租折交由敝会收执以凭催今年未交各租,即希移县照发,俟年终租款收齐再行划交警局一半,以符前案。为此,备文移请贵会查照核议见覆,施行须至移者。

(光绪三十四年十一月二十四日"公牍录要"栏目)

天津县董事会公告

十一月份已结案件:议事会移知祇树园庙产充公估价事,已会同陈巡检钟麒估定价银九千四百二十八元,照原案五成拨归警局四千七百一十四元。贾永为如意庵地请免秋季租说帖,已查明照章纳租。阚苑卿请减房租说帖,房间既不短少无从减租。刘文元仍请租郭家庄地说帖,准将原租照领回照旧纳租。苏连科与田玉堂分租坑地声明补足地数说帖,候勘丈坑地时核夺。穆王氏为刘洛有意侵占伊地说帖,候勘丈坑地时一同勘丈并准与立案。马秉洲请兑清僧人预借房租说帖,候将底帐送会调查再行核议。杨树华请仍照旧案勿再加租说帖,该房数目既符请即照新章纳租。王雅轩为垫高洼地纳租说帖,请来会面陈。翟有功认租郭家庄新马路旁空地说帖,来会指明何段再行议租。大赵庄村正赵昱元交待补堂公地单,存查。元顺堂王为仍照原租交纳说帖,房间既符即应照覆查上租。季恩荣为邢懋德圈占官荒事,已移县传究未便再行催询。议事会移交王绅劝廉捐强迫教育基本金一百九十两,存储蓄银行生息。天后宫已故道士妻吕马氏领十一月份养赡费铜元二百枚,付讫。劝学所支商务半夜学堂经费六百吊正,付讫。又支城隍庙、大悲庵、药王庙、行宫庙、慈惠寺、河北大寺学堂十月份经费三百元,付讫。宣讲所委员刘威十一月份薪水银三十元,付讫。议事会支十一月份经费银二百八十万两,付讫。移县署拟定李桐玉霸占火神庙地充公办法,已丈量清楚除给僧人大瑞三成养赡外,充公之地由会招租。移批验所郑家庄庙地充公并承领应分土盐,已覆到由会承领。致府署函调海河裁湾取直地图并清册,已接到。致县署函调祇树园庙产租折,已接到。致河北乡谳局函请注销刘庆发案由会查办事,已覆准销案。右已结案件计共二十四宗。

(光绪三十四年十二月初八日"文告录要"栏目)

天津县董事会移天津县管理庙产及纳粮办法文

为移覆事,案查敝会函送李桐玉霸占火神庙地二顷四十亩请传讯追究一案,于九月二十六日接准县台照开,先后传李桐玉、李桐达、岳莲、溪大瑞到案,讯据各节,其为庙产无疑,准情酌理,拟照庙产章程以七成充公三成归大瑞养赡,俟大瑞圆寂之后再将此三成仍归公产,除查丈数目另行照会等因,遵即将火神庙庙地收入公产项下,除暂拨大瑞三成养赡其七成进款备充地方自治经费。惟此项地亩列入公产自应将全地弓口四至丈量清楚埋立石碣,从中拨给大瑞三成,挑起封堆为界,该僧圆寂后即由敝会收回招租,并请谕饬大瑞只准租种不许私自典卖,至该地应上渔苇、课粮银,此后统由敝会承纳,即请转详河防分府宪查,阅渔苇、课粮册注销李桐玉纳粮花名,改由董事会照章纳粮,以资管理。以上拟议办法各节,理合备文覆请县台查核立案并希转详,施行须至移者。

(光绪三十四年十二月初九日"公牍录要"栏目)

天津县董事会公启

启者,本会现定于本月十八日下午二点钟至五点钟开会一日,讨论一切规则,应请各名誉会员已缮具通知专函走请矣,惟所请名誉会员均就本会所知者,特恐所请未周,敬将原函登诸报端,望学界、商界、工界热心公益诸大君子届期均可惠临,以便会议,恕不补函。附原函:

敬启者,查《试办地方自治章程》第六十二条,凡本籍曾办学务或办地方公益事务之正绅,皆为董事会名誉会员,又第七十六条名誉会员于开会议时得到会陈述意见等因,本会自七月成立,因两会房间均不敷用,赶即修理,至今日始渐就绪,兹定于由本月十八日下午二点开会至五点钟闭会,讨论一切规则谨遵章,奉闻届时敬乞驾临东门外水阁街,本会实翊公益。

(光绪三十四年十二月十四日"文告录要"栏目)

天津县董事会公启

天津县董事会于本月十八日下午三钟开会,至五钟始行闭会,延请名誉会员到会公议董事会规则,是日,除本会职员外,计名誉会员到会者二十四位:俞君明谦、王君观保、纪君联荣、赵君维周、谢君惠珍、胡君维宪、李君镇桐、芮君玉堃、顾君文翰、邹君廷廉、刘君锡保、李君宝恒、李君□绅、刘君景琛、李君其光、温君世霖、徐君诚、朱君世凯、李君向辰、郑君炳勋、王君贤宾、李君士钰、刘君光蠹、吉君维清。

（光绪三十四年十二月二十日"文告录要"栏目）

天津商会禀关道再恳减免河工码头各捐文

敬禀者,窃奉宪台札开,为札饬事,案查东津两帮绸缎洋布商恳乞豁免河工、码头两捐一案。前据该商会两次来禀,当经函致海河工程局查照核覆,并将码头捐不能豁免情形业经批示在案。前准该局覆称,查定不能停征,河捐情形已在贵道洞鉴之中,缘整顿海河工程,业经载在庚子乱后《约章》,且该河道若不照此赶紧整顿,续挖新段海河,将来一经夏令雨水连绵,防恐有淤积如初之虞。至大沽口拦江沙及海河工程亦应即时设法挑浚,否则恐本埠贸易渐渐减少,必致改由青岛、大连湾转运,然津郡商情恐大受其影响,该商等应知河道通畅实为商务之一助,未可轻视,相应函覆,即希查核饬遵为荷等因前来。查码头、河工两捐均系为整饬水陆两路交通要需,于地方为公益,于商家尤多便利,未便议停,合行札饬,札到该商会,即便查照饬遵,此札。等因。奉此,即经转饬该商等遵照。

兹又据隆聚号、敦庆隆、瑞成号、元隆号、和泰益、万庆成、瑞生祥、瑞蚨祥、庆祥、瑞林祥、谦祥益、景德和、隆顺号、瑞兴益、和春号、聚庆号等联名覆称:窃商等因商务困顿,一再禀请豁免河工、码头两捐,业经权宪大人批示,碍难如禀豁免在案。商等理合恪遵宪示,何敢再四渎陈。惟念商务自丙午、丁未两年陡然跌蹶,至今难复本原,若不亟思补救之方,诚恐商务日见萧条,商等身家财产尚不足惜,以数十年经营商埠一旦荒凉,大局实堪顾虑。商等言念及此,故亟请免捐,以冀困顿稍纾,而便徐图挽救。第思河工捐项,既奉宪示关系要工,商等讵容再渎。惟于不得已之中思一变通之法,惟有叩求权宪大人酌减数成,俾河工、商务两无妨碍。至若码头捐一节,年限已满,例应停捐。洋商既邀豁免,商等事同一律,不得独抱向隅。想权宪大人体恤商情,必不忍以华洋之分而有歧异之视。为此,叩乞商务总会宪大人,据情转详权宪大人,恩准酌减河工捐,豁免码头捐,以纾商困而全大局,则感大德无既矣!上禀等情,职会覆查码头、河工两捐,关系水陆两路交通,原不可免,惟各商积困实深,用敢再三禀渎,亟宜量加体恤,稍舒筋力,则路工尚无妨碍,而商业藉可补救。职会为商界领袖,目睹艰窘情形,不得不叩恳宪恩俯念商艰,准予核减,以期市面徐图进步而保商情,除饬该商等候示外,理合禀请宪台查核示遵,实为公便,肃此恭叩勋安。

(宣统元年二月十五日"文告录要"栏目)

天津县议事会移董事会议定养赡僧道办法文

　　为移会事,案查议事会议定清厘庙宇庙产养赡僧道办法一案,于本年二月二十一日蒙自治总局移开为移会事,宣统元年二月十五日奉督宪批,据敝局详复核议天津县议事会禀,拟收回庙宇庙产养赡僧道办法缘由一案,蒙批开据详已悉,天津县议事会所拟收回庙宇庙产养赡僧道办法,既据该局核议妥善可行应准照办,仰饬该会遵照办理,并行天津府县查照。缴折存等因。奉此,除分行天津府县查照外,相应录批备文移会,为此,合移烦即查照办理施行,须至移者。计粘抄原详一纸等因,蒙此相应照录原详原禀原折,移会贵会查照办理,所有议事会议定养赡僧道办法缘由,特此备文移会贵会即祈查照施行,须至移者。

　　附自治总局原详。为详覆事,光绪三十四年十二月初十日案奉宪台札开,据天津县议事会具禀,拟定收回庙宇庙产养赡僧道办法请示遵等情,到本督部堂据此除批禀折均悉,该会拟将收回庙宇庙产酌提款项养赡僧道,自系体恤方外起见,所议办法十一条是否尽善候行,自治总局核议详覆饬遵此缴等因印发外合行札饬,札到该局即便查照办理此札,计粘抄禀并发清折一扣仍缴等因。奉此查天津县议事会所拟,收回庙宇庙产养赡僧道办法,详列租价、卖价,划给僧道养赡各细数具有等差,于清厘公款公产之中仍寓体恤方外之意,其第十条从前已有成案者仍旧办理。第十一条自行出资建庙施产者,不由董事会收管,均能界限分明,不侵不越,其余各条亦属妥善可行,应请宪台鉴核饬令该会遵照办理,所有遵饬核议天津县议事会,收回庙宇庙产养赡僧道办法缘由,理合备文具详,伏乞照详施行,须至详者。

　　附议事会原禀。敬禀者,案查议事会遵照地方自治章程禀定条例,议定清厘庙宇庙产办法六条,曾经禀蒙宪台批准立案,通饬在案。查天津县境庙宇庙产甚多,僧道住持其间,虽属清修而衣食之源亦取资于此。兹值清厘庙宇庙产之时,若不筹有余资作为养赡,殊不足以示体恤。议员等公同议定办法,共计十一条,于清厘公款公产之中仍寓体恤僧道之意。为此,缮折禀请宪台鉴核,敬祈批示遵行,肃此敬请崇安,伏希垂鉴。

129

附呈原折办法十一条。谨将收回庙宇庙产养赡僧道办法十一条缮具清折,恭呈宪鉴计开:

第一条　本县庙宇庙产自经清厘收回后,所有契据租折及出租变卖各事,统由董事会收管经理,其应发之养赡费,亦由董事会按照租价分别支付。

第二条　庙宇庙产出租以每年所得租价支付僧道养赡费,应分围墙以内及围墙以外两种,其细数如左:甲、围墙以内,收租价在一百元以内者,养赡费给租价全数;一百以外者,给一百元;四百元以外者,给一百二十元;六百元以外者,给一百五十元;八百元以外者,给一百八十元;一千元以外者,给二百元;一千五百元以外者,给二百五十元;二千元以外者,给三百元。乙、围墙以外,收租价在五十元以内者,养赡费给租价全数;五十元以外者,给五十元;二百元以外者,给六十元;三百元以外者,给七十五元;四百元以外者,给九十元;五百元以外者,给一百元;七百五十元以外者,给一百二十五元;一千元以外者,给一百五十元;一千五百元以外者,给一百八十元;二千元以外者,给二百元。

第三条　所有庙宇庙产,若有变卖时应给僧道之养赡费,细数如左:

收卖价在三百元以内者,养赡费给卖价全数;三百元以外者,给三百元;一千元以外者,给三百三十元;一千五百元以外者,给三百六十元;二千元以外者,给四百元;二千五百元以外者,给四百五十元;三千元以外者,给五百元;四千元以外者,给五百六十元;五千元以外者,给六百元;六千元以外者,给七百元;七千元以外者,给八百元;八千元以外者,给九百元;九千元以外者,给一千元。

第四条　所有庙宇庙产,若有须裁卖时,应由董事会先将全庙产业估计价值,核定应发养赡数目,按数发给养赡费。下余产业与该僧道无干。

第五条　所有庙宇庙产,有经议事会详准各局所学堂占用者,其养赡费应将全庙估计,由占用之局所学堂按照前条细数自行发给。

第六条　僧道所有徒众无论多寡,其养赡费只按以上细数发给该庙住持僧道一人。

第七条　董事会以租价发给之养赡费,若该庙住持圆寂还俗或逃遁时,准由该僧道之承嗣徒众接续支领,如无承嗣之人,即将养赡费一律停止。

第八条　僧道徒众,董事会应调查明确,将法名注册备查,此后如添收徒众,由该住持到董事会报名,由董事会查明注册,不报者董事会即不承认。

第九条　董事会卖价发给之养赡费,自发给后概听该僧道自便。

第十条　此项办法自蒙督宪批准之日实行,其从前已有成案者仍旧办理。

第十一条　此项章程自实行之日以后,如有人自行出资另建庙宇或施作庙产者,其庙宇庙产不由董事会收管。

(宣统元年闰二月初六日"公牍录要"栏目)

天津县议事会移工程卫生各局文

为移请事,案准绅士杨光溶、耿寿曾、王藻、王廷珍、刘溶、魏云程、黄中伦、李永贵、潘桂林、高锡九、王国瓒、陈自厚、李鹤鸣等呈递说帖,内开,为请设法修濬地沟以卫民居事,窃查城内东南面雨水多由贡院胡同宣泄,该胡同为泄东南雨水要渠,暗明沟相间,若不设法通利,上溜之水亦无从宣泄,不特居是胡同者一经雨水有墙倒屋塌之患,不得安身,即居上溜者恐不免亦有水患。向年春分时蒙工程卫生局宪派工修理,该胡同内之暗沟及胡同后之明沟曲折流向西南,直至南马路葫芦罐,雨水方泄出城外,城内东南隅居民始得无恙,惟工程较大,又系官沟非民间所敢擅修,不得不恳求移请工程卫生局宪照历年修沟章程派工疏濬,则造福一方居民者,实非浅鲜。事关官办,绅等何敢躁渎,无奈去岁未蒙修理即去,夏秋间雨水不大,贡院胡同左右居民已不免有水入卧室之患,一年不修已至于此。若本年再不修濬,更何堪设想?再四思维,惟有恳求移请局宪设法办理以卫民居,实为德便等情。前来查地方自治章程第二十八条议事会自治事务列有工程卫生两项现在径由贵局办理,相应将该绅等请修沟渠各节备文移请贵局查核,施行须至移者。

(宣统元年闰二月二十四日"公牍录要"栏目)

天津县董事会移天津县筹办议事会改选议员事宜文

为移会事,案准天津县议事会移开,为移知事案据试办天津县地方自治章程第十六条内开"凡议员任期为二年,任满后改选之",又第十七条第三项所载"每次改选期前一个月,由议长通知董事会布置选举事宜"各等语,查天津县议事会自光绪三十三年七月初十日成立,截至本年七月初十日已满二年,第一次议员任满自应照章改选。惟改选事宜系第一次举行,所有调查选举及被选举资格等事,手续甚繁,动需时日,若俟改选期前一个月始行通知,深恐贻误事机,现经敝会公决提前通知,以便贵会早为布置选举事宜,至选举费用,应请贵会撙节估计,即于自治经费项下动用,所有通知、布置选举事宜,理合备文移知贵会,即希查照见覆等因,准此,查此次改选系属创举,拟参照前次自治局筹办选举方法办理,本会设立选举科,专司筹办改选及调查围墙以内选举人、被选举人资格。其四乡各就巡警局分设选举调查处,并由会分布广告,俾众周知。惟调查事务甚繁,恐难详尽,拟约同各村村正副协力举行以节经费而资向导,拟请宪台分饬各该村村正副并请示谕居民,俾得届期举行。所有遵章筹办议事会改选议员并请晓谕居民分饬各该村村正副协力举行缘由,相应备文移请宪台查照,施行须至移者。

(宣统元年三月十七日"公牍录要"栏目)

天津县议事会移董事会划分两会行文权限文

为移覆事,案准贵会移开,准前会长熊函开敬启者,查各国地方自治,均分设议决机关与执行机关,自治团体一切事宜均应由议决机关议决后始能执行,但外部一切行动应由执行机关为之,议决机关不能干预。现在天津县试办自治,仿照各国自治通例,参以天津地方情形分设议事、董事两会,信属法良意美,惟自两会成立后,往往见议事会有径行与各官署局所用公文往还之事,此等事件实应在外部行动范围之内。查《天津县地方自治章程》所载,议事会得与地方官接洽之事,皆已分条列举,除《章程》所列举者外,议事会即不得与各官署局所公文往还,此于办理自治事务上大有关系,犹幸目前两会和衷一致,尚未见有别项枝节,然议事会立于监督董事会之地位,将来难保无彼此各执见解之处,若现在不早为照章将权限划清,设将来议事会议决之事,董事会不以为然,方思照《章程》第六十六条办理。而议事会已先禀明各宪批准照办,则自治其名,官治其实,所设自治权恐将消灭于无形矣。范舆忝为本会会长,有应维持本会权限之职,用特粗具大略,提请将鄙见由在会先行开会协议,如得多数之同意,再用在会名义,乘此次议事会开会时提交议事会酌议，应免将来因权限不清之故，反阻碍自治之进行也等因。当经敝会开会公议，金以划清权限为自治第一要义，权限不清，于自治进行多所障碍，诚有如熊前会长所深虑者，兹特备文移会，统希查照，见覆施行等因，准此当即公同核议查我两会分设，一为议决机关，一为执行机关。《章程》具在，各宜遵守。兹承贵会熊前会长指示，自应格外慎重，以清权限。其《章程》第六十六条办法：贵会对于敝会议决之件尽可照章办理，无须顾虑。惟查《章程》第三节第二条第二项内开，凡条例由议事会议定商请本省总督批准并公布之等语，是关于条例之事，应径由敝会禀请督宪批示遵行。为此，查照章程条例，摘录两会与各衙署局所行文权限移，请贵会查核见覆施行，须至移者，谨将议董两会行文权限缮折呈鉴。计开：

应由议事会行文各事：一、议定条例禀请督宪批准事。二、申述意见事。三、质问事。四、代人民申述困苦事。五、协议事。六、按照《章程》条例存案报告事。七、其他遵照章程条例应由议事会行文事。应由董事会行文各事：一、议事会议决交办事。二、董事会应行管理或监督事。三、地方官以国费委办事。四、对于其他自治团体商办事。五、代表自治团体为诉讼事。六、其他遵照章程条例应由董事会行文事。

（宣统元年三月二十四日"公牍录要"栏目）

天津县董事会照会温绅世霖刘绅镍彤李绅镇桐范绅从周充办理选举员文

为照会事，案查本会于宣统元年三月初二日移会天津县议事会筹办本年改选事宜及经费预算并请议定干事员额酬金一案，嗣于三月初五日准天津县议事会函覆内开敬覆者，前接贵会移开举行议事会改选事宜及尊拟办法经费各册，皆经当场宣布核议，所有选举科之组织及各办事之期限以及经费，皆经公同议决照办，惟干事一项，金以若用干事则照章须由议员中选举半数，但此次经理改选人员是与他项干事情形不同，未便由本会选举，致启嫌疑，拟请贵会斟酌约人帮同办理，即名为办理选举员，所有酬金亦请贵会酌定一切经费，统于自治经费项下开支可也等因。准此，本会当即公同决议，金以贵绅维持公益，素具热心，拟请充任本会办理选举员，请即到会筹商办法分任调查，事关公益，谅必乐为赞助也。为此，照会贵绅即希查照文内事宜,望速施行须至照会者。

附录:天津县董事会选举科规则

第一条 本科设于董事会,其四乡各按巡警局区分设选举科,调查处围墙以内调查事宜由本科办理不另分设调查处。

第二条 本科承副会长之分配,设主任一人副任一人,其分任以全体会员为之庶务书记,各职员亦以董事会职员兼充之。

第三条 本科办理选举按照议事会之议覆,由董事会酌约办理选举员。

第四条 本科职员除办理选举员每人致送酬金外,其他员役照章概免酬送,办公经费应照会章实数支销。

第五条 选举科调查处由本科分任会员及办理选举员轮流照料,并请区内各村之村正副为调查处管理员。

第六条 选举科事务如左:一、公布选举日期、地址。二、制印选举调查表及各种票照册簿。三、分造选举人名册及被选举人名册。四、公布被选人名表。五、审察、更正、增补。六、选举开票场、拣票、核数、注册。七、通告初选当选人。八、造复选举名次表。九、通告复选当选人。

第七条 调查处事务如左:一、调查本区各村选举人、被选举人资格。二、分布本区各村选举人、被选举人名册。三、换给选举执照。

第八条 本科办理选举员开会议时应以本科副任为议长。

第九条 选举调查表经本人填注后,由调查处收齐汇交照科员。

第十条 选举人届选举日期携带执照亲往投票所换领选举票按照投票所规则办理之。

第十一条 各区选举于投票期前由照料员、管理员就有选举权者中公举监察投票员。

第十二条 投票柜于投票完毕由各照料员带回本科择日公开。

第十三条 本规则俟董事会公决后即日宣布实行。

(宣统元年三月二十六日"公牍录要"栏目)

天津县董事会宣布选举调查表式

天津县董事会为宣布改选天津县议事会议员事,按《试办天津县地方自治章程》第十六条"凡议员任期为二年,任满后改选之"云云,查天津县议事会自光绪三十三年七月成立,至本年七月已满二年,照章应由董事会办理改选。此次改选,是选举天津县议事会议员,不是选举咨议局议员,咨议局选举,由县尊办理,是全省的议会,筹议全省兴利除弊的事,本会此次所办选举,是天津县一县的议会,当选诸公,即是筹议全县兴利除弊的人,因为光绪三十三年被选的议员,任期已满。照章由天津县全县有选举权的人投票另举一次,为初举,得票及格者,为初选当选人,再由初选当选人互相选举一次。为复选举,得票最多之前三十人,为改选当选的议员,此次办理选举由本会选举科经理之,并在四乡巡警局区内分设选举调查处,围墙以内、选举调查处附设于本会,请天津县全县的人按照后开期限各到本区调查处填写选举调查表,如本人因有事故不能亲到调查处填写,亦可托人到调查处代为填写,或由本人按照后开调查表的格式另纸书写,委人送至调查处代为填写,由调查处审查有选举权的发给初选举执照,届选举日期凭此执照换给选举票,请天津县全县的人务于调查期限内填写调查表,天津县有选举权的人,万别过了期限,万别放弃了选举权。谨将注意事项分列于后:

摘录《试办天津县地方自治章程》

第六条　凡有本县籍贯而备具左开资格者,均有选举权:(一)二十五岁以上有业之男子;(二)不仰地方公费赒恤者;(三)能自写姓名、年岁、职业、住址者。

第七条　凡非本县籍贯之本国人备具前条之资格而现住居(指营业或财产所在而言)本县境内继续满五年以上,并在境内有二千元以上之营业资本或不动产者,亦有选举权,但共有者自定其中一人行使之。

第九条　凡有左开各项情事之一者,停止其选举权:(一)犯国律载明之刑罚者;(二)为不正当之营业者:(1)自种鸦片及租他人之地种鸦片者,(2)售卖鸦片者,(3)开设妓馆者;(三)失财产上之信用确有实据而尚未清了者;(四)有心疾者;(五)吸鸦片者。以上五项除法律及条例特定制限外,于公认为情事完结后,仍得有选举权。(六)犯本章程停权事项者。

第十条　有左列之身分者停止其选举权:(一)现为官幕胥役者;(二)现为僧道及其他宗教师者。

第十一条　凡有选举权之本籍人具左开各项中身分之一,而无第九、第十条情事者,得被选举为议员:(一)高等小学堂或与之同等及以上之学堂毕业者,或有著述经官鉴定者;(二)自有二千元以上之营业或不动产者,或代人营业至五千元以上者;(三)曾办学务或地方公益事务者;(四)曾经出仕或得科名或在庠者。

第十二条 凡非本县籍贯之本国人现住居本县境内继续满五年以上,并有五千元以上之营业资本或不动产及备具**第六条**之资格而无第九条、第十条情事者,亦得被选举为议员。

各区选举调查处注册期限(自三月十五日起至四月十五日止)

(宣统元年三月二十六日"特别要件"栏目)

天津县董事会选举调查表式

姓名○○○(填注本人姓名)年○○○岁(填注现年岁数)○○县人(非本县人填注原籍县名)居住地址(填注本人现住地址并注巡警几局几区)○居○年(非本县人写明寄居多少年本县人于居字上填一世字)

职业(就现在之职业填注,其代人营业者须填营业地址、字号并其资本若干)

出身官阶(曾得科名或在庠者,须书明科分,曾经出仕者须书明履历,在学堂者须书明学堂何名、何年毕业)

财产(其营业者须书明地址字号及资本若干,其有不动产者须书明坐落及价值若干)

成绩(有著述经官鉴定者,须书明何时出版,曾办学务或地方公益事务者须书明年月)

(宣统元年三月二十六日"特别要件"栏目)

选举调查处员名单

天津县董事会办理议事会改选各区调查处员名单如下:

第一区 围墙以内由选举科全体办理,调查处附设于本会。

第二区 调查处:大毕庄、程林庄、范家庄、何家庄,办理选举员:李镇桐。

第三区 调查处:蔡家台、张家窝、大寺村,办理选举员:温世霖。

第四区 调查处:杨柳青、三河头、大稍直口。办理选举员:刘锡彤。

第五区 调查处:北仓、双街村、朱唐庄、宜兴埠,办理选举员:刘锡彤。

第六区　调查处:土城、灰堆,办理选举员:范从周。

第七区　调查处:咸水沽、白塘口、下郭庄、八里台,办理选举员:本会会员刘恩渠。

第八区　调查处:葛沽、邓善沽、西大沽、小站,办理选举员:范从周。

(宣统元年三月二十七日"新政纪闻"栏目)

天津县办理选举谘议局议员各区初选举投票所及全境投票各村名单

第一区　即巡警局南段北段。

第二区　即巡警东局,投票所即在东局:小于庄、欢坨、李明庄、刘快庄、辛侯庄、王串场、万新庄、朱家庄、西堤头、韩盛庄、赵里庄、北程林庄、排地、贺家庄、芦新河、徐家庄、南程林庄、赵家庄、大张庄、小马庄、大毕庄、小王庄、南荒草坨、小朱庄、姚家庄、何家庄、于明庄、北荒草坨、李辛庄、孙家庄、张贵庄、范家庄、何家庄。

第三区　即巡警南局,投票所即在南局:徐胡圈、五窑村、八里台、纪家庄、前李七庄、后李七庄、赵金庄、凌家庄、蔡家台、王家台、邓家店、曾家台、辛家院、武家台、前杨楼、后杨楼、贾家台、凌家口、于家店、王蓝庄、高家庄、陈家村、大倪庄、小倪庄、王姑娘庄、边家村、大梨园坨、小梨园坨、小庞庄、王顶堤、侯家台、华家庄、杨五庄、马家寺、小刘庄、郭家村、潘家楼、姚家村、张家窝、高家村、董家村、炒米店、古佛寺、赵家庄、周李吴庄、门道口村、张道口村、倪黄庄、周家庄、大任庄、王家村、大寺村、贾家庄、北里八口、南里八口、李富德庄、石家庄、王家庄、大芦北口。

第四区　即巡警西局,投票所即在西局:李家楼、谢家庄、马家庄、杨柳青、碾坨嘴、河南辛庄、河北辛庄、小园、大觉庵、侯家庄、大园、杨家庄、赵家庄、小稍直口、小卞庄、西姜井、东姜井、大稍直口、大卞庄、李家坟、汪家庄、邢家庄、曹家庄、东北斜、中北斜、西北斜、大蒋庄、疙疸村、雷家庄、小蒋庄、王家庄、祁家庄、大梁庄、韩家树、刘家码头、李家房、王家房、锅铁店、青光村、下河头、上河头、中河头、东堤村、杨家河、插房子、西堤村、双口村、高家场、赵家圈、安光村、平安庄、前丁庄、后丁庄、郝家堡、线儿河、前常家堡、后常家堡、徐家堡、大柳滩。

第五区　即巡警北局,投票所即在北局:北仓、丁字沽、宜兴埠、柳滩、霍家嘴、天齐庙、穆庄、唐家湾、郭辛庄、吴家嘴、王家庄、南仓、马家庄、阎家街、刘园、窑窝、丁庄、桃花寺、赵家庄、董薪房、周庄、阎庄、王秦庄、李家嘴、桃花口、屈杏街、李家楼、马厂、常家庄、辛庄、赵家庄、小淀、小贺庄、沙家庄、双街村、下蒲口、柴家楼、杨家堤、张家湾、上蒲口、郎园、胡园、泮沟、小街、庞家嘴、刘安庄、赵家庄、前麻疙疸、后麻疙疸、张献庄、朱唐庄、孟家庄、小杨庄、大杨庄、刘招庄、马庄、小孙庄、二阎庄。

第六区　即海河巡警一局,投票所即在一局:小王庄、佟家楼、小刘庄、西楼、东楼、贺家口、前西楼、黑牛城、杨家庄、小辛庄、挂甲寺、土城、大直沽、小孙庄、后尖山、前尖山、郑家庄、宣家楼、陈唐庄、上河圈、下河圈、杜家庄、吴家嘴、马家嘴、张达庄、汪家庄、娄家庄、贾家沽道、灰堆、小河庄、宋家庄、詹家庄、潘家庄、卞辛庄、黄家庄、芦家庄、北马集、崔家码头、顾家庄、上翟庄、南马集、李家楼、郭黄庄、杨家场。

第七区　即海河巡警二局,投票所即在二局:南羊码头、北羊码头、于家庄、咸水沽、三虎庄、韩城桥、新地、横河外、西小庄、东小庄、前翟家甸、后翟家甸、池家台、东庄、头道沟、周家庄、赵家庄、三道沟、吴家庄、小王庄、周辛庄、王家场、小郭庄、陆车地、二道沟、十间房、华家园、西泥沽、东泥沽、泥沽嘴、小辛庄、桃园沽、小刘庄、唐家庄、上小汀、后三合、下小汀、双港、前三合、西三合、前辛庄、邢家庄、张满庄、下河滩、蛮子营、高家园子、白塘口、城上、后辛庄、上郭庄、王家庄、张家嘴、柴辛庄、泥窝、匈家庄、卧河、窑上、小赵北庄、大赵北庄、田家嘴、苑家庄、潘家庄、秦家和、上刘庄、下郭庄、四里沽、下刘庄、李家庄、巨葛庄、孙家庄、柴家庄、王四楼、大郑庄、小郑庄、军粮城、高家庄、八里台、大韩庄、大孙庄、中塘。

第八区　即海河巡警三局、四局,投票所即在三局:盘沽、小柴庄、北苑庄、小曾庄、南新房、苏家园、杨苓子、新庄、邓苓子、大高庄、小高庄、葛沽、小殷庄、白马岗、马家园、小刘庄、汪家圈、行宫村、杨惠庄、北辛房、南新房、西大沽、东大沽、新城、芦家嘴、营房村、郝家沽、西黄圈、东黄圈、南开、邓善沽、小梁庄、大梁庄、小站。

（宣统元年四月三十日"特别要件"栏目）

改选议员日期及投票场所

天津县议事会改选议员初选举各区投票日期及各区投票场所照录如

下：东乡程林庄、南乡张家窝、西乡三河头、北乡朱唐庄、海河土城、海河白塘口、海河葛沽(小站应赴葛沽投票)均于五月十五日在各巡警局区投票。东乡范家庄、南乡蔡家台、西乡杨柳青、北乡双街村、海河灰堆、海河下郭村、海河邓善沽均于五月十六日在各巡警局区投票。东乡大毕庄、南乡大寺村、西乡大稍直口、北乡北仓、海河咸水沽、海河西大沽均于五月十七日在各巡警局区投票。东乡何家庄、北乡宜兴埠、海河八里台均于五月十八日在各巡警局区投票。至二十日，四乡均撤销投票，所投票瓯一律到会。第一区投票二十一、二两日，在西马路宣讲所二十三、四两日在河北宣讲所，二十五、六两日在河东宣讲，二十七、八、九三日在东马路宣讲所，六月初一日票瓯到会汇齐送交开票所。五月初二日天津县董事会公布

(宣统元年五月初二日"新政纪闻"栏目)

天津县初选举开票纪要

谘议局议员初选举已于初六、初七两日开票，计有效票数一千五百三十六张，无效票数七十一张，按章核算，以得四十一票者为合格。兹将得合格八人姓名及票数开列于后：李士铭，九十五票；孙洪伊，九十票；刘钟霖，五十九票；杨希曾，五十一票；穆文敬五十一票；石元士，四十六票；卢翰章，四十六票；王劭廉，四十一票。查天津县初选当选人数额定十九人，除以上及格者八人外，尚欠十一人。照章于此次得票较多者按所欠人数加倍开列姓名，就所列姓名再行选举，兹订于初十日上午八点钟起至下午六半钟止，凡此次曾经投票者应届期各就各区投票所复行投票，投票之时照后开姓名中酌量选举一人，万勿不到，是要。兹将

初十日应举姓名开列于后：苏式燕，原得三十八票；齐鼎升，原得二十九票；轧春瀛，原得二十八票；宋鸿宾，原得二十七票；孙鸿宾原得二十七票；胡家祺，原得二十六票；李耀曾，原得二十五票；杨恩寿，原得二十五票；周景颐，原得二十二票；刘孟扬，原得二十票；温长纶，原得二十票；范从周，原得二十票；杨培之，原得二十票；王贤宾，原得十八票；林兆翰，原得十六票；温世霖，原得十五票；穆兴俊，原得十五票；刘恩林，原得十五票；赵炳麟，原得十四票；韩金榜，原得十四票；赵炳辰，原得十三票；王新铭，原得十三票。再，初十日投票后准于十二日上午八钟仍在原处开票，届期即望到所参观，是幸。监查管理员谨白

(宣统元年五月初十日"新政纪闻"栏目)

续举初选举当选办法

天津县办理谘议局议员初选举及再行选举办法各节,业经登报公布,兹于本月初十日投票,十二日开票,计八区共投有效票数九百九十三,无效票数二十四。兹将二十二人姓名、票数开列于后:苏式燕,八十四票;齐鼎升,八十三票;刘恩林,七十三票;胡家祺,六十七票;杨恩寿,六十七票;王新铭,六十一票;宋鸿宾,五十七票;刘孟扬,五十七票;温世霖,五十五票;范从周,五十四票;赵炳麟,五十二票;轧春瀛,五十票;李耀曾,四十五票;韩金榜,三十七票;温长纶,三十五票;周景颐,三十票;孙鸿宾,二十九票;林兆翰,十八票;王贤宾,十四票;杨培之,十四票;赵炳辰,十一票;穆兴俊,二票。以上前十一人为初选当选人,合第一次当选八人,共得十九人,后十一人为候补初选当选人。

(宣统元年五月十四日"新政纪闻"栏目)

天津董事会公告

本会办理天津县议事会改选四乡投票,现已毕事,第一区围墙以内投票,兹定于本月二十一、二十二两日假西马路宣讲所为西路投票所,二十三、二十四两日仍假河北宣讲所为北路投票所,二十五、二十六两日假河东宣讲所为东路投票所,二十七、二十八、二十九三日假东马路宣讲所为南路投票所。每日由早八钟起至午后六钟为投票时间,望津邑有选举权者届时亲到投票所投票,幸勿遣人代替。至六月初一日投票甄一律送交开票所,初二日假袜子胡同议事会会场为选举开票所,是日由早七钟开票,敬请监督官厅临场监视,凡津邑有选举权诸君,可到场参观为盼。此白。

(宣统元年五月二十一日"文告录要"栏目)

改选议员票数姓名

第二次选举天津县议事会议员初选当选人姓名票数如下:八区分拣共三十二名。第一区:李士铭,二百九十七票;刘鸿翔,一百零一票;刘孟扬,八十七票;李培,八十票。第二区:刘光锡,九十四票;孙殿元,七十七票;马木春,七十五票;吴毓德,七十四票。第三区:赵椿龄,五十二票;陈忠,四十三票;张玉田,三十二票;韩永立,二十四票。第四区:石元士,三十八票;邱作山,三十票;齐鼎升,二十三票;高春第,二十票。第五区:杨恩寿二百零五票;温长纶一百九十八票;李宗政一百二十一票;穆文敬,八十九票。第六区:孙鸿宾,七十三票;杨雯,五十三票;刘嘉璘,五十二票;杨春泰,四十三票。第七区:孙士衔,一百一十八票;范士珍,九十七票;刘作澎,九十一票;范从周,七十一票。第八区:苏式燕,一百零七票;萧士铨,八十九票;胡云龙,五十六票;刘凤墀五十票。合拣一百零三名,宋鸿宾,五区,八十五票;孙洪伊,五区,八十五票;刘景岚,二区,七十票;赵昱元,五区,六十八票;田蕴璋,二区,六十五票;杨希曾,一区,六十四票;宋寿恒,一区,六十四票;苏兆澜,一区,六十二票;邵德成,五区,六十票;宋琪,五区,六十票(余略)。

(宣统元年六月初五日"新政纪闻"栏目)

天津县议事会禀督宪代议地价情形文

敬禀者,案据天津马家口地户代表王聘三、孙福兴、孙伯良、陈敬斋、刘翰卿、陈振远、韩起发、乔富贵、姜文才等十人到议事会联名投递说帖,内称:敬启者,窃查庚子一变,法人强占马家口一带房地一案迄今十年之久,从未议有端绪,致商民等亿万生灵弃产失业旷日持久,因而家败身亡者不可胜计,经商民等迭经禀请督前宪批饬,津海关道向法领磋商秉公估价,抑或交还以安民业等因,于光绪三十二年七月间蒙前任榷宪梁派委会同法工部局将马家口一带地基勘丈清楚并估定价值,以上等高地按照广发源购买立兴洋行,马家口空地每亩价银三千两,减一成作准高平洼坑,按每亩估价推至三百两为止,正在磋议间,梁榷宪荣升案遂暂搁,突有地户王国安等冒昧从事延请律师林文德旁生枝节,而法人反得以借口拖掩,复经商民等迭次禀请前榷宪梁、现任榷宪蔡派委办理,无如因循粉饰视为具文,似此情形无论十年即迟之百年亦难期议结也,况查法人划界立约始于咸丰十一年,此后并无更订约章之处,此次法人强占马家口一带民地不在约章,实属违背公法,若据理力争,尽可照数退还,即属占据不克退让,亦应按照时价估值,即不然,仿之日本推广租界章程内载,界内居民房屋地基仍准作为自有之产,惟遇修筑道路以及租界内居民各项公用,须将房屋拆毁并收买地土之时,日本领事官会同地方官按照时价议订公平价值收买等因,今法人占据之地既未订有约章,又不在推广之例。总之,此案悬宕多年,虽系占据之无理,究属办理之不力,若不作速遴选妥员向法领开议,力争无稍趋避,则终无拟结之期,商民等户口繁多,流离转徙,栖止无家,行将委身于沟壑也,命悬旦夕,情急万分,特此上陈。惟有叩乞转详督宪核办等情。查自庚子变乱,该处房地均被法人占据,该地户流离转徙已历十年之久,困苦异常,迭经投具说帖备陈苦状,业由议员等申请津海关道照会法领事秉公议价,惟彼此估计轩轾悬殊,迄未定议,以致该案延宕日久,了结无期。此次又到议事会历诉前情,公恳禀请核办前来,惟有据情上达,伏希逾格鸿施设法拯救,冀以保民业而免流离,所有代马家口居民请议地价缘由,理合备由具禀,统祈钧察,只请崇安,伏希慈鉴。

(宣统元年七月十一日"公牍录要"栏目)

改选议员行开会式

天津县议事会改选议员已于初十日到会行开会式,其秩序补录如下:一、振铃开会。二、互举议长。三、宣布当选人。四、互举副议长。五、宣布当选人。六、前议长、副议长移交会务。七、学台恭代督宪训词。八、董事会会长县尊演说。九、议长演说。十、振铃闭会。互选议长:李士铭得十八票,杨希曾得二票,王新铭得二票,刘孟扬得二票,赵承恩得一票,高庆云得一票。互选副议长:赵承恩得十六票,刘孟扬得二票,杨希曾得二票,高庆云得二票,王新铭得一票,卢翰章得一票,邱作山得一票,李镇桐得一票。

(宣统元年七月十三日"新政纪闻"栏目)

天津县董事会禀督宪请札天津府饬交义阡公所账目图册文

敬禀者,窃查天津县议事会移交董事会办理接管义阡公所一案,前经董事会具禀陈述意见,蒙署督宪那批开:据禀已悉。查此案前据天津道府县议覆,以义阡公所地亩系属官绅陆续集资捐购,并非向归绅董经理,业经前部堂批准照旧,统归官办在案。兹据前情候行天津道府县查照议覆缴等因,奉此,窃思义阡公所为地方善举,不在官治行政范围之内,谨按义阡公所创设原由,证以自治章程条例,有不能不陈请宪鉴。恭候钧断者,查义阡公所即义阡局所管一切掩埋义地,其创建之初,或系庙地或系无主荒地,或由绅商捐款购拾。总之,皆为地方公产,向由地方绅士经理,嗣改官督绅办,始派委员协理,即有时由官筹款购地,不过补地方善举,与专属国家行政者迥自不同,观于道府县议覆谓系官绅陆续集资,且征明捐购是业经承认为地方公产,况该公所事宜由王绅道精经理有年,售地攘利之事时有所闻。前天津府胡之所以主议仍归官办,谅系为王绅道精朦混请求,欲把持于伊一人之手,不愿交地方团体,代表以遂其售地攘利之谋,查议事会遵照天津县自治章程禀定条例第十四条,应作为公产公款者,一、无主荒地,二、庙宇及其产业,三、地方善举经费。今义阡公所经理义棺、义冢既占用地方公产备充地方善举,自应由董事会接收办理以符前项条例。又查宪政编查馆奏定城镇乡地方自治章程**第五条**自治事宜第五目地方善举内列义棺义冢一项,比附参观该公所所办事宜,交由自治团体经理,于名义上、事实上毫无不合,况当此筹备宪政先宜划分官治自治权限,即义阡公所曾有官款官地亦应并入自治范围,交由董事会接管,且近年来地皮涨价,该公所经理人往往出贱价另购地亩,迁坟而以原地贵价出售,以致津邑人士啧起烦言,此董事会前禀所以有与其管理于王绅道精一人致滋疑谤,何如交团体,代表既洽舆情,复除弊窦之语也。惟有吁恳宪台主持札饬天津府饬知王绅道精义阡公所所管一切地亩并帐目图册,交由董事会接收办理,俾符自治章程,以维地方善举,不胜迫切待命之至。为此,备由具禀恭恳 查核批示祗遵,肃禀虔请崇安,伏维垂鉴。

（宣统元年七月十八日"公牍录要"栏目）

函告递补议事会员

天津县议事会致递补议员杨君思寿穆君文敬函云:敬启者,本会议员李君士铭、孙君洪伊现因当选谘议局议员,势难兼顾,拟辞议事会议员之职,业经公同认可,遵照章程第十六条应以复选举名次表前列之被选者递补之。查阁下复选名次在前应即遵章递补,理合专函奉告,敬请台旆,克日到会并预为函覆,以便立案,专此通告。

（宣统元年七月二十四日"新政纪闻"栏目）

天津县议事会议覆公告

职员刘振镛说帖为,敬陈管见事议覆:说帖阅悉,所陈各节足征关怀公益,惟办法二条碍难议准办理,查投票表决者系两面,皆有正当理由,可否不能裁决,故以投票定之,若照章程应办之事理由毫无疑义,此事即可照章决定,若议事只以投票为凭,恐有不顾理由正当与否,竟以私意投票可,否之,其弊亦不可不防,且查章程并无必须投票明文,表决非必投票,"请绎"二字之义意自明,其议长登台系因议长有保持秩序之责,议员提议必须登之台上,在贵绅之意,不知有何取义,又所拟议员公费每月各支三十金,总计之月需千金之谱。查议董两会经费,每月止于千金,开支甚属拮据,若再增此数,不知款从何出,诸议员开会不到,必有实不能分身之故,若必有区区三十金,始能每日到会,恐太轻视议员之资格也。此覆。

(宣统元年八月初六日"文告录要"栏目)

开办宪政研究会

直隶绅士于十一日假天津东马路宣讲所开宪政研究会,到者约百数十人,首由议员孙君伯阆报告开会宗旨,略谓谘议局现已成立,而我国民宪政知识尚异常薄弱,将来开国会实行立宪时,则进行殊难,故宪政研究会组织诚不可缓云云,后由议员于邦华君演说大略相同,并公举永平七属地方自治会长谷太史芝瑞津,绅纲总王君绍莲,议员王君法勤、孙君伯兰等共二十四人为组合员,孙君伯兰。末复提议筹画经费办法,拟请各议员由旅居费项下各捐银十两,首由平泉州议员张退庵君认可,大众随即赞成筹定经费一千五百七十两,办事处则假河北三条石直隶地方自治研究总所,至以后进行办法,容有续闻再志。

(宣统元年九月十三日"新政纪闻"栏目)

天津县议事会开通常会公启

敬启者,查地方自治章程第三十八条议事会每年开通常会二次,其会期一次在正月至二月内,一次在十月至十一月内,均以三十日为限等语。

今经酌定，自十月二十四日下午两点钟起开通常会，诸君有何提议之事，祈早为函知，以便汇列议案，并望届期惠临，照章开议，幸勿不到，无任企盼，附呈旁听券五张，即请检查转赠为荷。专此布达，敬请升安。

（宣统元年十月初六日"文告录要"栏目）

天津县议事会禀请督宪重申缠足禁令文

敬禀者，督案据天津县拔贡生王嘉善到议事会投递说帖内称，为请提议禁止妇女缠足重申禁令以维风化事，窃思妇女缠足陋习自南唐迄今，积重莫返，种种弊害人人能言，年来虽屡经谕旨禁诫官府劝导而稍革陋习者，不过通都大邑缙绅士宦之家外，此仍多锢蔽。现当女学大兴，文明日进，岂容此等污点常留天壤，贻笑外人，闻督宪端前在南洋曾出示严禁，并订罚约，风行雷厉，观听一新，贵会副议长刘亦曾创立天足会社，于天津极力倡导，成效昭然，第恐日久懈生，积习难挽，惟愚力为提倡，并详请督宪重申禁令，出示严禁。以维风化，实为公便等情，谨按妇女缠足，伤残肢体，洵为女界中致病之源。近奉谕旨禁诫并蒙列宪提倡女学，开通智识，凡缙绅士宦之族，渐知解放而囿于风气者，仍复不少。现届文明进步之秋，非亟图严禁不足，挽风化而重卫生。前闻我宪台总制南洋，严垂禁令，陋习顿除，固已同声感颂。兹值帅节北临，尤复谆谆诰诫，以革此敝害为先，阖境绅民允宜互相劝诫，惟恐人民智识不一，未及周知，仍请广申厉禁严定罚章，责成各家长婉言规戒，庶使女界中闻风知改，积弊自除，议员等有维持风化之责。兹查该说帖陈述各节是否有当，用敢据情上陈冀颁女诫，所有王嘉善请禁妇女缠足，据情禀请严禁缘由，理合缮具禀由，恭候崇安，伏维钧鉴。

（宣统元年十月十五日"公牍录要"栏目）

附录天津官事

督宪札委候补道潘观察志俊总办北洋官报局兼印书事宜。

（宣统元年十月十五日"文告录要"栏目）

附录天津官事

护督宪已于十五日午刻接印任事,前督宪端午帅即于是日午后晋京。

(宣统元年十月十七日"文告录要"栏目)

议事会第五次议案

天津县议事会开第五次通常会议案如下:一、董事会光绪三十四年分决算事。一、董事会宣统元年分预算事。一、董事会宣统二年分预算事。一、补助各民立男女小学堂事。一、核议三元庵庙地事。一、电车行车伤人事。一、南市修直马路事。一、划分自治经费及国税地方税事。一、单玉祥冒认庙地事。一、南乡私塾改良事。一、请订审判旁听事。一、调查官地事。一、条陈工程局道路沟渠事。一、恩给病故教员事。一、游艺园事。一、改良消防事。一、三太爷庙庙产事。一、陶姓妇请旌事。一、接办义阡局事。一、调查捐务科事。一、调查海大道由马家口至营门是否租界事。一、接办济良所事。一、巡行宣讲事。一、简易识字半夜学堂事。一、纳捐划一银色办法事。一、子牙河淤地事。一、当期二年半或二年事。一、各口脚行事。一、邢懋德李恩荣案事。一、鲜果子店事(规复旧制,请由董事会办)。一、盐斤加价事(直加三倍)。一、外乡议员川资照旧事。一、盐斤加价办四乡学堂事。一、各村宣讲员事。一、严禁烟赌事。一、商品标明定价事。一、设劝业劝工等厂事。一、不许缠足归会事。一、铜元充斥事。一、商店不准摆设坤鞋坤靴事。(女学设家政科,女学生必须天足)。一、调查市长捐事。一、调查码头捐出入数目。一、调查各牙行津贴出入款项事。一、质问意国积压契纸事。一、质问奥国工部局税事。一、下级团体宜早成立以为立宪基础事。一、私塾改良事。一、出售户部街关帝庙影壁地基事。

(宣统元年十月二十七日"新政纪闻"栏目)

督宪陈据天津商会禀请豁免国债会员
所需轮船火车费咨请邮传部核覆文

为咨明事,据天津商务总会总理王贤宾等禀称:窃奉钧批,职会具禀组织筹还国债会,恳请入奏颁谕各省将军、督抚分别提倡,请查核缘由。蒙批:此案已经崔藩司在护督任内电致军机处承准电覆,由本大臣电商各省将军、督抚查酌办理,并将简章分别抄咨矣。仰即知照。此缴,简章存等因。仰见大帅提倡之意。旋蒙面谕周详,尤深钦佩。第查筹还国债会为近今救时第一要义,凡属国民,共应担负。职会举办以来,闻风响应为向来所未有。尤宜广联同志,共任发起之责,以期众擎易举,早日观成。现在此会成立,拟约热心志士自备资斧,分途劝办,以资提倡。似应按照禀定简章第十九条:会中一切经费,均由会员分别担任,不得稍动筹摊正款,俾昭信用。但各省及华侨率多函电往还,各会员来往会议所需轮船、火车并邮电各费,亦属不赀,亟宜查照定章,呈请豁免,以期节省。至应如何示以限制,并如何援案办理之处,事关邮政,职会未敢擅拟,理合禀请大帅查核,俯赐电咨邮传部核覆饬遵等情。到本大臣据此,相应咨明贵部,请烦查核示覆饬遵。

(宣统元年十二月十七日"公牍录要"栏目)

开会筹议国会事宜

　　天津商务总会为继续请求速开国会一事,定于初十日下午开会筹议。兹悉是日到会者为永平七属商会总理谷蔼堂,太史王竹林观察及薛树芗王松樵、潘云巢、杜小琴诸君共数十人,探其大略办法,系由天津永平保定商界发起,号召全省商界定期来津大开会议公举代表,继续请求,当经决定公举谷太史为起草员,即于日内实行。

(宣统二年正月十四日"畿辅近事"栏目)

照会预筹农工商政实行办法

　　天津商务总会照会各分会文云:为照会事,宣统元年十二月二十九日奉农工商部札开,为札行事,宣统元年十二月二十七日准军机处片交军机大臣,钦奉谕旨,农工商部遵章预筹次年农工商政实行办法一折(原折已录本报),又奏宪政编查馆原单所开应行酌核更定各节已量为变通,亟为筹办一片,均著宪政编查馆知道,钦此。钦遵传知到部,除分行外,相应恭录谕旨抄录原奏并第三年筹备事宜清单,札行该商务总会钦遵办理,并传知各分会一体遵办,可也。此札。附抄件。等因。奉此,除分别照会并登报宣

147

布外,相应备文照会贵分会烦为查照一体遵办,施行须至照会者。

　　附录:农工商部第三年筹备事宜清单:计开农政项下:调查内地丝业情形,调查内地茶业情形,通饬各省筹设农林学堂、农事试验场,各省农务分会以次(此)举办,推广蚕业讲习所,推广茶务讲习所,颁发棉业图说,颁发奖励棉业章程。工政项下:开办化分矿质局,实行画一度量权衡各种细章,颁行度量权衡新器,划一京外官衙局所度量权衡,划一各省城各商埠度量权衡,颁布矿务新章,编订工会规则。商政项下:调查各省出产商品,通饬各省调查商品出入详细数目,商务衰旺编成报告,通咨各出使大臣将各埠侨商人数商业列册报部,推广保险办法,商务总会以次设齐,颁发保险规则,颁发运输规则。

　　　　　　　　　　　　　　　　(宣统二年正月二十日"畿辅近事"栏目)

天津县议事会议覆说帖

　　大毕庄民立二十七小学堂学董房绍说帖为历陈下情事议覆:说帖阅悉。查去岁补助各学堂所立标准,最优者,每学生每年十五元,贵堂学生五十人底款九百余元,较之最优者,尚属有余,纵开办时略有亏款,果能逐件撙节,数年内即可全数弥补,必拘拘于本会索款。贵堂既属民立,本会即无必须补助章程也。此覆。

　　　　　　　　　　　　　　　　(宣统二年正月二十一日"畿辅近事"栏目)

议事会申请禁止淫词

　　天津县议事会申天津南段巡警总局文云:案据郑葆善、王从周投递说帖内称:敬启者,速为禁止荡调淫辞以维风化事,窃鄙人等前二日在北门西宝和轩花茶馆只见各幼女所唱者及相声戏法双簧所说者,近于不经人耳之谈,惟新正月犹甚,鄙人等想各茶馆必皆如此,实于风化大有妨碍。惟祈速为函请南段总局迅速出示严禁荡调淫词,总以改良辞曲为宗旨,庶于风化大有裨益等语,当经议覆,候据情申请南段巡警总局禁止淫词以维风化各等语,相应备文申请宪台查照,施行须至申者。

　　　　　　　　　　　　　　　　(宣统二年二月初八日"畿辅近事"栏目)

直隶自治总局详天津县议事会、董事会照章更正文并批

为详请事,案奉宪台札开宣统二年二月十三日承准宪政编查馆王大臣咨开,本馆于宣统元年十二月二十七日具奏覆核府厅州县地方自治一折,内阁奉上谕,本日宪政编查馆奏覆核府厅州县地方自治章程并府厅州县议事会议员选举章程缮单呈览一折:"朕详加披览,尚属周妥,府厅州县各官为国家亲民之吏,兼为执行上级自治之职,此次所定章程与城镇乡地方自治章程相辅而行。"即著民政部会同各督抚,按照定章督饬各该地方官切实施行。各该地方绅民于自治事宜休戚相关,尤当恪守范围,公同协议,务期官民交勉,治理日隆,用副朝廷实行宪政乐利同民之至意。余著照所议办理。钦此。

相应恭录谕旨并将钦定府厅州县地方自治章程暨选举章程敬谨刷印,颁行京外各衙门一体钦遵办理可也等因。承准此除分行外札局即便遵照办理,并移各属一体照办等因。奉此,遵即札发各属饬令遵照办理在案,伏查直隶筹办地方自治于光绪三十二年六月十七日奉饬设立天津府自治局,先从天津著手当经拟定《试办天津县地方自治章程》一百十一条举行选举,先后设立天津县议事会,董事会详蒙前宪台袁奏明在案,兹奉前因,查天津县地方自治之组织以及职务权限,核与新奉奏定章程多有未符,自应遵照改正以资划一而利推行,应请宪台查核,札饬天津县遵照办理。

督宪陈批:据详已悉,候行天津县遵照办理。此缴。

(宣统二年四月初四日"公牍录要"栏目)

董事会开通常会议案

天津县董事会第六次通常会开会议案分列如下:一、关于厅州县及城镇乡自治一切事宜事。一、应遵《钦定厅州县章程》改选县议会及参事会事。一、应遵《钦定城镇乡自治章程》速组织城议董会事。一、自治预备会事。一、自治研究所事。一、调查户口事。一、速禀催接收地方税事。一、鲜货行任意勒用事。一、简易识字学塾经费事。一、请督宪迅速划清国家税与地方税,以筹办城镇乡议董两会事。一、请收捐务科以作自治经费事。一、李君德清辞递补议员事。一、李议员镇桐辞职,业经递补,惟是否合章,

可否特许事。一、杨泽濡一年不到会事。一、董事会选举挽留议员事。一、义阡公所事。一、三元庵冷玉起地事。一、变卖户部街影壁地基事。一、请调查四城拆废并沟濠地址以作公产事。一、段河淤地作公款公产由董事会经理事。一、请再议卦甲寺一带官荒地调查确实以作自治经费事。一、邢懋德陈述西门外房地查作官荒罚洋冤抑事。一、请将邢懋德冤单虚实再为详细调查事。一、清厘庙产规定限制预防扰民事。一、公产应否永租事 候董事会调查复到 。一、三太爷庙住持陈请将该庙自行改建民房事 。一、韩式周租云霞观庙地事。一、韩盛号等请赏祇树园僧人房间事。一、游学费作学生贷金事。一、恩给病故员数目事。一、五十六小学堂请补助事 。一、艺家台小学堂陈请补助经费于开学前先行发给事 。一、创立于明庄小学堂补助事 。一、请于北宣讲所内设立阅报社事。一、举棉业研究所会员事。一、选举统计处员绅事候县尊复文。一、组织戒烟分会董劝会事。一、请质问禁烟局烟犯及私售罚款作何项开销事。一、请质问巡警局所有赌犯罚款作何项开销事。一、请严禁各租界无照吸烟并售烟事。一、各租界一律禁止麻雀事。一、请禁止男女合演淫戏事。一、请禁妇女夜晚观剧事。一、请再速催关道照会日本领事严禁蹦蹦戏以免他界效尤事。一、请严行禁止各茶馆不正当之叫好以维风化事。一、请卫生局派捕监察各官厕包揽人常常打扫洁净以重卫生事。一、各药店售出药品按包号清勿令学徒经手售药事。一、请申督宪豁免官医挂号费以济贫民艰苦事。一、实行取缔人力车规则并限制辆数事。一、请质问工巡捐局马车因何故无捐事。一、禁止便道堆积木石以便行人事。一、禁止夜行事。一、买卖人口取提规则事。一、济良所事。一、小莲芬事。一、典商凡有典价不满一元者均改铜元输入以苏民困事。一、绸缎洋货商请减码头捐确当办法事。一、调查渔业公司之积弊以苏民困事。一、所有买卖房地各产须由董事会查明盖戳以免经纪朦混并侵占等弊事。一、电车公司报效银元动用办法事。一、电车公司违章自由行动本会协议之权毫无效力应重申定案以保主权事。一、军粮城屯兵防匪事。一、高登第邸宝春房地繆辖事。一、刘得胜同族争议事。

（宣统二年四月初五日"畿辅近事"栏目）

递补议事会议员

天津县议事会议员李君德清因在家日少，函请辞职，业经该会公决，认可照章以复选，在前之苏君兆澜依次递补，闻现已函请到会襄办一切。

（宣统二年四月二十三日"畿辅近事"栏目）

天津县议事会移覆董事会核议变卖庙产事宜文

为移覆事案，查前于宣统元年十月二十日准贵会一百十八号函称，据邑人王锡瑛具说帖到会，内称为愿买影壁地基恳请议价照准事，兹查户部街关帝庙有影壁一座，其地基长三丈三尺宽五尺。锡瑛拟购此项地基，按贵会清厘庙宇庙产，章程在贵会管理范围，为此，缮具说帖请贵会查核议价，准由锡瑛认买以便拆去盖房，与街道亦无妨碍。至议价一节，询据王君锡瑛云，愿出价千元。敝会按此项地基如价值千元以上，似可变卖，查贵会遵照自治章程禀定条例第十八条内开有重要用项动用基本金或变卖不动产者，须得议员全体三分之二以上之议决，应报告督宪及本府县并公布之等语。此项庙基尚未经本会收作不动产与变卖不动产者，自属稍异，又查清厘庙宇庙产办法第四条内开，未经占用之庙宇庙产，非经议事会详准，无论何人不得占用等语，今王君锡瑛出资价购与占用者又不相同。惟事关变卖庙产增添自治经费，仍应由贵会核议见覆以凭办理，此启等因。当经敝会议员全体三分之二到会时开会核议，公决此项影壁地基可以变卖以增自治经费，至价值可即采董事会千元以上之意，先价定洋一千六百元，惟须将此地究竟长宽若干，前后是否尚有余地调查明确后，再行核议决定，当即备函请贵会调查。兹据覆称，经本会派员勘丈该影壁前后空地地基计七厘一毫八丝，相应绘图呈阅即候核议见覆以凭办理，此覆等因。准此复经敝会核议，查此项影壁及前后空地地基亩数较前调查实多一倍又百分之六一，按照价定一千六百元核算，约计四千余元，遂由敝会决定价值银三千金可以变卖，即请贵会速将此意向前途磋商，在王君，为津邑巨绅，素日急公好义，敝会为增长自治经费起见，王君必慨然乐从也。专此，备文移请贵会查照施行，须至移者。

（宣统二年四月二十六日"公牍录要"栏目）

天津钞关供差人员一览表

襄办钞关	直隶候补道	严廷璋	兆贞	广东
钞关提调襄办工关	直隶候补同知	何朝锦	絅堂	广东
文案	布经历衔	胡学礒	藻华	河南
	县丞衔	李文沼	采繁	直隶
收支	县丞衔	陈鸿年	雪崖	直隶
英文译员	通判衔	孟广润	浩泉	直隶
	县丞衔	刘宗陶	祐唐	直隶
	县丞衔	何泉达	琴舫	直隶
核税	候补县丞	李焕章	子勤	直隶
	县丞衔	张鸿勋	朗卿	直隶
	附生	李恩元	乾甫	直隶
存堂批单	分省试用府经历	郭鸿达	荫卿	直隶
标判	候选县丞	顾敬修	少贞	江苏
税单	分省试用府经历	丁瑞元	星伯	浙江
	同知衔	张富清	重田	直隶
	州同衔	彭松年	鹤延	直隶
免照	县丞衔	刘仁寿	禄三	直隶
庶务	从九衔	张光翰	墨卿	直隶
税单挂号	知府衔	陈兆年	瑞生	直隶
	同知府	胡钟鹏	云青	直隶
日报处	五品顶戴	朱树声	聘卿	直隶
	附生	单学琴	嗣华	直隶
老龙头分局	县丞衔	章文彬	雨化	浙江
新车站分局	知府衔	李符麐	嗣章	直隶

王串场分局	附生	郭佩汾	镜阳	直隶
红桥北河分局	分省试用府经历	赵文楷	蔚林	直隶
	县丞衔	高荣宽	颂贤	广东
红桥西河分局	候选县丞	殷昌寿	杏初	直隶
葛沽分局	长芦候补盐经历	唐宸裕	定兴	广东
大沽分局	县丞衔	章渭泉	雨亭	浙江
北塘分局	县丞衔	张殿卿	相臣	直隶
正西门分局	县丞衔	宋翰元	品卿	直隶
小西门分局	五品顶戴	王焕文		直隶
西北门分局	守备	陈天垣	蕙超	广东
	候选从九	许瑞麟	子祥	广东
杨柳青分局	县丞衔	郭士元	念慈	广东
	县丞衔	邓宝善	楚珍	直隶
宜兴埠分局	从九衔	施濡华	润生	直隶
南门外分局	六品军功	周廷栋	静波	直隶
陈塘庄分局	县丞衔	李钟琪	质莹	直隶
龙王庙稽查船捐处	县丞衔	宋耀先	顺天	
霍家嘴分局	五品顶戴	曲垣	子藩	直隶

（宣统二年五月十七日"北洋官报汇编"栏目）

天津县议事会担任预备会事宜办理期限规则

一、研究府厅州县城镇乡地方自治章程（自组织至成立随时议拟呈详核夺）。

一、拟划镇乡自治区域（调查自四月初十日至五月初十日，划分自五月十一日至五月二十五日）。

一、调查分别地方公款（调查自四月初十日至五月初十日，分别自五月十一日至五月二十五日）。

一、调查分别地方公产（调查自四月初十日至五月初十日分，别自五月十一日至五月二十五日）。

一、调查分属地方已办公务（调查自四月初十日至五月初十日，分属自五月十一日至五月二十五日）。

一、以上四款呈详核夺见覆确定（自五月二十六日至六月十五日）。

一、筹办自治研究所（规则拟定呈详备案后即行成立）。

一、照章拟具设立县议事会及城镇乡议事会办法及见覆（自六月十六日至六月二十日此项办法业经拟定列后临时照章申请而已）。

一、组织城镇乡会，行选举调查，派定选举选举调查员，预备调查应用物品（六月二十一日至二十五日）。

选举人注册（六月二十六日至七月十五日）。

造具选举人名册（七月十六日至七月二十日）。

宣示选举人名册及更正（自七月二十一日至八月初十日，按城镇乡选举人名册，须两月前造成宣示公众，于二十日更正，十日内公断确定。兹略变通减缩一个月，只留二十日更正之期，十日确定之期，于事实尚无妨碍，以期速成）。

更正选举人名册公断确定（自八月十一日至八月二十日）。

分缮副本呈官交所存案备案（自八月二十一日至三十日）。

行城会选举。

派定选举管理员并预备管理物品（自八月二十六日至三十日）投票（自九月初一日至初五日）。

开票当选确定（九月初七日）。

宣布当选（九月初八日）。

通知当选（九月初十日）。

当选答复（九月十一日至十五日）。

城议事会成立（九月二十日）。

城董事会由城议事会自行组织限期成立。

行镇乡会选举：

派定选举管理员，预备管理物品（九月十五日至二十日）。

投票（自九月二十一至十月初五日约分四十余乡，十五日每二人办理五乡，分期错综办理后并此）。

开票当选确定（九月二十二日至十月初六日）。

宣布当选（九月二十三日至十月初七日）。

通知当选（九月二十五日至十月初十日）。

当选答复（十月十一日至十五日）。

镇乡议事会成立（十月二十日）。

镇乡董事会及乡董由镇乡议事会自行组织期成立。

一、组织县议事会。

议决县会选举区及见复核准（十月十一日至十月二十日）。

出示选举区分划各区员额选举日期（十月二十一日至二十五日）。

行选举调查，派定选举调查员，预备调查应用物品（自十月二十一日至二十五日）。

选举人注册（自十月二十五日至三十日，此项办法就前城镇乡选举人名册，添注日期，照章减半后仿此）。

造具选举人名册（自十一月初一日至十一月初五）。

宣示选举人名册及更正（自十一月初六日至十一月十五日）。

更正选举人名册公断确定（自十一月十六至十一月二十日按县选举人名册，五十日以前造成内二十日更正，十日公断确定，兹亦减去二十日更正，确定期亦按前意减半）。

分缮副本申督交所存案备查（自十一月二十一日至十一月二十五日）。

行县会选举：

派定选举管理员预备管理应用物品（自十一月二十一日至二十五日）。

投票（自十一月二十六日至十一月三十日）。

开票（十二月初二日）。

宣布当选（十二月初三日）。

通知当选（十二月初五日）。

当选答复（十二月初六日至十二月初十日）。

呈报当选（十二月十一日至十三日）。

县会成立（十二月十五日）。

县参事会及自治委员由县议事会自行组织限期成立。

试办天津县议事会消灭（十二月十五日）。

以上各会成立时日将来或以为不便者，应俟自行改选时就章程年限伸缩更正以垂久远。

（宣统二年六月初七日—初八日"北洋官报汇编"栏目）

天津县设立自治研究所规则

一、名称:天津县设立自治研究所(遵照奏定章程第二条)。

一、宗旨:以讲习自治章程,造就自治职员为宗旨,须恪守奏定地方自治章程,不越范围为要义,照章统由自治筹办处稽查(遵照奏定章程第一条及第六条)。

一、组织:监督一员,本县知县为之(遵照详细章程第二条)。讲员三员,以省研究所听讲毕业员派充就,中公举一员为所长详请札派二员兼办文牍(遵照奏定章程第三条及详细章程第三条及规约),听差二名。

一、地址:讲堂备用天津县议事会会场(惟遇开会时,讲授时间须提前或推后)。

一、宿舍:借用天津府儒学明伦堂旁房间(遵照奏定章程十三条)。

一、学额:分别城镇乡区域遴选学员百人,酌设三班,呈请核定备案。

一、资格:以有选民资格,并须文理通顺素行公正众望久孚者为合格(遵照奏定章程第十条及自治总局办法)。

一、学期:每期八个月,毕业后分别考试,发给毕业凭照,呈送自治总局查核(遵照奏定章程第十一条及详细章程第八条)。

一、课程:(一)奏定宪法纲要。(二)法学通论。(三)现行法制大义。(四)咨议局章程及选举章程。(五)城镇乡地方自治章程及选举章程。(六)调查户口章程。(七)其他奏定有关自治及选举各项法律章程。(八)自治筹办处所定各项筹办方法。每日讲授时限六小时(以上遵照奏定章程第五条及详细章程第七条)。

一、经费:所长、讲员三人,薪水银每月三十二两,八个月共银二百五十六两。听差二名,每月薪工银四两,八个月共银三十二两。学生百人每月膳费银三百五十两,八个月共银二千八百两。茶水、笔墨、纸张、粉笔等杂用,每月银十两,八个月共银八十两。煤炭十月至正月每月银六两,四个月共银二十四两。共计银三千一百九十二两,统由地方公款筹办,按月由所长分别出入款项开列公布(遵照奏定章程十三条及详细章程第九条)。

(宣统二年六月初八日"北洋官报汇编"栏目)

天津工巡捐局庚戌供养人员一览表

总办	分巡天津河间等处地方兵备道	洪恩广	瀚杏	安徽
提调	前补用知县	赵国琛	粹然	安徽
文案委员	五品顶戴	吴嘉震	介麻	直隶
	候补府经历	太史恪	峡三	奉天
收支委员	府经历职衔	张宝康	季平	山东
房捐总查委员	候补州吏目	宫克恭	条舟	山东
	候补从九品	张承龄	绍九	江苏
铺捐总查委员	候选县丞	周桐春	锡侯	直隶
车捐总查委员	候补州吏目	竹堃元	筱斋	浙江
稽查收捐委员	候选府经历	严昭璐	月丞	湖北
稽核委员	候选府经历	彭步宣	绍樵	江苏
发审委员	候补通判	叶澂	清如	浙江

（宣统二年六月初八日"北洋官报汇编"栏目）

天津失城十周年纪念会公启

天津失城十周年纪念会订于十八日下午一钟至六钟专为男宾入览，十九日午后一钟至六钟专为女宾入览，会场入门由东门外水阁街董事会出场，由袜子胡同议事会大门，请有中国诸名家更番演说，追悼往事并备图画说明军乐助兴，无论何界中人，均可随意入览，不索分文，风雨勿阻，特此预布以便周知。本会同人公启。

（宣统二年六月十八日"畿辅近事"栏目）

天津县选民注意事项

天津县议事董事两会发出公启云:本会现组织城镇乡地方自治事宜,业奉自治总局核准,兹准六月二十六日举办调查选民资格,敦约调查员公赴各局区调查选民资格。凡有具备左列资格者,务望按表填注,以备选举,幸勿放弃,以七月十五日为限,此启,摘录城镇乡自治章程第十六条:一、有本国国籍者。二、男子年满二十五岁者。三、居本城镇乡接续至三年以上者。四、年纳正税(指解部库司库支销之各项租税而言)或本地方公益捐二元以上者。

(宣统二年七月初一日"畿辅近事"栏目)

天津县画分区域村名单

城之区域:围墙以内北至堤头辛庄,镇之区域:杨柳青、碾坨嘴(人口:二八五三九)第一乡:大毕庄、徐家庄、赵里庄、王串场、小王庄、何家庄、孙家庄、欢坨庄、刘快庄、西堤头(人口:七六九五二)。第二乡:何家庄、李辛庄、大张庄、小宋庄、小马庄、韩盛庄、新侯庄、姚家庄、芦新河(人口:四八四八)。第三乡:范家庄、北荒草地、南荒草地、贯家庄(人口:五八二七)。第四乡:南程林庄、北程林庄、小王庄、朱家庄、于明庄、李明庄、赵家庄、万新庄、张贵庄、排地(人口:七〇八三四)。第五乡:蔡家台、武家台、王家台、邓家店、陈家村、边家村、于家台、曾家台、辛家院、徐胡圈、五窑村、八里台、凌家庄、赵金庄、前李七庄、后李七庄、王蓝庄、高家庄、大倪庄、小倪庄、凌家口、前杨楼、后杨楼、王姑娘庄、小庞庄、小梨园坨、大梨园坨、贾家台、纪家庄(人口:六四〇二)。第六乡:大寺村、王家村、门道口、张道口、大任庄、周家庄、倪黄庄、王家庄、大芦北口、李富德庄、石家庄、北八里台、南八里台、贾家庄(人口:八五三六)。第七乡:张家窝、高家村、马家寺、小刘庄、郭家村、潘家楼、姚家村、王顶堤、侯家台、华家庄、杨五庄、董家庄、炒米店、古佛寺、周李吴、赵家庄(人口:八七四二)。第八乡:杨家庄、侯家庄、大觉庵、北辛庄、南辛庄、小园村、大园村、赵家庄(人口:四一二一)。第九乡:大卞庄、小卞庄、小稍直口、李家坟、东姜井(人口:三三九九)。第十乡:大稍直口、魏河里、邢家庄、汪家庄、曹家庄(人口:四〇五八)。第十一乡:中北斜、东北斜、西北斜、疙瘩庄、雷家庄、小蒋庄、大蒋庄、祁家庄（人口：二〇五四）。
第十二乡：王家庄、大梁庄、李家楼、谢家庄、马家庄（人口：二八五五）。第
十三乡：韩家墅、刘家码头、李家房子、锅铁店、王家房子（人口：二八四五）。
第十四乡：中河头、上河头、下河头、青光村（人口：二二二四四）。第十五乡：
西堤村、东堤村、插房子、杨家河、线儿河、大柳滩（人口：三七八八八）。第十
六乡：安光村、赵家园、高家场、郝家堡、前常家堡、后常家堡、徐家堡（人口：
二六一七）。第十七乡：双口村、前丁庄、后丁庄、平安庄（人口：六五七二）。
第十八乡：西沽、西于庄（人口：六一三七）。第十九乡：白庙、席厂、东于庄
（人口：四四五四）。第二十乡：王秦庄、董新庄、桃花寺、刘园、王庄、吴家
嘴、郭辛庄、唐家湾、丁字沽、桃花口、屈淀、李楼、马厂、辛庄、下蒲口、上蒲
口、庞家嘴（人口：七六二九七）。第二十一乡：北仓、中仓、闫街、马家庄、南
仓、穆庄、天齐庙、柳滩村、霍家嘴、窑窝、小汀庄、赵庄、小闫庄、周庄、李家
嘴、常家庄、赵家庄、谢家庄、双街、紫楼、杨堤、张家湾、郎园、胡园、得满、小
街（人口：二七一一七）。第二十二乡：宜兴埠（人口：八九八四）。第二十三
乡：朱唐庄、刘安庄、小淀、小贺庄、小赵庄、前麻疙疸、后麻疙疸、张献庄、刘
招庄、马庄、二闫庄、小孙庄、大杨庄、小杨庄、孟家庄（人口：八四七六）。第
二十四乡：土城、宣家楼、前尖山、后尖山、黑牛城、东楼、前西楼、后西楼、佟
家楼、小王庄、安家庄、黄家花园、集贤庄、小孟庄、丁家庄、三义庄、贺家庄、
小刘庄、大直沽、小孙庄、（闸口在小孙庄）、小辛庄、挂甲寺、杨家庄、郑家
庄、汪家庄、娄家庄、张达庄、贾家沽道、吴家嘴、杜家庄、冯家口、下河圈、上
河圈、陈唐庄（人口：三九三八二）。第二十五乡：灰堆、北马集、郭黄庄、南
马集、宋家庄、小河庄、黄家庄、卢家庄、李家楼、顾家庄、崔家码头、詹家庄、
潘家庄、下辛庄、翟家庄、杨家场（人口：一三七〇三）。第二十六乡：白塘
口、前辛庄、后辛庄、张满庄、下河滩、下小汀、唐家庄、小刘庄、上小汀、桃源
沽、小辛庄、双港、蛮子营、后三合、高家园、前三合、西三合（人口：一八六三
八）。第二十七乡：高家庄、上郭庄、王家庄、张家嘴、柴辛庄、邢家庄、下郭
庄、四里沽、下刘庄、李家庄、潘家庄（人口：一二六七五）。第二十八乡：咸
水沽、韩盛桥、东庄、于家庄、北羊码头、南羊码头（人口：二三〇〇七）。第
二十九乡：八里台、巨葛庄、大韩庄、大孙庄、中塘（人口：六九六四）。第三
十乡：田家嘴、上刘庄、勾家庄、秦家庄、范家庄、大赵北庄、小赵北庄、谢家
屯、窑上、卧河、城上、泥窝（人口：一四一九八）。第三十一乡：大郑庄、柴家
庄、王四楼、孙家庄、小郑庄、军粮城（人口：六四一七）。第三十二乡：东泥

沽、郭王庄、泥沽嘴、西泥沽、周辛庄(人口:一〇五四四)。第三十三乡:盘沽、新房、小韩庄、小柴庄、苏家圈、北园、小曾庄、西地(人口:五六二三)。第三十四乡:葛沽、小殷庄、白马岗、马家园、小刘庄、行宫村、汪家圈、大高庄、大滩、赵家台、邓岑子、杨岑子、新庄子(人口:二二八四四)。第三十五乡:杨惠庄、南辛房、北辛房、西关(人口:二二五六)。第三十六乡:新城、卢家嘴、营房村、郝家沽、西黄圈、东黄圈(人口:七七一八)。第三十七乡:邓善沽、南开村、大梁庄、小梁庄(人口:八一四七)。第三十八乡:西大沽(人口:一三八九一)。第三十九乡:东大沽、草头沽(人口:一七二七六)。第四十乡:小站、东大站、新开路、南天门、富家村、小刘岗、新农庄、北闸口、小白庄、小王庄、西庄房、西小站、小张庄、义和庄(人口:八六七一)。共四十三乡:三百七十八村。

(宣统二年七月初三日—宣统二年七月初五日"畿辅近事"栏目)

天津县董事会禀请督宪遵饬办理庙产情形文

敬禀者,窃于宣统元年九月初九日奉前宪台端札开,为札饬事,宣统元年八月二十八日准邮传部咨电政司,案呈据天津电话局杨道呈称,电话局前购烟草公司房屋改设话局,度地经营酌量修盖,将来添换新机,当觉绰有余裕,查上年扩充基地,收赎元会庵庙房,既与天津议董两会纠葛不清,现拟和平办理,除将价买陈姓民产税有红契应归本局管业外,其余由局备价典赎各户自盖房屋,以及原典庙地共计价银一千一百两,应请咨商直隶总督转饬该会照数拨还原价银两,收回接管以清悬案等情。查电话局价买元会庵庙地一案,叠经该局前总办何道与天津议董两会往返商议,迄未妥协。兹据禀称,前因办理尚为平允,相应咨行贵督查照转饬遵照办理,并希见覆可也,等因,到本大臣准此合行札饬,札到该会,即便查照办理,迅速具覆,以凭核咨,此札。等因。九月十三日复奉札开:为札饬事,宣统元年九月初六日准邮传部咨开电政司案呈前,据天津电话局杨道呈称,电话局前因收赎元会庵庙房与天津县议董两会纠葛不清,现拟和平办法,除将价买陈姓民产税有红契应归本局管业,其余由局备价典赎各户自盖房屋,以及原典庙地共计价银一千一百两,请咨商直隶总督转饬该会照数拨还收回接管等情,当经咨行贵督查照在案,兹续据该局呈送所发银两数目清单,并绘就地草图一纸呈请转咨查照,饬令该会妥议具覆等情前来,相应咨行贵督查照转饬该会遵照办理，并希见覆可也，等因到本大臣准此查此，案前准邮传部来咨，业经转饬该会查照办理在案，兹准前因合行札饬，札到该会，即便遵照迅即并案办理具覆，核咨此札，计抄单并发图一纸仍缴等因。奉此，当即遵照札开各节迻与电话局晤商妥洽，除陈右贤房间应由电话局管业，其价赎尹凤歧等四户、原典元会庵庙地暨自盖房屋即由会缴还赎银，将各房屋随同元会庵庙房一并收作公产，业经董事会备足津公砝平银一千一百两交还电话局收讫，所有元会庵庙及赎回房屋并各户原契新据均经董事会接收清楚，惟查陈右贤房屋其原契注明东房檐外，永租元会庵庙地三尺作房外檐水道用历经纳租，兹该房售与电话局管业应由该局纳租议定，每年纳租银洋四元由该局另立永租字据，各执一纸存查备案，所有遵饬办理元会庵庙产一案缴还赎价银两接收庙房缘由，理合缮禀具覆，仰祈查核咨部立案，遵行肃禀祇请崇安，伏维垂鉴。

（宣统二年八月十七日"公牍录要"栏目）

天津县理讼新法

天津县发出示谕，略谓本县禀定讼费原分三等，上等，京钱十二吊；中等，八吊；下等，四吊。当堂酌断，归理屈者呈交，诬告加倍，实在贫苦与事属因公，并命盗、抢窃等案，均准免交，所收讼费按月出示晓谕，作十成计算，各班差役应分五成，各房书班办并署内家丁各分二成，以一成提作解犯、恤犯之费。自控告之日起至结案之日止，除买状书呈挂号各费外，其余两造一切花销全在讼费之内，如书役门丁有额外需索分文情事，准原被随时喊告，轻则将需索之人终身监禁，听其自毙；重则立即禀请就地正法以昭炯戒，并将告发之人赏银一百两以示鼓励，倘喊告之时有人拦阻，可于本县因公出署之时拦舆口诉，不必书呈以省花费，或开具节略，由邻封邮局保险代递，只要信内具名查系实情，立予根究，如事关商业，交商会代递亦可。

（宣统二年八月二十二日"畿辅近事"栏目）

天津城镇议事会选举揭晓

天津城镇议事会选举于本月初七日开票竣事，由天津县议事董事两会出榜宣示，兹将当选姓名及得票数目开列于后，计开：城议事会当选人，刘恩鸿,百十七、邢登第,百十三;赵耀曾,百十;齐玉祥,百零九;李宝诚,百零六;刘家麟,九十四;杨万选,八十;周文俊,七九;苏兆奎,七四;赵熙,七三;张德珍,七十;朱凤章,六四;徐士荣,五五;张品棣,五三;郭云书,五二;张金凯,五二;张家驹,四九;李培藻,四七;齐大义,四十;赵廷荣,四十;刘国珍,三七;张炳臣,三七;刘恩泽,三六;王观保,三六;杨耀曾,三五;宁存恕,三四;张束绅,三三;张瀞川,三二;许权,二九;李宝书,二九;张崇泰,二七;郑文选,二七;房绍谦,二七;刘国桢,二六;李培,二六;邹廷廉,二五;阎鸿业,二五;宋春霖,二五;周文琳,二二;徐士宏,二一;周熙,二一;刘鸿翔,二十;刘景琛,一九;李家桢,一九;戚家珍,一九;郭金城,一六;张鸿来,一六;徐广生,一四;王劭廉,一四;孙凤藻,一三;杨希曾,十;王从周,十;乔世忠,十;梁逢中,十;李兆奎,十;周学彬,八;苏兆熊,八;刘蕴真,七;赵元杰,七;张文郁,六。又镇议事会当选人:刘学瀛,百零三;齐鼎开,百零一;石作藩,五十;石作琚,四六;石蔚文,二七;石元士,二五;周恒遣,二一;李绮元,一七;张维淇,一四;刘楷,一四;石毓藻,一四;齐鼎震,一三;刘檀,一二;石佩文,一一;刘学龙,十;杜文魁,九;刘恩源,九;刘恩汉,八;李骏声,七;姚藻,七。

(宣统二年九月初十日"畿辅近事"栏目)

天津县乡会选举纪事

兹将选举日期及投票所地址照录如下:九月二十一日,第十八乡投票所:西沽;第二十四乡投票所:土城;第二十六乡投票所:白塘口;第三十六乡投票所:新城。二十二日,第一乡投票所:大毕庄;第三乡投票所:范家庄;第八乡投票所:杨家庄;第十乡投票所:大稍直口;第十九乡投票所:席厂;第三十三乡投票所:盘沽。二十四日,第二十七乡投票所:高家庄;第三十七乡投票所:邓善沽。二十五日,第九乡投票所:大卞庄;第十四乡投票所:中河头;第二十乡投票所:丁字沽;第二十五乡投票所:灰堆;第三十二乡投票所:东泥沽。二十六日,第二乡投票所:河家庄;第四乡投票所:南程林庄;第二十七乡投票所:下郭庄。二十七日,第二十八乡投票所:咸水沽;第三十八乡投票所:西大沽。二十八日,第十六乡投票所:安光村;第二十乡投票所:王泰庄;第三十一乡投票所:大郑庄。二十九日,第二十二乡投票所:宜兴埠。三十日,第二十九乡投票所:八里台;第三十九乡投票所:东大沽。十月初一日,第二十一乡投票所:双街。第三十四乡投票所:葛沽,初二日,第十七乡投票所:双口村;第二十三乡投票所:朱唐庄。初三日,第二十一乡投票所:北仓;第三十乡投票所:田家嘴;第四十乡投票所:小站。其余第五、第六、第七、第十一、第十二、第十三、第十五、第三十五各乡为乡选民会、均无庸投票。

(宣统二年九月二十二日"畿辅近事"栏目)

乡会议员选举揭晓

天津县第三十六乡选举议员当选人名票数如下:刘士英,三十五票;王正清,一十六票;韩桢九票;李树德,九票;于永发,六票;王万春,三票;谢凤诏,三票;孔继先,三票;冯忠,二票;第三十六乡,共投票一百零一,自三十五票至一票,共计有效八十六票,其字迹不可辨认者三票,不在选举人名册者,一十二票;按照第三十六乡人口数目应选举议员十名,此次选举自得三十五票至一票,共举议员九名。第十乡选举议员当选人名票数如下:高春荣,一十九票;李树义,一十票;王瑞,六票;温宝善,一票;李树滋,一票;周宝庆,一票。第十乡共投票五十九,自一十九票至一票,共计有效三十八票,其字迹不可辨认者二票,不在选举人名册者一十九票,按照第十乡人口数目应选举议员八名,此次选举自得一十九票至一票,共举议员六名。第十九乡选举议员当选人名票数如下:张俊三,二十八票;杨润田,七票;傅长厚,七票;王士瑞,三票;单锡三,二票;郑华廷,一票。第十九乡,共投票五十,自二十八票至一票,共计有效四十八票,其不在选举人名册者一票,空白一票;照第十九乡人口数目,应选举议员八名,此次选举自得二十八票至一票,共举议员六名,先此公布。

(宣统二年九月三十日"畿辅近事"栏目)

知会议员辞职原因

天津县城议事会知会第二十六乡议事会文开:案于本月初二日接准贵乡民宁潜鹭投递说帖内称,为瞽者充当议员恳请查明以维自治事等情前来,当查章程,应先送请贵会公断正在缮稿之际,接准贵会函称,贵唐议员以心疾甚重,拟请退职等因,当查所陈各节既经贵会多数议决,无待敝会定夺,自应允许辞职。贵会权限所在,何有擅专,所有唐议员辞职情形,除粘抄原说帖送请备案外,相应知会贵会查照办理。

(宣统二年十一月二十三日"畿辅近事"栏目)

万国改良会近事纪要

天津万国改良会宣布近事要闻数则摘录如左:美国基督教妇女联合会之来函:昨接美国耶教妇女联合会来函云改良会对于中国之种种运动,敝同人深为赞成,今日敝会与中国二万签名上书英皇之同胞同具一样志愿,并已公同上书英皇请其允准中国诸大热心家公义之求。

十四丈之签名单:天津改良会联合国内同胞上英皇帝书,请禁鸦片运入中国日前邮递时,其书尾签名纸长约一十四丈,共二万七千余人我国同胞之热心禁烟实足令人起敬矣。……

(宣统三年二月初八日"畿辅近事"栏目)

天津法政讲习所简章

第一条　本所以谋法政知识之普及为宗旨。

第二条　本所设于天津即名为天津法政讲习所。

第三条　本所暂设督署两等小学堂内。

第四条　本所开设夜班每日授课三小时(自下午七时起至十时止)。

第五条　本所设所长一人由发起人公推。

第六条　本所讲员由本所发起人或特延名誉讲员任之。

第七条　本所干事由本所发起人之不任讲员者任之。

第八条　本所所长、干事、讲员均为名誉职务,不支薪水。

第九条　听讲员不限资格。

第十条　听讲员每月应纳校费一元,讲义费一元,每三个月前交纳一次。

第十一条　听讲员于入学时另缴入学费一元。

第十二条　听讲员各给听券,无券者不得听讲。

第十三条　本所以六个月为毕业期限。

第十四条　本所于毕业时分科考试一次,其能及格者与以毕业文凭。

第十五条　本所所授课程如左：法学通论、政治学、宪法、行政法、民法、刑法、理财学、财政学、国际法。以上各科均参酌现行法令教授。

第十六条　本所经费以听讲员所纳讲义费、校费及捐款充之，如不敷开支时，由发起人公同担任。

第十七条　凡捐助本所经费及书报者，均为本所名誉赞成员。

第十八条　本简章应行修正时由发起人公同商订。

（宣统三年三月初一日"畿辅近事"栏目）

直隶天津县城议事会议事规则
第一章　总纲

第一条　本规则遵照城镇乡自治章程第五十二条规定，全体议员皆须一律遵守。

第二章　开会及会场秩序

第二条　会议必在午后，其时限由议长、副议长随时酌定通知。

第三条　议员须于开会前齐集会场，向文牍处注到。

第四条　议员到会时各按编定号位依次就坐。

第五条　开会散会及休息均由议长振铃，但休息时间不得逾十五分钟。

第六条　会议时不得吸烟、饮食、闲谈、喧笑及阅读无关议案之书报。

第七条　散会时，须议长退席后再依次退席。

第八条　所有一切夫役随从，均不得入会场。

第九条　会议时，议员不得对于发言者鼓掌或讪笑之。

第三章　议事日表

第十条　凡应付会议事件及其次序并开议之时日，应编为议事日表。

第十一条　议事日表，议长须先期誊印送于各议员。

第十二条　议事日表指定之日如不能会议所载事件或会议不能终结者（议长当再定日表）应于次日日表列前续议，其后列事件之次序不得变更。

第十三条　如有到会议员四分之一以上因紧急事件主张先议或议长自认为紧急事件,得临时表决更改议事日表。

第四章　提议

第十四条　凡议员提议议案须具案附以理由,议长得按其呈交之先后及事件之性质依次宣告于议场,应否作为议案,由众公决。

第十五条　凡提出各案有必须调查者,可先交董事会调查,限日报告后再行审议。

第十六条　凡议员呈交之案一经付议,不得自行取消。

第十七条　提议各案当开议时,由文牍员朗读后应由提议者说明其理由。

第十八条　会议各案宜先就大体审定,如公决为不应付议者,在本会期中不得再行提出。

第五章　陈请建议及报告

第十九条　凡陈请建议须事关公益,在本会权限范围之内者,始能付议。

第二十条　凡陈请建议者,须用本会特备格式纸依式填写籍贯、年岁、住址、职业并注明年月,违者,概不受理。

第二十一条　凡由邮政送来之陈请建议书,必须本人随后到会声明,以防假托。

第二十二条　法人之陈请建议代表者,须署名并盖法人印章。

第二十三条　陈请建议书为公众认为不应付议者,照本规则第十八条办理。

第二十四条　本会对于陈请建议事件如有疑难,应请原陈请建议人来会,以备质问,若知会三次不到者,作为无效。

第二十五条　凡报告事件者,若确有实据以为紧急重要不及详具理由书者,须亲到本会延接室陈述理由,经议长许可得登台报告,或径由议长报告于当场。惟报告人仍应补具报告书。

第六章　宣告

第二十六条　议事开始时,有应行宣告事件先由议长宣告。

第二十七条　凡本会厅办事件无庸俟会场议决者,应由议长于开会时详细宣告,俾众周知。

第二十八条　议长宣告后,凡有文件应由文牍员朗读。

第二十九条　宣读后应由议长宣告开议,未开议之前不得就议事发言。

第七章　会议

第三十条　会议时有欲发言者,先报本位号数然后起立致辞,他议员不得搀越,如欲有所质辩,须俟其辞毕然后问难。

第三十一条　有二人以上发言者,议长须使先起立者发言,同时起立者则由议长指定一人以防紊乱秩序。

第三十二条　凡报告提议暨辩论问难,皆就本位起立向议长致辞,不得离位及互视辩论。

第三十三条　凡议一事即照所议问题取决,不得于问题外另加他议。

第三十四条　凡议员讨论时,应就事论事不得涉及个人。

第三十五条　议员辩论之时,不得逾二十分钟,恐妨他议员发议。

第三十六条　凡延会或议事中止议员有发言未终者,得于再行讨论时继续发言。

第三十七条　议长如欲自与讨论时,须请副议长代理退临议席。

第三十八条　讨论言论终结,由议长宣告之。

第三十九条　讨论未尽时,如有议员提出讨论终结之议,议长可谘于众议员,有半数以上之赞成者,即作为讨论终结照章表决。

第八章　表决

第四十条　议员表决以到会者,为限其不到会场具函陈述意见者,概不得列于表决之数。

第四十一条　议长欲行表决时,须将应行表决问题宣示之。

第四十二条　表决时用起立法或投票法行之,议长宣告应行表决之问题后,议员不得再就本议题发言。

第四十三条　议长须宣告表决之结果。

第四十四条　当议长宣告表决时,续到议员不得随同表决。

第四十五条　议员于会议时无论表决可否,对于会外不负责任。

第九章 议事录速记录

第四十六条　本会场议事录每次编成后由议长阅定交文牍员朗读,公认无讹,议长、副议长及文牍员署名、盖章保存事务所,以后无论何人不得更改。

第四十七条　速记录记载议事一切言论,但有犯于本会自治章程第五十条之发议,不必记载。

第十章　文件

第四十八条　本会遇有重大事件须另举起草员者,得由议长指定议员数人,或公推数人办理。

第四十九条　所有提议建议及应行之文件如有应审查修正者,议长得指定议员数人,或公推数人为本事件审查员,到审查室审查之审查既毕,当场报告,然后付议发行。

第五十条　公决议行之文件,议长及副议长不得因与己意不合不署行、盖章。

第五十一条　凡无关公决之文件,须有议长副议长之同意,始能定稿。

第十一章　附条

第五十二条　本议事规则如有未经规定者,应按照自治章程处理。

第五十三条　本议事规则如有未尽事宜及增删修改者,应随时开会公决呈请地方官查核。

(宣统三年三月二十日"北洋官报汇编"栏目)

直隶天津县城自治规约
第一章　总纲

第一条　本规约遵照钦定城镇乡地方自治章程第七条及第三十六条第二项公定之。

第二章　议员规约

第二条　议员如有事故不能到会者,须具请假书说明事由于开会前送交到会,而请假不得过三日,但确有疾病或不得已之事故者不在此限。

第三条　假期已满仍不能到会者,当再具请假书说明理由豫定日数。

第四条　议员不得与会外人联名向本会呈递说帖。

第三章　董事规约

第五条　总董董事每日办公至少须以六小时为限,其起止时间由董事会自定之。

第六条　总董董事必须每日按时到会,如有事故应豫先请假。

第七条　董事须常川驻会,每日至少留一人值宿。

第八条　董事会应设考勤簿,每至月终交议事会查阅。

第九条　董事会各项文牍及收支帐目,议事会正副议长偕同议员一名以上得随时检阅,每月须清查一次。

第十条　董事会所存款项,议事会于通常会期内由议长、副议长并公推议员一名以上检查之。

第十一条　议事会交董事会调查事件,应就事之难易豫约日期,知照董事会承认后按期具覆。

第十二条　董事会总董议事会正副议长得随时会面以免隔阂。

第十三条　总董董事不得兼任他项有薪之职务。

第十四条　总董董事对于应开会议议决执行事件,不得不召集名誉董事开会擅自执行。

第十五条　董事会公决事件,总董不得因与己意不合,不署行盖章。

第十六条　本会议事规则之宣告会议表决各条,董事会会议时得用之。

第四章　惩戒及罚则　自治章程第三十六条第八项

第十七条　议长、议员于常期会内无故不到会三日者,停其到会二日,如期满后仍接连三日不到者,以无故辞职论。

第十八条　自治职员有无故辞职,停止选民权二年。

第十九条　自治职员在议场有暴动行为者,应即除名停止选民权三年。

第二十条　自治职员假议董两会名义在外招摇确有实据者,应即除名停止选民权五年。

第二十一条　自治职员有捏写他自治职员之名干涉地方公事及词讼确有实据者,应即除名。

第二十二条　凡议决事件自治职员如以不合己意在外登报诋毁或颠倒是非者,罚洋十元。

第二十三条　自治职员对于本会议决事件有淆乱事实向官府捏辞妄诉经本会查有实据者,应即除名。

第二十四条　凡自治职员如有违背钦定地方自治章程见诸事实者,停止选民权三年。

第二十五条　总董董事如有无故不到会至三日,及名誉董事无故不到至三次者,应随时公决处以相当之罚。

第二十六条　凡自治职员不守自治规约者,应随时公决处以相当之罚。

第五章　议事会事务所规约　自治章程第三十四条

第二十七条　本会文牍、庶务等员分理会中一切事务应由议长、副议长督理支配之。

第二十八条　董事会对于自治章程第六十八条、第三项执行事件有无庸交议事会议决者,亦应随时报告,以便存案备查。

第六章　事务所人员之职任

第二十九条　文牍应设正副各一人，职务如左：一、撰拟各项文件。二、录载记事始末并编辑议事录。三、保存议事录及卷宗。四、保存及启用图记。五、编制议员姓名簿。六、办理选举之事。七、收发各项文件。八、会议时当场宣布文件及议事录。

第三十条　速记应设一人，职务如左：一、记载会议时一切言论。二、编译速设录。三、兼任抄录文件。

第三十一条　庶务应设一人，职务如左：一、置备会中应用票券、册簿、笔墨、纸张及一切器物。二、稽查会中夫役勤惰等事。三、保存收发图书、报纸。四、布置会场一切事宜。

第三十二条　会计应设一人，职务如左：一、经理会中一切经费及报销造册之事。二、掌管保存各项帐簿票纸。三、编制本会预算决算报告等事。

第三十三条　书记生应设四人，职务如左：一、抄录各项文件。二、登载各项册簿。三、编存各类卷宗。

第三十四条　速记、庶务、会计、书记生所办事务，文牍员得监察之。

第三十五条　各员所办事务皆须每月清结一次，文牍员督同各员分别开列，呈请议长、副议长核定盖章。

第三十六条　本会所收文件由文牍员呈议长、副议长核阅后分别归档。

第三十七条　速记所记载一切言论，须于翌日译成送交文牍员。

第三十八条　议决文件自议决至起稿不得过七日，自定稿至发行不得过五日，但议员五人以上认为紧要者，不在此限。

第三十九条　凡庶务购置各项器物有需有需用者，非有文牍员凭单，不得发给。

第四十条　凡庶务购置各项器物，均须分类登簿，每至月终与会计对照一次。

第四十一条　本会活支、额支各项由会计员每月开列预算决表，呈议长、副议长核定，每三个月于会期内报告于议场，每一年呈报地方官并登报宣布。

第四十二条　本会向存钱处月支各款，非经议长盖章不得支取出，款至五元以上者,统由议长、副议长批发。

第七章　事务所人员之通则

第四十三条　本事务所人员均须常川驻会,每日至少必须有二人值宿,假期内亦如之。

第四十四条　本会办事时间每日以六小时为率,其起止钟点按四季由议长、副议长酌定,但有紧要事件不在此限。

第四十五条　凡在办事时间,本事务所人员均齐集办公室。

第四十六条　本会休息日期外,凡万寿、端午、中秋,各放假一日,年假则自封印起至开印止。

第四十七条　休假期内如有重要事件发生及未结事件应继续办理者,得停止休假。

第四十八条　本事务所人员于办事时间不得擅离职守,若有不得已之事,必须议长或福议长之许,可方准外出。

第四十九条　本会一切公事、文牍、庶务等员,均须秘密,以防泄露。

第五十条　本会所有器具不得外借。

第五十一条　事务所为办公之地,无论何人,不得闲谈。

第五十二条　本会细则自实行之日起,所有事务所各员均须一律遵守。

第八章　事务所人员薪水　章程第三十四条

第五十三条　文牍、庶务等员薪水如左:

一、正文牍一员,每月薪水银七十元。

二、副文牍一员,每月薪水银四十元。

三、速记一员,每月薪水银三十元。

四、书记生四员,每月薪水一等二十元,二等十六元。

五、庶务一员,每月薪水银二十元。

六、会计一员,每月薪水银二十五元。

七、夫役四名,每月每名工事银八元。

八、伙食,文牍、庶务、会计共九人,每月每人六元。

第五十四条　互选议长副议长,请地方官监督之。

第五十五条　互选时非到会议员三分之二以上者,不得举行。

第五十六条　互选时一切事宜应由城董事会总董掌管之。

第五十七条　互选议长、副议长用无名单记法分次举行。

第五十八条　互选以得票最多数为当选。

第五十九条　检票时如票数与到会人数不符,应另行投票。

第六十条　检票时如有左列情事之一者,作为废票。

一、所写人名在议员之内者。

二、不用定式之票纸者。

三、字迹不可辨认者。

四、夹写他语者。

第六十一条　有二人以上得票同数时,应照选举章程第四十三条办理。

第六十二条　当选确定后应将当选人姓名及所得票数揭晓。

第六十三条　当选者如不愿就职当场声明,即时经本会允许,方准辞职。如不在场,须于五日内函复,如不答复,以谢绝论。

第九章　选举董事(自治选举章程第六十四条)

第六十四条　投票所开票所均设于本会会场。

第六十五条　管理员于投票毕即时开票宣布。

第六十六条　检票时如票数与在场人数不符,应另行投票。

第六十七条　总董应举□陪各一人,均以得票满议员总数三分之一者为当选,若投票一次已有二人合格者,则无庸再选,若一次仅有一人,只得再选一人,以选出为止。

第六十八条　再选时应以合格者为当选,如有二人合格,应以票多者为当选,数同者按照选举章程第六十四条第二项办理。

第六十九条　董事应举三人照章用无名速记法,每票连写十二人,以得票满议员总数三分之一者为当选,如合格者不足三人,应行再选。

第七十条　再选董事仍以合格之票数最多者为当选,选出为止。

第七十一条　名誉董事应举十二人,照章用无名连记法,每票连写十二人,以得票满议员总数三分之一者为当选,如合格者不足十二人,应行再选。

第七十二条　再选名誉董事仍以合格之票数最多者为当选,选出为止。

第七十三条　凡议员被选为总董董事及名誉董事者,除按照自治章程第六十二条第一项办理外,亦得辞职,仍为议员。

第七十四条　当选人自接到知会之日起应于五日内答复,如逾期不复,以谢绝论。

第七十五条　当选人如不愿就职须具理由书,经本会允准,方得辞职另行选举,但名誉董事有辞职者,经本会允准得以合格,未当选者递补,惟成立以后不得递补。

第七十六条　选举总董、董事、名誉董事非得议员到会三分之二以上,不得举行选举。

第十章　董事薪水　章程第六十条

第七十七条　总董董事薪水如左:

总董一员,每月薪水银一百五十元。

董事三员,每月每员薪水银八十元。

第十一章　营业范围　自治章程第十七条第三项

第七十八条　营业不正当之范围如左:

一、自种鸦片及租他人之地种鸦片者。

二、售卖鸦片及鸦片烟具者。

三、售卖彩票者。

四、售卖赌具及设赌具者。

五、曾为优伶者(但素非优伶而改良戏曲者不在此限)。

六、养男女优及男女优之教师。

七、开设妓寮及坤书馆者。

八、编印淫词及歌唱售卖者。

九、其他经国家法律或命名所禁止者及本会特认为不正当者。

第十二章　附条

第七十九条　本规约如有未经规定者,应按照自治章程处理。

第八十条　本规约如有未尽事宜及增删修改者,应随开会时公决,呈请地方官查核。

（宣统三年三月二十二日—宣统三年三月二十四日"畿辅近事"栏目）

工会选举纪实

本月十六日晚为天津工务分会在东马路宣讲所领取选举票人名单之期,是晚,因报名入会者络绎不绝,势须补印名单,特改于二十日重到工商研究总所领取人名单,二十一、二十二两日在工商研究总所内投票,二十三日在东宣讲所开票。并闻届期拟请劝业道宪临场监视,以昭慎重云。

（宣统三年四月十九日"畿辅近事"栏目）

天津县城董事会文件公布

呈天津县文,为呈请转详事,查府厅州县议事会议员选举章程第十一条内开:选举人确定后应分缮副本,由府厅州县长官申报督抚存案,并交各投票所及开票所各一份备查等语。此次县会一区改选覆查选民资格,所有选举人名册业经按名记载姓名、年岁、籍贯、住居年限及完纳税捐年额,一律告成,存放城会自治公所宣示公众,其未经注册之选民,准其按错漏遗误声请更正章程,于宣示期内取具凭证声请补遗。城董事会据前项声请,业经送请公断,凡断定准其更正者,即一律更正作为选举人名册确定,至投票期前应缮选举人名册,副本一律缮竣,除分交投票所及开票所备查外,所有应行申报督宪存案选举人名册副本一份,理合备文呈请监督查核申报,施行须至呈者。计呈送选举人名册副本一份。

（宣统三年六月十五日"畿辅近事"栏目）

天津县城董事会文件公布

　　天津县城董事会照会交涉使宪文,为照请事,案查城董事会接管地方公产有坐落郭家庄东营门外苍儿泊地一段,业经出租与民人刘锦堂承种,兹据该民人来会报告,现值春种之时,每日有英国兵队在该地一带操演打靶,以致不能耕种,再迟即过播植时期,该地必至荒芜,恳请设法,俾得耕种等情,城董事会覆查该民人承租地亩交纳租价,原期及时播种,今英国兵队逐日在该地打靶,妨碍春种,一逾时期,收获无望。殊非体恤农艰之道,拟请,宪台照会英领事转知印度兵队暂停数日,以便耕种。如蒙允准,并祈将停止打靶日期先为赐示,由会传知该租户到地播种完毕再行打靶,俾该民人所租地亩不致废弃,而于英人兵队操演亦无所窒碍,实为公德两便。为此,备文照请宪台查核,迅赐照转,施行须至照会者。

(宣统三年六月二十一日"畿辅近事"栏目)

天津县城董事会文件公布

　　呈天津县文(为大红桥村正副声请勘修河岸据情恳请转详核办由),为呈请事,案准城议会移交,据河北大红桥村正邵凤岐等为说明河流触岸,害及商埠,恳请转移道宪查验修筑泊岸,以重路政而保商埠事,窃以津邑地面百货丛集,数省交通实为物产之总汇水陆之要区,而大红桥迤北一线之驿路尤为京保各埠,迄于西省之通衢,以故过往车辆货物,客商行旅经日络绎不绝,奈因近数年北运河自上游婉蜒而来,至西沽村折流,而西直触西岸由此横折而南,冲刷之力过猛,沿河土岸房间数年内塌陷,入河者以数丈计由,去年间被刷愈烈。现时河水距官路狭处不足一丈,宽处亦不过二丈。本年春季雨水颇多,夏季更难预料。倘非迅筹修筑河岸保护道涂,转瞬间秋水涨发,势必至刷及官道,则繁盛之驿路付之东流,扼要之咽喉硬行梗塞,其为害于本地居民者犹其小,其影响于全埠商业者患斯,大商等生长斯土,知之较详,事关公益合具说帖,恳祈本会诸大议绅热心维持,迅移道宪查明估办,商埠幸甚! 居民幸甚! 须至说帖者等情。据此,当经城董事会派员查大红桥地当冲要,数省交通近数年来因北运河上游蜿蜒由西而南折流冲刷,已属有妨官路,又兼本年春季雨水频仍,沿岸房间多被塌陷,均属实情。若不及时修筑河岸,转瞬,秋水涨发,势必刷及官道,为患何可胜言?相应据情代达,恳请监督转详道宪俯念下情,准予勘修泊岸,以利交通,俾与路政商情均有裨益,实为公德两便。为此,备文呈请查核,迅予照转,施行须至呈者。

(宣统三年闰六月二十七日"畿辅近事"栏目)

天津县城议事会为补选改选议员事
知会城董事会核办文

为知会事,案于宣统三年闰六月二十二日,接奉监督照会内开宣统三年闰六月十五日蒙自治总局宪批,本县具详贵会呈议决议员补选、改选合并办法,请查核示遵缘由蒙批:据详已悉。查民政部会奏议覆苏抚奏请展长城镇乡自治职员任期一折,下级自治职员任期业已奏准量予变通,提前酌改,业经通饬各属遵照办理在案,据详前情,该县城会议员出缺既逾定额三分之一应即照章补选,其改选半数一节应查照原奏,缓俟章程修改后再行办理,仰即遵照。此缴。等因。蒙此,除照会城董事会外,拟合备文照知,为此,合照贵会请烦查照遵办,望切施行等因,奉此,遵查此案,前经敝会议决补选、改选合并办法,业经知会贵会,并准复在案。兹奉前因,自应只办补选,所有改选一节应勿庸议。惟现在敝会议员又有来函辞职者数人,更不及三分之二,故每次开会时议员到会不过半数,不得开会,而一切应宣收发各文件及待议之案积压至六七十件之多,若再任其稽迟,殊与自治进行有碍,拟请贵会于文到后赶紧办理,务期新议员早为选出,从速就职,实为公便。至改选应用款项,即请照贵会开列预算数目,在自治经费内撙节支用可也。除将敝会现有议员及出缺议员姓名另单抄粘外,相应备文知会,即希查照,施行须至知会者。

现在议员三十三人,李家桢、孙凤藻、赵耀曾、李宝诚、杨万选、苏兆奎、张德珍、朱凤章、李培藻、齐大义、刘国珍、刘恩泽、张濬川、许权、张崇泰、郑文选、刘国桢、李培、阎鸿业、宋春霖、周文琳、徐士宏、周熙、刘鸿翔、刘景琛、张鸿来、乔世忠、周学彬、苏兆熊、赵元杰、阎恩鸿、李椿霖、张文郁。出缺议员二十七人:刘家麟、徐士荼、王观保、邢登第、齐玉祥、周文俊、赵熙、张品棣、郭云书、张金铠、张家驹、赵廷荼、张炳臣、杨耀曾、窎存恕、张束绅、李宝书、房绍谦、邹廷廉、戚家珍、郭金城、徐广生、王从周、梁逢中、李兆奎、

177

刘蕴真、刘恩鸿。

（宣统三年闰六月二十九日"公牍录要"栏目）

天津县城董事会文件公布

呈天津县正堂姒文（为请派差到会偕同派员勘查张凤祥霸占西门外九天外庙产由）：为呈请事，案查民人王玉山前在城议事会呈递说帖内称：张凤祥圈占官坑等情经城议事会议决移交城董事会清厘在案，复据民人张金镕、王玉山及王李氏等先后到会呈递说帖，内称张凤祥霸占西门外九天庙庙产、侵吞肥己各等情，自应并案办理，嗣因张凤祥来会诉称存有各项契纸为证，城董事会迭令交会阅看，

又坚不交出，曾经备文呈请饬传张凤祥到案如数呈交契纸在案，当蒙派差偕同张凤祥来会交到契纸一张，今于本月初四日又交到契纸一张，据云契据只此二张，现已交齐等情，城董事会以事关清厘庙产，自应实地调查，况经该民人张金镕、王玉山、王李氏等屡次指摘张凤祥劣迹，或称其圈占官坑侵吞公产，或称其盗卖茔地破棺弃骨，或称其霸占庙产强横寻殴。并有人刊印盗卖庙产匿名传单粘贴街巷，似此情形尤应从速清理，认真查办，以维公产而保治安。惟查此案房间甚多，事体稍大，履勘之时又必须传知原递说帖人一同前往，倘当场口角相争，诚恐另生枝节，拟请派差到会偕同城董事会派员按照该民人所指各节及张凤祥所呈印契详细履勘，如果实有侵吞庙产、盗卖无主荒地情形，再行呈请查核照章办理，除函达南二区警局外，为此，备文呈请监督查核，施行须至呈者。

（宣统三年七月初一日"畿辅近事"栏目）

直隶宝坻县议事会会场规则

第一条　开议、止议均由议长振铃为定。

第二条　凡议长、副议长、议员及地方官所提议之事件，必须起立宣布。

第三条　凡议长、副议长、议员及地方官对于提议事件有意见时，应俟提议者宣毕然后起立辩论，如有二人以上同时起立，则由议长指定发议之先后。

第四条　本会场议事录既经编成,由议长阅定当场宣读,公认无讹仍由议长盖用图章,以后无论何人不得更改。

第五条　凡提议事件应先审查者,由议长指定议员若干人为本事件审察员,到审察室审察之,俟审察既毕当场报告,然后接议表决。

第六条　一人发议时,无论何人不得搀越,如欲有所质辩,须俟其词毕然后问难。

第七条　议事每一问题,即照一事取决,不得于问题外另加别议。

第八条　议员议辩之时不得逾一点钟,恐防他议员发议。

第九条　会议之日如一问题未能议决,或明日续议,或共订日期再议。

第十条　会议继续至一点钟以上,得由议长酌定休息时间(至多不得过十五分钟),其非在休息时间,均不得离席。

第十一条　会议时人不得吸烟饮茶及闲谈喧笑。

第十二条　开议时一切夫役及从人等不得入场。

第十三条　旁听人须执有本会所发旁听券。

第十四条　旁听人各就旁听席。

第十五条　凡上客、外宾到会旁听者,由事务所人员导入特别旁听席,当会议时,概不周旋。

第十六条　旁听人须衣服整齐,举动肃静。

第十七条　会议由议长先行知照,巡警到场巡守。

(宣统三年七月十二日"北洋官报汇编"栏目)

天津县城董事会补选会议员公布

天津县城董事会为遵章榜示事,案查城镇乡地方自治选举章程第四十三条凡选举以得票较多数者为当选,按得票多寡以次递推票数,同者以年长之人列前,年同者由城镇董事会总董或乡董抽签定之。又,第四十四条当选人确定后,应即榜示,并由城镇董事会总董或乡董具名分别知会各当选人各等语,本会办理城议会议员补选,业经投票竣事,于月之初二日当众开票,所有各当选人自应分别得票多寡,按照城议事会议员出缺二十七人依次补选,以符定章,除分别知会外,合行照章榜示,须至榜者,计开:徐定国、张亮采、张国琛、沈文炳、刘恩鸿、郑炳奎、刘宝录、宋崇祺、邢懋德、华廷珍、高寿增、刘椿寿、邢湧澜、庞文蔚、李曈曦、时作新、张恩寿、陈耀宗、许枢、张久安、张恩霖、齐玉祥、黄传莋、阎恩第、张柏龄、靳长春、朱家琦。

（宣统三年八月初四日"畿辅近事"栏目）

天津商务总会商学公禀请督宪会维持市面文

禀为市面恐慌日甚，维持刻不容缓，仰恳仁恩先颁谕示，晓谕以镇人心而济商艰事，窃商会等以津市恐慌，先后具禀恳请拨款接济在案，上月二十八日，公会奉批示据禀商市恐慌，拟请筹款维持各节，候行劝业道会同直隶省银行迅议具复等因。九月初二日，商会奉批示据禀已悉。前据商学公会来禀，业经札行劝业道直隶省银行核议在案，仰候札饬并案速议具覆查夺等因。初四日又奉批示据禀已悉。候行劝业道直隶省银行速议具覆等因，蒙此，仰见需音谆切垂念慈祥，凡托帡幪，莫不钦感，商会等伏查近日市面恐慌，日甚一日，复为沪市各埠影响所及，更觉吃紧。推原其故，皆由人心浮动，取现提存并提及未到期之存款，所致银行钱业为众商之母，一埠金融机关辗转流通，不患其少，闭藏积滞弥觉无多，如内容窘急之家，固无论矣，而根基浅薄者呼吸无灵，遭此逼迫竭蹶立形即向称殷实之家，为保名誉起见，始固力竭支持，取之不已久亦见穷，合界攸赖维持情形，危急已如旱苗，急需雨泽迟则枯槁，众火几欲燎原，缓难扑灭因于初五日在公会邀集各银行及钱商公所各董汇开会议。据钱商报告情形，市面恐慌，为从来所未有，非急筹一二百万接济，则十日以后大局不堪设想，若再延缓，内外行彼此牵动更加紧急，势必波及银行。尔时恐千万亦无济于事。是以惶恐急迫，合词仰恳大帅迅饬劝业道遵照前谕先筹的款，一面颁发谕示，晓谕通衢而于未到期存款不得提取，庶使各界知接济有方，不至无端纷扰，而银钱各业亦得稍纾其力矣，是否有当？伏乞察核迅饬施行，无任急切待命之至，再此案系公会主稿会同商会办理，合并声明上禀。

（宣统三年九月十三日"公牍"栏目）

天津县议事会文件公布

呈督宪文，为呈请事，窃自本年十月十七日恭读谕旨："凡我臣民，准其自由剪发，钦此。"谨聆之下莫不欢欣鼓舞，以为朝廷与民更始则大局敉平，地方治安指日可待。此后剪发之人自应日益加多，藉资振作淘盛事也。惟至今业已多日,虽实行剪发者,固不乏人,而意存观望者,仍占多数。查询其故,或以家庭关系,恐受呵谪;于父母家人,或为生计问题恐被干涉,于号东铺掌并有以报纸登载不足凭,须候宪台示谕者,是我皇上之深仁厚泽尚未能家喻户晓,而自由幸福竟有他人妨碍,窃恐朝廷美意又近空谈,其何以仰体圣心并表示信从之意乎。敝会有见于此,理合照章条陈,拟请宪台出示宣布,圣意凡自己不愿剪发者他人固不得强迫而自愿剪发者家人亦不得多方禁止商号亦不得因之辞退,以重个人自由。藉征国民进化无任感祷之至,嵩此备文呈请,即希宪台恩准施行。须至呈者。

（宣统三年十一月初三日"畿辅近事"栏目）

天津县天津县城议事会文件公布

致工程总局函:启者,本月十二日接奉台函,内开昨接电车公司函称北大关转车之处原系单轨,换车往返诸多不便,拟将叉道尽改双轨,庶便行车不致停滞等情,前来该公司所请拟改之道,能否照准相应函请核议,希即查照见复,以凭转饬。该公司遵照计送原图一纸。等因。准此当即核议。查北门外至北浮桥一带大街本属来往通衢车马行人终日不断,而桥口天桥上下尤觉拥挤异常,自电车公司在该处设站后,人民已称不便,若再敷设双轨,则行人来往阻碍尤多,似此情形敝会实难议准,特此函达,即希贵局转饬该公司遵照可也。专此即请公安。

（宣统三年十一月初四日"畿辅近事"栏目）

天津县议事会议覆公布

府经历职衔许钟文说帖,议覆说帖阅悉,查所陈提"集两造当场质问"及"实究虚坐"等语迹近涉讼,应自向司法衙门申诉可也。此覆。

卢薪河乡绅文生杨家荫说帖。议覆说帖:"阅悉,查此案前由本会连合大会业经决定办理,四十乡保卫社由各乡会经理一切汇报本会在案,贵绅所陈办理乡团之处,实为现时当务之急,不为无见,第各乡会即已办理则此举应无庸议。至枪弹一节,应嗣四十乡会报告到齐,本会自应据情酌请。此覆。"

南羊码头民立初等小学堂董孙金镕等说帖。议覆说帖:"阅悉,查补助学务尚未筹有的款,应俟设法筹集再为核议。此覆。"

吴士骥等说帖。议覆说帖:"阅悉,此案业由本会呈请督宪核办,已蒙批准由本会公布矣。此覆。"

丰才场灶户张绍华说帖。议覆说帖:"阅悉,已经据情函请大沽协宪核办矣。此覆。"

（宣统三年十一月初十日"畿辅近事"栏目）

直隶天津道详本年各处防河抢险出力员绅请外奖文并批

为详请事,窃照各处防河抢险出力员绅向准酌请外奖,历经办理在案,本年大汛期内南运河水势盛涨,拍岸盈堤,静海等县境内两岸险工迭出,当经前道饬厅汛印委绅董竭力抢护,始得化险为平,洪前署道未及请奖,旋即卸事,职道抵任接准移交,查该印委绅董人等昼夜在工,竭力抢办,不避艰险,力与水争,不无微劳足录,自应照案请奖,以示鼓励。谨择其尤为出力者缮具清折。详请宪台查核。俯准照拟给奖,实为公便。为此备由具呈付乞。

照详施行须至详者,计详送清折一扣。谨将南运河防险尤为出力员绅牟兵,拟请外奖缮折呈请宪鉴。计开:静海县知县宋功迪、前署静海县主簿阮忠桓、静海县管河主簿祁忠源、东光县管河主簿余廷瑞,以上四员均拟请大功一次。候补典史现署静海县典史汪宝鑅拟请首先酌署优缺一次,候补县丞署东光县典史汪曾源拟请赏给五品顶戴奖札,六品军功府经历衔罗廷耀,候选府经历宋名龙,六品顶戴县丞衔王录之,拔补把总杜鸿举,六品顶戴文童牛汉昭、田春霖、李遇春,以上七员名均拟请赏给五品顶戴奖札,唐官屯汛管河千总吕长清拟请由道存记遇有应升之缺详请升补,五品顶戴杜广元、李松山,七品顶戴张克勤,目兵董宝林,以上四名拟请由道存记以外委拔补,拔补外委王毓麟拟请记名以把总拔补,目兵杨成林拟请记名以外委用,俊秀张克敬、瞿连捷,河兵张万升、徐凤鸣,以上四名均拟请赏给六品顶戴功牌,文童张国臣拟请赏给九品功牌。

督宪陈批:详折均悉,本年各处防河抢险出力员绅应准酌给外奖以示鼓励,静海县知县宋功迪、前署静海县主簿阮忠桓、静海县管河主簿祁忠源、东光县管河主簿余廷瑞,均准记大功一次。候补典史现署静海典史汪宝鑅准予首先酌署优缺一次,移藩司查照注册。饬知唐官屯汛管河千总吕长清准予存记,遇有应升之缺详请升补,拔补外委王毓麟准记名以把总拔补,五品顶戴杜广元、李松山,七品顶戴张克勤,目兵董宝林,均准存记以外委拔补,目兵杨成林应准记名以外委用,即由道注册,饬知候补县丞,署东光县典史汪曾源等八员名均准给五品奖札,俊秀张克敬等四名均准给六品功牌,文童张国臣准给九品功牌。兹将奖札功牌随批印发并即查收转给祗领。此缴。

(宣统三年十一月十二日"公牍"栏目)

天津县城董事会答复公布

康起鸿为据情陈明恳请缓批老契先立新契说帖。答覆说帖:"阅悉,本会办理税契定章,凡裁卖房地者,均须将老契送会查验,批明盖戳,再税新契贵商老契虽在审判厅成讼堂断有案但不交会查验,殊难破例,仍望候押契主回津交出老契验明后即行税契可也。此答。"

(宣统三年十一月十三日"畿辅近事"栏目)

天津县城议事会开会定期

天津县城议事会公启云:案查城镇乡地方自治章程第四十三条,本会应于十一月内开通常会一次,照章以十五日为限,兹拟定于十六日起至三十日每日于下午三钟开会六钟闭会。届期务祈按时惠临,勉襄公益,无任企盼云。

(宣统三年十一月十六日"畿辅近事"栏目)

天津县城董事会文件公布

城董事会知会城议事会文:为知会事,前接贵会知会,内称以核计本会经费及动用其基本金问题并应如何维持学务等情一案,嘱即于所有存款之内先尽学款酌予拨付俾得照旧开学,其内部经费当兹款项拮据,应暂按成核减,并将贵会范围以内决定办法另粘抄单到会。等因。准此除支发学款应照贵会议决办法分别办理暨本会总董董事薪水照减成数目支领外,其本会范围以内人员亟应仿照贵会核减标准办理以归一律,当于十月十四日开

183

执行会议,公同议定计正文牍一员,暂按七成开支,副文牍以次均暂按八成支领,其至少数目则以十四元为止不再推减,均自十月份起算以资撙节。至本会前设临时会计三员业经裁撤合并声明,除将本会现在各项人员分别减薪数目开单送阅外,为此备文知会贵会查照须至会者。

(宣统三年十一月十七日"畿辅近事"栏目)

直隶总督陈代奏署天津镇总兵范书田谢恩折

奏:为据情代奏恭折,仰祈圣鉴事,窃查新授甘肃提督天津镇总兵张怀芝经臣奏留暂缓交卸,奉旨简充帮办防务大臣,所遗天津镇总兵篆务已委总兵衔补用参将范书田署理,兹据该署总兵范书田禀称,于十月二十六日准天津镇张怀芝将总兵关防、文卷齐送前来,当即恭设香案,望阙叩头谢恩,祗领任事,伏念书田一介武夫,粗谙军略,偏师叠领,愧乏尺寸之功镇,篆初权难效涓涘之报。查天津地处冲要,总兵职司专阃,值此时事多艰防守吃重举,凡整军经武禁暴诘奸在在均关紧要,自维薄植深惧弗胜,惟有随时随事认真操防断不敢以暂时摄篆稍涉因循以期仰答高厚鸿慈于万一,所有感激下忱及任事日期呈请叩谢天恩等情,前来理合恭折代奏伏乞。

(宣统三年十一月二十日"折奏"栏目)

直隶天津道详验收靳官屯减河工程文并批

为详报事,窃查接管卷内委员堪估靳官屯减河培堤浚淤移建石闸等项工程共需银四万九百二十两,拟将淤额租存银一万八千两尽数提拨,并于靳官屯减河地租动拨银六千两,尚不敷银一万六千九百二十两,请在赈抚款内凑拨,业经洪前署道,详奉宪台批准照办,洪前署道,因查此项工程,前据林守际康禀送清折,系约估大数当派章牧道华会同林守详细复估其九宣闸添板一事,饬令试用县丞彭庆曾勘办,嗣据彭县丞禀称:遵往查勘拟添用十二寸厚二丈宽一丈四尺高美松闸板五道上安铁螺丝棍铁活等件添绞棍十根,共估需工料价银一千二十二两四钱,缮折恳请查核并据候补知府林守际康、候补直隶州知州章牧道华禀称遵往会同详细勘估丈量两堤,一律加培高厚,均以上年大汛水痕为准,并堤高水痕一尺者加高二尺,水与堤平者加高三尺,水高堤顶浸及子埝者加高三四尺不等,富民闸当盛涨时闸上水势较闸下高二三尺许,一经石闸撤去,水势直趋闸下较为吃重,现将下游堤身加高四五尺不等,兹估计南堤共工长一万七千三百四十丈,共挑土十万三千一百六十七方五尺二寸,北堤共工长一万六千八百四十四丈五尺,共挑土十一万一千三百六十四方九尺九寸二分,统共两堤共挑土二十一万四千五百三十二方五尺一寸二分,每方价值均扯合价银一钱一分六厘,共需银二万四千八百八十五两七钱七分一厘,原估拆除富民闸垛墙旧石料移于兴农闸迤上清河闸对岸北堤身,拟建石闸两孔并挑月河以资分泄。嗣据小站绅民徐连升等公禀,内称,该处地势太溏,取土盛艰,培堤难期坚固尚遇危险,军民诸多妨碍仍请勘估,兴农闸两旁各添一孔等情,即传该绅民当面讨论,如果兴农闸两旁各添一孔,须筑上下大坝将两码头四闸翅两泊岸一律拆卸展宽重行建造工程浩大,需银七千余两,除原估请发四千两外,计不敷银三千余两,尔等若能帮助可竟此工,该绅民佥称无力帮助,请由卑职卑府酌办等语,且查办理此工必须三个多月方能告成,转瞬汛水涨发,设或工作未成,灰土未干,一经启坝,泄涨定致巨款虚掷。不可不屡,再四商酌,详细履勘。拟在肥水闸迤西另建新闸一座计两孔,拆用富民闸旧石料建造,估需银三千九百八十五两三钱五分,详勘上下两段浚淤,工长一千二百八十丈,估挑土一万七千一百四十一方,难易均扯每方工银一钱三分,核银二千二百二十八两三钱三分,惟查原估约需银二千两,本末细加,估计今计多银二百二十八两三钱三分。此项浚淤工程均在桥孔两岸上下淤垫过甚之处,委系减无可减,分别缮具册折,先后禀请核示,各等情均经洪前署道批示照办。旋据彭县丞禀报九宣闸添做闸板等工,遵即兴修,嗣奉际康饬令将闸板铁包头改为二分厚,于四月十六日一律工竣缮折,恳请委验前来,当委林守际康往验,嗣据禀称遵往九宣闸,详细验收。该县丞承造闸板共七十五块,见方十二寸,长二十尺满,抹生桐油一道,其铁鼻用铁螺丝贯通,闸板又用二分厚铁包头暨添榆木绞关十根,铁箍二十个,尺寸数目均属相符,工科坚实,并无草率情弊,禀请查核。复据林守际康章牧道华以靳官屯、减河两堤段落绵长势难照料,当蒙划分上下两段派委段员司事监修,各专责成卑府际康承修南堤上段,工长八千七百一十六丈六尺,又北堤上段工长八千三百九十五丈五尺,统计南北两堤上下段共长三万四千三百八丈一尺,均照估定办法培厚增高。于五月十二日完竣。禀经洪前署道亲往验收,高宽丈尺均属相符,其刨挖獾洞在冬,令载柳株事在春,令林守等兴工时春令已过,完竣时冬令未临,均难及时办理,据林守等禀经洪前署道批,俟临办时再酌至疏浚新淤拆建石闸等工,已据林守等禀报完经洪前署道札委补用通判张铭勋往验在案,洪前署道旋即卸事,职道抵任后接据张倅铭勋竣,禀称遵即会同林守等带领工头驰抵该处,幸日内河冰尽释。卑职沿途得将当初浚淤形势所建石闸等工料丈尺与原报清折细加查验,均属相符,禀请查核等情,据此,除报销清册,俟据送到另文请销并批示外,所有验收靳官屯减河培堤浚淤移建石闸九宣闸添板各工缘由,理合检同各折具文详报宪台查核,为此备由具呈,伏乞照详施行,须至详者。

(宣统三年十一月二十三日"公牍"栏目)

天津县参事会议覆文件

商民单连第等说帖:议覆说帖:"阅悉,候向城会调卷审查,再为核办。此覆。"

北乡达子、辛庄村正路有瑞等说帖:议覆说帖:"阅悉,查贵乡达子辛庄等四村造水情形系由县尊勘明核计歉收三分,其本年粮租仍应照常征收,所请缓征之处,应无庸议至,请放冬赈一节,候据情知会赈抚局查核办理。此覆。"

郑葆善等说帖:议覆说帖:"阅悉,所陈各节是否属实,应候县会接收税契公所后再为核议办理。此覆。"

(宣统三年十一月二十四日"畿辅近事"栏目)

督宪陈据天津县详三十九乡议会
请将东大沽苇摊租价借为保卫社经费札饬大沽协查

覆文:"为札饬事。"据天津县详称:"宣统三年十月十二日蒙宪台札开,为札饬事。"据天津县第三十九乡议事会呈称:窃东大沽即三十九乡旧有出苇荒滩一段,其初本系民产,自创立自治以来,即拟请以该滩所得苇租拨作自治经费,所有详情已于五月初四日禀请县尊转禀宪台,数月以来未蒙批示,理宜静候,何敢再渎?奈自鄂乱起后,人心惶惶,窃恐各处土匪滋生事端,扰害地面,不能不预筹保卫之方,乃于九月二十六日县城镇乡议、参、董各会开联合会一次当场议决,非一体设立保卫社不足以资防守,惟经费一节须各就地筹集。

东大沽地近海滨，斥卤不毛，小民向无生路而巨商富户甚属寥寥，向来学堂、巡警各费皆在居民铺户中按月取敛，已叹气穷力皆勉强支持，即立乡议事会因无款可筹，不过仅有虚名。兹又议设保卫社，虽属急不可待之图，若无巨资，实难成立，议员等数次开会，再三研究，现查该滩芦苇一律落黄，因无租主，尚未割刈，拟禀请宪台准由东沽乡会外租所得租价约不过千元，暂借为本地保卫社经费。谅亦不能敷用，再由本地筹集。倘转年此案判决该滩苇租仍由官场承办，东沽阖乡情愿偿还此款，由议员等为阖乡代表，现立借约为凭缘，事关紧要，故未由县尊转禀，迫切之下冒昧上陈，公恳督宪大人恩准批示，实为公便。等情。到本大臣据此，查该会请将东沽苇滩租价借为本地保卫社经费是否可行，应即查明核办，合行札饬。札到该县即便查明具覆勿延，此札。等因。

蒙此，遵查此案，前于宣统二年十一月初七日据卑县第三十九乡议事会呈称：窃照东大沽议会成立并启用图记各日期，业经具文呈报在案，兹查乡间成立议会实非易易，所有文牍等员经常开支临时用款以及创办各费，需款甚巨。遵照章程自治经费，须以公款公产抵办。而东沽地近海滨，斥卤不毛，向无公款，又兼筹办当地巡警及小学公益之事，皆由居民、铺户按月措集，尚且不敷所用，恐再加议事会费，尤为艰窘。

议员悉心调查，惟有本沽南滩荒地一段，原系本地居民之滩产，多年荒废，久不产盐，近年来芦苇颇盛。此实本地公产而现任大沽协林竟视为无主荒地，遂自出租，每年得租洋一千元上下，又东沽庄内有民间空地一段，经前任大沽协罗借作马号筑盖马棚，房间从庚子后空闲，而现任大沽协林亦因为前任马号遂行出租，每年得租洋百元之谱。此两项皆非大沽协任中之产，若以苇滩公产充作会费，以马号之空地房间作自治公所，实属名正言顺，议员等为筹谋自治经费起见，并非妄与之争。伏望宪台推念办公之难，转禀上宪札行大沽协，将该两处公产交本沽议事会接收，以为永远之款，实为公便，查核施行。等情。据此，当经移准大沽协镇都督府洪以查来文所称："惟有本沽南滩荒地一段原系本沽居民之滩产，多年荒废，久不产盐，近年来芦苇颇盛。此实本地公产而现任大沽协林竟视为无主荒地，遂自出租，每年得租洋一千元上下。"等语。查大沽协标原有南港苇地一处，在南岸炮台迤南。当经本任林协于光绪二十九年间详准督宪归还协标收管并移会贵县立案各在案，此东沽南港苇地曾经本任林协禀准立案收管之情形也，且案查光绪二十八年准贵前县章函知，以据东沽保甲局绅董郑德宝等以该处苇地尽属协标管辖历有年,所不与民间相涉。等因。函知前来此尤足证该处苇地显为协属管辖也。又来文所称:"东沽庄内有民间空地一段,经前任大沽协罗借作马号筑盖马棚,房间从庚子后空闲,而现任大沽协林亦因为前任马号遂行出租,每年得租洋百元之谱。"等语。查庚子乱后,倒卖官地之案层见迭出,有东沽军功胡云瑞者,于光绪三十年间呈东沽马号系署伊地,案经本任林协详请督宪核准,仍归协标收管。当经批示晓谕并移会贵县立案,亦各在案,是此项马号房地亦系协属之管辖也。以上两项,南港苇地之款为本任林协每年春秋祭祀史龙二公及修理祠宇之用,并筹办统计处各项办公之需,马号房地现为东沽汛千总办公及驻扎巡警之所敝护协暂行兼篆,一时未便交该会接收,为此移覆贵县请烦查照施行。等因。准此随即照知该会去后,嗣据该会以查覆文所称:"大沽协标原有南港苇地一处,在南岸炮台迤南。当经本任林协于光绪二十九年间详准督宪归还协标收管并移会贵县立案各在案,此东沽南港苇地曾经本任林协禀准立案收管之情形也。"等语。查东沽荒滩出苇之地本在炮台迤南,本地居民因地近海滨,出苇无多,未便过问。至庚子,先出苇渐多,前大沽协罗在任时,皆任居民采取烧用,如果归大沽协标收管,何以任居民采取也?苇地虽系原有而实非协标所原有也。庚子后,产苇愈盛而大沽协林到任时竟视为利薮,即以"收管"二字作取利之方针,试问所收管者果系出苇之地乎?抑系卖苇之钱乎?如仅管出苇之地,而其地系民地,何以归官管理?如专收卖苇之钱而民地所出之产何以归官收用?且前各任大沽协并未收管,所云归还者何在也?虽据称详准移会,各在案亦系一面之词,此朦混立案设辞收管之实迹也。又覆文所称:"案查光绪二十八年准贵前县章函知。"以据东沽保甲局绅董郑德宝等以该处苇地尽属协标管辖历有年,所不与民间相涉。等因。函知前来此尤足证该处苇地显为协属管辖也等语。查庚子后前县尊屡饬东沽速立学堂而绅董郑德宝等以无款兴办,曾在上宪禀请以苇地公款作学堂经费,正蒙上宪派委查办之时,而绅董郑德宝病故,遂未接办,盖出苇荒滩之地其中虽亦有别姓者,而郑姓之地居多。而郑德宝若云"尽属协标管辖,不与民间相涉",不但外姓不相让,即其本族也不能容焉,有此情理乎?且与郑德宝同时办事者,现在尚不乏人。金云:"并无此事,所称足证苇地为协属管辖者,果何在也?"覆文又称:"查庚子乱后,盗卖官地之案层见迭出,有东沽军功胡云瑞者,于光绪三十年间呈东沽马号系属伊地,案经本任林协详请督宪核准,仍归协标收管。当经批示晓谕并移会贵县立案,亦各在案,是此项马号房地亦系协属之管辖也。"等语。查庚子后,东沽并无盗卖房地之事,何所据而云"层见迭出"？虽有胡云瑞者,亦第见无主之地官可占,民亦可争。殊不知无主之地即为公地,非可争为私产,然亦不得占为官产也。官借住用则可转租他人而得租钱,则不可得租钱而入一己之私囊则尤不可。查马号所盖房十五六间,东沽千总与所带巡警四五名住房不过三四间,此外,房十余间与空地一段,皆租与本地人民居住。房有房租地有地租,尽归大沽协林收用。虽据称:"详请移会,各在案归协属管辖亦系蒙混之管辖也。"以上苇租房租两大公款,皆据覆称:"归每年春秋祭祀史龙二公及修理祠堂之用。"查该祠堂仅三间,修理之款甚为有限,况有修理之名而无修理之实,榛莽荒秽谁不见之？即祭祀之典实行其事,每年所需至多在数十年之谱。此外,各项公务俱有官家公款,亦不能报销在此款之内。以上两项所得千元有奇,所用不过十分之一。报一而得九,实以众民之脂膏为一人饱囊橐也。本地自办巡警立学堂以来,每月款项皆在居民铺户中筹集而商民亦处于无可如何,咸渭现有苇地房租若大公款,竟不能禀请拨用,退有怨言,久抱不平之意,屡次投递说帖。议员等碍难答复,现在议会初立,需款甚巨,筹款甚难,若非接收此两项作开办,经常之费微特会难成立,亦不足服绅商之心而平居民之愤。议员等不得不详陈实在情形,再乞宪台转禀上宪,札行大沽协,将该两处公产交本沽议事会接收以为永远的款等情,据此,复经分别移知,又据该会以查敝乡该会苇摊房地并非官产实情,业经再三详陈,无庸赘述,至大沽协林所有移覆各情,敝会逐条驳去,数月之久,并未移覆,其理绌词穷,显然可见不意已,不得据而有者,乃举而奉之于上峰,且恃天津总镇批词以压制之谨,按镇宪批词间接而来,似亦无庸置办,然其中即有关于此项产业不能不再为剖悉言之,查原批云蒙督宪以准,陆军部电:"各处绿营所属之田地、产业,及台垒营房马厂各项基址,均属军费范围,亟应清查,分别通盘筹画以扩充新军,不得挪作他用。"等语,按滩地房地须以界址亩数为凭,如此两宗产业系归绿营所属,试问该处亩数果系若干界址,果指何处,历年入款甚巨果向何处。据实报销,且前任各协宪当该滩出苇之时,均任居民采用,其不在军费范围可知不然,大沽协林抵沽十余年,视为固然,何不闻上宪一为过问,竟任其擅自中饱如斯也。所谓亟应清查者,系查绿营任内列入报销之产,非查绿营附近之民产也,所谓不得挪作他用者,盖因绿营旧有之产,将弁任意开销,为之示以限制,究不得概诸民产也。敝乡创办自治,筹款维艰,拟请接收此款藉作经常各费,此亦据大沽协据为私有者取而公之于民耳,何尝向官家争产业哉。复查原批云:"仰即将该协官产详细查明开折具报以凭核办"等语。按:苇滩房地如果系官产,协属早有底册,何待如今始行详查,且当时所查之亩数界址果遂可执为凭据乎?开折具报云者,明其前之未尝具报也,该两处之确为民产不昭然若揭乎?又按移覆原文云:查南滩苇地东沽马号确系官产缘由:一、于光绪二十九年二月,一、于光绪三十年六月均经前后移会,贵前县唐查照备案,各在案等语其移会与否,敝会悉不知,第就情理论之,该两处果系官产,何以前任各协宪均未移会,至大沽协林抵任始为移会也,且何以于光绪二十七年抵任并未移会,延至二十九年、三十年始为移会也,此中情弊不问可知矣。敝乡学堂巡警需款甚繁而又素称不毛之地,公款公产绝少,只此一段苇滩、几间房地,本地人民无不知为民产者。倘竟为绿营占去,民心其何能甘?议员等代表一乡,不能不备由具呈公乞,准将以前关于准接公产呈文并移覆各件一同汇齐转详督宪大人核准札饬移交接收等词呈,覆查此案迭次移查,两造言辞各执,均无检出确切依据,以致案态经年迄无定议。现在该议会拟将此项苇滩租价借为保卫社经费,应否照准,似亦未便悬断,兹蒙前因,拟合备录,两造拟呈具文详覆宪台查核,俯赐批示饬遵,实为公便等情。到本大臣据此,合行札饬,札到该协,即便查明具覆饬遵。此札。

(宣统三年十一月二十八日"公牍"栏目)

督宪陈据天津府县详覆铁路占用天津北营门义地
迁坟办法咨请津浦铁路大臣查照文

为咨会事,案准贵大臣咨开案,据津浦铁路北段购地局禀称,前准津浦铁路北段总局函送应购北营门至赵家场一带地图以备建设天津西车站及运载粮货岔道站房马路等用业经派员陆续丈购在案,兹查所圈地内占有义阡局义地,浮尸义地,赵氏义地及本路义地,其中填墓极伙,曾经派员查点,仅就地面可以点数者,已有五千九百六十余冢之多,其下层叠掩埋,尚难得其确数。亟应广购地亩,逐一迁埋以便工作,而该处附近一带人烟稠密,均非所宜,且恐展拓轨道,将来仍有占用之处,现与北段总局一再筹商,拟在良王庄迤东铁路北小店子地方圈购民地百亩,以备此项义冢迁埋之所。该处地势既高,距津亦不甚远,火车运载往来殊便,其地四周并拟开壕筑围,植以树木,俾万众幽魂有所依附,惟是兹事体大,头绪尤繁,决非一手一足之烈得以办理尽善,复经职局商由管理,义阡局天津府严守及天津董事会各派妥员一人,并约请赵家常绅董等会同职局委员妥为办理,以资群力而免浮言,抑更有进者职局迁坟章程,凡有主之坟,每柩发给迁费银四两,由其亲属取保领迁,至无主之坟或遇无棺木者,皆随时由职局商用本处义地或另购一地由迁坟委员亲督夫役检装棺堰妥为掩埋,其中有主之坟,照章领费,实行迁葬者固具多数,而冒领迁费随地弃置者亦属事所或有,即如上年职局迁移北营门围墙一带乱冢时,竟有报领男骸,经职局委员验明确系女尸情事。虽经严行惩办,究难保其不复尝试。况前项各义地荒冢垒垒,岂尽若敖无嗣之魂,或因无力买地暂时寄埋,或系客死是邦,难归旅榇,此等情形意所不免,万一被人冒领,不但首邱莫正,亦且暴露堪怜。与其给予迁费而防不胜防,莫若严行取缔而慎益加慎,所有此项应迁之坟,除已买有葬地,取其切实妥保者,方准给费领迁外,其有未备坟地或仍寄埋他处者,职局拟不再给费,概由在事员董眼同坟主妥为代迁,殓以棺坛标其原有号志,并绘图列册详,细登载,既杜目前冒领之弊端,复备日后清查之根据,心安弊绝莫善于此,谨拟办法章程十条,除禀直隶督宪外,理合禀请宪台监察并祈转咨直隶督宪陈批示外,相应将示文咨明贵督部堂请烦查照会印见覆以凭转发计谘送示文二件。等因。并据津浦铁路北段购地禀同前情当经批饬,天津道督同府县妥议去后,兹据该府县覆称,蒙本道札开,为饬札事,本年八月十八日,奉督宪陈批,据津浦铁路购地局禀,铁路占用天津北营门至赵家场一带各项义地,谨拟迁坟办法十条,缮折呈请示遵缘由,奉批禀折,均悉仰天津道督同府县妥议,具覆核夺缴折并发。等因。奉此。除移行外,合亟札饬。札到该县,立即遵照妥议会衔详覆,毋延切速。此札计粘抄折。等因。奉此。随经卑前府会同卑县照会城议事会妥议,未据呈覆,正在照催间。又蒙本道札饬,前因行令并案妥议,复经照会催覆去后,兹据卑县城议事会呈称:接奉监督照会,转奉督宪批,据津浦铁路购地局禀,铁路占用天津北营门至赵家场一带各项义地,拟就迁坟办法一案饬交妥议,呈覆以凭转详核办。等因。奉此当经开会核议,查赵家场一带义地坟墓极多,倘迁埋夫役竟事敷衍,不但枯骨暴弃勘怜,恐尸主日后查寻亦无根据,况义冢系属自治范围,应请敝董事会派员妥为监视,勿任抛弃,至此次津浦铁路局占用各项义地公产及该处附近民地尤应请其按照实价估发,以昭公允而免纷争,是所切要当经公同决定,除已交由敝董事会照章施行外,理合备文呈请查核等情具覆,前来卑府等覆加查核,所请各节尚属可行,除呈批示外,拟合具文详请宪台查核俯赐批示,祗遵实为公便,等情。据此,除批准外,相应将示文盖印咨会贵大臣,请烦查照饬遵施行须咨者。

(宣统三年十一月二十九日"公牍"栏目)

天津县城议事会文件公布

呈督宪,为呈请事,窃经敝会议员提议,以天津商市前因庚子之变大受亏损,至今元气未复。兹又因武昌事起,全国摇动,天津又受影响,屈指年关,全市倒闭即幸有数家可延残喘,将来亦同归于尽。殊与北洋口岸大有妨害。查本会照章有整顿商业之责,自应设法拯救。议员等拟将本市出入往来银钱、官洋、商款凡在本津停市之先者,应作旧事,除无息浮存仍应按数支付外,其余无论年月日生息者,均一律分期随息归还,至期限长短则以息之多寡为定。其在停市以后交往者不在此限,庶使各商稍缓逼迫。全市得以保存且此项办法前在咸丰年间兵燹,南省口岸均有成例,庚子之役,天津各商未照办,遂致商业亏闭,连及性命者累累,而出款各家亦归无着,惟聚通恒一号分期偿还,非特商业依然而与之交际者亦得陆续收回借款,此中利弊更属显然,况当兹全国摇动之时,将来事平,南省各口岸必仍照旧例办理,而天津独否,则其受害尤非庚子之后所可比喻等语。当即开会核议,公同讨论,查此次革命事起天津商埠,虽未直受伤损,而间接影响波及者,殊非浅鲜,况前经庚子之变,各商亏耗遗累尤多,未清若即,此时将旧事新事划清,非特旧事债稍延可资周转,而新作事业亦可发达,实与商业民生大有裨益,所有提议各节均表同情,惟分期年限似可无论生息多寡均归一律以免两歧,至于无息浮存与门市买物欠款均应如数照付不得分年以昭公允。是否有当统希宪台查核如蒙,俯允仰恳宪台行知各司道暨商会会同敝城董事会条拟详细办法呈请核定,实为公德两便。所有敝会照章整顿商业议决变乱之后,官商洋款分期归还各缘由,理合备文呈恳宪台批示遵行。须至呈者。

(宣统三年十二月初一日"畿辅近事"栏目)

官场纪要

督宪现定于十二月十九日卯时封印,明年新正月十九日卯时开印。候补道廷观察夔奉委总办禁烟局差。

(宣统三年十二月十五日"畿辅近事"栏目)

官场纪要

委署津海关道徐观察沅定于十八日吉时接印任事。

(宣统三年十二月十六日"畿辅近事"栏目)

官场纪要

简署提学司蔡大人儒楷定于十八日吉时接印任事。

(宣统三年十二月十八日"畿辅近事"栏目)

官场纪要

署督宪张于十八日戌时接印,委署交涉司潘于十八日午时接印。

(宣统三年十二月十九日"畿辅近事"栏目)

督宪陈据天津道禀宣统二年收支淀泊地租伐船经费咨部查照文

为咨送事,据东淀水道局署理天津道徐桢祥禀称,窃查清理东淀水道完竣,案内丈出文安、大成、霸州、静海四州县无粮议租淀地共八百七十九顷六十七亩六分五厘三毫,每年共征租息银二千八十六两一钱三分五厘六毫。自光绪九年起征,又静海县南北两泊续行丈出无粮议租泊地共二百七十三顷八十四亩六分,共征租息银八百二十一两五钱三分八厘,自光绪十二年起征,一并解充东淀伐船经费,各州县经征租银是否全完,应按年造册呈请咨销,并援照民粮地亩暨安州淀地大洼成案核办,免列八项旗租之后,遇有水、旱、灾、歉,随时议请豁减缓征以期简便核实。当蒙前宪台李奏奉

193

户部核准历经照办。结至宣统元年止（原稿如此），业将实征及民欠征银数目同伐船应支经费钱数分款造册，送部核销在案。伏查宣统二年分应征租息内安州淀地额征租银一千五百四两六钱四分五厘六毫，又大城县淀地额征租银一十九两五钱，又霸州淀地额征租银二十八两五钱九分六厘，又静海县淀地额征租银五百三十三两三钱九分四厘，又静海县泊地额征租银八百二十一两五钱三分八厘，劝明均无灾歉照常征收，其文静淀泊地节年民欠租银一并带征，所有各属淀泊地租，除民欠未完租银外，实计征起银五百二十两三钱四分七厘，又带征节年民欠银一十五两一钱四分九厘五毫，二共征起银五百三十五两四钱九分六厘五毫，每两折收制钱二千文，共收制钱一千七十千九百九十三文，照案解充伐船经费，其宣统二年东淀清理水道工程，据委员迟丞宪章禀报，挑挖碑亭河、楼腰河、大新河、四岔河口、石沟河左各庄引河等处工程，当经洪前蜀道批饬调集，伐船于三月二十一日开工，次第挑挖至八月十二日一律工竣，又委于令林川前往验收。嗣据禀覆迟丞所挑各河道计共工长九百二十六丈，委系一律深通，其流甚畅叙夫伐土宽深悉如程式，亦与原估相符，均无草率偷减情弊，共支用经费、制钱三千七百五十三千文，照章在于征收淀泊地租款内交给，理合将收支各款造具四柱简明清册各二本禀呈鉴核，俯赐咨部核销，实为公便。等情到本督院据此，相应咨送。

（宣统三年十二月二十日"公牍"栏目）

天津县城董事会文件公布（已立契未投税者注意）

本会管理税契的事已将一年，查税契新章**第七条**内说民间典卖田房应遵照部定新章，立契之后，六个月内投税，逾限不税照例罚办"等语，这个新章，系已经藩宪详准照办的，想大家都早知到，兹经本会调查，典卖田房各主，立契之后，按照这个限期以内，来会投税的，固然不少，其立契之后，辗转耽延，未来投税的，亦有很多，本会为遵守新章，深恐人民受罚起见，特编这简明白话布告布告。一则恐怕大家过限受罚，二则日久迁延，于个人身上，绝无丝毫好处，到那时节，岂不后悔无及，这是何苦呢？为此忠告大众，凡典卖田房各主，立契之后，务必遵照此次税期新章来会投税，倘不遵照。无论有无故意迁延，顶到限满要是仍未税，查出来一定照例罚办的，本会可实在管不了，别说言之不预呀。诸位呀，请赶紧来会投税吧。请赶紧来会投税吧。恐未周知,特此广告。

(宣统三年十二月二十一日"畿辅近事"栏目)

官场纪要

署理天津道阮定于二十二日辰时接印任事。

(宣统三年十二月二十二日"畿辅近事"栏目)

天津县城董事会文件公布

城董事会致济生社、引善社、备济社函敬启者,兹据新运署西一带商民张仰山、于芹香、王颂贤、于筱圃、于作霖、杨序臣等具说帖内称为极贫下户待赈孔殷叩恳贵会垂怜转达各善堂循章切实调查,以便惠济而免困难事,窃商等悉住新□署西及署前各处相近邻居极贫小户时当岁暮境迫兵荒米珠薪桂文明者,牛衣对泣忍守饥寒愚昧者鸩酒求生谋鬻子女,酸声叹气耳不忍闻苦状愁客目难堪视商等力绵资薄抱愧告惭,现闻诸大善台集巨款赈群黎,按户散放麦条,他区均沾实惠,敝处尚待来苏,惟希济众同仁,勿使向隅,是泣伏乞贵会乡先生诸位电鉴,逾格垂怜,转致各善堂绅士切实调查以凭施泽而活涸鱼,则公德两便等情,据此,查所陈情形实属可悯,相应备函奉达贵社,应如何散给麦条,即请查核办理,无任代祷。

(宣统三年十二月二十四日"畿辅近事"栏目)

财　政

督宪论天津府县等札

为严饬事，照得天津市奸商创用贴水败坏市面流弊无穷，迭经本督部堂三令五申宽期立限并择妥实商户贷给银钱，俾资周展示。于本月十五日将贴水一律禁止，并饬该府县暨两巡警局实力稽查。乃访该商等仍复阳奉阴违，玩视禁令，并经督理平市官钱局陆道拿获恒祥德、华丰锦两银号串用贴水，实据似此任意瞻玩。不遵禁令之商户，非从严督办不足以载颓风，且该府县及两巡警局皆有稽查地面之实。岂竟毫无闻见，任令作奸犯科，殊负本督部堂期望真成之意，合行特加申斥，务须督饬差弁人等切实逻察，设或再有私相使用贴水别经发觉，本督部堂寔惟该地方官暨巡警局员是问。札到仰即凛遵办理。切切特札。

（光绪二十九年正月初八日"商务要录"栏目）

天津府县禀钱铺华丰锦等号违章贴水现已罚款认捐请示并批

敬会禀者，窃奉平市总局面谕，访明钱铺华丰锦、恒祥庆两号仍有违章贴水情事，将该两号汇票两张贴水拨码两纸交卑府县审讯，当将该两号铺掌李祥龄、罗文华提拿到案，并将京都华丰锦、恒祥庆铺掌李恩藻、隋寿培札提到津提讯。据供明因京号汇票拨兑银两贴水不讳，当经照章以五十倍议罚，并将所欠平市银号官款追缴。据该两号将官款银两本利交出，并华丰锦照章罚银四千五百两、恒祥庆照章罚银五千二百五十两，一并如数缴付平市银号收讫。复经卑府等再三审讯，责以既充董事又领官款，实与无心误犯者不同，据李祥龄等禀称：情愿再认捐行平化实银一万五千两作为商务学堂经费明春二月内提用等情。理合将该两号讯明断结缘由禀请核示。

批：据禀华丰锦、恒祥庆两号违章贴水，本应严办，既据呈交官款并各罚交银两，该两号复认捐银一万五千两作为商务学堂经费，尚明急公，姑准照拟从宽免究，嗣后如再有犯，严办不贷，仰即销案缴。

（光绪二十九年正月十六日"商务要录"栏目）

北洋支应局银圆局会陈铸发铜圆禀并批

敬禀者,窃银圆局现在鼓铸铜元,原为接济市面以辅制钱之不足,必须宽筹铜本源源铸造,方足以广流通。惟查职银元局自开办以来并无的款,一切经费全由职支应局借拨,先后共银十三万五千余两,详明俟开办后照数拨还归垫。现在职支应局用款浩繁,来源告竭,额支饷项尚须设法腾挪。若不陆续筹还,深恐后难为继。而职银元局铜斤等项又不能一日缺乏,一旦周转无方,转致停工待料,两无裨益。现在职银元局业已铸成当十铜元一百五十万枚,禀明解交职支应局点收,并蒙宪台出示晓谕铺户居民,一体搭用在案。随后逐日鼓铸,陆续报解,自可源源接济。司道等复经公同商酌,拟即会同平市官银号遴选殷实钱铺,取具连环保结承领通用,按照五日内制钱市价,酌中定数易银,即令该钱铺等解交支应局,以备下批铜本。仍由职支应局将易银数目咨会职银元局按目结算,除还铜本及鼓铸经费之外,赢余银两即作为归还支应局前垫开办经费等款。似此循环周转不致彼此支绌,方可维持久远。将来日暮稍长,工匠熟习,铸数当可加增,余利亦可渐裕。一俟清还垫款之后,并铜本亦可逐渐自筹,毋庸另行筹垫,庶军需要款不致日久虚悬。本司职道等一再筹商,意见相同,理合会同禀请鉴核批示。祗尊云云。

批:据禀已悉。该局铸成当十铜元,现拟会同平市官银号,遴选殷实钱铺取保领用。仰即按照市价酌中定数,迅速发领以广流通,余如所议办理。缴。

（光绪二十九年二月二十三日"本省公牍"栏目）

饬天津道府及海关道会议维持市面札

为札饬事,据津海关税务司德璀琳函称:"窃税司连日接见众洋商华商,佥称津市近来萧条日甚,转瞬即届还款之期,恐难筹付,寔于大局有碍,应乞商宪恩准设法维持"等语。税司查商情竭蹶异常以致本年关税较前锐减诚恐此后江河日下,非数年不能复元亟宜保全市面以顾大局,伏乞宫保大人俯准出示展限三个月,加息还款至银根奇绌,非由官为发款不能挽回,拟请或指盐借银四百万两设局,遴委华洋熟悉商情、精明可靠三员,酌令商号出具连环保结分别接济,是否有当? 仰候宫保大人钧核,迅为施行寔蒙公便等情,到本大臣据此,查津市为南北商务关键,前经迭饬司道等设法整顿,兹据前情应由运司关道尺津道率同府县迅速筹议具覆核办,除函复暨分行外合行札饬,札到该即便遵照此札,札汪运司津海关唐道天津庞道天津府县。

（光绪二十九年二月二十九日"本省公牍"栏目）

津郡钱商环请维持银市禀批已录前报

具禀津郡钱商通益号、和盛益、恒隆号、桐达号、德昌厚、中裕厚、德信厚等禀为市面过滞,沥陈危岌情形,环叩恩准,设法补救。以维商务事,窃津郡市面,自乱后银钱两空,各行铺商大有不能谋生之势。幸去秋津地收回,蒙各大宪认真整顿,除净贴水剔尽,私钱极力挽回,无如银根枯竭,制钱短绌。又兼上年各业积存货不能销售,其欠商等之款不下二千数百万两皆不能清偿。而商等去冬所借西南帮票庄,各业短期,并原议京交、申交之款,指日届期,无法照付,街市奇滞,至此已极。商等生理,并非亏累,实由各业欠款不归所致。当此艰窘之时,唯有仰求仁宪格外施恩将商等所借西南帮票庄各业短期及京交、申交之款展缓数月,照原议按月扩充加息。一面饬属传集殷实钱商,仍循向章开写银钱各帖,无论曾否出帖,一律遵办疏通街市;并求仁恩颁发官款百万为之接济;并广铸铜圆即时尽数发运商等。前蒙仁宪行知关道宪担保商等与各银行来往川换当具三十家联环保结,业经呈文道宪设法补救,以维商务而保全局实为德便上禀:嘉惠号、新泰号、元达号、庆丰号、桐达号、宝丰号、天聚成、立成号、汇源号、嘉瑞号、德余号、信泰成、通並银号、兴泰号、敦庆长、瑞兴泰、水利号、桐华号、义成乾、同聚号、德义厚、德昌厚、同茂永、瑞林祥、义庆昌、仁兴茂、益信成、和盛益、德丰恒、裕源达、洪源号、瑞承泰、永顺成、中裕厚、公裕原、立泰成、德庆厚、广益号、胜大号、恒隆号、德信厚、天吉厚。

（光绪二十九年二月二十九日"本省公牍"栏目）

天津当商李安邦等批

据禀已悉,候行工巡局会同天津府县酌量减捐一恤商□。

此批：具禀津郡旧粮商等批：此案已据津海关道审覆将粮石免厘展限两月，由局出示晓谕，当经批准并令转行遵照，何以尚未停捐，至粮商成兴号等三月二十七日来辕续禀，亦经行局查明禀复核夺在案，候行该局查照前札迅速分别办理。具报，此批。

具禀津郡钱商义丰厚等批，天津自遭兵燹，财源枯竭，开设行店多系架井空虚，年复一年水落石出，本大臣目击该商等危迫情形，殊深焦虑，至该商所禀各节仰候，行天津道府县传集众商督同逐一迅速筹议，设法维持其房铺各捐原以养巡警，巡警原以卫阁间捐，如裁撤巡警舞饷，即须裁减现在地方情形，是否可以裁减，应令一并会议具复。此缴。

（光绪二十九年四月初二日"督宪批示"栏目）

天津道详署河间府河捕同知郑崇新接任日期由

为呈送事，本年三月初五日，据河间府知府丁象震声称，本年二月二十七日准署理卑府河捕同知郑崇新牒称：窃敝厅于二月十九日接印任事，业将到任日期通报在案，今将任事履历开具清截，各揭拟合备文牒呈，为此合牒请凡查照核转施行等情到府，准此。卑府覆查无异，拟合照开清揭同送到截揭具文申送，查核咨转等情，据此，职道覆查无异，理合开具清揭具文呈送宪台核咨。为此，备由具呈，付乞照验施行。须至呈者。

（光绪二十九年四月初二日"本省公牍"栏目）

委办天津银号札

为札委事，照得前以北洋筹设代办户部银行，经本督部堂奏调该道，奉经允准在案，现查该银行开办尚需时日，而天津银号拟先举办经理需员，即委该道督理一切，其前此委办之平市，官银号出入款目、银钱票据一并归入办理，应用关防即由该道刊刻，呈候颁发合行札委。札到仰即认真办理，毋负委任。此札，札督理天津银号毛道庆蕃。

（光绪二十九年四月初二日"公文录要"栏目）

外务部咨米粮私运出口严定办法文

为咨行事案查,《天津条约》第五款内载,凡米谷等粮不拘内外土产,不分何处进口者,皆不准运出外国,惟欲运往通商别口,照铜钱一律办理。又载,由此口运至彼口,该商赴关报明数目,饬具保单给照别口监督。于照上注明"收到"字样,限六个月缴销等语。历经各关遵办在案,此项约款原定章程办法,本极周密,乃近闻华洋商船装运米粮仍不免有私运出口情事,皆因各关奉行不力,弊遂丛生,若非申明定章,切实整顿,日久愈滋弊混,实于民食有妨。应再通饬各关道按照原定办法认真稽查,遇有商船运米,报明数目若干。一经发照,即由此口先行电知指运之彼口其船装运若干,俟到口时查验数目相符,先行电覆。倘执照逾限不缴,即行照约罚办,如此声明约禁严定办法,庶于民食关章两有裨益。除由本部札行总税务司转知各口税务司外相应咨行贵大臣通饬各关道一体遵照办理可也。须至咨者。

(光绪二十九年四月初四日"公文录要"栏目)

维持市面

津郡银市困窘日甚,督宪俯顺商情,特饬津海关道天津府县会同绅商悉心筹议,设法维持,现已定议以吴调卿、王铭槐两观察为商董,以便与银行交通,以资流转。从此市面当有起色矣。

(光绪二十九年四月初四日"时政纪要"栏目)

免厘志要

天津厘捐总局现奉宪谕,凡零星商货捐银不及一钱者概行豁免,并严禁各卡丁役不得勒索,如有藉词索诈、刁难阻滞等情,准商民喊禀总局严究,特将章程摘录于左:一、行李随带自用零星物件并非贩卖者,概免捐放行;二、小本营生贩卖物价本银不及十两者,免捐放行;三、往来商货到卡即验,如单货相符,立刻放行,不准留难阻滞;四、往来商货无论应捐应免,不准丁役需索分文,如有藉端诈吓从中勒索,准立时喊禀查明严办。

(光绪二十九年四月初六日"时政纪要"栏目)

天津钱商禀请派员会同整理天津市面由并批

禀为补救市面,据情陈明,恳恩俯准派员协同整理以恤商艰而保商务全局事,窃向来钱商与银行素通往来川换。自遭兵燹,后因与银行川换俱停。现在街市窘迫,非有熟悉津地商务者,不能协同整理市面,商等素知银行商人直隶候补道吴懋鼎、分省候选道王宗堂在津多年,才识兼优,通权达变。近来津郡市面奇滞情形,均深知其底蕴,仰祈宪恩面询两道宪便知如何可以补救,环扣宪恩,即派两道宪办理商务事宜,商等自可与银行开通往来照常川换,则市面不至再有壅塞之患矣,可否仰恳钧裁,兹因补救市面据情陈明,伏乞宫保大人恩准派员协同整理以恤商艰而保商务全局,实为公便。上禀。

批:如禀,委派吴道懋鼎、王道宗堂会办津埠商务事宜,俾得与该商等斟酌疏通维持全局并行天津道府县遵照。此批。

(光绪二十九年四月十二日"本省公牍"栏目)

直隶总督袁委杨绅俊元等办理天津银行札文

为札委事,照得天津市面,情形异常绌滞非得本地富绅招集股本,辅以官款,开设银行,不足取信于人。流通川换,迭经督饬天津府凌守延访杨绅俊元、石绅元士、卞绅煜光、王绅文郁、李绅士铭等会同筹画,复经本大臣面相劝谕,该绅等承允集股银百万两,本大臣亦充凑集百万两,分批备领。旋据商务公所绅商宁世福、卞煜光、王贤宾、幺联元禀称:各绅商集股尚称踊跃,但任大责重,似须选择殷富为之领袖,方与招款放款交有裨益。本大臣夙谂杨绅俊元老成谙练,众望咸孚,家道素称殷实,颇能顾全大局,堪以派充银行总董,石绅元士、卞绅煜光、王绅文郁、李绅士铭堪以派充该行董事,迅即筹办。本大臣已饬天津行号在该号资本内立即凑足五十万两存储,一俟该绅等招股报验后,即将前款饬发领用。即由该绅等妥议章程,赶紧开办。其余五十万两,一面由该绅等合力筹集,本大臣亦饬银号在发存各项内陆续提存候拨,并札委天津府凌守候补知府蔡守汇沧随时稽查,期臻妥善。该绅等既为乡里推众,众商信从,必能设法疏通,不令日久阻滞,津埠咸沾利赖,本大臣有厚望焉。除分行外,合行札委。札到仰即遵照办理并将开办情形随时报核。此札。札四品衔候选员外郎杨俊元,四品卿衔候选道石元士,光禄寺署正卞煜光,三品衔山东候补知府王文郁,三品衔户部郎中李士铭。

(光绪二十九年五月十八日"本省公牍"栏目)

天津道详查明浙闽海船运货出入大沽海口向应征税并改发印单由并批

为详复事,本年四月二十八日,奉宪台批,据宁波人郑芹生等禀称,税项繁重,商力难胜,拟恳体恤、酌免。等情。奉批:来禀阅悉。此项海税是否为向例所有,既令完税,何以不发印单,仰天津道查明核办,具报抄禀批发,等因。奉此,并据该商郑芹生以前情具禀前来职道,查天津海税系解部之款,凡沙宁及闽省海船装货进出大沽海口,皆按时估价,酌量核减征收税银由来已久,其沙宁各船从前装运漕粮,向有带装货物免税二成之例,如在二成以外仍应完税办理,已阅多年,均据各商船如数遵缴,分别解支报销在案,历征此税,除直省船只运货发给印单外,其沙宁及闽省海船运货到关,由海关委员督饬书吏,开一税单交给商船复核无讹,按单完缴。后再发出口执照放行,并不给发印单。此亦历来办法,各商具无异言。今该商郑芹生等独以不发印单藉口,具禀职道派员访查,系由乱后漕粮改由轮船运津。该商等缺失带货免税之利,遂饰词求免,希图取巧。现已谕饬海关委员,嗣后沙宁及闽省海船运货纳税应照直省船只纳税办法逐船填给印单,以归一律而免藉口。所有遵批查明浙闽海船运货出入大沽海口,向应征税并改发印单,缘由理合详复宪台查核,为此备由具呈,伏乞照详施行。须至详者。

批:据详已悉。缴。

(光绪二十九年五月二十四日"本省公牍"栏目)

北洋大臣覆陈天津市面情形酌拟办法折

奏:为覆陈天津市面情形酌拟办法恭折,仰祈圣鉴事,窃臣承准军机大臣字寄光籍二十九年四月初六日,奉上谕有人奏《天津市面败坏牵动京城亟宜设法维持挽回商局》一折著袁世凯传集明白,商情各官绅妥议办法务使银根周转不至牵掣全局,是为至要,原折著钞给阅看。等因。钦此承准

205

到臣。查近年以来各省应付新旧赔款,综计每岁所出不下五千万两。财币外溢,利源内竭,民生因之困敝,物力日以艰难,各省各埠同一窘蹙固不独津埠为然也。其津埠市面情形暨迨筹整顿办法,臣前于《恳请敕部拨款以资周转折》内业已缕晰陈明。兹奉前因当饬司道暨地方各官延访绅商悉心妥议,据长芦盐运使汪瑞高、津海关道唐绍仪署天津道庞鸿书等详称:津埠自经乱后市面私铸充斥,制钱断绝而行使银条复有贴水名目忽涨忽落,以致商买裹足,货物滞销。屡经多方设法力图挽救,惟政体所关不能不兼权利害。利多而害少,固不妨曲顺与情,利少而害多,则不得不坚持定见。如原奏内称"天津市面缺少现银,持现银买货者七百可作一千之用"等语,殊不知以七百作一千即系三成架空。奸商复展转加增,涨落不时,买空卖空竟成骗局,市面败坏实由于此。若不严行禁止其败坏必有甚于今日者,前当禁止贴水之时并恐民间误会。曾出示论准照常行用银条,但只严禁贴水其殷实号商大宗贸易仍其照常行用银条并无拨兑不通之处。又原奏内称"禁止逼提存款及以官款拨归本地铺商生息"等语。查各商存款有力者并不至受人挤迫,无力者方议分别缓期,尚未闻有逼提情事。至从前官款则有书院、善堂等项经费发存各商生息济用。收还天津以后体察商艰,业经分别减免利息并乱前浮存随时支用之款亦均宽予限期,并未提逼其各衙门、局所新收之款,因经兵燹无库可存不得不暂寄银行,或还洋款或发兵饷,随时拨用并于上年冬间多方罗掘挪凑百余万两接济市面,余存无几。现由各衙门局所陆取回备支,实无可发商生息之款。前月,该商等拟向各国银行息借巨款以资周转,由钱业各商公举英俄银行商伙道员吴懋鼎、王宗堂二人协同办理,津埠商务冀可与各国银行开通往来,乃各银行迨次筹商,咸谓"拨借银款官须担保,担保之法须由运司关道出具印据"等语。但钱号大半架空,其尤疲累不堪者,计无复之始谋借用洋款,以为目前救急之计。前次所发之百余万金,现计倒闭各铺已亏官款十八万数千两之多,其余业经到期者一再请缓,力难完缴。而从前旧欠公私各款,尤属不可胜计,纷纷屡恳展限,无法归还,惟洋商最重信实,凡出入财款,向来立限甚严,一经到期必须清偿。而钱号亏累者多,无论旧欠垒垒,即此新借百余万之官款,亦尚无术措偿。若再借给洋款,其必不能如期如数一一应付可断定也,且钱号向与晋商、票庄、洋商、银行彼此川换往来,并不须官作保。该票庄银行专以放款取息为业,但能稍有把握断不肯坐耗食费,自误生涯。自变乱以来情见势绌,票庄既不肯通融银行,亦不轻交易,一遇称贷,必断断以官家担保为请,是钱号之不足见信于人,亦可概见其所以不足取信于人者。以架空坑骗相习成风,不肯足踏实地也。夫由官担保即无异由官代借,如到期不付,即须官为追讨,追讨无著,即须官为偿还。而运关两库近甚支绌,其筹拨饷需措解赔款已属筋疲力尽,委无余力再代商人偿此洋债。设或担借之后稍有参差,一失信于洋人,便成交涉案件,亦足损碍政体是非。先预筹抵款以备到期应付,自亦未敢轻允,等情,会详前来伏查市面凋敝,总由于银钱荒乏,欲图挽救,非筹拨巨款,不为功臣。前次奏请敕部拨银数百万两维持市面,经户部议覆无款可拨。咨行到臣自须另筹办法,迭饬司道暨地方官等招集各行商人会议多次,并由臣面加讨论。拟由绅商合力集股开设银行,以冀疏通,并设立商务公所。藉资联络,当经臣遴选公正殷实,素著声望之邑绅四品衔候选员外郎杨俊元派充银行总董,并派在籍四品卿衔道员石元士、光禄寺署正卞煜光、知府王文郁、郎中李士铭等均充该行董事议定该绅等招集商股协以官力。一俟集有成数即饬迅速开办。一切章程责成该绅等妥慎厘订,由官为之稽查维持,其商务公所亦经各商公举,邑绅卞煜光暨在籍知府王贤宾宁世福县丞幺联元等作为董事,由天津府知府凌福彭会拟章程,督率经理以冀随时随事审察利弊,相机兴革。近来津埠钱号所出钱帖无人信用,并由该公所慎选殷实钱号四十家明定限制,准其行使零整钱帖。去冬臣曾商明户部在天津建设铸元局,先造铜元,计已铸发当十铜元一千余万枚,现复饬局加工赶造发商周转。俟银行开办后,再令出使银条以便兑换。以上各节,现正逐日规画,粗有端倪,市面亦渐就安稳。昨饬凌福彭与商务公所诸董事会集考校。据称"近日市面渐可流通各号,与洋商银行川换往来已有六七十万金,但能共守信实,必可日有起色各"等语,果能从此官商协力办理得法,其安分殷实之大贾,必须力图扶持,而架空设骗败坏商局之奸商,无论其如何祷张,仍须始终防禁久之,远近相孚,华洋相通。前此壅闭之市面,自不难逐渐周流,倘或顾忌摇惑,任其鼓簧,奸商得逞,良商束手,恐将愈趋愈下,必至不可收拾而后已,所有天津市面情形暨酌拟办法缘由,理合恭折覆陈伏乞皇太后皇上圣鉴训示。谨奏。

（光绪二十九年闰五月初一日"奏议录要"栏目）

天津县禀征收各牙行公费分解各衙门以资办公由并批

敬禀者,窃照本年二月间奉宪台批据卑前署县章令寿禀报,拟定抽收各色牙行公费以资办公一案,饬由卑职逐款勾稽县报察核期毋扰累,等因。卑职遵即调齐案卷逐加考核并访询舆论悉心参酌,查得章令原定抽收各牙行公费每年共津钱八万三千五百一十二吊又银六百两又洋一千元,内查冰窖户鸡鸭行经纪等各宗牙行或系已应官差又交公费,或系向来所无从新增设,似觉繁苛纷扰,易滋流弊。经卑职遵照批饬差传各该牙行到案,将章令原定之大红桥鸡鸭行经纪向芸每年认捐津钱三千吊、御河鸡鸭行经纪张起顺每年认捐津钱三千二百吊、蒲汉口斗行王绍文每年认捐津钱一百吊、大直沽斗行刘玉发等每年认捐津钱二百五十吊、芦北口斗行杨春台等每年认捐津钱三十二吊、姜行经纪毕增茂每年认捐津钱五十吊、东西集斗行曹宝善等每年认捐津钱一万吊、冰窖户赵魁丰等每年认捐津钱三千吊、房行殷萃荣每年认捐津钱三千一百吊。均自本年夏季起一律豁免,永远不许再收。其大红桥、御河两处向无鸡鸭经纪,并即追回县谕当堂退革,不准再请复设,又出示晓谕,商民一体知照以防影射弊混。此外,各经济公费虽免,尚有应交冰块料豆等差者,仍令按照旧章随时交纳,亦不许藉词抗违。又有新充冰窖户郭瀛洲前因临差逃跑,其原认每年公费每年洋一千元并予革除,遇有冰差,统归经纪赵魁丰等五家轮流供应。核计章令,原定各牙行公费,除豁免革除外,尚存猪行、羊行、油行、牛行、御河窖洼两鲜货行、栗子行、鱼行、船行、起卸行、板行、花生行、洋货局等十三牙行,每年共应交津钱六万零七百八十吊又银六百两。该经纪等或因免纳官差改交公费,或于牙用之内酌量提缴,尚属无累商民有裨度支。至今征收两季,众论翕服,别无情弊。应请即照定案分别抽收,藉资公益。惟以上公费内尚有应行提解贡品及书院学堂经费等项津钱八千一百九十六吊,实计仅存公费津钱五万二千五百八十四吊,按现在市价每两足银换津钱二吊七百文,共合银一万九千四百七十余两连银款六百两,统共实收银二万零七十余两。昨经卑职开具清折,呈蒙宪台批示,每年提银一万两,分充本府分府及府经县丞典史等五署公费,并奉藩司面谕所提一万两内,每年拨解本府银五千二百两,分府银一千二百两,府经银一千二百两,县丞银一千二百两,典史银一千二百两。等因。自应即行遵照提解以济公需。但卑县所收牙行公费按月按季参差不齐,内如鱼行、鲜货行等又未能依限清完,将来由县汇征分解,难保无亏短迟延情事,况事属创办,本府等各衙门俱无底卷,自应预为分晰核定,俾有稽核。应恳宪台核明立案,嗣后卑县征解本府等五署牙行公费,应自本年闰五月起每月解本府四百三十二两三钱三分三厘,分府暨府经县丞、典史各银一百两,统按新湘平足银批解内,本府分府两处由卑县具文申解,府经历县丞、典史三处,拟令专立印簿由各该衙门于每月中旬自行派丁赴县请领,并无解费。领费倘有收不足数或各牙行中有缘事革退无人接充以致公费亏交者,应将不敷之数按六署摊算,凡遇交替无论正署代理,仍按在任月日征收足数截日解清,不准分厘延欠。前任若有短收长解,应由后任照数归还现银,均不许列入交代虚作交抵,如本府等各衙门有更替调动或自行截日交接或由县截日提支亦不能溢领重解,致滋亏缺除俟奉到宪批,再由卑县照录,此禀分别申报移行遵办并照数分解外,所有卑县征收牙行公费数目暨遵饬分解,本府等各署以资办公酌议情形。是否允协,理合禀请宫保大人察核迅赐径批,卑县立案实为公便。

批:据禀已悉。应准如所拟办理仰即按月分解,仍录报司道府分府暨移行府经县丞典史查照。此缴。

(光绪二十九年闰五月十九日"本省公牍"栏目)

天津银号详遵议商借官款酌量展缓由奉

所有该号接济钱商之款,若令如期交还,恐目前商力未逮,拟请将该商等五日到期应交官项除闰展缓半年以纾商力,事属可行,应准照办。此外,局所存放公款不得援以为例,例如各商有情愿归缴者,仍准随交随收,各从其便。至二月间倒闭之仁兴茂等四家,尚欠本银五万五百余两,仍应札县传案催缴以重款,又三月间收歇之裕盛成等八家,五月间收歇之义成乾等三家共欠本银十三万两应由该号另行核办。倘日久不能应付再行饬县传案妥为催交,仰即查照办理。此缴。

(光绪二十九年七月初四日"文牍录要"栏目)

天津道详农务局拟请丈量减河荒地招佃议租应毋庸议由奉

批据详已悉农务总局前请清丈招佃议租者,乃系减河两堤以外,荒地

209

非河岸一带也,该道委查各节与该局原请情形不同,究竟减河两堤以外现有荒地若干,候行该局转饬委员确查核办,至唐官屯千总黑振芳外,委杨士达于沿河两岸种植禾稼,殊与堤工有碍,记过不足蔽辜,应即撤任以示惩儆。仰即另委安弁接署具报。此徼。

(光绪二十九年七月初八日"本省公牍"栏目)

催缴税银

天津县署征收田房各契税银按月报解,藩库不准蒂欠,历经照办在案,现查投税粘尾,各契约未经呈交税银,领契者尚有二千余两,竟有三月分印出之契迄未领竣,昨经唐令谕行该业户等限五日内赶紧将契税银如数措齐到县呈缴。领契倘再玩延逾限定,即按户传追不贷。

(光绪二十九年九月三十日)

北洋银元局议覆铜元定价不能随市开盘详文

为详覆事,窃照职局于光绪二十九年九月十七日,奉宪台批开,铜元定价能否随银市开盘发商周转,仰银元局核议详夺,抄禀批发。等因。奉此。查铜元原以补制钱之不足,现街市银价制钱实换二千二百,而铜元开盘至二千四百以外,致令当十铜元竟不能抵制钱十文之用。若再随市放盘,势必制钱与铜元相去愈远,流弊不可胜言。该商长兴成等原禀内称,钱帖一兴,银价必涨,是该商等注意惟在行帖,而欲以铜元填纸帖之空。试思钱帖者何物,何以钱帖一兴而银盘必涨,此非架空而何!既施其架空伎俩,而反使官铸铜元以济之,无是理也。且各处银钱涨落,必随四方为转移,始得藉资抱注,断无一隅自为畛域可以流通之理。天津三四十里外,银价仅换二千一二,与津埠相差二三百文,此无怪制钱无来源。其机愈滞,其法愈困,为今之计,欲救此困,必先疏其源而活其机。应请先饬府县,严示制钱与铜元兑换一律抵数,不准参差;再请谕令四乡外县推广行使铜元,待四面银价提高与津埠相仿,然后来源日畅,机势流通,再议行帖,再议放盘。,必如此踏实办去,商务始有转机。总之,天津市面其病在空,职局救之以实。所以不能随市开盘者,实仰体宪台维持保护之深心。乃该商等只存私见,不顾大局,窃恐市盘愈大,其困愈甚。该商等自贻伊戚而不知也。谨遵饬核议,是否有当,理合详请宪台察核,批示祗遵。为此备由具详,伏乞照详施行。须至详者。

(光绪二十九年十月初二日"文牍录要"栏目)

整顿税契

天津县唐令昨奉藩宪杨方伯札饬该县田房税契按照光绪二十八年征收之数为例多征记功少征记过,应由正月起按月造具清册,具报并颁发明示晓谕,等因。昨已饬差票传四乡地保来案领示,俾众周知。

(光绪二十九年十月二十二日"畿辅近事"栏目)

津市近闻

天津各钱局前领官款约七十万两,大半皆各局所要款,总理天津银号毛观察以市面疲滞至此,虽已分别展缓,诚恐临时未能应手。昨颁手谕一道,饬各钱局如有领过官款,届期未能清缴,准化整为散之法,多则千两少则五百两,随时交付,利随本减,并标明三益,剀切劝导,当亦各钱商所乐闻也,又闻本年七八九三期官款,有四家曾如期缴纳。天津银号每千让息二厘五毫,用示鼓励。

(光绪二十九年十月二十二日"畿辅近事"栏目)

天津银号督办劝谕商人说帖

查津郡市面凋敝,荷蒙督宪俯念商艰,前由本号借与各钱行银七十余万两,仅取五厘薄息,冀以周转流通,订明分期本利归缴,乃到期如数付还者不过数家,其余多未如约,迭次禀请展缓,幸蒙督宪一再恩准,惟思此等借项,均系挪拨各局库待支之款,上关国帑丝毫不容拖欠,现在各局所异常支绌,需用孔殷,一旦奉文提拨,势不得不向各商催缴,稍有延宕,即难免官府之追呼。督宪虽加意恤商,亦岂能长此展缓置款于不顾乎?此固诸商所共知也,夫拖欠官款,律例綦严,国家著有明条,当为诸商所深悉,推其所以迭次请缓者,祗以到期巨款难筹,不免暂顾目前之急,未暇计及后来之患,似此日复一日,终非长策,恐将有累及身家者,本督办等每念及此,蹙然于

211

心,不能不为诸商虑也。今于无可设法之中筹一委曲求全之计,凡欠款之家不必到期,譬如借银三千两者,每月能抽一千两归还,一千两登时于票上,注明收还本银一千两,即照数停息,其所交多或二千两,少或五百两,皆可照此办理。又借本五千两以上者,亦照此办理,此法于诸商计有数,便不拘多寡,随时归还,免致存银待期,一便也。还若干即减若干之息,二便也。还若干即轻若干之累,三便也。国家正当讲求商务之初,官商本有休戚相关之谊,在诸商但能措缴者,无待于言,其或贪一时官款利轻,遂不顾终身大害,窃愿熟思而预计之,本督办等上体宫保子惠之初心,下为诸商筹通融之办法,苦心苦口,诸君幸勿河汉斯言。

(光绪二十九年十月二十四日"畿辅近事"栏目)

天津府知府凌福彭谨将考查日本织布事宜并延订工匠定购布机情形

开折恭呈钧鉴:窃前奉宪札饬查日本和歌山织布事宜,卑府于九月初八日,行抵和歌山,其地川原环绕,四面高山,中有巨湖,机厂林立。先往见和歌山知县述来意,随派员导往各厂纵观。先看手织布厂,厂中织工皆用妇女,裹头赤足绳束两袖,以使工作机声轧轧不断。问其日得工钱几何?自言日得银三毛五。随问管账之人,每布一匹成本若干?卖价若干?自言每布一匹是三十二码,合七丈六尺八寸,用锦线一贯零三百五十匆,约十二磅,合九斤四两,需价银二元五毛,上浆银三毛,染料银三毛,起绒银二毛五,包工钱八枚(每枚当十以银一毛易钱十枚),织工银四毛,共计每布一匹易银三元八毛五。价廉而工致,宜其销路之广矣。其织工四毛,仅给妇女三毛五。盖成布一匹,设厂之人得钱五枚,每厂安机约三百架,每日可出布三百匹,则设厂之人每日得钱一千五百枚,已合银一十五元矣。女工一人每日可得工价三毛五,每月当有工银十元零五毛。八口之家通力合作便称小康。其织机灵捷,出布多而成本轻,故能独擅其利,虽欧美汽机厂穷工极巧亦不能夺。即如广东以手机缫丝每年出口约值银三千万两,佛兰西及意大利等丝厂亦为之退避。中国与日本生齿繁盛,冠于全球工价之贱,实为自然之利。

中国人性俭朴耐劳过于日本,衣食之费又省于日本,亟宜设法提倡,以为中国贫民谋衣食之资。卑府随复至大机器厂看视,并无工织,只有将织成之布刷印各式花纹行销于欧美各国。问其何以不到中国？则言此等货式中国不甚销流云。又复到平民住家，见其室外余地皆设木机数具，妇女老者纺线，壮者织布，男子或当兵或力田，甚少游手无业。又至商品陈列所察看，则和歌山各厂所织之布、杂然前陈，五光十色、璀璨夺目，可谓大观。卑府回大阪之后，与工艺总教习藤井恒久商议，招雇女工回华以开风气。妇女不欲远行，则令其拿家而来。男子若谙工织亦给月薪。旋由和歌知县挑选二人（一夫一妇）。卑府细加考察，皆机织熟手因给以盘川银六十元，订明月薪共五十两，并购织机一百架运载回国，克期举办。此事关于贫民生计，卑府惟有竭力经管以期仰副宪台保惠。黎元之至意合并陈明。

（光绪二十九年十月二十六日"文牍录要"栏目）

纪财政处银元厂事

　　财政处银元厂机器现已有德商瑞记洋行购定。美国著名常生厂者，每日工作十小时能出银铜元大小六十余万枚，定价美金十一万二千余元。准于明年五六月间交货并由瑞记筹资延聘熟习银元机器之洋工师在该厂监工制造，随时详细考究，造成后随同运机来华，指授华工以期得力。限三个月内竣事回国，银元厂不费分文。闻该厂与瑞记订立合同三十余款，为财政处提调张君伯纳所拟，极见细密。刻财政处已向户部领得库平银二十万两，准于二十七八日由火车运送来津，除付机器价值外，并为购机厂各种零件之用。

（光绪二十九年十月二十六日"畿辅近事"栏目）

札谕理讼

　　津埠自接收地面以来，讼狱繁兴日甚一日，其间以债务案件为尤伙，谳局委员已有十三四员之多，敏决明鉴者固属不少，判断失宜者亦时有所闻。于是赴府上控者纷纷而起，当经津府提阅县卷，颇多不合。旋经拟定理讼章程十余条，札谕津令并各谳员等照办云。

（光绪二十九年十月二十六日"畿辅近事"栏目）

津海关税务司德璀琳呈报光绪二十八年
天津口华洋贸易情形论略

窃查天津景象，自拳匪肇乱以后，犹若人之病愈，精神倍增，并无竭蹶不振之情形，殊可一望而知。惟紫竹林至三岔河天主堂前之河湾止，两岸现已大半为各国租借，将来中国起卸货物便捷之处，尽归外人掌握，华人虽因失地主之权，颇有隐愤，然因天津商务进步甚速，暗获利益不浅，其日本租界布置已有规模，该租界在天津城与法国租界之中，洼地现填高，新路现已开辟，有数十小商开设铺户，而日本人并华人寓居界内者，各有其半。曾建有日本领事署并邮政局，且拟起造洋式楼房三百五十间之谱，其日本各轮船公司、洋行等亦皆拟在本界内设立办公之处，俄国租界筹画亦甚妥协、周密，虽进步稍迟而地势堪称互擘。该租界近接铁路，与法、英、德等租界之河岸相向。就现时而论，似乎该界日后必赖他国人寓居界内经之营之也。德国租界因该国政府议订界内之章程颇不易易，未免一切迟缓，是以德商仍有在英法界内贸易者，至德界内之大马路旁已建造楼房多间，亦颇宏丽，足征德国之商务在天津已立有基础矣。英法租界开辟最先，制度文为较他国租界高胜一筹。至天津埠囊日所开之洋行生意较前畅旺，新设之洋行亦接踵而起，除已造竣许多住房外，尚有已竣、未竣之机房十有余所。但自乱后房价奇昂，房少人多，足可概见津地自各国都统兴办城内外各事及修葺街衢，讲求树植甚壮观瞻。是年七月十二日交还中国后，直督袁宫保率同属员接收地面，仍系率由都统衙门旧章勇往直前，次第兴办，良可钦佩，且袁宫保智深虑远，将来天津商务必为之推广，已在城之东北督署后地一大段筑造火车站，辟一枝新路以相接，而紫竹林对面之火车站，所有装运内地之货物，将来移至督署后之车站矣。又海河工程局在芦台河所建之闸工竣后，所有停泊天津城附近河内之船户，较前尤多。至本年内之货物，由本埠转运者颇巨，当初夏时即有商人预料商务渐衰，缘华洋交易汇兑贴水无准，以致许多生意受亏，厥后外国汇价较前奇跌，而进口之货，几乎全为停滞，惟出口货物彼此踊跃，陆续尽行装运，迨封河后犹有小宗货物由秦王岛装运出口也，华人所开之大小钱铺不免惶惶失措。因传言现银短绌，华商银票贴水十成之三，究之其中底蕴，即中国官商无从捉摸，故此，册内亦难确陈。再查都统衙门曾倡议禁止拨条,谕各银行、钱店必须取具妥实保结,倘所出银条不敷所保之数,即不准再写银条,未几,中国官禁止宝银出口,然俱未能照办者,实迫于势不得已,盖进口货共值关平银八千十八万一千六百三十八两,而出口货只值一千七百八十三万九千六十三两,所有进口货银如许之多,不能不如数照付之故耳。中国官员与外国银行会商多次后,严饬将贴水逐渐减尽。适有某华商银号贴水之禁,除重罚外,又禁押数时,此事若按西国理财办法,钱商实为危险。惟禁用私钱只用官钱一事,本难猝办,当通用私钱之际几无官钱,迨通用官钱贫苦人之有私钱,而无官钱者,吃亏匪细,所幸私钱拨条一律禁止后,袁宫保急图整顿,即拟铸一两重之银元实于北方不无裨益。从来洋元虽按两计,并无一两重者,若能照一两广铸行驶,当有准则矣。闻都署附近地方设铸造银铜元局一所,延聘美国藩库精明金银成色者一员监制,倘一两重之银元果能各直省通行,商务必大为获益,但不识政府当道诸公与邻省执政诸公亦效本省制军之办法否耶。海河工程总局已息借银二十五万两,该银与都就衙门所拨二十五万两,作为本年修河成本,其已挖之河计两条,共需银三十万二千四百四十七两六钱五分,至以下所论各节,乃由该局本年十月份之月报内所提出者,本局挑挖第一段河,至六月准来往船只行驶,挑挖第二段河,至八月初准来往船只行驶。

其第一新河之长计英里四成之三。挖竣后所有船只皆勿庸由天津湾并自来火厂湾以及所称东关之河面等处行驶,缘前两湾河身甚短,其河面宽阔水势甚浅,以致轮船行驶匪易。第二新河之长计一英里并英里十成之一。挖挑该段河则船只又可勿庸由双湾并荣湾以及两尖湾等处行驶,而轮船共计可少行驶四英里并英里十成之四,该两段新河之深,自河面至河底约有二十三英尺,其河之阔不一,计自三百二十五英尺至三百六十英尺,河身约略所挖之土共五十五万方,若再详细核算,计二百二十万方半英码、英舰队之测量船于本年五六月间已将拦江沙测量,至秋季则航海轮船直抵紫竹林码头矣,自塘沽至该码头行驶,共须七八点钟云。十月招商局安平轮船并泰顺轮船亦直抵紫竹林码头,该两船可谓抵码头轮船中之最大者。查该两轮船底垂线之长,计有二百七十尺,或有较该两轮船大者,若由北河下驶,未免有竭蹶之处,有时行驶须二十四点余钟之久,如再将北河挖宽,几湾裁去。庶几尽美尽善矣。

一、本关所征税课并洋药税较去年所收之数大有起色,共计关平银二

百二十九万四千三百六十二两,较光绪二十五年所征之数加倍矣。若论是
年所征者,已为本关开办以来最多之数,本年进口税共计七十九万九千七
百八十八两,较去年多三倍半,较二十五年多二倍有余,本年出口税共计五
十四万五千九百五十六两,较二十五年略少,至所征半税共计十八万五百
六两,其中最多者惟内地税,查上年只征六万二千二百六两,而本年则多至
六十九万一千六百六十五两。

一、外洋进口洋货并复出口洋货综核进口货物似有所亏,因拨条贴水
甚重,以致津埠洋商所有运入内地之货物,皆靳而不售。至本年底,天津洋
商所有屯积已卖未卖之货物甚伙,而闻内地所有屯积之货物无几,谅明春
后之生意必有一番茂盛。华商现订章程,买卖皆须现银,惟洋布庄为尤甚,
曩时收用拨条或华商之银票,兹已概不收用。贩运进口货之洋商中,亦挺
订章,每次交货时,均须兑付现银。但此事竟未议定。天津市面物价之昂,
皆视乎汇水,闻贩运货物之华商获利颇巨,其旧存之货,尤为获利,因批定
该旧货之际,其汇价较现实甚昂也,洋商随下半年无多生意,因去年所订之
货颇钜,则本年批定明春所交之货亦无大宗,然而亦属获利。其最令人注
意者,如美国斜纹布,去年共三十九万二百七十八匹,本年增至七十二万九
千二百三十匹。美国粗布,去年共一百三万一千一百七十匹,本年增至二
百十六万五千九百三十八匹;英国元色布,去年共五十四万二千六百九十
三匹,本年增至一百四十二万九百七十八匹;印度棉纱,去年共十三万八千
一百六十二匹,本年增至二十五万七千八十匹,惟棉纱一项,华商得益尤
厚,每次销售,可获利至二成左右,其杂货生意,未能如去年底预料销场之
广,然其中为大宗之货,较去年加多者,如手巾,去年共二万七千三百六十
一打,本年增至五万九千一百三十四打;颜料之品蓝,去年共值关平银十五
万三百九十二两,本年增至六十五万四千三十八两;针,去年共七十六万六
千四百五十密力,本年增至二百三十六万六千五百九十五密力。杂货生意
因拨条贴水,受亏甚重,售出时大半系拨条,而还洋商时用现银也,以致所
订明年交货之合同寥寥无几,今年进口洋货共计估值五千三百六十五万九
千五百二十六两。

出口土货:本年所有装运出口货物,大抵中外商人均皆满意,内大宗货
物较上年加增不少,比拳匪肇乱之上年各相轩轾,至入内地购土货,颇为悬
系。缘天津钱市情形甚劣,若非因出口货价昂贵,必致亏本良多,且因本埠
银价大跌而洋商汇兑之磅颇称获利,所以内地各货全行踊跃出口,至年终

时,留津之出口货物无多,出口货中之最多者系未硝之山羊皮,共计二百七十一万四千四百四十五张。该数较上年增至二倍有余,又绵羊绒即羊毛计十六万五千二百卅二担,共值关平银二百十八万八百七十七两,亦较去年有两倍左右。以上所提之羊毛,乃出口货中一种最贵者也,若按海关所订直运外洋,并运往中国通商各埠章程而详核之,而直运外洋之货物,只值一百七万七千五百三两,而其余皆先运上海转运外洋者,其由上海转运之货物,当视为运往通商各埠之货物,苟按海关所订章程而计之,则由津直运外洋之货物岂不寥寥,天津出口货直运外洋者,率皆运往美国。查美国销用津埠之货物,可谓各国之冠矣。本年运美之货共计值四百八十三万八千三百四十五两,盖缘美国销场极广,所以径运美国较捷于由上海转运也,复出口货物由陆路运往俄国之茶,虽已复元,然不能再如光绪二十五年之多,二十五年所运之茶,共值关平银九百九十六万四百二十六两,本年只值四百二万七千八百二十八两,然亦属出人意外。缘人人皆料西比利亚之铁路筑成后,大半勿庸由天津转运矣。

　　一、沿海贸易原出口之货。查土货运往通商各埠并运往外洋者,可无庸赘述,已在外洋贸易出口货内详言矣,本年本埠运往南洋各埠大宗货物,大半较去年有增无减,去年花生共二十四万二千五百十八担,本年增至三十三万千四百二担;去年甘草共八千三百九十七担,本年增至三万二十二担,红黑枣及药材亦然,药材共计估值增至关平银六十五万千九百七十四两。复出口之货:查运往他埠之洋货,颇属细微。大宗者不过针并颜料以及绣花带等,皆系运往烟台、上海者也,复进口之货:查洋货由通商各埠装运来津,若按照海关章程,上已论及之矣。但土货进口之多,与洋货无异,最多者系绸缎,去年进口只有五百八十七担,而本年则增至二千一百四十三担,共值关举银一百八十二万一千五百五十两。中国绸缎,虽平民亦颇习尚,且此次两宫还京,随扈大臣亦复不少,是以绸缎之销场甚广。本年运进铁路之材料,共值四十三万四千四十三两,大抵俱系汉阳铁厂所制者,将来铁路殊为可观,前年此等材料运津者,仅百成之一也,本年上海棉纱来津销场颇广,去年仅一万七千三百四十六担,今年则增至两倍。袁宫保因棉纱加增如是之多,是以在天津设棉纱厂一区,将来必著有成效也。

　　一、内地税则。查内地货物,本年所发内地单照,开办伊始,是以无从较论,惟本年货物运往内地之单照有三等,有自海关发者,有自钞关暨各国领事发者,但领事所发之单照,本年内皆渐次不用。惟望自明年起,单照必须划一以免纷歧。本年由海关发内地单照内之货物,共值关平银二千七十四万二千七百十五两,但该值价内百之六十八成半运往直隶,百之十六成运往山西,百之六成运往山东,六成运往河南,二成运往甘肃,其余则运往陕西、奉天并俄属之西域及蒙古等处,用三联单由内地出口之皮货,共值关平银八百三十二万五千二百二十两。

一、船只。本年各轮船公司生意尚旺,查该公司船,悉赖装运进口货物,获利者今皆亏本,盖因载货无几或空船来津所致,是以竟有数轮折回而开往他埠,惟冬季出口货物极行踊跃,其公司均得承运,至年终稽核账目,仍属可喜。本年进口船共八百三十六只,载重共八十二万四千五十二吨,较光绪二十五年之船,则减少十只,而吨数则较多也。

一、旅客。本年进口之洋人,共三千七百三十二人,华人共三万七千七百九十五人,出口洋人,共三千一百五十一人,华人共二万九千一百四十八人。

一、金银。查本年金银进出口之多寡与货色运口大相径庭其故为人人所不及料也,出口之金数,共计值关平银四百六十四万五千四百三十两,银数,共计值一千三百八万二千一两;进口之金数,共计值八万三千两,银数,共计六百二十三万三千六百四十三两;另有进出口之金银,海关无从查悉者,即如在本关所报出口铜钱,共值一万三千两,其有若许私钱,为天津市面禁运后,皆由火车运往满洲,人所公知也。

一、药土。查去年进口洋药,共计大土三百四十九担、小土九十七担,虽较去年稍加,但印度土销场,并未见广。二十五年进口各种洋药,共有一千三百四十四担之多,如本埠购买洋药与外洋别色之货物,一律需用,则洋药进口之担数,可与光绪二十五年并驾齐驱也。查土药销场,若就现在情形而论,良难悬揣,本年土药进口,共计五担四十五斤,而土药出口则有五十八担五十五斤。本年将届年终时,本省大宪已定章抽收土药内地捐项也。

一、杂论。本年自两宫回京后,当道钜公与各国公使酬酢往来,殊为亲睦,中外果能不存意见,则于商务大有进步,现时大宪,多有欣用外国家具并陈设等物。中国地广人稠,必然相习成风也。又,华人近皆在车站票房左右,异常拥挤,虽乘运货之车犹欣欣然有喜色,盖风气已开,如火车头之喷气,然将来不难与各国并驾齐驱焉。现时自塘沽运京货物并粮米等,几乎全藉铁路转运,闻确实消息云:京、津、塘沽、榆关四处之车站其度支册内载,已需成本银一千万两,本年所获之利有三百万两。山海关至营口之铁路,本年所赢之利,尚不在此数。又查山海关至营口之铁路度支册内载,已需成本银一千六百万两,而俄军占用该铁路,至本年底始行交还中国。无论自北河至通州,向来船只来往之生意全行停滞,即铁路公司所筑自京至通枝路亦无裨益。但自筑该路以来,船户并未受亏,因在他河运内地货物甚多,且装豫省铁路公司并芦汉铁路公司建筑铁路之材料,直抵河之极处,且查芦汉铁路公司所获之成本,较别公司筑至北京最早之铁路甚为迅速,比公司所筑之铁路,现可至正定府,其相近直省西北之顺德府,业将该路将次垫平。据局外熟谙铁路之人金谓图维已尽美尽善,工坚料实,车质亦佳,似可大获其利。本年通盘核算,该铁路每年得获毛利洋银十万元左右,内十成之八系售客票也。豫省铁路公司,拟先由河南省达至山西省最易通之煤矿,若循渭江筑铁路八十英里,至道口,则价康之煤足可供渭河之平原,并运河及通运河之各支河等处居民需用,或将该煤运至天津,亦可与开平煤互相贱售,至其所拟筑之铁路,直达山西极高处之泽州府,且可达至地球上最著名之煤铁矿也。又自铁路接通西比利亚以来,天津商务亦未尝有损,且来往该铁路,为时短而使费亦少,自必人人皆愿出于其涂矣。现时洋货由火车运津不纳税饷,未免于本关税课有亏,然各车站设有稽查货物局卡征收内地税厘,惟海关尚未订立章程征收来往越俄疆之货物进出口税,现该西比利亚铁路运货水脚昂贵,仅有小宗价昂之货自欧洲由铁路运津也。再去岁六月进口轮船均经医士详验,内有三艘载染疫者,当将该轮留津,其京津牛庄等处虽亦有疫,然火车仍照常来往,所幸为日无几。疫气潜消,约计染疫而亡者,较曩年不甚悬殊,且于津地商务毫未妨碍,并因都统衙门严饬津民,务须洁净卫生,获益良非浅鲜也。又矿务,按西法开采情形,上年贸易册内曾论及之矣,所惜者开平矿局自华洋合办以来,华人殊不满意,其实缘西国所聘之经理人有负厥职,是以于度支一节为中国向来之罕闻,不但中外不能和衷共济,且滋讼端,于现时之大局似有妨碍,惟望设法妥筹,以冀蒸蒸日上,庶以后华洋合股之事业,不难日起有功也。

（光绪二十九年十月二十八日、十月三十日、十一月初二日、十一月初六日、十一月初八日、十一月十六日"文牍录要"栏目）

天津德商瑞记洋行承订财政处购机合同

立合同：天津德商瑞记洋行巴贝，今承大清财政处银钱总厂委，由瑞记洋行向美国头等著名常生厂订购新式新法新造头等银元、铜元通用机器、锅炉、汽机一全份。每天十点钟工夫能造大小各元共六十五万余枚，所有价值名目并议定条款胪列于后，议立华文合同二份，各执一份存照，计开：

美国常生厂制造最新法银元、铜元通用机器、锅炉、汽机一大全份（此家专承造美国国家银、铜元机器乃欧美著名头等之厂）。每天十点钟工夫能造银元大小数目列后：一两重银元五万枚，五钱重银元七千五百枚，二钱重银元二万枚，一钱或五分重银元共三万六千枚，共计造大小银元十一万三千五百枚。每天十点钟工夫能造大小铜元数目列后：四钱重铜元六万枚，二钱重铜元三十万枚，一钱重铜元六万枚，五分重铜元十二万枚，共计造大小铜元五十四万枚。总共每天十点钟工夫出大小银、铜元共六十五万三千五百枚。以上银、铜两元每天如欲减造重元，多出小元，或均造银元抑均铜元，其所增减大小元之数，即接元之轻重，合机力推算计之，则增减之数随时可明。

锅炉项下：新式锅炉每个一百三十匹马力，二个新式汽机二百五十匹马力。一座新式抽水进锅炉机器，一座各种铁汽管为抽水机接合锅炉用一全份。

镕炉各件项下：镕炉（只有铁件，随有镕铜管十个，为卷残片用，榔头拑子全）。五副最新模样银铜两条机器，随有铜模管八个，二架铁杓、铁拑及一切舀镕银铜所用各件共五种（各种共有十件）。

碾银铜片机器项下：碾轴机器十三副（内有增添一副），备用碾轴七副（增添）剪片机器二副。

撞饼机器项下：造银铜两元坯子机器，为大小银铜两元通用五架（内有增添一副）。

印花机器项下：大号印花机七架（内有增添一副），中号印花机四架起边机器，随有较准花纹机五架（内有增添一架）。

回炉房项下：净洗及烘干银铜元器具，内烤银元箱，烤铜元箱，烘台随有热凉溻水柜，准是此名目抑系他种名目，但各须随有二全副（内有增添一副),火炉铁篦铁件全一座,刷洗银铜元摇抖机器二副(增添)。

平秤项下:显微平秤,此平最细巧,平银元用,若平时差分毫即显十五架,头号平秤银铜元条两用一架;二号平秤银铜元条两用一架;三号平秤二架(增添)自行平秤,此天平向德国厂购其余天平如德国厂好亦向德国厂购二架(增添。)

做钢印模机器项下:家伙割钢模用五个,压钢模印花机器,随有钢印模坯子一百个。

一架修理机器及机器匠房项下:墩头一个,老虎拑一个。家伙内系榔头、拑子等件,全副手风箱一个,车床中心七寸三架,内有增添一架;车床中心十四寸一架,车床中心二十四寸一架,刨床六尺长一架,钻床一架,磨碾子机磨石一块一架,做模样机器一架。

为运动以上各机器所用各件项下:转轴,挂脚,上带轮,下带轮,各种宽窄厚薄皮带,一切应连随件全,足够供此份大机器用。小钻床一个(增添),小刨床一架(增添),小割齿轮床一架(添增)。

以上总共价值美金洋十二万四千六百八十五元,关税在外。

一、议定以上机器价值总共美金洋十二万四千六百八十五元,除双九五扣外,净计实价美金洋十一万二千五百二十八元二角一分,于立合同之日,先付价值定银三分之一,计美金洋三万七千五百元。俟外洋装船时再付三分之一价值,计美金洋三万七千五百元。其余末批三分之一价值计美金洋三万七千五百二十八元二角一分,俟机器等件运津交收后查无短少,即于二礼拜内付清。其美国银行银条或现银亦可,因银行不收内地钱庄银条故也。

二、议定以上机器等件,瑞记洋行须向美国头等著名常生厂定购,倘内有常生厂无有之件,瑞记即向他著名厂购办,均须头等新式新法新造者,务要工料坚固,不得以次、旧等货搪塞,倘验收时查有工料不精及锈坏脆薄,不能耐久,并非头等著名常生等厂新造新式之头等货物等情。任凭剔退,情甘认罚银一万两,并须火速补购,运津以重要件。

三、议定以上机器等件,共净计实价美金洋十一万二千五百二十八元二角一分,所有全价内厂价若干,并装箱运保各杂费若干,立合同后,瑞记俟领末批款时,须将各原厂单及杂费单一并呈局查核。其各原厂单可随时由局请驻美中国钦使,探询常生厂等,查所呈之各原厂单是否相符,倘查有冒浮不实之处,并非头等著名常生厂及他厂头等之货,若常生厂有卖而瑞记故意不买此厂之货等情。均可从重议罚。

四、议定以上机器等件,自立合同之日起,准于八九个月内陆续由外洋运送来津,在紫竹林码头交收,随交由局随提,勿延。但能早交愈妙,如逾期不到,由逾期之日起至交货之日止,将所付价款按长年一分罚息,至本厂人工局用因机器不到吃亏之数算清,由瑞记照数赔偿,其此项机器全系外国名目,华文不能逐件翻译,瑞记应呈出该厂原文、原单以凭点验,将来倘有不符,并责成瑞记迅速补赔,不得藉华文所译名目推诿搪塞。各种机器图,俟立合同后,愈早交愈妙,外洋寄到时即送局,以便预先考查安设机器之用,所有照例,大小各元式样,须预由局发给。

五、议定所委购之机器等件,瑞记自立合同之日起,即向外洋延聘精明熟习洋师一名,先在常生厂监造机器,如有工料不精,当由该洋师退换,且可随时考查此副机器之妙法。而后随该机器一同来华,及到津后即住居贵厂指教华工匠。在津律造银元,安设机器,并教导铸造各元法子,使华匠习学新法技艺,限三个月办理清楚,不得有意迟延。该洋师自延聘时起,至来华限满后回国之日止,共计川资并薪水等共需银一万数千两,瑞记原拟自认一半。今因局宪谆谕,瑞记已认全数自给以图报效,至该洋师住屋及煤火并水照例由厂预备。机器抵津交提后,三个月内若因贵局他事延搁,致不能如期安设开铸,则自第四个月起,其洋师薪水每月五百两,由贵局自行发给,否则听其回国,倘因洋师患病以及他故延搁,则该洋师薪水仍归瑞记付给,与局无涉。该洋师倘非精明熟习之人,以致有误,惟瑞记是问。

六、议定此副机器等件价值共计美金洋十二万四千六百八十五元,除九五扣净计实价美金洋十一万八千四百五十元零七角五分,此价已经万分克己,因奉局宪恳切申谕,此次价值不必计较,能于格外减让再扣九五核算,将来或外省生意或本局再有续购他种机器,均可商办,只要货高价廉,不负所托,当可举荐等语。今瑞记已竭力商之常生厂,而该厂以血本有关,碍难遵行,故瑞记为面子起见,将价值内应得五厘行用(即每百五两也)扣去,以抵双九五扣,以成此批生意而图后来之委任。

七、议定汽机锅炉机器各件安齐后开工铸造时,如机器各件内之机件作法原质有毛病者,当由瑞记自行修理,倘不能修理者即将此件剔退重换,并将退件充公决无异议。

八、议定所订机器实在马力必须足用,机器各件内应有相连之件务必齐全。如应有备份之件亦宜照备,不得以合同内未载明致不备运为词,倘运到时马力不足,铸造六十五万余元之用及机器内有短少之件,以致不能开工,所有局中吃亏局用薪水等项,均须瑞记如数罚赔,仍由瑞记赶紧将短少之件购补。

九、议定所购机器必须十点钟工夫能出大小各元六十五万余枚,不能短少。俟安设开铸时,须贵局华匠工料一切齐备,由原来洋师试用数日,如每天所出大小各元与原议合同数目不符,瑞记应认罚银三千两,仍将不敷,机件由瑞记买补,至符合原定数为止,不能加价。

十、议定此项机器彼此原约系最新最坚固之货物,瑞记现存之图皆是数月前之图样,如目下向美国常生厂定购之各种机器,更有较新于前数月之图样者,即照新出式样购办,以期精益求精。倘有不坚固之处,一、二年内忽出毛病以致停工,瑞记应认罚银三千两,如工匠不谙用法,以致出毛病或意外之事不在此例,以昭公允。

十一、议定由外洋运送来华,途中如遇有风波遗失等情,当由瑞记自向保险行理论,即速重购补运,必须将失事实据呈报,方准免罚已付款银利息及局用等项。

十二、议定中国进口护照及免税专照,由局详请发给。

十三、议定贵局制造大小银元、铜元各式样,照例立合同后,两个月内务必将各元较准大小、厚薄、轻重式样,每种各做成五枚,发交瑞记,以便寄外洋。该厂按各元式样配造机器及自行天平等件内之机关,以期合用,否则机器内之机关配造无凭,断难取准也。

十四、议配造运动机器等件,转轴之长短、大小,并机器地盘等件之形势、地位、尺寸,必凭厂房图配造,此乃一定理法也,其厂房或由外洋寄图建造,抑由贵局自行变通绘图,建造今尚未定,如一准由局绘图,务请于立合同后一个月内,将图发给瑞记寄往,照图上厂房配造转轴、挂脚等件,庶无贻误,若由外洋厂中寄图,盖造厂房,其配造转轴并地盘等件之形势、尺寸,至将来应如何做法,可均按外洋厂房图配造也。如要外洋寄图,亦于立合同后一个月内,示知瑞记以便照办,缘转轴之大小、长短,并机器之地位,既以厂房图为凭,则该图最为要紧,万不能用贵局之图造厂而按外洋之图造转轴等件,则相配必不合式也。

十五、议定机器造成时,倘有非常变故,或由该行慎重起运,或由本处预先知照,斟酌办理,事故平定必须照约交纳,彼此不得别生异言并免议罚。

（光绪二十九年十一月初八日、十一月初十日、十一月十二日、十一月十八日、十一月二十日、十一月二十二日"畿辅近事"栏目）

论催缴契

天津道署清丈局丈查河防苇渔课地亩有契各地户均已微契。清丈无契者,亦开其四址、绘具图说,禀请查丈明确,由四邻村正副人等出结、立契、投税、注册,管业各处均已完竣,惟在宜兴埠(阜)界内铁道东锦衣卫桥小于庄前后等地契始终抗不呈交。现经王观察谕行该村民等即行报查,不得任意隐匿,并谕东大窑洼、西窑洼一带居民人等于本月十五日起限十日,各地户有契缴契,无契据实禀报。如逾限不缴,其地概行充公,另行招垦。

（光绪二十九年十一月二十二日"畿辅近事"栏目）

铜元出境

津埠铜元原为周转市面起见,刻下山东省垣宝银价合铜元,较津甚廉。闻本埠牛行赴东购买牛只者,皆携铜元至山东一带使用,以图渔利。若不设法查禁,恐津郡铜元日见稀少矣。

（光绪二十九年十一月二十八日"畿辅近事"栏目）

矿银运津

开平矿务局于前日派差由秦皇岛押运银元十八万元金五百两,合银二万三千两,于下午三点钟到津。

（光绪二十九年十一月二十八日"畿辅近事"栏目）

落价原因

近日津郡银元价值骤跌,前此换铜元八十六枚半,至昨日落至八十枚上下,小钱铺藉词抑勒竟有至七十六枚者。访问系山东省银价太贱,有客人带银来津收买铜元外运,因而落价。刻已由督札严切查究已维圜法。

(光绪二十九年十二月初九日"畿辅近事"栏目)

市捐改章

天津工巡捐局为征收房铺各捐之所,刻因市面萧索,纷纷禀请歇业,漫无限制。近日新订规例,凡每月十五日以前禀报停歇,一经查实,准将本月捐银豁免,至望后报歇,则须补足本月捐项,以杜取巧云。

(光绪二十九年十二月十九日"畿辅近事"栏目)

战时禁货告示

天津府示:为出示晓谕事,光绪三十年正月廿一日,蒙督宪袁札开,为通饬事,光绪三十年正月十六日,准外务部铣电,开俄使照称,俄国政府认为战时禁货分列如下:一、手执及炮队各军器;二、铁甲;三、火器;四、炸爆各料及器具;五、炮与工程队及军队中辎重之应用各物;六、带刺铁线;七、扁艇及浮桥;八、军队备用之物及号衣;九、驶海船只若遇挂带局外商旗前往敌国海口有军务之意者;十、船只各式汽机;十一、各式锅炉;十二、石煤;十三、石脑油;十四、酒精;十五、电信德律风及铁路各物料;十六、粮食饮料;十七、米石;十八、马匹及他项牲口;十九、海陆各战应用各物等因。俄国所认战事禁货大致详备,末条海陆各战应用各物所包尤广,希转电通饬严饬切申禁毋稍疏忽,等因。到本大臣准此查中国现守局外中立业经颁发条规通行,遵照在案。兹准前因应即一体严切申禁不得将所开前项各物件运售战国军用。除分行外,合行札饬,札到该府,即便遵照办理,等因,蒙此合亟出示严禁。为此示仰阖郡诸色人等知悉。自示之后,尔等务各遵照不得将所开各物件运售战国军用致干严究切切特示。

(光绪三十年二月初二日"畿辅近事"栏目)

折片摘要

直督袁奏庚子变乱,津保各局所悉遭兵火,所有北洋各项饷需暨一切收支确数均属无从查考,请将光绪廿六年六月以前各项收支款目一律免其造报,以后仍按款查明,据实开报以清积案。奉朱批:著照所请,该部知道。

(光绪三十年二月初七日"折片摘要"栏目)

督宪告示

为示谕事,照得天津道衙门经管海关,除米石免税外,凡由海河进口、出口船只贩运杂粮杂货,及闽浙船只进口、出口装运杂货、竹木,暨上下西河、运河船只粮货转入海河贩卖,并营口、丰台、芦台等处由火车贩运粮货装船转入海河,均应按照时价估值征收税银,已阅多年,与钞关征税截然二事,所有经过商民船户自应遵照完交,岂容稍有牵混?现据天津道禀,以各商多谓经过钞关,不应再完海税,屡与关员狡辩,实属有意逞刁,亟应剀切申明以重课款,为此,示仰商民船户人等一体知悉。自示之后,尔等凡有经过海船货应纳税银,均照旧完纳,毋得稍有违抗,致干究罚不贷,凛之。切切特示。

(光绪三十年二月初七日"畿辅近事"栏目)

委员赈济

天津县署发审委员马令毓桂奉委赴丰润县属赈济关外逃难人民,又吴令钟英奉委赴临榆县属查放赈抚,均已启程。

(光绪三十年二月十二日"畿辅近事"栏目)

战时禁物告示

天津府示,为出示晓谕事,光绪三十年二月初八日蒙督宪袁札开,为通饬事,二月初二日准外务部冬电开,日本使照送日本海军省定为战时禁物列左:

第一,下开各物件,如有运过敌地、运至敌国海军者,均为战时应禁物件:一、枪炮军械;二、枪炮子药;三、炸爆各药;四、上开各物材料铅、硝、硫磺亦包括在内;五、制造上开各物之机器工具;六、西门土,即洋灰;七、陆、海军应用之号衣及临阵应用器具;八、铁甲板;九、制造或配装船只之各材料；十、此外但系专属战阵应用一切物件亦在应禁之列。

第二，下开各物件如运往敌国陆海军或敌地视其运到何地，可认为接济陆海军者，即为战时应禁物件：一、粮食；二、饮料；三、马匹；四、鞍 ；五、马粮；六、车辆；七、煤；八、木料；九、通行钞币；十、金银块；十一、造设电报、电话、铁路之各材料。

第三，在前二节所列各物件之内，祝其数量多寡，或成色若何，认明实系本船自用之物，不定为战时应禁物件之列。等因。查日本所定战时应禁物件，均指不得运往战地接济战国而言希即参酌局外条规，分别办理，并转电通饬一律严切申禁，毋稍疏忽。等因。到本大臣准此，查前准外务部电开，俄国照称战时禁货十九条希饬严禁。等因。业经通行遵照在案：兹准前因，应即一体严切申禁，不得将所开前项各物件运售战国军用，除通饬外，合行札饬，遵照办理此札。等因。蒙此合亟出示严禁，为此示仰阖郡诸色人等知悉，自示之后，尔等务各遵照，不得将所开各物件运售战国军用，致干严究。切切特示。

（光绪三十年二月十九日"畿辅近事"栏目）

示查船捐

天津钞关示：照得本关征收船捐，向申各船户按季报纳，今查有不出境之船在内地现运货物，以为不经卡口竟不报捐。殊属有心取巧于捐务有碍匪浅，本关现在闸口上龙王庙旁设立分卡专为稽查船捐并不征收货税，为此示仰各商民船户人等一体遵照毋违，特示。

（光绪三十年二月二十五日"畿辅近事"栏目）

请设运盐铁路

塘沽盐滩灶户李恩普等以道路崎岖，转运盐斤颇形不便。拟就该滩建设小铁路一道，以利盐运。闻已禀蒙运司汪都转批，候派委查勘禀覆核夺。

（光绪三十年四月初八日"畿辅近事"栏目）

武清县禀整顿保甲并民教情形由

批:据禀暨示稿均悉。整顿保甲原系地方要务。改青苗钱为经费,就地方之财,办地方之事,如果认真经理,自著成效。第恐有名无实,则查造户口清册,设立牌长、保正等事,皆属具文。本部堂访闻,武清境内,盗风甚炽。来禀谓莅任八月,仅出盗案一起,业经破获,正恐被盗之家,忍气吞声,不敢控诉。间阎疾苦,壅于上闻。父母斯民,能无自愧。又闻该县教民凡数千人,以土口屯为总教堂,各除设有分堂,教民欺压平民,逼令入教,越疆侵界,捏案诬控,种种不法,随在多有。父老言及,痛心疾首,无可如何。遇有民教词讼,官长不为秉公审断,辄令村正副教长调处。教民有党,平民无党,胜负曲直,不问可知。来禀谓乡民畏教士干预,恐讼不得直,含忍未发,殆是实情。据此,情形,公庭无讼,岂能遽信。该令务须振奋精神,将民教涉讼张文起、李占元各案,迅速提传,持平讯结。果富恩逼人入教,乡里共恶,亟应严惩,不准以伊子未经到案为词,一味延宕。兵书丁作安,如讯有通同舞弊情事,应即革究。任奇借端勒罚,此等刁风,断不可长,亦应查明究办。以上各案,本部堂访查的确,务当认真办理,以遏乱萌而安良善。若专以一禀了事,为自欺欺人之举,舆论具在,恐不能始终讳饰也。懔之。此缴。

(光绪三十年五月初七日"文牍录要"栏目)

天津官银号牌示

为晓谕事,照得银号之设,宫保原以维持市面、振兴商务为心。近来银根之紧各处皆同,而出公家之款济钱商之乏,为数至七十余万之巨,取息月仅五厘之微,非宫保恤商爱民,轸念津郡初收,为此破格之举,曷能及此?而市廛亏累已甚,关闭时闻,识者慨焉。本督办等受事以来,体察情形,市面之不兴,实由商务人才之过乏,虽亦有明于大体之人,而究难多觏大率,各怀自私之见,遂忘可久之图,非射利而只知架空,即侈靡而罔知谨度,以致纷纷亏闭,误己误人。推原其故,总由无教无学所致。夫货殖之道,贵在乘天之时,因地之利,顺人之情,我欲养其身家,人孰不欲养其身家,中国如是,外国亦如是,同居天覆地载之内,宜存并生并育之心,勿挟相戕相贼之念。故大学生财之道无他术焉,生之者众,食之者寡;为之者疾,用之者舒,如是则财足。反是而财未有能足者也。

方今为商战之天下,各国以商战实皆以学战,每办一事必设一学,故商业学校尤为外洋振兴商务之基。宫保讲求新政,志在百废俱兴,本督办等银号备员,亦有维持商务之责,将欲挽回天津市面,非开商智兴商学不可。而经费为艰,一时学堂尚难举办,则莫若选商家子弟之良者数人,前赴东洋入商业学校,以为储材之计。所需经费拟于银号设法筹拨。当此多事之秋,库帑万绌,本难及此。而筹维再四,商学一日不兴,商务一日不振,有不得不奋迅图之者。前经禀陈宫保,仰蒙俯允。为此合行牌示,仰天津商家知悉,此次出洋子弟,应令各商家各就所知,公举性质敦谨,文理明晰,西学粗通之子弟,不得稍涉浮滥。本督办等认真考试,亦不敢稍涉瞻徇,总期送一人即为天津商务造成一有用之才,庶他日获收其效。

惟前据津商声称,此地商家旧习,子弟认真读书者少,自应推广凡士家子弟有愿入商校者,亦准与考,务于暑假前及时选定,暑假后克日成行。又商务之本,维工与农,故外洋以农工商为实业。本督办等前与津绅严京堂等讲求工艺,设立实业研究所,兼及农商,演说三次不免程度皆低。此次出洋子弟拟令学习商业,并分习农业、工业,冀为此后天津实业之倡,实为今日最急之务。亦经陈明宪鉴,除由本银号会同工艺总局具详,并整理钱业,议禁浮奢,应俟剀切具陈,再行晓谕外,合并示知,仰即遵照。特谕:

一、公举子弟以性行敦谨,文理明晰,西学粗通者为主。

一、习英文者,须注明读过英文第几本,能否讲解明白及翻译短篇文件;习日文者,须注明学过年期,能否讲解及翻译;算学须注明学至何级;汉文须注明能作若干字论说。

一、年岁在十五岁以上二十五岁以下为合格。

一、公举后即赴本银号报名,订期面试。

一、士人子弟愿入商业学校者,亦准与考,并送农业工业学校。

一、报名须开具籍贯、三代名氏存殁,并父亲营业官职。

一、应考时须先具愿书、誓书、保证书、保证人、一二公正绅士、一殷实商家。

一、子弟以品行为先,况经选派出洋,尤关中国颜面,如有犯规或为学不力者,一经该学校开除,所用官费若干,应令按数追缴。

一、此次游学经费,出自北洋公款,学生等既受北洋栽培,卒业后应报效北洋,由北洋分别录用,以供差五年为限,在此限内非奉北洋允准,不得他就。

一、报名自本月十八日起至本月二十七日止,过期不录。

(光绪三十年五月二十二日"畿辅近事"栏目)

天津道详复天津海河一带乡粮税项暂行减成征收文并批

为详复事案,蒙宪台批,据天津县葛沽等村大挑知县张金藻等具禀,西集运买食粮,经过海关新增税项恳请裁免。等情。蒙批天津海关专收粮税,粮船既经转入海河,经过海关当无乡粮免税之说。仰天津道查核卷宗,传案审讯明白晓谕,遵照抄禀批发。等因。蒙此正在传讯间,旋据该职员铺户联名禀称:为叩恳恩准,免予传讯,并恳格外施恩,再将粮税减轻以裕民食而恤商艰事,窃职等前在督辕具禀,原系目睹沿河一带民情困苦,叩求格外体恤,奈因情极恳切,未免有措词失当之处,昨奉批饬悚愧滋深,惟有叩恳鸿慈再行格外施恩,从优再将粮税量予减轻,一俟民力复元或奉省粮船盛行,定必照章纳税。等情。前来伏查职道衙门经管海关,征收税项除米石免税外,凡由海河进口出口船只、贩运杂粮杂货,均应完税。今该职员竟以书役朦禀,界限不清。等情。迳赴宪辕禀渎冀援京粮成案,酌量减免,实属得步进步,有心取巧,本应传案讯究,惟据称兵燹以后,生计日蹙尚属实情,既据该商等引咎乞恩,自应变通办理。拟请将此项乡粮应征税项按照时估暂收六成以示格外体恤,仍俟奉省地面收回再复旧制。此外,各项船货应仍照章完税,不得引以为据,此项税银既定核减章程,并请如禀免传审讯,以示矜全,除出示晓外,理合详复宪台查核,为此,备文具呈,伏乞照详施行。

督宪袁批:如详办理,仰即饬遵。此缴。

(光绪三十年七月初七日"文牍录要"栏目)

会议学务

天津法学董林、卞二君于二十一日下午八点钟简邀各学堂教习、助教及讲习所同志凡八十余人,齐集普及学社,会议学务历三小时始散。

(光绪三十年十月二十五日"畿辅近事"栏目)

津海关道告示

为出示晓谕事,现蒙北洋大臣袁札开,十月二十六日准外务部咨开,华商在旅顺暨大东沟等处财产迭准来文,咨请核办。等因。查旅顺等处战事未已,应由本部先行存案,俟大局定后酌核办理。至大东沟商人木植一案。迭经本部照会日本内田公使照价偿还,并函致驻日大臣向日外部辩论,本年十月二十二日准该大臣函称:小村外部言,大东沟木料除已还二万余金外,尚有木料数起,不知系何商货物。现由驻津日领事照会津海关道,查传商人往认统俟认明或交还原木或照给价值再行酌定。二十一日又准电称"华商运木日外部照称秉公办理,嗣后遇此等事,可由本人径赴安东军政官告理各"等语,相应咨复,查照饬知该处华商可也。等因。到本大臣准此除分行外,合行札饬,札到该道即便遵照出示晓谕各华商一体知照此札。等因。蒙此,查木值一案,前准日本领事照复前因,业经札饬商务公所传谕,递禀各木商遵办在案。兹蒙前因除商民财产一案,应听候部饬再行示谕遵办并分行外,合行出示晓谕。为此,示仰津郡木商人等知悉。尔等木料凡在旅顺、大东沟等处,如有被扣未经禀明各家,以及业经商务公所传饬尚未起行,前往各商家务须由本人迅速径赴安东军政官告理,勿得自误。可也。特示。

（光绪三十年十一月十一日"畿辅近事"栏目）

天津县请将应解烟台上海人证招商局发给往返免票禀并批

敬禀者,窃照州县押解人犯向系按站交递,其间犯人长途之跋涉,风霜之劳苦,目击情形实堪悯恻。然有罪人犯咎,咎由自取,或各路不通轮船处按站接递,亦属无可如何。若连累人证无辜,拖累路途,既受辛苦形状有类罪囚,设不量予变通,殊负宪台勤求民瘼之至意。日前卑县接准江苏丹徒县关传被拐幼女张杏儿一口,当即传获讯明,本应递解回籍,因念时值严寒,朔风凛冽,且津邑距镇江二千余里,该幼女年甫九岁,若照例由驿站挨递诚恐冻毙堪虞。卑职随经捐给棉被、盘川,函请招商局周守破格给予免票,饬派妥人附轮航海解,由上海县就近转送丹徒县给领完聚,计公家费无多,该幼女得免许多拖累。倘能援此推行,则无辜被递者受惠当非浅鲜。

231

伏查卑县地当首剧为南北冲途,递解犯证事所常有,而于烟台、上海等处尤多。现虽海道通行,商轮络绎,因格于成例未能发给免票,不得不仍由驿站行走。可否仰乞宪恩嗣后卑县如有应解烟台、上海等处人证,准予径请招商局发给该人证及解役往返免票附轮前往,庶期捷速而省拖累,其例应解往江浙各省军流人犯,仍照旧办理,不得援以为例,以示限制。卑职为矜恤无辜起见,是否有当,理合禀请宫保察核批示,转行招商局查照,实为公便。

督宪袁批:据禀已悉。应准照办候行招商津局遵照仰仍录报司道府查照。此缴。

(光绪三十年十一月二十五日"文牍录要"栏目)

督宪批示

津郡当商李元善等禀批,查上年藩司以天津当商刘德恒等十八家,自三十年为始新收当货已准改为三分取息,从此利息骤增,十分之五已属恤商之极,设遇地方灾重,势难有增无减。嗣后,应按灾情轻重分别常减、递减,不得再请免其重减以恤贫民。等因。详经批准立案,本年天津县既有成灾六分之处,即应照例递减,亦据藩司详明在案,所请碍难准行。仰天津府县查照饬遵抄禀批发。

(光绪三十年十一月二十五日"畿辅近事"栏目)

添设粜局

天津平粜各局向分四路设立,上年冬间添设二局,专为冬令接济贫民,已于今春裁撤。现值隆冬,仍由赈抚总局在东北路狮子林、西南路广仁堂各添设分局一所,于本月二十一日开局。

(光绪三十年十一月二十五日"畿辅近事"栏目)

宝坻县筹农务大致办法禀并批

敬禀者,窃卑职接奉本厅札饬,以蒙道宪转蒙宪台批,据卑职前在香河县任内禀拟添设农务学堂,造就师范缘由,奉饬各就本地情形查明学田若干,能否照议试办速筹禀覆。等因。奉此,卑职当经移准儒学以查得宝邑旧有学田三顷余亩,其地零星散漫,盐碱不毛。等因。牒覆卑职谨按照访查阖县情形,拟得大致办法,请为宪台切要陈之。窃查宝坻地形四方皆洼,东南尤甚,唯近县城二三里隆起高坪,每当伏汛发时,四境汪洋,此坪独踞高阜,故称名曰"坻",言据水中高地也,北方性寒地少,热度高燥之地多受阳光,故百谷均宜低洼之地十年九涝,仅宜高粱收亦得半。盖卑县承九河下游,东南直趋七里海,书称"广斥",颇近似之此次查覆学田所称"盐碱不毛",即在洼地之内。估量阖邑洼地周围不下百里,以面积计之,不下一万方里,以每里五顷四十亩计之,不下五万顷。方田坐令水涝连年,老农束手不能与兹美利,诚为可惜。

卑职之愚,筹得卑县现时可办之地有三,而办法有二:一为学田学师,此地向与佃户分粮,每亩每年不过分粮五升,即令变法之年颗粒无收,进项所亏极为有限。一为庞家湾,此地纵横八九里,前经水冲沙压,禀请全免征银。倘能办有成功,即可令民分领。一为大白庄,此地纵横四十里,均属盐碱不毛。粮户每年交粮收成不敷报解。此三者皆可试办新法,成则有益否亦,无伤之地也。其办法则:一、请教习;一、购机器。省城农务学堂早有毕业学生,拟恳宪恩赏派一名(学暑学堂均可),居住照卑县小学堂教习,薪水每月二十两,由卑职筹给,请其四出(处)查看土性,审得何处地土可试何项新法,再会绅民公同酌改。倘其有成,则阖县土物每年多出不止数万金,即令无成则教习经费一年仅费数百两。此利害相权,绅民皆踊跃乐从者也。机器一项,前闻热河开垦机器,颇得利益。卑职邀同管理宁河、宝坻两县盐务之分省候补知县高传薪迭次派人采买。津省皆无成货,询其价值,有称三四万元者,有称一二千元者,拟请俟农学教习到县后查看何处土宜酌定何项机器。如一二千元,则可由卑职自筹;如三四万元,则拟求稍拨公款。自筹之款则一邑用之,公家之款则通省用之。盖价值逾贵则体质必逾坚,功用亦逾多,虽费而仍不费也。此二者,又近今切实办法,先教习而后机器,亦绅民踊跃乐观新式,务期日底于成者也。除由卑职先行筹画薪水、住处,听候择尤赏派教习外,所有卑职遵饬筹画农务试办大致情形,理合禀乞宫保查核批示,只遵。

督宪袁批:据禀已悉。候行高等农业学堂选派教习前往相视土宜,会商办法,仰布政司查照,饬遵。

（光绪三十年十二月十五日"文牍录要"栏目）

整顿捐务

天津工巡捐局因本局司事伪造车票事发,特将所捐银两折收大小银圆数目榜示通衢,俾众周知以杜经手浮收之弊。闻舞弊之司事业经查有实据,从宽发给川资,驱逐回籍。

(光绪三十年十二月十五日"畿辅近事"栏目)

论管寺产

天津海光寺田产前已由官酌定,以一半拨充学堂经费,现经天津县谕令邑绅李士英经管其事,以专责成。

(光绪三十年十二月二十三日"畿辅近事"栏目)

天津银号代办第一期公债票榜示

为榜示事,照得本银号代办直隶公债,所有二月初一日第一期各处订购票数及本期收银填发债票号数开列于后,须至榜者,计开:订购大票百套者五十一分,合银三百六万两;订购大票七十套者一分,合银四万二千两;订购大票五十套者二分,合银六万两;订购大票十套者二十二分,合银十三万二千两;订购大票四套者五分,合银一万二千两;订购大票一套者八十二分,合银四万九千二百两;订购小票一套者一百二十分,合银七千二百两。以上第一期订购债票者,共银三百三十六万二千四百两,除本期收银一百二十万两内填"天地元黄宇宙"字第一号至三号,共银十八万两,"洪荒日月盈昃"字第一号至十二号,共银七十二万两,"辰宿列张寒来"字第一号至七号,共四万二千两,"闰余成岁律吕"字第一号至十九号,共银十一万四千两,"露结为霜金生"字第一号至七十一号,共银四万二千六百两,"夜光果珍李奈"字第二十一号、第一百一号,共银一千二百两,"暑往秋收冬藏"字第一号至二号、第三十一号至三十九号,共银九万三千两,"指薪修祜永绥"字第一号至二十一号,共银七千二百两以上。本期共收银一百二十万两,其余分归第二、三、四期兑收。

(光绪三十一年二月初五日"畿辅近事"栏目)

船户须知

巡警总局为出示晓谕事,照得津郡为水道要冲船只来往络绎不绝,往往装载贷物,横泊河心,起卸无时,一任拥挤,致行船不得顺驶,河水为之塞流,甚至越聚越多,愈拥愈塞篙夫船户,因此口角争殴,来往船只因之冲撞客船,停滞开行无期,实大有碍于船业,今择详细条规十二条,并由本局饬派河巡时时稽查,昼夜梭巡,勿令船户任意行泊外,合亟出示晓谕,为此示仰各船户人等自示之后,尔等随照后开条规,无论大小船只,务当挨次停泊,鱼贯前行,如再有仍前拥挤致阻河路,定即查拿惩办,决不姑宽,其各凛遵。毋违特示:一、大小各船不准横泊。一、运河各船停处须在南岸,不得停在北岸。一、各船行时须鱼贯而进,相距至少以五尺为限,不得争越。一、各船停泊河道宽处大船准平排三四艘,小船准平排五六艘;狭处均平排两艘,除停船定章外不准停留。一、载柴草之船,不准在茶店口西大湾及一切狭处停泊亦不准与货船同停一处。一、各船行至芥园,须将捐旗悬挂,加无捐旗,不准前进。一、各船装货物之时,须揭红旗,事终撤去开往他处。若查有虚悬红旗而无货物者,立即究办。一、无论大小船只,日没后均须挂灯,二更以后均须将跳板撤去。一、各衙署局所载运或官船往来,不必派差开路,自有河巡护送。一、各处标船行至芥园,须先禀明河巡以便保护。一、晚到之船顶至大关,以便夜晚放行。一、各水手如有讹诈等事,准船户禀报查办。

（光绪三十一年二月二十五日"畿辅近事"栏目）

天津官银号代办第二期公债票榜示

为榜示事,照得本银号代办直隶公债,业将二月初一日第一期各处订购票数及是期收银填发债票号数暨除收下余银二百一十六万二千四百两分归第二、第三、第四期兑收,分晰榜示在案,兹届四月初一日发行第二期债票,所有各处订购票数及本期填发债票号数、地名开列于后须至榜者。计开:订购大栗十套者一百十五分,共银六十九万两;订购大票一套者四百四十三分,共银二十六万五千八百两;订购小票一套者三千八百五十八分,共银二十三万一千四百八十两。以上第二期订购债票者共银一百十八万七千二百八十两,连第一期订购未收银二百一十六万二千四百两,统共三百三十四万九千六百八十两,除本期收银一百二十万两内由本银号填发"洪荒日月盈昃"字十三号至二十二号,共银六十万两;"闰余成岁律吕"字二十号至三十四号,银九千两;"暑往秋收冬藏"字四十二号至五十九号,共银一万五百两;"夜光果珍李柰"字五十一号至六十号,共银六千两;"夜光果珍李柰"字一百八十七号至二百号,共银八千四百两;"露结为霜金生"字一百五十一号至三百号,共银八千七百两;"让国有虞陶唐"字一号至九十九号,共银五千六百四十两;"德建名立形端"字六百一号至七百七十一号,共银一万二百六十。又由东路厅筹款分局填发债票合银六千两,宁河县填发债票合银三千两,武清县填发债票合银二千一百两,三河县填发债票合银四千八百两,香河县填发债票合银一千八百两,宝坻县填发债票合银六千两,通州填发债票合银一千二百两,遵化州填发债票合银六千两,丰润县填发债票合银七千八百两,玉田县填发债票合银三千两,易州填发债票合银三万两,涿州填发债票合银六千两,房山县填发债票合银一千五百两,定州填发债票合银四千九百八十两,迁安县填发债票合银七千八百两,昌黎县填发债禀合银九千六百两,临榆县填发债票合银九千二百四十两,滦州填发债票合银一万四千八百二十两,卢龙县填发债票合银四千八百两,抚宁县填发债票合银九千两,邯郸县填发债票合银一万四千四百两,龙门县填发债票合银一千九百八十两,蔚州填发债票合银三万三千两,宣化县填发债票合银三千九百六十两,密云县填发债票合银三千两,阜平县填发债票合银三千六百两,灵寿县填发债票合银三千两,青县填发债票合银三千三百两,大城县填发债合银五千一百两,河间县填发债票合银三千两,献县填发债票合银九百六十两,吴桥县填发债票合银三千六百两,肃宁县填发债票合银一千二百两,阜城县填发债票合银一千八百两,景州填发债票合银三千两,祁州填发债票合银三千九百六十两,唐县填发债票合银一千八百两,高阳县填发债票合银二千四百两,上海招商电报局填发债票合银二十四万两,济南电报局填发债票合银六万九千两。以上本期共收银一百二十万两,其余仍分归第三、第四期兑收。

(光绪三十一年四月初三日"文牍录要"栏目)

论发地债

天津河东俄国租界,经津海关道派委勘丈,曾纪前报。兹闻丈界委员于日前传谕各地主投交契纸,以便核发地价。

(光绪三十一年四月十八日"畿辅近事"栏目)

清查户口

天津巡警总局以防御盗贼全恃清查户口,乃近日各铺户开张闭歇,并不禀知巡警局,殊属大有妨碍,特出示晓谕,嗣后无论何项铺户,凡有开闭,均即具报各该管巡警局以便查核,倘敢故违,罚办不贷。

(光绪三十一年四月二十日"畿辅近事"栏目)

津海关道详津郡豁免米粮各捐现届期满
可否再行展限免捐请示遵文并批

为详请事,现准管理钞关副税司韩森函称,案查上年米粮免捐限满,经贵前道禀蒙北洋大臣批准再行展限一年,函致本关照办在案。兹查自上年五月起至本年四月三十日止扣足一年,又届限满,相应如何办理之处,即希查照转禀候示见复,以便照办是荷等因。准此,查上年五月间,因津地市面萧条,当经前升唐道详奉宪台批准,再行展限免捐一年,业经分别函咨并出示晓谕在案,兹准前因职道复查津郡市面仍属元气未复,加以东三省米粮缺乏,灾黎困苦,全赖招商平粜以资接济。现届期满,可否再行展限免捐之处,职道未敢擅拟,理合具文详请宪台查核,俯赐批示祇遵,实为公便。

督宪衷批:据详米粮免捐,又届限满,该道体察津郡市面情形仍属元气未复,应准再行展限免捐一年,以示体恤。仰即迅速出示晓谕并函覆钞关副税司暨移厘捐总局遵照。此缴。

(光绪三十一年五月十三日"文牍录要"栏目)

襄理学务

津郡学堂日多,事务日繁,学董林、卞二君,实有不遑兼顾之势,昨特禀保举人王新铭勘以帮同经理,已由县批候转详立案,以资襄助。

(光绪三十一年五月三十日"畿辅近事"栏目)

整齐街市

天津巡警总局天津府县会衔告示:照得津郡系互市名区,马路为通衢要道,现在临街房屋参差不齐,其间小屋窝铺破烂不堪,殊不足以壮观瞻而新耳目。昨奉宫保面谕,令将马路两旁小屋窝铺设法整齐等因,兹本总局府县已函请工巡捐局查明本城内外沿河各马路并租界交接地方以及城内十字街暨新车站两旁河北大胡同等处共有应行修整改造之破房、小屋、窝铺约六百间之谱,若一律责令现户自行修改。在殷实商民固属易事,而小本营生之辈,诚恐力有未逮,未便强其所难。本总局府县悉心筹画,拟由工巡捐局派委妥员挨户传谕,劝令各该户商民之有力者,迅将破房小屋自行修整改造,务使门面整齐油漆鲜明,勒限一月竣事,不准稍有观望。其实在贫苦,力难自办者,由局酌定修改式样,核实估计,代为垫款,修改所用之款,酌令各该户分限归还,或于抽收房捐时责令分月带还,如此量予变通,事半功倍。庶几商民不扰,街市一新,亦文明进步之一端也。

除禀明宫保移会工巡捐局酌办外,合行出示晓谕,为此,示仰马路两旁各铺户、商民人等一体遵照毋违,特示。

(光绪三十一年六月初二日"畿辅近事"栏目)

天津官银号代办第三期公债票榜示

为榜示事,照得本银号代办直隶公债,业将二月初一日、四月初一日各处订购票数及是期收银填发债票号数暨除收下余银二百一十四万九千六百八十两,分归第三、第四期兑收分晰榜示在案,兹届六月初一日发行第三期债票,所有各处订购票数及本期发债票号数、地名开列于后,须至榜者:

计开:订购大票一套者二百十分,共银十二万六千两;订购小票一套者二千七十二分,共银十二万四千三百二十两。以上第三期订购债票者二十五万三百二十两,连前订购未收银二百一十四万九千六百八十两,统共二百四十万两,除本期收银一百二十万两,内由本银号填发"洪荒日月盈昃"字二十三号至三十二号,共银六十万两;"夜光果珍李柰"字六十七号至七十七号,共银六千六百两;"露结为霜金生"字三百一号至三百二十九号,共银一万七千四百两;"让国有虞陶唐"字一百一号至一百二十二号,共银一万三百二十两;"表正空谷传声"字一百六十四号至一百九十八号,共银二千一百两;"表正空谷传声字"二百五十四号至二百六十号,共银四百二十两;"暑往秋收冬藏"字六十一号,共银一千八百两。又,由上海招商电报局填发债票合银二十四万两,济南电报局填发债票合银七万九千九百八十两。烟台招商局填发债票合银三百万两,各州县填发债票合银二十二万三百八十两以上本期共收银一百二十万两,其余仍截归第四期兑收。统计原定募集公债银四百八十万两,现已收募足数,以后概不续募。

(光绪三十一年六月初五日"文牍录要"栏目)

津海关道遵饬酌改洋货运入内地税单
另戳字样呈送单式请查核转咨文并批

　　为详请事案,查前蒙宪台札开三月十七日准外务部咨开光绪三十一年二月二十七日准浙江巡抚咨称,浙海关扣留英商麦边洋行运货一案,饬据浙海关覆称,洋货入内地税单另戳载明,商人请领税单照完半税,运入内地不得出入海口。今麦边洋行由沪运货至绍,所领系内地子口单,该商不从内地行运,辄从海道绕越直进隔省沿海子口,实属违约。并据委员调查,江海关原单系将另戳所载不得出入海口字样涂抹,加盖出吴淞口红戳各等情,咨请南洋大臣转饬江海关查复旋准南洋大臣咨,据江海关详称,洋货运内地请给子口半税单,由吴淞口出海行运,实系光绪二十四年德商咪吔、美商美孚报载浙江舟山火油之案,创始系奉总理衙门饬据总税务司查复核,与烟台续增《中英条约》不背核准照办,迨后各商援案请领半税单,出吴淞口运津货,往浙江宁绍等处,不能不照案给发等因。查内地税单载有"不得出入海口"字样单式,至今并未更改,但《烟台条约》既有"沿海即内地"之语,且江海关向系援案通融办理,现在亦难骤复旧章,惟无论如何总须定有划一办法,究竟华洋各商持内地税单运洋货入内地,是否应照原单另戳所载不准出入海口,或可援照舟山成案及《烟台条约》准其由海道行运,应请核示等因。当经本部札饬总税务司察议去后,兹据总税务司申称查历办向章沿海分通商口岸与不通商口岸洋船驶至不通商口岸贸易者,应即照约拿获充公,嗣因《烟台续约》有沿海不通商口岸即为内地之语意,近复有轮船行驶内港之章程,而洋商船货至内地沿海时仍系按照向章查明办理。所谓查明办理者,以货而论,至内地沿海时只验其有无税单,有单者自系完过进口正税暨子口半税,照约放行,无单者即须逢关纳税,遇卡抽厘。以船而论,至内地沿海时只验其有无内港牌照,有牌照者照内港章程放行;无牌照者,按向遵之约充公,应请通行各省各关申明各例章,并饬将单式另行更正等语前来本部。查《烟台条约》第三端既载有沿海各口不通商口岸,皆属内地之语,照此讲解"内地"二字,则各商持子口税单运洋货往沿海各处自难禁阻,应饬各关卡验明有无税单及该船有无内港牌照,分别办理。其税单内向载明不得出入海口字样,嗣后亦须另行更正,不得草率涂抹,俾免疑阻,应将不得出入海口一句,改为不得运至非单内所指地方,以符约章相应咨行查照,转饬沿海各属暨各海关监督遵照办理可也等因到本大臣准此。除分行外合行札饬,札到该道,即便遵照办理此札等因,蒙此当经函致新关税司办理去后,兹准该署税司费妥玛函称案,查洋货运入内地税单另戳所载不得出入海口字样,应改为不得运至非单内所指地方一事,当即另行刊印,因该单左幅窄小,是以盖印右幅,惟单内另戳系属新改式样,诚恐各卡或有疑义,兹特送上单式,请分送等因前来。除分咨外理合将单式具文详请宪台查核俯赐,转咨外务部查照并请分咨陕甘总督部堂、山东、山西、河南、陕西、新疆抚部院查照转饬备案,实为公便。

督宪袁批:据详已悉。仰候咨呈外务部查照,暨分咨陕甘总督,山西、河南、山东巡抚、陕西巡抚、甘肃、新疆巡抚查照,转饬备案单式,分别存送。此缴。

(光绪三十一年六月十五日"文牍录要"栏目)

长芦运司津海关道北洋银元局会详
遵议外省铜元入口办法文并批

为会详事,窃照本司职道等本年六月初二日,奉宪台札开五月二十六日,准外务部咨据总税务司呈,以直隶饬禁铜元进口之事,希即酌示以便遵行等因到部。查各省铜元均思推广,直隶禁止外省铜元入境,系援山东成案,究竟应否禁运抑或另行设法维持,亟应由财政处户部南北洋大臣统筹全局,妥定办法,以免无益于圜法而有妨于关务,除分咨外,相应咨行查照酌核声复以便转饬总税务司遵照,札饬司道等会同妥议具复以凭核咨等因。奉此本司职道等遵即会同妥议,伏查北洋禁运外省铜元,实因外省所铸成色不一,其发行之价,亦复参差不齐,在彼口虽由官运而至此口,率经商民贱贩而来得利争售,以致搅乱市面,败坏圜法,势不能不暂行禁止。查外洋各国国家皆有货币制度,凡金、银、铜各币成色及发行价格,均有一定律例,不得稍有参差。中国今日各省所铸铜元,成色价格均各自为政,全不相谋。

北洋自开铸以来,均照奏定成色并执定当制钱十文之义定价不稍折扣,而外省乃以质杂价贱之铜元来此充斥,不顾当十为何名义,致令民间,当九当八,疑惧丛生,弊端百出,是不待外人进言,亦应设法整顿。况新约已有立定一律国币之条,似更宜早为筹画,惟兹事体为朝廷法度所关,非外省所能代谋,必须财政处户部统筹全局,将各省鼓铸铜元先定明一律成色,然后定划一发行之价,著为律令,随时考验,不准率行搀杂,任意低昂,如此则有益于圜法,无妨于关务,中外商民咸称利便。所有遵饬会议外省铜元入口妥定办法缘由,是否有当,理合具文会详,仰祈宪台鉴核,转咨外务部查照,实为公便,为此备由具详,伏乞照详施行。再此案系职银元局主稿合并声明。

督宪袁批:据详外省入口铜元成色未能一律,现经该司道等会议,欲求画一办法,必须由财政处户部统筹全局,将各省鼓铸铜元先定明一律成色,然后定划一发行之价,著为律令,庶于圜法关务均有裨益,候咨财政处户部酌核办理,并咨外务部查照。缴。

(光绪三十一年六月二十三日"文牍录要"栏目)

督理天津银号榜示

为榜示事,照得本银号代办直隶公债,业将二月初一日、四月初一日、六月初一日各处订购票数及是期收银填发债票号数暨除收下余银一百二十万两,归第四期兑收分晰榜示在案,兹届八月初一日发行第四期债票,所有各订购票数及本期填发债票号数、地名开列于后须至榜者,计开:"洪荒日月盈昃"字三十三号至四十三号,合银六十六万两;"闰余成岁律吕"字三十五号至三十九号,合银三万两;"夜光果珍李奈"字七十八、七十九号,合银一千二百两;"露结为霜金生"字三百三十号至三百六十八号,合银二万三千四百两;"让国有虞陶唐"字一百五十一号至一百九十五号,合银二千七百两。又由上海招商电报局填发债票合银四万二千两,济南电报局填当债票合银一千二十两,烟台招商局填发债票合银三万两,朝阳县填发债票合银七千九百八十两,永七盐局填发债票十万二百两,各州县填发债票合银三十万一千五百两。以上本期共收银一百二十万两,其余已认未交之银概不兑收,计原定募集公债四百八十万两,现已募足,嗣后一律停止。

(光绪三十一年八月初六日"畿辅近事"栏目)

调查天津户口详数

天津警务总局系仿照各国警察之法办理调查户口极为详细,兹将该局所查实数开列于左:南段现存户数计五万八千五百八十二户,人口三十万二千九百零六人,北段户数一万四千一百三十八户,人口七万五千三百三十八人,合计户数七万二千七百二十户,人口三十七万八千二百四十四人。外国租界为日、英、美、法、比、德、俄、意、奥九国,凡中国人居租界者,计日租界九千三百七十一人,英租界四千二百五十人,法租界四千人,德租界四千六百三十五人,俄租界三千三百人,比租界一千二百五十人,意租界一万八千五百人,奥租界三万人,合计七万四千三百六人。至各租界所住外国人,除驻屯军队外,计有三千七百二十五人,总核天津城内外住居中国人计四十五万二千五百五十人,外国人三千七百二十五人,合计四十五万六千二百七十五人,天津城旧基点东西南北各方面二十里及至四十里地方村庄共有三百八十二村,户数七万五千四百七十户,人口三十八万四千二百六十三人。

(光绪三十一年九月初二日"畿辅近事"栏目)

国民捐府批照录

天津府中学堂内全堂教员学生等公同会商,各解囊金名曰"国民捐",

具禀凌太守,兹将太守批示录左:据禀本堂学生等因功课余闲讲《国民必读》一书,激发义气捐款,备还国债。该监督教员等因。亦慨然乐输,集银二百八十余元,系出于爱国热诚,披览之余良足嘉慰,即此一事可以教忠,可以合群。由一堂而推于各堂,由一府而推于各府,由一省而推于各省。人人如此,我国立刻便能自强,何必忧时念乱作新亭俉父之泣耶。本总办亦国民之一也,思古人毁家纾难志焉而未逮,感念学生之意且喜且愧,自捐廉银一百两,汇同前款交官银号存储,俟各处学生闻风兴起,捐有成数,再行禀请学务处转详督宪核示遵办,现勿庸登报,以见此国民捐乃靖献之忱而非噭名之意如禀立案,仰即遵照此批。折存。

（光绪三十一年九月初四日"畿辅近事"栏目）

宝坻县遵饬行用铜元情形禀并批

　　敬禀者,窃卑职于光绪三十一年八月初六日接奉宪台札饬晓谕各商一律照章行用北洋铜元并颁发告示一百张发商张挂,俾免阻挠等因,奉此仰见宪台整顿圜法,裕国便民之至意,钦佩莫名,遵即迅将告示遍行张贴俾众周知,庶不使奸商莠民从中折减抑勒滋生事端,务期推行尽利以济钱荒而维圜法。伏查卑县商民纽于故习,初使铜元未能深知利益,前月十一日曾经尹宪饬发告示,令即张贴晓谕一律行用铜元,正在张贴间,民智未开,村民皆持钱票向各钱铺支取制钱,市面遂至摇动,当经卑职多方劝导,一面饬差弹压以资镇慑,一面出示晓谕劝导行用,嗣于本月初三日延请绅董铺商到署晓以大义,反复劝导大意,谓保定、天津各州县均能行用,何止宝坻一处独多窒碍? 宜遵照保定、天津各州县成法办理,务期一律通行。现与各绅董铺商议妥公私两益,一法以后境内通行铜元,其各钱铺从前所出旧票仍照旧支取制钱,各商民如存有旧票,不必纷纷支取、随时均取制钱,此后所出新票铜元与制钱一律抵支以昭公允。从前各铺商账目来往及典当地亩挪借债款字据上系有制钱者,均用制钱清算;此后行用铜元字据内并已载明者,铜元与制钱一律通用。如此变通办理,于公私两有裨益,而商民亦均愿行使铜元。正在出示劝导间,接奉宪札,复即遵饬办理张贴告示,此次迎机利导风行草偃民情称便,遂无复有阻挠者,除将告示遍行张贴外,所有先后行用铜元劝导示谕大致情形,理合驰禀宫保查核,肃此具禀,恭请勋安伏乞慈鉴。

督宪袁批:据禀已悉。仰仍随时劝导,务令制钱铜元一律行使,不得稍分轩轾以维圜法。缴。

(光绪三十一年九月初八日"文牍录要"栏目)

天津户部银行正月分代收国民捐清单

倪远甫、顾公毅库平足银各一百两,雍剑秋、张紫垣库平足银各三十两,倪士钦、张崇叙、冯辅廷库平足银各五两,张泽湘库平足银四两,吴蔚如库平足银十两,叶绍田库平足银二两,岳乾齐库平足银五十两,吕记库平足银二钱五分一厘二毫,刘记库平足银五钱零二厘四毫,刘记库平足银一两一钱八分二厘四毫,荣记库平足银二两零四分,共库平足银三百四十四两九钱七分六厘。

(光绪三十二年二月初二日"本省近事"栏目)

督理天津银号江苏候补道孙道呈送银行专修所
试办章程及管理规则并批

谨将拟订银行专修所试办章程恭呈宪鉴:

第一条 总纲。一、本所之设,专为造就银行事务员,以为改良银号之初步。一、本所第一期学生,先尽山西票号生徒挑选,取其有本国簿记汇兑之知识,反观互证较易为功。

第二条 学期及科目。一、本所以六个月为一学期,共三学期,计一年半毕业。嗣后续招新生,当相机高其程度,逐渐扩充。一、本所课目以银行理论为引导,银行实践为指归,而附以关于商业之科学,期其可以应用。课表列左(表略)。

第三条 入学及退学。一、本所学生入学之初,应先面试珠算及叙事文一小篇,以觇其素有程度,俾便施教。一、本所学生于开学之先,应各具誓书一纸,其式如后(式略)。一、本所学生如有品行不端,积过至五次以上无功可抵者,得勒令退学(赏罚规条,悉遵奏定章程办理)。一、本所课程悉有定时,如以请假至一个月以上不及随班者,届时酌量命其退学。

第四条 假期。一、本所假期除星期一律休假外,年假十五日,暑假三十日,万寿节、先师圣诞、端午、中秋各一日。一、学生如实因染恙不能上课者,准其自行请假,但至多不得逾一个月以上。

第五条　考试。一、考试分为两种:一曰期考,每学期举行一次(毕业考试即合第三学期考试并行)。一曰月考,每月由教习当场面试。一、考试评定分数以百分为满格,各科平均计算,每科满六十分者为及格,不及六十分者为不及格。一、期考所得分数,应与月考分数平均核计,如月考功课八十分,而期考得六十分者,以七十分计算,期考得九十分,而月考祇七十分,以八十分计算。一、月考分数表,应每月由教员交由庶务汇呈总理存案,以凭查核。一、期考分数由教员平均核计后,交由庶务呈总理,榜示周知。一、学生平日品行,应每月由检察官暗记分数,列表一次,汇交庶务,连合功课分数,平均核算。

第六条　毕业。一、学生修业期满屡试及格者,应由总理授与毕业文凭,以资执证。一、学生毕业后,即留银号效用,其有擅图别差及故意不尽职分者,皆应量为处罚。

第七条　职员及责任。一、总理,本所为银号筹款设立,银号督理即为本所总理,所有延聘教习、进退员司,及一切教育事务悉归主持。一、庶务官兼会计,专理全所事务兼司出入款项。一、书记,专司本所文牍,保存一切图书表册。一、检察官,稽查学生起居行止,管理膳堂斋舍诸事。一、监学(以驻堂本国教员及译员兼充),查核学生功课,管理自修室诸事。一、本国教员,专授所任科目,配定授业时间,并于开课之初择定课本,通知庶务官购备,散给学生。一、外国教员专授所任科目,配定授业时间,并每于授课之前二日先编讲义一课,交由译员翻成汉文。一、译员,专译所任科目,并以教员所编讲义,于授课之前一日译成汉文,交由庶务官刷印分授学生。

第八条　经费。一、本所经费按月预算,由银号支发,按季报销一次。

第九条　附则。一、本所管理规则悉遵奏定章程办理,其有未尽事宜,应准随时增改。

谨拟银行专修所管理规则,恭呈宪鉴:

斋舍规条

一、本斋舍特设检察官一员,所有学生起居行止等事,悉归检察。一、本斋舍分为东西两斋,每斋先由本斋学生公推斋长二人,报由检察官,指定一人专充,两个月更推一次。一、斋长有传布检察官训令,及代表本斋学生意见之责。一、斋长应率同本斋学生,整饬全斋事件。一、斋长奉职勤慎者,当由检察官记功以褒之。一、斋长有不尽职者,当由检察官申斥或命退职,又本斋学生有三分之二以上人数之同意,亦得申请另推。一、每斋雇用斋役一名,以听本斋学生遣用。一、遣役出外应有定时,每日至多两次(午前一次午后一次)。每次当会合本斋学生事件公同遣用,但发寄邮件,则概交由检察官随时饬人代发,不拘定时。一、所用斋役如有不听遣用者,准由本斋斋长申告检察官,酌量情节轻重,或斥或革。一、每晨自七钟半起床,应即迭置被褥检拾零件,不得任意堆积,杂乱无序。一、每晚十一点就寝,应即一律息灯息火。一、在寝室内不得任意喧扰。一、特别设有盥所,寝室内不得取水盥洗。一、特别设有膳堂,寝室内不得任意作餐。一、每月以内每人应各曝被一次,两斋轮值。一、学生中如有染恙者,应通知检察官,延医证察,其有患传染病症及感疾较重者,当送入病院养治。一、除星期以外,不得出玩,每晚归室,至迟以十钟为度。一、以上各条,凡我学生皆当遵守,其余未尽登载事宜,更当互相劝勉,自爱自重,免干记过以全名誉。

接待宾客规条

一、本所特设通讯室,专为学生接待外客之所,学生有亲友来探望者,由门役报知,得在该室接见,不得擅入斋舍。一、学生亲友来所时,在上讲堂时限内,门役不得通报。一、学生见客时,闻上讲堂号音,厅役须请客暂退,不得妨碍功课。一、学生亲友有欲观本所规模者,由该学生申告庶务官后,派人接见导览。一、各地官绅有来本所观学者,应先期函告,总理知照庶务官接待,未经函告,恕不接待。一、本所无论何人亲友,概不得在内寄宿。

膳堂规条

一、本所员司、教习及学生每餐同在膳堂,饭菜均须一律。一、膳时闻号音一律到堂,勿得争先落后,食已即出,不必守候。一、座次由检察官排定,不得任意择座,定章每桌八人,勿得六七人占一桌。一、膳堂最宜洁净,应由庶务官督饬厨役、值差人等随时洗拭,排列整齐。一、每日早餐限八钟,午餐限十二钟,晚餐限六钟时,不得临时未备或任意提早,纷乱时限。

一、本所各项人等,如请假出外,回来饭时已过,不得另向厨房需索。

附则

一、本所设有储藏室,学生非随时应用物体,不必堆置寝室,可付该室存储,至需用时当先告庶务官,派人同往取携。一、学生许带书籍以备自习参考,但其书须经检察官查验,不悖教法者方准携入。一、学生如非例假日期有私事必须请假者,当至检察处领取请假票,填明缘由,经检察官许可,方准出校。附请假票式。

督宪袁批:据呈送银行专修所试办章程及管理规则均悉。统核章程大概依中等商业学堂程度,而注意于银行办法甚合,惟体操一科似应添入,使商人知重卫生。又总理、书记、检察官名目,应改为监督、掌书、监学,以合定章,余均照拟办理,仰即遵照,钞由批发。

(光绪三十二年二月二十日"文牍录要"栏目)

天津户部造币总厂国民捐清单

造币厂总办、银行帮办瑞丰京足银四百两;银行总办、造币厂帮办张允言三百两;坐办委员王树潘一百两;总监工委员郑诚五十两;帮坐办委员张德勋二十两;钢模委员余树政五十两;翻译委员雍涛二十两;文案委员晏宗慈洋五十元,朱邦献四十元;银铜库委员翟镇、化验委员单宝德各三十元;文案委员璧双、翻译委员马庆余、物料库委员刘恩灏、监用关防委员黄树声各二十元;帮镕化较准委员郑抢元、撞饼碾片委员崇良、收发铜模委员诚烜各十元;发审委员惠年八元;稽查工匠委员王蠡六元;司事华凤洲十六元;经田、李梦涛、宣器、李道清各八元;陈辉、侯岩、李熙霖、齐鼎涣、李恩绶、魏雯、王仁绶、林文华、彭肇庚、张祐、卢兆龙、倪权各四元;张宸三、毕恩庆各三元;陈守忠、杜龄、黄瑞霖、陆培余各二元;孙庆铸一元。共计京平足银九百四十两,银元三百八十五元。总匠目袁金本四元;副匠目郭丛华三元;工匠阮志施、蒋铭新、董鸿图、黄寿铭、袁祥生、申林、刘海泉、陈贵各一元;冯福六角;杨万林等二十二名各四角;王恩荣等七名三角;王祥等六名各二角;长夫张文清等二十四名各一角;石振生等七名各铜币五枚;艺徒赵恩荣等八十三名各一角;庄惠之等二十一名各铜币五枚。以上共计小银币二百八十六角,大银币十五元,当十铜币一百四十枚。

(光绪三十二年二月二十六日"本省近事"栏目)

庄农慨缴国民捐

昨接天津户部银行代收国民捐处来函云,顷接枣强县宅城村王玉存交来津钱二十串,愿纳国民捐,内称民人系庄农家,仅薄田二十余亩,只足糊口,本年闻城内设有阅报室,日日来城听讲孜孜不倦,颇有感于国民纳捐之举,遂归而谋诸家人慨然以一亩六分有余之地变卖得价,愿尽义务并嘱本行送登报端等语,兹将情由录呈乞登贵报,以资观感云云。

(光绪三十二年二月三十日"本省近事"栏目)

天津户部银行代收国民捐总数

今收到国民捐款,自本年正月二十日起至二月三十日止,共库平足银一千六百二十六两四钱零四厘,正、二两月份应给利息共库平足银二两二钱八分一厘,总共存库平足银一千六百二十八两六钱八分五厘,应给利息均按照收到捐款之日算起,合并声明。

(光绪三十二年三月初二日"本省近事"栏目)

食盐拟改陆运述闻

传闻津埠盐商现与京汉铁路订立合同,嗣后所有食盐拟不装载沙船即由铁路带运以期利便云。

(光绪三十二年三月十九日"本省近事"栏目)

津海关道台告示

为晓谕事,照得俄租界围墙内外所有四五等各地户前于去秋早经出示,仰各地方速到大直沽租界分局投交契纸,以便查核发给价值在案,现时业将四等地段陆续发价,不日即可清结藏事,惟五等地段尚未查勘清楚,缘因众地户多属观望,拖延时日不肯踊跃前来,实堪痛恨。为此再为特示仰阃界五等地丈者,均限于月内务必来局投契,静候查明定期发价。倘有过期不到,仍行照。前因循玩忽者,即将该地段注销充公,以示薄惩,决不宽贷,勿谓本道言之不预也。众地户其各凛遵勿违。切切特示。

(光绪三十二年三月三十日"本省近事"栏目)

学务处试办盐业

天津口岸盐商获利颇厚,自平价后,沿海悉食官盐,利尤无算,认办商人行将年满,近闻直隶学务处以学费筹措维艰,议由学务处认办。所得盐利悉行作正开销。陆都转颇韪其议。故闻将来期满,有拟派员会同学务处办理之说。

(光绪三十二年三月三十日"本省近事"栏目)

函询米商开会日期

天津粮店各商现已公举董事拟假商会正厅设立研究会业经报明考工厂日前经研究总会函知商会,因该商禀内未经叙明,研究日期无从立案,请转饬添入以免遗漏,当由商会传知该董事遵照速办,以便早日开会云。

(光绪三十二年四月初二日"本省近事"栏目)

续议公估拆息问题

天津市面衰败后屡谋维持之策,迄无良法,新委商务议员严筱舫观察近日在津开办公估拆息,期与上海、烟台一律,以兴市面,故于日前复由考工厂约集钱业中人演说公估拆息利益,惟闻各行商人以此两事,均与津市习惯格不相通,仍未许可云。

(光绪三十二年四月初五日"本省近事"栏目)

粮价昂贵之原因

现在津埠天气亢旱,雨泽愆期,御河之水深不过二尺,以至上河粮船仅装二百石者尚可行驶,再多则需用驳船拖带,以故近来粮价骤形昂贵,闻此数日中每石已增至银五钱上下云。

（光绪三十二年四月十一日"本省近事"栏目）

游船运费之调查

《北洋日报》云：天津日本游船会社分行于本年西五月底调查该公司，于本月一个月内计得进口货物之运脚日金三万四千九百九十三元（每吨按值五元），较去岁西五月内该公司所得进口货运脚日金三万二千四百四十元二角七仙，已增多二千五百五十二元七角三仙，可见津埠商务之日有起色矣。

（光绪三十二年闰四月十五日"本省近事"栏目）

学生公钱总教习

天津大学堂总教习丁家立君将次回国，前日该堂全体学生开会饯行，公赠银爵一对，高约五六英寸。是日十点钟，由总办蔡太守子廙教务、王大令少荃及全堂教员率领全堂学生百余人肃诣大礼堂，先由教务王君以英语宣表全堂学生敬意，继由班长郭君文瀚捧读诵辞并赞导同学，行三拱礼毕，丁君以英语表谢忱并加勉励。闻丁君已于昨日附轮南下，全堂学生均赴码头恭送云。

（光绪三十二年闰四月十七日"本省近事"栏目）

新订清查户口章程

天津工巡捐局自归南段总局办理现订新章，特饬各局各区将所管地段查清，若干铺户、若干居民按查户口章程询明作何生理、住房几间，挨户编订门牌造具简明清册，再将捐簿按照局、区查编之门号分订。两相比较，某户纳捐，某户匿报以清弊窦，现已一律实行。

（光绪三十二年五月初三日"本省近事"栏目）

照录杂粮价目单

天津永丰屯沿河一带集场目下杂粮行情如下：御河，白秋麦六元四五又六元二三，元米五元一二，新红麦五元二三，元玉米五元二三，红秋麦六元二三；上河，白秋麦四两四五，花麦四两吉豆五元二又四元八九；杂河，红高粱三元二三，元小米五元四五又五元一二，白小米五元上下，生米五元七八，芝麻六元七八，稻米八元。

（光绪三十二年五月初三日"本省近事"栏目）

银行定期休息

《京津西报》云：天津各国银行现因天时甚热，按照旧例已定于西七月二号、三号休息两天，所有两天内公事暂行停办云。

（光绪三十二年五月十一日"本省近事"栏目）

天津府厅县会详加征苇渔课税拨充自治局归还借款文并批

为会详事，现奉宪台饬立天津自治局业将开办章程暨先行借垫银两分作五年归还，禀经批准案。窃查卑府县闲款绝少，筹画维艰。兹查光绪三十二年六月十六日，蒙藩司札开札津军厅知悉，案查前据该厅详经征津、武两县苇渔课各村庄田房税契应否加征一半学费请查核示遵等情。据此，当经批示并分饬津、武两县查覆该村已否设学去后。兹据天津、武清二县遵饬查明，该厅苇渔课村庄并未设有中小学堂，先后具详申覆前来查该厅苇渔课地皆分隶津、武两县，其钱粮税契虽归该厅征收。然平日讼狱考试仍各归各县办理，与张、多、独三厅情形不同，以其并非抚民厅并无分地分民其无另设之中学堂不问可知，至完纳苇渔税课之各村庄仍是津、武两县人民，岂有不能入天津府中学堂之理？且津、武两县业已奉文加捐半税。如此项课地无捐，是一县之中办法两歧，不独非持平之道，且恐启影射之弊，似宜仍令一律加捐，按季就近统解，天津府核收与各县无异，以归一律。除札天津府知照并分别批示外，合亟粘抄。前奉院札抄片札饬，札到该厅立即遵照出示晓谕，遍行张贴，所辖苇渔课各村庄以期家喻户晓，俾咸知嗣后

251

田房税契除完纳正税外,另加一半契捐充作本郡中学堂之费务须照章办理,不得纵容书役格外需索,致干查究切切,此札计粘抄院札并抄奏一纸等因。蒙此卑前厅查丞未及出示,奉委查办要案卸是,卑职帅程兼护到任接准移交,遵即出示晓谕,遍布张贴所辖渔苇各村庄,嗣后凡征收田房税契,即照各属折征地粮办理,每契价银一两折收制钱二千文,除完纳正税二分外,另加捐收学费一分五厘,所征银两随时按市以钱易银,尽数批解卑府衙门兑收。卑府现在察核各属小学堂毕业学生尚须时日,其报解中学堂经费暂足敷用,拟将此项加征契税尽数拨充自治局为逐年归还借款之用,除由卑厅妥慎经理并严禁书役格外需索外,所有办理缘由,拟合具文会详宪台查核,俯赐批示立案,实为公便。为此,备由缮册具呈,付乞照详施行。须至册者。

督宪袁批:据详已悉。该府厅拟将加征苇渔课契税,尽数拨发自治局,为逐年归还借款之用,事属可行,应准立案。仍由该厅妥慎经理,严禁书役需索。仰即遵照。此缴。

（光绪三十二年八月初一日"文牍录要"栏目）

天津府厅县禀设立自治局请将海河两岸淤地派员丈量变价提充经费文并批

敬禀者,窃维行政之道,立法为先致治之原,得人为贵。现奉宪台谕饬,在卑府署内设立自治局集官绅之品学兼优者,群相讨论,冀裨时局。业经拟定章程禀奉宪台批准先行筹款垫办在案。兹查有津邑海河裁湾取直两岸涸出淤地为数不少。前经由县禀明招民认垦纳租,拨充劝学所常年经费计地七顷余亩。此外,未垦之地亦经卑县禀请招租,备充津贴沿河村庄兴学之资先后奉准在案。兹因自治局经费无从挹注,卑府县公同酌议。前项淤地除已放给民间耕种者不计外,下剩官地拟派员履勘清丈顷亩,按段绘图编号造册一面,酌中定价出示晓谕,准予居民缴价领地发给执照,作为民产永远管业,所得地价即充自治局公用,似于要政不无裨益,卑府县为地方自治筹款起见,是否有当,理合禀请宫保查核俯赐批示,实为公便。肃此恭请钧安,付乞垂鉴。

督宪袁批:据禀已悉。该府县拟将海河两岸淤地勘丈变价充作自治局经费,既于自治要政有裨,又与劝学所常年经费无损,事属可行,仰即遵照办理。此缴。

（光绪三十二年八月初二日"文牍录要"栏目）

天津县详边家等村学堂以青苗会资拨充学费文并批

　　为详明事，案据县属边家村村正王得中、陈家村陈忠、邓家店子村副张立顺等禀称：窃身三村公议立有学堂，于三月十八日在县并学务处各声明在案。身三村毗连，历有青苗会，今共议定青苗会资归为学堂经费，不敢另作别用。惟村中多有无知之徒，倘出头滋闹，从中取利扰害乡民，实担架不起。为此，叩乞恩准作主赏示凛遵，恳恩存案备查。实为德便等情。据此，查该村建设学校究竟如何集款筹办并未声叙，当经批饬妥议禀夺去后。兹据该村正等具禀：窃身遵批三村公议在庙内设立学堂，以青苗会资筹办经费，业已禀明在案。蒙钧批至明理宜再行声叙，缘庙基改建，学堂只就庙房二间身，陈忠自盖学堂三间并未敛凑集款。身等将学师请妥学生商酌，有人专指青苗会资以公办公。三村约定民无二心。身等皆以守分为本末，蒙赏示立案，不敢擅专。为此，再行叩乞恩准赏示立案等情。前来卑职覆查该村正陈忠在于庙地内自行出资盖房三间充作校舍，具见热心教育。所需经费议以三村青苗会资拨用，以公款兴办学堂，事属可行，应准照办。至该村所设之学，应作民立第四十初等小学堂以资联络，除出示晓谕，并俟开学后再行查报外，所有县属边家村等三村公议设立学堂缘由，理合具文详请宪台查核俯赐批示立案，实为公便。为此，备由具册具呈，伏乞照详施行。须至册者。

　　督宪袁批：据详已悉。查前据巡警总局以青苗会费请查照奏案专办巡警，详经批准分行该司并天津府县遵照在案。今该县请将青苗会资兴办学堂，应毋庸议，仰提学司查照，仍饬另行妥筹经费具报。此缴。

（光绪三十二年九月二十三日"文牍录要"栏目）

盐商会议盐务事宜

　　长芦盐商向设通纲公所，为集议公事之地。闻日前长芦众商均齐集公所会议盐务，应与应革事宜。

（光绪三十三年正月初十日"本省近事"栏目）

253

禀请移会督硝局

　　天津银号信成涌、桐达、万丰、恒利生、义德、新泰等六家每逢用硝镕化银两,遵章赴督硝局购买。因去岁冬月至今常向该局买硝,未能迅捷。深恐将来有停炉之患。故该六号联号禀恳商务总会移会督硝局迅赐设法变通云。

　　　　　　　　（光绪三十三年正月二十九日"本省近事"栏目）

天津银号详请通饬各属遇有本年期满公债各票
抵纳各项应交银两不得留难侵蚀文并批

　　为详请事,窃照职号遵饬代办直隶公债事务当开办伊始,曾蒙宪台奏准章程,通饬各属经手大小官员遵照定章办理并严定违章失信治罪专条一体懔遵。所有募收银两拨发饷项及兑收抵款并光绪三十二年第一年二、四、六、八等月四期应还甲票本利暨乙、丙、丁、戊、己各票七厘利银,又带付乙、丙、丁、戊、己八厘利银,以及欠还各数目业已按月按期随时申详鉴核各在案。兹值本年正月,杪为第二年二月初一日第一期应还公债本利之期。凡有期满之票,应照原订章程第七条内开在原借各处核取现银,并准其抵纳地丁钱粮盐课关税及各项税捐,方可取信商民,开通风气,伏思此项债票系属创办之举,诚恐经收官吏日久懈生,或有不准抵纳及假手吏胥留难侵蚀等事。拟恳宪台重申禁令,严饬藩、运、司、道、局、所转饬各该州县,暨各筹款分局懔遵奏定章程办理。以后四、六、八等月各期亦应照此遵办,按期具报职号备查,仍按期出示晓谕,商民周知,不得虚应故事,庶无违章失信。藉副宪台力挽,浇风取信商民之至意,除由职号广登告白刑印官报外,拟合具文详请宪台察核俯赐批示祗遵,实为公便。为此,备由具详伏乞照详。施行。须至详者。

　　督宪袁批:据详已悉。仰候通饬司、道、局、所暨府、厅、州、县一体遵照奏定章程办理,以昭大信。此缴。

　　　　　　　　（光绪三十三年二月初一日"公牍录要"栏目）

天津银号督理札饬各属续付期满公债本利文

为札饬事,照得本银号详请通饬各属遇有以光绪三十三年期满公债各票抵纳各项应交银两不得留难侵蚀缘由一案,于本年正月二十一日奉督宪袁批:开据详已悉。仰候通饬司道局所暨府厅州县一体遵照奏定章程办理,以昭大信。此徼等因。蒙此,查此项公债应付期满本利银两曾于三十二年二月间通饬查照章程第七条内开期满之票抵解各公款等因,如有不敷,准其照数请领归垫并颁发简明办法章程,业经照办在案。本年系公债第二年,应还本利之期,除二月初一日均系天津票主,已由本银号如数付发外,其四月、六月、八月各期与上年事同一律,自应率由旧章。惟查上年付还债票本利银两尚有未完之处,应令本年按数续付,以昭大信而免向隅。兹奉前因除分行外,合行札饬。札到即便遵照。本年应还各期期满公债本利银两务照上年旧章办理,俾资公益,如上年尚有未还各票本利,应即按数续付。撤抵债票号数,一面按期具报来津备核,一面移知该□□查核,务当实报实销庶无重复舛错之弊。仍遵督宪批示,不得假手吏胥或有留难侵蚀情事,关系紧要,毋稍违延。切切。此札。

（光绪三十三年二月二十日“公牍录要”栏目）

请变通税单存堂例

天津各帮粮商成兴号等以芝麻槽油、元豆、吉豆等项运津销售例,由钞关完税、厘局完捐。钞关原有存堂以六个月为满,并无花费捐单例不存堂。现奉示谕令随钞关例存堂,并每单加洋四角增费,需时诸多,未便拟请变通办理,业由商会据情函请矣。

（光绪三十三年三月初三日“新闻录要”栏目）

天津巡警总局工程科批示

商人崑记煤场禀批,查北运河北岸现已淤高,若再修垫,更致冲刷南岸,所请修垫码头,著不准行此批。

（光绪三十三年三月十三日“文告录要”栏目）

开办北洋储蓄银行

天津近日商务日形发达,独有储蓄银行尚未议及。兹闻当道已仿照日本办法创设储蓄银行,俾便工商交涉,其章程业已议就,拟附入天津银号,以便经理一切云。

(光绪三十三年三月二十三日"新闻录要"栏目)

天津各行商禀会场已开华货仍形滞塞
恳恩将出口货税与洋货一律核减二成文并批

为会场已开,华货仍形滞塞,公叩恩施,逾格以疏商困而免向隅事,窃查天津为北洋巨埠,百货云集,向藉外客运赴内地销售,以资流通。迩来外客多以青岛等处税项稍轻,绕越贩运,津埠日见减色,各铺商货如山积,赔累不支,全津索然,商务总会总协理同全班会董等,目击时艰,变通东西博览会章程,举办商业劝工会,招集各行商赴会陈列,于比赛之中,寓疏通之法,上以答列宪提倡之心,下以慰众商饥渴之望。对新政而论,此会本非缓图;对时艰而言,此会尤为要举,仰赖宪恩批准并豁减出口洋货、进口华货,均减税厘二成,以广招徕而资疏销。其所以维持商务,体恤商情已属周至,业于本月二十日,遵章开会,各行商感洽肌体矣,并于各街巷高揭国徽,建立彩坊,全津胪欢莫可言状。商等即甚愚昧,何敢分外吁求,但自开会以来,各外客纷纷来津,积囤各项洋货,销路日旺,而一切华货滞塞如故,缘各外客多为豁减税项招徕,而至有利益则争销,无利益则观望,且开会宗旨,原以提倡华工,疏销华货为第一关键,津市华货积囤既多,而开会以后来货尤伙,是洋货藉开会而见疏通,华货转以开会而形拥挤,积货愈多,饷源愈塞,我宪台整顿商埠,愿恤商艰,原无二致,徒以来津商贩,分途购运未免相歧。商等再四思维,惟有仍恳宪恩俯准出口华货与洋货一律核减,以资疏销,俾免向隅。商等渥恩已厚,未免事近渎求,但幸遇宪台仁慈,若不详细陈明,转无以副宪台提倡开会之至意,区区下情,是否有当,除禀关宪外,理合恭叩宫保商宪大人查核批示饬遵,凡属商民均感大德无既矣。上禀。

督宪袁批:据禀已悉。候行津海关道查核办理具报。此批。

(光绪三十三年四月初五日"公牍录要"栏目)

天津银号详兼办博济储蓄银号
拟定宗旨章程折式请立案通饬文并批

为详请事,窃职号前奉宪台札准农工商部咨开,光绪三十三年正月初一日准内阁抄交两江总督代奏知府吴荫培出洋游历,回国条陈考察事宜一折,内有试办储蓄银行一则,饬即酌核筹办具报。复准工艺局移送接准运司移,蒙宪台札发福建布衣刘崇伟所拟储蓄彩券章程,令即商同采择核办各等因奉准。此查储蓄银行一端节用裕民,诚为地方财政当务之急,津地银行林立,而此举阙如,于民间生计之发达,殊多缺憾,亟应遵先试办,俾获公益,业将筹办大概情形禀陈鉴核。现在应办各事均已筹备端倪,谨拟定宗旨六条、章程二十条,并存付折件分为四类:曰定存定付、曰定存零付、曰零存零付、曰零存定付。任听商民自便,藉图利益均霑。其开设处所,本司职道公同筹商,拟在职号东偏附设门面,以为试办之所,一切存付事宜,遵由职号兼办,以期简易而昭妥,慎至储蓄债券,应俟风气大开,存款踊跃,再行扩充仿行,以副宪台博施济众,兴利除弊之至意,除将开办日期另文详报,并由职号广登告白外,所有遵饬筹设博济储蓄银号拟定宗旨、章程折式各缘由,理合具文,详请宪台察核,立案俯准,将章程通饬各府厅州县,出示晓谕以开风气而裕民生,并候批示祗遵,为此备由具详,伏乞照详施行,须至详者。

督宪袁批:据详已悉。查拟定宗旨章程存付折件,均尚妥协,应即准如所拟办理,候通饬府厅直隶州各州县出示晓谕,以开风气而裕民生,仰即遵照,妥为经理,毋得稍疏懈,清折二扣、折式四件存。此缴。

(光绪三十三年四月初七日"公牍录要"栏目)

试办天津博济储蓄银号宗旨

一、设立博济储蓄银号,系为各项工徒、商伙、傭役人等,以及妇女童稚如有余赀,皆可交本银号代存,以求子息,免致随手浪费。

一、博济储蓄银号,专为平民集资,可以维持风俗,保全良善,其为地方善政,裨益无形,必须永久护持,将来无论官家如何更动,此项存款,务须妥为安置,必不可失信于人,致伤民气。

一、凡有持赀赴本银号收存者，报明姓名、住址即行发给凭折，无庸另觅妥保。

一、本银号为便民起见，并不图利，所有伙友人等，皆由天津银号调拨，期于支应灵通，概不开支薪水，以节经费。

一、津邑五方杂处，人类不齐，往往积有余赀不知运动，或竟放给小贩营生，脚夫仆役意在希图重利，一遇坑欠，亏折转多。有本银号代为收存，确系有利无害。

一、津邑风气向有为父母存丧葬费者，必须联络多人，方能集资开会，所有入款交钱铺收存，自经拳乱，十荒其七，当时人皆视为畏途。嗣后如有承办此等会社者，无论积资多寡，本银号皆可代为收存，照章计息。

（光绪三十三年四月初七日"要件"栏目）

试办天津博济储蓄银号办法章程

第一条　本银号拟在天津银号附设柜台，专代小本经纪之人收存赀款及零星款项。无论男妇老幼，本银号均可一律存储，照章计息，以图公益。

第二条　储蓄银号存款分为定期存款、零星存款两种，均照长年计息。其存期不满一年者，按一年十二个月摊算，遇闰月按十三个月摊算，逐月存款，定期付还，并赀存、定期分取两项，均照满十二个月为一年。

第三条　存户当第一次来号存储款项之时，须将姓名、住址，据实开写清楚，本号当即编号填给存折，盖印图章以为证据，自后若有续行存入之款，以及支取款项等事，均凭此折收付，认折不认人。

第四条　零星存款利息，每年六月十二月各结账一次，于七月、正月两次分派凭折支付。如存期满半年以上，按周年五厘计息，其存期不满半年者，即按周年四厘计息。

第五条　零星存款每日于午前存入本银号者，当日起息。午后存到本银号者，次日起息。其付还之款，于支付前一日停息，本银号计息以半月为起点，如存储不及半月者，付还时概不计息。

第六条　零星存款凡以各国洋银，或各埠平色不同之银两来号存储者，均照市价合作北洋通用银元，角子铜元亦照市价随时合作大洋以归划一。

第七条　零星存户应得之利息，如不于正、七两月来号支取，即并入存本一同起息,俾收利上生利之益。惟存期未满半年者,不能利上加利。

第八条　零星存款为数无多,不论日期迟早,存取皆听自便,若所存洋元数目稍多,或大宗趸款,仍须随时商酌,预先约定日期,或按时价合作行平化宝,尤为出入均平,即遇洋价涨落,彼此各无异词,以昭平允。

第九条　储蓄之款如第一次来存之时,声明系修学豫备储金,或学资储金,或婚嫁豫备储金,或养老储金者,本银号当为另册存储,各按定章办理。

第十条　修学豫备储金之法,无论男子女子,自始生之一月起,每月将洋银一元七角一分存于本银号,满十六岁可付还洋银五百元,作为就学之费。或自始生之一年起,每年存洋二十元零一角三分,满十六岁亦可付还洋银五百元,多少以此类推。

第十一条　学资储金之法,无论男女学生如将洋银五百二十九元三角六分,作一次趸存于本银号,五年之内每月可付还洋银十元,以供该生每月之学费。五年期满本利清讫,多少以此类推。

第十二条　婚嫁豫备储金之法,无论男子女子自始生之一月起,每月将洋银一元四角七分,存于本银号满二十岁,可付还洋银六百元作为婚嫁之费,或自始生之一年起,每年存洋银十七元二角九分,满二十岁亦可付还洋银六百元,多少以此类推。

第十三条　养老储金之法,无论男女如在少壮之时,每月将洋银二元四角五分存于本银号,二十年后可付还洋银一千元,作为晚年养膳之资。如每年存洋银二十八元八角二分,二十年后亦可付还洋银一千元多少,以此类推。

第十四条　凡各工厂男女工人及各商家伙友佣工,如曾公同邀该厂工头或铺东执事,向本银号特别订明所存之款,准按所定之期,来号取还,俾作营业资本,或为婚嫁养老等用者,无论长年存款、零星存款,准于周年五厘行息外,特别加增利息六毫,以示体恤。

第十五条　凡各学堂、工厂、善堂、公所零星款项存储本银号者,其利息当随时酌议,格外加厚,以维公谊。惟其数至多不得逾六厘,若大宗趸款,须照第八条章程办理。

第十六条　存折所载月日及收付数目,如有笔误讹错,该存户可当柜言明,随时更正,若存户不慎致将存折年月日数目涂改、挖补情事,经本银号看出,立将此折作废。

第十七条　存户倘有因事外出,愿将存款顶与他人,亦可通融办理,惟须预报本银号更名注册,换给存折,以免歧误。

第十八条　存户所执存折,必须谨慎收藏,倘被水火灾盗以致遗失毁灭,须立将存款数目、原折号数及失去缘由详细函告,本号一面自行登报广告,如满三十日无纠葛别情,准邀同妥实保人来号补给新折,照常收付。

第十九条　本银号暂时试办,俟风气日开,存款渐多,再议分设支店,举行日本储蓄债券设彩抽签办法,以广招徕。

第二十条　本银号虽逢节日及星期日一律照常办事,并不停歇,专为各厂工人、各学堂学生得趁休沐余闲,从容来号收付款项,以期便民利用。右办法二十条系参酌上海、北京现行章程稍事变通,倘有未尽完善之处,仍应随时改良以补缺漏。

（光绪三十三年四月初七日—光绪三十三年四月初八日“要件”栏目）

静海县潘令震声详当商请援
天津成案平减四十五日永为定例文并批

为详请事案,据卑县当商同顺当郭同顺、万吉当石万吉、益丰当王益丰、德庆当黄德庆禀称,窃商等现时生计艰窘异常,恳求每年援照天津无论年岁丰歉,平减四十五日永远为例。此系万不得已之策,况静邑僻隅之区,各典当货无多官发生息,每典已领有一万余吊,自庚子一役,原气未复,亏折之本,无从筹措,仰望架货多上,稍得余资,以补历年亏折。然静邑历年以来尚属丰稔,架货每典仅存五六万吊之谱。如此情形,架货均息借而来,利息较前尤昂,架货较前又少,此情此理早邀仁天洞鉴之中,且商等朋合财东,无非为开源节流起见,苟有利可谋,谁不争先恐后,至令人不敷出。况静邑原系七典,自庚子乱后报闭三家,从未见新开一家,现时仅剩四典当,典生计异常艰窘,此其明证。盖当行利有限制,不敢多取一厘,至官发生息有一分二厘者、每月一分者。年利一分者,至少不下八厘,不论年岁丰歉,买卖赢亏,按年按月丝毫不能短少,除前亏折不计外,所剩成本能有几何?而国课出其中,规费出其中,门市摊派出其中,每典行利房租、铺伙、薪金、火食俱出其中,入项则有减无增,出款则有增无减,利不敷用,势不得不耗及成本,累及官款,如此实在情形无法支持,只有恳求每年援照天津平减例四十五日,经前藩司详蒙督宪批允饬遵。现据天津县详向办当铺减息成案,无论年岁丰歉,应自十一月十六日起,至年底止,原利三分者减去一分,以二分取赎,由前藩司批准,自三十一年为始,仍照向办平减成案,听民取赎等因,有案可稽,叩恳俞允转详,稍舒商困,原上宪递减,本以恤民,商等何尝不仰体此意,无如竭蹶万分,补苴无术,倘不及早设法,迨至家家闭歇,间阎无处通融,似于民有益之举而反为无益耳。天津与静海境界相连,似应一律平减,始敢援以为请,仰冀体恤艰困等情,据此,卑职查该当商所禀各节,系属实在情形,拟欲援照天津成案,无论年岁丰歉平减四十五日,永远为例,究竟是否可行,卑县未敢擅便,拟合据情具文,详请宪台查核,俯赐批示祗遵,实为德便,为此备由,开册具呈,伏乞照详施行,须至册者。

督宪袁批:查前据天津县当商李安邦等禀,请免予减息,饬据藩司议得当铺冬季减息,应按灾情轻重,分别常减递,减不得再请,免其重减,以恤贫民等情,详经批准立案,复据天津当商李元善等公禀,请免递减,亦经驳斥,批府饬遵各在案。兹据详请援照天津成案,无论年岁丰歉,平减四十五日永为定例,核与成案不符,碍难准行,仰布政司查照饬遵详抄发。此缴。

（光绪三十三年五月二十五日"公牍录要"栏目）

津海关道梁详覆官物征税税司难以查考请示办理文并批

为详覆事,窃查前奉税务处具奏,官物征税每年指提津海关银三十万两,当经梁升道以职关难筹足数,详奉宪台批示,应将官物征税尽征尽解,以昭核实,咨经税务处覆驳札,饬梁道复查此项税银,既奉改拨陆军各项学堂经费之需,自应勉为其难遵照办理,拟自一百八十六结起,于洋货进口正税项下,按饬拨之数三分之一,每结提银二万五千两。于洋货入内地子口税项下,按饬拨之数三分之二,每结提银五万两,每年共合三十万两之数,复经详蒙宪台批开,据详已悉。官运料物原奏既称凡系来自外洋及运入内地之件,一律征税等语,自与洋税办法一律,第此项税款系奉饬另行提解之款,该关征税时,无论为正税、为子口税,均应另行提存,不得与平时所征洋货正税、子口税统征分拨,以清界限而免驳诘。仰即遵照另叙妥详,呈请转咨此缴等因。蒙此当经函致新关墨税司查照,并将一百八十六结内官物征税数目,开单见覆以凭核办去后。兹准覆称查一百八十六结以前官用物料,均有专照为凭,是以易于核算免税若干,今与商人一律报验,且该商原呈报单内向不注明官用商用,本关无从查考,难以照办,相应函覆即希查核办理为荷等因前来,职道查此项税银,该税司既难查明确数,职署无凭核提,究应如何办理之处,职道未敢擅专,理合具文详覆宪台查核,俯赐批示,祗遵实为公便。为此备由具呈,伏乞照详施行,须至册者。

督宪袁批:据详已悉。官用料物既无专照与商税难于区别,自系实在情形,第前次税务处来咨指提津关官物税银三十万两,恐此项官物税银所征无几,是以覆以尽征尽解,现在若不设法区分,深恐提解为难。查从前官用料物向有免税专照,嗣后仍应发给专照改名曰官用料物完税专照,各衙门局所即执持此照赴关报税,仍由税司另立册档红簿登载,以示识别而便提解,仰即遵照办理,并候分行各司道局所,一体遵照。此缴。

(光绪三十三年六月二十一日"公牍录要"栏目)

天津县章令师程详大站迤南官马厂地亩请委查拨款筑堤开垦文并批

为详请事案,据大挑知县张金藻、候选训导郑际泰、监生苏式燕、附生赵葆琨禀称,窃董等蒙谕饬查葛沽地方情形,究能举办何项,使穷民得有生计等因。仰见各大宪体国经野之至意,感颂同声。兹查葛沽民立二十三小学堂,筹有草荒地一处,坐落大站迤南双桥河外,地名官马厂,计地二百十顷有余,所有出产归作学费,业蒙详准宪台学宪在案。该地屡经海水淹没,斥卤不毛,每夏秋之间积存海水至来春水涸变为野盐,约计尺余,附近穷民相率争取,有碍官引。自整顿盐政以来,设立盐店,添设盐巡营,严禁查拿,并派盐巡在该处防守,遇有野盐,随时铲毁,办理甚善。然仍恐有防不胜防之虞,请将该地筑堤以防海潮,开渠以泻斥卤,挑沟以引河水,招佃以垦荒芜,俾穷民得安生业,勿蹈前非,如此则野无硝盐,地成沃土,民有恒产,人免冻馁,其学费亦不致支绌,裨益良多。又查葛沽东距大沽三十里,西距减水沽二十里,南距大站十余里,其中更有支路,皆系官道,均可栽种树木。董等应请转详派委查察,估工拨款举办,以兴自然之利。又葛沽迤南荒地甚多,恳请出示晓谕居民,准业主开渠借水以凭灌田,无论官民一体遵照,不准拦阻有碍农业,则荒碱可变为膏腴矣。所有遵谕查覆兴利养民之情形,理合据实禀陈,伏乞恩准,详请核夺施行,实为公便等情。

据此,卑职覆查大站官马厂荒地为数甚多,果能筑堤开垦成熟,自必获收巨利,于农业、学费两有裨益,惟款项甚巨,能否由官筹拨,应候详请宪示。至所称葛沽东西南官道栽植树株,亦属兴利之策。其葛沽迤南荒地可否准业主开渠借水灌田与营田局有无窒碍,应请宪台饬知营田局,派员查勘估计工款,筹议办理,所有该职等,禀请大站迤南官马厂地亩筑堤开渠,挑沟招佃缘由,拟合具文,详请宪台查核,俯赐饬议办理,实为公便,为此备由具册具呈,伏乞照详施行,须至册者。

督宪袁批:据详已悉,所请将大站官马厂荒地筑堤开垦,并于葛沽东西南官道栽植树木,系为兴利除弊起见,能否由官筹拨工款,候行营田垦务局派员查勘妥议详办,至葛沽迤南荒地,请由业主开渠借水灌田,究与营田有无窒碍,并饬该局核明具覆饬遵,仍由县录报司道府查照。此缴。

(光绪三十三年七月初六日"公牍录要"栏目)

天津银号兼办博济储蓄银号招收存款白话广告

你们男女老幼可知道天津地方现奉袁宫保吩咐开办一件便民的善政么,你们看北马路天津银号东边开了一座大门,挂了一个招牌,安了一个柜台,那招牌上写的是"博济储蓄银号",那个柜台,就叫做储蓄柜。这储蓄柜是干什么用的,就是替你们大家存放零整钱的。你们各位,不拘政界、学界、农工商界以及傭工人等,只要有上一块洋钱,就可以存在本号里生利钱。来存的时候,本号给一个凭折,交你们收著为据。照你们存的钱数,替你记在凭折上,将来就照折取利钱,以后你们有钱,仍可陆续来存。本号替你接记在这折上,还交你们收著。你们想一个人有点儿钱,存在本号里,不至放在手里浪花,还可以生出利钱。这不是一件极方便的事么?你们若是有事要钱花,半月以后,不拘时候早晚,都可以带了那件凭折,到号里来支取,就同搁在家里差不多。若是来存时,言明系定期存款,预备日后有正事用的,本号当代你另立个户头,就替你保护这宗钱,到期连本带利一齐付与你,断不失信于人的。至于零碎存钱,日子越存得久,利息越生得多。每年六月、十二月都要揭帐一次。揭帐下来,你要是存下利钱不取,就替你归作本钱算,这不是就利上生利么?从今以后,有了这个储蓄银号,各位的零整余钱,不怕没有稳当地方存了,劝你们有可存的钱,不要在小买卖处乱存,贪图利钱,连本钱坑倒了,岂不坏吗?存在储蓄银号,花了利钱,还有本钱存下,可以办点儿正经事由,岂不好吗?

(光绪三十三年八月初七日"文告录要"栏目)

263

函请变通铜元出境章程

天津商会以近日津埠铜元拥积,价值大落,于市面大有关系,特于日前函致造币总厂,略谓铜元之创行,原所以维圜法而疏街市,自开办以来,赖以疏通,商民称便。惟天津通商巨埠,商贾云集,其中携带铜元来贸易者定在多数,以致津市铜元密集,颇形拥挤。现据各行商董来会开议,金以现行铜元每银洋一元换至一百十余枚之多,然铜元售价涨落,关系商家货本,如铜元长,货价与之俱长,有累居民否?则商本亏,折又害商业。是铜元实与商民均有密切关系。敝会忝居领袖,亟宜设法补救,以期维持商业,查本省地面转运铜元均须报明贵厂核发护照,方准出境。现既铜元拥挤。商民受累自当商请贵厂量予变通。凡有起运铜元出口者,概免请照,以资疏通,藉平市价。敝会究诘铜元冒涨之故,皆因讹传有禁使铜元之说,以致纷纷倾挤,有扰市廛,特此布请贵厂行饬地方官速即缮出简明告示,以息谣言,而安市面。抑敝会犹有请者,查铜元有关国政,自通行后,均以当十铜元行之市廛。至于零星费用,需制钱一文至五文者,多以竹签、洋铁片、纸条充之,勿论通行不便,未免有失国体,曾经贵厂鼓铸当五当一铜元,然津市宽阔不敷行使,仍请贵厂广铸以资利用,庶于国体、商民两有裨益云。

(光绪三十三年八月二十九日"新政纪闻"栏目)

天津钞关总局示

为出示晓谕事,照得案准津海关道蔡来函,内开:现奉北洋大臣札开,现有私贩铜元入境者,仰责成各关卡严密查禁,其过往行旅携带铜元,照部定限制章程,每人携带不得过二千枚。如有私贩大批铜元入境者,若系私铸,全数充公;若由外省运来,勒令运回原籍,如敢抗违,立即全数扣留。禀候核办,无论轮船、火车,准其按人抽查等因,奉此,希即查照转饬严密查禁等因到关,为此,出示晓谕,仰各分局一体遵照办理毋违。切切特示。

(光绪三十三年十一月十三日"文告录要"栏目)

天津商会禀督宪维持铜元办法文

　　敬禀者,窃职道贤宾叩谒慈辉,面陈铜元利害,荷聆训诲周详,莫名钦感。伏维直境自庚子兵燹后,制钱短绌,仰蒙升任商宪袁奏明,设局鼓铸铜元,以资补救计,自开办以来,京、津、保定等处市面,悉赖周转,商民称便。惟因日久弊生,外省铜元夹带入境,加之匪徒设炉私铸,外洋乘间私运,银价日涨,各埠骚然。本埠尤甚,百物腾贵,几无底止。日用维艰,有碍于民;铺家收用铜元,无处变卖,变卖愈难,销耗愈甚,有碍于商;官引地丁邮政等事均受影响,有碍于官。上下交困,人心慌慌。职会为商界代表,责无旁贷,尤当竭尽棉薄,力除隐患。迭经约集各行商一再筹议,佥以铜元之荒,固由鼓铸日多,亦因私贩、私铸充斥日甚,以致人心不定,不肯多存。是淳蓄愈少,拥挤愈甚,尤为钱荒第一病源。其实,铜元未必果真拥塞,苦于无市盘而无收路耳!若有官钱局,以为之总汇,使市上铜元出入价平,人心镇静,或能淳蓄,则铜元之荒可为一定。拟请宪台格外提倡,援照北洋银元局前拟兑换局办法,创设北洋官钱局,行使铜元、银元、纸币,准由各商民用铜元向官钱局兑换两等纸币,通行市廛,藉资周转。俟官钱局开办后,仍随时体察情形,如何变通,如何整顿,即由该钱局会同官银号相机筹画,冀臻完密。惟官钱局之设原为救荒之道,若来源不塞,则私铸、私贩日向官钱局兑换纸币,势恐不给,是停铸饬禁尤为紧要关键。业蒙宪台鉴察,奏奉谕旨钦遵在案。仰见宪台维持圜法有加无已,凡属商民,莫不欢声雷动。应请宪台核饬,造币厂暂行停铸当十铜元,先就已铸铜元周行市面,俾免拥挤。以后若有不敷,由众商开议划定确数,请由职会转请续铸,以资接济。并请将暂行停铸情形,饬属晓谕,使知来源已竭,以振其气。一面饬巡警探访各局,严查沿海各口及内地私铸,一经拿获,照例惩办,俾众知所儆戒。请饬关道照会各领事,凡在各国租界,无论中外人等,如有冒犯,一律究办。然查禁私贩、私铸,若漫无规制,转恐视为故例,拟照芦纲缉私定章,分别有无破获,以定功过。如此立法,津市铜元来源一塞兼有收路,则银价或可稍平,民困或可稍苏。职会为津市大局起见,是否有当?理合禀明,伏乞宪台大人查核示遵。如蒙俯允,另由职会约集各商,悉心筹议详细章程,呈请核定施行。肃此具禀,恭叩勋安,伏乞垂鉴。

(光绪三十三年十二月初四日"公牍录要"栏目)

天津县章令师程详请加给学董薪水文并批

为详明事,案据天津府劝学所总董卞禹昌、天津县劝学所总董林兆翰禀称:窃于光绪三十年十二月接奉唐前天照会以海光寺田产大半提归学费已禀明道宪准派李绅士英充当董事管理海光寺田产及提归学费事宜,特缮就谕饬印发令即转给等因。奉此,李绅遵即接收管理,当由董等禀请自三十一年正月起每年酌给薪水银元二百元,按四季给领,俾资办公,即由庙产项下开支历经照办在案,查海光寺庙产八处分隶各乡,远近不同,且有在静海县境者,庚子前,该寺僧悟明等盗卖,争控各佃户不免乘隙,有朦混隐匿情弊。自经李绅管理,不时带同庄头周历各村明查暗访,始将田园租项逐渐清厘,仆仆风尘,劳怨不避。两年以来,田园各租均尚有盈无绌,实于学费不无裨益,该绅原领薪水为数过廉,请自本年起每年加给百元以酬劳勋,连前,全年共三百元,仍由该寺庙产按季支领。为此,具禀伏乞鉴核备案。再,李绅加薪一节,客冬曾经面禀,当蒙俯允,本年已按季照支,合并陈明等情。

据此,卑职查该学董等禀李绅士英经理海光寺庙产田园,地亩逐渐清厘,仆仆风尘,不避劳怨。两年以来,所收各租均尚有盈无绌,实于学费大有裨益,委因薪水过廉,拟请自本年起每年加给百元,连前,全年共三百元,仍由该寺庙产项下开支,本年已按季照支。是否照准,卑县未敢擅专,拟合具文详请宪台查核,俯赐批示立案,实为公便。为此,备由具册具呈,伏乞照详施行。须至册者。

（光绪三十三年十二月二十三日"公牍录要"栏目）

天津巡警总局督办吴厅丞呈覆查禁私铸私贩已分饬查拿禀办并据探访局解送私铸铜元匪贩转送营务处讯办文并批

为呈覆事,本月十六日奉大帅照会,内开:案查前奉寄谕饬令,整顿天津、保定两处钱价,务期一律平均等因。当经分饬商会暨天津银号,邀集钱商公议平价办法,严定规条,不准奸商抬价居奇,并派杨道会同天津道、海关道、巡警、探访各局,督饬天津府县,将私铸、私贩严密查拿在案。迄今多日,尚未据该商会、该银号议覆办法。而杨道等如何派员查拿,如何分别商办银钱价值,能否就平私铸、私贩,有无拿获,均未据禀报来辕。此系钦奉寄谕饬办之件,该商会、银号暨各该道局所地方官并不认真办理,切实筹商,殊属延玩。务各遵照前饬,迅速妥筹,克日禀办,仍不得虚应故事,敷衍塞责,毫无实效。除分行外,相应照会查照,严饬遵办施行等因。奉此,督办伏查此案,前奉迭次帅谕均经飞速严饬各该局区将境内所有钱摊一律驱逐净尽,并转移巡警探访各局,迅即遵照办理各在案,兹奉前因,除平价办法应由商会及天津银号筹商禀办所有饬拿私贩案件,先后派员严查,业经闻风敛迹,其私铸者,现据探访局获送一起,系由北京附近缉获私造铜元之王玉柱、张永福二名并起获钱模及假铜元等件,饬派谳员讯供,当即转送营务处讯办,一面仍严饬各局区队上紧严密查拿,务获随时禀送究办,如仍玩忽,即将该管官弁、长警等分别究惩,以资整顿而维圜法,除移杨道并巡警、探访各局查照办理外,理合具文呈请大帅查核示遵,须至呈者。

督宪杨批:来牍阅悉,希仍严饬各局区队认真严密查拿究办,勿稍玩忽。此覆。

(光绪三十四年二月二十七日"公牍录要"栏目)

天津官银号详覆遵饬妥筹铜元壅积各弊拟由商会先行设立银市开立钱盘以平市价文并批

为详覆事,窃职号本年正月二十五日奉宪台札开,遵奉谕旨整顿钱价,以苏民困,饬号设法整顿,妥筹办理,具报正在核办间。复于二十七日奉宪台札饬,直隶外省铜元充斥已久,漫无限制,应由天津官银号备资平价,迅速会同商会妥议办法,以保市面,仍将筹办情形克日禀覆核夺各等因。奉此,查铜元充斥,积弊已深,商民被其隐害,市面受其影响,一切详情早在宪鉴。迭奉前因,遵即与商务总会邀同各钱商集议两次,详细妥商,再四研究,金以津地通商口岸,水陆交通,欲求整顿之方,必须标本并治,方觉稍有把握。惟铜元散在各处,稽查难周,急则治标,自应先行设立银市,开立钱盘,为平价入手之举。拟即暂假商会地方,设法筹办,每日钱价若干,皆须由此公同议定,以期齐一。倘或钱价仍有壅积,再由职号会同商会察看市情,酌量备资,相机办理。至私铸、私运以暨摆摊负贩之流,前奉宪台札饬巡警、探访各局,津海关照会各国领事,一体严禁,近半月来,市价已觉较平,市面亦尚镇定,奸民似亦无从施其伎俩。藉副宪台体恤商民,利用厚生

267

之至意。但此不过治标之法，能否持久，亦尚无把握。至将来正本清源，或照保定省城办法，抑即行用小洋纸币，统由商会议定章程，订立规则，禀请鉴定，庶觉有条不紊，推行尽利矣！所有遵饬核议铜元充斥，拟请先行设立银市，开立钱盘，以挽积弊各缘由。是否有当？理合具文开折，详请宪台鉴核，俯赐批示祗遵，实为公便。为此，备由具详，伏乞照详施行。

督宪杨批：据详并清折均悉，所拟均平市价，先行设立银市，开立钱盘，为平价入手之举，拟即暂假商会地方，设法筹办，每日钱价皆须公同议定，以归一律。倘铜元仍有壅积，再由该号会同商会察看市情，酌量备资，相机疏通，应准照办。仰即迅速认真办理，并将市面情形随时具报查核。至将来能否行用小洋纸币，仍会同商会妥议章程，呈候核夺。

（光绪三十四年三月初一日"公牍录要"栏目）

天津商务总会禀覆遵饬筹议铜元办法情形文并批

敬禀者，案奉钧札，内开光绪三十四年正月二十四日承准军机大臣字寄光绪三十四年正月二十二日奉上谕："陈璧等奏，天津、保定两处，铜元价值尚贱，而近畿各州县市镇私自折扣，均与京师市价悬殊等语。著杨士骧妥筹整顿，务期钱价一律平均，以苏民困。原片著抄给阅看，钦此。"遵旨寄信前来等因。承准，此当经转行钦遵查照，将津省市面银价设法整顿妥筹办理在案。查近来华洋地面，摆设钱摊，到处皆有，尤易与贩铸勾结，必须于租界内一律实行禁止，方无流弊，已饬关道商同领事切实查禁，并饬由巡警、探访局克日驱散，仍随时查禁，以绝腹患。其外来私贩输运，则责成关道协同税司严密搜查。津、河两府地面，则责成天津道并另派杨道嘉辰专办，会同督饬印委认真办理。保定暨各府州县，则责成藩司派委妥员分投查拿，遇有起获私贩，七成充公，三成充赏，以资鼓励。至火车运载，凡经过直隶境内，虽经本署部堂派员查缉，仍应由各路局一体加意查察，方昭周密。直隶外省铜元充斥已久，漫无限制，应由天津官银号备资平价，并责成商会邀集钱商公议平价办法，并严定条规，不准奸商抬价居奇，以纾民困。再保定市面，已据保定府县禀准藩司与商会商筹，凡市面贸易千文以上者，鹰洋、龙元与站人并用，千文以下用小银元，每十一小银元作为大银元一元，百文以内者用铜元，一二十文者用制钱，津市能否照行，应由司道督同府县会商商会一并核议禀夺。除近畿各州县平价办法，咨商顺天府尹协筹办理,暨咨请邮传部分饬各路局,协同查拿并分别咨行外,合亟札饬,札到该会,即便遵照。

（光绪三十四年三月初三日"公牍录要"栏目）

运司详明芦商认附津浦铁路股份先向银行
借银由新增加价余款分年归还文并批

为详明事,案据纲总商人杨俊元等禀称:窃津浦铁路定章中西分招股份,西人尽我中国先为招致不足之数,皆归英、德两国认招,是中国多认一分之股,即多增一股之权。但中国贫瘠情形,断无多数资财襄此盛举,且招股期限即以本月二十四日为止,如此迫促,更著手无从。若中国竟无股份,不惟为西人所窃笑,且失我莫大之利权。现经张、鹿两大军机暨同乡各京官公同集议,金以长芦局面既甚整齐,主权亦有归宿,嘱令商等无论如何为难,必须认筹巨款。而芦商近年之疲累早在宪鉴之中,自顾不遑,岂有余力做此数厘利息之生意。然大局攸关,殊难膜视。商等约集各商再三商榷,谨拟新增加价,每年包缴七十万两,每引随交银一两四钱。除包缴七十万两,约余银十万余两,拟请即将所余之款归入路股,先向户部银行借银五十万两,请宪台担保。即以每年所余之款,尽数归还户部银行,俟将五十万本利清还后,仍以彼时出库引数计算,必以足敷包缴七十万核定每引随交数目。商等为顾全路权,谨筹移缓就急之策,伏乞恩准备案,实为公便,等情。据此,查该纲总等所禀,请以新增加价余款每年约银十万余两,归入津浦路股,先向银行借银五十万两,由本司担保,即以加价余款尽数归还,应准照议办理。除禀批示外,理合具文详明宪台查核。为此备由具呈,伏乞照详施行,须至册者。

督宪杨批:据详已悉。查此项包交盐斤加价,系按每引一两四钱摊交,曾经详咨,令即造册报销有案。今既将余款议还该商等认附津浦路股借款,应否咨部立案? 将来借款还清所有股票,是否作为通纲公共股分? 详内未经叙及,仰仍核议详覆核办。此缴。

（光绪三十四年三月初十日"公牍录要"栏目）

督办天津巡警等局吴详覆遵议天津议事会
拟接办捐务科藉筹议事董事两会常年经费情形文

为详覆事,窃前奉大帅照会,内开"据天津议事会具禀,拟接办捐务科,藉筹议事、董事两会常年经费,请查核"等情,到本署督部堂据此,除批,据禀已悉。仰候分行吴京堂、凌运司、天津张道、天津府县,会同核议详覆,饬遵缴等因,印发外相应照会,会同核议详覆等因,蒙此。

伏惟财政为国家行政之大端,征税为国家理财之要政,故各国于财务、行政上莫不以法律严为规定。方今国家正当预备宪政之时,而自治制度实为宪政制度之基础。但有可以由官治范围内付与自治团体之权能,自应比照东西各立宪国法律之规定,参酌情形,立予实施,以期早觇成效。惟此时法律多未详备,自治之制度未颁,监督之法则不明,于自治团体遽言付与以征税之权,似非试办之初所宜行者。且自治制度,东西各国虽其沿革不同,而其宗旨则一。就中国国情而论,则以取法日本为最宜,此固尽人而知者。考日本地方制度,其自治团体可大别之为府县郡自治团体与市町村自治团体。兹专就府县言之,其府县自治团体,设有府县议会与府县参事会,一为议决机关,一为执行机关,府县知事即为其团体及其参事会长。故府县参事会虽为执行机关,而实行其执行者则仍为府县知事,盖府县知事既为参事会长,则其执行之权即可视为参事会执行之权。然其法律之规定,亦非知事不能有此执行权,参事会固不能离知事而独行此执行权也。是以参事会乃仅立于府县议会与行政官厅之间,而为连络两者之作用,一面议决府县之意思,一面议决属国家直接行政之事项。其他如管理财产及营造物,或命令收入支出及监督会计暨赋课、征收府县税项诸务,则皆知事代表而执行之。至其关于此等事务之议决,则仍属于两会。

今天津所设之议事会,即如日本之府县议会董事会即如日本之府县参事会,是盖因其设置之地位而拟制之者。其组织虽亦如日本,有地方长官参预其事,而其职务权限沿革等究无一全相同者。是董事会并无独立直接征收税项之理。况此自治制度未经颁布之时,即自治团体之独立征收税项尚无明白规律乎。又考日本自治制度之沿革,当其维新之初,废藩置县,组织中央集权。至明治十三年,始布使民选之合议体,即区、町、村会答官厅之咨询之制,是为现今自治制度之萌芽。然仅为咨询之机关耳,对之外部毫无何等权能。又关道路、桥梁、堤防等公共费用，一区域内虽行共同分担，然仅为协议上之分担，尚未公认为团体之收入权。至明治二十一年，发布町村制，其明年始斟酌地方情形渐次施行。二十三年发布府县制，三十一年改正之，同时又发布郡制，准此等新法律，始认地方团体在法律上之人格，乃以公共费用之一部，认许其由区域内人民征收之权。即此更可知，自治团体之征收权，皆系依法律之特与而生。今若遽令天津董事会独立征收税项，殊与自治制度之本旨不合。即按之自治局前者禀定权限文内，其对于地方捐务亦祇议有监察权限，曾奉前督宪袁批示允准在案，足见该会等亦明认征收大权断无该会独立担任之理，督办司道等亦无交付此项捐务与该会经办之理，何敢轻视责任，勉如该会所请。惟查天津议事、董事两会，经绅董热心举办，粗有规模，进步可期；况自治为立宪之基，所关滋大，当此创办之际，既无可为基金之财产，又无他项收入可支常年经费，自应仿照日本给与补助金办法，以补其不足。应即求大帅指拨盈余款项，交该会作为补助经费以资挹注，庶于捐务及自治两有裨益。所有遵饬会同核议缘由，理合具文，详覆大帅查核，俯赐批示祇遵。实为公便。再此详系由督办主稿合并声明，为此具详，伏乞照详施行，须至详者。

（光绪三十四年三月二十日"公牍录要"栏目）

天津县议事会申天津府覆陈请发清丈公所流水账及树木清册文

为申明事，本年八月初九日接奉宪台照会，内开案据天津县详称，案准议事会接准董事会函嘱请发清丈公所历年流水总账及种植树木清册，发交议事会转交董事会调查一案，查此案前次仅奉札发卷册图票等件，并无出入流水总账及种植树木清册，官非一任，事隔数年，实难凭空逆臆。该会自三十四年接收起，自应画清界限，各归各案，毋庸越俎以省繁渎，理合具文详请查核，俯赐移知该会知照等情，据此，除详批示外，合亟照会贵会希即查照等因，准此伏思清丈公所，自归敝会接管，自应画清界限各归各案，何敢越俎，致滋繁渎。惟查清丈公所各项地租均属地方公款公产，既蒙学宪批定，以学费开支为正用，则此项学款之清厘，为议董两会义不容辞责，且当接管之日，据县尊声述，每岁除额支外，可余千元之谱，刻经董事会接办，均须清厘一切。所有历年额入额出当如何得有赢余，所开种植树木均系何等树木,并在何处栽种,共计若干株,理应按照账册调查清楚造报,冀无遗漏业经该会函嘱转请照发,敝会似应照办,庶该会账册可期完全,调查易于著手,则新旧界限不难划清,事关自治经费,理合仍乞行知县尊将以上请发各件切实根寻,交敝会转交董事会备查,以期案有根据,所有覆陈请发流水总账及树木清册缘由,理合具文申明,伏查宪台察核,并希行县查照施行,实为公便,须至申者。

(光绪三十四年八月二十四日"公牍录要"栏目)

天津县董事会禀督宪监察地方捐务事宜文

敬禀者,窃查自治局拟定议事会筹办、协议、监察三项权限,应行监察之事。

一、地方捐务指捐务科所管之房铺、车船等捐,详蒙前督宪袁批定,由自治局录批移知议事会,又查议事会遵批议定办法,其关于监察之第八、第九、第十各条:(一)议事会应行之事,得向该主管处查核质问。(一)议事会因监察之预备,得向该主管处请取现在办理一切章程。(一)议事会因监察之实行,得随时派员调查该主管处一切办法及存储款项、账目、册籍各等语,禀蒙宪台批准各在案,光绪三十四年七月,董事会成立经议事会公同议决,将监察事项交由董事会执行,以符定章,当经分配曹会员振纲专司监察事务,商准督办天津巡警工程捐务探访各局,吴于本年二月起,得随时到捐务局监察,复经董事会因监察之实行,按照议事会禀定监察办法各条意义,酌拟执行手续八条,商由吴督办以所拟各条无碍执行,仍应禀候督宪批示祗遵,为此备由禀陈,并将酌拟执行手续八条缮折呈阅,是否有当,伏乞查核批示,以便遵行,肃此祗请崇安,伏维垂鉴。谨将拟定监察手续八条缮具清折,呈请钧鉴。

一、董事会派员监察捐务局,均按议事会禀定监察条例办理。

一、关于捐务局一切办法,监察会员随时向该主管处查核质问。

一、关于捐务局存储款项账目、册籍诸事项,监察会员每日携册到局请各经收人分门填写入款清册,盖戳。每月初十日以前携册到各出款经理处,请填上月详细出款清册,其前月之原存及现在之实存,每月由财政董理处即存储处开单,交监察处收存,监察处于收到时均盖戳。

一、董事会刊定入款清册一种,出款清册三种,均照前条填写。惟捐款之原存、实存及出款之发交者,均由监察员赴财政董理处自行填写。

一、监察会员调查存储账目册籍时,由捐务局提调派员检出指示。

一、捐务局于监察条例外有交办事项,应与董事会备牍协商后,监察会员方能照办。

一、监察会员于监察条例外有应请事件,应由董事会备牍陈述。

一、监察会员每日到局主管处,应备董事会监察处一席以资办公。

(宣统元年闰二月十四日"公牍录要"栏目)

天津商会禀请督宪照会总领事转饬洋商开具欠款清单文[①]

敬禀者,窃奉大帅札开云云,此札。计抄单等因,查此案前据洋商巴贝拟请议借公债营运,余利弥补华商欠款,由公家担保各情,职会详加核议,禀奉大帅批开云云。缴等因,捧读之下,钦佩莫名。遵即限令各华商分别货本利息,详开清单,送由职会调查确实,恭候大帅鉴核。惟时局迫切,若调查明确尚需时日,亟应先将拟议情形为我宪台缕晰陈之:

查庚子乱后,各洋布商焚掠殆尽,货本既重,亏累颇深,本应新旧划开,徐图补救。迺华商多好支架,挪东补西,冀以后来之利弥已往之亏。洋商以津商遭此大乱,犹能力全信用,旧欠日清,而不知归去之银,皆系新欠之项,俗所谓新土填旧坑也。彼时倡行银钱拨码,通融较易,局面尚可支持。不旋踵间拨码日多,现银日贵,贴水盛行。各布商交易外客则交拨码,洋行则索现银,每千两贴水耗至二三百两,岌岌不可终日。赖前督宪袁设法断绝,虽可稍舒筋力,而积欠加多矣。洋行以积压过重,遂议加息。华人以无力归偿,只得忍受。此尚专就积欠言之。洋行起货均有定期,过期不起亦照欠款例加息,是欠款加息,存货又加息矣。华商订购洋货起栈后,或两月交款,或一月交款。旋以华商积欠过重,忽改现银起货,华商无银,洋商遂自行贬价出售,名曰"转沽",照原订价核算亏耗银两,即责令定货商人承认,是存货既有利息而又有亏耗矣。且洋布一种,各洋布庄向来购自上海,按豆规银核算。则外国先令缩涨,肩客担之,先令如中国之银盘,肩客即北方之跑合人,后改津行订货,则先令之险亦归铺家担之矣。况上海售货例用现银,随将先令结住,肩客尚无大险。津地售货例归欠账,归付无日,先

273

令难结,辄受巨累,是明有加息诸累,又暗受先令之累矣。溯查华洋交易垂五十年,其先多来白批洋布,行市尚称平稳。后洋商投中国之好,运销各种花布,得利较多。华商争订,又由订主自出花样订造,希望新鲜居奇,至有订购一年之后者。其始为贪作生意,不知定货愈多,来货愈迟,花色一老即成陈货,以致销售停滞,则赔累既深。又赖走街人从中支架,以免逼迫。而走街人恃支架之力,一意怂恿多订货色,希图从中沾润。该铺商明知亏累,不敢违拗。洋商又以华商拖欠过巨,恐其立倒不能不接,货愈定愈多,累愈加愈重。况在日俄战事未和以前,营口、大连湾、安东、海参崴各海口封闭,东省商人均来津办货,华商销路畅旺,定货虽多,尚可销售,藉资周转。嗣日俄议和,各口均能运货,东客避天津税捐之重,来津办货者日少。华商存货无法出售,以致欠款加重,尤为此案一大病源。如行市之赔,挑费之重,用人之误,卖货之乱,讨账之难,尚属细事。洋商始近于贪,继近于盘剥。华商始误于贪,继误于隐忍。辗转因循,遂至莫救。光绪三十三年秋冬之际,职会即微有所闻,以事关大局,不时向两造设法调查,婉言劝勉,冀其早为补救。乃华商以声气攸关,坚称可缓。洋商以款项过巨,隐讳尤深。延至上年五月间,始有一二家禀呈到会者。职会以事体重大,当即约集各行买办讨论办法,劝其迅速订议以免坐耗,几于舌敝唇焦。各洋行买办,终以权在洋东,未便作主。随于八月初间,将两造受病原因及拟订三种办法:一曰实欠,一曰加息,一曰存货赔款。拟请分别缓免,徐图归付。禀蒙大帅率同权宪,暨职会迭与各领事洋商推诚商榷,切实核议,迄未就绪。缘以此项巨案,自庚子以来已丛此病,彼时未设商会,取缔无人。现受病已深,实非一手一足所能挽救。上年经职会调查各华商财产,按洋商声称亏累千余万,约计均在二成左右。今又相隔数月,洋商竭力催讨,各华商希图幸免,不免贬价售货,归付欠款,又兼一切日费,无不取给。于此若再任意观望,希冀特别维持,日耗一日,恐将消归乌有。兹奉宪饬筹议具报,遵即约集会董详加研究,金以此项巨累,其大要在减息分付,其生机在得利补还。其补救在通盘筹画,相机接济,其提倡在逾格保护,设法招徕。而第一要义尤在两造对清账目,以便入手。前经职会禀请权宪,照会领事转饬各洋商分实欠息利、存货、赔耗三种,开具清单送会,以便核对。迄今多未送到。因各洋商意见不同,款巨者意在维持,冀收日后瓦全之效。款少者意在追讨,径争目前尺寸之功。彼此相左,莫衷一是。洋商亦明知亏耗过巨,非由债户退让,无从规定,徒以代表,无人不能提纲挈领,遂至互相观望。职会今拟妥议细章,禀呈大帅转饬各洋商核议,恐筑室道谋,终无就绪。惟有仰恳宪台照会总领事,转知各洋商公举洋商代表,一面开具各行欠款清单,以便核对;一面到会妥议,以期两全。在洋商不得以少数人之意见而扰全局,在华商亦不得以少数人之万不能救而讳言破产。庶可平心讨论善策,以保危局。除仍由饬令各华商详开清单,恭呈宪核外,所有遵饬拟议缘由,是否有当,理合禀请大帅鉴核批示,祗遵。实为公便。肃此具禀,恭叩勋安,伏祈垂鉴。

(宣统元年闰二月二十二日"公牍录要"栏目)

天津县批示

绅民郑保太等禀请领该村庙产发给官契等情,批查该村西大药王庙庙产充公一案,前经巡警督办会同提学司上详督宪,请将此项庙产以五成留作学堂经费,以五成修理巡警分局。业蒙批准札饬到县,本县准此随即照会劝学所查照办理在案。今据该村副学董等禀请发给官契各节,候警学两界清理庙产后再行核夺。

(宣统元年三月十六日"文告录要"栏目)

天津县议事会函致劝学所议决贾家沽道佃地办法文

敬启者,查海光寺佃户贾家沽道村民私租倒佃一案,前于二月二十一日奉到台函,并勘实私租倒佃情弊及拟定办法各条,敝会业经阅悉。嗣又接到孙文通及刘俊林等迭次呈递说帖,历陈佃户向来办法,公请核议等情。敝会公同开议佥谓,事关学款农务,自应格外慎重,以期两得其平,推行无碍。查佃地有死佃、非死佃之分,须先将死佃、非死佃之证据、办法及园田办法首先决定,再调查贾家沽道村实在情形,比照核议,以定倒佃倒租是否舞弊,遂陆续开议。历经二十余日之久,博采天津全县佃地事实,参以理论,公决死佃、非死佃之证据、办法及园田办法共二十九条,当即分别函请贵所及董事会调查贾家沽道一切证据。兹承贵所送下盐法道谕,海光寺住持文一件,新旧佃户名册、租票账簿等件,又经董事会调送该村新旧推揽字据一百五十余张,道光、咸丰年间租票十张,万年庄匾额一方,敝会当场研究各项字据、证据,多与死佃相符,而于非死佃之证无可比附,遂公决该庄

275

地亩是为死佃。死佃既定,遂续议倒佃倒租之区别。按敝会议决,对于死佃之办法,其佃能倒佃一项已经公认,则倒佃一节情事轻于倒租,命意亦属相同,似非舞弊,亦无须禁止。至新淤之地,自应核实,另议起租,以昭公允。所有议决贾家沽道佃地办法,相应专函奉覆,即请公安。

(宣统元年四月十一日"公牍录要"栏目)

天津县董事会函致天津电话局租地办法文

敬启者,元会庵庙房一案前经敝会禀蒙署督宪那批开,查此案前据该会来禀,并地方自治章程暨禀定条例清折,业由前督院咨送,尚未接到部复,兹据前情,候再咨会邮传部核办见覆,饬遵此缴等因,刻尚未奉督院行知部覆,近承贵局总办到会,以该庙租价相询,自系承认出租,仰见贵总办热心公益,敝会感激良深,现经本会议决办法五条呈阅,仍俟奉到督院行知部覆,再行遵办:一、旧租庙房各户既令腾房迁移,即应由电话局给予相当之赔偿,由各租户承认后自行领价交房。一、该庙租价每年应作五百元交由敝会收入自治经费项下。一、电话局垫发陈姓房价之款,由敝会照原数缴还。一、该庙房租与电话局后修改听便。一、电话局将来不租时,须将该处所有土木房屋点交敝会收管。以上各项办法相应函达台鉴,即希查照为盼,耑□此敬请升安。

(宣统元年八月初六日"公牍录要"栏目)

津海关道渔业公司会详遵饬核议
由渔业公司代钞关征收渔户船捐文并批

为会详事,窃照职道多森于宣统元年三月二十二日奉前督宪杨札开,据津海关道详称,案查前据宁河县予假在籍太常寺少卿高赓恩等禀称,北塘渔船完纳钞关、渔业公司两处捐款,民力未逮,请酌留一处旗捐,以纾民困等情。当以职关船捐关系要需,未便予停,应酌量核减,拟照渔业公司捐款加抽一半,即由公司代征拨解,在渔船已蠲三倍之捐,不致再有异言,职关税款亦不致全无著落等因,函商渔业公司核覆。去后,兹准覆称,以前议代征钞关渔船捐一事,请照公司捐章加收一倍,按月拨交,业经敝处奉覆。渔船捐系分季缴纳,至钞关船捐拨交之处,难以照办在案。兹准前因,复以渔船捐款既系分季缴纳,则代征钞关之捐自亦可改为按季拨交,以归一律。嘱即查照核办见覆等因前来。此系变通章程,但能两无妨碍,原可合同办理。惟查敝处权限祇能专收渔捐,发给旗照,不能侵及各项船捐所有。

钞关船捐,应如何征收,仍请尊处自行设法筹办等因。函覆前来,职道查钞关船捐开办在先,渔业公司开办在后,揆之情理,自应免缴后出之捐。且渔业祇应征收渔税,不能因渔业而并征其船。钞关船捐向须报部开支,各款关系要需,势难减免。前此商请代征,原是委曲求全之意,今既窒碍难行,惟有详请免去渔业公司船捐,而职关船捐复加核减,以恤商艰。是否有当?理合详请查核批示祇遵等情。到本督部堂,据此除批"据详已悉,候行孙道多森核议具覆,以凭饬遵。此缴"等因印发外,合行札饬。札到该道,即便遵照办理等因。奉此,职道多森当以事关代征船捐,须先委员查明情形,方能核办。随即派委方倅鲁前往北塘一带,详查具覆。去后,旋据方倅禀称:"遵赴北塘一带查勘情形,该处全是卤地,小民向以晒盐捕鱼为业。询问该处绅董渔户,张良卿等金称,'自庚子乱后,灶户盐滩皆变为荒地,筑滩先须挑沟通海,使海水为之源流,奈苦无资本,事未举办。今仅恃捕鱼为民之生计,鱼苗兴旺之年渔民尚可藉以糊口,设遇鱼苗不旺之年,渔民即有饥寒之虑。所有该处渔船,每年应交钞关及渔业公司两处捐款,理应照纳,惟钞关船捐每年须交三次,应交款数太多,力有未逮,故曾禀请恩免'等语。卑职当向再三剀切开导,以近年国库空虚,筹款维艰,尚望仰体宪意,勉力维持。复据该绅董等声称,渔民亦知急公好义,但力甚棉薄,实难照旧交款,求将下情上达,恳恩俯恤商艰,将钞关捐款援照渔业公司捐款成案,每年只收捐款一次,照章按船之大小分等纳捐,其余两季概予豁免,如此尚可勉力支持,否则,渔业殊形困难。

至于钞关捐款归渔业公司代征,原无关渔民出入,但求恩准减免,捐款由明年起呈交,其款交何处,惟命是从等语。并据该绅董等将钞关及渔业公司每年收捐数目开折禀呈,核办前来。卑职查该绅董等面述各节均属实情,钞关之船捐每年应收三季,如令照旧交纳,力实有所未逮,可否免收两季,只收一季之处,卑职未敢擅专。如蒙恩准,减免两季,其下剩之一季似可归渔业公司代征,所有奉委查明情形并酌拟代征钞关船捐缘由,是否有当,理合检同绅董原禀表折,据实禀请,察核示遵等情。据此,由职道多森函达职道绍基,彼此商酌,以为船捐固然应征,而商艰亦应体恤。该委员所请每年代收船捐一季,系为恤商起见,转商钞关允许,减免两季,每年代征一季。惟此款限于每年八月十五日以前交纳,如逾限不交,应行罚办,并附送渔船捐款照式前来。职道等查阅该照,系按钞关向章将渔户船捐分为六等,从前每年应收三季,现议只收一季,实属减轻。既经议由渔业公司代收,自应照办,惟念现已七月中旬,若待详奉批准,刊妥捐照板片,印备齐全,尚需时日。转瞬即届八月,如令即于本年八月十五日以前缴一年之款,仍恐有所藉口。且查方委员并该绅董张良卿等所递禀词,曾据声请由明年起呈缴,似应照案办理,请于本年秋间发照,俟宣统二年秋间再行请交捐款。嗣后,每年八月十五日以前另换新照,亦仍照交船捐一季,以符原案,而示体恤。所有遵饬核议由渔业公司代钞关征收,渔户船捐缘由,是否有当,理合具文,会详宪台察核批示祗遵。为此,备内具详,伏乞照详施行。

督宪端批:如详办理,仰即饬遵。此缴。

(宣统元年八月初七日"公牍录要"栏目)

天津县董事会申天津道请抽船商各捐培筑堤坝文

为申请事,案据天津县绅士李廷玉,到议事会投具说帖,内称日昨由京旋里,因雨后道滑,乘扁舟自北浮桥口逆流而上,见凡有商船停泊之所,河流迅急,岸上民房多被冲刷,触目惊心,实有仁人所不忍视者。贵大善长时为同胞谋治安,此种惨苦情形知之,则定为援手,是否由粮商各船户并粮杂各行店设法抽捐,于被刷河岸,以灰土掺合筑起近水、披水等坝,以固纤道,而保民房之处,均希裁酌办理等情。谨按:天津河道,本为九河灌注之区,该说帖所陈由北浮桥口逆流而上,该处尤为南运河冲要之所,两岸帆樯如林,岸上屋庐栉比,每遇伏秋盛涨,河流湍激,非第停船无所,风浪堪虞,即傍岸民房亦多冲刷,万一拯溺无力,即不免如鱼之叹。我宪台痌瘝在抱,必筹堵御之谋,惟需帑饷甚繁,不得不求诸挹注。该绅所请抽捐之处,如邀俯准,即祈派员勘估,据实禀陈,冀无糜费。至当如何筹办抽取之法,尚候钧裁。但得培高堤岸,足以捍水患而卫民居,皆我仁宪之厚赐也。所有代述津绅请抽船商各捐培筑堤坝缘由,理合备文申请,宪台察核施行,实为德便,须至申者。

(宣统元年八月初九日"公牍录要"栏目)

天津县议事会禀筹议当商行息办法文并批

敬禀者,查天津当商行息一案蒙批,此案已据道详批饬,自本年八月为始,天津城厢村镇各典无论当价多寡,一律减为二分五厘取息,当期仍照光绪二十九年以前旧章办理;试办三年后体查情形,另再核定在案,著即遵照办理等因。蒙此,凡属天津人士,无不欢欣鼓舞,感戴莫名。议员等更钦佩宪台措置合宜,使商民两得其便也。惟议员等近日迭接地方人民说帖,皆对当商思筹补遗之策,遂经开会公议,除手续太繁窒碍难行者,均经议却外,遂即当场决定四条,皆系准情酌理应行之事,理合缮折备文,禀请宪台查核,批示遵行。肃此恭叩崇安,伏乞垂鉴。

谨将天津县议事会议定当商行息补遗四条,开呈宪鉴,计开:

一、查当商减息旧例,凡原息三分者减为二分取赎,如遇荒年再减二厘;原系二分者减为一分五厘取赎,如遇荒年再减三厘。兹原利既皆归二分五厘,则减利之法亦应于两者之轻重中间,定一划一之法。应请宪台酌中批定,以免争执。

一、查旧物取赎,旧以三十个月为限。兹奉批示,当期仍照光绪二十九年以前旧章办理,自应仍以三十个月为限。惟据称当铺当票,原利称系二年,而实在惯例实得三十个月。查当商之账可凭,应请宪台批饬,仍从惯例,庶于民有便,而于商无损。

一、查当价大小洋不等,大洋自应按大洋取赎付息,小洋亦应按小洋取赎付息,方属公允。惟据称有当价小洋而必以大洋取赎付息之事,应请宪台饬府县出示禁止,以免流弊。

一、查当商三分行息。按天津县原详内称:试办三年,俾免漫无限制。藩宪批开:自三十年为始,计至三十二年冬,三分行息之例,即应停止,重归旧制。而当商乃因循不言,竟溢收利息,至二年零八个月之久,殊属有违法律。应将此溢收之项追出,作体恤贫民之举。至应如何办理,尚希宪裁。

督宪端批:据禀及折均悉。查前据天津道详称:天津当期,前于光绪二十八年,经升任吴藩司批,以二年为满,此次自应照办等情,当经本部堂批准在案。前批所谓当期,仍照光绪二十九年以前旧章办理,系据道详二年为满为言,今来禀称应三十个月,自系误会。至其余折开三条,候行天津道督同府县查核,议详察夺。此缴。

(宣统元年十月初七日"公牍录要"栏目)

天津商务总会禀津海关道议覆唐山商会酌提经费文附原禀

敬禀者,窃奉宪台札开:为札饬事,本年九月二十六日奉北洋大臣端批,据唐山巡警等局候补道杨善庆具禀,为唐山商会分会酌提经费并附设自治社,乞批示饬遵缘由,奉批:据禀已悉。仰津海关道查明妥议,具详察夺,并移自治总局查核暨该道知照。缴。禀抄发等因。奉此,查唐山商务分会,拟仿照保定等处商会办法,于讼案议结还欠时,酌提经费。是否可行,应由天津商务总会查明,妥议覆夺,合行抄粘札饬,札到该商会,即便查照办理。此札等因。奉此,遵查商会性质原为保商而设,部章载定筹款办法三项,即注册费、凭据费、簿册费,由商家酌论。毫厘如有苛派、居奇情弊,准众商联名具控核办。此三项外,不得别立名目,再收浮费等语。立言极为详备,该分会岂未寓目职会,每于各属禀设分会,恐蹈筹款之迹。核定章程,首重此意,期无扰累,以尽保商之责任。如职会应需经费,遵照定章向由入会各商分摊。会费多寡,悉听商便。至多总不过二十一之谱。数年来,从未令各商额外花费分文,提成之说尤无影响。且商会评理、商家辇毂,本商会应尽之义务,非同司法衙门可比。现在唐山分会,拟于议结之案提成作为经费,迹近扰累,殊属有违保商之意,实与大部奏设商会宗旨不符。至原禀所叙保定、天津总会并滦州、丰邑各处议结案件,提捐一成五之数,不知何所据而云。然应责令切实声覆,以证虚实而便严禁。总之,商会既谓保商,此端万不可开。致启营私舞弊之渐,如果经费不敷,应遵照部章约集在会各商,妥订筹款善法,禀明核定施行,仍不得有苛扰勒派之弊。仰承宪台保商之至意,所有遵饬核议缘由,是否有当? 理合禀请宪台查核,转详饬遵,实为公便。肃禀,恭叩勋安!

附录杨道善庆禀前督宪原稿

敬禀者,窃于本年九月十一日据唐山铺商广泰成、玉泰号、三成立、广裕号、瑞兴祥、玉兴恒、福顺永、天广聚、大昌隆、义发祥、瑞生成、德茂号、永顺隆、两益成等禀称,窃蒙详请本镇设立商务分会,允准之下商等遵即公议,当经总理、会董商同在会商铺,妥为安设。在南街财神庙西配房三间,作商会公所,东配房为商家公议银行所。商会应用纸张、油炭、家具、桌樷、椅杌,并议员、书记、会夫薪水,自去岁二月开会至五月内陆续有钱债案件,及至年底公事繁多,迫本年二月内至今,钱债案件更且纷繁,所有应用公款,均系在会商铺垫办。曾由本镇大街两旁,出桌川换铜子,收买银元。每月捐洋一元,仅可零用小费,议员、书记、会夫薪水,以及天津总会、保府总会发下预备立宪章程各本,并《北洋官报》《法政学报》公款甚巨。在会商铺终为垫办,力有未逮。查保府、天津总会,并滦州、丰邑商会筹款,遇有钱债兴讼案件,一经议结,欠户还钱若干,照十成之数提捐一成五之数不等。商等公议提捐一成归公经费,商会可以永固。虽然公议仿照各总会筹办,规法若不禀明,出示晓谕,诚恐奸狡滑商暗生物议。为此,公仝禀恳局宪大人恩准,赏示晓谕,以便遵办而重商务,实为公便等情。

据此,伏查职巡警局设有发审处讯结各案,自写呈纸笔以及拘留饭食,均系由局筹备,十余年来从未令商民花费分文。该商务分会禀设以来,凡有清算账目之案,即由职道批交商务分会议结,亦系查照职局定章办理。今该商号等禀及垫款太烦,力有未逮,尚属实情。可否准其查照保定、天津、滦丰等处商会,于议结还欠时酌提一成,以充该商务分会经费之处,理合禀请大帅核示饬遵。再城、镇、乡均设自治。唐山自治社拟请即附设于商务分会,暂由该商务分会总理等认真经理,以扩新政而节经费。是否有当? 伏候宪裁示遵肃禀,敬请钧安,仰祈垂鉴。

(宣统元年十月二十七日"公牍录要"栏目)

天津府河防同知照会议事会各集斗店船户请免抽捐一案文

为照会事,案照敝分府详据各集斗店船户覆陈困难,恳乞转覆免抽各捐情形,请查核缘由一案,于宣统元年九月二十三日奉天津道宪齐札开,据详已悉,仰即照会天津议事会知照。缴。等因。奉此,相应抄稿备文,照会贵会,烦为查照施行,须至照会者。

附录详天津道原稿

为详覆事,宣统元年八月十二日奉宪台札开,为札饬事,本年八月初三日据天津县议事会申称,案据天津县绅士李廷玉到议事会投具说帖,内称日昨由京旋里,因雨后道滑,乘扁舟自北浮桥口逆流而上,见有商船停泊之所,河流迅急,岸上民房多被冲刷,触目惊心,实有仁人所不忍视者。贵大善长将为同胞谋治安,此种惨苦情形知之,则定为援手,是否由粮商各船户并粮杂各行店设法抽捐,于被刷河岸,以灰土掺合筑起迎水、披水等坝,以固纤道,而保民房之处,均希裁酌办理,等情。谨按:天津河道,本为九河灌注之区,该说帖所陈由北浮桥口逆流而上,该处尤为南运河冲要之所,两岸帆樯如林,岸上屋庐栉比,每遇伏秋盛涨,河流湍漱,非第停泊无所,风浪堪虞,即傍岸民房亦多冲刷,万一拯溺无方,即不免如鱼之叹。我宪台痌瘝在抱,必筹堵御之谋,惟需帑饷甚繁,不得不求诸挹注。该绅所请抽捐之处,如邀俯允,即祈派员勘估,据实禀陈,冀无糜费。至当如何筹办抽取之法,尚候钧裁。但得培高堤岸,足以捍水患而卫民居,皆我仁宪之厚赐也。所有代述津绅请抽船商各捐培筑堤坝缘由,理合备文申请,查核施行,实为德便等情。据此,合行札饬,札到该厅,即便遵照,查明妥议具覆核办,此札等因。奉此,卑厅遵即往查,北浮桥以上河岸皆系民房,每遇大汛,水涨溜急,冲刷过甚,民房实属可危。当即传集在津各斗店及各船户等,将此情形再四劝导,应如何抽捐以襄义举,并令伊等会同妥商办法。禀覆去后,兹据各集斗店,怡和、公大、锠源、祥瑞店,庆长、顺成、茂永、万春店、文泰永等禀称:窃商等前聆仁宪谕示,津绅李廷玉条陈抽收粮商、各船户并粮杂各行店。捐款修筑南运河堤坝等因,遽听之下,不胜惊异。遵查天津为招商码头,各斗店专恃直、东、豫三省来粮接济。现因津埠税捐过重,来源已形竭蹶,若再加添粮商、船户捐款,外客势必裹足,民食攸关,遗害何可胜言。至商等斗店进款有限,已有之捐,现尚力不能支,屡恳各宪减免。若如李廷玉所禀,加捐修坝,添此一层扰累,商等益难支持,天津之集场何堪设想?商等自奉宪谕,迭次集商此项捐款,应请转详免其开办,以保集场而恤商艰,为此,据实叩乞恩准,转详前来。又据众船户于广泉、夏巨田、王广安、王连、杨贵、刘永昌、张永泰、王广泰、李纪安、徐恩、潘树、胥德等禀称:窃身等昨蒙宪谕,劝捐之事理宜格外纳捐,何敢多渎。但身等均系养船为生,由河南来津,各处河水太浅,别无生计。奈现时之盐包已归火车装运,乃身等之船只除装津浦铁路烟煤杂货外,皆无买卖,实属困苦已极,艰难异常。惟有公恳恩施格外,并恳俯准免捐各等情。据此,查该粮店船户所禀市况艰难,无力再行添捐,委系实在情形。又查该绅李廷玉禀陈各节实属义举,无如工程浩繁,且天津粮商船户生意减色,恐难筹此巨款。所有奉饬查明,妥议抽捐,并据各粮店船户禀陈免捐各缘由,理合具文,详覆宪台查核。为此,备由缮册具呈,伏乞照详施行。

(宣统元年十月二十八日"公牍录要"栏目)

津海关道详津郡银色低潮现拟整顿办法请核示文并批

　　为详明事,窃照前因津郡化宝银色低潮,官商均受其害,是以新关税司及驻津领袖领事迭次来函,当经职道督饬商会设立公估局,以资整顿。并由领袖领事,请将各银行旧存化宝收回另铸一节,复经职道秉承前督宪杨面议办法,遵与磋商暨由华洋商会筹拟章程,均经详禀在案。

　　兹准驻津领袖领事日本总领事小幡酉吉函称:案查本埠各国银行所存低潮化宝拟议换回等情一案,贵道于阳历六月十九日曾前任领袖领事美国总领事函开:贵国本埠商务总会提议办法四条,已由英国总领事于阳历七月二十八日函致贵道,详询在案。嗣于阳历九月二号接准贵道详细复函,均已知悉矣。兹因此案,前由领事团转致各国银行及各国商会,均已磋商审议。领事团现托本领袖领事函复贵道,以曩接贵函关于左开两项,领事团均已惬意,可以应允办理:一、中国官宪议定,以足九九或足九九以上成色估银,换回各国银行所存有炉房戳记之低潮银两。二、中国官宪又饬定津埠行平化宝银两,以九九二为标准,并维持将来永以所定标准为本位。此次换回各国银行所存低潮化宝,亦据此为准。惟思提议换回低潮化宝一案,阅期已十八个月,往复函商并未了结,似此迁延流弊曷极,希请贵道迅即实行。天津商会先前议订之办法,以九九以上成色公估银两,换回各国银行所存低潮化宝,俾结此案。是则领事团所至盼者也。领事团确信公估局之权柄,系奉督宪饬由贵道督同办理,其责任应照章切实推行,并万无以低潮色银为准则,及通行使用等弊深为惬意。阳历本月十二日据在津外国商会禀称:现时海关征收税银,向加火耗百分之五,今增百分之八等语。按此等情形极关重大,应无可疑,欲除此弊,惟有换回化宝银两一事,庶可收效。现在领事团深盼贵道俯念天津外国商会所请情形,迅由贵道谕饬化银须以足九九二成色为标准,并禁止低潮银两通行使用等弊。且外国商会请求此事数月之前,前任领袖领事已经函致贵道在案。本领袖领事料想此事必承贵道及贵国各官宪妥议办理,前开各项,务请贵道迅即委派担任换回化宝代表委员,出为办理前项以外,若有紧要事件,并希从速函致本领袖领事,是所至盼等因。正在札饬天津商会筹议办法,详覆核办间,又准该领袖

283

领事函称:前于西本月十九号以收还化宝一事,奉函在案。兹接天津汇丰银行总理人麦根铎来函内开:查本埠银色向无标准,银钱行市日形败坏,各行商业与银行家大受影响,不但现时于市面有窒碍之虞,若不从速整顿,不久将见财力困难,全埠商务因之停滞,实有不堪设想之势云云。因此,麦根铎与本领袖领事亟欲亲谒台端,将银价低潮败坏市面各详细情形,面为沥陈钧听。如于本礼拜期内贵道得便赐见,请定时日,俾本领袖领事与麦根铎同来聆教,实深切盼。前于西本月十九号函内所陈:海关征镕宝费,每百两五两增至八两一节,实系笔误,原系每千两五两增至八两。合并声明。各等因前来。

职道查津市之停滞,由于银根之奇紧;银根之奇紧,实由于化宝之低潮。现在外来商人不能将现银源源运津,各银行亦不肯将现银出而周转,是以津郡化宝低潮实与市面关系匪浅。当经职道订期与该领袖领事及天津商会总理王道贤宾、汇丰银行总理麦根铎晤商至再。所有光绪三十四年以前各银行旧存之宝银,及外来之现银,先按高申低补办法通行使用,一面饬令各炉房赶紧陆续换化。其自宣统元年起,一律铸足九九二色足宝,并于宝银上加盖年月字号戳记,以便稽查。仍由该商会传谕,已设之炉房均至职署出具切结,请领凭照。倘再查有倾镕低潮情弊,立即从重罚办。如此办理,庶于整顿之中示以儆戒之意,方冀日起有功。并据商会拟定章程呈核,与原议大致相符。除照会领袖领事查照,并由职道出示晓谕外,理合将章程示稿照录清折,具文详送宪台查核,俯赐批示祗遵,实为公便。为此备由具呈,伏乞照详施行。须至册者。

谨将各银行积存低潮化宝拟议办法五条,照录清折,恭呈宪鉴。计开:

一、自宣统元年各炉房倾化化宝银,以九九二色为准,请出示晓谕,永远遵行。

一、各银行旧存有字号之化宝,由商会约代表前赴各银行,将应换化宝估定盖戳为凭。仍以九九二为本位,耗色若干,由商会设法分补各银行,以免银行亏折。

一、旧存化宝估定后,自可照公估码通行市面,高升低补以符公估定章。

一、此次补色,各炉房已属赔累。估定后,如有必须镕化者,应由各银行自向炉房商定,陆续倾化。每锭应由银行交火耗银二钱,以资津贴;他项倾化,不得援以为例。

一、遵照前议,凡无炉房字号,整宝暨零星小包,概不退换。

护督宪崔批:据详已悉。折存。此缴。

(宣统元年十一月十五日"公牍录要"栏目)

天津商务总会拟禀护督宪办理筹还国债会事宜文(来稿)

敬禀者,窃维我国财政一日不清,主权一日难保,赔款一日不偿,国体一日难固。所以举国人民奔走呼号,汲汲焉皇皇焉,咸以捐税烦苛,吁恳缓免,不知捐税烦苛实以财政支绌,财政支绌实以赔款过巨、年限过长、利息过重、杂捐日出、流弊日滋,上既无补于国计,下徒贻累于民生,各关多作抵押,主权因不我属,倡加税者有之,倡统捐者有之,倡裁厘者又有之。议论纷歧迄莫,实行赔款累累,财政终无充足之日,似应从速筹还,为拔本塞源之计。职会等有鉴于此,迭经开会研究,佥谓我朝深仁厚泽,妇孺咸知,际此万难,知必有毁家纾难,藉以仰体国艰下苏民困者,当即公同议决,拟合举国人民组织筹还国债会,其债数即以甲庚两次赔款为定额,其还期约以三年为限制,正在联合同志间,各省闻风兴起,函电交驰索取简章,以期众擎易举,早日观成民气奋发,为向来所未有,仰见我皇上宣布立宪举国人民皆有国家之思想有以致之,且仰蒙大帅捐廉银三万两,以资提倡阖津,闻知激励尤切,顾兹事体大劝导之责,虽在国民而提倡之方尤赖政府,所有拟办筹还国债会缘由,理合检同简章草案敬呈钧鉴察核立案,并恳据情入奏,请颁特旨,谕令各省将军、督抚分别提倡以昭郑重,将见赔款速偿,财政可清,则主权可保,国体亦自固矣。恭肃敬叩崇安,伏维垂鉴。

(宣统元年十一月十六日"公牍录要"栏目)

议事会提议印花税事

天津县议事会于二十一日下午复行开会,全体议员到者十七人,首先提议直隶全省印花税总局,札饬该会速行核议印花税一事,讨论良久,有云此事体大,应请谘议局联合全国谘议局通盘筹画者,有云部办印花税原为抵补土药税起见,应将土膏加重捐税既可抵补印花,又能寓禁于征,俟将来烟膏禁绝再办印花税者,有云商务凋弊,市面萧条,请联合商会禀请督宪推缓者,有云各口岸新常两关税额虽与本埠划一,而其内容担负皆较本埠轻减,应请政府将各处新常两关之担负整顿与本埠划一,然后再由木埠试办印花者,意见纷歧莫衷一是,最终公决议事会权力薄弱,不克议此重大问题,是应函请谘议局联合各省定夺行正。

(宣统元年十一月二十五日"畿辅近事"栏目)

天津商务总会拟禀护督宪办理筹还国债会事宜文(来稿)

督宪陈据天津银号详津浦铁路股票公司商借银号银两以盐斤加价入股作抵订期归还拟订合同请立案事札饬运司查照文:

为札饬事,案查接管卷内,据天津银号详称:窃职号接直隶津浦铁路股票公司来函,现购滦矿股票,商借职号行平银三十五万两,按月七厘认息,指宣统二年全年盐斤加价四文,入铁路股款约五十万两作抵,尽宣统二年十二月以前分期归还,由芦纲公所作保等因。查该公司之设,系因前宪杨奏准,盐斤加价四文入津浦铁路股分,其股票归商民各半。惟铁路局用款尚在十年以后,是以直隶绅商立一公司,专理铁路股票之事。加价一款,系由长芦运司代收,交存芦纲公所,以备该公司提用。业经运司谕饬纲总遵照在案。缘准前因,职道等以如此巨款必须查明,指抵之项果属妥实可靠方可议借。因向张运司镇芳询问,旋准覆称。此项指抵尚属妥实。惟查度支部议覆,芦盐营销直豫两省加价四文,案内有如果将来有碍销路,有亏课款,即行奏明停止,以重醝纲等因。虽该公司商借银两订有期限归偿,然数目甚多,不得不格外慎重。必由芦纲公所总董作保担还,将来方有把握。当由职号与该公司拟订合同,以资遵守。除俟奉到批示即行遵办外,理合抄录合同,详请宪台鉴核立案批示,只遵。如蒙俯允,即请饬知长芦运司转饬遵照,实为公便。等情,到前护督部堂移交到本督部堂准此,除批:来详并抄录合同,均悉。应准立案。候行长芦运司转饬遵照。此缴。等因。印发外,合行札饬,札到该司即便查照办理。此札。

计粘抄合同一纸。

直隶津浦铁路商股公司天津银号商订借款合同:

一、直隶津浦铁路商股公司向天津银号借行平化宝银三十五万两整,按月七厘行息。

二、此项借款于宣统二年六月内归还二十万两,十二月内归还十五万两,还本时利息一并照付。如有过万巨款先期归还,利随本减。

三、前督宪杨奏准盐斤加价四文,提充直隶津浦路款。计每年可得银五十万两,应即以宣统二年全年加价之款尽数作抵,未经清还以前,不得以此项入款指作他用。原案抄粘于后,以凭查阅。

四、借款到应还之期,即由芦纲公所在应交直隶津浦铁路商股公司股款内,拨还天津银号,以免周折。

五、此项合同由直隶津浦铁路商股公司及天津银号订立,并由芦纲公所保证,加盖关防戳记,以凭信守。

六、合同商订后,由天津银号详明督宪,并咨长芦运台分别立案。俟奉准后再行拨款,即以拨款之日起息。

七、合同一样两纸,天津银号、直隶津浦铁路商股公司各执一纸存照。

天津银号总理协理

直隶津浦铁路商股公司总理协理

见证人芦纲公所总董

宣统元年十一月

（宣统元年十一月二十八日"公牍录要"栏目）

天津小站营田垦务局详报估修减耳各河工程即日开工暨呈送土方价银数目文并批

为详报事,案奉宪台札开,以天津道核议前职局总办张道具禀,统筹规复小站营田办法各条,饬令迅将挑苇湖、添木闸、改耳河、添涵洞、种柳等五事,斟酌妥速筹办等因。奉此并接准张道移交,改挑耳河添建涵洞等工土方价值数目估册一本。职道到局后,即督饬张提调凤魁,带同员司、工头驰赴河干,按照张道所拟各工逐条履勘,分别缓急酌量择要估办。惟现当款项支绌之际,总以节省经费求有速效为第一要义,如原禀挑苇湖、添木闸、设涵洞三项,似可从缓,若栽种柳株需款无几而获利实多。现已购秧数千棵,自兴农闸以下,按照农学种植法,派人监理栽种。其各闸耳河,每值春融必须挑挖顺畅,俾资灌溉各田,并惠元闸裁湾展宽,肥水闸内河窄唇高,不易出土,拟改挑新耳河一段,计长二百余丈,清河闸下游耳河淤塞,河口过窄,拟改挑新耳河一段,计长一千余丈,并上游挑淤挖深等工,均关紧要。

又查减河日渐淤垫,营田众佃民屡求大加挑挖,亦以经费支绌,只能照每年岁修办法,择其淤垫太过之处,酌加疏浚。兹据该提调等逐段勘估,缮具工长丈尺、土方价值数目估册前来,计估惠元闸耳河裁湾展宽挖深,约估土一万四千二百八十九方九尺九寸五分五厘,肥水闸耳河挖深及挑新耳河,估土一万三千七百三十四方二尺六寸二分五厘,清河闸耳河挖深及改挑新耳河,约估土一万五千二百九十五方七尺,统共土四万三千三百一十九方九尺五寸八分,每方价银八九分至一钱七八厘不等,每方均扯约估银九分九厘七毫,共银四千三百一十八两九钱九分九厘八毫。又减河富民闸、观稼桥、兴农闸等处,南北两岸淤滩,雇夫挑挖,约估需银三百两,统共估银四千六百一十八两九钱九分九厘八毫。职道伏查张道移交估册需银八千两左右,今该提调等所呈估册约银四千六百两有奇,比较前册土多而价少,尚无虚糜浮冒情弊,并查勘所估各工均系切要,不可稍缓之工。现时已逾春分,随饬该提调等,一面再详细复估,一面集夫,克日分段兴修,以期无误农事所需。方价银两暂向银号筹借,一俟收有春租,即行照数拨还。除俟工竣再行详请宪台派员验收外,所有职局估修减耳各河,缮具土方价值细数估册,并饬即日开工缘由,理合具文详请宪鉴俯赐查核。为此备由具呈,伏乞照详施行。须至详者。

　　督宪陈批:据详已悉。册存。此缴。

(宣统二年三月初九日"公牍录要"栏目)

天津县议事会禀督宪声明前请接收杂税理由文(杂税种类数目清单附)

　　敬禀者,窃于宣统二年四月初八日,接准天津县尊胡移开,为移会事,宣统二年四月初二日,蒙府宪黄札开,为札饬事,宣统二年三月二十五日,奉藩宪凌札开,札天津府知悉,宣统二年二月二十五日,蒙督宪陈札开,据天津县议事会禀称,窃查禀请恩准天津各行杂税交董事会接管,以筹组织城镇乡自治及普及教育经费一案。前于宣统元年十二月初三日,蒙宪台札开,禀折均悉,候行藩司核议详夺。此缴等因。遵此,嗣以城镇乡自治之组织,简易识字之开学,皆属即日应办之事,窃恐经费无著,临时有误,复经具禀宪台,速赐批准,以备举行。蒙批,前禀甫经行司议覆,仰候覆到,再行核夺饬遵。此缴等因。奉此,理应静候,何敢多渎。惟查现届二月,所有城镇乡自治之组织,已逾定期议事会,责任具在,不敢任意拖延;而简易识字学塾经费一项,又蒙学宪委任议董两会筹办,现在虽在他处学款项下,暂为挪借指拨,俾可开学,而将来无论借者须偿,且究非长久之计。为此情急,惟有叩恳宪台行知藩宪,俯查前案,速赐批准,以维自治而济急需,不胜翘切待命之至等因。到本督部堂,据此,除批据禀已悉。候行藩司查照前案,核议详夺。此缴等因,印发外,合行札饬,札到该司,即便遵照,迅即核议详夺,此札等因。蒙此,查此案前蒙督宪札行到司,崔前司未及核办卸事,本司到任接交,当查地方办理新政款项无出,自须亟筹。惟议事会请将天津各行杂税交董事会接管征收,以筹组织自治及教育等项经费。查各属经征杂税,向系牙纪赴集抽收交县,由县解司报拨。

上年,顺直咨议局议决免除房田牙纪,以去弊害一案,呈奉督宪,陈以牙纪乾隆年间编审案内,按处分设,历由藩司发帖,如有告退,尚须饬令募补,按名列入,奏销退补例须报部。近年以来,且有详明,认缴牙行盈余银两按季解司,均有待支之款,现亦造入司库收支各款报告册内,按月报部,势难裁免等因,札覆咨议局,并行司知照在卷。今议事会禀请将天津各行杂税交董事会管收,是否仍用牙纪评价?如果不用牙纪,则此项人役关系奏销未能裁免,又抄禀内单开牙用,每年能收若干,除报解外,能盈余若干,未据声叙该会。又谓,津邑自庚子后,地方杂税由官加倍征收,民力难支,若改由董事会经管,应查其原征扰民太甚者,酌量减免,究竟何项应减,何项应免,并未据叙及,实属无从悬拟,当经札饬该府,就近调查情形,通盘核算,如何征收方无窒碍,悉心议覆,以凭核办。尚未据查覆,兹奉前因,覆查抄禀内开单之各行杂税,如牛行、斗行、斗头、船行及海船出口、骡马经纪等税,均应由县征收,解司报部。候拨之款,核其性质,系在国家税范围以内。

现在国家税与地方税章程尚未奉部厘订颁布,应俟前项章程订定奏颁,到日再行提议。至议事会以办理自治学务需款急迫,究应如何设法补助之处,应即由该府督饬天津县,会同议事会妥为筹画,以资挹注,而免贻误。除先详覆外,合亟札饬,札到该府,立即遵照办理,此札。等因。奉此,合亟札饬,札到该县,立即遵照办理,并转移议事会查照,此札。等因。蒙此,拟合备文移会,为此合移,请烦查照施行等因。准此,当即开会公议。查议事会前次决议,请接天津各行杂税交董事会接管,以筹组织城镇乡自治及普及教育经费一案,屡蒙宪台札行藩司核议详夺,嗣蒙藩宪复交府宪,就近调查情形,通盘核算,悉心妥议详夺。议员等无任钦仰我宪台遇事周咨,藩宪核议详慎。方冀一经核算,则凡我天津各行杂税统收若干,县署正当开销若干,应议减免若干,津贴县尊若干,借办公益若干,核算确定,详夺奉行,使民间少释担负,而地方自治普及教育亦可次第筹办。列宪维持于上,议员等効力于下,政修事举,蔚为大成,询不愧为北洋之门户,全国之模范,猗欤盛哉!乃事隔多日,核算之举殊寂无闻。兹蒙藩宪札开,竟将此项杂税划归国家税内,并云应俟国家税与地方税订定奏颁到日,再行提议,而令议事会与县尊会议补助之法。是议事会议接牙税,详情不特未邀藩宪洞鉴,即于详覆核夺之宪批,通盘筹算之藩批,并未实行。议员等筹思再四,实难缄默,不得不将议事会议接牙税之本意,与藩宪札开未合之处,谨为我宪台缕细陈之。、

　　按天津各行杂税即苛细杂捐也,即差徭也。恭读先皇帝光绪三十年十月二十二日之谕旨,各省捐派等款,除有大宗收数者姑准照办,其余巧立名目及苛细杂捐著即概行停止,凡地方应办要政,仍著次第推行,一切学生、工艺有关教养之事,但当官为剀切劝导,应由绅民自行筹办,不准藉端抽派,致滋苛扰。今上皇帝光绪三十四年十一月二十三日之谕旨,牧民之道,首在抚字,应如何为民兴教育,应如何为民筹生计,应如何使游惰习为勤劳,使犷悍化为驯良,凡有数端,皆为治本。惟在贤有司悉心规画,实力奉行,以期民登康乐,国臻治安,则上考超、迁自当不期而至,各直省督抚尤当振刷精神,为民造福。复阅前督宪杨文敬公之清查差徭奏折内称,差徭之厚取于民,多归中饱,言之痛心,亟应切实清理,以纾民困。兹已选派明干大员,会同自治局暨清理财政局妥筹办法,拟先从官绅合查入手,查明每年某属应官杂差若干,学堂、巡警费若干,地方公共费若干;或应酌予减免,或应仍旧交官,或应划归地方;及向来书役浮收,而民间久已摊认之钱,如何酌量裁留,统俟查明总数,详拟办理。又称,际此百事待兴,库藏支绌,各事仰给于上,几于无米为炊;若处处取求于下,又同竭泽而渔。欲使下不加供,上有余用,除严剔中饱,别无良策。矧差徭中饱为数不赀,若不设法整理,以黎元有限之脂膏,任奸蠹无穷之朘削,积累加增,民力固有难堪,臣心何能自己?虽数百年相沿之弊政,积渐已久,头绪甚繁,惟有不恤劳怨,尽力筹办,务令民间出一钱之费,即见一钱之用,事归实济,款不虚糜,庶几积弊一清,上下交益。且以后厘订地方自治之款,酌补州县公费之需,自可就此大略筹备,以资挹注。又闻咨议局议决《限期速办地方自治》文称,"厅州县及城镇乡地方自治一事,自筹办以讫成立,皆以五年为期。在宪政编查馆为统筹全国之计,自不得不立限稍宽,与边僻省分留一余地。若顺直为首善之区,凡百要政均宜早观厥成,以树风声。况地方自治亦试办有年,自

光绪三十二年前督部堂袁奏明试办,先于天津设天津府自治局,拟定试办天津县地方自治章程。是年七月成立议事会,次年七月成立董事会。又一面派士绅赴日本调查,一面饬各属设立自治学社。两年以来,规模立具。前督部堂杨奏遵章筹办地方自治一折,曾将此事声明在案。是顺直各属于自治一事已经大半实行。其未经实行者,亦早储有能办自治之人才,以之实力奉行无虞。不济所难者,惟在经费一节。然顺直各属差徭经前督部堂杨奏请以后,即藉以为筹备地方自治之款,是自治经费亦非毫无著落。有自治之人,又有自治之款,而各处犹皆迟迟未办者,特以期限宽缓庸懦,官绅遂得以藉口推诿。若不严订期限,督催办理,转瞬五年期满而自治未能实行者如故,其何以资各省之模范,而促宪政之进行? 此速办之法所以不可不预筹也"各等语。议事会议决此案时,悉本此旨所请接管者,即钦遵先皇帝绅民自行筹办之谕也。

所称县署正当开销应由该会照支,民间扰累应由该会减免,并拨一成办公,其余胥作自治教育经费者,则本前督宪杨酌予减免,仍旧归官,划归地方之议也。而筹办自治更与咨议局之议决相合,筹办学务尤系仰体今上之圣旨。是以查照宪政编查馆奏定《宪政筹备事宜》单,并《天津试办地方自治章程》第二十八条,应行议决各项备文,禀请宪台俯赐恩准。凡以上所陈皆为议决此案之本意,乃未蒙藩宪鉴察,谓"各行杂税如牛行、斗行、斗头、船行及海船出口、骡马经纪等税,均应由县征收,解司报部;候拨之款核其性质,在国家税范围之内,现在国家税与地方税章程尚未奉部厘订颁布,应俟前项章程订定奏颁到日再行提议。至议事会以办理自治学务需款急迫,究应如何设法补助之处,即由府督饬天津县议事会妥为筹划,以资挹注"等因。以前项言之,是此项杂税为国家税;以后项言之,则此项杂税又似地方税,不过尚未奉部厘订颁布。使果为国家税也,查搢绅所载天津杂税银一千二百八两,实则五万余金,不知载明定数之外,是否苛细杂捐? 更不知除牛行、斗行、斗头、船行及海船出口、骡马经纪之外,是否尚有地方税? 况前督宪杨已经奏明,清理差徭以厘订地方自治之款,酌补州县公费,奉朱批所奏甚是。是此项为地方税,业已无疑。若谓似地方税,尚未奉部厘定颁布之时不能提议,然以此例之他项地方税,则可以例之此项地方税,则稍有不合。按前督宪杨之奏准,咨议局之决议已明定,此项为组织地方自治之款。究其意,盖先于多数国税、地方税内,暂提一项,规定为地方税,使民间藉以筹款举办自治,俟国家税、地方税厘订颁布,再将全部分划。是以房山等七十八州县将所有差徭调查明悉,送请自治总局详候核定,并预杜胥吏之预支。仰蒙宪台批开,方今新政繁兴,民力凋敝,此项差徭皆属民脂民膏,岂容久任胥吏中饱?自应迅速详查,随时清理,庶几地方要政得所藉手,不至重累吾民等因。而我天津议事会蒙前督宪袁奏明试办,查照章程第二十八条,凡此项杂税既规定为地方税,即为地方公款,议事会即有议决筹集动用之权。不谓案悬多日,未蒙藩宪核准。且并如顺直各属普通之例,而亦无之如前督宪袁奏称,以天津为之模范,则顺直各属必无成立自治之期,恐首善之区亦无日早观厥成。并前督宪杨所奏之积弊一清,亦属空谈。即奉朱圈,亦惟徒谈盛事也。虽藩宪已经鉴及,议事会需款甚迫,令与县尊会议补助之法。然补助云者,必自治拨定之款,微有不足,方请官府补助。而此则全恃此款以举办各事,恐补助些须未必能敷支用。况此项实为自治应有之款,何妨即交董事会接管动用。

顺直各属民生凋敝,早在列宪洞鉴之中,并蒙宪台奏闻。若此项杂税仍由胥吏征收,议事会只求有筹办自治学务之款,置减免于不顾,则小民不能自养,恐教育亦无所施,又何用此自治为也。至如咨议局议决免除牙纪,已蒙宪台复驳,是指田房牙纪而言,与此项无干。若谓各行不用此项牙纪,关系奏销,未能裁免,则民脂民膏岂能久任胥吏中饱?诚如宪台所言,如其无弊,议事会并未议决裁免,如果有弊,又何惮裁免?更无论各行牙纪未必皆有司帖,关系奏销者也。又如札开"牙用每年能收若干,除报解外,能盈余若干,未据声叙";又谓"究竟何项应减,何项应免,亦未据叙及,实属无从悬拟"等因。既蒙藩宪批示,兹特缮具清折并种类数目报解若干,开呈宪鉴。至应何项减免,仍应俟交董事会接管后,切实调查,再为议请核定。所有此案,惟有仍恳宪台查取前案,俯赐恩准,将天津各行杂税交董事会接管征收,除县署正当开销者,应由该会照支;民间太觉扰累者,应由该会减免。其余查照学费定章,拨一成办公,并援案补助劝举所学款下。余若干,胥作自治及学务经费,俾无款乏。议董两会内部经费不得挪用。在议员等备选不过二年,何为不惮嗷嗷屡渎聪听。况钦定厅州县章程业经颁布,议事会已奉县尊照会更正,以归划一。复奉县尊照会,令议事会将厅州县地方自治城镇乡地方自治兼筹并举。议事会一俟新议参事会与城镇乡议董事会次第成立时,而议董事则应即日消灭,而一县之款仍应交之县会,一城镇乡之款仍应交之城镇乡会,此时,更何必不惮烦杂。然一日为县民代表,即应一日不负其天职。况此款杂税倘仍未邀允准,则凡议事会所担任组织事件,虽将办法次序议定,亦无从实力奉行,此议员等清夜扪心而不敢自欺者也。所言是否有当,尚祈列宪原鉴。至此项议决接管天津各行杂税一案,或由宪台独断,抑仍须交藩宪详复核夺,府尊通盘筹算之处,出自鸿裁,谨肃寸禀,恭呈钧鉴,敬请崇安。

天津县议事会谨将天津各行杂税种类数目统收若干开销若干盈余若干开呈宪鉴,计开,解司报部各款:一、牛行,每年钱一千六百吊文。一、斗行,每年银六百六十两。一、斗头,每年钱四百八十二吊文。一、船行,每年钱二千八十吊文。一、海船出口,请照每票一张交费钱二吊文,随封三百文,洋元按一千六百文作价,每照一张交费银二两,船数无定。一、骡马经纪,每年钱八百吊。以上除海船出口难以计算外,共收银六百六十两,津钱四千九百六十二吊文。照县署征收每钱一千八百六十文作洋一元,合计洋二千六百六十七元余。每年解司报部银一千二百八两,除收银六百六十两外,下亏银五百四十八两,按七钱二分合洋七百六十一元余,实盈余洋一千九百六元。

不解司报部各款:一、牛行,每年钱三千六百吊文。一、羊肉行,每年钱五千二百吊文。一、猪肉行,每年钱二万八千吊文。一、米商,每年洋三百元。一、炭商,每年洋三百元。一、斗店,每年交小米一千六百八十石。一、斗店,交黑豆八百四十石。一、磨房,每年钱九百六十吊文。一、油行,每年钱四千二百吊文。一、鲜货行,每年钱三万八百吊文。一、瓜菜行,每年钱一千一百吊文。一、花生瓜子行,每年钱四千吊文。一、荔子行,每年钱四百吊文。一、颜料行,每年钱一百五十吊文。一、渔业公司,每年津贴钱九千二百吊。一、生盐挂号,每年钱六千吊文。一、四口夫头,每年钱二万二千吊文。一、号马折价,每年钱一千二百六十吊文。一、各国租界地租,除道县署书吏扣成及酬应费外,收洋四千元。一、署前房租,每年钱二千四百吊文。一、官驿房租,每年钱一百五十吊文。一、义地租,每年钱九十吊文,又洋一百二十元。一、同善堂息,每年钱七百二十吊文。以上共收洋四千七百二十元,津钱一十二万二百三十吊文。照县署征收,每钱一吊八百六十文作洋一元,合洋六万四千六百四十元,二共洋六万九千三百六十元,又小米、黑豆共二千五百二十石。每年拨劝学所洋五百四十元,又津钱二万一千七百八十吊文,照县署发铜元时价,合洋八千七百余元,二共洋九千二百四十元。每年因粮料豆用小米一千六百八十石,黑豆八百四十石。有余无不足,实盈余洋六万一百二十元。前后共盈余六万二千八十元。援学费定章,拨一成县署办公洋六千元,下余洋五万六千八十元,除减免外胥作组织地方自治及普及教育费。再以上所陈皆系杂税,凡田房税契、丁粮加耗皆不在内,合并声明。

（宣统二年四月二十日—宣统二年四月二十一日"公牍录要"栏目）

天津捐物局广告

捐户人等知悉,照得本局经收房捐向章由每月初一日起至二十五日止为纳捐给照限期,自捐户有因按月一次,恐误限期者来局呈请,在愿惟汇缴季捐、年捐以图简便,当经允准各该户或按三个月一季,或按半年、全年分别预纳,另备年季捐,照发给本案,此项汇缴季捐年捐办法,恐各捐户等未尽周知。兹特登诸报端以广见闻,倘各捐户等有欲照章完纳年捐季捐者,速来局汇缴可也。

（宣统三年闰六月初十日"告白"栏目）

禁烟局覆天津商会函件

敬覆者,接准公函内称,据天津土商仁记号等报称,各号所存之货多寡不同,若遵谕,年内闭歇,各号存货不能尽售,何勘赔累,拟请援照顺天展限成案一律推展等情,由会函局查照见覆。等因。查敝局原订分期进行办法,土膏,各店勒令年内一律闭歇,嗣因地方多故,至今市面萧条,土商困累,亦系实情,又以各属办理防卫事宜暂缓传戒吸户,则烟店自未便遽令全歇,现时进行分期办法酌改,以第五期宣统四年正月至三月为实行戒烟之期,以第六期四月至六月为烟店闭歇之期,以第七期七月至九月为吸户戒净之期。业经详奉督宪批准通饬遵行,在案津埠各店年内自可毋庸闭歇,惟至明年六月无论存货是否售尽,断须歇业,不能再缓,至禁运一层,经敝局详明奏谘有案,并曾与英使商禁印土入口。此项印章丝毫不能变动,各土商且勿误会,除另纸抄详送阅外,相应函覆贵会。烦为查照并希转告津埠各烟店一体遵照。顺颂均祉。

（宣统三年十二月初六日"畿辅近事"栏目）

长芦盐运司详送天津分司接收前任交代册结文并批

　　为详送交代册结事，案据署理长芦天津分司运同候补知府杨亦熺呈称，奉委借署天津分司印务，遵于宣统三年十月初六日接印任事，业经报明在案，兹准前署阮分司将任内经手一切事件造册移送，前来署分司当即会同监盘委员蓟永分司运判谢廷恩查明，前署任运同阮忠极自宣统二年九月初一日到任起至三年十月初六日卸事前一日止，任内督催经征天津分司所属丰财、芦台二场及小直沽批验所并天津、静海、武清、宝坻等四县并兼管沧州分司所属严镇、海丰二场及沧州、南皮、盐山、庆云、青县、交河、东光、宁津、河间、宁河、冀州、衡水、海丰、乐陵等十四州县灶课白盐等项并缓带征历年灶课钱粮已未完数目逐一按款查明交代接收清楚并无未清事件，理合照例造具清册出具印结同蓟永分司通判监盘印结具文呈送核转再前奉部饬，嗣后接收交代清册令造管收，除在各数，等因。署分司查移送册内所有应征各年灶科等项银两均由各该州县场自行解交，运库兑收前，限造送详报并未逾违合并声明等情到司。

　　据此，本署司覆查无异，除详送盐政院核咨外，理合将送到册结加具印结一并具文详送宪台查核，为此备由具呈，伏乞照详施行。须至册者。

　　督宪陈批：据详已悉，册结存。此缴。

（宣统三年十二月初八日"公牍"栏目）

天津县禀地方物产会经费请在积谷息款项下开支文并批

　　为详明事，窃查前奉劝业道札饬，以续议举办地方物产会，拟在天津、清苑两处首先试办并拟大纲八条，详奉宪台批饬，如详办理行令遵照筹办。等因。即经知县会同农工商各员绅切实安筹，于本年八月间开办，业将办理情形先后分别详请查核在案，其筹办一切经费概从撙节，共需洋银四百一十八元，并无的款可指，暂由知县设法垫给，现在时近年关，急须清理弥补，统盘筹划，别无丝毫闲款可资挹注，只有积谷息款一项尚有余存，历前任修理衙署河堤等工及津贴自治研究学员并办理谘议局议员改选经费等项，均先后禀蒙批准支用在案，前任胡令筹办该会经费无著，亦拟在此项息款动支禀奉劝业道函饬详请核办，而谘议局议覆积谷案内声明，遇有紧要公益必须用款亦准动息,现在筹办地方物产会,系为博览会、劝业会之根据,实属当今要图,此次应需筹办经费亦惟有援案,在于积谷息款项下动支归垫,嗣后办理该会一切经费即在该款接续支用,俾作的款,以为持久之计,从此基础既立,风气渐开,庶于劝业前途不无裨益,所有知县前垫物产,会应需经费拟援案在积谷息款项下开支缘由,理合禀请大帅查核俯赐批示祗遵实为公便肃此,恭请勋安。

前督宪陈批:据禀已悉。仰布政司查核饬遵缴。

（宣统三年十二月二十五日"公牍"栏目）

学　　务

同文仁记南纸书局(阴文)

本局专办各色南纸笺简帖套李贝湖笔,自置各种水笔、轻胶、徽黑、端歙、雅砚、赤金、描金、贡笺、喜寿、围屏、对联,绫锦、矾绢、绘绢、黄绫、奏折、苏杭雅扇;漂洗颜料,泥金、八宝印泥、日规罗盘,刻磁茶壶茶碗,各种文玩。自置木板经史子集、石印各种新译万国政治史记、富国强兵兴商利民及格致、化学、光学、算学、电学、重学、天文、地理、万国公法各种中外舆地新图,英、法、德、日各文及蒙学各书。并自印训蒙捷经史鉴节要四书五经意,策论历代史论御批通鉴辑览,校本四书、国朝政治、新政全书、耕香馆画谱及日本新译诸书并各种洋笔洋书古今名人字画,淇水斋变斗代售。官报局所印书籍无不具备,一概批发价目格外从廉,如蒙士商赐顾者,请到天津宫南袜子胡同中间路北便是。本局谨启。

(光绪二十八年十一月三十日"告白"栏目)

医学考满

北洋医学堂第三批学生自光绪二十四年冬入堂学习,内外诸科及一切植物学、化学均已循序毕业。现经总办屈太守永秋详清派大员会考,以便发给执照。奉督宪札委总办军医学堂徐观察华清赴唐会考。

(光绪二十九年正月初八日"时政纪要"栏目)

天津府知府凌覆陈开办工艺学堂禀并批

敬禀者,且前奉面谕,令筹议设立工艺学堂,嗣复奉饬指拨银二万五千两,令即筹议举办,卑府连日与日本工学士藤井恒久晤商,亚博访周咨详考直省物产,究其利弊所在,遵即详拟章程,克期举办。现已将草场庵旧有房屋一面赶紧修葺,一面招考学生三十名先行开学,其余修建堂舍,候开冻即行动工。惟通盘筹画预估经费约需三万六千金,以后常年经费每岁约需二万三千余金。明知款项支绌,何敢妄议增添?但津郡创设工艺学堂,实开北省内地风气之先,且系北洋通商巨埠,各国商民麕集观瞻,所系规模似不宜过狭,刻经再三筹议,所有前项估计数目实属无可再减。惟有核实支销,总期款不虚糜,事有实效,以期仰副宪台振兴庶务,乐育群才之至意。至开办经费计尚不敷一万余金,即常年经费亦应预先筹画,拟请饬令筹款局核议,于天津各行牙捐内酌量提拨以便次第筹办,所有遵拟开办工艺学堂暂行试办章程,谨缮具清单暨测绘图式一并呈请查核批示遵行。

批:据禀并图折均悉所拟章程尚属周妥,所需经费请于天津各牙行捐内酌量提拨,候行筹款局切实核议详夺。此缴。

（光绪二十九年正月二十六日"本省公牍"栏目）

直隶课吏馆章程

第一章 开馆讲习规程

第一节 遵奉宪谕,将上年曾考超等之员均传入馆肄业学习砥砺,以期大成,其考特等前列之员,如有自愿报名入馆肄业者,亦听其便,照章给予茶点。

第二节 肄业各员入馆后应各认定一门。如习政治者,则二百年来外交、掌故及目前如何开民智、靖民气及律例诸学归焉;如习财赋者,则钱粮、税课、屯牧、矿冶以及工艺诸学隶焉;习洋务者,则外国历史、外交政治以及教案、通商条约隶焉;习河工者,则疏浚河渠、考求水利以及种植树木、经理道涂(途)诸事隶焉。愿阅何书亦须认定一部,比阅毕后再阅他书。

第三节 肄业各员应由馆中发给日记簿一本,令将书中精义摘录,仍分门类研究考证,稽诸古而事行于今者,默识贯通以期致用。且馆中肄业皆本省人员,所治各门自以讲求本省利弊为入手依据,并须数人共治一门用资参考,如言有条理,屡列前茅者,即委以本项差事,以便阅历,庶几学用并进,不致徒托空言。至所编日记讨论日久自成一帙,或可选录付梓,不得随意钞写游旷其功。

第四节 肄业各员既令独标新义、著书立说,其所看古人之书亦可发明,其未尽,或推阐,或指驳,均无不可,统以觇其勤惰,亦以验其才识。除随时委用外,年终由馆开单加具考语,分呈各署以备录用。

第五节 凡督署及两司衙门有大小疑难事件并各项章程,亦可发馆交肄业诸员各抒所见,拟议办法,藉试其材。如有言词中肯者,由馆代为分呈,以便咨询而收集思广益之功。

第二章　常年月课规程

第一节　考试为拔取人才,前奉宪谕,每次考列超等之人,官给川资往津谒见察看,应遵照办理。

第二节　考课之员,凡有出身者均应一律与试,如有不报考者,由首府查明,遵照宪谕禀请将该员记过、停委。惟俊秀出身者,应免苛求,以示体恤。

第三节　考课各题应按切时事各抒所见,议论得当可备采择者,始列超等,如无精义心得,虽文理优长,亦不前列。

第四节　课试原为拔取真才,务须严禁携带蓝本,违者由提调查出记过榜示官厅,不准再考。

第五节　每岁考试以二十二次为度,自正月十六日起至十二月初二日止,其所考过超等次数,年终由馆开单分呈,各署酌予录用,其已经委用者于单内注明。

第三章　看书功课规程

第一节　肄业各员日记、纂录均当手写,不得倩代。或不能作楷,行书亦可,惟不宜过于草率。倘有查出请代情弊,定予撤出。

第二节　古人论学息游与藏修并重,唐宋以前有五日休沐之例,西人七日礼拜,官停政刑,士辍学业,亦有古人遗意。馆中各员应于朔、望日给假。此外不得无故请假,违者记过。

第三节　馆中各员看书早以九点钟入馆,晚以三点钟散馆。如有官差、私事,准其告假,若无故旷功,每旷功一日记小过一次。每月总核,以三小过为一大过。积至三大过者即饬出馆。

第四节　肄业各员不准在馆会客,尤不准吸食洋烟。馆内有局夫伺候,不准自带家丁以禁喧哗而免杂乱。

第四章　藏书规程

第一节　政治门书以官书为主,如《钦定图书集成》《列朝圣训》《续东华录》《一统志》各种,应向官书局支取。至《大清律例》《洗冤录》《刑案汇览》,并应多备数份以便分阅。

第二节 财赋门书,如《郡国利病书》《皇朝经世文编》《农政全书》及新出财政各书,均应购备。

第三节 洋务门书、日本翻译之书实多于中国,闻学校司现经购来三份,拟请发馆一份,以资探讨。

第四节 河工门书,如《畿辅通志》《畿辅安澜志》《畿辅水利丛书》各种均应各购一部,以资考核。

第五节 馆中开办伊始,各项书籍未能一时全备,如需阅之书遇有彼此同需一部者,应以先后为定,每日所借之书,下午散馆即行缴还。

第六节 馆中所藏之书,各员不准私带出馆,借书有取条。缴书有收条,以便稽查而免失散。又馆中书籍以多备为主,除现存外,凡有裨实用者,仍宜分类逐渐购置,以备观览。

第五章 馆务规程

第一节 前次详定除提调外,再委正佐二三员随同办理。现在账房一席已于九月禀委有人,并令兼办文案以资节省。惟经理书籍必须有人,拟再添派一员专收发各员借还书籍之事,每月酌给薪水银二十两。如书有短少,惟该员是问,并须帮办文案。

第二节 现时肄业人数无多,每门斋长暂时无须委人,俟将来肄业之员日益增众,再行择屡列超等,众望所归者充当斋长,以资讲解。

第六章 馆费规程

第一节 课吏馆曾奉宪台饬令工程局择地绘图造屋,以期尽善,现因看书人数无多,暂租支应局原屋试办。每遇考期仍由藩署旧时馆屋,新租之屋专供各员肄业之用以及馆员办公。其租价已奉批定,由练饷局给发。

第二节 查凡遇考期,茶点向归清苑县办理。本年改章每逢初二、十六考期,概由馆中预备,以归划一。其余阅书之日茶点,亦由馆中备办,每月核实报销。

第三节 课吏馆总办、校阅、提调、文案、账房、经管书籍各员以及当差人役工食、油烛、煤炭、纸张、笔墨、杂用,共约计每月须保平足银一百两。

第四节　课吏馆试卷名册前曾详定由府署吏房承办,向善后局领款,今改由馆中备办,每月支用津贴银十二两。以上各宗银两统由练饷局给发。

（光绪二十九年正月二十六日"本省公牍"栏目）

课吏馆禀呈课吏章程六条并批

一、此馆系督宪特设,为造就人才起见,请于每月初二举行特课以昭郑重。十六日改为院司道轮课题,由各署自拟课卷,由馆校阅,代拟甲乙,呈由各署核定奖赏,悉照向章。

一、馆中向无官册,拟由藩署吏科拨一二人来馆常差,由馆酌量津贴。旧年官册缮呈一份,新到各员亦随时造册报馆,以便稽查。

一、连考超等之员,不时由本司职道亲加面试,以防枪替、钞袭等弊。如实在文行兼优,由本司职道会同司道出具切实考语,照章送津,由督宪察看,酌委差缺,以示鼓励。如有钞袭、枪替情弊,亦由本司职道禀请督宪记过、停委,以儆效尤。

一、嗣后课卷拟加弥封,肄业各员亦不得与阅卷之人往还,以防请托、瞻徇情弊。

一、在馆肄业各员向有日记钞录成说者多,自抒心得者少。嗣后宜将逐日所看书籍各抒心得作为札记,朔、望呈由本司职道校阅,以觇学识。不得率尔操觚并无切要,亦不得钞录前人旧说,或各报琐语草草塞责。日记半月一册,程序由馆刊发,以归画一。

一、各馆报章最足开明益智,本馆向有官报一份,拟再择津沪有关政治、学术各报多购数分,以广见闻。

督宪袁批:禀单均悉。折开:续拟章程六条,尚属妥协可行,所拟同通州县,无论有无出身,每岁甄别一次,如先有出差等事仍令补考,佐杂、生员出身以上者均传考试,应准照办。候行藩、臬两司榜示,一体遵照。其委派校阅试卷之王令榘曾并准月支薪水银五十两,仍即移会练饷局查照。此缴。

（光绪二十九年正月二十六日"本省公牍"栏目）

校士甄别

天津各书院现统裁并为校士馆,遵章改试策、论经艺酌给膏奖,以惠宿儒。袁宫保于初二日黎明亲临点名,□试计与考者三百余人。兹将各题照录如下:"通商惠工论""学堂为富商根本应如何设法推广宏造就策""经正则庶民兴义"。

(光绪二十九年二月初五日"新闻录要"栏目)

工艺学堂详定暂行章程

第一章　学堂建置

第一节　本学堂专为讲求工艺实业而设,拟将直隶土产如毛货、皮货、麦草等类出口材料考求制造,以冀收回利源,宗旨与各学堂专讲物理者不同。

第二节　学堂地方已勘定教养局旁草厂庵及施医院以北、教养局镫牌公所以南闻旷官地一段,另行修建堂舍,其未经盖造以前,暂将草厂庵修葺完整,先行开办。

第三节　本学堂拟建楼房两层,前一层为陈列所、客厅、帐房、库房。楼上为办公之所,后一层为讲堂,楼上为教习驻宿之所。其西建试验房四间,北即教养局,东即草厂庵,教养局为工场,草厂庵为学宿食之所。

第二章　学堂员役

第一节　本学堂所有员司职务开列如左:总办一员(总理堂中一切事务),监督一员(专理堂中一切事务,凡学生之起居、动作、出入、饮食以及功课实业皆有稽查督率之责),董理一员(襄助监督经理事务),司事二名(一司银钱帐目及抄写,一司杂务),堂役五名(临时分班酌定,如不敷用准随时酌添),厨役三名,司阍一名,巡警二名。

第二节　教习员额:应用化学科教习一员(延聘日本专门化学师),工匠一名(延聘日本人);染织科教习一员(由教养局正工师任转或兼任再另酌定),工匠两员(染色一,机织一),延聘日本人普通学科英文教习二员(中国人),体操教习一员(英文教习兼任),日文翻译兼教习一员(由教养局翻译官任转或兼任再另酌定),伦理教习一员。

第三节　堂中人员宜常川驻宿,不得另兼别项要差。

第四节　工艺学堂创办之初,程度不宜太高,凡学生入堂宜专习普通学一年或半年,然后再习专门艺业,所有开办第一年中各专门教习即可,毋庸延聘,以节糜费,届时由监督、董理禀商总办酌核办理。

第五节　本学堂额定学生九十名,每班三十名,共计三班。现在建造学堂尚需时日,开办之初,拟暂招学生三十名先习普通学,俟学堂工竣、规模完备添招一班,至次年正月再招一班,以足三班之数。嗣后一班毕业,即递年续招一班,如将来欲行扩充再议增添额数。

第六节　招选学生以十五岁以上二十二岁以下,资质聪颖,身体健壮,文理已经通顺,并习过英文二三年者为合格。开明三代年貌、籍贯,出具结状报名投考,认真局试,录取倍额之半,以备有革除剔退者挨次传补。甘结保状式与中学堂同,赔缴堂费亦照中学堂章程数目办理。

第七节　每届年终有总办率同监督、董理、教习考验一次,其及格者始准入次年学班,考验之后禀报督宪暨学校司存查。

第八节　本堂学生限三年毕业,毕业之时由总办禀请督宪暨学校司派员考验,给予凭照,均照中学堂学生出身章程一律办理。

第三章　学堂课程

第一节　学堂分三科:一、应用化学科;二、染织科;三、普通学科。

第二节　应用化学科目:化学[初级、应用、分析、实验(以制油、制皮为大宗)],算术、代数、几何各初步,物理学大要,图画,英语,日语,伦理,体操。

第三节　染织学科目:染色法,机织法,各实修(以染织毛货、麦草为大宗),算术、代数、几何各初步,物理学大要,化学(初级、应用、分析),应用机械学大要,图画,英语,日语,伦理,体操。

第四节　普通学科目:算术,物理学,化学,图画,英语,伦理,体操。

第五节　本学堂应另立分年课程表,俟教习到堂再行商定。

第六节　学生肄业时刻:夏至前后每日以七点钟为限,冬至前后每日以六点半钟为限,晚间温习时刻以两点钟为限,其逐日详细课程,均由教习商同监督、董理随时酌定。

第七节　学生除每星期休沐外,年假二十日,伏假一月。端午、中秋暨皇太后万寿、皇上万寿、皇后千秋、孔子诞辰均各放假一日。

第八节　学生每日食息时刻均有一定春秋二季,早六点半起洗漱,七点半朝食,十二点午食,五点晚食,十点寝;夏季晨六点起洗漱,七点朝食,十二点午食,五点半晚食,十点寝;冬季晨七点洗漱,八点一刻朝食,十二点午食,六点晚食,十点半寝。

第四章　学堂条规

第一节　学堂所有一切章程条规,员司、学生人等一律谨恪遵守。

第二节　学生见总办、教习、监督、董理,均执弟子礼,见司事亦须致敬。

第三节　经理人及学生有大故及疾病请假者,须声明注册。

第四节　学生除照例假期外,余日课毕若有事出门,须禀明监督或董理欲作何事,限定时刻归堂,如私自出门及归堂逾限者,记过。

第五节　学生连记过三次者,斥革,斥革时须禀明总办。

第六节　学生如有争竞、怒骂、赌博、酗酒、冶游、吸食鸦片以及偷窃等事,查出轻则记过,重则革究。

第七节　学生如有实系资质太钝、课不如程者,由教习知照监督、董理禀明总办革退,免其赔缴堂费;如或因懒惰及无故滋事欲行告退者,除革究外仍照章追缴。

第八节　如有中外官绅来堂视学者,由监督、董理礼接款待。

第九节　如学生亲属有事来访本人者,倘值理课时,不准入见;即课毕入见时,亦须先行知照监督、董理,但接谈时刻不得逾三十分钟。

第十节　此系学堂暂行条规,应准随时酌改,以臻妥善,其余事未尽事宜应查照大学堂条规参酌办理。

第五章　学堂经费

第一节　工艺学堂应需款目约分开办经费及常年经费两项。

第二节　开办经费分建盖房舍、购买图书仪器、置备应用各项器具三项,约略估计详列于后:新建讲堂陈列所洋式楼房一所,约估计银一万两千两;新建试验工场一所,约估计银八千两;修补草厂庵房舍约估计银一千五百余两。以上建造修补各项工程,共约估计银两万一千五百余两。染色用染料、器具、汽罐,机织用各种机式及原料,书籍、教科书及参考用,以上购置染织科器具、书籍等项共约估计银五千两。分析用器具、各种试验器具及原料、火炉及装置费、书籍、教科书及参考用,以上购置应用化学科器具、书籍等项共约估计银五千两。购买床、桌、木器等项,购买零星动用家具,以上置备器具等项共约估计银五千两;总计开办经费共约估计银三万六千五百余两。

第三节　常年经费分额支、活支两项,约略估计详列于左:监督一员,月支薪水四十两,夫马费十两;董理一员,月支薪水四十两,夫马费十两;司事二名,每名每月薪水银十六两,月支薪水三十二两;堂役五名,每名每月辛工银二两,月支银十两;厨役三名,每名每月辛工银二两,月支银六两;司阍一名,月支银三两。以上除总办不支薪水外,计员役薪工月支银一百五十一两,每年支银一千八百十二两(应用化学科),洋教习一员,月支薪水三百两(应用化学科),洋工匠一名,月支薪工五十两(染织科),洋教习一员,月支薪工一百两(染织科),洋工匠二名(每月每名五十两),月支辛工一百两(普通学科),英文教习二员,月支薪水一百五十两,体操教习一员,月支薪水二十两,日文翻译兼教习一员,月支薪水一百两,伦理教习一员,月支薪水二十两,以上教习工匠薪工月支银八百四十两,每年支银一万八十两。学生纸张笔墨费(每名每月一两),月支银九十两,学生饭食费(每名每月三两五钱),月支银三百十五两,学生月费(每名每月大钱六百文,约合银六钱),月支银五十四两,以上各项费用月支银四百五十九两,每年五千五百八两。化学试验药料等费月支银二百两,员役仆从火食(每月每名三两五钱),月支银五十两,镫油费月支银五十两,办公等项公费月支银十两,以上一切杂费月支银三百十两,每年支银三千七百二十两。每年煤炭约支银一千两,每年添补书籍约支银五百两,每年修补房舍约支银三百两,以上活支经费每年约支银一千八百两。综计常年经费,每月约支银一千七百五十两,每年连活支经费,约计银二万二千八百余两。

第四节　学堂未盖造以前,先招学生三十人,教以普通学,至下半年学堂工竣后,再招一班,届时先招之学生已习普通学半年,即可延聘日本专门教习。如此办理,计开办第一年约需经费一万五千两,可以节省七千余两。

第五节　以上所拟工艺学堂开办及常年经费,系就现时筹议办法大概估计,或增或减,应俟拨定的款,开工之后核实,撙节动支,以期款不虚糜,规模详备,所有常年经费亦须筹定的款,方为经久之计。

(光绪二十九年二月初九日"本省公牍"栏目)

学校司详天津绅衿严修等公禀捐办小学堂照准立案

为详报事,光绪二十九年二月初三日,据天津绅衿讲衔翰林院编修严修花翎指分河南候补知府王贤宝花翎二品衔山东候补知府王文郁候补知府李宝恒花翎三品衔候选道徐诚呈为捐办,天津民立小学堂呈请恩准立案事,窃职等恭读京师大学堂颁行《钦定小学堂章程》第一章第八节开载地方绅商得依《小学堂章程》立寻常高等小学堂谓之民立寻常高等小学堂卒业出身应与官立者一律办理,并由官力代为保护,均得借用地方公所祠庙以省经费,又《直隶小学堂暂行章程》第一章第二节内载"地方绅衿准在本地自立小学堂"各等语,职等现于津郡捐集经费借用会文书院创办小学堂一区,名曰天津第一民立小学堂,以为本邑之倡导来续筹的款再行接办,即以第二三四为序,职等此次所办之小学堂内设寻常小学一斋,附设蒙学四斋,学生额数共一百六十五人,计延总教习兼监督一人,分教习六人,职等在堂随时输流稽查所有学生分年课程,恪遵钦定章程办理,伏乞查核等情。据此,查民立小学堂业经恭奉钦定章程,亟应广设以开风化。该绅等首先创设具见公好义,自应照准立案,除禀批并照会普通处存案札行,天津府县一体随时保护外,详报宪台鉴核。俯赐嘉奖,以资激励,实为公便。

批:据详已悉,该绅等首先捐办民立小学堂以为各属之倡,足见急公好义深勘嘉,尚仰饬认真经理,以收实效。此缴。

(光绪二十九年三月十一日"本省公牍"栏目)

天津道详天津县详据翰林院编修严修等
禀集资捐设半日蒙学堂请查核立案由

为详请事,窃于光绪二十九年三月初八日据天津府知府凌福彭详称:光绪二十九年三月初三日据署天津县知县唐则瑪详称:本年二月二十五日据侍讲衔翰林院编修严修内阁中书金恩科五品封典贡生乔保谦、贡生林兆翰、廪生王用熊、生员郑炳勋等联名禀称：窃维今日开化牖民之事，莫急于兴学，尤莫急于使人人知学。惟是蒙养学堂需款较钜，若待遍设尚需时日，且贫户子弟或为小本营生，或习各项手艺，若今终日就学，恐有碍生计观望不前，查东西各国有半日学堂名目，其法甚善，现拟仿办拟开津邑风气，堂中功课，惟识字习算两事，字以能识能写能解为准，算以适于日用为主，再进则讲文法习造句并时常举嘉言懿行为之解说，以养其向善之机，总期数年之后，于寻常之书算浅近之道理略能通晓。不惟易于谋生而心地可以开通，气质可以变化，于风俗人心不为无补，其有材质出众者，随时保送蒙学堂，资其上进，似此办法约有数善，人情易从，一也；课程易办，二也；款轻易筹，三也；一月可教数班，四也；教习易于胜任，五也；他处亦于仿行，六也。职等公同商酌，意见相同，已借妥城隍庙内房基三间重加修缮，拟于三月初开学，以为试办之始，名为第一半日蒙学堂。倘办有成效，当再劝筹巨款择地增设，以期渐推渐广，以第二三四为序。此次劝捐系用集腋成裘之法每股每年十元，自倡议后，旬日之间已集有四百余元，至堂中章程并师生人数、捐款姓名，统俟年终造册呈报所有试办半日学堂缘由，理合陈明。伏乞立案赏示等情。据此，除批示立案并出示晓谕外，拟合据情，详请宪台查核俯赐批示立案，实为公便。

（光绪二十九年三月二十一日"本省公牍"栏目）

天津道详赵承恩等民设蒙养学堂呈请立案由并批

　　为详请事，窃据天津县举人赵承恩等禀称设公设民立蒙养学堂一处，现已提倡捐资，每年共集资二百余元，经费尚勘敷用，业择定如意庵内山门原改之南房为授业斋其已无神像之中殿作为讲堂延聘本埠文生徐人元充当教习，业于二月初三日考验学生，分为正课二十人，附课五人以为定额，已于十四日开学。再，如意庵内原有中法学堂分为两斋，以课汉文、法文。其经理之人拟约举人等照奏定章程重为厘订，非汉文明通年岁及格者，不能兼习洋文，呈请转详立案，俾符体制而与观感，理合据情详请宪台核示，饬遵奉批：如详立案，仰即转饬认真经理务收实效，并由道移会学校司查照。缴。

（光绪二十九年三月二十一日"本省公牍"栏目）

学务

天津县葛沽、津东书院经前海防厅时司马宝璋禀请改为西沽蒙养学堂，援案插立标杆收捐，以充经费。已由袁宫保饬据学校司详覆，该厅所禀系为培植人才起见所定章程十六条亦尚周妥。应请如禀办理，仍俟试办六个月后，再行妥定章程，详明立案，当奉宪批允准。

（光绪二十九年四月初十日"时政纪要"栏目）

天津道详天津县职员卞宝廉等捐立第二小学堂由并批

为详请事，据天津府详转，据天津县详称，本年三月初五日，据花翎四品衔教习知县卞宝廉、光禄寺署正张炳禀称：窃职等恭阅京师大学堂颁行《钦定小学堂章程》内开载地方绅商得依《（钦定）小学堂章程》立寻常高等小学堂，谓之民立寻常高等小学堂。卒业出身应与官立者一律办理，并由官力代为保护。均得借用地方公所祠庙以省经费。又《直隶小学堂暂定章程》第一章第二节内载，地方绅衿准在本地自立小学堂各等语。职等前于二十八年九月间借用南斜街芦纲所建育婴新堂空房捐立蒙学两所。业经禀报在案，职等现又续捐，每岁常年经费银各一千两，创办银一千两，就该处推广改设小学堂内附蒙学，以资造就。查本年正月间编修严修等创办天津第一民立小学堂曾蒙批准在案，此次职等捐立之小学堂即名为天津第二民立小学堂共分五斋，学生额数共一百六十五人，计延聘总教习兼监督一人，分教习六人。一切课程遵照《钦定（小学堂）章程》办理，职等随时稽查，冀收实效。现已于正月十九日开学。至教习人数、学生姓名，统俟年终照章呈报。惟现在育婴新堂房间有巡警分局，未能克日腾出。职等暂将小学堂内之一斋，先行借地开办。一俟四五月间巡警分局移出再行迁入，以归一律。合并声明，所有捐立天津民立第二小学堂缘由，除径禀学校司外，理合禀陈，伏乞转详立案等情，由府转据该县详情前来据此，除批示外，理合据情具文详请宪台查核俯赐批示立案，实为公便。

批：如详立案，仰即转饬认真经理，务收实效。并由道移会学校司查照，缴。

（光绪二十九年四月十二日"本省公牍"栏目）

天津道详天津绅士王贤宾等创设第二半日蒙养学堂由并批

　　为详请事,五月初九日据天津府知府凌福彭详称:"据天津县知县唐则瑀称本年四月廿五日据花翎指分河南试用知府王贤宾等联名禀称,窃查在籍翰林院编修严修等前曾于城隍庙内创设第一半日学堂,专教极贫子弟,凡小本营生藉力作以糊口者,均可抽拨一二时刻到堂肄业,堂中功课:只识字习算两事,简易可行,今甫经月余,已著成效。生徒皆彬彬可观,惟是是限于额数,势难普及。时报名候补之学生将及百人,职等因拟公同募捐仍用集腋成裘之法,每股每年十元或一人一股,或一人数股。量力输金,共成美举。已借妥城隍庙前众鞋行、茶棚暂做学舍,即名为第二半日蒙养学堂。每班学生五十人,每日分四班授课。共教学生二百人以四年卒业期,后此市面活动仍当一面择地一面集捐,以期渐推渐广。总之今日多一学童,即将来少一游手。幼年习于礼让则壮岁耻于为非。泰西各国每以识字人数之多寡定国势之盛衰。施之中国,今日尤救时急务,为此,公恳立案上详并赏发告示,至堂中章程并师生人数、捐款姓名,统俟年终造册,随同第一半日蒙学堂汇齐呈报,合并声明等情,由县详府详请查核转详立案等情,据此,除批示外,理合据情具文详请宪台查核,俯赐批示立案,实为公便。"为此备虫具呈,伏乞照详施行。

　　批:如详立案,仰即转饬认真经理,务收实效,并由道移会学校司查照。此徼。

　　　　　　　　　　　（光绪二十九年闰五月十一日"本省公牍"栏目）

幼女习艺

　　天津育婴堂经收幼女现额约二百八十余名,现经该堂理事王君竹林由上海聘来织造女教习二名,并购机器五架。凡堂内机器年长十余岁者,即令教授织造手巾、带子等类工艺业,业于日前开办,其拟定章程将来该女等日赚工资皆归自己积存以俟及笄之年,有人由堂保讨出堂时,携带工资并给机器一架作为状奁,以备流传转授他人。云。

　　　　　　　　　　　（光绪二十九年十一月初十日"畿辅近事"栏目）

311

续招学生

天津民立第二学堂现在鼓楼南问津书院内,改建斋房其工不日告成,除将原有学生定期迁移外,续招新班以广学,额定于十一日起报名注册,至二十日截止。

（光绪二十九年十一月十二日"畿辅近事"栏目）

北洋发审公所员名单

天津城内丁公祠,督宪设立发审公所委天津府督同办理,今将该局提调教习委员名单录下:提调:南皮县章师程,教习:候补县章以仁,委员:候补县樊海澜、刘道春、姜宗泰、孙鸿烈、张寿楠、张梦笔、黎景煊、胡商彝、张时霁、李盛銮、佛勒棍泰、王禄、和绅布、辛可耀、胡献琳、同书、雷澍、吕调元、周保琛、朱达缙。

（光绪二十九年十一月十四日"畿辅近事"栏目）

蒙学招考

河东奥租界官立蒙学堂于初十日招考学生,午前投考学生百数十名,午后投考学生百数十名。于十四日榜示。

（光绪二十九年十一月十六日"畿辅近事"栏目）

纪官立半日蒙学堂

天津慈惠寺内创设官立半日蒙学堂,拟于年前招齐学生二百名,俟工竣即行开学初二日在城隍庙小学堂内开招至廿日止,将来学有进步者随时保入官立蒙学堂肄业。

（光绪二十九年十二月初九日"畿辅近事"栏目）

纪河西务蒙养学堂

武清县河西务主簿项君寿金以务镇向有乐善养塾,经费成本东钱一千吊,乱后义塾停办,项君为之清查整理,复倡捐广劝改办蒙养学堂,约每年可得的款东钱六百千文,暂借药王庙为学舍,招选学生二十名,已于九月间开办。

（光绪二十九年十二月十五日"畿辅近事"栏目）

中学大考

天津府中学堂为津府督办,一年届满,例应举行大考以资甄录。津府特于十二日莅堂开考,并请总教习丁家立君亲往命题。

（光绪二十九年十二月十五日"畿辅近事"栏目）

立学备案

河东奥界盐官厅改设官立蒙学堂业经开办,现经绅商么君联元会同该学堂董事商准,奥领事将该处永作学堂,该绅董等于日前联名据情详禀海关道唐观察备案。

（光绪二十九年十二月十五日"畿辅近事"栏目）

派习体操

津郡城隍庙官立小学堂近于财神殿前垫平空地一方,由该堂教习于每日午后率领学生二百余人演习体操两小时,然后散学。

（光绪三十年二月初四日"畿辅近事"栏目）

天津道转据天津府县详附贡生乔保谦等
自立蒙小各学堂详请立案文并批

为详请事,光绪三十年二月初五日据天津府知府凌福彭详据天津县知县唐则瑀详称:案据县属五品封职附贡生乔保谦于光绪二十八年在城隍庙前陆家大门本宅内自立小学堂一区,迄今二年共计学生十三名。分为两班,头班程度合小学第三年,二班程度合小学第二年,学费各生自出。又据该职乔保谦于光绪二十八年在城隍庙前陆家大门前捐设育才蒙学堂一区,考取学生二十七名,堂中功课俱按照大学堂通行章程办理。学生分位两班,计头班十一名,合蒙学第三年程度,二班七名,合蒙学第二年程度。保送各学学生九名,常年经费约用三百元,系该职一人捐资。又内阁中书丁酉举人金恩科于光绪二十九年正月,在西大药王庙西本宅内自立启蒙小学堂一斋,学费系各学生自出。谨遵通行小学堂章程办理已及一年,共计学生二十名,程度年龄尚未能划一,现分作两班。其较优者已能作浅近论说,然于初等功课尚须有补习之处,约一二年后方可陆续毕业。又据户部主事华学涑于光绪二十九年在大仪门口引善社内及府署西箭道本宅内自立小学堂二斋。迄今一年共计学生四十五名,分为两班,头班程度合小学第三年,二班程度合小学第二年。其中课程谨遵京师大学堂颁行章程,其中经费系由各生自出,并各据声明照章年终开折具报。等情。先后禀请转详立案到县。查该职员乔保谦等自立蒙小学堂,先未来县禀报,其各学堂开办章程亦未呈送,但既已分别设立,自应详明立案以备稽考。除饬知各该学堂查照并令补送详细章程另文送查外,拟合将各该学堂送到学生姓名汇造清册,详请查核俯赐转详立案,实为公便。等情。据此,卑府覆查无异,拟合将送到清册具文详请查核,俯赐转详立案,实为公便。等情。据此,职道覆查无异,除详批示外,所有送到清册,理合具文详请宪台查核俯赐批示立案,实为公便。

批:详折均悉,应准立案。查各国教育普及必以私立学堂之多寡为衡。天津风气既开,研究教育之人不少。凡确遵颁定章程私设蒙小学堂者,准其一律升送官立学堂收考,惟须程度恰合,不得滥入三家村教法,以示区别,仰即遵照并饬县随时考查,谨劝扩充以臻学校如林之盛。此缴。

(光绪三十年二月二十三日"文牍录要"栏目)

孳孳求治

上年武清县河西务主簿项君寿金创办蒙养学堂,曾纪前报。现又筹定常年经费添加一所假朝阳寺为学舍,于上月二十七日开课,以期教育之普及,并悉项君劝导乡民于运河两岸广种树木以固堤防而兴地利。曾于去冬拟具章程,详奉通永道批准并分饬务杨两厅暨通州一体仿办。近复亲历各乡劝谕绅耆晓以种种利益,现在两岸种树已有四千余株,均经点验注册给予印照。将来推广种植不惟堤工可固,亦小民生利之源也。似此孳孳求治树木树人举,为斯民谋利益耳,故乐识之以劝有地方之责者。

(光绪三十年三月初五日"畿辅近事"栏目)

天津道详天津双口村设立第七半日蒙学堂请立案文并批

为详请事,据天津府知府转饬天津县详称案据县属双口村村正赵炳麟等禀称:窃查双口地方秤斗所抽麻粮牙用皆系本村土产,向无外来大宗生意。前禀抽收百吊上下,原系逆料之词,若遇丰年或可多收,倘逢歉岁则进款无几。然进款无论多寡,总以涓滴归公为要领。其前充集头之赵理明已经改业,应归罢论。以后拟由职等公选妥实可靠者经理斗秤,而职等一面随时查察,倘有侵肥等弊,即为另行更换,不致有不实不尽之处。至蒙养学堂一节,现拟仿照城隍庙第一半日蒙学常章程开办,作为第七半日蒙学堂,借定职村赵氏宗祠设立学堂,择定来年正月开学。草创之初,诸多未备添购器具等项为款甚巨,除抽牙用外,其不敷之数,均由职等认捐,断不至公费支绌。俟办理一年诸事就绪,年终将抽收牙用并认捐各款再行汇数呈报。日后俟筹有他款,再行接续设立以端蒙养。谨将议定办法叩乞赏示开学。等情。据此,当经出示晓谕试办饬俟办理就绪。开学有期,即行禀请转详立案。兹复据双口村村正赵炳麟等禀称,遵即筹画布置,现已粗具规模,实缘荒村孤陋,风气尚未大开,虽百端劝导,仅招募学生六十余名,只得权分两班先行教课,谨于本月十九日开学,理合仰乞转详立案,前来除出示晓谕外,所有双口村民立第七半日蒙学堂缘由,由县转府到道,据此,职道覆查无异,理合据情详请宪台查核,俯赐批示立案,实为公便。

批:如详立案,仰移学校司查照。缴。

(光绪三十年三月十二日"文牍录要"栏目)

接任学司

津绅严范孙太史接任直隶学校司总办事宜,已于二十三日赴省接办。

(光绪三十年三月二十六日"畿辅近事"栏目)

天津县详监生张延龄等试办女学堂照录章程详立案文并批

为详请立案事,案据县属河东奥国租界监生张延龄等联名禀称:窃以国家维系在乎人才,人才盛衰基于母教。津邑向无女学,是以妇女识字者少,故绅民家儿童必待及岁始就外传,而儿童在塾时刻不如在家之久,虽受教育究属一暴十寒。查东西各国儿童十二岁以前家庭教育较之学堂教育居三分之二,因之人才辈出,成就较多,推其致此之由,莫不根于女学生等。有鉴于此,爰纠同人拟在河东倡立女学,不惟于风俗有关而于家庭教育不无小补。现拟试办经费由在事同人自备教习于学生父兄中公举,俟有成效,再为设法推广,惟事出创举,倘有无知之徒妄生谣诼,必致学者裹足,教者寒心。为此,据情禀恳立案赏示以重学校而开风气,并粘呈试办女学规则四章。等情。据此,卑职查该生等纠集同志捐备经费创立女学堂一处,具见热心学界,适足开通风气,所拟章程尚属可行。惟女子非比男孩,章程不厌周密,总期事能推行,严防流弊为要义。因查学舍择定何处,经费已集若干,何时可以开办,未据叙明,当经批令确切筹议禀覆去后。兹据该监生张廷龄等以创办女学堂款项,同人酿集已有五百余金。第一年开办,终年费用约在二百余金,其学舍在河东三道井沟,系监生赵桂芳、赵桂馨等前院书房六间,开学日期约在五月中旬。为此,叩乞赏示分详立案,前来除批准立案出示晓谕,并将开学日期另文申报外,所有卑县创办女学堂缘由,拟合照录章程具文详明宪台查核。俯赐批示立案实为公便。

批:据详已悉女学为教育之母,北方风气未开,该监生等创议试办女学堂,应准立案。查奏定章程有蒙养院及家庭教育事宜,日本女学堂章程有裁缝、烹庖、家政等科,亦堪取法。仰即转饬遵照并录报学校司知照折存。缴。

(光绪三十年五月十四日"文牍录要"栏目)

暑假定期

天津大学堂已定于本月二十六日起至七月初三日止放给暑假,保定大学堂则自本月二十二日起至七月初一日止。

（光绪三十年五月十四日"畿辅近事"栏目）

纪乐贤会

津郡城隍庙官立小学堂现仿日本恳话会章程举办乐贤会,邀集学生父兄到堂演说,学务并管理学生诸法,特备茶点,由初六日至初十日每晚八点钟聚十一点散。其章程如下:

一、日本名此会曰"恳话会",今改"恳话"为"乐贤",取孟子"乐有贤父兄"之义。系由县尊唐会办罗公同酌定。

一、本学堂诸事草创一切教授管理章程未能尽告,拟与诸公讨论修改。

一、东西各国最重家庭教育,在家在学不宜两歧,拟商画一之法。

一、学生散学归家,宜有两点钟工夫温习学堂功课,拟商督课之法。

一、学生散学后,恐其结队闲游以致生事拟商稽察之法。

一、学生购买书物,恐其藉学堂应用为名,以致浪费,拟商核实之法。

（光绪三十年六月初一日"畿辅近事"栏目）

天津道详天津绅董周作元等设立半日学堂由人奉
南段巡警局天津道府拟呈习艺所办法暨经费清折会禀并批

批:如详立案,仰仍饬县随时督率仍劝导推广以期普及此。缴。敬禀者,窃职道等前经会禀,采择日本狱制分别缓急办法,当蒙批准,如议办理,饬司核定监名。旋据臬司议请将天津现建之监房即名为习艺所,分立贷役、力赎、儆惰三监。禀经宪台饬即移行遵照在案。查现在新建监房厅舍将次竣工,而天津又为华洋绾毂之区,军、流、徒遣、债务、词讼、窃贼、土棍、莠民、恶丐均甲他郡,亟应首先倡办以冀转移风气。日前面禀宪台择日开办,荷蒙谕允,拨给的需,无任钦佩。惟是所工落成髹漆、铺陈、裱糊、器用以及各犯寝息、庖涸、沐浴之费在在需款,亦必筹备,约共估银三千两。至

317

天、河二府各属将来解送习艺之犯,除军流徒不计外,余亦宜有限制,必实系怙恶不悛照章应行监禁,或罚充苦力、禀明年限者,方准申送,仍照藩、臬两司详定章程,每名每年由各该州县随犯批解银二十四两,毋得延欠,以五百人为足额。但天津一邑遣犯尚可数计,其杂犯浮于他处倍蓰,加以南北巡警各局营务、发审等处发交监禁苦力之犯,岁异月增,既难令各该局所备解,亦不能责诸天津县独任,即习艺收效均在半年以后,一时不能遽有余资,此项费用是否准由该县按名作正开销,抑由赈抚局借领,统祈钧示办理。兹特开具该所每月应需员司、弁兵等款清折一扣,暨开办各项经费银数,恳请俯赐批发给领,实为公便。是否有当,理合禀请宫保查核示遵。再所有应行详细章程容职道等移咨臬司查核,详请具奏。其余未尽事宜亦当随时禀办。合并声明。

敬再禀者:此次修改监狱习艺制度皆采择日本成法,当由职道等迭次与警务学堂教习日员邨田宜宽逐一妥订章程,并挑选堂内官学生、兵学生教以监狱之法,列为专门,认真讲求。数月以来粗已成熟,现在酌派官学生九名为监狱委员分司各职,派兵学生二十名为监狱巡警兵。监狱委员薪水略优,拟令久任专差以顾考成而资熟手,其巡警兵二十名可否饬由巡警局在于额设兵丁内如数拨派,按半年轮流更换,职道秉钧。现管之南段巡警兵额仅敷分布,将来仍须添募足额,月需饷银一百五十五两,可否仍由工巡捐局拨补之处。职道等不敢擅专,伏候钧裁示遵。现据警务学堂教习日员邨田宜宽拟出监狱大要十一条,职道等略为参酌中东政法以期合辙,谨缮呈宪览。查日员邨田宜宽前在本国会充监狱官职,此次闻宪台将狱制改良极为踊跃效力,求派监狱差事。职道等查监狱之法实与巡警相辅而行,可否即派医务学堂教习日员邨田宜宽为习艺所总稽查之处。伏候钧裁。

谨将习艺所每月拟给员司、巡兵薪工及应用医药、油烛、纸张等项银两数目缮具清折,恭呈宪鉴。

计开:

管狱官一员,督率官弁、匠兵办理一切事务,每月津贴银四十两。

支发官一员,帮办管狱官事,如管狱官告假由帮办代理,每月薪水银三十两,津贴银十两。

书记官一员,一司文书申移、禀札及册报等事,一司罪犯案由登记、册档及监犯收放等件。

教导官一员,专管教导犯人改变气质等事,每月薪水银三十两。

医官一员,专管医理犯人及一切卫生之事,每月薪水银三十两。

监守弁官二员,专管巡兵,每月每员薪水银二十二两。

司库官一员,专管牧存材料、支发、稽核等事,每月薪水银二十二两。

采办官一员,专管发售工艺各货及考究货式等事,每月薪水银二十二两。

工师四名,现在习艺所内工艺厂四处,每厂工师一名,每月每名辛金银六两。巡兵二十名,每门一岗兵,每工厂一岗兵,分三班轮流值班。现在犯人无多先用兵二十名,以后如多收罪犯再行酌添。查巡警章程每兵月需饷银五两六钱,柴草银三钱,四季医药、衣靴每兵每年约需银二十余两。又巡兵二十名须有头目二名,照巡警三等薪饷,每名每月需银七两,总计每月共需银一百五十五两。

以上员弁、匠兵每月薪饷银四百三十七两,其饭食暂由各员自备不另开支。惟医药之费及油烛、纸张等项每月需银一百两,每月总共需银五百三十七两。

批:禀单、清折均悉。天津新建习艺所现将竣工,亟应定期开办,所有天、河二府属除应解军流徒犯外,其余实系怙恶不悛,照章应行监禁或罚充苦力,禀定年限者方准送所习艺。每名每年由各该州县批解银二十四两,不得延欠,仍以五百人为足额。天津一切杂犯较多,并有巡警、保甲各局,营务、发审等处发交之犯,应需费用先由赈抚局借领,俟习艺收效得有余资,即行归还。至约估开办经费银三千两,暨员司薪工及医药之费月需银五百三十七两,统由赈抚局拨发。候行该局遵照办理。监狱巡警兵二十名即由巡警局在于额设兵丁内如数拨派,按半年轮流更换,南段警兵足敷分布无须添募。所请在工巡捐局拨补月饷一百五十五两,应不准行。日员邨田宜宽,准派充习艺所总稽查以资照料,由巡警局传知遵照。仰俟择定开办日期呈请给札。所拟习艺办法大要甚属周妥,将来省城习艺所章程即可照此办理。候行两司暨通饬各属一体查照。此缴。

（光绪三十年六月十一日—光绪三十年六月十二日"文牍录要"栏目）

天津监犯习艺所办法大要(十一条)

第一条　监狱分为二种

一、拘禁监,凡军、徒、流罪犯,非常赦所不原者,及犯事受罪已定监禁年限者,一例收入;二、惩儆监,凡地痞、恶丐及无业游民或年轻子弟不遵父兄教训者,由地方官及巡警局送监收禁一例收入。

第二条 监狱之建造

一、每监各设墙壁以防逃走及与他监房交通往来等事;二、另设工场数处,分别拘禁及惩儆两种人及已成丁、未成丁之犯法人;三、设立监房及工场必须使见日光映射、天气流通与卫生防疫等事相宜为要;四、监房及工场建造,必须使遇有水、火、风、雨非常之灾易于防救为要。

第三条 监狱内所设之巡官及巡兵

一、监狱官,督率官弁、匠兵办理狱中一切事务责无旁贷;二会计官,掌管监狱出入银钱、措办物品等事,员数多少,随时加添,约囚犯三百名置一员;三、看守官,掌管巡兵、指挥、看守等事,员数多少随时加添,约囚犯百名置一员;四、看守兵,承看守官之指挥而警查在监犯人者也,额数多少随时加添,约囚犯五十名置一名,不分昼夜轮流站岗。看守官与巡警局副巡官等,看守兵与巡兵等,其服装及饷章约略相准;五、教诲师,每逢星期令在监囚犯默坐听受教诲,应取土音相近之人设置一员;六、工师,教授监禁人工业,设置四员;七、医师,疗治监禁人疾病,设置一员。

第四条 分别囚犯罪名轻重及其年岁已成丁、未成丁者

一、罪情之分别:甲、罪名较重犯监禁在十年以上及发边远烟瘴充军者;乙、罪名虽不甚重难以悛改再犯、三犯者,如偷窃、剪绺、赌博等罪;丙、罪情稍轻初次误犯者。以上三项初犯从轻,再犯从重,三犯加重,详列后载惩治各条。

第五条 工业之课程

一、囚犯进监察其身体膂力宜作何项工业,因定其每日之课程使之服役;二、免其服役日期开列于后:元旦、令节歇工一日,万寿节歇工一日,遇有父母大故歇工三日。

第六条 作业之工钱

一、囚犯作业过两月者酌定工钱分为十成,以六成充监狱之用,余归囚犯自得,司会计官分别折存;二、囚犯免放之日应得工钱按折存多少支付,不得分文克扣;三、若囚犯愿将应得工钱寄回父母者听之,由司狱问明住处妥交父母之外,不能允准,因囚犯逃走及病故,该囚犯所得工钱另款存储以作地方善举。

第七条　给与囚犯之衣食

一、食粮,米麦、杂粮、盐菜由官给与,看其服役之难易及体质之强弱分等照给,惟元旦令节及万寿节加给荤食,以广皇仁,若囚犯有病则听医官调治不在此例;二、衣服及卧具皆由官贷与。

第八条　通信及接见

一、准囚犯通信与父母及亲属送信时交委员发看,若无妨碍即交邮局分送;二、准囚犯之父母及亲属来监看视,只得见面接谈,不能传递什物,凡衣食、药饵等事,监狱中一例由官给与,囚犯之父母亲属不准递送,如囚犯欲看书籍须经管狱官许可,并查验其书籍有无妨碍。

第九条　囚犯疾病及死亡之矜恤

一、若有囚犯疾病,医官移之于养病所加意疗治,以不使传染为要;二、若有囚犯死亡由地方官验明,其遗骸或标莝,或听亲属领回,如系不遵父兄教训送监收禁者,病笃时可通知其父兄取保调治。

第十条　赏罚之法

一、囚犯谨守规则勤力作业,且自知悔改者与以赏牌,得赏牌三次者酌减监禁年限;二、囚犯若犯禁,规量其轻重,照后开之例罚处:甲、照其服役工作时间二分之一使之直立,二分之一使之作极苦之工;乙、减食粮每日三分之一至而二分之一;丙、使之入闇室,照前减食粮且不与卧具,作极苦之工不过两月,减食粮不过一月,入闇室不过五昼夜,凡处罚时由医官脉视之不使伤身体;丁、若犯禁规而不受罚,或有逃走之虞者,加以锁镣,若翻越狱墙即行枪毙;戊、若有赏牌者犯禁处罚之时,依其情状褫夺其赏牌;己、犯禁规而处罚者深知悛改,初犯者可以放免。

第十一条　教诲囚犯使之改过迁善

一、拘禁监犯每星期一次,惩儆监犯每星期二次,使教诲师宣讲《圣谕广训》及古今人嘉言、懿行,听讲之时免其工作,务使之启发,悔过以开其迁善之机;二、年幼之囚犯教之习算识字。

（光绪三十年六月十二日—光绪三十年六月十三日“要件”栏目）

慈善教育

赈抚局办理平粜,有麻袋、余米两项变价,除开支公用外,实存银洋五千八百余元,交志成银行按月五厘行息,前总办毛观察庆蕃以此款出自平枭所余不若仍归地方动用,爰于旧南门外迤东之大悲庵设立半日小学堂一所,招集极贫子弟入堂读书,以二百名为额分列四班,长年经费约需银洋六百元,以三年为限统计,所需不满三千元,由天津县随时具领发交学董妥办,其学堂即由天津县经理天津庙产为款颇巨,现正清厘,将来尽可拨办,以期垂久。又拟由工艺局酌定厂地,为天津贫民子弟设立工艺厂一所,招集幼童学习粗浅工艺,与半日学堂相为表里,聪颖者,使之织毛巾、织布,学做洋椅、桌等艺;稚鲁者,使编柳条、簸箕、提篮等艺。半日入堂学书学算,半日入厂学艺,但为延师不为设食,建厂工料约需三千元之谱,即由工艺局督修移知,赈抚局核发其酌置织毛巾织布机器及延工师各费,并由工艺局筹办作正支销,业经会同赈抚、工艺两局联衔,详奉督宪批准如详立案,仰即移行遵办。

(光绪三十年六月二十七日"畿辅近事"栏目)

天津道详送天津各学堂教习学生名册文

为详送事:光绪三十年六月初九日,据天津府知府凌福彭呈,据天津县知县唐则瑀详称:窃查前蒙本府转蒙学校司宪札饬,令将各学堂学生姓名及开学日期造册报。等因。当经分别移行照会遵办在案。查卑县光绪二十九年分所设官立小学堂一处,蒙学堂两处,半日蒙学堂一处,又民立第一第二小学堂两处,民立第一第二第三第四日学堂四处,又民立蒙学堂两处,又杨柳青改设小学堂一处,以上共十三处,均经先后开学详报立案,兹据各学堂绅董将各堂教习监督司事学生姓名、年籍照章造册呈送前来,卑县查核相符,拟合汇造清册,具文详送查俯赐转详备案。等情。据此,卑府覆查无异,拟合将送到清册具文详送查核转详备案。等情。据此,职道覆查无异,除详批示外,所有送到清册,理合具文详送宪台查核备案,实为公便。

(光绪三十年七月初一日"文牍录要"栏目)

捐助学生衣帽

天津学董林兆翰、卞禹昌以绅商郭宝光等及宝丰源各铺号集资捐助官立蒙小学堂学生操衣一百身,又民立第一、第二半日学堂学生体操尚缺草帽,当经五品职衔杨恩隆、候选县丞曹永源等捐助草帽一百顶。等情。具

禀县署县批如下(禀略):

批:据禀官立蒙小学堂五处,学生因家道贫富不齐,有无力自备操衣者,经绅商郭宝光、边霞轩、邵筱田、隐名氏、赵怡斋、刘亦山、吴锡三、柴琴如、马辅臣、单似华等及宝丰源、北京宝聚源、北京新泰号、聚增号、宝善店、永盛山货店、裕兴盛铁店各铺号闻知,即行集资捐助操衣一百身,分送城隍庙小学堂、慈惠寺、河北大寺、河东盐关厅、河北药王庙各蒙学堂收用,又经职员杨恩隆、曹永源等捐助民立第一、第二半日学堂草帽一百顶。等情。该绅商等热心学界乐善好施,深堪嘉佩。仰候录送官报总局登载报端,以资观感而期兴起。

(光绪三十年七月十五日"畿辅近事"栏目)

纪普及学社

津郡河东盐关厅内创设普及学社,每日下午八钟起至十钟止,专课识字、习字、修身、珠算、笔算等学学生应用纸墨笔砚等件,概由社中置备专收贫家子弟及小本营生有志,向学无暇,肄业者已于本月十五日开学,其发起人为各学堂监督教习,社中经费自行筹备,不受修金洵美举也。

(光绪三十年七月二十日"畿辅近事"栏目)

天津学界纪事

河东新设普及学社,于十五日开学,曾纪前报,兹悉学生共有六十余人,规条井井,颇有可观。闻城内第二半日蒙学堂执事诸君亦欲仿设一所,现方集议社章,择日开办。河北大寺内官立半日学堂学生因升送蒙学堂者甚多,昨已续招学生,以补缺额。

天津民立中学堂招考启

启者,本学堂借文昌西严宅开办,一切课程切按《奏定学堂章程》办理,以五年为毕业期。学生毕业后得与官学堂一律给与出身,兹已聘定教务长一人,正副教员数人分门教授,拟招考十五岁以上二十五岁以下学生八十人,以已通汉文者为合格,其兼通英文算学者亦一律收录,每人每月纳学费三元,凡有愿来堂肄业者,望于八月二十日以前开具姓名、年岁、住址、三代及曾读何书、曾习何科,并引保姓名至文昌宫西严宅投报注册听候考验,九月初即拟开学。此白,附录《奏定学堂章程》,中学堂课程课目学科目凡十二:修身、读经、中国文字、外国语、历史地理、算学、博物、物理及化学、法制及理财、图画、体操。

(光绪三十年七月二十七日"畿辅近事"栏目)

纪乐贤会

天津民立第一小学堂前日举行乐贤会,邀请各学生父兄谈话,特备茶点,各学生成绩簿分置各斋,任各生父兄查阅,各学堂监学教员亦均齐集。是日,演说者为胡玉孙、张柏龄、于挹臣、孙子文、赵翰岑、林墨青诸君。

(光绪三十年十月十九日"畿辅近事"栏目)

天津大学堂沈道桐整顿学规大概情形禀并批

敬禀者,窃职道奉札总办天津高等学堂,莅事以来,瞬已一月,业经遵照宪谕,将应行整顿事宜随时与丁总教习暨各教习熟商办理。查堂中头二班学生讲求西学程度甚高。中学文字亦具有根柢,斐然可观,加以濯磨,可称上选。特是培植人材,仍须推广整饬学务,不厌详求。此堂开办未久,适当乱后,诸事草创,学规章程有未甚完具仍待改良者,即如:汉文、历史、舆地,是教科一门,每日由三点至五点钟上堂专习,本有定章,而诸生除头二班有志上进、专心研究外,其余各班程度稍差,每日习汉文,时有迟延不到者,有到堂应名旋即退出者,有虽在堂仍阅别书者,以致讲堂听讲之人寥寥无几。未至五点,堂上已空。若不申明约束,力加整理,将来洋文虽佳,仅可充当翻译,而中国文理未能明通,历史、舆图均未讲习,非特学堂缺典,且于诸生进取受亏必多,将来送考京师有纷纷黜落之虞。出治吏事,有格格不入之处。迨学成不见用,必致低首下心,甘于小就,以谋糊口,糜千万之金钱,无丝毫之实效。论者将以学堂为诟病与从前之八股试帖同讥,此不能不虑之于先,而杜之于早者也。推原汉文不如洋文之故,皆由洋文定有分数,而汉文优劣无关去取,故视为弁髦,漫不经心。现与监督、教习等再三熟商,拟定分数章程,饬诸生每日按期必须到堂听各教习讲授。由各教习体察勤惰,记注分数。星期六、日就此数日内所课试其所学有无进境,月终统计分数。以五十分为及格,百分为满格,不及格者,准以洋文分数作抵,如:汉文能优而洋文月考不满分者,仍准其酌留补习。如此互相比较,实力整顿,庶诸生中西并贯,储为通材。

至学堂中体操、兵操,本古人射御并重之意。非特腹心干城可以兼资武事,即血气流动亦甚有益卫生。现亦剀切劝谕诸生,一律肄习课以分数,俾文事武备不致偏废。又堂中向章,每月大课一次,现由职道试以时务,亲自校阅,分别高下,酌加奖赏,以励勤学。并于每月分期四次延集诸生讲论学艺,勉以有用之实学,动其爱国之热心。此外,有应行变通之处,仍当随时整饬以副宫保兴学储才之至意。所有整顿学规大概情形,理合禀陈,并将劝谕诸生体操、兵操及积分章程各一件附呈宪鉴。

督宪袁批:禀折均悉。各国大学堂本由中小学堂推升,已具国文根柢。吾国各学并兴,所谓大学堂之学生,其国文仍是中小学生程度。自宜注重汉文、史地各项,免致有大学堂之名而仅得方言学堂之实。该道拟定积分督课之法,较为切实。查学务纲要内开:大学堂意在讲求国政、民事各种专门之学,为国家储养任用之人才。若中国文理未能明通,历史、舆图均未讲习,安得谓之人才? 仰即如议严加整顿。另单请加每年经费二万两,候札支应局于商电款项下动支。此缴。

(光绪三十年十月十九日"畿辅近事"栏目)

纪淑范女学堂

天津东门内淑范女学堂开办以来,颇有进步,其女学生之已缠足者,亦渐次解放,现因房舍不敷,迁至鼓楼东大费家胡同芝阳仲寓,并添请英文女教习。有愿习英文及高等英文者,可向该堂报名分班授课。

(光绪三十年十月二十三日"文牍录要"栏目)

天津大学堂请添拨经费单禀并劝谕诸生兵操体操说帖

敬再禀者,窃查接管卷内以职堂经费支绌,曾经前总办姚道通筹办法,核计数目每年请加经费二万两,开列清折,会同唐京卿面呈宪鉴在案。姚道未及核办,旋即交卸堂务。职道奉饬接办后,体察情形,经费实有不能不加增之势。查职堂向章每季由司拨解经费银一万二千两,通年共计银四万八千两。比较保定学堂所领经费,每年尚少一万二千两。北洋大学堂教授专门为高等学生荟萃之地,学生程度日高,则堂中所需日广,即如:置办仪器、画图器,为天文测算所必需。工程矿务所当习化学销耗品类尤繁,均须随时添购,诸生方能长进。又英文班学生多兼习德、法、俄三国文字,并附俄、法文等班翻译。洋员教习既多,则薪水支销较巨。历查以前报销各案,薪工项下每月额支已三千四百九十余两,伙食四百余两,添置杂费尚不在内。自开办以来,每季所领经费已属积亏,加以本年七月招考新生六十名,月支各款愈形支绌。所请每年加增经费二万两,亦仅能敷衍。目前,若中小学堂每年递升,则将来经费仍须随时请益。现在每月额支不敷甚巨,若不及时筹备,则捉襟见肘,室碍殊多。我宫保整纲饬纪,百度维新,兴学育才,尤为要务。惟有据实胪陈,仰恳恩准行司每年加筹的款经费银二万两,按季摊解,仍由津海关道如期垫支,以应急需而维学务。所有职堂经费支绌请加银两缘由,理合禀请宪台鉴核批示祗遵,实为公便。

劝谕诸生兵操体操说帖:先圣教人首重六艺,谓:礼、乐、射、御、书、数也。古之战阵多用兵车,故尚射、御,以讲武事。国朝定制满洲汉军应岁科文,试亦先习射。今昔异宜,制度更变,武事既废,学堂普立,特设体操、兵操,以课诸生,仍与古人射、御之义暗合。至于兵法部勒,即寓军礼笳鼓竞鸣,并奏军乐,是礼乐亦行其间,此非特明耻教战,亦谓有文事必有武备,欲诸生文通武达,蔚为奇材也。周制,王朝六卿出为将帅,文武同途。《汉艺文志》"兵技艺"特立一家,可见尚武之精神为通儒所不废。泰西各国学堂皆有兵操,世子贵胄一体肄习。西班牙王未亲政之前,以守备职衔在堂讲武。征诸近事,列邦皆同。诸生如自揣膂力强健,孔武有力,自当勤学兵操,以备干城腹心之选。至于体操,本堂向章每日仅十五分钟,为时无几,并不为劳,且于身体大有裨益,尤应一律学习,以免参差。盖终日伏案,血气凝滞,借体操以为运动,可以却病,可以卫生。血脉活,则肢体强,气体充,则脑筋足。于学业进步可收效于无形。昔李牧休兵投石超距,陶侃暇日运甓习劳。有志自强,终建伟绩。方今海内多故,人才寥落,不有健者,谁济时艰。今日椠铅,他年袍泽。诸君子其勉之矣。

(光绪三十年十月二十四日"文牍录要"栏目)

天津大学堂禀送拟定国文分数章程清折

一、东西各国首重国文,学堂诸生先习国文,然后兼习各国语言文字。如英美人必先通英文,再兼德文、法文之类。诚以国文为国粹所在,非先通本国文字,则内治外交难期贯通。孙子谓:知己知彼,百战不殆。用兵如是,图治亦然。学者读书将以致用,尚其勉旃。

一、各国大学堂分科不分班。现在学堂开办未久,程度不一。所有本堂汉文四班暂循其旧,其法、俄文两班应合为一班,作为第五班。各班循习汉文应仿古人积分之法,以五十分为及格,百分位满格,由各班教习综计一月课程以定分数之多寡,缮具清单由监督江齐送本堂总办查核别具一通送总教习备查应如何计分另列详目于后。

一、各班诸生程度不同教授之法,自应略为区别。而讲习之地,不能各有参差,即如:第一、二班诸生读书既多,性喜博览。然于教习所授历史、地理课程亦不能不按日限以篇幅,俾归画一。次日教习举其中要义,叩其所见,加以讨论,则学业浅深自见。每月分数即以该生向学之勤惰、文理之优绌为衡。诸生能于所授课程按期诵习,悉能体会,并有余力另阅各种有用之书者,应听其便。仍将每日所阅各书,自备小册记明起讫篇数,呈教习稽核。果有会心,优予分数。惟所阅之书须有裨实用,不得专务词华,以崇朴学。阅书之法尤贵专精,必须由始彻终,断句点阅方能融会。不可半涂中辍,务广而荒。至暇日涉猎群书,开卷有得,多多益善,不在此例。

一、第三、四、五班学生逢星期一、二、三、四、五日教习上堂,将本日所授功课从某章起至某章止详为讲授。次日将前一日所诵习者,择要询问,能对者,起立答问;不能对者,再举浅近之义试问;始终不能答者,举大义晓示。星期六、日就数日内所习出题面试文字,以词能达意为主,不必冗长。其一、二班程度较高,或各就所习,各书命题,或试他题,由各教习酌定。

一、每月各班综计分数,以文理学行俱优者为上;文理明晰而平日不甚潜心者,次之;文虽略差而平日攻苦力学行谊端谨者,亦酌予分数,以示区别。总之,汉文分数以向学之勤惰为断,不以一时之文字为凭。

一、各班诸生中外文字不能一律,如西文专精而中文稍逊,或中文甚优而西文稍逊者,当各就所长,珍惜爱护。仍各就所短,补习完备,以宏作育而免偏废。

一、查向章每月大课一次，应循其旧，课卷由各教习先行校阅，送总办核定。如屡列前茅，平日又能专心向学，分数及格者，除优给奖赏外，仍酌予升班，以为励学者劝。

一、学堂卒业后，或送外洋游学，或照章保送京师考校，予以出身，或量材任使，必须综核汉、洋文分数最多者，尽先录送，以免徇情不公之弊。此时先立基础，他日方有人材。

附列积分详细章程

一、每月除小建及星期、休沐四日外，一月得二十五日。学生分数匀摊，约计每日以二分为及格，优者加至四分。以符每月百分之数。

一、诸生每日按期上堂，按期下堂，在堂潜心听讲，问以前一日所授之书全能记忆对答者，予以四分。余以次递减。

一、学生每日依期至堂，勤学好问，平时品行端谨、敬业、乐群者，优予分数。

一、诸生如有事故，应至监督委员处请假，仍告知本堂教习，按日开入报单内送总办、总教习查核。若无故不到堂者，除扣分外，仍由教习报明总教习，分别记过。

一、每日下午三点钟至五点是学生习汉文之时。除有病、有事报明不到外，其余均应如期诵习。如迟至三点二刻以后，按时刻酌扣分数。未至五点钟先期出堂者，亦酌扣分数。

一、诸生在堂喧哗扰乱者，不予分。重者，酌办。

一、诸生上堂习汉文时，在堂仍习洋文、或闲书者，不予分。

一、每七日除有病、有事告假外，无分可记者，记一过。记过至四次者，降班。

一、星期六、日小课是为验其数日内学业有无进步起见。是日，仍酌计分数。

一、诸生洋文屡考不及分者，照章斥退。如汉文甚优，或属平通，而平日实能潜心讨究者，由监督禀商总办、总教习准其留习一二月。如汉文甚差，而又不自图进益，分数屡不及格，亦应由监督知照总教习察看洋文功课如何，以定去留

（光绪三十年十月二十五日—光绪三十年十月二十六日"文牍录要"栏目）

研究教育

天津中学堂于上月二十八日下午三钟开办教育研究所,由总办凌郡守监督,胡玉孙君恭请天津道王观察,保定大学堂总办钱观察,西沽大学堂总办沈观察,工艺学堂日本藤井君、孙子文君,私立中学堂余挹尘君、官立小学堂华杜枔君,民立小学堂徐育生君、王寿芝君到堂演说,各以所见互相研究,以裨学界,直至七种始散。

（光绪三十年十一月初一日"畿辅近事"栏目）

创设商务半夜学堂

津郡为北方商务之中心,百货阗集价值之涨落、销行之畅滞,非深通商学者不能操奇计,赢诚兢争剧烈之商战场也,兹有纪管溽、石文轩、宋则久诸君借定城隍庙前官立半日学房屋,创设第一商务半夜学堂拟招各商号聪颖生徒,教以修身、字课、珠算、笔算及往来书札、商业、地理、浅近普通学,期以二三年毕业,已定于本月初五夜开学,愿入学者可赴针市街元丰裕号报名注册,至未入商号之人而志在经商者,亦可报名入学,其简明章程如左:

一、本学堂拟招学生六十人,不限年岁。

一、本学堂功课时限每晚自八点钟起至十点二刻止,礼拜日停课。

一、本学堂各发给执照一纸交学生收存,每晚携带来堂,如准于八点钟到堂印"到"字,如过时限,印"迟到"二字,如有事不来,次日到堂,于前日下盖印"未到"二字,以便各号稽查。

一、各生徒到堂肄业,每月每名取学费三角以资经费,或由生徒自出,或即由各号公项出帐,惟学生六十人每人三角,每月仅收洋一百八十角,于一切经费尚多不敷,如有乐善君子,仍乞于每月量力捐助以成美举。

一、报名学生或有东西路途之不便,俟报名后酌量人数再为就地分设。

一、各商号或愿送学生几人或愿按月捐资若干,虽少不妨。

（光绪三十年十一月初一日"畿辅近事"栏目）

郡守查学

天津府凌郡守已于前数日将津邑各学堂查阅一过,二十七日复由津起程亲往各属次第查阅,以重学务。

(光绪三十年十一月二十九日"畿辅近事"栏目)

静海县详文生郭宪章自备资斧出洋游学请发凭照文并批

为据情转详事,案据卑县文生郭宪章禀称:为自备资斧出洋游学,恳恩转详以凭遵办事,窃生念时局日变,非乡学无以成材,非取他国之长亦难以求实学。近数年来,我国风气渐开,游学各国诸生络绎不绝,而尤以赴日本者最多,诚以日本自变法以来,于欧美各种科学,皆已能得其要领而中日唇齿相依,同种同文学之者,尤易于得力也,生以僻处偏隅艰于就学。每念朝廷兴学之意,私切惓惓,拟自备川费学费前往日本,入其宏文书院学习速成师范科以资造就。伏查管学大臣等奏定章程各生有愿以私费游学者,应由本地方详明本省督抚宪备案给予凭照。仰见朝廷培植人材之意无微不至,为此吁恳仁恩详请督宪大人准予凭照并谘行出使日本大臣与官派游学生一体照料不胜迫切待命之至,抑生更有请者,各国通例,凡师范生卒业之后皆充本地方教习二三年,不受薪水以是为报效国家之义务为生。虽自备资斧而此次出洋就学,实赖公家之力保护栽培。将来倘得卒业,文凭稍可录用,即当报效公家,数年不受薪费,以略尽此生之义务,请鉴核转详。等情。据此,并据候选训导副榜李式箴出具保结,前来除禀批示外,拟合据情具文详请宪台查核俯赐,饬发凭照,以便转给并谘出使日本大臣一体照料,实为公便。

督宪袁批:据详已悉。该县文生郭宪章所请自备资斧赴日学习速成师范科,以为他日报效国家之地,具见热心教育,应准照办。惟既请由出使日本大臣与官派学生一体照料,自须由马监督一并照章管理,俾有禀承仰即饬遵并将发下公文二角转给前往投递暨候本大臣谘行查照,仍由县录报学务处、司道府知照。缴。

(光绪三十年十二月初八日"文牍录要"栏目)

小学堂毕业演说

天津民立第一小学堂高等学生现已修毕第四学年课程,经堂董呈请天津县于本月十七日莅堂考试,按照奏定章程分科命题(题略),并当众演说其辞曰:此次为民立第一小学堂高等头二班诸生毕业之期,是天津县第一次创举,想亦是直隶省第一次创举。连日以来,本县遵照学务大臣奏定学堂章程,限以时刻分门面试,阅悉诸生科学程度均有可观,体操亦复娴习,精神充满,殊堪嘉慰。本县应即详请本道府宪覆试后,升入初级师范及中学堂转请奖励应得廪增,附生出身较岁科试之入学更为优异,况寻常秀才不过以文字、诗赋进取,钻头故纸堆中,空言无补,曷若今日之科学有体有用,可以见诸施行,方今世界竞争剧烈,优胜劣败,明眼人皆知之,不为自强之国民,上无以对君父,下亦虚度此生。诸生升学后,务当精益求精,深造逢源,勿以一得自矜,勿以半途自画,抑不佞,更有望者,宋儒胡安定先生教授苏湖二州分经义治事二目,今科学之读经作文诸门,即经义也。历算格致之类,即治事也。其后安定门人,往往知爱民,稽古而散在四方者,皆恂恂雅饬不问,可知胡公弟子诸生实事求是,被服儒雅,使人一望而知,为津邑弟子则文明气象千里外应之矣,诸生勉之。

(光绪三十年十二月二十五日"畿辅近事"栏目)

天津县详候选知府杨德润等创设
民立第六初等小学堂请立案文并批

为详请立案事,窃照本年十一月二十三日据县属候选知府杨德润举人李耀曾、七品衔监生刘鑫禀称:窃职等公同集款,拟在城东大直沽村创设民立第六初等小学堂一区教员四人,按照《奏定学堂章程》轮流授课,招考学生已集六十余人,现集资二千圆为开办经费,其常年经费除月收学生学费每人一圆外,下短约在三百余圆之谱,拟即随时集款以足其数。今择定地势,系在庚子被焚,本村地藏庵等地基。现值冬令,开工匪易。兹有本村刘浚卿闲房一所,情愿暂归学堂借用,以便明春开学俟二月即行开工修建,落成后再为迁移所有创设第六学堂缘由,理合恳请备案并赏发告示。等情。据此,卑职查该职等公同集款二千圆拟在大直沽村建设民立第六初等小学堂一区,学生每名月交学费一圆作为常年经费,不足之项,仍由该职等筹补,具征关怀桑梓,热心教育,殊堪嘉尚。自应准如所请立案晓谕,除由卑职出示晓谕随时督劝妥为经理并俟来春开学另文呈报外,拟合具文详请宪台查核,俯赐批示立案,实为公便。

督宪袁批:如详立案,仰学务处查照饬遵。缴。

(光绪三十一年正月初十日"文牍录要"栏目)

天津大学堂据俄文学生禀请增延助教禀并批

敬禀者,窃据职堂俄文全班学生禀称:窃生等自入堂以来归俄国教员来觉福君教授俄国语言文字已及年余,自维进益无多,深负宫保造就,译才之盛意,旁皇内讼结,啬难名推原,所以进益无多之故。实缘学生程度太浅,教习纯以俄语指授,殊难领悟来,教员不能中文不谙,华语"无从指臂",每次翻译华文时有舛错,教习亦无从改定,两相柄鉴,受益何从。再本堂俄文班仅学俄国语言文字及算学、国文、体操。此外科学绝无讲授,他日毕业,亦不足备良译才之选,拟请添聘中国人助教一员以资赞助兼授科学一门,庶几讲授不虞隔阂,学业可期日深。查本堂法文全班学生吁请添聘助教一事,已蒙俯准,禀明宫保恩准施行。仰见宫保作育人才有加无已之至意,生等共处一堂,事同一律,故敢援例渎请。再查从前京师同文馆及湖北方言学堂俄文毕业学生当不乏人,倘承俯准禀明宫保恩准选派来堂授课,以遂生等向学之愿等情。据此,伏查职堂法文全班学生禀请添聘助数一事,业经据情转禀在案。现在该生等禀请增延俄文助数事同一律是否可行,除批候禀宪示,再行饬遵外,理合据情禀恳宪台恩准批示,祗遵。

(光绪三十一年正月十四日"文牍录要"栏目)

天津县据学董林兆翰等禀创立
商务半夜学堂详请立案文并批

为据情详请事,案据襄办学务董事附贡生林兆翰、廪膳生卞禹昌禀称,窃津郡自蒙宫保督宪兴立学校,不惜重帑擎孳,以培养人材、开通风气为急务,绅商士庶莫不观感奋兴,共图进步。兹有河间府献县监生纪巨汾,天津县丞衔石光斗、布衣宋寿恒等念及本埠各商号生徒大半读书未成,文理不甚明通,故于商务未能深求,只知率由旧章,不能别出机轴,较外洋之钩心斗角,奚啻天渊利源外溢,职是故也。爰与董等愁商借城隍庙前官立半日学堂创立第一商务半夜学堂,招集各商号聪颖生徒六十名,每晚从八点钟起至十点二刻止,延聘教习四人,按日分科教以修身、字课、珠算、笔算、史学、物理及往来书札、商业地理,由浅而深,约计二三年即可成就,将来料理生意,自必绰有余裕。当于十一月初五日晚间开学,旋又借民立第一半日学堂为第二商务半夜学堂,嗣有户部主事华绅世铭守制家居深韪此举,因复借民立第五半日学堂为第三商务半夜学堂,董等又就河北药王庙官立半日学堂为第四商务半夜学堂,现共分设四处,均已先后开学。董等轮流稽查并约热心学界之士出为襄助,俾各生徒得以就近肄业,白昼仍可照常贸易,所需经费无多,除每人取学费三角,不敷之款,蒙官绅陆续捐助,统归第一半夜学堂汇收,随时分送四堂以资接济所有创立商务半夜学堂,开办情形理合具禀俯赐鉴核转详立案,实为公便。再商号生徒大半各有执事,恐不免时去时来,与他堂肄业学生不同,应请免其造送花名,至所需经费系取之学费,及随时募捐,月清、月款,应请免其造册报销、合并声明等情。据此,除由卑县督饬将商务事宜认真考求,务收实效而宏商业外,拟合据情具文详请宪台查核俯赐批示立案,实为公便。

督宪袁批:如详立案半日半夜等学堂可补各学之阙,津郡此风既开,实为可喜,仰学务处即饬督率推广加意,讲求以宏商业。此缴。

(光绪三十一年正月十八日"文牍录要"栏目)

小学给凭

天津民立第一小学堂高等学生于客腊毕业,经天津县莅堂考试曾纪前报。兹闻学董林君于日前邀同该堂教习传集毕业各生各给文凭一纸,并勉励一番而散。

(光绪三十一年正月十九日"畿辅近事"栏目)

天津县据职员卞宝廉等禀
捐资创设民立第二小学堂请立案文并批

为详明事,案据卑县花翎四品顶戴同知衔教习候选知县卞宝廉、候选光禄寺署正张炳禀称:窃职等于光绪二十九年正月借用育婴新堂改设民立第二小学堂,当即筹措创办经费银一千两,常年经费银二千两,嗣因斋舍不敷禀明运宪,就问津书院基址创建礼堂学舍官厅共三十八间,共支工料银七千八两六钱五分,节经具禀钧鉴在案,本年学生已一律足额,自正月开学瞬届年终,核计置备桌凳家具用银六百八两六钱九分,购备书籍、仪器用银二百十八两一钱,常年经费用银二千二百二十两,均照上年所费较多,盖〔概〕学生程度渐有进步,教员薪水亦须酌加,书籍、仪器更不能不随时添置,合计两年常年经费共用银四千二百二十两,创办修建置买共用银八千八百三十五两四钱四分,均由职等二人各认捐一半。惟值此时事艰难,市面凋敝异常,筹款万分不易。嗣后学堂经费必日渐加增,急须未雨绸缪,俾免临时支绌,职等公同商酌,惟有竭力摒挡勉成义举,又豫筹巳、午两年经费共银六千九百四十四两五钱六分,如数措足暂行存储备用,仍由职等二人分半认捐,统计连前各项共凑成银二万两整,庶几款有攸归,可图久远,以期仰副菁莪造士桑梓育材之至意。所有职等创设民立第二小学堂两年开支各款容俟年终造册具报外,谨将筹措经费及豫筹巳、午两年的款缘由禀请俯赐鉴核转详立案,实为公便。再职等豫筹巳、午两年经费共银六千九百四十四两五钱六分,现存殷实铺家不敢分厘生息,以便按时取用。倘有疏失,仍惟职等是问、合并、附陈等情,据此,卑职查该职等捐资创设民立第二小学堂,前经先后禀详在案,兹又据豫备巳、午两年经费统计用款二万两,每人各捐一万两之多,洵属嘉惠士林,好义可风,除批示并另行禀请核奖外,所有卑县职员卞宝廉等创设学堂各捐巨款缘由,拟合具文详,请宪台查核俯赐批示立案,实为公便。

督宪袁批:据详已悉。职员卞宝廉等创设民立第二小学堂,先后各捐银一万两,洵属乐善不倦,深堪嘉尚,应准立案仰即照章核,拟请奖以示鼓励并录报学务处司道府查照。缴。

(光绪三十一年正月二十三日"文牍录要"栏目)

天津县据前户部郎中韩荫棻等
禀遵母命报捐学堂经费详请立案文并批

为详明事案,据卑县前户部江南司郎中韩荫棻、总理山东武卫右军营务处会办山东巡警事务候选道韩耀曾联名呈称,窃职荫棻之祖母、职耀曾之曾祖母、二品命妇韩陈氏存年一百三岁,曾于光绪十一年以五世同堂亲见七代,蒙恩赏给银两缎匹及五叶衍祥匾额在案,兹于本年十月十二日病故。临终遗嘱:身受国恩,合家感激,丧葬不准丰厚,所遗首饰、衣物务须变卖,报捐学堂,以为国家养育人材之费,再身屡蒙旌奖,不敢因效此涓,埃更行仰邀议叙等语,职等谨遵遗命变卖衣饰,得价千金,谨拟全数捐助天津官立、私立小学堂经费,以承先志,为此据实具陈并缴呈公砝平化宝银一千两整,伏祈查核兑收并请转详,实为公便。等情。并据天津初等工业学堂董事商部主事华学涑、候递县丞孙凤藻禀称,窃职等于光绪二十九年借引善社公地创立小学堂一区,只以地势狭隘碍难扩充,复于今秋查有户部街朝阳观庙地堪作校舍之用,业经禀请并蒙批准在案,现已兴工。惟查现在津邑学堂虽已林立,然不过蒙小各学于工业一门尚未兴办,是以职等所立学堂拟改为初等工业学堂,以发达我国民之工业思想,然既称"工业",势必一一试验,既有试验仪器在所必需。职等虽存此意然每款愿奢而力薄,若不借助群力,不足以观厥成。故于同志诸君处劝募数百元之谱,然此区区款项开办之费尚恐不足,则仪器一项更无著落。顷闻本邑韩绅荫茱遵其祖母遗命,报捐学堂千金充作经费。职等与林、卞两学董及韩绅熟商,拟以此项捐款充作初等工业学堂开办经费,询谋金同均经认可,为此肃禀并缮具墨领一纸,呈请俯赐批准,指拨该款准作初等工业学堂开办经费,实为公便。等情。并据投具墨领前来,据此,卑职查该职韩荫茱等克承先志,捐助津郡学堂经费银一千两,洵属孝思不匮,热心教育,核与建坊之例相符,现在另禀请奖,至该职华学涑等筹设初等工业学堂,系造就邑民实业,尤为今日必不可缓之图,据称仪器经费无出,请将韩绅报捐于金发给济用。查韩绅本未指定捐归何处,自应照准给领,以资开办而觇实效,除拨发华绅等领回墨领附卷并另行禀请核奖外,拟合具文详请宪台查核,俯赐批示立案,实为公便。

督宪袁批:如详立案,仰学务处查照饬知。缴。

(光绪三十一年正月二十三日"文牍录要"栏目)

天津县详郎中王锡瑛创立敬业中学堂
开学日期请查核备案文并批

为详明事案,据丁忧在籍兵部郎中王锡瑛禀称,窃职前与五品卿衔翰林院编修严绅修创立私立敬业中学堂曾经恳恩转详立案,业蒙批准,职等遵即照章招考学生,录其合中学程度者七十人,于九月初八日开学,所需开办各费均由职等捐付,至常年经费,除每名月缴学费洋银三元外,职与严绅每月仍各捐银一百两以补不足,除俟年终将章程课目及师生执事姓名另册呈报外,所有开学日期及学费捐款各缘由,理合具呈声明,伏乞查核存案等情,据此,除批准备案并饬俟年终造册呈报外,所有卑县绅富捐设私立敬业中学堂开学日期,拟合具文详请宪台查核,俯赐批示备案,实为公便。

(光绪三十一年正月二十五日"文牍录要"栏目)

天津府遵饬查明公立女学堂情形请拨发经费详文并批

为详请事,案奉宪札,据天津公立女学堂董事孙廷杰等禀,在河北地方创设女学堂,请将允助款项拨发、开办等情,令即查明该学堂事务究系何人主持,具覆核办等因。蒙此正在查办间,即据公立女学堂董事方若、王宗棠、孙廷杰等以该学堂创设已成,伊等籍隶他省、本身皆有事务,兼顾不暇,请择派本地董事接办。当经卑府派令襄办学务董事内阁中书衔附贡生林兆翰、国子监学正衔廪膳生卞禹昌等前往接办。去后,兹据该董事等禀称:窃公立女学堂倡办人为前山西学政吕编修凤岐之女吕碧城及碧城之胞姊吕蕙如、《大公报》馆主笔英华、《日日新闻》报馆主笔方若。原设有议事员数人,董等曾在其列。该堂系合官绅捐款而成,故名公立。业于去年十月初一日开学,一切章程系由倡办人议拟。董等因经理官立、民立各小学堂及半日学堂与考工厂、陈列馆各处,精神已觉难周。而女学堂责任尤重,又未能常川经理,故仅列议员,以赞其成。前奉面谕,以英华、方若等皆有本身事务,兼顾不遑。女学堂若无人主持,势将中止,未免可惜。饬董等接理等因,董等仰承钧命,不敢固辞。惟董等经理各处学堂,委实事过烦冗,诚恐顾此失彼,致滋贻误。拟请添派乡望素孚之绅耆,以昭郑重。查有前广东潮阳县知县陈垲、指分河南试用知府王贤宾,该绅等老成持重,谙练精详,以之充当女学堂执事,定能相助为理。现已公同商议,分清权限。所有领款事宜,拟即请以该绅等与董等从正月起,列名具领,并约年岁较长之司事二人,由董等同该绅等随时稽查,以期实用实销,俾免糜费。至内堂管理,由女舍监专任其事,若延订教习,参酌功课,必须设监督一员为之主持,方能日有进步。查有翰林院编修傅增湘,品行端方,学问优裕,且倡办时亦颇赞成其事，请其充当监督，实堪胜任。其原倡办之英华、方若，仍请列入议员，俾资赞助。至该堂款项，创办时虽由官绅集合，勉强开学。奈所亏甚巨，而常年经费、每月薪工饭食、房租、杂支，约共需洋银四百余元。若再延外国文教习，尚须酌加经费。一切活支各款均不在内，除月收学费尽数提用外，撙节计算，每月约不敷银二百五十两之谱，似非请领的款不足维持久远。为此伏乞俯赐转详官保督宪批示，实为德便。上禀等情前来，卑府覆查该董事等所拟办法尚属妥协，自应准如所请，以期女学日有起色。其堂中经费支绌，亦属实情，既蒙宪台允准，在于前育材馆房屋变价项下拨助开办经费洋一千元，又每月由厘捐局及银元局各拨银一百两作为常年经费，遇有不敷，仍由各该绅董捐助，可否准其具领，以便开办之处，卑府未敢擅便，拟合具文详请宪台查核，俯赐批示祗遵，实为公便。

督宪袁批：据详已悉。应如所拟办理并准于育材馆房屋变价项下拨给开办经费一千元及由厘捐、银元两局每月各拨常年经费银一百两，仰即饬遵具领，并候分行查照。缴。

（光绪三十一年二月初七日"文牍录要"栏目）

商学踵兴

天津商务半夜学堂已有四所，现又有人在河北关上白衣大寺内踵设第五商务半夜学堂一切章程，悉照先立各堂办理。

（光绪三十一年二月初七日"畿辅近事"栏目）

天津县筹设初级师范学堂拨款开办禀并批

敬禀者，窃查前奉颁发学堂章程内载，初级师范学堂为小学教育普及之基，须限定每州县必设一所，使之肄习普通学并讲明教授管理等法。又初级师范生一百五十人为足额，诚以学堂创设之始，必须多立高等小学及初等小学堂方能循序登进蔚成人才，而欲求小学之普遍，尤莫亟于造就教员，藉资训迪。卑职前因县属官立民立小学堂逐渐增设，风气已开，若不储养师资，殊无以广造就而宏教育，是以与京卿商酌，拟在津城建设初级师范学堂一区，面奉宪谕允准拨发开办经费，曾于禀报清查庙产案内附陈宪聪在案，惟初级师范学生之教员非科学程度，及于优级师范与高等学业者不克胜任。卑职留心访察目前此项教员实乏其人,而学堂地基更须宽敞、合式,亦复相度为难,以故未能早日开办,适上年严京卿回津,与宪台面商,订以向有附近文昌宫之左侧校士馆改初级师范学堂,又因地址狭隘不敷应用,拟以文昌宫右侧旧设民立半日学堂之海潮庵酌量改建,其民立第一半日学堂另择东门外之天齐庙改立,一转移间两得其所,洵于学务大有裨益,惟两处房屋尚应改造添筑,现拟襄办学务,林、卞两绅估定修建费需银三千两之谱,拟请先行照数拨发以便开工,至购置家具、书籍等费,一俟酌定数目另文请拨。又民立第一半日学堂刻须移至天齐庙内,所有修葺等费约需银四百两,未便再令绅士公捐,拟恳一并批发,俾得转给应用。至学堂常年经费,需用若干,如何筹拨,及详细章程,容再另禀请示遵办,庶昭妥协,所有卑县择定初级师范学堂地基拨款开办缘由,理合禀请宫保察核俯赐、批示、指拨修费等款,以凭领用,实为公便。

督宪袁批:据禀已悉。改建初级师范学堂房屋应需修费银三千两,又海潮庵民立第一半日学堂移至天齐庙,所需修费四百两,候行银元局照数拨发,仰即具领修办,至该县前禀查提庙产,年提九千余元,除每年动支四千二百元暨查收委员薪工等项外,所余之款,原拟作添设初级师范之用,今修费既由银元局拨发其该学堂常年经费及购置家具、书籍等费,自可由庙产余款内拨用,并即酌核妥拟章程禀夺仍录报学务处,查照。缴。

(光绪三十一年二月二十六日"文牍录要"栏目)

天津县详穆家庄绅董设立第八初等小学堂请立案文并批

为详请立案事,据县属穆家庄天齐庙绅董穆国安、穆兴俊、穆文福、穆兴庠、穆兴恒、于万春、穆成安、穆祥和禀称窃绅等居住穆家庄、天齐庙两村,联络势若一村,约共八百余户,贫多富少,向有乡塾举监廪贡生员尚不间断,近年来科考、变章、文风、易格,屡蒙上宪告示,劝勉各处绅民自行筹款设立蒙小学堂以辅官力之不及等因,并阅天津城乡内外官立学堂数处、民立学堂数处,名目不一,足见风化日开,教育人材之孔急也,绅等地处北乡,不无可造之材,似未便固守旧章不思变通,绅等公同商议,欲兴学堂,必先筹款惟自兵燹后民力艰难,谅在洞鉴,然又不能不于万难中勉强筹画,拟设民立小学堂一处,计两村种养地亩约有六七十顷,每亩拟筹资六十文,两村生理由北口贩卖羊只者四五家,拟卖羊一只筹资三十文,仅此二种可筹常年经费一千余吊。其余概难筹办,筹款之先绅等已设法捐垫。至学堂章程功课,一切已请妥天津曾充官立小学堂教习刘宝源特充总教习,又请本村廪膳生穆祥和及龙玉麟充分教习,拟招学生一百名上下,分为三斋安置,庶课程无违背之愆,然乡愚难化,民智未开,仍有遁言恐吓,愚民从中阻挠,情实可恶。绅等又将设立学堂有益无害之处,慨〔剀〕切说明,并在两村粘贴劝学说文,以期民智可开学堂可立。绅等已筹赁房舍一所,修理齐整,已有投学学生八十余名后仍不断,拟于本月十九日开学。以上各情似宜恳请赏发告示,多方开导,禁止阻扰,实于学堂大有裨益,至学堂详细章程、课程,拟于开学后容当续禀。所有一年出入之项,拟于年终造册呈核,以昭公允。为此叩乞电鉴恩准等情。据此,卑职查该绅等所禀两村联设小学堂一处,拟按地每亩筹津钱六十文,并由贩卖羊只之家每只捐钱三十文,作为学堂常年经费,既经该绅等筹议妥协定期开学,自应准其照办以兴学校。惟民立小学已开至七所,该庄学堂应作第八初等小学,俾昭联络而免纷歧,除批准示谕饬即认真经理,并将教员执事学生姓名、年籍造册另报外,拟合具文详请宪台查核俯赐批示立案,实为公便。

督宪袁批:如详立案,仰学务处查照饬知。此缴。

（光绪三十一年二月二十八日"文牍录要"栏目）

天津县据学董林兆翰等禀城隍庙
官立半日学堂改为单级小学堂详请立案文并批

为详明事案,据卑县襄办学务董事内阁中书衔附贡生林兆翰、国子监学正衔廪膳生卞禹昌禀称,窃查初等小学堂课程繁多,如修身、读经、习字、作文、造句、笔算、珠算、历史、地理、博物、卫生、手工、体操共十余门,若每堂六斋,每教员兼二三门功课,必须延请六七人,往往因经费支绌,惮于举办,故学界难于扩充,现与邑绅严京卿修公同商议,拟仿照日本单级学校章程,每堂止请教员一人,凡初等小学课程,均能教授,再请副教员一人经管银钱庶务,并能浅涉普通学者,帮同授课,每员虽优给薪水,亦较分请各教员节省实多。倘各乡村镇照此办法,定收费半功倍之效。现就城隍庙内官立半日学堂房间改为单级小学堂,由各半日学堂学生挑选聪颖纯谨、年龄合格者七八十人分作三班,延聘普通正副教员按照单级章程分任教育管理副教员既经管银钱帐目,即无须另约司事,似此全堂课程权限责成二人,非学有门径、心精力果者,难膺此选,应请优给薪水,每月正教员三十二员,副教员二十元,方足以酬劳,勤刻经酌定功课慎选教员,已于正月十九日开学先行试办,俟有成效再当推广仿行,至半日学堂原有桌凳均不合宜,亟须分别置备,并添购书籍,及修理改造,各工董等核实,估计常年经费每月须洋银七十五元上下,创办费在三百二十元上下,计两款共合洋银二百九十五元。为此请领以济要需,所有试办单级小学堂及请领经费缘由,理合肃禀具陈,伏乞恩准详请拨款给领,实为公便。等情。据此,卑职查该学董等所拟就城隍庙官立半日学堂改为单级小学堂,延请正副教员二人分任,其事由官立之各半日学堂挑选聪颖子弟入堂肄习,系为扩充学界造就童蒙起见,其学科分修身、读经、习字、课本、造句、作文、笔算、珠算、历史、地理、博物、卫生、手工、体操十四门,所定常年经费较之半日学堂增加无多,而于生徒建肄业大有裨益,自应准其试办,徐图推行。查官立半日学堂经费自光绪三十一年起在于卑县筹定河北只树园等处庙产项下提拨支发,现在改设单级小学,所需创办款项及常年经费拟请仍在庙产内提给,不再另请官款,俾免纷歧,除由卑县督饬照章认真经理务收实效外,所有城隍庙官立半日学堂改为单级小学堂并筹拨经费缘由,拟合具文详请宪台查核,俯赐批示立案,以凭提款给领,实为公便。为此,备由具册呈乞照详施行。

督宪袁批:该县官立半日学堂改为单级小学,自为学界进步起见,应准如详办理,仰学务处查照饬遵。缴。

(光绪三十一年三月十三日"文牍录要"栏目)

天津大学堂新订各规则
总办规则

一、总办有总理全学之权,当尽热心教育之义,诸生有未开通者,启导之;能够学者奖励之;其不率者董戒之。

一、学堂大事必关总办,凡学务事宜,当随时与总教习详议商办。

一、总办于监督教习行宾主礼,监督教习有事谒总办,不拘时刻。总办有阙失,凡教习皆得规劝之,以合公理为断,应时更定,再不能决,则以占三从二之法决之,毋执己见,毋护前非。

一、堂中七日一休沐。非休沐日,总办非有故有病,不得不到堂。

一、诸生来谒具名不具,赘一揖必答揖。

一、诸生有事或请业，不拘时刻接见，通名就坐，有疑难就问，务尽其意所欲言，答必以诚。有不中理者诲正之，毋疾言，毋历色，使之悔悟，不追既往。

一、学务有当改良者，集总教习监督教习于研究室，提议互相质难，折衷贵，当意有不同，各抒已见，毋偏徇，毋执拗，惟其当。

一、监督阙人，由总办择学行优长、深通管理法者，照会延订。

一、教习阙人，由总办择学行优长者，慎为延订。戒徇情，戒阿好，不称职者，据公论谢退之。

一、堂中办事各员，由总办慎选札派，随时察核，有不谨者，易置之。

一、来学者，由中学高等学递升，具读书姓名、年籍，由总办会同总教习，分日试中西学，因其程度所及，定班之高下，其不及格者，则屏之。

一、学生学业不进，积分不及格，由总教习核定，商之总办，高班者降班，无可降者，许留一月以观后效，又不及格则退之，总办当详加检校以定去留。

一、月考中文课卷由本班教习阅定，呈总办评定甲乙榜示给奖；西学课卷由西教习阅定，呈总教习评定甲乙，汇送总办查验。

一、年终大考，总办会总教习监督教习，以中西文分日试验之，试日请于北洋大臣派员监试。

一、每届领款之期，由总办派员赴领银据存总办处，候收支委员开列应领某款，分别发给。

一、堂中额支、活支各款册籍，随时稽核，分别准驳。

（监督等规则依次续登）

（光绪三十一年三月十四日"专件"栏目）

天津大学堂沈道订立各项规则请立案禀并批

敬禀者，窃查天津大学堂订立讲堂、宿舍、请假、斋长、班长各规则，均经随时陆续禀陈在案。兹将总办以下各员应尽义务暨诸生应守学律，仿照京师大学堂章程，旁参东西洋学堂规制条分缕析定为规则，庶各员循当尽之职得所，率由诸生有画一之规咸知遵守。除刊成帙本，分别移送学务处及各学堂，并颁发全堂学生外，理合禀明立案，是否有当，伏候宪台批示祗遵。

督宪袁批:禀折均悉,所拟规则,详审精密,仰即一律遵守,以严秩序。此缴。

(光绪三十一年三月十四日"文牍录要"栏目)

天津县据宜兴埠学董禀设立第五小学堂附属第九半日学堂详请立案文并批

为详请立案事,案据属宜兴埠学董生员温葆谦、生员李冀、绅董五品衔温长纶、村正五品衔杨玮、村副监生王达等禀称,窃生等前禀请抽收麻用作为学堂经费一案,已蒙恩赏发示谕在案,但麻用一项岁可捐银二百两上下,常年经费甚属不敷,现又拟将村中收割苇草者每个捐收津钱四文,约岁可捐银七八十两。至本村旧有青苗会,历年系村民办理。兹生等公同妥议,拟自三十一年起开办,青苗局雇工管理,凡村中收获田禾之家,每亩地收资津钱八十文,除雇工需费外,余资尽归学堂经费,在地户所出有限,在生等亦非另生枝节,而于学堂经费大有裨益。此项出入数目碍难预定,嗣后倘有盈余,即作推广学堂之用,若仍不足,再由生等另行筹议等情,当经批准示谕并饬将开学日期禀请转报去后。兹据生员温葆谦等禀称,窃职等试办学堂就地筹款业蒙恩准在案,惟村中风气未开,诸多观望学生已报名者不过六十余名尚未足定额。职等择于二月初一日开学,先开第五小学堂一斋,附属第五半日学堂一斋,延订生员高世瀛、生员赵锦增、文童杨恩擢等充教员之席,查该教员等学问品行尚堪胜任,俟日后学生踊跃再行推广学斋多聘教员,如将来诸学生程度上进,该教员等有不胜任之处,再由职等认真考察延聘通才,总望学务日兴(人才蔚起,绝不能虚应故事贻误后生理,合将开学日期禀请立案以备查验,为此公乞电鉴施行前来,据此,除督饬认真经理务收实效外,拟合具文详请宪台查核,俯赐批示立案,实为公便。

督宪袁批:如详立案。仰学务处查照饬知。此缴。

(光绪三十一年三月十四日"文牍录要"栏目)

天津大学堂新订各规则
监督规则

第一节　监督之权限

一、监督所以襄佐总办整理全堂事务,有大事就总办决之。

一、监督有完全管理学生之权,学生有过,随时督责之。

一、监督有综理庶务之权,当随时随事实力整顿。

一、监督于学界事与总教习互相知照,或随时会商。

一、监督有稽查各教习勤惰之权,教习有事请假告知监督,由监督处传知学生。

一、文案处所发公牍,由书办先送监督处画押,有未当者,监督酌改,呈总办画行,接收公牍一律办理。

一、监督有稽查会计之权,随时查核,有不合者,纠正之。

一、斋务官、卫生官、杂务官、掌书官各有专责,受成于监督。

第二节　监督之义务

一、监督常川驻堂,如有要事他出或有病自请教员代理。

一、学生有干犯规则者,随时牌示记过,不得瞻徇另开单送总教习存记。

一、学生请假诣监督处呈明,按照规则给予凭纸注册,假满销假另给凭纸,随时分送中西教习,由该生自行呈递。

一、教习编定讲义,送监督处饬工刷印,印成后分送各教习颁发。

一、监督随时督同斋务官查检斋舍,督同检察官实验学生品行,随时记注。

一、讲堂之上学生有无犯规,由教习随时报告监督,随时留心稽查,列册记注。

一、全堂器物、书籍归专员管理监督,随时察核,另列册籍一分存监督处。

一、检验饮食,归卫生官专责监督随时察验。

一、学生有事请见随时接待,务令尽言而退。

一、学生有所陈请,须考验详确,据理量情分别准驳,不得偏听。

一、学生有病由医官照料诊治,其在堂养病者,随时调护;应送医院诊治者,由监督备函派人妥送。

（教习等规则续登）

（光绪三十一年三月十五日"专件"栏目）

天津大学堂新订各规则
教习规则

一、分科教授，教习各有专责而受成于总教习。

一、西学教习缺人，当由总教习妥商总办慎择延聘，订立合同，照章办理。

一、西学教员受成于总教习，总办有随时稽察之权。

一、学科增减时刻，由总教习酌定。

一、中学教习专归总办延聘，学科增减由总办决定，告知总教习。

一、教习授课，当循循善诱，务使学生领悟，不得厌烦。

一、学生犯规，当正言诰诫，不得呵斥。

一、教习到堂时刻，由监学官记注，每星期汇呈总教习察核。

一、教习告假，须函知监学官，传知学生停课，若未告假，以旷课论。

一、教习请假每日授课三小时者，每学期不得过三十时，如逾此限，呈请总教习办理或按日扣除薪资，倘有大事，不在此例。

一、教员请假在半月以外者，或自行请代或由本堂派人代理，其自请代者仍由总办总教习查核合格方可定议。

一、教习因私事告长假，在半月以外者，其自行请代，薪资应归代理人或本人与代理人订明薪资者，仍由本教员自领。由本堂派充代理者，薪资仍由学堂发给。

一、教员如未经告假，随时旷课者，或有意紊乱规则，或确系不能胜任者，由总办、总教习据实查明辞退。

一、学生分数须秉公详记，不得以爱憎为增减。

（医务等规则续登）

（光绪三十一年三月十六日"专件"栏目）

天津大学堂新订各规则
医务处规则

第一节　医务处之职任

一、医务处职任重要，凡全堂卫生事宜、诊治疾病，统归管理。

一、医务处应派医学专门毕业学生管理。

一、养病所务求精洁器物整齐,隶于医务处,有临时需用者,列单交杂务处备办。

一、药房应备之药料酌量办理,由医务官购备列单呈总办批发,其另买杂用者列单交支应处发给。

一、医务官常川驻堂,每日侵晨办事,不得延缓。

第二节　关于卫生之事

一、全堂学生如饮食动作有碍卫生,为医官所目见者,即有阻止之权。

一、全堂内外稍有不洁,当督责差役立行整理。

一、斋舍归斋务提调专责,医官随时查验,凡窗户之启闭、卧室之污洁及冬月炉炭之冷暖,均留心检察。

一、食堂必须明洁,随时督饬差役整理。

一、厨子每日所购食品必请医官查验,无碍卫生方准施用,如不该用而瞒用者,一经查出,有严行议罚之权。

一、饭菜必当细心查验,有烹调不如法者,严行议罚。

一、水房随时检察,一有不洁,严行议罚。

一、浴室必当精洁,随时督饬整理。

一、取水之处,随时查验。

一、厕所及倒污水之处,均极关卫生,当严行督饬整理。

第三节　关于诊治之事

一、到诊学生宜细心诊视,如应在堂调养者,立定时刻给与病假,凭纸令自送教习处,另给凭纸送监督注册。

一、学生如系微病修业无碍者,诊验得实,仍敦促上堂受课。

一、学生小病,给假在堂调治,无庸离堂。

一、学生有病,准在斋舍内用饭,或须另食别物者,给与凭条交厨役妥办。

一、查有传染病症,自教员、办事员下至差役,立刻离堂或送医院疗治,临时酌办。

一、凡有重病,由监督备函医官签名送官立医院调治,其有家在津,愿回家自行调治者,听其便。

一、堂中教员、办事员下至差役来求诊者,均有应行诊治之义务,应用普通药物均支公费,特别者不在此例。

（杂务处等规则续登）

（光绪三十一年三月十七日"专件"栏目）

天津大学堂新订各规则
杂务处规则

一、堂中差役皆有管理之权，随时督率整理。

一、堂中所有应用器具应设立收管册，按时点验。如有毁坏遗失或添补，分类详载、造具清册送监督查核。若因事告退，须按册点交接办之员管理。

一、杂务委员常川驻堂，随时照料。

一、堂中伙食银两按时向支应委员支领发给厨房，并督饬厨役制备整洁，不得迟误。

一、饭菜不丰洁，应将该厨役分别惩罚，不得瞻徇袒庇。

一、伙食银两不得克扣。如厨役实有不平，准其向监督处呈诉办理。

一、采买物件分急需、预备两宗。急需之件由总办监督开单，按单给发。预备之件，如灯油、煤炭之类须觅买为宜者酌量办理，核实数目仍归支应处列册报销。

一、每日应用之物，如纸张、笔墨、茶叶、煤炭、油烛之类，均存储杂务处核定，实数逐项发给登记，以免滥费。

一、堂舍院落，随时督饬人役打扫洁净，布置整齐；浴堂厕所，尤宜留意，以重卫生，有不勤谨者，分别轻重责革。

一、购买物件进堂，凡号房差役均当随时查核，有无勒索等弊，查得实情分别责革。

支应处规则

一、每期应领经费由总办派员赴领，银据缴呈总办收存随时批发。

一、账目应立正副二册，一月一结，每月送册不得过十日后（副册存支应处，正册呈缴总办）。

一、正册送总办监督、查阅、核对，监督有随时稽核之权。

一、每季及年终造具报销总册，须候监督稽核无误，呈请总办禀报。

一、常年经费分额支、活支二项,额支之款立决算表按时照支,活支之款由总办核准批发。

一、杂务处如有特别采买,所有账目仍由支应处银款核发。

一、教习办事员薪水,初一支发,杂役人等工食月尽发给,均不得预领挪借。

一、副支应处襄助管理银钱,出入账目所有义务与支应委员同。

斋务规则

一、斋务员统理全堂斋舍事宜,由总办选择委用而受成于监督。

一、斋务员有稽查生徒、实行学规之责,凡斋内学生之行检,当随时注意。

一、斋务员常川驻堂,如有要事他出或有病,应请检察官代理。

一、斋舍为该员专责,当勤于稽查,不得怠玩。

一、斋舍有应办之事,为章程未备者,随时与监督检察官酌定。

一、学生应上堂时仍逗留斋舍者,告监督记过。

一、斋舍内衣服、书籍、桌椅凌乱者,随时督责整理,屡戒不悛者记过。

一、每夜按斋舍查验。

一、每夜十点钟下自习室入斋舍,十点半钟应全堂熄灯,遍查各斋有不熄灯者,记过。

一、室内喧哗、唱曲、演习乐器者,即行指斥分别记过。

一、全堂学生分斋列表,详注行检汇送监督转呈总办查核。

一、斋舍内学生有干犯规则者,当按照学规正言指责,不得任意呵斥。

一、关于卫生之事,当与卫生官随时注意。

一、学生患病,由斋务员请医官诊治。

一、学生移居调养室,凡药饵、饮食等事,随时照料。

一、学生有告假者,由监督传知。

一、斋舍差役当随时责令打扫洁净,有请假者分别准驳,不勤谨者责革。

(食堂等规则续登)

(光绪三十一年三月十八日"专件"栏目)

天津大学堂新订各规则
食堂规则

一、晨餐稀饭,午、晚两餐均有定时,闻钟入堂,不得先后过于参差,迟则不候,如过期另具餐膳,须另付厨房饭钱。

一、座次编定名姓,按次列座,不得纷乱错误。

一、每座以七人为额,桌首或教员或办事员,均按次列座,其余六座为学生位次。

一、饭类碗箸由听差摆列停妥即行退出,止留二人听候传唤,每桌列饭桶一个,自总办、监督教员、办事员以至学生皆自行盛饭,一切仆役均须退出门外,各斋听差无庸伺候以免喧扰,且可看守斋室免致疏虞。

一、闻钟齐集后,教员、办事员有事不入食堂者,学生无庸坐候。

一、教员、办事员入座,同座学生起立致敬,就座后齐同举箸,不得紊乱,倨慢他座,可无庸起立。

一、每日饭菜由卫生官检察方准施用,不得有碍卫生。监督、杂务处均随时稽察。

一食品不丰洁,由教员、办事员验实,分别罚扣厨役伙食费,酌量轻重办理,不得偏袒。

一、厨役赏罚由办事员主之,学生不得任意罚骂。

一、不得杂还喧扰及吐唾狼藉。

一、学生有紊乱仪节者,凡属教员、办事员皆有纠正之权,不得徇纵。

考试规则

一、考试所以觇记力悟力,每月由总教习定期考试,西文后二日考试中文,由本班教习发题考试。

一、考试由本班教习监考,总办、监督遍到巡视,斋务官、检察官皆有监察之责。

一、考卷由本科教员评定分数,列写一册送总教习裁定。国文考卷送总办裁定,分别榜示,国文分数表仍送总教习归入全堂,分数均算。

一、总教习总计各项分数,核定名次榜示。

一、考试时限鸣钟齐集讲堂，不得逾限五分种不到。

一、考试时不准规避告假，如系有病应由医官验明暂准免试，仍须补试。

一、闻下堂钟点收卷下堂，虽未完卷者，一律清缴。

一、考试时除笔墨外，不得夹带，查出从重记过。

一、未经交卷无论何时不准出堂，并不准互相谈话、互换座次、传递笔墨、随意走动。

一、既经交卷不得稍留堂中不去。

一、评定考试分数以五十分为及格，以百分为满格，各科分数定后，通计均数核算，必得五十分方为及格。

（国文分数规则等规则续登）

（光绪三十一年三月十九日"专件"栏目）

天津学界纪闻

天津学董林君兆翰、卞君禹昌同于日前奉袁宫保委充学务处议员，仍兼津郡学务总董。

（光绪三十一年三月十九日"畿辅近事"栏目）

天津大学堂新订各规则
国文分数规则

第一节　教习，各科教授每月考试学生，由本班教习按其程度高下以定分数，送总教习平均合算。

第二节　期考，以试一学期内之学业；年考，以试一年内之学业；月考，以试一月内之学业。由本班教习酌定分数，呈总教习平均合算。

第三节　每月西文大考后二日中文大考，上午八点至十点钟试历史，十点至十二点钟试地理。各就本月讲义内发问十条，全对无讹者，给满分；错误者，按数照减。下午两点至四点试论说一篇，按其高下以给分数。

第四节　现在学生文学程度不齐，不得不示以区别，头班国文分数不及七十分三次者，应降二班；二班分数最多不得过七十分，其一学期内全得七十分者，由总办察核，堪升头班，即与提升；不足五十分三次者，应降三班;三班国文分数最多不得过五十分,其一学期内全得五十分者,照二班例酌升,仍未及二班程度者,留本班肄习。此系暂行规章,一俟学生程度画一此条即行改订(限分系专指论说分数而言,历史、地理既分十条问答全对无讹者,仍得满分;错误者按数照减)

第五节 月考分计历史、地理、国文分数共三册,由本班教习送监督合算应得均数若干,汇送总教习归入全堂分数合算。

记过规则

第一条 关于讲堂之事

一、凡讲堂规则,必须遵守。如有违犯者,由教习注明册内送监督分别大小记过。

一、学生按课上堂听讲,不得旷误,如无故不到,记大一次。

一、打钟后在十分钟外到堂者,实属玩视课程,记过一次。

一、教员未经讲毕,学生径行出堂者,记过一次。

一、失散所领讲义,记过一次。

一、在讲堂欠伸、跛倚、倦睡、吸烟、索茶、喧笑杂还、携带食物者,各记过一次。

一、体操不守操场纪律者,记过一次。

一、在礼堂行礼,喧哗失仪,记过一次。

(记过规则未完)

(光绪三十一年三月二十日"专件"栏目)

天津大学堂新订各规则
记过规则

第二条 关于斋舍之事。

一、凡寝室规则,必须遵守,有违犯者,由斋务官注明册内,送监督分别大小记过。

一、早晨闻钟不起者,记过一次。

一、闻钟后二十分钟不就寝者,记过一次。

一、届自习时不入自习室者,记过一次;届入寝室时不入寝室者,照办。

一、在室内怒詈秽言、大声喧笑、烹汤制食者,各记过一次。

一、不到厕所,随意便溺者,记过一次。

一、随时随地不受检察官约束抗违不遵、漠视不理者,分别大小记过。

一、在室内宜受斋务官之约束,如有抗违不遵、漠视不理者,分别大小记过。

一、在室内争嚷者,记过一次;斗殴者,记大过一次。

一、室内衣服、器具狼藉不整及器物不洁妨害他人者,记过一次。

一、食堂不遵条规喧扰无纪者,记过一次。

一、擅殴厨役,为教员办事员目见者,记大过一次。

一、无故虐待饲役人等,记过一次。

一、外客来会学生,擅引入内者,记过一次。

一、自习时高谈喧扰妨害他人功课由监督及检察官目见者,记过一次。

第三条　关于请假之事。

一、学生因事请假时日注入请假册内,按时销假,逾限记过一次。

一、请假他出后,遇重要事须续假者,由本人父兄函来续假;非重要事仍不准续违者,记过一次。

一、临授课时无故请假趋避者,记过一次。

一、星期出外次日开讲仍未回堂者,记过一次;如托人续假者,免记,惟必书明名条某人代某人续假岁时。

第四条　关于考试之事。

一、考试有违背规则者,记过一次。

一、考试规避告假,记大过一次。

一、考试夹带,记大过一次。

一、考试请人代作者,察出,分别各记大过一次。

一、就坐后传递纸笔、互换座位、随意走动,由监考官告知监督,记过一次。

第五条　关于开除之事。

一、三小过并为一大过,满三大过者,开除,并追缴学费。

一、学生考取后一月不到者,除名;曾经告假者,酌量办理。

一、年假、暑假后三星期不到堂者,除名;如预先告假者,酌量办理。

一、请假逾限至三星期者,除名;曾经续假者,酌量办理。

一、吸食洋烟、聚赌者除名,并追缴学费。

一、学生在外品行卑污、行止不端,既败同学之名,又隳学堂之望,一经查有实据,即行开除,追缴学费。

(图书馆规则续登)

(光绪三十一年三月二十一日"专件"栏目)

天津大学堂新订各规则
图书室规则

第一节　关于掌管之事

一、书籍、图表派员专管,常川驻堂料理,不得任意出入致荒职业。

一、书箱钥匙由管书员掌管,不得委之差役,有取阅者,即行登记。

一、书籍、图表须随时整理类别部分,不得散乱无纪。

一、书目当随时排比以便检取,不可杂乱无章。

第二节　关于阅借之事

一、借书由管书员按箱检出登记,不得擅行携去。

一、借书不得过三本,阅毕交还续借。

一、借书不得过十日,妨碍他人阅看,按期由该生自行缴还;如逾期不交,由管书员遣役催缴。

一、借书遗失、污损者,其价值责本人赔偿。

一、书籍止系一部及太贵重者,止准在室内阅看不得携出,阅毕仍交掌书员收藏。倘欲续阅仍可续取。

一、室内有人阅书,他人不得喧扰、谈论,有妨公益。

一、教习有编纂讲义之义务,无论何书,均得调取,用毕即行交回,如有污损,一律按价赔偿,若书仅一部,学生欲取阅者,由掌书员取回交学生在室内阅看。

一、办事员借书应照常规,不得援教习调取之例。

一、凡借书期内未交回而借与别人者,仍归原借人自缴,或由续借者自行报明改记册内。

研究室规则

一、特设研究室,所以研究教育事宜,凡关于教务,随时提议。

一、研究室以本堂总办为议长,各教员为议员编定位次。

一、每逢星期三一句钟,议长、议员均须到研究室会议,三句钟,罢议。

一、是日,总办有要事不到者,由监督暂行代理。

一、应行提议之事或议长揭出问题,各议员悉心讨论,或议员自行发表,请各员详论可否,而质成于议长。

一、凡提议之事,各尽言无隐,不得各怀私意,致存畛域。

一、不关教务之事,在室内不得谈及。

一、关于各班讲堂之事,随时互相研究。

一、议长、议员非遇极要事均须到议,如是日无可提议之事,亦可早散。

(延接室等规则续登)

(光绪三十一年三月二十二日"专件"栏目)

天津大学堂新订各规则
延接室规则

一、特设延接室为教员办事员会客之所,客至投刺由号房引至延接室,坐候教员、办事员出延接室会晤,不得延入内地。

一、堂中各员亲友不得擅自入内,如欲观览者,必由本员亲导,不得任意游览。

一、官绅来堂观学,应由监督接待。

一、堂中无论何项人员,不得擅留亲友寄宿堂内。

一、客至,应备茶水,由延接室差役伺候。

一、来客仆从均在头门守候本堂人员特许,不得擅入。

一、外客来访教习在授课时刻,门役不得通报。如来客愿坐候者,入延接室坐候,来访办事员者,遇办公时刻,亦概不延见。

学生延接室规则

一、特设学生延接室,为学生见客之所,客至投刺,由门役引接室内坐候,如擅引来客入内地者,罚扣该值日门役半月工食钱。

一、学生亲友如欲入内观览者,由本学生禀知监督许可,方准导游者,违者记过。

353

一、来客遇受课时刻学生上堂,门役不得通报,如愿坐候者,入延接室坐候。

一、学生见客时闻上堂钟点,即行上堂,应请来客暂退,不得耽误功课。

一、客至,应备茶水,由延接室差役伺候。

阅报室规则

一、中西各报隶掌书员管理,按日排比,每星期钉为一册,不得凌乱散失。

一、学生阅报,当在室内,不得携出。

一、各报不得毁坏污损任意涂抹。

一、不得喧扰杂还。

一、不得吐唾狼藉。

一、室内预备茶水,责成差役勤慎伺候。

一、室内傍晚点灯,九点钟灭灯。

(储藏室等规则续登)

(光绪三十一年三月二十三日"专件"栏目)

天津大学堂新订各规则
储藏室规则

一、储藏室为学生公同安置箱箧之地,各按斋舍自书名条,由学堂编号位置定所,以免误紊,室门锁钥由储藏室委员执掌。

一、学生箱箧入室时必经委员查验,如有贵重物品及非学堂应用之件,均不许收入。

一、学生如欲开箱取物须按定时限至委员处报明,取毕仍自行关锁。

一、储藏室开闭时刻每日晨七点钟开一次,午后五点钟开一次,非时不开。

一、委员常川驻堂,认理经理。

一、夜间不得携火入室。

自习室规则

一、晚八点钟至十点钟应行自习,届时仍逗遛(留)斋内者,由斋务长督促上堂。

一、十点钟打钟散堂,全堂一律熄灯,不得仍行逗遛(留)(此条专为节啬学生精神起见,用功无节亦害卫生)。

一、室内各自温习,不得高谈喧扰,妨碍他人。

一、自习时,监督及检察官随时巡视,有喧扰者,立刻指责,屡戒不悛者,记过。

盥漱处规则

一、室内面盆一律由学堂备寘,每日除洗面外,不得为他项使用。洗浴全体须赴澡房,不得在盥漱处。

一、面盆用毕去水后覆盆于架,不得移至他所。

一、面巾一律自备,用毕自行检收,不得散寘他处。

一、有皮肤等病,另认定盥盆,不得混于他处,以防传染。

一、盥漱水不得随意倾泼。

游艺亭规则

一、特建游艺亭于兵操场之侧,为诸生课余游艺之所,唱歌、作乐亦所不禁。

一、兵操场中踢球竞走,有亭可为憩息之地,惟亭内不得任意污损。

一、禁止溲溺。

一、学生演习洋号,当到亭内。

（光绪三十一年三月二十四日“专件”栏目）

设茶话所

津郡东门外天齐庙现经学务处派人督工修整,拟设一茶话所,为津人士讲学之地。

（光绪三十一年四月初二日"畿辅近事"栏目）

体育大会

天津大学堂定于本月二十四日下午一钟至五钟在本堂兵操场开体育会,已由董理人约订军医学堂、北洋医学堂、工艺学堂、天津府中学堂、敬业中学堂、普通学堂、新学书院、电报学堂届期会集比较,兹将豫定演习各技照录如左:一、高跃,二、竞走一百吗,三、联足竞走一百吗,四、跳远,五、捷算竞走,六、赛行半英里,七、植竿超距,八、掷木球,九、斗走二百二十吗,十、掷炮弹十三磅,十一、联跳横木之斗捷,十二、竞走夺果三十吗,十三、四人接力之竞走四百吗,十四、拉绳较力。

（光绪三十一年四月初十日"畿辅近事"栏目）

天津大学堂监督告示二件

为遵发奏章,俾资恪守事,照得直隶兴学三载,于兹自大学递及半日、半夜各学堂,霞蔚云蒸,日新月异,为各行省之冠冕,动各强国之观瞻,此诚赖宫保热心倡导于前,亦实由诸生奋力振兴于后,而我大学堂之在北洋位置之高、名誉之隆,于畿辅各学堂中尤独标特色。日前,钦使宫保临场调阅,嘉许欣幸之忱溢于言表,全堂诸生共见共闻本监督于此,窃有荣施,惟是经一番鉴许即增一番进阶,增一番进阶即增一番儆惧,不惧乎诸生之不能精奋,惧乎诸生思想之过高而或越畔岸;不惧乎诸生之不能成立,惧乎诸生立见之过激而闵裨国家有一。此因以破吾群而失前次之令誉,不克臻于纯粹精美以重失举国崇望倚赖之本意,而授他人以罅隙而莫之救。此本监督昕夕所危懔,且揣诸生始愿亦决料不及此者也。

今欲与诸生共守此戒,特每宿舍分置《奏定学堂章程》各四帙,愿诸生以修课之余间泛览深思,而于所谓《管理通则》三致意焉,有行修稍次者,观《通则》第二章第一节及第八节;有兴居自便者,观《通则》第三章第一至八各节;有堂规偶疏者,观《通则》第四章第三至第八各节;有操规懈忽者,观《通则》第五章第一至第五各节;有礼仪阔略者,观《通则》第六章第二节及第八节;有假规任情者,观《通则》第七章第二、三各节;有各室规条未谙者,观《通则》第八章第一至第十各节;有禁令稍逾者,观《通则》第九章第一至第十二各节;有功过不明者,观《通则》第十章第一至第十一各节。至《纲要》中之第八、第十五、十八、十九各目,尤当三复,毋等常谭盖爱之厚不觉薪之切,薪之切不觉责之深,责之深不觉言之渎,至管理员以次是,又当各自儆惕交相劝勉共维令誉,而光学界自示之后,诸生等如有不遵忠告而故违规则书及屡儆不悛者,本监督惟有遵章办理,决不徇隐合行晓谕,谕为此示,仰合堂诸生一体知悉遵照,毋违懔之,慎之。切切特示。

为再行剀切宣示事,照得本堂为国家设立之堂,本堂诸生皆异日国家办事之人,本监督如因暂时代理,措以轻心,下无以对诸生,上无以对国家。视事之初,业将此意禀明宫保,蒙批认真经理,勿稍弛懈。等因在案自请认真整顿,而以因循敷衍了事,本监督决不出此整顿之道,首在立法,立法之善,莫如奏章,故前者每宿舍发给奏章各四帙,并择要逐条宣示在案,以期共同恪守实力遵行。乃法文班学生傅金榜、任万源、张其栋等胆敢在堂不服训诲,屡戒不悛,竟以"盲人领群盲"之语书之墨板,而詈教员,实属目无法纪,即在未经宣示奏章以前已无可逭矧,知法犯法,岂能姑容?本监督仅予革除,乃因奏章宣示未久,以故从宽惩治,而该班诸生竟约集全班饰辞陈诉,并闻有在堂不听教员讲解,公议联名签字求情等事实亦迹近玩法,本应究罚倡议之人以儆刁风,姑念谊切,同学尚似公德,暂从宽免。查本堂开学在未定奏章之前,课程不免稍有出入,改辙半途难为力。本监督尚不惮悉心考求,按章印证。若修身、兵学诸科目,本堂阙略者,逐渐增加,期收完全教育之效,况如前次所示奏章各条要皆简而易行,为我中国各学堂之所,共懔诸生既入学堂,须当以忠君爱国为目的,要知奏章乃饮定之章,即全国学界划一之章,管理办事各员若不奉行,是为蔑视朝廷。诸生若不钦遵,是为欺侮君上。蔑视、欺侮又安用学堂为耶。为此,再行示仰全堂学生一体知悉,嗣后本堂各项事务,本监督一遵奏章,诸生务按从前宣示各条逐细检阅,如有违犯不遵者,本监督定即遵章办理,决不敢袒护容隐,枉法徇私而违认真经理之宪谕,懔之、戒之、勿玩勿忽。特示。

（光绪三十一年四月十二日"文牍录要"栏目）

添派学董

天津学董林、卞二君自奉派充学务处议员以来事务益繁,现经学务处添派李君春泽、王君用熊、华君泽沅帮同二君经理一切。

（光绪三十一年四月二十日"畿辅近事"栏目）

师范开课有期

天津校士馆改为初等师范学堂,设简易、完全二科,专收天津、河间二府,生童入堂肄业,毕业后派充本府各属小学堂之教员,已定于五月初十日开课。

（光绪三十一年四月二十二日"畿辅近事"栏目）

定期讲习

天津初级师范学堂附设之讲习科,现定于五月初三日下午八点半钟开课,凡报名者,限于初一日截止。

（光绪三十一年四月二十六日"畿辅近事"栏目）

天津学界纪事

河东王君新铭创立广育学会,联合蒙塾选派巡行教员分往各塾随时教导,已拟定一切章程禀奉本省学务处批准立案,并令体察情形和平办理。

新学书院于初一日开运动会于英租界戒酒楼之西,是日,与会者为西沽大学堂、北洋医学堂、普通学堂各学生,并有巡警局乐队在会奏乐,其他来宾参观者中西人皆有之。

（光绪三十一年五月初四日"畿辅近事"栏目）

购列学校模型

天津教育品陈列馆近由日本购到日本师范学校模型一具,其面积约一方丈,不日即可陈列,以供众览。

（光绪三十一年五月初七日"畿辅近事"栏目）

考试师范学生

天津初级师范学堂学生已由天津道王观察于本月十四五日率同府县亲莅文昌宫命题考试,第一日考完全科,第二日考简易科。先期由学务处牌示通知。

(光绪三十一年五月十六日"畿辅近事"栏目)

天津县详据敬业中学堂副教员严智悌禀
设立小学堂一处请转详立案文并批

为详请事,案据县属私立敬业中学堂副教员师范科学生严智悌禀称,窃津郡学风日盛,由城乡渐及四乡,生家祖茔在城西八里小稍直口地方。该村父老观感兴起,颇知学堂为当务之急,惟经费无出,尚未举办,生因与之商酌,租借滨河之福寿宫设立小学堂一处,聘教员一人,监学兼司事一人,招集附近各村学生五十名,每名月纳学费津钱五百文,不足之数,由生筹备,堂中一切功课悉照定章,已于本年正月二十二日开学,所有教员、司事及学生花名,容俟年终照章具文册报,理合先将开办情形肃禀具陈,伏乞转详立案并赏发告示等情。据此,查民立小学前据丁字沽村正禀报开办,业已排列十一,此处应作民立第十二小学堂,除出示晓谕并批饬认真讲求,务收实效外,拟合具文详请宪台查核,俯赐批示立案,实为公便。

督宪袁批:据详。民立第十二小学堂应准立案,仰学务处查照饬遵。缴。

(光绪三十一年五月二十五日"文牍录要"栏目)

续招电生

天津电报学堂头班学生已拨入天津官报局、北京电话局分班办事,现又续招新生,以曾读英文一二年年在二十以内及未读英文年在十五岁左右汉文明顺者,为合格,愿学者可往该堂报名,听候示期考试。

(光绪三十一年五月三十日"畿辅近事"栏目)

359

天津县详在籍知县杨辰私立经正小学堂请立案文并批

为详请事案,据县属在籍同知衔分省试用知县杨辰禀称,窃职近见津郡风气日开,乡学者众,官私各学堂日有增益,诚为教育普及之基,职现拟独力捐资,在郡城北马路闽粤会馆对过设立小学堂一所。堂中课程规制悉遵奏定章程,即名曰私立经正小学堂,招考学生四十人分为两班,其详细章程及职任员名另册呈阅,所有常年经费除每月酌收各学生学费每名一二元以资津贴外,其余一切款项皆由职自行捐办,至学堂房屋暂用职旧置民房一区,定于五月内开学,俟学生额数增多再行迁移以资扩充,所有捐立小学缘由理合禀请批准转详立案,并请赏发告示以昭郑重。实为公德两便。并呈学堂章程清折一扣等情,据此,卑县查该绅独力捐资私立经正小学堂一所,具见急公好义,热心教育,自应准其立案,将来毕业考升准与官立学堂一律办理以昭鼓励,除批饬照章认真经理并将开学日期禀请转报出示晓谕外,拟合具文详请宪台查核,俯赐批示立案,实为公便。

督宪袁批:如详立案。察核章程颇为周妥,仰学务处查照饬存。此缴。

(光绪三十一年六月十五日"文牍录要"栏目)

小学招考

天津初级师范学堂内附设小学堂,招考学生二十名,以年在七岁以上九岁以下者为合格,定于七月初十日汇齐考试。

(光绪三十一年六月二十二日"畿辅近事"栏目)

天津学界纪事

天津府中学堂学生七月间毕业大考后,将升入省学堂肄业。

高等工业学堂夏季大考扣除学生十名,送回中学堂一名。

各学堂学生演习鼓号成绩甚佳。

(光绪三十一年六月二十四日"畿辅近事"栏目)

学生游历

天津学董林君于初二日偕同城隍庙官立小学堂监督程君率领学生百余人乘坐第一次火车赴唐山一带游历。

（光绪三十一年七月初五日"畿辅近事"栏目）

暑假展期

天津大学堂前放暑假原订于七月初七日满期，现闻监督丁观察并总教习丁家立君以天气酷热如常，诸生回堂肄业，溽暑熏蒸，侵害脑气，殊于卫生不甚相宜，已互议展期七日，订于本月十四日开学矣。

（光绪三十一年七月十一日"畿辅近事"栏目）

私塾学生会演体操

津郡河东施磨厂自设立广育学会以来，各民塾皆闻风入会，改良教法参订课程均归一律，惟体操一课尤应竭力讲求。昨由该会知照各塾师，定于翌日下午率同生徒等前来会演体操云。

（光绪三十一年七月二十五日"畿辅近事"栏目）

天津县详教员刘秋涛编辑小学中史图说请立案文并批

为详请事案，据天津府官立中学常前民立小学堂汉文教员廪生刘秋涛窃维教授各科学、经学而外历史尤重，其可以保全国粹团结民心也。坊刻历史诸书不乏善本，然适于童蒙领解之程度，启发忠君爱国之心者则不多见，生教授各小学于历史一科，随时编辑，数年以来成书一帙又附图，修稿两易寒暑始成，初编编中大意以提醒童蒙忠君爱国为宗旨，并多引曾胡先正之言，俾童蒙知所取法，庶幼而习焉，长而安焉，不致为流俗邪说之所惑。此则编纂本书之所切愿也，特恐书甫出版坊买翻印改换文词钩摹图画，一经紊乱，贻误良多，其有害于学界者固非淡鲜，若照本窃印坐享其成，尤令编纂者灰心，恐一切便于教授之书，永无人留心编辑，其贻害于学界者尤

361

大,保全学务无微不至。此书不过津门编纂之嚆矢,如无翻刻窃印有意阻
挠,则巨袠宏篇将接迹而出,皆保全之力也。是以恳恩出示严禁翻刻窃印
并请转详津海关道严禁各国租界内书坊翻刻窃印等情。据此,卑职查该廪
生所呈《小学中史图说》注解简明,便于童蒙领悟,洵为小学教科之善本,该
廪生热心教育,苦志编辑,深堪嘉许。自应准其立案,示禁坊肆翻印,以酬
劳勋而重板(版)权。除批准并出示严禁外,拟合拣同送到样本,具文详请
宪台查核,俯赐批示立案并请行知关道照会各国领事一律禁止翻印,藉益
学务,实为公便。为此备由具册具呈优乞,照详施行须至册者。

督宪袁批:如详立案。该教员刘秋涛所编《小学中史图说》一册,足为
初教科之用,仰学务处审定饬知,并候行津海关道照会各国领事一律禁止
坊肆翻印,以重板权,书并发。此缴。

(光绪三十一年八月初一日"文牍录要"栏目)

天津县详请在省城法政学堂内附设仵作学堂禀并批

敬禀者,窃维治狱莫大于人命,定谳莫重于抵偿,而研鞫握要之机,则
自相验始。盖杀人起衅之因,犹可以待决于堂讯,取察于证人,独验尸填格
当场立办,设含糊草率未能自信,日后尸亲之狡争,罪犯之避就胥由此起,
至拖累多人,积岁莫结。酿为蒸检重案者,更无论已礼月令瞻伤、察创、视
折。古时人情质朴、刑章简要,而独于伤、创、折三致意焉者,盖言慎也。有
宋《洗冤录》一书,今益加详剖析,毫芒辨别,疑似本已抉摘无遗。无如各州
县仵作一役,素乏学术,寻常体伤尚无差谬,一遇疑难或尸身发变之案,往
往束手,甚至不可收拾。牧令中深于阅历究心平日者,或不致临事茫然;初
膺民社之员,谙练者少但凭仵作辨验,其不贻误者鲜矣。直隶自我宫保莅
任以来,整饬庶政,提倡学校,兴废起坠,纲举目张,法政、吏治各有学堂,其
他有关于国计民生者,亦莫不日臻美备。下僚钦服。曷可名言?卑职伏思
相验尸伤关系要是仵作一差,实为专门之学,不可不亟图讲求以裨治理。
定例大县额设仵作三名,中县二名,小县一名,并于额设之外再募一二人命
其跟随学习等语。立法本极周密,乃日久惰生视为泛常,且仵作身居贱役,
应募无人,是以近来各州县仵作多未足额,沿成敷衍之习。为今之计欲求
认真整顿,惟有仰恳宪恩设法筹款在省城法政学堂内附设仵作学堂一区,
分饬顺直各州县选派一二人送入学堂,肄习相验尸伤及蒸检之法。其课本

即以海昌许氏《洗冤录详义》为主,附以物理等书及骨殖、模型、标本,派员逐日讲解,由浅而深使之熟习贯通,精益求精。毕业后分派各州县应差,优给工食、银两,仍添招一班接续教授,以备随时选用,或亦慎重命案讲求实政之一端也。抑有请者向来件作子弟不准出仕,以其执业卑贱之故,然为官府必需之人,责任不为不重,核与皂快不同。拟请变通办理,比照民壮之例,准其子弟进学堂肄业,一体出仕与齐民伍,以期应募得人。所有拟请在于省城法政学堂内附设件作学堂,变通办理缘由,是否有当,理合禀请宫保查核俯赐训示祗遵,实为公便。

督宪袁批:禀悉。各国验伤之学与大学医科相表里,具有征验非同影响,该县请于法政学堂内附设件作学堂,并准其子弟进学堂肄业事属可行,候行该堂监督核议办理。此缴。

（光绪三十一年八月二十七日"文牍录要"栏目）

广育五省师范

津城拟设五省师范学堂专习完全科学,以便陶成北五省之师范,俾学界可以广储教育之材,异日规则大备,材俊蔚起,北方之学,于斯为盛矣。

（光绪三十一年八月三十日"畿辅近事"栏目）

广仁堂将开女学

天津广仁善堂创始于光绪四年,嗣后历加推广,苏、皖、浙三省义绅捐款为多,从前定章原设有蒙养工艺力田等所,自庚子乱后,诸务停废,殊属可惜。该堂向由南绅经理,现宫保札派运司陆暨天津道周为总董,饬就原有房屋重行修葺,并将各项进款逐细清厘,设立女学堂工艺厂,使左近贫民妇女皆可入堂学习,以广仁施而副名实。

（光绪三十一年九月初六日"畿辅近事"栏目）

直隶学务处议设商业学堂先就商埠
设立商业教员讲习所以储教员呈请示遵禀并批

为呈覆事,案奉宫保札开:照得《学务纲要》内开,各省宜速设实业学堂,如通商繁盛之区,宜设商业学堂等因。天津为北洋巨埠,亟宜创设此项学堂;且直隶农工两项学堂业已开办数年,独商学尚付阙如,亦合埠巨商之耻也。定章:商业学堂有高等、中等、初等之别,又有补习、普通学堂以为之阶,立法颇为简易。应按照定章科目,酌量程度,专设此项学堂。查商务总会禀定章程第二十七条,本有筹费设学等语。须知商战时代,非力学自强,则智识技能不足抗外力而图内治。仰该会筹定经费,条议章程,商同该处延聘教员,覆核呈夺。除分行外,合行札饬。札到该处,即便查照。此札。等因,奉此。伏思津郡为北洋巨埠,此项商业学堂自应急为筹设,惟现今通晓商学者甚鲜,欲组织高等商业学堂,非一时所能骤致;惟先从初等中等入手,以期循序渐精,而尤以预储实业教员为第一要义。查上年商部王参议奏请筹办各省商业学堂折内,有宜先就商务繁盛各埠,酌设商业教员讲习所,招致内地文人年壮才明通晓书算暨曾习外国语言从事普通教育者,到所各择简易之科程,分别讲习,以期速成。如此则初等中等商业学堂不难迅为筹办,所需教员即从讲习所遴选派充。此项学堂与讲习所,如有绅富业户集资创设者,照章奏请,从优奖励,以昭激劝。数年之后,内地既多熟谙商务堪充教员之人,而出洋学生亦均毕业回国,便可推广中小商业学堂,一面再立高等商业学堂,以教精深之理法,既无陵躐之弊,可得通达之才各等语。办法极为简要,应即由处商同天津商务总会,查照《奏定学堂章程》,先于津郡筹设商业教员讲习所,以养成商业教员。一面设立商业补习普通学堂,为商业教员讲习所实地练习之助,且以补各半日学堂教育之不及。除照会天津商务总会外,理合呈请宫保查核批示祗遵。为此,备由缮册具呈,伏乞照呈施行。须至呈册者。

督宪袁批:如呈办理,仰移遵照。缴。

(光绪三十一年十一月初三日"文牍录要"栏目)

天津设立模范学堂

津郡现于中营旧址建造模范小学堂一所,专授各门模范以便幼稚学生易于明解,所有教员由师范学堂遴选,刻下,工程已经告竣,明正即可开学矣。

(光绪三十一年十一月二十七日"畿辅近事"栏目)

天津高等女学堂拟呈试办章程并批

谨拟高等女学堂试办章程,恭呈宪鉴。计开:

宗旨:本堂以开通智识培养德性,为家庭教育之根基。

学科:修身、家政、国文、历史、地理、算学、理科、图画、洋文,以上为必修科,但不必同时全教,可按年增减,另有课程表。缝纫(手工附)、音乐、体操,此三项为随意科。

入学资格:一、身体健全,身家清白,开明三代履历,取具妥保,方准入堂。二、年龄:师范科生以二十岁上下为合格,已否出阁者,不拘。预备科本科学生以十二岁以上二十岁以下,须未出阁者,其天足与否不拘。三、学生在堂内禁用脂粉,衣履须求朴素。年长者著黑色裙,年幼者著青莲色散腿裤,一律著平底鞋,大衣长以过膝为度。夏用月白色布,冬用深蓝色布,右衿上钉徽章,用黄色绫地绣黑色北洋高等女学堂字样。

编制:本堂分三班:一、预备班(暂以三十名为额)、一、高等本班(暂以三十名为额)、一、师范班(暂以二十名为额),暂时。本班学生程度如不及格,可先归入豫备班,俟一年后再选升本班。至豫备班、师范班亦应慎选,如不能满额,任缺毋滥。

毕业年限:高等本班、师范班均三年,豫备班一年。

教员管理员:女监学一人(管理全堂内事商承监理办理),每月薪膳数目请宫保批定。女司事二人(帮同监学照管学生起居饮食一切杂事),每月薪水拟每人银十二两,火食四两。女教员三班约须教员四人,以全用中国人为善。倘须用洋人,择能通华语者,免再添译员,每月薪水每人二十两至四十两,视所任功课难易酌定,火食每人四两。男监督一人(总理全堂内外一切事宜),每月薪膳数目请宫保批定。男司事三人,每月薪水每人十二两至十六两,火食每人四两。一司庶务,一司会计,一司抄写。其余男女仆、门丁、厨夫等酌用几人,由监督、监学酌定,宜少用,并择老成朴实者为妥。

学费:本堂止备午膳,不寄宿者,每人每月纳学费、膳费银圆四圆。不寄午餐者,纳学费二圆。寄宿者加早茶晚餐并灯油、炉炭费另加银圆四圆(女学初创与男学取功名者有间,学膳费八元,可否酌减,师范生应否免出学费,并请批示)。学生书笔纸墨一概自备(如有难购书籍由堂代办学生照认书价)。学生考取入堂,应先交学费半年,以后俟半年届满之前一月再预交半年。学生如有中途告退,概不退回学费。倘届期欠学费者,惟保人认交。

学期假期:遵奏定各学堂章程一律办理。

条规:俟开学后察度情形逐事拟定,随时揭示遵守。要以内外整肃,力戒浮嚣为主。

经费:全年经费应分类豫(预)算,决定总数若干,列表备考。

督宪袁批:呈折阅悉。其中当酌改者有数事:一、体操为体育之要,尤足药女子恇弱之习。原拟随意科应改为必修科,至洋文尚非女子必要之学,可改为随意科,两者互易,仍不背钟点定数。一、师范科应限二十岁以下,预备科及本科应限十六岁以下,年齿过大,与业已出嫁者究不相宜。一、原拟天足与否不拘句下,应添总以逐渐解放为宗旨,俾符上谕劝谕不缠之义。一、定章学堂衣服宜归画一,未可因长幼而殊,应酌改一律,长衣以过膝为度。一、男司事应减去一人,女司事既有二人,当以一人监起居,一人管杂务。一、学膳费原拟数目未可再减,但如有文学出众而家道清贫者,由监学察核许其酌减,师范生亦然。一、经费预算表应即拟呈女监学与男薪水应候批示。仰即查照遵改,就近禀商天津周道核夺饬遵,抄由批发。

(光绪三十一年十二月初五日—
光绪三十一年十二月初六日"文牍录要"栏目)

天津县为襄办学务董事王新铭
开办第二学会详请立案禀并批

为详明事,案据襄办天津学务董事举人王新铭禀称,窃董于本年五月在河东施馔厂内创办广育学会,联合家塾改良教育,当蒙批示转详在案,遵即悉心办理,原拟俟有成效即为禀请推行。今经数月,所有河东、河北各塾改良者已居强半,教育管理诸法渐兴,学堂划一,不至背道而驰。其未入学会者,由董随时劝导,不久当亦变通,似此成效微著,相应渐次推行,以期普及。适有西沽村绅士副贡高庆云,廪膳生郭兴龄,附生李荣春、阎凤仪,童生孙庆春、苏恩藻吉福庆、郝继宗等以该村及邻近各村尚无学堂,难免详隔之叹,志欲开办而款又难筹。不得已拟照广育学会章程先行改良家塾,以开风气,庶几立学有期,爰约董到该村演说,遂联合西沽、西于庄、大红桥、辛庄、东于庄、王庄、席厂、白庙、霍家嘴、柳滩各村家塾二十九处试办第二学会,即名曰广育学会第二,其命名之义,盖冀各村各镇闻风兴起,倘能由一而十百千万,则家塾一律改良,俾兴学堂相辅而行,教育庶堪普及,其总汇之区拟借红桥民立第九小学堂以为研究补习之处,该堂理课时限,则概不侵占,至一切经费除茶水灯油由该绅等自行垫办外,均由董随时筹措,不取各塾学生分文,亦并不由各村绅商居户筹款,所有推广学会缘由,除禀请学务处宪立案外,理合据陈伏乞恩准立案批示祗遵等情,据此,卑职查该绅前在河东创办广育学会联合家塾改良教育,立学堂之基础,其法最为简便,值此风气开通,成效已著,正宜及时推行,渐图普及,兹据称续行联合西沽等村二十九塾,开办第二学会照章改良,所需经费均由该绅筹备具,见热心学界,惠及桑梓,自应准其立案以昭核实,除出示晓谕,西沽等村绅民一体遵照,并批饬择期开办认真推行外,理合具文详请宪台查核立案,实为公便。为此备由具册具呈,伏乞照详施行。须至册者。

督宪袁批:如详立案,仰学无处饬令逐渐推广,务使官私各学合一而后止。此缴。

(光绪三十一年十二月初七日"文牍录要"栏目)

天津客籍学堂监督蔡晓谕各属申送官幕子弟定期考试文

为晓谕事,照得客籍学党于九月间设立,专为招考官幕子弟入堂肄业,当时以人数太少,所取尚不足定额之半,嗣经督宪通饬各属实缺候补人员以及现充幕友两项之子弟,凡年在二十岁以下十五岁以上汉文通顺、足合中学程度者,务于十一月初十日前一律备文申送到院,再行示期考试等因,本学堂奉督宪先后札饬将各处来文遵照注册在案,昨奉宪谕,准于光绪三十二年正月十七日考试,所有此次备文申送官幕两项之子弟仰即一体知悉,务各先期来津听候,届期考试慎毋迟误。切切特谕。

(光绪三十一年十二月初十日"文牍录要"栏目)

天津师范学堂招考

模范小学堂房屋现已落成,拟招考学生六十名,以年八岁以上十二岁以下者为合格,报名者限于本月十二日起至二十七日止,暂借西城新宣讲所为报名处云。

(光绪三十一年十二月十三日"畿辅近事"栏目)

工业学堂之进步

天津高等工业学堂图绘科颇著成效,现已将届毕业,据闻卒业后拟由预备科内挑选学生补充图绘第三班,并闻该堂图绘科专画钢笔、水笔、铅笔等画,以为绘画商标之用。

(光绪三十二年二月初二日"本省近事"栏目)

天津客籍学堂牌示

为牌示事,照得本学堂于二月初一日案奉督宪谕,查客籍学堂于正月十七日考试后陆续报名,补考者尚多,候行该堂监督订期牌示再行续考等因,奉此为此示投考学生知悉,务于两日内亲至客籍学堂,将三代籍贯、年岁详注,准于初七日来堂考试,仰即遵照特谕。

(光绪三十二年二月初六日"本省近事"栏目)

工业学堂添设专医

天津高等工业学堂现请日本专门医生一员,以便查验学生有无病症,以防各学生托病规避云。

(光绪三十二年二月十三日"本省近事"栏目)

扩充学堂基址

天津中营旧基改设模范等学堂土木大兴,工程大半告竣,惟东偏地段稍狭,大约必须添购民地始能敷用云。

(光绪三十二年二月十三日"本省近事"栏目)

工业学堂添聘日员

天津高等工业学堂现已添聘日本人桑田氏充当日文教习专教日文日语,已于前日入堂授课矣。

(光绪三十二年二月十四日"本省近事"栏目)

测绘学生备制操衣

天津测绘学堂新招各学生均须换穿操衣,闻日内已一律制齐,以备十五日入堂肄业。

(光绪三十二年二月十四日"本省近事"栏目)

储才所考试揭晓

天津翻译储才所续考学生现在揭晓,计取中正取学生蒋宗泽等三名,备取刘道三等七名。

(光绪三十二年二月二十日"本省近事"栏目)

天津县为湖北试用道石元士捐资建学详情批示立案文并批

为详请事,案据县属杨青镇四品卿衔花翎三品衔湖北试用道石元士禀称:窃维科举既停,惟学堂当今之急务,自宜次第推广,庶可鼓舞群才。津埠自建设官私立中学以来,凡乡间学生勉力就学者固不乏人,然亦有因资斧难筹、道途遥远,致生阻力,此不可不量为体恤者也。若专仰地方官长筹款兴办,亦恐有鞭长莫及之忧,职恭查《奏定章程》内载地方绅商捐资私立中学,如已禀明立案,将来学生毕业,出身与官立者无异。爰拟筹措经费在杨青镇设立中学并附小学,壹班额定学生六十名,除本镇小学堂保送外,如查有程度造就已深者再酌量续补,以足其额。一切课程规制及毕业期限,恪遵奏章并仿照私立第一中学堂章程办理,名曰私立第二中学堂,其管理员及各科教员,现拟延聘监督监学一员、汉文教习三员、洋文教习一员、体操教习一员,职复随时稽察冀收实效,以仰副乐育之心,期开全郡普通之化。至学堂房舍,暂用职旧置民房一所。拟于本年正月开学。如日后学额增多再行迁移,以资扩充。所有开办经费、常年经费及详细章程,统俟开学后另行缮具清折呈报,兹先将创设中学堂大概情形除禀明学务处外,理合援照定章呈请转详立案,并请赏发告示以昭慎重等情。据此,除出示晓谕并饬俟开学后将详细章程呈报核办外,所有卑县绅士独力捐资拟设中学堂缘由,理合具文详请宪台查核,俯赐批示立案,实为公便。为此备由另册具

369

呈,伏乞照详施行。须至册者。

督宪袁批:据详已悉。查前据该绅具禀,当经批处在案,仰学务处查照饬知,仍饬将经费章程开报。缴。

(光绪三十二年二月二十三日"文牍录要"栏目)

天津卫生局呈送北洋女医学堂试办章程并批

一、本学堂专为教授妇女普通医学培成女医及教习之选。二、本学堂肄业年限以三年为期。三、本学堂设女正教习一人、女副教习二人。四、本学堂设练达老成女士一人为监学,常用住堂监视学生起居、饮食并督率仆役照料堂内各事。五、教育之外所有收支、杂务应请司事年高者一人常川居住外堂料理一切。六、本学堂暂招学生二十名,俟办有成效再行酌量续招。七、招考学生以年十五岁以上二十以下、曾学习汉文三四年、文理粗通为合格,如能兼通英语文字者更善,凡身家清白,无论官绅士民皆可收录。惟须有父兄戚切实引保方可。八、按年所授科目课程如左:第一学年:物理学、化学、算学、生理学、解剖学、英文、体操。第二学年:看护学、药物学、病理学、外科学、诊断学、缠扎学、产科学、英文、体操。第三学年:眼科学、内科学、外科学、产科学、妇科学、内外科产妇婴科诊断、家庭卫生学、育儿学、婴科学。九、每一学年分前后二学期,自正月至暑假为前学期,自暑假至年假为后学期。十、考试分为大小两考,小考则于暑假前行之,大考则于年假前行之。十一、每年放假日期如左:星期日,清明节,端阳节,中秋节,皇太后、皇上万寿,以上各放假一日;暑假约三十日,年假约二十日,其日期临时酌定。十二、本学堂为提倡女医学起见,凡取录入堂肄业学生一概不收学费,并由堂供给饭食以示体恤。十三、凡学生应用书籍暨中外笔墨、纸张、灯油、茶叶均由堂中预备。十四、学生入堂后不准无故退学,惟实有不得已之事或资质过钝及性情乖异不堪造就而令其退学者不在此例。十五、凡学生平时衣服均宜一律或青色或蓝白色,不著颜色衣服,亦不涂脂粉以昭沉重。十六、堂中雇有女仆以供服役,学生均不得带女仆,如仆役有不听驱使者,可禀明教习转告监学开除另雇。十七、凡考试时按各科课目考验各注分数汇作总数以定等差,其名列上等者,由监学教习购备学品分别奖赏。十八、凡考试后由教习编一成绩表刷印分送各学生之家长阅视。十九、本学堂现拟附设于北洋女医院之内,学生肄业一年后便可随同教习临症藉资练习。二十、学生毕业考试合格者,给以毕业文凭,其文凭式届时酌定。二十一、以上作为试办章程,如有未尽事宜,仍随时添入。

督宪袁批:据呈女医学堂试办章程,本大臣详加阅核颇为简要。查外国医科学校须有中学堂普通学以上方能考入,故化学、算学、生理学、物理学已有根柢,然毕业尚限四年,目前女学未兴,本章程三年毕业似嫌太速,再,女教员若系外国教员,须已通洋文者方可直接听讲,且西国药物名词翻译者亦难以华词相代,考取女生应尽洋文录取后再试汉文解剖学一科,中国风俗礼教不同,西国但以模型解剖,为妥仰即遵照办理,抄由批发。

(光绪三十二年二月二十七日—
光绪三十二年二月二十八日"文牍录要"栏目)

工艺学堂添招新生

天津工艺学堂规模最称完美,闻近因各项工场需才甚迫,现有生徒不敷拨派,故拟再招学生工徒各一班,约于三月内报考。

(光绪三十二年二月二十八日"本省近事"栏目)

欢迎东游绅士

天津官私各小学堂堂长教员率各学生四百余名于日前假宣讲所欢迎赴东考察学务诸绅午后两点钟开会,至五点钟闭会。兹将第四期东游各绅姓名录下:王椿龄、陈泽寰、张培纪、李广德、赵垣、郭维乐、梁琦、姬治、高步瀛、刘承、张夔典、童镜清、邓毓恺、时炳宸、王筠、王朝辅、闪亮、张兆淇、张金城、薛潭、孙清源、张荣藻、马汝典、杜清寰、朱士珍、宋寿形、韩隽祥、苏兆蔚、张德珍。

(光绪三十二年二月二十九日"本省近事"栏目)

半日小学堂招考学生

天津河北药王庙官立半日小学堂现照官立小学堂功课改为一律,并拟招考新生,以七岁至十二岁为合格,五年卒业保送陈列馆、考工场、实习工场等处。

(光绪三十二年二月二十九日"本省近事"栏目)

仿办广育学会

天津自河东开办第一广育学会以来颇著成效,兹闻由西沽以北至北仓一带十余村拟联合一气接办广育学会所有章程规则悉仿河东第一学会办法,已由发起诸人于日前派人分往各村私塾婉言劝导云。

(光绪三十二年二月二十九日"本省近事"栏目)

女小学堂定期开学

天津弥勒庵官立女小学堂定于本日开学,届期即由东门内初等小学堂挑选年幼聪明之学生到堂演礼云。

(光绪三十二年三月初二日"本省近事"栏目)

工业学堂添课图画

天津初等工艺学堂开办至今,日有进步,兹闻该堂长复拟添设图画专课,以资工业之实用,已于日前悬牌便谕学生云。

(光绪三十二年三月初三日"本省近事"栏目)

旅津皖绅拟办旅学

旅津皖省官绅现拟在李文忠公祠内创办安徽旅学一所,专收皖省旅津官绅子弟入堂,肄业由天津道周观察发起,闻已禀明督宪批准,一俟筹有的款即行举办云。

(光绪三十二年三月初三日"本省近事"栏目)

分派学生赴美游学

西沽大学堂头班学生三十余名拟全班派赴美国游学一事,现因各中学堂洋文教员十余名亦请随往。故该班学生尚余十名,拟俟暑假学期发给卒业文凭,后即以此项学生十名补充各中学教员。

(光绪三十二年三月初四日"本省近事"栏目)

半日学堂改为小学

天津河北大寺官立半日学堂已于日前改为小学,所订章程规则与各初等小学堂一律,俟五年卒业,即保送高等小学堂肄业,闻近来颇有成效。又第五半日学堂改为小学堂,该堂学生业于月之初一日演礼,兹订初八日开学。每月学费只收小洋八角以便贫寒子弟易于入堂肄业云。

(光绪三十二年三月初七日"本省近事"栏目)

总学处议定新章

天津东马路宣讲所新设之天津官立学堂总学处已于月朔开办,现闻一切章程均已议定,以后凡津郡各学堂所有,应报学务处册籍等件均须先送该处转递,以便事权归一云。

(光绪三十二年三月初十日"本省近事"栏目)

军医学堂添习体操

天津军医学堂课程原有体操一门,嗣因教习未得其人暂停此课。现总办徐观察已经禀请督宪由武备司派拨教习一员,于初十日到堂授课,并借定河北医院后面隙地作为操场。

(光绪三十二年三月十二日"本省近事"栏目)

警局挑选兵学生

天津南段总局前曾谕饬各局区招募兵学生二百名,现已一律招齐,于初十日上午齐集总局听候提调申太守考验。

(光绪三十二年三月十二日"本省近事"栏目)

巡警学堂详报毕业生

天津巡警学堂十二班之兵学生已届毕业,兹悉该生等业奉各教习严加考核功课,计算分数,详定甲、乙填给凭单照领。已于日前详报督宪一面榜示谕知云。

(光绪三十二年三月十七日"本省近事"栏目)

军医学堂招考届期

天津军医学堂招考新班学生一节已纪前报。闻此次报名投考者人数颇众,已经总办于十五日起分别试以汉文、日文、英文。据闻,英文须已学习普通始能合格。

(光绪三十二年三月十八日"本省近事"栏目)

广仁堂续招女学员

天津广仁堂前曾招聘司事教员,现因工徒日众,兼须添设幼稚园敬节所,又须添聘女教员、女司事等以四十岁以上无家务之累者为合格。闻自二十日开招至月杪止再行定期考验云。

(光绪三十二年三月二十二日"本省近事"栏目)

拟设侦探学堂

天津巡警探访局屡破要案,成效颇著,现闻当道以侦探一门为警务第一要点,拟在津设立探访学堂以育人材,一俟拟定章程即当详请举办。

(光绪三十二年三月二十三日"本省近事"栏目)

直隶学务处批示

宝坻县高等小学堂学生张丹忱等禀飞语伤人有关名节,恳恩澈查由,批:候查覆核夺。

(光绪三十二年三月二十四日"本省近事"栏目)

军医学堂考试题

天津军医学堂现考取牛痘生三十人,计通东文者九名,通汉文者二十五名,已于前日覆试。其题防疫策。另有算学一门,题为有桃二百一枚有能容桃一百二十枚之框十七个,应计每筐若干枚。

(光绪三十二年三月二十四日"本省近事"栏目)

巡警局清查学堂

天津南段总局前日传饬各区清查本区界内学堂几所,学董学生等共有若干,以便开单呈报云。

(光绪三十二年三月二十四日"本省近事"栏目)

广仁堂收养新章

天津广仁堂添设幼稚园、敬节所,专为收养青年孀妇全节之地。现经总办拟定新章,若有奸盗娼妓犯案,妇女发交习艺所内女监习艺。若有十五岁以下之幼女并非奸盗娼妓实无家可归者,该堂收养拨归女工厂习艺;若十六岁以上者,该堂不收,请其结案后酌量配人业,于日前函请南段总局照办云。

(光绪三十二年三月二十五日"本省近事"栏目)

天津初级师范学堂示谕

为谕知事,第一、第二完全科学生幽图、曹秉钧、丁秉彝、王书抡、刘贤章、单寿豫、李淼文、李松圃等八名于星期休息日冒雨采集植物公种庭中,既不怠于运动,更富于审美,思想将来助成本堂学园之发达,即肇端于此一举,而数善备焉,应于博物科应得分数外加五分,以示奖励。此谕。

(光绪三十二年三月二十七日"本省近事"栏目)

375

直隶学务处批示

静海县恩贡生候选训导萧书春禀劝勉改良广设私塾由,批禀悉该生劝勉改良私塾具见热心,惟前批仿照办理系指仿照上海私塾改良总会天津广育学会办法而言,仰仍查照前批蹈实改良,仍将进步情形禀县转详,以便查核。此批。

(光绪三十二年三月二十八日"本省近事"栏目)

直隶学务处批示

天津小站新农镇绅商璩士英等禀竭力筹款开办学堂恳请立案由,批:是否可行候行县集商总董等查明妥议覆夺。

(光绪三十二年三月二十九日"本省近事"栏目)

直隶学务处批示

天津师范讲习班卒业,临榆增生冯百川禀请自费赴东学习警务由,批:据禀自费赴东学习警务意甚可嘉,仰即禀请巡务总局核明办理。

(光绪三十二年三月二十九日"本省近事"栏目)

女学添招简易科

天津河北段公馆后银行学堂已迁入聂公祠内孙公馆旧第,北洋女子师范学堂传总办现在银行学堂旧院招考女学简易科两班。每班四十名外,收选科生二十名。无论本省、客籍,年在二十岁至四十岁,以文理通顺为合格投考者,须至北洋高等女学堂内报名,以便订期考试。据闻,此次所招女学生由外县保送或来津投考者,均住高等女学堂内守候,将来考取入堂后,有发给津贴之说。刻下,报名投考者人数不少云。

(光绪三十二年三月二十九日"本省近事"栏目)

半日小学招考新生

天津西马路官立半日小学堂刻下因推广学额、添招新班半日学生一班,其课目悉照初等小学章程,教授年岁以十四至二十为合格,已于三月二十六日起报名至本月十六日止,俟报名足额再行订期考验云。

（光绪三十二年四月初一日"本省近事"栏目）

运司陆详呈天津育婴堂改良添设女学堂工艺厂章程文并批

为详请示遵事案:查前奉宪台札开,据工艺总局周道具禀派员查看正定女工艺厂情形,并饬拟天津育婴堂改良办法,录送清折请察核示遵等情,到本督部堂,据此,除批。据禀:正定女工艺厂情形,以吾华人民烦教会代兴工艺,各种规则井井有条,且喜且愧,除函达该主教嘉奖外,合将天津育婴堂设法改良扩充,候行运司查照办理,巾帕三件发还,仰即饬交考工厂陈列,以资观感。缴图折存等因印发外,合行札饬札到该司,即便查照办理。此札计粘抄禀,并发清折三扣仍缴等因。奉此当将奉发清折呈缴并谕饬纲总会同堂董筹议,嗣因纲总迄未议覆,又经饬令经历等,会商堂董酌议改良,扩充章程禀覆去后,旋据经历祁仲璋等禀称,窃卑职等奉谕饬查习艺所、实习工厂,及育婴堂各处现办情形等因,卑职等遵即驰往各处详细查看。其习艺所、实习工厂两处规模较大,一时恐难照办,暂从缓议。惟育婴堂以旧有之规模改良扩充,则事半功倍。自王纲总贤宾创习织巾,又蒙筹给款项,编织草帽以来,比较从前在堂女子有养无教者,功效已见,若再扩充工场,添设女学,延请女教习,致以识字、女红、手业、妇人规范。以七岁入学,十六岁卒业后,不但易于择配,并可留充本堂教习以资表率。而中国女学风气渐开,尤可派往各处充作技师以广教育,即此培养女才,振兴工艺,其收效实非浅鲜矣。复查得该堂年久失修,须加整理以便工艺,今会同该堂董事张绅克一详拟章程,绘具图说,禀呈宪鉴。再南斜街新堂一所,现为巡警分局借用,倘将来旧堂房间不敷应用,再请收回,合并声明,谨将遵查育婴堂详拟扩充改良章程,并呈图说缘由,理合禀请查核等情,并呈工厂学堂章程前来。查该员等所议改良章程,尚属妥协,所需经费银两,拟系估定后在于闲款内动拨,再行详报,理合照录改良章程具文,详请宪台查核,俯赐批饬示遵,为此备由具呈,伏乞照详施行,须至册者。

谨拟育婴堂附设女学堂章程恭呈宪鉴,计开:一、本学堂以开导女子普通知识,便于日用为宗旨。一、本堂女婴例于十六岁出聘,即以十六岁为卒业年限。一、本学堂学科仅以字课、读书、修身、习算分为四门,以归简易。一、本堂既习工艺,自不能因学废工,除每日照章作工外,拟照天津实习工厂章程,每日授课以一时为率,庶免偏废。一、本学堂既属创办,学生均系开蒙,若每班人数太多,教授恐致潦草,拟分辰、巳、未、申四班,每班约二十人,庶授受简易,成效易期。一、各学堂向以星期休课,本学堂既异宗旨,自应变通,拟照天津实习工场章程,每逢朔望、端阳、中秋及恭逢万寿令节,各休息一日。每年自正月十七日开学,迄十二月二十六日止,无暑假。一、学生妆束以朴素洁净为要,不得崇尚浮华,以及涂脂抹粉。一、堂中应用女役,即以本堂奶头轮流充任,外来女仆不得滥入。一、凡来堂参观者,必须董事许可方能入观。一、凡一切章程如有不妥处,应随时声明改良。一、本堂暂将第一号宿舍改为讲堂,以期肃静。

谨拟育婴堂扩充工艺及改良旧章条陈六则恭呈宪鉴,计开:

一、宜设讲堂以重德育也。中国女子之懦弱,实原于公德之缺乏,而欲讲女德,目以兴学为根本。夫人自褓褓以至垂髫,凡饮食晏息无分贵贱贫富,靡不恃于母也,是故有贤女而后有贤母,有贤母而后有贤子,然则女学之兴,不惟于女界振精神,实可与人才相消长,况育婴堂女婴及年出聘,半系贫家,是虽有子向学,而以食指之忧,势难兼顾,若得贤母则日隙夜余,不难传授,是贫儿亦不至有失学之叹,则育婴堂女学之宜讲,当为亟亟者也。拟章另呈。

一、宜增工艺以辟利源也。中国今日之患贫,在分利之人多而生利之人少,女子之分利尤占大部分者也,故有男子而不能赡其家,或以食力之故,竟有不能娶一妻者,是影响于生殖也尤大。况堂中女婴出聘既系寒家,竟有已聘数年,生子二三而回堂求贷助者,向使各能工艺,尽可助夫以谋生活,何至贫苦若斯,今既仿织毛巾,编做草帽,拟添设织布、缝纫二门,相辅而行,庶于日用便而女红备也。至其余应添各艺,当随时查勘,确可推行,再禀请兴办。一、织布:查堂中女婴腕力甚薄,太宽之布梭难达到,向虽试织二尺宽之布,系以织头号毛巾之机代用,且机祇一架,所出无多,旋即中止。兹查育婴堂大中乳各婴,以及乳妇等约有三百余名,每年夏、冬二季衣服及被,需二尺六寸宽之粗洋布,约二百匹,拟添置布机数架,已聘定第三半日工厂学生到堂指授，尚未开工，若将来能有八九人织者，每日可得一匹，一年所出足敷一年之用，亦抵制洋货之一端也。一、缝纫：查育婴堂夏、冬两季衣服，向由女董督饬女婴及其保母缝纫，工价由公帐定章略为发给，若后日人多，其不能任织事者，亦可揽作军衣，以免旷废。

一、宜建工厂以肃观瞻也。查各半日学堂渐兴工艺，皆另辟工厂一所，其规模既能整饬，亦肃观瞻。育婴堂虽有毛巾、草帽等工艺，然事属开创，迁就亦多，故皆于各宿室中安机织造，况堂中定章，无故则男董不能进内，是不惟不能整饬，考勤核亦甚难也。兹既大加扩充，自必须择附近之地，另立工厂，严定上工放工时刻，及每日勤惰表，略立赏罚以示鼓励。司事诸人亦可随时查验，庶于事有济也。兹查育婴堂西邻有旧房一所，东西长五十七尺，南北宽三十八尺凸入堂中，系北洋机器驻津转运公所产业，向归天津道管辖，拟请照会天津道，将育婴新堂宿室割出数间，与该房对换，即以该房建造工厂，庶与本堂相毗，连较为妥便。

一、宜立女董以专责成也。查育婴堂乳婴向分隶东西南北四堂，及其稍长离乳，发入成堂，嗣乳婴渐少，将东堂裁撤分成堂之大婴，立为后成堂，仍系五堂，每堂各有女董一人，司理养育等事。自堂中添设工艺，皆前后两成堂女董兼理其事，兹既建立工厂，厂中之事，自愿择人监督以专责成，拟将前后成两堂，仍并为成堂，成堂女董专司育养，其所裁堂之女董拨充为厂中女监督，庶责无旁贷成效易收。

一、宜变旧章以重卫生也。查育婴轫自乾隆五十八年，其旧日章程虽属完善，而文明日进，罅隙滋多。兹特将旧章妥为筹议，拟于有益卫生诸端，条议如左：一、添雇厨妇。堂中婴儿及乳妇饭食，旧章系由厨房临时发放，嗣以人众饭多，每有不热不洁之弊，受食者屡起风潮，故改发放米面菜柴，俾其自作既可得适口之食物，大中各婴亦可娴习厨事，将来出聘一切操作，亦不至于瞢然，法美意良，故行之数十年颇无弊害。惟大中各婴同其保母（姆）操作自觉裕如，而乳妇所领皆系乳婴，虽乳妇数人分班作食，乳婴亦不至无人照拂，而以作食之故，终未免分其抚育之心。除成堂可仍旧令大中婴同其保母（姆）作食外，其西南北三堂拟酌添司厨妇数人，专司乳妇饭食，其人数拟以每乳妇十名添司厨妇一人，工食照女董之女使支发。至乳妇之米面菜柴仍旧发放。一、改食汽水。堂中食用之水，向由水夫由河挑取，人多缸少，每不俟澄清，即以食饮，虽于夏令或时疫流行之际，发放白矾以去水毒，终非卫生完善之道，拟嗣后除洗衣、洗菜及各用水之处，仍挑取河水外,凡作食供饮者皆改用汽水,庶于卫生之道渐臻完善,惟安置水管所费不赀,仍须雇役挑运,莫若就近该公司龙头处,令水夫买取较为简便。

一、增置苇帘。堂中各宿室于冬令发放门帘,又各有风门以避严寒,其法甚备,惟夏令则门口太敞,向无帘幕,苍蝇蚊蚋室内自多。查蝇蚊最易传毒,在时疫流行之际,诸婴多病未必不由于此。若增置竹帘费用又巨,拟夏日一律发放苇帘,室内既可肃静,婴儿自易安眠,又不至今蝇蚊转传毒气,实一举而得三善也。一、增置毛毡。堂中各宿室每年只发苇席三次,乳妇每十个月发棉被一床,惟无铺褥在夏日倘可迁就,冬日只一层苇席何以御寒,拟于每年冬际增发毛毡一次,较棉褥既可省费,视苇席已觉软暖,亦卫生所必要也。

一、请领款项以应要需也。查育婴堂定章每月支领银九百两,在庚子之先收婴太多,历年渐亏至制钱六七万千文之多,现在人数虽不及当日之半,而每月经费已觉竭蹶,故昔年添织毛巾,皆系王纲总贤宾筹办巨资,未动公款,然筹划已非易易。今春蒙宪台命,编草帽特发专款,是当中经费不足早在洞鉴之中,今既大兴工艺,大加改良,其举办工艺诸款项如何支领,改良旧章之经费如何赏加之处,统乞训示遵办。

督宪袁批:详折均悉。应如所拟办理,至所需经费由该司预算若干动拨详报,仰即饬遵。缴。

(光绪三十二年四月初二日—光绪三十二年四月初四日"文牍录要"栏目)

禀设改良私塾学会

天津白塘口村正范茂才学周现欲联合各村私塾倡设学会,劝合各私塾兼授各种科学,预备将来学生投考各学堂地步,而塾师亦可藉此研究,不至废业。闻已禀官立案矣。

(光绪三十二年四月初三日"本省近事"栏目)

天津模范学堂牌示

查有单级部两级学生唐家祥于□日上午在礼堂前检(捡)得银制扁锁一枚呈交本堂,待人认领,似此珍贵物品,该生竟能不忘美德,实堪嘉尚。除特别悬牌奖励外,嗣后幼年学生来堂受业,切勿携带珍贵物品,以免有失照料。此谕。

（光绪三十二年四月初四日"本省近事"栏目）

创设商务半夜学堂

天津南门内荤油铺胡同创设商务半夜学堂,已于初日一起开招至初十日止,学生以二十名为定额,业经发帖白话广告,俾众周知。

（光绪三十二年四月初五日"本省近事"栏目）

招补电报预备生

天津城内户部街电报学堂内原有夜班洋文学生,近因头、二班学生多多经各处电报局调去当差,故遗额甚多,现将夜班学生挑补头、二班内以充学额,而夜班所遗之额,刻又招补三十名为预备班,订于三十日考试云。

（光绪三十二年四月初六日"本省近事"栏目）

天津初级师范学堂牌示

谕新补正课学生知悉自本日为始,该生等可在堂会食,惟寝室颇形拥挤,复因天气渐热,居人太多,亦于卫生不宜。应俟楼房落成后再行示期迁入。此谕。

（光绪三十二年四月初九日"本省近事"栏目）

第一小学欢迎教员

天津仓廒街民主第一小学堂教员阎润章君前曾赴日留学,刻已毕业回国,本堂师生特于初六日上午开会欢迎。是日,学生皆著操衣与会。阎君先对学生演说在东见闻,并勖以国民资格。诸生并做军乐唱歌以表欢悦。

（光绪三十二年四月初九日"本省近事"栏目）

381

各省派员参观政学

津郡各学堂及办理各种新政均极完善,故外省之办理新政及学堂人员近日纷纷来津参观,以为模范,闻每日各处参观者颇有应接不暇之势,亦足见风气大开云。

（光绪三十二年四月初十日"本省近事"栏目）

学生美德可风

津埠药王庙两等官小学堂第五讲堂学生阎澎源于三月十八日下午上学时在堂东小摆渡口候渡船,拾得镀金钳子一副,当即缴由堂长,该堂已在门首悬牌招失主来堂认领,如该生者以童年而具,此美德固属可风,而该堂之教育得宜亦可想见矣。

（光绪三十二年四月十一日"本省近事"栏目）

天津客籍学堂牌示

照得踢球一事本以舒畅筋骨宣导郁滞,诚为学堂中所不可缺。本监督视体育为最重要之事,故于各种游戏、体操皆常加意,苦于地狭不易安置,当俟新堂告成再求完备,踢球为文明竞争之一事,诸生既所乐为,本监督亦愿为鼓舞,惟须在堂外空旷之地,且于下午功课既毕之后方为合宜,诸生每于饭后在堂内院子竞逐踢球,地狭人多,甚形不便,且喧笑过度,亦非堂内所应有,既妨他人之自修,亦虑外人之指摘,为本堂名誉计,亦不应如此,且饭后即时竞逐,于卫生极有损,不如专候功课既毕赴操场竞逐之为善,前此所以不即行禁止者,以堂内无休息及游戏之地止,此院子稍为宽敞,偶然游戏亦不忍禁止,实则堂内要当肃静喧逐,究非所宜,自四月十一日为始,均须候功课毕,始赴操场踢球,其饭前饭后均不得在院子喧笑竞逐以维学规,各宜遵照特示。

（光绪三十二年四月十四日"本省近事"栏目）

女学堂宴请教员

天津南门内新设之立达女学堂于初十日开校后，复于十三日设筵恭请各学堂女教员、董事宴会，以便参观，一切藉以面请指教云。

（光绪三十二年四月十五日"本省近事"栏目）

择地改设女小学堂

天津学务总董林君前拟在户部街福德祠设立第五女小学堂，嗣因地基过狭，不敷应用，当即迁设城西白云寺内。刻下已经修理整齐，不日当可开校云。

（光绪三十二年四月十六日"本省近事"栏目）

工艺学堂添习枪操

天津高等工业学堂学生向习军式体操，现该堂总办拟再令添习枪操一门，闻已禀蒙督宪批准云。

（光绪三十二年四月十七日"本省近事"栏目）

学堂体操酌改时刻

津地各小学堂之体操功课向在下午第六时，现因天气渐热，已经学董传知各学堂一律改归上午矣。

（光绪三十二年四月十七日"本省近事"栏目）

直隶学务处批示

武清县生员杨开智禀愿入保定师范学堂肄业恳恩饬县申送由。批：保定师范学堂现不招考，暑假期内或须补招，仰即自行探明，禀县绅送可也。

（光绪三十二年四月二十五日"本省近事"栏目）

新学书院开会运动

天津新学大书院订于本月二十六日在本院空地开夏季运动大会并先期邀请各学堂学生及来宾等赴会云。

（光绪三十二年四月二十五日"本省近事"栏目）

慨助学堂常年经费

咸水沽学堂有张丰隆君捐助常年学费六百元，当由该处学董禀请天津县立案章大令，因张好义急公，当即批示，俟三年后款项交清，再由学堂禀请奖赏，以示激劝云。

（光绪三十二年四月二十六日"本省近事"栏目）

女学续招二班生

天津河北关上官立第一女小学堂头班女学生四十名业经招足，每日轮分两班授课，现在续招二班女学生四十名，闻日来赴堂报名者亦将满额矣。

（光绪三十二年四月二十八日"本省近事"栏目）

直隶学务处批示

天津初级师范简易科毕业生宁津县刘月桥等禀请派充教员事。批：禀悉候。饬该县会同学堂总董查覆。

（光绪三十二年闰四月初四日"本省近事"栏目）

直隶学务处批示

天津初级师范毕业生吴桥李献廷禀请外派得尽义务事。批：查各属初等小学设立尚不踊跃，即已成立，多就本地传习所中就近觅定向本处不数数觏，故诸君毕业后，在津候事者强半，向隅仍候学界推拓，有日不患无位置也。

（光绪三十二年闰四月初五日"本省近事"栏目）

演说工商要旨

本月初三日晚八钟,天津考工厂仍假东马路宣讲所演说工商各项要理,首由吉士甫君试验养气及炭气,又论养气与人生之关系,孙子文君代译,吉君演毕,孙君重伸其意;继由中泽君演说工业用水,张兴之君代译,末由何子琴君论机器处马力与实马力之分别,用机器模型试验之推阐比较,逐层剖解至十一钟半振铃停演。是晚,听者约六百人。

(光绪三十二年闰四月初五日"本省近事"栏目)

第三半日女学堂开课

天津西门内盐店胡同口官立第三半日女小学堂定额学生八十名,此次共取九十二名,除将年岁稍长另行拨归他堂肄业外,尚有合例之女生七十八名,前日上午八点钟卞、乔、李诸学董齐集该堂,恭请邑尊率生谒圣行开学,礼毕即将众生分为甲乙两班。甲班上午八点钟到堂,上午十一点钟停课;乙班下午一点钟到堂,四点钟休息,并由学董李子鹤君等君登台演说,以为激励云。

(光绪三十二年闰四月初九日"本省近事"栏目)

测绘学堂定期甄别

天津测绘学堂于正月二十三日招考新班学生后,刻下已届甄别之期,现经总办定于本月十三日考试以便评定,甲乙分别发给薪金云。

(光绪三十二年闰四月初十日"本省近事"栏目)

图算半日学堂季考

天津银元局图算半日小学堂现届夏日大考,已定于本月十七、十八两日分门考试,于日昨谕知一体遵照矣。

(光绪三十二年闰四月十二日"本省近事"栏目)

毕业警员分期考试

天津警务学堂二、三班学员现已于初九日起陆续考试,计至二十八日考毕,以便发给文凭,惟外省送来之官学生不与同考。仅考汉文一门,一律发给文凭,咨回原省差遣。其二、三班学员大约毕业后即分别派往北京、东三省或留津差委云。

(光绪三十二年闰四月十四日"本省近事"栏目)

学台批示

武清县文生胡立镛禀恳收留事,批:本司人浮于事,尚虑无可位置,暑假前后津保各堂将招师范既系文生,届时禀县申送投考,可也。

(光绪三十二年闰四月二十日"本省近事"栏目)

军医学堂夏季大考

天津军医学堂监督日前传谕各学生夏季大考在即,所有抄写课程暂时改为刷印,俾得及时温习,免至临考生疏云。

(光绪三十二年闰四月二十日"本省近事"栏目)

女医学堂招考学生

天津广仁堂现在增设女医学堂一所,招考学生以三十岁以外粗通书算者为合格,闻考取后系专习产科、妇科等症云。

(光绪三十二年闰四月二十一日"本省近事"栏目)

储才所卒业在即

天津翻译储才所前次招募之学生分为两班,原定二年卒业。现因同班学生程度颇高。故拟于伏假后即行卒业云。

(光绪三十二年闰四月二十三日"本省近事"栏目)

刊送劝民息颂歌

天津府荣太守前赴本属青、静、沧、盐一带察看学堂,于月之十七日回津并刊有息讼学好歌,在该处分送藉资劝导云。

(光绪三十二年闰四月二十五日"本省近事"栏目)

习艺所工作进步

天津所设罪犯、游民两习艺所工作,颇见进步,其织机厂所出之布并各种柳条花布,及制纸厂所出之信笺、信筒、红白禀帖、各式账簿均极合用,定价甚廉。又现在扩充染色、漂白、制靴、成衣四科,尤称完美。

(光绪三十二年闰四月二十五日"本省近事"栏目)

图算学堂季考完竣

天津图算学堂分期季考一事已纪前报,兹于二十三日一律考毕,该堂总办以各生连日过劳,特于二十四日放假一天,俾资休息以示体恤。

(光绪三十二年闰四月二十六日"本省近事"栏目)

天津县详绅士捐资设学请予立案文并批

为详明事,案据县属贾家沽道从九品衔孙治禀称:窃职独力出资拟在城东贾家沽道创设初等小学堂一区延聘教员二人,按照《奏定学堂章程》轮流授课,招考学生四十人,现在出资四百元为开办经费,其常年经费,除月收学生学费每人津钱五百文外,下短之数职,每年捐资二百元,不足再为筹画,今拟暂借本村海光寺官立房内修理两斋,以便开学,容再择定地址,即当迁移所有创设初等小学堂缘由,理合恳乞恩准,请备案赏发告示等情。据此,卑职查民立小学现已开至二十三所,该绅所设学堂应排为第二十四处,以昭联贯而整次序,除批饬遵照并出示晓谕,暨俟开学后,另文祥报外,所有卑县贾家沽道村绅民创设民立第二十四初等小学堂缘由,拟合具文详请宪台查核,俯赐批示立案,实为公便,为此,备由具册具呈,伏乞照详施

387

行。须至册者。

督宪袁批：据详已悉。该县贾家沽道从九职衔孙治独力出资，在该村设立小学一所，洵属好义可风，深堪嘉奖。应准立案仰学务处查照饬知。此缴。

（光绪三十二年闰四月二十八日"文牍录要"栏目）

天津县详绅董创设普育女学堂文并批

为详请事，案据县鼓楼东大街普育女学堂董理议叙府，经历温世霖、候选县丞孙凤藻禀称，窃维造就人才，以教育为先，振兴教育以女学为重。今日我国学堂林立，规模之广，种类之多，诚不可谓不发达。而独于女学一门，虽间有立者，然尚不及中小学堂十分之一，亦学界一憾事也。董等爰共矢热诚在鼓楼东大街组织普育女学堂一区，学额暂设三十人，先行试办，拟以二年卒业。至卒业后，或送保姆讲习所，或送高等女学校，视其造就如何再行定夺。现于二月初三日开学，延请汉文教习二员，专教字课、国文、习字、修身、卫生、针备等课，又延保姆师范生三员专教算学、地理、历史、图画、字母、唱歌、体操等课。惟开办伊始，款项无多，其开办经费皆由董等捐募，至所延各科女教员，皆系亲友，不领束金，仅送车资，内中并有热心赞助者数员，收车资，以冀提倡此举。故自开学以来，学生已收足额，每人学费暂收一元。嗣后款有不足之处，再行分头捐募，以期维持永久。此董等创办女学堂之情形也。伏查奏定章程，有云，凡私立学堂应与官立学堂由官家一体保护，董等除禀明巡警局宪、学务处宪、府宪外，为此叩恩赏发告示并准存案，如有无知之徒作践骚扰，并恳设法禁阻以维风化而重学务，所有董等创办学堂请案恳发告示各缘由，理合恳请鉴核施行等情。据此，卑职查该职等捐募经费创办普育女学堂一区，足见热心母教。所定课程，亦属切实，应准如禀办理，除批准立案并出示晓谕保护外，所有县属绅士设立普育女学堂缘由，拟合具文详请宪台查核，俯赐批示立案，实为公便。为此，备由具册具呈，伏乞照详施行。须至册者。

督宪袁批：如详立案，仰学务处查照饬遵。缴。

（光绪三十二年闰四月二十八日"文牍录要"栏目）

小学堂暑假有期

探闻津郡各官立小学堂学生均定于五月十一日举行夏季大考,试毕及放暑假。

（光绪三十二年五月初一日"本省近事"栏目）

学生追悼教员

天津河北大寺两等官小学堂教员展香谷君桂丹因病逝世,全班学生大动感情,于闰四月二十六日备具花圈、酒果,约集前由该堂保送高等工业学堂、初级师范学堂、中法学堂模范小学堂之旧学生等齐赴展宅吊唁,作歌情词悲悼,又有泣数临下者,可见教泽之感人深矣。

（光绪三十二年五月初二日"本省近事"栏目）

工业学堂注重体育

天津高等工业学堂于前日悬有牌示,略谓体操为科学之一,不宜轻忽。嗣后各生有未到及迟到操场者,均书载此牌之上,至大考时核定扣分,以儆其余云。

（光绪三十二年五月初三日"本省近事"栏目）

直隶提学司详报全省各学堂学生人数暨岁出款项文并批

为详报事案,奉宪谕,嗣后天津及各属学堂学生人数按三月一报等因。奉此,前曾先将天津县各学堂学生人数开折详报在案,兹将全省各学堂人数调查一次,并将各堂岁出一并附陈,间有初级师范学堂、初等小学堂虽已禀报未送名册者,应俟下期查明补报合并声明,理合备由具详。为此,详请督宪鉴核伏乞照详施行。须至详册者(附清册二本,从今日起按日排入,后幅专件)。

督宪袁批:据详已悉,册存此缴。

（光绪三十二年五月初四日"文牍录要"栏目）

民立学堂订期大考

天津民立第二小学堂定于初六日起举行夏季大考,每于早八点钟齐集听候发题,限时交卷,其他民立各小学堂亦均于初六日起一律举行夏季大考云。

（光绪三十二年五月初五日"本省近事"栏目）

图算学堂给发奖品

天津图算学堂大考及分别五等取列等情已纪前报,兹闻该堂总办酌定奖赏各予操衣一身,其取中超特等者,另奖机器等件以示优异,已于初九日在本堂发给。

（光绪三十二年五月十一日"本省近事"栏目）

补发兵生毕业文凭

天津警务学堂九班、十班之兵学生调赴各局、区当差,因在堂肄业为日太少,均未发给文凭。现经该堂订于昨日在堂补考,以便发给文凭。

（光绪三十二年五月十一日"本省近事"栏目）

天津县告示

为出示严禁事,光绪三十二年闰四月二十八日蒙提学宪札开,为札饬事,光绪三十二年闰四月初五日蒙宫保札开,光绪三十二年四月二十七日准学部谘开:窃照本部学务总枢于京外官立、公立、私立各学堂均有稽查保护之责。去年学务大臣访闻京城内外有匪徒捏造谣言,查禁私塾,当经出示晓谕在案。近日本部又访闻山东有假充委员下乡收取各私塾捐输之事如果属实,自必系本处刁劣生监所为,断非公正官绅所忍。出此第恐此等奸徒挟诈殃民他省或亦不免。总之,私塾是否合法,只能令地方官绅按照定章广为劝导,断不容恶棍土豪藉端讹索。此事理之较然昭著者,应请饬令地方官出示晓谕,如有冒称查学藉端讹索情事,一经访闻或被控告,立即究办以锄奸猾而安良善，相应咨行贵总督查照办理可也等因。到本督部堂准此，除分行外合行札饬。札到该局即转行查照办理此札。等因。奉此，除分行外合行札饬。札到即便遵照办理此札。等因。蒙此，除照会劝学绅董一体访查外，合行出示严禁，为此，示仰县属绅民人等一体知悉，如有匪徒冒称，查学向城乡各学堂及私塾藉端讹索情事。准即扭送来县，以凭究办，决不宽贷。各宜凛遵毋违。特示。

（光绪三十二年五月十七日"本省近事"栏目）

图算学堂设专习所

天津图算学堂总办孙观察现已筹款设立专习所，将该堂甲班学生本年应毕业者拨归该所专习翻砂镕铁及造各样机器已成专家，并已订定章程，以五年为卒业云。

（光绪三十二年五月十七日"本省近事"栏目）

禀准设立实业学堂

天津实习工场总办张观察现拟在该厂内另设实业学堂一所，研究一切工业以期挽回利权。闻已禀明督宪批准。

（光绪三十二年五月十八日"本省近事"栏目）

天津县详报荫生报效家祠改作学堂请照例奏奖建坊文并批

为详请事，案据县属王秦庄荫生曹铁林禀称：窃生先父、前广东水师提督曹克忠晚年致仕家居，曾于光绪二十一年在城北王秦庄购地二十亩建造神庙一处，约费三千余金拟祀关帝，不意修造甫成，神像未塑，而先父竟自弃世，彼时生甫六龄，茫无知识。比及稍长，始知二十三年正月上谕曹克忠著本省并立功省分建立专祠，著地方官春秋致祭，钦此。伏思王秦庄之庙像既未塑，可将此庙改为家祠，以无负朝廷笃念功臣之至意。又因此处距城稍远，地方官致祭不便，是以因循未果，及至今日督宪屡催各村镇建立学堂，该村绅董筹款择地大费踌躇，乃有守备衔千总黄金祥情，愿将自置种养地百亩余助为学堂常年经费，款项虽有著落而地势尚属缺如。生感于公益

391

稍尽热诚,愿将此家祠改作学堂以重教务而育人才。统计该祠房舍十二间足堪应用,于是禀知生母商议,生母勉之曰:"汝父一生作事无不为,国为民老而弗衰。汝父未竟之志,无论何事,只要有补于国,即当勇为,无须禀命而行也。"生谨遵母命,为此叩恳恩准将家祠改建学堂转详立案,以重教务,实为公便等情。据此,卑职伏查该荫生曹铁林克遵母命,仰承先志,情愿将家祠房舍报效充公改作学堂。具见孝思不匮,勇于赴义,为桑梓兴公益,乡里树风声。似此忠诚有裨学界,殊堪嘉佩。惟该荫生报效房地估费在千金以上,核与奏请建坊之例相符,自应详请给奖,以昭激劝。除批饬候示并谕该村学董验收备用外,所有县属荫生曹铁林将王秦庄家祠房舍捐作学堂缘由,拟合具文详请宪台查核,俯赐附奏,赏给"乐善好施"字样,由该荫生在籍为其父母自行建坊,藉示旌奖而资观感,实为公便。为此,备由具册具呈,伏乞照详施行。须至册者。

督宪袁批:据详已悉。仰提学司即饬该县亲往估验再行详请核办。此缴。

（光绪三十二年五月十九日"文牍录要"栏目）

女校夏季休课仪式

天津保姆讲习所女子小学堂夏季修课仪式、次序如下:

五月十六日早八点钟起:学生就位、来宾就位、学生致敬礼、唱歌(国歌《笑而来》)——保姆科全班、唱歌(《游火虫》)——小学科全班、风琴演奏——保姆科二班生崔季云、风琴演奏——保姆科头班生严智圆、监学演说、教员演说、来宾演说、唱歌(《暑假》)——保姆科小学科班全班、休息。

（光绪三十二年五月二十日"本省近事"栏目）

诚正小学堂招生

天津望海楼旁民立诚正小学堂日前发出招生广告一通,云:本堂自创办以来已经半载,成效昭然。今趁暑假之便,拟招新生二十余名以补缺额。凡津地绅商聪颖子弟,年在十岁至十六七岁,有志向学者,可于本月二十一日起至六月十五日止,自觅妥实引保各一人,开具年、貌、籍,三代来堂报名,候考合格者,填给凭条,至期来堂肄业,逾期不收。幸勿观望。是荷。

（光绪三十二年五月二十一日"本省近事"栏目）

图算新生暂免季考

各学堂照《奏定章程·夏季例》应大考,惟天津图算学堂新招乙班学生据闻程度未能及格,当经该堂总办谕令本季暂行停考,俟年终一并考试。

(光绪三十二年五月二十二日"本省近事"栏目)

明新中学招考学生

天津明新中学堂于本年四月间禀准借用天津西大药王庙设立,赶将房间设立家具、图书修置完备,拟于七月初八日开学,现已刊发广告:凡有志向学者,务于先期赴该堂报名、注册,以备六月三十日考试录取,临期自带笔墨勿误,其章程八则,容再续录。

(光绪三十二年六月十五日"本省近事"栏目)

学界议开欢迎会

天津学界同人以前次派往日本留学法政学员四十人现均毕业回国,已于十三日抵津,因公议十六日在城隍庙学堂开会畅叙以志欢迎。已先期传知各学堂人员届时一律与会矣。

(光绪三十二年六月十六日"本省近事"栏目)

官立小学定期开校

天津官立各小学堂现奉学董函知统于本月二十四日开学,以免久荒功课云。

(光绪三十二年六月十六日"本省近事"栏目)

小学禀报开校日期

天津民立第三十三小学堂学董前日赴县禀知,定于本月二十六日开学,并将已招学生及所请教员、年籍、姓氏造册呈请查核。

(光绪三十二年六月十七日"本省近事"栏目)

商业学堂考试新生

前日清晨为天津中等商业学堂考试之期,报名应考者计百五十余人,考试规模极为严肃,学生等亦一律遵守考规。题为"重商业以富国论",此外尚有笔算珠算题。

（光绪三十二年六月二十日"本省近事"栏目）

翻译储才所开学

天津翻译储才所暑假期满,已于本月二十二日开课,先由学台牌示本所各学生一体知悉矣。

（光绪三十二年六月二十三日"本省近事"栏目）

商业学堂甄别出榜

天津中等商业学堂于十八日甄别简易科学生,刻已发榜。计正取朱秉鉴六十名,备取傅兆林等十三名。

（光绪三十二年六月二十三日"本省近事"栏目）

模范学堂开学发奖

天津模范两等学堂于二十四日为伏假后开学发奖之期,是日早六钟,学生齐集,七钟半,该堂教员等分两处唱名学生等鱼贯而入,排列东西两廊鼓乐齐奏。乐止,由堂长刘君竹笙将应得奖品之学生二百九十余名亲自点名一次,依次进礼堂坐定。是时,奖品已陈设其中,当经该堂教员、堂长登台讲演,勉励倍至。演说后又按册点名诸生至案前领奖,领讫仍鼓乐前导至门外而散。

（光绪三十二年六月二十六日"本省近事"栏目）

定期补考艺徒

天津民立第一艺徒学堂于六月三十日举行考验学生,闻是日到者不多,并有前已报名未到之生若干名,故已定于本月初六日补考。

（光绪三十二年七月初二日"本省近事"栏目）

工业学堂开学纪事

本月初一日为天津初等工业学堂伏假后开学之期,早七钟,学生齐集,嗣由该堂监督周君啸麟令学生等齐至礼堂坐定并首先登台演说上一学期之功课堂规应如何改良益求进步。继由孙教员讲演图书专门功课宜随时随物留心,皆可增长知识,并言图书功课视普通之造诣以为深浅关系最为密切。末由刘教员演讲洋文功用并加勉励。演毕,学生齐立向教员行三揖礼。闻是日并未理课,遂于十一钟退散。

（光绪三十二年七月初三日"本省近事"栏目）

筹拟中学堂经费

天津中学堂自开办以来经费常虞支绌,故堂中学生私费者居其多数,现闻凌太守已援照《保定章程》禀请上宪拟将税契加费银两拨作该堂经费云。

（光绪三十二年七月初三日"本省近事"栏目）

艺徒学堂定期开学

天津河北艺徒学堂定于初六日补考一节已纪前报,兹悉又定十三日演礼,十五日入堂肄业云。

（光绪三十二年七月初五日"本省近事"栏目）

工业学生毕业有期

天津高等工业学堂现在绘图、炽燧、速成织染各科学生均将于秋间毕业,惟窑业各专门尚须迟至明春云。

(光绪三十二年七月初七日"本省近事"栏目)

试办音乐体操讲习会

天津郭子辅、张幼臣两君留学日本音乐学校,研究精深。兹集同志假古楼南当铺斜对过李宅开设音乐体操讲习会,额定六十人,分甲、乙两班。甲班为各学堂职员,于星期一、三、五等日习练;乙班为各学堂学生,于星期二、四、六等日习练。每晚自八点钟起至十点钟止,每人月费洋一元,刻已拟定试办章程十四则招人报考,定于八月初一日晚间开课。昨承送来章程一纸,因一时不及付排,故撮其大要如此。

(光绪三十二年七月初十日"本省近事"栏目)

商业学校行开学礼

天津创设中等商业学堂一节已纪本报,现闻该堂已于初九日开校,先期由商务总会预发请帖,知照官绅前往观礼,故届期到者甚众。

(光绪三十二年七月十一日"本省近事"栏目)

军医学堂实习解剖

天津军医学堂总教习日员平贺君以解剖课程仅系纸上空谈,不若实行经验,特从外洋购来全蜡人型一具,令各学生一一拆卸,复一一安接,以期久久习验,洞悉人身体作用云。

(光绪三十二年七月十四日"本省近事"栏目)

艺徒学堂开学纪盛

天津河北民立第一艺徒学堂已于十五日开学。是日,提学司卢学台、工艺总办天津道周观察、会办凌太守暨提调管理员研究会长各学董先后莅堂。周观察于学生谒见后再三训勉。兹将观察演说大意照录如下:谓天津学务固称极盛,而工业发达亦有日新月异之象。本道至为庆幸,惟止就从前工匠略加改良而不授以普通知识、技能以立之基础,则工艺振兴尤属皮相。今此堂为民立第一实振兴工艺探本求源之起点,将来闻风兴起,相率创设,自第一以续至十、百,皆自此堂肇始,则此堂之关系甚巨也。诸君或任管理或任教授,义务綦重,具见热心。本道总理工艺职司提倡,至于改良进步详细方法,非官府所能周悉,是所赖于执事诸君。查各国货物之入于吾华者,灌输充斥日无已时,不但利权外溢,且使吾国之民无所事事,以至于怠惰颓废而不可救,此其害最微,而最大,诸生年正富强时不可失,务须切磨淬历,先德育而后智育,以期人格日高,工业日进。如此,则人各有业,不至堕为游民,本道不胜盼望。此堂为竹行创办,自应注重竹工,如日本竹器洪织具备精美绝伦,是宜随时调查而仿造之更当自出心裁,俾吾华人工业可与列强竞争,是尤本道所冀幸而亦不负诸君创办之苦衷。诸生其各勉旃演毕,复由各学董相继演说而散。

（光绪三十二年七月十七日"本省近事"栏目）

工业学堂派生东游

天津高等工业学堂化学速成科全班学生遣赴日本留学一事,兹闻已订于二十六日附轮东渡,并于机器速成科内挑选学生五名一同前往云。

（光绪三十二年七月十九日"本省近事"栏目）

拟购女学应用新书

津埠女学已次第兴立,惟应用书籍尚不完备。现闻卢学台拟特派专员前往日本采办各种女学应用新书,以便回津教授云。

（光绪三十二年七月二十四日"本省近事"栏目）

天津县详职员王兆翰遵奉母命
独力捐设民立小学堂请饬立案文并批

为详请事,案据县属县丞衔王兆翰禀称:窃津郡自宫保振兴学务以来民智大开,学堂林立。职母念教育儿童为当今之急务,常恐贫寒子弟苦于学费反阻其向学之心,故久欲独力兴学以期普及。惟因踌躇常年经费,故未敢轻率举办。现在筹有的款,命职就现有西门内张志尧、胡阅自置房舍内设立小学堂一处,计斋室六间、宾客延接室三间、预备室二间、会计室一间。伏查《奏定初等小学堂章程》第六节,一人出资独力设一小学堂者,名为初等私小学堂,惟因津郡小学堂尚无私立次序,即拟按民立次序名曰民立第三十一小学堂,以期联络堂中延聘监学一人、教员三人、会计一人,拟招学生六十名分作两斋,自行出资,不取学费,并无捐款。堂中功课,如修身、读经、讲经、国文、历史、地理、算术、格致、体操等科,悉遵《奏定初等小学堂章程》毫无歧异。拟于暑假后开学,其一切修理、置购及招考学生等事,均于暑假前两月以内布置妥贴,所有员司学生花名统俟开学后照章按月册报。谨先将奉母命筹款兴学缘由具禀陈明,伏乞俯准立案转详,并赏发告示,实为公便等情。据此,卑职查该职遵承母命独力出资设立初等小学堂一所,具征关怀教育,孝义可风。惟津郡私立学堂向与民立各学合归一途,依次排列。现在该职所办之学自应准作民立第三十一初等小学堂,以资联络而免歧误。除批示照会学务总董随时考察及出示晓谕并俟开学后另文具报外,拟合具文详请宪台查核,俯赐批示立案,实为公便。为此,备由具册具呈,付乞照详施行。须至册者。

督宪袁批:如详立案,仰提学司查照饬遵。缴。

(光绪三十二年七月二十五日"文牍录要"栏目)

竹商竹工同时研究

二十五日,天津竹商竹工并在民立第一艺徒学堂内开会研究,考工厂郭、朱两管理,总会宋、李两会长等先后到会。竹商来会四家、竹工百数十人,并有张、孙两工人携带染岛竹筷六束、染岛竹烟杆一枝。拟呈送考工厂投考寄售诸君传观。此物尚称精良,当即许其送厂投考,随有分会长等提议竹行工商公共之困难核议改良之法。闻已拟章数条,大旨以联合同业订立徒限为宗旨,彼此互相保护,无得滥假排挤,免致亏累倒闭之弊。闻因所拟各条一时未能定议。该会明日仍约同业工商自行集议办法。

(光绪三十二年七月二十七日"本省近事"栏目)

学界拟开特别大会

天津北洋大学堂全体学生以本月十三日上谕宣布立宪宗旨,薄海臣民额手称庆,从此君民一体,上下同心,政界既放绝大光明,而学界实蒙无涯幸福,因拟假会馆一处,约集阖郡学界同人开恭贺立宪大会一次,已于本月二十六日午后二句钟邀集各学堂代表人齐集该堂,共酌开会章程及完全办法,再行订期开会,现大致均已拟定,并拟嗣后每年开会一次,以七月十三日为定期云。

(光绪三十二年七月二十八日"本省近事"栏目)

工业学生准期东渡

天津高等工业学堂化学速成科全班学生派令出洋一事已志本报,兹已订定行期,闻准于今日乘轮东渡云。

(光绪三十二年八月初三日"本省近事"栏目)

定期举行赛跑会

《益闻西报》云:天津租界内各国商民今拟举行赛跑会,已于日前于戈登堂集议,闻定于九月初十日开会。

(光绪三十二年八月初六日"本省近事"栏目)

赴京会议秋操事宜

天津洋务局总办蔡观察绍基、南段巡警总办段观察芝贵、北洋行营营务处倪观察嗣冲、河南秋操总理司陆观察安清、陆军第二镇统制马总戎、龙标第四镇统制吴总戎、凤岭督练处正参议华参戎督幕胡君,闻均于初五日

399

由津晋京会议秋操事宜。

（光绪三十二年八月初七日"本省近事"栏目）

选派学员赴东游历

天津学务总董前奉学宪谕令于津郡各小学堂内挑选办理学务著有成效之监学教员若干人派往日本游历。闻已经该学董派定，禀由学宪给资东渡。

（光绪三十二年八月初十日"本省近事"栏目）

禀请派充教务长

天津大直沽民立第六两等小学堂学董李耀增等前赴学署禀请札派留学日本速成师范毕业生于振凯君为教务长及稽查东乡沿河各小学堂课程，当经学台批示，准由县详再行核派。

（光绪三十二年八月十二日"本省近事"栏目）

西沽大学拟增兵学

探闻卢学台近日商同津郡学董拟于西沽大学堂内增设兵学一科，课以《临战略》《范步兵》《侦探》及《操典》等书，大约俟学董议覆后再拟实行。

（光绪三十二年八月十三日"本省近事"栏目）

议改普及学社章程

天津民立第六小学堂曾于上年附设普及学社招收贫寒子弟每晚来社授课，照章由十月起至明年正月杪停止，现闻该学董又与诸同人会商，本年拟自中秋节后即行举办云。

（光绪三十二年八月十三日"本省近事"栏目）

学堂局厂循例放假

昨日为中秋佳节,津埠大小各学堂均循例放假一日,各局厂亦然。

(光绪三十二年八月十六日"本省近事"栏目)

开工创建中学堂

天津电车公司后面现经邑绅王君同学务中人在该处创建中学堂一区,共计洋式楼房百余间,刻已开工兴筑矣。

(光绪三十二年八月十六日"本省近事"栏目)

小学堂会操定期

天津官私各小学堂现奉学董传单知照定于本月二十七日各带学生齐集太阳宫小学堂会演体操云。

(光绪三十二年八月十七日"本省近事"栏目)

禀准研究医药会

津绅刘君毓琛、丁君国瑞等在津公司出资设立医药研究会,汇通中西医理研究制造药材,已于日前赴提学司署禀请立案,当蒙学台批示,云:据禀已悉。该绅等以改良医药为任,纠合同志设立医药研究会。查医药一项不仅关乎生命,于一国文明程度亦有重要关系。中国业医者拘守旧方,不研究其所以然,视人命为儿戏,大为文明之玷。批阅来牍所称汇通中西医理,研究制造药材皆属切要之图本司乐观其成焉,应准立案。此批册存。

(光绪三十二年八月十八日"本省近事"栏目)

府学附设寄宿舍

天津府筹设地方自治研究所,分饬所属各县申送士绅来所研究等情历纪本报,现在一切事宜均经组织完备。各县士绅亦已按照额数陆续申送来津,不日即可开课。所需寄宿舍已拟定设在天津府学署内,即以府学教授充管理员。

(光绪三十二年八月十九日"本省近事"栏目)

捐资建设新校舍

天津文昌宫西四棵树私立第一中学系本邑严、王两绅所创设开办伊始,原假用严绅斋后之偏院稍事修葺以为校舍,近以求入该学者接踵而至,无如斋室狭隘,未能博收众采,颇滋遗材之憾。兹二绅为广储人才起见,复出巨资择定电车公司后面地段鸠工庀材建筑新学舍。闻赞成斯举者有徐菊人大军机捐助千金,袁宫保捐助大礼堂一座,毛方伯捐助五百元。一俟落成即将大加推广云。

(光绪三十二年八月二十日"本省近事"栏目)

实业工厂定期开会

探闻天津河北窑洼实习工厂将开纵览会五日,前三日专备男子入览,后二日专备妇人入览。已择于今日起开会,至二十四日闭会。

(光绪三十二年八月二十日"本省近事"栏目)

天津自费中学招考保定学生告示

为招考事,现遵学宪明章来此招生,每年收学费六十两,寝食由堂内供给,四年毕业给予优(拔)贡出身,无论生童,凡年在十七岁以上者,请赴保定府学署内报名至本月二十五日止。此谕。

(光绪三十二年八月二十一日"本省近事"栏目)

筹拟设立工业学堂

探闻天津道周观察现拟就西村大觉庵创设工业学堂一所,据闻,开办经费约需六千金,刻下正在筹议云。

(光绪三十二年八月二十二日"本省近事"栏目)

小学堂预备会操

天津官立、民立各小学堂近奉学董传知,定于下礼拜即九月初四日各带学生会演各式体操。刻闻各学堂已将体操一科认真练习,以备届时赴会云。

（光绪三十二年八月三十日"本省近事"栏目）

示期招考艺徒

天津河北大王庙东备济补遗社内改建民立第二艺徒学堂,刻已招募学生,额定三十名,以十二岁至二十岁为合格,于二十八日起至九月十五日止。招考学生在该社报名以便专教孤寡贫寒之子弟云。

（光绪三十二年八月三十日"本省近事"栏目）

自治局研究所开学

天津自治研究所因七属士绅业经次第送到,旁听各员亦皆来局报名,已牌示九月初一日开课,当于先期遍邀官绅商学界于今日上午十点钟齐集东门外第一宣讲所行开学礼。闻该所额定学员三十名,共分八科,延订教员八人。兹将课目暨教员名单分录如下:法学通论,张一鹏;选举法,王叔鑫;经济学,赵世荫;地方财政学,阎凤阁;宪法,孙松龄;地方自治制,徐永启;户籍法,齐树楷;教育行政、警察行政,名未详。

（光绪三十二年九月初一日"本省近事"栏目）

宝坻县廖令毓英为学董出力襄办学务
捐助学费禀请给奖文并批

敬禀者,窃维近来举办新政,全赖绅富捐集巨款以济要需,案查卑县城镇初等小学堂款项原属万分支绌,卑职劝谕绅富合力襄办,现在官立初等二十处、民立十三处均已举办。兹查有邑绅附贡生赵福延通达时务、热心教育,延请为县署大口屯镇初等小学堂学办事勤能,劳怨不避。任事以来,该学堂日有起色,学生程度几与高等相埒。今春升入高等小学堂者五人赞襄之力,实非浅鲜,又该绅目击时艰,力筹学款,两次自捐学堂经费东钱四千三百七十余吊,以钱合银约计七百两左右,该绅既出力以襄学务,复出资以充学费,实为邑中不可多得之人。虽据称不敢仰邀奖叙,未便没其热诚,若不禀请给奖,何以昭激劝而开风气,合无仰恳鸿施俯准将赵福延赏给五品奖札,并恳宪台书就匾额字样发县自制转给,只领悬挂该学堂用示观感而劝来者。卑职为地方兴学藉示鼓励起见,理合禀请宫保查核俯赐颁发奖札并匾额字样,实为公德两便。肃禀恭请崇安,优乞慈鉴。

督宪袁批:据禀该县附贡生赵福延襄办学务出力,并捐助学堂经费,洵属热心教育,嘉惠梓桑应准给予五品奖札并书就"泽□乡闾"匾额一方,随批发下,仰即查收转给只领,将匾额摩□悬挂,以昭激劝。仍录报司、道、厅提学司查照。缴。

(光绪三十二年九月初二日"文牍录要"栏目)

再纪自治局研究所开学

天津自治局研究所于初一日开课等情已纪本报。兹系是日督理凌太守及局员并本埠商董、学董均齐集东门外宣讲所行开学礼,其余到会者共三百余人,由下午二点开会至五点散会。兹将开会次序列下:奏国乐;肃立;绅士局员与督理互行三揖礼;督理述开会词;讲员宣布课程;绅士演说;茶会;散会。

(光绪三十二年九月初三日"本省近事"栏目)

小学堂招考学生

天津府署西萧曹祠内民立第二半日学堂刻下改为初等小学堂,功课一律,拟定续招学生一班。由初五日招考,至二十五日止,以十岁至十五岁为合格,其课程系修身、读经、历史、地理、笔算、珠算、国文、习字、作文、书札、图画、体操十二科云。

(光绪三十二年九月初七日"本省近事"栏目)

申送廩生准期考贡

天津县儒学详送廩生张葆枢定州直隶州申送高光耀等考贡一节,已经卢学台示准该生等于初八日赴司报考矣。

(光绪三十二年九月初九日"本省近事"栏目)

天津县详县属绅士创立中学捐助学费请准立案文并批

为详明事,案据县属杨柳青镇四品卿衔花翎、三品衔湖北试用道石元士禀称:窃职于光绪三十一年十二月间禀准在杨青镇创建私立中学一区,在今年正月间蒙移开。现奉督宪批饬将经费章程详开具报等因。职遵即参考奏章,悉心研订,于本年二月二十六日开学。其学科规则及一切应办理义务虽未敢称为完全,亦已犁然有当,计额设学生八十名。现已考取四十名,其资质鲁钝者概行黜退,以免滥竽。如日后学生增多再行甄别足额以图逐渐扩充。仰副父台作育人材之至意。惟是任艰费巨筹画甚难。数月以来,昕夕图维万分拮据,仅衷集的款银一万金,发商生息每年得利银九百六十两,充作学堂永久经费。今开办已六阅月,每月实用薪工杂费银三百余金,统计每年共需银三千六百余金,除得的款利银并酌收学生学费每名三元以资津贴外,不敷甚巨。职复竭力筹画每年另捐助银二千四百两。本堂监督刘恩洪每年捐助银一百二十两,此筹措常年经费之实在情形也。至学堂房舍原系职旧置民宅,初买价银五千一百五十两,捐作学堂尚属敷用。惟该房系旧式轩窗,收入空气太少,有碍卫生。因即改良建造计需料银三千金,又购置图书、仪器等项约需银二千余金,为数浩繁,势将束手。幸职胞侄石作藩尚知以提倡兴学为第一要务。于是独力担任,情愿助银五千两捐作改建校舍购置图书、仪器等件费用,此筹措开办经费之实在情形也。

以上的款、房间及改建校校舍,购置图书、仪器等项共银二万一百五十金,系由职捐助一万五千一百五十金,职胞侄石作藩捐助五千金常年经费约需银三千六百余金,除所得的款息银九百六十金,酌收学费银元一千一百余元,监督每年捐助银一百二十金,仍不敷开支外,职复每年捐助二千四百金。日后学生增多,仍需设法续筹,期有盈无绌。俾学务日以振兴,庶教育渐能普及。除已将开学日期并经费章程等表折径禀督宪、学宪、府宪外，理合另缮开学日期、经费章程表折呈请鉴核，伏乞准予立案，实为公便等情。

据此，卑职覆查相符，除章程表折已据该职具禀径呈宪鉴毋庸重录外，理合具文详请宪台查核俯赐批示立案，实为公便。为此备由具册具呈，伏乞照详。施行。须至册者。

督宪袁批：据详已悉。应准立案，仰提学司查照饬知。缴。

（光绪三十二年九月初十日"文牍录要"栏目）

私立中学招考新生

天津私立第一中学堂为扩充教育起见，在南开电车公司后建筑新楼房，用款颇巨。曾由警部尚向书徐大军机慨助银一千两，前暑藩司毛方伯慨助洋银五百元，现正鸠工兴筑。昨由该堂交来招考新班生广告一纸，照录如下：

本堂现设文昌宫西四棵树严宅后院，拟明春迁于南开电车公司后新建楼房内以便扩充。兹将招考章程开列如下：

年龄：十五岁以上二十岁以下。程度：汉文能作浅近论说者，英文已习或未习者，普通科学能知大要者。学费：每月三元。有欲在堂寄宿用膳者，其费另有详章。报考期：自九月十五日起至十一月底止。考期约在十二月初间，临时再为详布。

（光绪三十二年九月十一日"本省近事"栏目）

补送学堂清册存案

天津官立私立各学堂早经学董造具清册禀县存案，近因学堂日渐增多，日前又遵章造册补报，以备考查。

（光绪三十二年九月十七日"本省近事"栏目）

创设民立小学堂

天津鼓楼东老运署对过创设民立初等小学堂一所，拟招学生六七十名分作甲乙二班。年龄以十岁上下为合格，课程照官学一律教授。定于月之十四日报名起，至十月内考验云。

（光绪三十二年九月十七日"本省近事"栏目）

禀设中东初等学社

天津绅士章君热心教育，现拟在小站设立中东初等学社，招集学生于讲习国文外，兼课日本语言文字，闻日前已赴县禀请立案矣。

（光绪三十二年九月十八日"本省近事"栏目）

考工厂复试执事生

天津考工厂于十一日招考执事学生已纪前报。现将考试各生评定甲乙选取四十名，即于十八日早八句钟仍在工艺总局复试，以凭录用。

（光绪三十二年九月十九日"本省近事"栏目）

申送廪生考贡

天津府申送廪生张元恺考试出贡，已经提学司示准该生于月之十九日到司投考矣。

（光绪三十二年九月二十日"本省近事"栏目）

县署招考书记生

天津县章大令日前传集刑招两房书吏谕以裁判所开办在即，应用书记生二十余名，不日招考。尔等有文理通顺愿投考者一并报名，否则另谋生路云云。

（光绪三十二年十月初四日"本省近事"栏目）

艺徒学堂开学展期

天津民立第二艺徒学堂订于上月二十八日开学，现因投考各生未经到

407

齐,故又改于本月初四日开学云。

(光绪三十二年十月初四日"本省近事"栏目)

翻译储材所试题

天津翻译储材所于初二日招考新生试题录下:首面试东语;次译书题:天命之谓性三句;次算学题:一日走十二里,共走了一百一十五里合计走几天? 最终之日走若干? 次地理题:中国在半球何位? 次书取其法:即日人说东语数句,令试者将日人所说之话以东文抄之;次汉文题:论地方自治。

(光绪三十二年十月初六日"本省近事"栏目)

新建学务公所落成

天津学务公所在公园建造洋楼,刻已落成。规模宏广与新建考工厂东西对峙,现经司胡同提学司公所已定日内迁移云。

(光绪三十二年十月初七日"本省近事"栏目)

模范两等小学招生

天津官立模范两等小学堂高等第四年级学生于本年年终毕业,应以高等第三年级学生、初等第一年级学生挨次递升而初等学生尚缺额四十名现已出示续招如学生年龄在七岁以上身体强壮者不论识字与否,均可先行报名,明春开学前再定考期。

(光绪三十二年十月十一日"畿辅近事"栏目)

禀报艺徒学堂章程

天津高树南孝廉前在河北北极寺设立艺徒学堂,自开学后学徒颇著成效,堂长、职工长均系义务人员。日前高孝廉将开学日期并学徒清册呈送提学司署查核,并拟定简明课程一并呈送学署披览,颇蒙嘉许云。

(光绪三十二年十月十四日"畿辅近事"栏目)

考试裁判书记问题

　　天津府定期十三、四、五等日考试裁判书记一节已纪本报。十三、四日为第一、二场考试之期,均由天津府凌太守在本署花厅考试,兹将两日题目录下:十三日,问书记生应尽之义务,拟晓谕商民遵守巡警条规告示。十四日,申报与详报之区别,问中国书吏有速记法,与西洋简记法有无异同。

(光绪三十二年十月十五日"畿辅近事"栏目)

初等商学招考学生

　　天津天后宫内创设之第一初等商业学堂刻下已在招考,学生定额四十名,由十三岁至十六岁为合格。报名处在商务第五半夜学堂云。

(光绪三十二年十月十六日"畿辅近事"栏目)

续纪考试裁判书记题

　　天津府县谳局分期招考裁判书记生并头二场试题已纪本报十五日为第三场试期。是日,与考者共有五六十人,兹将问题录下:论改书吏为书记生之理由,拟通饬各属清理词讼札文。

(光绪三十二年十月十七日"畿辅近事"栏目)

复试裁判所书记生

　　天津府凌太守在本署分期考试裁判所书记生详纪前报。兹已将各卷评定甲乙于十六晚发榜,即于十八日复试,计取四十五名,兹将前列十名录下:李云翰、李鼎、延龄、沈桂芬、陈开泰、王廷珍、孙大昌、朱履谦、王锡畴、叶沐春。

(光绪三十二年十月十九日"畿辅近事"栏目)

第一小学堂招幼年生

天津仓廒街民立第一小学堂现招幼年生以备明年续开新班,其广告如下:年岁:六岁至十岁;程度:识字不识字均可;报名:十一月底截止;试看:十一月二十九日下午一点在本学堂;入学:明年正月。

（光绪三十二年十月二十日"畿辅近事"栏目）

巡警学堂考试题

天津巡警学堂分期考试学员略纪本报,兹悉二十二日传集上届十六、十七两日考取外场及格学员一百九十余名,二十三日传集二十、二十一日两日考取外场及格学员八十六名分日局门考试极为严肃。均于上午十钟点名验照,一钟默写履历,一钟半出题。限三钟交卷。二十二日题为宋刘挚谓"人才难得,能否不一,性忠实而才识有余,上也,忠实有余,才识不逮,次也"论。二十三日题为晋何充所选者,"以功效不以亲旧论"。

（光绪三十二年十月二十六日"畿辅近事"栏目）

小学堂招生汇志

天津西头慈惠寺两等官小学堂刻拟续招新生四十名,已于月之十九日起至十一月初七日止,无论高等初等学生均可到该堂报名,准予十一月初八日上午九句钟考验,明年正月订期入学。又鼓楼南民立第二学堂内续招新生,于十月二十五日起报名,十一月十五日下午一点钟在本堂考验。

（光绪三十二年十月二十八日"畿辅近事"栏目）

考试陆军学生揭晓

天津府县考验陆军小学生一节刻已评定甲乙,日前业在东门外劝学所内张贴草案。

（光绪三十二年十月二十九日"畿辅近事"栏目）

官小学堂招考新生

天津河东盐官厅内两等官小学堂拟招新生一班,年龄以八岁至十二岁为合格程度,无论识字与不识字,定于月之初十日报名至十二月初十日止。二十一日下午一句钟考验明正入学。

(光绪三十二年十一月初十日"畿辅近事"栏目)

订期考验新生

天津私立第一中学堂招考新班生已登前报。兹据来函,订于十二月初七日在四棵树本堂考验,凡曾报名者,务于是日早十二钟齐集候考,毋误为要。

(光绪三十二年十一月初十日"畿辅近事"栏目)

民立小学一律招生

天津各民立小学堂每届岁终照章招取新生,以便明年挨补缺额。闻各小学堂刻均粘贴广告,各招三四五十名不等,并均议于本年腊月间面试。

(光绪三十二年十一月十二日"畿辅近事"栏目)

初级师范出示招生

天津初级师范学堂日前出有一示,其原文如下:启者,本学堂招考附属小学学生十五名,凡十一岁以下、八岁以上、曾经读书识字者,均可开具引保来堂报名。十二月初一日考试,明年正月入学。

(光绪三十二年十一月初十二日"畿辅近事"栏目)

测绘学堂定期开学

天津测绘学堂招考之新班学生现已发榜,闻定于下礼拜一即十六日入学。

(光绪三十二年十一月十五日"畿辅近事"栏目)

军医学生甲班大考

天津军医学堂甲班学生本年卒业,现奉牌示,甲班诸生定于本月二十六日分门考起,至十二月十三日考毕。听候发榜视分数之多寡分别派差,现已放假,俾得温理旧课云。

（光绪三十二年十一月十九日"畿辅近事"栏目）

图算学生甲班卒业

天津圆算学堂甲班学生本年已届卒业之期,现奉总办传谕,诸生须将三年内之分数合并计算,不但凭此次大考分别优绌。据言俟评定甲乙发给文凭然后按照程度分派各差。

（光绪三十二年十一月二十五日"畿辅近事"栏目）

组织教育会公函

天津劝学所日前奉提学司公文现拟创办教育会以便研究教育等事,刻经劝学所筹办投票公举会长,又致各学堂公函如下:径启者,前奉学宪公文饬令举办教育总会并分会我津学堂林立,自宜首先举办以资提倡,除总会另期举办外,兹拟用记名投票法公举分会长、副会长。自本月二十九日起至十二月初六日止在东马路劝学所内设箱投票,敬请诸公各举会长一人、副会长一人,随时投入票箱,至初七日下午准三点钟公同开箱拆视,届期务期惠临,不胜盼祷之至,再选举票纸即用八行信封,于信外注明选举票字样为祷。

（光绪三十二年十一月二十八日"畿辅近事"栏目）

订期验看新生

天津模范两等学堂此次招募初等蒙学生近日报名者已有六七十人。现该堂已在门前榜示,拟于本月二十九日午后一点钟,令报名者之父兄或引保将该生领赴该堂验看是否合格以定去留云。

（光绪三十二年十一月二十九日"畿辅近事"栏目）

工业学堂大考届期

天津工业学堂本届大考已由庶务长照章详请监督核示考期以便牌示通堂云。

（光绪三十二年十二月初二日"畿辅近事"栏目）

订期考验研究学员

天津府自治局前调集七属士绅研究地方自治,以四个月为毕业期,刻已期满。日前,讲员谕知七属各学员定于月之初九日起至十二日考验四日,由督理就所研究拟题试验,再将成绩列表禀请督宪以便评定甲乙。兹将其公布试验事宜照录如下:天津府自治局为公布事,照得本局附设之自治研究所毕业在即,应将试验各项事宜先行公布,望各遵照此布,计开:

一、资格:研究学员及十一月以前报名之傍(旁)听生。

二、期限:初六日起停课;初九日起至十二日止,试验;十四日发成绩表;十五日行毕业式。

三、科目及时间:上午九时至十一时,下午一时至三时。初九日,国法学、自治制;初十日,法学通论、教育警察行政;十一日,经济学、户籍法;十二日,地方财政学、选举法。

四、试验所:即在研究所讲堂。

五、规则:(一)卷纸、稿纸由局发给,除自备笔墨外,不得携带片纸只字。(一)出题后,不得交谈及私出。(一)答案须书明科目及本人籍贯、姓名,并傍注系学员或系旁听生。(一)依限交卷,逾限不收。(一)须遵照料员之稽察。

六、等第:各科成绩平均至八十分以上者,为最优等;六十分以上者,为优等;四十分以上者,为中等;不及四十分者,不列等。

（光绪三十二年十二月初四日"畿辅近事"栏目）

禀请提款兴办乡学

天津学务总董卞君禹刻因四乡兴办学堂筹款维艰,禀请学台拟将青苗会款查明确数,除巡警提用外,余俱拨充学费等情,学台已函知巡警总局查明再行核夺。

(光绪三十二年十二月初四日"畿辅近事"栏目)

商业学堂开校

天津天后宫第一初等商业学堂已于上月二十九日开学。是晨,天津县章大令、商会总理王竹林、观察协理宁星普,太守及董事李星北君并本堂执事人员齐集该堂行开校礼。

(光绪三十二年十二月初四日"畿辅近事"栏目)

图算学生定期季考

天津图算学生乙班本年终季考现已定于初九日起分门考试,约于十一日考毕。

(光绪三十二年十二月初八日"畿辅近事"栏目)

半日小学招考新生

天津河东地藏庵官立半日小学堂招考新生,年龄以八岁以上十二岁以下者为合格,课程授以初等小学功课,定期以五年毕业,俟毕业后或保送高等学堂,或保存实习考工各厂,拟于月之初七日至二十日为报名之期。

(光绪三十二年十二月初九日"畿辅近事"栏目)

试验研究自治学员

初九日为天津自治研究所第一日试验之期,上午考国法学,下午考自治制,于各题中自择四题答之。题目列下:

国法学题：（一）试列举统治权之要件并说明之。（二）国家者，何也？（三）法者，何也？（四）宪法者，何也？（五）论阶级。（六）论领土对国家之作用。（七）论国务大臣副署之理。（八）论两院制度之理。

自治制题：（一）自治之必要。（二）自治成立之要件。（三）自治制与自治条例之区别。（四）府县郡市町村机关之异同。（五）市町村会应议决之事件。（六）市町人之区，为公法人乎？为私法人乎？

（光绪三十二年十二月十一日"畿辅近事"栏目）

天津电报学堂招生

天津户部街电报学堂毕业学生均经选用，现在缺额续招新生，凡在十五岁以下（上）至二十岁以上（下），无论曾习洋文、汉文，通顺者为合格，日内赴堂报名者，已络绎不绝云。

（光绪三十二年十二月十一日"畿辅近事"栏目）

再纪试验研究学员

初十日为自治研究所第二日试验之期，亦照第一日试验章程，于各题中自择四题答之，即为完卷，兹将题目列下：

法学通论题目：（一）各国公法渊源于英，于何见之？（二）试略述历史派大家沙比尼之学说。（三）国际私法为国际法乎，抑国内法乎？（四）私法解释如何而现于公式解释乎？（五）正当防卫权之要件。（六）权利与法之反射作用如何区别之？（七）社团法人与财团法人之区别。（八）权利与自由之区别。（九）损害赔偿与原状回复之区别。（十）所有权与专用权之异同。

警察教育、行政题目：（一）警察之定义，说明其概。（二）警察之分类，析言其略。（三）实力强制之方法如何？（四）说明假预审之意义。（五）义务教育根据之理由。（六）师范学校生徒之资格。（七）论贫富合教之理。（八）联合教授若何？

（光绪三十二年十二月十二日"畿辅近事"栏目）

高等小学毕业考期

津邑模范及旧盐关厅并药王庙民立第一各学堂,凡高等头班学生于本年十二月间均行毕业,刻经章令拟用宣讲所于月之十三日起考试三日,以定甲乙云。

(光绪三十二年十二月十二日"畿辅近事"栏目)

三纪试验自治学员

天津自治研究所初九、初十两日试验题已纪本报,兹将十一、十二两次试验各题录下:国籍之意义若何? 归化之条件若何? 试列举之。关于住民之学说有四,试列举之,并言日本法采用何主义。国籍回复之效力与归化之效力有何区别? 何谓身分及身分登记? 户籍吏必设代理者之理由。户籍吏及户籍吏之代理者以何种人充之? 户籍吏若有,违背义务者应负何种法上之责任? 试分言之。各国地方经费日见增加,其原因何在? 地方岁出宜如何节制? 地方岁入之款,以何者为大宗? 将来我国地方财政以何项为岁入之款? 直接岁之得失。法国之入市税其弊若何? 共有森林为研究地方财政者所当注意,试详言其利益。试举市町村作业之种类并其实例。各国皆有地方债,应于如何事业集募之? 价值与价格之区别。试言株式会社之短长。何谓单独企业,并举其利弊。生业之要索共有几种? 铸币之品质公差若何? 试言分业利益之原因。地口与人口之关系。银行对于会社有何职务? 享有选举权与行使选举权不同之点。何谓直接选举、间接选举,并概言其利弊。普通选举制限(限制)选举之意义。总选举、补缺选举、再选举之区别及其各当适用之时,试分论之。改选方法有几种? 以何种方法为优? 有记名投票及无记名投票之得失? 速记投票法之解释及其补救方法决定当选之方法如何?

(光绪三十二年十二月十五日"畿辅近事"栏目)

考试高等小学毕业

十二日天津县章大令假西宣讲所考试,模范、民立第一河东、盐关厅药王庙四学堂高等学生毕业,与考者共九十余人,国文题系——国民有纳税充兵之义务。经义题——知者不惑,勇者不惧义。其余修身、历史、地理三门皆系笔答。此外,又有商业题一道系——问中国与欧洲通商分陆上、海上两途,试言其始于何年,经过何地?

(光绪三十二年十二月十五日"畿辅近事"栏目)

学董参与学堂大考

天津各官小学堂向来每逢大考即由教员给予分数,监学核明,即据教员所予分数以定甲乙,本届大考须由学董逐卷披阅,然后再由管理员取列名次以示大公。

(光绪三十二年十二月十五日"畿辅近事"栏目)

研究所举行毕业式

天津自治研究所于十五日假李公祠行毕业式,下午一时,凌、金两督理及各学员均齐集。先由凌督理报告开课至毕业一切事宜,次给文凭,所备奖品,均系与宪政有关系之书。次则两督理及来宾演说。又次则学员答词。至四时始散。闻尚有学员二十余名,定于今晨补发文凭云。

(光绪三十二年十二月十七日"畿辅近事"栏目)

天津自治局凌金两督理为自治研究所学员毕业演说

诸君今日毕业,余所至喜,学期只四月耳,以至短之岁月得如此之成绩。列最优等、优等者,其答案固详尽,即在中等者,亦各有见解,非诸君于中学夙有根柢,安能若此愿? 有不能不为诸君一言者,此次研究之目的,在办地方自治,宫保盛意提倡皆为民生利益计。诸君来学亦皆为地方公益计。今日所研究之法理,诸君当各有所得。然将来实行时又各视其手段如何,其最要者在有公德,有实心,而又出之以和平手段,盖乡党之间宜令人敬而爱之,不宜令人惊而畏之。今以明珠掷人则人必抚剑怒目以相视,此意不可不思也。近日议者每谓中国人格不足,又言中国人无自治能力。此言余不谓然,欧洲强国虽代议政治沿于旧习,而法治进步亦近在二百余年

417

间,今已称盛。日本维新至今才三十余年,而代议政治及地方团体已足姬美于泰西。推其进化之速,虽在取法欧美,亦由维新诸人士皆有汉学根柢,彼国论维新功,今尚归于王学。可见,中国德教所以养成人格者非不足用,况我国人沾古圣先贤之教泽者,尤深且久,安见人格之不足,夫群言淆惑必衷诸圣,昔孔孟有言:"斯民也,三代之所以直道而行。"又曰:"人皆可以为尧舜诸君。"此后果人人有公德、有实心,又出以和平手段,谁谓全国自治之能力不若今日之列强耶,诸君归里后,对于官长、对于父老子弟,务宜处处留心,将"骄""吝"二字除去,使骄且吝余不足观,古圣已垂为大戒。有蹈此弊者,即不足与言合群,不能合群又何能结地方团体,至所学之深浅,用心之公私,人虽不言而心已知之,更不须自为夸说也。此外,则自私自利皆为向来办事者之通弊,而实为办地方自治之第一阻害。诸君热心求治,谅不为此鄙人,以期望于诸君远且大,故又不敢不以所知者告之,诸君勉旃。以上凌太守演说。

凌太尊所言理已详尽,约而言之,不外四层,为虚心、为实力、为能修己、为能及人。凡欲践公德谋公益,期有裨于国家,非兼此四者,不可。此固合新旧学而一贯者也。谅诸君亦无不感服,余所殷殷于诸君者,则又在发起自治学社(另有公约)一事,自治之法,我国向无此事实,亦无人知其利益,遽言兴办,疑沮必多,著手之难,人皆知之。此次招诸君来,先为研究分门讲解,反复指陈,务使取彼之法归我适用,此固开始者之责任也。今诸君研究有得毕业而归,亦均负两层责任:一、在将自治之利益传播于众人;一、在将自治之理论推行于事实。自治事业非少数人所能办理。若人人未明其理,则虽热心提倡,未必乐从团体更何由结,故欲尽责任,必先以诚心开导,务使家喻户晓。结成团体而后可以图成,此鄙人对于诸君归里后所至希望者。以上金太史演说。

(光绪三十二年十二月十八日"要件"栏目)

禀请维持女学

天津公立女学堂总教习吕碧城具禀提学署为女学公敌,罪在不赦。恳恩查核,量予重惩,以泄公愤,而维女学事,窃教习前阅报纸载有匪徒侵犯河东官立第四女子小学某学生一案,当经学董禀请县尊传讯,未曾责处,罚充苦力三年在案。伏思津邑女学正在萌芽,稍有挫折,全体受其影响。自此案播传后人，言啧啧咸抱不平，而女界尤甚。倘不严加重惩，匪徒群起效尤，不特于女学大有阻力，并于风俗人心尤多关碍。教习厕身女学缄默难安，而法律未谙，罔敢渎请应若何，量于重惩之处。伏呈鉴核施行。当奉批示：据禀已悉。候行县提案重责以惩匪徒，而维学界抄由批发。

（光绪三十二年十二月十八日"畿辅近事"栏目）

天津模范学堂牌示

为榜示事，照得本县前经考试，模范学堂多级高等第四年级毕业生在案，兹将各科学卷详细校阅评定分数，照章发给文凭。所有取录各堂学生最优等并优等名次，合亟榜示。定于本月二十四日发给文凭。为此仰该堂学生遵照。须至榜者，计开：最优等：王鸿钧、刘春棣、徐玉瀛、施九龄、赵其骏、左鸿宾、单寿宇、张世奎、刘光城、王季元、郑钟琪、孙乃恭、穆文业、祝钦尧。优等：王恩科、缪炳章、李玉昭、张春棣、王宝仁、窦宗瀚、高凤翔、苑士清、缪炳垣、王绍熙、任士珍、邹承钧、华锡珍、李学龄、王景贤、梅贻瑞、陈德黼、郑维琪、马鸣銮。中等：戴锡庚。

（光绪三十二年十二月二十五日"畿辅近事"栏目）

私立中学考试有期

天津私立第一中学堂招考插班，已定于月之十四日早九点钟在西南城角电车公司后本堂考试。

（光绪三十三年正月初八日"本省近事"栏目）

同学会定期开办

天津仓廒街民立第一小学附设之同学会开办以来，已阅四年有余，业经两次毕业，闻该堂学生纠合同学，拟于初十日下午在本堂开办，以资观摩云。

（光绪三十三年正月初九日"本省近事"栏目）

民立小学招考新生

天津民立第一小学堂续招幼年学生一班,定额八十名,年龄以六岁至十岁者为合格程度,识字与不识字均可。随报随考,统于十六日入学。

(光绪三十三年正月初十日"本省近事"栏目)

天津中学堂牌示

为牌示事,照得本学堂招募新班学生,本定于本月十七日考试,今因各属投考诸生尚未到齐,改于十八日早八点钟仰诸生携带笔墨来堂听候考试,毋得自误。切切特示。

(光绪三十三年正月十九日"本省近事"栏目)

谕饬学董呈送表册

天津府凌太守谕饬劝学所总董拟将各学堂学生实业成绩列表造送以凭查核。

(光绪三十三年正月二十日"本省近事"栏目)

高等学堂招考新生

天津高等学堂招考新生年龄在十四岁以上者为合格,程度须粗通汉文,课程授以东语计分四科:一、专门。二、普通。三、速成。四、预备。定于月之二十日起随报随考,订期入学。

(光绪三十三年正月二十日"本省近事"栏目)

禀设教育研究会

天津西路劝学员齐鼎升茂才商同民立第一小学堂堂长刘学瀛君假该学堂房舍织组(组织)教育研究会,约集西乡民塾教师研究民塾,仿照学堂章程教法。俟五个月期满民塾即改为学堂等情,已据情禀请天津县转详各宪立案矣。

（光绪三十三年正月二十一日"本省近事"栏目）

图算学生甄别分等

天津图算学堂已裁,惟该堂甲班学生顷届甄别之期,已由该堂议定章程,统计三年程度分数分四等录取,第一等月给薪金十五元,二等月给十二元,三等月给十元,四等月给八元,不列等者月支六元,照常归铁工厂肄习各艺云。

（光绪三十三年正月二十二日"本省近事"栏目）

天津中学堂榜示

为榜示事,照得本月十八日考试,天津、盐山、南皮等县学生业经评定甲乙,兹将录取名次开列于后,计开:正取二十五名:吕文铭、刘春棣、李庆元、李恩广、董家麟、王仲文、汪椿年、刘著俊、李恩桐、孙乃恭、穆文业、郑绍琪、苑士清、郑钟琪、王绍熙、姚金章、唐放庆、李兴勃、苏昌萃、李文海、马鸣銮、张春棣、曹忠贻、李景葵、王宝仁。备取七名:刘经枕、王世坤、李景颐、李景凯、马廷玉、史仲燮、史述曾。

（光绪三十三年正月二十五日"本省近事"栏目）

奉饬候升中学堂

天津各小学堂前经章大令集考,各赏操衣、鞋帽,现已开学。该生已奉传谕,既经给以毕业,文凭不应仍在小学例升中学堂肄业,但刻下中学无额,应先令该生等升学,归为自费。现由各堂教员传语诸生一律遵照。

（光绪三十三年正月二十六日"本省近事"栏目）

师范传习所招考

天津文昌宫两级师范学堂内新设师范传习所,年富力强、国文通顺者皆可报名。兹将各要项录下:

一、报名处、考试处均在东马路劝学所内。二、考期准于二月初四日上午八点钟。三、授课时限每晚七时半至十时,星期日上午八时半至十一时半,下午自一时半至四时半。四、毕业期限自二月起至十二月至,发给凭照。五、学费不收。六、凡已充学堂教员者,准其旁听,得免考试。

（光绪三十三年正月二十七日"本省近事"栏目）

民立学堂续招学生

天津民立第一小学堂现又续招学生十名,以七八岁者为合格,如欲入学,可由其父兄随时带同学生到堂验收,若仅迟名条报名者,概不收录云。

（光绪三十三年正月二十七日"畿辅近事"栏目）

中学堂发卒业凭照

天津府中学堂头班学生于客蜡考试毕业,本日开学前已将试卷评定甲乙张贴榜示,计共十六人,分最优、优等两级,其最优六名均蒙督宪奖赏靴帽,以示鼓励。前日上午为发给卒业凭照之期,该堂总办天津府凌太守到堂躬亲其事,来宾参观者有教育会会长胡玉荪君、副会长徐毓生君、学董林华乔诸君及私立第一中学监督张伯苓君,所有给凭礼式如下:

一、擎钟学生齐集礼堂。二、总办训词。三、来宾胡、徐、张三君演说。四、本堂监督王梦臣君演说。五、发给卒业凭照及奖品。六、学生屠忠源代表致谢词。自九钟开始,十一时始毕云。

（光绪三十三年正月二十八日"畿辅近事"栏目）

教育会开会研究

天津劝学所于客蜡发起教育会,举行投票法公选会长胡玉荪君、副会长徐毓生君,业经禀奉学台批准,所有该会规刻已订定。因于前日下午假西马路宣讲所地方柬约各学堂管理员及教员到所研究一切云。

（光绪三十三年正月二十八日"畿辅近事"栏目）

请奖捐助学堂经费

天津西路劝学员齐君鼎升以周君恒德捐助学堂经费五百两赴县禀请奖励。章大令因周好义可嘉，当即照章详请督宪赏给匾额一方，以示鼓励。

（光绪三十三年正月二十八日"畿辅近事"栏目）

天津中学堂牌示

论新班学生知悉照得本学堂所取各属升学学生务于本月三十日来堂交纳学费洋二元，一学期学费洋六元，膳费洋二十五元，并领入学执照于二月初一日入学。此谕。

（光绪三十三年二月初一日"文告录要"栏目）

天津民立第二艺徒学堂榜示

为榜示事，今将本学堂续考各生试卷评定甲乙名次开列于后，须至榜者：计开：王占鳌、李椿年、王燮臣、方甘棠、张友源、王恩善、王锡贵、罗光斗、张成瑞、曹秉铨、袁宝玉、庞恩庆、王泽霖、李金臣、马鸿年、刘恩庆、孙国元、王文德、卓昌耆。

（光绪三十三年二月初一日"文告录要"栏目）

天津中学堂榜示

为榜示事，照得正月二十五日考试，天津、沧州、庆云、盐山各州县学生业经评定甲乙，兹将收录名次开列于后。计开正取学生十四名：纪桂元、蘭峻峰、李玉昭、孟清元、路益霖、杜作霖、杨恩宝、陈泽润、孙克昌、国恩锡、程广汉、兰士焯、陈云梯、王崇勋。备取学生七名：马之珩、李笏、刘毓蔡、胡炳熙、周宝珍、杨宝琴、郭德盛。

（光绪三十三年二月初三日"文告录要"栏目）

设厂制造教育枪

天津各学堂大半均有兵操一门,以符尚武之意。其所用枪件多系运掉不灵。近有人在电车公司南特设教育新枪厂,专制操枪以饷学界。据闻,已在官领有专利文凭云。

(光绪三十三年二月初九日"新闻录要"栏目)

禀请设立学校旅馆

天津府署后拟设立学校旅馆,业经中学堂监督王主政用熊等禀奉前任凌太守批示移交新任,酌夺办理云。

(光绪三十三年二月十二日"新闻录要"栏目)

传习所订期开课

天津师范传习所招考学生刻已详定甲乙,取中韩梦藻等二十二名于十五日开课。是日晚七点钟,各生在该堂齐集,以便听讲云。

(光绪三十三年二月十二日"新闻录要"栏目)

图算学堂拨生绘图

天津图算学堂于今正裁撤,其乙班学生亦均发交铁工厂学习各艺。现经该厂委员查乙班中有四生资质聪敏,特于前日将该四生拨归绘图科学习图画。

(光绪三十三年二月十二日"新闻录要"栏目)

天津府中学堂监督王用熊等
禀请天津府建筑学校旅馆文并批

禀为恳恩拨款建筑学校旅馆,以恤远方学生事,窃维道德之教育,基于学校之风仪,故东西洋大教育家恒于教授之外,注重训练,而尤以寄宿舍之设备,兢兢三致意焉。津郡学堂岁有增益,负笈求学之士源源而来。惟各学堂斋舍狭隘,而各高等小学堂并未设有学生寝室,以致远道求学者裹足不前,似于教育普及之道尚有缺憾。前奉宪台面谕饬职等筹建学校旅馆,仰见宪台兴学育才有加无已之至意,职等查府署后有官地一段,前临马路,地势宏敞,足供建筑学校、旅馆之用。倘蒙俯准,应照纳地租,以符定例。至于建筑经费,拟由天津府中学堂设法筹拨。将来旅馆落成,即归天津府中学堂管业。所收学生寄宿费仍作为天津府中学堂常年经费。从此,万间广厦,庇寒士以欢颜,皆我宪台俯赐成全之盛意。至旅馆内收容之学生,除肄业于职等管理之各学堂外,非经特许,不得容留。并设管理专员藉资约束。所筹建筑学校旅馆各情形是否有当? 伏乞宪台大人批示遵行,实为德便。

天津府凌批:禀悉。学堂之设必注重德育。前奉明旨,业经敬谨书写悬挂于各学堂,俾教员、学生得以触目惊心。据称,东西洋教育家于教授之外,尤以寄宿舍为兢兢,足见天地同流,道无二揆。现在天津中小学堂,日渐扩充。学生多至一万余人,而四方求学之士尚源源而来,各学堂斋舍已满不能驻宿。若相赁客栈,则郡城百物昂贵,居殊不易。且商埠之地,习俗奢华,尤恐各学生沾染于德业进修多所妨碍。本府日前谆属(嘱)各绅董赶设学校寄宿舍,即是此意。兹据绅董联名具禀请建筑学校旅馆,并择定府署后官地一段以为地基,由中学堂设法筹画拨银建筑。将来所收学生寄宿费即作为中学堂常年经费。该旅馆即归天津府中学堂管业,事关公益,款项、地址均已议有著落,自属可行。惟旅馆管理必须得人,仍责成该绅董等担任义务,妥议章程。本府现在请咨赴引,业已交卸,商之后任极意赞成。除案卷移送新任外,仰该绅董等随时禀商筹办可也。

（光绪三十三年二月十三日"公牍录要"栏目）

电报学堂招考夜班

天津电报学堂招考英文晚班学生二十名,以十二岁至二十岁为合格。报名日期于本月初八日起至二十日止。一俟报名齐竣,即当定期考试云。

（光绪三十三年二月十四日"新闻录要"栏目）

仪器讲演会开讲

本月十八日系天津教育品陈列馆本年第一次仪器讲演会之期。工艺总局陈提调到馆襄理一切。主讲者两级师范学堂教员小幡勇治君专讲演生理学之血管及动、静脉之组织血液大小,循环毛细管之功用。淋巴管、淋巴液之补助仍系中州学堂理科教员张兴之君译述。至四钟闭会。

(光绪三十三年二月二十日"文告录要"栏目)

开会演说法律学

天津法界青年会于本礼拜六即二十四晚特请由美政府委派大律师贝塞特君至会演说,贝君系法律学家巨擘。其由美经非律宾(菲律宾)岛至上海以及天津,将各律师所疑惑难判之案均经剖决一清,毫无滞难,今至该会演说,此事颠委并详细指陈法律学之奥诀云。

(光绪三十三年二月二十六日"新闻录要"栏目)

工业学堂毕业有期

天津高等工业学堂图绘科于年前十月曾届毕业之期,尚未考试。闻刻已编制讲义,造具册籍,通详督宪及提学司派员监考,想毕业之期当必不远矣。

(光绪三十三年三月初四日"新闻录要"栏目)

天津学界开教育会

天津学界组织津邑教育会,公举胡君玉孙为会长,兹已于十六日假西宣讲所开会一时,学界中人齐集研究教育要理,冀收改良进步之效。

(光绪三十三年三月十九日"新闻录要"栏目)

条陈小学教育规则

天津劝学员齐君鼎升组织小学教育研究会拟定规则十二条,已于前日禀呈天津县查核,业蒙允准矣。

(光绪三十三年三月二十二日"新闻录要"栏目)

图绘学生毕业考试

天津高等工业学堂图绘科于上月二十八日起考试毕业,分考汉文、铅笔画、用器画、毛笔书图、按法图、按实习体操等课。是日,卢学使及提学司议长王君少泉、议绅李君伯芝、图书课长嵇君涤生、教育会长胡君玉孙、副会长徐君育生均到堂点名,给卷发题后并参观各讲堂及化学机器试验室。闻是日汉文题目系图画为工业之母论。

(光绪三十三年四月初一日"新闻录要"栏目)

天津县章令师程详劝学员请扩充教育研究会情形文附会规十二条并批

为详送事,案据西路劝学员禀膳生齐鼎升禀称:窃自去秋组织小学教育研究会,业蒙转详在案。缘该会之成立系为保护私塾,藉以普兴教育起见,个人之权利与教育之行政两有裨益。但风气不开,诸多掣肘。其初入会者三十余人,以次递减。至目下,几有破坏之势,此乡间学界困难之特点也。然私塾若不照章改良,而国民教育难期普及。该会原以研究各学科及教授管理各法,以六个月为期满。各塾师均可入会,再由劝学所派员调查,每两月调查一次。各塾师藉以及时研究,照章改良。并以辅学堂所不及,而教育界上庶易收效果。所有保护私塾、普兴教育之处,恭恳鉴核,恩准出示晓谕等情。当经卑县缮发示谕,并照会劝学所总董遵办在案。

兹又据该劝学员禀称:窃以前月禀请扩充教育研究会以便私塾改良,业蒙赏发示谕在案。缘自去秋该会成立后,即草订会规拾条。现拟扩充办理,并实行改良方法。除与旧会员酌议展限续办外,应俟劝学所派员调查后,并邀集各塾师一律照章研究,藉期普及,因增订会规十二条,以资办理。但该会会规为激动塾师,藉以改良私塾起见。是否有当,恭请鉴裁,并恳立

427

案,实为公便。并呈清折一扣,等情据此,卑职覆查所呈小学教育研究会规则十二条,甚属精审,应准照议办理。除批示督饬会员实行讲习,以达改良私塾之目的外,拟合抄录原折具文详送宪台查核批示立案,实为公便。为此备由具册具呈。伏乞照详施行。须至详者。

今将西路劝学员齐鼎升拟订小学教育研究会会规十二条,照缮清折呈送须至折者。计开:

一、本会谋教育之普及,联络各塾师,遵照定章研究小学功课,以改良教授旧法,渐合学堂程度为宗旨。

一、各塾师入会应公认为会员,现奉县尊照会劝学总董,每两月派员调查各私塾一次,其不及格者,自应随时入会,以资研究。

一、仍在公立第一小学堂假地开办。入会者请先期示知,以便登册核定。

一、研究时间:每日以三小时为定率,或下午,或晚间,届时公同议定。

一、研究以六个月为期满。如会员多数认可,并可接续办理,以期精益求精。

一、算术、理科、体操为专门补习科。其他应用各学科,以及管理、教授各法,亦不时演讲,藉资裨益。

一、会员须酌量出资,藉以津贴。公费每员每月纳费约在一元上下。

一、除体操教员须照例受薪金外,如名誉各讲员亦应送车马费,其数目临时酌定。

一、各塾师研究期满,自应实行改良。如学生三十名内外,应遵照定章改称私立第几初等小学堂。学生或不足额,应合私塾二处,或三处为一处,以便轮流授课。至应用之桌椅、涂板各件,应由本村公款项下筹设,临时商同乡绅禀请地方官核办。

一、研究期满,由本会商同劝学总董、教育会会长,禀请地方官考验合格,颁发证书。

一、各会员成绩最优者,遇有相当教员之缺,本会负推荐之义务。

一、研究后,应不时到城厢或本镇各小学参观,以资实验。至各塾课程应随时与本会会员参互考订,藉以联合,而谋公益,理合登明。

督宪袁批:详折均悉。所拟会规十二条颇为妥善,应准立案,仰提学司查照饬遵。缴。

(光绪三十三年四月初六日"公牍录要"栏目)

批奖创办宣讲所

天津县绅宁君宾泽拟在该村创办宣讲所，并在学堂附设学会，教员、学董担任讲演义务，实行私塾改良方法，禀县存案，奉批云，如禀备案，诸公热心公益，殊堪嘉奖，仰即认真办理，期收成效，本县有厚望焉。除详明各宪立案外，再出示晓谕，以开民智而正教育。

（光绪三十三年四月初七日"新政纪闻"栏目）

订期公举劝学总董

天津学堂林立，学务纷繁，总董其事者，原有林墨青、卞赓言、华芷枿三君本年二月初间提学司开会会议，因查奏定章程无学董、总董之名，称遂改派卞君为天津府劝学员，林君为天津县劝学员，华君为天津县视学员，以符定章，嗣又奉学司通饬，谓本年劝学所总董应由地方学界中人投票公举，并由地方官临视详报核派各因，林君奉此遵即订于本月十五日上午十点钟假西马路宣讲所请天津县章大令临视，用不记名投票法当场选举，刻已备函知照各学堂监督、堂长、监学、教员诸君届时齐集，以便提名投票云。

（光绪三十三年四月初十日"新政纪闻"栏目）

高等工业学堂考竣

天津高等工业学堂图绘科举行毕业，由前月二十日考起，至本月二十四日考竣，约在月终即可揭晓。闻毕业各生之位置，多系派充教员云。

（光绪三十三年四月二十六日"新政纪闻"栏目）

女学添建体操场

天津河北窑洼北洋高等女学堂体操场现经工程科派苦工人等运送砖瓦、木料等件，起盖楼房一所，计十余间，约月内即可工竣云。

（光绪三十三年四月二十八日"新政纪闻"栏目）

举行春季散学礼

天津法界中国青年会半夜学堂于初七晚行春季散学礼式,先期由该会司事简邀会中学员届时到会。兹将开会秩序录下:一、军乐助兴。一、主座开会。一、西土演说。一、军乐。一、本国人演说教育之机关。一、再奏军乐。一、该会董理致谢。一、茗点叙欢。

(光绪三十三年五月初九日"新政纪闻"栏目)

天津县传谕各学堂告示

为传谕事,案蒙学宪札开,为札饬事案,照下议绅兼充津郡总董并劝学总董以与奏章不合,拟辞董职,先后由该绅禀请到司批驳在案。兹又据该绅来禀词意恳切,特予变通,改为天津府劝学所总董,并仍经管各学堂经费林总董勤劳素著,当专任天津县劝学所总董。华总董注重稽察功课,与奏章县视学名义符合,应即改为县视学。其以前津郡学务总董之名应即一律改除,所有薪水均照原文,至当日之学董,即奏章劝学员之性质应并改正,以符定章。除札知外,合行札饬,札到即便分别知照此札等因。蒙此,随经照会劝学所总董遵照,兹据县视学员华泽沅函称,自前月奉到,照会委充视学员应即到差任事,只因旧日经手之事未曾办毕,故未果行。现已向总董及各堂堂长议定权限,俾得寔司视学事务,拟于下月先赴西乡,容再轮赴各乡,次第查视,惟视学职任刻,仅城关以内各官小学知之,其余小学均不知之,深恐冒昧前往,他处或不承认,则遇事掣肘,改良进步终不可期。拟请传谕城乡官民立各小学堂及小学以下各项学堂一律知悉,则俾得以逐处稽查,随时整顿,庶可勉副委仕也。是否有当? 伏候钧裁等因。函覆前来合行传谕,为此,谕仰津郡城乡官民立私立各项学堂一体遵照,听候查视办理毋违。切切特谕。

(光绪三十三年五月十二日"文告录要"栏目)

创设民立初等小学

天津杜宝桢等现在二道街杜氏家庙即太山行宫内创设民立五十一初

等小学堂,业由劝学所禀明天津县批准转详提学司立案,查该学堂共设立两斋,每斋额定学生四十名,订于本月二十日开招,至六月初十日截止。

(光绪三十三年五月十三日"新政纪闻"栏目)

总理天津女学事务傅编修详
公立女学请添拨经费改正名目文并批

为详请事,窃查公立女学堂自开办以来至今已及三载,成效昭著,早在宫保洞鉴之中。惟来学者日益增多,校舍逼狭,多不合用,不得已向宝兴公司定修学堂房屋一所,每月议定租金一百二十两。地方既稍清旷,屋宇亦颇合用。第该堂经费从前短绌至数十金,均经设法挪垫。若再加此项房租,不敷尤巨。编修本拟募捐补助,但集款既多,不易持久,更属为难。再四思维,殊深焦灼。查该堂续请拨款一百两,现归支应局轮电报销项下支领,合无仰恳宪恩,俯念该堂开办最早,成效素著,由五月分起每月再添拨经费银一百两,以免支绌之处,伏候钧裁。再该堂取名公立,本系标举办法并非建有专名,现查此项学堂名目所在多有,殊不足以示区别,拟请改为北洋女子公学,以期名实相符。所有请添公立女学经费银两,并改正学堂名目各缘由,是否有当,理合详请宫保鉴核,批示祇遵,实为公便。为此备由具详。伏乞照详施行,须至详者。

督宪袁批:来详阅悉。查北洋女师范及高等公立各女学堂例支活支等项,前饬支应局在轮电两局二成报效项下拨银四万两在案。此项房租银两应在该处所领款内拨给。至公立女学堂名目应改为天津女子公学,希即查照。此覆。

(光绪三十三年五月二十六日"公牍录要"栏目)

汇纪学堂招考新生

天津运署附设之长芦中学堂拟迁至河北窑洼银行专修所旧校,添招正班预备班四十名并开列格式,限于七月初五日以前报名听候示期考试,现已出示谕晓矣。又,药王庙私立第三明新中学堂招考新生年龄以十二岁至二十岁为合格程度,粗通文理者,均准收入。定于六月二十二日八句钟考试。又长芦育婴堂附设产科、看护科两班女学堂,招募女学生四十名,年龄

431

以十八岁至三十岁为合格,以六月三十日以前为报名之期,俟再定日考验云。

(光绪三十三年六月初十日"新政纪闻"栏目)

保姆讲习所捐款纪事

二十一日本报纪有保定保姆讲习所来函述及毛学台捐助经费请登报鸣谢一则,兹查悉,此系天津文昌宫西私立之保姆讲习所,并非保定新设之保姆讲习所也,用再声明以昭核实。

(光绪三十三年六月二十六日"新政纪闻"栏目)

天津河北大经路劝业会场内游览规则

一、本会场在二门外设立事务所,专司管理照料会场一切事务,自头门内至二门外为市场所有停车场及挑摊贸易,并玩耍卖艺等项,概不准进二门之内,以免喧嚣。

二、本会场二门以内,所有山亭花木、曲沼游廊、洞口流泉、笼中禽鹤,均任游人随意观览,不取分文,其劝工陈列所、教育品、参观室,仍须按照旧章,买票入览,其茶楼、弹子房番菜旅馆、电影戏园现招商承办,各有定价,以备游人憩息,至学务公所学会处、制造所、军乐亭,均系各有职务,不准游人进入。

三、本会场沿照路线,均用木栏,游人须循栅门出入,不得跳越栏杆,致有触损,且不庄重。

四、本会场中心栏杆以内,系专备游人散步,兼习体操之区,另有禁令专条,标立木牌,俾众周知,各宜遵守。

五、本会场马路窄狭,所有游人乘坐马车(人力车及脚踏车往来,应循左右上下路线缓行,不准凌乱驰骤,致启冲突倾轧,且防践踏路旁花木。

六、本会场游人出入,均须由东西两正门,不许有越墙及偷扭便门锁键等事,违者以窃盗论。

七、本会场土山一座,上有翠微亭,并备有石桌石凳,游览人如欲登临,须循山后路径,不可任意攀跻,以防倾跌。

八、本会场内所有桥栏亭榭,游人不得随意损坏,倘查此项情事,应照赔修费。本会场花草竹木，不许游人任意攀折，倘有偷移等事，由巡警扭办。

九、本会场所有各种禽兽，不许游人投喂食物，及容心伤害等事，亦不得在会场内放纵鹰犬，猎取鱼鸟，致伤天和。

十、本会场意取怡悦天性，发舒精神，凡游人均宜以文雅礼让为尚，不得有抛砖掷瓦、喧嚷争斗等事，致露野蛮现相，凡一切危险之物，概不准携带入内。

十一、本会场内东南隅，设有厕所一处，游览人大小便，应入厕所，不得随地便溺。

十二、本会场在二门外设立公电话室，以便游人随时可与各处通语，惟每一次须酌缴赁费，以资贴补，另有专章。

十三、本会场游览女客，日见繁众，所有游览男客，均宜自重，不许作轻薄状态，并严禁演唱时曲小调，有伤大雅。

十四、以上规则，凡入本会场游人，均须一律遵守，倘有妨害公益之举动，轻则酌量议罚，重则移送巡警局惩办。

（光绪三十三年六月二十六日"要件"栏目）

天津府县劝学所广告

近奉县示劝令私塾改良，以为他日教育普及地步，惟各种科学非素有研究，断难仓猝从事，因公议将师范学堂附设之师范传习所夜班移设城隍庙官小学堂内，以备同人研究。俟半年期满即呈请县尊考验，择其优者，将所教之私塾改为初等小学堂，照章保护，如尤为优异，敝所并拟聘为各小学堂教员，以期共襄教育。如有同志，务请自初七日起至初十日止从速到东马路劝学所内报名，以便派人到城隍庙安置坐位，于十一日晚八点钟开班，迟则恕不多候，专此布告。

（光绪三十三年七月初七日"文告录要"栏目）

天津各学堂捐款纪略

天津客籍学堂等六十二堂学生六千二百二十九名，每人各捐点心钱铜元五枚，移赈永清等县水灾计共收铜元三万一千一百四十五枚。

（光绪三十三年七月十三日"新政纪闻"栏目）

拟令学生分班临症

天津军医学堂二班学生程度均臻优美,但以纸上谈兵,不若实行经验,拟于暑假均分班,拨归北洋官医院学习施治,以期临症习验方能洞悉病源云。

(光绪三十三年七月十四日"新政纪闻"栏目)

德国教育品陈列所纪事

天津河北学会处内所设之德国教育品陈列所每日往观者甚多,其所陈列之各项教育用品标本、模型共分八区,一、德国陆军海军各图。二儿童图类。三、圣书图考。四、极大地球。五、德国史记。六、人身剖解医治图。七、电科附几何算法。八、各种绘法并有工厂式一具(机轮均能动转)、电话式生电机,火车式、汽机式均系大不逾中国一尺,与真无异,其显电机虽小,亦与大者同,尚有无线电发电机、收电机,其竿均约三尺高,机具不逾一尺,相隔约丈余,一按发电机,其收电机即可振铃云。

(光绪三十三年八月二十四日"新政纪闻"栏目)

附录天津劝学所致各学堂公启

敬启者,兹有张幼之兄偕同福陞照像馆一半日内分到各堂拍照以便合装成册,敬献袁宫保藉表纪念,务请贵堂传知全数学生整齐操衣、草帽、徽章、奖牌、学旗排齐序立,拍照诸位管理员、教员能戴大帽尤妙,如无大帽,亦可不拘,并请立而不坐,以昭恭敬云云。再,照像馆到时请暂停课以免耽延拍照时限。

(光绪三十三年九月初二日"文告录要"栏目)

举行新校落成礼式

天津私立第一中学堂于二十一日举行新校落成式,是日来宾颇多,极一时之盛。兹将开会次序录下:(一)奏乐开会。(二)来宾入礼堂。(三)奏国乐。(四)监督述开会辞。(五)奏乐、本堂学生报告。(六)学生全体代表演说。(七)自治励学会会长演说。(八)辩学会会员演说。(九)军乐会会员演说。(十)奏乐。(十一)学台训辞。(十二)奏乐、来宾演说。(十三)麦先生演说。(十四)藤井先生演说。(十五)奏乐。(十六)渡边先生演说。(十七)胡玉孙先生演说。(十八)奏乐。(十九)饶先生演说。(二十)刘竹先生演说。(二十一)监督致谢辞。(二十二)奏乐,散会。

(光绪三十三年九月二十四日"新政纪闻"栏目)

劝业会场体操纪盛

天津河东广育学会堂董王君吟笙于二十二日下午偕同行宫庙、西方庵、过街阁三小学堂管理员及教员、学生等二百余人前赴劝业会场体操,并自携有各项操具多件,如跃杆做球及陆地行舟、拖球竞走诸操式,均经逐一练习。旋将该三堂合操一次。至五钟始散。

(光绪三十三年九月二十五日"新政纪闻"栏目)

中学堂招考新生

天津私立第一中学堂自今正移至南开,新校楼房宽敞,容人颇多,业有学生五十余人。现仍拟招考新生两三班,俾广造就。所有一切招考条例,已登本报后幅告白。自复录其大概。凡有志向学者,速往报名,幸勿失此机会也。

(光绪三十三年十月初九日"新政纪闻"栏目)

天津体操音乐传习所规则
第一章　管理员

第一条　凡管理员司事员及教员均各有一定职务其分任事件各有规则皆当遵守管理员。

第二条　对于局外有代表本所之权。

第三条　审定学章、稽查学规,务使全所学科程度一律完备妥善。

第四条　每学期考验传习生后按功课分数簿及品行分数簿而照意赏

罚之。

第五条　每月收纳膳费款若干及每月度支一切款若干,由司事员逐月开清册呈报提学司。

第六条　凡全所兴办改良事宜、毕业考试以及招考新班传习生各项事宜,均随时禀承提学司。

第七条　每学期与各教员阅定功课并撰功课时间表。

第八条　各教员认定功课后应用一切课本随时考察置办。

第九条　每考试后,凡传习生功课成绩总计分数、平均核定榜示传习生。

第十条　与各教员随时考较传习生勤惰、进步迟速及有无过失。

第十一条　图书、五线纸册、乐器及体操器械随时添置、存储,交司事员管理。

第十二条　教员因事停课或课业有所更动,立即通知该班传习生。

第十三条　每学期功课时刻表由管理员订定后即日写印并通知各教员。

第十四条　无论请假与否,凡上课之时,传习生如有不到者,均归稽核填注并知照上课教员。

第十五条　所中备由传习生品行分数总簿一册,专以维护传习生起居、匡饬传习生行止之用。凡各教员记传习生品行,均归复核,分别抵销、存记、榜示传习生。

第十六条　备有传习生履历、名簿并请假簿、旷课簿各一册,凡传习生非例假之日而准假者,记入请假簿,其不请假而旷课者,记入旷课簿,每月作请假表、旷课表各一份。

第十七条　每日核对讲堂点名簿、斋舍点名簿而处置其旷课之事。

第十八条　传习生行礼、一切进退仪节,均须听命于管理员。

第十九条　传习生会食、自修及寝息时,监视其违犯规条、旷废学业及自损名誉之举动,均得纠正而督劝之。

第二十条　每斋备有点名簿一册,每日开课以前封门,以后各将本斋传习生点名一次,有不到或迟到者,查明是否请假,抑系旷课,分别填注以便查核。

第二十一条　随时查验传习生食宿、被服有关卫生一切事宜,应行准备或变通者,即行办理。

第二十二条　凡涉传习生事宜,如取光换气、调和寒暖、查察饭食、扫除清洁及传习生起居游散各项,另请医官随时考验,设法改良。

第二十三条　本所内或本所左近遇有发传染病者,即请医官谨慎预防,勿任滋蔓。

第二十四条　传习生有病,应否给假停课及病愈上课期日,均凭医官每晨七时前开单揭示。

第二十五条　传习生有病,应否迁住养病所及遣送回家,皆归医官酌定,随时照行。

第二十六条　每岁应将传习生身体检查一次,详细立表,分别比较,以便存核司事员。

第二十七条　凡所中图书、乐器、体操器械收发存储一切事务及掌管往来文札、禀稿、信件、拟稿、存案等事及稽查收支款项,及经理所中雇佣人役、房屋、器具及以外杂务,一切并教员有任通译事宜者,皆属之,并可稽查传习生出入寝室起居等项。

第二章　教员之职司

第二十八条　本所中教员,凡关于授课事宜,均应受管理员之稽查。

第二十九条　凡课程及课本之应改换者,均与管理员商定方可施行。

第三十条　所中设立传习生功课分数簿,每学科一本,由教员评记,每月送管理员察核,设立传习生品行分数簿,每教员一本,应随时查看,分别言语、容止、行礼、作事、交际、出游六门详细登记,每月送管理员察核。

第三十一条　上堂时刻以所内钟号为准,勿逾鸣钟后五分钟外。

第三十二条　每考试后,应在三日内将阅定试卷及传习生分数表并送管理员。

第三章　传习生编制

第三十三条　每学期开学时由管理员编定讲堂坐位及自习室坐位、寝室榻位。

第三十四条　无论初等高等科,皆每科公举科长一人,每班公举班长一人,举定告管理员认可。

第三十五条　自习室每十人一室,寝室每五人一室,皆每室公举室长一人,合全室公举舍长一人,举定告管理员认可。

第三十六条　科长为全科之代表,班长以佐科长为同班之代表,舍长为全室之代表,室长以佐舍长为同室之代表。

第三十七条　科长、舍长及班长、室长被举者,均一学期一任,初入所未满一月时,应暂以齿序或推名列最前者任之。

第三十八条　科长、舍长及班长、室长之职如左:科长之职,注意同科各班之整肃与否,传达管理员之意于同科生,代陈同科生之意于管理员,注意传习生通则之实行,掌出入礼堂及全科上讲堂或操场之排班。班长之职,注意同班上讲堂之整肃与否,传达管理员、教员及科长之意于同班生,代陈同班生之意于管理员、教员及科长,注意讲堂规则之实行,掌出入讲堂之排班。舍长之职,注意全室内外之整洁与否,传达管理员、司事员之意于全室生,代陈全室生之意于管理员、司事员,注意传习生通则之实行,掌出入食堂或全室外出至排班。室长之职,注意一定之内之整治与否,传达管理员、司事员及舍长之意于同室生,代陈同室生之意于管理员、司事员及舍长,注意同室规则之实行,掌室门之管轮。

第三十九条　同科同班各生均有协助科长、班长之职,全室、同室各生均有协助舍长、室长之职。

第四章　传习生通则

第四十条　通所传习生出入礼堂、讲堂、自习室、寝室、食堂皆宜依次鱼贯而行,听科长、舍长、班长、室长之指挥。

第四十一条　通所传习生起居、饮食、游散、温习皆有定时,梳剃、沐浴、洗换衣服皆有定期,讲堂、食堂、自习室、寝室皆有定位,各宜遵守。

第四十二条　传习生在学期中一切应酬、琐事,均宜屏绝,遇有不得已必须请假者,应向管理员领取假票填明缘由及日数,请准始可放行。

第四十三条　除星期日及星期三、日下午课余为平常之例假外,其余日期,非有特别事故,不得请假外出。

第四十四条　平常例假,诸生有外出者,均以自习室所悬名牌呈管理员换名签交号房,返则取签换名牌,如有要事晚饭前不能赶归者,须先达于管理员,以不旷明日第一课为限,每日开课前闭门后应由管理员点名一次。

第四十五条　诸生在堂,无论出入与否,必服本所服制。

第四十六条　诸生在操场运动踊跃皆所不禁,此外,无论何时、何地,举止必安详,语言必静默,途遇职员,必在五步内立正。

第四十七条　诸生在堂不得随意涕唾、溲溺,宜严戒引火种类,不得自制食物、水旱烟,亦以不吸为宜,未能遽绝者,必在休憩室。

第四十八条　非学业切用之图书、器具等概勿携带,所携带物品均应受管理员之检查。

第四十九条　所中所有房屋、墙壁、花木及一切校具宜公同保护,勿任意涂抹、移动、抛散,如有毁损,照价赔偿。

第五十条　会亲友必在应接室,概不留宿留饭。

第五十一条　在整容室、浴室、盥漱所、便所各自注意,免人憎嫌。

第五十二条　勿强校役以不应为事,校役如有过失,可随时直达管理员、司事员秉公斥罚。

第五章　会议规则

第五十三条　本所设有职员会,管理员、司事员为会员,临时公举学务公所课员数人为评议赞成员。

第五十四条　会中应议各事如下:本省提学使有所咨商,他学堂及所外通入有所咨商,职员彼此有所咨商,职员彼此有所交涉,职员代传习生有所呈请,本所传习生与他学堂有所交涉,传习生品行及功课情形、功课利弊、规则得失,传习生赏罚、修业卒业,临时停课、休假及期限,规则所缺所略事件。

第五十五条　所议事有可立即酌夺者,有当商禀提学使而后酌夺者,有须派员查考而后酌夺者,有众口异议无可酌夺者,俱由管理员悉心分别共决从违,以昭明允,其书记员所记议各事录呈,俟管理员核定盖章后即分别存案。

第五十六条　会期分常会、非常会两等,常会有定期,每岁除在暑假、年假内,外皆于月终举行一次;非常会无定期,遇事有不可缓者,由管理员随时聚集。

第六章　礼堂规则

第五十七条　行礼时依先后次序出入,听舍长之指挥。

第五十八条　凡礼节有应行演习之处,由管理员知照演习。

第五十九条　凡庆祝日月朔以及开学、散学、毕业应行礼节,均遵奏定章程办理。

第七章　讲堂规则

第六十条　上课、散课均鸣钟为号,出入一律排班。

第六十一条　先教员入,后教员出。教员就座、离座时均起立行敬礼。

第六十二条　质问、应答均须离座正立,值教员宣讲时,不得掺问,同班生无问答。

第六十三条　每日第一课前末一课后依坐位次序轮二人,任拂拭之劳,名"值日生",同班生有辍课者,讲堂有损失或需修缮者,均由值日生告班长分别特达。

第六十四条　非散课不出,非上课及拂拭整理不入。

第六十五条　凡入室参观之客,教员行敬礼者,亦行敬礼。

第八章　操场规则

第六十六条　操场授课宜听班长命令,向教员行鞠躬礼,课毕,如之。

第六十七条　到操场时,宜按次排列,听教员号音进退,不许紊乱秩序。

第六十八条　体操授课时不得唾痰回视,亦不准喧哗嬉笑。

第六十九条　在操场时宜遵守教员命令,不得违背。

第七十条　体操各班均派班长帮同教授,班长命令宜与教员命令一律遵守。

第七十一条　凡器械体操皆顺次自器械室取出器械,始到操场,操毕,仍将器械妥置原处。

第七十二条　体操服装均须按本所所规定者著用,不得私制二色,以昭一律,亦不准便衣登场。

第九章　钟点表(此表据现在规定,随时当有变更)

六点起身盥漱,至六点五十分;七点早餐游散,至七点五十分;八点第一课,八点五十分第二课毕;九点第二课,九点五十分第二课毕;十点第三课,十点五十分第三课毕;十一点午餐游散,至十一点五十分;十二点第四课,十二点五十分第四课毕;一点第五课,一点五十分第五课毕;二点第六课,二点五十分第六课毕;三点第七课,三点五十分第七课毕;四点游散,至四点五十分;五点晚餐游散,至五点五十分;六点自习;七点自习;八点自习;九点自习至九点二十分;九点三十分归寝室至十点息灯就寝。

第十章　阅报室规则

第七十三条　本所设有阅报室,置备各种报章,分类安放,随意取阅,阅毕,仍置原处,不得任意拖乱、撕弃及带出所外,日报每日一收,外埠报及旬报均以下期报到时收去上期之报,分类编存,以便检查。

第七十四条　在室阅报或欲录记时,须自带铅笔、纸章,不得携带水笔、毛笔等项,以防涂污,并不得朗诵、高谈、吸烟、饮茶致多纷扰,妨碍他人之阅读。

第十一章　自修室规则

第七十五条　每日除上课、游散、就寝外,皆在自修室温课。

第七十六条　同室诸生各宜静默用功。勿妄言勖妨他人自习。

第七十七条　每日轮二人扫除,卧前由室长扃锁室门。

第十二章　寝室规则

第七十八条　每一寝室早起轮二人扫除,并将窗户洞开通换空气。

第七十九条　上课时,室门一律由室长扃锁,至卧时始启,如有要事入内,须先告管理员及室长。

第八十条　卧后一律息灯，不得闲谈，致妨他人眠睡。

第八十一条　非自己卧榻所在之室，勿随意闯入。

第八十二条　衣服卧具必随时整理收藏自己卧处，勿占公共地位。

第八十三条　卧具内之被褥单宜用白色，每月一洗，以期清洁。

第十三章　休憩室规则

第八十四条　除上课及自修时外，本所传习生均可至休憩室休息，以室能容为限。

第十四章　应接室规则

第八十五条　凡所中传习生亲友来访视者，均在应接室接见。

第八十六条　凡上课时刻概不见客。

第十五章　食堂规则

第八十七条　每席坐传习生六人，坐位排定次序，勿自更乱，职员一同会食，藉以稽查肴品是否一律。

第八十八条　所中职员，非有疾病或要公，均在食堂会食。

第八十九条　食时皆须衣服整齐，不得解纽掩襟。

第九十条　食时须静穆无哗，勿凌竞参差笑话嘈杂，有失行检。

第九十一条　每餐前，各席肴品及坐位，司事员先行查察。

第九十二条　坐齐，举箸食时，不得击触碗碟，投弃残骨，饭罐置有定处，亦不得任意挪移。

第九十三条　饮食须从容不迫，约以十五分钟为限。

第十六章　浴室规则

第九十四条　每日午后课毕至晚饭前为入浴时，须各照编定号数按日轮浴，勿乱次，勿规避。

第九十五条　入浴时，石碱、浴巾均须自带，衣物须脱置定所。

第九十六条　浴毕即将浴水倾净而出,勿兼洗他物,稽延时刻。

第九十七条　患有传染、皮肤病者,请医官验明另浴,勿与众杂。

第十七章　盥漱所规则

第九十八条　每日早起,各就盥漱所盥漱,勿在他处,以期清洁。

第九十九条　所内置水桶约数二十人之用,诸生分作四次,各按编定号数轮流盥漱,幸勿浪费洁水及攙越竞夺。

第百条　盥盆只可在盥洗所净面、洗手,不得移他处及作他项使用。

第百一条　每一人盥漱毕即各将盥盆中水就倾水处倾 净使流入水沟,勿随地倾水处倾泼及留秽水不倾。

第十八章　通传习生规则

第百二条　本地传习生在外寄宿者,每朝来往以不误上课时刻为限,落课时在休息室静候。

第百三条　本地生在所,凡涉管理之事,在外,凡涉本所名誉之事,均应与住斋传习生一体恪守规则。

第十九章　赏罚规则

第百四条　传习生赏罚由管理员或教员摘出,归管理员核定。

第百五条　凡赏,分三种:一、言语奖励;二、名誉奖励;三、实物奖励。

第百六条　言语奖励者,管理员及司事员对各传习生提出以温语奖励之,或特班传见以勖勉之。

第百七条　其应得言语奖励者略如左:甲、各门功课及及格;乙、对职员无失礼,在各处无犯规则之事;丙、对同传习生能敬让无猜忌、要挟诸失礼;丁、于例假外无多请假。

第百八条　名誉奖励者,以讲堂座位置前列,或加考语呈提学使,与各学堂传观,或由管理员特励该生皆是。

第百九条　其应得名誉奖励者略如左:甲、各科学中有一科出色者;乙、温习功课格外勤奋者;丙、能恪守堂中规则并能匡正同学者;丁、立志坚定不为外物所诱者;戊、用功勤苦骤见进境者。

第百十条　实物奖励者由所中购图书、文具暨诸学科应用物件以奖励之。

第百十一条　其应得实物奖励者略如左:甲、各科学中有二三科以上能出色者;乙、能就各科研究学理或于技艺能著成效者;丙、品行最优有确据为众推服者;丁、得名誉奖励数次者。

第百十二条　凡罚,分三种:一、记过;二、禁假;三、出所。

第百十三条　记过者记名于簿,以俟改悔,无改悔者,毕业时亦将所记之过书于毕业文照上。

第百十四条　其应记过之事略如左:甲、讲堂功课不勤;乙、于各处有犯规则之事;丙、对职员有失礼事;丁、与同学有交恶事(犯此条者,记两人过);戊、假出逾限;己、詈骂夫役人等不顾行检。

第百十五条　禁假者于数日内无论何假,不准出所一步,或三日或五日或十日,由管理员判定施行。

第百十六条　其应禁假之事略如左:甲、志气昏颓,讲堂功课潦草塞责者;乙、于各处屡犯规则之事不服训诲者;丙、对职员傲惰不服训诲者;丁、詈骂同学好勇斗狠者;戊、假出后出外滋事者。

第百十七条　出所者,由管理员在讲堂宣其罪过,斥出本所。

(光绪三十四年正月十六日—光绪三十四年正月二十日"要件"栏目)

天津图算学堂牌示

所有报名者,统于月之十八日下午二句钟仰即衣冠来堂行谒圣礼,切勿迟误。

(光绪三十四年正月十七日"文告录要"栏目)

中医小学招考新生

津埠旧城东门电报局旁刘公馆创设中医小学招考新生年龄以十三岁以上二十岁以下为合格程度,须通晓中文、字体洁净者,课程授以读本、论说、脉象、药性、治症、方剂等课,每月修金一元五角。报名在河北贾家大桥同庆里内。定于十八日开学。

(光绪三十四年正月十七日"新政纪闻"栏目)

照录白话劝学说

直隶省视学员编纂白话劝学说,其词云:诸位先生,都靠著教书吃饭,进的束修有限,天津米面油盐,又全是贵的,家里有三五口人,总得三百多吊。诸位教学受苦,实在是可敬了,吾们以馆为业,譬如作买卖,架子上要都是新鲜货物,自然消的货多。货要是陈旧,就是暂时有买主,日久买主亦就少了。如今教私塾的,如同卖旧货的铺子,亦有人买,可就怕不值钱了,货不值钱,可怪买主不来买,那有这个道理。私塾学生束修,有一年三吊五吊的,亦有十吊八吊的,先生因不足用,只好多招学生,又不能赁宽大的屋子,一间小矮房,容四十多人。一遇瘟疫传染,先生学生,都是很危险的,所以说到这里,吾们要是死受,不如想一个救己救人的法子。救己是甚么法子呢? 就是赶快去求新学,有人教导,不是甚难事,救人是甚么法子呢? 就是用新法教学生,如今学宪饬林总董,办私塾改良的事,这是吾们绝好的机会,怎么叫私塾改良? 是叫书房全改为学堂的功课,全用学部新编教科书,诸位亦必是乐意,所最为难的是算学,本来从前没有学过,所以这个会注重珠算、笔算,又怕白天教书不得功夫,所以每天晚间教两点钟,要是会了算学。至于那些新书,却不难懂,毕业后教法改良,就把书房挂上牌子,叫作第几改良私塾,从此书房可就永远为业了。有人说书房改了,学生少了,这个话不可信,要是关上下的书房,都改了新法,学生能舍近求远,到河的南边上书房去么,吾恐怕不改良的书房,学生少了罢,又有人说,学生不想上进,不用上学堂,先在书房念几年旧书,再上学堂,这个话,最误人。学堂亦是念书,只是不须胡乱一喊,书房可是念书,无奈教法太旧,科目不齐,学生知识不能完全。十几岁的学生,再过几年,可就过了学龄了。又有人说,学生习洋操,是要当兵,十几岁的学生,就叫他当兵么? 这个话就是平常人亦不信,读书的先生,亦信这个话么。奉劝诸位先生,趁此好机会,虚下心,努起力,快快来学,别图目前的安逸,别听外边的谣言,这可就不至受人指摘了。

(光绪三十四年三月初六日"新政纪闻"栏目)

官立小学堂会考题

本月十一日,天津劝学所学董及县视学在河北大街甘露寺宣讲所内会考官立各小学堂高等第一年级第二学期及高等第二年级第一学期各生,是日到者计城隍庙、行宫庙、慈惠寺、药王庙、直指庵、放生院、西方庵七堂,共计与考学生一百三十余名。仍照上届会考之例,以文算各一艺为完卷。兹将国文、笔算各题录后:通场国文题:说脚踏车。高等第二学期学生笔算问题:今有一轮船载鸡蛋三万六千七百四十万个,每一百二十个鸡蛋值铜元九十八枚。问,蛋价共值若干?高等二学年一学期学生笔算问题:今有甲、乙、丙、丁、戊、己炮六尊,甲、五秒钟放一次;乙、六秒钟放一次;丙、七秒钟放一次;丁、八秒钟放一次;戊、九秒钟放一次;己、十秒钟放一次。问,六炮自同时齐放后,再遇同放须历几分钟?高等一学年二学期学生笔算问题:今有书一本,有十八个人分抄,须四十二天能毕,若多加三个人抄。问,多少天能毕?比未加人时少若干天?

(光绪三十四年四月十二日"新政纪闻"栏目)

教育会定期开会

天津县教育会订于本月十八日下午二钟暂借城隍庙小学堂开会,所有是日报告提议各事项如下:甲、报告事项:一、本会第一期教育丛录出版(版)。一、学务公所会议之情形。一、私立中学开理科数学研究会事。乙、提议事项:一、以本届例会结算,凡继续半年未到会或继续半年未纳会金者,可否于第三期教育丛录中声明退会以符会规(以上会长提议),凡城乡官民立高初等小学管理教员,均应一律入会,入会者得享本会保护之权利。一、会员须分科研究,在教育会场外另立期限,由本会监察之。一、调查私塾另举调查员数人。一、李编辑员辞职应否允诺?一、学生字画每讹写,研究检除之法。一、公决河东各堂研究会拟订各项表簿。一、公决李会员所拟之员生吊慰章程(以上副会长提议)。

(光绪三十四年四月十七日"新政纪闻"栏目)

小学堂学生合操

天津行宫庙、药王庙、西方庵、过街阁、旧营务处、陈家沟六处官小学堂昨早九钟在过街阁学堂前操合操,各堂学生到者约四百五六十人,计有柔软兵式哑铃诸操并杂以唱歌,至十一钟始散。

(光绪三十四年四月十七日"新政纪闻"栏目)

学生合操纪闻

天津河北大寺、直指庵、放生院、育德庵、玉皇庙、堤头村六处官小学堂于十七日下午三点钟赴放生院学堂操场合操,学生到者约四百余人,分班操演之后,复由某堂体操教员穆君调集各堂学生合操,身力疾徐,应节颇有秩序可观,至五钟半始散。

(光绪三十四年四月十八日"新政纪闻"栏目)

四小学堂合操纪盛

天津河东河北各官小学堂合操情形已两纪前报,兹悉十八日为城隍庙、慈惠寺、广仁堂、北太阳宫四处官小学堂合操之期,上午九钟齐集如意庵前操场,学生到者约三百余人,先分班操演步法身力,次有某堂职员为拍一照,以为纪念,再次则四堂联合跑排,疾徐离合操纵自如,并有鼓号齐鸣,以助其兴。至钟鸣十一点二刻始散。

(光绪三十四年四月十九日"新政纪闻"栏目)

会考小学堂揭晓

天津劝学所于十一日会考,各小学堂高等各级学生已纪前报,现已由总董会同县视学将试卷评定甲乙传送各堂以资观摩。兹将各级取定前三名学生姓名列下:

高等第二年二学期学生第一名韩振岳(城隍庙小学堂),第二名赵之珩(行宫庙小学堂),第三名周寿年(城隍庙小学堂);高等第二年一学期学生第一名袁崇霖(放生院小学堂),第二名张裕勋(放生院小学堂),第三名张殿元(慈惠寺小学堂);高等第一年二学期学生第一名方宝清、第二名吴鸿藻、第三名郝学孟(均西方庵小学堂)。

(光绪三十四年四月二十日"新政纪闻"栏目)

天津教育会之议案

天津教育会于本月十八日开会,计到会者胡家祺、华泽沅、王大昕、陈钟年、邓庆澜、李璜、刘芝田、曹锡璠、金其昌、苏兆霖、宋寿彤、朱士珍、韩寓祥、周国恩、王骥、阎鸿业、魏怀霖、陈振铎、金登甲、程士珍、马骏元、陈振藻、张鸿来、翟瑞图、李春田、吕锦麟、张德珍、张际和、高应奎、张礼宾、张延龄、王铭恩、庞文源、王树昌、王新铭、高凤冈等三十六人,所有是日议决各事如下:一、以暑假期内开大会日结算,凡继续半年未到会或继续半年未纳会金者,即认为退会。一、凡城厢内外官公私立小学堂各管理教员入会者,得享本会之利益。一、现在劝学所设立之分科研究会、教育会人员,亦应共同研究。一、按照会规,允认李会员辞编辑席,以张会员鸿采挨补。一、检除学生讹字,应由各科员分任,不宜专责之国文教员,但亦不可伤于苛细。一、北京督学局已谕令各堂禁谕学生以粉笔涂抹墙壁,天津亦有此现象,应由管理教员随时训戒。

(光绪三十四年四月二十一日"新政纪闻"栏目)

天津劝学所公启

敬启者,兹定于本月二十五日晚八点钟仍在甘露寺宣讲所内开第二次茶话研究师范传习所办法并开讲日期,务请执事早到为盼。此致! 顺请教安!

(光绪三十四年四月二十三日"文告录要"栏目)

天津劝学所公启

敬启者,本月二十五日星期上午九点钟请诸位体操教员先生在劝学所研究操法,下午两点半钟请诸位司事先生到直指庵研究堂中一切庶务,务请各按时限早到为盼。专此,敬请官立十六处小学堂台鉴。

(光绪三十四年四月二十五日"文告录要"栏目)

天津劝学所公启

敬启者,五月初二日为官小学堂长研究之期,务请贵堂堂长准于是日上午十一钟惠临劝学所为幸,又,是日下午分科研究第二次开会,并请贵堂教员准于是日下午二钟惠临天齐庙宣讲所,是要请拟办法数条预呈教正,即请道安。一、上次未到会之员,务请惠临,俾收集思广益之效。二、在教育会之员,有乐入会研究者,听以资联络。三、各堂长亦请附入研究会会员之内,各任一种教科。四、上次各科所举代表人,请由各该科会员在会期以前预先约定,恐其谦推。五、上次所举代表人有一人任二科以上者,请酌定变通之法。六、各科研究之方法,请举定代表人在会期以前预先拟一草案,以便届日公议。七、此次研究,请各将拟用书籍及已用而待参证者携到会场为便。八、入会场请按各科席位入座,幸勿杂乱。

(光绪三十四年四月二十八日"文告录要"栏目)

纪新学书院运动会

天津法界新学书院二十五日举行运动会,各堂之与会者以千余计,西宾来观者亦数十人,兹将比赛各秩序及得奖诸生姓名照录如下:一、跃高:石宝光,普通中学堂,孙宝信,同上,唐滔,新学书院。二、童子百码:郑元灿,新学书院,袁硕香,同上,高国柱,同上。三、跃远:石宝光,普通中学堂,陈学敬,同上,李庆元,同上。四、检山药豆:张葆亨,新学书院,黄忠,同上。五、自行车赛慢:徐文翰,官立中学堂,王嘉荫,同上,林祖光,新学书院。六、传旗七百七十码:新学书院、普通中学堂。七、童子三足竞走:袁硕香、麦乐章,新学书院,黄振洪、郑元荣,同上,高国柱、郭兆元,同上。八、百码:陈学敬,普通中学堂,唐滔,新学书院,石宝光,普通中学堂。九、旧生百码:于庚龙、张文奎、王连院。十、半英里:徐文翰,官立中学堂,何雅群,高等工业学堂,黄忠,新学书院。十一、童子四百四十码:郑元荣,新学书院,高国柱,同上,黄振洪,同上;十二、算术:樊宝篯、李铎,新学书院,唐滔、梁华轩,同上,薛宏润、黄兆俊,同上。十三、大步走,邢文贵,新学书院,周文翰,同上,霍墨香,普通中学堂。十四、拔河:新学书院。

(光绪三十四年四月二十八日"新政纪闻"栏目)

志学会开会宣讲

天津志学会社同人订定昨日午后三句钟在南开私立第一中学堂开特别宣讲会,约有美国博士明华德氏演说国际交涉之要素,并柬约学界中人届时入听,以广见闻。

(光绪三十四年五月初三日"新政纪闻"栏目)

私塾塾师讲习所开会

本月初一日为天津河北大寺学堂内所设私塾塾师讲习所开办之期,先期由劝学所函致各塾师,届日晚八点各塾师到齐,由县视学华君报告本所办法,开讲时限及科目中区劝学员刘君分送私塾改良课程表并说明理由,继谒见讲师宋介平君并名誉监学金荣轩君(大寺官小学堂堂长),末由省视学陈蔗浦君勗以,此后宜认定教育宗旨及教员责任,勿始勤终惰,俾变换思想,以同扶世界之危等语。闻此次讲习办法系间日一回,先从算术入手,此科讲毕再讲他科,俾省记忆力云。

(光绪三十四年五月初四日"新政纪闻"栏目)

函约学员开会研究

天津劝学所函约各堂堂长、教员于五月初二日下午在东马路宣讲所研究并由教育会发书通告,均纪前报。兹闻是日到者总董、县视学教育会长、劝学员、各堂堂长、教员约一百四五十人,除决定提议各案外,当议定将各科分为文科、理科、技术三大部,依类研究,以资联络云。

(光绪三十四年五月初四日"新政纪闻"栏目)

天津军医学堂招考启

启者,本学堂招考中学堂肄业二三年学生、年在十八岁至二十二岁以内者,京师八旗取二十名,顺直各堂取二十名,即由各本堂挑选取甘结、保结备文径送赴津川资,自备五月初十日取齐,十五六日开考。此启。

(光绪三十四年五月初六日"文告录要"栏目)

学台批示

津邑堤头村商人祁选青禀拟创设民立宣讲所,恳请查核批示等情,批居民能私立宣讲所,以辅官立之不及,最为要举,但此事非有富绅出资、文人宣力,且夙有德望者出而担负责任,不能有成,该商既具热心,然自称一贫如洗,禀词又欠明顺,平日德望不知是否动人,若专藉本司及警局之势力,强令地方富商筹款集资成就,此举其谁信之,而谁听之?且巡警并非本司所辖,焉有权力,从而传谕之乎?所禀应勿庸议。

（光绪三十四年五月初七日"文告录要"栏目）

天津劝学所公启

敬启者,前于研究时决定会考高等第三年级、第四年级学生,兹定于初九日星期下午二点半钟在河北大街甘露寺宣讲所内会考,届日,务祁率领学生早到为幸,此上敬请城隍庙、河北大寺两处官小学堂台照。

又启敬启者,大、天、西、地、甘五处半日学堂合操,订于五月初九上午准八点半钟在天齐庙宣讲所齐集,九点钟同赴道署后院体操场。届期,各堂务带茶壶、茶碗、宝丹,以备应用,此请官立五处半日学堂台鉴。

（光绪三十四年五月初八日"文告录要"栏目）

志学会开会演说

天津东门内经司胡同志学会社于昨日午后三句钟开德育宣讲会,邀集学商两界来会听讲,以广见闻。

（光绪三十四年五月初十日"新政纪闻"栏目）

公立小学招考新生

天津城隍庙前公立初等简易小学堂招考新生年龄以八岁至十四岁为合格程度,无论读书、识字与否,均可收录课程,授以国文、笔算、珠算、体操、修身兼教手工,所有书籍笔墨纸砚等物,均由该堂备办,不取分文。有志向学者,速往报名,以便肄业。

(光绪三十四年五月初十日"新政纪闻"栏目)

奖励会考前列学生

天津劝学所上月会考高等第一年学生情形并取定名次曾纪前报。兹闻取列前五名之考卷已用誊写板刷印若干册,计第一名旧营务处小学堂学生丛士杰,奖给十本,第二名城隍庙小学堂学生田毓藩,奖给八本,第三名药王庙小学堂学生张隆光,奖给五本,第四名慈惠寺小学堂学生李克明、第五名堤头村小学堂学生王怀珍各奖给三本,以示优异,其余与考学生二百余名给一百。俾便观摩,而资仿效,并以多本送呈县尊鉴阅,又于营、城、药、慈、堤五堂成绩室各置数本,以为本堂各生劝复分送《教育杂志》及《教育丛录》登载,藉以传观,并陈列于教育品参观室,以为名誉奖励云。

(光绪三十四年五月十一日"新政纪闻"栏目)

官立半日学堂合操

天津五处官立半日学堂订期本月初九日上午合操已记前报。兹闻届时到者一百四五十人,八点半钟由天齐庙齐集列队,同赴天津道署合操,疾徐合纵,各擅胜场,尤以地藏庵学生为冠,比赛逾时,至十钟余始散。

(光绪三十四年五月十一日"新政纪闻"栏目)

会考两小学堂学生

天津劝学所订期本月初九日下午在甘露寺宣讲所会考,城隍庙、河北大寺两处官小学堂高等第三四年级学生已志前报,兹悉,届时两堂学生共到五十余名,计命国文一题,笔算两题,限九十分钟作国文一艺、笔算一艺为完卷。其国文题为(尚公尚武尚实皆为教育之宗旨,三者之中,诸生所尤注意者为何?)至四点钟即陆续交卷回堂。

(光绪三十四年五月十一日"新政纪闻"栏目)

天津商会移请学台变通中等商业简易科毕业办法文

为移请事,窃查光绪三十二年七月间创立中等商业学堂招考简易科学生甲乙两班暂定学额六十名,以二年为毕业期,曾经移请贵司立案,复于光绪三十三年十二月归并班次,将乙班学生合并甲班,改为简易科学,额四十名,亦经移明各在案,兹届本年暑假自三十二年开学之日起已满二年,自应举行毕业考试。恭查《奏定学堂考试章程》载有中学毕业,概由本学堂呈请所在地方官长会同学务官教育会人员暨本学堂人员等莅之,其不能备用各项人员之地方,于地方官、学务官、教育会三项人员中得有二项人员即可举行毕业考试等语,又载有,凡毕业考试,先期由本学堂将毕业学生履历册、功课分数册、请假旷课册,各教员科学讲义所用教科书籍、学生笔记成绩汇具齐全呈送地方官,由所呈之衙门会同各项人员定期考试等语。商业学堂既系中等,自应比照中学遵章举办,惟简易科学生原定章程于毕业后保送各行号及津外盐务与各学堂添招之完全科五年毕业照章请奖者大不相同,况于暑假期内必须早日保送各号,俾得营业,方足以资观感而励将来拟请此项毕业考试略为变通,除学堂考试内容办法仍遵定章外,所有呈送各项册籍等事略从简便,仅送学生履历清册及各科书目表各一分,由敝会预定日期,会同贵司实业课人员及教育会人员莅堂会考以期简便。毕业后应发毕业文凭,盖用敝会关防以昭信守,至将来完全科毕业有关奖励,仍应悉遵《奏定章程》办理,不敢稍事简略,敝会系为简易学生急待安置,又与请奖者不同,特拟简单办法,是否可行,相应移会贵司,谨请查照速赐核示,以凭分别办理,望切施行,须至移者。

(光绪三十四年五月十六日"公牍录要"栏目)

志学会社开演说会

天津青年志学会社于二十七日即礼拜四晚七句半钟在东门内经司胡同普通中学堂开演说会演照活动电影并于先期邀请官绅学界中人前往观演,因此届时到会者不下数百人。

(光绪三十四年五月二十九日"新政纪闻"栏目)

督宪杨准邮传部咨天津设立交通银行日期
札饬地方官保护文

为札饬事,光绪三十四年五月二十五日准邮传部咨邮政司,案呈据交通银行呈称天津分行,业蒙奏派分省补用道刘坦总办该行事务并举定经理等呈奉批准在案,该总办等遵即先后赴津将开办事宜妥为布置。兹据报称该分行租定天津北马路房屋,业于二月十二日开张等因呈报前来,相应谘行贵督查照,遇有交易事件接洽办理,并饬地方官及巡警局随时保护可也等因,到本署大臣准此,除分行外合行札饬,札到即便查照。此札。

(光绪三十四年六月初四日"公牍录要"栏目)

天津私立第一中学堂牌示

谕本堂各生知悉,前择定六月十二日上午八钟举行甲班毕业式,恭请学宪亲临颁赐训词,发给甲班毕业文凭并乙班修业文凭。届时,凡肄业蒙生除甲乙两班必须到堂外,其余寓津或距津近者,亦须服著操衣一律来堂,至各生之父兄、亲友愿来观礼,均请驾临可也。

(光绪三十四年六月初六日"文告录要"栏目)

小学堂定期开贤乐会

天津民立第一小学堂定期初三日开第二次同学会等情已纪本报,兹该堂又定于是日上午九钟在本堂开乐贤会,邀集各学生父兄来会茶话,以为学校、家庭联络之计,云尚有同学会简章,容即续录。

(光绪三十四年七月初二日"新政纪闻"栏目)

照录同学会简章

天津民立第一小学堂于今日开第二次同学会,兹将所拟简章照录如下:

一、宗旨:本会以联络同学,藉以交换智识、增进学业为宗旨。

二、会地：本会即设于本学堂内但平日通信处或假书记员之住所为之或别设处所随开会时公决布告。

三、会期：本会每年伏假内开例会一次，由干事员先期通告于各会员并登报公告，各会员于例会之外须不时相晤或通书札以联情谊，并研究学术。

四、会务：本会会员遇同学有无故废学时，当竭力规劝其勤学，本会会员遇同学有不规则之行为时，当竭力辅导其改正，本会会员遇同学有质疑问难时，当竭力为之考证说明，本会会员遇同学有患难疾因时，当竭力为之设法扶持，其他一切公益之事，胥准此执行，本会既为同学增进学业而设，凡所发言论不得逾手范围，干涉国家行政及地方行政。

五、会员：凡曾肄业于民立第一小学堂之学生，均得为会员，本会既以同学组织之，人人皆有整理会务之责，应不设会长，本会设干事员三人经理本会一切事务，开会时日，亦由其酌定，但须商承堂长认可，然后实行，本会设书记员二人，掌会内往来书札，并担任记载之事，干事员及书记员均以公选任之，会计一职，现无可以经理之款，拟暂不设，置俟后再议，本堂捐资董事执事新旧各职员教员，均应由本会敦请任评议员。

六、会金：凡入会者概不收会金，但遇排印同学录或购置书物时得以会员多数之同意开临时捐集。

（光绪三十四年七月初三日"新政纪闻"栏目）

女医学堂定期开学

天津运署设立之女医学堂学生以四十名为额，分产科、看护两科，已于年前考取，卢超远等十七名，后又续考十三名，兹复定于八月初一日考验，初十日开学。已刊发广告，凡未经报名者，准于考验前报名以便考验云。

（光绪三十四年七月初四日"新政纪闻"栏目）

普通中学招考新生

天津东门内经司胡同普通中学堂内附设国文补习所，刻拟招考新生，年龄以十五岁至二十五岁者为合格程度，能作汉文百字以上及能连字缀句者，课程：经学、历史、古文，以六月二十日起至七月初十止为报名之期，逾限不录。

（光绪三十四年七月初四日"新政纪闻"栏目）

同学会开会纪盛

天津民立第一小学堂定期初三日开同学会一事屡登本报,兹悉,是日于午后一钟开会,来宾及各评议员赴会者八十余人,特请志学会社张锡鸿先生及省视学员陈蔗圃先生、中等商业学堂监督李子鹤先生、评议员张少元、刘榕生两先生依次演说,又请私一中学堂军乐及本堂少年音乐随时鼓奏,同学到会者计三百余人,至下午六钟拍照,七钟闭会,并有本会评议员林墨青及刘榕生两先生各助学费,其余同学助款者不计其数,颇极一时之盛云。

(光绪三十四年七月初六日"新政纪闻"栏目)

官小学堂定期开会

天津西头育德庵两等官小学堂定于本月初九日上午开第六次乐贤会,特请学生之父兄或家长到堂叙话,藉聊情谊而聆教益,下午开第一次同学会,凡先后肄业诸生,均令到堂晤谈,藉相切磋而增学识,初十、十一两日开第一次纵览会,陈列各门成绩品,并令各班学生练习图画、手工诸科学,初十日任男宾入览,十一日任女宾入览,以开风气而进文明云。

(光绪三十四年七月初八日"新政纪闻"栏目)

官小学堂开纵览会

天津河东西方庵两等官小学堂今订于本月十三、十四两日开第一次纵览会陈列各种成绩、图书、标本、仪器,任人游览以开风气,十三日男宾入览,十四日女宾入览,每日上午八点三十分开会,十一点三十分闭会,下午二钟开会,六钟闭会,并于十三日开第五次乐贤会,函请学生之父兄来堂叙话,藉资联络。

(光绪三十四年七月十一日"新政纪闻"栏目)

天津劝学所公启

敬启者,现拟本月二十七日下午二钟在天齐庙宣讲所开分科研究会,届期务乞惠临,并乞在二十日以前务将各科议案(注明提议人姓名,幸勿只书堂名)送交各科代表,以便先期预为准备,各科代表,务将议案汇齐,限至二十二日赐交劝学所以便誊印,诸君如无要事,务希临教为要,恐未与会诸君对于提议事项有许多意见无从发表,至议决之后不能不勉强承认,转于事实上有妨碍也,专此奉达,即请各代表各教员先生钧鉴。再,是日上午十一钟,各堂长惠临劝学所研究,林兆翰华泽沅仝启。

（光绪三十四年七月十三日"文告录要"栏目）

官小学堂开会纪盛

天津育德庵两等官小学堂定期开会一事略纪前报,兹将连日开会各情分录如下:初九日上午七钟开乐贤会,学生之父兄到堂者百七十三人,恭备茶点谈论各生之功课、品行,披阅各生之成绩、考卷,至九钟作乐毕,堂长发告假凭单,里面交学生之父兄再四肫嘱,切勿轻忽,又发给半年品行足分一二等,不旷课各生之奖品,堂长对众演说,至十钟闭会,是日下午二钟开同学会。一、作国乐。二、堂长述开会词。三、风琴独奏。四、来宾训词。五、风琴独奏。六、特别会员演说。七、风琴、唱歌。八、学生谢来宾训词。九、堂长述开会词。十、学生茶话。十一、运动。十二、拍影,凡现在本堂肄业与升入他堂肄业或改就他业者,到堂晤谈,共有三百四十余人互相研究,至六钟闭会。

初十、十一日开纵览会。一、宗旨:实地练习以开风气。二、形式:操场循插五色旗,松门松匾高揭国徽、万国旗、五彩灯,院中路线及各室亦皆悬旗挂灯。三、时限:上午八钟开会,十一钟闭会,下午一钟开会,六钟闭会。四、优待室:接待来宾。五、手工室:合高初两等学生练习织线、贴附、缝取各手工。六、图画室:合高初两等学生练习铅笔、毛笔、水彩各图画。七、乐歌室:合初等三四年生练习风琴、唱歌、八、技术科成绩室:陈列历年图画、手工成绩品。九、文理科成绩室:陈列历年修身、经学、国文、历史、地理、格致、笔算、珠算各科成绩品,并悬挂各种样本。十、讲习室:合初等一、二年生堂长教员轮流教授修身、国文,演习珠算。十一、植物园:种植各种有关于博物学之花卉、谷蔬,以备实地教授。十二、体操场:风琴、游戏、鼓号、体操。初十日,男宾入览者不下三千,十一日,女宾入览者约三千余人,图画手工随时赠送,两日约六百余张,十一日特借官五女学女堂役接待来宾,凡指引路线导入各室与照料一切,皆用本堂十一、十二岁学生,又有本区派员弹压男女异途,并无拥挤。

(光绪三十四年七月十六日"新政纪闻"栏目)

官小学堂开会纪盛

　　天津河东西方庵两等官小学堂本月十三、十四两日开办第一次纵览会并第五次乐贤会,兹将开会次序录下:(一)宗旨:以开通风气为宗旨。(二)陈列:一、讲堂陈列高等初等历年国文、算术各科成绩;二、讲堂陈列历年考卷并生理标本。三、讲堂陈列各种仪器标本。四、讲堂陈列历年手工、图画成绩。五、讲堂陈列音乐、军乐、体操、器械。(三)接待:十三日乐贤会由本堂堂长、教员接待学生父兄详谈本年上学期学生功课、品行,纵览会来宾由学生接待,指引路线并各讲堂照料均系学生,并详告来宾何种仪器系何种学问,应用均一一详细演讲。十四日女宾入览,讲堂内亦由学生分班照料,操场路线均由幼年学生指引,虽来宾极多,均按路线鱼贯而行,尚无拥挤之弊。(四)人数:乐贤来宾八十七人,十三日,男宾入览一千一百九十五人,十四日,女宾三千零五十五人,女教员、女学生共二十六人。

(光绪三十四年七月十八日"新政纪闻"栏目)

天津县劝学所公启

　　敬启者,现在列强环伺,时局日危,救弱济贫厥惟教育,然当此库藏支绌之时,官立学堂断难遍及,即公立民立亦岂能竭阖邑绅士之资财,以成就我津沽八十万人子弟,则欲求普及,莫如私塾改良,此固不待智者而知也。前者屡奉学宪谕饬筹办,无如各种学科未必人人尽能,若强以所难,转非我同道相勖之意,因于五月初旬在河北大寺官小学堂内开办塾师传习所一区,听讲者十分踊跃,颇见成效,此固河北诸塾师向学之诚实,亦我津郡教育前途之福也。兹拟再为推广,在城西慈惠寺官小学堂内另开办塾师传习所一处,俾居住城西诸君得以就近研求,以为教育改良之准备。惟所有章程及开讲日期似须预为商订,方臻妥善。兹择于八月初六日早九点钟在西马路宣讲所内开茶话会商酌一切,届日,务请台驾早临为幸。专批布达敬请道安。

(光绪三十四年七月三十日"文告录要"栏目)

学界举行秋季运动

天津学界中人每逢春秋两季,必择日开设运动大会以资体育,现闻本年秋季大会已由天津府中学堂及私立普通中学堂合办,订于九月中浣举行。

(光绪三十四年八月初一日"新政纪闻"栏目)

中学举行毕业礼

天津府中学堂于上月二十七日为学生卒业之期,是日,由监督王梦臣大令延请学台、道台府尊亲莅该堂颁发训辞并请学界中人前往观礼,早十点钟,各宪及来宾先后莅止,相率入席,学台等各有训辞,次监督演说随发文凭奖品,学生等亦有答词,并呈纪念品。礼毕而散。

(光绪三十四年八月初一日"新政纪闻"栏目)

天津小学教员分科研究会公决议案

七月二十七日下午二钟在劝学所开第三次研究会,各科员先期将议案送交各科代表。是日,由各科代表逐条提议决议,兹将各科议案录下:

修身科

提议:最新初等小学《修身》教科书第十册第一课"自奋绝脰而死"句"奋"字何义?

决议:"奋"之字义应作"勇"决辞。

提议:又第二课"广西地气蒸暑","蒸"音证气之上达也,温蒸同乎炎,

459

火蒸音去声,若以气之上达解之,读若证然否。

决议:"广西地气蒸暑"之"蒸"字仍宜从俗读平声。

提议:又第三课"刘驎之,按教授法字骥南"而《晋书》本传字子骥,教授法是别有所本,抑为误字? 若别有所本,而"子骥"二字,陶文中(《桃花源记》)已用之,谅不至误。

决议:刘驎之之字宜从《晋书》作子骥。

国文科

提议:学部图书局《国文》第三册第六课"老莱子弄雏于亲侧欲亲之喜",按教授法,"雏"字小鸟也,图中并无小鸟,惟手执鼗鼓,似不可解,抑"雏"字仍有别解。

决议:"老莱子弄雏"句,"雏"字应遵照教授法作小鸟解,图中未绘小鸟,不必拘泥。

地理科

提议:上次议决之黄著《中学地理》教科书修改已毕,作参考用。

决议:分堂誊印即实行。

格致科

提议:《高等理科》教科书第四册第二十一课"桂银"系何种物质?

决议:"桂银"系译音之误,应作"桂宁"按产南美洲秘鲁国之金鸡,那树皮其精,名曰"桂宁"为炭二十、轻二十四、淡二、养二,贵重之解热剂也。

提议:"又有机物之含有淡气者",应以何法试验之?

决议:有机物加热,干之则变色,且质硬而脆,再加热不已,色转黑,因含炭质故也,其所发之烟臭如焚羽,为含淡气之证。

提议:又第二十三课"小粉遇紫即现蓝色",其化合理安在?

决议:碘遇小粉变为蓝色,惟所变之蓝色能被碱类变白,加热亦不得见其色,待冷而蓝色仍显,其变蓝之故,因碘之极细质黏,于小粉之细点并未另变新质,因返光之故而成蓝色,遇碱类与碘化合或加热,其质点排列不同,故蓝色变白。

提议:又蛋白质何以能补血。

决议:蛋白质多含于动植物中,动物除水脂肪及无机成分外,殆皆自蛋白质而成,其百分之组成大约如左:炭气至55%,轻气6%至7%,硫黄,0.3%至24%,淡气15%至18%,养气19%至24%。凡吾人一日之滋养必要量,大率至少蛋白质二两五钱,因其内多含淡气故也。健壮人红色血轮必多,红血轮中有一质名红液,又名血色素,此质在红血轮中有百分之九十红液之化学质,炭五三、八五,养二一、八四,轻七、三二,硫、六五,淡一六、一七,铁〇、四二,其化学式为炭六〇〇,轻九六〇,淡一五四,铁硫三养一七九。此质以铁、淡二实为最要,铁质由饮食别物加入之,若淡气非蛋白质,无从得之,故为补血之食料。

提议:又花生油与麻油之原质为何

决议:原质为哇里以尼即(炭一七轻三三炭养〇二)三炭三轻五。

提议:又第二十四课酒之发酵,其小粉变为炭气与酒精及酱浊之发酵,其小粉变为糖其理安在可否作为合式以明之。

决议:酒发酵及令小粉变为糖类及酒精若发酵太过即变为醋其发酵之原必须连锁状黴菌名拍克的利亚或麦芽中之提亚斯太斯之作用使复杂之有机化合物变为简单之物其化合之式如下:

炭六轻一〇养五+轻二养＝炭六轻一二养六

炭六轻一二养六＝二炭＝轻五养轻+二炭养二

酱及酱油于未变酒精已变糖时即可加盐以杀期黴菌手工料。

提议:上期所议顺序每学期教授一种,似于儿童心理稍有未合,请议如何更替之法。

决议:更替种类太多,稍嫌复杂,仍按上期议案教授,惟每四星期内必须复习曾经教授者一课,至应系何种类,由教员酌定,庶可活泼,学生不至生厌恶心。

提议:未经授课之预备,板置之斋内,恐乱学生之眼光,拟藏在预备室。

决议:当注意,可实行。

(光绪三十四年八月十二日—光绪三十四年八月十三日"要件"栏目)

通告分科研究会办法

天津县劝学所于九月初三日又届分科研究之期,已刊发公启通告,各学堂教员、堂长务请是日全数至天齐庙宣讲所公同开议,附呈分科研究会办法六条:

一、各科提议草案务请于五六日前函投代表人处,经代表人阅过汇齐交劝学所誊印,至迟以本月二十五日为限。

一、劝学所誊印后分布各堂,务请诸君先期预备答议。

一、每科均须有提议草案,诸君对于各科之教法教科未必无疑难之处,应请提议,以收集思广益之效。

一、是日,应请全位临教,如实有要事不克研究者,所有议决之案,应即作为默许。

一、某君有提议之件,届期尤不得不惠临,恐对于提议之意见,他人有不明晓之处。

一、诸君对于决议如有辩诘之处,务请在会场表发,不得于回堂后再行致函商改,既恐费时,又恐于全体科员之意见未必尽合。

(光绪三十四年八月十四日"新政纪闻"栏目)

天津县劝学所启

敬启者,本月十六日,敝所司事在德界田庄摆渡口下洋车时将海光寺地亩印册遗失车上,当即禀请南区巡警总局宪传知各局区代为寻觅,因该洋车有德国捐并蒙总局宪函达德工部局一体查访,现于二十一日由德工部局将此项印册寻获,立即函送南区总局,复蒙总局宪专函将原件发还敝所,除祗领外,合亟恳请贵报登录,俾见南区总局之公事敏捷,与德工部局之和衷共济,正不徒以有关敝所公益而颂扬不置也。

(光绪三十四年八月二十四日"文告录要"栏目)

天津县议事会申督宪拟呈城乡五处教养局简明办法文

为申请事,案查光绪三十三年十一月十六日申请将天津县之平毁硝池筹办善后要政盐斤加价银两按数提拨交会存储，专备按照原定兴工艺、辟地利、疏运道之用，曾蒙宪台督宪批饬候行运司核议具覆饬遵在案，议员等博访民间疾苦，金谓生计凋敝，谋食维艰。因实业之不兴，遂令羸弱者坐以待毙，强悍者侥幸行险。此渔盐之地所以有熬硝贩私之弊也。今欲兴利除弊，则莫如因地制宜，就奏准盐斤加价一项，遵照原案切实筹办。查光绪三十三年二月盐斤加价一案，蒙升督宪袁奏准，专备兴工艺、辟地利、疏运道之用，而试办天津县地方自治章程第二十八条"议事会应行议决之事"内有实业一类，议员等为合邑贫民广求生路起见，拟恳宪台札饬运宪张自本年为始天津一县盐斤加价之项发交敝会筹设城乡教养局五处，专收失业贫民学习各项工艺，兼及开办农田水利各事，上以推广皇恩，下以妥筹生计，庶贫民熬硝贩私各弊，不至日久复生，即揆之当日奏案维持盐政嘉惠穷黎之宗旨，亦甚相符，况原计天津一县盐斤加价银两每年约五万余金，以之布设五局教养贫寒子弟，数年之后，当使愚氓感知乐利，瘠土变为膏腴，非惟有裨盐政，即于津邑工业前途亦不无小补，所有暂拟天津城乡五处教养局简明办法恭呈鉴定，除申运司外，理合先行备文申请宪准立案，实为公便须至申者。

谨拟天津城乡五处教养局简明办法开呈钧鉴，计开：

第一条　本局以教养失业贫民俾有一艺养生并授以国民教育为宗旨。

第二条　以董事会会员一人综理五局事务，每局设常任干事一人综理各局事务。

第三条　本局筹办之事恪遵升督宪袁原奏办理开渠泻卤讲求树艺水利等事。

第四条　城厢教养局之办法：一、分设工厂延订工师招募工徒授以各项简易工艺制造日用必须器具俟办有成效再谋仿造外国物品；二、招募贫困无告之人贷予资本，使小本营业，其担保偿还之法另订专章。

第五条　四乡教长局之办法：一、调查荒地，其有主者如无力耕种，本局贷予资本；无主者照章收为公产，由本局招佃开垦。二、调查碱地实行开渠泄碱各事，其地有主或无主办法同前。三、调查各该乡物产如麦杆河柳之类，教以熏染编制之法，造成精织物品以扩利源。四、各该乡有近海者推广鱼业以裕生计。

第六条　以上工师、工徒、佃户人等，凡执业于本局者，择休暇之日授以普通知识，以立国民教育之基础。

第七条　以上教养事宜,何地应办何事,现拟征集本县人民意见以备采择。第八条 本局经费以盐斤加价银每年五万两支办,每局各用一万两。

第九条　本局开办后,如有余利,仍留充本局经费扩张教养事业,不得移作他用。

第十条　此项简明办法俟批准后再逐项拟订详细章程次第举办。

(光绪三十四年八月二十五日"公牍录要"栏目)

奖誉品学兼优学生

津埠劝学所于前月函致官立各小学堂选取本年上学期品行、功课、考勤三项俱得全分学生拍照奖誉,以资鼓励。兹于九月初三日上午在学宫内拍照,计到学生三十名,照毕之后由学董款以茶点面加奖励兼勖以始终如一等语,直至十一钟始散闻。将来各赠照片一张、玻璃杯一对,并拟连同民立各小学堂一并举行,兹将各学生姓名列后:河北大寺两等官小学堂学生刘士清,慈惠寺两等官小学堂学生张殿元、张式良,药王庙两等官小学堂学生袁国琳,直指庵官立小学堂学生毕祖培、章国福、王礼成,放生院两等官小学堂学生袁崇霖、王文贵、单士智、刘文荣,育德庵两等官小学堂学生张宝庆,西方庵两等官小学堂学生郝月昌、汪连仲,玉皇庙两等官小学堂学生周毓橒,过街阁两等官小学堂学生李家庆、王士珍、王恩藻,旧营务处两等官小学堂学生丛士杰、唐学录、吴金荣、程学敏,堤头村两等官小学堂学生王怀珍、金德麟、叶祖荫,广仁堂北初等官小学堂学生李克信,太阳宫初等官小学堂学生刘培元、王嘉瑗,陈家沟初等官小学堂学生王金柱、沈永福。

(光绪三十四年九月初十"新政纪闻"栏目)

借地开设女子小学

天津设立男女各小学,无虑数十处,然相地建堂殊非易易,官立第七女子小学筹办已经数月,竟未有相当堂舍,正在寻觅间,有堤头村黄君云樵,愿将本寓住房腾出十数间,借与女子小学暂用,并不受一文房租,似此热心学界令人起敬,闻该学招齐学生后拟于本月十五日演礼,十七日开学,仍须赶觅合式堂舍,一俟勘定后立即迁移,庶免日久占用云。

(光绪三十四年九月初十"新政纪闻"栏目)

天津巡警总局重定清查户口要规

一、此次清查后即著为定期清查,每年由总局定期令各局区按照章程清查一次,册报总局以资比较。

一、每局区应备户数移动簿及草册、清册,查时先写草册,查后照章誊写清册,遇有呈报迁移者,应注户口移动簿。

一、定时清查应派阅历较深巡长一名,巡警二名,每日自上午八点开查至十二点止,下午自二钟至五钟止。随查随缮,务期详细无遗,并责成检事相与核对,该区长随时检阅,以便克日完竣。

一、编号查户均由马道街巷村庄左首查起,譬如胡同东口左首查至末号,再由东口右首查至西口为止,以归划一。

一、原订之铅皮门牌如有残坏者,随查随换,以壮观瞻。

一、编订门牌号数,各局区均由第一号编起,挨次编到尽处为止。

一、大门为号,院内住户为户,如第一号大门内居数家者,即以一号几户编列,后门标明"后门"二字,概不列号,倘遇大门在此局界,后门在彼局界,则当详注以备考核。

一、凡空房亦挨次编定门牌,注明空房间数、房东姓名、住址,以备将来迁入之家呈报户口注册。

一、贫民窝铺席棚暂以为家者,只查人口,另别红纸号牌,因无订门牌处,所是谓另户特立一册,以示区别。

一、西头芥园一段向归马巡队管辖,应责成马巡队清查册报以归划一。

一、公馆民宅须详记家长姓名、年籍、职业、何年月日移居于此,并男女大小口数及仆役若干,十五岁以下统为小口,并须询明曾入某校肆业。

一、商店须详记铺掌姓名、年籍及开张日期、是否集股,抑系自立,并成本数目及铺夥仆役若干。

一、房屋记明灰瓦、土楼房若干,是否自置产业,抑或另有业主,须查验捐务执照及捐款数目以凭考核。

一、署厅局所学堂等处应请由总局先行函知,查时由该管局区预送草表,令其照章自行填注,随时送交该管警局注册,以示分别。

一、外国人所设教堂公司及别业寓处均须询明国号、姓名、职业、雇佣中国人数清查时亦仿照衙署局所办法。

一、庵观寺院须详记住持法名、年籍及僧徒、仆役数目并何年建筑及庙产若干。

一、客店斋房只查店掌姓名、年籍、雇夥若干,至于暂住客人、来往无定,该管局区仍随时查考,循环店簿,此时概不查记。

一、遇所管段内户数有移动者,令该户呈报,随时调查清楚,以便发给执照即行注册。

一、各局区预备迁移执照遇有铺户、住户报告迁移,责令房主催领执照即时填记,又不报者,查出究办房东。

一、巡警执务时遇有迁居者,途中必须询明有无领取执照,查验放行。

一、户数移动簿每册首须列明由某胡同至某胡同、由某号至某号署厅局所、学堂等分别统计列表粘于册首,庶易考查。

一、于每年十二月编辑所辖段内户口年表,具呈于警务总局,以便汇齐编列户口统计表。

以上所拟各条谨就现在实行移动户数办法倘有应改之处,当随时研究酌量更改,以期尽善尽美。

(光绪三十四年九月十三日"要件"栏目)

体育观摩会纪事

天津劝学所日前函知各堂本月二十七、二十八、二十九三日分期开体育观摩会以资比赛,二十七日下午为城隍庙、河北大寺、慈惠寺、放生院、育德庵、广仁堂、北太阳宫七处官小学堂在放生院操场比赛之期,是日,共到学生七百余人,先分堂操演后合并跪排,分堂操演则有变排、枪操、身力等,跪排则作螺旋式之往来,离合操纵各擅胜场,直至日暮始散,并由总董林君、县视学华君函约省视学陈君会同评判。在场照料者有中区劝学员并各堂堂长、教员云。

(光绪三十四年九月二十九日"新政纪闻"栏目)

天津县议事会移董事会补助学堂经费情形文

为移请事,案据本年八月初十日接到劝学所函称,奉学宪函谕将办理得法而经费不敷之大直沽民立第六小学堂每年补助洋银二百元、普育女学

堂每年补助洋银三百元、严氏保姆讲习所每年补助洋银五百元,曾于五月
二十九日函请贵会核议由庙产项下支拨在案,查严氏保姆讲习所禀请学宪
收回成命,将补助该所之款拨给民立第六小学堂及普育女学堂蒙批敝所核
议,现拟民立第六小学堂每年改助四百元,普育女学堂每年改助六百元,仍
合千元之数。贵会如意见相同,务请速示,以便禀覆等语。敝会查清丈公
所应缴产租项,业于本年七月间移交贵会收管在案,嗣经敝会公同提议,于
议董两会与劝学所划清权限案内,请将公立男女小学堂补助费以公款支给
办有成案,及经议决者由劝学所预算数目报告于董事会,交由议事会核准
后照章支领报销业,向学宪禀明立案。查本年四月间,土城学堂学董、江苏
补用知县刘恩林等投递说帖,因该堂经费不敷到会,力求补助敝会,调查该
堂经费每年不敷约在三百余元之谱,遂经议定,自本年七月起,每年补助该
堂银洋三百二十元,分两学期支领,业经贵会支付在案,此次民立第六小学
堂及普育女学堂蒙学宪函谕,劝学所转请补助,与土城学堂事同一律,自应
援案补助,合计两堂共需千元之数,业经公同议决,理合恳请贵会酌核,庙
产项下如可支拨即请照数补助,并订于何日核发,敬希预为见覆,以便达知
劝学所禀覆学宪,一面通知该两堂学董届期支领以重学务而济要需,所有
第六小学及普育女学两堂转求补助缘由,相应备文移请贵会查照,希即速
覆,施行须至移者。

（光绪三十四年十月初一日"公牍录要"栏目）

又申天津镇请发垫运资本文

　　为申请事,案据小孙庄佃户王金钊等请发垫运资本一案,当由敝会转
请核发在案,随接照覆内称,所请垫运资本一节情尚可原,应饬中军核议酌
办等因,仰见宪台俯恤农艰,该佃户曷胜感颂,兹拟请将核定办法预为示
知,以便敝会转饬各佃户遵谕祗领,冀以表实惠而慰舆情。所有请示核发
王金钊等垫运资本办法缘由,理合备文申请宪台察核,并希速覆,施行须至
申者。

（光绪三十四年十月初八日"公牍录要"栏目）

三纪体育观摩会

天津劝学所前定九月二十九日在过街阁小学堂操场开行宫庙、药王庙、营务处、西方庵、过街阁、陈家沟六处官小学堂体育观摩会,后因雨改期于本月初六日上午举行。是日九钟开操,六堂共到学生五百七八十人,有总董、中区劝学员、东区劝学员及各堂堂长、教员到场照料,其操法有哑铃跑排步法、身力等式,旋转合度备极娴熟,中间复杂以旧营务处小学少年音乐哑铃操,则和以唱歌,尤为发皇有致,直至十二钟始散,奥署并派有巡捕数名,在彼弹压,闲人故颇整肃云。

（光绪三十四年十月初八日"新政纪闻"栏目）

新设女子小学开班

天津狮子林福寿堂内新设官立第八女子小学一处,定于本月初十日下午二钟开学,预于初八日下午演礼,东门内弥勒庵官立第二女子小学近又增设丙班,亦订于本月十二日下午二钟开学,十一日下午演礼。均已分贴广告,通知报名各生届期到堂。

（光绪三十四年十一月初六日"新政纪闻"栏目）

天津劝学所招考学生公启

敬启者,兹因师范等堂招考专挑选高等小学毕业修业各学生,贵堂如有合格者,敬祈造具姓名、三代籍贯清册送交敝所以便汇转。兹将章程列后:一、县尊照会奉学宪札选高等小学毕业学生入天河两级师范学堂第五完全科,明年正月二十日前在津齐集听候考试。一、中等商业学堂函招高等小学毕业或二三年修业学生分入完全、简易两科,完全科每月学费一元,简易科不收学费,准于今年十二月初五日上午九钟在东马路本堂考试,自带笔墨。一、保定陆军小学指日招生各堂,如有愿投考者,亦请查明示知,以免临时仓卒(去年系选取高等小学毕业者今年应照为预选),旅费由学生自出。再者,贵堂高等班本年年底如有满四年毕业学生,务请早日造具履历册、功课分数册送下,以便汇请县尊考试。

（光绪三十四年十一月初八日"文告录要"栏目）

小学会考纪题

　　天津劝学所于十三日下午在河北甘露寺宣讲所会考初等第五年级学生。到者为城隍庙、行宫庙、慈惠寺、放生院、旧营务处、太阳宫六处官小学堂,民立第一、第二、四十四、五十各小学堂计与考学生一百九十余人,考国文一艺、笔算一艺,至三点半钟即先后交卷回堂。试题录下:国文题,诸生冬夜自修应温习何种学科论? 笔算第一题,今有新开书坊整箱趸书三千六百八十部,共用本钱银洋四千八百三十五元,及至将书零售已净,其中有三百四十五部每部比原价少卖二角,有一千五百六十部按照原价售出,所余每部比原价多卖三角,问赚银洋共若干? 第二题,某人原有存钱一百九十五吊,其每月入款有三十五吊,而每月之费用平均为四十二吊八百文,所不足之数,即以原存之钱补之,问,原存之钱几月用尽? 以上二题任答一题即为交卷。

　　　　　　　　　　　　（光绪三十四年十一月十五日"新政纪闻"栏目）

天津县董学会移议事会补助学费情形文

　　为移覆事,案准贵会移开据劝学所函称,奉学宪谕发民立第六小学堂、普育女学堂补助经费,嗣因严氏保姆讲习所禀辞补助拟定补助民六小学堂每年四百元、普育女学堂每年六百元,请由庙产项下支拨等情,嘱酌核庙产进款,如可支拨,即请照章补助,并希豫为见覆等因,准此查清丈公所移交庙产统进租全数核算,除应支各宗学款,尚敷千元之需,自应照章补助以维学务。惟敝会收租系从七月办起,检查清丈公所账簿,春夏两季租款多未收齐,迭经催缴各租户,仍不免觥延,至年终能否一律收齐,尚难预定。现在租款赢存无几,本会公同酌议,拟将补助该两堂款项本年先付半数,如届年终租款足敷分拨,再续行支付,即希知照该两堂携领到会,以凭照发所有议覆补助民立小学、普育女学拟先付半数情形是否有当? 理合备文移请贵会查核转覆,施行须至移者。

　　　　　　　　　　　　（光绪三十四年十一月十九日"公牍录要"栏目）

天津劝学所催询两等小学毕业公启

敬启者,前曾函致各堂询问本年有无高等四年毕业学生,以便转请县尊定期考试,迄今旬日以来,只民立第六一堂,送到禀册全分,其他各堂均未答覆,究竟有无高等四年毕业学生,亟须再行函询,以便汇报敝所定于二十六日具禀上陈请示,贵堂如有高四毕业学生务于二十四日以前造具履历、分数清册送下,迟则恕不久候,以免延误他堂禀册上呈。此请大安,陆军小学刻得确实消息,暂不招考新班,各生如有愿考陆军者请即传到,另择他种学堂投考,免致徒劳盼望。

(光绪三十四年十一月二十二日"文告录要"栏目)

会考小学学生发榜

天津劝学所于本月十三日会考官立民立各小学堂初等五学年级学生曾纪前报,现闻总董已会同县视学已将试卷按照分数评订甲乙,分上取、中取、次取三等,计上取三十六名(八十一分以上)、中取一百二十一名(八十分以下三十一分以上)、次取二十名(三十分以下),并将上取试卷传送各堂以资观摩。兹将取定前十名学生姓名列后:第一名:汪瑞玲(太阳宫小学堂),第二名:李锡田(太阳宫小学堂)第三名叶百药(民立四十四小学堂),第四名:俞学镜(城隍庙小学堂),第五名:华凤翔(城隍庙小学堂),第六名:倪文炳(民立四十四小学堂),第七名:朱延章(民立第一小学堂),第八名:李学珍(太阳宫小学堂),第九名李耀慈(旧营务处小学堂),第十名:刘金榜(慈惠寺小学堂)。

(光绪三十四年十一月二十三日"新政纪闻"栏目)

考取学生拍照纪念

天津劝学所会考官民立各小学堂初等第五年级学生业经揭晓,曾记前报。兹于二十七日上午十点钟由总董林君、县视学华君招集考列上取之学生汪瑞玲等三十六名在劝学所拍照面加奖誉,以为纪念而示鼓励云。

(光绪三十四年十一月二十九日"新政纪闻"栏目)

纪分科研究会情形

天津劝学所定于二十七日开官民立各小学堂分科研究会,已纪前报。闻是日上午各堂长先到劝学所研究管理诸法,午后各教员齐集研究,仍假东马路宣讲所为会场,到者计一百七八十人,决定议案甚伙,直至薄暮始行闭会陆续回堂。并闻是日议有小学各科教程进度表一份,来年即当实行,俾各堂程度以归划一。

（光绪三十四年十一月二十九日"新政纪闻"栏目）

劝学所调查私塾

天津劝学所因津埠私塾教授合法者,固不乏人而敷衍塞责贻误后进者亦在不免。日前,特仿照京师办法具禀巡警局,请派长警协同调查以便设法劝令改良。闻已蒙吴京卿批准,候饬各局区一体查照矣。

（光绪三十四年十一月二十九日"新政纪闻"栏目）

天津劝学所公启

敬启者,前月二十五日接敦庆隆绸庄来函拟招高等小学毕业或修业学生十名,于十二月十二日上午八点在东马路宣讲所考试,明年正月订期任事请为代知各堂择尤保送等因,当于上月二十七日分科研究时面告各堂查照办理。兹复接到敦庆隆来函,以至今尚无报名之人请为函催等因,理合再为通告,各堂如有志在商业学生,务祈即日保送为要,专此敬请各小学堂诸君公安。

（光绪三十四年十二月初九日"新政纪闻"栏目）

维持女学之计画

天津县张小松大令寿彭自到任以来,凡百新政实力推行,于教育一端尤为力图进步,现以板桥胡同普育女学堂规模狭小,拟再加扩充,将火神庙尽行划入校内,又以该堂精神虽具,经费维艰,已于肉行经纪报销学费六千吊,内拨三千吊为该堂常年经费,以期持久云。

（光绪三十四年十二月十九日"新政纪闻"栏目）

天津劝学所公启

敬启者,顷奉学宪札发表格应即照填,并由敝所调查三项全分学生及保送他堂学生各事宜开列于后:一、送去一览表格若干纸,祈查收,务于明年开学以前一律填齐,计真字表三份呈送学部学务公所,并调查局草字表一份,留存敝所者四份,以后均系如此办理。一、去年下学期本年上学期各一年表均请再用草字照抄一份送交敝所以备存查。一、本年下学期各堂如有半年品行足分、功课足分及半览不旷课三项兼全之学生,务请调查明确开具清单送交敝所,候订期到会拍照,以资鼓励。但必须认真核实,宁缺毋滥。一、各堂所有历年保送他堂学生应自开学日起统计凡已经保送之学生,务将各学生姓名及保送某堂用草字开具清单送交敝所以便汇齐列表,仍分送各堂存留一份,用备稽核,其拨入同等学堂者概不计算,即无庸开送姓名此条务于十日以内示知,并附呈六处官小学保送生清册一本,乞查照格式办理为盼。以上共四事,转此奉达,即请官民立各小学堂公鉴。

（光绪三十四年十二月二十日"文告录要"栏目）

宣讲所定期开讲

津埠各宣讲所因节届新年,特于去腊二十三日停讲以资休息,兹于正月初六日起每晚仍照旧宣讲以开民智。

（宣统元年正月初六日"新政纪闻"栏目）

学界欢迎会志盛

上年腊月二十八日下午六时,天津大教育家张柏（伯）苓、李芹香两君由欧美回国到津,学界职员学生到老车站欢迎者约数百人,并有青年会诸西宾来与斯会。是时,燃烛辉煌,鼓掌之声雷动旋由各会员陪同两君至城内只家胡同王益孙部郎寓内暂息车尘,然后次第回宅云。

（宣统元年正月初六日"新政纪闻"栏目）

天津电报学堂续招插班学生广告

年龄：十五岁以上二十岁以下，程度：汉文通顺英文曾读过一二年者为合格，报名，自正月十六日起至二月初八日截止，二月初九日上午八点钟在该堂考试，有志就学者，幸即早为预备也。

（宣统元年正月二十七日"文告录要"栏目）

天津劝学所公启

敬启者，现拟于二月十六日下午一点钟会集围墙以内及围墙以外地址较近之官民立各小学堂高等第三、四两学年级学生在河北大街甘露寺宣讲所会考，其试题系国文、算术两科，所有贵堂应行与考学生若干，务请于初九日以前开具姓名函交敝所，以便造册备卷（但用草书，姓名、年岁不必学写三代），届期仍祈管理员带领学生早到为盼。

（宣统元年二月初六日"文告录要"栏目）

天津劝学所公启

敬启者，现拟于二月三十日下午一点半钟在天齐庙宣讲所开分科研究会，届期务请惠临并祈在十五日以前务将各科议案（注明提议人姓名，幸勿写号，亦勿只书堂名）送交各科代表诸君（姓字堂名附后），以便先期预为准备，再由各科代表诸君将议案汇齐，限至二十日赐交敝所，以便誊印再行呈寄各科员预备决议为要，专此奉达，即请各代表各科员先生钧鉴各科正副代表姓名堂名列后：修身，正，卢旭斋（育），副，杨杏林（过）、王静山（药）。读经：正，从莲品（育），副，顾捷三（太）、于蒲轩（行）。国文，正，于蒲轩（行），副，邓鹤汀（太）、苏子青（西）。习字：正，从莲品（育），副，王翼庵（行）、顾捷三（太）。笔算：正，马仲三（营），副，郭素民（退职）、董树人（太）。珠算，正，郭素民（退职），副，张寿山（行）。历史：正，于蒲轩（行），副，陈绍亭（慈）、邓鹤汀（太）。地理：正，庞丽泉（行）副，金遂生（营）、顾捷三（太）、吴竹民（药）。格致：正，张寿山（行），副，朱熙卿（直）、王翼亭（城）。图画：正，辛虎臣（城），副，李二聊（玉）、王翼庵（行）、顾捷三（太）。几何：正，钟蕴

473

石(药),副,郭素民(退职)。手工:正,窦奎占(慈),副刘兰甫(城)、李二聘(玉)。

(宣统元年二月初七日"文告录要"栏目)

天津学界组织公园

现在学界同人拟在城西南隅之公地设立游艺园,曾于初七日在西宣讲所会议一次,赞成者占多数。兹拟于十六日上午九点至十二点仍在西宣讲所会议办法,似此文明举动学界莫不赞成,届时必各陈所见。

(宣统元年二月十一日"新政纪闻"栏目)

小学教员之遗泽

天津行宫庙官小学堂教员陈在中君生平教授有方,颇占时誉。去岁因劳成疾,延至本年正月十九日逝世,初八日午前九钟为发殡之期,该堂学生集合百余人前往会葬,学界职员之不约而往者亦二百余人,其平日之感情可想矣。

(宣统元年二月十一日"新政纪闻"栏目)

会考小学堂学生

天津劝学所于十六日在河北甘露寺宣讲所会考官民立各小学堂高等三、四年级学生是日下午一点钟,各堂管理员教员即陆续率领学生前往共计官立城隍庙河北大寺、药王庙、直指庵、放生院暨民立第二、第三、第五、第八、第十二各小学堂共学生一百余人,其国文试题为"孔子四教先文行说",笔算两题任作一题为完卷,迨四点时即先后交卷回堂,主试者为总董林君,县视学华君,照料者有中南区两劝学员、劝学所文案及各员司并有省视学陈蔗蒲君会考云。

(宣统元年二月十八日"新政纪闻"栏目)

小学堂会考揭晓

天津劝学所于本月十六日在河北甘露寺宣讲所内会考官民立各堂高等三四年生已纪前报,兹于前日评定甲乙榜示劝学所门外,并将试卷传观各堂,合将上取学生姓名列后:高等四年上取四名:刘家骏、刘士清、王祖光(以上均河堂)、吉承淮(城堂);高等三年上取七名:朱炳尧(民二)、毕镛(城堂)、张裕勋(放堂)、温运昌(药堂)、杨绍曾(民二)、王朝卿(直堂)、单士智(放堂)。

(宣统元年二月二十一日"新政纪闻"栏目)

半日学堂发给文凭

津埠大悲庵、天齐庙、西马路、地藏庵、甘露寺五处官立半日学堂均自本年改为简易初等小学堂,开课以来入学生徒甚为踊跃,所有去年肄业各生去岁年终曾分别年级缮具文凭,请县钤印以备本年缓定学级。前日上午,总董、县视学劝学员等特会同各教员在天齐庙宣讲所内按名发给并勖以切实,力图上进云。

(宣统元年二月二十四日"新政纪闻"栏目)

天津县胡令商彝详官立五处半日学堂改为
简易初等小学堂文并批

为详请事,案查接管卷内据天津县劝学所总董林兆翰、孙学、华泽沅禀称,窃查《奏定初等小学堂章程·学科程度及编制章》载有简易科目专为便于贫家儿童不能谋上学生业者,施之一般普通人民最为相宜,董事因念官立天齐庙、西马路、地藏庵、甘露寺四处宣讲所附设之半日小学堂及大悲庵官立半日小学堂本为贫寒子弟及有志商业者而设,规定课程已暗符简易小学之办法,董事公同集议,先择其不甚贫寒及合学龄将来可以毕业得奖之学生,均已拨送完全小学,即将五处半日小学堂自明年开学为始,一律遵照定章改名官立简易初等小学堂,每堂学生仍以五十名为额,所有各堂员司薪水及一切开支均须较前增多,查天齐庙等四处半日学堂一经改办,虽经费稍绌,然四处宣讲所款项却有盈余尚敷拨用,惟大悲庵一处每月只五十元,毫无余款,每年必须加赠常年经费洋百元方能敷用,拟即有劝学所公款项下每年分四季照数拨给以资应用而宏教育,所有官立五处半日小学堂从明年开学改为简易初等小学堂,并拟由董所拨给银洋百元缘由,除禀学宪外,伏乞转详备案施行,实为公便等情,据此,拟合具文详请宪台查核,俯赐批示立案,实为公便。

督宪杨批:如详立案,仰提学司查照饬知。缴。

(宣统元年二月二十五日"公牍录要"栏目)

天津劝学所公启

敬启者,敝所自去春开办分科研究会学务,进步颇赖诸君辅助,兹已一年期满,代表诸君亟须改选以均劳逸,拟于本月三十日研究事竣,改选代表,凡曾充代表者,亦可被举联任,以后并定为每年第一次研究日为改选之期,特此达知,届日务祈诸君早到为幸福。再,各堂教员均系担任某科,务请三四日将教员姓名及各科目开示,以便选举时分科备考。此请公安。

(宣统元年二月二十六日"文告录要"栏目)

天津劝学所致官民立各小学公启

敬启者,现拟于闰二月十四日下午一点钟会集围墙以内及围墙以外地址较近之官民立各小学堂高等第二学年级学生(须实系高等二年不计学期)在河北大街甘露寺宣讲所会考,其试题系(国文一艺)、(历史或地理问答一条),临时酌定,务乞贵堂将应行与考实与学年程度相合之学生若干,于初九日以前开列姓名函致敝所预为造册备卷(但用草书开具,姓名年岁不必书写三代),并请将各学生现在历史、地理两科程度随函示及,以便提问,届期仍祈管理员带领学生早到为盼。

(宣统元年闰二月初八日"文告录要"栏目)

天津劝学所致河北各私塾公启

敬启者,去岁在大寺学堂开办传习所诸君热心研究教育,颇赖补助,至为欣佩。兹拟闰二月十四日上午十点钟假河北大街甘露寺宣讲所内研究本年办法，以期猛进直追，免致虚耗时日，届期务祈台驾早临，如有卓见，亦请提议，至同道诸君如有未见通知者，请执事偏劳代为转约为幸。

（宣统元年闰二月初八日"文告录要"栏目）

天津县议事会议覆公告

孀妇姜唐氏说帖为缕细详明恳请持平公论以判曲直事，议覆：说帖阅悉。本会对于此案仅奉臬宪谕令观审将来，如有咨询，自应按照本会章程第三十六条秉公申述意见，此外，并无裁判曲直，拟议罪名之权，说帖所陈各节是否属实，应自赴臬署禀诉，此覆。

李玉麒即李少舫说帖为恳祈代述胞妹姜李氏身死不明事，议覆说帖：阅悉已于姜唐氏说帖内议覆矣，此覆。

（宣统元年闰二月初八日"文告录要"栏目）

会考小学纪题

天津劝学所于十四日下午会考官民立各小学堂，计到城隍庙、河北大寺、行宫庙、慈惠寺、药王庙、直指庵、西方庵、玉皇庙、过街阁、旧营务处、堤头村等处民二、民六、民八共十四座，学生二百四十余名，当由总董林君、县视学华君点名给卷命，国文、历史各一题，至四点余钟即陆续交卷回堂，在场照料者有中区劝学员，南区劝学员及各堂堂长、教员，劝学所员司。兹将课题录下：国文："家之本在身说。"历史："问鲧禹父子相继治水何以成败不同？"

（宣统元年闰二月十六日"新政纪闻"栏目）

纪私塾改良研究会

本月十四日上午天津劝学所在河北宣讲所开私塾改良研究会，是日，计到会塾师四十余人，当由县视学华芷舲君述明开会宗旨，继由中区劝学员刘蓉生君将议案四条当场宣布，研究多时，用投票法决定，至十二钟闭会。所有议决各条月内即逐项实行矣，议案附后：一、各塾师每月须会集两次),以便讨论一切应行改革事项,并藉以交换智识。其第一次为每月第二星期日晚间八点至十点,在甘露寺宣讲所内,专为各塾师之研究。第二次则为每月第四星期日下午一点半至四点半,在东马路宣讲所内,附入小学教员分科研究会,以资讨论决议可实行。会员如有议案,先期送交劝学所汇齐公决。二、每月添国文、算术小课一次,即以第二星期研究时命题,限五日交卷,由劝学所汇齐交各塾师传观,藉资观摩,其课题或同人公拟,或劝学所拟定,临时酌夺,决议可实行。但课卷用暗记,不写姓名。三、各私塾应将修身、读讲经、国文、笔算、珠算之必须各科一律设齐,以期教科划一,决议已实行者多半,未行者再求划一。四、各私塾如有程度较高之学生,务将国文、算术加意练习,其次者亦宜注重讲解,以便五六月内仿照北京私塾改良办法开第一次改良私塾观摩会,并酌赠名誉金,决议:目下先行预备,俟五月间再酌量情形公决实行日期及办法。

(宣统元年闰二月十六日"新政纪闻"栏目)

小学会考揭晓

天津劝学所于十四在河北宣讲所考试,官民立各堂高等二年学生兹已评定甲乙榜示,合将上取各生姓名列后孙文琦(民六)、郑士诚(城)、杨广泰(民六)杨文治(过)、杨志清(民六)、李汝祺(西)、赵荣昌(玉)、管克昌(西)、方宝清(西)、武宝铃(城)门恩纶(堤)、韩文荫(过)。

(宣统元年闰二月二十三日"新政纪闻"栏目)

天津劝学所请绅商学界评议书

敬启者,海光寺庙产前于光绪三十年间蒙纲总诸公列名禀请前任县尊唐转详升任道宪王按成提充官民立各小学堂经费批准有案,此项租款历年由敝所经理海光寺庙产共计庄田八处,内有贾家沽道一处,被该村佃户孙治等将园田佃房私租私倒据为己有,本年正月业经禀明县尊熊饬派弓手勘丈,查出种种弊端,并有敝所拟定办法,惟现在议论纷歧,莫衷一是,敝所诚恐公理不伸,致公产公款大受妨碍,除在议事会呈递说帖外,特将此案原委誊印成帙,呈请绅商学界诸公俯赐披览,持平论断,庶公是公非得以彰明较著,而此案之结局,自不难有正当之归宿矣,此请台安。

(宣统元年三月初三日"新政纪闻"栏目)

汇录天津县劝学所致官民各学堂公启

敬启者，现拟于三月十三日下午一点钟会集围墙以内及围墙以外地址较近之官民立各小学堂高等第一学年级学生在西马路宣讲所会考，其试题系（国文一艺）、（历史或地理问答一条），临时酌定务乞贵堂将应行与会考实与学年程度相合之学生若干，于初九日以前开列姓名函致敝所，预为造册备卷（但用草书开具姓名年岁，不必书写三代），并请将各学生现在历史、地理两科程度开示，以便提问，届期仍请管理员带领学生早到为盼。

又启者，现拟于三月二十七日下午一点半钟在天齐庙宣讲所开分科研究会，届期请惠临，并祈在十四日以前务将各科议案（注明提议人姓名，幸勿写号，亦勿只书堂名）送交各科代表诸君，以便克期预为准备，再由各科代表诸君将议案汇齐，限至十九日赐交敝所誊印，再行呈寄各科员预备决议，其是日上下为堂长研究会合附达知。三月初六日。

（宣统元年三月初七日"文告录要"栏目）

小学堂会考纪事

津埠劝学所于本月十三日下午在西马路宣讲所会考官民立各小学堂高等一年级学生。计是日到者城隍庙、行宫庙、慈惠寺、药王庙、直指庵、放生院、育德庵、西方庵、旧营务处、太阳宫民立第一、第三、第五、第六、第十二、第十九、第四十六共十七堂计学生三百二十余人，当由总董林君、县视学华君点名给卷命题，国文、地理各一题，至四点余钟即陆续交卷回堂。在场照料者有劝学员、堂长、教员、劝学所司员。兹将试题列下：国文：论习字之益；地理：问中国分几大流域，各流域内在历史上有何事迹，试略言之。

（宣统元年三月十六日"新政纪闻"栏目）

私塾研究会纪事

天津改良各塾师于本月十三日晚在河北宣讲所研究，计到会者二十余人，县视学中区劝学员均莅会，当议决议案十余条，并由劝学所分赠到会塾师、蒙师箴言各一本，并摘录初等小学科程度表一纸，至十点余钟闭会，并发第一次国文、笔算小题,听其选作,以十八日为交卷期(题目、议案续录)。

(宣统元年三月十六日"新政纪闻"栏目)

天津私塾改良会议案

一、先期传知已改良私塾将本年第一学期大考成绩呈请劝学所查验加批发,还以分优劣(公决:可分两学期汇呈)。

二、传知已改良私塾造具学生姓名、籍贯、年岁清册呈送劝学所存案备查,勿庸开列三代(公决:每年开四裁仿纸本开送一次,以七月行之,并可不写籍贯)。

三、外籍塾师与本埠字音殊异者,务必讲义详细亦不为咎(公决:只可仍旧,但乡音太甚者,亦宜酌改)。

四、本年夏季,先由已改良私塾开观摩会,未立案者,俟再开议(公决:照办)。

五、已改良私塾案定先后请示之次序编列第几某某小学校名目,日后观摩列为最优等再升为私立初等小学堂,如仍以私塾为名,恐难提倡(公决:可行,俟商总董办理)。

六、清查已改良未改良各塾师有无嗜好如烟(鸦片)、酒、博弈等劣迹,并可照会禁烟局随时查办,以肃功令,并照会巡警总局传饬各局区巡逻岗兵禁止(公决:事固正当,但恐一时不易办到,暂缓亦可)。

七、已改良私塾每季查察一次,两学期开观摩会会,庶可鼓励将来(公决:俟筹办观摩会时再议)。

八、请劝学所拟定各科教科书名目统归划一(公决:用学部本,但现用商务馆本者,暂可不改)。

九、传知各塾师学生有蓬头垢面纽结发解随便、食物掷弃、字纸糊墙并禁止塾师出售笔墨、纸、书、各样食物等项种种腐败气象皆辄戒之(公决:各塾尚无此弊,仍互相规戒,其他改良之私塾,则由劝学员随时查察劝戒)。

十、同道革去旧习以重维新,庶可造就预备立宪之国民(公认可)。

十一、津郡实行私塾改良,先由已改良入手,屡传知名塾师勿稍偷安,课程万勿间断(公认可)。

十二、传知各塾师已改良立案者,无惧同道街邻蛊惑,得反躬自问,自罪办理之不善,若自立标准,日久,已改良之学生与未改良之学生私自比较,必能自相矛盾。谚云:卑巷卖高酒之说,不愁无朋自远方也(公认可)。

(宣统元年三月十七日"新政纪闻"栏目)

私塾研究会纪题

三月十三日,天津私塾改良研究会发出第一次国文、笔算小课题,如下:国文:教育者之责任说;学校教育宜得家庭教育补助说;春日郊游记。笔算:今有牛一头,值洋二十八元,每牛两头可易羊十四只,每羊三只可易鸡二十四只,每鸡六只可易鱼十五尾。问:羊、鸡、鱼每只价各若干? 今有数二七八九零四七,以九三五乘之,问得若干? 以上国文、笔算共拟五题,以作一文、一算为完卷,愿多作者听限十八日交卷。

(宣统元年三月十八日"新政纪闻"栏目)

高等小学毕业给奖

天津民立第二小学堂高等班本年届卒业之期,前经堂长禀送学台扃门考试,业已评定甲乙,各给毕业文凭。其最优等各生则详请督宪咨部奖以廪生出身,以资鼓励。

(宣统元年三月十九日"新政纪闻"栏目)

奖给小学学业生

天津民立第一第二小学堂毕业学生前经学台详请督宪咨明学部核给奖励,兹已奉部核准,咨覆督宪转饬学台行县传知查照矣,所有给奖学生姓名列下:民立第一小学堂最优等,李希涑、张云舫、李泽周、杨钟龄、朱克昌、李树桢、石承濂、孙克昌、赵镛、宋本善、王锐、于士俭、褚洪铎、赵均、诸葛濮、姜联奎、陈泽润、李宝缘,以上十八名均奖给廪生。民立第二小学堂最优等,华锡年、孙宝恩、倪春墀、王禾、马金铭、郭鸿图、张鸿冀、田润泽,以上八名奖给廪生。优等:卞迪新、金鹤鸣、王光度、周以枢、杨林桂,以上五名奖给增生。中等,田允文、陈宝咸、靳文章、殷人浚。以上四名奖给附生。

(宣统元年三月二十三日"新政纪闻"栏目)

天津县劝学所致各学堂公启

　　敬启者,现准董事会函开,天津议事会自光绪三十三年七月成立,所有当选议员迄今已满二年,按照《试办天津县地方自治章程》例,应改选自三月初一日本会设立选举科,专司筹办改选事宜,并由会编辑公布分贴通衢,诚恐未易周知,复印广告分送工商学各界,敬祈转为布送,务请于四月十五日以前到本区调查处注册,幸勿过期为盼外,广告二千张,敬祈分送围墙以内,各官立、民立小学堂等因,准此,理合函达,随希贵堂同人查照广告事理并期限,前赴董事会内调查处注册,以重选举而免放弃此权。专此敬请公安。

　　　　　　　　　　　　　　　（宣统元年四月初一日"文告录要"栏目）

天津劝学所公启

　　敬启者,现拟于四月十二日上午七点半钟会集围墙以内及围墙以外地址较近之官民立各小学堂、初等第五学年学生（须实系初五仍声明若干学期）在西马路宣讲所会考,其试题系（国文一艺）（历史或地理问答一例）。临时酌定,务乞贵堂将应行与考各学生于初八日以前开列姓名,函致敝所预为造册备卷（但用草书开具姓名年岁不必书写三代）,并请将各学生历史、地理两科程度随函示及以便提问,届期仍祈管理员带领学生早到为盼,此上,敬希公鉴。

　　　　　　　　　　　　　　　（宣统元年四月初三日"文告录要"栏目）

会考小学堂揭晓

　　津埠劝学所于上月十三日在西马路宣讲所会考官民立各小学高等一年级学生已纪前报,兹经评定甲乙,榜示合将上取前十名各生姓氏堂名列后:孙凤翥（民六）、冯孟韩（育）、李珠（行）、刘培元（太）、戴骅文（西）、王铎（西）、穆逢恩（育）、李锡田（太）、张言森（行）、龚树椿（育）。

　　　　　　　　　　　　　　　（宣统元年四月初三日"新政纪闻"栏目）

天津劝学所公启

城关各私塾公鉴,本所自去年筹办私塾改良系为辅翼教育进行起见,一切事宜胥由劝学员经理并未添约他人,近日访闻有吴桥县人李荫南又名荫棠冒充本所人员藉调查为名,有向各塾师赊借钱文情事,虽属为数无多,究系形同撞骗,可恶已极,除随时侦查外,为此通告各塾嗣后如遇有托辞索借之人,应立即斥阻,万勿为其所愚,如有不服即指交本所以凭送官惩办,特此通告。

(宣统元年四月初五日"文告录要"栏目)

纪会考小学堂情形

天津劝学所于十二日在西马路宣讲所会考官民立各小学初等五年级学生,是日应考者官立则有行宫庙、慈惠寺、直指庵、放生院、四方庵、玉皇庙、过街阁、旧营务处、堤头村、广仁堂北、陈家沟十一堂,民立第三、第四十四共十三堂,约到学生四百人之谱,总董林君因病未能亲临,由县视学华君点名、发卷,命题试题系国文一题、笔算四题忍作两题,以三艺为完卷,从八点四十五分命题至十点三十分各学生均陆续交卷出场,计到场照料者有中区、东区、南区各劝学员及各堂堂长教员并劝学所员司。兹将试题列后:国文,说石。笔算:有方田一段,每边二十九丈,问有若干亩? 有工人每日得工钱七百五十文,每日用度费去四百四十四文,将所余钱存储,现已存有二百四十三吊二百七十文,问是若干日所积存者? 有书一本一百九十页,计四十三万五千九百三字,但知末一页字数是六十九字,问其余每页若干字? 二千六百三十八万九千五十七里问有若干步? 以上四题能答两题即为完卷。

(宣统元年四月十四日"新政纪闻"栏目)

纪改良私塾研究会

本月十二晚为天津河北私塾改良研究之期,计到会者二十余人,提议传观国文、算术小课卷办法,当决定存于河北大街宣讲所内,由各塾师随时往观,并由中区劝学员宣布学部奏改初等小学科目及两类办法,会员某君并拟有会章十条,因天阴欲雨,未及公决而散,俟下届再议,并发第二次国文、算术小课题并复赠第一次应课诸塾师书籍各一种,云课题列下:国文,问教授略法,有称赞诘问两种,其性质及功用若何,称赞法又名何法,又有直立法、拘留法,当于何项生徒用之其用之之时,当防何种之障碍。至于读经一科有何善法,运动休息有何利益,均请著于篇。小学教育宜注重国民道德论,中国疆域大势说。算术,父子二人,父年四十岁,子年十七岁,若子之年岁适当其父之半,问父子年岁各若干。正方窗一面,纵横各十九橘,问窗内方格共若干。有数不知几何,只云以六除之,以八乘之得三十二,问原数若干。限四月十七日交齐。

(宣统元年四月十四日"新政纪闻"栏目)

私塾改良观摩会办法

天津各私塾于初十晚在河北甘露寺宣讲所开会研究,当由劝学员提议观摩会办法经各塾师逐细研究公决实行,并发上月国文、算术小课卷,前列各赠地理书一册,至本月,小课因预备观摩会特延长十日,改为二十日发题云。兹将私塾改良第一次观摩会办法录下:一、本会取相观而善之义,只分等第不加去取,凡在本研究会及城西河东各传习所之塾师,均得酌送学生与会以资观摩。二、开会之期定于五月二十日上午准八点半钟在河北大街宣讲所内,如遇阴雨改期,则牌示于该宣讲所以便周知。三、凡与会之学生,每塾至少以五人为限,能多更佳。

四、开会日拟试国文一题,笔算两题,均以小学生之程度为高低。兹暂酌定甲、乙、丙三级以便分配:甲、国文,能作十数句者;笔算,一两位除法或两三位乘法及加减乘合问。乙、国文,能作五六句者,笔算,两三位乘法。丙、国文,联字。笔算,减法或三个数以上加法。修身、读讲经两科,或试笔答,或试口答,临时视学生人数多寡酌定,如试笔答修身,则摘问紧要处数语,读讲经,则择要默写。五、各塾预于十七日将学生姓名、年岁并各科程度开单送交劝学所汇齐造册,并将修身、读经用书一并开明,以便预备应用书籍。六、所试五艺共作一百分,将来除汇合榜示外,即以各学生之分数平均之作为该塾之分数,如某学塾有学生五人,甲七十七分,乙五十八分,丙八十六分,丁九十四分,戊九十分,共为四百零五分,以五除之得八十一,即为该塾之分数,以此类推俾昭公允。

（宣统元年五月十三日"新政纪闻"栏目）

官立女学开会情形

　　津埠各官立女子小学开办恳话及成绩展览各会,系第一日恳话专招待学生女家长,第二日成绩展览,凡属妇女,皆得入览,十七日,官立第二女学恳话会,计到学生女家长五十余人,至十八日展览成绩,则有五百余人之多,可谓盛矣。官立第三、第五、第六各女学闻已排定,二十、二十一、二十三、二十四、二十六、二十七等日依次举办云。

（宣统元年五月二十一日"新政纪闻"栏目）

私塾改良研究会课题

　　五月二十日,天津私塾改良研究会第三次国文、算术小课题:国文,学堂私塾宜如何划一策,说石之功用,暑假后私塾改良应行提议之条件。算术,有方田一段,每边三十一丈,问有若干亩? 有书一本共八十一页,计二万七千五百字,但知首末两页共四百八十二字,问其余每页字数几何? 限二十五日交齐。

（宣统元年五月二十二日"新政纪闻"栏目）

纪私塾观摩会

　　本月二十五日上午为天津劝学所在河北宣讲所内举办私塾改良观摩会之期,计到私塾十七处,共学生一百三十一人,当于八点二刻由县视学点名给卷,按前次决定甲、乙、丙三级,分试修身、默经、国文、笔算四科。至十一钟即陆续交卷,列队而去。

（宣统元年五月二十二日"新政纪闻"栏目）

官民小学会考揭晓

　　津埠劝学所会考官民立各小学初等第五学年级学生曾登前报,兹已将

485

国文、算术两科试卷业已评定甲乙榜示,计国文上取二十一名,中取二百十四名,次取九十一名,算术上取四十一名,中取一百五十八名,次取一百十六名,合将两榜各前十名学生姓名列后:国文科:钱受禄(玉皇庙小学)、王有声(堤头村小学)、杜庭修(民四十四小学)、许凤诰(玉皇庙小学)、刘秉愚(堤头村小学)、谭文真(直指庵小学)、谢嘉纶(玉皇庙小学)、沈金麟(陈家沟小学)、苏连魁(陈家沟小学)、华克格(旧营务处小学)。算术科:孙宝荣(广仁堂北小学)、俞俊藻(堤头村小学)、王文林(玉皇庙小学)、刘秉愚(堤头村小学)、许凤诰(玉皇庙小学)、张学荣(慈惠寺小学)、倪士琛(民四十四小学)、谭文真(直指庵小学)、侯绍璞(广仁堂北小学)、李乃慎(行宫庙小学)。

(宣统元年五月二十九日"新政纪闻"栏目)

小学举行乐贤会

天津民立第一小学堂昨日发出公启云,敬启者,敝堂现须拆改斋舍,所有星期一、四、六等日补习之国文、算术两科拟即停止以便兴工,惟各生在家,每日须有两三小时之温习,俾免旷废,是为至要,兹定于五月初九日举行乐贤会,一日届期,自上午八钟起至下午五钟止。敬请本堂学生之父兄或家长不拘早晚,务乞惠临敝堂面谈,一切实深殷盼,专此,敬候公安。

(宣统元年六月初六日"新政纪闻"栏目)

私塾观摩会发奖

天津劝学所开办私塾改良观摩会揭晓情形已纪前报,本月二十日午后为发奖之期,计甲、乙、丙三级最优等、优等学生共七十六名,均由其塾师陆续带领到所,当由县视学点名,中区劝学员付给奖品并各有演说,南区劝学员亦在场照料,并演说教育之益,发奖后,复分赠各塾师名誉金,计得名誉金者为赵以文、张文栋、张翰、钟金声、李登云、李文山、沈健翀、杨锦荣、车槐九君试卷,即由各塾师携回分路传观云。

(宣统元年六月二十二日"新政纪闻"栏目)

劝学员奖掖塾师

津埠劝学所南区劝学员华海门君会同巡警南局一区巡官武君,招集区内塾师命题试验计到者约二十名,题为私塾改良论,现已评定甲乙,前列五名各赠《儿童矫弊论》一册以资诱掖,拟即著手筹议改良办法云。

(宣统元年七月十七日"新政纪闻"栏目)

官民小学观摩纪盛

津埠劝学所于本月十四日上午八钟开小学高等三四年级学生观摩考试,计到者官立学堂有城隍庙、河北大寺、药王庙、直指庵、放生院、西方庵;民立学堂有民二、民三、民六各堂,共到学生一百余人。由兼理总董县视学华芷苓君点名给卷,九钟命题,十一钟交卷出场,监视照料者为各堂堂长及劝学所员司云。兹将国文、算术各题照录于后:国文:"惜阴说"(高等四年班),"论项羽拿破仑之优劣"(高等三年班)。算术:甲乙二人同时从一处起行,每日甲行五十五里,乙行三十四里,今甲行七日又三分日之一已至其地。问乙行几日,可追及?(高等四年班)。设有银洋一千元,一年间可得利一百五十六元,若是三千五百元,二年半可得利若干?(高等三年班)。

(宣统元年七月十七日"新政纪闻"栏目)

传习所订期接讲笔算

津埠河东粮店街行宫庙官立小学堂内由劝学所筹定附设私塾夜班传习所业已数月,指日授毕珠算。现经县视学延订笔算讲员,定于八月初二日晚八点钟接讲笔算,有志改良私塾者,宜速往报名,以便届日前往研究也。

(宣统元年七月十九日"新政纪闻"栏目)

天津县劝学所公启

敬启者,现拟于本月十三日下午二点钟会集围墙以内及围墙以外地址较近官民各小学堂高等第二学年级学生在东马路宣讲所会考,其试题系国文、格致两艺所有贵堂合格应行预考学生姓名及国文、格致两科程度,务祈于初十日以前开具清单函送敝所以便造册备卷。届期,仍祈管理员带领各生藉资监视,专此,即请公安。

(宣统元年八月初五日"文告录要"栏目)

小学观摩会揭晓

津埠劝学所于七月十四日会集高等三、四各学年级学生在东马路宣讲所观摩考试,现经按照最优、优、中、次各等评定甲乙榜示,兹将取入最优等、优等诸生姓各列后:高等四年最优等:王祖光(河北大寺)、崔国伦(河北大寺)、任长春(河北大寺)、屈绍原(河北大寺)、吉承湉(城隍庙)。优等:王雯(城隍庙),高等三年最优等:沈寓淇(民二)、薛万选(药王庙)、温运昌(药王庙)、张隆成(药王庙)、李恩联(民二)、孙文琦(民六)、杨志清(民六)、王连甲(民二)、方宝清(西方庵),优等:王朝卿(直指庵)、陈寓瀛(药王庙)、张树培(城隍庙)、杨广泰(民六)、柴联奎(直指庵)、杨绍曾(民二)、蓝有富(西方庵)、陈崇新(城隍庙)、陈宝树(民二)。

(宣统元年八月十一日"新政纪闻"栏目)

改定高等小学试场

天津劝学所续发公启一纸云,敬再启者,本月十三日为高等二年级学生观摩考试,前拟假东马路宣讲所试场,现查报考人数已有二百余人,该处地势狭小,断难容纳,兹改定试场在西马路宣讲所,特此驰函布告以免临时误投。切要切要,即希公鉴齐集时限仍余下午二点。幸勿迟误。

(宣统元年八月十一日"新政纪闻"栏目)

小学观摩志盛

津埠劝学所于十三日为官民立各小学堂高等二学级学生观摩试期,计应试学生官立有城隍庙、河北大寺、行宫庙、慈惠寺、药王庙、直指庵、育德庵、西方庵、玉皇庙、过街阁、旧营务处、堤头村十二堂民立,有民立第八、第

十二、第十九、高家庄李氏私立四堂,共十六堂学生约共二百八九十人。是日下午二钟齐集,由县视学华芷柃君点名给卷,至六钟以前已陆续交卷出场,其试题系国文、格致各一题,兹将两题附列于后:国文:劝同学不可无恒启,格致:论桑之形性及效用。

(宣统元年八月十七日"新政纪闻"栏目)

私塾研究会开会

十三日晚,天津劝学所在河北宣讲所开私塾研究会,县视学提议各塾师有愿赴各小学参观者,由劝学所作书介绍,各塾并可自行组织参观及教授批评中区劝学员提议教授应按新章完全科及四年简易科两类办理,并用部编教科书,以期与学堂衔接,并以城西传习告竣,各塾师亦加入研究,改为每月第四再加研究一次,其国文小课仍在第二星期云,云本月小课题:教育应如何方能普及说,今有樟木一块,长四尺五寸,宽一尺七寸,厚二寸,只云每立方寸值洋三厘。问,共值洋若干?

(宣统元年八月十七日"新政纪闻"栏目)

分科研究会改订办法

天津劝学所开办本年下学期分科研究会,改订办法如下:一、会期限定每星期之第六日晚八点钟开会,十钟闭会。一、会场限定劝学所延宾室。一、会员分甲乙丙丁戊五部:甲部:修身、国文、读经,乙部:历史、地理,丙部:格致、珠算、笔算,丁部:手工、图画、习字、游戏、体操,戊部:管理法,专任一级各种教科。以上各部按星期次第排日研究,五星期后一轮,转各堂长研究会即附入本会,戊部内不另招集,甲、乙、丙、丁四部内堂长有任某种教科者,亦可与会。一、决议之责任不得专归正副代表二人。一、研究某科拟用书籍及已用尚俟参证者,务请携到会场。一、副代表兼司钞录决定之议案。一、会期既限定除有他项集会及大风雪,推至下星期外,余概不改期。一、月余每科集会只有一次,会员如有己事,务请先期办理,届限必须与会。一、提议之草案,请各会员按照本星期六某部内之各科,先十日送交劝学所,再由劝学所誊印,分布该科各会员预备答议。

附研究日期表,议案照此表,先十日送。甲部:九月初三日、十月初八

489

日、十一月十三日,乙部:九月初十日、十月十五日、十一月二十日,丙部:九月十七日、十月二十二日、十一月二十七日,丁部:九月二十四日、十月二十九日、十二月初五日,戊部:十月初一日、十一月初六日、十二月十二日。

(宣统元年八月十九日"新政纪闻"栏目)

天津县劝学所公告

敬启者,现拟于九月十一日下午一点钟会集围墙以内即围墙以外地址,较近之官民立各小学堂学生高等第一学年级学生在西马路宣讲所开小学观摩考试其试题(国文一艺)(历史地理择问一条)临时酌定贵堂将应行与孝学生共若干名,务于初八日以前开列姓名函致敝所预为造册备卷(但用草书开具姓名年岁不必书写三代),并请将各学生现在史地两科程度随函示及以便提问届期仍祈管理员带领学生早到为盼,专此敬请公安。

(宣统元年九月初四日"文告录要"栏目)

学界运动会纪要

天津青年会普通中学堂会同官立、私立两中学于初三日在旧城西南隅举办第七次运动大会。是日,到会者除官公私立各学堂及来宾外,督宪提学使傅前任天津镇徐督办、南北段巡警总局吴、北洋大学堂教务长王君、英国领事佛君、日本领事小幡君、美国副领事卜君、英工部局局长麦君及各代表教员等计自下午一钟振铃开会起,运动各技共二十二门:一、赛跑百码头场,二、掷十二磅铁锤,三、童子赛跑半英里,四、跃高,五、赛跑四百四十码,六、童子植竿跃高,七、赛跑百码终场,八、植竿跃高,九、童子赛跑百码头场,十、赛跑半英里,十一、跃远,十二、赛跑一英里,十三、童子跃高,十四、赛跑二百二十码,十五、童子百码终场,十六、掷十二磅铁弹,十七、童子跃远,十八、低阻物赛跑一百二十码,十九、掷铁饼,二十、童子接力赛跑八百八十码,二十一、接力赛跑八百八十码,二十二、拔河。至六点钟振铃闭会。

(宣统元年九月初五日"新政纪闻"栏目)

小学观摩揭晓

津埠劝学所前于八月十三日在西马路宣讲所内会集官民立各小学堂高等二年级学生开小学观摩考试曾经登报，现由县视学华芷苓君按最优、优、中、次四等分别评定甲乙，即行榜示。兹将取列最优等十四名学生姓名开列于下：王怀珍（堤头村）、郑士诚（城隍庙）、门恩纶（堤头村）、张隆光（药王庙）、张铨（旧营务处）、赵荣昌（玉皇庙）、毕祖培（直指庵）、赵时雍（行宫庙）、华祖荫（城隍庙）、郭鼎穌（城隍庙）、王焕文（行宫庙）、王寿恒（堤头村）、周缉熙（药王庙）、王绳祖（河北大寺）。

（宣统元年九月十三日"新政纪闻"栏目）

小学观摩志盛

本月十一日天津劝学所在西马路宣讲所招集官民立各小学堂高等一年级学生开小学观摩考试，是日到者官立有城隍庙、行宫庙、慈惠寺、放生院、育德庵、旧营务处、堤头村、太阳宫八堂，民立有民一、民三、民六、民十九、民四十六五堂，共十三堂。计应试学生将及三百人，一钟齐集由县视学华芷苓君点名散卷命题，时至五钟已陆续完卷出场，兹将试题列后：国文题：说四肢之能力，地理题：问外藩与直省之区别，试就其名义及疆域言之。

（宣统元年九月十四日"新政纪闻"栏目）

私塾研究会纪事

津埠劝学所于十一晚在河北甘露寺宣讲所开私塾研究会。县视学、劝学员均到，会计提议读经讲经划一办法，会员张君并拟在河北李君塾内附设之研究社加讲经书，以资练习，劝学员谓讲经须眼光注射古今时局，方是通经致用，不可墨守高头讲章，致与各科教授目的有冲突之虑。是晚，并发九月国文、算术小课题如下：国文，风俗改良议，算术，茶叶每斤价洋六角二分，若有洋二十一元三角九分，问买茶叶若干。限十三日晚交卷。

（宣统元年九月十四日"新政纪闻"栏目）

天津劝学所通知各塾师公启

启者,本月二十一日下午三点钟假西马路宣讲所请省视学陈蔗浦先生演说私塾改良要理,无论已否认作改良之私塾,均可往听,恐未周知特此通告。

(宣统元年九月二十一日"文告录要"栏目)

纪塾师改良演说会

二十一日天津劝学所兼理总董华芷舲君特约省视学陈蔗圃君到西宣讲所开塾师改良演说会。到会者五六十人,首先宣讲读傅学宪改良私塾札文,剀切劝导,塾师颇为感动,并演说改良教法:一、教员须以大慈大悲的心行普及教育的事。一、教员须知一己之责任,用全力担当教育的事。一、教员须知私塾与学堂同是培养青年子弟之地。一、教员须知旧法教授不利于儿童,故必挽用新法广布德意。一、教员须将全塾学生分班教授,执简御,繁事半功倍。一、教员须有勤苦耐烦、不避劳怨之美德。一、教员须常开父兄乐贤会,以启悟一般社会人之思想。一、教员须劝学生购用教科书随时讲解,每晚必须自己预备功课。一、功课注意讲解门类分修身、国文、算学,若体操则为随意科。一、塾中形势亦须合格,如墙上涂青灰以代漆板,白土子以代粉笔,桌凳虽旧亦可用,只是众生俱要面向讲桌附塾师五勿:(一)勿畏难。(一)勿苟同。(一)勿固滞。(一)勿冷淡。(一)勿懈怠。附塾师五免:(一)免淘汰。(一)免饥寒。(一)免两惧。(一)免人言。(一)免烦难。

(宣统元年九月二十四日"新政纪闻"栏目)

天津劝学所公告

本所奉提学使札饬本年冬季先行开办识字学塾十处,当经总董按区分配,计城关五处,海河葛沽镇、南乡蔡家台、西乡杨柳青、北乡北仓、东乡李明庄各一处,共计十处,业已粘贴广告招生。日内即可开学授课矣。城关所粘白话广告附后:(不识字人快来识字),中国人民,年老的、年少的、不识字的很多,现在所立的简易识字学塾,系专教不识字的人,不论年老年少的,皆可去所立区处(一在仓厂街民立第一小学堂、一在双庙街太阳宫官立小学堂、一在堤头村官立小学堂、一在陈家沟官立小学堂、一在梁家嘴放生院官立小学堂,共有五处。教授的时候,是夜班,每晚由七点半起至九点半止,共两个钟点,于人甚为便,当凡无力入学或年长失学,以及小贸营生的人,晚间必有闲工夫,来此认几个字,分文不花,又不耽误工夫,岂不好?奉劝不识字的人,快到各处去报名罢,指日就要开学了。

(宣统元年十月初二日"文告录要"栏目)

中学开通俗演说会

天津南开私立第一中学堂于初一日晚间七钟余仍假西马路宣讲所内开第二次通俗演说会。是晚,听讲者几及千人,兹将开会秩序照录于下:一、做国乐。二、该堂监督张伯苓君演说开会宗旨。三、宣讲员翟玉书演说。四、该堂学生陈福淇演说劝国民人人自治。五、张曰辑演说十月初一日焚化纸钱之迷信。六、作军乐。七、宣讲员演说。八、该堂学生冯振铭演说兄弟和睦。九、福源演说人当立志。十、作军乐。十一、演照欧美及日本各名胜之灯影,每演一片,均由张伯苓君详解无遗,迨至闭会时已钟鸣十一下矣。

(宣统元年十月初六日"新政纪闻"栏目)

中国学会预期开会

天津中西教育家前次合创之中国学会业经开会一次,举定北洋大学堂教务长王君少泉为正会长,军医学堂帮办伍星联及前直隶大中各学堂英文总教习丁嘉立二君为副会长,其余书记员则为新学书院副院长戴乐尔君,会计员则为私立第一中学堂监督张柏苓君。兹闻该会定于本月初八日即西十一月二十号在法界新学书院之袁宫保堂举行第二次开会,是日,有北洋大学堂美国人德瑞克君演说中国之地震,瑞君演说满洲之矿产,并有唐山路矿学堂教员英国人钱君演说空中飞艇。届时,凡与会员相识者,均可偕同往听,藉以扩充见闻而长知识云。

(宣统元年十月初十日"新政纪闻"栏目)

拟定私塾改良会章

　　天津私塾改良第二观摩会一切办法刻已拟定,照录于下:一、本会取相观而善之义只分等第,不加去取,凡在本研究会及河东城内各传习所之塾师,均得酌选学生与会以资观摩。二、开会之期定于十一月十八日下午准一点钟在西马路宣讲所内,如遇雨雪或大风改期,则牌示于劝学所。三、凡与会之学生,每塾至少以五人为限能多更佳。四、开会日拟试国文一题、笔算两题,均以学生之程度为高低,兹暂酌定甲乙丙三级,以便分配:甲、国文能作二十句上下者,笔算两三位除法或加减乘合问。乙、国文能作十余句者,笔算三位乘法或一两位除法。丙、国文能作三两句者,笔算减法或一位乘法,修身读讲经两科或择试一科或全试视是日天时早晚酌定其试验之法,如修身摘问紧要处数语,读讲经则摘要默写。五、各生试卷拟改为装订成本,其书写之法,第一艺国文,第二艺算术,第三艺算术,每半开红格为起讫,如首艺写至第四五行或六行,则自翻篇处写二题,如已写至七八行,则自第二篇首行写二题,余以类推,其择试之修身或经则附于算术之后,仍另为起讫如前例。六、各塾预于十五日以前将学生姓名、年岁并各科程度开单送交劝学所汇齐造册,并将修身、读经用书一并开明,以便预备应用书籍。七、所试各艺临时酌定共作一百分,将来除汇合榜示外,仍照上届以各学生之分数平均之,作为该塾之分数,俾昭公允。

(宣统元年十月二十八日"新政纪闻"栏目)

官立女学续招新生

　　天津河东官立第四女子小学堂由十一月初一日起续招学生二十名,于正月随班开学肄业。

(宣统元年十一月初八日"新政纪闻"栏目)

天津图书馆之效果

　　河北公园内学务处附设之图书馆所定阅书章程,计分特别券、普通券二种,特别券每张铜元二枚,随意阅书,不加限制;普通券一枚限定取阅十种,因之一般无力求学之寒士相率往观,日见加多,几有应接不暇之势云。

(宣统元年十一月初十日"新政纪闻"栏目)

远道寄送学生奖物

津埠民立第一小学堂高等毕业学生李希涑等于本年经学部核准,奖给廪生项城袁宫保暨沔阳卢学使,闻报,以为旧日手栽桃李,今已成阴! 且喜其远道寄报念旧感情,宫保特于日前专人来津分赠该生呢帽、缎靴各一分,卢学使则各赠《世界统计年鉴》一册,《割圆术辑要》一册。足证情谊之笃矣。

(宣统元年十一月初十日"新政纪闻"栏目)

续记展览会入场券数

天津河北公园展览进行会是月朔开办以来,初一二三等日入场券数早经登报,兹查初四日共收入场券二万四千六百二十张,初五日共收入场券一万九千八百二十四张,初六日共收入场券一万五千余张。各学堂女学生优待券尚不在此列。初七日共收入场券至五万八千六百张之多,初八共收入场券二万五千一百六十八张。

(宣统元年十一月初十日"新政纪闻"栏目)

小学乐贤会志盛

天津西门内启蒙小学校赵君兰坡日前假座附近述善堂在理公所举行乐贤会,各生父兄到者四十余人,并有中央劝学员刘君蓉生、五局一区区官崔君怡庭及阎华庭、钟智卿、沈凌霄各来宾依次演说,颇极一时之盛。

(宣统元年十一月十六日"畿辅近事"栏目)

小学观摩揭晓会揭晓盛

津埠劝学所前调集官民立各小学堂高等一年级学生在西马路宣讲所开观摩会,现经县视学华芷舲君评定甲乙,按照最优等、优等、中等、次等分

495

别榜示,兹将取列最优等、优等学生姓名、堂名抄录于后:最优等:汪瑞玲（太阳宫）、邢文彬（民四十四）、温世雄（城隍庙）、陈淑（民六）、文松（民一）、杨士荣（行宫庙）、卢魁元（民一）、刘秉愚（堤头村）、优等:陈官文（民六）、李锡田（太阳宫）、阎世华（太阳宫）、冯金元（城隍庙）、林世模（城隍庙）、孙凤翥（民六）、华以德（民一）、倪文炳（旧营务处）、张言森（行宫庙）、冯连起（城隍庙）。

（宣统元年十一月十八日"畿辅近事"栏目）

天津县董事会移请议事会核议简易识字学塾经费文

为移请核议事,案于宣统元年十一月初五日接准天津县尊胡照会内开照会事,案据劝学所总董华泽沅函称,前奉学宪札饬,以本年应设简易识字学塾,由学务公所垫发三个月津贴一百五十两,克日开办。一面由地方官接济妥筹的款等因,随即分配各区开设,惟预算经费每处每月教员津贴、煤烛等费约需十二元之谱,以官立十处计之,月需一百二十元,以学宪札发三个月一百五十金,年前须亏一百五六十元,至来年开春必须接办,若不预筹的款,不惟难期推广,即已成之塾,亦恐坠良用焦灼。昨曾禀商学宪令,即禀承原案,会同董事会妥筹,理合据情禀明,伏乞转向董事会筹议。在董事会预算学款内,加增简易识字学塾一项,以期确定,不致废于半途则幸甚也。专肃禀恳等情,据此,拟合备文照会,为此,照会贵会,请烦查照祈,即将此项简易识字学塾本年亏款并常年经费筹酌移覆,转饬遵照,望速实行等因。准此,查劝学所禀称,简易识字学塾以官立十处计之,每月需经费银洋一百二十元,计全年需银洋一千四百四十元。事关振兴教育,自应如数筹拨。惟敝会所管学款无多,且宣统二年岁出岁入预算业经定数列表送请贵会照章议决在案,查《试办地方自治章程》第九十条,凡事件岁出在预算表确定之后者,得为增加预算,兹准县遵照开,前因应即作为追加预算,至应如何筹拨,请由贵会并案核议。再,本年应拨亏款一百五六十元,应如何筹给,并请核议见覆,以凭支给。为此,备文移请贵会查核议决见覆,施行须至移者。

（宣统元年十一月二十日"公牍录要"栏目）

私塾改良观摩会纪事

天津劝学所于本月十八日下午一钟在西马路宣讲所开第二次私塾改良观摩会。计到二十七塾共学生二百二十余名,内有南乡王家台私塾学生四名亦来与会,计分甲乙丙三级,试以国文、算术、默经。至三点二刻即陆续交卷,定于下月初三日发榜。兹将试题列后:国文甲级:说人不识字之苦。乙级:说手足。丙级:汽车马路。算学甲级:今有洋五千五百三十五元,令四十五人分之,每人应得若干?有人买鸡子两次,第一次三筐,每筐七十五枚,第二次五筐,每筐六十四枚,后卖去四百五十枚,问尚存鸡子若干?今有数七九八五三,以七二四乘之,问得数若干?乙级:今有稻米一百三十五包,令九人分之,每人应分几包?今有烟煤二百五十八吨,每吨价洋十二元,共该价元若干元。默经甲级:子入太庙至古之道也。乙级:子张学干禄至禄在其中矣。丙级:子曰信近于义至亦可尊也。

(宣统元年十一月二十一日"畿辅近事"栏目)

劝学员考验私塾

本年冬季天津南区劝学华君会同巡警南区局长陆幼兰君、南局二区区长安星五君考验该管中、二两区各塾师到者约三十名,文题系知新论算题系加减及乘除合问,其取列优等者为:中区:解锡振(王家台)、张方琳(赵金庄)、王抡三(武家台)、二区为张培勋(南里八口)、宋裕德(大任庄)、杨第蓉(小王庄)、何鸣岐(贾家庄)共七名,各赠《蒙养镜》一本、《改良私塾浅说》一本,其次等者亦各赠《改良私塾浅说》一本以资讲习。并闻考验时有南局检事高君剑堂巡弁李君耀廷计二区巡弁张君敬虞当场照料,颇具热心。

(宣统元年十一月二十六日"畿辅近事"栏目)

声明宣讲所停办缘由

天津县劝学所来函云敬启者,顷阅报载,南马路宣讲所有停办之说,一则谓因经费无出,拟于明春停办等语。查该所经费系由天齐庙、西马路、河东、河北四处宣讲所项下撙节动用未另请款,禀请县尊设立之案,原系仅办冬季三个月,既非另筹之款,无所谓中途支绌,现自明春停办,系照原案办理,非困于经费始,然报章所云,恐人误会,以为敝所办事有始无终,千祈更正为幸。"

(宣统元年十二月初三日"畿辅近事"栏目)

私塾观摩会揭晓

津埠劝学所于上月十八日在西马路宣讲所内开办私塾改良观摩会已纪前报,兹于初二日傍晚将取定第揭晓,计甲级最优等刘致怀等二十一名,乙级最优等胡景莱等十九名,丙级最优等孙辅臣等十七名,余均按照分数分列优、中、次各等,当于初六日下午由县视学及中区劝学员在劝学所内发给各级最优等、优等学生奖品,并仿京师各学区观摩会奖单办法,凡取列中等以上学生各加给证明书一纸,以为曾受国民教育之据,至全熟平均分数列为最优等者为张翰、车槐、李镕、阎振铎四君私塾,列为优等者为李登云、侯文翰、钟金声、赵以文、张文栋五君私塾云。

(宣统元年十二月初九日"畿辅近事"栏目)

开会试验科学

天津理学会诸同人于十五日上午假河北军医学堂试验各种科学,中西人士到有数百人。是日,所试验者为蛤蟆心动之缩放力、水质净秽之比较及水中之薇菌与卫生之关系。又,大肠、背疽、霍乱、伤寒、脓疮各症之薇菌。又,以劣恶之砖建筑房间多吸湿气,与卫生之关系。又,各动物脑质与人类脑质大小之比较及作用,中国各种自造动物之模型。又以显微镜察看蝇舌蝇足及人畜血质并矿质等。又演试透骨镜及各种空气压力器与全国各项矿物之比较。时至正午振铃散会。

(宣统二年正月十九日"畿辅近事"栏目)

高等小学毕业考试

津埠官立城隍庙、官立河北大寺、杨柳青镇公立第一双口村、民立第七各小学堂高等班学生计十八名于宣统元年下学期四年届满毕业由各该堂禀请县尊详奉学宪批示照章考试。今定于本年正月十七、十八、十九等日按照学科分配三场,在劝学所扃试,每日均系上午七钟半齐集,下午四钟出场,由县尊亲临点名,命题给卷,并有省视学陈君柘圃、王君召、前劝学所总董华君芷舲在场监试,计第一场上午考验国文、地理二科,下午考验续讲经、图画二科,第二场上午考验算术、英文二科,下午考验格致、体操二科,第三场上午考验修身、手工禾歌三科,下午考验历史、商业二科。至十九日下午四钟一律竣事,所有工场学生早膳均由县署备办,场规甚为整肃云,兹将全场各科试题照录于后。

（宣统二年正月二十一日"畿辅近事"栏目）

纪天津医药研究会

天津东马路医药研究会同人于初三日晚八点开正式大会,公推儒医郑锡九、鲁嗣香、祁少乡、张锦波四君为编辑员,议定每届星期晚八点演说医药各项要理,并拟轮流施医,临症时是否见效,随时研究以重生命。

（宣统二年二月初八日"畿辅近事"栏目）

劝学所定期会考学生

天津劝学所发出通启云:敬启者,现拟于二月十七日下午一钟在西马路宣讲所召集城厢内外及附近围墙一带各官民立小学堂高等三四年学级学生会考国文、算术两科,特此,预为知照,务于十三日以前将应行与考各学生缮具清单,开写姓名、年岁(不必填注三代),并将各学生国文能作若干字,算术演至何法,随同报名克日送交敝所,以便出题择试。届时,仍祈贵管理员率领学生前往以资照料。专此奉达,敬请官民立各小学堂公鉴。

（宣统二年二月初九日"畿辅近事"栏目）

小学堂开办乐贤会

天津河北直指庵官立两等小学堂于日前下午二钟举行第十次乐贤会。是日。学生父兄及来宾到者百余人,秩序整然,颇极一时之盛。兹将开会次序照录于下:一、振铃来宾入座,本堂军乐队奏乐,堂长报告,来宾演说,教员学生演说、二、振铃休息,茶话。三、振铃发年考文凭,堂长训学生词。四、振铃学生父兄至各班视成绩考卷。五、作乐振铃闭会。

(宣统二年二月十四日"畿辅近事"栏目)

订期演说改良私塾事

天津劝学所刊有公启云:本所筹办改良私塾亟须切实研究,方足以增进智识,现定于本月初八日下午三点钟假西马路宣讲所特请省视学王召前、陈蔗圃两先生演说改良私塾之要理。务祈诸位届时早到为要,凡有同道诸公,不论已否改良,均可代为转约,俾获共谋进益,不胜企盼,特此通知。

(宣统二年三月初七日"畿辅近事"栏目)

小学观摩会揭晓

天津劝学所曾于上月十七日在西马路宣讲所开官民立各小学堂高等三四年级学生观摩会已纪前报。兹评定甲乙榜示劝学所门外,并将试卷传观各堂,合将最优等学生姓名列后:高等四年最优等六名:王润葆(民二)、陈宝树(民二)、穆成魁(民八)、王书勋(民二)、薛万选(药堂)、任长春(河堂);高等三年最优等六名:王金荣(过堂)、武宝铃(行堂)、孙世玺(民六)、方宝清(西堂)、张恩第(城堂)、郑士诚(城堂)。

(宣统二年三月十一日"畿辅近事"栏目)

劝学所借地演说

天津劝学所于初八日下午三钟假西马路宣讲所特请省视学王召前、陈蔗圃两君演说私塾改良一切进行要理。是日,适值大风,到者五十人,首由王君演说目下第一重要事项须重教授精神,其余塾内教具有不完备者,只可徐为筹画。次由陈君演说教科须合小学方法,至于卫生尤宜讲求等语,直追钟鸣六下,始行闭会。

(宣统二年三月十五日"畿辅近事"栏目)

小学乐贤会志盛

天津鼓楼西达摩庵前改良私塾沈健翀君日前举行第二次乐贤会,各生父兄及学界来宾到者百余人,当有来宾阎华庭演说家庭教育,赵兰波演说改良教育之利益,卫子寿演说改良私塾之功效,崔华廷演说改良课程之完美,张少元演说学校当有家庭教育之补助,赵汉卿演说恭答来宾谢辞。

(宣统二年三月十五日"畿辅近事"栏目)

小学观摩会纪盛

天津劝学所定于本月十五日下午在西马路宣讲所招集官民立高等二年生观摩已纪前报。是日,计到城隍庙、行宫庙、慈惠寺、药王庙、直指庵、放生院、育德庵、西方庵、旧营务处、太阳宫、民一、民三、民六共十三堂,统共学生二百五十余名,试国文、地理各一题至五点钟陆续交卷回堂试题列下:国文题:尧舜传贤禹传子论,地理题:问京汉铁路筑枝路于河南省者凡几,其黄河两岸之物产为何? 能详言之与。

(宣统二年三月十七日"畿辅近事"栏目)

天津县劝学所榜示

为榜示事,照得本县考试,城隍庙、河北大寺公立第一、民立第七各两等小学堂高等四学年级毕业学生业经评定等第,除呈候学宪覆核详咨外,合行榜示。为此,仰各该生一体周知,须至榜示者。计开城隍庙两等官立小学堂最优等一名、优等一名、河北大寺两等官立小学堂最优等三名,公立第一两等小学堂优等六名、中等三名,民立第七两等小学堂优等四名。

(宣统二年三月二十八日"文告录要"栏目)

招考书记生试题

天津审判厅日前招考书记生,投考者有五六十名,其试题照录如下:
一、某甲借用某乙纹银百两,向索不尝口角争吵,某甲顺用木棍将某乙殴伤,平复应如何报录供词,一、书记生与旧日书吏有别试,拟劝令各知自爱,勤慎从公谕贴。一、劝谕民间息颂安业白话告示。一、论好颂之害。

(宣统二年三月二十九日"文告录要"栏目)

纪天津医药研究会

天津河东盐坨祖师庙东路医药研究总会于上月二十二日晚照章开会研究,到者三十余人,当有冯锡三君演说外科,邢彬然君演说咽喉十一样险症,袁晓峰君演说眼科,李月庭先生演说瘟疫,张锦波君编辑成文。

(宣统二年四月初一日"畿辅近事"栏目)

辑印同学录之布告

天津民立第一小学堂现拟排印同录,已由历年肄业各学生分投调查同学之年籍、住址并现在状况,随时函告该堂,以便汇总编辑,大约月内即须付印云。

(宣统二年四月初三日"畿辅近事"栏目)

汇纪小学研究会

天津劝学所于三月二十九日上午开小学堂长研究会,经总董华芷舲君报告六事,一官学请款添班已奉院批准,二、学务公所春季例会议决各事项。三、单级传习所办法。四、省视学调查天津学务报告各事。五、学宪饬知各堂制备操衣,购日辉织呢以维利权,平日夹服亦可提倡。六、冬季通用滦煤复公决暑假开办成绩展览会,秋季开办体育观摩会教科用书部编,未尽适宜处随时签出以备研究,直至十二钟有奇始闭会,午后二钟接办分科研究会,计小学及改良私塾教员到者一百六七十人,首由华总董宣示开会大意。次研究各科代表应否改选,遂投票公决不改选。惟格致、珠算两科有退职缺席者,补之,次公决教授管理议案各条,议决者为上下班钟点宜准确,对于学生发问各法,令学生回讲之办法,罚站时间过久之弊,二分间体操法可于技术科之中途酌加教授。学生起立,一、二口号应听教员之指挥,编辑教授细目拟联合各堂分任各科用旷课证明表,以限制时常缺席之学生,平日记分应照部定考试章程为衡,以防分数过宽,致毕业考试有不符之消,各会员均认可实行其他读经各科议案尚夥,因时已暮,遂即散会,俟下届再行续议云。

(宣统二年四月初三日"畿辅近事"栏目)

劝学所定期开会研究

天津县劝学所发出公函一道,略谓本所现拟于四月二十八日下午二点半钟在天齐庙宣讲所内开分科研究会,届期务请惠临,并乞将各科议案送交各科代表以便先期预为准备,各代表将议案汇齐后,务于二十一日以前送至敝所,俾付誊印为要。此上各代表各会员先生钧鉴,再二十八日上午十钟为各小学堂长研究会,届时亦祈早到为盼。

(宣统二年四月初五日"畿辅近事"栏目)

定期开小学观摩会

天津县劝学所拟于四月十四日下午一钟半会集围墙内外,地址较近之官民立各小学堂高等一学年学生在西马路宣讲所互相观摩,试以国文一艺、算术一艺,已函知各堂如有应行与考学生务于初十日以前缮具姓名年岁清单,并将各学生国文、算术两科程度随同声明,以便拟题备卷,届时并请管理员到场监视,藉资识认。

(宣统二年四月初五日"畿辅近事"栏目)

小学观摩会纪题

天津劝学所于本月十四日下午在西马路宣讲所举行各小学高等一年观摩会。考是日计到城隍庙、药王庙、直指庵、放生院、育德庵、西方庵、王皇庵、过街阁、旧营务处、堤兴村、广仁堂北各官立民立第一、第三、第二十五各小学共十四堂与考学生共三百五十三名,两点钟由总董点名给卷四点余钟,已陆续交卷回堂,兹将试题录下:国文题:说门。笔算题:某汽车能于十七小时内行八百十六里,今于开车十一小时后因机关伤损致行此路程多费两小时,问该车伤损后每小时速力减少若干里。

(宣统二年四月十九日"畿辅近事"栏目)

教育会函告会期

天津县教育会日前发有公函一通,略谓:敬启者,本年教育会为改选正会长及各职员之期,本月初六日曾开职员会一次,议定假天齐庙宣讲所为会场,于二十八日下午小学分科研究会毕,五点钟时开会筹办,一切凡我同仁,务希届时惠临为要,此布即请教安。

(宣统二年四月二十三日"畿辅近事"栏目)

学界音乐会之组织

天津学界联合音乐会发出公启,云:敬启者,现由私立第一中学堂约请天津音乐专家及各学堂职员学生开办天津学界联合音乐会,定于五月初六日午后假河北李公祠举行,附呈门类单一纸,敬祈查阅,贵堂职员学生如有愿与会者,请认定门类及曲目并开明人数,务于本星期内函示私立第一中学堂内本会事务所,以便酌定演奏次序,不胜盼禧之至,专此布请公安附门类单:十番、七弦琴独奏、笙独奏、笛独奏、萧独奏、洋琴独奏、洋琴合奏、风琴独奏、风琴合奏、外欧林独奏、外欧林合奏、独唱、二部合唱、四部合唱、少年音乐、军乐。

(宣统二年四月二十三日"畿辅近事"栏目)

简易小学观摩之通告

天津县劝学所公启云:敬启者,现拟于五月十三日开办简易小学甲班观摩,所有事宜列后,一、试场:东马路宣讲所。一、时日:五月十三日上午七钟齐集,七钟半点名。一、考生:官立大天西地甘公立一、二、三各简易学堂甲班学生。一试题:国文一题,算术笔答一条。一、报名:于初十日以前开具甲班学生姓名、年岁送所以便备卷。一送考:届期应由贵堂员司带领学生前来,以资照料而便识认。以上六则即祈查照办理。至乙、丙两班学生,候另期招考。

(宣统二年五月初四日"畿辅近事"栏目)

纪小学堂长研究

天津劝学所于四月二十八日上午开小学堂长研究会,闻所研究者其大问题为本学期散放暑假及下学期入学日期,均拟按照部章向后推移两星期以期与节序合宜,不致有害卫生,当即决定实行,其他为关于延订教员各事云。

(宣统二年五月初四日"畿辅近事"栏目)

纪小学分科研究

四月二十八日下午为津邑小学分科研究会,由二点钟在东马路宣讲所振铃开会,计到会者官民小学职员教员约一百二十余人。除各科代表业于上次举定。兹复公同举定音乐、体育两科代表,所有上次未获议决及本届提议各议案按科依次开议。因迫于时限仍未能一律议竣,时至五钟开办改选教育会会长及各职员事宜,当经副会长宣布改选缘由投票公举会长,计得票数最多者为严范孙先生当选,所有该会调查编辑会计、庶务、书记各员亦均经同时举定云。

(宣统二年五月初四日"畿辅近事"栏目)

定期开分科研究会

天津县劝学所刊发公启云:敬启者,现拟五月二十七日下午两点半钟在天齐庙宣讲所开分科研究会,届期务请惠临兹送上各科议案一份,即希研究答案此次如有新提议之案,务祈克日送交各代表汇齐于二十日以前送交敝所,俾付誊印,是为至盼。再,二十七日上午十钟为各小学堂长研究会,届时,务请各堂长早到为盼。

(宣统二年五月十四日"畿辅近事"栏目)

简易小学观摩揭晓

天津劝学所前于本月十三日上午通知官立、公立简易小学堂甲级学生在天齐庙宣讲所会齐观摩。其试题业经登报,现已按照最优、优、中、次各等分别甲乙,计取列最优等者七人,兹将姓名开列于后:房国政(大悲庵简易)、郭庆春(大悲庵简易)、孙富林(大悲庵简易)、高同善(公立第三简易)、朱凤鸣(公立第一简易)、高云程、(甘露寺简易)、王庆祥(大悲庵简易)。

(宣统二年五月二十七日"畿辅近事"栏目)

民立小学开同学会

天津民立第一小学堂同学会发布公启云:本同学会定于六月十二日下午三钟至六钟在本学堂开第四次同学例会,藉联情谊并审查同学录稿以便排印,凡我同学诸君,届日务祈早到是荷,未周知特此登报广告,附录同学会简章:一、宗旨:本会以联络同学藉以交换智识、增进学业为宗旨。二、会地:本会即设于本学堂,但平日通信处或借用书记员住所,或别设处所,随开会时公议酌定。三、会期:本会每年暑假内开例会一次,由干事员先期通知各会员并登报公告,各会员于例会之外,须不时叙晤或通书札以联情谊,并研究学术。四、会务:本会会员遇同学有无故废学时,当竭力劝其勤学,本会会员遇同学有行检不修时,当竭力劝其改正,本会会员遇同学有质疑问难时,当竭力为之考证说明,本会会员遇同学有患难疾,困时当竭力为之扶持匡助,其他一切公益之事由此类推,本会既专为同学增进学业而设,凡发言论不得逾学之范围,尤不得干涉国家行政地方行政。五、会员:凡曾肄业于民立第一小学堂之学生,均得为会员,本会既由本堂学生组织,人人皆有整理会务之责,无庸更设会长,本会设干事员三人经理本会一切事务,开会时日亦由干事员酌定,但须经堂长许可,然后实行本会设书记员二人,司往来书札,并应行记载之事,干事员及书记员均由公举会计一职,因现无可以经理之款,暂拟不设,俟后再议,本堂捐资赞助各董事及新旧各职员教员均应由本会敦请任评议员。六、会金:凡入会者概不收会金,但遇排印同学录或购置书物时,应否捐集,随开会时公议决定。

(宣统二年六月初一日"畿辅近事"栏目)

天津劝学所公告

敬启者,前禀学宪派赴日本调查单级教授,孟松乔、郑标唐、孙惠卿、王桐冈、白慕曾、郑澄波诸先生刻已回津。天津学界订于本月初九日下午准三点半钟在西马路宣讲所开会欢迎,并敦请讲演日本单级小学堂办法,俾我同人有所则效专此通告届时务祈早到是荷。此请公安。

(宣统二年六月初七日"畿辅近事"栏目)

小学乐贤会纪盛

天津河东陈家沟官立小学堂二十五日开办乐贤会一节已纪前报,兹悉是日上午各学生父兄到者一百余人因将开会次序照列如下:一、八钟三十分振铃开会。二、学生贤父兄纵览各齐成绩品。三、本堂堂长刘君兰甫报告开会宗旨。四、总董华君芷苓演说家庭学校之联络。五、本堂教员李君绍先演说学生放假之有定期。六、本堂教员李君少轩演说家庭无形之教育正以补学校之不足。七、请学生父兄指陈学堂利弊。八、茶点。九、振铃闭会。十、各学生父兄向总董堂长教员致谢词,均称该堂办理尽美尽善,啧啧不已。

(宣统二年六月二十八日"畿辅近事"栏目)

天津县城关选民注意

天津县议董两会发出公启云:本会现组织城议董事会事宜,业奉自治总局核准兹准于本月二十六日举办敦约调查员专司调查选民资格,凡围墙以内及堤头、辛庄各居民具备左列资格者(同上),务于七月十五日以前到东门外水阁街董事会按表填注,以备选举,幸勿放弃。此启。

(宣统二年七月初一日"畿辅近事"栏目)

纪高等女学堂游艺会

天津高等女学堂于初八日午后一时半至四时半开游艺会,其序次如下:甲、开会。乙、来宾职员入场(振铃)。丙、一同敬礼。丁、监督报告。戊、来宾演说。己、进行次第:(一)奏乐(开会歌)全体;(二)国文讲演;(三)英文朗诵;(四)单歌;(五)英语问讯;(六)化学试验(养气);(七)英文讲译;(八)悬笔绘图(时花);(九)洋琴独乐;(十)英诗朗诵;(十一)算学讲演;(十

507

二)地理讲演(交通);(十三)英诗朗诵;(十四)物理试验(空气压力);(十五)历史讲演(沿革);(十六)植物谈(生活之状);(十七)生理谈(视神经);(十八)英歌;(十九)国文讲演(文字);(二十)国文朗诵(气球);(二十一)修身谈(修身之要);(二十二)运动((一、徒手,二、兵歌,三、哑铃,四、游戏国歌,五、游戏编织,六、跳绳,七、唱歌[谢来宾]));(二十三)闭会之词。庚、散会振铃。

(宣统二年八月初十日"畿辅近事"栏目)

纪天津小学观摩

津埠劝学所于本月二十二日下午在西马路宣讲所举行各小学初等五年观摩会考已纪前报。是日,计到者为河北大寺、行宫庙、慈惠寺、直指庵、过街阁、广仁堂北、太阳宫、陈家沟、民立第六、民立十二、民立二十一共十一堂,与考学生二百五十余名。一点钟,由中区劝学员点名给卷,四点余钟已陆续交卷回堂。兹将试题录后:国文题:拜月说。笔算题:以桃易榴,其数相等,赔银二元三角三分二厘,只知榴一枚价银六分三厘,桃一枚价银八分五厘,问其数共若干。

(宣统二年八月二十五日"畿辅近事"栏目)

公布小学观摩会日期

天津县劝学所致各小学堂公启云:现拟于九月二十八日下午一钟会集围墙内外地址较近之官民立各小学堂高等一年学生在西马路宣讲所互相观摩,试题系国文、算术各一义。贵堂如有应行与考学生,务于二十四日以前缮具姓名年岁草单,并将各学生文、算两科程度随同声明,以便拟题备卷,届期并请贵堂管理员到场监视为盼。

(宣统二年九月十三日"畿辅近事"栏目)

补纪欢迎实业团祝辞

津埠绅商学界各代表于初九日晚间在河北孙家花园公宴美国实业团各节已纪本报。兹将是晚王竹林观察所赠祝词补录如下:天津绅商学工自治新闻各界全体代表,今日粗具杯茗欢迎贵国男女佳宾！已蒙惠临,曷胜荣幸！敝国地处亚洲,居北温带之下,天时地利无不与贵国相同,虽然富于天产,而短于人功,较贵国实业之发皇,几有天渊之别,殊觉汗颜。推原其故,皆以风气不开,人才缺乏,以致拘守数千年之成规,毫无进步。自中外通商以来,始得与贵国相往还,贸易交通、增长知识。迩来,敝国青年人留学贵国,退让国家赔款以作游学之资,实为国际上最大之感情！亦敝国人民最大之幸福！贵团辱临得令代表等畅聆教言,大开茅塞！愿我两国商情日加亲密,两国商务协力振兴,两国实业之前途即于今日可预贺焉！时短情长,言不尽意！敬祝诸君无疆之福,并祝两国国家无疆之福！谨颂。

（宣统二年九月十四日"畿辅近事"栏目）

议决体育观摩会办法

　　天津各小学堂游戏体操教员于九月十三日晚议决体育观摩会办法如下:一、地址:分两北两区,南区在慈惠寺之操场,北区在河北公园。一、各堂按道路之远近,城、慈、放、营、太、广、育七小学及大、天、西、地、甘五简小学分在南区,河、行、药、宜、西、玉、堤、过、陈九小学分在北区。一、日期:南区各堂订九月二十日,北区各堂订九月二十七日。一、时限:订于十二点半齐集,一点钟开会,五点半钟闭会。一、人数:每堂限定至少学生六十名,至多百二十名(五简小学不拘此数)。一、种类已由各教员先期预备,不拘一种、二种多至三种,每堂限三十分钟,并乞各教员将观摩种类汇齐送交劝学所,以便先期付印。一、演习次序:按学堂设立之先后为定,若到时限未赴会,则应候以后各堂演毕补行演习。一、开会期先请将各堂学生人数开示。一、演习毕不得即出会场,应俟闭会后鱼贯而行。一、学生应佩奖牌。一、如该堂有军乐鼓号者,可酌用;无者,尽可不用。一、学旗请先时饬人送至会场,不必随学生同去。一、风琴借用附近会场各堂者,由该堂饬人先时运往。

（宣统二年九月十八日"畿辅近事"栏目）

小学观摩会纪盛

　　天津劝学所定于本月二十八日下午在西马路宣讲所举行各小学高等

一年级观摩会考已纪前报。是日,计到城隍庙、药王庙、直指庵、放生院、育德庵、西方庵、玉皇庙、过街阁、旧营务处、民立第一、民立第三、民立第二十一、民立第二十五共十三堂,与考学生二百六十余名。一点钟由总董华芷枱君点名给卷,中区劝学员张少元君在场监视,计试国文、算术各一题,至五点钟陆续交卷回堂矣,试题录后:国文题:戒奢崇俭说。笔算题:有人以银一千零八两买马六匹,园一段房十二间,但知房与马之共价各为园价之三倍,问马一匹、园一段、房一间各价若干?

(宣统二年九月三十日"畿辅近事"栏目)

天津县劝学所公启

劝学所拟开观摩会,昨致本埠各学堂公启云:敬启者,现拟于十月二十六日下午一钟会集围墙内外地址较近之官民立各小学堂高等二年学生在西马路宣讲所互相观摩,试题系国文、算术各一艺,贵堂如有应行与考学生,务于二十二日以前缮具姓名年岁草单并将各学生文算两科程度随同声明,以便拟题备卷,届时并请贵堂管理员到场监视为盼。

(宣统二年十月十八日"畿辅近事"栏目)

天津劝学所公启

敬启者,前拟于十月初五日在天齐庙宣讲所开分科研究会,所有收到各科议案尚有阙略,兹仍拟于十一月初六日下午准一点钟将上次征集议案仍在宣讲所开会研究,诸君如仍有提议,务即送交各科代表以便先期准备。各代表将此次议案汇齐后,亦请于本月二十八日以前送至敝所,俾付誊印为要。再,是日下午兼开学术讲演会议案研究,拟提前开议,届时务望早临会场为盼。

(宣统二年十月二十三日"畿辅近事"栏目)

小学观摩纪盛

本埠劝学所前曾通告官民立各小学堂录送高等二年级学生于本月二十六日下午在西马路宣讲所开办观摩会。是日到者官学有城隍庙、行宫庙、慈惠寺、育德庵、旧营务处、堤头村、太阳宫七堂,民学有民立第一、第三、第六三堂,计到学生一百六十余人,由总董华芷苓君点名散卷宣示试题,各区劝学员及各堂长照料一切,并有部视学刘芸生、萧雪朋两君到场监视,至下午四钟即各陆续交卷回堂,特将试题录后:国文题:说鑪。算术题:甲乙两海岛相距三百六十八哩,一汽船泊其间,测其距离甲岛之数为两岛距离数四十六分之十五,问其距离乙岛之数合我国里数若干?(按一哩约合我国三里七十八步一尺)。

(宣统二年十月二十九日"畿辅近事"栏目)

陈列所游览纪盛

　　天津劝工陈列所广告云:十月分游览人数并代售货品件数开列于左:计开:优待票共五十二位,入览票三百三十五位,参考票三百三十五位,四次礼拜五入览女客票五十七位,四次礼拜五参考女客票五十七位。代北京农工商部工艺局售出货品十二件,代天津造胰公司售出货品七百六十件,代天津实习工场售出货品四十三件,代天津公益公司售出货品二百七十五件,代天津广仁堂售出货品八十一件,代天津同陞号售出货品二十四件,代天津益丰成售出货品十四件,代天津四省堂售出货品四件,代天津华胜公司售出货品二百五十件,代宁津李韵琴售出货品一件。共售出货品一千四百六十四件。

(宣统二年十一月初四日"畿辅近事"栏目)

学术讲演会志盛

　　天津学界李芹香、钟蕙生、华芷苓先生发起学术讲演会、约请留学东西洋诸君讲演各种科学,藉以输入新知识。曾于前月开会两次,学界诸君往听者甚众,前日下午开第三次讲演会,特约王怀清先生演讲关于宪政之重要问题,马韵初先生演讲国家之界说。听者鼓掌称赏,颇极一时之盛。闻下次约定留美大学毕业硕士刘竹君、工科举人王贯吾、文科举人李子柏三君主讲,仍假东马路宣讲所为会场,会期尚未定云。

(宣统二年十一月初六日"畿辅近事"栏目)

学术讲演会订期

天津劝学所订于十一月十七日下午二钟假东马路宣讲所开第四次学术讲演会,特请李子柏先生讲家庭与地方自治之关系,刘竹君先生讲解释实业之意义,王贯吾先生讲二十世纪之发明界云。

(宣统二年十一月十五日"畿辅近事"栏目)

劝学所观摩揭晓

本埠劝学所于上月二十四日举行第四次改良私塾观摩会,刻已评定等第榜示劝学所门外,定于初八日下午三点半钟在东马路宣讲所发给奖品及优等各塾名誉金,云各级首选姓名列后:甲级:于春泽。乙级:吴文斌。丙级:侯允升。

(宣统二年十二月初六日"畿辅近事"栏目)

天津劝学所通告

启者,本月初八日准直隶高等学堂函开,本年因鼠疫流行,前由学台电部准将开学日期展缓一月,并经在保定省城开办学界防疫留验所一切。到堂学生均应先赴该所留验七日,方准入堂。现距开学之期不远,所有本堂学生须先期到所检验一次,以为开学之预备,拟请贵劝学所费神转知该生等务于本月初十日以后到堂备验,如迟到再经留验稍稽时日,即不免有误上课期也。等因。惟单开各生本所未能尽知,住址用特通告,即望后开各生见信后速为互相知照,依限到堂,免致迟误。特此通告。原函内开各学生姓名列左:罗椿林、魏有万、杨映桂、王奎瀛、刘文敏、高进科、陈刚、王恩宸、陈恩钧、卢维林、梁天龄。

(宣统三年二月十一日"畿辅近事"栏目)

教育会改选职员

天津教育会于二月十六日假宣讲所为会场,改选正副会长及各项职员,并订于二十六日下午一钟假东马路劝学所开职员会筹议,会中进行方法及修改规则各事宜。兹将被选各员列后:正会长:苏兆霦。副会长:李金藻。调查员:张鸿来、刘宝廉、阎鸿业、周国恩、程士珍、宋寿彤。编辑员:张际和、董传□、金其昌、于曰敏。书记员:李鑅、高应奎、王敬学。会计员:李春田、刘芝田。庶务员:韩寯祥、马骏元、陈宝璠、金登甲。

(宣统三年二月二十一日"畿辅近事"栏目)

小学观摩会纪盛

本埠劝学所于会集围墙内外各两等小学堂高等三四年学生举行观摩会考,已载前报,今于二十五日,在西马路宣讲所内考试,与考各堂为城隍庙,河北大寺,行宫庙,慈惠寺,药王庙,直指庵,放生院,育德庵,西方庵,过街阁,旧营务处,堤头村,太阳宫,民立第一、民立第三、民立第六、民立第八各官民立两等小学堂,共到学生二百七十余名,下午一钟由总董华芷苓君点名发卷,各区劝学员及本所员司在场监视。其试题系国文、算术两艺,至五点余钟考毕,各生陆续交卷而散云。兹将其试题录下:国文题高等四年:忿思难义。高等三年:疑思问义。算术题高等四年:有米二十四仓,每日用三牛、五马之力运十二小时,计三日运毕,若牛马各增一头,欲于四日内运米四十四仓。问每日需几小时?但牛马之力为九比五。高等三年:甲乙丙合资营商集本四万四千圆,只知丙出本银一万七千圆,得利后按本均分,计甲得五百五十五圆,乙得四百四十四圆,求丙得若干?

(宣统三年三月二十八日"畿辅近事"栏目)

小学堂会考定期

天津劝学所公启云:现拟于五月初一日上午八钟招集围墙以内及围墙以外地址较近之官民立各小学堂高等第二年级学生(须实系高等二年不计学期),在西马路宣讲所会考,其试题系国文一艺、算术一艺。务祈贵堂将应行与考实与学年程度相合之学生若干,于二十五日以前函致敝所预为造册备卷,并请将学生现在算术程度随函示悉,以便拟题。届时,仍望管理员带领学生早到为盼。

(宣统三年四月二十三日"畿辅近事"栏目)

小学观摩题名录

天津劝学所于三月二十五日会考高等三四年学生已纪前报,兹已评定甲乙,计取高等四年学生最优等四名:王焕曾(行)、陈元翰(城)、孙文琦(民六)、勾秉钧(过)。又高等三年学生最优等八名:邢文彬(城)、李玉璞(放)、袁国琳(药)、陈玉琨(直)、王宝善(城)、张恩禄(育)、吴正名(育)、华凤翔(城)。

(宣统三年四月二十六日"畿辅近事"栏目)

天津学生运动之发达

昨日,驻津英国总领事发起商团大运动会在跑马场比赛,中国学生与赛者竟得奖赏,观赛者鼓掌不绝,屠龙身手当使一般爱国男儿油然生尚武精神也,兹将得奖名次列下:跃远第一,李元庆(普通中学毕业生);跃高第一,钱德芬(南开中学学生),第二朱家楣(南开中学学生);四人按力第二边秀锺(官立中学学生),何永文(普通中学学生),周法昌(南开中学学生),李元庆(普通中学毕业生)。

(宣统三年五月初三日"畿辅近事"栏目)

私塾观摩会展期考试

天津劝学所公启云:现奉学务公所饬知检定教员,试期自十五日起至二十二日为止,本所人员须分任执事,所有私塾观摩会应推展,于二十五日上午八点仍在西马路宣讲所考试。特此通知。

(宣统三年五月十三日"畿辅近事"栏目)

天津劝学所公启

敬启者,本年学部举行第一次中央教育会,我直隶特蒙学宪选派袁观澜、李笏臣、吴甋臣、王少泉、胡玉孙、刘竺生诸先生前往与议发表全省学界意见,造福良多,刻已闭会归来,谨订于本月二十六日下午准三钟在东马路宣讲所欢迎敬谢辛劳,并聆会中一切情形,届期务祈同仁早到是盼。

（宣统三年闰六月二十五日"畿辅近事"栏目）

直隶天津体育社禀定职员社员取缔遵守现行规则

一、本社拟请巡警道宪为监督以示服从。

一、请领枪枝本社禀请警宪将附近分区之驻在所划归迁入由,该所简派干员专司出纳及酌加修整等项以一事权而昭慎重。

一、所领枪枝除出操时限外,概不准擅自动用暨携带外出,俾防冒滥。

一、枪枝假借与人及看家防贼等事,无论何人概不准行。

一、枪枝数目应候督宪批定。

一、社中职员、社员均不准穿著操衣任便冶游及恃强凌弱举动,如犯有以上情事败坏本社名誉者,一经查实,立即公议除名,并追缴执据。

一、社员遇有被人欺辱实在难忍者,应告知教习转致审查员调查属实,再请正副社长、评议长员公议对待办法,以尽保护之天职,倘迹近挟嫌意图诬讦,一面除名反坐,并一面追还执据,以杜流弊。

一、操场设有游戏器具,原为各社员练技之用,如有损伤社员,本社不担责任。

一、社中职员社员有故违社规败坏名誉情事,一经查实,无论由社中人举发,或由社外人指摘,除本社发函不许入社外,并将所领执据各件一并缴销。

一、社中职员、社员原有互相介绍章程,如有不知底细任便介绍致违社规者,除将该员公议除名,其介绍亦不得辞其咎,应记大过一次,榜示周知。

一、贵族钦差并文武封疆大臣来社参观,应临时研究特别接待,以昭郑重。

一、京都各衙门文武实官及本省外省文武官员来社参观者,作为内宾,本社派员接待,以资接洽。

一、候选候补人员奉有本衙门本省督抚札谕来社参观者,接待亦与前同。

一、士农工商及各机关人员来社参观亦由本社派员接待,惟有约各国官商来社参观,须由交涉司先期知照本社,认为外宾由本社派员特别优待,以睦邦交。

（宣统三年七月初三日"北洋官报汇编"栏目）

举办小学学务讨论会

天津劝学所公启云:现因学务进行亟宜谋统一之法,特仿学务公所全省会议之例开办本县全境学务讨论会,以资研究,刻已拟定简章商承县尊核准照办。兹定于七月二十七、八、九日在西宣讲所开会三日,每日以下午准一点半至五点半为会期;应请贵堂堂长或学董公推一两人来津会议(教员正在授课期内勿庸推举,以免旷课)。如有提议之件,亦请拟具议案务于本月二十一日以前送齐,以便审查编列。万勿迟延。再,与会诸君请于开会前开列姓名函交劝学所注册云。

(宣统三年七月初八日"畿辅近事"栏目)

直隶天津劝学所举办小学学务讨论会简章

一、宗旨:本会以讨论学务现状及进行方法藉谋教育之统一为宗旨。

二、办法:仿照直隶学务公所学务例会,每年举办一次

三、职员:

甲、监督、县尊。

乙、正主席、劝学总董。

丙、副主席、各区劝学员。

丁、会员、各堂学董或堂长每堂推一二人。

戊、执事员、劝学所职员。

四、会期:以三日为限,由劝学所先期商承县尊酌定专函通告。

五、会场:西马路宣讲所。

六、讨论事项:

甲、关于教授管理应行整顿之件。

乙、关于小学章程研究之件。

丙、关于编制及设备之件。

丁、关于学校卫生之件。

戊、关于各项表簿之件。

已、其他经主席特别提议及允为付议之件。

凡会员提议事件,须于开会五日前送交劝学所审查汇集。

七、限制:学务以外之事不得提议。

八、费用:

甲、会场费用。

乙、会员赴会津贴,每日按到会人数,每会员津贴旅费伍角。

以上二项由劝学所经费内支销。

(宣统三年七月十一日"北洋官报汇编"栏目)

天津各学堂注意

天津劝学所公启云:顷奉学宪札开,奉督宪札准,学部电开七月十八日为皇上典学之期,所有该省学堂是日均须悬挂国旗,由监督堂长率领员生望阙行礼,以志庆典。务希转饬遵照等因,行令通知各学堂一体遵照,理合通函全境男女各学堂及改良私塾恪遵办理,函到即希查照,敬谨遵行云。

(宣统三年七月十三日"畿辅近事"栏目)

天津城董事会办理补选事宜公布

一、此次补选按照议会来文选举二十七员。

一、选举投票日期由本月二十六日起至二十九日止,其每日起止钟点由上午八钟启门下午六钟闭门。

一、投票所及开票所均设于本自治公所内。

一、投票方法以列名投票簿者为限。

一、投票人届选举期,应亲赴投票所自持选举执照投票,不得请人代理。其照城镇乡自治章程第十八条第二项特许者,不在此限,但投票时应将代理凭证向管理员呈验。

一、投票人应在投票簿本人姓名项下签到。

一、投票用无名单记法,每票只书被选举一人,不得自书本人姓名。

一、投票人应于选举票附记格内将被选举人住址注明,如能再附记被选举人素行如何,公正之事实尤为合章。

一、投票人除问答方法外,不得与职员闲谈,并不得与他人接谈。

一、投票人投票毕应即退出,不得逗遛窥视。

一、投票人倘有顶替及违背定章等事,管理员得令退出。

517

一、八月初一日为投票所管理员报告期。

一、八月初二日为开票期。

一、八月初三日为开票所管理员报告期。

一、八月初四日为榜示当选人确定期。

一、八月初五日至初九日为当选人答复期。

（宣统三年七月二十三日"畿辅近事"栏目）

天津县天足会编辑股规则

一、本股关于上书著论以及改定章程鼓吹舆论之文字，凡本股职员俱得担负著作责任。

一、本股公举正副股长各一人，统理著作一切事宜。

一、凡职员均应著白话浅说，随时交股长审查以便分登各报。

一、凡各股职员如有演说，不得直接报馆，应交股长审查，以资慎重。

一、凡本股若有紧要事件，可由股长召集各职员开临时会议。

一、凡职员如有关本股条件，可条陈于股长。

一、凡职员于每月开例会时务期必到，倘不克分身，须预为请假。

一、凡九日茶话之期，正副股长遇有不克分身之时，须互相函知，以免本股无人茶话。

一、正副股长须刊戳记以作召集职员及直接报馆之用。

一、此规则如有未尽妥善之处，可随时增改。

（宣统三年八月初五日"畿辅近事"栏目）

观摩会定期举行

天津劝学会公启云，本月二十日为后学期观摩会之期，各熟务于十一日至十五日五天内将应行送考各生分别年级开具姓名、年龄清单送所注册，以凭备卷。二十日准下午一点在西马路宣讲所考试。届时各塾师务亲带学生到所。是荷。

（宣统三年十一月初八日"畿辅近事"栏目）

私塾毕业定期考试

天津劝学会公启云：本埠办理改良私塾瞬已四年，前会议定本年年终举行毕业，所有各塾确合部章，初等小学四年各生，务于本月二十五日以前按照后开资格用三裁仿纸开具学生姓名、年岁、籍贯三代及所学科目、所用书籍各科程度送所以凭，于十二月初间订期考试。本年敝所遵照新章办理，改良私塾贵塾在认定之列，相应布达，即希查照为荷。入学满足四年，读毕《论语》，作文在百字以外，《修身》曾经讲授，算术至简易小数及简易诸等数。

（宣统三年十一月初八日"畿辅近事"栏目）

简易学塾定期发凭

天津劝学所考试中区简字各塾学生刻已榜示，定于本月十二日下午三钟在劝学所发给凭单。

（宣统三年十一月初八日"畿辅近事"栏目）

直隶提学司等详覆天津县绅拟设夜班医学讲习所一案文并批

为会核案详复事，案奉宪台批天津县详据邑绅苏兆霭等禀称在普及学堂附设夜班讲习所请立案缘由蒙批详折均悉仰提学司会同巡警道查核饬遵具复缴。等因。奉此查该绅等拟欲讲求卫生知识意在防疫于未然，其志诚堪佳，尚拟请准予立案，惟查医学奥妙断难速成，医理精微端重实验，欧美各医学皆系大学分科，其入学程度以在大学本科毕业得有学位，精于理化、生理、卫生等学为合格，其时间，每日授课暨试验均在六小时以上，其毕业期限至少须四年，卒业后仍须在医院实习数年之久，然后出而医人，庶无大误，诚以医学与民命攸关，不得不特别慎重。兹查该所简章，每晚研究时间甚促，除讲义外并无试验及实习功课，再四核议此等夜班医学讲习所以之增长个人卫生知识则有余，以之造成实地医家则未足。该绅等禀毕业后由地方长官发给文凭一条，拟请应毋庸议。诚以人处社会中，皆知谋卫生以自保其性命，要无庸以奖励引诱之而始为也，所有遵饬核议夜班医学讲习所准驳各缘由,理合备文会详宪台鉴核批示,祗遵伏乞照详施行,再此案系本学司主稿,合并声明须至详册者。

督宪陈批:如详饬遵,此缴。

(宣统三年十一月十四日"公牍"栏目)

简易识字学塾发凭

天津劝学所前于十月下旬在东马路宣讲所招集中区各简易识字学塾第一年学生举行毕业考试,发榜后计录取一百人。本月十二日下午在东马路宣讲所发给毕业凭单,由劝学所人员及本区区官崔怡廷君相继登台劝勉。其大恉均注重奖进年长失学之人领凭后行谢师礼,复同赴文学摄影并闻四乡各学塾亦同于前月举行毕业考试,由劝学所核其试卷,陆续禀县发给文凭云。

(宣统三年十一月十五日"畿辅近事"栏目)

私塾观摩会领奖

天津劝学所于上月在西马路宣讲所举行第六次改良私塾观摩会考试,各塾初等各年级学生已经揭晓,计四年级得奖品及证明书者为王鸿翰等二十一人,三年级得奖品及证明书者为丁玉珍等三十八人,二年级得奖品及证明书者为宫万选等五十三人。现于初一日下午在天齐庙宣讲所招集得奖各生点名发给闻塾师,亦有名誉金,最优等四元,优等二元,列最优等者为武燮枢、周俊三、李恩彤、费熙光四君,列优等者为阎振铎、邱殿相、宣佩声、李文山、吕洛五君云。

(宣统三年十二月初四日"畿辅近事"栏目)

举行高等小学毕业试期

天津劝学所致各高小学堂函云敬启者,堂前报高小毕业各生姓名程度清册,业经敝所禀请县尊,详奉学宪林批准定期考试,兹定于腊月初十日起至十三日止在东马路宣讲所举行,即请传知各生届时齐集与试,并请贵堂长照章监试为荷。

附录:宣统三年十二月举行高等小学堂毕业考试科目时间表:

初十日:上午,修身,二小时,几何画,一小时;

下午,国文,三小时,体操,一小时;

十一日,上午:读讲经,三小时;

下午:算术,三小时,乐歌,一小时;

十二日,上午:历史,三小时;

下午:地理,二小时半,英文,一小时半;

十三日,上午:格致,三小时;

下午:天然画,二小时半,手工,二小时;

注意:每日上午八点半齐集九点发卷,下午一点交卷。考试时只准带笔墨及应用器具,不准挟带书籍,领卷后须入座精心构思,不准接谈离座。

（宣统三年十二月初四日"畿辅近事"栏目）

考试高小学堂毕业纪盛

本埠劝学所于月之初十、十一、十二、十三等日在天齐庙宣讲所举行官民立各小学高等毕业考试,由县尊莅场点名,教育会会长、劝学所总董、劝学员及各学堂堂长每日在场监视,计送考者为城隍庙、河北大寺、行宫庙、慈惠寺、药王庙、直指庵、西方庵、玉皇庙、过街阁、旧营务处、堤头村民立第七、民立第八、李氏私立等十四堂共学生一百零二名云。

（宣统三年十二月十五日"畿辅近事"栏目）

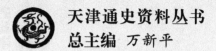

天津通史资料丛书

总主编 万新平

北洋官报
天津史料辑录

下

杨莲霞 辑校

天津社会科学院出版社

目　录

（下）

邮　　电 ………… 529

民　事

芦盐开关

长芦盐关移建河北狮子林旧水师营之东,已于本月十四日开关,是日,运宪汪督转率领各属亲临行祭关礼。

（光绪二十九年二月十五日"新闻录要"栏目）

天津卫生局防疫章程

一、该处地方四围路口均派巡丁把守海口,一并派令巡丁查防所有车船,均不准载有病人私往他处,倘有违犯私自装载者,除将病人拾送医院诊治外,其车船即行扣留入官。

一、居民如有患病者,立即报明医院,由医官前往验视,即送到医院诊治。

一、如有患瘟病者,除将病故人住房用硫磺熏过外,仍封闭十日后方准启用。

一、病故人棺木,于葬埋时报知医院,派令巡捕随去当面看明,掘坑至七尺深,铺用白灰再行掩埋。

一、凡装过病人之车辆船只,均须用硫磺熏过以消疫气。

一、无论车船火车如载有外来棺木经过该处者,即由医院扣留登记号簿,督埋义地,不准运往他处。

一、除营口、前所、北塘、新河各车站派有医官严查外,倘查不及,仍有病人搭运火车者,即由车守于查票时留心查明,送到相近之医院收治。

一、此次出示并前谕防疫法,该居民等务当实力遵行,倘有阳奉阴违者,查出重究。

（光绪二十九年十二月初五日"畿辅近事"栏目）

直督严饬巡警局天津府县收丐防窃保卫居民扎

为饬札事,访问津郡地方,现届冬令时,有窃贼且沿途乞丐渐多,殊不成事,试思设官所以卫民,天津创立巡警,岁需巨款,居民各效捐输,原欲共资保卫,乃地方仍有窃贼,各局官弁坐糜薪饷,取诸民而民未受其效,官亦何以对民？至乞丐一项，津地有教养局、育黎堂、广仁堂及卫生局之贫民院等处，均可收养，乃仍有乞食于路者，地方官不能教民养民，致穷黎流为乞，有司牧之责者能无愧怍？应严饬巡警局赵道、天津府凌守、天津县唐令嗣后务当保卫间闾，各段巡警尤宜加意巡防，期于居民安枕，不准再有窃贼，并将地方穷黎乞丐随时收入教养局等处，其少壮者使之学习工艺，俾可自谋生计，老弱分别留养，倘再有窃贼乞丐，定惟该道等是问。除分行外合行严饬札到即便遵照办理此札。

（光绪二十九年十二月初七日"文牍录要"栏目）

道胜火灾

天津英租界新盖之华俄道胜银行规模雄伟极为壮观，为紫竹林一带楼房之冠，修盖几及三年，工尚未竣，忽于初四晚一点钟时不戒于火，鸣钟吹哨急为报警。各国官员均驰赴火场，督救无如火势猛烈，直至次晨始熄，所有房屋均付一炬。闻此新楼已在瑞记洋行保险银十五万两云。

（光绪二十九年十二月初七日"畿辅近事"栏目）

麦价大涨

刻下北京有贩客来津收买秋麦甚多于五日前，西集头等秋麦价银不过四两一二钱，下等秋麦价银不过三两四五钱，现今头等每石价银五两一二钱，下等每石价银四两二三钱。此五日内每石竟涨至一两有奇，恐不日米面必皆因之长价矣。

（光绪二十九年十二月十五日"畿辅近事"栏目）

天津卫生局示

为申明示遵事，照得卫民以防疫为先，防疫以除秽为本。本局设办之初已将清洁章程出示晓示，并令巡捕随时诰诫在案，诚恐居民积久懈生，清除不力。际兹春令疾疫堪虞，合将清洁章程再行申示。为此，示仰居民人等一体知悉。务当实力遵办，视为切己之端，毋得视若具文，有负诰诫之意，其各凛遵。切切特示。计开：

一、每日居民须将门首地段扫除洁净，倘有此家秽物倒置别家门首者，准即知照巡捕查究。

一、本局业在各段择定地方竖立木牌为倾倒秽物之所，居民不得将秽物堆积院内，亦不得在无牌处倾倒。

一、沿河居民准将秽物堆在岸旁立牌之处，不得倾入河内亦不得堕于河中，惟秽水内无别物者，方准泼入。

一、冬令倾倒秽物宜在早八点以前，过时不许街巷再见秽物。

一、左右居邻宜互相劝诚勤加扫除，倘有门首污秽者，除将本人惩罚外，即左右居民亦干未便。倘居邻劝诚有不肯听从者，准知照巡捕查究。

一、居民人等须在官厕便溺，不得随处污秽。

一、违犯章程者分别轻重，酌予惩罚。

一、以上章程除居民遵守外，即兵丁差役亦在此例。

一、无论何项巡捕，如有诈称污秽藉端勒索者，准居民具出邻证到本局禀明从重惩办。

（光绪三十年正月三十日"畿辅近事"栏目）

遵饬查禁

袁宫保以天津《直报》造谣惑众，有碍大局，特札饬巡警局暨府县认真严禁，以靖地方，并饬铁路招商各局一体严查，不准装运。等因。各该局等奉文后已分别遵饬办理。

（光绪三十年二月十七日"畿辅近事"栏目）

督宪批示

具禀天津县文生王敬棠批，查该生前在五城察院衙门呈控陈五狗即陈焕文等为匪等情一案，经武清县讯得陈焕文等实无不法情事，查传该生避匿不到未便久悬，详经饬司核明，将陈焕文等解交天津县查明保释，一面饬将该生传讯，按诬告例惩办，甫经拟结。该生复控经顺天府尹饬发通永道解交天津县讯办，尔应静候质讯，何得罗织多人来辕丛渎，希图拖累，仰天津县迅即集讯明确，秉公拟议详办，实究虚坐毋稍纵延。抄禀，批发。

（光绪三十年二月十八日"畿辅近事"栏目）

卫生要政

卫生局会问南段巡警局出示云,照得天津一邑民口繁殷,人民既属众多,气味难免熏杂,稍有感触立致病端。本卫生局所以谆嘱清洁者良由于此,况当春融水泮之时尤为瘟疫发萌之候,亟应设法稽查预为防范,第恐万一起疫,医员未及查明,及至辗转传染患者又不知凡几。现经本卫生局禀明民间病故之人,随即报明以资考验。并蒙北洋大臣直隶总督部堂袁批,饬由本巡警局一体访查。等因。除饬巡丁分段严行访查外,合将拟定条规会同出示晓谕,为此,示仰居民人等一体遵办,自二月十五日起凡民间病故者,无论是何病症,限于一日内各到该管警局据实报明请领执照以凭考查,居民于禀报而外并无烦扰之科条。本局则查察无遗,实关卫生之要政,各宜凛遵,毋干罚办,特示,计开:

一、自二月十五日起,有病故之人,该亲属务于一日内将姓名、年籍、病原及患病日期书明,前往该管警局请领执照,仍俟择定出殡或抬埋日期,携带原照再报该局填注照内。

一、此照于出殡之次日缴还原领警局。

一、各局领照不索分文,亦不准书役延搁,如违严究。

一、如有病故之家隐匿不报者,查明重罚。

(光绪三十年二月十八日"畿辅近事"栏目)

津海关道详送卫生局遵饬设局验疫妥定章程清折并批
大沽查船验疫章程十条

一、大沽海口奉准北洋大臣设立防疫医院,原为保卫商旅消弭疫病起见,院中设华医官二员,又华女医士一人,又美国医士裴志理一员,其华医官二员谙习西学,为北洋医学堂毕业学生,华女医士为北洋前女医学馆毕业学生。

一、凡商轮进口先停泊口外,华医官等每日趁潮乘小火轮出口到轮,专验华人,如果验有疫病即带回医院,分别男女专归华医及女医等诊治。

一、西人之搭船者,另有洋医查验,华医官概不过问,惟查有疫病之西人,亦送本医院专交美医裴志理诊治。

一、查验之法，凡坐头等官舱人等，自与坐下舱、上舱之人有别。头等者由美医官挨次诊视，其下舱、上舱者人数拥挤气味熏蒸，不得不令其齐出船面，其神色充足者一看而过，黯淡者察其脉理，果系疫病不难立判，此外并无他项验法。

一、以上所查船只，皆指装载客货之商轮而言，其夹板扯帆之民船随时进口，亦由华医官妥慎查验。

一、凡经查过之商轮，如无疫症即由验船之华医与验洋人之西医同签执照，给船放行。倘有疫症，除将病人送医院诊治外，应将该船在验船处停泊七日，暂缓进口，以消其气。其民船验过者专由华医官给照放行，倘有疫症亦应停泊。

一、院医中除裴志理一员系美国医士外，其余医官司事夫役人等概系华人。

一、医院中除西人患病者另有住所外，其华人男女亦各分别住所，雇用服役并雇女仆伺候洗濯便溺等事，其饮食一切皆由医院妥为备给，使病者无苦。

一、病人到医院内即由司事将姓民、里居详细记册，仍准来人探望，但所来之人须通知医官方准入内。

一、以上章程如有未尽事宜，应随时酌核以期妥善。

查防营口鼠瘟铁路沿途设立医院防疫章程十条

一、营口地方鼠瘟流行，深恐传染来津。奉准于营口、前所、北塘、新河四处分派医官设院查防，除营口、前所两处居民无多，医官专验火车来津搭客人等外，其北塘、新河地方户口较繁，北塘患疫者亦众，禀准照后开章程察酌情形办理。

一、该处地方四围路口均派巡丁把守海口，一并派令巡丁查防所有车船，均不准载有病人私往他处，倘有违犯私自装载者，除将病人抬送医院诊治外，其车船即行扣留入官。

一、居民如有患病者，立即报明医院，由医官前往验视，即抬到医院诊治。

一、如有患瘟病者，除将病故人住房用硫磺熏过外，仍封闭十日后方准住用。

一、病故人棺木,于抬埋时报知医院,派令巡捕随去当面看明,掘坑至七尺深,铺用白灰再行掩埋。

一、凡装过病人之车辆船只,均须用硫磺熏过以消疫气。

一、无论车船、火车如载有外来棺木经过该处者,即由医院扣留编记号簿,督埋义地,不准运往他处。

一、除营口、前所、北塘、新河各车站派有医官严查外,倘查不及查,仍有病人搭坐火车者,即由车守于查票时留心查明,送到相近之医院收诊。

一、此次出示并前谕防疫之法,该居民等务当实力遵行,倘有阳奉阴违者,查出重究。

一、此项章程专为防疫而设,何处地方有疫,即将此章施行,如该处疫气已止,即行停办。

批:据洋已悉。候将清折咨呈外务部查照立案,并行东海、江海两关道一体查照。此缴。

（光绪三十年二月二十四日“文牍录要”栏目）

水车灌树

津郡各马路所种树木不下二三千株,近日天气亢热,烈日熏灼,有害于树之发生,工程局特添制水车,饬令水夫镇日沿路往来,专为灌水之用。

（光绪三十年五月十四日“畿辅近事”栏目）

接埋水管

津郡济安自来水公司水管逐渐推广,现由北马路南一带挑浚,沟渠挨次埋管,闻拟接至河东大直沽一带云。

（光绪三十年五月二十日“畿辅近事”栏目）

纪海河开坝盛会

津郡海河工程局挑挖第三段河工现已告竣,于昨日下午五点半钟举行开坝盛会,先期由局长关道唐观察柬邀中外官商预于昨日下午三点四十五分钟齐集招商码头,同登小轮前往观礼。一时,东西车马、欧亚冠裳风会云集,洵盛事也。

（光绪三十年六月初一日"畿辅近事"栏目）

兴建菜市

津郡北门外马路迤北河岸现经工程局建设菜市,运储砖瓦、木料,勘丈基地,插标兴工。

（光绪三十年四月初七日"畿辅近事"栏目）

天津道禀报近日抢办各河险工情形由并批

敬禀者,窃本年入伏以后,阴雨连绵,各河盛涨,南运河自青县起至天津止,一百数十里之内,两岸堤段险工迭出,当经职道督饬厅汛州县及防汛委员多集人夫筑埝卷,由挂柳、钉椿分别抢护诓料。七月初三四等日水复增涨,势尤汹涌,盈堤拍岸,几及堤巅,实为近年所罕见。现在,杨柳青以下已与子牙、大清等河连一片,天津县丞所管汛地南岸之埝家嘴中摆渡口、小蒋庄赵家场把总所管汛地北岸之任天寺、梁家嘴等处运堤均出奇险,能否平稳,尚无把握,而子牙、大清等河水势浩瀚,亦复有涨无消,险工林立。日前,文安县禀报县境千里堤漫刷成口,正在集夫抢堵,未知能否堵合。又据子牙河防汛委员章牧兆蓉禀报,王家口至姚码头张庄子一带水与埝平,刻下加筑子埝,力与水争。又据献县防汛委员许县丞诚允禀报,臧家桥一带河水陡涨,险工堪虞,现在昼夜抢护各等语。职道业派单牧晋鈘前往文安县千里堤查勘漫口情形,如能堵合,即会督印汛迅速抢办,南运河即派天津河防同知沈丞金鉴常川在工督率汛委上下巡防,一面仍严饬子牙河州县汛协各员,将各处堤埝竭力防护,不得稍涉疏懈。所有各河同时盛涨,近日抢办险工情形理合禀报宫保大人查核。

督宪袁批:据禀已悉。仰即分饬加意防护,勿得稍有疏失。此缴。

（光绪三十年七月十七日"文牍录要"栏目）

天津武清宝坻宁河等县各村正请免开放减坝公禀并批

为沥陈被害原委,恳恩垂怜下情事,窃霍家嘴堤头两减河之设,本以塌河淀地势最洼可泄伏秋大汛，近年日淤日浅，较平地尤高，水进则泛滥成灾，经前督王查霍家嘴河石坝最卑，为害尤甚，因将该河议废龙骨上加一土坝，永不准开扒，其堤头河援例在龙骨上加土坝三尺，盛涨时任水自漫，向不开扒。其章程载在条规悬挂该汛历有年所，且下游塌河淀边筑有环淀土埝一道，身高八尺以卫田禾。今该埝年久失修，几如平地，该土坝关系尤重。职等管见所及，其不必开扒者有六：查土坝旧例，身高三尺，并非二尺五寸，其不必开扒者一也。塌河淀心日淤日高，现已淤成高埠，较各村熟地尤高数尺，前蒙清丈局勘丈明确，其课银较他地尤重，并无无粮荒地，该坝果一漫水势必四出泛滥，塌河淀决不能容受，其不必开扒者二也。职等四县百余村田禾正在发长之际，若开扒土坝，该减河并无下游，有来源而无去路，徒淹田禾，于河水并不能稍减，其不必开扒者三也。堤头减河迤南有新垫积盐坨地若干段，该坝一经漫水，势必冲漫盐坨。在商家，盐坨毁坏固系国课攸关，而职等众村田地经盐水横流，必致不毛，其害更甚，其不必开扒者四也。水势涨落关乎上游，职等已探得上游水势日落，本埠亦必盛涨不久，所有临河各居民，房屋尚未遽被害，较职等百余村之田禾一旦尽遭淹没，其轻重固已显然，其不必开扒者五也。职等百余村均以耕种为生，一遭水患，则亿万生灵坐以待毙。各宪台爱民如子，谅必不忍出此，其不必开扒者六也。

今蒙各宪台亲临查验，恩准暂开二闸以资宣泄盛涨，并蒙宪面谕，水势如落至四五寸，即行堵闭。等因。职等曷胜感戴，但二闸入水稍缓，亦必淹没田禾，倘河水日落，仍恳恩准堵闭，冀获秋收于万一。庶不致明春积水难消，耕耘无日，小民皆有饿莩之忧矣。为此情急不得不哀乞督宪大人恩准施行。

督宪袁批：查堤头减坝本为分泄五大河盛涨而设，原定修守章程第一条，每岁伏秋大汛水涨将欲出槽，即将边闸下板填土并将回流涵洞闸板一同填闭，俟秋后水落归槽大坝止流。再将各闸板提起以便启放长流，冲刷河底免致淤熟。又第五条每岁大汛后，于冬初在坝口前挑筑土埝一道，宽一丈五尺，高三尺，恐凌汛水涨出槽分泄，以致水小流缓沙停正河减河均受垫大汛前撤除等因。来禀渭堤头河在龙骨上加大坝三尺，系指冬令而言，若至大汛以前土坝即应撤除，备资宣泄何尝有任水自漫，向不开扒说。塌河淀本系蓄水之区，有何粮地贪利者因其连年涸出，希图占种朦清升科现当开坝泄水之时，藉词粮地来辕挟制居心殊不可回应由清丈局，再行清查让出淀地即将执照撤销以免无知愚民与水争地,后患无穷。本年伏秋汛内大雨时行山洪暴发五大河水势奇涨,上游各处漫决频仍成灾甚重,已饬赈抚局派员查放急赈以拯民命津埠水势亦拍岸盈堤,岌岌不可终日,岂能偏顾一隅,贻害大局。仰天津道查照定章开坝泄水以澹沈灭共行河防同知遵照至渭开放减坝势必冲淹盐坨该坨为芦纲命脉所关,何以各商默无一言竟烦众筹代诉尤见砌词从听所请,断难准行抄禀批发。

(光绪三十年七月二十日"文牍录要"栏目)

预防火患

天津工程局以时届隆冬,风高物燥,津地人烟稠密,铺户民居鳞次栉比,一遭火患,辄有燎原之虞,而历来失慎之由,多因煤油所致等,民间习用已惯,各行商势须存贮,封河以后储积尤多,每一行栈自数万至十数万箱不等,偶一失慎,不堪设想。现查城厢内外以及河北新建市场各商民请照盖房者不少,其中必有存储煤油者,已严定章程十余条,禀奉督宪批准札行南段巡警总局出示晓谕,存油各行限令五日内将铺东姓名、存油数目开单呈报,以凭发给章程遵照办理,如有匿不呈报者,一经查出,从重议罚。

(光绪三十年十月二十七日"畿辅近事"栏目)

严禁赌风

天津南北段巡警总局会衔出示,严禁赌博,略谓近日天津赌风之盛不在下而在上,职官巨商昼夜聚赌一掷千金,官累商亏市面为之摇动且计输赢不计良莠,论资财不论上下,种种弊口不可胜言,为害甚大,除饬各分局严密查拿外。自示之后如敢阳奉阴违,一经查出,不问姓名照例惩办,明事理者幸各自爱。

(光绪三十年十二月初七日"畿辅近事"栏目)

添设水管

天津济安自来水公司水管日渐推广,近又在李文忠公祠前添设铁管一道,通过河北窑洼一带,不日竣工云。

(光绪三十年十二月初七日"畿辅近事"栏目)

静海县劝谕各村种树禀并批

敬禀者,窃查卑县地近海滨,土多斥卤,东乡各村地多咸碱,西乡又属
洼下,稍遇水旱即告灾歉。惟南运河两岸土脉尚佳,种植均宜。卑职自去
岁莅任后,每逢因公下乡,留心农事,详察土性。每于乡村道旁田塍及坑边
空闲地内,劝谕村民栽种树株,既易成活又无碍五谷。将来一旦成阴,小则
修枝可作烧焰,大则出售可为梁栋,况西人谓:树能放元气,又能避旱干。
其有关于民生者实非浅鲜。卑职谆谆劝导,尤恐词不达义,随即刊刻告示,
俾得家喻户晓,踊跃恐后。其树之最良者莫若果品即如葡萄、枣、桃等类用
处最广获利更厚。卑职拟俟明春另行设法广为劝种,以收利益。兹将各村
册报栽种树株共计九千四百余棵,核与册内数目相符,仍饬各地方不时灌
浇,随时栽种。总期野无旷土,民有恒业。以仰副宪台轸念民生之至意,所
有卑职劝办栽树村庄数目缘由理合造册,禀呈宫保查核。

督宪袁批:禀册均悉。仰即督饬各村随时加意浇灌务期一律成活。仍
俟明春推广董劝,以收十年之效。缴。

(光绪三十年十二月初八日“文牍录要”栏目)

天津府县呈送保护种树告示章程禀并批

敬禀者,窃奉宪台谕饬,沿河栽种树株。等因。当经卑府等委员驰赴
南北运河两岸查勘明确,业将栽种情形禀陈宪鉴。兹卑府等拟定保护章程
五条,已撰成简明告示,开列章程刷印多张,分贴沿河一带,谕饬军民人等
一体遵照,实力保护,如敢违示,偷折砍伐,轻则照章议赔,重则照例治罪,
除俟一律种齐再行禀请委员查验外,理合照录告示章程,开具清折禀呈宫
保大人查核,计呈送清折一扣。今将沿河种树拟定保护告示章程五条,开
具清折,恭呈宪鉴,计开:

一、沿河种树原为保固堤防,应责成该管汛官看守,倘被人偷拔或有戕
伐等事,由该管汛官查出原赃,每失伤树株一棵,罚令补种三棵。若该管汛
官漫无觉察,别经发觉则罚令汛官补栽,少者记过,多者撤差。

一、沿河树株应派汛兵梭巡,随时灌溉保护,如该管界内树株干枯,即
报知汛官补种,不得擅自偷拔。如偷拔枯树一棵,补种六棵。若汛兵自行

行戕,一经发觉,照监守自盗论,计赃科罪。

一、沿河之树各汛官、汛兵固宜保护,即各村镇居民亦应加意爱惜,应责成各村正地练,晓谕居民妇孺,勿使伤伐。如伤伐树株一棵,补种三棵,若村镇地练自行伤伐,乃系知法故犯,当加等治罪。

一、沿河之树,凡来往行人以及驶船纤夫不得任意折拔致干禁例,折拔一棵,罚赔三棵。如现在树价每棵一毛罚赔三毛,按年加一倍以次递加。如偷拔三年以后之树,迹近行窃,当计赃议罪。

一、伤伐树株不能生活,定议罚赔,如折柳枝者,不在此例。凡河树伤失,应查明赃证,若无赃证,皆归汛官赔补,沿河居民切勿买赃自误。

督宪袁批:禀折均悉,所拟保护章程尚为严密,仰即实力施行,以觇夹道成阴之盛,并录报司道查照。缴。

（光绪三十年十二月十七日"文牍录要"栏目）

整顿消防兵队章程

天津南段巡警总办赵智庵观察查得消防兵队有不守定章出外游荡情事,特定新章谕饬一体遵守,兹将章程录下:

一、每早八点晚四点听哨响发令操演,有误操者,由该教习禀明,不论巡长巡兵,定重即责。

一、每逢晚八点钟点名,夜间不论钟点查棚,如有不在棚歇宿,私自走出者,查出该棚巡兵,按不遵条规惩办。

一、禁止、不准各巡兵进娼窑、烟馆、戏园各铺户谈论,及穿军衣赊欠物件,查出责革。

一、值差巡兵,不论上下站岗,衣帽务须整齐,不许擅离地段,见巡长立正,如擅离该岗,查出重责。

一、守岗巡兵到时换班,须先查看水龙上物件,倘有遗失之物,著该兵赔补,不遵者惩办。

一、巡兵伙夫有要事,应先禀明本棚巡长几时回归再行动身,私自走者,即为不遵条规,从重惩办。

一、禁各棚不准赌博嬉戏,高声喧哗,扰乱公事,滋生事端,无故起衅,查出责革。

一、各棚沐浴回明本棚巡长,每棚去一名轮流洗浴,如私自走者,按不遵条规重办。

一、各棚巡长每日早起亦唤巡兵同起,将自己铺盖卷,齐内外打扫洁净,预备操演,误者重惩。

一、伙夫各厨房须先打扫干净,时常小心,火烛、烧煤均要俭省,两饭勿误,不遵者责革。

（光绪三十一年正月十五日"畿辅近事"栏目）

消防认真

近来津郡消防队巡弁办公颇能认真,每夜由十二点起饬令巡长二名各带巡兵四名分路梭巡,一、由金华桥(即新铁桥)至金家窑大王庙关上下经北浮桥至西头双庙,从北马路侯家后而归;一、由三义庙户部街西门外西南城隅南门外东南马路南斜街宫南北而归。是为前班,至三点钟复派后班梭巡如前。

（光绪三十一年二月二十七日"畿辅近事"栏目）

补种树秧

天津金华桥南岸迤东沿河马路至日本租界闸口一带曾种树秧三百六十株,其中多有未成活者,现经工程局购得树秧四百余株,派人督工,沿路补种。

（光绪三十一年三月二十一日"畿辅近事"栏目）

查阅河堤

天津道王观察于日前亲赴南运河及杨柳青一带查阅河堤,其有应修之处,拟即鸠工补筑,以防盛涨。

（光绪三十一年四月二十二日"畿辅近事"栏目）

拾金不昧

天津官立小学堂四斋学生吕廷桢在厕所拾得布袋,内有银圆一枚、铜圆十余枚并裁刀等件,当即呈交监学招人认领,监学以该生此举足征于修身功课确能实行,因牌示特加一百二十分以示奖励,俾凡为学生者,有所观感者焉。

(光绪三十一年四月二十八日"畿辅近事"栏目)

天津南段巡警总局天津府县会拟整齐房屋办法请核示禀并批

　　敬禀者,窃奉钧谕,以马路两旁小屋窝铺破烂不堪,令即查明设法整齐等因,蒙此仰见宫保整饬庶务,百度维新,至意祗聆之下,钦佩莫名。伏查津郡系互市名区,马路为通衢要道,临街房屋参差不齐,殊不足以壮观瞻而隆郅治,诚应及时改良,以重路政而新耳目,惟各马路等处究有应行整理之小屋、破房若干,必先查明方可核办,当经函请工巡捐局饬查去后。兹准查明开折函送前来职道等细加查核。计本城内外沿河各马路并租界交接地方以及城内十字街暨新车站两旁河北大胡同等处,共有应行修整改造之破房、小屋、窝铺约六百间之谱,有本系官地者,有原属民房者,若一律责令现户自行修改,在殷实商民,固属易事,而小本营生之辈,诚恐力有未逮,势必迁延观望,未便强其所难。职道等悉心筹画,拟请由工巡捐局派委妥员挨户传谕,劝令各该户商民之有力者迅将破房、小屋自行修整、改造,务使门面齐整,油漆鲜明,勒限一月竣事;稍有观望其实在贫苦力难自办者,由局酌定修改式样,核实估计代为垫款,修改所用之款,酌令各该户分限归垫,或于抽收房捐时责令分月带还,如此量予变通,事半功倍,庶几商民不扰街市一新,亦文明进步之一端也,除出示晓谕并移会工巡捐局酌办外,所有酌拟整齐马路房屋办法,是否有当,理合会禀宫保查核训示祗遵。

　　督宪袁批:据禀马路两旁小屋窝铺破烂不堪,亟应查明设法整齐以壮观瞻,经该道等酌拟由工巡捐局派员挨户传谕,劝令各该户商民之有力者,自行修整改造,务使门面齐整油漆鲜明,勒限一月竣事;其贫苦者,由局酌定修改式样,核实估计代为垫款,修改所用之款,酌令各该户分限归垫,或于抽收房捐时责令分月带还,所拟办法尚属可行。仰即出示晓谕,并移会工巡捐局查照办理。此缴。

(光绪三十一年六月十二日"文牍录要"栏目)

天津道详义阡公所迁移习艺所大道两旁义地变价请立案文

为详请事,光绪三十一年六月二十七日,据天津府知府凌福彭详称:光绪三十一年六月十九日,据义阡公所委员候补从九品谢宝华等禀称,窃卑职等前奉钧谕,由西教场习艺所至亲王祠修筑马路一条,所有附近前后并大道两旁义地坟墓均宜迁移,围墙以外另购义地妥为掩埋,不但附近居民卫生有益,且于暴露棺木亦觉永安,及行人往来诸多方便,诚有益之善举也。职等惟查津郡城西一带义地纵横,乱冢不下数万。每逢阴雨连绵,洼下之地几成泽国,职等每思设法迁移,赞成善举,惟需款甚巨,力不从心。职等现拟变通办理,无论公款私债,暂借三千金之谱,择习艺所前后并大道两旁紧要之冲区,均各迁移数丈,或者公家占用,抑或民间购买,均一律照时价估计,归义阡局弥补借款。如有余项,再办掩埋,善举将来逐渐推广,愈迁愈多,壕墙以内之居民岂但无乱冢之虞,且亦无白骨之惨,卫生有道,市场一新,诚一举而众善备矣。职等虽经理义阡,未敢擅主,不得不具蠡管之见,冒昧烦渎,如蒙允准,俯赐转详立案,以便筹款兴工,实为恩公两便等情。据此,除批准立案外,拟合具文详请查核俯赐,分别详咨立案,实为公便等情。据此,除批准立案并移工程局查照外,理合具文详请宪台查核俯赐批示立案,实为公便。

督宪袁批:如详立案。缴。

（光绪三十一年七月二十日“文牍录要”栏目）

天津县陈明赵云升被抢情有可疑
请通饬不分畛域勘办盗案禀并批

敬禀者,窃查前准静海县移会沧州客民赵云升在途被抢一案,现奉本府札委邵令孔亮会同卑职及静县潘令勘明,因赵云升供称失事处所系在县属卢家封地方,卑职不敢推诿,已会衔禀覆宪鉴,请归卑职承缉在案,惟细核案情,疑窦多端,有必须上渎宪聪者。查此案,该事主于四月初五日被抢后,即赴静海县禀报,潘令并不照例会营诣勘始,于四月二十五日函知卑县,谓失事系在卑县地界,嘱归卑职承缉。其函内先称据事主呈报在王稳庄迤北地方被抢,后又称查得失事地方在大孙庄西南二里许王稳庄迤东北四里余,并无所谓卢家封者。今乃谓事主原报被抢实在卢家封地方,已属自相矛盾。卑职于四月二十五日接到潘令知因查无事主报案,立即传大孙庄村正范士珍等查讯。据供,此案失事实在静属狼家河地方,言之甚详,而查传事主赵云升始于六月初二日来津补报,其呈内忽称被抢系在县属之卢家封,与潘令前函所称失事在王稳庄迤东北四里余,又属先后两歧,此可疑者一。且赵云升被抢在四月初五日,来津呈报已在六月初二日,既知失事系津属卢家封地面,何以当时不报卑县而报静邑?此可疑者二。况卢家封距大孙庄仅止二三里许,距静邑王稳庄有七八里之遥,赵云升如果实在卢家封被抢,又何以不就近告大孙庄巡警局,而远求王稳庄巡警追捕,此可疑者三。唯盗案例以事主指供为凭,现在该事主既指定系在卢家封被抢,自应即归卑县承缉,然邻封州县于疏防盗案,因地界接壤互相推诿,似究非慎重捕务之道可否?仰恳宪恩通饬各州县,嗣后如有事主呈报盗案,无论所报失事地方是否系本境所辖,即照例不分畛域会营亲诣勘验,一面严缉赃贼。如堪明实在邻封州县地界失事,亦即移会邻封会同覆勘详办,不准藉词推诿,以重捕务而杜规避。一面饬由各州县出示晓谕,民间嗣后如有两县交界地方盗案,应令事主于失事之时指明地段,投知附近村庄,地方询明该处究归何州县所辖,即赴何州县呈报,以便勘缉而免宕延伏候,宪裁所有此案失事地方情有可疑,并请通饬各属不分畛域堪办盗案缘由,理合禀请大人查核,俯赐批示祗遵。实为公便。肃此具禀。

督宪袁批:据禀已悉。邻封州县于疏防盗案因地界接壤,往往互相推诿,该令拟请通饬各州县嗣后呈报盗案无论是否本境所辖,即照例不分畛域会营诣勘,如勘明实在邻封州县地界失事,亦即移会邻封会同覆勘详办,不准藉词推诿,一面由各州县出示晓谕,如有两县交界地方盗案,令事主指明地段,投知附近村庄,地方询明究归何州县管辖,即赴何州县呈报,系为慎重捕务起见,候行臬司通饬各属一体遵照办理,仰天津道查照饬知。缴。

(光绪三十一年七月二十三日"文牍录要"栏目)

天津县详添设学堂宣讲所请平垫官坑开拓基址文并批

为详请事,光绪三十一年六月十二日,蒙本府札开为札饬事。光绪三十一年五月二十九日,据津郡学务总董林兆翰等禀称:"窃津邑自设立学堂以来,公地、庙房业经搜罗殆尽。董等前奉宫保面谕,添设小学堂及宣讲所兼半日学堂,计共十四处。虽已择定数处,而所缺犹多。现查各处官坑,如城西南隅、城东南隅、西门外僧忠亲王祠西,又西门北张家大门前。城西云霞观后及河北大寺报效学堂坑地,地势均极宽阔,若由工程局土车陆续倾倒数月后即可垫平,除修建学堂或宣讲所,尚有余地尽可造房招租,以裕学费,其中六处以西南隅为最大,云霞观后往北直接官堤,且距旧围墙不远,若安设铁轨取土较易。董等为现时开拓地址并嗣后裨益学费起见,用特禀陈伏乞俯赐鉴核恩准转详。'官保批示:'遵行实为公便。'"上禀等情据此,除批来牍已悉,各处官坑积存秽水,本于居民卫生有碍,应设法垫土,挖沟所余之地即可以建盖学堂并可以转租收息,为学堂长年经费事不扰民,又能裨补学务,应立案准行,候行县查照转详各宪,仍候批示遵照可也。此缴。等因。挂发外合亟札饬,札到该县立即遵照;立案并转详。各宪核示,饬遵毋违此札。等因。蒙此查此。案前据该总董等来案具禀,当经批,候本府核示遵办在案。兹奉前因卑职复查平垫官坑预拓学堂地基一举数善,洵为推广学界之要,且由工程局土车随时倒填尤属事半功倍。自应准如所请,藉益学务所有请垫官坑开拓学堂基址缘由,拟合具文详请宪台查核俯赐批示。祗遵实为公便,为此备由具册具呈,伏乞。照详施行,须至册者,

直督袁批:据详已悉。平垫各处官坑为修建学堂宣讲所之地址,洵于兴学、卫生两有裨益,候行工程局迅速填平筑实,以资开办,仰学务处查照饬遵。缴。

(光绪三十一年八月初七日"文牍录要"栏目)

天津卫生局告示照录

为晓谕事,照得颜料店熬炼桐油,气味熏臭,闻之易生肺疾,且熬炼之时最易引火,于市尘繁盛之区尤足为害。此项生意开设最多,亟应思患,预防设法示禁。为此,示仰各颜料店知悉,自示之后速将油锅移至围墙以外,地方空敞,可以随时熬炼。熬成后随送铺中售卖,当亦不迟。如此办法,于该铺生意毫不相妨,于卫生保安之道均获益匪浅,各该铺务当赶紧遵办,倘敢阳奉阴违,一经查出,定即究办不贷,其各凛遵。切切特示。

(光绪三十二年二月初三日"本省近事"栏目)

卫生局清理沟渠

时届春融,天津城乡各处沟渠秽气熏蒸,于卫生大有关系,现闻卫生局届观察,已派员先将西城内沟渠督工疏通,其余各处积秽阴沟亦逐渐清理,是亦卫生之要政也。

（光绪三十二年二月二十二日"本省近事"栏目）

提议添设消防队

天津消防队队官张千戎现因北段开辟市场,地方辽阔,居民亦日渐增多,消防队距离太远,设遇火患,深恐不及赶救,拟在大悲院内添设消防队一处,即就该院镇海楼为瞭望台,派副官一员、巡长四名、队兵三十六名、长夫四名驻院防守。业经禀请消防队指挥官杨太守转禀总局核示矣。

（光绪三十二年三月十一日"本省近事"栏目）

附设北洋防疫医院

北洋军医学堂近日在本堂附设防疫医院,学生已经招足,闻不日即可入院肄业,讲求种痘之学云。

（光绪三十二年三月二十三日"本省近事"栏目）

操场栽种树木

天津图算学堂及军医学堂两处操场近日均于四围种树木,以为学生操毕憩息之所。

（光绪三十二年四月初六日"本省近事"栏目）

创设北洋防疫医院

北洋军医学堂近日招募防疫专科学生一事曾纪本报,兹闻该学堂复在南斜街大枫巷创设北洋防疫医院一区,为诸生研习功课之地,业由督宪亲题匾额,树立牌坊矣。

（光绪三十二年四月初六日"本省近事"栏目）

乡民捐产兴学

津邑沙岭子村地瘠民贫,现今创办学堂正难筹款,适有村人杨寿仁君热心兴学,慨捐自置园田七十亩为起造学堂之费。日前已由村正戴某等据情赴县禀请立案,并拟请学务处酌予嘉奖。

（光绪三十二年四月十七日"本省近事"栏目）

医学生请习体操

天津军医学堂附设之防疫医院前次招考学生早经入学肄业,刻闻该生等已禀请总办赏发操衣一律体操,蒙批饬候两个月甄别后再行核办。

（光绪三十二年四月二十七日"本省近事"栏目）

严定轮船防疫规则

天津总税务司与驻津各国领事公同议定,凡有广东、香港、汕头、福州四处所来中国及各国轮船均于西五月二十八号起应守以下所列条规：一、前列四处目下时症流行,所有轮船不得在彼处载运毛皮、头发、古布、旧纸以及生果菜蔬并种田之肥料,如有载运以上各件,一律严禁进口。一、凡由彼处所来轮船,不论何国之船,均须揭检疫旗,经驻查之检疫局员指定地方方可下椗。一、由彼处所来之轮船不得与岸上交通,或有乘客及船员,亦须照此办理,又,该船载来之小包,亦不能提移他处。一、如违以上规则者,应听处罚。

（光绪三十二年闰四月初十日"本省近事"栏目）

督宪批示

天津民妇穆吴氏禀批：据禀此案前已由县断令拆房还地,因何抗断不遵,所称谢大放火两次有无其事,仰天津县迅速集案秉公讯断完结具保,毋任缠颂,抄禀批发。

(光绪三十二年闰四月二十二日"本省近事"栏目)

天津县详嫠妇慨捐学费请奖匾额文并批

为详请事,案据东乡大毕庄村正郝联第,绅董李金魁、房绍奎、孙瑞安、崔景新、张儒、刘金铨等禀称,窃身村筹办初等公立小学堂已将经费筹有大概并经分别修理房屋、购置书籍桌凳等项,计日即可开学,业将筹办大概情形禀明鉴核在案,伏查捐户内有本庄孀妇崔徐氏捐助四勾带五勾地二十四亩一项,该孀妇系已故民人崔俊峰妻家仅小康,平素好善。此次因见本庄兴办学堂筹款为难,慨捐祖遗地二十四亩为学堂产业,公同估计该地约值银洋三百元,于学堂经费不无裨益,洵属急公好义,嘉惠童蒙,合无仰恳恩准,详请赏给匾额以示奖励而资观感,俾远近闻风兴起有益学界,实非浅鲜,理合禀请俯准转详等情。据此,卑职查该嫠妇崔徐氏家仅中资,慨捐地产二十四亩,约值银洋三百元助入本村学堂常年经费,又另捐开办费洋三十六元。该氏之能深明大义,勇于为善。与该村正等劝导有方、热心学界,实于学堂经费不无裨益。查卑前县唐令禀明嗣后捐助学费三百两以上者,由该管道府会同给予匾额,业蒙宪台批准在案。今该嫠妇所捐田产,核与赏给匾额章程相符,自应照准颁给藉昭激劝,除禀批示外,所有嫠妇慨捐地亩助入本村学堂经费缘由,拟合具文详请宪台查核,俯赐行知道府赏给匾额一方以示嘉奖而资观感,实为公便。为此,备由具册具呈。伏乞照详施行。须至册者。

督宪袁批:据详该县嫠妇崔徐氏家仅中资,慨捐地亩约值银洋三百元,又另捐开办费三十六元充作本村学堂经费,洵属好义可嘉,有光巾帼,应由道府发给匾额一方以昭激励,仰提学司饬知并候行天津道府查照办理具报。此缴。

(光绪三十二年六月十九日"文牍录要"栏目)

公禀电车伤人事

自天津电车札伤北洋女师范学堂兼公立女学堂教习吕清扬氏后学界中人大动公愤,日前已由学务总董林兆翰君等联名通禀督宪学宪关道巡警

21

局请将该司机人加等治罪以伸法律,并妥筹改良办法以全生命云。

(光绪三十二年七月初十日"本省近事"栏目)

天津济良所成立

天津议设济良所创议已久,兹闻已租定城内义仓西前普通学堂房屋开办,其常年经费业由郡绅公同捐集矣。

(光绪三十二年七月十二日"本省近事"栏目)

慰问女教员受伤事

天津公立女学兼女师范教习吕清扬民被电车轧伤左腕后,各处函电慰问者络绎不绝。闻刻下仍在医院调治。据言,当不至有性命之忧。

(光绪三十二年七月十四日"本省近事"栏目)

择地兴造种植园

天津河北贾家大桥附近拟创设种植园一区,闻系预备教育种植之用。刻下,地址已经堪竣,不日即可创建云。

(光绪三十二年七月十九日"本省近事"栏目)

会议电车善后事宜

近因天津电车迭次伤人,巡警总监段观察、津海关道梁观察屡奉督宪谕令妥等善法,因约定前日午后偕同天津府县并电车公司华董蔡、麦两观察,阮大令及电车公司代理洋人齐集榷署会议电车防险保安办法。闻所议各法,该代理洋人未敢擅主决定,请限八天回复云。

(光绪三十二年七月二十四日"本省近事"栏目)

宝坻县村正等禀裁撤牌头专办巡警各情详请核示文并批

为详请示遵事,案据县属进贤里芮庄村正从九衔刘长治、茶棚庄村正初级师范生宋锦城、广孝里庞家湾庄村正增广生周汝霖、大口哨村正从九曹兰墀等联名禀称：为恳请示谕，裁撤牌头专办巡警以节糜费事，窃各庄向设牌头一名，每年需费自东钱百余吊至二三百吊不等。今既设立巡警，凡禁止盗窃、赌博、斗殴等事，均为巡警所管，又有村正副总理其事，则牌头似为虚设，若将牌头裁撤，以此项需费归并各庄，巡警工食、警务必有起色，民力亦可少纾矣。职等为节费安民以便认真举办新政起见，叩乞俯准裁撤牌头专办巡警以省糜费，请转详立案等情。据此，卑职查近来开办巡警学堂诸新政何。一、不资民财力。欲资民财力，则必为民惜财力，去其无益之妄费，以助有益之实用。然后办一新政而民皆乐从，况牌头之设，其始原为防盗贼、诘奸宄，非真无益于民及寝久弊生。其诘黠者，武断乡曲，其驯良者，不过于差役下乡时指引门户而已，于民间毫无裨益。平日供养所费不少，而卑县典史衙门每年点验一次，必有陋规，此费皆敛于小民，非徒无益而又有害焉。今各村庄均举办巡警，则所谓防盗贼、诘奸宄以求闾阎之治安者，此责任皆归巡警而牌头几同赘疣。卑职现拟准如该村正刘长治等所请裁撤牌头，专办巡警，其典史衙门每年陋规一概裁革以纾民力，并著以此节省经费，为巡警改良之用于警务必有起色。倘裁撤牌头之后不能认办理巡警，然后加以申饬，彼小民必知愧悔，惟命是听矣。似于行政恤民两有裨益，应俟奉到批准之后即行出示晓谕，广宣德意，使民间知所观感庶几，办理新政，无不乐于从事。所有裁撤牌头专办巡警之处是否有当，拟合具文详请宪台查核，俯赐批示，祗遵，实为公便。为此，备由缮册具呈，伏乞照详施行。须至册者。

督宪袁批：据详已悉。查各州县牌头积弊，与蠹役等每逢差役下乡，不过为虎作伥择肥而噬。此等情形，言之殊堪痛恨。该县从绅董之请毅然裁去，所办甚是。应准照行，务即邀绅筹议，将境内巡警认真办理，遵照章程切实训练，勿遗流弊，仰警务处查照饬遵禀抄发。此缴。

（光绪三十二年八月十七日"文牍录要"栏目）

巡警总局捐务科告示

天津南段巡警总局日前颁贴告示云：为示知事，照得东洋车捐现由八月份起将应换领之号坎停止，一律该发铜质号牌，按月凭牌纳捐。业经出示晓谕，并分定限期给领各在案。惟查津郡尚有自备坐用之洋车，系按半年纳捐一次者,自应照章一律购领号牌以代号坎之用。合亟示仰自用洋车人等知悉,务于本月二十日来科挂号注册,随带大洋五角备缴,以凭给发号牌,照章钉钳备验勿误。倘过本月二十五日之期,沿途即行查验,若无此项号牌钳订车上,定干扣罚不贷。其各祗遵。切切勿违,特示。

(光绪三十二年八月十九日"本省近事"栏目)

筹拟设立因利局

探闻天津民立第六学堂董事李君现拟在本村设立因利局,凡村中小本营生缺乏资本者,皆准取保来局借贷不取利息。惟借数不得过制钱五吊,偿期亦不准逾限,已议定章程,预备禀请当道立案矣。

(光绪三十二年八月二十六日"本省近事"栏目)

预备开办种植园

天津工艺局总办周观察前经禀请督宪批准在新车站迤东购买民地三方里,由日本采买树株栽种作为种植园一事。兹闻观察已札县出示晓谕,每亩地价上等发三十元,中等二十元,下等十元。并派员前往绘图勘丈,预备开办。

(光绪三十二年九月初一日"本省近事"栏目)

宝坻县详禁限境内烟馆文并批

为详请事,鸦片流毒中国,害难尽述。本年八月初三日钦奉上谕禁止吸食,限十年内一律革除。薄海臣民同深感奋,而卑职立即调查境内开设烟馆者共计七十余家,即卑县城内而论,已设有烟馆二十五家,此粮食铺实多三倍。卑职因查夜之便,抽查各烟馆,见其上等烟馆铺设雅洁,烟具精致,使人入其中者有终老是乡之思想。此不啻设陷阱以诱人也。见其下等烟馆品类猥杂,信宿流连、盗贼奸拐之徒不免匿迹。其中此不啻为窃主,以藏奸也。夫鸦片如酖酒,如毒刃杀人无迹,已不可以数计。乃开烟馆者设陷阱以诱平民,为窃主以藏奸民且人家不肖子弟偶嗜鸦片,其父兄未尝不禁止,而为子弟者往往躲在烟馆吸食,及父兄知觉而烟瘾已成,不可救药矣。苟无烟馆,则少年吸烟者必不至接踵而起,至近来盗贼奸拐之案往往于烟馆内起出赃物。其越境作案者,则必于烟馆过夜。盖烟馆主固以此为利薮也。苟无烟馆,则盗贼奸拐无人容留,必易败露,亦有所惮而不敢,此烟馆为民害至彰明较著者也。卑职之愚以为严禁吸食,杜绝来源,自有王公大臣鸿　硕画,未敢稍添末议。惟现时烟馆之贻害地方,理宜先绝流弊,拟请境内所开烟馆祇许买卖烟膏,不得开灯吸烟,容留外人住宿。一俟奉到批准后,即行出示晓谕,如再敢开灯吸烟及容留外人住宿,即将该烟馆封归学堂,藉充学费,并将该铺东严办示惩。至近时已办统捐,即烟馆生意不旺,于捐务亦无妨碍。卑职为除害妨患、安靖地方起见,是否有当,理合具文详请宪台查核俯赐批示祇遵,实为德便。为此,备由缮册具呈,伏乞照详施行。须至册者。

督宪袁批:据详已悉。仰布、按两司核明详覆饬遵。缴。

(光绪三十二年十月十一日"文牍录要"栏目)

商会妥议戒烟办法

天津商务总会总协理、议董等以本埠烟馆已奉督宪谕禁开灯,现在禁期已至,嗜烟者纷纷戒吸,穷民既苦无资,又苦无地,亟应设法维持,因约集众药商暨济生社、引善社、补遗社、公善社各善长等拟设天津戒烟会议,由商会督率同人妥筹经费,众药商担认药料。凡用大宗物件,均由各行或助或借,以期速成。业经议定,不日即可禀请立案实行开办矣。

(光绪三十二年十月三十日"畿辅近事"栏目)

绅商赞成戒烟善举

天津议设戒烟会一事已纪昨报。此事本由商会发起,刻下,绅商各界协力赞成,有施药者,有捐金者,情形颇为踊跃,其会所拟于城乡已废之质库中择定一地云。

(光绪三十二年十一月初一日"畿辅近事"栏目)

照会租界一律禁烟

天津自奉督宪札饬禁止烟馆烟楼开灯后,凡吸烟之人,均往奥界烟馆开灯,现经津海关道台照会各租界领事饬令所有烟馆一律遵照限期闭歇云。

(光绪三十二年十一月初九日"畿辅近事"栏目)

天津开办戒烟会

天津商务总会总协理等拟设戒烟会一节曾纪本报,兹已择定西头黄家花园为办公之所,于月之十一日开办矣。

(光绪三十二年十一月十四日"畿辅近事"栏目)

赈抚局施药戒烟

天津赈抚局近日备资购办经验戒烟丸药发给平籴各分局,专施贫民戒烟无力购药之人。按照瘾之大小酌给药之多寡,日来领药戒烟者络绎不绝。此真莫大之善举也。

(光绪三十二年十一月十七日"畿辅近事"栏目)

天津府县会禁烟馆告示

为重申禁令事,照得开设烟馆诱人吸食良溷杂,卜昼卜夜,最碍地方之治安。前蒙宫保札饬,转奉上谕严行查禁。业经本府县会同出示勒令停歇在案,兹查有贪利之徒门首贴有字条,名为止灯收账,实仍开灯供客。数月以来,业将故犯禁令有意尝试之高小田、魏三、高镇泉、张德文、刘立安、张玉善、史得祥、田春等拘拿到案分别惩办。并将烟馆发封在案。第念烟馆房屋各有业主,如因赁主而波及产主,不无可悯,为此,合再示谕。嗣后城厢内外租赁烟馆及饭庄、酒楼之家,责成业主协同查察,如有不遵禁令之租户,准即来案指控,以凭究办,如扶同徇隐别,经发觉或由官访拿,则该房屋定查封入官,决不宽贷,勿自贻伊戚也,其各凛遵毋违。切切特示。

(光绪三十二年十一月十九日"畿辅近事"栏目)

静海县潘令震声禀呈捐廉创办戒烟公所章程

今将卑县捐廉创办戒烟公所一座拟议开办章程十条。缮开清折恭呈宪鉴。计开：

第一条　本所系为戒烟而设，故名曰"戒烟公所"，宗旨以现在开灯之家，业经出示，一律封禁。凡我贫民沾染洋烟恶俗，此后欲抽不得，欲戒不能，饥寒交加，深堪悯恻，故创立戒烟公所，使之入所戒绝瘾断，则身体强壮，听其出所自谋生业。

第二条　本所现以勘定旧有之白衣庵房屋一座以为试办，开办经费悉由本县捐廉。

第三条　凡来所戒烟者，要先将本人年貌、姓名、籍贯觅具妥保声明，实在穷苦真心戒烟情形，方准收留入所。

第四条　本所开办之初，经费不足拟定，以一星期为一期，每期收入二十五名，来所戒烟者，可随时觅保径赴该所挂号，逢星期日进所。每月计收人数百名。先挂号保送者则先入所。如遇额满则归下期。

第五条　本所每期以一月为满，未满期者，不得出所；已满期者，由所中司事报候本县覆验属实，取具原保出所，不准逗留。

第六条　本所派定司事一人在所住歇，专管所内出入账目，并登记戒烟人数及记其年貌、籍贯、事业等事，尽一己之职任办理。

第七条　本所除派定司事一人之外，另派夫役二名：一以供做饭兼办一切杂差；一以听候司事之命令各事。

第八条　本所司事应办事宜，已详载前条，其所办各项之情形，统于半月内造报县中一次，以凭查核。

第九条　本所系专收贫民戒烟，则凡家道小康者，自备饮馔，药由本所发给。

第十条　本所事在创办经费支绌，故仿照留养贫民办法，以冬月开办起至明春二月底截止。凡尔有瘾贫民，允宜争先来所，毋稍观望。设使日后筹有的款，再行相继办理。此亦凡事预防其始，克慎其终之道也。

（光绪三十二年十二月十七日"文牍录要"栏目）

定期续开戒烟善会

天津商务总会自开办公立戒烟善会以来,治愈者一百数十余名。总理王观察、协理宁太守于初四日早十点钟在总会公议续拨善款,或有报名投治者,按名分治等事,定于初六日开戒云。

(光绪三十三年正月初七日"本省近事"栏目)

开演助赈电影新戏

津郡绅商所组织之公益善会系为筹助江北赈捐起见。现已于昨晚起在李公祠开演新戏及电影等剧,共演一礼拜,将卖入之款不动分文,全数汇至灾区以拯灾民,诚莫大之善举也。

(光绪三十三年正月十一日"本省近事"栏目)

公益善会第五次开会

天津公益善会于十四晚又在李公祠开演新戏、电影。是日来宾甚盛,共收入卖票大洋六百四十元,小洋七十角,妇人会收一百五十三元,三星纸烟公司助捐纸烟售入铜元四百二十六枚,小林洋行助捐牙粉售入铜元八百六十七枚,末由来宾随意捐助大洋一百六十八元,小洋一百六十五角,铜元七百八十九枚半。以上各款即于本日交户部银行汇解灾区云。

(光绪三十三年正月十六日"本省近事"栏目)

公益善会第六次开会

天津公益善会筹赈江北水灾,于十五晚仍在李公祠开演电影、新戏,计是晚收入卖票洋五百九十五元小洋九十五角,妇人会捐入大洋二百一十元,小洋一百二十六角,铜元一千三百五十八枚半。以上各款即于本日交户部银行汇解灾区矣。

(光绪三十三年正月十七日"本省近事"栏目)

公益善会第七次开会

　　此次在津绅商为筹赈灾民组织公益善会,于李公祠开演新戏、电影七天。十六晚为第七次开会之期。是日卖票收入大洋一千一百五十九元,又收未到客戏票洋四百五十六元,妇人会收入捐款大洋四百六十四元,小洋二百三十六角五分,铜元二千零二十三枚。以上七日戏票共收入大洋四千六百五十八元,小洋九十五角,妇人会共收大洋一千七百七十六元,小洋九百四十四角五分,铜元四千四百三十七枚。小林洋行捐助牙粉,卖入铜元一千三百九十五枚,三星公司捐助纸烟卖入大洋五元,铜元八百九十二枚,又捐募大洋一百六十八元、小洋一百六十五角,铜元七百八十九枚半,卖鲜货得利,捐入铜元一千二百枚手巾把,自备助善。以上六项共收大洋六千六百零七元,小洋一千二百零四角五分,铜元八千七百一十三枚半。所有此会七日开销各费,皆由承办诸君摊出,入款不动分文。此款已统交户部银行电汇灾区,不收汇费电费。该银行并允以后凡遇公益之举,皆照此办理,以昭急公尚义之意云。

　　　　　　　　　　　　（光绪三十三年正月十八日“本省近事”栏目）

催缴田房税契银

　　田房税契随征随解,不准迟延,而津邑投税各户竟有日久不领者,现由章大令饬房速催该业户交银领契以凭批解藩库,不准再延。

　　　　　　　　　　　　（光绪三十三年正月二十一日“本省近事”栏目）

种植园注意蚕桑

　　天津创设种植园圈用民地并给价情形曾纪前报。闻该园刻已议订招集商股,以便迅速开办,并拟先种橡树放茧育蚕,用拓蚕桑之利源云。

　　　　　　　　　　　　（光绪三十三年正月二十四日“本省近事”栏目）

天津卫生局告示

为晓谕事,照得卫生之道洁净为先,本局迭经出示晓谕并明定章程,各在案时当春暖,气候熏蒸,污秽不洁,最易致病,亟应再行申示,裨益民生,所有居民铺户,务当勤加扫除,僻巷偏隅尤应一律洁净。除派巡捕严查外,合行晓谕。为此,示仰居民人等知悉,此后各宜遵守定章,力行洁净。毋使稍为污秽致碍卫生,倘敢故违,定当从严拘罚,决不姑宽,特示。

（光绪三十三年正月二十九日"本省近事"栏目）

天津卫生局告示

为出示晓谕事,照得时当春令,暖气上蒸之毒热,无从倾泻,灾疠堪虞。惟有引种牛痘为祛毒清热良法,只以此邦人民囿于习俗,仅知婴儿种痘乃为常理。殊不知人当少壮,孰无热毒,大小男女均应引种。除五彩号胡同妇婴医院开种外,为此示仰居民人等一体知悉。

（光绪三十三年二月初三日"文告录要"栏目）

再纪广益善会演戏助赈

天津绅商为筹赈江北灾民续开广益善会。业于初四晚开演,初五晚为开会之第二日。是晚,座客较多,共收入戏资洋六百八十八元。

（光绪三十三年二月初七日"新闻录要"栏目）

牛痘局定期开种

天津牛痘局向于春秋施种,现届春季,闻该局已定于本月二十五日起准原种牛痘者先行至局挂号,即于三月初一日开种云。

（光绪三十三年二月初十日"新闻录要"栏目）

天津卫生局告示

为晓谕事，照得鸦片之害，尽人皆知，钦奉上谕，定限革除，薄海臣民同深钦仰。惟鸦片流毒已久，吸者沈（沉）溺已深，非得良方难期戒绝，稍有不慎百病丛生，此犹指力能购药者而言；若无业贫民无资求药，由瘾致病，饥苦交加，尤属可悯。天津人民繁庶，吸者甚多，而贫民之吸烟者尤占多数。本局责在卫生，自应妥制药品，设所施医，以起沈（沉）痼，业经拟具章程，于城厢内外设立戒烟所。分为贫者给药，有力者收资。咨明津海关道梁，详蒙督宪袁批准照办在案，现已分别设立：一、在河北大王庙卫生局。一、在西关外育黎堂。一、在五彩号胡同妇婴医院。一、在南门内大街。共计四所。合行出示晓谕。为此，示仰诸色人等一体知悉。特示。

（光绪三十三年二月十一日"文告录要"栏目）

保姆讲习所毕业

天津严氏保姆讲习所于十一日下午二句钟开会举行毕业式，其次序如下：一、学生入礼堂。二、来宾入礼堂。三、乐歌、国歌（全班和声）。四、创办人陈蕴浦先生演说。五、乐歌、校歌（全班和声）。六、洋琴独奏：韩升华。七、监学授文凭。八、洋琴独奏：严智圆。九、教员演说：大野先生、胡玉孙先生、张伯苓先生。十、洋琴独奏：严智闲。十一、来宾演说：吕碧城先生、魏梯云先生。十二、学生谢辞（代表：严智圆）。十三、乐歌毕业式（全班和声）。十四、茶话。并附录保姆毕业生姓名列后，计开：严智圆、严智闲、韩升华、张祝春、林溦、严刘蔼如、韩玉敏、周李应兰、卜浚昌、温安桐君、朱严淑仪、解茂蕙、王缪鸿良。

（光绪三十三年二月十四日"新闻录要"栏目）

天津县告示

为出示晓谕事，照得应征本年上忙粮租并节年尾欠银两，现届上忙开征之际，自应照常征收以供报解。今本县定于二月十四日设柜开征，除饬令该管地方往催外，合行出示晓谕。为此，示仰津邑居民人等一体知悉。

自示之后,尔等务将应纳本年上忙粮租银两赶紧赴柜扫数清完,不得私交地方,包揽代纳,自贻后累。如敢抗违,无论绅衿劣户,定行从严惩办。该管地方理宜随时催纳,勿任延欠同干未便。各宜懔遵毋违。特示。

(光绪三十三年二月十八日"文告录要"栏目)

筹募江北义赈名单

　　昨据天津官绅商会来函云:敬启者,去冬天津府凌太尊、天津县章明府督同天津商会与济生、延生、引善、补遗各社官绅创办江北义赈,计共刊刷捐册四百八十五本,分寄各府州县与盐务、营务、商务等处。现蒙善士垂念同胞踊跃捐助,已收回捐款银册三十本,并无册零助。自本月十八日核筹,共大洋三千六百九十五元,小洋七百五十八角,银一百四十二两,铜子三千六百七十四枚。亟应登报以昭征信。惟限于报纸须陆续缮登,尚祈鉴谅。值此青黄不接,维日方长,伏望仁人义士于收到捐册后,速为劝募以救灾黎,同深感祷。谨将先收各善士银洋等数目开列于后:

　　第二百五十四册,三义号代募。义涌号、天兴德各五元,同义号,四元,敦昌厚、义兴楼各五元、三义号六元,以上捐册共洋三十元。驻津众票庄英洋一千元、朱锦文洋四元,厚德号二十元,天利号、天庆成各五元,新泰号、永昌号、裕泰丰、天津银号、庆丰号、瑞林祥、裕源长、启盛号各二十元,义生号、元利亨、天兴恒各十元,同茂永、德瑞号、宝丰源、万丰银号、瑞生祥、瑞蚨祥、益兴恒各二十元,谦义丰钱庄、裕泰恒钱庄各十元,公裕厚、中裕厚、桐达钱铺各二十元。以上零捐共洋一千四百四十四元,连前册捐两共洋一千四百七十四元。

(光绪三十三年二月二十二日"新闻录要"栏目)

续募江北赈捐名单

　　天津官绅商会第二次续募江北赈捐善款细数:王嘉谷、孙筱林各洋五元,管鉴堂二元,伊佐臣、聚泰合、德和元、德馨号各一元,王桐轩七角,李信臣,王小亭,王心镂,天兴厂、李少棠各五角,吉源号、万顺香店各四角,贾墨林、马先生、韩国珍各三角,董秉钧等十四位各二角,刘锦堂等三十五名各一角,王聘三、柳长春各铜子十枚,孙益元等九位各铜子五枚,张开祥洋银一百元,宜兴亨、豫生恒、天昌号、振记号各二十元,万隆号五十元,德聚号四十元,同兴厚、义顺成各十二元、曾鹤廷八元,聚德、庆源、庆厚、福茂号、永兴成、全乐意、宝兴顺、马桂芳、德昌号、玉丰、德厚记号各十元,桂兴楼、万泰号各八元,天华成等十九号各六元,庆华成四元,祥泰成二元。以上零捐大洋五百五十四元,小洋一百一十二角,铜子六十五枚。

第二百三十七册,成兴粮店代募。成兴号十五元,高春卿二元,高勤轩五元,成益号十元,林襄廷二元,杨庆平一元,田崇善、宋仰三、萧庆棠各五角,成兴号学徒三元,林聘卿五角,天太和三元,通昌号二元。

第二百三十八册,成发粮店代募。成通号十元。朱子与、李乃臣各二元,成发号二十元,刘晋三六元,季遇安四元,郑焕廷、魏镜波各一元,苏子霖等九位各五角,杜馨亭一元,陈品一五角,敦昌号二元,田湘生,郝际清各一元。以上二册大洋九十四元,小洋七十角。

（光绪三十三年二月二十三日"新闻录要"栏目）

第三次江北赈捐名单

天津官绅商会第三次江北赈捐善款细数:永兴成洋四元,维新成二元,协聚号、润源活、富升公、隆庆号、隆兴号、泉盛号各一元,恒庆斋三元,赵祥等一十八家小洋四十六角,朱少田五元,王聘三,徐懋岩,德生号各二元,张赵氏,丁萧氏,刘张氏,王连同各铜子二十四枚,邵瑞章,邵淑贞各二元,邵尊仁、邵敏如各五角,邵伯愚四元,周荷生二元,润如和尚、刘俊臣、刘辅臣、秦少棠、张问泉各一元,陈筱林等七位各五角,李紫阁一元,翟润田、郭雅臣合五角,于锦洲二元,郭士周一元,董芹轩五角,越兰亭等四位各二角,高荣贵等六位各一角,芮鸿年铜子十枚,张金奎十枚,李玉书一角,隐名氏、钱莲生、陈绍棠、陈雅棠、周竹轩、钟少庵、邹百川、李友三、于浩卿各一元,鲍奇仙银六两,鲍丽珠四两,杨砚农一元,芮小轩五角,马玉清、李子衡各一元,阎宪章公砝平银四十两,德信昌五元,高凤翔、高田氏各二元,李名荣、张凤起、荣长元各五角,褚福祥一角,鲍荫卿五元,永顺成二十元,奎兴号五元,永利号、敦庆、长义恒号各二十元,溢源号十元,饶公馆铜子五十枚,聚昇成、刘永泰代募同兴源等十四家各助铜子四十八枚,刘永泰等五家各助洋银一元,通共捐银五十两,大洋一百七十一元,小洋一百三十七角,铜子八百八十三枚。

（光绪三十三年二月二十四日"文告录要"栏目）

第四次江北赈捐名单

天津官绅商会第四江北赈捐善款细数：王馨亭、周伯贤、任性　各一元，顾墨林、杨笏卿、徐绍泉、李慎之各五角，张竹轩一元，桐发厚军衣庄王嘉谷代募王嘉谷、邹锦章织染公司、天益德、聚泰合各一元，德陞栈十角，陈品一、王楚桢、唐润生、王炳权、李昆元各五角，陈雅亭、邢润芝各二角，姜砚九一角，益源永军衣庄代募册捐张翰卿二元，周召棠、薛兰秋各一元，韩琴轩等二十一家各助洋五角，李文奎一元，陈景泉等八家各助洋三角，王钰林一元，文成合五元，徐锐泉、无名氏、长庆斋、恒庆斋、益顺昌各二元，德兴顺、同心德各一元，王桂二角，刘益臣、张馥亭各一元，德馨号二元，益源永军衣庄账房五元。

第二百九十二册，聚恒德代募。聚恒德五十元，周大旆、石松清各十元，石宝书六元，周以礼三元，贾述宗、周祚锡各二元，杨镒基、杨庆林、杨庆兰各五元，董殿发十元，周斌、张兆麟、兴隆号各五元，周杨氏、望海寺住持释大航、宝荣祥各二元，同义成、德和元、德积堂、悟心堂各四元，庄殿元二元，聚丰和二十元，广聚号、裕庆号、李需东各五元，宁存杰、宁敬义各二元，王锦、章小小、余三胜各十元，刘陈四元，樊兆霖二元，集义生三元，严春泉六元，鞠复初五元，石秀林等二十四家各助洋银一元。以上共通大洋二百九十一元小洋一百九十一角。

（光绪三十三年二月二十六日"新闻录要"栏目）

劝募天津学界捐赈江北难民启

天津北洋大学堂同人募捐公启照录如下：敬启者，江北一带自去岁水患大至，难民流离失所，冻馁交加。凡有血气者，莫不罄囊相助。近自上下社会以及无关痛痒之外人睹此饥寒困苦之堪怜，皆有慷慨输将之举。况我学界素具热诚，益当竭力赈捐，以尽惠爱同胞之义务。津郡为全省繁盛之地，而学校林立，风气大开，又非外府可比，集腋成裘，易如反掌。施者所损无几，受者获益良多，一举而三善备矣。敝学堂同人已集有成款，不日汇交大公报馆收捐处代转江北。

贵学堂已捐者，无论矣若尚未捐助，不妨就近筹集汇交前途。谅大雅君子见义勇为，博施济众，无不踊跃事也。倘蒙不吝各表同情，则敝同人幸甚！江北难民幸甚！

（光绪三十三年二月二十七日"文告录要"栏目）

第五次江北赈捐名单

天津官绅商会第五次筹募江北赈捐善款细数：

第二百六十一册，士宝斋代募。士宝斋五元，李馥云二元，张士元五元，范秀亭五角，天津织染缝纫公司洋六元，义昌新记五元，宝昌号二元，屈晋卿三元，黄辑五二元，庞尚先二元，宝昌全人二元，丁翰章五角，张登科等十三位各助一元。共大洋四十七元小洋十角。

第二百九十五册，义泰永代募。义泰永酒店十元，永丰泰栈、王静轩各五元，刘镕斋、刘式金各四元，恒丰和等十七号各助洋三元，福升泰等九号各助洋二元，刘锦堂、于雅轩、吴泽耕各一元，共大洋一百元。

第二百九十四册，同心德代募。维新、成晋、裕成、同心德各十元，温恭堂张维新怡各三元，岳捷三、益生裕、冯伦驰、金五、郭善长、体元堂各二元，益顺昌六元，刘振业等十一位各助一元，尚玉科等十三位各助洋五角，和子言、赵昌五、李慕阜、王汝琛各三角，马敏等九位各助洋二角，王华堂一角。共大洋六十五元，小洋九十六角。

第二百九十三册，义兴和代募。义兴和五元，兴和号等五号助洋三元，张秀山、张瑁、苏漳各助洋三元，白登鳌、石谦亨、杨熙龄、义德布店、三益成、尹步堂、隆兴永、同元厚、李立人、复祥义、德隆号各二元，恒瑞祥、恒益成各五元，胡玉章等等二十位各一元，通共大洋二百九十三元，小洋一百零六角。

（光绪三十三年二月二十七日"新闻录要"栏目）

署静海县潘令震声禀医伤白附子散方示通饬行用文并批

敬禀者，窃维民间命案，大抵因伤致死者为多，一经毙命，拘凶究办，死一人偿一人，两家父母妻子同时皆失养无依，加以干证牵连拖累又不止一人，其情均为可悯，诚能于受伤之后用药调治，不致戕生则伤者不死，逞凶者可以不抵活一命，即可保全两家再免拖累多人，是医伤不可不急而伤药

35

之方不可不认真讲求也。卑职需次省垣未任，静篆之时，得有白附子散一方，医伤辄皆应效前岁。到任后照方合药预为存储，遇有呈报验伤之案，当时给药敷服，即伤重至破骨折肢命在呼吸垂危者，亦无不渐就平复，是以两载以来虽验伤之案不一而足，而因伤致死之事什不获一，推原其故，实皆方药之功。伏思各厅州县报验之案无日不有，而受伤未曾报案，与夫自行跌扑致伤者，更不知凡几此方既经屡试屡验药品，又不甚贵重，配合较易。若得广为流传民间，亦可按方配药，给送受伤者，医治痊愈亦属救生之一道，不揣冒昧用特录方禀呈，仰祈宫保察核俯赐，通饬各厅州县，俾少凶残，并请饬登官报，以供众览，肃此具禀。恭请勋安，付乞德鉴。

今禀呈医伤白附子散一方：生白附子十二两，白芷一两二钱，天南星一两二钱，明天麻一两二钱，羌活一两一钱，防风一两二钱。以上六味不可见火，晒研细末盛磁瓶内，勿令泄气。刀伤血流者，干敷；跌打伤青肿者，火酒调敷；皮破伤风，黄酒冲服；八分重者，一钱，盖被取汗，不可轻用。

督宪袁批：据禀单均悉。仰按察司查照饬知，并通饬各属一体遵照，暨候饬登官报，以供众览。此缴。

（光绪三十三年二月二十八日"公牍录要"栏目）

第六次江北赈捐名单

天津官绅商会第六次江北赈捐善款细数：

第二百六十六册，恒胜号代募。长陞号、恒胜号、马聚源各二元，同陞和长兴帽店、德陞帽店各一元，庆祥等十号各助洋五角，德声号四角，振兴号等八号各助洋三角，庆升号、德瑞号、祥瑞帽店各二角。共大洋九元小洋八十四角。

第四百零四册，皮祖功代募。瑞昌祥、福康号、复隆恒、福记号、吴协兴、环注昌、协昌明各十元，益泰义豫盛公司、裕泰和、修盛魁、协和佑、德生和、龚和兴、增兴德、万聚魁、北复隆各六元，正大号等六号各助洋三元，同兴德二元，同茂德、协顺德、桐盛永各一元。共合大洋一百五十三元。

第二百三十册，恒利金店代募。京都恒利金店三十元，曹心齐二十八元，无名氏十元，京都百忍堂张六元，敦本堂五元，京都光裕堂朱、钱荫堂罗镜涵、北京养庆堂董、北通州张辑五、曹栋臣、宋云瑞、敬止堂袁各四元，罗吉生、赵宅岑详占各二元，耕余堂、积庆堂、张许善、普楼、敏齐、冯子听、袁厚田、祝子甫、桂康官各一元。合洋一百二十五元。

第四百零三册,福康号代募。王可贞、刘燕堂、胜芳大德恒各二元,张寿堂、崔慎庵、崔在田、张筱庭、江西涂瑞清、吕凤翔、李汉臣各一元。合洋十三元,统共册捐大洋三百元小洋八十四角。

（光绪三十三年二月二十八日"新闻录要"栏目）

汇解江北头匹汇款

天津官绅商会创办江北义赈,刻下收数颇称踊跃,兹由总会解交赈银一万元,请天津县章受生大令转由赈抚局汇解灾区,以救穷黎。兹又将收到第三百零五册,宁星翁代募捐款列下:仁记洋行助洋二百元,信记二百元,聚立洋行一百元,新和昌账房五十元,正金行、三井行各一百五十元,瑞丰洋行、麦加利账房顺发行账房、汇丰行各一百元,茂记乾昌行、拔维晏账房、德隆洋行账房各五十元,德泰洋行、立兴洋行账房、法国汇礼洋行各一百元,乾泰行、明义行各五十元,平和行、天长仁鲁麟行各一百元,隆茂行、隆昌行、美最时武斋行各五十元,阎恒山、孙润田各五元,刘桐甫、张润田、刘敬波各十元,陈锡昌、刘绍曾各五元,李敬波、么荫三各五十元,王逸宵五元,新泰兴天聚公一千元,何尽臣十元,元亨行五十元,王毓麟五元。共合洋三千五百二十元,又王翼臣助洋五元。

（光绪三十三年二月二十九日"新闻录要"栏目）

第七次江北赈捐名单

天津官绅商会第七次江北赈捐善款细数:

第二百五十三册,物华楼代募。物华楼五十元,乐善会、张继三各洋十元,费振甫、遵道庐二铭堂各五元,居之安求是斋行素轩率真子半读生孙恭寿、谢春祥、张德丰、胡惠春、张冠卿、张幼恒、萧文波、应祖荣、宋廷扬、朱恩甫、李祖峰、王锦川、袁云生、孙福龄、严莼苏、谢元龙、汤葆清、成绪年、阮松赟、金锡麟、吴学周、严和卿、朱宏生、张鹤年各二元,孙叔和、柴绍成、朱渭卿、鲍贤东、李鸿官各一元。共大洋一百五十元。

第二百七十四册,德春号开泰祥代募。秀升和、丰泰裕、宋久长各十元,万丰泰五元,义发顺三元,德春号二元,三益泰等十八号各助洋一元,玉盛号等四号各五角。共合大洋五十八元小洋二十角。

第二百七十九册,立生油铺代募。景盛店等六号各一元,德泰承、泰聚丰三油店各三角,魁盛源、记春德、成义、源厚四油店各五角,永源号三角,祥泰永五角,万盛泰魁升油店铜子各四十八枚。重兴油店、裕泰和油店、长泰油店各二十四枚,德裕号、五昌号各四十八枚,鸿泰兴二十四枚,德盛永十五枚,西立德顺成油店、涌泉油店各四十八枚、源昌油店、义兴号、义泰号各二十四枚,丰泰成四十八枚,共大洋六元小洋三十七角铜子五百六十七枚。汇恒、同庆、源瑞、成德号各洋二十元,德庆恒、德馨帽铺各十元,吴兆兰、无名氏各二元,志成银行二十元。共零助洋一百零四元。

（光绪三十三年二月三十日"新闻录要"栏目）

第八次江北赈捐名单

天津官绅商会第八次江北赈捐善款细数：

第二百九十六册,永丰玉代募。林笃生等二十二号各助洋一元,鼎兴涌铺长赵翔麟等八号各助洋二元,鼎兴涌酒店等五号各助洋三元,永丰、泰记、王有田各五元,陈春棣、范少辅各六元,鼎兴涌股东周行达十元,永丰玉酒店十五元。共洋一百元。

第二百八十二册,大昌栈代募。大昌兴等十号各助洋二元,杜连城等五位各洋一元。共洋二十五元。

第七十九册,顺德府邢台县正堂代募。龚彦师十元,王世樾、邵瑞璘各二元,多龄等九位各助洋一元,共合洋二十三元。

十锦斋铺掌董作楫及众全人捐助善款数目：刘科荣等十四位各助铜子二十四枚,王二十枚,任桂馨、大利傻子各五枚,董作楫洋二元。共零助洋二元,铜子三百六十一枚。

（光绪三十三年三月初一日"新闻录要"栏目）

第九次江北赈捐名单

天津官绅商会第九次江北赈捐善款细数：

第一百四十九册,现任遵化州正堂岳寿同直刺代募,张照忱一两,胡德龄等四位共捐银一两五钱五分,洪鹤鸣等五位共一两五钱五分,领催披甲衙门吏二百四十二名共十二两一钱,骁骑校六员共四钱八分,防御四十六员共四两六钱,防御常陞捐银六钱,防御博多欢一两,佐领福尔坚五钱,轻车都尉坤笃一两,石门理事分府色钦续捐五两,马兰镇署左营千总陈金贵经制外,委李树澐把总、李振瀛把总、段文藻左营千总、梁鉥环各五钱,马兰镇左营千总郝晋恒一两,外委司承业库平银二两,补用守备刘长陞库银二两,候补县丞侯嘉树银二两,裕凌礼部员外郎庆锡、已故郎中广泰之妻项佳氏各二两,定东陵郎中麟祥十两,景陵总管内务府郎中连璧五十两,孝陵内务府员外郎博尔庄武十两,孝东陵内务府主事苏尔发图五两,孝陵内务府郎中明盛十两,裕陵内务府郎中文荫五十两,马兰镇署右营守备刘宝泰六两,署左营守备王建功、中衡游击谢殿思各十两,马兰镇总兵兼总管内务府大臣丰陞阿续捐二十两,惠陵内务府郎中鸣尔衮图十两,定陵内务府郎中哲克东额二十两,署遵化州知州岳龄续捐银一千两。通共捐银一千二百五十三两八钱八分。

（光绪三十三年三月初三日"新闻录要"栏目）

续第九次江北赈捐名单

天津官绅商会第九次江北赈捐善款细数（续昨报）：

第一百四十九册,现任遵化州正堂岳寿同直刺代募,遵化州副席章梅溪六元,遵化州钱铺德宁永等四号各六元,粮行公中捐洋六元,隆岩当、蓝佐宸各六元,徐家谷五元,北洋巡防淮军右路步队第四营管带葛振全五元,遵化州刑席陈吉轩、马兰峪、永济当、天成号钱铺、马兰峪同泰盐店各四元,遵化州帐席吴玺证、马兰镇署左营守备王建功之妻赵氏、孝东陵郎中增岫各一元,以义恒杂货铺三元,同和号杂货铺等十一号各二元,广信杂货铺等十九号各一元,王福贵、徐光裕、焦贵廷各四元,徐葆源等四位各三元,徐从善等等十六号各二元,刘德麟等十九位各一元,徐启箴等三位合一元,左家坞、全茂号、成合涌、恒顺号各一元,五岁姑娘吴瑜珍捐助迓岁洋一元,世德堂章一元,裕陵笔帖式福珠隆额候选主簿王鉴曾,惠陵总管祥安主事德勒森郎中麟祥之妻周佳氏、候选从九裴家骥、孝陵左翼长荣荫、右翼长连捷、景陵总管清泰、左翼长和林、右翼长恩华、定陵右翼长萨提一元,裕陵总管和贵、左翼长巴克什、右翼长连捷、惠陵左翼长德龄、右翼长继宗各一元,孝陵总管常顺、马兰镇余丁营、把总王增各一元。通共二百零六元。

附遵化州来函岳刺史致商会函:

敬肃者,前奉钧函,以大江南北洪水为灾,人民相食,并赏发捐册,令即劝捐等因,兹弟续募得银二百五十三两八钱八分,又银元二百零六块,并弟续捐银一千两,专差一并齐送贵会查收,迅汇灾区,即祈按户填发收条交去,手持回以凭转给而昭征信,并恳登入报章俾资观感以期踊跃,尤难得者,敝州中学堂英文教员吴子青先生之次女吴瑜珍年仅五龄,闻饥民"人吃人肉"一语立即啼哭,并将除夕伊父母所给待岁洋钱一元助赈,益信大人不失其赤子之心,真至论也。此节登报尤能感动人心云。

(光绪三十三年三月初四日"新闻录要"栏目)

第十一次江北赈捐名单

天津官绅商会第十一次江北赈捐善款细数:

第四百零二册,付忠盛、杜宝桢代募。马晋三等四十八位各助洋一元,张子安等二十三位各助洋二元,义升泰等十四号各助洋四元,源茂新、长兴号、德兴成、张相轩各助洋六元,恒祥顺五元。共洋一百七十九元。

第二百七十三册,开泰祥代募。周庆和、刘莲舟各五角,庆生和等十六位各助洋一元,陈少亭、周筱山共一元,荣德行、新茂行、元丰裕各二元,源庆恒开泰祥各五元。共大洋三十三元小洋十角。

(光绪三十三年三月初八日"新闻录要"栏目)

第十二次江北赈捐名单

天津官绅商会第十二次江北赈捐善款:

第四百十二册,桐兴厚代募,桐昌厚等二十二号各助洋一元,六合号、立成号共一元,桐发厚,军衣庄,富源号,万胜号各二元,桐义厚皮件厂三元,桐兴厚、评升号各四元。共洋四十元。

第二百六十册,隆昌海味庄代募。同义兴等十号各一元,德源义四元,隆昌号十元,德新庆五角,聚文义、同文义共捐五角,共大洋二十四元小洋十角。

第二百六十四册,文美斋代募,广源昌等九号各助洋一元,文美斋二元,刘撂卿二角,陈雅廷三角,义庆和六角。共洋十一元小洋十一角。

第二百六十三册,万宝堂代募,胡魁章、万宝堂、萃文魁各六元,成兴魁、宝森堂各四元,义合堂二元,文元书局一元,煮字山房四元。共洋三十三元。

第二百九十九册,杨莲浦代募。无名氏五十元,杨莲浦五元,无名氏二元,无名氏一元,共洋五十八元。

(光绪三十三年三月初九日"新闻录要"栏目)

天津钞关总局牌示

为牌示事,照得二月二十一日铁路钞关单验之蒙古客货十四件,现经津海关监督嘱即放行,仰该商即赴铁路钞关领回可也。

(光绪三十三年三月十一日"文告录要"栏目)

学台批示

静海县民人董恒山禀赎河滩地纠葛一案,批:据禀已悉。果系别无他情,刘代耕、何得执意不赎,勒令加价。该县亦决不能置而不理。仍仰静候禀批,无庸越诉。

(光绪三十三年三月十二日"文告录要"栏目)

第十三次江北赈捐名单

天津官绅商会第十三次江北赈捐善款:

第二百六十九册,源兴鲜货庄代募,源兴号等九号各助洋二元,润生祥等十一号各助洋一元,茂记号,王永发各五角,有顺号、祥立厚各洋五角铜子五枚,怀记洋三角,东来顺等十六位各铜子五十枚,德盛号九十六枚,义和成等六号各四十八枚,王顺、杨起林各四十五枚,荣兴合等十五位各二十五枚,源成号等四位各二十四枚,共大洋二十九元小洋二十三角铜子一千七百五十五枚。

第二百七十册,长盛号代募。长盛号等十号各助二元,顺发号等八号各一元,三立号十一角,马庆云、源记号各五角,高三洋二角铜子六枚,万顺奎等十六位各铜子五十枚,三顺号等七位各四十八枚,王国林四十五枚,吕

庆林等十五位各二十五枚,赵四等八号各二十四枚,共大洋二十八元小洋
二十三角铜子一千七百五十四枚。

(光绪三十三年三月十二日"新闻录要"栏目)

第十四次江北赈捐名单

天津官绅商会第十四次江北赈捐善款:

第四百十四册,恒益茶叶庄代募。正兴号、恒益号各洋十二元,大有
号、义泰号、裕昇号、天华泰、正泰兴、万兴恒各八元,华丰成等十九号各四
元,天源恒二元,桐春和、同新厚各一元。共洋一百五十二元。

第二百六十七册,东泉盛皮货庄代募。班凤魁、郑盈南各大洋二角五
分,郝佩卿等五位各五角,张华亭等六位各一元,郑汉臣、吴丰坡、盛文进、
李宝勋各二元,恒顺成皮局十元,恒顺成同人十五元,裕兴昌皮局十二元,
兴盛德皮局十元,东泉盛皮局十五元,李文选十元,共洋八十九元。

第二百六十八册,东聚恒皮货庄代募。天顺成皮局、恒丰号皮局王大
田各十元、恒利号皮局十六元、东聚恒皮局十五元、高云兴、孙建仁各三元,
史立齐、孟瑞嘉、吴峰峻各二元,王虞卿等九位各一元,兴顺成皮局五元,刘
庆长等五位各小洋五角,宋静坡二角。共大洋八十七元小洋二十七角。

第二百四十九册,东如升、长盛永代募。如升大八元,东如升八元,大
胜各六元,永泰奎、源盛厚各二元,同盛永等四号各一元,德福厚等四号各
小洋五角。全等七号,共大洋六十六元小洋二十角,零捐谢民裕洋十元,泰
隆成洋货庄五元,已故杨王氏父王廷桢交出殡余资助赈洋二元,胜芳村姚
殿和三元。共零捐洋二十元。

(光绪三十三年三月十三日"新闻录要"栏目)

第十五次江北赈捐名单

天津官绅商会第十五次江北赈捐善款:

第一册,天津县章受生大令代募。柳云笙等十二位各助洋二元,吕聘
之、周秀山、钱博泉各一元,金寅叔、叶清如、黄介臣、王老太太各四元,无名
氏七元。共洋五十元。

第一百六十二册,正定府赞皇县正堂代募。赞皇县正堂韩十元,恒泰

元赞盐店洋四元,三益当二元,赞皇县左堂陈荣贵二元,同逢吉等六号共六元,瑞兴成等九号各助钱折洋四角七分四厘,王砥平张堑、教员田炳勋各钱折洋四角七分四厘,崔兆凤等六位各助钱折洋二角三分七厘,赞皇县左堂张葆良五角九分二厘。共合钱折零角洋七元七角,共大洋三十一元七角。

第三十七册,顺天府固安县正堂代募。无名氏、茂盛堂于各二元,马庄镇、王竹筠等十三位各一元,固安万生当等十号各银一两,马佩瑷小洋六角。共大洋十七元银十两小洋六角。

(光绪三十三年三月十四日"新闻录要"栏目)

天津南段巡警第一局示

商业劝工会定于二十三日午后陈列货品,仰各项小摊务于二十三日午前一律迁至戏楼后二道街内,并河沿马路之旁摊摆,如有迟延,定当带局核办,勿谓言之不预也。特示。

(光绪三十三年三月二十二日"文告录要"栏目)

津海关道详商会请劝工会华货出境减税二成
暨请示展限文并批

为详请事,现据天津商务总会总理王贤宾、协理宁世福等禀称,窃查前因津埠市面滞塞,存货积囤,亟宜设法补救以期转圜,总理等忝居领袖,责无旁落,拟照博览会成章,举办商业劝工会,藉以疏通销路,提倡工商之进步,禀经工艺总局宪详奉宫保饬由宪台核议,将进口之华货及出口之洋货,豁减二成详奉宫保俯准,是津埠积囤各项洋货,得以畅销无滞,凡属商民莫不感激涕零,允洽肌髓,即于本月二十日遵章开会,筹办一切,旋据各行商联名公禀内积云云等情,总理等伏查天津为通商码头,华货为出境大宗,近因市面疲滞,各商积囤之华货倍于洋货,华货之待销,尤切于洋货。总理等非不知请减税厘,有关饷源,但核各商禀陈各节,诚整顿津埠之确论,亦津市现形之实情,所称洋货既沾利益,华货愈形拥挤,此亦自然之理。

溯查从前粮船回空,准带二成货物照免税厘,津商久沾利益,市面藉以疏通,历历可考。此开办商业劝工会,原以疏销积货为宗旨,若于华货出境一项,仰邀宪恩,准与洋货一律豁减二成,俾华洋各货同沾利益,则积货愈

43

形畅销而税厘转以愈旺,总理等愚昧之见,是否有当,理合禀请查核示遵,并据该总理等面禀,原拟以本年三月内举行一个月作为试办,嗣奉督宪批示,于三月内作为限期,惟此会系于三月二十日开办,请展限至四月十九日为止,以符一个月之期各等情。据此,查试办商业劝工会华货进口,洋货出口,减免二成税项,限期三月内为止,曾经详奉宪台批准照办在案,兹据该商会禀请将出境华货,应完关税厘捐,亦照洋货出口华货进口例,一律核减估本二成征收,并请将会期展至四月十九日为止,虽系为疏通华货,提倡商业起见,但此为原详所未叙明,事关减本征税,应否准其所请作为试办,藉抒商艰之处,职道未敢擅便,理合具文,详请宪台查核,迅赐批示饬遵,实为公便,为此备由具呈,伏乞照详施行,须至册者。

督宪袁批:据洋商会禀,请将商业劝工会出境华货应完税厘,照洋货出口、华货进口例,一律核减估本二成征收,并将会期展至四月十九日为止,应即准如所请,作为试办,藉抒商艰,仰即转饬遵照。缴。

（光绪三十三年四月十三日"公牍录要"栏目）

督宪袁札委运司天津道筹办禁烟局事宜文

为札委事,照得禁烟一事,关系国本民生,且为外人所共注目。自上年八月钦奉谕旨饬禁,叠经本督处堂承准政务处王大臣奏定章程暨度支、民政部来文筹议禁烟各事宜,通饬所属切实遵办在案,惟事体重大,头绪纷繁,尤须有总汇之区遴派专员督饬官弁劝导士商檄实考查,认真举办,务令间阎黎庶积年习染逐渐剪除,以符按年递减之限,于事始有实际,现在民政部业已奏设禁烟总局,直省自宜循照办理,应委长芦运司天津道会同筹办禁烟局事宜以专责成。为此札饬札到该司道等即便查照定章将一切应办事宜悉心酌度,随时随事实力筹办,务祛沉痼,以副委任。切切此札。

（光绪三十三年五月初四日"公牍录要"栏目）

天津县章令师程禀淘汰胥吏改易书手
差遣各队筹给工食文并批

敬禀者,窃维胥吏实为衙蠹,前人譬之为虎狼,未有若辈不加荡涤而能清吏治之源者也。卑职莅任伊始,仰蒙钧谕谆谆,饬汰差役,具征宪台拯民如伤之至意,无任钦佩遵将。卑署书差之阘茸、桀骜者分别革办,其未能一时雷厉风行概加屏绝之理由,深虑积习已深,操之太蹙转蹈川壅溃防之咎,是以出之以渐。一年以来,默察其利弊,熟谙其情伪,际此改良裁判之际,反复筹思确有把握,遂于二月间毅然行之。计卑署原有十七房经书,抄手一百四十余名,差则十班,共一百名白役,约如其数。今则裁去十房并为七房,书抄两项陆续裁去九十余名,仅有四十余名,各班则一律斥退,择其谨愿老诚热于过往差务者十余人留备任用。复另募三十余名,足成五十人编为差遣队,队有长以资钤束,专司押解人犯大小差务之役。从前看守押犯之差弊病甚多,防闲苟力尚或敛迹,顶押所改良。业经禀蒙批准在案。工竣以后拟派专员经理,看守之役改用巡勇,按时轮流站岗,以均劳逸而免需索。以上开除各役一律榜示通衢,咸使周知。如有在外招摇撞骗情事,立即传案究办,决不宽贷。现在察看情形尚无前项情弊,差务亦无贻误,堪以告慰宪厪。其书差工食查照旧章稍加增损,每年需用洋六七千元,设遇大差额役不敷,则当随时短雇按日给资,亦足以敷使令。此卑县力裁书差之实在情形也。惟是此项薪工,历卑前县章唐两令任内,均取资于提成讼费,即署内之司事仆从亦由是支给。检阅旧册每岁报销约在一万六七千两上下。彼时津地初经收回,钱债控案多则数十万,少亦数万,以致提成讼费除开支外尚可获盈。

自卑职到任仅据唐前令移交积存讼费银一千四百余两。卑任一年所收三千余两,合之留支役食八百八十余两,统共五千数百两。较之唐令任内已不及三分之一,以之悉数支发书役工食勉强敷用,其司事家人工食等项银两概由卑职自发。现在一切词讼案件归审判厅核办,讼费亦归审判厅提收,卑职署内仅有留支各款不敷甚巨,际此筹款维艰,既不敢烦渎宪聪,但经常之费无著又虑难以持久。卑职通盘计画,除留支一款得洋一千二百余元,此外,有县署从前发审各员月支车马、伙食等费每年约需银二千六百余两,合洋三千七百余元。向由卑县禀定公费项下开支,即请挹彼注。兹以公济公计仍不敷洋千元以上,当由卑职捐廉给发。核诸原定公费似尚不致竭蹶。所有卑职淘汰吏胥,改易书手,差遣各队筹给工食各缘由,是否可行,理合禀请宫保查核俯赐批示立案。实为公便。肃此具禀,恭叩崇安,伏乞垂鉴。

督宪袁批:如禀立案。仰布按两司查照饬知。缴。

(光绪三十三年五月初九日"公牍录要"栏目)

督宪袁据津海关道禀呈税司所
拟天津口防护病症章程札饬卫生局照办文附章程

为札饬事,据津海关梁道禀称,现准新关税司墨贤理函称,现准江海关税务司电称,香港、神户两处已有患疫之埠,上海口业经严查进口船只在案,电请查照办理等因。准此查本口亟应预为设法严防以免传染,兹由本税司参酌上年办法,拟就天津口防护病症章程七条,是否如斯办理,相应抄录函致即希查核见覆,以便转致驻津各国领事官查照,并望移会卫生局,迅速援照上年成案办理为荷附抄件等因。准此职道查新关墨税司,所拟防护病症章程七条,似属妥协,应否照行之处理,合将章程录折,禀请宫保查核批示祗遵等情。到本大臣斯此,除批据禀已悉。该税司所拟天津口暂行防护病症章程七条,大致尚妥,应准照行,仰即转商税司知照,并候行卫生局查照,历办成案,在大沽口医院备设华洋男女医士,按照前定大沽口查船防疫章程,分别妥办缴清折存印发外,合行钞折札饬札到,该局即便遵照妥速办理,具报此札。计抄清折,天津口暂用防护病症章程,系由监督会商各国领事官酌订。

一、香港、神户等处已有患疫之埠,凡由该二口来之各种皮货、皮张、毛发、破烂纸布、鲜果菜疏,以及沾有泥土之花草,并沙泥杂土等类禁止进口。

二、凡由该二口来津之华洋船只于未到拦江沙之先,应即在前桅悬挂黄旗,一进大沽口内即在防疫医院前面理船厅所指之处停泊,听候医员到船查验。

三、该船自驶至拦江沙外之时,非有医官特准,船上之人不得上岸,岸上之人不得上船,并行李货物一切均不准起卸。

四、凡船只抵口,医员总以逾速到船开验为妙。

五、凡医员验疫,如查船上及自开船以后并无染疫情事,应即给予准单,放行进口。

六、凡有疫之船,必须遵防疫医员指示,将患疫并疑疫之各病人离去,或须将疫死之尸移埋他处,以便将其船如法照熏,至该船于病人起净之后,总以不过再扣十天而已,若该船尚在未经熏透之时,不得遽予放行,必俟医员给有准单,方可进口。

七、凡华洋人等如有违背以上各款者,华人则送地方官,洋人则送该管领事官,分别罚办。

(光绪三十三年五月二十七日"公牍录要"栏目)

天津官绅商会江北助赈总数

第四百三十五册,大名县吉恒丰店代募铜子津钱共三十千文。

第四百三十六册,南乐县吉恒丰店代募铜子津钱二十千文。

第四百三十七册,清丰县吉恒丰店代募铜子津钱二十千文。

第二百二十九册,仁昌号代募洋二十元,零助,祁州学正宋毓麟代募洋三十四元。

(光绪三十三年六月十二日"新政纪闻"栏目)

天津奥界工部局禁烟示谕

为出示谕禁事,照得界内所有烟馆于前六个月时当经饬知严谕关闭在案,现定于本月底一律闭歇,从七月初一日起,本届工部局概不抽收烟灯捐款,至于饭馆、茶园等处,向已不准给灯供客,自应由此永为历禁。除届期严行查禁外,合行出示谕知。为此,仰各烟馆暨饭馆、茶园等处人等一体遵照,勿得私自开证,致干禁例。切切特谕。

(光绪三十三年六月十三日"文告录要"栏目)

天津官绅商会江北助赈捐数

第一百九十六册,固安县谦吉店代募共洋二十一元。

第三百十六册,汲县同吉泰店助洋十元。

第三百十九册,洧川县同吉成店助洋十元。

第三百二十册,中牟县全兴泰店助洋十元。

第三百二十一册,郑州德心成店助洋十元。

第三百二十二册,禹州万盛新店助洋十元。

第三百二十四册,新郑县同吉祥店助洋十元。

第三百三十册,阳武县豫晋泰店助洋十元。

第三百三十二册,长葛县豫德诚店助洋十元。

47

以上九册共洋一百零一元。

（光绪三十三年六月十四日"新政纪闻"栏目）

天津卫生总局示谕

为晓谕事，照得清除秽物原以保民，卫生本局迭将章程晓谕在案，乃近查僻巷墙隅仍多污秽，甚至夜间便溺，狼藉异常。殊堪痛恨，除派巡捕严查外，合行晓谕，为此，示仰居民人等此后务当遵守定章，力行洁净。倘仍前污秽视若具文，则是藐玩局章，定当从严拘罚，决不姑宽。凛之。特示。

（光绪三十三年六月十九日"文告录要"栏目）

天津官绅商会江北赈款

第二百零五册，无极县孟彝仲等十五位号各助洋一元，韩巨卿、张殿臣二位助洋一元，永益昌五角，叶芬二角，零捐天津南段巡警总局来函差送罚款洋一百四十元，附录原函：

径启者，顷准德商瑞记洋行巴贝来函，以义顺局脚行承揽送运，岂料，该脚夫胆敢将捆洋布铁条私拆卖钱。日前业经查出，本拟将该人送请贵局惩办，商人知大人公务贤劳，不便以区区小事琐渎尊听。该脚夫亦自知理亏，一再哀求情甘认罚洋一百四十元，而敝行不愿受此非分之财，敬将此款如数送呈，移作善举。但以何项善举相宜，悉凭主裁还，希登报声明，并祈将此情由存案等因。准此，除函覆并立案外，合将前项罚款一百四十元，相应函送贵商会查收，希即转助江北赈捐，一面登报声明，仍祈见覆为荷。专此，顺候日祺天津南段巡警总局具。

（光绪三十三年六月二十三日"新政纪闻"栏目）

天津道凌禀酌拟清查户口大致办法文并批

敬禀者，窃前奉宪谕以杨守以德禀请清查户口、制备门牌，并分送格式表令自行填写，蒙批凌道覆核详拟妥善实在可行办法送核等因。职道伏维清查户口原以保卫治安，天津地方缩毂华洋，自河北新建市场人烟繁盛倍于昔日，前经巡警总局赵升道派员调查统计，南北段四乡各处户数一十四万八千零,人口七十六万二千零,内男丁四十三万二千零,女口三十二万八千零。画地分区,绘图列表,极为精细。惟时移事易,其中户籍之迁移,人口之生死,未据民人随时报告,先后便不相同。现据杨守所拟制备门牌,并分送格式表各办法,系力求整顿起见,然井里之间识字人少,调查委员给与表式辄以为保甲故事或知之而不告,或告焉而不以实,种种情弊皆不能免。职道遵奉宪谕连日与杨守晤商研究妥善之法,以为清查户口必须官绅合力,方能持久。因与自治局员绅往复讨论,谨就地方情形酌拟办法数条,呈候宪鉴。

一、宗旨:清查户口原以保卫治安,不捐钱不挑兵,声明在先,以释愚民之疑虑。

二、组织:以巡警局为总汇而辅以自治、探访二局,调查之事属之巡官,报告之事属之议绅,侦探秘密之事属之探访局,通力合作,庶几机关完备。

三、调查:按照巡警局所存表册划分区域、编列门牌号数,由巡官会同绅士在各处宣讲所讲明清查户口之利,容留匪类之害,俾众共知,然后挨户调查,详细记册,其站岗巡兵见有迁移、死亡者记明牌数报于巡官,与民人报告可以互证。

四、报告:民人识字者少,拟由自治局议绅就地挑选识字者一人,为十户之长,凡有迁移、生死,随时报告,其报告式纸由巡警局发给,不准索取分文,延不报告者,分别议罚。

五、分类:一、居民。二、铺户。三、客栈。四、公馆。一律清查填写格式表,其余衙署、局所、学堂、工厂及各善堂、医院,由管理人员自填册表送交巡警局,如有容留匪类,惟管理人员是问。寺院、教堂、报馆与居民同。

六、统计:清查户口以现在者为凭据,或土著人而外宦,或乡居者而旅行,均盖明戳记以免空名重复之弊。其统计表式另行详拟。

七、体察人情:户籍之法,外洋最为精密,中国风俗与外洋不同,如资财、产业、妇女名字,外洋一一记载,中国则视为秘密主义牢不可破,财产暂宜缓查,其女眷则注明几口不写名字。

八、筹度经费:绘图列表纸张、笔墨费不能省,其委员、绅士有薪水者,不用再加;无薪水者,酌给夫马费,暂由捐务科妥筹开支。

九、申明权限:调查之巡官会同议绅挨户清查,入门扬声,彼此以礼相待,不得问而不答,其巡兵则不得藉端进门,以杜滋扰。

十、限定日期:凡有户籍迁移,人口生死,准三日内由户长就近向本区巡官报告。如过三日,应将逾限之原因声明,至迟不得过五日。

以上十条清查户口大致办法,是否可行,伏候宪示。如蒙采择,拟恳札行巡警总局、自治局、探访局三处合力通筹,其详细章程另行。禀请宫保核定施行。

督宪袁批:据禀已悉。该道所拟清查户口大致办法十条尚属可行,候即分行巡警、自治、探访各局一体遵照,切实举办。并由该道会督各局妥筹办理,不得视为编查具文。抄由,批发。

（光绪三十三年六月二十四日"公牍录要"栏目）

天津扫除科章程

总纲

一、扫除科由卫生局督率筹办,由巡警局节制稽查,所有该科委员应由卫生局遴选与巡警局监督会同札委,其夫役车辆仍由卫生局拨派,至该科薪费各项并由卫生局汇册请销。

一、巡警局既与扫除科有节制稽查之责,凡查有应行事宜,须饬科员遵照者,应知照卫生局转饬遵办。

一、凡关扫除科事宜,有禀详上宪及示谕居民者,由两局公同商定会衔办理。

一、凡卫生巡捕查有违背洁净章程者,拘送扫除科委员讯明罚办,巡警查明者,拘送各该局区官讯办,但科员与局区各官均应立簿书明情节判语,分报卫生巡警两局查核,至罚款一项,统解卫生局核收。

办法

一、天津地方日广户口日繁,现拟分为八段:河北窑洼上至堤头下至陈家沟为一段;北大关上至赵家场下至狮子林为二段;城东北隅为三段;东南隅为四段;西北隅为五段;西南隅为六段;北阁大街至南头窑为七段;驴市口至芥园为八段。

二、卫生局应派巡捕与打扫夫役自当分别地段斟酌繁简,查一、二、三、四等段车马络绎,行人如织,应多派巡捕夫役,以期打扫洁净,由卫生局派每段巡长一名,巡捕二十名,打扫夫五十名,大车六辆小车十四辆。五、六、

七、八段,每段巡长一名,巡捕十名,打扫夫三十名,大车四辆,小车六辆。

三、每段巡捕应寻觅官地或庙地一区,起盖巡捕住所,日间督率车辆,带领扫夫打扫街衢,查察住户分班轮换,周而复始,分别勤惰记功记过,由科员考察禀报。

四、大车专扫大路通衢,其小巷中行人遗秽专由小车挨次打扫,其住户秽土仍令自行打扫,倒在土牌,不准在门前堆积,由局再派大车将土牌积秽逐日清除。

五、夫役车辆虽系按段匀派,然各段沟渠水道多寡不同,阴雨之后工作自有繁简之别,届时应拨简济繁,于划分地段之中,仍寓通力合作之意。

六、科员与巡捕巡弁人等,如查该段有应如何洁净改良便民卫生之处,随时禀报考核施行。

七、前项打扫夫皆育黎堂收养之贫民,日间工作事毕仍回育黎堂住宿,惟此项贫民去留无定,嗣后收人较多,自应加派,如收人较少,再由卫生局添雇夫役以符定章。

八、巡警人数众多,凡卫生巡捕有照料未周之处,巡警均应协助实力办理。

九、居民在街泼水及小巷粪溺者晚间为甚,巡警与卫生巡捕应一体稽查,严行禁止。

（光绪三十三年八月初三日"要件"栏目）

监督天津巡警工程捐务各局事宜刘道承恩 等禀会议扫除科章程暨用款数目文并批

敬禀者,窃职道等恭奉宪札,据津海关道详,清除街道之责,仍归卫生局经理,以一事权,请查核批示等情。据此,除批据详已悉,查津埠小巷太不洁净,秽气郁蒸,最易酿疫,卫生局人员甚少,不能照顾周密,应专设扫除一科,派专员一人管理,由卫生局督率筹办,由巡警局节制稽查,两局均有责成事有专科,以免推诿。仰候分行届道刘道会议妥章,加募夫役车辆,呈候核定,并将卫生局实支用款开折详报,仍候一并核夺此缴等因发外。札饬遵照办理,具覆等因,奉此并准津海关道移同前因,职道等遵即会同筹议。

窃维扫除一事派员设科,奉饬由卫生局督率筹办,由巡警局节制稽查,

51

良以涤除邪秽,为卫生根本之大端。而严密考察又为巡警应尽之要务,宪示周详,钦佩良深。职道等自应妥议章程和衷共济,查津埠户口日繁,自非多分地段加募人夫,不足以昭周密。职道等公同商酌,拟分八段由卫生局添制小车,合计大车,共一百二十辆。复择育黎堂强壮贫民,悉令工作每日计三百名,分别地段斟酌繁简通衢小巷,量为布置。卫生巡捕,原额八十名,应添募四十名,分段驻扎,督率扫除,明定章程,严其赏罚,饬科员认真经理,不得稍有疏懈。再由职道承恩,饬令巡警弁兵互相稽查,办法庶臻完善。惟卫生巡捕于扫除而外,应谙防疫消毒各法,若仅隶于扫除科,不足以尽其职务,仍应属之总局,由职道永秋随时训练以符名实。其科员一差,查有候选县丞王龙光,向充卫生局巡查兼翻译事,勤慎耐劳,深资得力,拟即派充科员,月给薪水银一百两,自七月起支,仍俟接奉宪批再由职道等会同札委至卫生局。经费共分四端,曰总局、曰育黎堂、曰妇婴医院、曰新房子时症医院,除贫民衣价由捐务局筹拨以及一切活支不计外,统计薪工饷项、药费、杂费实月支洋□千三百余元,历经造报准销有案。现又添设扫除一科,派委科员加募巡捕,又增洋四百余元。近来月收捐款为数较绌,连工程局津贴一款尽数抵支尚不敷洋一千余元。职道永秋不敢滥费冗支,虚耗公家之款,亦不敢因噎废食,致贻迁就之议。惟有整顿捐款,设法通筹,冀资挹注,所有遵饬会议扫除科章程及遴派科员并呈报卫生局,实支用款数目各缘由,除咨津海关道查照外,谨将会拟扫除科章程十三条并卫生局实支用款分晰开折,恭呈宪台鉴核,是否有当,伏候批示祗遵专肃,具禀恭叩,钧安伏乞垂鉴。

督宪袁批:据禀及清折均悉,所拟扫除章程尚属妥协,应准照办,其新增月支洋四百余元,候行捐务局查照,按月拨发,仍仰该道等撙节动用,核实造报,毋稍靡费。切切。此缴。

(光绪三十三年八月初四日"公牍录要"栏目)

静海县夏令继泉详遵饬办理禁烟情形文并批

为详报事,光绪三十三年七月十九日案蒙本府札开为札饬事,光绪三十三年七月十二日奉直隶全省禁烟总局宪札开:为札饬事,光绪三十三年六月二十八日,蒙宪台批据本局禀禁烟开办情形并申报开局日期由,蒙批据禀并申报开局日期均悉,仰将禁烟一切事宜会同妥筹认真办理,并行知各地方官将未设局之前业经举办之戒烟局所,及办理章程,暨查明之种烟地亩、售烟铺户等项清册录批补报到局备案以期接洽。此缴等因到局。奉此,除会同妥筹外,合行札饬,札到该府立即遵照饬属将禁烟各项清册录批补报局宪备案,以凭察核,毋稍迟延,切切此札等因。奉此,除分行外,合亟札饬,札到该县,立即遵照迅将禁烟各项清册录批补报局宪以凭察核,并报本府备查,毋稍迟延,切切此札等因。蒙此,遵查接管卷内卑前署县潘令于上年十一月间曾经遵奉宪札,酌拟捐廉创办戒烟公所,当将拟办章程开折禀报,未及办成,交卸。卑职于光绪三十三年五月十七日到任,当经剀切出示晓谕,兹将示稿照抄谨呈宪览。数月以来,认真查禁,尚无开灯烟馆。至戒烟局所亟须设立,业将前发《议奏章程》、上海振武戒烟方《卧龙草图说》发交本城收发处分送各区绅查收,谕令一体劝办,一俟筹有的款,即行开局。尚容妥议章程造册禀报。惟查卑县地近海滨,土性碱薄,向无栽种罂粟之区,且售烟铺户均系由别境贩来,零星带售,并无专售之家,无凭造册。除仍认真查禁、劝办外,所有遵饬禁烟缘由,拟合具文补报宪台查核。为此,备由开册具呈,伏乞照详施行,须至册者。

督宪袁批:据详已悉。仰禁烟总局仍饬认真劝戒以祛沉痼,示稿存。此缴。

(光绪三十三年八月初五日"公牍录要"栏目)

天津官绅商会代募江北赈捐数目

第二百十一册,徐绍泉、李慎之、蒋春普、郭信如、张趾枫、秦遐福、郑彦豪、马荣、刘宝树,以上九位各助洋一元,张庆、尚福、陈有、吴玉、赵合、翟兴、周景祥、赵捷、赵立、何春、张兴、纪仓、刘长林、张寔、李元林、王保成、张子彬、张来廷,以上十八位各助洋半元,马桂生二元,德俊总店四元。

第四十三册,武清盐商振德助银十两。

第一百五十八册,行唐县唐洋二十元,陈兆芙洋二元,张秉和洋二元,李宪周洋三元,崔杲植、苏启鲁各二元,崔炳枢一元,申毓庆二元,何文会、梁愈各三元,宋庆余、王连昇、张国瑞各小洋十角,陈家骆洋二十角。

第三百五十五册,元吉总店洋三十五元,铜冶镇子店、邿马镇子店、休门镇子店、振头镇子店、寺家庄子店、元亨达钱铺,以上六号各助洋五元,富兴号钱铺、宗和号钱铺、积益成钱铺,以上三号各洋三元。顺成关子店、山尹村子店、裕成永钱铺以上三号各助洋二元,城东桥子店、土门子店、李村子店,以上三号各助洋一元。第二百零二册,永裕盐总店洋二十元。

第三百五十四册,元吉盐总店钱十六千文,各子店钱十四千四百文,头泉煤店钱一千二百文。

(光绪三十三年八月初八日"新政纪闻"栏目)

宝坻县沈令其康详历年办理农务情形文并批

为详请立案事,兹据卑县农务学董候选直隶州州同胡惠麟禀称,窃董前曾派充学董旋奉札委东路厅农会议员遵即调查一切,前任廖县尊由光绪三十二年迭奉各宪札开劝谕种树,发有奖励章程各条在案,经前任廖县尊毓英职员惠麟督饬各里堡乡保及村正认真办理。今查得四乡村正共栽杂项树株并去年由尹宪所发桑秧领栽者生活约二万余株,拟仍令陆续补栽本城试验场桑株共三次生活者约有二万余株,城外两河岸柳成活者一千株,去岁已有张学员泽奉委来县查明回覆。至于今岁桑秧成活者已报总局,后经伏雨陆续滋生颇旺。俟查核明确再行续报合并,将历年所办农务情形禀知督学总局宪大人,以期渐次扩充,伏乞恩准备文附表转详立案等情。据此,卑职覆查无异,除禀批示外,拟合具文详请宪台查核俯赐批示立案,实为公便。除径详学宪外,为此,备由附表缮册具呈,伏乞照详施行,须至详者。

督宪袁批:如详立案,仰提学司查照饬知并移农务总局知照。表存。此缴。

(光绪三十三年八月初九日"公牍录要"栏目)

天津小站营田局详佃民请示
禁减河南岸安设铁桶应否照准文并批

为详请事,窃据小站十四营营田众佃民杨平安、徐连升、李昆山、李忠义、璩士英、倪永山、张桂山、孙承杰、王世福、沈玉清、张凤书、徐文志、张天真、李玉章、黄子仪、王峻山、闵竹轩、赵长卿等联名来局,禀称为减河上游南岸新建铁桶截流,下游营田必废,恳恩详请督宪严禁,以遏患萌而全民命事。

　　窃小站地方自光绪初年,经前总统盛军周武壮公驻防,相度地势倡开营田,建九宣闸于上,泄南运河之水,开通减河百余里,抵至小站,始设大小闸用水灌田,使亘古斥卤不毛地都成膏腴,业蒙前督宪李文忠公奏明在案。自二十二年设营田局,招佃垦种岁纳租课,实为富国养民两便,嗣有买营田相连荒地私垦,名曰民田,分用河水挹彼注此,营田遂多被旱灾。前营田局宪经详蒙前督宪王示谕,用水必先尽营田灌足,而后民田,所有民地不准再开,已开者岁纳水利著为例。又查前光绪七年,有崔姓者在减河上游西湾头地方南北两岸,建闸两座放淤,嗣因有碍营田,蒙李文忠公示谕,一律筑闭废址,犹存二十五年候补道缪奉旨择于减河上游境内种福台建闸开荒,经佃民等禀求,前督宪裕奏禁在案。二十八、九两年,农务局宪黄亲勘种福台一带,将大垦其荒,亦因不利营田而止,至三十年有广东福兴公司集股来种福台,买荒试垦私田,藉此包租种福台官地,声言认垦官荒,禀请将朝宗桥下南岸旧有佃民汲水涵洞改建木闸一座放淤,蒙前天津道宪王定章准其谷雨节前放水,数日过时即行紧闭,恐有碍于营田。三十一年,该公司又在朝宗桥上南岸任意私建大石闸一座,当泛涨之时将木石二闸启板放水,专淤私地,未能关顾下游,殊不知水分则溜缓无力,泥沙节节停滞下游河身,淤垫竟至六七尺之高,水流不畅,致去岁上游小王庄决口,所有营民等稻田出产数十万金全行被旱荒,废水利地租三万余两。亦蒙宪批豁免,并堵口工程且耗公费万余金,以一公司之开荒获利几何,而废国家公产之大,两相比较抑何所谋之不善也,此情已经佃民等迭次禀求前督宪袁及前长芦运宪陆、前天津道宪周,均蒙批准派委查明,并督饬该公司,将该木石二闸一律用土筑高七尺,以保营田等因立案在案。嗣经天津海关道梁及前府宪凌详称,公司议改添厚板一层,水小时关闭严密,一过盛涨提板放水,似此办法于营田并无损坏等情。又经前督宪袁批准照办,早令佃民等惊异之至,如能照此办法无碍营田,岂不甚善。

　　伏查减河自该公司建闸后,下游三十余里始见淤垫过高,虽由公司声称报效岁修经费银二千两,仍不能兴举大工疏通,即以今岁而论,蒙宪台借拨官款数千两。挑修,总奈经费不充,犹虑积淤未尽,而于夏间来源浅小之时,水流不下,致营民等田仍荒废二三百顷之多,且于伏秋泛涨之时,该公司提板放水,所有春间挑修加宽加深之处,眼见仍淤垫如故。来日方长,势必愈放愈淤,愈淤愈高,河淤而田亦必废,是减河为该闸所害,屡经显露其端,佃民等焦灼万分,犹欲禀求上宪查照前批,仍饬令该公司将朝宗桥二闸筑闭,以保减河。

今又查得减河上游南岸小王庄境内新建大铁桶,意在用水灌田,闻系筹款局员集股私购荒地所办,佃民等尤惶恐异常。查此案,去岁春间筹款局派委,拟在该处设闸,已经营田局及佃民等禀,蒙前天津道宪周派委章牧道华查明禀覆于营田大有妨碍,即行公议停修,不准建闸开荒,正所以保全熟地。况小站地方营田、民田以及李文忠公等祠各田,共计有千余顷,每岁出产稻米价值数十万金,水利地租纳银三万余两,苇利鱼税尚不在内,上裕公款,下养民生,实为畿辅久大之利。据筹款局员声称,建闸开荒亦为推广地利起见,独不思朝宗桥设闸,既明明有碍营田于前,若再增铁桶上游更必有碍于后。是开一处荒,即废一处熟。况荒者未必能熟,熟者眼见即荒,果其开荒能无废熟,何前各大宪先后拟议,从中而止?推其用意,盖以营田乃公垦之田,又系已成之绩,不得不格外保护,而不至于荒废也。若不思患预防,请示禁止,则该处设铁桶据上流一吸无余,即于泛涨之时,窃恐多去一分之水,减河多加一分之淤,营田即多受一分之害,事固有势不两立,而害有永远无穷者,不可不防。为此据情禀明叩求总局宪大人,俯念小站稻田千余顷已成之绩,数千户穷民失所,垂怜作主,转详督宪,饬令筹款局查照前天津道宪周议禁成案示禁,俾资保全营田,以符原案而免后患,如蒙恩准,嗣后减河两岸均不准增建闸座,添设涵洞,庶免辘辘而示保全,则小站一方户口不啻各大宪再造之矣,临禀不胜迫切,悚惶待命之至,沾恩上叩等情到局。

据此,查近年减河来源,每遇春夏之交,水势消涸,以致下游营民各田不敷灌溉,岂容再增建铁桶分流?且上年四党口等村欲开崔家闸,今年仁寿公司拟在上游南岸安设涵洞,均蒙宪台先后示谕永远饬禁各在案。今据小站营田各佃民以筹款局员,拟在上游南岸小王庄安设铁桶引水灌田,实于下游营田大有妨碍,禀请照案禁止,前来职道。伏查小站,各佃民所禀系为思患预防荒旱起见,虽称小王庄荒地为筹款局员集股私购或系传闻之误,但筹款局购地建桶,均未咨会职局,舆情未洽,恐酿事端,减河历年水小,浇灌熟田尚虞不足,实为众所共睹,似应俯如所请转详示禁,以示体恤而顺舆情。况于河道民生租课均有裨益,与历次禁令定章亦属相符,除禀批示外,所有小站营田众佃民吁恳示禁减河南岸安设铁桶,应否照准,理合据情具文,详请宪台查核,俯赐批示饬遵,实为公便,为此备由具详,伏乞照详施行,须至详者。

署督宪杨批：据详已悉，候行长芦运司，速派妥员查明，具覆核夺。此缴。

（光绪三十三年九月十五日"公牍录要"栏目）

暂准摆设货摊

天津工程局覆商会函云：昨由巡警局送交贵会来函以便道摆摊拟准其就墙根占地二尺以示体恤等因，查北门外一带地窄人稠，所有马路便道，例宜不准摆设货摊以维路政，而便行人，兹既承贵商会一再函嘱，姑念该商等系小本营生，暂准其各就墙根摆占二尺货摊，惟不得于二尺之外再有丝毫侵占致碍行人，且遇有清理便道时，仍须一律撤摊，至仿照晓市纳捐一节，应毋庸议即请转致各该商遵照办理云。

（光绪三十三年九月二十七日"新政纪闻"栏目）

循例祝贺天长令节

天津日本官场以本月二十八日为该国天长佳节，届时应行祝贺，故已预备一切。闻是日午前九钟至十钟，日本官商齐赴总领事馆祝贺中国，官商则于午前十钟至午后一钟，齐赴该领事馆祝贺而于午前十一钟至十二点半钟均赴津提督署祝贺云。

（光绪三十三年九月二十八日"新政纪闻"栏目）

函请拨发棉衣

天津商会日前致函赈抚局，略谓现据宝坻县西与保里同知衔分省补用知县王树春等联名禀称：窃职等各村今年又遭水患灾情，既重饥户众多，今隆冬在迩，诸物昂贵，小民衣食维艰，待哺嗷嗷，饥寒交迫。惟有仰恳贵局格外垂怜，转恳赈抚局宪大人筹拨赈款棉衣，加抚灾民，俾免流离失所云云。查宝坻县地处洼下，形如釜底，一有水患，尽成泽国。小民之荡析离居较他处为尤甚，前经敝会董李君向辰奉谕查放义赈，目睹该处居民艰窘，困苦情形深堪悯恻。兹据前情详加探诘，据称灾情如故，居民之嗷嗷待哺将有不支之势等语。敝会集众筹商拟将捐交未散各赈款尽数提由会董李向辰,定于初十日后携同董司各员前往查放冬赈拯救灾黎,惟灾区既广,饥户众多,刻兼节交冬令,灾民之饥寒交迫理有固然。敝会存款无多,势难兼顾,拟恳宪局俯念灾黎,准拨棉衣数千身,发交敝会转给会董李向辰携赴灾区,择其急苦灾民酌量散放,俾免流离仍俟事竣造报以昭核实,用特肃函奉恳即请局宪大人查核示覆云。

(光绪三十三年十月初五日"新政纪闻"栏目)

又移工程总局请拨菜市房间扩充报社文

为移请事,据启文阅报社吴梦兰呈递说帖内称:天津一邑,为五方杂处,人类不齐,其开通者,固不少,而不开通者,寔居大半数。近自变法以来,学堂、报馆,凡有关于开通民智者,津人士无不踊跃为之,然学堂虽多,仅以培将来有用之青年,而报纸,则凡稍识字之人,无论年岁如何,所执何业,均可藉此以增长知识,扩充见闻。其益人之处诚有难以更仆数者,兰不敏见,其有益多人,也因之效,奔走广募,集于东马路创立启文阅报社,该社楼房四间,系邑绅徐朴庵捐助,不取租价,嗣又假西马路曹剑秋楼房四间,开设启文阅报西分社,由此之后,本拟竭尽棉薄,再集捐款,于南北通衢扩充二处,以便四方各业人等均可就近入览,不至因距地较远,有向隅之叹。惟是经费尚可勉集,而房地甚不易得。近查,旧城东南隅及北大关口之菜市地段最为合宜,若将菜市之原建房屋截断二三间,暂假作为报社,其余地尚足敷陈列菜摊之用,实属一举两得,兹不揣冒昧,奉恳详议,如无不可为之处,即请据文咨照工程局核夺,兰窃思此项阅报于民智寔不无小补。现当预备立宪时代,开通风气,寔为最要之图,若以公地成公益,想凡我官绅,谅无不表同情也。设菜市地段寔有碍难匀拨之处,则菜市旁近官地暂借一小段,兰等设法起筑,亦无不可。惟款不易多集,总不若假拨房间之为愈耳。谨此,敬候鉴裁等情,据此,当即公同评议,佥以阅报一事,为开通民智必不可缓之图。东西各国无不竭力提振,今吴梦兰请拨菜市房间,扩充报社,亟应极力赞助。惟旧城东南隅及北大关口菜市小民营业之所,如果拨出房间,与小民营业有无窒碍,抑即拨给该两处菜市附近官地,令其自行起盖,统希钧裁。为此,备文合移贵局,请烦查照文内事理,迅速核夺。克日见覆,不胜盼切施行,须至移者。

(光绪三十三年十一月十八日"公牍录要"栏目)

声明清查庙产事项

　　据天津县事会来函云:昨见某报登有议事会因经费无著,拟清查庙产分别充公以作经费等语,查敝会禀定条例,公产项下本有庙产一类曾载报端,将来调查与否,系属公产部分内之事项,与敝会经费之筹画绝不相涉。盖清查庙产与筹集经费本判然两事,将来清出庙产并非提作敝会经费之用。现既传闻失实,务请声明,是为至盼。

　　　　　　　　　　　　(光绪三十三年十一月十八日"新政纪闻"栏目)

天津议事会申督宪叙明前拟筹办协议监察
三项范围并原用条例二字原委文并批

　　为申覆事,案奉自治局移开为录批移会事,照得光绪三十三年十月二十日,本局详覆督宪,遵议天津县议事会筹办、协议、监察条目清折缘由一案,于二十九日奉督宪批开,详悉天津县议事会应行筹办、协议、监察三项所称议定条例,应改为议定办法,至拟议各条,均尚大致不差,惟八、九、十各条所称监察之事,应再叙明原定种类以示范围,仰饬补叙明晰,禀候核饬遵照缴等因。奉此,相应录批移会请即遵照办理,计粘抄单一纸等因,奉此,既蒙批示大致不差,应即以十月二十九日奉批之日为始,作为公布施行,惟原议"条例"二字,查光绪三十三年七月初十日,自治局移称会同天津县拟定地方自治应办各事,应有权限,分为筹办、协议、监察三类。禀奉升任督宪袁批准遵照移知文内,附粘原禀,内有查办事及权限之大纲,已载自治章程。惟初次试办,先后本末漫无头绪,官治、自治界限未分,创办之始似宜择端试办,逐渐进行。兹就章程范围略拟应办之事,为筹办、协议与监察三类以明权限。所谓筹办者,由议事会议定办法交董事会施行者也。所谓协议者,议事会得与该主管处会商妥定后,仍由该主管处办理者也。所谓监察者,议事会得向该主管处调查质问者也。以上三类其实行之次序方法,仍由议事会议定条例,禀请督宪批准公布,然后施行等语。议员等当以"条例"二字为试办天津县地方自治章程。第三条载有凡关于自治事宜得自定条例,今筹办、协议、监察三项本为自治范围内应有之事,既经特别提出首先试办,且承自治局禀准,由议事会议定条例,自系综稽法理,审慎规定。故于会场集议之时,即遵照自治局移会定为"条例"二字未敢轻为改易,现既经自治局核明章程中"条例"二字,另有专用,非常郑重,此处不宜同名,自应遵照更正,仍乞札饬自治局知照,以免前后两歧。至第八、九、十各条,蒙批应再叙明原定种类,以示范围,查原定筹办、协议、监察三项均有禀定范围,并蒙升任。

督宪袁批:令加入四乡巡警及津埠工巡事务,若但于第八、九、十各条监察事项叙明种类,似筹办、协议二类转嫌脱漏,故当时未能解释。今蒙批令叙明,应在原定条文之前,将前蒙批准各种类详细叙入,另缮清折恭呈鉴核,至自治局原详谓第一、第二两条凡地方自治上事皆然,不但此三项已也,设立两会之义,本属如此,无须另订等语。查第一、第二两条为规定筹办事项而设,若概删去恐觉偏废,似宜仍存原条较为完备,所有叙明筹办、协议、监察三项范围并原用条例二字原委及第一、第二两条请仍用原文各缘由,理合备文申请宪台鉴核批示祗遵,实为公便,须至申者。

督宪杨批:申折均悉,原定议事种类,按条补列昭晰无疑,其余所请各节,候行自治局核议具覆饬遵抄由批发。

(光绪三十三年十一月二十三日"公牍录要"栏目)

天津县议事会禀督宪请查办实习工场棍责工徒一案文

敬禀者,窃前据县境葛沽镇商民刘月波呈递说帖内称:伊弟刘敏在实习工场学徒,十月十七日,因损坏所织之布,被该场管理郭芸夫责打一百军棍,因其痛哭加责二十,请代上书质问前来。当查实习工场印行章程,工徒犯过并无棍责专条,复查禀定《天津县地方自治章程》第三十三条载有议事会对于地方官所办之事,得上书质问,地方官应解答之,第三十五条载有议事会得代人民申述其困苦,不能上达之事于地方官等语,当于十一月初七日备文申请工艺总局将此案原委批示,旋于十一月十一日工艺总局派张文田到会传述督办。现在丁忧回籍总办、会办均未在局,目下,无人主持,此事须稍迟再为答复等因。嗣于二十一日接奉工艺总局照会,内开:本局接据贵会申称质问实习工场郭管理棍责工徒刘敏一案,请解答批示等情。查此案前经本局督办饬查明确,业已量予处结在案,至该场试办章程原本未臻完备,声明随时改良,后亦量有改移,兹据质问,合行照覆等因。惟照会所开多有浑含其词之处,议员等会议再四,金以该工场为实业所关,为国家命脉所系，此案若竟浑含了结，不惟无以服该商民之心，实上负我宪台轸恤民艰之至意，不得不为我宪台详细陈之。查工艺局照会内开：饬查明确业已量予处结。按刘月波原具说帖为责打伊弟刘敏一百军棍，因其痛哭又责二十，是郭管理之责打工徒刘敏一百二十棍，确实无疑。近今迭奉谕旨，停止刑讯，内外司法各官尚不得滥用刑具，该场为教授工艺之地工徒资格，本等于学生岂可任意责打至一百二十棍之多？即按之我朝刑律杖罪亦仅一百为止，该工徒何罪？竟于朝廷停止刑讯之时，被超乎满杖之责处，且遍查该场章程，工徒有过，罪止斥退及追缴津贴，并无棍责专条，该管理竟擅用棍责，不止有违工场定章，实系滥用私刑。今乃不独不加以正当罚则，而该管理仍腼然差次，一如平时所谓处结，实有未解。又照会内开该场试办章程原本未臻完备，声明随时改良，后亦量有改移，案改良云者，所谓由不良而改之使良，原章既无棍责专条，则万无再行加入棍责之理。查郭芸夫自任该场管理以来，外间纷传其种种残虐、惨无人理之行为，不一而足，如工徒患病已危，尚不稍予宽假，仍加苛待，甚至有因之殒命者，又或工徒小有过犯，遂张大其罪，送入游民习艺所者，又有棍责四十或六十者。凡似此类地方人民宣传殆遍。议员等以未得确据，未敢冒昧上陈，数月以来，外间以该管理横暴无忌、愤恨之极，其子弟之已经在场者百方以求脱，有志习工者，亦相戒而裹足。

该场为直隶工业之总机关，竟以该管理之故酿成此等现象，工业前途直不堪设想矣。天津工业名誉久为全省之冠，近来各属州县不特派人参观，至远省亦资遣官绅来津调查。该管理似此违章举动，不独有损全津工业名誉，且恐四方观者以为对待工徒必宜随时棍责以示警惕，将养其廉耻之谓何恐残酷者流转藉口。于天津工场之已事为阴行，其暴虐之手段，我北洋既为二十二行省之模范，此尤不可不慎者也，该管理本系天津土著，受列宪特达之知，宜何如感激图报，以求上不负我列宪，下不负我国民。今乃恣其横暴，不顾工艺为国家命脉所关，其妨害新政罪不容逭，议员等若复缄默不言，该管理之残暴，我宪台必无从查悉，恐嗣后流弊滋多，且实业之创设改良及其方法，本为禀定地方自治章程，议事会应行议决事件。为此，不揣冒昧，憨直上陈，其应若何惩办之处，出自宪裁以正场规，而申公愤则工业幸甚。全津人民幸甚，肃此，上禀恭请崇安。伏惟垂鉴。

（光绪三十三年十一月二十六日"公牍录要"栏目）

天津道会同巡警局详天津商会准
当商修盖房间就息付租请照准文并批

为详覆事,光绪三十三年十一月十三日,奉宪台札开以据天津商会总理王贤宾等具禀商会借用当行公所房间不敷应用,商明当商将当行公所房间酌量修盖,即以保卫医院拨归商会公款生息付租,行令会同核议具覆饬遵等因。奉此,查天津商会总理王贤宾等因当公所房间不敷,研究各事应用由钱行董事郑金鼎商明各当商出资修盖,拟将保卫医院拨归该议会公款生息付租,不动原本,以众商公共之资移办众商公共之事。俟该会积有余款另行购筑,事尚可行。拟请准如所禀办理。除饬遵外,所有核议缘由,理合具文详覆宪台查核,为此,备由具呈伏乞,照详施行,须至册者。

督宪杨批:据详已悉。缴。

(光绪三十四年正月十一日"公牍录要"栏目)

天津广济补遗社公启

河北大王庙东广济补遗社创自光绪十七年间,一切规模皆仿照引善、济生两社章程专办恤嫠、义学两宗,忽于庚子年更变进项,从此寥寥又无底款,而善举将有废坠之虞,幸蒙大善士见义勇为,每月每年乐助约有十数年矣,而成全孤寒子弟、轻年节妇无不感荷诸君之赐,特列芳衔以彰功德,徐朴庵每月助洋四元许,辅廷每月助洋四元,赵竹波每月助洋四元,冯商盘每月助洋四元,李子赫每月助洋四元,侯建庵每月助钱六千文,信义堂卜每月助洋一百千文,现今义学改为"艺徒学堂",嫠妇增多,户口需费甚钜,仍祈仁人慨发慈念,以济穷嫠而维久远,自积阴功造福无量,绵延于子孙矣。

(光绪三十四年正月二十八日"文告录要"栏目)

天津捐务局告示

为遵章晓谕事,照得本局收纳东洋车捐向章分别揽坐、自用两项名目,均须报领牌票以凭查验,倘有匿漏,一律科罚,迭经示谕遵照办理在案。乃查近来所收洋车捐一项内揽坐车捐均属按月轮纳,惟自用洋车报领牌票者甚属寥廖,其中不无影射违匿情弊。本局现在奉督宪督办宪谕整顿捐务,若任此项自用洋车不照章纳捐,何足以昭公允？除遴派司员分往沿途并知会巡警各局区传谕岗警一体认真查验外,合行遵章晓谕。为此,谕仰自用洋车各户知悉,须知此项捐款系筹备路工巡警经费之要需,原为各人同享之利用,无论官绅、商民,凡有此项洋车即须照章输捐以维公益,况此捐数甚属轻微,谅知大体者必不惜此。自今以后,倘再查出无车捐牌票,应照章扣罚其各知照。切切特谕。

（光绪三十四年二月十二日"文告录要"栏目）

天津卫生总局牌示

为牌示事照得前据花翎员外郎衔中书科中书郑文选等禀长峰行屯积牛羊各骨恳请速饬迁移一案,业经批示在案,现于本月初七日准海关道蔡移开,二月初四日准驻津美国若总领事函称接展来函,美以美会出租与长峰行之地因堆积牛羊各骨有碍卫生,请饬克日迁移等因,除饬知该教堂遵照外,相应函覆即希查照可也等因。准此移局查照等因。准此合行牌示,为此,示仰该绅等遵照。此示。

（光绪三十四年二月十四日"文告录要"栏目）

天津商会禀关道核议河工捐抽面粉事宜文

敬禀者,案奉宪台札开,为札饬事,上年十二月二十一日,蒙北洋大臣杨批,本道具详海河工程,局董仍拟征收面粉税款,应否照准,请核示缘由。蒙批:据详已悉,海河工捐章程,本系总理衙门及各国驻京公使核定,其海关免税货物向准免捐,照行已久。今海河局董拟将免税面粉一律征收工捐,实与定章不符,前经批驳有案。兹据仍申前情,自为地方公益起见,惟议捐海关免税之物,事属创行,未便率准,应由该道复加筹核。如果所捐仅指面粉一类,各领事均无异言,华洋一律,捐数无多,并与商会体察情形,委无别项窒碍,无妨民食,商情乐从,再行妥叙详文,明晰声覆以凭,据情咨部核示饬遵。缴。等因。蒙此,查此事前准海河工程局来函,业经详蒙批驳在案。兹蒙前因,合将先后详稿并批一并抄粘札饬,札到该商会,即便查照,体察情形,妥议禀复核办。此札。计粘抄单等因。奉此,遵经职会约集

63

众商剀切劝导。旋据河坝米面商董事杨庆平、杨筱林、季遇安等禀称,窃商等均在天津或上海批买美国面粉,洋粉向无捐税,亦无河工捐,今奉关宪札开,著贵总会妥议禀办。伏读海河工程局照会内称,此项为紧要之货,岂可仍旧免捐等情。

查洋粉一项,与他项洋货不同,彼时免税免捐,原为接济民食起见。今就前二三年与本年而论,皆因内地粮麦歉收,洋粉始能畅销中国。现在内地粮价稍平,洋粉立难销售,想美国今年决无面粉入口之事,此项捐款原不必争。继思此后,如果洋粉进口必为内地荒歉之年,内地既恃洋粉接济则洋粉之价不能不昂,若再加以向来无有之河工捐,虽云捐数不多,似乎昂上加昂,殊于民食不便。商等熟悉粮行大局,不敢知而不言。在河工局倘知以上所开情节,应亦雅意赞成,情甘豁免。至谓此项捐款可收四千八百元云云,是指去年内地荒歉而言。本年麦价平和,麦场甚溥,洋粉既难入口,徒争亦属无谓。若云此后仍有入口之日,窃恐内地荒歉,商务必至被累,去年洋商大受影响,是其明证,谅河工局亦不愿多收些须之捐,而祝内地水旱不时也。商等反复筹思,究以免捐为便,是否有当? 敢乞商务总会大人,据情详覆关宪大人,照例免收面粉捐款,实为公便。

上禀等情,覆查进口面粉,征收河工捐,原为公益起见。今该商等既禀陈窒碍,有妨民食,核与职会考察情形,大略相同,应请免其置议,以顺商情。所有遵饬查办缘由,理合具文,禀请宪台查核,转详豁免,实为公便。肃此具禀,恭叩勋安。

(光绪三十四年二月二十七日"公牍录要"栏目)

天津卫生总局告示

为出示晓谕事,照得城厢内外售卖冰水糖水暨红果酪者甚多,水质不洁,饮之最足致病,轻则有泻痢之患,重则有霍乱之虞,自应思患预防以卫民生。除饬捕严行查禁外,合行出示晓谕。为此,示仰居民人等一体知悉。自示之后,所有售卖冰水等物一律禁绝,倘有故违,定行拘罚不贷,其各凛遵。特示。

(光绪三十四年五月十一日"文告录要"栏目)

拟办国文补习社章程草案

天津劝学总董林君兆翰、县视学华君泽沅发起拟请通饬各属劝学所教育会组织国文补习社，凡各堂教员，不问曾否肄习师范，皆得一律入社补习。兹由教育会长胡君家祺拟就章程草案如下：

第一条　本社以补习国文、巩固小学初基为宗旨。

第二条　补习之法分为两项：一、特别补习，如研究国文教授法及解释疑义是；一、普通补习，如听讲作文并输入科学智识是。

第三条　本社开办之初，凡官公私立小学堂堂长、教员，不论曾否肄习师范，均齐集会课，各作国文一篇。

第四条　本社系由劝学所教育会发起，教育会之会长副会长亦应一律会课，以资倡率。

第五条　前项之会课凡命题监试及分别等第各事均禀请学宪主持。

第六条　前项之会课名列最优等者，推为本社名誉主讲员及照料员，满一年后请学宪酌给外奖或书籍；名列优等者，补习与否，均听自便；名列中等者，宜行特别补习；名列下等者，宜行普通补习。

第七条　凡各堂堂长、教员，无论曾否肄习师范，如会课托故不到者，即有国文不通之嫌疑，应禀请学宪分别去留。

第八条　凡各堂堂长教育，如名列中等、下等，不愿入社补习者，即有不热心教育之嫌疑，办法同七条。

第九条　以上办法应俟开会议决后禀明地方官提学使存案，然后施行。

右国文补习社缘起及章程草案九条，谨先期通告，俟六月二十一日教育会开会时，务请学界诸君惠临议决，不胜翘企。

（光绪三十四年五月二十五日"新政纪闻"栏目）

天津南段总局白话告示

为出示严禁事，照得每年七月十三、四、五各日有等游手好闲的人，借着办盂兰会，挨门敛钱，在闲旷的地方搭起席棚，摆开道场，那些说书唱曲的，合打拳卖艺玩耍戏法的，亦都凑到那里，引诱得无知的愚民都去瞧看热闹,男女混杂已经不成事体,每天里又非到十二点钟不散,那些好事的人只顾深更半夜之里有热闹,那知那些贼人匪类便乘这热闹时候混到里面,生出事来,有剪绺物件的,亦有拐骗小孩的,甚有无耻之徒引诱妇女的。等到闹出事来,后悔已晚,况这盂兰会名为施祭无祀的孤魂,实是件杳杳无凭、极可笑、极荒唐的事,稍明白道理的人,决不可迷信他。现当我们中国力求文明时候,更不可迷信这等荒诞无理的事,招外来的笑话,就是那敛钱办会的人,不过借着落些钱,决不是要做好事,你们亦不可把有用的钱财,办这有害无益的事。本局为维持治安,挽回敝俗起见,特出白话告示,苦口劝导。自这次出示后,你们务当各除迷信,不准敛钱办会,亦不准再给会钱,更不准借名摆会引诱男女聚看,滋生事端,倘再故违,一经传案,定把你们从重惩办,决不宽恕,各凛毋违,特示。

（光绪三十四年七月十六日"文告录要"栏目）

天津南段总局白话告示

为出示晓谕事,照得每逢天气狠热的时候,往往有无知识男女,因为天气太热在屋子外面露宿的狠是不少,在无知男女呢,以一时热的难受或趁街巷或就院内引风纳凉,很是爽快的呀。殊不知道,天津这个地方离海很近,海风没有定的时候,就是三伏的天,长夜燥热的日子很少,不是早热晚凉,就是昼热夜凉,无知男女们都是生长在这个地方,于这个情形还不知道吗?其必定要在外面露宿的缘故。我想你们必以伏天时候受点子凉,是不要紧的,可不知道,以为不要紧,可就坏了,到半夜,睡沉的时候,地下的暑气、天空的瘴气是都有的,在身子软弱的人,被凉风吹了,毛髓都开。这暑瘴之毒可就趁着侵入了,是以天津这个地方的人,每到伏天时候患暑疫的人很多,推原其故,虽不尽归咎露宿的坏处,而因露宿种病的总占多数。现在时到七月,暑气甚是利害,日夜之间乍凉乍热更是不定的,你们若照从前,依然在外面露宿,白日间受的暑热与夜间受的秋凉两下掺杂,容易受病,比暑天更甚些。所以,伏末秋初的时候,于露宿的人越发不利了,这个缘故,我说与你们知道,凡露宿受病的人,在便易的人家,原可以请医调治,在贫难的人家呢,一旦受了病症,没有钱请医吃药,因而受多少的罪,且有因此致命的,自这样看起来,如其到了有病时候,受罪作难。何如自己讲求卫生,不去露宿呢?本督办为一般人民的卫生起见,不得不将露宿的害处演成白话,恳恳切切说给你们知道,合行出示谕禁,为此,示仰诸色人等一体知悉,尔等须知道,在外露宿除了容易受病之外,于自己的事没有一毫的益处。此次禁止你们,是为你们保守健康的身体,并非强制你们的居处自由,你们须要明白这个道理呀,自经此次晓谕之后,你们务必听本督办的话,不要在外露宿,其各凛遵。切切特示。

(光绪三十四年七月十八日"文告录要"栏目)

天津巡警总局示谕

为通传事,据海河一局孙巡官呈称乡庄小贩售卖西瓜,每将一瓜切成多块摆列满滩,尘垢沾污,蝇蚊飞集,购食者易致疾病,卑局查照警章,谕饬各村庄瓜果贩户无论挑担摆摊,各将整个西瓜摆列外面以作标识,所有切开瓜块务用器具掩罩,俟至有人购买再行揭开随时分切以期洁净而重卫生凳等情。据此,查津郡人烟稠密,此项小摊星罗棋布,其应加以限制,自较乡庄尤关紧要,合行通传,为此,传仰合各局区队一体遵照,立即按照所呈办法详细谕饬长警和平指挥,俾期一律仿办毋违,特传。

(光绪三十四年七月十九日"文告录要"栏目)

天津县董事会告示

为公布事,照得本会承准天津县议事会移开蒙学宪卢批准,将天津府清丈公所管理各处庙产地亩、租项统交天津县董事会调查征催、提充学款等因在案,查该租户承租此项庙地向有清丈公所发交管业执照收执为据,本会接办伊始,应将各租户旧领管业执照概不收费,倘各租户承租各项公产,并未领有执照者,尽可向本会声明补领新照。本年春夏两季所欠租款,理宜急速完交,嗣后各租户务须按季交纳,不得逾限以维学务而重公款,除本会会员分投各处将庙严清查丈量并查催租项外,为此,公布各租户勿违。切切特示。

(光绪三十四年七月二十二日"文告录要"栏目)

天津工程总局函覆议事会文

敬覆者,昨接来函聆悉,一是查津郡商务向以估衣、针市两街为最盛,自日界开修马路、振兴市场,以致向之住侯家后者,多移住南市,侯家后日见萧条,估衣各街商务日见减色,非将侯家后房屋、街道设法改良,难望振兴,故敝局初议开修该马路时,赞成者十之二三,今则十之六七,其生阻力者,不过应拆房之数家,只愿目前一己之便利,不顾后来大局之盛衰。日昨,该商民李秉文等具禀:来局经敝总办面为开导,并嘱其妥拟章程去后。兹既承贵会函示,将此项首先协议,敝局实深纫佩,特附上草图一纸,即祈众执事详细讨论以重公益,一俟该商民拟定章程前来,再行奉布。专此先覆,顺候台安!

(光绪三十四年七月二十七日"公牍录要"栏目)

天津县议事会议覆公告

督标升用游击候补都司陆宣等说帖:为筹款济公卫生保民恳恩赏准试办事议覆说帖章程阅悉,验屠设场,本于卫生有益,惟由少数人包办,迹近垄断,碍难议准,此覆!

(光绪三十四年七月二十七日"文告录要"栏目)

天津县议事会公告

启者,现据马家口众地户王聘三等四十八名呈递说帖内略云,马家口一带自经庚子之乱被法人占用,前有本地地户王国安等出名索价,以期据理力争,至今时阅八年,毫无头绪,身等废时失业,苦不可言,不得已,当经众地户公同集议,公认王聘三等为代表,恳请贵会逾格垂怜,代为索价,倘能挽回,一切众地户固祝以馨香,即事有不成,亦感恩不尽矣等情,敝会以该地户众多,有无异议,未敢悬揣,兹特公告该处居民人等如有不愿议事会与闻此事者,限于九月初十日以前自行来会声明,以凭分别办理,此告。

(光绪三十四年八月二十九日"文告录要"栏目)

天津县董事会白话公启

为庙产上租的事,说给大家听听,当初经天津府县尊立了一个清丈公所专管收庙产的租子,归为地方学堂的经费,从七月初一日天津县董事会成立,就把清丈公所的事交给董事会经管,以后,大家按着春夏秋冬四季就到东门外,天津县董事会上租,万不可交给催租的人以免他们作弊。董事会的规矩,洋钱出入,照着街面上大洋的行情,收钱照着大洋找给租户,亦照着大洋收齐了,按月发给各学堂作为经费。这学堂,是成全咱们一县的学生,这是咱们地方的人办咱们地方上的事,成全咱们地方上的学生,大家总要早早的把这项租子上了,千万别等着催,那才是明白公益的人呢,也省得叫催租的人,拍门打户的惊动大家,大家想想,这个话对不对,就请大家按着四季快来上租,千万别过了后边开列的限期才好啦,春季的租子,限二月底收齐,夏季的租子,限五月底收齐,秋季的租子,限八月底收齐,冬季的租子,限十一月底收齐。

(光绪三十四年九月十四日"文告录要"栏目)

天津县董事会白话公启

为清查善庆庵地界的事,说给大家听听,天津小西营门外旧有善庆庵庙,此庙今已没有了,这庙就应该作为地方上的公产。四月间经议事会查过一次,插立上木签子,已经改作地方上公产了。现在交给本会经营,本会现又查过,查得南边亦是庙地,今又插立董事会木签子为界,界内倘有民地,统限于九月内,拿著契纸,到会说明,即为划出。千万别过了九月,要紧! 要紧!

(光绪三十四年九月十五日"文告录要"栏目)

又申天津镇请饬查争地一案文

为申请事,顷接县丞职衔卢维翰说帖内称,职于光绪二十九年遵照前吴镇宪出示招租城濠官地当在前城守营部厅丁千总任内递禀认领南门外空地一段,计一分六厘六毫,随即交租银九十九两六钱领取执照,并由镇署盖印登号以凭执守,越五年之久,从未起盖亦无争端,至上年五月间在工程局领照盖房,不料有郭十出而阻拦,口称地邻欲将此地归伊管,业职彼时以伊横不讲理,投地方审判厅禀控蒙丁委廉讯明郭十讹赖情节,立予管押及经自具永不狡展甘结,始行完案,是丁委廉已洞悉其奸,概可想见乃其心不死,架使其兄郭连城出头在镇辕控告,以此地应归近邻并以丁千总昧留官地等词,任情诬捏徐镇宪,遂一面饬城守营孙都戎行查,一面饬经手招租丁千总禀覆,迨经丁千总据实详覆,其并无昧留情事已确然无疑矣,乃孙都戎查办此案,竟以职并无原禀,巧为具覆致,又移送审判厅涉讼,原审丁委廉亦遂遽翻前案,判令另行招租,此职涉讼先后之情形也。职正在缮具说帖,间又闻城汛,出示追缴地照,职当即驰往阅看,其示内载有控牵吏胥再三研讯,仍各狡展,此案证据毫无案悬已久各等语,尤属指非成是,惑人观听。兹特就其原示敬为贵会逐节言之,查当日城守泛招认地基,凡认租者一经交付押租银两,下由城守汛发给地照,上由镇宪盖印列号以昭核实,盖所以防弊端者至严且密。今职原领执照明明盖有镇宪印信,而城守汛竟出示,令职缴照得毋以职执照为伪乎?不然何以急急索回,不稍宽假伪照,原有应得之罪,如果非伪咎将谁归?此职所以不甘心者一也。

又如城守汛所藉口者,谓职无原禀,夫城守汛乃营署办公之地,官与吏均有主守之责,若无原禀,试问当日凭何发照,凭何转详,历任接替更何以早不举发,又何以三十三年六月赴工程局禀请盖房之时竟不扣留而准盖戳?此职所以不甘心者二也。

查庚子后南关城基官地遵章认领者颇不乏人,现在类皆出资起盖,犬牙相错,比邻而居,如果有人争认,不查虚实即予追回,非但有碍政体致贻朝更暮改之讥,更恐一倡百和讼累日滋,如谓已被控者应缴照,未被控者不缴照,何职不幸至如此耶?此职所不甘心者三也。

又查民间之争讼,但凭曲直以定是非,控钱债者以借券之真伪为凭,争房地者以官契之有无为断,通国大例尽人皆知。今职与郭十互争官地,职有印照而伊无照,虚实不难立判,现城守汛示谓毫无证据者,究指伊谁实所不能,若郭十如果理直,何以情甘具结?既曰不直,则地仍归职管业,方为正办,何以又另行招租?此职所以不甘心者四也。

况原示所称来汛缴照领银意,若谓将原缴押租发还,以为得体矣,然据职思之究,属巧为掩饰,故示正大试问同一认地同一缴租,何厚于彼而薄于此,是以职更难承认,有此数冤,难安缄默,侧闻贵会为全郡之代表,凡遇民间困苦,不能上达于官府者,准代申诉,如蒙俯赐代陈,即属恩同再造,理合粘抄示稿,叩乞查核确情秉公评议等语,敝会查该职说帖所陈各节如果属实,不免冤抑第据一面之辞曲直,不敢悬断,惟敝会有代人民申述困苦之责,不敢壅于上闻,兹特备文代述,恳请宪台澈底详查,秉公核断,并希赐覆,施行须至申者。

（光绪三十四年十月初八日"公牍录要"栏目）

静海县禁烟白话告示

　　为出示晓谕事,照得鸦片一物贩到我们中国来的年代已久,吸食的人很多,只知过瘾取乐,不知染了烟的毒,受了烟的害。试问,怎么受害,那些报纸上也曾说过了,却为说的透,我再细细的说与你们听罢,鸦片极毒,本是治病的洋药,生吞能瞉丧命,人人皆知道的,就是熬膏吸食,肺脏内也是受毒,久久成为烟瘾,烟癖了独我们中国士农工商的人偏偏吸上这个极苦极毒的洋烟,弄得个神昏意懒也,没工夫图名图利了,身体也坏了,亲友也疏了,父母、妻子也不能顾了,地亩房产渐渐的也卖净了,还要被人耻笑,加了一个烟鬼的名,冤枉不冤枉吗? 现在国家不忍你们受苦受害,一心一意的设法痛禁。去年与英国立了合同,洋烟不到中国来了,罂粟不准内地种了,烟馆也不准开了,烟具更不准卖了,卖烟吸烟的人也要拿办买照了,还要一年(少些一年),十年后不准你们再吸了,如不早早的戒了,不独后来成了废人,要办你们的重罪,就是宽待了你们,那时,想吸也没有的吸了,想戒也不得能瞉了,肚腹痛的难忍不难忍,筋骨酸的难受不难受,鼻涕零的难过不难过,性命揑的难保不难保? 你们想想受害不受害,何不趁早回头呢? 我在城内立了一个戒烟所,入所戒的很不少了,又怕你们进城嫌远,已谕绅董向各镇多多的劝立,总想你们个个除了烟害就好了。你们如嫌入局不便,也许领药回家自戒,更算就你们的便了。那些私卖私吸的人,我也抓着几次重打重罚过了,你们想这吸烟到底有好处没有么? 咳我今有这一番劝说,是指望你们的好,你们莫要当作闲话,总要乘此机会把这种烟癖极力的戒了,除了一身的大害,变成我们中国富强的国民,同居昇平的乐境,算不辜负我这一番的好话是了。

（光绪三十四年十月十五日"文告录要"栏目）

天津禁烟之效果

天津南段巡警总局日前咨会禁烟总局,云:案查前由贵局送来戒烟丸药当经发交各局区分施在案,兹经敝各分局禀报,此项丸药施舍甚速,效验极灵,拟请转致禁烟局再发数十包,以便施舍而济穷黎等情到局,据此,除批示外,相应备文咨会贵局查照,希将上次所发丸药再送数十包以便施舍,望速施行。须至咨者。

(光绪三十四年十月十五日"新政纪闻"栏目)

静海县劝民种树白话告示

为出示晓谕事,照得种植树木很有许多利益,静邑风气未开,你们全不晓得,这样,好处我就逐细的说与你们听罢,椿柏槐榆等树是那各种器具的材料,应择土宜的栽种,栽种惟桑柳生长最易,获利也厚,栽种又不费多钱,柳树又比桑树好种多了,无论墙边、水洼的地方种植些,相宜的三年也就成林了,到了五七年的时候,也不用买柴烧了,且能做那农器柄把,没有再比柳条还好的了,多余的更能卖钱了。此树奇怪得很,越伐越长的快。夏天能生风去暑也,能避瘟疫疠气。如果栽种的多,旱年能毂拂空致雨,潦年也能把护河堤,实在是有利无害,你们如何不广种呢?桑树的好处更大了,种了桑树,三年就能养蚕了,你们看那市上的各色绸缎,岂不是桑丝织成了?我们南方最好,凡有地亩的人家,皆有桑园,到了春夏两季,桑叶值钱的很,家家靠此养蚕抽丝,抵得一季好庄稼,就是落下地的桑叶,牛羊吃他也肥了。冬天的名为冬桑叶,也能卖钱用了。却是桑与柳不同,要种在不受水的地方。你们只管把这两种的树多多的栽些,也不收你们的钱粮,也不抽你们的捐,巡警还要保护的,查获偷伐的人,也要罚办的。你们种的多,查明还有奖赏的,将来三五年内且又添出进项,比种那谷子还强几倍呢,你们如无树秧籽,我再派人办去,一棵只值了大钱三四十文,开春就要种了,我也在官地上种些。如不懂得怎样种法,已谕了牛董事演说你们进城来赶集,顺便听听就知道了。等把桑柳栽种完后,再教你们养蚕的方法,就是凡有果品的树,虽没有桑树的利益大,也要就土性所宜的种些。我今有这一番劝说也,是代你们兴利,想你们的好不致遇了荒年,除了谷子就没出息了，你们切勿当作闲话辜负那年年自然之利是了。

（光绪三十四年十月十六日"文告录要"栏目）

天津县董事会移天津县文

为移请事，案准天津县议事会移称祇树园庙产充公一案，于本年正月奉到南段巡警总局，督办吴京堂照会，令即会同天津县尊查明田地房屋各产，即行公估变价，以五成留办地方公益，其余五成解归警局修盖巡所之需，等因，当以天津庙产按照敝会禀定条例应作为地方公产公款，而田地房屋又属在不动产之例，敝会甫经成立，未便骤为变卖，但修盖巡所为今日之要，需拟先会同天津县尊饬派经纪核实，估计该庙产值价若干，由会按照五成之数筹拨备用，并声明有提归学费各产已经清丈公所征收应不在内等情，移请吴京堂查照在案，现在贵会已经成立，敝会公同议决，将此案移交贵会会同县尊，将该庙产清查估计，俟估价完毕即行照拨等因，准此，查此案前经议事会移知县台在案，自应从速估计筹拨价款，即请县台饬派经纪来会，随同本会会员秉公估价，以便筹备五成之款拨归警局应用，再查前因会同县台办理，应否遴派委员同往勘估，伏候钧裁所有祇树园充公庙产，请派委员督率经纪会同会员估价缘由，理合备文，移请县台查照迅速施行须至移者。

（光绪三十四年十一月初五日"公牍录要"栏目）

又移小直沽批验厅文

为移覆事，本年十月初六日接准贵厅移开敝会因秦士英干预土盐请发新盐坨各地户花名并盐数清册，以凭查核一案奉运宪批示，勿庸抄送并案查孙文章非失业地户，不准干预土盐事宜，饬即转移知照等因到会，准此查郑家庄三官庙庙地即耿家坟义地被新坨占用四亩三分，每年应分土盐八包六分，地系庙产应分土盐，抑为公款，不能任秦士英冒领归入私囊。该村正孙文章因土盐被攘，公款无著，具说帖到会声请查究，并非妄行干预，有朦混冒领情弊，查筹办地方自治章程，敝会有清厘公产公款责任，此项郑家庄三官庙地自应照章收入公产项下其应分土盐，每年由敝会承领变价，备充地方自治经费，即请转详运宪将郑家庄三官庙地每年应分土盐八包六分发交敝会变价充公,以杜冒领而符自治定章。再秦士英为秦士凤之弟,秦士凤业已身故,秦士英冒领土盐数年,合并陈明所有郑家庄三官庙庙地收入公产项下并承领应分士盐缘由,相应备文移覆贵厅请烦查照转详立案见覆,施行须至移者。

(光绪三十四年十一月初五日"公牍录要"栏目)

天津董事会致议事会公启

启者,昨准贵会公函开以造胰公司董事宋寿恒说帖声称元会庵僧人澄泉盗典庙房应移县傅究一案,除函达电话局总办何彝臣声明县镜庙宇已归公产不能任僧人典卖并移县傅究澄泉外,本会会员前往调查元会庵东大殿三间、南北房六间、门面一间、东北小房一间、西院厨房一间,租与造胰公司,租价洋一百一十元,外有门面房十余间,典于戴王邵王各姓,庙西有首饰楼草房四五间系和尚所卖,又有庙门过道一间租与水铺。此调查该庙内外房间情形也,本日电话局提调章总查周来会云:奉邮传部札扩充电政,拟在电话局材料所(该所在元会庵)盖房,将官电及电话二局合并一处,因地不敷用价买元会庵内外房地议定价二千六百两,庙房作银五百两余银,发给旧典买庙外房主现已成契交价银一百两等语。据此,该庙房系卖于官电局并非典于何彝臣,事关买卖公产,究应如何办理之处?敬希公议示覆。此达。

(光绪三十四年十一月初五日"文告录要"栏目)

天津议事会致董事会公启

敬启者,本日接到天津造胰公司董事宋寿恒呈递说帖,以闸口元会庵僧人澄泉盗典庙房一事,呈请核办,查庙宇庙产既已归作地方公款,断不容僧人任意盗典,应请贵会查照说帖情形,移请县尊票传该僧究明核办,再风闻盗典一事,已将成契务须从速施行,以免耗辗,附呈原说帖,用毕赐还。

(光绪三十四年十一月初五日"文告录要"栏目)

天津县议事会移电话总局文

为移会事,案查天津有限造胰公司董事宋寿恒报告元会庵和尚澄泉盗典庙宇一案,据董事会函称,奉到贵局公函内开电话总局用闸口元会庵庙地,系奉邮传部宪面谕添房屋以备电局办公之用,关系军国要政,非寻常商业可比,因该处房地等租向由该僧取用契据,租折均在该僧之手,是以谕令该僧将其原典地基、房屋由敝局传同各户按照原价发给赎回,并由各户将原契据一并呈缴领价,各立收据其本庙及租与造胰公司房地,该僧既未典卖,自应作为国家公地以之建造电局,办理军国要政,理应不给价值,前经禀蒙部宪酌赏该僧,谕立收据各在案,兹准前因除移天津县查照备案外,相应具函奉覆,即希转达议事会知照可也。等因。当查天津地方自治章程第二十八条第三项及第五项"一、地方入款之清厘及筹集事""一地方公产及利息之存储并动用事",又查遵照自治章程禀定条例第十四条应作为公款公产者第二目为"庙宇及其产业皆经禀明督宪批准并咨明民政部备案",是天津县境庙宇庙产既列于公款公产之内,即应敝会及董事会管理,又恐僧道私自售卖,故于本年四月十四日备文移会县尊,饬经纪凡成立契纸,务须查明确非庙产并责成中人担保再为立契,如有朦混情弊,务即举发,倘经纪扶同隐匿,别经发觉,即惟该经纪是问,至各项办理公益之事占用庙产,应请自此次移到之日为始,概须送敝会公谥决定方能占用,以清权限而维公益等因。本年七月董事会成立,所有天津庙宇庙产自应遵章清厘当由敝会议定办法六条,禀蒙督宪批准立案,其第四条有"未经占用之庙宇庙产,非经议事会自详准,无论何人不准占用"各在案,前敝会以宋寿恒说帖,据称元会庵僧人私行盗典庙房各情,遂照章交董事会送县究办并函达贵局总办何观察查照。今奉函称元会庵之本庙租与造胰公司房地,该僧既未典卖,自应作为国家公地以之建造电局办理军国要政,理应不给价值并移天津县查查照备案,按贵局设为电话,果为军国要政,抑是地方交通机关,敝会未敢悬断,惟称该庙为国家公地,似与自治章程显有未符,若律以普天之下莫非王土之义,虽人民私产,亦不出国家公地之范围,岂独专指庙产而言,又贵局函称已移天津县查照备案,然敝会庙产不得典卖、占用,早经备案在前,总之庙宇庙产既列入地方公款公产,由敝会及董事会管理,则不惟僧人无私行典卖之权,即贵局亦无自行占用之理,况造胰有限公司租用元会庵庙地亦早经禀明农工商部及工艺总局批定备案,不能强令迁徙,兹将敝会章程条例暨移县备案原文,并督批办法六条抄呈查阅,务祈贵局查照前因,将原案撤销以保自治章程而全地方公益。为此,备文即祈贵局见覆施行,实为公便,须至移者。计移送《天津地方自治章程》一本、《议事会条例》一本。粘抄禀定清厘。庙宇庙产办法六条,移县备案原文。

(光绪三十四年十一月初六日"公牍录要"栏目)

又移天津县文

为移会事,案查天津有限造胰公司董宋寿恒报告元会庵僧人澄泉盗典庙宇一案,曾由董事会送请县台究办,今董事会接到电话总局函开内称,敝局用闸口元会庙地,系奉邮传部宪面谕添造房屋以备电局办公之用,关系军国要政,非寻常商业可比,因该处房地等租向由该僧取用契据,租折均在该僧之手,是以谕令该僧将原典地基房屋由敝局传同各户按照原价发给赎回,并由各户将原契据一并呈缴领价,各立收据,其本庙及租与造胰公司房地,该僧既未典卖,自应作为国家公地以之建造电局,办理军国要政,理应不给价值,前经禀蒙部宪酌赏该僧谕立收据各在案,兹准前因除移天津县查照备案外,相应具函奉覆,即希转达议事会知照可也等因。查阅来函,似于天津地方自治章程议事会禀定条例,暨现奉督宪批准立案清厘庙宇庙产办法六条,多未详悉,敝会已将所有章程条例办法抄送该局查核,请将占用元会庵之案撤销,务祈县台遵照章程条例办法,并本年四月十四日移会县台成案,免为立契备案,实深盼祷,除移会电话总局外,为此,备文移请县台查照,实为公便,须至移者。

(光绪三十四年十一月初六日"公牍录要"栏目)

天津县董事会天津县文

为移请事,案据锦衣卫桥火神庙地租户苏焕章、苏立庄、王起先后持清丈公所收租折来会纳租各折,叙明四十两月交租,除苏焕章现交四月份应交租款,其苏立庄应交四月份租款二十元、王起应交四月份租款十二千五百文,均于四月间由清丈公所收讫,在折上盖有该所截记,又据祇树园租户中和堂王来会声称已交春季租款七元一角二分五厘,掣有清丈公所收条,核验属实,当经检查县台移交春季收支及垫款数目清册,并未收有以上三项租款,不知清丈公所将此项归于何处。查各项庙产进租系指定拨归各宗学款,出入相权不容稍有亏缺,应请县台知照清丈公所原执事人将苏立庄交过租洋二十元、王起交过租钱十二千五百文、中和堂王交过租洋七元一角二分五厘查明补交敝会以重学款,再,苏焕章等三家租折均叙有立此租折各一存证字样,并请将所存苏焕章等上租存证折三扣发交敝会,以凭核对,俾得清楚所有清丈公所收过苏立庄等租款未列账簿,请知照补缴并检发租折三扣缘由,除租折收条一并送呈外,相应备文移请县台查照办理,施行须至移者。

(光绪三十四年十一月十三日"公牍录要"栏目)

海河淤地出租办法

　　天津议事会试办海河淤地出租办法八条如下:一、加价分六等,一等园田地每亩三元,二等园田地每亩一元五角,一等种养地每亩一元,二等种养地每亩七角;一等淤滩地每亩五角,二等淤滩地每亩四角。一、凡租认各等地亩,皆发给租票,以资执守。一、活流之淤地时淤时刷,刷去之淤地随时查验免租,新淤之地随时查验增租。一、废河之地全数出租,惟河中须留五丈以便通流,其仍有河流不能租者俟淤后再行起租。一、每年取租分春秋两季,春季不得过五月,秋季不得过十一月。一、淤滩之地有不能同时租出者,权交该村村正副经理招租,如租出时,该村村正副报会声明注册。一、催租用会计一人,其薪水公用,由租款项下开支。一、此项办法作为试办,以后应由董事会勘丈清楚随时查核情形,以定租价之增减。

(光绪三十四年十一月二十八日"新政纪闻"栏目)

静海县设立种植局简章

　　一、设局试种以树先声也。静邑民智锢蔽,不知树利,若不提倡,不足以兴观感,本局附设北阁外华藏庵内,名曰种植局。

　　一、捐廉开办以定宗旨也。现值政财困难,筹款不易,由卑职捐详二百元以备购置树秧书具等项费用,务以兴辟地利、开通风气为主义。

　　一、谕董督理以专责成也。查有牛绅光斗尚谙种法,谕将城乡内外官地逐处勘估，可种五千余株，自本年冬至至明春止购秧，按地遍种，毋令失时。

一、赴乡劝说以期普种也。现值尚未种树之际，责董前往各村会同村正副务将种树各利益逐细演说，择有解识字义者，散给简明种树诸书，俾得传诵咸知取法。

一、视地高下分别栽种也。大抵桑及榆槐等树均畏潦水，必择高壤，培植柳则无处不宜，近水尤宜生发。

一、涂色编号以便记认也。所有栽种树秧均宜涂饰，如以城内为中央用黄色，城东用青蓝色，西用白色之类。查有偷窃，除讯办外，即知某乡之树，便于按号往查，随令补植。

一、随时保护以尽地利也。官地官种自然责成巡警如各村所种树株由各村巡警保卫，不取民间分文，但村民种植若干株，必须报明巡警赴局注册，以便按时调查。

一、明订奖赏以资鼓励也。树利埒于五谷，村民如有种活二千株以上者，照定章给予匾额，种至五千株及万株以上者，分别详请奖给功牌奖札。

一、严行罚办以妨窃伐也。种植与稼穑等如有村民故意戕伐，每一株责令赔种五株，至窃伐成林树株变卖者，计赃加倍科罚。

一、官树获利以充警费也。官种树株如有枯折，即由附近巡警随时补种，将来所获利益即充作警需，由总局按季册报。

（宣统元年正月二十、二十一日"北洋官报汇编"栏目）

天津稽查保工总局榜示

为榜示招领事，照得斐洲伤故病故华工应抚恤及身后余资等洋现准金矿公司移送到局，自应分别发领，兹将姓名号数开列于后。计开：清苑县属（五千五百三十九号）朱三傅家营人在斐伤故例，得抚恤及身后余资洋一百三十七元六角三分。

（宣统元年正月二十四日"文告录要"栏目）

天津县议事会公函

致于明庄等八村村正。启者，前据贵村村正说帖求借籽种一案，当经议决据情申请赈抚局宪核办，兹奉函覆内开查光绪三十年城南邃家村共二十五村求借籽种一案，系由各村正造具贫户花名亩数清单，由局派员查明监放，以杜冒滥。兹既据贵会询议，咸同似可援照办理，应请转饬于明庄八村村正等速将无力春耕之贫户花名亩数开具清单前来，以凭核办等因，本会除函赈抚局申鸣谢悃外，理合函达贵村正等，即为遵办为要。此请公安。

（宣统元年闰二月十七日"文告录要"栏目）

天津县议事会议员武生刘光锡
禀都察院条陈创办稻田恳请代奏文

禀为条陈创办稻田恳请代奏以裕国计而厚民生事，窃武生尝游历天津城东，海河，迤北审察地势距海相近，地广人稀，土瘠民贫，乃众水汇流入海之区，铁路迤北金钟河迤南，东至黑猪河，西至排地西界，约计荒碱地七千余顷，若能筹款开垦，可得稻田五千顷，常年可收稻米五十万石。如遇丰稔，可收稻米七八十万石，成效之后，金钟河迤北推广，再办两处可收稻米一百余万石，此荒碱之废地实璞中之宝玉，若弃而不治，诚可惜也。以视从数千里之外开垦荒地者愈之远矣，今试将办法约略陈之初办一二年，先将河渠水法调顺，堤埝筑起，以防水患。第三年招民开垦屯田，约办至七年可睹成效。必得广明之大员久任其职，方不至有始无终。不然则恐前功之尽弃也。统计办理经费约用银四百万两。第一年须用银一百五十万两，第二年须用银一百五十万两，第三年须用银一百万两，所议开垦之地皆系民产，岁纳草租粮银每亩一厘，黄草、白茅一望无际，并无沃壤良田，每亩地价仅值银一元。就中稍有熟田，每亩地价亦不过值银二元。至此地屯成之后，每亩可值洋银三十元，其利益诚非浅鲜，曩者武生于光绪二十四年七月二十六日在升任两江总督端制军开办农工商总局之时，呈一条陈亦系开垦屯田，彼时因南运改折以抵南漕起见，有案可查武生乃瘠土之民，年逾七旬，理宜安于缄默，然以上所陈，委系确有把握，不蹈空谈，若隐而不陈，恐无以报，食毛践土，世受国恩之德，武生为国计民生起见，是否有当？谨叩求呈请代奏，钦派大员查勘施行。

（宣统元年闰二月十九日"公牍录要"栏目）

天津南段总局传单

为通传饬遵事,照得津埠无业游民乞食道路者所在皆有,屡经通饬查获,分别片送栖流所安置在案,迩查各局区界内仍不免有乞丐骚扰情事,殊于警政、路政均有防碍,现经酌定安插乞丐办法数条,按单通饬照办,俾靖闾阎。为此,传仰各该局区队按照单开办法立即传谕各该分区饬各专派长警八名于十八日早十钟起至晚十钟止,将该管界内乞丐一律查获开单汇汇送栖流所安置,限是日晚间将本日查获乞丐若干名开单具报查考,均毋违延。女丐应由该局区斟酌情形晓谕办理。此传,计酌定安插男女乞丐办法数条:一、赁客店专作乞丐暂存之用,由赈抚局派员定期会同警局查明异乡、土著分别办理,赁店由赈抚局知照天津县派赁。一、各局区马巡队限日分起乞丐一律查获问,明年籍姓名开单汇送栖流所,由栖流所租租赁客店。一、异乡乞丐,无论男女,均由赈抚局派员带同巡警分起获送原籍,交该管地方官遣散并收取回文备查。一、土著乞丐年力精装者,罚充苦力三天以工代赈,女乞丐交其家主领回,老弱残疾者,送栖流所安置。一、乞丐赁店饭钱以及获送回籍川资等费,均由赈抚局筹给。

(宣统元年闰二月二十日"文告录要"栏目)

函商调停庙产事宜

天津议事会接王君贤宾函云,前阅报章得悉贵会因元会庵庙产与电话局掣辖多日,彼此相持深为悬系,宾不揣冒昧,拟即设法变通和平了结,兹先函达贵会俯赐察照,俟将办法拟妥即赴贵会面陈一切,此布。当即函覆云:昨奉华函当即公同展阅备悉,元会庵庙产一事,阁下拟出调停,仰见热心公益,感佩莫名,既蒙绮注,自当静候玉音。惟此事悬搁已久,务期鼎力速为玉成不胜至盼。

(宣统元年三月十六日"新政纪闻"栏目)

函覆北乡借种事宜

天津议事会致赈抚局函云昨接钧函内开,昨准贵会申称,据北乡山阳庄十五村村正副李树乔等投递说帖,代述人民困苦,恳请转请赏借籽种春借秋还各情形,聆悉壹是查该十五村上年并未在县署呈报灾歉,敝局即无案可稽究竟每村无力春耕之户为数若干,应否酌量借给,统共需用红粮几何。贵议会桑梓之乡,查询较易,即祈详议见覆以凭酌办等因。仰见局宪惠爱灾黎之意,敝会当将此案交董事会调查明确,俟覆到后再为据实函请贵局覆核办理。

(宣统元年三月十六日"新政纪闻"栏目)

天津县议事会议覆公告

太虚观道人郭成华说帖,再三哀恳格外体恤以济全家事,议覆:说帖阅悉。查出售太虚观一案尚未奉到督宪批示该道人应如何体恤之法,此时尚难定议。说帖内所陈情节候函交董事会归案调查核办理。此覆。

(宣统元年三月十七日"文告录要"栏目)

函知马路占用民房事

天津县议事会致函工程局云:敬启者,案查侯家后拆修马路占用民房一节,前经去秋交董事会调查完竣,嗣于九月二十日招集各房主百般开导,所有董事会调查清册及各人民到会姓名,并将是日该房主到会情形业由敝会函陈,一切缮具清折汇呈 台鉴,如蒙查阅已毕,仍希赐缴以便敝会存案。

(宣统元年八月初三日"新政纪闻"栏目)

函催民房发价事

天津县议事会致函工程总局云:敬启者,前因民人王恩元陈述房间被拆,未蒙发价,特请将原委示知一节,谅邀洞鉴,理应静候示覆,何敢琐渎,惟迄今已逾半月,未蒙钧谕,该民人屡次来会询问,碍难答覆,祇得据情函请作速查明,详细示知,以备秉公评议。为此,再恳贵局迅覆施行。

(宣统元年八月初三日"新政纪闻"栏目)

筹拟整顿回乡警务

天津道齐观察自总办巡警以来，本埠警政焕然一新，近因查得四乡各区官多于私宅安设电话，一遇公事，皆由副官书记电商且于禁赌禁烟办理无甚效益，一切事权多由村绅掌握，于警政前途不无妨碍，故拟先由四乡入手大加整顿，以期妥臻完善云。

（宣统元年十月初五日"新政纪闻"栏目）

协赞会开幕纪盛

初一日为天津河北公园协赞会开幕第一日，下午三钟，护督宪率同印委各官莅会演说，总协理各相继演说，是日，园中龙旗高揭，结彩张灯，铺张扬厉，满园枯树多结松球，剪纸为花，星罗棋布，陈列馆中万货骈阗，十分彪炳。园内之中心点为抛球场，其左为照像楼，右即协赞会办事处也，会中之总理员、协理员及各执事、庶务接待来宾各员，听差各人悉聚焉。园之东北隅为学会处，广厦高棚最为轩敞。凡津埠商店出售各货悉隶焉，万货杂陈分类而列，陈列所之庋存各货，学会处之出售各货，分天产、制造、教育、美术为四品，皆多至巨万，灿然毕备。惟是日大风扬沙，游客尚不甚多，各行商店尚未能一律开市，然大致亦楚楚可观云。

（宣统元年十一月初三日"新政纪闻"栏目）

天津县绅民石元士等禀挑挖上游贻害下游公恳迅饬再议文并批

为挖河无益，贻害靡穷，公恳宪恩，迅赐饬议，统核轻重，以安众心，而保全局事，窃自藁城县冯汝堂等，仅据该县十三村结纸，禀县详请挑挖滹沱上游淤河百数十里，而不顾下游数千村庄被害等情。职等业将上下游利害轻重、历经一切实在缘由，联名禀蒙前督宪批示，并蒙本县通详及议事会呈递说帖，咨议局呈递陈请书各在案。职等不得不再行联禀者，现时传闻不一，民心惶动，或谓将渐开工，或谓将行招股。果尔，则下游不求畅消去路，上游只挖沙淤河身，更不顾畿辅五大河全局之利害，置职等十数州县生灵于泽国之中。下游同为居民，情何以堪？心何以甘？事关河道大局，国计民生攸赖,谨合词奔辕,叩乞督宪大人恩准,迅赐批饬,将全案发交咨议局察核轻重,或仍旧贯,或疏上游先开下口,统筹建议,以安众心而保全局,咸感公侯万代矣!

护督宪崔批:此案已据林守查得,滹沱挟泥带沙,向无疏浚成案,禀经批饬,毋须兴办矣。著即知照。

（宣统元年十一月十一日"公牍录要"栏目）

天津县董事会移工巡捐局请援例免收人力车捐文

为移请事,案据本会议员提议,从来保治安者必先以保贫民为天,国以民为天,民以食为天。居村者专以耕种为生,年景称丰尚有蓄粮以资日用。至居城之贫民,自食其力,积蓄毫无;入冬以来,外客归里,百货滞销,贫民生计无多,惟有拉人力车者尤甚,数口之家专指一人谋生者,尚复不少,啼饥号寒,惨不忍闻。庚子前,曾有赡养贫民一条,凡关系人力车者,由腊月初至正月底免捐两个月,以纾民力。自庚子以后,地面日见奢华,官府未及提议,至今市井萧疏,商店赔累,贫民生计尤艰。伏思我公家理民之财,本为保民而用。其贫民入冬毫无生计,专指一人力车苟图生活,并无他项生路,望乞核议申请工巡捐局,将此项关于人力车者,暂停腊正两个月,以纾民力而保治安等语。当查津郡地狭人稠,无业贫民恒拉人力车以资用度。然除每月纳捐外,所余无几,已属苦不能支;至腊正两月,外客还乡,市面暂停交易,致使人力车生计尤艰。幸蒙列宪俯念民艰,庚子以前一入腊尾春初,即停两月捐款,以示体恤,固已感颂同声。至庚子后,津郡人民日众,而物价日形昂贵,贫民以身为业,恒苦入不敌出,以致终日奔驰而不获一餐者,指不胜屈。近年市井萧疏,较前尤甚,若值腊正两月照常一律勒令纳捐,该项人民非徒无以措交,且恐拉车者均将歇业,诚恐市廛之中渐滋盗窃等弊,则于生计之前途何堪设想。叨在局宪痌瘝在抱,爱民节用两得其平,用敢据实陈明,敬希援照旧例,免收人力车腊正两月捐款,以纾民力,而恤偏枯所有。请于腊正两月免收人力车捐缘由,理合备文,移请贵局察核施行,实为德便,须至移者。

（宣统元年十二月初六日"公牍录要"栏目）

天津县议事会禀请督宪照章禁止电车公司添修轨道文

敬禀者,案查议事会禀为电车公司请添轨道碍难核准恳恩谕禁一案,兹于本月十五日蒙批:据禀已悉。电车公司拟在东北城角加修岔道,前经批饬津海关道移知该会暨商会核议在案,兹据禀称前情,候饬津海关道查照办理,至在东马路已修主用轨道应否作废,并由该道酌核饬遵缴等因,奉此,足征我宪台关怀民命,无任钦佩。惟该公司所有已修未用轨道议员等尚有意见所及,为我宪台陈之,查电车公司设立之初,天津人士恐有残害人命之虞,本拟禀请禁止,惟合同既立,碍难挽回,议员等前次禀请前督宪杨查照地方工程办法,凡该公司修造轨路,非经议事会议准,无论已否修筑,应禀请饬令作废。在议员等更以为地方主权所关,不容含混其要意,不外,该公司本照合同修筑,凡在合同之外者,不能轻以允许也。兹查合同第五条内开甲自闸口起沿河直至天津城之东北隅、西北隅各语,此项已修未用轨道由东北隅至东南隅,实出章程之外,况查该处为五路通衢来往,行人亦多危险,该小道附设之地,本为行人避车之区,若再准通行电车,此中行人实有三面受敌之苦。慎重人命,中外皆然,该公司亦应注意也。为此,恭恳宪台行知海关道照章禁止,实为德便。肃此具禀,敬请钧安,伏希垂鉴。

(宣统二年正月十七日"公牍录要"栏目)

天津道详委员会同查议蒋主簿条陈千里堤利弊酌拟办法文

为详明事,窃查接管卷内,于宣统元年九月十七日,据文安县主簿蒋承烈禀称:窃卑职于五月二十五日,奉谕调查千里堤上自周奎埝下至三滩里近年堤工情形,卑职立即遵照,上下巡查,履勘堤段,访问耆民,体察堤势,因地制宜。

查霸、保、文三州县地势洼下,向遭水患,皆以千里堤为保障,此堤不固,万民受害,国课无著。欲固此堤,皆在乎春工,又在乎平素认真修理。而民间年年修筑草率了事者,何也?因兴工之日,正农忙之时。又三州县之不一律者,因向无催督委员划一之人。又清河水性并不甚猛,屡遭水患者,因向无公款,不能栽苇种树、捕获獾鼠、预先设法制造器具,多系临渴掘井,故也。如能每年添设委员,薪金不过二百余金,每年添雇栽苇种树、捕获獾鼠之夫役，三汛不过三百余金，兴办三年外，而该堤即可一劳永逸。虽费有限之资，不但万民鼓腹，而数万国课亦有著矣。故不可以小失大，总宜未雨绸缪。

卑职不揣冒昧，参拟七条，并将卑职近年所制造捕获枪械、防险器具暨河图，一并绘造图说，呈验所有条陈各节，均卑职愚昧之见，可否能行，理合缮折，禀请核夺等情。齐前升道当因所陈各条多有可采，足见留心河务殊堪嘉奖。惟第一条应复查核议。第二条于家垯与千里堤匀年分修事，尚可行。其弓背湾内之民工段落拨于家垯，帮助四村修理短垯，应委员与各该村会议，方能核办。第三条各处险工栽种柳苇亦可照行，惟须预估分年分段办法。第七条究竟有无危险？历年防汛是否如此？能否照行？均应委员查明，议覆再夺。至四、五、六三条，均如所拟照办。即经齐前升道委员前往，会同三州县印汛查议，去后兹据委员候补府经历庞作藩，会同署文安县钱令锡寀、霸州刘牧传祁、署保定县冯令廷棻禀称：卑职作藩遵即束装起程，于十月二十六日驰抵文安县，会同卑职锡寀亲诣该堤，晤见管河主簿，并卑职廷棻等逐细按段查勘，其中有可办有不可办者，谨为我宪台详晰陈之。

如奉饬于家垯险工宜变通修理一节，饬书丈量，估计坝垯十四段，择要安设。第一处工长六十五丈，应作埽二段。第二处工长九十五丈，应作埽三段。第三处工长二百四十丈，应作埽九段。一概将溜支远，可保无虞。遂将桩料土方价值数目一律估造清单，备呈。奈此垯卑薄，必须按蒋主簿所陈第二条内云匀年分条之法，将此垯统身加培高厚，再能添作坝埽，以抵顶冲之水，实乃裨益良多。不料，该处愚民无知，不揣利害，拘泥旧章，不肯挪段。既不肯挪段修理，即请官款修作坝埽，亦无济于事。伊等既愿修弓背湾之千里堤，万不可似屡年支吾，必认真修理高厚，方免无虞。因此，于家垯修坝埽之举，似可无庸依议。

又奉饬于家垯宜与千里堤匀年分修一节，卑职等即传集三州县承修。千里堤段绅民会议说明分修办法，丈量此段千里堤系在弓背湾，共工长一千二百五十三丈三尺，系三州县按年分修。而于家垯堤身临水共工长八百一十四丈六尺四寸五分，今如改修于家垯较修千里堤少三分之一，民省钱而堤收实效。虽有此利益，奈三州县中绅民，只有文安县情愿照此认修。惟霸州保定县改修一节，绝不认可，仍愿率由旧章修千里堤。各具甘结一纸。查其所以不认改修之理由，俱是私心。因屡年修此千里堤，可以敷衍，偷工减料,弊窦从生;今如改修于家埝,相形之下,必得认真。再兼霸州人民承修此段者多系河北居住,其历年照例应修之千里堤,实不得不然耳,并非从心所愿。故今执意不改仍修原堤,有此等情形。卑职等伏思,此事本系与绅民会议,不能再用压制,故许其仍修原堤,但明年修此千里堤春工时,万不可再任其敷衍,庶几可保堤防,以免水患。

奉饬各处险工栽柳苇以抵御一节,卑职等上自周奎埝下至三滩里一百余里,上下查勘,其中有险工九处,实应加意保护,栽种苇草,以防护险工,诚为保堤之要务。即平工多栽柳株,亦是预备之工料。按险工、平工空隙之地,分年栽种。拟将柳苇每汛每年赏发经费四十千,核雇小工一百名,共霸保主簿汛内文安主簿汛内应发津钱八十千文,按年即均由春工监修委员经手,本汛照料。惟文安主簿汛内蒋汛员未声明以前,除原有堤柳二千余棵外,已栽种新柳树二百六十四棵,椿树二百三十七棵,二共五百零一棵。苇草养活十余里。下余之地,该汛蒋主簿仍愿捐廉办理,无用请款。为此,代陈奉饬平工暗险宜防并有预防器械一节,卑职等访查三州县之耆民,言光绪三十年芦各庄决口,原系獾穴之由。三十三年碑村钻漏,亦系獾洞之患。近年上堤碑村、中段崔房、下段莲花桥等处,獾窝鼠穴尤甚,处处皆是。若不急为设法除尽,一遇河水盛涨,而堤身难免因此有溃决之虞。至于拟造勾镰、线械、弩弓、有盖灯笼等器械,实乃治此獾狐之利器,并铲除五尺宽马道,以治暗险,亦是正合机宜。因屡年见效,该处绅商人人赞扬。现今卑职等知会上下汛,照法办理。惟置枪之费,每根约京钱七千,并弩弓每根约京钱七百文,其余器械所值无几,每汛可否赏发线枪四根、弩弓四个等费?然必须重赏之下,方能用心捕拿。俟后饬人如捕获獾狐,每个将皮呈验后,给赏钱三千文,羊鼠每个四文,按皮申报请款,每年不过数十千,即可化险为夷。以上所陈各节,均系实在情形,所有卑职等查勘核议缘由,理合取具三州县绅民甘结,同估单一并禀呈查核等情。

据此,复查千里堤之弓背湾内民修段落,拨于家埝帮助四村修理短埝,三州县绅民只有文安县认修,霸州保定县皆不认可,自应仍照旧章按段认真修筑,不准敷衍,以期坚固。又栽种柳苇,文安将主簿未声明以前,该汛已栽新柳椿树五百一棵,苇草养活十余里,下余之地该主簿仍愿捐廉栽种,应即照办。其文大霸保两主簿汛内,应如所拟,每年每汛各发栽种苇柳津钱四十吊,交春工监修委员经手栽种。又预防器械,亦如所拟,每汛酌发线枪四根、弩弓四个,共给价津钱三十吊,其捕获獾狐,每皮一张赏钱三吊,羊鼠每个四文,先由该汛垫发,汇总将皮解道,按数核发归垫。以上需款拟由道筹拨,至应修坝埽,俟委员覆估需款若干,再请筹款修办。除禀批示外,所有委员会同印汛查议将主簿条陈千里堤向年利弊,是否有当,理合照录图折各结,一并具文详送宪台查核,俯赐批示祇遵。为此备由具呈,伏乞照详施行。须至册者。

督宪陈批:如详办理,仰即饬遵图折甘结存。此缴。

（宣统二年二月初一日"公牍录要"栏目）

天津府县会详津浦铁路修建铁桥一案遵饬会议请示文并批

为详请事,案查前于宣统元年四月初九日蒙前宪台杨札,据津浦铁路北段总局禀称:窃照津浦铁路自天津起点,经过运河、御河、子牙三河,均须修建铁桥,接通轨道。惟该三河民船来往,恐碍帆樯。职局一再筹商,若建造活桥,难期稳固,惟有饬令各帆船改建活桅,随时眠起,以利遄行,实为兼善之策。业经照会天津县详查船只数目,出示晓谕在案。兹于三月二十三日,据天津众商遣抱刘春禀称:窃查津埠为招商码头,各行销货皆以外客为本,运入运出无不取资于河路。是河路有关天津商业民生,诚非浅鲜。兹蒙津浦铁路总局测量路线,由西、北两营门外,循行直达河北于南运,并上下西河分筑铁桥三道,作为行车之路。伏查津埠各河接通直、东、豫三省,百货流通是为要路,尤以盐粮为转运大宗,津郡商民命脉相与维系。若于河路中间建筑死桥,船路断绝,天津商业民生何堪设想? 运船虽有免桅,然船有大小之别,桥有高低之分。南运河尤非上下西河可比,装运盐粮船只桅高船笨,加以满载,有不能免桅之势。虽火车亦能运货,但不通之处须恃河路为转运。现在津埠捐税加重,铁路四通八达,商业已成弩末。只有河路尚可通运,勉力支持。设再堵绝水道,天津码头不难立至荒凉。且值国家振兴商务,抚恤民艰,凡有不便于商、有害于民者,皆蒙列宪设法维持,达其目的。当此固有之河源,天然之利便,反使闭塞不通,将来客商视为畏途,绕越别口交易,不特商业受害,即税课恐亦受其影响。税命两悬,将何了局。商等非不知铁路为国家富强基础,何敢妄行阻止,必须筹画两全善策,维持大局。商等窃计熟商莫若稍示变通,保卫商民隐患。查火车行止原有一定时刻,铁桥开闭亦有成规可寻。拟请仿照已设铁桥办法,修筑活桥。在火车未到以前,如有货船抵桥,令其停候火车行过,再开桥放船,于车政毫无阻碍,即河路亦免废弛。如此两得其宜,则津郡之商民获福非浅矣。事关商民生命,除径禀商会外,谨具禀泥首吁诉,印乞恩准作主,设法变通,以示维持而保商业等情。

据此,查本埠所设金汤、金钟等项活桥,诚属利便。惟铁路桥梁负载之力甚巨,与寻常之桥迥殊。况天津为此路起点之总机关客货等车往来频数,终年震撼。加以开桥磨擦,机轴日久必松,意外危险设想堪虞。职局日前照请天津县,示谕各船户改造活动桅杆,即经熟计通筹,以期两无阻碍。兹据津商禀陈前情,又经协同总工程司等详细筹商,金以中国历年所造铁桥经由河道,尚无建造活桥之处。诚以危险之机,均不敢担此责任。但铁路原为交通利便之具,若如津商所禀,致使商民受累,所关亦自匪细。思维再四,惟有仰恩宪台,饬天津府县暨商会议事会公议具覆。总期路无危险,商无阻滞,以冀顾全大局。除禀批示并禀督办帮办大臣外,理合禀陈鉴核示遵等情,到本大臣。据此,除批据禀津浦铁路经行南运各河应修铁桥,各商拟请改建活桥,以维航业。仰侯分饬天津府县、商务总会议事会,会同核议具覆察夺,饬遵。缴。挂发外,合行札饬,札到该府县会即便遵照,会同核议具覆。此札。等因。蒙此即经卑前府分行卑县并照会商务总会议事会会同核议在案。卑县并于同时捧前宪台杨札同前因,当查此案。

前奉津浦铁路北段总局,拟令篷户改造活桅行县饬查各篷户究有若干,并出示晓谕,限令改造等因经卑职彝传谕水地方赵永升饬知运河船户王林等到县讯据供称伊等均系以船为业,运河船只共有万余大小不等,船身高下亦七八尺不等水浅时河面至河岸相距不过七八尺,船与岸平如遇水涨船且高出堤岸,铁路局建造平桥,必致阻碍,若能桥高于岸一丈以外,才得方便。并据南运、北运、子牙等三河船户王镛等二十五户,联名赴县禀称北运、子牙两河,来往盐船及南运河由河南、山东装运草帽、辫子、杂货、药材、木料等货船只约高均至一丈二三尺,最低亦有八尺左右,惟有恳请建造活桥乞转详等语,即经卑县将传讯各船户暨船户禀请建造活桥等情转详到府,并据商务总会覆称窃查津浦铁路桥梁有关津浦商民主计当河路通行客商来往运货市面,藉此流通。前据津郡众商以津浦铁路拟于南运各河建筑死桥报告到会,敝会核议修筑死桥则河路隔绝运船不通,来往运货为难,客家因而裹足津郡之商业民生诚有不堪设想者,则改造活桅亦非万全之策,无论能改与否,即每年伏秋两汛,河水涨发以现行之河路尚且不易,若再船身高大,加以满载使其免桅穿桥,意外危险不可思议。比查明窒碍之实情也,但事关大局不厌求详。侧闻汉沽为京榆铁路要道,曾经建筑活桥有案、敝会约董调查汉沽铁路约在英尺七十丈,桥身桥梁极为坚固。前于光绪十四年修筑活桥,至庚子变乱以前历十余年之久,并无危险,后被英人占据以桥梁各事尺被焚烧改建死桥,船不到埠。芦台镇一带商业立变荒凉询诸土著从前活桥开闭,放船情形指引卧碑处所照摹送会。兹特抄呈鉴核此查明活桥之实情也。敝会悉心核议铁路桥梁负载之力,本钜然修建活桥既有成章可循,尽可仿照修筑便利交通保全商业民生仰副列宪维持商政之至意,所有查明核议情形相应移覆请烦查照汇核转详等情,计抄送碑文一纸暨据天津议事会申复与商务总会往返移商意见相同,各等情,先后具覆到府前来卑府等,悉心核议津浦铁路经行南运各河修建铁桥据该船户等所称及商务总会议事会所议既未以船户改造活椊为便,拟请循照前次京榆铁路,汉沽活桥成式仿照修筑系为保航,业而顺舆情起见,惟天津为津浦铁路北段起点,将来行驶车辆往来之数,不言而喻。汉沽工程现无实迹可验,南运各河亦拟仿建活桥,究竟年深月久能否永远稳固。卑府等既难悬揣殊少把握再回,图惟有恳请宪台仍饬津浦铁路北段总局转饬熟悉工程之员,详细考核妥筹议以昭慎重,是否有当,拟合将商会抄呈汉沽活桥碑文底稿照录清折一扣,会同具文祥送宪台查核俯赐批饬津浦铁路北段总局查照办理,实为公便。

督宪陈批:详折均悉。津浦铁路应于南运各河建筑铁桥一案,现经商会等会同核议拟请仿照汉沽活桥成式修筑是否可行,候北段总局派员详细考查妥筹核办具覆,并咨督办帮办大臣查照饬遵。缴。

（宣统二年二月十八日“公牍录要”栏目）

申请整顿保险事宜

天津县议事会申南段巡警总局文云:窃以津郡为通商要埠,房屋毗连,时有火灾损失,动逾千万。自庚子后,人民开通多有保险以防患未然者,而资本家集款开设公司亦因之而起,诚所以维持商务,意至美法至善也。惟利之所在,害亦随之,若无取缔规则,实易滋流弊。兹闻各处火灾有谓因亏累自行举火以图赔偿者,虽此事是否属实,贵局自能查访底确,若果有其事,实不免贻累他人,妨害公安秩序,必须查照法律从严办理以儆将来。而对于各公司之滥保,亦须有罚则以示惩戒,俾绝祸胎,除敝会向该公司调阅定章果有所见再行备文陈明外,所有惩戒滥保一项相应备文申请贵局查核施行。

(宣统二年二月二十九日"畿辅近事"栏目)

天津县董事会申请关道天津道饬
海河工程局占用民田庐墓从优发价文

为据情申请事,案据柴家庄村正于汝培,村副张发身、田景川、张德钟,郑家庄村正柴永璋、村副林树棠,孙家庄村正傅舜勋,村副孙士衔,四里沽村正陈世珍,村副翟运盛,王四楼村正王永庆,村副刘元会,潘家庄村正林有,村副杨永玉,李家庄村正郭学礼,村副范筱珊,小刘庄村正刘世仁,村副赵广有,大赵北庄村正李万福,村副赵世凤、赵春成等具说帖到会内称:为公恳会同购地局核议河工占用民田、坟墓、房舍估值发价维持民生事,窃海河工程局现届开挖第四段河工,占用民田、坟墓、房舍为数过巨,咸有倾家败产之虞。敝等不忍坐视,又恐激出事端,于地方有碍,曾公同禀请关道宪改移河线,抚恤民生,曾蒙关道宪会同天津道宪并贵会派员协同河工局洋员委查。据洋员谓:河线已定,不能改移,占用民田、坟墓、房舍归公,发价村民闻知不胜危惧。查河工局开办第三段河工苛价害民,至今痛恨。敝等第四段河工土地民情尤与该段不同,按该段皆系荒郊旷野,坟墓新葬无多,田园减薄亦少,虽受苛价之害,未至大病民生。惟敝等第四段河工十数村环居一湾,地窄人稠,田园艰贵,时价一亩有至百元以上者,有至七八十元者,均有买卖园契,时价可查。又,坟墓多系前明老茔,其棺木入地数百年,均已朽坏,不可收拾,其骨骸男女合葬,每坟一座两三具、三四具不等,一经起移,换棺、换椁、检骨、掩埋人工,一切花费,少则五六十元,多则百元不止,所尤难者,沿河人烟稠密,野无旷土,起移多坟,安葬无地。贵会会员李君稚香前同两道委,亦经查看,议必由河工局在新河北面购荒地数顷,以便贫民移坟安葬之用,方免白骨见天,藉安舆情。又,新河一地南北中分,敝等河南十数村与河北军粮城一带数十村车马行人贸易之路断绝,两地居民有无不通尽成死症,亦必由河工局安设官渡二区,以便变通方可少舒民困。以上各情俱经声请津道关道两宪查照备案。兹又接奉县尊示谕贵会与津道关道两宪并海河工程局员司有直接核议地价之权,理合将各村民田园、坟墓、房舍各情,据实声明以便查核办理。敝等为维持河工民生大局起见,贵会有代伸人民疾苦之责,是以不惮,实昧缕析上陈,务乞查照施行,须至说帖者等情。据此,查该各庄一带田园、庐墓,被海河第四湾取直,挑河应行占用,损失颇巨,其艰难困苦情形谅在宪台洞鉴之中,相应据情代达,恳祈宪台查照该村正等所陈,准予从优发价,俾村民少纾疾困,并请道宪饬谕海河工程局知照,以示体恤而顺舆情,实为公便。为此,具申恭恳宪台查核,施行须至申者。

(宣统二年三月初九日"公牍录要"栏目)

移请派员会同勘丈

天津县董事会移工程局文称:敝会准议事会移文内开,现在围墙已经作废,按照自治章程,是在公款公产之列,当经开会议决,拟请派员调查,如有他项情节,请速见覆以凭核议等因。准此,查津埠四界围墙有已经占用者,有未经占用者自应勘丈一过,以资清厘。敝会公决拟请贵局派员会同敝会会员前往分别勘丈、绘图、标签,即请定期示覆,以便敝会分配会员前往会同查丈。为此,备文移请 贵局查照办理,希速见覆,施行至移者。

(宣统二年三月十七日"畿辅近事"栏目)

申覆核议女优婚配事

天津县议事会申覆巡警道文称:窃查,敝会遵照前巡警总局委交核议小莲芬一案,于宣统元年十二月二十五日蒙总局照会,内开小莲芬应如何婚配不背所章,不违律例,无碍于风俗,无拂于人情,请烦查照核议见覆以凭酌夺等因在案,敝会正在订期会议之时,适接西门外大街德元永颜料铺王德珍说帖内称,为岳殿仁年二十六岁,系原籍山西汾州府人,在双街口德兴永颜料铺为伙友已十载有余,每月辛金洋八元,足可养家,并且安分守己。现今又由济良所具结言定,领小莲芬为元配,决不敢有意外为匪唱戏等情,除禀明济良所外,并叩乞恩准施行等语。敝会准查所陈并遵照总局照会各节详为核议,岳殿仁领取小莲芬既称向济良所具结,自能不背所章,又称不敢为匪唱戏,自能不违律例。小莲芬虽系女优,而向日所演戏文皆无粉剧,今兹配人安分度日,自能无碍于风俗。岳殿仁领为元配,自必无拂于人情,况岳殿仁与小莲芬年岁相当,并无残疾,且系同行连号铺掌,代为

91

出保具领不特此时,言应可靠而于将来岳殿仁之营业,养家亦可有所恃,以为小莲芬婚配之所,实系情理俱尽。当经议覆:说帖阅悉。岳殿仁领小莲芬为元配,殊属佳事本会甚乐,其成即由贵商作保持,覆向济良所具领可也,领去后务须安分守己,勿得令有意外,始终成全皆属贵商之责,切盼此覆等语。除粘贴公布外,理合备文申请宪台查照酌夺施行。

(宣统二年六月十三日"畿辅近事"栏目)

代请修理沿河道岸

天津县议事会申天津道文称:案于六月二十二日赵家场村正副耿富荣等联名投递说帖内称,为河岸坍塌危险已极,公恳转请派员勘修事,窃村正等居住南运河西岸,赵家场村至北关口一河岸历年坍塌,有可以小补者,有难以支持者。现蒙道宪派员勘工,村正等不胜感激,及聆谕言,始悉为村正等管界石家胡同至工部局一带未计,及该岸上下也。伏思敝村河岸居乎,其上河北大寺,前至关口,其下均是住民,均是危险。如修此不修彼,首尾不免向隅。村正等于本年间因河岸坍塌曾禀请修筑在案,已蒙查验,因无款,少待今工部局一带有异乡赵用恩迁住,村正等界内出名,禀恳蒙恩勘修,在河岸之住民屡找村正等说道,求恩一视同仁,无分畛域,村正等关系公益,不能推却,理合公恳议准,代转道宪派员勘修,实为公便等因,当经核议。查赵家场至北关口河沿一带久被河水冲刷,十数年前该一带沿河除房间以外,尚有牵道数尺,现今不第该道冲没,且民间住房被刷倒塌者不计其数,是该处之急宜修理,诚有如村正等所陈者,敝会有代人民申述之责,理合备文据情申请宪台设法修理,以卫居民,实为德便。

(宣统二年七月初七日"畿辅近事"栏目)

代请体恤无告贫民

天津县议事会致天津卫生局函云:案于本年五月十五日准庞瘫子等说帖内称,为贫民无告,按例提议垂怜以活蚁命事,窃津邑西门外建设育黎堂至今二百余年,专收无告者,不至于流离散亡,此正列宪恤民之至意,实为津邑之壮观,自庚子一变后被卫生局占据,令贫民无所趋向,辗转于沟壑者不一,仅有明示严禁乞丐讨食等因,而无告者将及冻馁。日前探闻有卫生局移出之说，故敢冒渎恳乞提议，恩准则感德无既矣。又于本年五月二十四日接准董凤亭、庞治源、高同升等呈递说帖内称，为叩求援救疾贫民人事，窃西门外大街设立育黎堂二百余年，内养瘫老病瞎鳏寡孤独庚子年被卫生局所占，闪的东逃西散，各无投奔，又遇街市不准讨要为生，地面大紧，粮米高贵，钱财难找，无业游民冻饿而死者不计其数，叩恳恩准详议照旧施行以救贫民性命，则感活命不尽矣。各等情前来当经开会核议。查西门外育黎堂在庚子以前诚为栖流乞丐之所，自兵燹之后为贵局占用，刻下果有移出之说，则该堂似可复为乞丐栖留之用，以恤穷黎。敝会有代人民申述之责。为此，备函据情恳请贵局查照施行，实为德便。

（宣统二年七月初七日"畿辅近事"栏目）

天津县选民注意

昨承天津县议事董事会抄送公启一纸，照录如下：本会组织城镇乡会，敦约调查员调查选民资格，业经登报公布，按此次筹办各事，预拟期限以本月十五日截止，经自治总局核准在案，决不展期，凡有选民资格者，万勿迟缓、放弃。地方幸甚，此白。

（宣统二年七月十四日"畿辅近事"栏目）

粹珍彩票开彩定期

天津劝工陈列所上劝业道禀称，窃查延古斋粹珍彩票业由该商禀蒙协赞会批准，于七月二十八日一准开彩登载，津埠各报曾经派人前往询问，据称，此次所定开彩之期万不再有更改之日等语，伏查粹珍彩票所有古玩彩品曾奉前工艺总局札饬暂行寄陈陈列所，以示恤商之意。至于售票开彩应办一切事宜，仍由该商自行经理，该所毋得预闻，仰即遵照等因。奉此，历经遵行在案，查粹珍彩票开彩后所有寄陈卑所古玩彩品，仍由该商自行陆续运回发给得彩各户，一俟古玩彩品全行运回之日再行详报，所有查知粹珍彩票定期开彩，理合据情先期禀陈，伏乞宪台查核示遵。奉批：据禀已悉。查粹珍彩票一事不过借该所陈列，向无干涉，如果本月二十八日准能将彩开讫，自应听该商将彩品陆续发给得彩各户，以清此案可也。此批。

（宣统二年七月二十六日"畿辅近事"栏目）

津绅请禁缠足条陈

天津绅士王君劭廉等上资政院书内称,查资政院院章第二十五条内开,各省人民于关系全国利害事件有所陈请,得拟具说帖并取具同乡议员保结,呈送资政院核办等语,等窃查妇女缠足之害积久相沿,败德亏体,民种流于孱弱,邻国恣为笑谈,其于全国利害关系至巨。恭读光绪二十七年十二月二十三日孝钦显皇后懿旨,汉人妇女率多缠足由来已久,有伤造物之和,嗣后搢绅之家务当婉切劝导,使之家喻户晓,以期渐除积习,断不准官吏胥役藉词禁令扰累民间等因,钦此。仰见圣德慈祥,于湔除积习之中寓俯恤民隐之意。比年以来,凡在搢绅之家,罔不恪遵谕旨,展转开导。都邑之间,诗书之族颇有深明利害、力除锢习者。惟是地方辽廓,户口殷繁,以少数搢绅劝导多数颛愚无识之氓,终恐难于普及。是以虽历十年之久,实行不缠足者人数仍属寥寥,其余率皆习故蹈常,罔知悛改。推原其故,或藉口艰于议婚,或执意安于守旧。朝廷既未颁严切禁令,则搢绅之劝导虽唇焦舌敝,听者置若罔闻。若不设法挽救,恐再阅十年二十年,亦无廓清锢习之望。等查鸦片流毒,无论已未吸食者,咸知其害,而未有禁令之前,人皆酖毒,自甘吸食者有加无已。自奉严旨饬禁,已吸者力改前愆,未吸者不蹈覆辙,虽乡曲无识之辈,咸晓然于朝廷之作新民德而罔敢怨,尤此足征破除沿袭已久之敝风,必藉法令强制之实力。妇女缠足之害,如能一面请朝廷颁发禁令,责成地方官切实奉行。一面由士绅竭力劝导,俾全国人民皆知此害,在所必除,无所容其瞻顾,若虑胥吏藉词扰累民间,查城乡镇自治团体二三年内即可一律办齐,如以执行之责,属于地方官以调查报告之责属于各该团体,自无苛诈骚扰情弊,似此办法庶成效速,著上副先朝恺悌宜民之意,至详细章程,究应如何规定,非等数人所敢妄陈,拟请贵院决议咨商民政部酌核订定请旨颁行等,为速除积习,以崇国体而正民风起见,是否有当? 敬请贵院公决,施行须至说帖者。

(宣统二年八月二十六日"畿辅近事"栏目)

禀请防范电车肇祸

本月二十三日,天津县议事会禀督宪文称:窃自天津街市安设电车以来，撞轧行人时所不免，自去岁以轧毙张歪毛一案大动公愤，而后该公司略加警惕，举凡车行速力及防范之法皆加意维持，或有行人突遇电车躲避不及者，司机人均将该车即行停止，是以一载之中未演惨剧，不谓日久玩生。前于东门外有生员顾连城被来往二重夹于道中，幸跌卧其间，不偏不倚，得庆复生。不数日，竟在北门外将朱恩培腰断毙命。按电车开驶本能速停，而该司机人以人命为儿戏，遇人不止，致闯巨祸，若不从严惩办并复筹防范之法，何以警将来而重人命？兹有引善社义赈小学堂职董刘述璋、张维骐、顾文翰、王道精、杨光甲，堂长张元英，教员马毓诚、李钟俊等以朱恩培原属该堂二班学生，情义所关，恳将司机人科以重罪具帖陈述前来，当查此案既在审判厅审讯，除俟将防范之法逐条议定后，再行禀请查核，饬该公司照办外，所有司机人应从重科罪等情，理合据情恳乞行知审判厅查照办理。专此肃禀，敬请崇安，伏希垂鉴。

（宣统二年九月二十六日"畿辅近事"栏目）

天津卫生局告示

为晓谕事，案奉督宪札开，宣统二年十二月初十日准外务部佳电，内开法使面称得电知哈尔滨疫气已到奉天，瞬息且将传染，此间各使均视此事至为重要，务望政府于山海关大路一带严厉防疫等语，希察核办理等因到院，准此，查奉天既有疫气，京奉火车经过山海关、天津一带，行人来往甚多，虽经奉省设立临时医院在于该处，车站随时查验堵截，其行过山海关、天津一带，仍由该局多派员生前往认真查察，严密防范，以期周妥。除电复外，合行札饬，札到该局，即便遵照，此札。

又准奉天防疫办事处电开鼠疫，由哈蔓延至奉，敝处现筹办请即豫防各等因，奉准此，查此疫为鼠瘟之一种，先传入肺作嗽作喘，吐唾血沫，身体发烧一昼夜

即绝。现在此症哈尔滨为最厉，患者百无一愈，行道者毙于途，全家者绝其种，无病之人亦皆有朝不保夕之势，纷纷迁徙甚于水火兵灾，闻者伤心，言之可惨，较之疫疸瘟其毒倍烈，刻已染至奉天，该处火车通津仅一昼夜，殊可危虑。本局已派医员多人由沟帮子起至北北京止，随同火车沿路查察，并在山海关外设临时病院，以期设法堵截，不使病人阑入。惟此症传染最速，天津人烟稠密，亟应先事豫防。除本局分派医生，加募巡捕，添雇

扫夫严密筹防,并随处消毒外。兹将防疫简要办法出示晓谕,为此示仰居民人等一体遵照,须知一人染疫,千万人皆受其殃,如果谨慎,小心认真遵办,未必不消弭于无形,不惟本局之幸,实阖境人民之福,特示。计开:一、住户所有陈腐纸物及一切破烂皮张均烧毁。一、住户所有什物,务宜洁净,房院宜勤加打扫,凡潮湿均用石灰铺洒。一、冷水中最多微生物,先用白矾将水澄清,过一昼夜,煮到滚开时,方可取饮。最好吃自来水,如水铺煮水不开,查出重办。一、吃鲜果务宜削皮去蒂,其已腐烂者禁止买卖。一、猪羊牛倒毙者,勿得宰卖,违者重办。一、住户老鼠务必多多养猫捕拿净尽,见有死鼠,急用开水浇洒,或石灰水、炉灰、煤油均可,万勿随处抛弃。一、如有病人似类瘟疫者,亟报本局派医往验,或直送西门外防疫医院。一、病人吐痰、出恭,应用盆桶盛起,万不可随处倾弃,候本局医员查验。一、服侍病人之人愈少愈好,以免传染。一、凡病人所用手巾、碗碟各物,伺候病人者均不可用,更须时时净手,以免摩沾皮肤,致有传染。

(宣统二年十二月十二日"文告录要"栏目)

天津卫生局劝种避瘟浆公告

为白话晓谕事,照得上年十一月间,关外哈尔滨地方,有一种鼠瘟闹得很利害,一天总得死一百多人,后来渐渐传到奉天,以至关内永平府亦是死了好些人,我们皇上爱民如子,看见这个可怕的情形,就下了一道旨意,叫地方官于津京一带赶紧防范,真是防疫甚于防火。怎么讲啊,因为这种瘟疫要是一传染到身上,先发烧,脑袋疼,后来咳嗽,一吐血沫子脸上发白,十二点钟之内即能丧命。一时比一时紧,吃药请医生,全来不及,咱们天津城乡有由东边来的人传染死的,亦好多人,各人全是一条命。你们想想可怕不可怕?怎么样呢,总得想个法子,叫他不能传染才好。然而可没有别的法子,就是个人在左胳膊上种避瘟浆最为妥当,种过之后,亦不用忌口,不用吃发腥,准能保险,不会传染瘟疫。这个法子,就同小孩种痘一样,从前,中国不明白这个法子,小孩出天花死的多少人,自后得了西法种痘,保全小孩性命,真是很多。这个种避瘟浆,是一样道理,你们大家不必怀疑。本总办现在分别男女立种浆所两处,男种浆所在城内鼓楼东戒烟总所,女种浆所在南门内第三戒烟分所。男用男医,女用女医。虽是西法,可全是中国医生给种。准于正月十二日早晨九点钟起施种,无论贫富,不取分文。本总办以身作则,自己已经种了,局内同人并巡捕们亦都种了。为此,用白话告示劝谕,盼望城里关外你们大家老老少少,劝告赶紧快种避瘟浆以防瘟疫传染,须知人生先保住性命,才能争名夺利啦。你们大家想想是不是?本总办不胜盼望之至。特示。

(宣统三年正月二十日"文告录要"栏目)

天津卫生局防疫报告

本月初四日,留验所收南四区送来留验人三十七名住居,西门外横街子门牌一千五百二十三号内一名王玉炳,年四十一岁,河间府人于二月初八日下午四钟因疫病故。又,初八日本埠寻常病故者十五名。北洋防疫医院留验者二十一名。其山海关留验客旅计初七日共九十二人。

(宣统三年二月初十日"畿辅近事"栏目)

天津卫生局防疫报告

本月初四日北洋防疫医院收广仁堂留验所送到李茂一名(住河东刁家小店),于初九日因疫病故。初九日,本埠寻常病故者二十五名,北洋防疫医院留验者二十三名,广仁堂留验者三十二人。初八日,山海关留验旅客共八十五人。是日,离关者十四人,至晚,又到关九人。

(宣统三年二月十一日"畿辅近事"栏目)

天津卫生局防疫报告

本月初十日,本埠寻常病故者三十一人,均非染疫。北洋防疫医院留验者仍系二十三人。广仁堂留验者仍系三十二人。初九日,山海关留验旅客共八十一人。初十日早离关者十七人,至晚又到关十人。

(宣统三年二月十二日"畿辅近事"栏目)

天津卫生局防疫报告

本月十二日,本埠寻常病故者二十七人,均非染疫。北洋防疫医院留

97

验期无疫放出者七人(院内尚余十七人)。十一日,山海关留验旅客共七十六人。十二日早离关者十人,至晚又到关八人。又,查初十日奉天患疫病故者共十七人。现,山海关与绥中县均无疫症。

(宣统三年二月十四日"畿辅近事"栏目)

天津卫生局防疫报告

本月十三日,本埠寻常病故者三十二人,均非染疫。北洋防疫医院留验者仍系十七人。十二日,山海关留验旅客共七十人。至晚又到关四人十三,早离关者七人。现,山海关与绥中县均无疫症。

(宣统三年二月十五日"畿辅近事"栏目)

天津卫生局防疫报告

本月十四日,本埠寻常病故者三十七人,均非染疫。北洋防疫医院留验十八人。十三日,山海关留验七十四人。至晚又到关十一人,十四日早离关者九人。又查奉天于十二日患疫病故者十一人,现,山海关暨绥中县均无疫症,奉天疫症较前较消。

(宣统三年二月十六日"畿辅近事"栏目)

天津卫生局防疫报告

本月十五日,本埠寻常病故者三十一人,均非染疫。北洋防疫医院留验十八人。又收广仁堂四人,共计二十二人。十四日,山海关留验旅客共八十二人。至晚又到关十八人,十五日早离关者九人。又查奉天于十三日患疫病故者三人,现,山海关暨绥中县均无疫症。

(宣统三年二月十七日"畿辅近事"栏目)

天津卫生局防疫报告

本月十六日,本埠寻常病故者二十七人,均非染疫。北洋防疫医院留验仍系二十二人。又,十五日山海关新到搭客十二人。统计在裕中饭店留

验四十五人,在同丰客栈留验四十一人,统共八十六人,十六日早离关
九人。

（宣统三年二月十八日"畿辅近事"栏目）

天津卫生局防疫报告

本月十七日,本埠寻常病故者二十八人,均非染疫。北洋防疫医院留
验仍系二十二人。又,十六日山海关新到搭客七人。统计在裕中饭店留验
四十四人,在同丰客栈留验四十人,统共八十四人,十七日早离关者十人。

（宣统三年二月十九日"畿辅近事"栏目）

天津卫生局防疫报告

本月十八日,本埠寻常病故者四十四人,均非染疫。北洋防疫医院留
验仍系二十二人。又,十七日山海关新到搭客十一人。统计在裕中饭店留
验四十五人,在同丰客栈留验四十人,共八十五人,十八日早离关者十
四人。

（宣统三年二月二十日"畿辅近事"栏目）

天津卫生局防疫报告

本月十九日,本埠寻常病故者二十七人,均非染疫。北洋防疫医院留
验仍系二十二人。又,十八日山海关新到搭客十人。统计在裕中饭店留验
四十五人,在同丰客栈留验三十六人,共八十一人。十九日早离关者十
五人。

（宣统三年二月二十一日"畿辅近事"栏目）

天津卫生局防疫报告

本月二十日,本埠寻常病故者三十八人,均非染疫。北洋防疫医院留
验仍系二十二人,广仁堂留验所留验仍系四十三人。又,十九日山海关新
到搭客五人。是日在裕中饭店留验三十五人,在同丰客栈留验三十六人,

共七十一人。二十日早离关者四人。

（宣统三年二月二十二日"畿辅近事"栏目）

天津卫生局防疫事报告

本月二十一日，本埠寻常病故者三十一人，均非染疫。北洋防疫医院留验仍系二十二人，广仁堂留验所留验仍系四十三人。又，二十日山海关新到搭客六人。是日在裕中饭店留验三十五人，在同丰客栈留验三十八人，共七十三人。二十一日早离关者十人。

（宣统三年二月二十三日"畿辅近事"栏目）

天津卫生局防疫报告

本月二十二日，本埠寻常病故二十九人，均非染疫。北洋防疫医院留验期满计放出者十二人，仍留者十人。广仁堂留验所留验仍系四十三人。又，二十一日山海关新到搭客十一人，是日在裕中饭店留验三十五人，在同丰客栈留验三十九人，共计七十四人。二十二日早离关者十九人。

（宣统三年二月二十四日"畿辅近事"栏目）

天津卫生局防疫报告

本月二十三日，本埠寻常病者故三十一人，均非染疫。北洋防疫医院留验十二人，内收留验所者二人。广仁堂留验所留验四十一人。又，二十二日山海关新到搭客十五人。是日，在裕中饭店留验三十人，在同丰客栈留验四十人，共计七十人。二十三日早离关者十二人。

（宣统三年二月二十五日"畿辅近事"栏目）

天津卫生局防疫报告

本月二十四日，本埠寻常病故者二十六人，均非染疫。北洋防疫医院留验仍系十二人，广仁堂留验所留验五十四人。又，二十三日山海关新到搭客十人。是日，在裕中饭店留验二十九人，在同丰客栈留验三十九人，共计六十八人。二十四日早离关者五人。

（宣统三年二月二十六日"畿辅近事"栏目）

天津卫生局防疫报告

本月二十五日，本埠寻常病故者四十人，均非染疫。北洋防疫医院留验十八人，收留验所者二人，广仁堂留验所留验五十二人。又，二十四日山海关新到搭客十七人。是日，在裕中饭店留验三十一人，在同丰客栈留验四十八人，共计七十九人。二十五日早离关者七人。

（宣统三年二月二十七日"畿辅近事"栏目）

天津卫生局防疫报告

本月二十六日，本埠寻常病故者二十二人，均非染疫。北洋防疫医院留验二十二人，内收留验所者八人，广仁堂留验所留验四十四人。又，二十五日山海关新到搭客二人。是日，在裕中饭店留验三十一人，在同丰客栈留验四十一人，共计七十二人。二十六日早离关者九人。

（宣统三年二月二十八日"畿辅近事"栏目）

天津卫生局防疫报告

本月二十七日，本埠寻常病故者三十四人，均非染疫。北洋防疫医院留验期满放出二人，留验二十人。广仁堂留验所留验仍系四十四人。又，二十六日山海关新到搭客十三人。是日，在裕中饭店留验三十人，在同丰客栈留验三十九人，在山海关客栈留验七人，共计七十六人。二十七早离关者七人。

（宣统三年二月二十九日"畿辅近事"栏目）

天津卫生局防疫报告

本月二十九日，本埠寻常病故者三十二人，均非染疫。北洋防疫医院留验仍系十四人。广仁堂留验所留验仍系四十四人。又，二十八日山海关

101

新到搭客四十人。是日,在裕中饭店留验二十六人,在同丰客栈留验三十八人,在山海关饭店留验七人,在旧道署留验三十三人,共计一百四人。二十九日早离关者十一人。

(宣统三年三月初二日"畿辅近事"栏目)

天津卫生局防疫报告

三月初一日,本埠寻常病故者二十七人,均非染疫。北洋防疫医院留验十五人,内收留验所者一名。广仁堂留验所留验期满放出三十一人,留验十二人。又,上月二十九日山海关新到搭客十九人。是日,在裕中饭店留验十九人,在同丰客栈留验三十三人,在山海关饭店留验七人,在旧道署留验六十二人,共计百二十一人。初一日早离关者十八人。

(宣统三年三月初三日"畿辅近事"栏目)

天津卫生局防疫报告

本月初二日,本埠寻常病故者三十人,均非染疫。北洋防疫医院留验仍系十五人。广仁堂留验所留验仍系十二人。又,初一日山海关新到搭客十二人。是日,在裕中饭店留验十四人,同丰客栈留验二十四人,山海关饭店留验七人,旧道署留验七十人,共计一百十五人。初二日早离关者十三人。

(宣统三年三月初四日"畿辅近事"栏目)

天津卫生局防疫报告

本月初三日,本埠寻常病故者二十七人,均非染疫。北洋防疫医院留验十六人,内收留验所者一人。广仁堂留验所留验十一人,至今期满均行放出。又,初二日山海关新到搭客二十人。是日,在裕中饭店留验六人,同丰客栈留验二十人,铁路饭店留验七人,旧道署留验七十四人,共计一百七人。初三日早离关者十五人。

(宣统三年三月初五日"畿辅近事"栏目)

天津卫生局防疫报告

本月初四日,本埠寻常病故者三十二人,均非染疫。初三日山海关新到搭客十七人。是日,在裕中饭店留验四人,同丰客栈留验三十三人,山海关饭店留验七人,旧道署留验七十四人,共计一百十八人。初四日早离关者二人。现定于初五日起所有入关头等搭客概免留验。

(宣统三年三月初六日"畿辅近事"栏目)

天津卫生局防疫报告

本月初四至初七日,本埠寻常病故者百三十一人,均非染疫。北洋防疫医院留验期满放出十二人,留验五人,初五日山海关出关二等搭客在旧道署留验四名,在同丰客栈留验一名,共五名。又,检验入关搭客九十一名。初六日早检验出关头等搭客三十七名,又二等搭客计在旧道署留验十二名,在同丰栈留验八名,入关搭客四名,均在旧道署留验共二十四名,又检验入关搭客九十七名。初七日早检验出关头等搭客四十九名。

(宣统三年三月初十日"畿辅近事"栏目)

天津卫生局防疫报告

本月初八日,本埠寻常病故者二十七人,均非染疫。北洋防疫医院留验五人,又,山海关留验出关二三等搭客共四十七名,留验沟站以西入关二三等搭客共一百四十八名,检验入关搭客共三百四名,检验出关头等搭客共四十九名。

(宣统三年三月十一日"畿辅近事"栏目)

天津卫生局防疫报告

本月初九日,本埠寻常病故者二十九名。北洋防疫医院留验仍系五人,又,山海关留验出关二三等搭客五十四名,留验沟站以西入关二三等搭客二百九十四名,检验出关头等搭客二百九十三名。初十日早,检验出关头等搭客五十七名。

初十日,本埠寻常病故者二十六名,均非染疫。北洋防疫医院留验期满放行一名,留验四名。又,山海关留验出关二三等搭客六十八名,留验沟站以西入关二三等搭客三百四十四名,检验入关搭客共二百三十二名,检验出关头等搭客共三十八名。

(宣统三年三月十三日"畿辅近事"栏目)

天津卫生局防疫报告

本月十一日,本埠寻常病故者二十五名。北洋防疫医院留验四名。又,山海关留验期满放行搭客四十七名,又新到者一百五十一名,计仍留验出关二三等搭客一百四名,留验沟站以西入关二三等搭客四百四十四名,以上共留验五百四十八名。又,检验入关搭客共二百七名。检验出关头等搭客四十八名,检验由奉来关小工七十四名。

十二日,本埠寻常病故者三十名。北洋防疫医院留验仍系四名。留验期满放行搭客一百二十名,又,新到者二百三十八名,计仍留验出关二三等搭客一百五十四名,留验沟站以西入关二三等搭客五百八十五名,以上共留验七百三十九名。又,检验入关搭客四十五名。

(宣统三年三月十六日"畿辅近事"栏目)

天津卫生局防疫报告

直隶疫气一律肃清,卫生局届观察已呈报督宪分别奏咨并闻嗣后出关搭客一概免验,惟日前奉天医院苦力又有疫亡一人,疫气尚未一律肃清,所有入关二三等搭客仍须在山海关留验云。

(宣统三年三月十七日"畿辅近事"栏目)

女子戒烟医院戒净人数

天津官立女子戒烟医院八月份戒断烟瘾出院人数共二十一名列左:洪少卿、静禅、贾王氏、薛怀氏、姜陈氏、宋史氏、王三妞、蔡卿、俊卿、郑李氏、张郑氏、云香、赵刘氏、钟王氏、月卿、尚李氏、薛刘氏、刘王氏、任金香、翠红、玉翠喜,现在院戒烟者计强迫室十一人,优待室二人,普通室二人。

(宣统三年九月初七日"畿辅近事"栏目)

呈请维持市面要电

天津商务总会商学公会上农工商部电禀称农工商部堂宪钧鉴,窃八月二十八九日由公会商会以津市恐慌,具禀大部恳请转咨度支部、邮传部、北洋大臣即饬大清、交通、直隶省三银行筹款二百万两接济,以资维持。今商会等查天津市面受沪市及各埠影响,危迫日甚。业于初五日在公会邀集各银行及钱商各董汇开会议,据钱商报告情形市面恐慌,为从来所未有,非急筹一二百万接济,则十日后大局不堪设想,若再延缓,内外行彼此牵动更加紧急,势必波及银行。尔时,恐千万亦无济事。为此,合词急电禀恳迅赐转咨度支部暨北洋大臣速饬施行以救垂危商局,实为德感,天津商会商学公会同叩禀旋,奉农工商部电覆批示,商会商学公会电悉已片行度邮两部,并电直督设法维持农工商部鱼。

(宣统三年九月十二日"畿辅近事"栏目)

详报医院收取药费

天津官医院详称,案查职医院所收按名一角药费,截至宣统三年七月分止,业经造册详报在案,兹查本年八月分所收按名一角药费小洋一千六百四十二角,每角按六分三厘八毫,合京化银一百零四两七钱五分九厘正,业经归入职医院,本年八月分应领治病费,案内就款扣抵,除将用项另由应领治病费案内造册报销外,理合造具四柱清册,备文详请鉴核,批饬备案并行财政总汇处查照,实为公便等情,当经督宪札饬财政总汇处查照备案矣。

(宣统三年九月二十九日"畿辅近事"栏目)

申报津秦两关九月份出入米石

津海关道申称:案查前蒙前升宪札准户部咨,嗣后沿海省份出入口米石须查照善后章程认真办理,仍将某月日出口米若干石、领有何处执照、在原省何日出口详细开单,按月送部,以凭核对。札道遵照。等因,业将本年

105

八月份出入口米石数目开单申报在案,兹准新关税务司欧森将本年九月份津秦两关出入口米麦数目分别开单函送前来,理合照录清折,具文申送宪台核谘。等情。当经督宪谘送度支部查照矣。

(宣统三年十一月初六日"畿辅近事"栏目)

请领医学堂纸笔等费

津海关道呈称,本年十一月十五日准北洋医学堂咨开,查敝堂三班学生于本年正月间领过第一年应用书籍、纸、笔、银两,业将购到各色数目详细开折,另文请销在案,兹届应领第二年书籍、纸、笔等费。计二十二名,每名合银三十七两,共行平银八百十四两,理合备具钤领一纸备文,谘呈贵道,谨请转咨财政总汇处查照核发,祈见复施行,计咨呈钤领一纸。等因,准此除将钤领存查并代具印领一纸,谘送财政总汇处核发外,理合具文申报,宪台查核饬发等请当经督宪札饬财政总汇处查照核发。具报。

(宣统三年十二月初一日"畿辅近事"栏目)

报销医学堂购用书籍

津海关道详称,本年十一月十四日,准北洋医学堂咨开,窃查,医学堂于本年二月间领过三班第一年应用书籍、纸、笔等共行平银一千三十六两折合库足银九百九十五两六钱五分二厘,在案当经分别购用自应据实请销查核价单,书籍、纸笔两项共英金一百十四镑十九先令六便士,按二先令六便士六二五合行平银一千三十六两三钱九分四厘,又关税银六两六分八厘,统计共合行平银一千四十二两四钱六分二厘,折合库足银一千一两八钱六分二厘三毫,除领计不敷库足银六两二钱一分三毫,为数无多,已由敝堂自行筹垫,理合将购到书籍、纸笔等项,名目、镑价、译录清折,一样三扣,备文咨呈查照分别存转核销,见复施行。计咨呈清折三扣。等因。准此除移复并将送到清折存留一扣备案外,理合将送到清折具文申送宪台查核等情,当奉督宪札饬财政总汇处查照核明详销。

(宣统三年十二月初二日"畿辅近事"栏目)

详报医院药费

天津官医院详称,案查职医院所收按名一角药费,截至宣统三年九月份止,业经造册详报在案,兹查本年十月份所收按名一角药费,小洋一千零五十三角,每角按六分四厘五毫,合京化银六十七两九钱一分八厘五毫,业经归入职医院,本年十月份应领治病费案内就款扣抵,除将用项另由应领治病费案内造册报销外,理合造具四柱清册详请鉴核俯赐批饬备案,并行财政总汇处查照,同日又据详称:窃查天津官医院宣统三年九月份需用治病各费,业经造册详报批饬财政总汇处拨发,具领在案,兹查本年十月份所用治病各费共计京化银一百九十九两零二分八厘八毫,除收入按名一角药费项下,计京化银六十七两九钱一分八厘五毫,就款扣抵外,仍应领京化银一百三十一两一钱一分零三毫,理合造具清册备文,详请鉴核俯赐批饬拨发各等情,奉督宪陈批,据详该院造报十月份所收药费及治病各费报销清册二本,候札发财政总汇处分别核销,找发并行藩运司查照。缴。

（宣统三年十二月初三日"畿辅近事"栏目）

请拨购药款项

天津官医院徐道禀称:窃查天津官医院购办药料,屡蒙历任督宪批饬天津银号拨发,去年因谋财政统一,复蒙宪台批饬直隶全省财政总汇处拨发,各在案兹查职医院自本年正月起至十月底止,计来院诊病者共三万二千二百七十余名,又留院治病者二百三十余名,需用药料与年递增,前购各药将次告罄,明知库款万分支绌,而津地人烟稠密,五方杂处,贫病尤多,全赖医院诊治救济,近日南方不靖,更不得不预为筹备,以应不时之需,惟有仰恳宪台为民造福之心,俯赐拨发银三千两以便购备,金镑汇寄外洋分别购办,所有禀请拨款采办官医院药料缘由,实缘旧章理合禀请核夺批饬施行等情,奉督宪陈批,据禀已悉。所请拨银三千两购办药料,现在款项支绌,能否照发,候行财政总汇处核议,详覆饬遵。此缴。

（宣统三年十二月初三日"畿辅近事"栏目）

本局出售天津最新地图广告

启者,工程局现绘最新天津地图,标志精密,经纬分明,凡本埠及各国租界之水陆形势、街市地名暨各署、局、所、学堂均经详细标明,按图可以索骥,为向来未有之善本,现由本局付诸石印纸张洁白彩绘鲜明,每幅定价大洋六角不折不扣,欲购者请至本局及各代售处,面订可也,此布北洋官报局启。

(宣统三年十二月初六日"封面告白"栏目)

天津习艺所典狱官范炳勋蔡振洛禀
遣置轻重罪犯办法文并批

敬禀者,窃维两利相权必取其重,两害相衡必取其轻,值此四面楚歌各方风动,本所囚犯尤众,地方忧乱堪虞亟应熟权利害,未雨绸缪。典狱等职掌所关殷忧孔迫,是宜先事图维尤要因时通变筹思,再四缄默难安,用贡一得之愚,以备莞采,谨为我宪台缕析陈之。查本所收容罪犯数至八百余名,向非一州一县监狱之少数罪犯可比,平日怵心刿魄百计以防范之者,以该犯无可乘之机,故幸得相安无事耳际,兹时局纷纭变端莫测,风声鹤唳息息皆危。虽属严守秘密,只可为一时之计,然乱世久延,实恐罪犯已窃有闻知矣。兹统计全所罪犯中凶顽者固多,良善者亦属不少。一旦本埠设有警变,虽良善者亦不免被胁而为暴动,倘至其时所内看守所外防营势必开枪抵御以本无死罪之犯,合之无辜游民一时难以分择,必至玉石俱焚,且本所罪犯尽著褐衣,其原带衣物向皆编号存库,应给工资由会计掌管,俟放免时发交,倘猝至溃散出监,自无钱衣可交,势必不论善犯恶犯,到处先以攫衣夺食为救急之计,纵欲不为抢掠,有所不能以其攫夺抢掠也,必同罹于死祸。

曾闻鄂宁浙等省经革军占领后皆首先以放纵罪囚,为事,武昌放囚则骚扰商民矣,江宁放囚则资为敌用矣,浙江放囚则戕杀狱官矣,似此虽曰放囚实则伤其生命。此外,变乱诸省尚有未能尽悉要,必以监狱首当其冲,车鉴当前能勿警怖,典狱等统观时局,合之顺天保定习艺所之成案暨绅民之请求,又以经费支绌,无米难炊人数众多,为祸更烈。本所尤不能不亟为筹画也,查各处送所男女罪犯多非常赦不原之犯至外,结监禁各犯。前此恭逢恩赦未准查办,嗣经法部议准陈侍御善同条陈,是亦在查办之列矣,内外结罪犯中四五至十二年长期之犯,仅百余名三年以下之短期犯约六百余名,拟即查照内结外结、长期短期、案情轻重及有无生计,分别寄禁收赎开释,留所各办法,列之如下:

一、寄禁内外结长期犯十二年以下至四五年未过刑期之半者,内外结短期犯三年未过一年者、二年半未过十个月并三犯以上,刑期未过四分之三者,拟均请寄禁,各该犯原籍州县如系外省之犯除天津县免寄外分寄天河两府各属准将寄禁各州县应行摊派口粮暂时停解,及本非应摊津所口粮之州县,并准按每名每月二两向赈抚局请领,以资津贴。

一、俟大局平定再令解回习艺,解领各款亦同时复旧,前于光绪三十四年以收所人犯较多,曾经禀准将长期各犯发递原籍在案,现复有人满之患,即无变乱,亦须另行安置,罪犯本有乘机思逞之心。此次各处变乱两月余以来,并前日最紧急之时,全监数百人屹不为动,虽由看守一部镇压得力,亦由该犯等尚知守法且轻罪者,既拟请恩准开释,此等罪犯若不稍从末减,未免向隅。应请将寄禁各犯自六年至十二年者,减少刑期二年,五年以下者减少刑期一年,以示矜恤之意。

一、收赎。查常赦得原之犯律准收赎。凡寄禁各犯,请准由犯函告家属量力递呈各原判衙门俾作赎刑,至收赎款项,应由原判衙门与本所各分其半,以资公用,再有存留养亲一项,亦应同办。但缘囚人多未知例案,审判官亦无从遍告,应由本所查询应寄各犯是否亲老丁单,分别开单知照原判衙门转为行文,各该犯本籍州县查明办理。是又清厘庶狱之一端也。

一、开释内外结长期犯十二年以下至四五年已过刑期之半者、内外结短期犯三年已过一年者、二年半已过十个月者及内外结短期犯二年以下各犯并年愈六十之老年犯,拟均请准予开释,至得有二个赏表以上之犯均属平日考察善良确有改悛情状者由典狱等特拨以励众因亦均过有三五年者,始能得有二个赏表,此项罪犯应不拘过半刑期并准开释。如以军流内结犯未能与监禁犯同照过半刑期开释,惟但于军流内结犯中所拟请未减刑期及得有二个赏表以上者,恩典并内结徒罪人犯,拟请照外结短期犯一同办理,因本所人数极多,开办最久,拟请格外恩施,俾予自新之路,并仿东西各国免幽闭假出狱各制度办理,其中如有外埠罪犯无原带银钱衣物及积存工资者视路之远近酌发路费,或案情稍重之犯,恐其逗遛不去者,则递藉开释,若本埠有案情有案情稍重,恐其不安本分者,则取保开释,所有寄禁及递藉开释各犯沿路饭钱均由本所发给,查照前次发递各犯办理,既免扰累沿途州县,复可无虑多数人留滞为患。

一、留所凡在前条应行开释之犯如无携带银钱积存工资又无生计营业妥保且贫无可依者,拟均请留所,俾免饥寒所驱流入匪类。俟限满开释,或俟其工作得有工资可以谋生及有家属戚友保领时,亦即准其出所以示体恤。

以上四种(应是五种,笔者注)办法以外,更有女犯亦应分别办理,有应开释者即传该犯家属保领有案,应送审判庭处理者即送厅处理,有案情不准论赎及无家属可归者,亦得留所,请与男犯一并办理。此典狱等所谓宜先事图维因时通变者也,前经保卫局议事会先后呈请督宪将本所罪犯分别处理各办法,此只为维持地方公安一方面起见,已属不可稍缓须臾之举,典狱等更有进者,以自供职本所以来,于今五载,自愧才庸德薄,不足语感化之功。惟平日对于罪犯衣食住卫生等事能尽一分之心力者莫不勉求其无憾,况际此祸变不测之时,在地方固宜预防闾阎蹂躏之难堪,本所尤应保全多数无辜之生命。此次议事会之呈请,原期将所内陆续廓清,兹更拟将应行开释无生计之犯仍留所教养者,以津埠因乱事影响所及失业无告之贫民触处皆是,正拟请量予收容,其已在所者不使之出所,亦所以维持地方之安宁也,譬之防河平日坚筑堤防,原虑其侵溢为患,有时虑淫雨为灾,民罹其鱼之祸,预为分别疏排导诸他渎以杀其势,俾免有泛滥暴决之一日。兹之筹画情形何以异,是故不得图省目前疏排之工,贻后日至危之大害合二者,其权衡之其得失诚不可以道里计也,惟是次第查办固属稍费手续,倘以为旦夕可安,听其造化,设有警变转致束手无策,即大局从此平和,然顺天保定已办理有案,独对于本所罪犯,令其向隅,按之事理似已未得其平,倘能照此办理,诚于法律慈善两无妨碍,且俟事定将寄禁各犯陆续提还,并得乘此重加改良以臻完善,仍不失为良好之监狱,至如文牍科之案卷簿籍、会计科之银钱账册、工艺科之内外料品、庶务科之家具器物、医务科之药料用品,虽向非典狱等所管辖要皆费数年之经营,用巨万之公款,应请饬令该管科长、科员等择要妥为分别保存,俾他日完全应用也,事势亟迫用,敢不揣冒昧。为此渎陈,是否有当,伏乞钧裁,并请转详督宪迅赐核办,实为公便。

敬再禀者,监狱本专门科学,在事人员贵在学识,尤贵有经验方能收指臂之效。本所创办以来,多赖各员司群策群力相助为理,即一般看守皆在所宣力有年,颇资熟练,倘一旦解散,召集甚难,不比他项局所可以随便招用也。拟请宪台援照保定习艺所暂行遣竣罪犯后,办法仍准各员司看守人等照旧在所供职,以备后用。本所前曾开办看守学堂,教授两班看守学生,嗣以经费支绌并业经毕业学生两班可资应用暂行停办。现存前次毕业之看守无多。拟请尤准在所看守补习监狱各项功课,仍照前经详准看守学堂功课章程,即由典狱及科员中并看守官长等分任轮流课授以节经费而宏造就庶一举两得矣,仍候宪台批示,祈遵提法司翁批:据禀已悉。查省城习艺所罪千军流并内结及列入汇咨暨审判庭决徒犯无论刑期是否逾半,均遵照法部复电详明饬所解回原籍州县或改发邻封各州县暂行监禁,诚以案经达部必须谨守规行,法律方无贻误,津所与省所情事相同,前经本司会同藩司奉饬核议汇案详复,并咨该所仿照省所办法分别酌量办理在案,应饬仍照前咨仿办以昭慎重,该典狱官等所请将长短期各犯内前项军流徒犯一律酌减工作年限或量予开释之处,应毋庸议其外结长短期各犯,核其情罪轻重量予减免,分别寄禁开释,并将内外结应行寄禁各犯如系常赦得原或亲老丁单者,查办收赎留养应行开释各犯,如无携带银钱积存工资又无生计营业妥保且贫无可依者暂行留所,女犯与男犯一并办理,事属可行,应准照办,至保存案卷财物留用员司人等及乘时教练看守各节,系为赓续办理力求完善起见均可采行,该典狱官等规画周祥,有条不紊,具见尽心,狱务洵堪,嘉尚所有内结及列入汇咨各徒犯花名抄单随批粘发,仰即遵照办理并候转详暨移该所总办查照酌办。至各属应行解所人犯前已通饬暂行停解并即知照缴册存。

（宣统三年十二月初七日"公牍"栏目）

官立第一戒烟医院戒净人数

第一戒烟医院第三十二排自十一月十五日起十二月十四日止戒净发给证书,出院花名列左:优待四名:寇国祥、萧圣武、任德山、徐士珍;普通二十八名:高宗山、单庆元、姚仲、李华年、白永、张树美、陈宗祥、靳贵成、田木芝、李福昌、侯宗益、魏福、宗天成、杜兰亭、范英朝、杜万会、刘三、王润峰、商官宝、张广兴、何永发、王玉山、范荫朋、车本万、张进升、李厚庭、孙振山、王锦文。

（宣统三年十二月十八日"畿辅近事"栏目）

商　　务

钦差大臣太子少保办理北洋通商事务直隶总督部堂袁

为札饬事，照得《官报》之设系为启迪民智、开拓风气起见，关系甚大，天津官报局于十一月二十六日出报，亟宜从速分布，俾广流传。惟直省地面广廓，必须分路递寄，方免贻误，而专责成其天津、顺天、承德、宣化、永平、遵化五府一州由天津县分递；保定、河间、深、冀、易、定二府四州由清苑县分递；正定、大、顺、广、赵四府一州由正定县分递。凡各府直州均以总封递至州城及附郭首县分寄以归简易，即由该三县移知各当站，州县一体遵照。除行天津、清苑、正定三县凛遵办理，毋稍延误，致干究诘外，合行札饬，札到仰即查照。此札。

（光绪二十八年十二月初四日"告白"栏目）

札津海关道晓谕工商赴日本赛会由（附原奏商务条陈）

为札饬事，十二月初一日，准户部咨开，准政务处咨：本处会同外务部议覆将军载振敬《陈管见》一折，奉朱批依议，钦此。钦遵咨行转咨前来到本大臣，准此。查原奏内商务一条称：西人赛会为商务最要，关键为工艺第一战争，系属中国今日亟应举办之端。日本明年三月开会在即，自应选派工商赴会以开风气。应如河（何）劝道鼓励之处，即由该道等按照原奏各节考察中外情形，详订赴会章程呈候核夺颁行，并一面出示晓谕工商人等将应行备赛事件赶速妥备，除节录原奏分行外合行札饬，札到该即便遵照。此札。

（光绪二十八年十二月初八日"商政录要"栏目）

工程局会同天津道申明河北新开市场定章示

为出示晓谕事，照得津郡为通商巨埠，前奉督宪谕饬，在河北一带开筑马路，募设巡警以便民人居住，业将划地、估价、兴工情形禀报立案。现在一切土工已经陆续开筑，其商民房屋已必相继起造，亟宜将定章晓示，俾有遵循。前已将章程十三条禀蒙督宪批准，饬令会同出示在案。为此，示仰该处商民人等知悉。自示之后，尔等所有地亩、房产及一切工程等项事，宜皆须遵照定章办理,所有章程开列于后。

(光绪二十九年正月二十六日"本省公牍"栏目)

饬天津府县督同殷实钱商会议整顿钱市札

　　为饬札事,照得本督部堂昨以禁止私钱,制钱短缺,多方设法购运制钱百数十万散发各商,并开平市官钱号以相调剂。冬、腊、正三月内银洋之价均属均平,票帖流通尚无掣肘,乃市面钱铺以官钱号箝制,不能任意低昂,咸以艰于周转为辞,且该号以平市为名,未便近利,刴私钱已断,制钱通行市面,可以支持官钱号,不妨停止。计自本月初二停止之日起不过旬日,而银价每两涨至二千六七百文,洋银每元涨至一千七八百文。以帖取钱,则仅给一二成制钱或一成铜圆,甚至以空帖对拨,借口以制钱出境钱元两缺。查钱元两缺则银洋之价宜跌落而反增涨,以票帖取钱元则又不能应付,是明明以空帖赚银洋,失信于人,尚复成何交易?且前此所发之百余万制钱及日内所发之数十万铜圆现皆何往?又谓此数不敷应给,则冬、腊、正三月铜圆未出,则仅此百余万制钱何以并未行事空票。此皆无赖劣商奸侩不顾成本滥出票帖,巧为兑拨之说,互相诳惑,成此颓风,刁难客商、败坏市面,殊堪痛恨。亟宜传谕钱业殷实各商,会议核实办法并严申制钱出境之禁,刻复赶制铜圆,源源接济,俾得转输。

　　大凡商业之兴,全凭信实,即或以三数成之本作十成生意,必使银洋货物应付如期,取信于人,乃能流通无碍。处处以侥幸变诈支吾,搪塞市面,断无兴旺之理。除分行径札外,合行札饬,札到该仰即怀遵办理,切切此札,右札行天津道关道运司平市官银局天津府县。

(光绪二十九年二月十五日"本省公牍"栏目)

北洋大臣论天津商董妥筹市面公文

　　为论委事,据天津洋布绸缎各行商会禀称,窃职商等前因市面奇禁迭次在列宪辕下,公求挽救之方,累蒙列宪面谕,准设商务公所藉资联络,复蒙宫保委派吴道懋鼎、王道宗堂妥筹巨款接济市面商等,曷胜感激,但商情涣散,非有公正耐劳,而有众望素孚者,为商等领袖终无以提振全局,徐图补救,查有绅商宁世福、幺联元、卞煜光、王贤宾等或洞达商务,或熟悉洋情,不但素洽众望,且可广招巨款,每遇地方善举,无不首先提倡,际此众商皇皇,倘得彼等为之倡率,自能相机补救,力挽商艰。盖挽救市面,非设公所,派董事无下手处,董事既得然后再请委派府宪督办,以便随事随时竭力挽济庶要领,既得市面不难恢复,事关大局,是以公叩宫保速赐委派以联商情,而济时艰,再商等已议定,现就万寿宫内江西会馆暂为借用,俟择有妥地再行迁移,等情到本大臣,据此,除批示并分行外,合行谕委,仰该绅商即便遵照勿负委任,特谕。右谕绅商宁世福、幺联元、卞煜光、王贤宾准此。

（光绪二十九年四月二十二日"本省公牍"栏目）

天津府知府凌覆陈商务公所情形禀并批(章程下期续印)

敬禀者,窃卑府接奉宪札,以天津洋布、绸缎等各行商公禀,请设立商务公所藉资联络等情,并委绅商宁世福、幺联元、卞煜光、王贤宾等为公所董事会同吴道懋鼎、王道宗堂等妥筹办理,委卑府督办,一切务将市面认真补救等因。蒙此当经督同各绅董按照原禀暂借万寿宫设立商务公所,谨于四月十七日开办,各行董事均齐集会议察看情形,尚为踊跃。谨遵宪谕,脱去官场习气,饬令各抒所见,务使官商联为一体,连日亲到公所与之逐细相商,考求利弊,大抵天津商人势散而识拙,故见利则互相争而见害则各不相救,知有己而不知有人,其甚者乃欲假公以济其私,以致步步难行,节节闭塞,至于今日而疲困极矣。荷蒙宪台俯念商艰,准如所请,饬令设立公所以资联络并派卑府为之督率卑府,惟有督同绅董各员认真办理,随时与吴道王道等妥商,力图补救,以期无负宪台委任之意,谨将拟出商务公所暂行章程各条缮折呈览,伏候查核,批示祈遵。

批:据禀商务公所暂行章程十三条,如拟办理,目前津市关系紧急,仰即督同绅董迅速切实开办,通筹利弊,力图补救以振商务而维大局,是所切盼。缴。

（光绪二十九年五月初四日"公文录要"栏目）

天津商务公所暂行章程

一、商务公所原为市面窒塞而设,所有办法以"疏通"二字为主义。

一、天津商情涣散,互相倾轧,现设商务公所,以资联络,拟令各行商业大者公举董事二人,小者一人,以便详求受病之原及救急之法,和衷共济,一洗从前积习。

一、商务公所除商董应随时会议讨论外,每逢朔望各商齐集会商一次,凡有于商业不便之事,应即设法改革,如有众商乐办尚须本公所提倡者,本公所亦应相机筹办。

一、本公所应拟挽救各策,须以大众意见相同为准,如有真知灼见与众论不同者,亦准随时声明,本公所会商酌核,藉资补救。

一、各商家财产讼案,先请本行董事评议,如董事未能了结,再由本公所秉公理处,以免讼累,其无行无董遇有商务輵轕,亦准赴本公所声明调处。倘有不遵,即将理曲者禀送,以凭讯断。

一、如遇土棍吏役陵压商民,准该商民赴局面诉,由本公所查实即送该管巡警及有司衙门惩办,以保良善。

一、本公所办事人等,除董事月支车马费银十两,司事月支薪水银廿四两,文案月支薪水银十六两,均连伙食在内外,其余官绅,概不支薪水、车马等费,以节浮费。

一、本公所事属初创,在在需人,拟约文案二人、司事二人,均须公推以明白商务,心术笃厚,且能耐劳者为准,凡有本公所公事,另立日记一册,随时登明备考。

一、本公所董事不得担保银行押款等事,以杜瞻徇而免物议。

一、本公所办事人员均须恪守规矩,不得稍染衙署局所习气,倘有不遵规条,即由董事声明辞退,若有徇私等事,与本公所声名有碍者,应禀明从重议罚。

一、本公所经费,暂由商人凑办,每月由官筹给津贴银一百两,在于各牙行捐项内拨发,按月开支清册呈报,以凭查核。

一、本公所现拟章程,仅就目前救急而设,俟有成效,再行会通各省商务局成章,酌量扩充以图兴旺。

一、此项章程,均为开办伊始应有之义,其有未尽妥当及未尽周备者,准各商董随时声明损益,以期完善。

（光绪二十九年五月初六"本省公牍"栏目）

土商设簿

筹款局札饬津令传谕合郡烟土局仁记等号,每号应立循环簿二本,按五日一送,将出入烟土开具分明呈送筹款局查阅,昨已传集仁记等号面谕各号遵饬。

(光绪二十九年十月二十二日"畿辅近事"栏目)

商董集议

天津商务公所绅董等以市面窘滞,恐至年终尤甚。故加意设法挽救,曾与钱业公所及粮行董事等屡次集议,设法出帖,以便疏通街市。顷,该绅等又请集绸缎行、杂货行及三津磨坊共二十四行董事等于二十日早九点钟齐集公所会商以便妥议即期举办。

(光绪二十九年十一月十四日"畿辅近事"栏目)

直督饬天津县示谕当商减息札

为札饬事案,查本年九月间,据天津富商李安邦等以各典赔累不堪,禀请停减当利,改归三分等情到,本督部堂据此,当查,开设典当,冬间向须减息,该商等既请免减,复请将向来二分之息概归三分,有加无减,于贫民殊多未便,批据藩司议得各属当商利息,每届冬令,向按收成之丰歉,定减息之多寡,办理从无歧异。该商因兵燹之后,元气未复,异常艰窘,尚属实情,惟贫民无衣御寒,情更堪悯,所请免予减息之处,未便准行。至各当利息三分、二分原听商便,改为三分事尚可行,惟须自三十年为始,以示限制,详覆在案。顷有人以该县出示津郡各当户,欲将赎当之家不论三分二分统按三分赎取,贫民力何以堪? 请饬仍按向来冬令减息成案办理等情前来,查加利须俟三十年为始,凡新质衣物,取利三分,其二十九年所质衣物原利仅止二分者,仍按二分取赎以清界限,现在尚非加利之时,不知该县凭何出示? 冬令减息,由来已久,不特今冬应行减息,即来年加利之后,冬令亦即照减。天津典当减息章程,寻常之家自十一月十六日起,至年底止,原利三分者减为二分,取赎原利二分者减为一分五厘,即由该县迅速出示晓谕遵照以惠

119

穷黎,并将示稿录送查核,至今赎当之家,按三分赎取之,示因何错误,并即明白禀覆,合行札饬,札到该县,立即查照遵办,此札。

(光绪二十九年十一月十八日"文牍录要"栏目)

赴赛须知

津海关道唐告示:为出示晓谕事,现蒙北洋大臣袁札开正月二十一日,准商部马电内开据驻美梁大臣电称:"赛会华商护照违式殊烦,驳论请飞电各督抚,严饬务遵前咨赛会新章领照,否则殊难登岸"等语,希转饬各关遵照。等因。到本大臣准此。除分行外,合行札饬,札到该道,即便遵照此札。等因。蒙此,合行出示晓谕。为此,示仰商民人等一体遵照。毋违特示。

(光绪三十年二月初九日"畿辅近事"栏目)

商务总会租地设学

天津商务总会绅董前议组织商业学堂一所,因一时未得地址,迄未开办,现闻拟暂借育婴新堂内设学并闻该堂所订课程极高,将来学生卒业后,即可备商部之任使云。

(光绪三十二年闰四月十二日"本省近事"栏目)

天津县详职商捐助学费恳请奏准建坊文并批

为详请事,案据县属杨柳青民立十三小学堂执事五品衔考职州吏目张维淇、监生韩翼臣、候选巡检刘学瀛、廪膳生齐鼎升禀称:窃未兴学之法,以筹款为先,鼓舞之权以奖赏为要。职等于三十一年正月在本镇建设民立十三小学堂,业将开办情形禀明在案,当职等创办之初,不过纠合同志量力出资,并劝亲友按年捐助。同志之中,既半系寒士认捐,各家又仅属中产。虽零星凑集,暂可支持目前而来日方长,经费深虞不继。嗣有本镇商人同知衔安文忠捐银一千两,由学堂发商生息,作为常年的款。得此来源,一切布置乃臻稳固,虽声称不敢仰邀议叙,然该职商安文忠捐银一千两,作为本镇民立十三小学堂常年的款。似此热心慷慨,洵于学界有神,为此恳请鉴核转详督宪给予奏奖,藉可风示远近激劝绅商,实为公便等情。据此,卑职伏查杨柳青职商安文忠因本镇民立第十三小学堂经费不足,即行捐助银一千两发商生息,作为该学堂常年的款,殊属急公好义,热心教育,于兴学培才裨益匪浅,实为商人中所难得,虽据称不敢邀奖,究未便没其报效之忧。查该职商所捐之银数在千两以上,核与奏请建坊之例相符,自应详请给奖以昭鼓励。除批饬候示外,所有县属职商安文忠捐助学堂经费缘由,拟合具文详请宪台查核,俯赐附奏赏给"乐善好施"字样,由该职商安文忠在原籍自行建坊藉示祈旌奖,而资观感,实为公便。为此备由具册具呈,伏乞照详施行。须至册者。

督宪袁批:仰候附奏,另檄行知,并由县录报司、道、府学务处查照。缴。

(光绪三十二年闰四月三十日"文牍录要"栏目)

商务学堂公举监督

天津商会总协理王、宁两绅商暨诸议董拟暂用育婴新堂创设商务学堂一所,业经移请提学司立案,日前复行公订章程,佥以监督一席为全堂领袖,非众望素孚者不能胜任公议,约请李君子鹤充此重任并兼教务长以便酌定一切课程。

(光绪三十二年闰四月三十日"本省近事"栏目)

天津自治局照会劝学所商会文

为照会事,现奉宫保面谕,以地方自治事关紧要,饬从天津一县先行试办议事会、董事会,以备实行地方自治,并限一个月内即行开办等因。奉此,查创设议事会、董事会,非先定法制不可,而欲定法制,非合有学识有经验之本地绅商公同协议,不足以昭慎重。应先设立天津县自治期成会。其会员除自治局公举绅士六人及自治局局员全体外,由天津劝学所、商会各就本籍学界、商界公正通达之人,分行公举。为此,特行照会贵会/所:请于照会到后十日内即行公同举定本会会员(二十)十人,并将姓名履历开报本局,以便会同本局职员定期开议一切事宜。至被举人,不得偏重城厢,所有天津四乡,至少须有(八)四人。合将天津县自治期成会简章附送,以便分布,即希查照迅速施行,至为盼切。须至照会者。

(光绪三十二年九月二十六日"本省近事"栏目)

商会预备庆祝传单

天津商务总会日前发一通启云:启者,本埠商界历届皇太后万寿之期悬挂龙旗灯彩,以藉伸祝贺。现经县尊传奉宫保面谕,所有龙旗灯彩务须格外宽大整洁鲜明,以昭敬肃,特此通知贵号执事一律敬谨预备,幸勿草草为荷。天津商务总会启。

(光绪三十二年十月初七日"本省近事"栏目)

商务学堂招生汇志

天津城隍庙前第一商务半夜学堂续招日文新生二十名,读过日文与未读过者均可,报名在城隍庙小学堂内,又河北药王庙第四商务半夜学堂续招日文新生十名,读过日文与未读过者均可,并续招英文新生七名,必须读过英文初阶全本者,报名在药王庙本学堂内,又河北大寺第五商务半夜学堂续招日文新生十名,读过日文与未读过者均可,并续招英文新生十名,必须读过英文初阶全本者,报名在河北大寺本学堂。以上三处报名皆至初十日为止,十二日考验,十六日入学,年岁由十三岁由上均可收录,概无学费。

(光绪三十三年正月初八日"本省近事"栏目)

天津商会批示汇录

顺记祥、倪鹤樵禀批禀悉沧州瑞兴成所欠该商货款既经中议,就应准存案。如到期不付,准由该商禀追。

(光绪三十三年二月初四日"文告录要"栏目)

农工商部札天津商务总会传知茶业认真整顿文

为札饬事,案据驻德商务随员莫镇疆禀,将德国进口茶数价值,自一千八百六十七年至一千九百零五年共三十九年,列表具折呈阅等情,并附表折前来。查印茶入德口之初在千八百八十年间,其数甚微,迄今相距二十余年,合锡兰瓜(爪)洼计之,几增至七百倍之多,日茶亦增至百余倍。惟华茶自千八百八十年起,前十余年增二十四倍,近十年间无甚进步,推其原因茶质未始不佳,而采摘之原物品未经拣齐,研卷之制造法未能致密,以及红茶或以血脊羼入,绿茶或以茶青羼入,种种败坏,遂致自窒利源,况装箱不紧,空气乘之,茶味尤易减变。以上各节亟应设法改良,以冀销场畅旺,挽回华茶利权,为此钞录原折,札饬该总会传知茶业各董认真整顿,并转知各分会一体遵照可也,此札。

(光绪三十三年二月十四日"公牍录要"栏目)

天津县致商会函

敬启者,查钱商张朴齐上年被日本人图财害命一案,当经验明尸身,由日本总领事将凶犯石附宇吉等三名拿获讯认,谋杀得财属实,即将各犯解送日本长崎裁办所审办并赔恤洋元在案。兹于二月二十八日蒙宫保袁饬发准出使日本国杨大臣来电,石附宇吉一犯业经裁判所处以死刑,田边兴三郎判定无期徒刑,福之助一犯监禁十二年,令即转致等因。敝县查核日本裁判所办理此案,首犯抵命,从犯均各治罪,冤情昭雪,颇称平允。既以足快人心,邦交亦复益睦,商界自可欢慰矣。应请登报藉供众览。兹将电文抄单函送,即希贵商会查照,迅速刊入报纸,并传谕案内钱商及尸亲知悉,藉消积愤是荷。耑此顺颂台安。附送二月二十八日东京杨星使电报一纸:天津张朴齐毙命一案,经裁判所公判,石附宇吉处以死刑,田边兴三郎无期徒刑,福之助监禁十二年。先奉闻其陈述草案及公判案情随咨呈枢勘。

(光绪三十三年三月初四日"文告录要"栏目)

工商研究纪要

天津铁商粮商于初九晚仍借东马路工商研究总所研究。首由粮商会长李遇安提议近日面粉进口甚多,约有二十万袋上下,价值异常跌落。今春麦场可望丰收,麦子、杂粮亦因之落价。并言近来吉豆出口较往年多销数倍。籼米尚属和平。惟大包米甚形缺乏，又论稻米高下，葛沽稻与胜芳道相较，尤以葛沽稻为最优。复由朱会长提议各粮商大半家住海下。该处地多碱硝，应如何设法兴利，各粮商佥谓：惟有用甜水灌浸，日久可以插秧获稻。末由铁商宋会长提议英国进口之货铁为大宗，天津所销铁货日益增多，亟应请求矿石化验，原质调查山西矿苗，以挽利权而资抵制云。

（光绪三十三年三月十二日"新闻录要"栏目）

竹工商开会研究

天津竹工竹商于初十合并研究，仍在东马路工商研究总所。是晚，到者总会长以下二十余名。首由竹工苑会长提议该行向日多作签子竹牌，近因严禁赌具，歇业者十居八九，随由朱总会长因机利导，谓赌具理宜严禁正宜，就此别想新奇，普通用品以求生计。遂公同研究将可以竹制各品开单交苑会长带回，与同人商酌能否仿造。又由考工厂带去四川劝工总局造竹脸盆一个，内饰朱漆，光润如镜，外用细篾编成，极为精致。又有酒杯一个，内用锡胎，外用竹织，其细如丝，尤觉古雅。末由竹商宋会长提议黑竹一宗工家，最应购用。惟本埠向无此货，业与同行商议，拟暂运少许来津，以观销路如何云。

（光绪三十三年三月十三日"新闻录要"栏目）

传知商货免税日期

天津商务总会日前传知在会，各行商凡有出入口各货，禀准关道减免二成，自三月二十一日起满一个月为止，所有在商会各号均携带字号牌悬挂天后宫戏楼下，并有各该号应报关税预先禀明商会，以便发给执照，前往钞关起单放行，以示体恤。

（光绪三十三年三月二十五日"新闻录要"栏目）

工商研究汇纪

本月初九晚为天津铁商东集粮商研究之期，仍在东马路工商研究总所，首由铁商会长宋、刘两君带来各种铁钉并铁合扇多件，内有中国与西洋铁料各造成数种陈列几上以资研究,佥谓铁钢一物利用甚广,欲明镕冶之法,非由矿学入手不可。粮商因李会长请假未到并无提议之事。初十晚,竹工竹商又开会研究,由考工厂带去四川工艺局自制竹簧六角帽筒一个,表面镌刻花卉点缀一新,又长方图章盒一个,盖绘与图以乌木白丝透地细花,四周镶嵌十分精致,旋由竹工苑会长提议该行因禁做牙牌竹签颇形困难,总会长会当即因机利导,趁此研究新品,以利营行销。末由竹商宋会长提议该行今春生意。至十余钟始散。

(光绪三十三年四月十四日"新政纪闻"栏目)

禀请创设商务分会

天津商务总会据职员耿瑞征等来禀,拟在定兴县创设商务分会请为立案等情,当蒙批示,云查各属设立商务分会。原为商部定章期免隔阂之病,现据该职等拟在定兴县创设商务分会,实属留心时政,维持商界,应准由该职等参酌定章会商选保总理会董分任职司,并体察情形,拟订便宜试行章程,呈由地方官移候本会转请农工商部并北洋商务大臣查核办理,以符定章。切切此批。

(光绪三十三年四月二十日"新政纪闻"栏目)

咨请保护胰皂公司

天津荣华胰皂有限公司遵照定章赴农工商部呈请注册,业经核准给照,日前已由部咨行督宪饬属(嘱)妥为保护矣。

(光绪三十三年四月二十九日"新政纪闻"栏目)

督宪袁为准天津总商会会董保留总协理续任事札饬商会文

为札饬事,七月初七日准农工商部咨开接准,咨称据天津商务总会会董王用熏等联名禀称天津总商会总理王贤宾、协理宁世福当上年任满之期,董等保留续任,禀奉核准在案。兹又届一年,遵章开会集议,愈以王贤宾、宁世福仍留续任,公恳鉴核,咨部立案,据此,咨明立案等因,前来查该总协理,既据众会董等公请续任,自应准如所请,以顺商情,除照章另行札委外,相应咨覆贵大臣查照可也等因,到本大臣准此合行札饬,札到该商会即便遵照。

(光绪三十三年七月十九日"公牍录要"栏目)

东集粮商开会研究

天津东集粮商于二十四晚仍在东马路工商研究总所研究。是晚,首由会员提议该行生意因营口商业荒闭,本埠颇受影响且存储粮石甚夥,行市屡行跌落。将来封河后,豫省之粮载以火车运往北京,则天津销路益将减色,云云。至十一钟闭会。

(光绪三十三年十月二十七日"新政纪闻"栏目)

粮商铁商合并研究

天津东集粮商及铁商前晚在东马路研究总所合并研究。首由粮商会长季遇安提议今年麦场可望丰收,故现时粮价大见跌落。旋又议及该号前年以船载吉豆行至山东利津县,遭风搁浅,被该处蠹役土匪劫卖一案,曾经禀请直隶工艺局宪转详督宪咨会山东抚宪札行该县将案内人犯赶速解津质讯商号同深,钦感惟事隔多月,毫无消息,实不堪此扰累,因复具禀一件,交由曹会长恳代禀请局宪设法转详。末由铁商宋会长提议今春生意较盛,外客销货者甚夥,该行等几有应接不暇之势,是以来会者未能踊跃,一俟下期开会时再行研究云。

(光绪三十四年三月十四日"新政纪闻"栏目)

天津县议事会禀督宪奉拨董事会经费情形文

敬禀者,窃本年二月二十五日奉督办巡警工程、捐务、探访各局事宜,吴京堂照会案。奉宪台批:会同司道府县,详覆天津议事会禀,拟接办捐务科,藉筹议事、董事两会常年经费缘由,奉批来牍阅悉。天津议事、董事两会常年经费,拟仿照日本给与补助金办法,由捐务科指拨盈余款项,交该会作为补助经费,以资挹注,系为赞助地方公益,应即照办。希移天津议事会遵照此覆等因,奉此除分别移行外,相应抄呈照会查照办理等因,奉此。仰见我宪台暨吴京堂司道府县,提倡地方自治及维持公益之至意,感佩莫名。窃维议员等前请接办捐务科,藉筹议事、董事两会经费,实因日本现行自治制度,营业家屋诸税均为府县直接征收,津邑房铺、车船各捐已经自治局详蒙升任督宪袁批定,认为地方捐务而详,覆请筹议事、董事两会经费案内,又令在地方入款项下清厘,是以准据法理,援照定章,禀请接办。今吴京堂既谓法律尚未详备,未便遽与人民征税之权,自是日本昔日办事情形非现行制度可比。惟查董事会一切薪水杂用,常年经费核实撙节,至少必需一万六千金之数,而议事会办公等费尚不在内。会中既无基本财产,又无他项收入可支,诚有如吴京堂详覆所云者。今既蒙批准,指拨捐务科盈余款项作为补助经费,自是以地方捐款办理地方公益,非同日本以国库之支出但补助其少数之不足也。为此吁恳宪台,将此项经费每年共分几次拨解,以何日为始,俯赐批定,行知捐务科立案,以便遵照。至实行监察,以为将来接管预备,应俟会同捐务科协商办理,合并声明,理合具禀上陈,伏冀批示祗遵,肃此恭请崇安,虔希垂鉴。

(光绪三十四年三月十九日"公牍录要"栏目)

劝工陈列所演说纪略

三月十八日为天津劝工陈列所演说之期,仍在东马路宣讲所内。首由李子鹤君演说商业道德。次由宋则久君演说珠算歌诀。继由来宾英国工部局头等机器师、直隶高等工业学堂机器科正教员德恩先生演说机器学并演电映各种机器图,由何子琴先生代为翻译。末由韩镜湖君演说话匣子出音入音之理。计是晚听演者七百余人。

(光绪三十四年三月二十二日"新政纪闻"栏目)

天津商会禀遵饬核议津埠各布商亏欠各洋商货款办法文并批

敬禀者,窃奉大帅札开,为札饬事,据阖郡布商顺记祥、倪福庆等禀称,窃查津埠洋布各商,亏欠各洋行贷款实有种种原因,不得不为我宪台缕晰陈之:查天津自遭庚子之变,或遭抢掠,或被焚烧,市面为之一空。继因银根奇绌,贴水骤增,市面又为之一耗。经此两番亏损,商力业已难支,犹冀买卖日兴,以图补救。讵意市面又陡然萧索,来源日竭困惫,情形殆难言

127

状，此又受害之渐者也。迨后各商订购津行货物花色不一，均以时新花色为广销之路。加之近年各行贪图多销货物，无论何家订货均可一律承办。洋行销售既杂，华商遂互相倾挤，以致货色滞销，为向来所未有。及至存栈又有栈租保险等费，存储日久，各洋行即代为贬价出售，亏折之银仍责令定货之家赔补，此又受害之大者也。

再，各商与洋行定货均讲先令为根本，定时先令价合式，及至到货时，遇先令价跌落，因之大为亏本。譬如先令以三个二三之价跌落至二个四五，较比货值千两竟赔银三百两之谱。又日本洋线定货时，日本洋价每元六钱四五，到货后洋每元竟涨至八钱七八，每银千两较比竟赔银三百余两。又有定货所订花色，及至到货时有不符，或者到货违期，迟早均系商等吃亏，此皆受病之大端也。再天津为招商码头，专藉外客为销路。外客来津办货，赊欠最占多数。商家意图销货，不得不照通例办理。及至收银，外客率多勒掯，以致欠商者数在巨万。商等所欠洋行货款又须加息，日复一日积成巨款，此又受害之一端也。

幸蒙宪台鉴察，设法补救，迭与各国领事筹商，尚未就议。不意仁记各行洋东，以各商积欠，纷纷送案追偿。当查津埠疲败已达极点，若照各洋商破产之意，势必全局摇动，纷纷倒闭。津市何堪设想？仰见宪台保商为怀，值此商业窘迫已至万分，虽全家性命尽毕于是，亦不足息此重累。昼夜愁思，惟有仰恳督宪大人恩准，设法维持，转商各国领事官，谆劝各洋商暂从推缓会议章程，以救商等之急迫。市面幸甚！大局幸甚！等情，到本大臣。据此，除批示并分行外，合行札饬，札到该商会，即便妥议具报等因。奉此遵查，洋货行积欠各洋行货款事重款巨，关系全埠大局，亟应设法补救，以挽颓靡。上年春夏间，职会集众一再筹商，拟将此项欠款分为三种：一曰实欠，一曰加息，一曰存货，分别推缓次第清理。禀承大帅转饬关道，迭与各领事往返商榷，各洋商均未肯照允。复于上年十二月间，仰蒙大帅率同司道并职道，传集各领事会议办法，当由领袖领事面呈节略一扣，同众宣布，环请挽救。即蒙大帅逐条核议，分别准驳函覆在案。嗣于上年十二月二十九日，奉到关道函送大帅发下先后致美总领事函及其覆书，饬即查照等因。职道等逐细稽核，美总领事答复各条多非持平之论。惟各国领事公允决定第三条，由职会带同各欠户及被欠各洋行妥商办法，以便研究善策。随于正月初九日偕洋布商董齐赴大仓洋行，约同东西各洋商详细讨论。总以华商拖累过巨，势须全数收回为词，别无善策。再四推勘，旋由洋商巴贝拟招洋款一千四百万两，借给商家开设银行，得利弥补此款。借金还金年息在四五厘之间，须由公家担保。

查各省筹借外债曾经部议，须由本省督抚奏奉谕旨允准，方能钦遵办理。仍应外借外还，此系专指办理国政而言。若以华商拖欠洋商款项，公家保借外债，无异承借，则营运得利，弥补商款，虽为整顿市面起见，向来无此办法。且能否得利尚无把握，特恐前累未清，后累加重，公家万难照准。竭力驳辩，几于舌敝唇焦。乃各洋商以华商拖欠数在一千四百万，华商受病已深，而洋商之受累尤切于华商。缘洋商款项多取借银行，若不归结，终不得了。然中外商务均与国家有密切关系，商务坏则国课有损。若不筹设特别办法，华商破产，洋商亏折，势必同归于尽。是华洋商交受重累，现拟招借巨款，徐图弥补，亦万不得已之举。情词恳切，听之恻然。职道等继思，各洋货商拖累至一千余万之多，调查各财产不足二三成之谱，若迁就议办，华商家产尽净，无可再增。洋商亏折过巨，万难承认，势必激成破产，波及全局。似非设法维持，断不足以济时艰，而弭隐患。

细核洋商巴贝等拟订承招洋款之举，不为无见。职道等明知此项亏累，系由华洋商交易而来。然为大局计，又不得不代为筹画，悉心妥议。洋商巴贝拟招洋款官保商用，似不如官借官用较为切实。查前蒙前督宪袁奏办公债票计息八厘，现经邮传部议办公债票，奏定常年生息七厘，以洋商巴贝订借四五厘之洋款拨归公债票济用，或另筹安置，常年照七八厘生息核计，应得余利约数百万两。即将此项余款提出，弥补各行欠款。然后再将各商财产分别议办，徐图清结，较易著手。合无仰恳大帅逾格矜全，准将巴贝承招洋款设法承借，或归公债票济用，或饬各官银号银行妥筹办法，则华商得一线生机，全局不致摇动，即课税民生均有裨益。一面恳乞大帅札饬关道，照会各领事暂从缓追，以免溃败之处。伏候核夺施行。所有遵饬妥议缘由，是否有当，理合禀请大帅查核批示，祗遵。实为公便。肃此恭叩勋祺。

督宪杨批：据禀已悉。津埠布商积欠洋行货款为数甚巨，自宜妥筹善法以维市面。惟议借洋款，无论商用官用，与自有财权关系颇大，易滋流弊。且以官借之款了商欠之债，虽仅取诸赢利，此端亦不可开。现在德日法各领事既有各举数人公同商议之说，候即钞禀行知津海关道，会同该总协理督饬各布商，先将疏通存货，清理欠项一切办法，暨各布商实欠洋商货本若干，利息若干，分别详晰调查明确，预为通盘筹画，以便临时提议。至应如何分别处理,且俟会商之后再行察酌情形,妥慎筹议核办。缴。

(宣统元年二月二十七日"公牍录要"栏目)

天津商会禀农工商部呈报华商欠款历办原委文并批

敬禀者,窃奉钧札内开,为札饬事。准外务部咨,据德雷使到署面称,天津商务劣败,华商亏欠各国款项为数甚巨,到期不能归还,市面情形危迫,务祈咨行直督妥筹善法,以维持市面等语,并代驻京各使开送节略前来。查其节略,内有天津商务总会拟借公债款,由华官担保,以资周转一节,当答以此事,中国自必设法维持。惟华商欠洋款系该商等个人之事,与政府无涉,不能因此由政府为之担保借款等语。兹复据日本使法使面称:前因本部查津埠商业盛衰,于华洋各商均有关系。如果商情困窘,市面可危,自应亟筹维持之策。除咨北洋大臣外,相应咨行贵部查照,转饬天津商务总会速筹善法,以维市面等因。到部合行札饬,札到仰该商会即便遵照可也。此札。等因。奉此遵查,天津市面自遭庚子之乱,焚掠殆尽,各商亏累颇深。然津商多好支架,无不似盛而暗亏。迨银条贴水盛行,各商交易外客则交银条,拨码洋行则索现银。每千两贴水耗至二三百两,岌岌不可终日。赖前督宪袁设法断绝,虽可稍舒筋力,而积欠加多。洋行以积压过重遂议加息,华商以无力归偿祗得忍受。此尚专就积欠而言。若商人起洋行之存货均有定期,过期不起亦照欠款例加息。是欠款加息,存货又加息。华商订购洋货落栈后,或两月交款,或一月交款,各洋商因华商积欠过重忽改现银,华商无款起货,洋商遂自行贬价出售,名曰"转沽"。照原定价值核算,如有亏赔,即责令定货商承认,则加息之外又有赔款。华商定货,洋商均按先令核算价值,而先令之缩涨皆洋商操其把握,每到起货,先令必贱,则先令之险亦归华商担认,以致累愈加愈重,积欠至一千余万两。此华商受病之由来也。职会于光绪三十三年秋冬之间,即微有所闻,以事关大局,不时设法调查。延至上年五月间,困惫已深,各华商赴会呈请挽救。职会约集全班会董一再筹商,拟将此项欠款分为三种:一曰实欠;一曰加息;一曰存货赔款,分别推缓次第清理。禀承北洋商宪杨转饬津海关道,迭次与各国领事往返会商。各洋商均未肯照允。复于上年十二月间,蒙北洋商宪杨率同司道并职会,传集各领事会议办法。当由领袖美总领事面呈节略一扣,同众宣布,环请挽救。即蒙北洋商宪杨逐条核议,分别准驳函覆在案。

嗣于上年十二月二十九日,准津海关道函送北洋商宪杨先后致美总领事函及其覆书,饬即查照等因。职会逐细稽核,美总领事答复各条多非持平之论。惟各国领事公允,职会带同各欠户到被欠各洋行妥商办法。随于本年正月初九日,偕洋布商董齐赴日本大仓洋行,约同东西各洋商详细讨论。德商瑞记行洋东巴贝拟招借洋款一千四百万两,开设银行,得利弥补年息在四五厘之间,须由公家担保。职会因事关借外债弥补华商欠款,一再议驳。该洋商言之谆谆,情词恳切,然以大局计不得不代为筹划。遂即禀蒙北洋商宪杨批驳各在案。兹奉前因,职会查各华商拖欠洋商如此巨款,调查各华商财产不足欠款二三成之谱,若迁就议办,华商家产尽净,无可再增,洋商亏折过巨,万难承认,势必激成破产,波及全局,津埠商务前途不堪设想。职会昼夜焦思,实无两全之善策,惟有随时禀承大部指示机宜,会商议办,以期保全大局,华洋各商两无妨碍。仰副大部维持商务之至意,除职会禀请北洋商宪杨会商各领事,饬举代表,一面开具欠款清单,两面核对筹议办法外,所有津埠华商亏欠各洋商巨款历办原委缘由,理合照录全案禀呈大部查核批示,祗遵。实为公便。肃此具禀,恭叩勋安。

农工商部批:据禀津商亏欠洋款筹议情形,已咨行北洋大臣核办。并照钞全案清折,咨复外务部查照矣。此批。

(宣统元年闰二月二十四日"公牍录要"栏目)

天津绅商徐人杰等禀督宪请规复当商典息旧例文

为当商不遵成案,罔利贫民,恳恩作主,规复典息旧例,以顺舆情事,窃津埠当商旧例,质价津钱一吊以外者,二分收息;一吊以内者,三分收息。皮衣、哈喇、古玩等物,十吊以内者三分,十吊以外者二分。至每年冬三月减利,仍有丰岁、歉岁之别。光绪二十九年,津埠当商董事李安邦等,以兵燹被抢,禀请前宪袁,改归一律三分收息。当蒙批准立案,试办三年,限满规复旧制,仍以二分、三分分别取息,不得援以为例等因。此系一时权宜之举,恤商之中隐寓恤民之意,故尔定限三年。乃当商等逾限二年,隐忍不发。其意以为:津埠近来生计奇窘,典当一事为贫民日用所必需,民既恃此为生活,我何妨藉此以盘剥?其自为计则得矣。不知此二年中,小民之吃亏受累、饮泣吞声、敢怒而不敢言者,其情形笔难尽述也。

生等前曾合词禀请前宪杨,规复典息旧例,以恤贫民。蒙批。贾茂林

131

等谓减典息,甫经批准。而当商李元善等来禀,仍请展限五年,已行天津道会同商会议覆在案,候饬该道等并案妥议,覆夺等因。查贾茂林前次禀蒙前宪杨批准,当商元气已复,自不准再以重息累民。自本年七月初一日起,规复旧章,仍以二分、三分分别取息。至每届冬令,按收成之丰歉定减息之多寡。仰布政司即饬天津县,传谕城乡各当商,一体遵照等因。自奉此批之后,津埠数十万贫民颂德歌功,欢声雷动,以为而今而后吾侪可以立解倒悬。不意当商董事李元善,私图利己,不顾大局,一再砌词狡辩,以致雨露再造之恩,恐难及时得沛。现将届七月初一日实行之期,期贫民望眼将穿,人心惶惶,群相私语。生等目睹时艰,不敢避躁渎之嫌,仍安缄默。伏思该当东著名富绅,向系急公好义断,不忍斤斤于一分之典利,致失固有之仁慈,况当商以裕国便民为宗旨。设近年生计困难,若欲贫民称便,即一律出息二分,尚觉力有未逮。生等以旧例奉行已久,故不敢破格请求;虽当商种种花费,如房铺捐等,不无今昔之殊。若谓加息一分,犹复得不偿失,何以庚子之役当商齐闭,至今而复业者日增?且该商禀请加息时,明示以试办三年,若果元气未复,何以既届三年,并未闻恳求展期?此中之为赢、为绌,谅在宪鉴之中。津埠当商自增息后,当期既格外缩短,质价复特别低廉。该商已预有年满不赎,变价归本之计。今李元善怂恿当东,于逾限后仍请展期。在宪台慈爱为怀,似此不遵成案,朦混二年之久,犹不忍科以重罚,其体恤可谓至矣。李元善即不为贫民计,独不为宪恩计乎!且前宪袁批准之成案,三分收息之于当商有利者,该商遵办而不复言;三年定限之于当商不利者,该商藐视而不遵办。其居心为何如也。生等冒昧上言,实出于不得已之苦衷,断不敢藉此以邀誉。而当东亦同系桑梓,又何忍故为攻诘?生等为现今民生奇窘,人心不安,只得合词吁恳阁督部堂作主,俯赐批示施行,俾令规复典息旧例,以顺舆情,则感荷鸿慈靡既矣!上禀。

(宣统元年六月二十四日"公牍录要"栏目)

天津商务总会奉督宪札准饬地方官速理钱债照会各分会查照文

为照会事,宣统元年八月二十六日奉北洋商宪端札开:为札饬事,八月十八日准农工商部咨开,案据山东烟台商务总会总理张应东等禀称:大部提倡农工实业以来,商业之发达无非为富强之基础。为地方官者理宜注重商业,刻刻保全,方为切密。乃有债务急于待理,而各州县衙门届时犹有循例之举,悬牌特书"农忙停讯,钱财细故概不准理",实足阻朝廷振兴商业之进步,而生刁狡冀幸之私心。

伏查职会自设立以来统计,光绪三十三年分理结钱债讼案八十起,三十四年分七十五起,其未经理结者奚止过半。盖以商会有调处之责任,无票传勒追之理,谨厚者带账清查曲直,一言可判其狡黠之辈居心诓骗,多有屡传不到希图事外逍遥。而债主计算欠款,不满千金不愿请官追缴。诚以钱财讼案一入地方衙门,差役如得鱼肉,不问债务能否追偿,只要堂规。纵地方官廉洁,而衙门上下非钱不行。商民视为畏途,亦良有以。又有负欠巨款逃回原籍,债主呈请带账前往候质,商会据情移会地方官,传案质明追缴。官亦出票,而欠户贿嘱衙役、地保,瞒以远出。地方官亦以钱财细故,不加深问,遂使商人血本无处追偿。甚至经会再三移催,该管官无奈,即据去役、地保等之禀覆,以该欠户业经远出无从传讯,一纸空文移覆了事。其实,欠户在家贿差不到,或有案在此处待质,多人非关提过会,无从核议,往往备文移提,十关九空,更有一味狡赖,商会无法调停,移请地方官讯断。多以钱财细故,经久不结,债主血本久悬,受累歇业者比比皆是。商业因此败坏,市面由此萧索,殊非体恤商情,维持市面之道。伏查破产已有专律,将来颁行,仍须仰藉地方官力,方收实效。可否仰祈钧部,咨请各省督抚,通饬各府州县,如商会核议有移请应行追缴之案,务于文到之日,传齐双方,从速质明讯断,毋任去役受贿,票传不到。倘有前项情事,应准移请另派妥役,严拘到案讯办;仍将办理情形移覆过会汇报,如稽延不覆,即由商会移请该管上司,提案传集,秉公讯结,以重商本而维市面等情前来。查诉讼法民事与刑事并重。现在地方官办理钱债案件,诚有如该总理等所禀,任意延宕。应请严饬各属,力祛前弊,遇有此等案件,务须迅速讯理,以恤商艰而维商政,是为至要。相应据情,咨行贵督查核办理可也等因。到本大臣准此,合行札饬,札到该商会,即便移行各商会,一体遵照此札等因。奉此,除分别照会外,相应照会贵分会,烦为查照施行。须至照会者。

（宣统元年九月二十一日"公牍录要"栏目）

天津县议事会为议定当商办法各节禀请督宪批示文

敬禀者,窃查议事会禀请批示,议定当商办法一案,业蒙前督宪端批:据禀及清折均悉。查前据天津道详称:天津当期,前于光绪二十八年经升任吴藩司批,以二年为满。此次自应照办等情,当经本部堂批准在案。前批所谓当期仍照光绪二十九年以前旧章办理,系据道详二年为满而言,今来禀称应三十个月,自系误会。至其余折开三条,候行天津道督同府县查核,议详察夺。此缴。复蒙护督宪崔批卷。查前据该会来禀,端前部堂已将当商冬令减息等三条札饬天津道,督同府县核减详夺,迄未覆到。候行该道迅速议详,以凭察夺。此札各等因,议员等当即静候核议,以便遵行。

兹于十月二十八日及十一月初五日,连接当商公函二件内称:敬启者,前奉县尊胡传谕,以贵议事会据地方人民说帖,转禀敝行当商补遗四条等情一案,谕由敝行遵照;其余三条,核议禀覆等因。查原禀第四条溢收利息一节,按敝行前请加息,为弥补乱时焚抢亏空起见。

原拟试办三年,市面流通,即行规复。奈年复一年,即至目前,市面银钱依然艰窘,加以捐税烦多,百物昂贵,即照三分行息,不过仅能支拄。无论此数年中,并无余利可收,且乱时亏空,从何弥补?该地方民人,今将已往之事指为溢收,不过但知敝行有利,不知敝行有害。所谓悉数追出,作为体恤,万难办到。幸蒙府宪、县尊鉴及以上情形,业经免为置议。

至原禀第一条,划定减息分数一节。查减息旧例司中,向按年景之丰歉定减息之多寡。原有再减之法。惟天津为通商口岸,承领官款过巨,与各州县情形不同。奉前藩宪毛批定,自三十年为始,仍照向办平减成案,自十一月十六日起至年底止,如遇灾重之年,提前早减半月,历经遵办在案。本年由三分减归二分五厘,敝行吃亏甚巨。改章之初,曾经议及冬令减息,如照改章划定,便成再减。值此银钱两窘,万难遵允。前请减息,无论本年八月初一日更章前后,新票、旧票一律减为二分取赎。蒙府宪、县尊照案,详蒙藩宪批开:查该县本年秋禾被水灾歉情形,核与上年较轻,既由该县拟请,仍照向办平减成案。自十一月十六日起至年底止,无论本年八月初一日更章以前原利三分,更章以后取息二分五厘之新票、旧票,一律减为二分取赎。准如所拟办理,以恤商艰。仰即由县出示晓谕,听民取赎毋违。此缴等因有案。是减息一项,县中业已遵奉宪批,详请先期出示,遵减办理。

至原禀第三条,大小银洋一节。按敝行各典核算利息,向系分别大小银洋另行核算。即如当本一元五角,各典必分别一元按大洋收息,五角按小洋收息,断无混乱浮收等项情弊。惟县中以此节大小银洋,每日出入与民间有密切之关系,自应曲体议事会所禀办法,出示晓谕,并令敝行各典出具切结,嗣后取赎,务照市价分别核算。倘有弊混取巧,许当主随时指名禀控等语。虽经敝行再三禀请,亦未奉准,业已转请府宪会同,详请办理矣。

以上三条,系属奉拟情形。惟该地方人民,不知敝行为难情形,不无呈递说帖。再请贵议事会竭力争抗情事,用敢据实奉布。希请俯念各典以上困难情形,逾格维持,以顾敝行大局,则感叨公益良多矣。再冬月减息,向系先期出示。现在渐次届期,并希推情提前办理。迅即见复,是所感盼!又称敬复者,昨承诸公训示,以津邑当行减息一事,本年甫经改章,吃亏甚巨。既经天津当商禀蒙天津府县,详奉藩宪批定,无论本年八月初一日更章前后,新票、旧票一律减为二分取赎,自应遵照办理。惟商艰宜顾,民贫亦不可不恤,拟由明年起,除三分旧票仍应减为二分取赎不计外,其新章二分五厘,议归减为一分八厘取赎等因。当即约集各当商宣布德意,并极力劝导各当商均尚乐从。惟商情困难,择其事所可行者,将来尚须拟请诸公大力维持,以纾商困等语。除由当商一面呈请各恩准,批示立案外,嵩此肃复各等因,理合具禀,陈请查核。再现在已逾减息之期,拟请宪台迅饬议详察夺,实为德便。嵩此具禀,肃请崇安,伏希垂鉴。

(宣统元年十二月初三日"公牍录要"栏目)

商务转机

客岁津郡银根紧迫,牵动通州市面各项商业,因以不振,自开河后货物流通,银根活泼殷实。富商,如同丰钱庄等均以次开张商务,颇有转机。

(光绪三十年二月二十五日"畿辅近事"栏目)

禀设商报

候选同知沈钧赴商部禀请在天津开设《商务日报》,以联商情而通消息。据称已集股本二万两请准立案并咨各省转饬商务局够发,各商未知能否邀准。

(光绪三十年三月十九日"畿辅近事"栏目)

商学开课

津郡城隍庙新立第一商务半夜学堂,曾纪前报。该学堂原定学额六十名,现计报名者实逾原额十分之二三,已于初五晚开课,闻尚拟推广设立,以期普及。

(光绪三十年十一月初七日"畿辅近事"栏目)

商学普及

津郡城隍庙等处先后创立第一、二、三商务半夜学堂,屡纪前报,现闻第四、五、六堂亦由发起人择定适宜之地相继设立,以期普及。

(光绪三十年十一月二十三日"畿辅近事"栏目)

静海县劝商筹款请领铜圆禀并批

敬禀者,窃查卑县屡蒙宪台札饬,以近年制钱短缺,银价低微,各州县情形大概相同,前就天津设局铸造铜元发行市面准抵制钱一律交易,商民称便。现在奉旨扩充鼓铸行用令,即出示晓谕等因。当经卑前县沈令葆恒邀请各商劝谕,未及请领卸事,卑职到任接交,节经出示晓谕,一面送请城镇当商钱铺一再商确,只因频年灾歉,商情较困,恳俟丰年必当筹集巨款,请领一律畅销,察看市面亦系实在情形,细查县署闲款自庚子一变均已动用,此外无处筹措,迨至本年二麦丰稔,正拟商办,适蒙本府查学抵静,督同卑职邀请各商剀切劝谕,该商等均各乐从集成巨款四千四百两,禀请卑职备文由该商等自行兑领,除另给执照外,所有卑劝商筹款请领铜元缘由,理合禀请宫保查核。

督宪袁批:据禀已悉。该令现劝各商筹集银四千四百两赴津兑令铜元以广行销,所办甚善,候饬北洋银元局迅即拨发,并照现在市价酌加俾作运费而恤商情。微。

(光绪三十一年正月十八日"文牍录要"栏目)

北洋大臣袁饬津海关道遵照部咨晓谕
洋商入内地买货验明单货相符方准换给运照札

为札饬事,二月十二日准外务部咨开光绪三十一年二月初八日据张家口监督呈称,查得各洋商呈递津海关道所发三联报单,采买土货换领运照,往往有货物并不在口,仅凭报单所载货数换领运照,以致无从验货,核与章程不符,诚恐日久弊生,有碍条规,呈请转行饬知各洋商,嗣后在张家口采买土货,换领运照,务将该货验明确,单货相随以符约章,勿得货不在口,仅凭报单所载货数换领运照,俾免舛错而昭慎重等因。本部查洋商入内地采买土货,凭报单换领运照,必应验明单货是否相符,若如该监督所称单货往往相离,无从查验,实属有违定章,除札复该监督饬令嗣后必须验明单货相符,方准换给运照外,相应咨行贵大臣查照,转饬津海关道晓谕各洋商遵照可也等因到,本大臣准此合行札饬,札到该道,即便遵照办理此札。

（光绪三十一年二月二十一日"文牍录要"栏目）

力挽颓风

津郡商务日兴,而风俗亦日趋于浮薄,寮戏馆愈设愈多,于是买良为娼、逼令女媳学戏者寖成数见不鲜之事。天津府县力挽颓风,特订定查办规条六则出示严禁为录如左:一、由卫生局会同巡警局查禁拐买良家女子为娼及学唱戏等事,有犯案者,交地方官按律惩办。一、查出之良家女子,应送广仁堂收养,若系拐诱,准该父母亲属领回,若系契买,则不准领回,送广仁堂收养,照堂内向章或择配或留养。一、定例不得买良为娼,嗣后,请卫生局于查捐时按名点问,如有无知妇女被人拐买,以至流入娼窑者,准该妇女向查捐局员喊诉,带回卫生局讯究。一、卫生局窑捐,向有名册,自出示之后,如有新入娼窑者,应赴局注册声明来历,若匿不注册者,即以拐论。一、凡人家蓄养女伶,排演戏本,学习弹唱,本属有伤风化,若小户贫民藉此渔利,其流弊更不可问,嗣后必须经卫生局注册,查考其门牌上注明人数,如有诱人子女展转典卖等弊,即按诱拐究办。一、凡人家毒打使女逼令弹唱者,或父母逼令子女者,或翁姑逼童养媳妇者,准巡兵闻声敲门,问明情由,将其门牌号数报知总局即出票提案讯办,以挽颓风。

（光绪三十一年三月二十五日"畿辅近事"栏目）

天津商务总会传单

启者,天津市面自庚子乱后元气大伤,幸蒙上宪极力维持,近来稍有起色,方冀商务蒸蒸日上。近因美国禁止华工南省来电顿起,风潮市面买卖,因此顿形窒塞。缘不购美货,则已购者停滞难销,已定而未出者亦不能临期退回。种种为难,于天津市面殊多未便。窃思我津商人当此创巨痛深之后,实不能再受此扰累。为此公议传单知会各行凡有天津生意,一切照常交易,万勿为浮言所动,以期保全市面大局。幸甚!幸甚!

（光绪三十一年五月二十二日"畿辅近事"栏目）

饬改商会章程

天津商务总会拟具便宜章程三十条,禀奉督宪核示,以章程内尚有可议者三条,饬令分别更正,补呈备案,原禀并督宪批示,明日登报。

（光绪三十一年七月初一日"畿辅近事"栏目）

天津商务总会酌拟试办便宜章程请立案禀并批

敬禀者,窃查前蒙商部札饬查本部奏定商会简明章程第十四款,内开商会既就地分设,各处商情不同,各商会总理应就地与各会董议定便宜章程,禀呈本部核夺等语。现在天津既就旧设商务公所,遵照部章改设商务总会,并经本部核准,先后札派总理、协理、坐办等员在案。所有该总会一切办事章程,亟应由该总理等迅速具报本部,以凭核夺。至部定会章大纲,仍宜一律遵守,倘因创办伊始,势须通融办理者,准于便宜章程内声明,总以有裨商务,无背本部定章为断。兹特将上海商会试办章程一册,给发该总理等,以备参考,札饬总理等即便遵照可也等因。奉此职等遵即约齐会董,公同酌拟试办便宜章程三十条,缮具清折,禀呈商部查核,兹于光绪三十一年五月二十一日,蒙批准予立案,除分别呈明列宪备案外,理合将试办便宜章程三十条照缮清折一扣,禀请宫保大人查核立案,实为公便。

督宪袁批:禀折均悉。查该总会便宜章程有可议者数处:一曰坐办宜裁抑也。查部章第四款商务总会派总理一员、协理一员、本无坐办名目,第十款:凡开议时,应以总理为主席,议决登册者由主席签字作准,是部中命意注重总理一人,今该会既添坐办名目。第二十条:又一工本会坐办有管辖全会,收发各项事件之权,是总理无权而坐办全权,侵越甚矣。一曰公举宜实行也。查部章第五款,商会董事应由就地各商家公举为定,总会约自二十员以至五十员为率,今该会第四款云本会遵照部章先约会董十数员,不曰公举而曰约似,总理、协理、坐办即有无限之权,查部章商会董事,应由各商家公举,而总理、协理由各会董会议公推,所以联络商情允孚众望者,全在公举二字为之枢纽,非少数之总理等人可以任便纠约也。一曰华洋交涉之案无庸常年延请律师也。查部章第十六款华洋商遇有交涉龃龉,商会应令两造各举公正人一人,秉公理处,即酌行剖断,如未能允洽,再由两造公正人合举众望夙著者一人,从中裁判,惟两造情事商会未及周悉,业经具控该地方官,或该管领事者,始听两造自便等因。是华洋交涉注重于两造所举之公正人,应用律师之时甚少,今该会第六条拟请律师,因无力延请翻译,拟求札饬洋务局立案订明,准随事由该会移请翻译偕同律师会审,查律师乃代言之人,无会审之责,即或需用翻译,应届时禀明饬局,无庸豫订以上三条。除录批咨明商部外,仰即由该总会分别更正补呈商部备案,并录呈本大臣核夺。此缴。

(光绪三十一年七月初二日"文牍录要"栏目)

津海关道拟请铁路所经非口岸地方不准
洋商设铺地方官应随时查禁禀并批

敬禀者,窃查各国洋商,按约只准在口岸贸易。若赴内地开设行栈,以及华洋商互相假冒,影射牌号,均为约章所应禁。乃职道访闻内地,沿铁路地方往往有洋人假冒华号,违约开行。华商影射洋牌走私罔利,且有本系华商赍本勾串无赖洋人出面,或指为合伙,或竟称店东,词讼则贿串扛帮,厘捐则恃符抗欠,明目张胆,视为故常。地方官于约章多未究心,亦遂置之不问。殊不知洋商行栈只准在口岸开张,铁路所经仍属内地,岂容藉口开行?若不及时查禁,诚恐各洋商相率效尤,漫无限制,将成遍地通商,于国利、主权均属大有关碍。职道悉心筹酌,拟请饬下芦汉、京榆、京张、正太等处铁路经过各州县,申明约章,洋商只准入内地寄寓客栈,办本行货物,转运出洋,不得在内地开设行栈。将境内城镇华商行铺,按照编查门牌之法,遴派干练员司逐一查询,何人赍本?何人经理?开设何年?出售何货?注册备查,发给执照,作为核准。不准需索分文。如查有华洋商人互相影射之牌号,及洋商独力合股所开之行栈,凡为约章所不准者,立即勒限照约关闭。倘敢不遵,禀报核办。嗣后,各华商开贸、收歇、顶盘、添股,均须赴官报明存案。地方官三月一查,自奉文之日起,限令三个月内一律查竣禀报。

自此次饬办之后，倘再有洋人在内地开设行栈、影射牌号等事，一经发觉，除将该商立予究治、轻则罚办、重则充公外，并治该地方官以失察之咎。于此澈底清查，显申华洋假冒商牌之禁，即隐杜洋商开设行栈之端，庶积弊可冀廓清，而外人亦谅无藉口矣。职道管蠡之见，是否有当，理合禀请宪台俯赐察核训示。肃此具禀。

督宪袁批：据禀已悉。查洋商在内地开设行栈，本为约章所应禁。乃近来内地沿铁路地方时有洋人违约开设行铺，自应严行查禁，以儆效尤。候通饬沿铁路各地方官，将境内城镇华商行铺按照编查门牌之法，逐一查询，注册备查，核准给照，不准需索分文。如查有华洋商人互相影射之牌号及洋商独力合股所开之行栈，凡为约章所不准者，立即勒限照约关闭。倘敢不遵，禀报核办。嗣后华商开贸、收歇均须赴官报明存案。地方官三月一查，自此次奉文之日起勒限一个月一律查竣禀报。此后倘再有洋人在内地开设行栈影射牌号等事，一经发觉，即将该商立予究治。如该地方官失察，即行撤参，以示惩儆。并行各铁路局一体遵照办理。此缴。

（光绪三十一年七月二十九日"文牍录要"栏目）

天津府示

出示晓谕事，照得现据天津商务总会禀称，窃查津地自庚子乱后，元气未复，仰蒙列宪挽济，渐就平稳，惟来往川换及各项纸币尚未流通，是以经职等邀集众商筹办天津商务通裕有限公司，以资提倡，拟筹股本银二十万两，筹足十万两先行开办，幸众志成城，股本将次招足。业经众商举定，职商孙光煜、张家声作为该公司经理规画一切，惟股本出自众商，似非格外保护，不足以昭大信而慰众望，拟请援照成案，凡公司一切来往一律保护，如逾期不交，除查封追缴外，亏欠五千两以上者，监禁三年；亏欠一万两以上者，监禁五年。倘有不肖之徒，藉端滋扰，亦准该公司随时禀究从重惩办以保血本。除由职等遵例禀报商部立案注册请领执照外，所有筹办公司钱业公司缘由，亟应先行禀请俯赐立案，并请速赐晓谕以资开办，实为公便。等情。据此，合亟出示晓谕，为此示仰商民人等知悉，尔等须知开办通裕有限公司，系为疏通市面，自应切实保护，以顾大局，倘有地方棍徒藉端滋扰各情，准该公司扭送惩办，决不宽贷。切切特示。

（光绪三十一年八月二十六日"畿辅近事"栏目）

天津商会创设通裕有限公司章程

天津商务通裕有限公司试办章程,计开:

第一条　本公司系由天津商务总会劝办,自应以提倡纸币疏通川换为宗旨。凡一切章程须禀呈商务总会核准后,一面详请宫保,一面详请商部立案注册,照章保护。

第二条　本公司资本拟集元宝银二十万两,因津地财力尚绌,招集十万两即行开办,以便早慰渴望。

第三条　本公司遵照部定有限公司章程,每股应付若干,不得于股银外再令摊资,设有意外亏累多至股本之半,应由经理会同监理声明商务总会,通知各股东商议进止。

第四条　本公司拟招两千股,每股宝银百两,共股本二十万两,每股官息年利六厘,自开办之日始一年结算一次,定期登报,凭折支取,认票不认人。并应于息折后盖印年限填写银数,以昭核实。

第五条　本公司刊发双联股票,左面留公司存查,于骑缝列号及年月处,由商务总会盖印关防,以昭核实。每股给发股票一张附给凭折一扣,如有入股较多,愿合一张一折者听。倘有遗失凭折等事,自行登报声明作废,两月后无人争论者,方能注册补给。如有持股票押借及作保等事,均应本股东自理与公司无涉。

第六条　本公司股票准转售不准提取,如转售时,应携票折到本公司更名注册,惟不得售于洋人,以免交涉。

第七条　本公司交易无拘多寡,经理人须实事求是,勿蹈赡徇,倘遇倒骗,准由商务总会援例禀诸列宪,按照官洋各款,一体保护。查封备抵,照章惩办。

第八条　本公司定章存放各款久暂不同,应随时酌议。

第九条　本公司提倡银钱及银元各项纸币一律付现,如有滋扰及伪票情事,应由商务总会立即送究严办。

第十条　各行商或有积货一时周转不灵,指明存货向本公司借款者,查明包过火险公司估价值十押六,定期清还,如期内将货分次售出,准其分成归还,利随本减。过期二十日仍不交付,准本公司拍卖作抵偿,有不敷仍向原主索偿,以免亏累。

第十一条 本公司先在天津设立总号，俟办有成效再于京都、上海各商埠推广分号，以便周转。

第十二条 本公司每年开年会一次，商酌各项事宜，各股东齐集商会择善而从。

第十三条 本公司出入各款，每月杪经理人督同司帐人等缮具清册二分，会同监理呈交商务总会一分，准各股东随时查察一分，存公司备查，至年终汇集。每月清册排印一次，于取息时分送各股东查阅。

第十四条 本公司三年结算一次，除开销利息辛酬杂项外，所有赢余先提出十分之一作为公积，以保亏累，余利按十成扣算，以七成分给各股，以一成五酬劳经理，以一成五作为同人花红，临时由经理酌议。

第十五条 本公司历年公积之款，原为保全血本，遇有筹募官项情事，不准擅动此款。

第十六条 本公司拟请孙右庵君光煜、张朗轩君家声经理，用人行政一切事宜，维须恪遵公订章程，不得于章程外稍逾权限。

第十七条 本公司司事人等，应由经理延用，惟须品行端正，并有切实保单呈交公司，如有舞弊等事，应由保人承认。

第十八条 本公司创行一切纸币原为疏通简便起见，须格外慎重，勿蹈从前架空等弊，拟援照西例，银行章程所出之票，不得逾存款三分之一。

第十九条 本公司各股东均有调查之责，如遇事关利弊，准随时到公司通知经理人等妥议，惟不得无故到公司干预公事，以免事权不一。

第二十条 以上章程系参酌向章公同核订，如有未尽及应改事宜，须随时妥议，以期美备而垂久远。

（光绪三十一年十月初五日"文牍录要"栏目）

议事会函请维持商务

天津县议事会致函商务总会函云：敝会本届常期会有议员，查我津百货麇集，商务殷繁，水陆交通洵为北省之冠，特以商学商理素欠研究，每至货价低昂，参差不一，所以要价还价一语，若为商店必不可少者，殊于买卖两面俱多窒碍，宜仿泰西各国市场办法，无论大小生意，皆标示一定价目，任人择购。又闻之，各国通都大邑，商家团体皆设有劝业劝工等厂，凡本国出品，均分门别类集于一处，任人购用，其中公立一事务所董理其事，此法既可以齐物价，又可以联商情。今我国正工商衰弱时代，盖设此以振兴之，兼可使国民认明本国出品以便采购各等语，当查所陈各节洵属提倡商业之举。但能实力举行，则于价目一节既省时间又免鞥辁买卖，两家均应称便。至设劝工劝业等厂，似应立一事务所董理其事，庶足联络商情而物价可期划一。敝会公同核议会议，事关商务前途，拟恳贵会大力维持，俾得施行，特为函达，即请查核。

（宣统元年十二月初五日"畿辅近事"栏目）

移请罚办典商盘剥

　　天津县议事会移天津县文云：案准民人夏长春投递说帖内称：为当商加利盘剥恳请照章罚办以助公益而儆刁商事，窃身于本月十六日在东门内石桥胡同庆德当赎物，不料，该当加利盘剥，用意欺压，愚民无能明白，算者暗中加息，及至回家核算，方知被其多算息洋八分余，旋即至典找算，彼云无暇复算，向来无错，反遭该号众口欺压，语多不逊。身无奈，仍回家求人核算，实系多算无讹，再与理论，经旁人说合，该商始允复核，遂即找出铜子九枚，自认错算。身今正赎物，被其多算，当时不知，次日知其多算，彼即不认。查当铺平日赎当短少伊之一文，虽离城数十里之远，必须补足方得取物；如伊多算，欺乡人多不识字会算，隔日来找，不但不认，反受其辱，乡民只好忍受，伊虽经认错，然既肆口相辱于前，岂甘随意了结，以灭公理！典行加利盘剥贫民，天良俱丧，若不从严议罚，何以安民心而儆刁商？恳祈秉公核议妥后移县出示晓谕严禁并请派绅暗中稽查典账，议定罚章，布告通衢，则小民受惠感激靡既矣。现身之原物仍存该铺，虽经该商亲送到门，认错赔息，不敢妄自领回，静候批示饬遵为盼！身赎物被欺，彼时告知该段巡警存查矣，合并声明，谨附呈原当日期钱数清单一纸，伏乞照当当原票查核各等语，当经敝会核议，贫民当物出息本属穷不得已，而当商公平核算，照本计利亦属分所应得。惟自去岁以大小洋元混杂，当主赎物而当商多算利息者，时有所闻。当于宣统元年九月据情禀明督宪，恳乞严禁，嗣据当商值年来函称，当商断无大小洋混乱浮收情弊，已蒙县尊，令敝行各典出具切结。嗣后取赎，务照市价分别核算，倘有朦混取巧，当主随时指明禀控各等语。兹据夏长春所诉，各节并按原当日期钱数清单覆核，该庆德当实系多算利息铜子九枚，殊属罔遵功令，故态复萌，若不从严罚办，不特贫民受累

143

无已,即他各典亦必视前具甘结为具文。为此,备文移请县台查照施行。

(宣统二年三月初五日"畿辅近事"栏目)

天津商会禀遵饬官中通用纸品
仍准南纸商印售代各商叩谢文并批

敬禀者,窃奉钧札内开为札饬事,据藩运两司会同官报兼印刷局禀称,窃奉宪台札开,据天津商务总会禀称,南纸各商仍恳停办印刷官纸缘由理合遵章代诉,叩乞俯念商艰曲,予矜全等情到,本大臣据此,除批查,前据官报兼印刷局来禀声明所印官纸酌准该商等承领发卖,坐收什一之利,乃该商等误听传言,一再渎禀大失,本部堂体恤商艰之意,官纸势在必行,所请停办自毋庸议,惟应如何变通办理,量加体恤之处,故候札饬藩运两司会同官报兼印刷局迅速核议,详夺印发并分行外,札局遵照。等因。本司亦蒙札同前因,奉此遵查官用纸品维持信用,消灭诈伪,与行政之利害即地方之治安,均有关系,实预备立宪时代所不可不急切改良者,故创办之宗旨,在乎裨益行政,原与商业无关,前经职局禀定通用品程式,暨拟具发行大概办法,案内曾经声明,凡商家到局贩运分销及批发各纸店者,均酌予利益,而于商民用品概不印售,一切听其自便,无非于整齐公牍之中,仍寓体恤商民之意,兹奉前因,是纸商误听传言,未悉开办宗旨事既关乎政体,岂能遽请终止,诚如宪批官纸事在必行,万无停办之理,惟念此事系为划一文牍起见,并非注重筹款,当经本司职道等会同核议,请将官报局禀定官中通用品十有一种作为北洋文牍定式由该纸商等遵照样式印售,勿误实行之期。以仰副宪台轸念商艰之至意,至官中专用各品,向不归纸商出售者,仍由职局印刷通行,以免参差而维体制。如此变通办理,分清界限,该纸商等尚复何辞,似上于政体无伤,下于舆情亦顺,所有遵饬会议官中通用纸品,请由纸商印售,暨官中专用纸品,仍归职局办理各缘由,经本司职道等往返函商,意见相同,理合会同具禀,呈请宪台批示,祗遵并请札饬商会转谕纸商遵照办理,实为公便等情到。本大臣据此,除批据禀已悉。所拟请将官印刷局禀定官中通用纸品十有一种作为北洋文牍定式,由该纸商等遵照式样印售,至官中专用各品,向不归纸商出售者,仍由该局印刷通行,具见该司道等于政体商情斟酌允协,应即照准候行商会转饬该纸商等遵照前定官中通用纸品式样一律印售,以示格外体恤,其官中专用纸品仍由该局分别印行,俾昭慎重,仰即查照。等因。印发外,合行札饬,札到该商会即便转饬遵照办理切切。等因。当即转饬,该南纸商遵照去后,兹据天津文美斋士宝斋等、北京清秘阁荣宝斋等、保定松茂斋芝兰室等覆称,窃商等前因官纸印刷局事再三请由商会据情转禀督帅吁恳俯念商艰,收回成命,感佩不胜。嗣奉宪恩,准于变通,量加体恤并饬由藩运两司会同官报兼印刷局核议,详蒙大帅批准,官中通用品十有一种作为北洋文牍定式,由商等遵照式样印售,至官中专用各品,向不归商等印售者,仍由官报兼印刷局分别印刷,仰见司道各宪于政体商情斟酌允协且用以副督宪体恤商情,轸念商艰之至意,接奉宪谕感激莫名,允宜恪遵仰答高厚,惟划一文牍政体攸关,整顿之中仍寓体恤之意,是商民用品既听自便,官中用品尚待通行,至形式若何,期限安在,应请预为宣布,以便周知,庶不误实行之时期,以勉副列宪之美意,既蒙变通办理,分清界限,商等尤当格外慎重,敬谨从事激发天良所有,遵饬覆陈请将官中通用纸品各种程式及施行日期从速颁布,以维体制而示遵循等情,前来查此案,仰承大帅维持,凡在商民,同深感戴,今该商等遵照奉行所有划一定式,应请预为颁布,使该商等遵式筹备,免误实行期限,用副大帅整顿之意,所有官中通用纸品仍由南纸商遵式印售,各商叩谢。宪恩并请颁布定式以便预备各缘由,理合禀请大帅查核俯赐转行官报局遵照,实为公便。肃此具禀恭叩崇安。伏乞垂鉴。

督宪陈批:据禀已悉。候行官报兼印刷局遵照办理,将官纸通用品移送该商会以便颁发,各纸商遵办。缴。

（宣统二年五月初九日"公牍录要"栏目）

纪商业研究所改选事

天津商业研究所十九日为改选正副议长、议员之期。是日,各行商董到场者约有百余人,互选研究所正议长一员、副议长二员、议员五员。今将互选投票选员照录如下:孙采岩,六十八票,杜筱琴六十四票,刘铭甫四十五票,王松樵四十一票,徐延寿三十三票,徐连山,二十五票,宋凤池二十三票,李樾臣,二十一票,桑荫午,十七票,胡子彬,十七票,周大旆,十六票,纪锦斋,十六票。由总理监理胡君当场再三面辞,惟众商谆谆,固请并总理王竹林观察再三婉劝始行允任。

（宣统二年七月二十一日"畿辅近事"栏目）

天津商会禀请出示预防摇惑以安市面文并批

敬禀者,窃查天津市面自遭兵燹,凡百商业均负重伤,收回地面以后,元气未复,市面银根奇紧,各商业受病之由,端在于此。职会竭尽画棉薄,力图转圜,禀承列宪维持,赖以镇定。数年以来,各商业无不苟延残喘,勉力支持。职会遇事保护,尚称安堵。现在上海市面摇乱,倒闭频仍,而天津春华泰搁浅津市,因而摇动,于是倾轧者有之,观望者有之,株连排挤者又有之,以致周转不通,市面为之一滞。职会为商界领袖,责在保商,何敢自安缄默,赶即约集全班会董悉心筹议,金以市面停滞,亟应设法维持,免致倾轧株连,摇动全局,公拟推缓旧欠,照常交易,庶期市面流通,人无倾轧之心。职会仍随时筹画策应方针,力挽时艰,藉副大帅维持商务之至意。所有天津市面周转不通,以防不测,恳请出示照常交易万勿排挤各缘由,理合禀请大帅俯念大局,出示晓谕,先事预防以安市面,实为公便。再,春华泰搁浅,现经职会调查核办,一俟议有端倪,另禀奉呈伏候宪示,遵行合并陈明,肃此具禀,恭叩勋安,伏维垂鉴。

督宪陈批:据禀已悉。查天津商务自庚子以后迄未大复,兹若以上海市面败坏各商因之观望排挤,不能相维相系,适生恐慌,岂非自困? 应由该商会联合各商董切实劝导妥筹办理,并候札饬布政司、津海关道、巡警道、劝业道、天津道会衔出示晓谕、务各照常交易、勿得摇惑以安市面。此缴。

(宣统二年七月二十九日"公牍录要"栏目)

实　　业

官厂落成

北洋奏办织绒、硝皮两厂,其房屋现已落成,所需机器前由该厂督办,吴调卿、京卿委赴外国采购,现均陆续装运轮船到津,安置所聘硝皮匠师系英国头等皮匠名凯第,领有英脱两国头等皮匠文凭。闻该匠学术精通,技巧巧妙,业已到津厂内陈设布置。悉仿照外洋办法,不日即可兴工。至织绒厂匠师,闻用两人均聘自外国,近日亦可抵津,将来开办商务必有裨益。

(光绪二十九年十月十八日"畿辅近事"栏目)

天津府凌福彭谨呈今将查明日本监狱习艺详细情形开折

恭呈钧鉴,窃前奉宪札,以日本大阪监狱习艺法良意美,饬令前往查考一切详细记载,以资仿效。等因。蒙此,卑府随即搭长门丸前往日本,由马关登岸驰抵东京,始至之日往见外务部长官备述奉檄东来之意,情谊极为款洽,于监狱等事,尤能推诚布公,并派令藤井恒久同往东京监狱、土谷监狱、巢鸭监狱、崛川监狱、大阪监狱五处逐一察看。

其司狱各官知卑府此行出于宪台盛意,欲将狱制改良亦不复如从前之秘密,一一引视,详细相告,每处皆将现行章程及建造图式相赠,积书成帙灿然大观。凡所设施皆已亲验而目睹,约其要领有四,曰沿革,曰法度,曰建筑,曰经费,谨为宪台缕晰陈之。

日本德川氏时美人以兵劫盟立约,将钤印美使巴尔兰士告之曰,约中所载寓居日本商民归我领事管辖,此为治外法权,两国皆有所不便。然东方刑律太重,非西人所能堪,今日不能不尔。愿自今发奋自强,修明法律,后日改订此约,美当为各国倡,是为日本狱制改革之缘起。至明治二年刑部省中遂设囚狱司,铲除旧时残虐陋习。及明治四年刑部省改为司法省,颁布新律,定刑徒之制,各地方设立徒场为监禁囚徒之所。课以工业分其佣钱为二,一为衣食、药料之资,一为期满释放后营生之资。又招聘儒教、佛教有道之士以为之师,劝其迁善改过,盖其狱制改良进步基于是时矣。其后特派大臣小原重哉氏至香港、新加坡各处调查英领地方监狱制度。明治五年定监狱则及监狱图式颁行全国,其绪言曰:狱者所以仁爱人也,非以残虐人也;所以惩戒人也,非以毒苦人也。用刑者为国除害不得已之事也,司狱官当体此意以待遇囚徒。然府县地方建筑监狱尚不能如制,及明治六年废笞杖之刑,明治七年令各府县监狱均归内务省统辖,辅以警察之法,监狱制度由此渐密。明治十四年颁改正监狱则,明治二十二年颁第二次改正监狱则,体裁繁简,大约参酌于欧美而折其中。其律法轻重、刑期远近仍按之本国政俗而归,于禁民为非,典章颇称完备。至明治三十二年遂与各国改定条约,收回治外法权,凡各国居留人遇有违犯日本政令皆置监狱中,一例法办。此日本监狱沿革之大略也。

日本监狱之制名目甚繁,其大别有四:一曰未决监,二曰已决监,三曰民事监,四曰惩治监。被人告发候审者为未决监,审实定罪示期监禁者为已决监,债务、词讼则归民事监,游惰、无赖则归惩治监。其管理之法各不相同,而其精神主义则在于群分而区别之,使之不能相通。海陆军之犯法者为军狱监,抑制甚严,防其翻越。商民犯法者均归于民狱监,入监以后不带镣锁,教之习艺,其工场操作分别罪之轻重,罪轻者使之习织布、织草席、裁缝、刷印等工,稍重者使之搓麻绳、琢石砚,更重者使之濯粪,具其尤重者则为缢首行刑之地,在狱中另建一屋。每年犯死罪者一国之中不过二三十人。囚徒不率教者减其食料,食料麦四、稻六,分为九等,以木量乘之,减至九等不过麦饭一丸耳,饥苦之余虽有桀骜不驯者不能不俯首就法。囚徒可以寄信于亲属,先呈监狱官看过,允许方发。狱墙有石穴数处,隔以铁网。囚徒有亲属来监看视,警兵引至穴中与囚徒面谈,不能传递各物。入监之日洗濯易衣,未定罪者尚民服,已定罪者则一律衣赭,衣上下服皆一色。囚徒未定罪戴以草笠,笠深覆面,不令人见以养其廉耻。查考监狱祇看男监,其女监仅能外望。监中不许接谈,阒寂无声。工场中祇闻机织声、锯木声、琢石声、捶铁声,不闻人语。巡官佩刀、擎枪,有破越逃走准其拔刀放枪,格杀勿论。囚徒犯案事由书以竹签,悬之狱门。命盗等案十之一,伪银币、假文书等案十之六七,有童子十五岁而伪造官文书者。狱因多少无定数,东京一狱乃收至一千九百余人,他可类推然。而出入杂作熙熙焉,无怨容,无倦色,宽而有制,严而不虐,此日本监狱制度之大略也。

监狱之建与巡警相为表里,有四宜六忌:宜洁,以资卫生;宜整,以便瞭望;宜分,以绝引诱;宜坚,以防破越;忌秽,疾病传染死亡必多;忌嚣,人声嘈杂易滋事端;忌暗,深夜昏黑艰于巡察;忌近市,囚犯之地四围必需隔绝,勿使恶习染人;忌引火之物,冬炉、夜烛当置之监门之外;忌与潴水沼泽相接,夏秋霖雨墙壁易于倾倒,故建筑监狱必先择地,其图式有扇面形、十字形、八角形、H 字形、星光形各种，而便于巡察，宜于卫生者以十字形、扇面形为最。盖即西人所谓分房法也。监房、工场之外有事务室、接见室、教诲堂、讯问堂、浴堂、黑屋各有位置，皆宜与监房相连络，便于巡视。惟库房及陈列工艺所在监墙之外，大门之内，监房有中央看守所（如扇面形则在柄处，十字形则在中间点），巡官、巡兵昼夜轮班察看。外墙高约十六尺，无城壕而有木屋设于四角，以便巡兵站冈，墙垣不必厚，盖监内严于戒护，则外墙厚一尺六寸已足限制。其病监另建一处，与监房、工场离隔，约可容在监人百分之五。其运动场、癫狂室、尸室设于墙内一隅之地。犯法之幼童（游手、失业无家可归者皆拘于此）另建一所监房、工场，不相混杂，有体操及教书各课。查看至此，监狱官请阅其体操，尚能如法。女监亦另建一处，其司理者为中年寡妇，与男监有别。全监之中必有一楼可以俯瞰全狱，此日本监狱建筑之大略也。

日本监狱改良始于明治二年，迟之又久，至明治二十二年始能大定，其进步之缓，固改革之不易，亦经费之难筹也。明治六年之前全国监狱仅东京及埼玉县两处，监狱照新法建筑，余尚仍旧故法令之施行，尚多窒碍，盖狃于旧习有名无实。其后定监狱费由国库支办会议而决行之，然后规模始能毕具。查东京监狱略如刑部建筑之费，实用十五万三百六十二元，然此其极大者耳。大阪府为通商辐辏之地，人烟稠密甲于全国，考其年表犯法者亦以大阪为最多，故大阪监狱之外，又增崛川监狱，两处相连。问其常年经费，自言约十六万元。因徒所出货品可以得价八万元，稍资弥补，然则两狱合计实用八万元耳。自余各府县经费不能如此之多，而且日本各物价值昂贵，囚徒日用之需倍于中国。巡警之法细如牛毛，有违法者即置监狱中，故东京监狱一处因徒多至一千九百余名，盖有犯必惩并无宽假。民人之畏法在此，盗贼之衰息在此，经费之浩繁亦在此。此日本监狱经费之大略也。

以上四条均经卑府逐细考求，或于目击，或于问答，或于章程图籍，旁搜博采，穷一月之力似略有所得。其余监狱官之职任，囚犯之遵守，工场之赏罚，教师之感化，年表之比较各有细章分条眉列。复经卑府招致法科学生数人，连日翻译成书。惟中东政俗各有不同，现拟再选熟于中律之发审委员数人，分门比对参，酌损益，以期事之可行，行之而可久。伏维宪台伟略匡时，身膺艰巨，方今各国环峙，非修内政无以定外交，内政之要首在刑律，监狱一日不改则刑律一日不能修。现在保定、天津两处巡警之政已行，外人犯法者皆一律拿究，实为明效大著，鎡基待时正在今日。至直省民风质朴,俭而不勤游惰者多,且每年例灾、例赈习以为常,遂至流为乞丐而不自知惩,警场之设事不得已。卑府前奉宪谕将教养局与育黎堂合办,现已粗有端绪,大抵讲求工艺以辟其生机,修改刑律以宽其手足,明罚救法,禁民为非,监狱中多一囚徒,则间且中少一匪类,工场中多一手业,则廛市中少一惰民,似于治理不无稗益。所有查考日本监狱情形,理合陈明,伏乞钧鉴。

(光绪二十九年十月二十八日、十月三十日、

十一月初二日"文牍录要"栏目)

创办天津阖郡电灯有限公司章程

一、本公司创办天津城厢内外阖郡电灯有限公司,自立之后不准他人仿设,以专利权而固商本,业经禀奉督宪关道,并天津府县各衙门批准,开设天津阖郡大光电灯有限公司,招集中国商股开办等因在案。同人会议集股设立机厂兴办,名为天津大光阖郡电灯有限公司,赀本定以三十万元为额,兹先招十五万元作为一千股试行开办,倘事业兴隆,势须推广,众商董会议妥章,再行续招十五万元,以为推广之赀,以符定额。

一、本公司股票之数,暂以一千股为额,议定拟照第一条章程办法,每股计通行银元一百五十元,入股者分三批付银,第一批于招妥登册时每股先付银五十元,一月后由本公司派人知照,再付第二批银五十元,均发给收条存证,其三批银五十元于开局前一月,仍由本公司派人知照,俟将股本银交完,并缴还头二批收条,以便换给股票息折。其息按每年本公司给帐后凭折照章支领。

一、本公司创办阖郡电灯生意,以为收回利权,并防卫火患起见,津郡城厢内外,因煤油炸裂失慎者,屡有所闻,若用电灯无溯涨遗火之虞,至官署会馆并各项生意铺户,以及绅商士庶人家,均可安设,较煤油光明数倍,又少火患,其法尽善,已蒙批准立案,以垂永久。

一、本公司众商董公举候选同知穆云湘为总经理之人,兹假紫竹林布日唯寓处,暂作账房以便安排一切,俟择定津郡适中之地,建造公司房间,安设汽机厂屋,再为迁移。

一、本公司定章所招之股,以银元一百五十元为一股,无论入股多寡,

不得派荐司事、工匠、差役人等在局充差，以防弊窦而免嫌疑。所有本公司应聘用各项人役，惟总董事专任其责，他人不得干预擅专，以归划一。

一、本公司议定总董事一人，会办二人，司事、工匠、学徒、差役共五十人，一切均听总董一人主政，即洋工师等遇事，亦须与总董商办，勿许自专。

一、本公司聘请法国洋工师正副共二人，布日唯美玉专司汽机一切事宜，及购买机器电线灯头等物，皆系出自外洋者，责成该总工师一人采买，均须有保固年限合同，如未届年限机器等物，或有残坏之处，惟该工师包赔，不与本公司相干，写立合同，亲笔签字为凭。

一、本公司购买各项料物，以便工作，除汽机灯头电线等物外，如中国已有之物料，尽由中国各处购买，不得一概购自外洋。

一、本公司实为收回利权起见，火油畅销中国后，而西北各省以天津为最伙，荒隅僻壤几于无处无之。迨庚子后挨户谕令燃灯，即此路灯一项，核计阖郡每日多销火油至少约在二三百箱之谱，各家院内之灯不在其列积日累年，此项火油之价，为数甚钜，漏卮之大，此其一端。若能一律改用电灯，其利源无从外溢矣。

一、本公司选定总董事一人，穆云湘系各股东公举之人，所有本公司生意一切事宜，并本公司图章三颗，当面交付总董事收存印用，该图章不准代人作保、租房、借钱等事，以杜后患。

一、本公司自开办之日起，每届年终结账一次，如有余利，除一切经费利息外，余者作为十成分派，先提七厘以作本公司之后程，专备局内挹注之用，再总工师酬谢五厘，总理人酬谢五厘，同人司事及各匠目等，应酬谢三厘，再提一成津贴半日学堂之费，并拟创办工艺厂之经费，其余七成照入股之多寡均分。

一、本公司每年结账一次，择期准请各股东并总董事诸人公聚一次，以便查阅本年之账目，续议来年应办各事，仍将一年内所办之事及出入各帐录清悬挂本公司内，以备各股东查阅。倘遇重大之事，随时集议，不在每年通例之内。

一、本公司银钱器具以及应办一切之事，均归总董事一人经理，如总董因公他出，会办代理。本公司一切公函及支取银钱货物，如无总董签字，概行作废出，入银钱均以收条为凭。

一、本公司应用精明干练之中国人学徒，拟先由半日学堂挑取，学习以三年为限，须有妥实中保字据，方可录用，学满后以技艺之高下定工资之多寡,如于限内自行告退者,每月议罚洋三元,按月核算,如其无力赔偿,惟中保人是问,倘有不肖之辈有犯烟酒赌色之事,立即革除。再本公司中人均须时时讲求新法,推陈出新,以期精益求精,该学徒等责成洋工师竭诚教导,务使有所实获,倘学有成效,于电学一一普通,即各处电报电机尽可令该学徒等,报效国家以副本公司培植之深意。

一、本公司虽系经商,颇存培养人材,振兴商民之意,兹拟在本公司旁立工艺厂一所,以便练习电学各事,仍以洋总工师为教习。该厂之经费由本公司余利项下提一成均分,以五分津贴本工艺厂,五分津贴各半日蒙学堂,至该厂学徒人数多寡随时商酌。

一、本公司开办后,遇有盈余款项,并公积之款,除动用外,均应存银行生息,所得之息,至年终与本公司余利,按股均分。倘工艺厂创办有成,得有余利,仍须并入本公司余利之内,按股均分。

一、本公司无论总董事、总工师及账房司事、工匠、学徒、差役人等,均不准支借钱文。

一、本公司账房、机器房等处,不准留住闲人,并局内同人之亲友观觑闲坐,致碍工作,一概阻谢,倘有究心工艺之士,藉资攻错,必须到局观看者,于前二日函达总经理人允许,方准入局观看。

一、本公司将机器购齐,造房安线一律开办后,每届一年结算所收灯价若干,除随时开支应用各项经费外,所有余利再提出各股东股本之息,此息拟以七厘为率,不能作为永久,以得利之年份即为停息之日。每至结年帐时,核算清楚,自入股之日起算,共几年未曾得有余利,即为欠息几年,结账时应分余利外,补发一年息钱若干,当面写入息折,以清前欠。如是递年补还,年限一满,即行停止息折,收回一律注销,以后止分余利,并无息款。

一、公司入股诸君付银后,不准任意收回,倘有事故需用祇准将股票转售,如售妥时,须先由原购票之人及现欲买受股票之人,到本公司用转售凭单一纸,在该单上写明某年月日转售者某人,及某人受买收照字样,再由本公司挂号声明,以杜繆轕。

一、本公司之股票如有遗失之时,须先赴本公司报明挂号,以备查核,仍由本人将股票人名号数登载附近各报,声明作废,俾众周知,俟二个月后无人到本公司查问,方准照原号补给。嗣后如有人持原票葛藤者,仍归原买票本人自理,与本公司无涉。

一、本公司所有议定一切招股开办章程二十三条,详细注册,以便入股诸君公阅而期事同一律。

一、此次设立电灯公司事属创办，或有窒碍之处及未尽事宜，应随时变通，以期尽善。

（光绪二十九年十月三十日"畿辅近事"栏目）

工艺局禀酌拟创设考工厂办法四条

一、择地厂中庋设商品所，以激发工业家之观感，自宜择市廛繁盛，商务荟萃之区，前禀蒙面谕，以北马路官银号洋楼地基改造，地势宽阔，居中握要，最为合宜。嗣以银号一时尚难迁徙，又蒙指定龙亭后隙地一段，交通便利，亦尚合用，现拟就此处建筑楼房一所，暂行庋设商品，另绘房图附呈，一俟批准后即行开工。惟厂中罗列土产洋货需地甚宽，此处限于地势，无可开拓，不足以容纳众品，将来工商兴旺，尚拟再行推广。查新马路地方与宪署相近，又为新车站往来要道，地势宽绰。自开马路后，中西商人接续修造房屋，繁庶之象计日可竣，拟待该处商业兴盛后，另行在彼择地建筑，以为永远之计。届时再行禀办。

一、用人厂中应设提调一员，总理全厂一切事务，兼办文牍并综核用款。艺长一员，专司考验商品，指教工艺方法，演试工艺要理，其有关化学理蕴者，并由工艺学堂总分教习，随时襄助办理。英文司事一员，专司翻译事件。司账一员，专司进出账目及一切银钱簿据。司事二员，专司接待商客，并陈列出纳各项杂务。其余门丁兼收门票二名，看护人五名，杂役四名，各司本职事务以专责成。以上各员司俟批准后，即行检员请委试办。将来事务繁多，再行酌量禀请添设。

一、筹款分开办经费及常年经费两项。开办经费项下，计建筑装修、陈设商品器具、购置图书，约计需银二万八千二百两。常年项下，计华洋员司丁役薪工及笔墨纸砚各种杂费，并修理各费，长年约需银八千一百六十两，遇闰加增银六百四十五两以上，均系约估大概数目。开办后应撙节动用，极力从省，倘有另案事情，必须加增用费之处，应随时审察事体缓急，另行禀案办理。所有前项经费银两，另缮清折附呈，应否在于银元局余利项下拨发，抑或由别局所筹拨之处，伏候宪裁。

一、事务计分四项：一庋设。搜集本省土产、外省货物、外国制品，分类陈列，标其价格品质及产地，以供工商业家之观览。一、考察。凡本地或各属工业家,或令陈其制品,或巡视其制法,与外国比较其得失。本地及附近地方可兴之利,所出之产,皆勤加访察,俾众周知。凡工作之精粗,成本之贵贱,销场之衰旺,运费之多寡,装裹之良否,及其他有关于工商业之盛衰者,皆悉心考究,以便改良,并随时开演说实验等事,邀集工业家发明各项要理及其方法,以资开导。一、化验。设化学器具,凡有呈验化学品物及矿产者,均为分析试验,使知其原质,明其理化,以便设法制造。一、图书。凡关系工业上之书艺、标本、报告、新闻杂志,以及商品目录、特许商牌等件,皆时加搜罗,以便工商家之考证。此外尚有本地进出口货之销滞,行情之涨落,及外埠外国之贸易情形,及有关工商之要理,拟随时刊入北洋官报,俾众周知。俟商务兴盛再行自刊月报。以上四条系创设大概情形,如有未尽事宜及将来应行增易之处,随时再行禀办,合并陈明。

（光绪二十九年十一月十四日"文牍录要"栏目）

考验局厂

天津城内丁公祠发审公所早经各员入局办事,昨日,杨方伯亲诣该公所察验,午后复至工艺总局考查一切。

（光绪二十九年十二月初五日"畿辅近事"栏目）

电灯招股

天津英租界煤气灯公司,现议改设电灯,添募新股一千一百五十份,每股百两,分三期给付,计现收四十两,西八月十一号及西历明年二月各收三十两云。

（光绪三十年二月二十七日"畿辅近事"栏目）

纪考工厂

天津考工厂设北马路龙亭后不日开厂,厂中陈列者以天津教养局、北京工艺局之物品为多。无论何等商号,皆可将货物送往比赛,由厂给票一纸,可以随意出入。此外,有欲往游览者,须以铜圆一枚购票入厂,仍于出厂时交还原票。

（光绪三十年七月初八日"畿辅近事"栏目）

天津银号直隶工艺总局会详考取出洋学生缮呈名籍清单文并批

为详报事，窃职道等前请考选天津士商子弟学习商业并分入农工各学校一案，奉宪批事属可行，所需经费准由银号筹拨，俟考定后将学生姓名暨起程日期报查。等因。又前陈手折请并于工艺学堂学生中选其性质可造者派往。禀蒙宪鉴各在案，伏查天津考试之风向多枪替，不得不认真厘剔，职道等传集士商各子弟于本月十六日在工艺学堂扃门考试严行甄录，又于工艺学堂学生暑假大考，前列中精为遴选，一再接见，复加抉择。兹谨将考取学生姓名、籍贯并学生陈荣恪共二十四名缮具清单，恭呈钧鉴，至学生前赴日本护送之员，前经手折声明，拟派知县樊海澜、玉禄二员，业蒙批准，应俟暑假届满后克日成行，其川资并由银号拨给再出洋学生经费。拟请在职号余利暨息款项下支给，又陈荣恪仰蒙恩准附入官费学生之列。该生现在东洋，应俟诸生到东后一体给发学费，合并陈明所有考取出洋学生姓名、籍贯清单并呈报，派员护送衔名各缘由理合会同工艺总局具文详请宪台鉴核。为此备由具呈，伏乞照详施行。须至详者。

谨将考取天津士商子弟挑取工艺学堂学生姓名、籍贯开单恭呈宪鉴，计开：正取二十四名：郑联鹏，天津人；李志敏，沧州附生；石锡祜，大城附生；王治昌，天津人；齐鼎恒，通州廪生；齐鼎颐，通州附生；魏润浦，宁河附生；李成林，天津人；刘恩延，天津人；谢宝清，天津人；戴沂，天津人；李应全，广东南海人；金寿康，江苏嘉定人；王道昌，天津人；陈松岩，天津人；杨绍宗，天津人；刘光笏，天津人；张永柱，福建闽县人；金天禄，天津人；冯天来，天津人；张景炜，江西临川举人；陈宗蕃，江苏吴县附生；林瀞，天津人；陈荣恪，江西义宁州人。备取四名：谢宝善、徐凤铭、杨德麒、杨光弼，俱天津人。

督宪袁批：如详办理，仰仍将起程日期具报单存。此徼。

（光绪三十年七月初十日“文牍录要”栏目）

天津考工厂广告

游览人数并代售货品件数列下：优待票共七百八十一位。入览票共八千一百十五位。礼拜五入览女客共七百九十位。代北京工艺商局售出货品三件。代唐山矿务局述记售出货品二件。代天津官报局售出货品九件。代天津吴协兴售出货品三件。代天津泽商店售出货品三件。代天津武斋洋行售出货品三件。代天津天顺成售出货品一件。代天津永和号售出货品二件。

（光绪三十年八月初十日"畿辅近事"栏目）

天津考工厂广告

本厂自八月十一日至二十日游览人数并代售货品件数列下：优待票共七百八十一位。入览票共八千一百十五位。礼拜五入览女客共八百六十六位。代天津吴协兴售出货品七件。代天津元隆号售出货品十件。代天津恒顺成售出货品十五件。代天津物华楼售出货品二件。代天津士宝斋售出货品四件。代北洋官报局售出货品十五件。代天津长义顺售出货品一件。代天津实习工厂售出货品一件。代天津天顺成售出货品一件，代天津敦庆隆售出货品二件。代天津教养局售出货品四件。代天津永和行售出货品四件。代天津东泉盛售出货品一件。代天津育婴堂售出货品一件。代天津吴金印售出货品一件。代天津三义诚售出货品一件。代故城县售出货品二件。代日本川上房市售出货品一件。代日本泽商店售出货品三件。代日本北原涛三郎售出货品二件。代乐亭县售出货品二件。代北京商部工艺官局售出货品三件。代唐山矿务局述记售出货品一件。代北京清秘阁售出货品一件。代北京万兴昌售出货品一件。代北京万昌号售出货品一件。代北京万源店售出货品一件。代北京增茂庆售出货品一件。代北京万昌号售出货品一件。代北京工艺商局售出货品九件。

（光绪三十年八月二十二日"告白"栏目）

工艺总局详报考工厂开办情形文并批

为详报事，窃照职局所管之考工厂，自职道等接办以来，督饬华洋员司夙夜兴办，幸渐就绪，已于八月初一日开厂。半月以来观者甚众，购票入览者日千数百人、二千余人不等，购买货品亦时有之，似此民智可期逐渐开通，而月余之间力筹开办情形，以及拟订各项条规章程，谨为我宪台缕晰陈之。

　　查考工厂初设之宗旨，原为开通民智，提倡工商业之进步，必须罗列多品，启人智慧，乃职道等接手原领开办经费祇剩一千余两，势难再请开办经费，故前陈由银元局余利项下，按月筹拨经费银一千两，饬令格外撙节动支，必令有余，藉充开办添置柜架、刊印票册及一切创始各事之需，其由毛道经购货物三千余金，俱是习见零件仅千余品，实不足以供陈设，因编订寄售章程，刊报布告。又虑官民隔阂，上下之情不通，遂详请选派在籍候选知府宁绅世福，为考工厂总董，随同开导，联络鼓舞，未及一月寄售货物至三千余品，值价至三万余金，诚非初意所及，而办事必有一定时限，方能久持守护，必有一定责任，始无推诿故，既订办事规则又订看护条规，无非戒其急惰，勖以慎勤。复念厂屋无多，毛道前赁民房相距尚远，员司人役难资照料，因查该厂近依龙亭，呈蒙宪台批由该厂员司守护，用昭妥敬，既可随时照应，亦可就近办公。又因厂中陈设品物率多珍贵，禀蒙宪饬南段巡警拨派巡兵，昼夜轮流守护，而厂内无员司值宿，设有意外之变，必致内外不能呼应，复拟订值宿条规，每晚轮派司事二人值宿，此固足以昭慎重。而犹恐商人妄生疑怯，因复向洋商保险行议定保火险，计现时货品、家具、房屋，值银四万五千两，岁需保费银五百六两有奇，将来中外货品咸集，保费再随时量加。惟当此款项支绌，采取商品当择其要，必本国所产之易于改亮，易于行销，且能与外洋物品竞争而扩张本国工业者，始为录取，故又编订采取商品略则六条，遍行本省各州县官查照，并函致外省商务局代为采办。

　　至开厂之先，复拟订游览章程刊载华洋各报，使中外游人知所适从。又因风气初开，男女同游不便，特定每星期内以第五日专为中国妇女入厂游览之期，以示区别，并制优待纵览票、特别入览票，分送在津各局署及各领事，以及中外大商业家，藉资考证。其通行入览票，则于入门时每票取制钱十文，恐因游览人众，良莠不齐，所以示限制而便稽核。复招选学生十三名，分派售票、验票、收票各一人，收管携带品二人，陈列室四号，每号看护二人。又选派司事因庋设司须联络商情兼代售商货，酌用司事二名。其余会计司一名，庶务司二名，考察、图书两司事简，只用一名，文牍司仍照章由提调兼办，凡此布置既不敢稍涉铺张，亦不取苟简废事。提调周牧家鼎，艺长盐田真均能勤奋出力，是以一月有余，克观厥成。职道等仍当随时督率该厂华洋员司，切实考求，以期仰副宪台振兴工业之至意。除将用过款项核实造报外，所有考工厂开办情形，理合缮呈各项条规章程清折，详请宪台察核批示只遵。

督宪袁批:详折均悉,该局兴办考工厂布置甚善,仰仍督率员司,广搜商品,以为博览会之初阶,并候咨明商部查照。至折开值宿、看护两条规,似是日本人译汉之文,不甚明晰,已代为点窜抄送矣。并即知照。缴。

(光绪三十年九月初六日"文牍录要"栏目)

工艺总局详送考工厂各项章程条规清折

谨将考工厂拟订各项章程条规录呈宪鉴:

寄售章程

敬启者,本厂宗旨为提倡工商业之进步起见,其意有二:一为各货物开拓销路;一为各铺家播扬名誉。现定于七月中择吉开厂,邀请中外官商前来游览,敬祈宝号务于开厂之前,预先多选上等货物送交本厂寄售,所有寄售章程开列于后。计开:

一、本厂经费概系官筹,不取商家分毫,凡寄售货物照原价代售,随即奉缴本厂,不取分毫使费。

一、凡送到寄售货物,不拘大小贵贱,其每件零售者务须开明实在不折不扣之价,其大宗货物并注明批发价目,以便本厂照价代售,冀增销路。

一、诸位客商到本厂,由庶务司接待,凡货物送到由庶务司带晤庋设司,彼此点明货物登簿,随即付给收条,以昭信实。

一、凡货物送到后,倘本铺自有售主,不拘何时可持原收条到本厂将该货收回。

一、凡货物如有重大之件,本铺可知照本厂派人帮同往运,不收运费。

一、凡货物送到,倘时价有长落,本铺可随时来条知照,本厂即代为注册,但知照时倘该货已经售去,则本厂仍照前注之价奉缴。

一、凡货物送到及售出,每日开单登入北洋官报,以供众览。

一、凡寄售货物之铺家,本厂预给凭票,不拘何时可派伙友来本厂查验该货陈列情形,但进门时须携带本厂所给凭票,以便照验。

一、凡寄售货物,倘成色太次,有碍销路,或陈设日久容易糟旧之件,本厂可随时知照本铺取回更换。

一、凡寄售货物，本厂代为经管，倘万一有所遗失，本厂认照原价奉缴，决不使本铺受亏。

以上十条作为暂时章程试办，三个月后如有不便，届时再行通知更改。

办事规则

一、本厂每年三月至八月，每日自上午九钟至下午五钟为办公之时；九月至二月，每日自上午九钟至下午四钟为办公之时（其正午十二点钟至一点钟为午饭时限）。

一、自提调及各司事，每日均须遵照定章准时到厂办公，不得逾延。

一、办公时限之外，会计司、庶务司，每日至少必有一人在厂常川照料住宿。

一、各司派定后，各有专责，不得推诿，越俎代谋，以清权限。

一、各司均归提调约束，凡卖票、收票人及看护人，应照商店学生规制，须听该管会计、皮设两司约束，夫役人等应归庶务司约束。

一、凡办公之时，虽有戚友来访，若非公事概不得接见。

一、凡在办公时限内，不得任意外出，并不得谈笑自由。

一、除疾病或家有要事之外，概不得请假。

一、请假须于提调处禀明事由，惟虽有要事不得过五天，在远处者不在此例。

一、夫役人等，除由提调另单派定常川在厂不准擅离者之外，其余各人均应一应遵照办公时限到厂应差，不准违误。

一、提调处应设名牌，庶务司应立执事簿，均遵照试办章程第一章第六条所载办理。

一、各司休息日期如左：艺长、文牍司、化验司、考察司、图书司、庶务司，每逢礼拜日；提调、皮设司、会计司、看护人、卖票人及收验票人，每逢礼拜日下午。

一、凡此规则之外，各事均照试办章程办理。

值宿条规

一、本厂应立值宿名簿，每日值宿员当以二名为常规，其一名遵照总局所颁规则,以会计、庶务二司轮班;其一名由庋记、考察、图书、文牍等四司轮班。

一、当该值宿员若有疾病或他事故难为值宿,则应呈明提调,先与次日之当值员商明,交换替代,互相补助,毋得旷误。其替代互换人名、日期,均应在值宿簿内注明。

一、值宿员夜中须二次到庋设各室,及事务室察看,戒慎盗火,在暴风大雨之时,特加意要屡次巡视,若有发见屋漏、破牖等事,宜速为防备,移动陈列品于他室,以免损伤。若有盗火之变异,宜先用电话机器急报巡警局,并执行临机之处置。

一、值宿员于翌朝开厂以前,其一员指挥听差洒扫,监理每室各廊及阶段之洒扫,又使听差洒扫出入门边;他一员指挥看护人专监理庋设架橱面之拂拭。

一、值宿员保管各司所管之钥匙,到翌朝候各司员到厂须分付之。

一、值宿员于各司事退厂后到厂前有来到文书物件,则总登录日志,当于翌朝交于该管各司,若有紧急文牍到来,即宜使听差齐送该管者之寓处。

一、逢休息日值宿员开厂中须代他司事为来访者及来观人之应答,并代办寄售品之卖约,即售价等事,于翌日告其事,由于本管司事收银款须交于会计司,无错误迟缓。

一、逢休息日值宿员之外,要洋文司事一员到厂,以当外洋人之应答,但在洋文司事该当值宿日,不须别员到厂。

一、逢休息日值宿并到厂之员,应于其翌日与假,以均劳逸。

看护条规

一、本厂看护人以看护所有庋设物品,净扫庋设品与庋设架橱为主务。

一、看护人须每日开厂一点钟以前到厂,从事于庋设架橱之拂拭,在开厂中亦时加拂拭,要令橱扉之玻璃面架床之板面等无污尘。

一、看护人值庋设品自他处运到,若于厂内甲乙相移动时,须随艺长及庋设司事所命搬运品物,并为拂拭,如平日净扫品物时.亦加意护持,起卸拂拭最要郑重,勿令附笺甲乙致有错乱。

一、看护人不可须臾离去,其分担室宜俟交替人来到而后暂休,各复分担之位置,其午食时间准与半点钟,其余休息时限不许越过十五分。

一、看护人闭厂后须尚在分担室，俟司事之指挥而后退，不许随意退散。

一、看护人对来观人最要殷勤，勿有粗妄失敬之言动。

一、来观人有请熟览庋设品物，若欲购买寄售品、本厂购置品等者，须报知庋设司。

一、来观人有漫触手于庋设品，须殷勤谢绝之，若察其情意实在欲购买寄售品者，其取持熟览，固为不妨。

一、来观人中有对庋设品或抽笔摹写容姿绘纹，或由照相机器为摄影者，暂止之，宜报于庋设司，若其品物之附笺注明不许摹写摄影之字者，断然谢绝之可也。

一、来观人欲取橱架内之物品，及将物品回入橱架内，均须由看护人亲手授受，不得任来观人自取及自纳，以防误触损毁之事。

一、来观人倘有误触于庋设品，以致毁损，或破碎庋设橱架之玻璃板等事，先向其人请暂留，使他看护人急报庋设司事，亦勿须喧争言动。

一、有由看护人之故意若怠慢疏忽毁损品物，及庋设架橱等之事，庋设司应查核其轻重，分别罚办，或查其所损情形如何，令赔偿品物之原价。

一、看护人在看护中觉有品物之遗失，须急报于庋设司，请检查处分，若于盗迹不明确，遗失事由暧昧，看护人不能免其责，须即查核处罚。

一、来观人中若视有举动异常，形迹可疑之事，须使他看护人密告于庋设司，疯癫若烂醉者亦同。

采取本国商品略则（寄售货品另有专章不在此例）

一、凡采取商品以工艺品为主，余则择其产额富而有益于国计民生者取之。

一、凡工艺品须择其易于改良及改良后可畅行于各处者取之，若于民间不甚要者皆缓收。

一、凡足以与外洋物品竞争而扩张本国工业者皆取之。

一、凡采取商品，或征求寄赠，或出资购买，应视该品之轻重缓急酌量办理，惟现今经费未充，凡过于昂贵之物，概不购置，如有寄赠者，可收入陈列。

一、凡采取商品必须将其价值、产地、每年产额、行销地、批发价等逐件记明。

一、应采商品种类如左:工艺类:教育品(凡书籍、文房具、照相具、度量衡测量用具、乐器具)、美术品(凡书画雕刻等品)、制造品(凡陶磁器、玻璃器、玉石器、金银器、钟表、竹木器、漆器、纸、革、牙角等器,各项机器)、机织品(凡织染刺绣等品);天产类:矿产(凡一切五金矿石及各项化学药品、山盐矿泉等品)、水产(凡水中所产各项动植物及牙角等品)、林产(凡竹木及木炭等品)、农产(凡五谷、蚕丝、棉花、蔬、果、酒、烟、茶及各项花草之种子等品)。

游览章程

本厂华历三月至八月,每日于上午九点钟开厂,下午四点钟停止售票,五点钟关门;九月至二月,则于上午九点钟开厂,下午三点钟停止售票,三点半钟关门,惟每日十二点钟至一点钟为午膳之时,概不售票,但纵览时刻亦有酌量事宜随时伸缩。

一、入览者须于本厂售票处购票,入门时此票呈验,出门时交于收票者,但带有优待票或特别入览票者,进出门时惟呈验而已,概不取费。

一、携带棍子伞或小包者,应将该物件交于携带品收管所收存,出门时领回该物。

一、不得率同犬畜等类游览厂内。

一、非得看护人之允许,不得任意抚触度设品。

一、如愿买货品请至售品记簿处面议,酌付定钱,先给凭条,随后持条备价,取货不误。

一、疯癫或酒醉者一概不得入览。

一、本厂休息日开列于下:万寿圣节日下午;每礼拜日下午;自腊月二十一日至正月初五日;上元节日下午;端午节日下午;中秋节日下午,但除此之外,当全数更换陈列时,随时斟酌停止游览,日期另行告白。

敬再启者,本厂为提倡工艺,在外洋原不拘男女均可随时来厂游览,惟中国风俗不同,兹拟订每逢礼拜五,该日专让中国女客游览,其余日期准男客游览,以免彼此不便。至外国妇女来厂游览,不拘此例。

(光绪三十年九月初七日—光绪三十年九月初十日"文牍录要"栏目)

天津考工厂广告

本厂自九月初一日至十五日游览人数并代售货品件数列下:优待票共六百九十一位,入览票共六千三百三十位,两次礼拜五入览女客共一千四百廿一位。代北京商部工艺官局售出货品二件。代北京工艺商局售出货品十件。代北京万兴广售出货品二件。代北京清秘阁售出货品五件。代北京天兴号售出货品二件。代北京万源店售出货品二件。代北京万昌锡铺售出货品一件。代北京增茂庆售出货品一件。代北洋官报局售出货品六件。代天津习艺所、教养工厂售出货品二件。代天津教养局售出货品二件。代天津习同文仁售出货品一件。代天津恒顺成售出货品一件。代天津元隆号售出货品七件。代天津物华楼售出货品五件。代天津吴协兴售出货品二件。代天津三义诚售出货品一件。代天津利亚书局售出货品二件。代天津永和行售出货品二件。代天津三毛行售出货品四十五件。代天津武斋行售出货品一件。代天津同陞号售出货品二件。代唐山矿务局述记售出货品一件。代日本北原涛三郎售出货品二件。

（光绪三十年九月十七日"告白"栏目）

直隶工艺总局实习工场试办章程
办法大旨

一、本场谨遵《钦定学堂章程》,名为实习工场,以提倡制造,培养民生,储各项公司工匠之才,成本局学堂学生之艺为宗旨。

一、本场就教养局移交房屋,修理改造先行试办,与工业学堂联络一气,兼以工场为工业学生试验制造之所,而学堂各科教习即可为工场工徒讲课之师,相辅而行,收效较速。

一、本场工艺拟分染色、织布、木工、金工、化学、小制造、电镀等事,以承造军装及学堂用品为先务,其余商品亦可酌量带造,详细章程随时另禀。

一、本场开办之初,分科酌雇工匠,或募订工师,教授工徒,应量其艺之高下,事之难易,酌定工食薪水,另案办理。

一、本场备讲堂一处,工徒每日须分班讲习书课一点钟,其聪颖者就工业学堂所有之各项科学量材施教,其次者仅令习书算,其功课均由工业学堂各教习兼理。

一、本场拟联合绅商开办各项公司,如染织、缝纫、木器、铁器、洋皂、洋烛之类,各公司所需工匠、工徒准由本场调派,至该公司集股用人一切事权,均由商家自主,本场概不搀越。

一、各项公司之联合本场者,其股票每号银数以愈少愈妙,每股或一元、二元、五元,至多不过十元,俾司事工匠人等皆可附股,庶几彼此休戚相关,且使贫户亦可附股,此为本场提倡工业之要旨。

一、凡与本场联合之公司,每年应在余利项下提二十分之一捐助本场经费。

工徒资格

一、官费工徒应有定额,开办之初拟先招选工徒二百名,选取之后因材施教,分习各艺,如报名人数众多,可于额外备取若干名,候本场陆续次第传补,至投选工徒须取具亲族甘结,并实铺户保结。

一、工徒除每年定期招选外,有由各州县申送,或由地方绅士保送者,如查与本场定章无碍,可随时酌量挑收,惟须归入自费,不得占官费额数。

一、招选工徒分甲班、乙班,甲班试以书算,乙班试事膂力。

一、工徒年龄分二级,十二岁至十五岁为幼童,十六岁至二十二岁为及岁,各量其性质,分习各科,其应习何科,官费者由本场酌定,自费者可由该徒原保送人呈请。惟自派定后非由本场酌调,不得擅请改习他科。

一、官费工徒初选入厂,一月内随时甄别,不给津贴,满一月后甄别留场,及岁者每名每月由本场给洋三元;幼童每名月给洋二元,以资贴补该徒衣食,其应用书籍、纸笔、器具均由本场发给。

一、自费工徒及岁者,每名每月应缴学费洋一元;幼童每名每月应缴学费洋五角,均按三个月一次预先缴足,其应用书籍、纸笔、器具均由本人出资自备。

一、工徒无论官费自费,均在外宿食,每日按照所定时刻上工下工,本场概不预备宿舍,如有外乡工徒无处宿食者,在本场寄宿并每日三餐者,每月每名应缴银洋四元,或仅寄午餐每月每名应缴洋一元五角。

一、自费工徒其学费及宿食费须有妥实铺保担任;凡由各州县申送者,其学费及宿食费由各州县官备缴;由绅士保送者,其学费及宿食费由绅士筹缴,均须在该工徒入场时先缴三个月资费,以后仍按三个月预缴一次。

一、工徒毕业年限,应视所习何科,量其技艺之难易,随后分别酌拟,另定专章。

一、自费工徒毕业后,去留听其自酌;官费工徒毕业后,须在本场效力三年,期满方准自赴他处作工,若由本场派往公司者,不在此例。

一、工徒按照另章年限毕业后,凡官费者在供差年限内,先升为副工匠,每月除津贴外加给犒赏洋一元,再升为正工匠,每月加给辛工洋二元,其有技艺超格异常勤奋者,可渐升副匠目、正匠目以至副工师、正工师等名目,应俟随时察看功效酌量加给辛资;凡自费工徒毕业后,有愿留本场效力者,亦照此一律。

一、凡工徒有不遵本场条规,或性情懒惰实在不堪造就者,当随时革退;其官费工徒未经毕业,或已毕业未满效力年限而私往他处作工,或故意犯规被革者,均须追回历年所给之津贴,及书器等费,向原保人追缴。

一、虫本场工徒出身之工匠,其宿食章程与工徒一律;其非由本场工徒出身之工匠,概不在本场宿食。

酌用人数

一、工艺总局总会办统理本场一切事务(不由本场支领薪水)。

一、本场为工业学堂附设,其工业学堂庶务长有经理之责(不由本场支领薪水)。

一、稽查兼收支司事一人(稽查工徒并约束差弁、听差人等,综核收支各款,按月造册,由庶务长呈报总局)。

一、庶务司事一人(经理各项杂务兼购买各原料,及收发制出工品)。

一、监工司事一人(监管场中工作)。

一、书手一人(抄写各项文件)。

一、医士一人(凡本场员司、弁役及工师、匠目、工徒人等有疾病者,归其诊治)。

一、化学小制造正工师一人(暂由总局考察工业委员兼充)。

一、染色科正、副匠目各一人,工匠十人。

一、织机科正、副匠目各一人,工匠十人。

一、木工匠目一人、工匠四人。

一、金工匠目一人、工匠十人。

一、化学制造匠目工匠随后另拟。

一、官费工徒定额二百名。

一、巡查差弁一名(专管约束工徒出入及听差人等)。

一、听差二名(专司搬运器具、工品,打扫、送信等事)。

一、更夫一名(专司入夜支更,日间午后兼应杂差)。

以上用人先从极简拟设,以后如果事繁随时体察情形再行禀添。

约估开办经费:一、本场购置办公处各项器具约银一百两;一、本场修理房舍及安设自来水管约银五百两;一、拟购染色器械并上浆研光机器共约银一千二百两;一、拟购机织木机及附属用器约银五百两;一、拟购木工器械约银二百两;一、拟购金工器械约银(俟查明另估);一、拟化学小制造先办火柴、洋胰、洋烛、电镀等四事器械约银二千五百两。以上开办、修理、购置及工场用器,除金工器械俟查明另估外,约银五千两。

约估常年经费:额支项下:一、司事三名,月支薪火银七十二两,每年八百六十四两;一、书手一名,月支薪火银十二两,每年一百四十四两;一、医士一名,月支薪火银八两,每年九十六两;一、差弁一名,月支薪火银十二两,每年一百四十四两;一、听差二名,每名每月工食银四两,共八两,每年九十六两;一、更夫一名,月支工食银四两,每年四十八两;一、化学工师一人,暂由总局委员兼充,不另支薪;一、各项工匠除化学制造另计外,染织、木金等匠目、工匠共四十名,每名每月均扯工食银八两,共约三百二十两,常年三千八百四十两;一、官费工徒二百名,津贴以及岁二成、幼童一成扯算,每月洋五百五十元,常年共洋六千六百元,约合银四千七百五十二两;一、本场办公笔墨、纸张、账簿等项,及添购零星什物、两季糊窗,每月约十五两,每年约银一百八十两;一、本场内工徒讲堂书籍、纸笔器具每月约银五十两,每年约银六百两;一、本场办公室、差弁室、听差室,冬日及春初四个月煤炭每月约银十五两,共六十两;一、各场冬日及春初四个月煤炭每月约银四十五两(四工场拟用大洋炉六个),共约银一百八十两。以上额支除化学工匠工食未计外,共约估银一万二千二百七十六两,每月匀计一千零二十三两。活支项下:一、各项材料如染料、煤炭、棉纱、木料、铁类、化学药料等,应视工作多寡,难以预计,拟每年借领试办银一万两,按三个月将用料及成货核计出入款项造报一次;一、工徒药资难以预计,应请实用实销。

(光绪三十年九月二十一日—光绪三十年九月二十三日"专件"栏目)

直隶工艺总局教育品陈列馆试办章程

管理规则

一、此馆系附属于直隶工艺总局,应归直隶工艺总局总会办统辖。一、拟派管理人三人,小事由管理人商决,大事禀承工艺总局示行。管理人拟暂以天津小学堂两学童及工艺学堂监督兼充。一、拟延品行端正,科学素优,曾游历外洋者四五人为议绅,馆中有重要事件随时会同商酌。一、拟举老成谨饬志趣开通者一人为经理人,常川驻馆照料一切,但遇事之宜兴宜革者,须商之管理人而后施行。一、拟用收支司事一名,经理银钱,及约束学徒与堂役;拟用书器司事一名,照料陈列各件兼抄写,此两司事须受经理人之管辖,若陈列品太多,则另招一人抄写,俟临时酌订。一、售票、验票、收票、携带品收管人,及看护人,拟招用学徒,其名数俟临时酌订。一、拟用夫役四名,一司阍;一事务室兼接待室听差;一扫地兼送文件;一司更。一、开办后拟请巡警局拨派巡警兵在门首常川轮班站岗弹压。一、银钱出入及陈列品之寄陈、寄赠、寄售与购入者,宜分类缮写账簿,管理人须随时稽查。

陈列规则

一、教育陈列品之设,专搜集中外应用之教育物品标签系说,以冀教育普及改良。一、陈列教授用品及各种图型,如家庭及幼稚园玩具、实物教授用具、体操游戏及具体检查用具、教场用具、生徒用具、历史用标本、地学用具、数学用具、图画标本及器具、音乐器具、手工用具及手工成迹品、幻灯及映画、裁缝用具及标本之类。一、陈列理科仪器标本及图型,如物理学器械、化学器具及药品生理学器械、动植学标本及器具、矿物学标本及器具、农学标本之类。一、陈列各学堂建筑图型,及学堂桌凳、函架原式及图型之类。一、陈列关于学龄就学诸表,幼稚园儿童、小学校生徒、男女员数并年龄表;小学校、师范学校、中学校、高等学校、专门学校、技艺学校、盲哑学校,各种学校生徒卒业后之状况调查表;幼稚园儿童学校生徒活力统计表;并关于幼稚园学校卫生诸表;关于教科用图书诸表;关于公集学资并幼稚园学校会计诸表;关于学校教员、幼稚园保姆,并关于学校职员诸表,及各学堂规则之类。一、陈列各学堂生徒成迹品与赏责品,及卒业证书之类。

一、本馆附设藏书楼，拟陈列各种科学应用之书籍，分类庋设，以便阅览，其官绅士商寄陈、寄售之书，及本馆购入之书，均于签上标明。一、非经特别之允许者，不得暂借本馆陈列之各书物，其开办之始，品物较少，一概不得借出。一、有欲寄陈、寄信、寄赠本馆品物者，均写付收照，本馆当注意保护。然自然之消耗、缺损及他项意外之灾变，致其品物失迷损害者，本馆不任其咎。一、凡寄陈、寄售之品物有欲更换修补及欲撤回者，应将原付收照缴验而后许之。一、凡送到品物及撤回品物者，其运费应出品人认之，又因陈列特别之物品而制特别之函架者，其制价亦出品人认之。

参观规则

一、凡来馆参观之人，须守本馆之规则。一、凡参观者须于本馆售票处购票，入门后将此票呈验，出门时交与收票者，惟带有优待票或特别入览票者，出入门时只照验而已，概不取费。一、本馆每年三月至八月上午九点钟开门，下午四点钟停止售票，五点钟关门；九月至二月上午九点钟开门，下午三点半钟停止售票，四点钟关门。但每日十二点钟至一点钟为午膳之时概不售票。一、凡参观之人不得穿泥靴，不得携带伞杖包物类及犬畜类，其有携带伞杖各物者，入门时将该件交于携带品收管所，出门时认明领回。一、凡参观之人欲购买陈列品物，或托本馆向他处及外洋代购者，应指明某物，向事务室商订，先交全价并运费而后许之。其阅览本馆书籍者，不得携带出门及损伤篇页。一、凡参观之人，欲究询陈列品物之用法及其出产地者，经理人须尽心指授，倘一时不能具对应，记明其名目，代问诸通人，然后答覆问者，不得任意责难，答者不得含糊搪塞。一、凡参观之人有损毁陈列品物及其函架与各窗门玻璃等件者，使按价赔偿。一、凡参观之人不得伤折本馆花木及一切器物，并不许在陈列室吸烟及随意痰唾。一、凡疯癫或酒醉者，概不许入馆。一、凡欲到本馆大讲堂演说者，须前二日订准，以免重复。但演说时切忌喧哗争执，招人指摘而紊馆规。一、凡来参观之人不准携带妇女，其女学堂之女教习及女学生，不在禁例。一、本馆休息日开列于后：万寿圣节下午，自十二月二十一日至来年正月初五日，上元节下午，端午节下午，中秋节下午，每月逢五日下午。若其日系星期则推后一日，因星期系各堂教习学生休息之期，可以来馆参观及演说，故本馆不休息。除以上所开日期外，如遇全数更换陈列品物时，亦停止售票，其日期临时登报广告。

（光绪三十年九月二十五日—光绪三十年九月二十六日"专件"栏目）

定期演说

天津考工厂定于本月初一、二、三等日在万寿宫演说工商要义,每日下午七点半钟起至十点半钟止。先期由商务总会遍发传单,俾各商号及各项工艺人等,咸于今晚齐集听讲。

（光绪三十年十一月初一日"畿辅近事"栏目）

演说纪盛

天津考工厂于本月初一、二、三日在万寿宫演说工商要义,已纪前报。兹闻每日前往听讲者多至一千余人,后至者几无插足之处,可谓盛已。

（光绪三十年十一月初五日"畿辅近事"栏目）

考取工徒

津郡工艺总局招考实习工场木科工徒,已录取身体健壮略能识字者二十四名,谕令取具保结,于本月初八日入场学习。

（光绪三十一年正月十三日"畿辅近事"栏目）

工业考试

津郡朝阳观民立工业学堂招考生徒,已于昨日在本堂考试以定去留。

（光绪三十一年正月十五日"畿辅近事"栏目）

天津考工厂招考工业简章

一、广告各项工业在限期内(外州县限三个月,本埠限两个月)送自制之品于本厂,考验优劣分给奖牌,以广名誉。送到者先给收条为据,其外省送来制品,亦可与考。惟自购或别人购送者,不在此例。

二、广告办法共分五事：(一)登报,(二)贴告白,(三)雇人送告白于各工厂各商号,(四)在每项工业中各托一二人令其遍达同行,(五)外州县由总局行文地方官出示晓谕,并由本厂刷印告白,送交各州县代贴,愿来者将制品径送本厂,无须由地方宫转送。

三、凡送制品必须标明品名、价目及制造人之姓名、年岁、籍贯、住址,并习业年数,如系出自公共之手,亦可只书字号与总理人之姓名。

四、考取各项工业,就各项中各定名次,其各项中之优等,以各项中送制品到厂之最优者得之;其未送制品到厂者,虽优不给。

五、发奖后,其所送制品任凭原主取回,倘有愿将所制品寄赠本厂者听。如有愿在本厂寄售者,倘经卖去,全价均归本主,本厂不取分文。

六、奖牌共分二类,以金银二色别之,而二类中各分超、特、优三等。

七、考取之法共分五事,而以百分为额:(一)考其制造之难易,作法之巧拙,装潢之美恶,以四十分为足额;(二)考其成色之高低,价值之贵贱,参合比较以物美价廉者为上,物美价不廉或价廉而物不美者次之,以三十分为足额;(三)考其利用之广狭,以三十分为足额;(四)考其利用所关之美恶,以与世俗人心或卫生上之最有利益者为上,以十分为足额;(五)考其工人及该厂号之名誉道德如何,以十分为足额。

八、凡非独出心裁创造新法新式,及不能抵制洋货行销外国,而积分如下者,皆给予银色奖牌:(一)积分由九十至一百者,给予超等;(二)积分由八十至九十者,给予特等;(三)积分由七十至八十者给予优等。

九、凡积分如上,而为独出心裁,创造新法新式,或能抵制洋货,能行销外国者,皆给予金色奖牌。

十、审查员由本厂选派,其各行中亦可酌选公正明通者一二人,作为参证员,均书名于奖牌。

十一、第一年每年考取两次,以后每年考取一次,应编列次数,自第一次以至若干次,均将投考及给奖花名注簿。

十二、考取名次发榜宣示,并题名本厂之优待室内,兼登报章。

十三、考取之品目分类如下:(一)木制品类,(二)五金制品类,(三)丝绵毛麻制品类,(四)草竹制品类,(五)纸张及纸制品类,(六)皮角牙制品类,(七)玻璃制品类,(八)教育品类,(九)服饰品类,(十)刷印品类,(十一)油漆品类,(十二)染色品类,(十三)雕塑品类,(十四)绘画品类,(十五)化学制造品类,(十六)食物品类,(十七)机械类,(十八)照像类,(十九)陶器类,(二十)珐琅镀金类,(二十一)杂品类。

(光绪三十一年正月二十六日—光绪三十一年正月二十七日"专件"栏目)

教育品陈列馆之内容

天津教育品陈列馆开馆日期已纪前报,兹将其内容略述如左:楼上楼下共分二场,甫入门楼下为第一陈列场第一室,内陈列家庭玩具及幼稚园各学校用标本、模型、书图等类;由第一场出门左转登楼为第一场第二室,内陈列人身解剖模型及动植物标本并算学用具等类;由此至第二场第一室,其中尚未陈列;下楼至第二场第二室,内陈列物理、化学试验器具等类;由此至第二场第三室,内陈列本国各学堂各科教科书、图章、则表簿、证书、生徒用具及手工成绩品等类;由此至第二场第四室内陈列各学堂各学科成绩品等类。此外有藏书室,须持有观书票者方可入览。

(光绪三十一年二月十三日"畿辅近事"栏目)

机器浚河

天津工程局以运河淤浅,往来船只辄多阻滞,特由大沽船坞造成新式挖泥机器船一艘,于日前驾驶来津,即从金华桥西上,节节疏浚,以通航路。

(光绪三十一年五月十八日"畿辅近事"栏目)

创办电灯电车近况

连日,天津电灯电车公司中人正在勘量路线,预备树立电杆,安设铁轨,定于七月间按段兴工。

(光绪三十一年五月二十六日"畿辅近事"栏目)

天津习艺所详酌增应办各事情形文附清折

为详明事,窃查前据习艺所典狱官、署天津府经历朱元炯禀称:窃卑职于去年六月蒙恩派兼习艺所典狱官,维时开办伊始,一则限于经费,一则收犯无多,是以诸事撙节办事,员兵可并则并,房舍器具可免则免,总冀款不虚糜,事归实济,以俟稍有把握再事扩充。现在已届半载有余,工厂六座除皮靴、缝纫、织毯、织布、纺纱、搓绳外,又附以零件、机器、信封、信笺及木工等艺,各厂中考察、监督既在在需人,而罪犯日多一日,即营务处、巡警局所送苦力已二百余名,况新章既定,则天津、河间、永平、宣化四府所属州县及顺属罪犯势必相率纷解,若不预为布置以待其来,则人数一多顾此失彼,大则监房防闲难于周及,小则工场工作乏人监督,而且饮食卫生等事苟不精详,则经费未必可省办事转费周章。是以不揣冒昧,谨拟应增数事缮折呈鉴。是否有当,尚祈训示祗遵等情。据此,职道等查该员折开:增设警兵、改良炊所、添设员司、保护墙屋四条,均尚周妥,应请照办。内增设警兵一条,已移准巡警局赵道添派十名,其罪犯人数既逾于所估之额,则炊所自应扩充改良。至于涸积潦以护墙,开沟渠以泄水,均属当务之急,并拟添盖工厂、讲堂等屋。业经职道仁宝面禀,在于赈款项下借拨公砝平银八千两,寄存道库,搏节核发修办。已蒙宪台允准照办。添派员司一条,上年开办时派委署天津府经历朱元炯督率官弁、匠兵办理一切事宜,候补典史张祖溶派委办理会计官事宜,兼帮办管狱官事宜,试用巡检赵毓衡派委办理司文书、申移禀札及册报事宜,候选县丞李丙光派委办理罪犯案由、登记册档并监禁收放等事,候补知县张荣茂派委专管教导犯人改变气质并医理犯人及一切卫生等事,候补外委李寿庚,把总马善骥派委监守事宜,均经给札在案。现查开办已届半载有余,共设工厂六座,考察、监督在在需人,而罪犯日多一日,若不预为布置以待其来,则人数一多顾此失彼。现经职道等公同商酌,拟改派试用巡检赵毓衡充当监督工艺官兼帮办典狱事宜,候补典史张祖溶改派专司会计官事宜,候选巡检吴秉藩派委经理书记官事宜,教习知县黎景煊派委文案官事宜,外委张盛亭派委看守官事宜,并派委席永征充副看守,弁其司库、司事,派委王广相经理,采办司事派委吴毓功经理,杂务司事派委裘国榕经理,各专责成。除分札饬遵外,所有天津习艺所酌增各条办理缘由,理合照缮清折具文,详明宪台查核。计呈送清折一扣,

谨将典狱官酌拟习艺所应办各事,照缮清折。敬呈宪鉴。

计开:

一、请增看守兵。去年开办时所收苦力惟一百名上下,工厂亦仅三座,是以看守兵二十名已敷分派,现在罪犯苦力共有二百六十一名,儆惰监监房已经收满,此后即须拨罪情较重主犯人贷役监以符定章,且始时人数无多,病犯尚可分拨一号,俾另住宿。现在儆惰监既有人满之患,则病犯须归

病室,况罪犯既多,习艺科目亦已逐增,工厂六座尚不敷用,除织布、织毯、纺纱、皮靴、成衣、麻绳六科各立一厂外,纸厂附于衣厂,机器厂附于绳厂,木厂附于纺纱厂。按巡警章程每岗三兵轮替值班,目前看守二十名内,除巡长两名及罪犯厨房看守兵一名不能轮班站岗外,仅十七名。统计大门一岗,贷役、儆惰两监房两岗,六工厂六岗,病室一岗,督率扫除一岗,应共十一岗,每岗三人已需三十三人,而部长及厨房看守尚不在内。自去年冬季迄于今春,人犯渐增事务渐繁,卑职督率弁兵昼夜当差,不敢率请增兵,而看守兵萧鸿儒、谢志超、张文元三名均因劳成疾请假另募,似此情形必难持久。倘有疏虞,卑职实无以副宪台委任之至意,此不得不亟于求增者也。

一、罪犯炊所宜于改建。开办时厨房、锅灶仅估供儆惰监二百五十六人之用。现在人数逾额有供应不给之势,勉强从事则饭之生熟必不合宜,于卫生大有妨害,况原建厨房未尽合式,似宜及时改良,盖造一宽大之室,盘以大灶薪火煮米,所需柴火之价当较煤价为省,而饭亦合宜。如一时不及建房,则现在炊所之东尚有屋三间,本为贷役监炊事而设,加筑锅灶亦无不可。惟统规全局似以改建为善。

一、所中员司请照章添派并请稍事变通。按原定章程,罪犯五百名设一典狱官,罪犯三百名设一会计官,此外则书记官两员,看守官两员,医官一员,教诲师一员,管库一员,收发一员。现在教诲师以医官兼之,事多而心不能专,管库、收发及采办材料本属三事,现仅一司事兼之,虽目前会计官与卑职帮同照料尚无失误,恐日后事繁难于稽核,即无弊病易招指摘。以上两事似宜加派人员以专责任,考察工艺即可知罪犯之勤情,且此时民智初开,工师之程度太低,一或不慎,百弊丛生。去年开办时曾蒙派两书记官兼充考工,维时文牍无多,两书记虽稍分心犹可从事,目下公牍日多,而各种名册列表日求详密,日益繁劳,况厂中工艺欲求进步亦不可不加意讲究。以两书记同兼考工,彼此皆形纷乱,似不若以一员专司考工,一员专司书记,事繁则可拨一看守兵充为书识以副之,其饷银、章服视巡警分局书记既专责任亦示鼓励,此则于向章之中稍求变通者也。惟是用人任事权操自上,非属下所敢擅请,但既办事半年一切情形,目睹心识,不敢不言。

一、所中墙屋宜设法保护。查旧校场地基自设窑挖土以来,遍地皆成大坎,一经下雨则众水汇流,积潦没胫。西北大洼环绕,所中墙根仅距七尺,终年不涸。是以新筑大墙不及半载,坍倒数次,动辄数丈,推原其故不尽工筑之不坚,亦由地土过于卑湿,似宜先行填高全部地基,再于大墙四围开挖深濠,使水有所泄。惟院内之水亦须遍开水沟,始可引入外濠。若再取北仓旧砖,以整者备建屋之用,以碎者挖沟筑槽。况有苦力可作土工,则砖可不购又省人工。而所中房屋墙壁之基础,实已保护于无形,将来岁修经费亦可减省。现在卑职已向工程局租来小铁轨八十丈,土车三辆为取土之用,惟挖沟无砖,事难经久,似不如以砖垒槽,为一劳永逸之计。

以上四条以卑职管蠡之见,皆视为不可稍缓之事,倘蒙俯采刍荛,当再细陈办法。敬请鉴核。

督宪袁批:详折均悉。该所典狱官朱元炯所拟应办各事内,除增设警兵一条,业已由所移准巡警局添派十名,添设员司一条并经分别派委外,其炊所一项既称罪犯逾于原估之额,自应扩充改建。余如涸积潦以护墙,开沟渠以泄水并添盖工厂、讲堂等事,均属当务之急,应准在于赈款项下借拨银八千两,寄存道库撙节核发修办。仰即遵照并移赈抚局查照。缴。

(光绪三十一年五月二十七日——
光绪三十一年五月二十八日"文牍录要"栏目)

工师到津

天津电灯电车公司建造厂屋敷设轨道迭纪前报。现闻该公司已由欧洲聘来工师六十人,内头等工师二十人。皆订三年合同,其余四十人暂任配电、行车等事,俟中国人练习纯熟,即可遣回,以节经费。

(光绪三十一年六月十八日"畿辅近事"栏目)

督宪袁分饬查明天津有无英商昌兴洋行设立火烛保险公司札

为札饬事,六月十三日准两广督部堂咨开:窃照棍骗之风近日盛行,每有渔利之徒串同无赖洋人,假设公司招牌,在各处招摇撞骗。此等风气殊堪痛恨,非从严拿办一二,不足以儆效尤。兹访闻有英国人轩士曾在海关供职,嗣因犯事撤差,近日串同无赖华人多名,开一火烛保险公司,名"全球大公司"。又称英商昌兴洋行,在各埠招摇撞骗,事为英领所闻,即将轩士拿获讯。据供称"该保险公司并无本钱,意在棍骗。因恐被华官究办,是以托轩士挂名。计自开办以来,数月之间已骗得五万余元"等语。英领事已得有切实凭据,并禀请大英国驻京大臣,准将轩士从严按律惩办。查该公司刊布月分牌载明总写字楼沙面法界正中路,总理人英商轩士,办房舒少园。又佛山分局永安大街同聚洋面庄,代理人何炽麟。陈村分局汇源大街德记火油庄,代理人蔡寿廷、南安街广芝药庄代理人欧丹林、旧墟谦信糖行代理人吴士、屏江门分局更兴街印务局代理人李景生,并载明天津、上海、香港、梧州、镇江、宁波、厦门、汕头及各外埠均设有分局等语。除电知天津、上海、宁波、厦门、汕头、梧州地方官一体查究外,所有该公司分设代理之佛山同聚洋面庄、陈村德记火油庄、广芝药庄、谦信糖行、江门印务局,均应按址查封。并将代理人何炽麟、蔡寿廷、欧丹林、吴士屏、李景生等一律拿获到案,从严惩办,以儆效尤。除札南海、顺德、新会等县遵照办理,并札潮州、梧州两府督县查明汕头、梧州地方如有英商昌兴洋行在该处设立火烛保险公司,假冒撞骗,立即查封拘案,讯明禀办,及分别咨行外,拟合咨会为此,合咨贵大臣请烦查照。先今电咨事理转饬查明天津地方,有无英商昌兴洋行在该处设立火烛保险公司,假冒撞骗情事,分别查封拘究,并祈见覆施行等因,到本大臣准此。查前准两广督部堂来电,业经分行查照办理在案。兹准前因,除分行外,合行札饬,札到该即便遵照办理,具覆核咨札津海关道、天津府县、天津南段北段巡警局。

(光绪三十一年六月二十四日"文牍录要"栏目)

财政处户部会奏遵旨设立天津银钱总厂酌拟开铸简明章程折

奏:为天津银钱总厂开铸酌拟简明章程恭折仰祈圣鉴事,窃臣等钦奉谕旨设立铸造银钱总厂,业将建设于天津缘由并勘定地势,筹商建造情形,随时奏报在案。查铸造银、铜各币,必须购置合宜机器,当经督饬该提调等,向天津瑞记洋行,定购美国常生厂新式铸造银、铜圆通用机器全份。订立合同,限期运津。并由该提调等,会同升任天津道王仁宝,将全厂工程催趱建造,嗣于本年春间,工程修造报竣。该洋行所定各项机器,亦已催令陆续运齐。督饬华、洋工匠随到即行安设,现亦安配完竣,当即遴派员司,招集工匠于本年五月初八日开机。先行试铸铜币,臣那桐、臣张百熙于本月先后前往天津覆加察勘,各项机器尚属灵便堪用,厂房建造亦均如式,惟机器原定每日可出大小银铜各圆共六十余万枚,现时甫经试铸,机器未免生涩,人手亦未熟谙,出数尚少。将来运用纯熟,自当日见增加,除将全厂房屋、机器照成图样二份并铸成铜币四种,已先行呈进外,兹谨将酌拟简明章程八条缮单进呈御览,嗣后仍当由臣等督饬该提调各员,加意经营:因时筹画,一俟办理稍有把握,即当铸造银币,并添购机器,逐渐推广,以期仰副朝廷整齐圆法,通变宜民之至意,所有银钱总厂开铸,酌拟简明章程缘由,理合恭折具陈。伏乞皇太后、皇上圣鉴。再此折系财政处主稿,会同户部办理合并声明。谨奏。光绪三十一年七月二十二日具奏奉旨依议。钦此。

谨将酌拟天津银钱总厂简明章程恭呈御览。

一、本厂系奉特旨设立,与各直省所设不同,惟因运煤运料之便,是以前经臣等奏定在天津设厂,现在厂屋业经造齐,宜定名称臣等公同商酌拟命名曰:"户部造币总厂"所造三品之币,即文曰:"大清金币""大清银币""大清铜币"通行天下,以归一律。

一、本厂之设,原以整齐圆法本须铸造金、银、铜三品之币,惟圆法关系重要,不厌详求,金银二种分两成色,尚须通筹定议,而近年以来制钱短少,京师"当十大钱"亦苦不敷应用,是以拟先铸铜币,现定铜币计分四种,大者重四钱,值制钱二十文。次重二钱,值制钱十文。又次重一钱,值制钱五文。最小者重四分,值制钱二文。成色均定为紫铜九十五分,配白铅五分。以上铜铅成色均须配足,铸成之后,仍随时提出化验。设有不符,即应回炉重铸,俾免参差。

一、前奉旨由户部拨给银四百万两,作为开铸成本,现在购地、建厂、工料各费并购备机器、铜铅杂料即系由户部随时商拨,其创办员司,匠役薪水,工食系由财政处生息项下暂行拨用。铜币开铸之后,所获余利,除本厂开支各项,并留公积及花红各一成外,其余全数提存户部。嗣后扩充铸务,增厂添机,及筹备铸造金、银币成本,届时需用款项,仍由户部照数拨给。

一、本厂铸出铜币,自应先尽京师行用,有余再发行各省,无论是否通行铜圆地方,均可将本厂所铸铜币运往发行,该地方官均应随时保护,饬令市面商民流通行用。一切公款并须与制钱一律照收。不得稍分畛域。如有阻挠挑剔者,即由财政处户部查明参办。

一、本厂隶于户部,部库调取铜币搭放俸饷,本应照成本核算,惟本厂与各省不同,各省不过户部偶然调取,本厂须供户部常年之用,若均照成本核算,则局用薪红将无所出,且本厂除成本外余利本系全归户部,自无庸沾沾于此,拟嗣后铸成铜币,解交户部,搭放俸饷者,即照户部搭放扣回银数作价,以保余利。

一、本厂事务重要，必须在事各员，实心实力，方能日起有功，劝惩之方，不可不设，查广东、吉林两省，因铸造银铜各元获有余利，业经该将军、督抚将出力各员择尤保奖，况本厂事属创办，颇费经营，尤应酌定功过规条以昭惩劝，拟请俟开办二、三年后著有成效，即将实在出力各员由臣等择尤酌保，其在厂不及二年者，不得列入；其有不甚得力之员，则当随时撤换，倘有舞弊营私劣迹即行据实纠参。

一、各省铸造银铜各元，所得余利，除近年有认解练兵经费并浦江工程外，其余多称留办地方新政之用。作为本省外销。经户部催令将详细章程报部，至今多未闻报。今本厂办理各事出入均系部款。经臣等饬令实用实销自未便。以历来各省造册报销之成例相绳。嗣后每届年终，应令该提调等督饬员司，将该厂一年出入款项，据实开具简明清单，报知财政处，户部由臣等覆核具奏，以归简易，而昭核实。

一、本厂每届年终，将铸出铜币，收回款项除去铜、铅、煤炭各项价值，以及添修工程、薪水、局用各项支款外，合计净利若干，分作十成，提一成作为本厂公积，一成作为花红。下余尽数拨交户部；其所提一成花红，参酌各省章程，以十之三，分给提调各员，以十之五，分给全厂员司、匠役，以十之二分解财政处户部，作为饭食银两，至公积一成，仍按年列入公款作正开销。

以上各条系体察现在情形分别酌拟，其余未尽事宜。或有应行增改之处当随时斟酌损益，奏明办理，俾臻妥协。

（光绪三十一年八月初九日"奏议"栏目）

筹款总局批示

具禀，酒商元兴号等系静海县独流镇烧锅，批禀情阅悉，本年三月奉督宪批，发天津恒昌等烧锅，请颁示平价到局，当经饬据天津分局核议办法，定为烧锅，完税不及九万斤者，虽准任便销售，惟不准运至津郡，以示限制。详奉督宪批准通行饬遵在案，据称，静海烧锅酒销津郡，又独流一镇逼近津郡等语，是各该商销酒，与津郡烧锅无异，应照章与各家一律认酒税九万斤，该分局原办误以为静海地方与天津不同，致有六万九万之别，自系宽纵，候札饬天津分局切实查明加捐酒数。尔等即前往听候核办，以符公理而杜垄断。至（自）此案开列，烧锅及不相干涉之商号四十余家，实仅元兴号朱尔濂一人来局,具禀查元兴号于本年五月具报开烧,系在本总局详定新章以后所称,前次冒昧认捐及闭歇各节显系捏饰,并饬此批。

(光绪三十一年八月初十日"畿辅近事"栏目)

天津实习工厂出布甚佳

实习工厂现在织成布匹数种,与洋布制造略似,坚而且美,在考工厂出售。

(光绪三十一年八月二十六日"畿辅近事"栏目)

天津工程局示

为出示晓谕事,照得本局遵奉督宪檄饬收回中营地基,以备建造学堂之用,当经饬传各该地户到局酌定地价,每亩从优发给银四百两。禀蒙督宪批准照办,令即赶紧饬领,毋稍宕延等因。合行出示晓谕,为此示仰各该民户一体知悉,迅即执持前都统衙门洋契来局投验,以凭核明。按地发价统限二十日内一律领讫,毋得自误。切切特示。

(光绪三十一年八月三十日"畿辅近事"栏目)

创设通裕有限公司

天津商务总会绅董等以津郡市面商情日臻发达,惟来往川换及各项纸币尚未流通,拟创设通裕有限公司,招足股本二十万两试行纸币,藉以疏通市面,公举张光煜等经理所拟章程二十条,禀请谘部立案,按照官款、洋款一律保护。

(光绪三十一年十月初一日"畿辅近事"栏目)

天津商会创设通裕有限公司禀并批

敬禀者,窃查津地自庚子乱后元气未复,仰蒙列宪挽济渐就平稳,惟来往川换及各项纸币尚未流通,是以迭经职等邀集众商,劝办天津商务通裕有限公司,以资提倡,议筹股本宝银二十万两,招足十万两,先行开办。当经众股东公举职商孙光煜、张家声作为亦公司经理规画一切,并蒙府宪出示晓谕,凡该公司一切来往,援照宪台大人批准成案,按照官款、洋款一律保护,如逾期不交,除查封追缴外,亏欠五千两以上者,监禁三年;亏欠万两以上者,监禁五年。倘有不肖之徒,藉滋端扰,亦准亦公司随时禀究,从严惩办,以保血本而防意外。现已择期开办,除遵例禀报商部立案注册,请领执照外,所有筹办钱业公司缘由,理合拣同章程,禀请宫保商宪大人俯赐立案,实为公便,肃此敬请勋安。

督宪袁批:禀折均悉。该商会邀集众商开办通裕有限公司,行用纸币与各号商往来川换,公举职商孙光煜等经理规画一切,系为疏通市面起见,应准援照二十九年间天津府凌守禀定严禁奸商遁欠原案办理。现经商部咨查原案,仰候录案咨复,至所拟章程尚属周妥,惟有应行更改者二条:如第十条指明存货向该公司借款公同估价值十押六,定期归还,过期不缴,准该公司拍卖作抵,倘有不敷,仍向原主索偿等语,夫值十押六,则拍卖变价核计尚有赢余,岂有不敷之理,应改为倘有余款归原主具领。又第十八条出票不得逾存款三分之一,查存款多寡不定,且存放各户一届期满,均须提取,与股本判然两事,若照存款三分之一出票,则流弊滋多,仍不免有架空情事,应改为不得逾资本三分之一以示限止,应即更正。禀请转咨商部立案,一面将已集资本照章提付天津银号请验,至此后所出纸币,应照该商会所议章程一律付现,不得有兑付外贴字样,并将所出纸币数目录号,报知天津银号,仰即遵照办理,并候行天津银号查照。此缴。

(光绪三十一年十月初四日"文牍录要"栏目)

工艺局据津绅杨辰禀呈试办教育品物
抄录简明章程暨各类品目详请拨款文

为详请事,窃照职局案,据天津绅士同知衔分省试用知县杨辰呈称:窃职局前蒙宪谕,拟办教育品制造厂,并拟办法章程等因。当将试办章程开呈钧阅,随即约集工匠讨论一切。查教育品类,中国能自造者颇多,间有材料需购自外洋者,亦可照式购制,但期多造一宗品物,即可挽回一分利源,似于学界、工艺两有裨益。惟此项制造风气未开,自非官为提倡,万难集事,应请筹拨款项以资试办等因。计呈送试办章程及领款说略清折各一扣到局。据此,查职局于去年呈请创设教育品陈列馆,原拟将学堂置备之品其容易仿造者,可令工徒仿造,兹据该绅集工讨论,禀请试办。其所拟章程亦尚属妥协,俟试办六个月后,如实有把握,自应添招商股以事扩充。惟现当创始,风气未开,该绅请领官款系为提倡起见,可否吁恳宪台俯准,饬由银元局先拨发银五千元以资试办,俟三个月后察看情形再酌量续领,如蒙允准,职局自当随时考察,期收实效而挽利权,实于学界大有裨益,除饬候批示外,所有职局据情详请试办制造教育品,并求饬银元局拨款缘由,理合照录原折,具文详请宪台察核批示祗遵,为此备由具详,伏乞照详施行,须至详者。计详送清折一扣。

督宪袁批:详折均悉。所请试制教育品物系为推广教育,杜绝漏卮起见,应准照办候行银元局先行拨发银洋五千元,以资应用,仰即备文具领转给至折开化学品,多用玻璃器皿若能自造玻璃以广销路,更有裨益,并即饬遵。缴。

（清折另登）

（光绪三十一年十月二十六日"文牍录要"栏目）

工艺局据津绅杨辰禀呈试办教育品物
抄录简明章程暨各类品目详请拨款文

谨将津绅杨辰禀请试办制造教育品物简明章程,暨请款办法说略及试造各类品目,抄录清折恭呈宪鉴。计开:

一、宗旨。现在制科已废,学堂日增,所用物品概系购自外洋,积岁累年,恐成习惯。兴学而不能制器,不惟外人所窃笑,亦利源外溢之一大漏卮。今制造教育物品,实为裨益学界、开通民智起见,其中即隐寓提倡工艺,挽回利源之意。

一、名称。现时暂不立厂,只择地办事,拟即其地暂名曰制造教育品办公处。

一、试办。开首试办以六个月为期,先尽中国能自制者制之,俟届期查看情形再行择地开厂,另订详章。

一、制品。调查教育品类可以自行仿造者甚多,如日用消耗品、模形、标本、图画以及声、光、化、电、热、重各门之浅易仪器,均可次第制造,其详目另折开呈。

一、需款。开办之始,各科工匠皆须招募应制诸品,或发价订造,或招致面试,所用材料工价在在需款,约计三个月内有四千五百元当可敷用。又租房及置备家具零物等项,估计需三百元左右,拟先领款五千元。三个月后制品渐多,再行续领。

一、租房。现时用房约需十余间,以三间存储物品,一间作为账房,二间作延宾议事室,三间为面试工匠制造之用。

一、用人。现在需司账一人,专司账目。司事一人,管理收发物品兼理各务。杂役二人,一供守门洒扫,一备传唤使命。

一、薪水。司账一人,拟每月薪水十二元。司事一人,每月薪水十元。杂役二人,每月每人三元。惟公处不备饭食,其司账、司事拟每月每人酌加饭银四元,杂役每月每人酌加饭银三元。至纸札、笔墨、油烛、茶水每月应用若干,临时酌定。

一、购料。应用材料以及搭配各件,有须购自外洋者,拟函托留学日本明于工艺之学生代为购买,暂时不派专人。

一、开报。向来账目应月清月报,惟开办之始头绪纷繁,万难齐一,拟于试办六个月期内,分作两次呈报,以昭核实。

一、借助。现当试办不便过事铺张,其各类物品有须照式仿作者,拟向教育品陈列馆暂行借用,有须用机器制配者,拟暂请银元局修机厂代办,其工价由公处备交。

一、评议。制出物品,拟随时定期择地请学界诸君公评优劣,以收集思广益之效。

一、贩卖。开首试办不必亟求贩卖,以能制出多品为目的,俟六个月储积稍多,再行购配完备,另觅出售之所。

一、招待。现拟登报广告,有欲置办教育品者,可由公处招待一切,并可由公处代为函购,概不加利,祇图为将来出卖自制物品地步。

拟请官款及办法说略

一、制造教育品非商品可比,现时风气尚未大开,招募商股,诚恐未易集事,拟请官款作为官办,以后如有盈亏,均由官中担任。

一、暂时试办六个月,先领款五千元,俟三个月后如有不足再行续领,然此六个月内至多不得过一万元之数。

一、六个月试办期满,著有成效即行择地立厂,实行开办,统计需款若干再行禀请增益。

一、试办期内,头绪纷繁,所有款项作何动用,拟届三月汇报一次,以昭核实。

一、无论试办开办,其厂中办事情形及一切款项账目,应由官随时稽查。

一、厂中一切事宜应由官督察,惟一切用人须由厂中自行选择,以期得力而免牵掣。

一、开办以后,如有余利,除一切开销外,所得净利拟作十二成,以七成为官利(此项听凭提拨),三成为护本,二成为花红。

谨拟试造各类品目:日用品:粉笔、墨水、纸石板、铅笔、誊写板、日记簿、天然墨、石笔蜡纸、油墨、纸本、课本(家庭教育品品目繁多不及备载)。体操器。几何画器:木规、平行尺、丁字尺活丁字尺、曲线板、三角板。几何形:正方体、长方体、浑圆体、椭圆体、圆锥体、三角体、各等边体。各种标本:动物原形标本、植物原形标本、矿物原形标本。各类模形:动物模形、植物模形、生理模形、地理模形。各种图画:中国小学历史图画、小学修身图画、动物标本、植物标本、矿物标本、天文标本、地学标本、生理标本。电学科:电池、电瓶、试电器、磨电机、电器分水器。重学科:传力器、试验压力器、试验离心力器、试验重心器。热学科:试沸度器、试涨力器、蒸流质器。光学科:七色光板、量光表、活枢回光镜、折光镜。化学科:查化学一门用玻璃器者居多,俟以上各品办有成效再行添造,现时拟由外洋购配以便搭售。

(光绪三十一年十月二十七日—
光绪三十一年十月二十八日"文牍录要"栏目)

考工厂演说纪要

本月初三日为天津考工厂第十六次演说之期,仍在宣讲所内首由宋君则久演说富国学续论等,物有真值,与市价不同,次则刘君文卿演说普通学,谓工商宜讲求商战之利权,又次陈君小庄演说津镇铁路之关系,末系李君子鹤演说盐务加价之例案。听演者约五百余人,演毕时已十钟余,始振铃退散,是日本厂总办工艺提调以及本厂员司均到。

(光绪三十一年十一月初五日"畿辅近事"栏目)

考工厂演说纪要

本月十八日为天津考工厂第十七次演说之期，仍在宣讲所内首由宋则久君演说富国学续论等，物有真值，与市价不同，次则沙骏声君演说兴工艺以保利权，又次王梦臣君演说为商宜通外国语，又次李子鹤君演说欠账之害，末后又仍宋则久君演说驻墨梁参赞咨文，演毕时已十钟余，始振铃停演。是日，听演者约五百余人。林议绅、卞学董、齐学董、刘君文卿、陈君筱庄、本厂荣会办工艺总局刘提调、文案处郑萧两君以及本厂员司均到场，迨事毕散会已十钟二刻矣。

（光绪三十一年十一月二十一日"畿辅近事"栏目）

考工厂演说工商

本月初三日为天津考工厂第十八次演说之期，仍集天齐庙宣讲所内，本厂考察司郭润甫君方从日本调查工业回来，开首演说工商进步原因总由力学，次则刘文卿君演说（富国学）续论、商战之利权，又次，李子鹤君演说商战，末由实习工场制造科正工师中泽君演说化学之效力。尚未演毕时已十钟二刻，即振铃退散。是晚，听演者约六百余人。

（光绪三十一年十二月初六日"畿辅近事"栏目）

火车公司邀览电机

天津电车公司以电车现在一切落成，特于昨日三点钟函邀本埠各报馆记者至金家窑电机厂内藉观各种电机，览毕并请试行电车一周。

（光绪三十二年二月十四日"本省近事"栏目）

定期演说工商

津郡天齐庙宣讲所现定于今日晚七点半钟仍旧演说工商各项要理，并添请藤井君演说化学、驹井君演说染色学、徐砚农君演说商律云。

（光绪三十二年二月十八日"本省近事"栏目）

工商演说纪盛

本月十八日为天津考工厂演说之期,仍在东马路天齐庙宣讲所。是晚自七点半开演。首由高等工业学堂总教习藤井君演说玻璃制造法,孙子文君代译。次由高等工业学堂教员徐砚农君演说商律;又次高等工业学堂教习驹井君演说染料之撰择,张兴之君代译。每段演一小时,每段演毕印作军乐一番。听演者约六七百人,内有许多工业人特来听演,演毕已十钟三刻余,又作国乐,乐罢始各退散。到场者除本厂总办员司外,有工艺总局周帮办、赵参议文案、萧稽核,工艺学堂何教员,实习工场陈管理、章司事,游民习艺所叶提调、乔卞俩学董诸公。

(光绪三十二年二月二十日"本省近事"栏目)

木工再开研究会

津埠各木工首先举办研究会一事,已纪前报,兹又定于昨日晚七点钟在民立第二小学堂开第二次研究大会。

(光绪三十二年二月二十日"本省近事"栏目)

天津商会为木商拟筹款兴办直奉木植公司请示遵行禀并批

敬禀者,案据木商元庆号、天庆号、义升厚、成源号、丰泰成、成茂生、庆发号同立德、成通号、长盛元、玉来永等禀称:窃直奉等处木商每年赴东沟一带采购木植转运各处销售,嗣因日俄失和,所有该处木植屡被阻塞,商累颇巨。前阅《中日约章》第十款内鸭绿江右岸准中日合办木植公司,仰见宫保挽回利权之至意商等曷胜钦佩。查该处森林华商既有采伐之权,自应亟设公司。仰副宪意商等拟联合同志招集直奉各处木商筹股五十万两创设木植公司,专办采伐转运诸事。使华商固有之利,仍归华商。商等为挽利权兴商起见是否可行? 伏乞商会查核。详请宫保商宪核夺饬遵并请谘行外务部照会日本钦使查核《中日合办章程》以便酌商。倘邀恩准立案办公司,应迅速筹办以保利权而兴商业。该商元庆号等拟招集各处木商筹款兴办,所见甚善,相应据情禀请宫保商宪大臣查核,该商所禀各节是否可行?

统乞批示饬遵。肃此敬请勋安。

督宪袁批:据禀已悉。候咨呈外务部照会日本公使速饬日商来津与奉直公司商订合办章程以便开办仰即遵照。此缴。

（光绪三十二年二月三十日"文牍录要"栏目）

演试无线电之原理

天津普通学堂总教习饶君昨晚在租界青年会用电机仪器演试无线电报之理,凡留心格致者,无不前往观演,座为之满。

（光绪三十二年三月初一日"本省近事"栏目）

工商演说纪要

本月初三日为天津考工厂演说之期,仍在东马路宣讲所内,自下午七点半开演,首由本厂正管理员君郭芸夫君演说赴各国赛会物品勿带赌具、烟具及女鞋帽以存国体,而免讪笑;次由高等工业学堂教员吉冈君演说机器之原理及作用;又次高等工业学堂教员原田君演说女子教育与图案;又次实习工场工师中泽君演说理化制造学。均由张兴之君代译。末由工商研究总会会长、本厂议绅宋则久君演说《富国学·释赢》一段;又工商研究总会会长李子鹤君演说士子亦百工之一各等语。是晚,听演者约七百余人,至十一点停演。到场者除本厂员司外,有工艺总局帮办提调、参议文案处郑委员、实习工场陈管理,卞、王、李三学董,宋、王两议绅及官立中学堂监督王梦臣诸公。至十一点余始散。

（光绪三十二年三月初五日"本省近事"栏目）

全省习艺所之建置

天津新车站迤西东于庄左近拟建造直隶全省习艺所一处,曾经工程局勘丈地基四至插标,刻闻已将工料估计大约四月间即可开工云。

（光绪三十二年三月初七日"本省近事"栏目）

187

织行创立研究会

天津织行现订于每月初五、二十两日借慈惠寺官半日学堂开研究会，前晚七点钟织行会长赵庆春等与同行共到八十余人，考工厂员司郭、赵两君及宋、李两会长特赴该堂与会。首由李会长将"研究会"三字意旨与必须立会之原因逐字部解；次由考工厂正管理员郭君芸夫将本厂之宗旨、责任义务与小学堂工艺总局立研究会之效果，及东西洋工商业皆由研究乃能发达之原理，并本会之宗旨办法一一详为讲演；次由宋会长将工商业被外洋侵攘殆尽，倘不急谋抵制，则工商利权尽失而抵制之法以改良土货为最改良之起点首重研究，故劝导各行自立研究会，实为目下当务之急各等语。自八点演至十点二刻方始闭会。

（光绪三十二年三月初八日"本省近事"栏目）

钱业特开研究会

津埠工商研究总会于十五晚在东马路宣讲所专请阖埠钱商及户部银行、志成银行、天银银号研究公估拆息事宜。是晚，到者共三十一人。严筱舫观察特派其侄严渔山君前往与会。因此君久在上海于公估拆息办法最熟悉，当与各会长反复讨论，随由李会长将是日专请钱业研究公估拆息之宗旨、办法略说大意。继由宋会长将此中之困难、利益逐条申辩，及上海办理此事之大概情形与效果，并核计津埠仿照办理。将来之效果，众皆称善。复经王鼎臣、罗治安二君特烦李会长代表演说保护资本主义，如将来有倒此项拆款者，应禀官立案从重惩办以免阻力。众尤认可，直至十点半始各退散。

（光绪三十二年三月十七日"本省近事"栏目）

定期演说工商

天津东门外天齐庙宣讲所现又订定今晚七点半演说工商各项要理，并添请佃先生演理财学、中泽先生演化学、驹井先生演染色学、徐砚农先生演商律及各专门实业学云。

（光绪三十二年三月十八日"本省近事"栏目）

工商演说要闻

本月十八日为天津考工厂演说之期,仍在东马路天齐庙宣讲所内,自七点半开演。首由高等工业学堂教员驹井先生试验木棉之漂白法,初级师范学堂教员张兴之君代译。次由高等工业学堂教员徐砚农君演说商律。又次由日本法学士、北洋理财顾问官佃先生演说国债说略,日本三井行江藤先生代译。又次实习工场正工师日本中泽先生演说石油说略,初级师范学堂教员张兴之君代译。末由保定府将弁学堂卒业生李石臣君演说津埠商务利弊。听演者约七百余人,至十一钟停演,十一钟半分散。

（光绪三十二年三月二十日"本省近事"栏目）

探访局研究侦探

天津巡警探访局拟添设讲堂宣讲侦探要理,以便研究一节,兹闻所修讲堂已于日昨完竣。延请教员于君定于下礼拜一、日开堂演说云。

（光绪三十二年三月二十日"本省近事"栏目）

派员调查日本工艺

天津高等工业学堂现奉总办周观察札委该堂司事胡君赴东调查工艺及购办书籍等事,大约日内即可东渡。

（光绪三十二年三月二十一日"本省近事"栏目）

木工第四次研究会

前晚乃津郡木工第四次研究之期,木工到者十余人。是晚,木工胡恩藻带来自制积木一份共百七十余块,可摆两层洋楼及鼓楼罩棚平台、牌坊等类,并画有摆法图按(案)数张,每份售洋元一元有奇。又有木工杨实泰自制色板六种,每种一盒,制以洋铁,贴有商标六种,共售洋六角。价皆不昂,颇为教育利用之品。又经城隍庙小学堂教员韩石甫先生讲演物理、重学、力学、热学、水学各仪器。众皆倾听随又有总会长郭芸甫先生将韩石甫先生热心讲授之意多方指示,并劝各木工每次多约同行工人临会听演,公同研究以期及时改良进步。制作日见精巧,并将胡成泰折叠桌新得专利之事逐细演说,以激发其创造新鲜物品之思想。至十点半钟始各退散。

(光绪三十二年三月二十二日"本省近事"栏目)

织工第二次研究会

十九日晚为天津织工第二次研究之期,仍在慈惠寺小学堂。织工到会者约六十余人。由朱总会长登台演说,先将"研究"二字与考工厂成立研究会之宗旨及将来研究之效果反复陈说,均以白话土语徐徐而道,以便使之易晓。并劝下次研究务各带自制物品以便参观考镜,众皆首肯,至十点二刻乃散。

(光绪三十二年三月二十四日"本省近事"栏目)

钱业续开研究会

天津工商研究总会于二十二日晚在东马路宣讲所邀请中外银行汇票庄、金店、钱业研究公估拆息事宜。到者四十余人,首由李会长子鹤演说开会宗旨及十五日开会专请钱业先行筹商公估拆息,及如何辩白、如何首肯,并举行投票法诸事一一详说,并将先办公估后办拆息之问题当众宣明,众皆认可。随经郭会长芸甫将王铭槐君整顿津埠市面条陈五大纲对众宣读,以备采择。随又由宋会长则久提议公估办法大网五条细目十条,因一时难以决议,拟印刷若干张分送各号,各将意见注明,约期送还,以便下期定议。

(光绪三十二年三月二十五日"本省近事"栏目)

奥界试燃电灯

天津奥国租界拟在沿河装设电灯一节,兹闻业已装竣。前晚已将新大楼前所设之电灯一律燃点,大放光明行人无不称便。

(光绪三十二年四月初三日"本省近事"栏目)

工商演说要闻

本月初三日晚为天津考工厂工商演说之期，仍在东马路宣讲所七钟半开演，首由木厂管理员郭君芸夫演说，将前奉道宪札开转蒙商部札饬劝各州县中设立商务分会事宜，并将商会之利益、宗旨与设立分会之办法六条及原札一一详细解说，俾众人明白易晓，并将本厂现拟第二考工事宜与工业一切事件必须竞争乃能进化之原理，逐细推阐以激起改良进步之思想。继由会长宋君则久讲演富国学分功之效、泉币之始，并物有真值与市价不同，与物价之分析，经价、时价之不同，逐层推演。末由高等工业学堂何教员演说始创机器故事论，并将机器模型用火酒燃令轮转，又将木制模型解剖逐一，用粉笔于漆板上绘图，指示讲演寻常之机器若何作用、轮船之机器若何作用、其动转之力安在，一一详为指明，就中将原理、效用指出。至十一钟一刻停演退散。是晚，听演者约七百余人。

（光绪三十二年四月初六日"本省近事"栏目）

木工又开研究会

本月初四晚又为天津各木工开设研究会之期，仍在民立第二小学堂借地茶话。是晚八钟，首由本堂教员李君达生讲演力学之横杆重心试验，毕复在漆板上绘图，将其中原理用算法算出指示令人易晓，并将物体公例何谓公性、何谓独性、与空气之阻力逐物比较讲释外，复用仪器试验，令各工参观。次由该会长胡恩科演说制造改良须随时随处研求，天下无一物不可改良不可翻新，是在自己肯用心耳。末由郭君芸夫将考工厂第二次招考工业简章十四条逐条讲解，并将前得有本厂奖牌者应亨受之利益一一演说，以激令各工精心创造送厂考验，以期进化管理。教育品制造所杨君星伯又将机器模型试验并声言教育品中之木制各工均可前往认造。云演毕已十一钟，始各退散。

（光绪三十二年四月初八日"本省近事"栏目）

织工续开研究会

本月初五日为天津织工开研究会之期，仍在慈惠寺学堂。研究总会会长郭、朱、宋、李四君均到，外有实习工场总监工带领织科匠目、工匠等十人前往与会。该织工分会会长赵庆春等各带所织之件当面比较研究改良之法。首由郭会长协同实习场牛监工逐件考验新判，一一指示。次由宋长演说人能用心研究未有不能之事，将中外轶事逐类此例。末复由郭会长将考工厂第二次招考工业简章逐条讲解一次，激令各出心裁织造新品投考，众皆应诺。该织工共到四十余人，至十一钟始散。

（光绪三十二年四月初九日"本省近事"栏目）

直隶工艺局详考工厂拟采购各省商品
运津陈列酌定章程呈请立案文并批

为详报事，窃查职局遵奉宪台谕饬，创设考工厂，上年曾函致各省官商采购工业制品，运津分类陈列。计自开办以来，各处运到物品固已不少，而随时销售所存无多，兼以创办彩票销路更畅，亟应随时采运，方能周转不竭，以资观览。现酌拟采购各省工业制品章程，分致各省商务局代为采购，并经电商上海总理轮电事宜，杨京堂分饬沿江沿海各大埠，轮电分局代为购运，接准覆电允为代办，除分别函致并俟物品寄到随时付价外，理合将所拟采购章程照录清折，具文详请宪台察核批示立案，实为公便，为此备由具详，伏乞照详施行，须至详者。计详送照录章程清折一扣。

谨将酌定天津考工厂采购本国各省工业制品章程九条，照录清折恭呈宪鉴，计开：

一、采取商品以手工制品为主，凡一类之中择其最精者购之，或非精品而为居常所适用行销最广者，及价值格外便宜者，均可酌购以备参考。

二、平常货物而某处有一家独驰名者，纵价值稍昂，亦当购取，以察其制作精良之处究竟安在。

三、以本国材料仿外洋式样所制者宜取之，如能丝毫不逊外洋固妙，即或稍差而价较廉，亦须酌购，藉可考求改良以期进步而杜漏卮。

四、凡不仿外洋而足以与外洋物品竞美，或较尤利用者皆当取之。

五、凡采购商品须详记其地名、字号、住址、零售、批售价目及每年大概产额并行销处所,又应完税捐与外运水脚保险等费,凡可以考察者,当采办时均望一一详记。

六、凡购取商品输运兑价均费周转应注明,以后如有续购,应将信径寄至何处,将来商品由何处寄津为妥,以及到津后如何汇还价款种种办法,均望于第一次购取时声明,以后照办。

七、凡教育品物须择其精美特出者购取之,藉资考镜以便仿制或更设法求精,俾得进而愈上,其余一切普通教育品,则只须记录出产情形,不必购运以期省便。

八、应采商品种类如左:美术品(凡书画雕刻等品),制造品(凡陶磁器、玻璃器、玉石器、金银器、钟表、竹木器、漆器、纸革、牙角等器、各项机器)机织品(凡织染刺绣等品),教育品(凡书籍、文房具、照相具、度量衡测量用具、乐器具、天文地理及声光电水气各等学与理化等学各种仪器)。

九、各省官商制造,凡有合于以上各采购之条例者,无论何时均可径寄至天津,交直隶工艺总局查收,零星者可将物品先寄,大宗者可将名目价格开单函知,候回信再寄物品。

督宪袁批:如详立案折存。此缴。

（光绪三十二年四月十三日"文牍录要"栏目）

北洋劝业铁工厂咨文

天津劝业铁工厂日前致南段总局一道,内开为咨会事,案照敝道等于光绪三十二年三月二十三日具详以遵饬改设北洋劝业铁工厂,并将大沽旧船坞作为分厂。暂由银元局总会办,兼管关防一颗(科)曰北洋劝业铁工厂之关防,饬令祗领,开用报查等因。奉此敝道等遵即祗领于初二日开用。除禀报外,相应备文谘会。为此,合谘贵局烦查照施行。须至谘者。

（光绪三十二年四月十五日"本省近事"栏目）

拟设织工传习场

直隶工艺总局拟在户部街福德祠设立织工传习场,业经局宪函知县署传饬该庙作速腾清以便兴造云。

（光绪三十二年四月十七日"本省近事"栏目）

整顿考工厂规则

天津考工厂提调现因访闻有闲杂人等随时入厂寻访司事,殊违厂中规则,特手谕阖厂人员以后每日办公时不许闲人入内访问闲话,违则酌罚,惟入厂询问寄陈物品者照旧领见,不在此例。

(光绪三十二年四月二十日"本省近事"栏目)

工商演说之不果

十八日晚为天津考工厂演说之期,原定除演说普通工商要理外,并添演化学、染色、商律各专门学,不意是日适值阴雨至晚未止,七钟余,该厂员司及学生均到所并将各种仪器妥为安置以备试演。少顷,高等工业学堂总教习藤井君、染科教习驹井君、该堂庶务长赵君并林总学董宋议绅均先后到所,候至十钟,无如听演诸君均因雨阻不获前来,始各退散。

(光绪三十二年四月二十日"本省近事"栏目)

木工又开研究会

天津木工研究会每于月之初四日假鼓楼南民立第二小学堂内演说,此次改于十九晚七点半钟至十点半茶话演说,互相研究,到者甚重。

(光绪三十二年四月二十二日"本省近事"栏目)

造币厂加工铸造

天津造币厂向来作工上午自七钟至十二钟,下午自一钟至六钟,因刻下铜元畅销不敷使用,已改为上午自六钟至十一钟,下午自十二钟三刻至六钟一刻云。

(光绪三十二年闰四月初一日"本省近事"栏目)

木工又开研究会

本月初四日又为天津木工研究会之期,仍在民立第二小学堂借地研究,是晚,到者天津研究总会郭、朱、宋、李四会长及司事外,木工到者十余人,由该会会长胡恩科等带有最精致之汽缸木样一架,又胡恩藻因木制色板每份大小三盒,售洋七角,穷寒子弟无力购用,故以纸制成,此项色板齐整坚致,与木制无少异,每份三盒,售洋二角。至九钟由该学堂教员杨公竹君为讲演几何画:何谓点? 何谓面? 何谓体积? 面为体又可谓之形,并三百六十度、圆界、三分五等边法至六等边、七等边法,其中之意旨安在,随将汽缸木样解剖传观共相研究。照此制法,计若干工与其中有无尚须改良之处,逐层推究。至十钟二刻闭会云。

（光绪三十二年闰四月初七日“本省近事”栏目）

汇志工商研究会

本月初五日晚为天津织工研究会期,假西宣讲所开会,是晚到者除总会会长、学董及各工厂司事、工徒外,织工共到九十余人,听讲者约四百余人。初六日又为工业售品所与粮行研究之期,津郡商工业之进步于此可见矣。

（光绪三十二年闰四月初十日“本省近事”栏目）

实习工厂之进步

津郡实习工厂日加推广,刻下,织染窑业、制造胰皂、图画刺绣等共有工徒二千余名,而其中尤以织科最盛,每日所制之布皆系考工厂售品所春华、泰敦、庆隆四处(原文如此)分销,现闻拟于午节后添设提花、印花两科,并有添设工徒之说。

（光绪三十二年闰四月十八日“本省近事”栏目）

工商演说要闻

本月十八晚为天津考工厂演说之期,仍借东马路、天齐庙宣讲所演说工商各项要理,于八钟半开演。首由管理郭芸夫君演说,前奉道宪札以转奉商部札开劝立劝工场事,除将札文详解一次,并将劝工场之性质、作用、办法、利益逐层讲演。继由管理朱兰浦君演说商部劝各工商筹送制品,于奉省陈列所札文并原奏,复将奉省现在情形、设立陈列所之宗旨、办法与输送之利益,详为剖辩。复由议绅宋则久君演说吾津工商宜合大群,并推论津埠工商涣散之弊病与必须合大群之原理、效果。又由学董李子鹤演说工商宜尚公尚实,将津商自私自利与作伪欺人之弊窦,逐事指陈。末复由宋议绅演说富国学物有真值与市价不同、并物价之分析,时已十一钟余,演毕始散。听演者约五百余人。

(光绪三十二年闰四月二十日"本省近事"栏目)

教育品陈列馆仪器讲演会

本月十九日下午系天津教育品陈列馆仪器讲演会之期,私立第一中学堂教务长张君伯苓主讲气学,并气与水之关系,试验喷水器、真空喷水器闲歇泉、连通瓶、抽气筒、气压计、玻璃管等仪器。是日,除馆中员司执事生外,其听讲各教员到者三十人,来宾听讲者三人,系督署学堂教员徐君郁生、提学使司课员李君勤襄严侍郎之长公子约冲君云。

(光绪三十二年闰四月二十一日"本省近事"栏目)

芦商拟设通纲公所

长芦通纲公所现经纲总等择在津郡南斜街育婴新堂设立,不日即拟开工修理以便会议蹉务云。

(光绪三十二年闰四月二十一日"本省近事"栏目)

陈列馆添设新场

天津教育品陈列馆新辟第五陈列场内陈列日本农科大学成迹品,如各种稻、粟、麦、豆、瓜、麻、菽、菜、药草、籽粒、茎棵标本,蚕业、稻作、植物果实,家禽、昆虫图画及农业教授、农具标本、农科室场写真,又日本高等工业学校成迹品,如蜡涂、彩髹、莳绘、电镀、电铸、染色各标本,测绘、建筑工业图按各图形、化学药料、木工、授业顺序,用具各标本、工科室场写真又附陈学校模型及新式油画水彩画现已庋设停,妥订于本月二十三日起开场展览。

(光绪三十二年闰四月二十二日"本省近事"栏目)

木工织工开会研究

十九日晚为津埠木工研究会期,仍借民立第二小学堂公同研究木器改良法,并试演各种模型,二十晚织工又假西宣讲所开会研究实习工场第二半日工厂以及各织工均携带织品陈列,由总会会长逐一演说以明织工进步之速,该两晚均于八点钟开会,十一钟闭会,到者甚众。

(光绪三十二年闰四月二十二日"本省近事"栏目)

工商研究会汇志

二十一晚为工业售品所研究会期仍在直隶工艺总局开会。本局陈提调,高等工业学堂赵参议,天津考工厂郭管理,实习工场陈管理、牛总监工与该所掌柜等均到,公同研究售品所之货,非格外公道出售,不足以广招徕而扩销路。又前奉总办周道宪谕令,于织工研究会期在西宣讲所陈列各工场制品三日以供览。兹复公议,即以此三日作为集场,标价出售。又,粮行亦于是晚在商务总会借地研究,除研究总会会长外,粮行到者庆长顺怡和公、聚丰恒等号公同研究粮石销路畅滞与起运,设法变通各事。至十一钟散会。

(光绪三十二年闰四月二十三日"本省近事"栏目)

铁工厂品物待售

天津劝业铁工厂内制造五金各件只收工本,廉值出售,刻已晓谕军民购买径赴该厂面商一切。

(光绪三十二年闰四月二十五日"本省近事"栏目)

工商研究会汇志

本月二十三日晚为天津竹商借河北大寺小学堂开研究会之期,八点钟,郭、朱、宋、李四总会长及竹商六家均到该分会长宋久长备有考勤簿一本,到者各盖戳记以稽勤惰随相研究,并由宋、李两总会长讲演中国工业退化外洋工业进化之原理,至十一余钟闭会。又二十四晚又为铁商在考工厂研究之期,八点钟到齐,首由铁行董事宋久长将研究会之宗旨、办法、利益、效果细说一次。继由郭总会长将周总宪提倡工商之热心、创办研究会之原(缘)起与中外工商进化、退化之得失。又由宋总会长演说合群公敌一段,大略以改良土货抵制洋货为宗旨。再河东粮商又于是晚借商会研究,首由朱总会长演说立会宗旨及织工、木工所立分会已有进步情形。于是,公同研究粮商命派基于农事,须讲求养田肥料及改用机器耕田之法,至十一钟闭会。

(光绪三十二年闰四月二十六日"本省近事"栏目)

合办造纸公司

《北洋日报》云:探闻刻有华商与外国人合资开办造纸公司,其工厂设于天津丁字沽,名曰"瑞昌造纸公司"。

(光绪三十二年闰四月二十八日"本省近事"栏目)

派设提花专科

天津实习工场内工徒添习提花一科,即织提花缎之类,兹闻该场已拨织科工徒若干名,整理机具以备节后添设提花云。

(光绪三十二年五月初四日"本省近事"栏目)

村正捐资建设工场

津邑大直沽村正李稆香、孝廉等公同措资禀明当道,在该村创设工场专习织布一科,现已购地建房,约在七八月间即可开办云。

（光绪三十二年五月初四日"本省近事"栏目）

工商冒雨演说

本月初三晚天津考工厂借东宣讲所开工商演说会,八点余钟,郭、朱两管理,李会长、宋议绅并高等工业学堂孙监学皆到场,他以阻雨未到。自八点半钟开演。首由李会长演说商业学堂为商业发达之起点。继由孙监学演说工商互相为用之利益。末由宋议绅演说人有爱国思想皆当努力用中国土货等语。演毕已十一余点。是晚大雨倾盆而听演者亦有十余人,皆不恤冒雨而来,其热心热力可以钦也。

（光绪三十二年五月初五日"本省近事"栏目）

工艺学堂举行季考

天津工艺学堂于十一日起分日举行夏季大考,至二十一日竣事。如化学科则分考英文、物理、三角术、纯正化学、应用化学、化学分析等课;机器科则分考代数、几何、物理、英文、汉文、机器学、力学、图画、实习等课;制造速成科则分考工艺、经济、簿记,制造化学、碱化学、日文、实验等课;图绘科则分考汉文、图案、毛笔画、水彩画、铅笔画、用器画等课;化学速成科则分考物理、无机化学、有机化学、分析代数、几何、商业、地理、化学、实验等课;机器速成科则分考物理、代数、日文、日语、图画、机器学、化学等课;预备科甲班则分考算术、英文读本、英文地理、图画、汉文、物理、历史等课;预备科乙班则分考图画、汉文、历史、算术、物理、英文、地理、英文法等课;预科丙班则分考汉文、算术、物理、图画、地理、历史、日文等课。每日考试均自晨八点至十一点;体操自八点至九点。惟图绘科及预备科甲班体操系自九点至十点考毕后,约月杪即放暑假。

（光绪三十二年五月十三日"本省近事"栏目）

铅笔工厂之组织

天津学界代表近日组织一铅笔工厂以备专供学界之用，其创设宗旨系为振兴实业、收回利权起见云。

（光绪三十二年五月十三日"本省近事"栏目）

考工厂招呈制造品

天津考工厂又届招考工业之期，凡集镇乡村有独出心裁精制奇品者，均可于本月二十日以前呈送本厂考验，此为第二期考验所呈之件果系精巧，除准专利外，仍禀明督宪酌赏金银奖牌以示优异。刻下呈送者已络绎不绝云。

（光绪三十二年五月十四日"本省近事"栏目）

织布厂开办纪闻

长芦运台陆都转在老君堂寓所花园左侧辟织布厂一处，延聘教习二员，招募生徒数十名入厂学习，闻已于十五日开厂云。

（光绪三十二年五月十八日"本省近事"栏目）

工商演说要理

十八日晚天津考工厂仍借东宣讲所演说工商要理。首由高等工业学堂教员徐砚农君演说商律，就中西商务两相比较；次由实习工场总工程师中泽君演说制造洋烛原理，将中外各种油质烛心陈列对燃以较优劣并以模型演试之；次由高等工业学堂驹井君演说化学分析，每讲一理，辄取仪器试验以为口说之佐证；末由研究会长李子鹤君演说商业亦普遍知识之一端，又言溽暑在迩，遵照旧章演说暂行停止，一俟秋爽再为接办。至十一点余钟始散。是晚，到会者除考工厂郭、朱两管理外，有工艺总局赵参议、实习工场陈管理林总学董、宋议绅、李会长、刘秉彝诸君，听者四百余人。

（光绪三十二年五月二十日"本省近事"栏目）

陈列馆请派管理员

天津教育品陈列馆自郑君菊如请退后,管理尚未派人。现闻该馆总办已函请实习工场酌派管理员二员来馆襄办。

（光绪三十二年六月十八日"本省近事"栏目）

验看迁安造纸工厂

天津高等工业学堂教务长日本人藤井君、工艺总局参谋赵幼梅君日前带同工业学生由津乘坐火车起程,前赴迁安县验看造纸工厂。

（光绪三十二年六月二十二日"本省近事"栏目）

考工厂定期开演

天津考工厂前因天气炎热暂停演说,现在已届秋凉,仍定于七月初三日晚借天齐庙宣讲所照旧演说工商要理及各项专门实业。想届期联袂往听者定必较前尤众也。

（光绪三十二年六月三十日"本省近事"栏目）

研究开办造纸工场

天津工业学堂教务长藤井君、工艺局赵参议前经带同学生赴迁安县查验造纸工场地址,兹已查毕回津,现在工业学堂每日研究开办一切章程。

（光绪三十二年七月初三日"本省近事"栏目）

竹行分设研究会

天津河北北极寺内艺徒学堂现又附设竹行工商研究分会一区,已经修理整齐,不日即可开会矣。

（光绪三十二年七月初六日"本省近事"栏目）

奖励工业演说

天津高等工业学堂于十一日开学,由总办天津道周观察当众演说,略谓本堂各科学生进步甚速,程度颇高。此次开学后仍当力求进步,精益求精,学业既深,品行尤须讲求,以为日后出身致仕之基,化学速成科全班学生本月杪全行派赴日本学习,各种制造图绘科、制造速成科深秋时即行毕业,化学科、机器科明夏毕业,预备课陆续陆续归入正科。本总办期望既切,该生等亦当努力前进,勿负上宪培植人材之至意云。

(光绪三十二年七月十五日"本省近事"栏目)

工艺局开会研究

天津工艺总局每月按初一、十五两日在本局齐集研究。现因东马路崇仁宫改为工商研究总所,工艺总局研究会遂于十五日移归总所,是日总办周观察、陈提调、赵参议及考工厂、实习工场教育品陈列馆管理诸君与教育品制造所执事并考工厂议绅林、宋、王、李诸君均先后莅会公同研究,当场由周观察提出两问题,闻诸君均有答议。

(光绪三十二年七月十九日"本省近事"栏目)

考工厂演说纪要

本月十八日为天津考工厂演说之期,仍在东马路天齐庙宣讲所内。是晚八点余开演,首由考工厂管理员郭芸夫君演说商部札开公司注册章程近多误会,每以独资商铺率请注册滥号公司,殊与原章不符,并将注册式样写出一一讲说何为公司,何为独资商业,亦详晰剖解,以释误会。继由李子鹤君演说经济学,意谓工商为经济之要素,而中国之工不敌外国者,以外国分工多而中国分工少也,遂将分工与不分工之利弊阐发详尽。又由考工厂副管理员朱兰圃君演说商部札开仿照江宁办法调查大小商业列表汇呈,当将原札逐细讲解,并将表式反复宣示。又由宋则久君演说中国工商败坏之原因,以为工商最重公法,必须互相保卫,始能日见发达。中国工商但有私法而不讲公法,所以日益败坏。今欲提振工商非祛除此弊不可,随又逐事指陈至为剀切。末由刘巨川君演说工能致富之大概。复言工之为道，非闭门而造所能胜任。详考各国工界之发达，其中厥有四因：曰因地、因时、因势、因人，遂就此四因一一引申而发明之。是晚，除该厂员司、总董、议绅外，到场者，到厂者尚有工艺总局提调陈受之大令、赵参议、实习工场陈管理。至十一点半演毕而散。计听演者约五六百人。

（光绪三十二年七月二十日"本省近事"栏目）

研究工业之改良

天津工业售品所二十一日晚八点钟在崇仁宫研究总所内开会研究，是晚，工艺总局赵参议、考工厂郭、朱两管理，宋、李两会长，实习工场陈管理，习艺所朱提调，又售品所实习工场女工厂、习艺所执事诸君皆到会，公同研究实习工场所造安全火柴早已行销于市。但多习而不察，未知其保险安全之处，又有谓所粘燐质不足一盒火柴之用。此盖因用之不得其法，耳闻拟改造普通小盒形式，每包附粘用法及保险白话票一纸，俾得家喻户晓，用以推广销路。随又研究日本行所售织布机近时销路极畅，拟集股创设布机公司以期抵制而保利源。又闻实习工场拟开纵览会三日，前二日任男客游览，后一日任女客游览。此诚开通男女工作之妙用也。

（光绪三十二年七月二十四日"本省近事"栏目）

铁工研究会志要

二十二日为天津铁工研究之期，届期考工厂管理总会各会长及北洋、劝业铁工厂诸君先后莅会，其余，铁工四十余人，又有唐山机器厂及北京铁工前来与会者二三人。首由李子鹤君讲演立宪宗旨，转劝百工力求进步，以为后来发达之基础，又由宋则久君讲演合商分工之要理，盖商合则资本富而获利自优，工分则时限减而成，工自易。又由吴伯生君演说工人之积弊，凡见土人与洋商作工至精至勤，若与我国工厂作工，反至怠惰偷安、多方欺饰，是受雇同而效力异。其于工人之积习详细指陈而复加以劝导之词，听者无不感动。

（光绪三十二年七月二十四日"本省近事"栏目）

铜工研究纪要

二十六日,天津铜行工人在总所开会研究。是晚八钟,总会长等先后莅会,铜工到者二十五人。首由宋会长演说工能致富之道,今中国工商败坏,其原因在外国数十年工战商战无形中夺我利权,而我仍至今不觉其于国家强弱实有莫大之关系。至其战胜之理皆在学问,故其思想新奇独到,并一再劝导工商研求进步,仿造外洋品物以期抵制而挽利权。次由郭会长等组合与铁工并期研究因铜铁两工,本属同气,彼此相助,利益甚多。拟自下月初七、二十二两日与铁工合并研究,众皆乐徒。

(光绪三十二年七月二十八日"本省近事"栏目)

查验造币分厂机件

前天,天津户部造币厂总办瑞京卿、会办熙观察前赴造币北分厂查验各项机件及一切存储之铅铜等物统饬照单,限于八月二十日一律交清,以便归并云。

(光绪三十二年八月初三日"本省近事"栏目)

工艺总局研究纪闻

初一日为天津工艺总局研究会期,总办周观察,帮办周太守、陈提调、赵参议,考工厂议绅,研究会长教育品陈列馆、考工厂实习工场各员,高等工业学堂执事诸君,均于是晚八钟先后到研究总所,随即开会提议考工厂考工后发榜之仪注及时限。现以考工尚未毕事,发榜日期尚未定议。又研究各工厂所出织染品销路畅滞、价值高下及货物之优劣,急宜设法保护、维持,拟派专员随时各处调查,以期进步改良。又,另有问题二端,用誊写板立时立时印刷数十纸。来会诸君各执一纸而回,以便各抒意见云。

(光绪三十二年八月初三日"本省近事"栏目)

考工厂演说工商

本月初三日为天津考工厂第十三次演说之期,仍在东马路宣讲所。是晚八点开演,首由工商研究总会会长李子鹤君演说商业学;次由美国德保大学堂毕业生刘巨川君演说工商学理;又次高等工业学堂教习徐砚农君演说商法;末由实习工场总工师中泽君演说制造胰皂之法。是晚,到场者除本厂郭、朱两管理外,有工艺总局总办周观察、帮办周太守、赵参议、实习工场陈管理、李学董、宋议绅诸君。此外,听演者四五百人。至十一钟余始散。

（光绪三十二年八月初五日"本省近事"栏目）

铁工厂改隶纪闻

北洋劝业铁工厂原隶北洋银圆局,嗣因银圆局改为户部造币分厂,现又归并户部造币厂,故该厂亦将改隶户部云。

（光绪三十二年八月初七日"本省近事"栏目）

织工又开研究会

天津织工于初五日晚借西宣讲所开会,研究总会长宋久则、李子鹤两君,考工厂郭、朱、两管理,又总所孙鼎吉君均先后莅会,织工二十余人,实习工场监工曹君率同匠目工徒八人来会,并带有提花与方斗纹平丝巾两种、红闪月梅花被面一件,当即陈于庋设架内,随由李会长讲演立宪之宗旨、工商之发达,以证十年后中国富强之基础。宋会长演说织工各场设立日多,足见日有进步,拟设织工联合会一处,以便共相保护,并历言出品、售品着重之处,贸易振兴诸要理。是晚,听演者约五百余人,至十一钟始散。

（光绪三十二年八月初七日"本省近事"栏目）

工业售品所开会研究

天津工业售品所于初六晚在研究总所开会研究,宋、李两总会长,考工厂郭、朱两管理、实习工厂陈管理、售品所及广仁堂女工厂执事诸君,均先后莅会。随即提议官立、民立各工厂日有勃兴之势,拟联合立会共相维持,以防物品恶劣,折价倾轧等弊,仿照日本同业组合会办法,诚为工商前途进步之要点。又售品所拟兴各工厂订制恭喜帽若干,以备冬令销售云。

（光绪三十二年八月初八日"本省近事"栏目）

粮商研究纪略

天津西集粮商亦于初六晚在研究总所开会研究,到会者五家提议该行增收行用一事,已经禀请列宪批准在案,拟于本月十五日起一律按照新章收用。

（光绪三十二年八月初八日"本省近事"栏目）

铜铁两工开会研究

天津铜铁两工于初七晚同在总所开会研究,宋、李两总会长,考工厂郭、朱两管理、北洋劝业铁工厂诸君均先后到会,铜铁两工来会者计三十余人,考工厂并将商品送入总会多件藉作标本,俾工人凭式仿造,举一反三,较之空谈研究裨益良多。旋由郭芸夫君提议山西潞安煤矿铁矿产苗甚旺。拟与铁商联合一气(起)前往调查,协力兴作,以潞安之煤炼潞安之铁。其于工商之利益不可胜言。次由铁厂诸君提议现时试造电灯机器一架,每架电力足能设灯二百盏,拟俟造成先送考工厂考验。又由吴伯生君提议仿造织洋衫洋袜之手摇机,面托考工厂向日本函购一架藉资调查,俾可仿造并拟制造压力机数架,讲议机器大小压力轻重。铜工闻之遂多问价欲买,当即许以造成按本出售。末由总会长诸君组织织品公司,专织洋衫洋袜等类。会中颇多认可,且有愿入股本者,俟将机器购置来津即拟试办。

（光绪三十二年八月初九日"本省近事"栏目）

传谕小学定期合操

现闻天津学务总董于日前遍发传单,知会阖埠官私各小学堂定于十三日上午在西头如意庵东南空地合操,每堂择学生二十余名届期前往,并闻上星期日各堂体操教员先在河北小学堂齐集,同教务长研究口号及一切操法。

（光绪三十二年八月初十日"本省近事"栏目）

种植园附设农工学

天津金家窑现兴造种植园一事已志前报,兹闻该园内拟附设农工初等小学校一所,专课童蒙以为讲求实业之基础。约俟该园告成,即可举办云。

（光绪三十二年八月十一日"本省近事"栏目）

添习制造颜料科

天津高等工业学堂以本堂旗班学生迩来学习制造洋胰颇著成效,故于日前又特添制造颜料一科以资造就。

（光绪三十二年八月十二日"本省近事"栏目）

竹商竹工开会研究

天津竹商竹工于初十日晚间在民一艺徒学堂开会研究,宋、李两总会长,考工厂郭、朱两管理,研究总所孙司事等均先后莅会。竹商到会者二家竹工九十余人,并有工人孙世平携带自造染岛裁衣竹尺一件,光泽颜色大略与岛木同,各人传观毕即呈送考工厂寄陈。旋由竹商会长等公同提议该行困难日久,积弊已深。现经该行工商屡次研究整理办法,拟定章则十余条以图振兴而除积弊。再由郭芸夫君提议现今日本进口竹器竹帘货品甚巨,销路甚畅,若不设法抵制,于该工商颇有关隘。又据众人称,现由清化约得竹工四人来津,曾到考工厂参观,竹器大半皆能仿造。因即约定一面饬人前往清化购办细竹来津即拟仿造。

（光绪三十二年八月十二日"本省近事"栏目）

考工厂考验学生

天津考工厂招考执事学生已于十八日起至二十日止分别面试以定

207

去留。

（光绪三十二年八月十九日"本省近事"栏目）

实习工场第一次纵览会章程

　　天津实习工场开纵览会一事略纪昨报。兹将该工场开会简章照录如下：一、本场处所在天津河北窑洼（老洋钱厂后孙家花园旁）。二、纵览期限由八月二十日起二十四日止，共计五日。三、每日时限午刻十二点开始纵览，至下午五点停止入览，六点闭门。四、前三日计二十至二十二系男客入览，后二日计二十三至二十四系女客入览。五、凡入览人概不收取分文。六、洋人入览必须有特别介绍、预先知会，始便招待。七、有优待票者延入内厅茶烟接待（官入客厅，绅入会议厅）。八、场内路线及各工科均有一定次序，入览人宜循序观览，不得绕越凌乱，以免纷挤。九、凡场中物品，入览人如欲询问，应由各科监工人指说，切勿自行触手，恐防误伤。十、如有欲购本场货品者，可在本场售品处指明花色，即开具凭条交本人自赴大胡同工业售品所按条收价，发货不误。十一、有欲仿办本场各科工艺者或有欲指本场各科之善法者，均可请至公务厅面告本场管理员另订日期细谈。十二、开会纵览来宾众多，本场员司势难分身导引，应请循照路线顺走，各科观览特于入门时每位附送本场全图一张指明路线，一目了然。

（光绪三十二年八月二十一日"本省近事"栏目）

考工厂演说工商

　　天津考工厂于本月十八晚借东宣讲所演说工商要理，自八点余钟开讲。首由考工厂郭芸夫君演说商部札开破产律第四十条暂缓实行一节，并将原奏原律一一剖讲。继由学董李子鹤君演说商业学，将生利事业分六种逐细剖解。又由刘巨川君演说漂白染色法。又由自治局高玉笙君演说自治不侵碍官治大意。又由宋则久君演说立宪与工商之关系。末由孙子文演说合工、分工之要。至十一点余钟停讲。计是晚到场者陈提调、郑文案、赵参议，实习工场陈管理、王学董、李淑阳、韩镜湖、纪管涔诸君，听演者共六百余人。

（光绪三十二年八月二十一日"本省近事"栏目）

实习工场纵览会纪盛

天津实习工场此次开纵览会等情已纪本报，二十日为第一日开会之期，门首高扯国徽悬灯结彩，上午行开会礼，总办周观察以下来宾、员司、工匠、艺徒约千人齐集中庭。首由周观察演说宣布朝廷之德意，并宫保督宪提倡工业之苦心，次及创立实习工场之宗旨逐科逐事添请工师招募匠徒，力求改良进步，致成今日之现状所愿，凡入场参观者，官绅士庶人人兴起工业之思想，凡在场执事者，自员司及匠徒，人人以振兴工业为己任，从此各尽义务，运以精心，持以果力，勿以小成而自满足，勿以困难而生懈怠。即不负我皇太后、皇上七月十三日立宪之谕，所谓国民之资格云。继由来宾天津学务董事李子鹤君致祝词，先发明此届开览纵会之趣旨，次称颂合局诸公经营缔造之能力，又次赞赏厂中出品之精美而勉，以持久不懈，日益进步，由第一纵览会以后二次三次以至数十百次无限期无量数，冀我中国之工业驾轶东西洋而上云。演毕复由周观察导引来宾及各参观人周历，通场十二科。末至出品陈列室规模之大制造之精无与伦比。计是日来观者计六十八处，大中小各学堂教员学生约六千余人，官绅商民约三千三百余人，合之厂中员司、匠徒已不下一万四五千余人，又有私立第三中学堂军乐及初等工业学堂之少年乐队更替作乐，以助余兴。洵非常之盛会也。

（光绪三十二年八月二十二日"本省近事"栏目）

木工又开研究会

十九晚，天津木工在研究总所开会研究，考工厂管理郭芸夫君、朱兰浦君，总会长李子鹤、宋则久两君均先后莅会。木工到会者十余人。会中并有陈列木制立形卧形、汽机模型各一具。随由胡分会长指点各物切实研究制造之法及应行改良之处。继由郭芸夫君提议此后木工研究拟请小学堂教员二人莅会，教以笔算、物理、几何图画等科，于木工最为切近之学。诸会员甚为欢悦，并称当约集该行多人前来与会。又由初来与会之木工杨茂林提议木工所用之尺时有出入，无以为准，拟以英尺与工部营造尺较准，俾得同归一律精制一管悬于考工厂以作标准。凡有木工用尺，概须以此比率云。

（光绪三十二年八月二十二日"本省近事"栏目）

织工又开研究会

天津织工于二十日晚仍借西宣讲所开会研究。首由宋则久君演说立宪与国民之关系,比例英、美、德、法、日本诸国之政体及国民之程度,以冀工商力求学问广储国民最上之资格。旋由徐蔚如君讲演工商爱国之思想,并引证古今忠孝典型。末由李子鹤君讲演实习工场开会纵览之宗旨、场中各科情形与利用之影响,以及今日游览人数至一万五千人之多。不仅纪会中一时之盛,实为发明工业之起点云。

(光绪三十二年八月二十二日"本省近事"栏目)

工商研究汇志

天津工业售品所同西集粮商于二十一日晚在东马路研究总所开会研究,总会长宋、李两君,考工厂郭、李两管理及售品所及广仁堂女工厂诸君先后莅会,提议工业之发达已有影响,深恐各工场出品不齐,跌价倾轧,则流弊日滋,急宜预防,拟创立同业组合会共相维持。闻已议定规则,不日即可举办。随又筹议货品销路,拟由售品所派员各处随时调查,指喻改良办法,又西集粮商到会六家提议增收行用一事,禀请批准在案,外客均无阻滞。惟有某人欲赴奥国租界开设斗店,串通外客尽入彼境希图挟制,恐不仅于生意有碍,仍拟禀请保护等语,随即研究善法以资抵制,至十一钟余始散。

(光绪三十二年八月二十三日"本省近事"栏目)

铜铁两工开会研究

天津铜铁两工于二十二晚并在总所研究,总会长宋、李两君,考工厂郭、朱两管理、北洋劝业铁工厂诸君均先后莅会,铜铁两工到会够计四十余人,又前在山东德州军械局之孙绍级亦来与会,随由铁工会长刘辅臣提议有井四丈五深,求设法制造提水捷便之器,并须价廉且可供田家灌园之用,闻会中诸君答议数法,不外安设机轮,或以手摇,或以足踏。法固甚便,而价约百数十元,诚恐不能普销,仍须徐图良法。旋又提议有贫苦无资而有专擅之技能者一人,欲假铁工厂器具材料制造奇巧之物。随由马聘臣君答议,须令此人绘图试看。如实有专擅技能,不仅假以器具材料,尚须予以专利助以资本。末由刘会长议及孙绍级于军用白药制造甚精。当由马聘臣、贾元甫君考制药原料配合之法及当差之资格、辞差之原故详细探讨。至应否收用之处,拟再详细核夺云。

(光绪三十二年八月二十四日"本省近事"栏目)

工商研究总所开会

天津东集粮商与铁商于二十四晚同在总所研究,总会长郭、朱、宋、李四君先后莅会,粮商到会三家,铁商九人。首由铁商会员提议会中章则、宗旨,多有未谙,遂由郭芸夫君演说大略。旋由宋则久君讲演研究简章逐条剖解,至为详尽。末由李子鹤君演说工商与国家之关系、富强贫弱之要理,并将研究简章各增一纸转劝各行立会研究以图振兴补救之策。至十一钟余闭会。

(光绪三十二年八月二十六日"本省近事"栏目)

医药研究会纪略

天津医药研究会业经列宪批准立案。兹闻前日诸志士在阅报社投标选举,公推安少韩、程子簏、丁子良三君为会董,以便草创布置一切,仍留总会董一席,拟于本埠绅士中择一德隆望重、热心公益者任之。次又选举高憩云、吕寿三、钱辅庭三君为会长,仍留总会长一席,以俟贤者。旋又公选经管银钱三人。又公同选举李君颂宸等十余位,或为评议员或为纠察员或为撰稿书记等事。又公举陈君少林等十余人,或为理事员或为司账及兼收管图书、器具等事。其讲论、演说各员、诊视员,以及理事员中尚缺数人。挺俟开会之前再推举张君宜闲等随便各发热力,此外,尚有庶务照料员十余人,名誉赞成员数人。

(光绪三十二年八月二十七日"本省近事"栏目)

竹工竹商开会研究

天津竹工竹商于二十五日由民一艺徒学堂移归东马路研究总所开会，研究总会长郭、朱、宋、李诸君于晚八钟均莅会。竹行工商到会八十余人，北京三和号山货店王泽臣亦来与会，会中并有陈列日本所制竹器数种，藉以劝工仿造。闻其中有竹笼三个、竹盘一对。制造异常精巧，当有竹工数人言能仿造同升德铺掌苑公遂将该品借去以作标本。旋由宋会长提议组织艺徒半夜学堂，并将所课科目章程大略讲说，众皆称善。惟因经费现在无著，未能骤办，所望热心教育工艺者，赞助其成云。

（光绪三十二年八月二十七日"本省近事"栏目）

特开第二次美术会

天津日界美术会曾于今春假地旧德义楼开会展览，刻闻又假东马路工商研究总所开第二次展览会，自昨日起至九月初五日为开会期限，自上午十钟至下午五钟为入览时限，惟九月初二日为女客专览之期云。

（光绪三十二年八月二十九日"本省近事"栏目）

漆工茶话纪略

前晚天津漆工在研究总所茶话，八钟时宋、李两会长及考工厂郭、朱两管理均先后到会，漆工共到九人，并由考工厂携有日本大小漆盒七件、四川小漆捧盒一套计四个、福建沈绍安漆盒一个，又教育品制造所头骨模型一件、眼珠模型一件。逐件陈列几案，俾众观览。随由宋会长讲演研究简章，于立会宗旨、利益言之尤为切实，又劝漆工人等立会研究，以为改良进步之基础，并将研究简章各赠一纸。该工等因订定日后约集多人再行茶会一次，以便禀请立案，并索简章数十纸，以为分布同人转相劝导之用，郭、朱两管理并托该漆工人代询紫竹林南漆匠姓氏，以便设法联络，众均认可。

（光绪三十二年八月二十九日"本省近事"栏目）

考工厂定期演说

天津考工厂为提倡工艺起见,定于月之初三日晚八点钟假东马路宣讲所特开工商演说会,邀请同志诸君演说工商各项要理,并商业、道德、理化、制造各学,以开民智而辟利源云。

（光绪三十二年九月初二日"本省近事"栏目）

美术会陈列可观

天津日本美术会第二次开会一节略记本报,今闻该会此次陈列油画、水彩画以及汉、和各种画品、古器、骨(古)董等物,较第一次更觉美观云。

（光绪三十二年九月初二日"本省近事"栏目）

工艺总局开会研究

本月初一日为天津工艺总局研究会期,仍在东马路宣讲所开会。是晚,郭、朱、宋三总会长,工艺总局帮办周太守、提调陈大令、赵参议、王议绅,教育品陈列馆杨、赵两管理,实习工场俞监理均到会。首由工艺总局赵参议拟出问题一道,用誊写板印刷数十张,每人分执一纸。又公同提议劝工展览会免税之法。总期既无阻难亦无蒙混,方为妥善,约各抒所见。准五日内汇交工艺总局再行酌核定议。复由宋会长提议考工厂初三日在东宣讲所开演说会,刘巨川演说布匹印花专门一法,拟知照实习工场匠目工徒于是晚前往听演。末由陈列馆杨管理提议拟于初三日晚在宣讲所试验自治电话匣,随请考工厂于各处所贴演说广告内再加红小广告一纸,俾众周知。至十一点钟遂散会。

（光绪三十二年九月初四日"本省近事"栏目）

邀请绅商赴研究会

天津考工厂拟开劝工展览会,函请商会代约商董于初八日赴研究总会商酌一切,业由商会饬差分请,兹将原启照录如下:启者,敝厂现奉总办周道宪谕,拟于十月万寿圣节在河北公园开办劝工展览会,以期扩充工业,开拓利源。兹特草拟章程,印呈台览,并择定九月初八日晚八钟在东马路工商研究总所公同会议,妥为筹备,以便订章开办厂,系为振兴工商起见。届时务祈一准惠临。单到即请书知,是幸。天津考工厂谨启。

(光绪三十二年九月初六日"本省近事"栏目)

考工厂演说工商

本月初三日为天津考工厂演说之期,仍在东马路天齐庙东宣讲所内,自晚间七点半钟开演,首由教育品制造所韩镜湖君演试电灯,并将电学发明之原因与逐渐进步之阶级及电灯之首基原理、作用并电灯何以燃,何以灭,其操作之法安在,与灯头之空气若何,提出灯头之大小何法使其火力匀称,逐层用粉笔在黑板上绘图详说抉择摘精要。继由刘巨川君演说印花布法,有实习工场曹监工带领染科匠徒十数人特来听演,并有本埠染店多人入听,先将西洋染法之起点与印花之权舆并逐渐改良之方法与现时通行印花用器、药料作法逐层剖解。复由实习工场总工师中泽君演试化学分析之理与变化之原因。惟时已十一钟,尚有杨君自制电话匣,与江藤李子鹤诸君未及讲演,遂订定下期再行试验。

(光绪三十二年九月初六日"本省近事"栏目)

木工研究纪闻

初四日晚天津木工在工商研究总所开会,研究由分会长胡成泰携来木制助力机模型一件、几何学图具半份、迈当尺一管,又会员杨茂林携带自造工部营造尺四管,当由木工公同考较。据称新尺所造毫厘不差,足为标准。并以一管送呈考工厂,另悬一处以凭工人随时考证。随由韩石甫君讲演重学。又由胡成泰提议现有木工陆某能制织布缯上之牛角眼。因查此件在日本东京有某匠专门制造,为特许之品,秘不传人。我国今已有人能制此物,是何忻幸? 闻即传知该匠将已做成者送呈考工厂考验,如与日本所制不差,价值相似,当必设法重奖以示优异云。

(光绪三十二年九月初六日"本省近事"栏目)

织工研究纪闻

初五日为天津织工假西宣讲所开会研究,除各绅董员司外,有实习工场监工曹君率同匠目工徒十余人携来驼色大万字布一匹、棕色大锦纹布一匹陈列备览。织行到者约二十余人,听演者五百余人,除在会诸人互相研究织工改良各法外,复由宋则久君演说古币与今币不同,其通用之法亦异,参考中外,以近今用金币与纸币为最便利,复于钱法制度、作用之处详细推解,旋由李子鹤君演说工业与商业之关系,劝导工人随时研究,以期工业日有进步,商业日益振兴。至十一钟始散。

（光绪三十二年九月初七日"本省近事"栏目）

考工厂招考生徒

天津考工厂招考执事学生,现闻已定于十一日上午八点钟在南马路工艺总局考验。

（光绪三十二年九月初八日"本省近事"栏目）

工商研究纪闻

初六日天津工业售品所与西集粮行同在研究总所开会,首由王松樵君提议前以增收行用粮商阻滞多端,已经迭次研究,现有邑绅多人出为调处。因时届深秋,指日河冻,买卖亦见萧条。磨坊各号公请斗店暂仍其旧,缓至明正再行增收行用,已经和平了结矣。继由售品所杨秀章君提议现时天气已凉,销路颇见起色,并与女工厂订制台布、绣货布匹多件,以备销售。又由王鼎臣君提倡工业以广筹销路为要。销路以陆军学界为最。凡军衣及学堂操衣以至便服,倘概用本国布匹,销路自畅。再是晚鞋行亦在总所茶会为组织自立研究会事,到者二十六家。先将研究简章各赠一纸,旋由宋则久君将研究简章逐条剖解,并拟约集同行订于十一日晚八钟再行茶会,以便订期开会研究,禀请立案云。

（光绪三十二年九月初八日"本省近事"栏目）

续开医药研究会

天津医药研究会于日前在阅报社开第二次会议，首由丁子良君演说立会之宗旨，剖晰公益之关系，并嘱众会友，以"公""恕""和"三字为结团体办公事之要素。次由陈子篯演说病家、医家药铺之积弊，洞中窾要。末由张君宜闲等宣言本会与他项研究不同，将来必大见发达，大见扩充。于选择地基一节，宁缓勿急，万不可苟且从事，致妨碍将来扩充云云。

（光绪三十二年九月初九日"本省近事"栏目）

铜铁两工研究纪闻

初七晚天津铜工铁工在研究总所开会研究，提议上次研究有井四丈五深，提水便利之器当有张仁轩袖出一图，绘出其制造之法，甚属灵便，惟价值稍昂。闻铁工分会长刘甫臣尚别有妙法，价并从廉，因伊有事请假，未曾来会，须俟下期再行研究，且闻该分会长能自造自行车飞轮，其远近行走速率、价值与外洋相同。是晚，尚有漆工十余人为组织漆工研究会亦在总所茶话，并有考工厂携带日本及四川各种漆器多件陈列备览，并研究配合色漆之法，佥谓颇有能仿造外洋漆器者，今以所约诸人尚未到齐，拟约于十二日再行茶会，便可商定立会研究事宜。

（光绪三十二年九月初九日"本省近事"栏目）

工厂注重染料科

天津大直沽民立第三工厂现拟增添染色一科，闻已赴工艺总局禀请派拨染科毕业生一名前往教授云。

（光绪三十二年九月初九日"本省近事"栏目）

研究开展览会事宜

天津考工厂现拟于十月万寿节前在河北公园内新建考工厂开办劝工展览会，先于本月初八晚约集各行工商行董在工商研究总所开会，茶话筹备一切事宜，县由郭芸夫君将开会办法、宗旨及草拟简明章程十六条逐细演说,并将新建考工厂绘图历历指喻,以便各商书分区界,每家占用几方地势,早为报明。本厂随将开会简章各赠一纸,并请各抒所见,参酌损益,以期完备。闻是日所谓各行尚有未到者,拟再订期补请各行茶会一次,旋又公同拟增章程十数条。末由宋则久君草拟白话广告一纸。事毕散会。

(光绪三十二年九月十一日"本省近事"栏目)

特开体育演说会

天津志学会社于初八日下午五句钟特开体育演说会,其秩序如下:一、歌诗开会;二、英国窦总兵演说体育之来源;三、师范学堂胡监督演说中国体育之前途;四、保定高等学堂教务长张伯苓君演说我侪之义务;五、署理青年会总董饶柏先生演说所拟天津体育会之办法;六、直隶提学使司卢学台分赠奖杯;七、奏乐散会。

(光绪三十二年九月十一日"本省近事"栏目)

续开仪器讲演会

天津玉皇阁内教育品陈列馆于月之初四日开第九次仪器讲演会已纪本报。兹闻又于十一日下午二句钟开第十次仪器讲演会,仍请各学员携带凭票入听,以开新识而重教育云。

(光绪三十二年九月十二日"本省近事"栏目)

粮商铁商开会研究

初九日,天津东集粮商与铁商等同在研究总所开会研究,先由粮商提议西集增收行用,外客不无阻滞,已经多人调处,至今尚未了结,郭镕(芸)夫君当与平情理论,谓增用一节,斗店所喜粮商所恶亦属人情。惟将来粮商斗店均须折衷妥议,并劝其仍烦中友早为处息,毋再自为扰累。又是日铁商到会人数较多,且多初来与会,当由宋则久君演说研究简章,并由该会长调查由八月初九日至今从沪运津各种铁货若干,现时价目若何,并呈清单一纸,以备稽查云。

(光绪三十二年九月十二日"本省近事"栏目)

217

竹工竹商开会研究

初十日,天津竹行工人在研究总所开会研究,考工厂管理郭芸夫君携带四川商品及篁竹器多件来会陈列,以备工人实地研究。竹工共到三十余人,互相传观。内有数人意欲仿造,随即借与一二件作为标本,并拟赶造多件,为劝工展览会中陈列销售。再,竹商亦于是日在民一艺徒学堂开会研究,由该会长提议竹货向由沪上购办圈篦与挑子两种。每捆价目若何,斤两若干,原有定章,永无增减。近时每有增价短斤种种违例。现拟合群力争,以期仍照旧章办理,旋又公议开会时限,刻以日短夜长拟订每届研究会期,准于晚七钟开会十钟闭会云。

(光绪三十二年九月十二日"本省近事"栏目)

又开仪器讲演会

本月十一日下午又为天津教育品陈列馆仪器讲演会之期,主讲者初级师范学堂教员小幡勇治君专讲演生理学,一论吾人之食物虽有多种,然括其总纲,则可分为三部:一、动物,二、植物,三、矿物。二论吾人食物之方及消化滋养成分,与大小肠、绒毛管之功用。按解部(剖)全体模型,逐层解释,由中州学堂理科教员张兴之君译述。是日,除本馆员司全数均到照料外,所有听讲各教员及来宾共二十余人。至四钟闭会。

(光绪三十二年九月十三日"本省近事"栏目)

劝设救贫工艺厂

探闻天津学董近日普劝本邑绅富筹款就西南城隅现垫官坑地基,建设救贫工艺厂,招收贫民入厂,教以粗浅工艺,俾资糊口。事关教养,想均乐于赞成云。

(光绪三十二年九月十四日"本省近事"栏目)

鞋铺商人开会研究

十一日为津郡鞋商茶话之期,在东马路研究所开会。首由鞋行董事杨毓清等提议该行现在之疲敝,由各鞋工随意要求齐行长工价而不设法研求工作以致手艺日形退化。所有前数十年行销东三省、上海、山东、河南等处之鞋庄一律停滞,而上海、北京之鞋之鞋反致运销津郡。是以该行生意日坏。今由研究总所提倡研究以期改良进步,于本行大有裨益。凡我同行,务须届期早到竭力研求善法,乃能挽回于万一。复由考工厂管理郭芸夫君提议研究办法,并宣读研究简章。各商知立会之原因、宗旨、办法,均极妥善称赞不已。金欲设分会且欲及时成立,遂当众公举杨毓清、赵秉铿二人为鞋行会长。拟订每月初四、十九两日为会期,不日即禀请立案云。

(光绪三十二年九月十四日"本省近事"栏目)

漆工拟设研究分会

十二晚,津郡漆工在工商研究总所茶话,由该工提议今日茶会原约同行三十余人并组合宁波工匠多人同来与会。只因阴雨路滑,恐未能到。拟订十九日晚八钟仍在工商研究总所茶话一次,即可议定开会一切事宜。旋由总会长等提议织工研究似宜迁入总所,俾可实行研究,以期进步。并拟招集各工场一律入会研究。惟各村工场距津较远者,恐难每会准到,因拟筹一办法尚未定议。

(光绪三十二年九月十四日"本省近事"栏目)

考工厂订期演说

天津考工厂于本月十八晚七点半至十点半钟仍借东马路天齐庙宣讲所演说工商各项要理。闻届期聘定江藤君演说商业道德,杨星伯君演试自制电话机匣,韩镜湖君演天文学、日月星总纲,宋则久君演说中国工商败坏之原因,李子鹤君演说商业学。现已预行布告矣。

(光绪三十二年九月十六日"本省近事"栏目)

各行工商又开茶会

十四日晚天津各行工商为河北公园内于十月初间劝工展览会一事,又在研究总所齐集茶话,公同妥商。一切莅会者除考工厂管理议绅暨学董外,其余工商共到四十九家计六十余人,当将开会章程每人各赠一纸。旋由宋则久君将章程逐条讲演一过,随有数人面订某号某货,须用几方地势,当即报明。仍拟于明早到考工厂详细注册以分界画。又因日来赴考工厂报名者人数过多,原订于九月二十五日截止。现拟提前五日,于二十日为截止之期。旋又提议组织保火险公司,一切详细章程容后续录。

(光绪三十二年九月十六日"本省近事"栏目)

拟章设立劝工会场

津郡李公祠每逢三节及朔望,游人众多。现经天津道周观察提倡,拟就该处设立劝工会场拟定章程,自本年十月十五日起,以后定于每月初一、十五两日,端午、中秋各一日、年节自正月初二日起至十六日止,凡欲在彼处售货者,准先行到祠,向账房挂号给予准单。届期遵照指定地方陈设出售,以广销路。业将简章函送商会,通饬各商董遵办矣。

(光绪三十二年九月十七日"本省近事"栏目)

工艺总局开会研究

十五日晚间,工艺总局在东马路工商研究总所开会研究,总办、帮办、提调、参议与各绅董均先后莅会,其他工艺调查员暨考工厂、实习工场、教育品陈列馆执事员到会者共五人。提议劝工展览会应行筹备各事:如电灯、点景、建亭等事,并拟于公园以内添设打球场、秋千架、木马等项游戏、体操等场,随又提议官立民立凡禀请立案各项工场联络一气为同业组合会,以尽提倡工商之义务。旋又议及保火险公司为挽回利源切要之举,拟将章程议订定即行约集各商茶话,妥筹一切办法。又闻习艺所亦拟开办彩票,俟议定后将一切彩品货物择相当者分配,大彩票内亦提倡工艺之一端研究。毕由周观察出问题二则:一为筹备保护各工场妥善方法;一为法京万国商会章程内第四条各细目。有与考工厂义务大有关系者,应就天津市情分别筹议仿办,随即用誊写板印刷数十纸,分给各员绅各携一纸而散。

(光绪三十二年九月十七日"本省近事"栏目)

考工厂演说工商

十八日为天津考工厂演说之期,仍在东马路宣讲所,自晚七点半开演。首由江藤先生演说商业道德,先将东西洋商业与各商业竞争方法逐细详解。继由李子鹤先生演说商业学,并添演保火险之利益与必须自办保险之关系及保险之防弊法。末由韩镜湖先生演试自制电话匣,逐次用电话机当众实验,复将自制电匣令听演诸人自行试验,逐事问难计。是日,听演者约有六七百人,以工商业家为最多。

(光绪三十二年九月二十日"本省近事"栏目)

纪河东医学研究会

天津河东医学研究会于十七日开第一次茶话。首由会董韩竹轩君演说开会宗旨,阎华廷君演说研究之利益,朱同青君演说讲求制药之急务,随由医界学界商界投票公举会董。闻是日共有八十余员到会云。

(光绪三十二年九月二十日"本省近事"栏目)

劝工展览会章程

天津考工厂拟定劝工展览会章程十六条照录如下:

一、开会日期以十月初十日万寿圣节为正期,自前三日起至后三日止,即自初七日至十三日共为一星期。

一、会场择定河北公园学会处前新建考工厂罩棚内,计共划分几区,俾各项货品各以类聚,不得纷纭错杂漫无界画,以示整齐。

一、此会宗旨意在振兴工商并扩销路,所有各项货物均准订价出售,任人购买,如有特别之品,仅供陈列不欲出售者,亦准一律入会。惟货笺应标明卖品与非卖品两种,以示区别。

一、货品价值由售主酌定确数,不增不减,于标笺内一一注明,俾购主

221

按照标笺给价,不得高抬虚索,以致互相争执。

一、陈列货品,并非夸奇斗博,不过为振兴本国工艺,故外国货物暂不列入,其中国货物不拘何省何县,均可贩运入场,以便互相考较。

一、开会之前十日,凡各工商铺户有情愿入会者,应先到考工厂报明某号、某人、某货,须经本厂允许后,详细注册,并填给凭单,以便稽查。

一、各店入会陈设,均准悬挂牌号,限定若干宽若干长,用白铅油牌上书黑字,俱悬于本号门阑上方,统归一律,不得大小参差,致形杂乱。惟寄陈之品应会集一区,另写特别横牌,此项木牌均由本会备给。

一、各店货架,均由本商酌量货物所宜,自行备办,但以精雅为主,不可稍涉粗蠢。至寄陈之品所用庋设架,应由本会备置。

一、货品标笺其格式大小行款,由本会酌定,即由本会备给,各交本商自行填写。

一、货物售出,俱取现款当场交易,购主不得赊欠。

一、会内各店饮食,均由自备,不得举火炊爨,以昭慎重。

一、凡火柴、花爆、海菜、鱼腥、油盐酱醋、水果菜蔬、柴草煤炭等类,及一切易于燃火,易于朽腐,并气味不佳,占地太大之物品,概不得入会陈列,以免污秽。

一、会内各商理宜洁净安详,以合文明举动,不得喧哗争吵,以及吸烟、饮酒、赌钱等事,违者议罚。

一、开会日期纵人游览,前五日男客游览,后二日女客游览。

一、开会七日,每日皆拟邀请各项军乐分班鼓吹,以助兴会。

一、地方官绅宜先期分赠优待票,届时茶烟招待,以示优礼。

（光绪三十二年九月二十一日"本省近事"栏目）

工商同时研究

十九晚,天津鞋商与木工同在工商研究总所开会研究,由会长胡成泰携来织布梭二个,其作法颇觉精细而且坚固,又实习工场木科工徒所作学堂用之大算盘一架携带来会,算珠用铁丝盘香顶簧,上下自如,颇为适用,各学董教员拟传知各学堂各购一架。随由张少澜君讲演几何原本甚为详细,又因鞋商为第一次研究,首由宋则久君演说立会之宗旨以及该行之利弊。旋由冯心齐君演说该行现今困难之原因及如何改良之方法,以期共相维持，日求进步。再，是晚又有漆工七人在研究总所茶话，提议该行因有多人未到，故设立分会事宜未能定议，仍拟订于二十二日约同来会，以便定议，禀请开会云。

（光绪三十二年九月二十一日"本省近事"栏目）

劝工展览会添补章程

天津考工厂拟订劝工展览会章程已纪昨报。兹再将其添补简章九条录下：

一、本会备给各商会员执照，自行填写执事人姓名盖印本号戳记，带于襟右。每日闭会时不带执照者不得任意出入，以便稽查。

一、开会时拟定洋元价值，每元作零角若干，每角合铜元若干，届时议定。悬牌买卖一律遵守，以归统一。

一、会场内外生意凡押大板敲诗摊带签筒，近于赌博之事，一概禁绝。

一、入会各商须用地势几方须于开会十日前报明本会注册以分界画。

一、会中应用痰盂，均由各商自备。

一、如遇阴雨，会员或游览人穿钉鞋者，免入。

一、各商货品均须自己留神，昼夜妥为看护。如有遗失，本会不管。

一、会场外安设茶楼一处，各商应用茶水，均须自行购取。

一、会中晚十二钟全行闭门，一概不准出入。

（光绪三十二年九月二十二日"本省近事"栏目）

织工研究纪闻

二十晚天津织行工人借西宣讲所开会研究，首由沙俊声先生演说织工各场创立之成效。次由学董李子鹤君演说商业家均宜求学。末由郭芸夫君演说织工各种门类甚多而以布匹为最普销之物，现今各工厂所织布匹花样颜色无不精善，劝导大众有子弟者急须入场，日久利权自可收回而国富强矣。随与织工会长会员提议将该行移归工商研究总所，以便实行研究，众皆认可，遂订于下期研究即行迁移总所云。

（光绪三十二年九月二十二日"本省近事"栏目）

223

工业售品所开会研究

天津工业售品所于二十一晚在工商研究总所开会研究,有杨秀章君携带外洋绒织孩帽、围脖等件,与女工厂张丽三执事订制仿造。遂将该物由张君携带归厂,以便依样仿制,随即提议售品所现与实习工场订布匹一宗,经纬合股线各种颜色俱全,以备学界操衣之用,并议外客整批与门市零趸价值须有轻重,因整批为购麦之客,故宜留有余利,以广招徕。又由杨秀章提议同业组合会之办法,拟将各工场联合一气。闻现已拟章,尚未定议。末后研究设立保火险公司一事,宋则久君创拟章程二十余条,尚须公同参考,然后约集绅商茶会,妥订一切事宜。闻在年前即拟开办云。

(光绪三十二年九月二十四日"本省近事"栏目)

铜铁两工开会研究

天津铜铁两行工人于二十二晚在工商研究总所开会研究。有金华铁厂绘来抽井水机器图一纸,其法捷便。惟每架须用百数十元乃能制造,并拟赶造模型下期研究。又有人绘来手摇磨面机、脚踏罗面机两图,均称适用,其中少有改良之处,亦经公同指示拟另绘细图详注尺寸,以便订制。吴伯生君带来弹棉器机轴一件与铁工,究其制造之法,并由宋议绅提议旧法弹棉弦弓,其法甚妙,欲仍用弦弓设法改良。又闻漆工亦于是日在研究总所借地,茶话议定设立分会,公举会长,拟订每月初六、二十一两日为会期,即于十月初六日开会。

(光绪三十二年九月二十四日"本省近事"栏目)

粮商铁商开会研究

天津东集粮商与铁商同于二十四晚在东马路研究总所借地研究。首由成发号李君提议目今提倡工商以求进步为最要,而农为工商之母,尤宜先事讲求。查上海机器磨坊所出面粉甚佳而销路未畅,查其原因,以近时美国面粉运销中国日多,其面粉与我相等,而价较廉。查美国麦粒较中国倍大,收成亦数倍于华麦。因其于农事讲求精到。急应仿效,于各处多设农事试验场讲求土性、肥料、变种一切事宜,以期速收成效。又,铁商会长宋治安君、刘子林君带有九月初十至二十二日调查进口铁货清单一纸,公同提议抵制之,方谓必从矿务入手。旋由总会长宋则久君提议组织保火险公司,现已就绪,当有铁商数家共表同情,且有欲入股者,再前闻漆工屡次茶话,欲立研究分会,现已具禀定在研究总所借地研究云。

(光绪三十二年九月二十六日"本省近事"栏目)

天津劝工展览会免税规则

一、劝工展览,既专收土货不收洋货,所有会场进出口土货,应准免纳税厘,其洋货概不准夹带影射,如查出前项情弊,照例充公。

一、进口货但查明系土货入会者,无论价值若干,概免税厘,其出口货则限定值银在三十两以内者,方能照免,过三十两者不免。

一、会中预备四联执照钞关一张、厘局一张、商人一张、会场一张,作为存根,此照由会发给商人,不在展览会者,不得沾此利益。

一、进口货在开会前三日到会场报名,发给执照以凭查验。惟远地商人与本会或不相识,应先觅有妥实铺保,再行领取执照,以防冒领之弊。

一、展览会所售之货,均贴展览会小票,如买主实系贩运出口者,即于购货时在会中自行声明,由会中发给执照以凭查验。惟自领照之日起,限定十天以内出口照免,过期作废。

一、进口赴会之货,既免税厘,闭会后如原货仍出原口,亦一例免纳。惟出他口则不免,且出原口之货较进口时祇许减不许增,如有影射查出充公。

天津考工厂谨启。

(光绪三十二年九月二十九日"本省近事"栏目)

铁工厂扩充地址

天津铁工厂以地不敷用,近在该厂西北相距里许另购地基,已于日前带同工人丈地绘图,择日开工。缘该厂现用之地系向银元局,商借不日即将交还云。

(光绪三十二年九月二十九日"本省近事"栏目)

天津南段巡警总局详看管女拘留所李孙氏
勒索钱文拟请发县监禁文并批

为详请事,本年六月十九日查出职局看管女拘留所之李孙氏曾于女犯翠儿在所拘留时向其勒索,并用竹板吓唬,得洋五元。当经督饬传事吏搜出竹板一块,提讯李孙氏,因翠儿业已解京,恃无质证,狡不招承。提讯现在拘留之各女犯内金喜巧、铃玉兰均称各给过李孙氏津钱数百文不等,并称翠儿被李孙氏用竹板吓唬勒索洋五元。伊等均系目睹,伊等亦因惧怕责打是以各给钱文等语。复究李孙氏无可狡赖,始供认得钱属实,诘以竹板何来,则称因答杖停免,伊见院外有遗弃小竹板,顺手拾取。原为插在窗上晒衣使用等语。查警谳局系属新政,事事力求文明进步。该氏看守女拘留所月给工食六元,不为不厚,乃敢任意勒索。若不从严惩办,不足以儆其余。惟查李孙氏年已六十六岁,拟请饬发天津县酌予监禁五年,限满,由县详请保释以昭儆戒。除将李孙氏发县管押候示,并另派安人接充看管外,所有李孙氏酌拟监禁缘由是否有当,拟合详请宪台查核俯赐批示祗遵,实为公便。为此,备由具册具呈。伏乞照详施行。须至详册者。

督宪袁批:据详该局拘留所看管妇李孙氏向女犯翠儿吓索钱文,实属胆玩。现值整顿监狱之际,此风断不可长,应即部澈底根究,按照所得赃数加十倍议罚,追缴充公。准如所拟发县监禁五年,以儆效尤稽查拘留所委员所司何事该看管妇一再勒索钱文毫无觉察亦难辞咎未据将衔名开报议惩殊属宽纵仰即遵照查明办理具报,并饬天津县查照。此缴。

(光绪三十二年十月初一日"文牍录要"栏目)

实习工场添招工徒

天津实习工场现添设纸科,拟招工徒六十名,以十二岁以上二十岁以下、粗识文字、无嗜好者为合格。现已于上月杪招齐。定于本月初二即行考验云。

(光绪三十二年十月初一日"本省近事"栏目)

警务学堂选习侦探

天津警务学堂现拟由各学生中挑选品学兼优长者十五名，饬令学习侦探。

（光绪三十二年十月初二日"本省近事"栏目）

工艺总局开会研究

天津工艺总局于初一晚在工商研究总所开会研究，总办周观察及提调议绅学董并考工厂、实习工场、教育品陈列馆各管理员均到各厂，执事共到十余人。首先提议劝业展览会开办仪式及筹备应办一切事宜，如入会各商货品精美生意兴旺，尚须予以奖牌，已派考工厂订制。随又提议同业组合会之办法，拟议章程数条，不日举办。末又提议保火险公司一事，已经拟订章程，并订于初四日晚约集创办人等先在研究总所茶会一次，将章程办法与股票价格订定后再约集绅商特开大会，以便印刷股票开办云。

（光绪三十二年十月初三日"本省近事"栏目）

劝工展览会验货领照规则

天津考工厂劝工展览会所定验货领照细则如下：

一、商人请领进口免照，除本埠著名字号外，必须有殷实铺保方准发给，倘请免照后货物不到会场，即由保人照免照所开花色补捐，如远来客商无从觅保者，货物到口后由会场派人前往领货入会。

一、展览会宗旨，专为搜罗精美新式制品，陈列货样，以动人工业思想，每种货色应以一二件为限，如同类大宗之货，与本会宗旨不合，不得请免照进口，其有已经完纳厘税之货，愿入会者，多寡听便，不拘此例。

一、凡请领进口免照者，该货应到口，须将原货发单呈验，以便核实估价，该货应一直提运到会，不得中途转入行店，私自改拆原封，如有中途私自改拆者，应照补厘税。

一、凡领免照入会之货，至开会后如留津埠销售，应照数补纳税厘，其本来未领照，已经完过厘税之货，不在此例。

一、本会系属创举，所拟规则均作为试办，如临时有窒碍之处，应由本会总理处与税厘委员妥商办理,总以不背本会宗旨,而又无碍国课为要。

(光绪三十二年十月初四日"本省近事"栏目)

又开仪器讲演会

本月初三日下午系天津教育品陈列馆第十一次仪器讲演会之期,工艺总局提调、参议及学董均到。主讲者私立第一中学堂教务长张君伯苓专讲声浪之原理及声音高低、大小并各质传声之速率,随又试验自制之声浪器,并馆中所陈之象牙球等各仪器。是日,除馆中员司、执事生外,其听讲各教员到者三十余人。至四钟闭会。

(光绪三十二年十月初五日"本省近事"栏目)

考工厂演说工商

初三日为天津考工厂演说之期,仍在东马路天齐庙,自七点半开演。首由初级师范学堂监学胡玉孙君演说工业之必要,分利心、名誉心、竞争心为三项,而由好利而好名,由好名而竞争,已有递层进化之理。继由敬业中学堂教务长张伯苓君演说中国将来之工业,以土地、劳力、资本为工业生利之大端,而就中国而论,土地即广,劳力亦易,惟资本最属为难。此时亟宜设法筹画。又由实习工场总工师中泽君演说化学分析剖论染色各法。先指陈大要,后细说红绿黄各色之原理,均以实物试验之并论化合之变换,与加何种药即成何种颜色。末由教育品制造所技师韩镜湖君演说人道之当然,分德育、智育、体育、交际四部,而以体育为始交际为终,教育品陈列馆管理杨星伯君尚拟演试风琴,嗣(俟)以天色已晚,遂闭会,俟下期再演。是晚,听演者约五百余人云。

(光绪三十二年十月初六日"本省近事"栏目)

派定展览会总理

天津考工厂定于万寿日开劝工展览会,任人入厂纵观,是日承办一切闻已特委工业学堂庶务长赵君元礼为总理云。

(光绪三十二年十月初七日"本省近事"栏目)

天津习艺所禀拟批解囚粮功过章程文并批

敬禀者,窃照职所囚粮、银两,前因各州县欠解甚多,当于本年四月间咨司通饬并禀蒙宪台分别札催在案。查职所近来收犯日多,需费尤亟,囚粮为计口授食之需,更属刻不容缓。乃自蒙饬催以来,首先提解者固不乏人,而仍前疲玩者亦复不少。现计上年四季积欠至一千二百余两,本年截至夏季尚短解一千余两,秋季则仅收到五百七十余两。似此悬釜待炊,何能为继,况此款本系我宪台奏定之案。诚以各属囚犯该州县本有应给口粮,一经解所即可挹彼注兹,且按缺匀摊最多者每季不过五六十两,为数既属无多,并可省约束之烦,免疏防之咎。果使各州县权量轻重踊跃奉公,何至区区之数而因循玩延一至于此。若不设法整顿严定完解章程,势必愈积愈久。各牧令纷纷交替藉词推诿,催解更必不易。职道等悉心商酌拟订批解囚粮功过简章四条,缮具清折,恭呈宪鉴。如蒙允准即请行司通饬各属一体遵照,并恳饬将本年夏季以前所欠各囚粮无论前任、本任均照章归,现任之员扫数完解,从宽免其记过,其先期预缴全年之多伦厅,预解二季之临榆县,洵属急公力顾大局,合无仰恳宪恩准将现任多伦诺尔抚民同知王锡光记大功一次,现任临榆县知县谭垚振记功一次,一并行司注册,俾昭激劝。是否有当,伏祈宪台批示祗遵,实为公便。除咨藩司外,理合具禀恭请勋安,伏乞垂鉴。计呈清折一扣:

谨将职所拟订各属批解罪犯口粮功过章程缮具清折恭呈宪鉴。

计开:

一、各厅州县应解囚粮原饬按四季分解每季银两,春季务于上年十二月内解到,夏季于三月内解到,秋季于六月内解到,冬季于九月内解到,此系计授之需不容稍有延欠。拟请嗣后各厅州县如有逾期一月尚未解到者,即由所径行札催,如逾两月未解者委员守提。

一、各厅州县批解囚粮银两如迟延至三个月者,即详请行司记过一次,半年以上者记大过一次。

一、罪犯口粮日所必需,所中无款垫拨,专赖各属清解充用,各厅州县如有预先报解者,理宜禀请记功以昭激劝。拟请嗣后各厅州县每年于季首批解二季以上者,即由本所详请记功一次,预解全年者记大功一次。

一、原定批解囚粮章程如遇交替,或长交短解,彼此移交,现银不得列入交代,拟请嗣后本所经收囚粮,统归现任厅州县核算,其有前任未解之款即责成后任补解,若前任已经预解者,亦归后任接算。遇有交替时,赢亏均交现银,不准列入交代款内空文交抵,以免蒙辗。

督宪袁批:禀折均悉。所拟批解囚粮功过章程应准照办。候行藩、臬两司通饬各属一体遵照,并饬将本年夏季以前所欠各囚粮照章均归现任之员扫数解清,毋任拖欠。其先期预缴全年之多伦厅王丞锡光应记大功一次,预解二季之临榆县谭令垚振应记功一次,以示鼓励,并由藩司注册饬。知缴。

(光绪三十二年十月初九日"文牍录要"栏目)

公园会场展期优待

天津考工厂在公园开展览会,其规则定于初七日至十一日男宾游览,十二、十三两日女宾游览,本拟十四日闭会。现因数日以来游人如织,凡有优待票者,均未得从容接待。因拟于十四、十五展期两日,专为优待中外来宾。如官绅中有需优待票者,可持名刺到该厂领取,以便届期持票入览云。

(光绪三十二年十月十三日"畿辅近事"栏目)

仪器讲演会开会

天津教育品陈列馆于本月十七日下午开本年第十二次仪器讲演会,工艺总局会办徐观察到馆襄理一切。主讲者初级师范学堂教员小幡勇治先生专讲演生理学心脏之构造、血液之循环作用及血球之形状变化、血浆之组成,就馆中全体模型逐层分剖解释详明,仍系中州学堂理科教员张兴之先生译述。是日,除本馆员司全数均到照料外,有华学董芷苓前来,其听讲各教员到者四十二人。至四钟闭会。

(光绪三十二年十月十九日"畿辅近事"栏目)

考工厂演说工商

十八日为天津考工厂演说之期,仍借东马路天齐庙宣讲所,自八点钟开演。首由工商研究总会长天津县学董李子鹤君演说前奉督宪札发商部奏定商勋、章程、折单各件。先将原折大意逐细发明,复将单内所开按条一一剖解,又将直隶工艺总局凌令发到之海参崴桂太守来函言华货为洋人所喜爱者甚多,华商宜讲求投人所好,自可行销日广等语。亦由李子鹤君列入演说,推阐详尽。继由美国大学堂毕业刘巨川君演说蔗糖论并造法,大意且云:北省无蔗产,而红萝葡(萝卜)亦为制糖美料。倘能精研制造,其利益当非浅尠。又由初级师范学堂监督胡玉孙君演说劝业展览会之关系,以为此次开会为中国第一次盛举,道路称赞,名播中外。然此特工业发达之起点,将来日见兴盛,办成内外国大博览会,工商之进步将日臻美备矣。末由高等工业学堂教员何子琴君演说机器学论,带有机器模型逐细剖解,指点详说。演毕时已十一点余钟。遂各退散。是晚,听演者约千余人。

(光绪三十二年十月二十一日"畿辅近事"栏目)

工商研究纪闻

十九日为木工与鞋行研究之期,仍在东马路工商研究总所。是日晚七钟开会,首由民立第一小学堂教员韩石甫君讲演格物质类之定质、流质、气质三大纲。次由张少兰君讲演几何学之三角、勾股两种。又次由鞋行王子良提议近来靴鞋等件硝皮多由外洋购入,拟组织硝皮公司以保利权。又由鸿升斋冯铸提议制麻绳等手摇机两种,拟另绘细图与铁工厂订制两架试用。至十点钟散会。

(光绪三十二年十月二十一日"畿辅近事"栏目)

补纪招考书记详情

天津府凌太守考试书记生取定后于十八日到府覆试等情迭纪本报。兹悉是日上午先取具各生保结汇齐呈堂,于十一钟点名,未到者二名。太守恐有枪替,格外慎重,接卷时先询其年貌三代,入场时各有桌号姓名。约十一点半钟发下试题,限午后二点钟一律交卷。试卷不过三百字者不录。交卷后每二人撮一小照。照毕仍令各归原座。又令各生赛字比试快慢及优劣。至午后四点半钟出场。闻此次取录各生,其中廪增附监及杂职各员居其多数云。

(光绪三十二年十月二十二日"畿辅近事"栏目)

织工研究纪略

二十日为天津织工研究之期,仍在东马路工商研究总所。是晚,织工到会三四十人,实习工场曹监工率同工徒十人带有棕色纹布一匹、闪花被面一件、条绒布一匹,织工会长赵庆春带有自治陆军应用裹腿二件,与众传观,随即公同研究。先由总会长宋则久君提议绒布刮绒之法与改良刮绒之器。次由织工分会长赵庆春提议设立织工早市出售各种条带等货,拟在北门西马路闽粤会馆前为市场,每日晨起开市,午前收市云。

(光绪三十二年十月二十三日"畿辅近事"栏目)

制造所招募工徒

天津府署后北马路教育品制造所现招募工徒制造学校用品,有能自出心裁创制或仿制用品者,可将该品送所包销,并可代请督宪出示不准他人仿效。倘无力制造,亦可报明该所出资辅助,得利均分或将制造之理法、造成之样式送至该所,亦可优给酬金并招铜铁工、刷印工、木工、纸工、雕刻工、玻璃工、画工、烧磁工,以便振兴实业云。

(光绪三十二年十月二十五日"畿辅近事"栏目)

铜铁两工开会研究

天津铜工铁工于二十二日晚借东马路工商研究总所开会研究。首由吴伯生君提议铁路大臣现在招募工匠,有能制造头等新式花车者,予以重奖。有铁工会员孙恩祥意欲制造,因拟即日详绘一图呈请核办。复又提议炼钢之法。末由各会长公同提议讲求工艺必以农矿为首要,而农矿必以理化为根源,彼此互相讲解。至十余钟始散。

(光绪三十二年十月二十五日"畿辅近事"栏目)

倡设画片展览会

旅津德国女教习贝安纳氏仿照美术会办法于本月二十四日起至十一月初二日止在津埠英工部局戈登堂内楼上陈列画片,专备游览,计二十四至初一七日普请男女客游览,初二日专请中国女客游览。每日上午十点钟开会,下午四点钟闭会。现已开会三日,观者颇众。

(光绪三十二年十月二十六日"畿辅近事"栏目)

订期复议自治草案

二十四日,天津学商两界等在师范学堂会议自治期成会开办事宜已纪本报。闻是日学界商界两会员均预斯会,并拟于二十八日再行开议一次,以便下月朔日开会云。

(光绪三十二年十月二十七日"畿辅近事"栏目)

自治期成会开会确期

天津自治局议于十一月初一日下午二时在天津府署开期成会等情已纪前报。现在开会日期业经确定,已于日内函知在会各绅董届期早临矣。

(光绪三十二年十月二十九日"畿辅近事"栏目)

仪器讲演会纪要

本月初一日下午,天津教育品陈列馆本年第十三次仪器讲演会之期,由工艺总局陈提调到馆襄理一切,主讲者私立第一中学堂教务长张伯苓君专讲声学发明声浪之奥理,并试验沙瓦特齿轮及测音表及风琴各音高低之比较。计是晚听讲各员到者三十二人。至四钟闭会。

(光绪三十二年十一月初三日"畿辅近事"栏目)

工商研究纪略

本月初一晚,天津工艺总局在东马路工商研究总所开会。首由总办周观察提议振、徐两钦使,不日由东莅津。拟仍在公园开第二次展览会以表欢迎。拟订本月十一日开会,至二十五日闭会,随将大众妥筹开会事宜,并拟于初三晚在工商研究总所约集各行工商茶话,商议入会欢迎各事。

(光绪三十二年十一月初三日"畿辅近事"栏目)

考工厂演说工商

　　天津考工厂于本月初三晚仍在东马路宣讲所演说工商各项要理。首由李君子鹤演说人生要素——衣食住三大端尽之。而三大端之成绩无一不可用机器者,可知机器之关系大矣。随即逐事指陈必待机器之理。继由韩君镜湖演说无线电报之原理与作用,复用无线电报两处实验电铃电码,其应如响。旋由刘君巨川演说炼钢炼铁之原理。末由宋君则久演说商情不善变通之故,将津埠所有商业门类现像(象)与不善变之原因,随事指出。是晚,入听者约七百余人。至十一钟始散。

　　　　　　　　　　　　(光绪三十二年十一月初七日"畿辅近事"栏目)

实习工场木科发榜

　　津埠实习工场前招木科,自本月初二日挑取后已于前日发榜。计正取十四名,副取二十六名。饬即取据保结入场学习。

　　　　　　　　　　　　(光绪三十二年十一月初七日"畿辅近事"栏目)

拟定查禁开灯办法

　　天津南段巡警总局为通传饬遵事案,奉督宪严饬查禁烟馆、饭庄等处开灯供客等因,业经一再通传,认真查禁在案,惟开灯者情节各有不同,办理稍不合宜,即难免别滋弊端而招物议。兹特斟酌情形拟定办法六条,以为各局区除奉行之准,合行传知到该各局、区、队,仰即一体遵照,切切此传。查禁开灯办法六条,计开:

　　一、居家商民自行吸食者,不禁。

　　二、虽系烟楼、烟馆,而掌柜自己吸食,并不开灯供客者,不禁(此指一月限内而言,一月限满则不准再有烟楼、烟馆)。

　　三、娼窑开灯供客者,禁,如实系该窑中人自己吸食,亦不禁。

　　四、饭馆开灯供客者,禁,如饭馆掌柜自己吸食,不开灯于客座者,亦不禁。

　　五、烟楼、烟馆名为闭歇,而暗中影射开灯供客者,如查有实据,即送由总局,派人查封。

六、如查有自称客人,至娼窑内,立逼开灯,掌柜不允,则滋闹不已;及权允开灯,则又立时扭获送案,客人保释,掌柜则送案惩办。此风尤应严禁,倘再查有此等情弊,定将滋闹之客人严惩不贷。

（光绪三十二年十一月十四日"畿辅近事"栏目）

广仁堂开设纵览会

天津西南城隅广仁堂曾设女工厂颇著成效,刻经该堂总理拟开纵览会,已经牌示,但准妇女入堂,男客概不接待云。

（光绪三十二年十一月二十三日"畿辅近事"栏目）

招考工艺定期发奖

天津考工厂招考工业一节兹已评定甲乙,特先牌示于本月初一日分发奖牌以示鼓励。

（光绪三十二年十二月初二日"畿辅近事"栏目）

考工厂演说届期

天津考工厂定于今晚均半钟仍借东门外宣讲所演说工商各项要理特请韩镜湖君演说透骨镜虚无管,刘巨川君演说炼钢法,何子琴君演说机器学。至期请工商界诸君入听,于十句半钟闭会云。

（光绪三十二年十二月初三日"畿辅近事"栏目）

考工厂分送奖牌

初一日为天津欢迎展览会闭会之期,下午一钟由公园考工厂将第二次工商奖牌共四五十面用彩亭昇出,导以军乐龙旗,旗上有"考工劝商字样",考工厂管理员及商会同人均衣冠跄济,最后有实习工场工徒及工业学堂学生皆排队鼓乐,以进诚盛典也。

（光绪三十二年十二月初三日"畿辅近事"栏目）

补纪医药研究会

　　天津医药研究会于上月二十九日于西宣讲所聚会茶话,到会者共九十二人。首由宋君祝庭演说学战与商战之大意,勉励医界诸人宜研究实学,药界诸人宜讲求制药,推广药业以保本国利源。次由张君宜闲演说治病认症宜循名核实,细分异同,并讲论治痘大略。次又由曹君蔚卿演说妇科妊娠宜立专门以研究之。末由丁君子良演说妊娠及鼓胀诸症大概,又略说开会后之办法。至十点半钟遂闭会,闻是日实地研究诊断立方之病症人,共有十三人。

　　　　　　　　　　(光绪三十二年十二月初五日"畿辅近事"栏目)

工商研究纪闻

　　初六晚,漆工在天津工商研究总所开会研究,到会者有考工厂郭、朱两管理,宋议绅,李学董,又漆工会长宫荫棠、陈义三等共十余人。闻宫荫棠之子宫鉴廷颇善油画。查其初并未曾学过此种美术,系伊初入研究会时见研究总所壁间悬有日本油画镜二幅,玩赏多时,称善不置,总会诸公劝其试为仿摹一日而成。其颜色深浅,理法远近无毫发差,彼此相衡莫可分辨。前曾为欢迎展览会中画有二十余幅。入览者无不称奇,且价值较外洋不止廉一倍,是以订购者甚众云。

　　　　　　　　　　(光绪三十二年十二月初八日"畿辅近事"栏目)

铜铁两工开会研究

　　天津铜铁两工于初七晚在东马路工商研究总所开会研究。首由铜工会长韩茂木提议制造拔铜管、铅管之法与应用器械。本欲及时制造,只以限于资本恐难成事。大众拟令先造模型小样一具,如果试验得用,再行设法措办。旋由铁工仁和义刘会长提议现造人力机一件,能带各种器机,只用人力,不须锅炉并撮成图影携带来会,大众阅看,均甚许可,惟未知其能带重量若干,当经北洋劝业铁工厂贾元甫君询悉大小,各轮尺寸并其齿数。由此可推带力之轻重,俟下期算出试验。是晚,自七钟二刻开会研究,至十余钟始散。

（光绪三十二年十二月初十日"畿辅近事"栏目）

竹商开会研究

天津竹商于初十晚假座民一艺徒学堂开会研究，首由宋治安会长提议艺徒学堂自开学以来，迄今数月尚属不无进益，拟于来年增添图画、手工两科，聘请教习、技师二人。手工拟先注重雕刻一门，现与竹商公同商议已均认可。再，是晚竹工又在东马路工商研究总所开会，考工厂管理朱君兰浦（甫）于七钟到会，并携有四川竹器商品数件，俾众传观既毕，咸称制造精巧，并谓年关已近，工等甚形忙迫。俟明春稍暇，便可徐图仿造，且拟集股创设竹木制品公司，专造织布铁轮机，仿制洋式竹器，并造普通一切用具。现已筹有的款二千余元。该行工商刻欲附股者甚多，闻大略章程已将拟妥，约在明春即可开办云云。

（光绪三十二年十二月十三日"畿辅近事"栏目）

补录研究所学员答词

天津自治研究所于十五日举行毕业及凌、金两督理演说，已录前报。兹将毕业生赵春芳等答词补录如下，适敬聆督理大人恺切教益，感佩莫铭生等向以浅学囿于见闻，空抱忧时之衷，未谙自强之法，今既钦仰宫保大人提倡自治造福一方，督理大人设法俾生等从事研究，为自治豫备，又蒙诸讲师举关于自治政法分门教导，既集合东西法理，务各启其新知，更参酌中外情形，俾有益于实用。数月以来，潜心领会，始知非略通法律无以国民，非恪守秩序亦无以固团体，国家转弱为强，实以自治为起点，生等既荷提撕，不敢有负盛意。惟有益加勤勉，期于实行，更归告父兄子弟，将自治之利益务望周知，俾人人均有责任心，为合群之要道；人人皆有规律，力为立宪之始基。他日，地方皆能自治，全国赖以富强，则诸大人开始诱导之功，即以今日为记（纪）念。亦生等之幸也。

（光绪三十二年十二月二十四日"畿辅近事"栏目）

天津道详委员赴沪试纺棉花拟归工艺局筹办建厂文并批

为详报事,窃于光绪三十二年四月初七日奉宪台批,职道禀陈设厂纺纱大概情形请示遵缘由,奉批据禀设厂纺纱及各属产棉情形,考查详细,规画周妥,所陈酌购净花运赴上海纺纱厂,试验后再定办法,尤为脚踏实地,应准照行,仰即遵照办理等因。遵经派员分赴赵州等处,采购长绒中等各净花,先后共计四千二百七十余斤,派委候选县丞陈振塾、世袭云骑尉孙传一管解赴沪交纺纱各厂,考究试验去后,兹据陈县丞等禀称,遵于闰四月十四日将前项棉花一千二百七十余斤,押运抵沪,先就日商上海纱厂试纺,候商月余始由该厂纺成十四号纱六小包,十二号纱十一小包。据该厂报告其工价及出纱数目,与沪上各纱厂多不相符。查沪上各纱厂纺纱四十小包合计一大包,人工等费仅需银十六两之谱,且该厂试纺时,并未知会到厂监视,其报告是否属实,殊未可知,业将前情禀蒙函致天津派员,向丰润、束鹿、赵州三处购添花三千斤,于七月十六日由招商局寄沪如数验收,并将上海纱厂所剩棉花七包商借复太纱厂,分四号挽纺以丰润六成,挽束鹿四成纺成十八号纱,复以丰润、束鹿两属之花各五成挽纺十六号纱,又以束鹿、赵州两属之花各五成挽纺十四号纱,并以赵州、藁城两属之花各五成挽纺十二号纱,逐细比较,均属合宜,直属棉花以丰润花绒最长,能单纺二十号细纱,惟花价过大,获利甚微,藁城棉花绒头太短未免费工,惟束鹿、赵州两属花价适中,绒头亦不甚短最为合用,如纺十四、十二两号棉纱,按沪上时价而论,每包可获利十余金,询之中西各纱厂所说金同,爰于中秋节前由复大纱厂共纺成十二号纱四大包,十四号纱三大包,十六号纱一大包,十八号纱一大包纱样,四号共八小包,又以十四十二两号棉纱三百磅,织成粗布二十匹计一件,一切挽酌花衣分号试纺,皆卑职等亲身监视,确有把握,该厂亦仰体提倡商业振兴工艺之至意,情殷效力。卑职等于八月二十九日押运前项两厂试纺棉纱粗布等件来津,禀请鉴核等情。据此,职道查设厂纺纱,原为提倡商业挽回利权起见,现将直隶棉花在沪试纺,合计市价尚有余利,自应集股筹办,所有应筹本银订购机器买地建厂酌议办法等事,应归工艺局另案禀办,以一事权。其派员考查各属棉花出产性质,并购花试纺及一切川资等项,共用银一千八百八十九两七钱二分八厘,均在职道库存向归道署杂支海税盈余项下垫发,拟请即于该款内作正开销,毋庸请款归还,除将试纺棉纱并织成粗布移送工艺局核办,并禀批示外,所有委员赴沪试纺各处棉花情形,拟归工艺局筹办建厂缘由,理合将用过各款银两,开具简明清折,具文详报宪台查核,批示祗遵,为此备由具呈,伏乞照详施行,须至册者。

督宪袁批:详折均悉。该道以委员赴沪试纺棉纱尚有余利,拟归工艺局另案建厂筹办,并请将用过川资购花等银,即在道库款内动拨作正开销,均属可行,仰即遵照办理并移工艺局查照。缴。

(光绪三十三年正月初六日"文牍录要"栏目)

医药研究会团拜纪盛

初五日,天津医药研究会假西马路宣讲所团拜茶话会,友到者六十七人。首由丁子良君演说合群之益,并谆劝诸人务必立志做人,冒险进取,人人以发明中国医学担负会中公事为己任,但能以实心求实效,不务虚名,中国医学与药业自必日见起色。旋又由该会各董长及襄理诸君公议。订于正月二十六日晚七钟仍在西宣讲所开会,一切办法较上年稍为变通,至两点半钟而散。

(光绪三十三年正月初八日"本省近事"栏目)

考工厂东约茶会

天津考工厂历届正月柬约各商董茶会共庆春禧,藉资提倡,现已择妥工商研究总所于月之初十日援例开会。业将柬帖九十六份差送商会代为知照矣。

(光绪三十三年正月初八日"本省近事"栏目)

札饬扩充工艺

督宪以津地贫民日多,非振兴工艺无以为养命之源,现已札行工艺局拟在各镇增设工艺所数处,专收四乡无业贫民教于实业,以便资生云。

(光绪三十三年正月十六日"本省近事"栏目)

考工厂开会演说

天津考工厂于月之十八日仍假东宣讲所特开本年第一次工商演说会，请刘巨川君演说商战之预备，韩镜湖君演说生理学，宋则久君演说金银长（涨）落与商务之关系，李子鹤君演说商业学。是晚八句半钟开会，十一句钟闭会。已揭帖广告，以便工商家届时入听矣。

（光绪三十三年正月十八日"本省近事"栏目）

美学士开会演说

天津各学董现奉学台函谕，以美国人穆德君将到日本东京开第六次全球万国学会，道经天津由普通学堂校长格林君介绍，准于本月二十一日下午四点半钟在李公祠开会演说各国办理学务情形，刻已函知各学堂，请学界诸君届时前往倾听，藉聆教益云云。开会次序如左：一、四点钟齐集，依次入座。二、四点半钟振铃开会，由北洋大学堂教务提调王少泉君述开会词。三、全球万国学会干事长美国穆德君演说，学务教士陆君翻译。四、王少泉君代学界同人敬致谢词。五、六点钟振铃闭会，依次开散。

（光绪三十三年正月十九日"本省近事"栏目）

考工厂第一次演说

十八日为考工厂本年第一次演说之期，仍借东马路天齐庙宣讲所，是晚八点开演。首由工商研究总会长李子鹤君演说商业学。次由美国德保大学堂毕业生刘巨川君演说商战之预备。又次，教育品制造所总技师韩镜湖君演说生理学。末由总会长宋则久君演（说）金银长落与商业之关系，演毕至十一钟始散。听演者约六七百人，到场者为总办直隶工艺总局周运台，提调陈大令，劝业、叶纪两委员，实习工场郭管理，考工场陈、朱两管理，议绅林墨青诸君。

（光绪三十三年正月二十日"本省近事"栏目）

直隶工艺总局详津商创制榄器轮磨请咨部立案文并批

为详请事,窃照职局考工厂所设工商研究总会,并劝谕各行所设研究分会,均系按期研究,藉资提倡,各工商颇知改良进步。本年春间商民高鹏云创制轧豆榨油机器,业经考验明确,拟请专利十年,详蒙宪台咨部允准在案。兹于光绪三十二年九月二十八日,据天津商民费光斗禀称,窃商仰承提倡工艺,时加研究,因思面为日所必需,中同自古传留,一马力日磨麦粮一石,铺家每日售面十数石,即须安置四磨,昼夜必须十二匹牲口替换,需费甚重,面价势难从廉。商设法创制机器轮磨,以一马力运行二磨,日夜三匹牲口替换,磨麦十石,是以一马足抵四马之力,用一磨足省三磨之费,而所出面数足抵四磨之多,每年省费甚巨,面价自然从廉,于商业、民生两有裨益。惟此项机磨,商与华工傅子余日夜研究,经十数越月,几经改良,始克揣摩有得,并试行多次,颇为利用,并无洋东洋匠参预其间。为此,叩乞详咨立案,准予专利十年执照,以资保护。等情到局。据此,当经职局饬令考工厂管理员郭春畬等,约同高等工业学堂机器教员何贤櫟,并洋工师克忒利,前往考验去后。旋于十二月十三日,据该管理员等禀称,考验费光斗所制机器轮磨,委系用一马力运行二磨,一点钟磨麦五斗有余,按此计算,昼夜二十四点钟,以三马替换,足可磨麦十石,至寻常之磨一昼夜亦用三马替换,仅能磨麦二石五斗,以此相较,其度率之速,每日磨麦实加四倍,是磨麦十石实省九马之力。惟以该机齿轮不甚坚固,拟改两条方木垫于全盘之底,以期牲口易于牵动;又以牲口所牵之铁杆太重,宜易之以木杆,并去尾端重木,俾得运转益加灵动。现在该商业已遵照指示改良,较前实觉轻便,禀请转请立案给照前来。向司职道等查商部奏定商会简明章程第二十六条内载:"凡商人有能独出心裁制造新器确系有用,均准报部酌量给予专照年限,以杜作伪仿效而示鼓励"等语。今商人费光斗创制之机器轮磨,业经派员详细考验,指示改良,委系以一马力运行二磨,极其灵便,较之寻常旱磨,每日磨麦多加四倍,实为利用妙器,堪作振兴工商之助,既系该商独出心裁制造,核与准给专照年限定章相符。且查此案与高鹏云制造轧豆榨油机器请予专照成案事同一律,自应援案请予专利十年执照,以杜作伪仿效而示鼓励。除谕饬该商候示外,所有商人费光斗创制机器轮磨,拟请援案酌予专照年限缘由,是否有当? 理合检同轮磨影片,具文详请宪台察核批示。如蒙允准,请即转咨农工商部立案给照,实为公便。

督宪袁批:据详已悉,该商创制机器轮磨,以一日当四日之用,殊堪嘉奖,候将专利年限照详咨明农工商部查照立案给照。照片存送。此缴。

(光绪三十三年正月二十三日"文牍录要"栏目)

续纪开会演说情形

美国人穆德君由天津普通学堂校长林君介绍,拟在李公祠演说,前日下午四点半改在河北公园开会,穆君演说其身历环球及考察环球大学堂之事,洋洋洒洒历数时之久,来宾甚盛,约有六百余人。芦学台、章大令亦均到会,并由王少泉君述开会词及谢词。直到六钟始散。

(光绪三十三年正月二十三日"本省近事"栏目)

工商研究汇集

天津木工鞋商均以十九晚为本年第一次研究之期,仍在东马路工商研究总所,木工到会者三十余人,均带有新式制造各器,并由该会约请中等商业学堂张少澜君为木工讲演数学比例之法。又,鞋商到会研究者约十六七人提议鞋行品物恶劣之弊,皆因工徒赶造,传习不精。如不急图改良,实于工商两业大有妨碍。旋由鞋商会长赵秉鉴君拟立一艺徒学堂,或联同业立一公所,切实研究云云。研究毕至十一钟始散。又二十晚,织工亦在研究总所开会,先研究布匹、毛巾等织法。末由李会长研究各种布匹必须棉纱道地,工艺日精,出货日广,花样日新,逢人劝导。俾人人知有爱国思想,乐为购用,则利权自可逐渐挽回云。

(光绪三十三年正月二十三日"本省近事"栏目)

工界研究纪略

二十一年晚为天津漆工本年第一次研究之期,仍在东马路工商研究总所,是晚,公同研究漆料优劣,又谓漆工必须研究自行配制油漆之法。又二十二晚为铁工铜工合并研究之期。首由铁工会长刘辅臣袖去一图系人力拔管机器,按图详细指说讲解甚明。旋由铁工厂贾、吴两君研究此图理路,轮齿大小、机杠尺寸亦均相符,机床须三丈五六,均用生铁,未审用力几何,惟船厂多用此机,约估价值五六百金。又带有捕鼠枷一个,长一尺有余,两半月形齿缝相合,机锁亦甚灵巧,惟其力过猛用之,须格外慎重,尚拟改良以期妥善云。

(光绪三十三年正月二十五日"本省近事"栏目)

商界研究纪略

二十四日为天津铁商与东集粮商研究之期,是晚,铁商到会者十余人。首由陈管理提议自造洋钉,利益如何? 据会长宋治安言,洋钉用机器造成,与日本相较,直无余利,然日本货,价虽廉,却不坚固。铁条亦系购自西洋。查铁条一种,中国不过十余号,外洋约有三十余号。机器之妙用,于此可见。又,是晚东集粮商到会者共八九人公议,现在大米行市颇昂,皆因江北灾区辽阔,上海禁止出口,芜湖虽有来货,实在不敷销售,故北方稻米亦涨至七两有奇。惟麦价尚不甚昂。近时,美国面粉运售津郡者日益增多,价亦较廉,颇资接济,然利权究属外溢,计由去岁夏间结至年终,约有四五百万袋之谱,仍应设法以挽利权云。

(光绪三十三年正月二十七日"本省近事"栏目)

工商研究纪略

本月二十五日为天津竹工竹商研究之期,仍在东马路工商研究总所。是晚,竹工到者四十余人。首由会员齐希武带有手制新式折叠竹制凉床一具,缩之为椅,伸之为床,作法新奇,惟折叠尚欠灵捷,床腿亦嫌稍高,公同研究尚须改良。复由考工厂带去八角朝珠盒四砌,小提盒系四川劝工总局制造,精巧无比。又由竹工会长苑士林提议筹设竹木制品有限公司。随由宋会长演说此项公司之原起,并将所拟招股章程逐一详解。苑会长当将章程带回,与众工磋商。又竹商到者六七人公同研究竹货,近来销路差强于前,并论及各货花色。出产行市涨落之原因。至十钟余均各分散。

(光绪三十三年正月二十八日"本省近事"栏目)

考工厂第二期演说

初三晚为天津考工厂本年第二次演说之期,仍在东马路天齐庙宣讲所内,七点余开演。首由美国德保大学堂毕业生刘巨川君演说矿学。次由工商研究总会长李子鹤君演说奉到札文一通,内开:一、各省宜多立幼稚园。二、设立水产讲习所试验场。三、设立农林讲习所试验场。四、设立储蓄银行。各节讲毕,再演说商业之道德。又由总会长宋则久君演说金银长落与商业之关系。末由教育品制造所总技师韩镜湖君演说留声机器。至十一钟后始散。

（光绪三十三年二月初六日"新闻录要"栏目）

竹工竹商开会研究

初十晚为天津竹工竹商研究之期,是晚,考工厂陈、朱两管理,郭、宋、李三会长,均先后莅会。竹商到者五六人,竹工到者二十余人。先由竹商会长提议,谓现在进口出口竹货络绎不绝,本处竹店颇有应接不暇之势,是以今晚各会员未能全行赴会。竹工会长齐希武携来改良新式折叠竹床一具,缩之成椅,伸之成床。较前次带来时更为灵捷。每张定价四元。又由考工厂携来四川工艺局所制提楦一个,外用竹篾织成,其细如丝,轻妙无比,又锡立小盌,亦用细篾织成,十分精细。旋由宋、李两会长依次演说振兴工业之宗旨、应立研究之原理、工业发达之作用,以启其竞争、进化之思想。至十一余钟始散。

（光绪三十三年二月十四日"新闻录要"栏目）

考工厂传谕考绩

天津考工厂图算教员日前传谕各科由他堂拨生,按至本年三月均届三年,自应分别考核,并将诸生在堂时分数核计以分优绌而定等级,除发文凭外,仍计等支薪云。

（光绪三十三年二月十五日"新闻录要"栏目）

实习工场改良窑业

天津实习工场内有窑业科,所烧磁(瓷)器色不甚佳,缘该窑系用煤烧,致所出之瓶皆非正色。现闻拟仿江西成法,改用柴烧,以期逐渐改良云。

(光绪三十三年二月十七日"新闻录要"栏目)

工艺局第二次研究

天津工艺总局以本月十五日为本年第二次研究之期,仍在东马路工商研究总所开会。是晚,到者总理周都转以下二十余人。首由总理发出各议员第一期研究之条,对公同参酌已将"售品所疏通销路"一条当时决议,不日即拟实行。又,"储蓄彩票"之条,对众议员均不认可,似须缓议。随由总理拟出问题二道,赵参议拟出问题一道,当即排印多张按人分给,以期各抒所见,应俟下期再行公同决议云。

(光绪三十三年二月十八日"新闻录要"栏目)

考工厂工商演说

本月十八日为天津考工厂第三次演说之期,仍在东马路天齐庙宣讲所内,是晚八点开演。首由李子鹤君演说工艺总局札文一道,又讲演售品所销行不畅由于我同胞无真爱国心,较之日本人民不用他国之货,相去奚啻霄壤。继由韩镜湖君演说津埠西南隅水坑中发火放光。由于其中腐败物积久生磷,并援引外国各化学家学说。复由高等工业学堂教员何子琴君演说水能化汽而期复能化水之理。末由宋则久君演说中国之币制用金与用银之得失,其大要有六:一曰须调查全球币制之沿革。二曰中国财政如何。三曰工商之情形。四曰出口进口货物比较多少。五曰金银出产若干。六曰中国人民数目。演毕时已十一钟始闭会。听演者约五六百人。

(光绪三十三年二月二十日"文告录要"栏目)

津海关道详商业劝工会货品拟定进出口章程文并批

为详复事,现蒙宪台札开,据工艺总局详称,窃照光绪三十二年十二月二十一日准天津道移开,据天津商务总会总理王贤宾、协理宁世福禀称,窃奉商部札饬办劝工场,以图富强令,即筹劝举办等因奉此。窃维欧风东渐,新政骈兴,众说所归,集于商战,是振兴商务,首重劝工,况中国地大物博,图功较易,亟待整顿提倡者也。我宪台肇始兴办,工艺有局,习工设场,陈列设馆,以至博览、纵览各会,无不殚精竭虑,成效昭著,仰见宪台提倡工艺之至意,总理等迭奉诲诚,合力维持以塞漏卮,但欲救漏卮之弊,若合集群力,多设会场,总理等忝为商界领袖,亟宜竭尽绵薄,切实筹画,迭经邀集绅商,剀切劝导,商情颇形踊跃,佥以天后宫地势宏敞,又为津市适中之地,应即筹款改修,以便联络工商,仿照博览会成章,举办商业劝工会,自系商市之一大观,不惟工业以比较而精,即商情亦以团结而胜。惟举办此项会场,若漫无限制,徒事铺张,亦非经久之道。

总理等熟计筹商,拟以每年三、腊两月在天后宫,六、十两月公园开办特别大会,会期均以一月为度,准由各工商一切精美物件及新奇各品,均准陈列其中,任人游览,彼此互相交易,所有各商陈列地段,预为划定以免临时错乱,仍请宪台俯准,通饬各府州县示谕各商民,届期一体赴会,俾广招徕。至各商民购置货物,遵照宪台详定劝工免纳税厘规则,一律办理以示优异。其会场应有一切规则图式,容俟奉准后,再行会商妥订,呈请宪核,所有拟就天后宫等处,举办天津商业劝工会缘由,是否有当,理合禀请查核,转详农工商部暨北洋大臣立案等情。据此,除批示外,相应移局查照核办等因准此。

职局查核总理等所称,筹款改修天后宫,举办天津商业劝工会,每年三、腊两月在天后宫,六、十两月在公园,由各工商选择精美物件陈列其中,任人游览交易,洵为振兴实业,提倡商情起见。拟请准其照办,至所称通饬各府州县晓谕商民,一体赴会,准将赴会货物免纳税厘,以广招徕,是否可行,应请饬由津海关道核议详覆饬遵。除俟奉准后,再饬该商会妥订章程,禀明办理外,所有商会总协理禀请举办天津商业劝工会,经职局拟请照准,并请将免纳税厘一节,饬由关道核议缘由,是否有当,理合详请察核,批示祗遵等情。据此,除批示外,札道遵照查核,妥议详覆饬遵此札等因。

蒙此,查上年开办展览会免纳税厘,因系初次试办,不能不稍从宽大,且为时甚暂,售货无多,于税饷尚无所妨,至此次该商会等所称,筹款改修天后宫,举办天津商业劝工会,每年三、腊两月在天后宫,六、十两月在公园,由各商选择货品陈列交易,实与市场无异,且成年例会期,若赴会各货免纳税厘,是每年十二月中即有四个月内并无税厘可收,关系饷源甚大,更难免有奸商藉会场为名,将货勒至会期时,方运进口,以图影射,职道亦知当今之时,商战为亟,然税厘为饷源所自出,亦不能不兼顾统筹。当思于税源商界两无所妨之法,惟有由赴会各商运货进口时,取具妥实铺保开明件数、花色,呈明钞关,由关派员验明发给执照,方准进口。到会后售出若干,即行报明纳税。职道当嘱关员减轻估本以示体恤,其未经售出之货,祇准于限期内运回原运地方,不准运往他处,并将执照呈验缴销,如赴会各商期限届满,不将原货运回原处,是已将原货在津出售,自当照数纳税,倘售出货物,匿不报税,亦不遵章呈验执照,朦混出口及私运他处者,定将保人从重罚办,以杜影射而裕饷源,是否有当,理合具文,详复宪台查核,俯赐批示祇遵,实为公便,为此备由具呈,伏乞照详施行,须至详者。

督宪袁批:如拟办理,候行工艺局天津道转饬遵照。缴。

(光绪三十三年二月二十一日"公牍录要"栏目)

工商研究纪略

十九日为天津木工鞋商研究之期,仍在东马路工商研究总所。首由木工会长胡成泰带有折叠床图一方,详载该床长六尺五寸,宽三尺五寸下用六根活木腿,可拆成一尺三寸方、三尺五寸长木箱一个,将腿藏于箱内开可立可卧,收藏甚便,转动亦灵。继由实行工场工师张万成言:此床虽灵便,惟嫌腿力稍弱,不能经久,必须将各床腿上加用阴阳螺旋,可期坚固。旋由韩石甫演说格致学空气之动静。末由朱管理提议鞋商冯铸创制续麻机器,现将告成。昨经续麻制茎,较人力颇形紧密,惟零星小件尚须改良。俟造成后即送至考工厂公同试验。云研究毕十一时始散。

(光绪三十三年二月二十二日"新闻录要"栏目)

工商研究纪略

天津竹工竹商于二十五日晚在东马路工商研究总所开会研究。由同升德苑会长带去该号仿制四川劝工局反簧竹八方、朝珠盒一个,互相评阅。又由宋会长演说工商立会研究之宗旨,并折光之理。末由各工商讨论前日西南隅水坑发光之事,当由朱会长告以委系腐败之物,日久生磷,绝无异说,并讲解生磷之原理,磷质之效用。至十一钟均各分散。

(光绪三十三年二月二十八日"新闻录要"栏目)

医药研究会茶话

天津竹研究会于二十五日晚在西宣讲所茶话,到会者六十余人,实地研究三病,由钱辅廷、高憩云、岳莲溪、丁子良四君拟方。首由程子篯君携来西宁大黄川大黄二种,又枳实、枳壳、芒硝、元明粉四种,又高次厚朴二种,讨论出产地道及成色高下、价值贵贱。次由施少农君讲说脉法统宗。又由张宜闲君讲说温病条辨。末由丁子良君演说用药宜先考验药力,庶免病重药轻病轻药重之弊。研究毕始散。

(光绪三十三年二月二十九日"新闻录要"栏目)

实习工厂鼓励织工

天津实习工厂设有织科,刻虽日晷加长,而该工等每日出布又与旧时无异。现经局中设法,除各工每日应交布若干外,若再多织,另与存记。统俟一月计多织之布若干,按布加薪,以资鼓励云。

(光绪三十三年二月三十日"新闻录要"栏目)

工艺总局研究纪略

天津工艺总局于本月初一日为本年第三次研究之期,仍在东马路工商研究总所开会,计到者总理周运台以下及旁听员等二十余人,首由总理发出各议员第二次研究之条,对公同参酌西洋赛会,就津中工业而论,宜以何项运往可以制胜。当时决定拟以本埠所制木器、刺绣、西式金银器、绒线毯、空心辫、泥人面具、纸鸢及食物炒红果等类均由考工厂承招代运。又，提议赴日本博览会参观应以何等人前往相宜，金以本埠巨绅及有资本之工商业家赴会游历，藉资观感，最有裨益，拟即分投劝导。又，售品所当如何与各工场协商、联络各议员，均以按期切实研究为要诀，并拟将各样布匹托本街各布点代为销售。末由总理拟出问题二道，当时排印多张，按人分给，容俟下期将各员条对毕，具公酌决议。

（光绪三十三年三月初四日"新闻录要"栏目）

天津县详职员设立医药研究会请准立案文并批

为详覆事，案蒙提学司札开，为札饬事，前由该县详据五品顶戴即选巡检邢涌澜等在河东设立医院研究总会，禀请立案等情，历经批示在案。兹奉督宪批：据详已悉。前据该县详送职员刘毓琛等禀，公同捐资创立医药研究会，业经批准立案。该职员所禀事属一律，大可协同办理，无须另行立会，以致宗旨两歧。仰提学司查照饬遵，并移行天津道府查照缴等因。奉此除分移外合行札饬，札到该县即便转饬遵照办理，切切，此札等因。

蒙此，卑职遵即谕知职员邢涌澜等遵办。去后，兹据禀称，窃医药关生人之性命，若讲求未的，贻害殊深。职等有鉴于此，故公同捐资创设医药研究会，以研究医理兼辨药性，总期学业发达，病家受益为宗旨，并拟汇通中西，渐臻纯粹，所有医药以外并不涉及。至会内经费，均由同志措办，概不外筹。乐资助者，听其自便，并遵照学宪批示，与西路研究会设法联络。今蒙转奉札文谕令与西会协同办理，无须另行立会等因。职等奉谕本应照办，无如其中尚有碍难情形不得不缕晰陈之。即如现在会友六十余人，均在河东及对岸之闸口等处居住，与西会相隔太远，医生周日诊病颇觉劳顿，若远赴西会，研究时限、精神均有不便。再，东路地势绵长，贫户居其多半，故拟办轮日施医等事，以期有济于人。若归并西路，反觉不能普及，且职等公举研究讲员韩竹轩诸人，品行学业素著令闻，所有会友均乐于研究，故开办数月以来，颇有进步。若一旦中止，未免可惜，职等耗费钱力（人力以成此举，不过为医学发达，乡里受益起见，既因东西相隔太远，势难一处研究，拟请东路研究会、西路研究会照旧分设。惟将会内宗旨归于一，是不涉两歧，并不时彼此参观，以期联络，俱此既可互相考镜，亦能普济于人。惟有叩求恩准,申请宫保督宪大人俯准立案,并学宪道宪府宪均准立案,寔为公便等情。据此,卑职覆查该职等声称,入会医友均在河东与闸口等处居住,与西会相隔太远,各医士周日诊病,轮流施治已觉势顿,若再赴西会研究,时限精神均有不便,委系寔在情形,所请将会内宗旨于归一,是不使稍有纷歧,尚属精确之论,似应准其分设以期两便,仍饬与西会医士随时联络,互相讨究,总期医学日益发明,克收成效为归。除批饬遵照外,拟合具文详请宪台查核俯赐批示立案,寔为公便。为此,备由具册具呈,伏乞照详施行。须至册者。

督宪袁批:如详立案,仰提学司查照饬遵,仍移行天津道府知照。缴。

(光绪三十三年三月十一日"公牍录要"栏目)

定期举办劝工会事

天津商务总会禀准督宪在天后宫内暨阖郡街市举办商业劝工会及核减税项二成以资提倡。定于本月二十日开会,至四月十九日闭会。现在总会委派司事人等在天后宫勘查地址,届期搭棚,各分路线以备各商积货,先期由各行商董于十三日齐集总会,商议开会事宜,并拟届期在估衣街东西巷口、针市街巷口、缸店街巷口、双街口河北大胡同巷口、宫北狮子胡同西口、河北大街巷口、毛贾夥巷及城基四门等处皆安设牌坊,上书"商业劝工会"字样云。

(光绪三十三年三月十五日"新闻录要"栏目)

女工厂特开纵览会

天津西南城隅广仁堂女工厂所设织布、织巾、刺绣、缝纫、洋式空心花瓣编绒草帽瓣等科成绩精美。今为开通风气,特开纵览会,自四月初四日起至初八日止,共计五天,开会时限每早九点至十一点半,晚一点至四点。凡系妇女,均可随便入览,不取分文,男子概不接待。

(光绪三十三年三月十九日"新闻录要"栏目)

考工厂第五次演说

本月十八日为天津考工厂第五次演说之期,仍在东马路天齐庙宣讲所内,是晚八点开演。首由李子鹤君演说经济学、气候、地质、地形之大纲,动物有动物之原体,植物有植物之原体,矿物有矿物之原体,一一剖解。次由刘巨川君演说矿学,其宗旨有三大端,有城类及矿油、矿土等类。又由何子琴君演说虚马力与实力之分别,并带去火力机器模型,将二种更番试验。又由考工厂将该厂兼办津益拍卖处白话广告简章,按人分送。末由韩镜湖君演说西国拍卖诸利益,并演讲生理学,悬有人身筋骨模型全具,详加指点。至十一钟始闭会。

（光绪三十三年三月二十一日"新闻录要"栏目）

工商研究纪略

本月十九日为天津木工鞋商研究之期,仍在东马路工商研究总所。是晚八钟齐集。首由鞋商会员冯铸提议,近因天后宫开会在即,大小客商络绎来津,鞋靴之类,尚见畅销,生意颇有起色。次由木工会长胡成泰提议拟做行装帐匣,以便行旅携带,内藏各项帐簿及图章、信笺、笔墨等类,用时将盖提开,并可折叠藏于匣底,舒卷自如,俟做成时即送会考验云。

（光绪三十三年三月二十一日"新闻录要"栏目）

通论推广工艺销路

天津工艺局日前通论全省官私各工厂,谓工艺一事为民生至计,未与者,宜设法提倡,已办者,尤贵极力护持,以广求销路为第一要义。所有官立工厂以及民间,凡有制造品新式创造之件,均可寄送天津工业售品所代售,以期推广销路云。

（光绪三十三年三月二十二日"新闻录要"栏目）

工商研究纪略

天津布商漆工于二十一晚在东马路工商研究总所开会研究。首由李会长提议宫鉴庭油画,颇有思想,尤宜再求进步。俟公园之油画亭落成,亦可仿造,别拟新式画片,携带各省照办,获利必丰,亦可藉资游历。继由韩技师演说照相、写真之法。末由宋会长提议宫荫棠会长为漆工巨擘,现时,油饰日益增多,几有应接不暇之势,似宜组织一漆工艺徒学堂,半日教授科学,半日实行油漆训练。日久庶可功归实际,众均认可。惟款项须妥为筹画。又,布商各会员声称现在开办劝工会,生意略有起色,市面可望疏通云。

(光绪三十三年三月二十四日"新闻录要"栏目)

工商研究纪略

天津铁商暨东集粮商于本月二十四晚在东马路工商研究总所开会研究。首由粮商会长季遇安提议近今天时稍觉亢旱,然粮价尚平,麦粉一宗价颇跌落,每袋约在二元以内,又由美国运来麦粉甚多,因闻津埠价落,大率转运烟台矣。又铁商公同研究各国进口钢铁甚多,我国若非设法讲求调查山西煤铁两矿,赶速采办大开铁工厂,不足以资抵制云。

(光绪三十三年三月二十六日"新闻录要"栏目)

工商研究纪略

天津竹工竹商于本月廿五日晚在东马路工商研究总所开会研究,由实习工场带去旧式线车一具,考工厂带去日本竹镜框二个,共相研究。又由竹商宋会长提议近今竹货销售甚好,稍把一宗,尤觉畅旺等语。末由李总会长劝勉工商亟宜结合团体,锐意振兴,以期挽回利权云。

(光绪三十三年三月二十八日"新闻录要"栏目)

劝工会开会届期

天津天后宫庙改归商业劝工会已纪前报,闻该会系在庙内陈列货品,以便提倡工业而广销路,其开会日期,业于二十七日为始。

(光绪三十三年三月二十九日"新闻录要"栏目)

工艺总局开会研究

天津工艺总局于本月初一日为本年第五次研究之期,仍在东马路工商研究总所开会。首由赵参议带交各议员第四次研究之条,对公同参酌公园头二门之间建造市房七十余间,拟欲出租必须营业洁净而销路优者,应以何种铺户为合格,当即承副总理周太守决定,拟以汽水、露酒、水果、纸烟、各种胰皂、手巾、纸花、油画、泥人、小儿玩具、成衣铺、茶叶铺、古玩铺、京货铺、南纸信笺、新学书籍、教育用品、玻璃器、瓷器、中西药房、扇子铺、阅报室、镀镍皮件等类为合宜,再,租金格外从廉,俟禀明总理周运台,即由考工厂粘贴广告招租,又由总理送有问题一道,立即排印多张,按人分给,俟下期各员条对毕具,再行决议。

(光绪三十三年四月初三日"新闻录要"栏目)

劝工会游览志盛

天津新开商业劝工会自上月二十八日开会以后,连日游人如织,所收游览票计每日约有万余名之多,亦云盛矣。

(光绪三十三年四月初三日"新闻录要"栏目)

直隶工艺总局详职商创办造纸公司文并批

为详请事,窃照光绪三十三年三月十八日据天津职商杨宝慧禀称,窃自通商以来风气日开,商战日甚,凡京津等处报馆、银号,无不购用外洋机器纸张,其漏卮实属不少。职商等欲挽回利权,招集公股,试办机器造纸有限公司,每股收银一百两,计一千三百股,共集成本银一十三万两。官绅士

253

庶均可附股,惟洋股一概不收。此项公司职商本不敢求专利,亦不敢垄断居奇以伤公益,惟恐影射之徒,藉公司之名为赝鼎之计,蜃楼海市,鱼目混珠,低货贱售,扰乱市面,彼则于中渔利,而商界上之受害匪浅,此种奸商实堪痛恨。职商系属创办,资本又巨,倘以此受亏,则股东之血本无归,职商之名誉有损,可否设法维持于不专利之中,稍示以限制之意,此则出自宪裁,职商所不敢擅拟者也。兹拟在直隶天津县属择购民间地亩,建盖厂房,聘用洋匠制造。厂内置设机器锅炉大小共两座,监造细粗纸张,各种采办,各项料质,配合药品,计每日应造纸张若干,售价若干,除成本若干,盈余若干,以六个月小结,十二个月总结,综核盈余之款,除各项开支之外,以一成作红股,其余按股均分,所有拟定创设新兴造纸有限公司,订立简明章程,除送天津商会查核外,理合缮具章程一册,恭呈钧鉴,仰恩转详宫保,咨部立案,实为公便等情,并附呈章程一扣到同。据此,职局查核职商以京津一带畅销洋纸,漏卮甚巨,拟集设本银十三万两,创办机器造纸公司,以期挽回利权,用意甚善。所订集股简章尚属妥协,至虑影射冒名,恐受亏损一节,该职商如果创始成立,职局自当随时保护,以开风气而维实业,除批饬该职商迅将股款集齐,择日开办外,所有职商杨宝慧集设试办新兴造纸有限公司,订立章程,呈请转详缘由,理合照录清折,详请宪台察核批示,并请转咨农工商部查照立案,实为公便,为此备由具详,伏乞照详施行,须至详者。

督宪袁批:据详已悉。仰候转咨农工商部查照立案折,分别存送。此缴。

(光绪三十三年四月十五日"公牍录要"栏目)

水产学堂将次设立

天津议设水产学堂一节现闻除在津郡设立学堂外,如塘沽、山海关各渔业紧要地方,尚拟均设实习试验场,以便研究一切,其目的系养成从事渤海渔业人才。闻该堂教习乃本国人,久在白令海峡一带从事渔业。有经验者,一俟招集生徒,即行开校云。

(光绪三十三年四月十八日"新政纪闻"栏目)

考工厂第七次演说

天津考工厂于本月十八日晚第七次演说,仍在东马路宣讲所内开演。首由李子鹤君演说经济学。继由宋则久君续演商亦有生利分利之别,生利多,国必富,分利多,国必穷,分条伸说。次由何子琴君演说机械学飞轮之妙用,并携去飞轮图二幅悬挂粉板,按图指点。末由韩镜湖君续演铁硫养,仍取玻璃瓶多具试验。是晚,听演者七百余人。至十一钟始闭会。

(光绪三十三年四月二十日"新政纪闻"栏目)

木工研究纪略

天津木工于本月十九晚在东马路工商研究总所开会研究。由会员胡恩藻带有自造之木制石矿模型一百余种,颇具匠心,当由宋会长逐一指示,并申明矿石之性质,谓矿学虽与木工无甚关系,而其思想制造之妙,足为改良工业之先河。有由育德庵小学堂监学韩石甫君演说物体受热增涨之理及冷热原理之所在,并带有寒暑表一支讲解寒暑表制造法与试验冷热之功用。至十一余钟闭会。

(光绪三十三年四月二十三日"新政纪闻"栏目)

天津考工厂白话广告

再启者,河北公园内将建门面,市房招租的限期指日即要截止了,前次把三年分别的租价拟招各项的铺商一律用人字两面商标的横牌,均经开列明白,张贴广告登入报章。想大家都知道啦。因为现时报租的很多,惟有那泥人铺雕刻铺干八作古玩铺,南纸局以上这五项的生意尚无有人承租。兹订于六月初一日以前一律开市,如有愿租者,务赶尽四月内先到北马路考工厂面商挂号,以便注册,过限即行截止。幸勿观望。用再广告考工厂再启。

(光绪三十三年四月二十六日"文告录要"栏目)

天津卫生总局白话告示

为晓谕事,照得饮食中最要紧的是水。水不净则病生,水不开则腹泻。本局屡次出示,告知你们吃水的方法,想你们总晓得了。现在雨泽稀少,河水浅落,水中毒虫甚多,最好是吃自来水。但是吃河水的也不少,不得不将吃水的方法,重提一遍。凡吃河水,须用白矾澄清,过一昼夜,烧二十分钟,方可取用。要是不烧开了,轻的闹痢疾,重的闹霍乱。就是自来水,亦要烧开了再吃,要紧,要紧。所有开水铺的,做荷兰水的,皆是卖水的生意,务要遵照前法办理。如果用水不净,或净而不开,此是有心害人,本局随时查验。一经查出,从重罚办。凛之特示。

(光绪三十三年四月二十八日"文告录要"栏目)

竹工商会开会研究

天津竹工竹商于本月二十五晚在东马路工商研究总所开会研究。有考工厂带去四川劝工局自制六角反簧加木条帽桶一个,并六角反簧捧盒一个,同升德苑会长带去自制八方朝珠盒一个,以反簧作面,染竹嵌边,又圆势座圆镜、方势座镜各一个,互相陈列,当由总会长宋则久君提议该工带来新品甚多而表面皆不善点缀,无论工艺良窳不免减色,嗣后工徒丞应学习图画方能完备总会长朱兰圃君随即提议现在考工厂指日迁移河北新厂添有图画毕业学生两人,专司画稿。嗣后各行工人需用画稿,尽可到厂商办,旋与竹商提议近日竹工技艺颇见改良而乌竹、粽竹、花竹等类本埠元由购置未免于工业隐生阻力该商,均允为函致外庄先将各种细竹,寄束数种试用若果,相宜创开销路,俾竹工发达,竹商亦可霑利,岂非一举两得,末有竹商永盛号执事声言该号有旧存花竹数种,先行送交考工厂陈列以便竹工研究用作何项器具为宜,至十一钟闭会。

(光绪三十三年四月二十八日"新政纪闻"栏目)

提议广设售品所

天津考工厂定于五月内迁往河北公园新厂,并教育品陈列馆亦一并迁移并闻创设总售品所一处，四路兼设售品分所，以广销路云。

（光绪三十三年五月初三日"新政纪闻"栏目）

实习工场纵览会纪略

天津实行工场于上年秋间办第一次纵览会，声誉隆然。今年四月二十至二十四又开第二次纵览会五日，第一日总办周都转，以次，凡属工艺局中各员司均集于场中优待室前行开会仪式。首由周都转演说开会之宗旨。次由工商研究总会长宋则久、李子鹤两先生致祝词，礼成，自总办以次周历各科，随加评判。计全场科目由线路以递览之，首为机织科东厂，次为织巾科，又次，彩印科、染色科、窑业科、木工科、木工模型科、刺绣科、图画科、制燧科、提花科、烛皂科，末为机织科、西厂，而陈列室售品处则在各科之外。此次开会五日，前三日男客纵览，后二日女客纵览，其入览数至五万人，可谓盛也。

（光绪三十三年五月初五日"新政纪闻"栏目）

天津习艺所禀添招看守设学教练文并批

敬禀者，窃监督猥以菲材，仰荷知遇承乏于习艺所。窃以本所为改良狱制进于文明，以作他日府州县治之模范，责任綦重。监督平日于监狱之学夙少研求，滥竽其间，殊惭旷职。是以受事以来不敢自逸，前将所内旧章有未妥洽者，改缮禀陈。接奉钧批，并蒙榘诲乃知管窥蠡测，诚不免失之烦琐而于其荦荦大者反未注意。惶愧奚如。复承指示周详，饬令监督悉心考究随时禀陈等因。伏查监狱之制，于刑法有形影表里之关系，故虽属于法律政治之中实则为专门之学，环球各国莫不视为专科，盖不如此，不足以讨论其利害得失之所在。监督于奉批之后，叠与各员司晤商，现拟添行招考看守四十名，授之以服务章程及狱政应读各书，使晓然于本所宗旨之所在，职务之负担，以备充补。盖纪律之张弛，关乎看守之良否，故意大利特设看守学校训练而养成之，分遣于各监狱，以期实务之备举，其关系之重有如此。是以首遵批示，切实奉行以为改良之著手。至于所中官吏于监狱之制度与管理之方法，似亦不可不知其概要。日本司狱官吏任用之法设特别之规定，采用之法须特别之技能，我国改良狱制近甫萌芽，典狱各员司万不能

257

求全责备。拟由所筹款购储日本汉译关于监狱各书,以备浏览。复向黎参议渊商明,俟法政学堂开学之后,酌派擅长于监狱学之日本教员一人,每星期来所一次,于夜间会各员司研究监狱学之大意,各员司于书内之疑难者,有心得者,不妨簿记以就正而质疑。每月由职所酌送车马费,并前次蒙派卒业日本警监学校文德等五员来所编译各项章程,拟俟告竣后酌留二员,以一员为看守学校教员兼资商榷,以一员编订章程以期所事日有进步,而他日各府州县之取则者便于览观。其薪水每员每月五十两,仍恳照发。夫日本监狱之制经营惨淡,屡次改良,其收效始臻美备。我宫保仰承朝廷锐意图强、矜恤狱囚之德意,天津习艺所实为全省之楷模。监督承乏其间滋虞陨越,惟有实事求是以期无负委任。其余各条俟随时改定再行禀陈。所有添招看守章程等,合即开呈钧鉴。伏候批示祗遵。肃此具禀。恭请勋安,伏乞垂鉴。

督宪袁批:禀折均悉。所拟章程尚为妥洽,仰即实力讲求以征进步。此缴。

(光绪三十三年五月初七日"公牍录要"栏目)

天津习艺所设立看守学堂及任用章程

一、宗旨:本学堂造成看守资格,预备递升上级官吏。

二、名称:本学堂为造成看守,即名之曰看守学堂。

三、地址:本学堂即设在游民习艺所内,以便堂课外可以兼习实务。

四、职员:堂长一员,带理整顿大纲及进退赏罚,命令本所监督兼任;学生监督一员,管理新旧班,看守上堂下堂,凡在所内一切规则,现在即以总稽查兼任,庶务司事一员,管理讲堂、宿舍、器用一切事务,现在即以总稽查之司事兼之,以候补知县高蕴杰、候补州判蔡振洛专任教员,分担各门科学、监狱法、看守服务章程(范典狱炳勋暇时亦帮同讲授),三个月后再授以日本刑法、监狱学、大清刑律、修身学。其算法一员以本所游民所会计王文干兼任。操练兼礼式,以本所总稽查王钧,罪犯所看守官王玺璋,游民所看守官张盛亭兼任(帮典狱林瀚暇时亦会同教练)。

五、学额:新招四十名,合旧看守分班授业。

六、程度:招募小学堂毕业生及与小学同等之程度为合格。

七、学期:定半年毕业。

八、食费：学期内月给饷银六元，毕业后月给大饷银五两九钱。

九、课程：监狱学、看守服务章程、日本刑法、监狱法、大清刑律、修身学、算法（加减乘除）、兵式、体操及礼式。

十、讲义录：由教员编纂，由庶务发缮印刷，逐日按班按名分给。

十一、教育品。书籍、铜铃、誊写板、粉笔、板刷、石板、石笔、毛笔、天然墨、纸本、枪枝。

十二、授业时间：新旧看守共分为甲、乙、丙三班，每月各班教授四小时功课，随时列表。

十三、假期：星期外恭逢孔子诞辰，皇太后、皇上万寿，皇后千秋及清明、午节、秋节各一日，暑假年假临时酌定（此条专指学生）。

十四、试验：入堂三个月后试验一次，以觇进步程度，半年行毕业试验，以五十分为合格给与毕业文凭，分派学习实务，再半年考查成绩纪录候升，其不合格者仍令补习停给文凭。

十五、宿舍：设在售品处后院，出入由游民习艺所大门，食用等项器具俱备。

十六、制服：每名给操衣、靴帽、服色、制式、套数，供用时期与旧看守同，借与物品，俟补缺日借与，现时操练枪枝暂向旧班看守中休息者假之。

十七、夫役：饭菜、洗濯、沐浴自费，酌雇四名代为料理（讲堂听差一名）。

十八、升阶：由看守补缺后升看守长，如派出各州县加一级任用，看守长升看守官及书记、会计、考工等员。

十九、惩戒：背反义务、怠惰职务及有失官吏威信者，分别轻重申斥、罚金、革除并追缴文凭等另详定章。

二十、义务年限：凡看守勤务，三年之内不得因一身之事故告退。

以上现行章程二十条如其中有改良者，或以外应添补者，随时择要斟酌更正以臻完善。

（光绪三十三年五月初八日"要件"栏目）

考工厂演说纪略

天津考工厂于十八晚为演说之期，仍在东马路宣讲所内开演。首由考工厂议绅宋则久君续演未来之经济，将前次百年一觉小说引伸阐发，凡关于富强贫弱之原因,悉证小说,判为十条,甫一提议,倏尔雷电交作,风雨齐施,停演少顷。随由考工厂朱管理与宋议绅将听演人引入半日学堂内登台续演。复将所判十条逐一剖解,以竟其词。至十一钟雨止,始各分散。

(光绪三十三年五月二十一日"新政纪闻"栏目)

劝工陈列所开所纪盛

天津考工厂于六月初一日迁移河北大经路开办,并改名劝工陈列所。是日九钟,总办直隶工艺总局周都转、会办周观察、帮办周太守及总分各局员司并学董、议绅、会长,咸衣冠齐集优待室,前所内执事学生四十余名亦各着操衣分班侍立。首由周都转演说考工厂改名劝工陈列所之原因,以为考工厂创办伊始,彼时工商各业尚在萌芽,不过藉以引端示绪。现奉农工商部饬改天津劝工陈列所,自迁移后,地势既占优点,且屋宇亦颇宏敞。将来各处送陈商品必日益增多,惟此次所改名称亟宜顾名思义,所有本总办以及所内员司、学生并差役等较在考工厂时所办各事其责任愈行繁重,人人应各尽其义务,以冀日起有功。倘有一人不慎,即留全所名誉之污点。本总办甚愿人人同具此心,则天津劝工陈列所方可为直省之模范云。次由李会长、宋议绅相继演说。演毕,即由周都转率领总分各局员司陪同来宾由第一区至第六区及楼上参考室阅视一周。十一钟余回至优待室茶会,然后礼成。闻,是日该所除有优待票不计外,共售入览及参考票约有一千余张。

(光绪三十三年六月初四日"新政纪闻"栏目)

天津实习工场织染监工传习所章程

一、本场为直隶全省推广织布、染色两科起见,深恐各府州县骤兴此业,一时监工难应其选,因筹一储才之地,设法传习,名曰织染监工传习所。

二、本所附设在天津实习工场,凡织染各事应如何监管,既今来学者得所见习,又特选本场中洞明织染利弊者一人,充作本所传习教员,每逢二、四、六晚间指授织染两科一应事理(教员指授以二小时为限以外,再申展一小时,作为学习监工研究问答),俾资启迪而广流传。

三、各学习监工其食宿两项,皆由本所筹备以外,概无津贴,其不愿在所食宿者听,惟不能领费。

四、学习此项监工,非经考取不能收入,以籍隶本省年在二十以上四十以下,书算精通,文理明白,身健品端,且无家事之累者,为合格(按此项招考,自本月初五日报名起至二十日截止,准于二十六日上午八点钟在本场考验,分别去留)。

五、学习定额暂以三十人为限,录取入所后,仍随时察看,如有不堪造就者,仍即知照退学,其留所学习者概不准任意告退,违则议罚。

六、既经录取后,必觅有切实铺保或殷实绅保,方能入所学习,倘有违章旷课等情,皆着落保人担任。

七、传习卒业以三个月为限,届期经本所考验,确系造就有成,深明织染事理者,予以毕业凭单,禀候总局宪挨次酌量派事(其考不及格者不给文凭)。

八、学习监工,每月除初一、十五两日依例放假休息外,余日概随本场织染两科监工,分班轮流入科办事,以资历练,不准托故请假,及任意不到等情。至卒业期满仍应将每月休息及小建日补足(每月以满三十天计算,其他遇有放假日期,亦应一例补足),方能举行卒业考验。

九、本所一应事体均应遵守场章,并听受场员节制。

十、本所传习监工,系属创办所定章程作为试行,如有未尽事宜,随时考核酌量增改。

(光绪三十三年六月初四日"要件"栏目)

劝工会禀详立案

天津商务总会前于三月二十日开办商业劝工会,藉以疏通销路,提倡工商之进步,至四月十九日闭会。一月内,远近各商闻风趋至,计报进出口华洋各货共二十九万八千二百余件,蒙列宪准免二成税银,共计八千九百余两。查与未开会之先销货顿增多数,各商受益诚非浅鲜。该会现将所运货色数目造具表册,除拟禀呈督办工艺总局周都转请详督宪立案,永远遵行外,径禀农工商部立案。

(光绪三十三年六月二十四日"新政纪闻"栏目)

定期开办铅笔公司

天津有学董诸君在河东约集该处绅商创设铅笔公司,即以施馍杜为制造之所。现已工料大备,并约赵君漱醇为稽查员,定本月二十五日开办。

(光绪三十三年六月二十四日"新政纪闻"栏目)

咨请保护游历日商

驻津日本国代理总领事河西信日前函致津海关道并送到护照一纸,内开:兹有日商寺泽鹿之助由津赴河南、山西、陕西、四川等省地方游历等情,当由梁观察盖印呈请督宪分咨各省转饬照约一体妥为保护矣。

(光绪三十三年六月二十六日"新政纪闻"栏目)

饬属保护游历日商

津海关道梁观察日前接准驻津日本国代理领事河西信来函并送到护照一纸,内开日商长野武泳太由津赴盛京、直隶等省地方游历等情,当经据情呈请督宪分咨外务部并奉天抚部院转饬一体保护矣。

(光绪三十三年七月初二日"新政纪闻"栏目)

天津劝工陈列所开演说会纪事

本月十八日为劝工陈列所开演说会之期,仍在东宣讲所。首由该所顾君镜荪演说直隶工艺总局札文一道,继由宋君则久演说买卖法,将现在买卖法分四大纲:一、武备。二、关税。三、交易。四、研究。均能证以西史小说作为比例差处,此商战时代胥以截长补短为要,不得株守从前买卖,故套词旨肫挚耳目极为之一新。旋由自治局讲演员高君玉笙演说议事会责任,将议事会之责任、权限及协议各事宜略为讲解。末由李君子鹤演说外国贸易论,将此中之秩序分三时代:第一期为农业时代,用自由主义。第二期为幼稚时代,专用保护主义。第三期为工业发达时代,亦用自由主义时代,因有不同主义为之屡易。如我国工业尚在萌芽,提倡保护不遗余力各等语。

到场者帮办直隶工艺总局周太守,提调陈大令、赵参议,实习工场郭管理,制造所杨管理,总董宁太守及该所员司诸君。时至十一钟余始各退散。

(光绪三十三年七月二十一日"新政纪闻"栏目)

天津工商研究会开会纪事

本月二十一日为布商漆工开会研究之期,仍在东马路工商研究总所。是晚,到者有朱、宋、李三总会长及布商到者十二人,漆工到者五六人。首由布商会员广立义提议该行生意异常滞塞,虽秋季稍差,亦难销畅,皆因东省商业减色、乡间被水旱之灾外,客因之荒闭而货款难偿者实属不少,如此情形,急宜研究整顿疏通之法。次由漆工会长提议该行目下情形,殆议毕散会已十一句钟矣。

(光绪三十三年七月二十四日"新政纪闻"栏目)

天津工商研究所开会纪事

本月二十二日为铜铁两工合并研究之期,仍在东马路工商研究总所。是晚,有朱、宋、李三总会长及工人先后莅会。首由刘会长携来开井地镰一具,互相研究其构造之法,该镰均用铁制,长约四尺,下半螺旋,中配阴阳铁片,其类如铲,用法亦极捷妙,诚开井之利器。又拟制造汲水机器,现正加意讲求,尚未绘成图式。旋由宋会长宣讲欧人最嗜铜银等器,如饰品、花瓶、灯座、玩物铜像之类,均须设法仿制,以投其所好。至十一钟始闭会分散。

(光绪三十三年七月二十五日"新政纪闻"栏目)

天津劝工陈列所开会纪事

本月二十四日为铁商研究之期,仍在东马路工商研究总所。是晚,有朱、宋、李三总会长、各铁商亦均先后莅会。首由铁商刘会长讨论中外生熟钢铁之性质,谓外洋铁性弱,中国铁性坚。然洋铁若熔炼多次,亦与中国铁性相埒,生铁愈炼愈坚,熟铁愈打愈熟。旋由宋会长演说钢铁之分别,铁质较钢质稍弱。究其原理,缘铁内含炭气最多,所以,钢愈炼愈锋利,试以铁

263

证之,如夏令,天气霉湿,铁易生锈,因铁能击空气中之养气,其力大。钢则次之,银又次之,铅锡则无之。云云。至十一钟始散会。

(光绪三十三年七月二十七日"新政纪闻"栏目)

天津工商研究所开会纪事

本月二十五日为竹工竹商合并研究之期,仍在东马路工商研究总所。到者有朱、宋、李三总会长及竹工竹商共到二十余人。由劝工陈列所将四川劝工总局自制竹簧镶心六方笔筒一个,五层竹织手提菜盒一个,竹簧像片镜框一架,陈列几上给众观看。旋由竹工苑会长提议,竹簧一宗,北方不甚合宜,因天高风燥,致有峭裂之弊。须将新竹存至三年之久,待其性色苍老,始可照制反簧物品,然手工漆色与四川比较,尚逊一筹。急宜研究试仿以期进步。末由宋总会长演说光学,讲解物映成像一则,分别光体浓淡,并量光之法推阐平面反正比例之理,又论光行速率、八行星之轨道均用粉笔描绘详图,逐条剖解。至十一钟始闭会分散。

(光绪三十三年七月二十八日"新政纪闻"栏目)

天津工业售品所开张纪事

本月初三日为北马路旧考工厂内迁设工业售品总所开张之期,所有陈列本埠及外州县各工场成绩、物品靡不搜集完备,由开张日起,先按九扣减价三日,以广招徕,所中分设男女两柜,秩序井然,且可任便人看,不取分文。凡招待客商及游览人士,无不恳挚和蔼,故有应接不暇之势,闻所有开张前三日游览人数约以万计,卖入银洋至数千元之多。

(光绪三十三年八月初七日"新政纪闻"栏目)

天津工商研究会开会纪事

本月初四日为木工瓦工合并研究之期,仍在东马路工商研究总所。是晚,有朱、宋、李三总会长到所,及木工、瓦工、鞋商等二十余人。首由木工会长胡成泰带来自制十锦文具提盒一个,长约一尺,高六寸,两开三折如镜子、算盘、笔墨、书籍、针黹等件均可存置于内,形体灵便,众皆称妙。继由育德庵官小学堂堂长韩石甫君演说光学,论光线之由并回光、透光之理,又千里镜制造法,用粉笔绘图指示并显微镜,当众试验。是晚又为鞋商研究之期,该商等提议近来该行生意平平,较去春相差甚远,实因材料、工资无不昂贵。关外销路异常滞塞,又兼上海、北京之货充斥,即本地之靴鞋虽能货色精美,亦难抵制,现已纠合同志创设公会以便随时会议,设法整顿以期起色云云,时已十一钟均各退散。

(光绪三十三年八月初七日"新政纪闻"栏目)

陈列所演说纪闻

本月十八日为天津劝工陈列所演说之期,仍借地东马路宣讲所内。是晚八钟开演,首由李子鹤君演说新世界之新职业,如承办小票、清查海捐、工业顾问、代装货物以及兑换保险各等职业,均为外洋所独擅我国尚无业,此者亟宜仿办,以便各工商有竞争之思想。次由何子琴君演说机器学煤炭化合之法,煤炭乃腐草和土质历三四千年变化而成,然原质亦有美恶之分,如机器锅炉所用之煤炭,必须美恶相匀,否则最易受损。末由韩镜湖君演说水之组成与化分法——轻汽二养汽一化合而成水,如得洁净无杂质者,其类有三:一、人功所造蒸馏水。二、天然雨露水。三、结冰水,钠钾化水成气、钠力、迟钾力、烈硫磺与锌化分电汽化分各法,并携有仪器多种,更番试验,计是晚听演者五百余人,至十一钟余始散,嗣悉木工、瓦工、鞋商又于十九晚在工商研究总会开会演说,一切详情容再续录。

(光绪三十三年八月二十一日"新政纪闻"栏目)

天津南段总局改订稽查员章程

一、稽查员禀事以慎密确实为宗旨,不得以浮光掠影致失其真,尤不得以毁誉之私故为长短。

一、所查各事于呈报时只准叙明事实,不得加以批评,亦不可妄下断语。

一、稽查员每员应带警笛一个,如遇非常事故或火警及凶殴情事,准鸣长声,招呼巡警指示办理。

一、稽查员如查有急应捕拿之人迟则恐其逃遁者,准其招呼巡警捕拿带局,一面到该管局区将捕拿其人之理由说明,一面回局据情缮单禀报。

一、稽查员出局查事分为甲乙两班,昼则甲班,自早九点起出局查事至晚六点回局休息;夜则乙班,自晚六点出局查事至翌日早九点回局休息。挨次换班,以均劳逸。

一、稽查员所领稽查票编列"天""地""元""黄"等字样,盖用总监图章,以便有所考查,即或夜间各局区岗警遇有盘诘时候,亦可作为暗号以防假冒。

一、稽查票均在警监处收存,甲班各稽查员如出局查事,必须先赴警监处请领稽查票,查毕将票缴回;如乙班出查事,亦如之庶足以昭慎重。

一、稽查员虽分甲、乙两班,然每班应留一人在局当值,随时注明以备专查特别事件,不得私自出局致误要公。

一、每日每班各稽查员出局查事,应先在总局稽查所派定地势远近分赴五局各区查察,方能周到。

一、各局区各稽查画到簿,总局派出稽查各员无论日夜,既查某局区必须亲赴某区,画到注明某号填清钟点即去,不必候人接待。其画到簿即设在局区办公室内各局区亦不得藐视稽查,各稽查亦不得干预该局区公事,以示限制,并由该局区随时考查该执照号数与所注是否相符,以免有代替之弊至有无,考查由总局随时调阅。

一、每夜十二点钟后,岗警如遇稽查经过,无论是否相识,必须验明某号,记清钟点,回局详注稽查画到簿内,稽查员一遇盘诘,即将执照现出,以释其疑,该岗警盘诘已明,即应立正目送以重仪注。

一、以上规则,应各自遵守,以尽职务。倘有总监、警监交查事件,尤应密速以免贻误。

（光绪三十三年八月二十一日"要件"栏目）

工商研究纪闻

本月十九晚为天津木工、瓦工、鞋商研究之期,业已略登昨报,是晚八点钟,首由木工会长胡成发带有自制转心木凳一个,三面旋转,使其冷热屡易,视其形式,亦颇轻巧灵便,可称完善,即命名曰"卫生凳",大众围观试验,无不交口称妙。胡会长现将此凳送呈劝工陈列所投考矣。继由宋总会长演说天文学,谓欲知天文,当先明地球之理,遂用粉草略绘地球形体,内分温带、寒带、赤道、黄道、南极、北极各等原理以及行星轨道剖解、指示、推阐无余。又由鞋商宋会长提议该行拟在宫北白衣庵设研究分会,以为同行议事之所,遵照总会章程办理。不日即当禀恳总会转请局宪立案云。

(光绪三十三年八月二十二日"新政纪闻"栏目)

工商研究纪闻

本月二十五晚为天津竹工竹商合并研究之期,仍在东马路工商研究总所。首由竹工苑会长带有竹制新式镜框一对,视其工艺精巧,漆色亦洁,颇为雅致可观。旋由总会长提议镜框一宗,尤宜多制新奇形式,如照相馆、镜子铺定然购用,或反簧雕刻,或圆竹烫花,均无不可。继由宋总会长演说光学,绘有细图一纸,悬挂粉板之上,随图指示、剖解虚线、实线、散光线、回光线之理,并用回光镜令大众自行试验,又申明回光之原理。至十一钟始闭会。

(光绪三十三年八月二十八日"新政纪闻"栏目)

劝工陈列所特别演说

天津劝工陈列所顾君为警励阖所学生夜课于礼拜五日演说,兹将演说之词录下:

盖闻良药苦口利于病,忠言逆耳利于行。斯言也,正可为今日尔诸生、医之诸生之受夜课也,阅数星期于兹矣。不知管理费几许,经营竭多方研究。俾得厘以课程,订以次第,约以时期,然后禀准总办轮次实行。旋又谆语各课师嘱以切实规导,极力成全,恳恳挚挚,语重心长,亟为各生谋后日出路,以立于不败之地者,可谓至详且尽。诸生果何以自见乎?诸生须知此次夜课向非昔比,得失成败均与身心性命有密切之关系者,其一般课师又皆类以汲,引为念,靡不乐抒肺腑,各出专长,谊为至亲而情为至切。虽家人父子,不是过也。倘稍不自揣或勉强从事,而视若具文,或败坏志萌而自甘暴弃,费无算之巨款犹后也,耗有用之光阴实可惜,贻父老之羞名,犹微也,留本所之污点为尤,甚勿论折罚惩扣,在所不容。试问过此以往徒伤老大,一事无成,纵欲好自为之,庸可得乎?今与诸生约嗣后一经授课,务须潜心静听,争自濯磨。如开演、发落、质问、回讲各时间,尤宜一志凝神,力求实获,亡羊补牢犹未为晚,不宁惟是。至如每日上班所有看护庋设各项,亦当敬谨将事克尽厥职,其一切放弃职守,及举动自由,并始勤终惰等事,务使根株净尽,责任所在,名誉攸关,庶几款不虚糜,功不枉用,驯勉为完全之人格,普通之知识,独得之技能,以克立于竞争剧烈之大舞台,尔时情景当必有证前言,而历历不爽者,诸生而拒我言乎,我只默志之诸生,而昧我言乎,我且正告之。

(光绪三十三年九月二十二日"新政纪闻"栏目)

汇纪工商演说概略

初三晚天津劝工陈列所仍借东马路宣讲所演说。首由刘巨川演说配制颜料法。继由李子鹤演说商业之效力。次由宋则久演说买卖法。末由韩镜湖演说雷闪之原理,并带有仪器试验。至十一钟始散。是晚木瓦两工暨鞋商又在研究总所合并研究,由宋会长带来建造西乡工场图一纸,与该工等商议起筑形式及估需工料若干,随复演说天文学并绘图指示,至十余钟闭会。又初四日下午两钟为织工售品所开会研究之期,并公柜点收各民工场各色布匹,计民三、民五两工场交到各布二百余匹。是日,首由售品所刘经理提议民五工场白直纹布较前颇有进步,各工场亟宜注意以期畅销,随由民五场长杨善卿论工徒程度不齐,以致工艺优劣不一,现已选择优等工徒一律用铁较机,故近日所出之布较颇紧密、光润。云,演毕至六钟闭会。

(光绪三十三年十月初八日"新政纪闻"栏目)

工商演说纪略

本月十八日为天津劝工陈列所演说之期,仍在东马路宣讲所,是晚七钟开演。首由李子鹤君演说储蓄之利益。次由刘巨川君演说洋干漆配制之法。继由宋则久君演说三续买卖法。末由韩镜湖君演说莫而斯印信机及电报之利益。计听演者二百余人,至十一钟闭会。

(光绪三十三年十月二十一日"新政纪闻"栏目)

工商研究纪要

本月十九日晚为天津木工、瓦工、鞋商研究之期,仍在东马路研究总所。首由瓦工会员提议,近来楼房形式不及新法制造灰料之美。又由孙会员提议用洋灰之法。旋由瓦工杜会长、木工胡会长携有前经林学董嘱办估定西乡工场估单一件,由大众研究,拟俟送林学董阅毕,再行决议。复由韩堂长演说磁石学。末由宋总会长演说天文学。至十一钟闭会。

(光绪三十三年十月二十三日"新政纪闻"栏目)

鞋商研究分会开落成会

天津鞋商于二十二日在宫北白衣庵所设研究分会处开落成会,到会者共计三十余人。上午九钟,由总会长、分会长、会员等依次演说。演毕,行庆贺礼各一揖。至十二钟,会长一食振铃闭会。

(光绪三十三年十月二十五日"新政纪闻"栏目)

铜铁工人研究纪闻

天津铜铁两工于二十二日晚在东马路工商研究总所合并研究。首由铁工会长刘辅臣带有双股钢子一节,拟欲创造此项机器。旋由孙会员提议前赴丰台办公,就近调查有工场一处。查该场织机尽用火力,实属灵妙,较天津织机益觉精良,销路亦旺。又,拈布机器,用之又颇得力。不但拈布,亦可拈纸上。光闻此项机器亦系由日本购来,大家公同研究仿制之法,以期抵制,随将拈布机器形式绘图携回仿制。

(光绪三十三年十月二十六日"新政纪闻"栏目)

直隶工艺总局详天津职员开办劝工场请给示保护文并批

为详报事,窃照光绪三十三年十月初六日据天津县职员韩抱陆、附生周学彬禀称:窃维致富之要,首重工商,重工商法要在使工商彼此竞争而后乃可徐图进步,是以外洋各国提倡工商业竞争之法,大之则立博览会,小之则立劝工场。盖必团聚各工商于一处,而后由比较乃生其竞争之心,不然,商家势如散沙,无有彼此,相形亦何从生其自奋? 去年,宪局之设展览会,商务总会之设商业劝工会,诚得其要旨矣,虽然揣宪局之意,不过,提倡于先,而后再使工商家组织团聚之市场,以为之继,无如迟之久继办者杳然。职等乃不揣冒昧,就北马路北海楼内设立商场一所,名曰"北海楼劝工场",其宗旨不外招集各工商使之团聚竞争,藉以为无形之策励,其办法,远以规外洋之劝工场,近以法宪局展览会。是于工商业不无裨益,应即恳请宪恩准予立案。但,既为商场,游人必多,诚恐有无知之徒从中生事滋扰,或不免妨害于商务。职等为防患未然起见,应请恩准赏发告示保护,并恳移知南段巡警总局,请其出示严禁喧哗滋扰,尤为公便等情。据此,职局查该职员韩抱陆等拟在北马路北海楼内设立劝工场,系为振兴商务起见,自应准如所请办理除禀批示并移会南段巡警总局一体出示保护外,所有职员韩抱陆等开办劝工场禀请立案给示,由官保护缘由理合具文详请宪台察核批示,为此,备由具详,伏乞照详施行。须至详者。

督宪杨批:详悉。查外洋劝工场货不作伪,物有定价,货物种类及价目多少皆一一标识,使人一览,即知既以利商,亦以便民该职员既为振兴商务起见,自应悉照外洋成法办理,仰即饬遵并移南段巡警总局遵照。缴。

(光绪三十三年十月二十九日"公牍录要"栏目)

工商研究纪略

本月二十五晚为天津竹工、竹商合并研究之期,仍在东马路工商研究研究总所,计莅会者共二十余人。首由竹工苑会长带有自制新式手摇绳线车一个,统用竹制安配齿轮,颇为灵妙,尚须研究以期适用。又由该工等提议该行生意异常困难,非研究制造新品不足以期发达,末由宋总会长演说天文学,谓地球为天文之起点,带来地球图一纸,悬为粉板之上,当众指示。至十一钟始闭会。

(光绪三十三年十月二十九日"新政纪闻"栏目)

劝业会场体操纪略

津郡天齐庙暨甘露寺两半日学堂教习及体操教习等于初二日下午前

赴河北劝业会操场内运动,劝工陈列所备由锦标以为两堂学生赛胜奖励之品,闻是日运动系甘露寺半日学堂获胜。

(光绪三十三年十一月初四日"新政纪闻"栏目)

工商演说汇纪

本月初三晚,天津劝工陈列所仍在东宣讲所借地演说。首由李子鹤君演说中国保险事,又将各项保险种类逐一胪列。继由宋则久君演说买卖道德,先将此项宗旨另纸刊写七条:一、信用。二、义务。三、公允。四、正大。五、仁爱。六、礼让。七、同心。协力逐一讲解。末由韩镜湖君阐发详明,旋将携去之大理石及盐酸石灰等水当场试验。至十一钟演毕而散。初四晚,又木瓦两工合并研究。由宋会长等相演说,是晚,又适鞋商分所落成后开第一次研究会,由李会长演说立会宗旨。至十钟闭会退散。

(光绪三十三年十一月初七日"新政纪闻"栏目)

津海关道蔡道绍基禀海河工程局
借用大沽挖泥机斗船由该局自行修理文并批

敬禀者,现准海河工程局唐嘉敦函称:以前拟借用大沽旧存挖泥机斗船一只,已承工艺局允借,足见不分畛域,纽荷良深。至修理一节,本局拟自行修理,以归简便。惟该船倘明春由工艺局借与山东商会使用,则本局用过修费银两应由该省商会给还而昭公允,相应函覆即希查核转咨,再封河在迩,未能久延,应请工艺局先行发给凭信,以便由总工程司派人往取为祷等因。准此,查此案前蒙宪台札发,估需修船价值清单当经抄送该局查照核办在案。兹准前因除咨会工艺局查核办理暨函覆外,理合禀请大人查核肃禀恭请崇安,伏乞垂鉴。

督宪杨批:据禀已悉。缴。

(光绪三十三年十一月初八日"文牍录要"栏目)

附设农业练习所

天津种植园现由总稽查刘权之刺史发起,仿外国实业补习学校之意,

271

附设农业练习所,于园内招收贫农二十名,年在十六岁以上二十五岁以下者,不拘识字与否,教以农业,以农为主,课以国文、地理、笔算、珠算等辅之,不收学费,不备膳宿,一切教授用品皆由该园置备,拟于明正考验,择优酌给薪费,在园内实行试验种植各事。一年毕业,农忙则缩短授课时间,或改于夜间授课,总以既能补助教育,又不妨作业为宗旨,经禀奉该园督办批准。惟因经费短绌,不能另聘教员,各科功课暂由该园同人义务担任,不日即将招考。

（光绪三十三年十一月初九日"新政纪闻"栏目）

天津县议事会申工艺总局请查明实习工场管理棍责工徒一案文

为申请事,据县境葛沽镇商民刘月波呈递说帖内称为实习工场管理郭芸夫棍打学徒,伏请上书质问该管官厅以正场规而维工业事,窃以民胞弟刘敏年二十四岁,由光绪三十一年取入实习工场,习学织纺一科现已二年有余,于十月十七日因将所织之布微有损坏,该管理大怒,遂饬人将民胞弟刘敏责打一百军棍,因民弟痛哭,又责二十,苦苦哀求,始能免责并罚扣三月工食。现在棍伤尚未痊愈,伏以畅兴实业原为新政之大端,该场为直隶工业起原,规律应如何慎重,乃该管理如此残虐,凡有子弟者,谁不畏此?非刑之毒打,谁复敢入场学习?直隶工业前途一线生机,当为该管理摧丧尽矣!伏乞贵会俯念实习工场为津民生计攸关,为国家新政之要,代表人民上书质问该管官厅该管理应如何惩处,以正场规而维工业,实为功德两便。所具说帖是实等情,据此,伏查禀定《试办天津县地方自治章程》第三十三条"议事会对于地方所办之事得上书质问,地方官应解答之",第三十五条"议事会得代人民申述其困苦,不能上达之事于地方官"各等语,今商民刘月波以其弟刘敏被实习工场管理郭芸夫棍责到会申诉,敝会当据教育陈列馆印行之《学堂章程》编辑副编查得《实习工厂试办章程工徒资格》第十三项只有"凡工徒有不遵本场规则或性情懒惰,实在不堪造就者,当随时革退其官费工徒,未经毕业或已毕业未满效力年限,而私往他处作工或故意犯规被革者,均须追回历年所给之津贴及书器等费,向原保人追缴"等语,并无棍责专条。今该管理棍责工徒刘敏,经其兄刘月波申诉到会。敝会以事关人民困苦,不敢壅于上闻,致负宪台勤求民隐之至意。为此,据情备文申请宪局将此案原委并如何处理情形详细批示,由会传知该商民知照,俾免冤抑而达下情,实为公便。伏乞查照,施行。须至申者。

(光绪三十三年十一月初十日"公牍录要"栏目)

铜铁工人合并研究

本月二十二晚为天津铜铁两工合并研究之期,仍在东马路工商研究总所。首由铁工孙会员提议近日新得西洋凿井之法尤为适用,惟此项机器颇形费手。现正研究讲求,一俟制成,先请劝工陈列所考验各等语。末由宋总会长演说空气之用,及气候变更、冷热不同之理,至十钟余始散。

(光绪三十三年十一月二十五日"新政纪闻"栏目)

工商研究纪闻

本月二十二五晚篇天津竹工竹商研究之期,仍在东马路工商研究总所。首由竹工会员带自制秋千竹镜一对,公同研究金云此镜创造颇有思想,惟嫌竹品与油漆不甚相合,或用雕花,或用染竹或红木、棕竹等镶嵌边框,较为雅洁壮观。复由该会员提议本埠竹工较北京格外结实,惟表面实觉稍逊。兹先将该镜送呈陈列所寄售,后仍拟改良制法,以期完备。

(光绪三十三年十一月二十七日"新政纪闻"栏目)

天津县议事会广告

天津盛泰益房屋公司禀批:前据禀称在天津河北大经路开设盛泰益房屋公司,请注册等情当经咨明直隶总督饬查该处地亩情形,去后,兹准咨覆地亩并无纠葛等因,到部自应准其立案,合行批示该商遵照注册章程补呈缴费,到日再行核办,附给注册章程一本。此批。

(光绪三十三年十二月初二日"文告录要"栏目)

劝工陈列所演说纪略

本月初三晚为天津劝工陈列所本年末次演说之期,仍在东宣讲所。首

273

由李子鹤君演说外国贸易。继由宋则久君演说铜元之利弊。末由韩镜湖君演说电气与世界进化之关系。听演者有五百余人。是晚,星期一,日适有南段军乐队到所奏乐,因此,各演员讲解一段即作军乐一番,诚盛举也。

（光绪三十三年十二月初五日"新政纪闻"栏目）

天津劝工陈列所第三次发奖仪注

一、日期:光绪三十三年十二月十七日。

二、时限:早八钟至十一钟预备一切并分派各段先后次序安排周妥。

三、发榜仪注:十二钟发榜、升旗鸣炮,南段巡警乐队作乐,由劝业会场周差弁顶戴捧榜出门员司向榜肃立,挂榜毕,员司回所。

四、员司并得奖人及学生工徒分班侍立仪注:各局所员司在所内中央楼下东首侧立,面向西;得奖各工在西首侧立,面向东,学堂学生在东首员司后面肃立,各工场工徒在得奖各工后面肃立。

五、演说次序:总会办演说并致贺词、来宾演说、员司演说、得奖代表人答谢词、南段巡警乐队作乐。

六、开行时限:一钟开行,舁牌至东宣讲所。

七、舁牌出所循行次序:(一)巡警四名。(二)本所开路旗二面及考工劝商旗二面。(三)南段军乐。(四)奖牌,每牌一名学生,由本所学生及教育品制造所学生护送。(五)来宾。(六)得奖人。(七)高等工业员司学生及第一第二艺徒学堂学生。(八)实习工场工徒作鼓乐。(九)各局及本所员司。(十)巡警八名荷枪护送。

八、路程:出劝业会场向南赴贾家大桥,走金钢桥,过大胡同向东马路诣东宣讲所。

九、悬挂仪注:既至东宣讲所,应行升炮,所有龙旗与劝工陈列所旗暨开路护送之巡警均门旁分立,乐队大作,本所学生捧奖牌入内,按号悬排各处。送牌学生均入宣讲所内或劝学所内休息及用茶点;来宾及得奖人到工商研究总所内休息片时。

十、会食典礼:六钟,来宾、得奖人在研究总所会食,本所管理员斟酒致贺,得奖人、来宾举杯致谢。食毕,稍息,退散。

（光绪三十三年十二月十六日"新政纪闻"栏目）

汇志工商研究大略

本月初九晚为天津铁商研究之期,由铁商会长宋久长提议铁货输入中国最广者惟英国实占多数,我国如山西潞安铁货耐久适用,亟宜设法提倡以资抵制。初十晚又为竹工竹商研究,由竹工会长苑士林提议北京陈列所染竹烫花等品异常精致,最宜仿制。该两期均末由宋会长演说地球上之空气极为精详。

(光绪三十三年十二月十六日"新政纪闻"栏目)

天津府自治局详督宪核议天津县议事董事两会经费文

为详覆事,案奉宪台批,据天津县议事会禀请筹拨的款以便开办董事会缘由蒙批:据禀已悉。议事、董事两会经费无著,应如何筹给。仰天津自治局核议,详覆饬遵。此缴等因。奉此,伏查议事董事两会系以地方人办地方事,其所需费用自应取给于地方《试办天津县地方自治章程》第二十八条第三目"地方入款之清厘筹集事系由议事会议决交董事会办理",但必两会完备以后始能著手,天津县议事会初设,董事会尚未成立,似不得不量为补助。伏查升督宪袁前以李张氏与徐三涉讼之罚款银五千两发交职局、作为地方经费,拟将该款银五千两由职局拨交天津县议事会,为该会及董事会办费用,除扣去职局前经垫付该议事会银二千两外,拟再找拨银三千两。一俟董事会开办后即应按照自治章程由议事会自筹常年经费议决后,交董事会执行办理,所有遵议筹给天津县议事、董事两会开办费用缘由,理合备文详覆宪台鉴核,施行。须至详者。

(光绪三十三年十二月十七日"公牍录要"栏目)

天津劝工陈列所第三次发奖纪盛

天津劝工陈列所于本年十二月十七日为第三次考工发奖之期。是日,在所内将金银奖牌扎结彩亭,每牌一亭,共五十五亭。先陈列所内优待室前,自早八钟以后,南段巡警军乐队第一第二艺徒学堂生、实习工场匠目工徒,以及各局员司、商会董事并得奖各工商先后到所,至十二钟,直隶工艺总局总办孙荫庭观察,提调胡季樵、大令文案郑绍棠、陈列所议绅宋则久、研究总会会长李子鹤诸公同时皆到,乃升旗鸣炮,由南段巡警军乐队作奖,来宾、员司、得奖人及学生、工徒等分别东西肃立,孙总办升公座发考工榜,炮息乐止,孙总办乃进,得奖各工商而演说之曰:今日本所第三次考工发奖之期,一时得奖诸君、观榜领牌靡不交相庆贺,以仆观至,亦觉各工程度之高,进步之速,较上年两次倍蓰,欣慰无量,第仆更有一言为诸君正告者,尝考泰西各国,其工业发明最早者,英、美、德;其大较也,英之工业以坚固胜。然至今稍见暮气,美之工业以灵敏胜,较英似有进步而价格尚昂,德之工业一般出品多半精纹样而低价值,故为社会上所欢爱,即欧美列强咸多畏之。此中虽互有不同之点,而其国脉之富强胥视其工业之进步以为比例差。方今我国工业虽在萌芽,急起直追犹未为晚。愿得奖嗣后组织一品,改良一物,新其思想,精其制造,低其价格,既投人以嗜好,复挽我之利权。其宗旨当不外以合群、爱国、道德诸心为之相与,以有成自起点,以跻极点。我国转贫为富,易弱为强可如操左券者,此则仆殷殷厚望者也。继由研究会长李子鹤君演说,备言此次发奖工界生色实为一时莫大之荣幸,复勉以改良进步、为国竞争,以立富强之基本,反复引伸,言无不尽。末由议绅宋则久君代表得奖各工商答谢词,备陈列宪提倡实业之热心,并言大家鼓舞欢忻,莫名感激云云。

演说既毕,自孙总办以下均向得奖人一揖致贺,得奖人还揖谢之。礼毕,于是,整队舁牌具各起行。其沿途次序:首龙旗一对,继以"考工劝商"四字大旗一对,后为巡警乐队鼓吹导引奖牌彩亭五十五座,肩以四人,复以学生一名护其,左右依次排列,街衢充塞,首尾不能相见,奖牌亭后则来宾及得奖各工商并第一第二艺徒学堂学生、实习场工徒,鸣号整伍,管钥铿锵,各用本堂场大旗导,其前划分段落,后则为各局所员司衣冠护送,雍雍济济,鱼贯前行。最后有巡警兵八名荷枪护卫。一时道旁观者交口称赞,实足动人欣慕之。思其开行所经路径,由河北劝业会场顺马路向南直趋,向金钢、金华二桥,折赴东马路至东宣讲所派亭,排列门前,升炮作乐,由押护学生解牌捧入宣讲所内,挨次悬挂,南段巡警乐队及各堂场学生、工徒入所休息,供以茶点,休息毕,各乐合作乐止,乃由巡警乐队整伍,先退其各堂场学生、工徒,亦鱼贯出所,列队分散。所有得奖各工商及来宾赴工工商研究总所会食,欣欣谈谑,颇极一时之盛云。

(光绪三十三年十二月二十三日"要件"栏目)

劝工陈列所演说定期

天津劝工陈列所拟定十八日开本年第一次演说会,仍假东马路宣讲所,由晚七句半钟开会演说工商各项要理,于十句半钟闭会。现正遍贴广告,以便在津各工商届时到会听演。

(光绪三十四年正月十七日"新政纪闻"栏目)

工商研究纪要

本月二十一日晚为天津漆工布商研究之期,仍在东马路工商研究总所。首由布商于会员提议近来各工场所织之爱国布颇见进步,惟成本稍昂,似非组织公司创办纺纱厂,不足以资抵制。继由漆工宫会长提议电镀一事,目下最为普通,惟此项学业嗣后一经发明,殊于漆工大受影响,现在志学会社拟每星期传授电镀新法,两次亟宜往学以备日后应用。末由宋总会长演说地理学并五大洲、五大洋之部位,至十一钟始散。

(光绪三十四年正月二十四日"新政纪闻"栏目)

铜铁两工合并研究

天津东马路研究总所于二十五晚铜铁两工合并研究。首由铁工会长刘辅臣提议现时拟造电气马车一节,惟图式尚须略改,应俟该项器具材料,托人购到再行妥制。继由铁工会员孙恩吉提议现今织布机销路甚广,此项工业固属发达,然除木轮、铁轮而外,末见特别精巧者,前闻日本售有火力织布机,业已调查明确,似觉灵便,先仿造一架以备试验云。

(光绪三十四年正月二十七日"新政纪闻"栏目)

铁商粮商合并研究

天津铁商东集粮商前晚仍在东马路研究总所合并研究,首由粮商会长季遇安提议现今面粉、大米缺乏情形。次由铁商会长宋久长提议洋铁充斥,亟宜开采潞安铁矿等事。末由宋会长演说地理学,将五洲、五洋之部

277

位、命名各国之部落、火山、地震之原理,一再指示又讲演设立研究会之利益,并将前拟劝导各行设立研究会简章逐条剖解。

(光绪三十四年正月二十九日"新政纪闻"栏目)

工商演说合并

天津竹工竹商并帽商于正月二十六晚在东马路研究总所合并研究,有陈列所带去四川工艺局制造竹簧镶嵌硬木对联一付、竹簧镜框一件、竹簧镇纸一件陈列研究,由竹工会长苑士林提议四川竹品洵推独步思想,亦属新巧。如津埠竹工仿制,第恐南北风气不同,不但费手,且易峤裂。旋由总会会长曹琴孙君提议竹簧制品若 他工镌刻,成本未免较钜,如用锑水或洋漆等类描绘花样,未卜是否明显,拟先自行试验或调查日界泽商店制造花竹之法,当得奥突。嗣由总会长李子鹤君演说今日帽商初次入会研究,当将本会之宗旨、简章逐一剖解,并称研究一事系为工商改良进步之基础,尚望按期到会,实力讲求。末由总会长宋则久君演说外洋研究会之规则。至十一钟闭会。

(光绪三十四年二月初一日"新政纪闻"栏目)

工商演说纪略

本月初三晚为天津劝工陈列所演说之期,仍在东宣讲所。首由李子鹤君讲演直隶工艺局札文一通,以奉农工商部接准外务部咨照比、日两国赛会事宜,又讲演商业道德,次由刘巨川君演说开矿之法。又次由宋则久君演说买卖自治法。末由韩镜湖君续演煤气灯,先将煤气及发光之原理并前次未竟之讲义详为申明,复将携去之火酒炉并煤气灯各一具当场试验。是晚,听演者五百余人。

(光绪三十四年二月初七日"新政纪闻"栏目)

织工售品所合并研究

昨日下午两钟为天津织工售品所合并开会研究之期,仍在东马路研究总所,首由刘经理提议去岁设立公柜赔累甚巨,今年如仍设立,若不详订规则研究织法,确订年限不足以示限制而昭劝勉,旋由朱会长提议设立公柜原为提倡织工扶植民场起见,各民场等应有自立性质力求进步,勿以公柜为长久收买货物之处。又由民三学堂曹润田提议民场布匹优劣不同之故。又由民二工场韩锡章提议织染两科相辅而行之理。末由民五工场场长杨善卿提议今年公柜收货规则一节亟应公同研究妥善,庶无流弊。凡民场交到公柜之货,均以实习场之货为标准,成色、织法必须相同,其价值拟由实习场工师、工匠订定云。

(光绪三十四年二月初十日"新政纪闻"栏目)

天津漆工研究纪略

前晚为天津漆工开会研究之期,仍在东马路研究总所。首由宫会长鉴庭带有自绘油画、横镜三个陈列参观,由总会长曹君琴孙见其画稿摹仿西洋布景虽佳,而著色殊嫌太艳,嘱令改良,复将沪上诸名家画意略演一番。嗣由该会长提议电镀一事现已往学两星期,虽经美国人柯教习细为讲解,然尚未实行试验云。

(光绪三十四年二月十一日"新政纪闻"栏目)

警局特设中西医官

天津巡警总局向无官医,各局官弁长警均自己延医调治,由局发给药折持折取药,所用药价月杪归总局积总核发。自督办吴京卿接办以来极力整顿,所属步马、水巡、消防、探访、工程各项兵夫统计不下数千人,若局中不专设医官,殊失重视军人之意,刻已延聘著名中西医官传饬各局区队,除凡官弁、长警有疾病者,径可赴局就诊,经医官立盖戳然后持凭取药,其向日所发之药折,一律缴销作废云。

(光绪三十四年二月十三日"新政纪闻"栏目)

铜铁两工开会研究

昨晚为天津铜铁两工在东马路研究总所合并研究。首由冯铸提议机械制麻一事。又由铁工会长刘文仲带有机器制成粗细圆绳两种以供研究。

又由制造所铜工提议仿造电话匣一事。又由孙会员提议翻砂之法。末由宋会长演说设立研究会之宗旨,又由仿造外洋啤酒商人张松浦带有自造啤酒数瓶前往与会。至十一钟始散。

（光绪三十四年二月十三日"新政纪闻"栏目）

工商研究纪略

前晚为天津铁商东集粮商合并研究之期,仍在东马路研究总所。首由粮商会长季遇安提议招商平籴一事。旋由宋则久会长提议铁商生意和平,惟洋铁居其多数,我国亟宜组织公司,以图抵制,又与宋治安会长提议创办公司购置机器等事。复演说地理学。再,竹工竹商帽商又于是晚合并研究。首由李会长提议北洋水火险公司开办之事。复由宋会长提议帽商生意亟须改良,以图进步。又由竹工会长苑士林提议现今拟仿泽商店花竹桌椅、镜框等品。惟染竹之法尚未得有窍要,现正试验多次,略窥门径,又议去岁创办竹木制品公司,现已招入四百余股,当可成立。末由宋则久会长演说地理学。至十一钟始散。

（光绪三十四年二月十五日"新政纪闻"栏目）

天津劝工陈列所第三次招考工艺名次清单

教育品制造所:考取超等第一名。

出品:各种仪器,考得九十八分。

评语:窥科学之奥窔,集艺术于曲围中矩应规,通微合漠,沾溉学界,曲成不遗取冠群曹尤无愧色。

文方斋:考取超等第二名。

出品:天文钟,考得九十六分。

评语:工精料坚计时不差,晷刻出自手工,尤为难得,价再求廉,必能抵制外货。

造胰有限公司:考取超等第三名。

出品:各种胰皂,考得九十四分。

评语:虽属仿制,而配合料品别具良材又能经久不变,既资抵制,更利

行销,是真佳品,应于褒奖

苏鸿年、苏鸿藻:考取超等第四名。

出品:活牌风琴,考得九十三分。

评语:声韵甚佳,表面亦华朴合度,价格再能求廉,定能抵制外品,音乐为教育至捷之机关,望益深研以饷学界。

劝业铁工厂:考取超等第五名。

出品:各种水龙机械,考得九十一分。

评语:制造精坚,机关捷利,知其研究有素,定能独出冠时。

葛沽民立第五工厂:考取特等第一名。

出品:各色布匹,考得八十九分。

评语:组织匀细,色泽鲜明,今度投考制品中此为特色。

唐明义:考取特等第二名。

出品:三种镪水,考得八十九分。

评语:逐品试验纯净,不掺杂质,度数亦合,洵为利用之品,必能抵制外货无疑。

恩兴和:考取特等第三名。

出品:抽水机器、齿轮、比例尺,考得八十八分。

评语:制造精美,尚称利用伸缩比例尺,尤见匠心。

广兴县油墨厂:考取特等第四名。

出品:印滕写版油墨,考得八十六分。

评语:泡制尚佳,再将渣滓去净,定可风行一时,人亦何乐于用外货,特以不能自制良品,故不免舍中求外耳,欲补此漏卮,是不能不望之解制造者。

邱竹波:考取特等第五名。

出品:铅笔样,考得八十五分。

评语:铅色稍淡而质亦嫌脆,笔管亦欠精美,极宜研究改良,然该工厂组织之始,颇费苦心,勉为其难,究属可取,姑予衰录,以觇将来进步有阶,幸勿馁退。

华胜有限公司:考取特等第六名。

出品:白烛胰皂,考得八十三分。

评语:比较上年,虽不见勇猛进步,然制造精细,自与他厂不同,洋烛芯再能燃不结花,乃益完善改良有术,盍返求之。

穆竹孙:考取特等第七名。

出品:铅笔画、水彩画,考得八十二分。

评语:水彩画活泼有致,颇有可取,铅笔画须明于阴阳向背之法,燥湿凹凸之致,乃能动目望益深造,用企大成。

山东农产制造所:考取特等第八名。

出品:粉笔、雪茄烟,考得八十一分。

评语:雪茄烟味虽不醇酿,然颇无恶劣气息;白粉笔质细而适于用足,微作者苦心,色粉笔宜再求改良。

永和银行:考取优等第一名。

出品:银器,考得八十分。

评语:雕镂精细,光彩耀人,是美术上品,此丰年玉也,与荒年谷不能相提并论,望益求精巧,为工界美观。

鸿兴汽水公司:考取优等第二名。

出品:露酒汽水,考得八十分。

评语:剥肤存液,气味纯良,若提净空气,则经久可以不变,销路不难于畅也。

元记粉笔厂:考取优等第三名。

出品:粉笔,考得八十分。

评语:粉质遂欠坚致,而改作方形,花样一新,颇称适用,足利行销。

冯铸:考取优等第四名。

出品:制造麻茎机器,考得八十分。

评语:制造精坚,机轴灵便,是真能独出心裁作品,利用者从此覃思,必能兼制他种,裨我工界。

王仲华:考取优等第五名。

出品:各色墨水、油墨,考得八十分。

评语:仿制物品均能适用,是有心抵制外货者,再求纯良必能行远。

穆穉初：考取优等第六名。

出品：油画，考得八十分。

评语：油画及铅笔画均具匠心，夜景一幅尤为优美，其山外归舟点缀远山倒影处稍嫌着迹，似应再求浑涵，作者聪颖过人，再多浏览名稿，游历名区，所诣殆未可量。

胡成泰：考取优等第七名。

出品：女工盒、转心凳，考得八十分。

评语：仿造而能变通，创制而能适度，苦心孤诣，向异寻常，该匠研究功深，故能获斯佳果，神明变化，以企大成有厚望焉。

永兴承：考取优等第八名。

出品：各种银器，考得八十分。

评语：精巧玲珑，是真匠心独运者，烟嘴用银，用久必伤牙磁，于卫生上微嫌有碍，余件无可疵，议褒之以励能出新思想者。

瑞麟号：考取优等第九名。

出品：香水粉，考得七十九分。

评语：炼质细净，出味清正，定价低廉，既利销畅，尤资抵制，允宜褒许，以劝将来。

大有丰：考取优等第十名。

出品：竹杓，考得七十八分。

评语：作器、利用，具见匠心。

义发号：考取优等第十一名。

出品：縱眼机器，考得七十七分。

评语：縱眼机器，机轴灵活，为铁工中必须之品，虽非独出心裁，然亦颇具思想，自行车宜求改良，乃能利用。

蠡县工艺学堂：考取优等第十二名。

出品：粉笔，考得七十四分。

评语：炼质稍松，未能历久致用，然颜色纯白，是其特色，合行褒予，以策将来。

保定府习艺所：考取优等第十三名。

出品：皮鞋褥单，考得七十四分。

评语:皮质品柔韧合度,较棉制品为优,盖棉织品取精致不取松懈,取明净不取黯澹也,进步改良,是所望于当事者。

有光堂:考取优等第十四名。

出品:洋点心,考得七十三分。

评语:仿制之品,花样颇佳,火候亦属适宜;气味再能经久不变,则尽美又尽善矣。

南宫县实习工场:考取超等第一名。

出品:布匹,考得九十七分。

评语:花纹匀细,颜色鲜明,是织工成绩中之上品,望益进步,以扬国光。

广仁堂美术科:考取超等第二名。

出品:泥人,考得九十五分。

评语:捏塑生动,且有高逸之致,自与俗师所传不同,然不免有稍堆砌处,亟宜设法改良。

公益公司:考取超等第三名。

出品:黄白胰皂,考得九十三分。

评语:泡制纯净,是普通利用品,若能经久不缩,则更妙矣。

井陉县庆余成马清华:考取超等第四名。

出品:痰瓶磁盂,考得九十二分。

评语:形式及釉药均能适度,宜多制普通利用品。

博野县公立工艺局:考取超等第五名。

出品:布样,考得九十一分。

评语:布样标本内以白色之直纹、斜纹、蓝白柳条、蓝白斜纹、蓝白人字纹五种为特色,以其匀平紧密也,它种似未能相称,急应改良,期臻美备。

北洋官纸厂:考取特等第一名。

出品:各种纸张,考得八十八分。

评语:选料既精,制品亦善,该厂成立未久,而所出成绩甚多,自为佩慰,应再力求精进,以期抵制而利行销。

故城县工艺局:考取特等第二名。

出品:贡面,考得八十七分。

评语:质细故能丝长,滋味亦复浓粹,手工至此可称妙品,装置若再能得法,则益善矣。

游民习艺所:考取特等第三名。

出品:被面,考得八十七分。

评语:组织细密,色泽鲜明,织机工中,此为特色。

黄筱帆:考取特等第四名。

出品:下等肩章,考得八十六分。

评语:制法尚不苦窳,价值亦廉,可资抵制。

穆文禄:考取特等第五名。

出品:水果刀,考得八十四分。

评语:锻炼精坚,两刃距离斜度适宜,堪资利用,军帽应再改良。

永平府工艺局:考取特等第六名。

出品:饭单褥面,考得八十二分。

评语:织法精密,价格亦廉,可利销场,其刀布及方格巾等件未能得法,应再改良。

江苏绣工传习所:考取优等第一名。

出品:绣花镜,考得八十分。

评语:绣工颇佳,惜样未能新颖,倘得名稿,当益见长。

民立第八工厂:考取优等第二名。

出品:藤心床、布匹,考得七十九分。

评语:藤椅、藤床机轴灵捷,各种条布织法匀细,价亦不昂,该场平日名誉颇佳,于斯乃信

同兴德:考取优等第三名。

出品:铁床、折叠椅,考得七十八分。

评语:取质能坚,用机能活,高下适宜,华朴合度。

硝皮官厂:考取优等第四名。

出品:皮带、皮夹、烟盒,考得七十七分。

评语:制法均甚精细,思想已佳,惜价格均涉昂贵,深恐销路难畅。

衡水县工艺局：考取优等第五名。

出品：布匹、褥面，考得七十六分。

评语：白直纹布组织细密，漂色亦精洁，必利行销，大红椒花布绚染尚可，惜织法松疏，定价亦昂，恐难销售。

易州工艺局：考取优等第六名。

出品：布匹，考得七十六分。

评语：毛巾织法匀细，可期畅销，各种布匹均未精整，亟盼改良。

涿州工艺局：考取优等第七名。

出品：布匹，考得七十六分。

评语：白万字布及花被面织法紧密，色泽亦佳，余件逊。

广聚和：考取优等第八名。

出品：铜器，考得七十六分。

评语：依旧式而略加改良，颇有思想，惜作法仍未能有特别工致之处，价亦嫌昂，尚须研究。

深州习艺所：考取优等第九名。

出品：布匹，考得七十五分。

评语：布匹织工紧密，平匀颇堪嘉许，骰带不足观，亟应改良。

蔚州工艺局：考取优等第十名。

出品：布匹，考得七十五分。

评语：两种布匹配色均极鲜明，织法亦一律匀适，定易行销。

昌平州工艺局：考取优等第十一名。

出品：布匹，考得七十四分。

评语：蹦点布组织匀密，颜色明艳，可利行销，锁链布应改良，织直纹、水纹布，织工、染工两欠精美。

庆范和：考取优等第十二名。

出品：竹杼，考得七十四分。

评语：大致尚不差谬，惟细微处尚须认真讲求。

冯铸：考取优等第十三名。

出品：军靴，考得七十三分。

评语:思想颇新,织法亦坚固,价格亦廉,均堪嘉许。

定州工艺局:考取优等第十四名。

出品:布匹,考得七十二分。

评语:虽无新奇特出之花色,而大致均尚精美,订价适中,行销当易。

庆祥银局:考取优等第十五名。

出品:银牌坊,考得七十二分。

评语:制造尚精细,似宜充其思想,多制有用器物为宜。

吕连席:考取优等第十六名。

出品:铁刷子,考得七十一分。

评语:制品虽属寻常而坚固,颇堪适用。

同升德:考取优等第十七名。

出品:竹器,考得七十一分。

评语:制造坚牢且甚细腻,订价亦复低廉,定利销场。

（光绪三十四年二月十六日—光绪三十四年二月十七日“要件”栏目）

（光绪三十四年二月二十四日—光绪三十四年二月二十五日“要件”栏目）

工商研究纪略

本月十八晚为天津劝工陈列所演说之期,仍在东宣讲所。首由李子鹤君演说商业道德。次由刘巨川君演说开煤矿法。继由宋则久君演说珠算。末由韩镜湖君演说磁石之制造与用理。是晚,听演者五百余人,至十一钟始散。

（光绪三十四年二月二十二日“新政纪闻”栏目）

天津工商合并研究

天津木瓦两工于本月十九晚在东马路工商研究总所合并研究。由瓦工杜会长提议近今建筑楼房多用新法、新料等事。是晚,鞋商又在宫北白衣庵研究分会开会研究。首由鞋商宋会长提议该行门市发庄生意不同之故,今拟变通之法,将各号分作两等,上等者必以工精料实、言无二价为宗旨,次等者货色略次,必须低价售卖,由该行董事侦察,如有违章,公同议罚,众皆认可。末由李总会长演说商业道德。至十一钟始散。

(光绪三十四年二月二十三日"新政纪闻"栏目)

铜铁两工合并研究

天津铜铁两工于二十二晚在东马路工商研究总所合并开会研究。首由冯会员带有机器图式一纸,此机器系用脚踏,为制造麻茎及合股麻绳之用,面积稍似缝纫机器,惟嫌轮转处于制造合股麻茎,不无阻力,曾与铁工孙会员磋商,令其承做,现拟用木制模型先行试验,倘运动较灵,再行用铁制造。复由铁工刘会长提议齿轮为机器之主,最难制造,如轮船、战舰、火车、机器等齿轮各有不同,倘不精于算学,配置必不适用。末由宋总会长演说地理学,如潮汐涨落之理朔望晨昏、春秋中外不同之故。十一钟闭会。

(光绪三十四年二月二十六日"新政纪闻"栏目)

工商研究纪要

三月初三日为天津劝工陈列所演说之期,仍在东马路宣讲所。首由刘巨川君演说开煤矿之法。次由黄剑虹君演说工业宜有坚忍性。继由宋则久君演说珠算熟读歌诀。末由韩镜湖君演说热涨冷缩之理与工商之关系。计是晚听演者五百余人。

(光绪三十四年三月初六日"新政纪闻"栏目)

工商研究纪略

日昨为天津售品所及织工合并研究之期,仍在东马路研究总所。首由刘经理提议各场所织各种布条及销售情形。旋由各该场带来均价表一纸,当众查阅,嗣由曹会长商同刘经理及各场长,拟于明日再议。是晚,又有瓦木两工及鞋商到所研究。

(光绪三十四年三月初九日"新政纪闻"栏目)

铜铁两工合并研究

前晚,天津东马路研究总所为铜铁两工合并研究之期。首由冯会员带有合股麻绳机器一架,当即陈置案上指示演说,旋由刘辅臣提议铜铁质品,又演说研究立会之宗旨。末由宋会长演说设立研究总会为提倡工商改良进步起见。至十一钟各散。

(光绪三十四年三月十二日"新政纪闻"栏目)

工商研究纪略

本月二十五晚,天津竹工竹商帽商仍在东马路工商研究总所合并开会研究。首由竹工分会苑会长带有自制新式竹椅一对,新式马闸(扎)一对,现拟送呈陈列所寄售,视销路若何再行研究改良之法。又,帽商张会长带来外国帽带一副,由李总会长详加考验,以期仿造,继由徐会员提议现届夏令,拟须设法揣摩应戴之草帽,必期轻便方易行销云云。

(光绪三十四年三月二十九日"新政纪闻"栏目)

天津劝工陈列所第四次招考工业简章十五条

计开:

一、本所为提倡工业起见,禀蒙督批准招考工业,业于三十一年、三十二年、三十三年举行三次考给奖牌,洵足以资观感而昭激劝。兹拟于今年夏秋间复开第四次考奖,各工业家应在招考限内(自三月起外州县以五个月为限,本埠以四个月为限),将自制物品送所考验,送到先给收条为据,外埠愿来投考者,或径送本所或由地方官转送,均听其变。

二、所有上三次投考各工业家无论已取、未取,今年仍可将新制物品送所投考,倘有进步,定仍给奖,以为改良进步者劝。

三、凡送制品,必须标明名目、商标价值、出品地以及制造人之姓名、年岁、籍贯、住址并习业年数,如系出自公共之手,可只书字号与总理人之姓名,至价值,均以折合洋元为准。

四、本埠及外处各项工业,凡在限期之内送制品到所者,均得与考各自比较,择其精美者各定名次,出榜后发给奖牌,其未送制品到所,或逾定限后始到者,物品虽优,次不得与此既之考。

五、发奖后,其所送制品,任凭原主取回,倘有愿将所制品寄陈者,听如有愿在本所寄售者,倘经售出,全价均归本主,本所不取分文。

六、天津工业售品总所现设于北马路老考工厂地方,专为各工厂商店代售,物品倘有考得本所奖牌者,该工商尽可将该制品送往寄售,不取分文,以示优异。

七、奖牌共分二类,以金银二色别之,而二类中各分超、特、优三等。

八、考取之法共分五事,以百分为额。

(一)考其制造之难易,作法之巧拙,装潢之美恶,以四十分为足额。

(二)考其成色之高低,价值之贵贱,参合比较,以物美价廉者为上,物美价不廉或价廉而物不美者,次之,以三十分为足额。

(三)考其利用之广狭,以十分为足额。

(四)考其利用所关之美恶,以与世俗人心或卫生上之最有利益者为上,以十分为足额。

(五)考其工人及该厂号之名誉道德,并其办法章程如何,以十分为足额。

九、凡非独出心裁、创造新法新式及不能抵制洋货,行销外国而积分如下者,皆给予银色奖牌。

(一)积分由九十一至一百者,给予超等。

(二)积分由八十一至九十者,给予特等。

(三)积分由七十一至八十者,给予特等。

十、凡积分如上而为独出心裁、创造新法新式或能抵制洋货,行销外国者,皆给予金牌奖牌。

十一、凡制造人能自出心裁、成品精良、保守名誉、不染嗜好者,应遵农工商部奏定成例,禀请总局详部,分别给予奖牌以示鼓励,领牌以后,如有败坏,公益品行不端情事,查明立将奖牌撤销。

十二、审查员由本所选派,其各行中亦可酌选公正明通者一二人作为参证员,均书名于奖牌。

十三、每年考工一次,均编列次数,如第一次以至若干次,各将投考及给奖花名注簿并录行各该地方官备案,以资保护。

十四、考取名次发榜、宣示并题名本所之优待室内,兼登报章,以志光荣。

十五、考取之名目分类如下：

（一）木制品类。

（二）五金制品类。

（三）丝绵毛麻制品类。

（四）草竹制品类。

（五）纸张及纸制品类。

（六）皮角牙制品类。

（七）玻璃制品类。

（八）教育品类。

（九）服饰品类。

（十）刷印品类。

（十一）油漆品类。

（十二）染色品类。

（十三）雕塑品类。

（十四）绘画品类。

（十五）化学制造品类。

（十六）食物品类。

（十七）机械类。

（十八）照像类。

（十九）陶器类。

（二十）珐琅镀金类。

（二十一）杂品类。

（光绪三十四年四月初三日"要件"栏目）

工商演说纪略

　　本月初三晚为天津劝工陈列所演说之期，仍在东宣讲所。首由李子鹤君续演商业道德。次由刘巨川君演说开矿之法。又由来宾屠思若演说工商与铁路之关系。复由宋则久君演说珠算歌诀。末由韩镜湖君演说雷雨风云之理。至十二钟演毕分散。计是晚听演者五百余人。

（光绪三十四年四月初七日"新政纪闻"栏目）

工商研究汇纪

天津木工瓦工于本月初四晚在东马路工商研究总所合并研究。首由木工韩会员提议制造洋式圈椅之法。复由木工胡会长提议该行工艺情形。又由瓦工杜会长提议铜元价落,百物昂贵,各瓦工均有入不敷出之势。末由宋总会长演说天文学。是晚,又有鞋商在宫北白衣庵分会研究。至十一钟始散。昨日午后,又有织工与售品所在总所合并研究,提议一切事宜。

（光绪三十四年四月初八日"新政纪闻"栏目）

造胰公司开会研究

天津造胰各公司初十晚在东马路研究总所开特别研究会。首由李总会长将各公司所投选举该分会会长之票当众拆封,计实习工场王赞臣、公益公司高庆臣二人票居多数,即以该两人充当会长,并将会长会员权限及立会研究之宗旨切实宣布,嗣由曹、宋两总会长详订分会简章十条,即由宋总会长逐条讲解,嗣由该分会会长高庆臣提议现届春夏,所有条胰一宗正值畅销之际,定价亟宜一律。旋由大众一律互相磋议,拟以一元九角为率,扣用拟以一分半为率,退去箱皮减洋一角。价值拟由明日起实行,至扣用以及退皮等事,拟由五月初六日实行。

（光绪三十四年四月十五日"新政纪闻"栏目）

学务公所颁发书籍

天津学务公所颁发各属书籍业登前报,兹悉其大宗系学台鉴定之极新用器画、教科书,余则小学各教科书,及修业、毕业文凭,小学堂学生应用之笔记本,乐歌应用之五综本,及学务人员应用之公牍信笺,乃直隶教育图书局,请领学台护照、封条运送于外属学堂者也。

（光绪三十四年四月十六日"新政纪闻"栏目）

劝工陈列所演说纪略

本月十八晚为天津劝工陈列所演说之期,仍在东宣讲所内。首由李子鹤君演说商业道德,先称"礼容"二字为商业中最为注重之点,次由何子琴君演说抽水桶出入之理。末由来宾黄剑虹君演说二十世纪以后中国工业之膨胀力是晚,听演者计四百余人。

(光绪三十四年四月二十二日"新政纪闻"栏目)

建造洋行房屋工竣

天津礼和洋行在英租界道胜银行以东兴造楼房现已竣工,迁入地基,宽长房屋高峻,此楼房分为二。一系靠街楼房,共地基一百五十八方,计宽大房屋二十间,均三层中外账房、住房等,均足用。一系后面楼房共地基一百十三方计二座,均四层:一、存进口货;一、存出口货,天津各洋行,此为首屈一指,该机房内有电汽,机器上下货物均极便利。此房图,闻系上海倍高洋行代理工程师苏尔来津所绘,该工程师现正包造德华银行大楼座工程云。

(光绪三十四年四月二十二日"新政纪闻"栏目)

瓦木两工合并研究

天津瓦木两工于十九晚在东马路研究总所合并开会研究,首由木工会长胡成太(泰)提议日昨估衣街火灾详查各铺房延烧情形,大概筑有防火墙者,得力不少,嗣后建筑铺房不但以砖墙为要点,且须研究铁门铁窗之建筑法,以免火焰透入,嗣由李总会长提议铺门以外仍宜另设铁管喷壶,如马路之喷水,车式铺内尚须安设自来水管,与铁喷壶相连,遇有火灾,不无小补。又由瓦工会长杜实善提议,估衣街商店林立,其门面铺房均用木料搭盖,止取外观,一遇火警,殊觉堪虞,自此次被灾后,将来建筑铺房改用砖墙者,必日见增多,不知所筑之砖墙若矮或墙皮稍薄,仍属无济,似不如多筑防火墙较有益云。

(光绪三十四年四月二十三日"新政纪闻"栏目)

造胰公司开会研究

天津造胰各工场公司昨晚在东马路工商研究总所开会研究,首由曹总会长提议民立第一文记造胰工场及顺和合记两公司所制胰皂颜色、物质虽未能悉臻完善,然在市面行销定卜畅旺,惟望各公司工场经理人随时体察情形,加意改良。继由民一工场场长陶渭占、顺和公司经理人汪品卿提议该公司均当改良制造。末由高会长提议公益造胰公司前曾批定文元永、魏少坡烧碱十五桶,逾期不交,一事至十一钟始散。

(光绪三十四年四月二十五日"新政纪闻"栏目)

直隶工艺总局酌拟各项工艺办法

一、高等工业学堂宜划定学额也。查学堂学生向有百数十名,计陆续出洋以及考取、毕业约有数次,本年议定添招新生四十名,若仍一律给发伙食、书籍、操衣,开支过钜,拟将向有之学生,除八旗及奉天附学生外,额定百人作为正科,嗣后,新班四十名入堂以后伙食、书籍、操衣概令自备,惟不收学费以示体恤,俟正科缺额,由新班序补。所有四十名伙食费,每名以四两核,计全年可省一千九百二十两,书籍、操衣尚不在内,至现时化学、机器二科已届毕业,倘能添筹的帑,选派出洋,藉资深造,俾成有用之材,方收效果,一面将课程按照奏定章程组织完备,即由宪委之总稽查施道肇祥,认真研究,改良益臻精进。又查学堂新招之生,均按中等程度录取,列入预科。原为升入高等之预备,若再将现有之初等工业学堂助款扩充,升为中等,另招初等以附之学级,自不致凌躐矣。

一、实习工厂宜宣布宗旨也。查工业性质有营业、传习二种。营业惟求获利,传习,首在开通北洋设立实习工场原为提倡工商起见,自应守传习主义,然不得不略示范围,向章,官费工徒收无定额,每年招考二次,官费工徒月给三元,毕业,月给四元,升入工师,月给七八元、十数元不等,不独用费日钜,且出货供多于求,销路因之大生障碍,今拟除匠目外,额定官费工徒百人毕业留场者百人,自费者三百人,官费额出俟有成数,再行订期招考,场中分十二科,内如窑业、制燧、胰皂诸科,或因原料稍逊,或因购自外洋利息甚微,工徒可以稍减,织染、木工、提花、刺绣诸科或已渐收效果,或尚易于销售,成品可以酌增。此在,因时变通原无限制,而场货尤忌雍滞,成本往往不敷周转,今既有一定范围可以预算,而所出之货,必使式样、构造悉合销路。查职局设有售品总所,账册向归陈列所造报,今拟饬由实习工场兼制,消息自不致隔阂矣。

一、劝工陈列所宜广开风气也。查该所陈列各品向分本省、外省、外洋数区,注明产地、物件,藉资比较。现拟添购新出商品,并详请宪台咨取各省工厂成品以壮观瞻。又查该所考验各属制造成品每年发给奖牌一次,系将金银箔纸上书得奖之局所与商品,而工人未与其列。今拟遵农工商部奏定成案,凡工商,有能自出心裁制造成品者,查明制造之人,奖以七八品功牌,以示荣宠,藉生竞胜之心,并于工商入会者严立自治章程,分期研究,有发明新理者,立予奖许,故步不致自封矣。

一、教育品制造所宜广筹销路也。查中国学堂向购日本仪器标本,每岁漏卮以数十万计。现时该所自制成品已有三百余种之多,均为学堂要需。去冬,呈蒙学部考验,颇为奖许,内有数种须遵部批一一改良,俟就绪后详请宪台转咨学部通饬各省购销,并于内地各大书肆设法寄售以广销路,利权自不知外溢矣。

一、种植园宜改良土性也。查该园在新车站之东,近盐坨,土性含有碱质,最碍孳生,现正考求变换土性之法,以泄卤培料为先,除由职局筹款遍开沟洫外,并允礼和洋行在该园试验肥料,藉资考镜。又查直省工厂困难,纺织多不获利,洋纱价贵,自系一大原因。为今之计,自以设纱厂为要义,无如直省之棉产额甚稀,且绒短花粗,多不合纺纱之用,列国棉种,以美洲为最良。现饬该园试种多亩,是否合宜,再行推广,并令补种湖桑、三桠等树,为造纸原料之预备,又将全园划定区域,订立椿牌,分段种树,选派园丁各专责成,以资比较地利,自不致荒废矣。

一、造纸厂宜添加刷印也。查该厂手工造纸渐有可观,惟因成本稍重,定价较昂,销路因之稍隘,现时,工徒能自制造,已将该厂南北诸匠酌量裁撤,冀可节省经费,核减纸价,更添刷印一科,将所造之纸分别印订,较易销售,一面访延日本技师,仿照日法造纸,冀可改良纸料,成品自无虑滞销矣。

一、售品所宜变通办法也。查总所设北马路分所,设河北大胡同,一切开支统由陈列所领发,每年约在五千数百两,今将分所招商包办略给津贴,每年可省千数百元。一切仍受总所检查,定价不得轩轾,洋货不准寄售,又改每月分红,为按节酬劳,其等差以销货多寡为衡,俟净除开支,得有余利再行按成提红。凡直省各属工场到局立案请保护者,今定新章设立注册簿,须将成品呈验,是否新制,抑系改良旧式,查明方准注册,享保护之利益,至所设公柜收买民厂布匹,拟自本年起展办一年,或改为押款,选货折付劣者,发还,期满收回成本,不计利息。似此变通民厂,得资挹注该所,不致耗累矣。

以上数端或现已实行,或倘需研究,均属目前要举,是否有当,伏乞钧示祗遵。

（光绪三十四年四月二十六日"要件"栏目）

直隶工艺局续定实习工场章程
第一章　办理纲要

第一条　名称:本场谨遵《奏定学堂章程》,定名为直隶实习工场。

第二条　地址:本场在天津河北窑洼地方,按照学科种类建筑工场,及应用各室如制。

第三条　宗旨:本场以更番传习养成各项工师之人格振兴实业、补救漏卮为宗旨。

第四条　办法:本场以就地取材为民生、日用所必需,销路较多、集资较易者逐渐试办,以为模范。

第二章　学科杂组

第五条　科目:(一)机织科;(二)提花科;(三)织巾科,(四)刺绣科,(五)染色科,(六)劝工科,(七)图绘科,(八)窑业科,(九)胰皂科,(十)制燧科,(十一)木工科,(十二)纸工科(现时造纸另设专厂)。

第六条　课程:本场官费工徒每日分班讲习书算一小时,其工作时限,无论官费、自费,均于立春至立夏,上午七钟上工,十二钟放工,下午一钟上工,六钟放工;立夏至立秋,上午六钟上工,十二钟放工,下午一钟上工,七钟放工;立秋至立冬,上午七钟上工,十二钟放工,下午一钟上工,六钟放工;立冬至立春,上午八钟上工,十二钟放工,下午一钟上工,五钟放工。

第七条　资格:官费缺额,先期一月出示,汇行招考,年龄以十六岁至二十五岁,体壮、性纯、粗知书算者为合格,入场试看一月,量其性质,由场派习,各科不得指定。自费者,可由原保送人呈请先行试看五日,试看期内,如该徒愿习他科,或工师见其人地未宜,亦可改派,逾期,非本场酌调,不得擅请,以杜纷更。

第八条　额数:本场工徒现订官费一百名,自费三百名。毕业留场者一百名,分科支配,视需出品之多寡,以定人数之伸缩。

第九条　学费:官费工徒试看期满留场,月给工食三元,毕业留场,月给四元,应用书籍,均由场发。自费工徒,每名每月学费一元,按三个月预缴,书籍、纸笔、器具由本人自置。至宿、食二项,无论官费、自费,本场概不预备,如有外乡工徒愿寄宿并每日三餐者,每名月缴四元。凡由各州县申送或绅士保送者,学宿、食费即由该处州县官与绅士担任,入场时须按三个月先缴,以后仍按三个月预缴一次。其拟入图绘科者,另增学费一元,弥补纸、笔、颜料之用。工匠系本场工徒出身者,宿食章程与工徒同,否则,不在本场宿食。

第十条　考验:本场考验分月考、季考、大考三项。月考,照考工簿一月功过计算;季考,照三个月功过计算;夏冬两季大考,又统计连次功过、分数,以为等差,百分为满格,八十分以上为最优等,六十分以上为优等,五十分以上为中等,四十分以上为及格。

第十一条　学期:本场毕业期限,织、染、胰皂、织巾四科须满六个月,他科皆以一年为限,所有假期、小建,一律补足考验十日,禀局给发文凭,如不合格,仍应降班待考。官费毕业挨补留场之额,作尽义务三年;自费毕业,出场听其自便。

第三章　通守规则

第十二条　假期:本场假期,无论官费、自费、毕业与否,分为二项,如左:

一、循例假期:国庆日、上元日、端阳日、中秋日、长至日、朔望日,均一日,年假腊月二十日起,来年正月八日开工,以上概不扣工食,员司每逢例假,须轮派二人留场承办各事。

一、特别假期:婚丧给假五日,远地酌定,不扣工食,至亲疾病,给假三日,工食按日扣发;已身患病,痊时销假,轻者本场官医临诊,重者,送给医院调治,医药饮食由场开支,或遣令回家,或愿自就医者,听,若病难骤痊,亦可续假。以上,如在远地,皆由稽查处查明,报知管理员量事立限,禀局核定,若因事因病,久假不到,本埠传诘铺保,外县行文地方官访查,酌定限期,倘再逾限,即将到场日起所得工食、津贴一律追缴。倘因病成废,以及亡故,经家属报明者,免,员司事假、病假临时由管理员酌定禀局。

第十三条　禁令:本场禁令如下:

一、上工时不得携带违禁器具,下工时不得携带丝毫料件。

二、工徒入场时,不得携带银钱、要件,如系寄宿工徒,应将此项要件随时报名稽查,转交本场收支处代存。

三、工徒无故不准擅出大门,如有事外出,监工允后发给公出小牌至稽查处挂号,限时回场缴牌,上工时因事出科,亦持有牌,大小便则领恭签,以便稽查。

四、各工徒亲友来场,在作工时限,不得会晤,俟下工号房引至接晤室相见,二刻为度,不得擅入宿舍,如关特别要故,立由号房禀知稽查处转告监工饬令出科,亦在接晤室相见。

五、凡在本场食宿者,起时应在上工时限二刻之前,睡不得过十钟,一律熄灯。餐饭时不得扰攘争论。

六、作工时不得闲谈戏谑,下工时不得紊乱步伐,归舍不准群聚喧哗。

七、无论何地,不得任意吐溺,抛置器具。

八、无论何时,不准歌曲、猜拳、饮博、嗜烟。

第十四条　赏罚,本场订立赏罚分为二项,如左:

一、考期赏罚:月考逾格,照加工食,记功一次;不及格者,罚扣工食,记过一次;季考连三个月记功,记大功一次,连三个月记过,酌予降班,大考系连次记功者,超升;连次记过者,开除。不缴津贴。

一、临时赏罚:官费工徒毕业后序补毕业留场之额,补入后均算记功,分数提升,副工匠每月除津贴外,加给一元,递升正工匠,加给二元,其有工艺出众,勤奋异常者,可渐升副匠目、正匠目,以至到副工师、正工师,随时察看给薪。如一时无额,即先记名,挨次升补或调充。各处工师匠目期满,报告本场。如不需人,应令回籍,自谋生计,本场惩罚按情节轻重为衡,列下备查:

甲、容止不谨者(如在场谈笑、归舍喧嚣,下工不按体操步伐行走类),无心疏忽者(如初到不谙条规、工作偶尔小损类),时限稍逾者(如上工稍迟、领牌出外逾限约半小时、请假续假愆期过一日类),以上作为小过,由监工司事或会同稽查申诫,或令肃立片刻,或记过,量事办理。

乙、口角启衅者,请假逾限者(如假期届满,未经续假竟不到场,除扣当日工食外,仍加扣一日,以次递算),损坏器物者(查系有心抛坏,除记过三次外,仍照原价,由本月工食项下扣折,如尚不敷,勒令家属原保赔偿,倘系因公及用久必致损坏之件,临时酌办),不遵约束者、延误工作者(如到工过迟、出外过久、工作不能及格类),妨碍公益者(如寝舍扰人、清睡任意、唾溺不洁类),进步迟缓者。以上作为次过或记过,或令肃立小时,或罚扣工食数日,由监工工师稽查记过,报知管理员量事酌办。

丙、资质驽钝难造就者(开除,免缴津贴),无故离场擅告退者(无故不到,查系托故有证,如在本埠,再限五日仍不到场,即行开除,官费追还历年津贴,自费缴清欠项),故违禁令迹恣肆者(如猜拳、歌曲、饮酒、嗜烟类,轻则记大过一次,重则开除追费),屡训不悛语挺撞者(轻则记大过一次,重则量事酌办),任意施行紊秩序者(轻则记大过一次,重则量事酌办),挟嫌争殴有伤痕者(此以伤之轻重、理之曲直为定伤,轻罚送习艺所三月,伤重罚送习艺所半年,如无伤,记大过一次,酌罚工食),藉端煽惑首滋事者(轻则革除,重则送习艺所),窃取材料及器物者(除令家属原保赔偿外,仍送习艺所充苦力)。以上作为大过或记大过,或降格,或开除,或追费,或罚送习艺所,由监工稽查报知管理员临时核办,事重则禀明局宪察核办理。

第四章　用人责任

第十五条　员数:本场员司、匠徒夫役人数计管理一员,监理一员,稽查一人,收支一人,帮收支一人,庶务一人,管库一人,书记一人,帮书记一人,化学毕业练习生二人,图绘科教习一人,巡查一人,每科设工师一人,匠目一人,头等工匠二人,二等工匠四人,出品须多,临时酌定,每科监工一人,号房、夫役十九人,司事由局宪选派,其余人等,管理有禀请调擢之权。

第十六条　职务:本场员司各人应尽职务如下:

一、管理员综理全场一切事宜,随时禀请宪示,以实任其执行。

二、监理员监察全场一切事宜,遇事筹议,告明管理,以达其改良之目的。

三、稽查司事稽查全场一切事宜,随时报于管理。

四、收支司事掌理出入款项核算簿记等事。

五、帮收支司事帮理出入款项核算簿记等事。

六、庶务司事承办全场一切事务,兼有采办运货之责。

七、管库司事有收发材料成品、登记典守之责。

八、书记司事有文件主稿保存档册之责。

九、帮书记司事有缮写文件、检理档册之责。

十、化学毕业练习生研究取材之美恶,药料之分配,会同工师、匠目人等实行其试验,译务、教务皆属之。

十一、教习及工师匠目各尽其教导之职务得高下,其分数而进退之。

十二、巡查司事对于门户之出入、场舍之启闭、丁役之勤惰以及卫生、防火皆得施其干涉。

十三、监工司事承办该科一切事宜,设立查工簿分别功过,间接稽查处而达于管理。

第五章　经费概略

第十七条　经费:本场经费大略分列于下:

一、本场每月由工艺总局代向运库具领常年经费银三千两。

二、本场每月约收学费银一百数十两(无定)。

三、凡与本场联合之工场,公司每年应在余利项下提二十分之一捐助本场经费(无定)。

四、本场每月额支、活支约银二千数百两。

五、本场购办材料成本,陆续制品出售抵充,赢余作为本场扩充经费添办他项经费。

六、本场进出各款除按月报销外,每季列表一次,半年统计盈亏细数,并现存成品器具造册,请局派员点验察核。

第六章　工场余利

第十八条　成绩:本场为提倡工业而设,应办各项如下:

一、对于直隶各属绅商欲办织染、缝纫、烛皂、纸磁、木、铁各项,工场需用工师、匠目、监工人等可由场量材取派。

二、无论本省外籍人等如有介绍来场参观,均一一实行其指示。

第十九条　销路：

一、各科成品除在本场售品处陈列外,并发售品总所寄卖,组合民立各工场,以实施其抵制。

一、本场每年开纵览会一次,平价发售以开风气。

第二十条　订章

本场除各科各室另有专则外,兹特续定章程二十条,详院立案,于本年五月实行。嗣可随时体察改良修订。

（光绪三十四年四月二十八日、光绪三十四年四月三十日、
光绪三十四年五月初一"要件"栏目）

汇纪工商研究大略

天津瓦木两工于初四晚在东马路研究总所合并开会研究,首由瓦工会长杜宝善提议该工用灰之法,又由会员郭永庆提议工目带领工人工作事宜,又由木工会长胡成太提议查现时桌椅楼房门窗等形式新奇,花样精巧,倘新招工徒不令其实地习练,其技艺断难致胜,且须时常调查外洋所制各种木器作法,以资参考,末由宋总会长演说地理学,并论湖泊江河发源之理。是晚又有所鞋商在宫北分所研究,由该商会长杨莲溪提议一切。

（光绪三十四年五月初八日"新政纪闻"栏目）

劝工陈列所演说纪略

本月初三日为天津劝工陈列所演说之期,首由李子鹤君演说商业道德,次由刘巨川君演说开煤矿之法,继由宋则久君续演说珠算歌诀,末由韩镜湖君演说硫磺漂白之功用,计是晚听演者五百余人。

（光绪三十四年五月初九日"新政纪闻"栏目）

造胰各公司工场开会研究

本月初六日为津郡造胰各公司及工场开会研究之期,仍在东马路工商研究总所。首由富焕卿提议所议订立卖胰扣用一分五厘章程,如不论若干箱,均按一分五厘扣用,似嫌太多,不若定以限制,如经手卖货人代卖胰皂

二十箱,自可按照一分五厘扣用,若卖至五十及百,均宜加多,庶于销路可期畅旺,嗣经大众酌议多时,仍以扣用一分五厘决议实行。又由华腾公司李经理提议,凡造胰各公司工场一经入会研究,自不能与前订章程稍有违犯,且查原议,所有入会诸人必须结合团体互相觉察,倘经查明或公司工场有与原订章程不合之处,自应禀请总会复查,俟查实后公同议罚,倘入会诸人或有稽查不实,即行任意宣布,或挟有微隙,藉以诬人者,亦须妥订罚章。末由曹、宋、李三会长公同决议嗣后各公司工场如有不符定章,一经会长等查出时,赶速报知总会,须由总会复查,查实后酌量情形议罚。惟会长会员止有查察之权,不得于虚实未判之时妄行宣布,致败他人名誉。倘有不遵定章者,应有总会订期开特别研究会,所有入会会长、会员等须据公理互相评判,当经大众认可。至十一钟闭会。

(光绪三十四年五月初九日"新政纪闻"栏目)

天津工商研究纪略

天津铜铁两工于初七晚在东马路研究总所合并研究,首由铁工会长刘文仲论铜钢性质不同之原因,又由铁工会员徐永康提议炼铜之法,旋由来宾纪管溆提议该烟草公司拟安电灯,惟不知机器马力若干,难以安设,末由宋会长演说地理学,谓江湖河泊无不导源于泉,如长江源于岷山、黄河发源于青海等处云。

(光绪三十四年五月十二日"新政纪闻"栏目)

天津工程总局告示

为谕知事,照得本局开修河东水梯子大街马路,业经出示晓谕在案,所有该处划定路线两旁应拆房屋,合亟绘成图说张示通衢,俾众周知。此谕。

(光绪三十四年五月十三日"文告录要"栏目)

直隶工艺总局批示

天津荣华造胰公司商人张墨林、傅焕卿为遵填格式,禀请注册保护并发售货护照,以兴实业,由批:禀折,均悉该公司商标系属钻石,应行填明再附注五种形式方为合格,至富国、聚兴等牌,将来领护照时,须列"荣华公司"字样以免朦混,仰即照办方准注册,藉资保护,仍将制品配料之法力求精美,以保名誉。是为至望。

(光绪三十四年五月十四日"文告录要"栏目)

造胰工商研究纪略

本月二十一晚为津郡造胰各工场公司开会研究之期,仍在东马路工商研究总所。首由会长高庆臣君提议现今造胰公司购买各种材料价值增涨,所造各样胰皂,前月议定每箱售洋一元九角,现时细核成本,不无赔累。拟稍增价值每箱售洋两元以补亏耗。旋由大众磋商,均皆认可。遂定于六月初一日实行。复由宋总会长宣布天津造胰有限公司创制黑色胰皂,业经农工商部批准在天津境内专利五年,所有天津境内不准有人仿造等语。末由曹总会长提议津埠造胰各家须于原料加意研究,以期抵制洋皂云。

(光绪三十四年五月二十四日"新政纪闻"栏目)

工商研究纪略

天津竹工竹商帽商于本月二十五晚仍在东马路工商研究总所开会研究。首由竹商宋总会长久长提议该行本年生意滞塞之故。复由竹工会长苑士林提议制花竹之法,亟应研究。末由宋总会长演说气学,讲空气成雨之理及降雨之故,与制造风雨表、寒暑表、燥湿表法并洲候用法。至十一钟闭会。按研究会每届伏暑照例暂停,现各行已定由六月初一日起暂停研究云。

(光绪三十四年五月二十八日"新政纪闻"栏目)

天津劝工陈列所公启

敬启者,本年第四次招考工业,在三月间经敝所禀蒙直隶工艺总局宪通饬各府州县遵行并粘贴广告各在案,现查各处送考之品虽属不少,惟查其中经去岁考验取录之品居有多数,兹特备函,奉布所有去岁报考各品未经录取者,今年如已改良,尽可投送敝所,以备汇考时得有奖牌,为工界之

303

光宠,是盼是祝。

(光绪三十四年七月三十日"文告录要"栏目)

工商研究纪略

本月初四晚为天津木工瓦工伏假后开始研究之期,仍在研究总所,首由木工会长胡成泰君、瓦工会长杜宝善君提议该工人上工下工时限亟应妥定并分别手艺高下酌定工资多寡以示区别,且无论包活作工均须求精美妥估价值,不得敷衍草草,以保名誉。再,是晚又为鞋商研究之期,首由宋会长少卿提议现今该行生意依然萧索,兼以各处水灾,外客来津者寥寥,加之房租、挑费捐项日繁,惟全赖门市,勉强支持一切。末由李会长演说商人无学之弊,又讲开会研究之宗旨,宜结合团体,日久方能收无形之效果云。

(光绪三十四年八月初七日"新政纪闻"栏目)

工商研究汇志

本月初五晚为天津织工售品所开会研究之期,仍在东马路工商研究总所,首由韩场长提议现今该场染科颇有起色,所有配合颜料皆系自创特别制法,惟灰色最优,不脱不落,一律光洁,较实习场略高一筹。继由朱会长提议实习场染科较前差胜,惟配合颜料稍欠研究。又由刘经理提议今秋生意似可望好,西客到津购货日见繁多,值此开通销路之时,似非货色齐全,工料精实不足以资发达。初六晚又为漆工布商开会研究之期,首由布商会员提议今春生意疲滞之由,旋由漆工宫会长提议现时油漆各活实属忙迫,所有此项工人,此次到会研究者尚居少数。再,是晚又为造胰公司研究之期,首由会长高庆臣、李少波提议现查外洋胰皂极形疲滞,各公司胰皂颇见进步,销路亦畅,似觉隐有抵制,惟材料尚有须购自外洋,而目下价值异常昂贵,成本不免亏耗,拟于节后公同研究,酌量加价,以保赉本,又论及冬令收藏胰皂法及煮胰参合黄料法。

(光绪三十四年八月初九日"新政纪闻"栏目)

实习工场纵览会简章

天津河北实习工场于二十一日起至二十五日止特开第三次纵览会,无论官绅士庶届期均可随时入览,以便开通风气,兹录其简章十二条如下:

一、本场处所在天津河北窑洼黄纬路。

二、纵览期限由八月二十一日起至二十五日止。共计五日。

三、每日时限,上午十二钟开会纵览,至下午五钟停止入览,六钟闭门。

四、前三日计二十一至二十三日系男客入览,后二日计二十四至二十五系女客入览。

五、凡入览人概不收取分文。

六、洋人入览必须有特别介绍,预先知会,始得招待。

七、有优待票者,延入内廷茶烟接待,官入客厅,绅入会议厅。

八、场内路线及各工科均有一定次序,入览人宜循序观览,不得绕越凌乱,以免纷挤。

九、凡场中物品,入览人如欲询问,应由各科监工人指说,切勿自行触手,恐防误伤。

十、如有欲购本场货品者,可在本场售品处指明花色即开具凭条交本人自赴北马路工业售品总所按条收价,发货不误。

十一、有欲仿办本场各科工艺者,或有欲指教本场各科工艺之善法者,均可请至公务厅面告管理员另订日期细谈。

十二、开会纵览来宾众多,本场员司势难分身导引,应请循照路线顺走,以期周遍而便观览。

(光绪三十四年八月二十二日“新政纪闻”栏目)

工商研究汇志

本月十九晚为天津木工瓦工开会研究之期,仍在东马路工商研究总所,首由瓦工会长杜宝善演说设立研究会之宗旨并论该行同人亟应结合团体切实讲求新法逐渐改良,以期抵制,旋由木工会长胡成太提议无论包活、作工,上下工之时限必须订定,以防流弊,并工价亦须略有区别以昭激励。二十一晚,又为造胰公司并漆工开会研究之期,首由会长高庆臣提议现时牛油价值屡屡增长,若仍依原价出售,各公司颇受影响,当经大众议定每箱较前涨价一角,共卖二元,以保成本,不得私自增加以归一律,议定由月之二十二日实行,自此加价一角之后。各工场、公司配合原料不得稍有偷减,并议定冬季所制胰皂尤应于原料上格外加慎,嗣由漆工会长宫荫棠提议现时油漆原料大见差池,皆因各行店私自参合油水,亟应设法整顿以防冻沍云。

(光绪三十四年八月二十四日"新政纪闻"栏目)

铜铁两工合并研究

　　本月二十二晚为天津铜工铁工开会合并研究之期,仍在研究总所,由孙会长介绍新入会之李鸿泰号广生前在山东德州机器局充当铜帽厂工匠,嗣因庚子乱后请假回津,据称伊在该厂时能以一磅铜即可做出一磅铜帽,毫无伤耗及蹦裂、不平等弊,虽经铜铁两工等金称,此项铜帽每以千磅铜制造,多有耗至七八成者,如能以一磅铜制做铜帽,并无丝毫伤损,实属难能可贵,复由朱总会长提议现今津埠胰皂工场林立,所需铜铁各模均系购自日本,间亦有由本埠订制者,终较外洋所造之花样,字记不甚真切,且不耐久,工价亦昂,亟应研究设法改良,当经该会长、会员等复称此项铜铁各模如制造得法,必须先后木质模型讲求,如能将木模所制之花样字记研究尽善,则铜铁之制造亦自不难矣。

(光绪三十四年八月二十五日"新政纪闻"栏目)

实习工场纵览会记盛

　　天津实习工场第三次纵览会一事曾记前报,兹据浦上求真生章武乐天生来函,略谓实习工场开会纵览会曾于丙午、丁未两岁相继举行,今又于戊申八月二十一日至二十五日为第三次开会之期,前三日接待男客,后二日接待女客,适有友人赠以优待票,遂相偕往观,甫入门,则见招待员衣冠楚楚,晋接周旋,有一种祥和之气,并有第三半日工场之学生及及民立第一小学堂之学生奏乐助兴,首由该场管理演说,继由来宾纪管涔、韩镜湖两先生演说,其意旨无非劝勉鼓励,敷陈已有之效果,盼望无穷之进步。旋见各工徒分入本科照常工作,余偕友人游历一周,至机织科,细阅成品与日本布匹不爽毫厘,其坚实细密处有过之无不及;次至胰皂科、染色科、窑业科、图画科、制燧科、刺绣科、华洋两法提花等科,皆陈设成品,莫不优美可观,又入木工科,则见新制品陈列满室,并有最特别之二人连椅,一左向一右向,并带茶几,思想新奇,出人意表,最出色者为刺绣、图画两科,而尤以图画科之像片放大为巨擘,盖纯用铅笔描画较之电光放大者尤能逼肖,且日久不致退色,洵属妙技,各科外又设有售品处,凡全场所出成品皆萃集于是处,尤为美不胜收。详查阖场工徒则半皆十六七岁之青年学生也,游览毕至优待室晤管理朱君,与谈中国工艺之关系,详询该场之办法,论及局宪殷殷提倡维持之苦心,始知煞费经营,克有今象,工界之幸,亦中国之幸。闻此五日内津郡官绅士庶及男女各学堂之学生到会纵览者四万五千余人,可谓盛矣。

(光绪三十四年八月二十八日"新政纪闻"栏目)

工商研究汇志

本月初六日下午为天津织工与售品所合并开会研究之期,仍在东马路工商研究总所,首由售品所经理刘敬廷君提议今秋生意差强,山西客商来津购买爱国布匹者甚夥,足见风气开通,行销渐远。然实习工场与民立工场必须今年研究出品,力求进步,且须预备明春销行之布货方为正办,继由杨锡章君提议袍料一宗现时销路甚旺,人亦喜用,惟各场所织往往有不敷销售之处,况染色之法亦为织工所必须研究,现由该场长自行创染深浅各样灰色,颇觉匀净,当由民五工场场长杨善卿转商韩场长,拟于日内将此项颜料送来,以便带往第五工场染科内试用。是晚又为造胰公司开会研究之期,首由高会长提议现今外洋香皂名类甚多,实我国绝大漏卮,应设法抵制,现拟创造香皂数种,业由外洋购有造胰机器与各种香料、铜模等件,仿美国鹰牌黑皂及日本绿香皂作法,现用鹿牌以示区别,俟机器等运到造成时再行呈请考验,以便研究。又由李会长提议民场制造条胰之家甚多,利益颇薄,又兼各种材料价屡增长,必须创造他种胰皂扩充销路,高会长创造鹿牌黑皂用意甚是,然,必须装潢精美,价值稍廉,材料真实始能畅销,利权庶不致外溢云。

(光绪三十四年九月初九日"新政纪闻"栏目)

瓦木两工开会研究

天津瓦木两工于前晚在东马路研究总所开会研究,首由瓦工会员郭永庆提议现时瓦木两工所用之尺大不相侔,且与营造尺亦向不相符,所有瓦木两项工作往往因尺寸不合殊形困难,现当整顿度量衡之时,亟应设法将此项木尺妥订办法,方觉便于购造。旋由木工会长胡成太提议近来时式桌椅形式新奇,固属改良之品,然工坚料实者,甚属罕见,原旧式器具均有八字合缝,遂觉异常坚固,近今所制各器具皆用螺钉,最易伤损,若如此做法日久,恐于销路不无阻碍,亟宜设法研究,必将所制各项家具务使一律坚实,行之日久方易销售云。

(光绪三十四年九月十一日"新政纪闻"栏目)

工商演说纪略

本月十八晚为天津劝工陈列所演说之期,仍在东马路宣讲所内,自晚八钟开演,首由工商研究总会长中等商业学堂监督李子鹤君演说商业道德,次由英国德保大学堂毕业生刘巨川君演说煤井得光及出入气法,继由高等工业学堂教员何子琴君演说广设机器以兴商业,末由麟记烟卷公司总理纪管涔君演说珠算笔算会合适用之理,又有南段警局军乐队到所奏乐。所有演员演毕一段,便作军乐一番,是晚听讲者约五百人。

(光绪三十四年九月二十二日"新政纪闻"栏目)

工商研究纪略

本月二十一日晚东马路研究总所内为造胰各公司及漆工开会研究之期首由会长高庆臣提议外洋香皂花样近日来津愈出愈奇,销售甚旺,获利亦厚,我津亟应仿造以资抵制。复由王赞臣提议近来牛油烧碱各种材料价值大长,以致造胰各家不免亏耗成本,若售价稍增,于销路大有阻碍,再今秋外洋有日光牌胰皂来津甚伙各街市均有代售闻销路亦极畅旺,惟价值稍贵,货品甚好,倘此货畅行,各公司均受影响。又由漆工会长宫荫棠论各省漆产之优劣并包镶折绢之方法云。

(光绪三十四年九月二十四日"新政纪闻"栏目)

铜铁两工合并研究

天津铜铁两工于本月二十三晚仍在东马路研究总所开会研究,首由王缓如带有洋账本二个,因内用铁崩簧颇觉灵妙。查该账本销路甚旺,现由官纸厂将此项账本需用厚纸仿造无异,惟内中所用之铁簧须大众研究仿制以便抵制,当由刘会长提议此项铁簧制造不甚费手,然非用镀镍或砧蓝不足以壮观瞻,现时镀砧各项工作甚难,将来做出价值不免稍贵,俟下期先仿造小样细核价本再行研究,又由会长刘辅臣带有克鹿卜炮图一纸,又带折叠铁椅一张当即陈列。惟查铁椅下腿稍高,起坐不甚自如,椅中搭用番布折叠,似觉灵巧,颇便于行军之用。惟嫌体质笨重,取携不免困难,遂公同研究,仍应再向轻巧处讲求,方易销售,该会长当将该椅带回,俟下期改良造法再行送会研究云。

（光绪三十四年九月二十六日“新政纪闻”栏目）

工商研究纪略

本月二十五晚为天津竹工、竹商、帽商开会研究之期仍在东马路研究总所,首由竹工苑会长带有该号自制熏花竹椅一对,互相研究,复由帽商提议该行生意萧索之状,曹总会长告以各行生意困难者居其多数,或因年景不佳,或因赀本亏累,如能创造改良或花样翻新,不患有滞销之弊,即帽商而论,现今女子学堂林立,所有女学生冬令之便帽无人提倡,亦无划一之式样,亟宜设法制造以广推行。旋由帽商吴会长提议此项女帽惟用毡绒两种,似觉庄重,至于该帽形式,凡我帽商均应各造一件,俟下期带来再行研究云。

（光绪三十四年九月三十日“新政纪闻”栏目）

拟定女学祝嘏事宜

天津劝学所传单云敬启者本月初十日为庆祝期,向在李文忠公祠正厅恭设万寿牌,各堂女教员学生例于是日前往祝嘏,所有应遵事,宜分条列后:一、各堂女教员、学生请于初十日上午在家用过早餐到李公祠随时行礼,十二点钟入座观剧,并备有茶点,至四点钟回堂。所有男仆应在门外听差,不许入内。一、女教员请穿青裙并各带名片。一、女学生年在十岁以外者前往,若十岁以内者,不易照料,无庸前往。一、女学生衣服宜朴素雅洁,一律穿青素靴鞋。一、女学生有徽章者务宜一律佩带。一、女学生宜端坐肃静,不可随意说笑,不可任便痰唾。一、每堂带利便女仆一名,如学生较多者,再加一名亦可,不宜多带。一、女仆在旁听候呼唤,不可离本堂学生太远。一、学生临回堂时,先饬堂役雇妥车辆再行离座出门,以免各车夫门外嘈杂,且宜挨堂出门,分次行走,庶无拥挤之弊。各带学堂名片投递号房。

(光绪三十四年十月初九日"新政纪闻"栏目)

工商演说纪略

本月十八晚为劝工陈列所说之期,仍在东马路宣讲所内,首由工商研究总会长中等商业学堂监督李子鹤君演说外国贸易法。又有高等工业学堂机器科教员何子琴君演说水与水力之用法。复由麟记烟卷公司总理纪管涔君演说破迷信工业能进步之理。未田制造所总技师韩镜湖君演说电流生磁原理与切(功)用。是晚,听演者约五百余人。

(光绪三十四年十月二十二日"新政纪闻"栏目)

天津县议事会公布

巡警一局一区禀拟筹款建房各办法五条,计开:一、将太虚观庙基共计地二亩五分三厘七毫售与宫北大街居住之杨星侪价洋一万元,以五千五百元拨归董事会以维公益及办理各事,以四千五百元修盖卑局局房以资办公。一、该地基内所有庙房及其续盖之房典出者赎回,租出者停租,并该道士停止岁入之租价,腾出自住之房间,理应如何赎房、停租以及如何抚恤道士之处,统由董事会核夺办理。一、该地基内所有庙房及其续盖之房计四十间上下,应于十个月内一律拆去,将地丈交买主,所有砖瓦土木,或归董事会变迁充公,或做抚恤道士之费,应由董事会核夺办理。一、在沿河马路器碾铁房、占用之地基以及左近沿河之官地起盖楼房十八间,与厨房、厕所、柴棚、院墙等项约需洋四千余元之谱,拟请宪局派员按照局长所呈图式妥为估修。一、收价立契以及拨款、注册,请由宪局并董事会派员与买主直接办理税契,应由买主自行出资,再查董事会清厘庙宇庙产办法第二条云,各项庙宇庙产已经各局所学堂占用者,仍照原案办理。按卑局占用该庙地基系在禀定办法之先所云,已经各局所学堂占用仍照原案办理者,是不能无故将地腾出交董事会也。卑局不将该地腾出,则董事会毫无利益,若将该地腾出变卖,则董事会可得数千元办理公益。又,第三条云:已经占用之庙产为该局所学堂迁出不用时,应交董事会收管,不得由原占各局所学堂变卖或转租或转交他处者,是不能由原占之局所、学堂自行变卖或转租或转交他处也。卑局谨奉宪局函知董事会,以及提款拨归董事会,自与自行变卖者不同,实亦与董事会禀定办法无远,与董事会权利无损,合亟陈明。

(光绪三十四年十月二十三日"文告录要"栏目)

工商研究纪闻

本月初四晚为天津瓦工木工开会合并研究之期,仍在东马路研究总所,首由瓦工杜会长宝善提议现今建筑楼房多用洋灰房顶,较用纸顶不但壮观且可保险。惟此种手艺似须加意讲求,倘若随意刷抹,必致深浅不匀,既嫌费工且伤材料。复由陈会长提议刷灰墙顶颇见工艺,如用浓浆刷抹,不免略有黄色须用开水搅入,灰内再用洋蓝少许,似觉格外光亮洁白。再,日前木工胡会长成太制造活动排笔颇觉灵妙,惟嫌斥力过重,一人不能持久,似须就式改良,方能完美。旋由木工胡会长恩藻提议近来体育风气大开,各处开设球房相踵继起,所有球房需用球杆一种,价值颇贵,似须调查此木何处发售,如制造此项球杆销场必旺,利亦不薄。复由会员孙恩吉论球杆之木一种、午毛栎一种、芝麻栎本埠无处售卖,如用檀木或他种沉重之木,未知能否适用。再,是晚又为鞋商研究之期,仍在宫北分所,首由会长宋少卿提议该行生意异常疲滞,兼以街市鞋摊林立,较门市各家销售颇踊,似此情形与该行生意不无隐生阻力,亟宜设法整顿,以免充斥。复由李总会长提议近来皮靴皮鞋销路甚普,凡属鞋商,似须设法照制,如能自行招集股本,创设公司专造皮件生意,似属轻而易举,销路可望发达。该商等颇甚赞成,拟俟公举创办人再行决议实行各等语,时至十一钟闭会各散。

(光绪三十四年十一月初七日"新政纪闻"栏目)

工商研究纪闻

　　天津织工售品所于月之初五日下午二钟仍在东马路开会研究。首由韩锡章提议现时棉纱行市日见起色,所织各种布匹无甚赔累,惟袍料一宗为现在应时快货,价值虽稍加增,销售并不减少,并议该场工徒使用木机出货较迟,曾由前日购买铁轮机一架以期自行练习,惟教导无人,多不得法,似觉求速反迟,现拟酌派工徒前赴实习场悉心学习,俾得较有把握。又论染色一事,该场讲求颇深,所染深蓝、灰色尚属合宜,惟不免时有忽深忽浅等弊,似觉不无遗憾,尚须研究改良,以期尽善云。

　　　　　　　　　　　　（光绪三十四年十一月初八日"新政纪闻"栏目）

工商研究汇志

　　十九晚为天津木瓦两工合并开会研究之期,首由木工会员王景春提议现拟创制洗衣机器一具,嗣由胡成太将该模型绘图于粉板之上,大众研究佥称,该机皆用木制手摇,形式尚属合度,必须价值较省方易销售,遂由曹会长嘱令该会员迅速制造以便试验。旋由胡成太提议现时桌椅、床凳、书厨等件式样新奇,作法精巧,究不如先年八字合缝家具较为结实、耐久,似非具特别思想仿造普通利用之品,不足以资发达。后由瓦工会长杜宝善提议该工近来甚形忙碌,惟各种材料日见昂贵,所有包办工程不无赔累之虞。再,是晚又为鞋商研究之期。首由会员徐茂岩提议街市设摊售卖靴鞋日见增多,以致门市各家均受影响,前拟设法驱逐以保商业。嗣因年关在迩,生计维艰,鞋摊货物存储不少,若勒令遽行禁止,未免向隅。旋由大众公同研究,拟定自明年正月分实行一律禁止鞋摊。又二十一晚又为造胰各公司工场研究之期首由会长高庆臣提议现时胰皂生意情形及制造、行销各事。

　　　　　　　　　　　（光绪三十四年十一月二十四日"新政纪闻"栏目）

天津劝工陈列所末次演说

　　月之初三晚为天津劝工陈列所末次演说之期,仍借东马路宣讲所内。首由工商研究总会长李子鹤君演说商人以择术为贵,略谓"择术"二字为商家最要之点,于此商战时代,洋货充斥,更仆难尽,就美国输入麦粉一宗,每岁不下千万余金之谱。凡我中国亟宜猛醒,如纱场、垦务、鱼业、森林。目下南北两洋次第兴举,若不及早改定方针,公同组织犹以轻土货重洋货,视为社会印脑之习惯,终必有不可收拾之一日。次由美国德保大学堂毕业生刘巨川君演说开煤续论,将应行防险之预备暨烧质之理由,与夫机器人工之比较,推阐无遗,并带有自制新发明煤块一小筒,当场掷入煤炉试烧,颇极不爽,并称此项材料系以硝盐十三种,为之再配化学药料,少许便可制成,一俟将来购机多制,即贬价出售,获利亦不自菲。继由麟记烟卷公司经理纪管涔君演说信用关乎商业盛衰之理。末由教育品制造所总技师韩镜湖君演说制火药与炸弹之理,计是晚听演者五百余人。

(光绪三十四年十二月初六日"新政纪闻"栏目)

铁商粮商开会研究

昨晚为铁商粮商合并开会研究之期,仍在东马路研究总所。首由铁商宋会长提议中国铁货滞销之原因。复由粮商王会员提议查外洋农事系属专门科学,均用机器播种,是以无丰无歉均有收成,如美国之表面暹罗之籼米销售中国者累万盈千,绝大利权为人攘夺,殊属憾事,必须研求,所以抵制之法,当经曹总会长提议我国农民所用各具素不讲求,且有牢不可破之习惯,深愿我辈有提倡工艺之责者设法调查农具,使其逐件改良,是为要点云。

(光绪三十四年十二月十三日"新政纪闻"栏目)

工商合并开会研究

昨晚为天津竹工竹商帽商合并开会研究之期,仍在东马路研究总所。首由竹工会长苑士林提议现时竹行生意略有起色,委因节届年关,竹筷一宗销畅甚旺。次由帽商会员徐懋岩提议帽行生意异常困难。旋由曹总会长提议现查高皮领一种,粤省客商购用者居多,凡属帽商,如能依式仿制,其雅观灵便,似较恭喜帽及皮毡帽、绒围巾又胜一筹,洵属应时快货,亟宜创始仿制,以拓销路。复由李总会长演说本所开会研究,原期工商踊跃莅会,讲求新法改良工业,以发达销路为宗旨。现时帽商生意颇行滞塞,固由

313

市面奇紧,销售维艰,而所有制品不能变幻思想,均系人云亦云,以致生意日形减色。查便帽一宗有京式、海式、时式之别,各帽店尽可销售,惟一切形式务须随时改良,不可拘守旧法,又坤秋帽一宗,现时带者甚鲜,似不妨略就该帽旧式酌予变法,当可销售。又竹工生意亦属萧索,现查竹簧制品价值虽昂,人多乐购,凡属竹工,亟须仿造加意研究将来销路畅旺,时较售卖签子竹牌,其获利何止倍蓰云。

(光绪三十四年十二月十五日"新政纪闻"栏目)

直隶工艺局详各工场制品出境遵纳正税
请估价减成核收文并批

为详请事,案照光绪三十四年五月二十四日奉宪台札开,光绪三十四年五月初十日准度支部咨开,直隶工艺局机器仿造洋式货物例,应遵章于第一口完纳正税,不应发给免税护照。嗣后遇有运到货物,验明与运照相符,始予免税放行。如无前项运照,仅领有该局护照者,概应照章征税,以符定章。咨行转饬遵照等因。到本署督部堂准此,查前准税务大臣议覆该局所请,运销布匹免纳税捐碍难照准,业经行局遵照在案。兹准前因,合行札饬,札到该局,即便遵照办理,计粘抄咨等因。奉此当经转行劝工陈列所并各工场一体查照办理。兹于十二月初五日,据实习工场管理员朱寿祺,陈列所管理员曹尔昌等禀称,奉宪局札饬,照章于经过第一关完纳正税一道,沿途关卡概免重征等因。奉此,遵即传知售品所及各工场一体遵办。

去后,兹据售品总所经理各工场场长约同职等再四集议,佥以各场仿造洋式各货系属创举,且查各场所设各科无非织布、造胰及制燧等事,所需各种机器及原料必须购自外洋,以资应用。其原料价减成本,即因之而廉。查近年来,各场织布所用原料,如各种棉纱;造胰所用原料,如烧碱、爆花碱;制燧所用原料,如各种药水、药料等,所有价值较之往年几涨两倍,以致所有出品售价自不能从廉,而销场亦遂形壅滞。现在关税一节,既奉宪札饬令,照章于经过第一关完纳一道,沿途关卡概免重征,自应遵照办理。惟各工场刻下存货太多,积压成本甚巨,一时实难周转。现在各工场直有将所制各货,不计成本盈亏,希图减价售出,以济目前之急者。似此情形殊非持久之道。

卑职等上念宪局提倡工商保护维持之盛意,下顾各工场执事人不避艰危力求精进之热心,数年来,甫见生机,讵忍坐视其闭歇,而不问卑职等公同酌议,拟将各工场公司凡蒙宪局注册立案保护者,其所制物品统按机器仿造洋货办法,照值百抽五税章,于第一关完纳正税一道,领取运单,沿途关卡验单放行。惟查税关遇货估价往往有多寡之不同,诚恐各工场公司售出货品,每逢纳税估价时,不免饶舌。与其临时纷扰易滋留难之弊,何若预先酌定划一章程,以期两无妨碍。兹谨将各工场公司所制各项物品之原订价银数目缮具清折一扣,恳请宪台俯赐转禀督宪,札饬津海关道转知新钞两关。此后遇有各工场公司制造各品转运出境,必须执有售品总所发给凭单,前往新钞各关纳税换照,再由新钞各关按照折开原价照估征收正税一道,并统按八扣核收,发给连单,以利遄行。似此办法庶于变通之中,尚寓保护维持之意等情前来。据此职道等伏查直隶工艺正在萌芽时代,所有职局创办及劝立各工场曾经注册者,详奉升任督宪袁批准,发给免税护照,以纾困难,方恃此一线生机,以为维持之计。

嗣奉部章停发免税护照,因之困难情形较前为甚。惟念税章既应完纳,而工艺亦宜振兴,两者原属互相维系。今查该场复禀,因货物之滞销而虑及税关之留难,又因税关之留难而先定价值之划一,是纳税既可按折以征收,无烦饶舌,而运货亦以验单为便利,自广来源于两无妨碍之中,而筹两得平便之法。似此办理,按之税章既不甚悖货价,亦可持平,实为畅销货物有益税章起见。既据各场所管理员再三吁恳,未便壅于上闻,拟恳宪台俯念直隶工艺甫著成效,赐准按折纳税,量予减轻,以期保护工业、完纳税则两得其便。又查此次陈请持平估价预为立案,系就职局创办各工场及劝办各民立工场而言。统按各该场全年所纳之税本属无多,前此全数邀免,尚于税额无碍。现既遵章完纳,惟恳将估价减轻,于体恤之中仍寓限制之意,实属计不得已。可否恩准饬下津海关道,转饬各关卡一律遵照。所有职局恳请将各工场纳税估价按折减轻缘由,理合缮折具文,详请宪台核夺批示只遵,实为公便。为此备由具详,伏乞照详施行,须至详者。

谨将各工场公司所制物品原值价银数目缮折呈鉴,计开:二十玛爱国布,每匹值价银一两三钱。五玛小匹爱国布,每匹值价银三钱二分五厘。手巾,每打值价银三钱。香皂,每打值价银一钱五分。洗衣胰皂(四十磅至五十磅),每箱值价银一两。二百四十包小箱火柴,每箱值价银三两。七百二十包大箱火柴,每箱值价银九两。

督宪杨批:详折均悉。该局创办各工场及劝办民立各工场制造物品,成本甚巨,难以畅销,拟请统按机器仿造洋货办法,照值百抽五税章,于第一关完纳正税一道,照折开原价估征八扣,核收发给运单,沿途关卡验单放行,自为恤商惠工起见。惟税关国课应否照准之处,候行津海关道核议,详覆饬遵。此缴。

(宣统元年正月十二日"公牍录要"栏目)

工商演说广告

启者,本月十八日晚八钟至十一钟为本所本年开始演说,仍在东马路宣讲所内,并请何子琴先生演说风水与气等力之速率,韩镜湖先生演说轻气球之理解,李子鹤先生演说天津商业之大概,宋则久先生演说学问与工商之关系。务希各工商届时惠临入听,不取分文,特先布告。天津劝工陈列所启。

(宣统元年正月十七日—宣统元年正月二十日"告白"栏目)

劝工陈列所开始演说

十八日晚为天津劝工陈列所开始演说之期,仍借东马路宣讲所内,首由工商研究总会长李子鹤君演说天津商业之大概,并演天津商务异常颓败。首由人多虚伪徒尚奢华以致商业亏累。继由工商研究总会会长宋则久君演说学问与工商之关系,又论中国土货逐渐改良亟须提倡购用,以期抵制,实为富强之基础,随将造胰公司新创制之百花小香皂分送听演诸人试用。又由李子鹤君报告民立第二工场场长韩锡章创制爱国水云缎及洋线各种织法较外洋相等价值亦属低廉,特将该缎陈于桌上以供众览。末由教育品制造所总技师韩镜湖君演说轻气球之理解。计是晚听演者四百余人。

(宣统元年正月二十三日"新政纪闻"栏目)

工商研究纪略

十九日晚为天津木工瓦工鞋商第一次开会研究之期,仍在东马路研究总所内。首由瓦工会长杜宝善提议现在新年已过,所有工程均须陆续开工,刻下,天时渐长,想不致如去冬之忙迫,惟灰土砖瓦等项仍觉缺乏,价值较去冬为昂,现时包办工程倘不详加核估,必至赔累,又谓近今工徒学习、工作较先年最易长进,从此讲求将来可造成精巧之技艺。嗣由木工会长胡成太提议现时木器家具及房间地板窗棂装修等项用道木之利弊。末由宋会长演说气学。复由曹、宋两总会长李文牒前赴宫北鞋商分会,首由会员徐君提议鞋商生意困难,或由市面萧条,或由该行不得善法,今春似宜整顿。复由会员冯铸提议立会研究原为振兴鞋商起见,我同行允宜和衷共济以成其事。兹拟联合各号公同集议订定《言不二价章程》,庶几买卖各主两有裨益。该商等均极赞成,拟俟下期即行试办云。

（宣统元年正月二十三日"新政纪闻"栏目）

造胰公司研究纪闻

　　月之二十一日为天津造胰各公司工场研究之期,仍在东马路研究总所内。首由会长高庆臣提议现时天气渐暖,河路将开,所有外埠客商亦将陆续来津购买货物,现时芷停发护照、税章未定之际,以致购货出口者不无困难,亟宜请示办法,俾买卖各商两无阻滞。由李兰坡提议查去岁各公司工场所销条胰,惟华胜公司销售最多,荣华公司次之,其余各家所销者约在三千余箱之谱。今岁造胰材料价值奇昂,即烧碱一宗先年在二十七八两上下,现时涨至三十八两有奇,牛油行市亦大见起色。所有成本较前尤钜,似此情形恐难赔累之虞。兹查日商桑茂洋行制造各种胰皂均用机器,出货踊而且速,销路亦畅,至装潢纸盒系用人力机器裱糊。似宜仿效。复由王赞臣提议现时造胰公司日益加多,互相竞卖以致极微之利亦无所得。查今岁现有两家新设立者,一家系桂记公司,一家系东昇洋烛公司添造胰皂,闻售价甚廉,其货品优劣与否,尚未调查明确。末由漆工会长宫荫棠提议现时漆工手艺日渐失传,所有工徒仅能髹漆抹油而已,至堆金上粉、铺麻垫灰之活,能作者实属罕见。又论现时天气和暖,油漆各活尚觉顺手。惟刻下异常忙碌,因不日国服将满,所有商店门面牌匾及木器家具等活,均须及时油饰云。

（宣统元年正月二十四日"新政纪闻"栏目）

造胰公司续招股本

天津造胰有限公司自创办以来成效卓著,今遵商律,定名改称股分有限天津造胰公司大加扩充,续招股本一万五千元,每股五元,由交股之日起算,每月付官利四厘,以后仍按股均分余利,计招三千股,合之旧日股本五千元,共两万元添用机器并附办各种化学物品。除延聘著名技师外,董事会并有严次约君由日本高等工业学校毕业,用新法在该公司指导一切,业将续招股本新章刊印通告矣。

(宣统元年正月二十七日"新政纪闻"栏目)

天津造胰公司重订续招股本章程
第一章　总纲

第一条　本公司原名天津造胰有限公司,今遵商律定名改称股分有限天津造胰公司。

第二条　本公司原系手工制胰,今添用极器并附办各种化学物品。

第三条　本公司设于天津闸口大街元会庵内。

第四条　本公司并无年限,倘有全股四分之三同愿拆股,可以清理歇业;有全股四分之三同愿推广生意,亦可添招股本。其股票当先尽原股东,按股续增,余再另售他人。

第五条　本公司乃股分有限公司,股东交足股本之后,设有赔累,不得再令股东出卖。已禀明农工商部立案。

第六条　本公司遇有须布告股东事件,即登载于天津《商报》及《大公报》。

第二章　股分及利息

第七条　本公司旧集股本五千元(计百股,每股五十元),原为试办地步,今已成效卓著,并有特制洗濯黑胰一种,质美价廉。已蒙农工商部批准,在天津专利五年。兹复添置机器,增聘技师,精制各种香胰及化学工艺各品,以图事业扩充。现议添招新股一万五千元,以五元为一股,计三千股

（其旧股一股合新股十股），新旧股本合共二万元。

第八条　本公司股本每月付官利四厘，由交股之日起算，于每年正月股东大会后订期开支。

第九条　本公司股本定为一期缴足（旧股原分四期，今新股既改为每股五元，不便再为分期）。

第十条　凡交股时先领收条为据，其股票利折另行订期填换。

第十一条　股东如以股票转售于人，必须至本公司改名注册；注册费每张取小洋五分。

第十二条　股票利折如有遗失、毁坏等情，先将缘由与号数、股数报告本公司，并登报声明（登报费须由股东自备先期交纳），俟两个月后无人过问，始准另觅妥保，写立保单，再发给新股票或利折，换票费每张取小洋一角。

第十三条　本公司股票限于中国人，如股票售与非中国人手，其股票作废。

第十四条　本公司开创之初，曾荷直隶实习工厂襄助一切，约以每年由余利中提二十分之一（即百分之五）作为报酬。

第十五条　本公司每年正月结账一次，除付官利及各项开销外，所有盈余作为百成；其分配之法如左：甲以五成报酬实习工厂，乙以十成提作公积，丙以六成酬董事、四成酬查账人、五成酬经理、五成酬技师、五成酬同人（同人分配之法由董事经理酌定），丁以六十成分配股东。

第三章　股东会议

第十六条　本公司每年正月开股东通常大会一次，由董事局订期招集，于前十日登报通知。

第十七条　通常会议时应办之事如左：一董事报告全年银钱出入买卖情形，及账目利息各事。二改选董事、查账人。三商议董事及股东提议各事。四股东查看年总。

第十八条　遇有紧要事件须与股东会议，可由董事局知照股东开临时会。

第十九条　如股东有十人合有全股十分之一者同意，亦可知照董事局开临时会。

第二十条　凡招集股东会,无论通常会、临时会,通知时皆当载明开会之本旨。

第二十一条　凡股东会议决议权,不论新股、旧股,交足五十元者得有一决议权。

第二十二条　凡大会决议各事,以股东决议权过半数决之;如可否各半,则由首席决定之。

第二十三条　不满五十元之股东,得与他股东凑成五十元,推举股东一人为代表。

第二十四条　凡开会时本人不能亲到,可托他股东或董事代表,须将受托之凭据或股票交本公司验看。

第二十五条　凡开会时如有股东不能亲到,亦未托人代表,应即作为默认,不得事后再生异议。

第二十六条　凡非本公司之股东,不得为股东之代表人。

第二十七条　凡开大会皆以董事长为首席。

第四章　职员

第二十八条　本公司公举董事三人、查账人二人,须有股本全数四百分之一者方能被举。

第二十九条　董事三年一任,每年轮换一人。(初期三年皆满任,先退一人,二人留任;次年再退一人,一人留任;又次年则其一人亦退;此后每年任满者,只一人按年轮换。)查账人一年一任,期满后皆可连举连任。

第三十条　凡选举于股东通常会时行之。

第三十一条　聘经理、工厂长、技师各一人,无论股东非股东均能聘任。

第三十二条　董事查账人未满任期而自请告退,或因有过失而应解职者,以前股东会所举之次多数推补。

第三十三条　董事与查账人皆只分余利,不支薪水。

第五章　董事局

第三十四条　董事局以三董事组织之。

第三十五条　三董事互举一人为董事长。

第三十六条　董事职权如左：一有进退经理、工厂长、技师之权。二有酌定经理、工厂长、技师薪水之权。三有核定所办各事规则，及购料兴工各事宜之权。四有措置动用银钱之权。五有查核账目、文件、银钱、货物之权。

第三十七条　董事不得兼充查账人。

第三十八条　董事每月会集二次，如有要事亦可开临时会议。

第三十九条　本公司现举宋君则久、严君次约、王君春江为董事。

第六章　查账人

第四十条　有查核账簿、账单以及现存银钱、货物之权。

第四十一条　查账人不得兼充董事。

第四十二条　股东对于公司账目有疑虑时，可询问查账人，查账人有据实答覆之务。

第四十三条　本公司现举林君黑青、王君子清为查账人。

第七章　经理、工厂长、技师

第四十四条　经理管理工作、买卖、银钱、账目及进退人位各事。

第四十五条　工厂长专理制造部各事，并监督技师及职工。

第四十六条　技师专理配料制造及运转机器等，一切皆与工厂长商办。

第四十七条　工厂长、技师遇有各项事件，须与经理商酌然后施行。

第四十八条　经理所办各事，皆商承董事局办理。

第八章　附则

第四十九条　此章程如有未曾言及者，皆遵《钦定大清商律股分有限公司章程》办理，如有未尽妥善之处，亦可于大会时公议更改。

第五十条　工厂长暂由董事严次约君担任，不分余利亦不支薪俸。

第五十一条　本公司招股处如左：天津闸口本公司，天津估衣街敦庆隆,天津四棵树严宅,北京农工商部工艺官局陈敬韩先生。

(宣统元年正月二十八日—宣统元年二月初一日"北洋官报汇编"栏目)

工业研究汇志

天津铜铁两工于二十二晚合并开会研究,仍在东马路研究总所内,首由铜工会员宋利生提议现时红铜行市。复由会员张纯一讲论镀镍、镀金各法。旋由会长孙思吉带来机器图一纸,当即陈于桌上,共相研究。末由铁工会长刘辅臣论及西洋机器制造铁炼铁钉各法并演说鱼雷艇巡洋舰炮船、战船各种内容并用法。又二十五晚为竹工竹商开会研究之期。首由竹工会长苑士林提议该行生意困难情形,复由帽商会长张春祥提议帽商去岁生意颓败之原因。旋由会员等论帽行生意非代售洋广各货,不能赖以支持。末由宋总会长演说斯密亚丹所著之《原论》,至十一钟闭会。

(宣统元年正月二十九日"新政纪闻"栏目)

工商演说广告

启者,二月初三日晚八钟至十一钟仍在宣讲所内演说工商各项要理,并请刘巨川先生演说生财有大道论,何子琴先生演说工业上图画之学不可缺之理,顾石臣先生演说欧美之工业教育,李子鹤先生演说商业兴衰关乎人才,宋则久先生演说商业之精气神。务希各工商届时惠临入听,不取分文,特先布告。天津劝工陈列所谨布。

(宣统元年二月初一日—宣统元年二月初三日"告白"栏目)

天津劝工陈列所广告

谨将本所本年自正月初六日至二十九日游览人数并代售货品件数列下,计开:优待票共四十二位,入览/参考客票共三百五十二位/三百一十三位,四次礼拜五入览/参考女客票三百八十七位/三百六十五位,代北京农工商部工艺局售出货品二十六件,代北京工艺商局售出货品一件,代天津实习工场售出四百七十五件,代天津罪犯习艺所售出货品十件,代天津造胰有限公司售出二百四十件,代天津公益造胰公司售出货品三百十件,代天津胡成泰售出货品三件,代天津王紫鹏售出货品八件,代天津富焕卿售出货品一件,代天津民立第八工场售出货品一件,代天津留芬有限公司售出货品六件,代天津四省堂售出货品一件,代天津益兴楼售出货品十八件,代天津兴盛德售出货品一件,代杨州梁福盛售出货品五件,代四川劝工总局售出货品七件。天津劝工陈列所启。

(宣统元年二月初三日"告白"栏目)

工艺局详教育品制造所三十四年六月至八月收支及成品数目文并批

为详报事,窃照教育品制造所于光绪三十二年六月归并职局陈列馆接办,至三十三年五月制造所迁入河北劝业会场,复将陈列馆并入该所兼管,业将自三十四年三月起至五月底止收支经费并制造成品库存料物各数目缮具册折详报在案,兹查自光绪三十四年六月起至八月底止共三个月,计旧管实存洋一万一千二百六十五元五角二分三厘,新收售出成品材料本利并代做各物余利洋一千九百四十一元二角八分九厘,管收两万七十六元五角九厘。查库存前届成品除已售出外,实存合洋五千四百七十四元二角八分六厘八毫六丝,本届成品除已售出外,实存合洋六百九十六元一角九分五厘一毫,未竣物品合洋六千六百二十三元三角三分二厘七毫,生料合洋三千六十四元九角九分七厘三毫,连实存统共合洋二万五千九百三十五元三角二分九毫六丝,除抵原领试办经费银洋五千元,又原领开办经费余利银洋一万四千四十元三角一分,又扩充经费银洋一万三千八百五十元四角一分,前十一届曾经报销不敷银洋七千三百八十八元九角一厘九毫六丝,本届应得余利银洋五百三十九元六角七厘三毫二丝,内除另册开报成品室及各作补修成品、装箱包皮纸张等费银洋一百六元一角四厘四毫,实申余利银洋四百三十三元五角二厘九毫二丝,今将余利抵补不敷外,现实不敷银洋六千九百五十五元三角九分九厘四丝。据教育品制造所管理员赵士琳等循旧造册开折呈请详报前来,职局复核相符,所有教育品制造所自三十四年六月起至八月底止收支经费并制出成品库存生料及已造未竣物品各数目,理合照录册折具文详请宪台察核批示,祗遵。

　　督宪杨批:据详已悉。册折存。此缴。

(宣统元年二月初五日"公牍录要"栏目)

323

工商研究纪略

月之初四晚,天津瓦木两工合并研究,仍在东马路工商研究总所内,首由会员孙恩吉提议现今瓦工铺垫地基往往有塌陷及破裂之弊,殊不坚牢,以致各主顾均以瓦工技艺潦草为词,名誉攸关,亟应公同研究。嗣由杜会长宝善云中国铺打地基向止讲求用几铺土,夫以土打地,无论打若干,铺亦断不能如外国铺地之用赛们德土加以石子十二成之七,洋灰一成,砂子二成,中国灰二成,坚固耐久。复由孙会员云铺地如无石子或用砖块及砂子七成、洋灰三成拌合一处,平铺一尺。俟晾干再铺,亦可经久。惟洋灰与中国石灰性质不能相合。恐难适用。继由杜会长云洋灰与中国石灰性质尚无不合,前已屡经实验,惟洋灰若用三成,恐价值太昂,不无阻碍,嗣由胡会长成泰提议建筑房间西洋最讲求,又木柁之法,现在此法业经通行,中国昨已试办两次,颇极巧妙等语。是晚,又为鞋商分会研究之期,首由曹总会长提议前拟整顿鞋商不令摆摊,影射售卖靴鞋一节目下想已实行,曾否已有效果,嗣由该分会会长宋少卿云前上商会之禀,刻尚未奉批示,一俟批准,拟将所有禀批石印多张分送各鞋商,饬其遵照,再由敝分会分路派人侦查以期整顿而便实行。继由宋总会长演说斯密亚丹《原富论》。末由会员冯铸演说,前拟联合各号公同集议无论门市发行,均订一言不二价章程,务望大家竭力筹议实行,不胜盼望云。

(宣统元年二月初八日"新政纪闻"栏目)

汇纪工商研究大略

初五日下午为天津织工与售品所研究,仍在东马路工商研究总所。首由韩锡章带来蟓青、紫绛、大红、头蓝、二蓝、月白、浅灰各色□线数缕,以资研究。复由杨善卿提议现时我国风气大开,购买爱国布者甚觉踊跃,前闻高阳县全县织工,合计每日可出布万余匹,其他县工场出货亦属不少。惟棉纱仍须购买外洋,利权未免外溢,亟宜设法挽回,又论购买棉纱之事。末由刘经理提议外洋番布销售最广,需用者亦多,各工场亟须研究织法为要,又论哈喇布一宗,与织别项布匹不同外洋染法与织法,均极精美。我国尚难办到。以上两种系现时最发达之货,亟须设法组织,又论西洋漂布用浆之法。又初六日晚为造胰各工场公司及漆工河北开会研究之期,首由李兰坡提议年前研究时曾由大众公议定章,每卖条胰一箱,订价大洋二元。现查新设各公司出售条胰,间有售至一元七八者,凡我在会各公司工场未免大受充斥,若必设法阻止而该公司并未在工艺局注册,殊觉困难。继由汪慰农提议造胰公司自安设机器后,所造百花香皂每日可出三百余打,近日该货发行颇多,似此情形日后销路谅能畅旺。嗣由朱会长提议新设造胰各家减价售货,固属充斥,然在会各工场公司所售胰皂价值亦须再行商议以期核减。末由漆工会长宫荫棠提议现时工作颇形忙碌情形。

(宣统元年二月初九日"新政纪闻"栏目)

铜铁两工合并研究

初七晚,天津铜铁两工合并开会研究,仍在东马路工商研究总所内。首由会长刘文仲提议西洋磁铁制品销售中国者日多,亟宜设法挽回以资补救,嗣由朱总会长提议去年制造所韩技师曾经制造磁铁各物品情形,复由会长孙恩吉提议汽机内容及用法,并带有机器图一纸。旋由宋总会长谓此项机器可用现时造胰公司添设机器购自日本,惟砸胰机器亦有似不如此机器灵便,一俟下期另绘详图再行研究。末由宋总会长演说斯密亚丹所著《原富论》,仍将工业分工之效逐层剖解。

(宣统元年二月初十日"新政纪闻"栏目)

天津劝工陈列所公启

启者,敝所前奉直隶工艺总局札奉督宪杨札准农工商部咨开光绪三十四年九月初四日本部具奏筹拟重建京师劝工陈列所并调取物品以备参考一折,奉旨依议,钦此。相应恭录谕旨,刷印原奏咨行贵督钦遵查照办理,至将来解送陈列物品。现由本部拟定表式一纸,希饬照式填写以备参考而归划一可也。等因。到本大臣准此合行札局查照办理,计抄单并发表式二十九册。等因。到局,奉此,除分行外,合行照录抄单同奉发表式札饬,札到该所即便查照,如有新出之制造物品堪备陈列之用者,务即按照来表逐项填明呈由本局汇齐转送等因,奉此,理合函请贵处即将所制物品择取壮观者,检赐数种赶即送所以便转由敝所汇送京师劝工陈列所陈列,至于价值一项,即请分别注明,如贵处情愿将制品送京寄售,敝所自应代索收据交由尊处收执,俟将该货售出再行取价,倘贵处不愿寄售,亦请将制品先送敝所,所有价值俟由敝所照发,可也。

(宣统元年二月十二日"文告录要"栏目)

工商演说纪闻

天津劝工陈列所于本月十八日晚在宣讲所内演说工商各项要理,并添请张伯苓先生演说中国与欧美各国工商业之比较,刘巨川先生演说生财有大道,何子琴先生演说工业上图画之学不可缺乏之理,李子鹤先生演说经济学。务希各工商届时惠临入听,不取分文,特先布告。

(宣统元年二月十五日"新政纪闻"栏目)

工商演说广告

启者,本月十八日晚八钟至十一钟仍在东宣讲所内演说工商各项要理,并添请张伯苓先生演说中国与欧美各国工商业之比较,刘巨川先生演说生财有大道说,何子琴先生演说工业上图画之学不可缺乏之理,李子鹤先生演说经济学。务希各工商届时惠临入听,不取分文,特先布告。天津劝工陈列所谨启。

(宣统元年二月十八日"告白"栏目)

劝工陈列所演说纪略

十八晚为天津劝工陈列所演说之期,仍借东马路宣讲所内。首由李子鹤先生演说英国商业发达之状态,复由张伯苓先生演说中国与欧美工商业之比较,末由韩锡章先生演说该场制造各种颜料并煮包之法,计是晚听演者四百余人。

(宣统元年二月二十二日"新政纪闻"栏目)

工商研究纪闻

　　十九晚为天津木工瓦工合并开会研究之期,首由瓦工会长杜宝善提议现今建筑楼房形式新奇,屋内多用地板以免潮湿,而外面台阶以即平台均用洋灰铺垫,稍不得法即有塌陷峭裂之弊。查现时平台多用花砖,较用洋灰工既省而且壮观,价值亦颇不贵。复由木工会长胡成太提议目下天气渐暖,所有各处主顾觅令修补及起盖房屋并制造木器家具者甚多,惟限定日期未免太迫,查我津各种木料并无有极干者,倘从权购用,不日即有峤裂之虞,第炮制之法,似非经年不可。但用主不察,动即归罪于工人,殊觉冤抑之至。嗣由宋会长复演经济学并将工业分功之效细加剖析。再,是晚又为鞋商研究之期,首由会长宋少卿提议现今生意异常萧索,虽河路开通,仍未见外客来津购办货物,查鞋商生意向年销售奉省者最多,近年奉省银根支绌,生意颓败,以致我津鞋商亦大受影响。继由田会员论先年我津鞋商销售河南、山西、奉省每年每条至少销至万余件,利颇不薄。现查各该省所用靴鞋系自行仿造津庄作法,所用材料较津庄亦行合式,又云京都靴鞋行销奉吉黑三省恰克图、哈尔滨及归化城东口一带行销,虽远至多不过数千,系因运费较昂所致。末由李会长演说中国利权尽为外洋所攘夺,所有工业商务亟宜改良别开生面,庶可挽回于万一。现时鞋商生意即属萧条,必须组织皮件公司招售股本制造靴鞋,日久定卜畅旺。查近来学界、军届购用皮鞋以及箱匣等件者居多,拟须迅速提倡以资补救云。闻现拟另日开特别会议预算股本若干及若何作法,再行定议开办。

　　　　　　　　　　　　(宣统元年二月二十七日"新政纪闻"栏目)

工商研究纪略

　　二十晚为天津铜铁两工合并开会研究之期,仍在东马路工商研究总所内。首由铁工会员志昌铁厂周兰舫带来该厂自制马车响铃两个,铁工会长刘文仲带来自制水火壶一件以供研究。又由刘会长论铁挂惟磁釉工艺颇难。现查日本磁铁制品与西洋比较,实属远逊。现时该厂制造铁胎略窥门径,惟磁釉配法、制法尚需加意讲求以备试验等语。又二十五晚为竹工研究之期,首由竹工会员刘英香带来自制改良六方帽筒一个,互相研究、复由朱总会长提议外洋制品均以花样翻新、物美价廉为主。今我竹工仿造物品抵制外洋,此法甚是。然必须启新奇之思想,创普通之用品,务期价廉物美,是为要点。末由李总会长演说商业道德并引证英美各国商业发达之原因莫不先注意于信用、道德两项云。

(宣统元年二月二十九日"新政纪闻"栏目)

工商研究广告

启者,闰二月初三晚八钟至十一钟仍在东宣讲所内演说工商各项要理,并添请严次约先生演说我国工业之前途,何子琴先生演说亟兴商业以恤穷民。韩镜湖先生演说轻气之功用与取法,李子鹤先生演说中国财政之困难。务希各工商届时惠临入听,不取分文,特先布告。天津劝工陈列所谨启。

(宣统元年二月二十九日、宣统元年二月三十日"告白"栏目)

天津劝工陈列所广告

谨将本所二月份所售入览及参考票人数及代售货品件数开列于左,计开:优待票共四十九位,入览/参考客票共三百七十五位/三百二十六位,四次礼拜五入览/参考女客票七十八位/七十位,代北京农工商部工艺局售出货品一百二十件,代北京工艺商局售出货品九件,代北洋官纸厂售出货品十一件,代天津实习工场售出七百四十九件,代天津造胰有限公司售出货品三百四十五件,代天津公益造胰公司售出货品三百九十二件,代天津鸿兴汽水公司售出货品一件,代天津同陞号售出货品三件,代天津王紫鹏售出货品二件,代天津留芬有限公司售出货品四件,代天津吴协兴售出货品二件,代天津益丰成售出货品十二件,代扬州梁福盛售出货品十八件,代福建林树臣售出货品一件,代四川劝工总局售出货品八件,以上统共售出货品计一千六百七十七件。天津劝工陈列所启。

(宣统元年闰二月初三日"告白"栏目)

劝工陈列所发奖纪盛

天津劝工陈列所于本年闰二月初九日下午为第四次考工发奖之期,是日,在所内中央楼下优待室前两旁将金银奖牌共五十七面挨次陈列,所有得奖各工商陆续到所者共四十余人,维时直隶工艺总局总办周健芬观察、帮办刘聘卿、太守以下暨来宾等,并所属各局、所、堂、场员司均到。周总办、刘帮办升公座发考工榜,由劝业会场周差弁奉榜出所,总局胡提调率同陈列所曹管理、方监理并各局所员司以及得奖各工商均衣冠送至会场门外,由陈列所学生将大榜悬挂挂榜毕,相率折回陈列所,分东西两班肃立,由曹管理宣读周总办演说文一道,详述历年工艺情形,并勉励各工商勿以成绩而自封,勿以畏难而自阻,以期步武外洋挽回利权等语。末由议长宋则久君代表得奖各工商答谢词,演说毕,所有得奖各工商向北一揖致谢总帮办,总帮办亦以一揖致贺,又向东以一揖致谢各局所员司,员司亦以一揖致贺,贺毕由陈列所曹管理及员司等分散得奖各工领奖牌之执照人各一纸,散罢休息。一句钟由曹管理将得奖诸人及来宾导入陈列所讲堂内会食。

(宣统元年闰二月十二日"新政纪闻"栏目)

工商演说广告

启者,本月十八日晚八钟至十一钟仍在东马路宣讲所内演说工商各项要理,并请刘巨川先续演生财有大道说,何子琴先生工业上图画学之关系,韩镜湖先生演说雕刻玻璃简易法,李子鹤先生演说外国贸易法。务希各工商届时惠临入听,不取分文,特此预布。天津劝工陈列所谨启。

(宣统元年闰二月十八日"告白"栏目)

工商演说纪略

十八日晚为天津劝工陈列所演说之期,仍借东宣讲所内,首由李子鹤先生演说《商务官报》所载俄京开办万国家具装饰博览会事,继由刘巨川君生续演生财有大道说,略谓人生世间无不欲致富,然其所以致富之原,又非

329

设法营业不可,但营业一事言之甚难,如士农工商均可生财,然四民之中自应仍以农业为重等语。复由何子琴君演说工业上图画之关系。末由韩镜湖先生演说雕刻玻璃器及用法。计是晚,听演者约六百余人。

(宣统元年闰二月二十三日"新政纪闻"栏目)

工商研究汇志

十九晚为天津瓦木两工合并研究之期,仍在东马路工商研究总所,首由木工会长胡成泰提议现查外洋运输木器以竹木合制之品为多,造法颇新,形式亦好。我津自前岁经各会长提议拟即组织一竹木制品有限公司,一切详章业经刊布,所有应集股款自应从速筹商,以便早日开办,当由曹总会长告以月之二十五晚即为竹工研究之期,所有木工内意欲组织此项公司者,不妨届期同来总会,与竹工开议,俾早观成,该会长颇以为然。是晚,又为鞋商研究之期,首由曹总会长查询该分会会长宋少卿前议集股创设皮件有限公司一事,现在已否组织,情形若何,嗣经宋会长议及,昨已将各种皮靴皮鞋之制法及价值业经详细调查并与约订之工师面商数回,已有眉目,拟于日内开特别会议一次,此项日期如经订准,届时仍应延请各总会长到会详细筹议以便实行,所有调查皮件及靴鞋等类开有清单一纸,经曹总会长核算,价尚不支,并细阅该会长等厘订章程,尚须有更易之处,当由曹总会长告以会议时再行公同约订。末由宋总会长演说格改学。

(宣统元年闰二月二十六日"新政纪闻"栏目)

工商研究志略

二十二晚,天津铜铁两工合并开会研究,首由铁工会长刘鹤亭提议电轮之利用,现查南段警局河巡队备有电轮四艘,以期在河面巡缉,惟该船长有二丈八九尺,宽约五六尺,内用磨电机与克司各所生电力颇足,如船行上水,每点钟可行十六华里,每船约用三人,司机洵为内河最属轻便适用之船。复由铜工会长孙恩吉论空中行船创自美国,查该船图,以前系用轻气球随带而上,近闻形式改良该船旁如翼能自行升降、进退,每船能容四五人,较前似觉合同,惟电力与作法尚须调查。又由刘鹤亭提议铁工之技艺练习最难,宜细查各种铜铁性质,制造何项器具合宜,并应试验蘸法、剖法。

末由宋总会长复演分功交易,相因为用,分功交易,相为广狭各节云。

(宣统元年闰二月二十八日"新政纪闻"栏目)

工商演说广告

启者,三月初三日晚八钟至十一钟仍在东马路宣讲所内演说工商各项要理,并请刘巨川先生续演生财有大道说,何子琴先生演说丞兴工业以恤民,韩镜湖先生演说制造铅瓦法,李子鹤先生演说商业机关释。务希各工商届时惠临入听,不取分文,特此布告。天津劝工陈列所谨启。

(宣统元年闰二月二十八日—宣统元年三月初一日"告白"栏目)

工商演说纪略

初三晚为天津劝工陈列所演说之期,仍借东马路宣讲所内,首由李子鹤君演说商业机关,继由宋则久君演说商业之精气神,末由韩镜湖君演说制造铅瓦法,计是晚听演者三百余人。

(宣统元年三月初九日"新政纪闻"栏目)

工商研究汇纪

初四晚为天津木工瓦工研究之期,仍在东马路工商研究总所,首由木工会长胡成泰提议现时木工技艺与思想未尝不力求新特,所有制造木器家具无不精仿洋式以冀挽回利权,然若不先将所用器具加意改良,断难望制品精美,且目下教授工徒亦非常年可比,查曩时教法,不过将所有技艺随时传授,现在非精于图画、算数诸学,实不足以资教导。复由瓦工会长杜宝善提议,近来我津风气颇见开通,所有建筑楼房均用赛们德士与沙子铺垫地基,似较当年坚固耐久。惟房顶用铅铁支搭,未免美尤有憾,亟应研究妥善之法,以期两无妨碍。末由宋总会长演说重学。再,鞋商又于是晚研究,首由会长宋君少卿提议现时鞋商生意疲败已极外客寥寥,材料亦异常昂贵,近日并有作坊工人勒令加价,鞋商生意大受影响,现由该商集议约定二三人,前往作坊变通说项矣。复由李总会长演说近来鞋商生意异常萧索,似非筹商,良法不足,以资补助,而望发达,查现时皮鞋、皮靴销路甚普,所有

331

军界、学界尤属乐购,将来巡警局亦必购用,兹由本会组织,拟创设皮件公同共集股本一万元,并由会中举定董事六家,现已办有眉目,可见宋会长筹办事热心。惟此项公司既为鞋商公立,自应先尽鞋商入股,将来获有利益,亦由鞋商均沾,似觉公允,应将该公司草拟简章十六条当众宣布所有在会各商均乐赞成。

(宣统元年三月初十日"新政纪闻"栏目)

铜铁两工合并研究

初七晚为天津铜铁两工合并研究之期,仍在东马路工商研究总所内,首由铭利成铁厂铁工会刘庆波带有自制新式折叠铁椅一架,又四方木面三,又铁腿折叠桌一件,当经总会长等详细查考,该椅制法形式颇觉灵便适用,询其订价,折叠椅每只大洋二元二角,折叠桌每只大洋三元,共一套售价洋五元二角,尚不昂贵,行旅携带最觉合宜。据该会长声称此项桌椅自经制造后销路尚好,嗣由恩兴和民四工场孙恩吉提议,现因天气亢旱,火警频闻,所有铺户刻下觅工安设抽水筒凿井取水,以防意外者不一而足。近数日来此项工作颇极匆忙,又由志昌铁厂周兰舫提议,昨由敝号新创马车响铃大小共三号,其大号者售洋六元,中号、小号者售价洋或五元以至四元五角不等,前经会中公同查验,谬蒙褒许,惟查此项车铃系属手工制造,出货不免迟缓,致有迫不及待之势,当由曹总会长告以此项工艺尚觉新颖,现拟购备数对,汇送北京陈列所陈列以示提倡。末由宋总会长演说货币之原理,共分四大纲,一曰货币之作用,二曰货币之制度,三曰货币之名称,四曰货币之本位,演毕始散。

(宣统元年三月十一日"新政纪闻"栏目)

工商演说广告

启者,三月十八日晚八钟至十一钟仍在东宣讲所内演说工商各项要理,并请张伯苓先生演说中国工商业前途,刘巨川先生续演生财有大道,何子琴先生演说亟兴商业以恤穷民,李子鹤先生演说商业机关释。务希各工商届时惠临入听,不取分文,特先布告。天津劝工陈列所谨启。

(宣统元年三月十五日—宣统元年三月十九日"告白"栏目)

分科研究改期开办

天津劝学所致各小学堂函云:本月二十七日又届分科研究之期,奈议案送到者寥寥无几,殊不足供研究之资。兹特推展一星期,四月初五日开办诸公对于管理教授诸法月余之久,当有心得,务祈各科皆具议案,万勿吝教为幸,议案即祈径送劝学所,初三日结止。

（宣统元年三月二十六日"新政纪闻"栏目）

工商演说广告

启者,四月初三日晚八钟至十一钟仍在东马路宣讲所内演说工商各项要理,并请纪管涔先生演说金银涨落之理,何子琴先生演说亟兴工业以恤穷民,刘巨川先生续演生财有大道,韩镜湖先生演说制伪金法,李子鹤先生续演商业机关释,宋则久先生演说弱肉强食之商业。务希各工商届时惠临入听,不取分文,特先布告。天津劝工陈列所启。

（宣统元年三月二十九日—宣统元年四月初五日"告白"栏目）

工商演说广告

启者,四月十八日晚八钟至十一钟仍在东宣讲所内演说工商各项要理,并请刘巨川先生续演生财有大道,纪管涔先生演说金银涨落之理,韩镜湖先生演说发电机之制造与功用,李子鹤先生续演商业机关释。务希各工商届时惠临入听,不取分文,特先布告。天津劝工陈列所启。

（宣统元年四月十六日—宣统元年四月二十二日"告白"栏目）

工商演说广告

启者,五月初三日晚八钟至十一钟仍在东宣讲所内演说工商各项要理,并请刘巨川先生续演生财有大道,韩镜湖先生演说发电机之制造与功用,纪管涔先生续演银钱涨落之理,李子鹤先生续演商业机关释。务希各工商届时惠临入听,不取分文,特先布告。天津劝工陈列所启。

（宣统元年四月二十七日—宣统元年五月初七日"告白"栏目）

天津县议事会禀督宪请饬鱼业公司核议振兴鱼业情形文

敬禀者,窃查直隶一省川河交错,水产富饶,而天津县滨海居民以鱼为业者,比户皆是,惟渔捞、制造、保存各法向未讲求,以致墨守成规,坐失大利。庚子以后,列宪俯念时艰,辟利源以筹生计,因有鱼业公司之设,将鱼行把持垄断之旧习一旦廓清,征收入款全数化私为公,以备振兴鱼业之用,仰见列宪擘画周详,厪念民瘼之意,溯自开办以来现经数载,收入之款,想已积有成数,去岁复派专员赴美国鱼业博览会就地调查以资仿办,归国后当必条举所知,期于因地制宜改良鱼业,如设立水产学校,添购远洋渔船,筹设水族陈列馆等事,自应视存款多寡酌量举行议员等公同核议,金谓鱼业所收之款,仍作振兴鱼业之用,自于人民生计裨补无穷,且早筹一日之设施,即早收一日之利益,因谨遵议事会得上条陈之例,仰恳宪台饬下鱼业从速核办,以期款不虚糜,事有实济。可否之处,统候钧裁,肃此具禀,恭叩崇安,伏乞垂鉴。

(宣统元年四月二十七日"公牍录要"栏目)

天津劝工陈列所广告

谨将劝工陈列所四月份所有售票数目及代售各商货品件数开列于左:计开:优待票共五十六位,入览/参考客票共六百七十七位/五百六十八位,四次礼拜五入览/参考女客票一百九十六位/一百七十三位,代北京农工商部工艺局售出货品三十六件,代北京工艺商局售出货品一件,代天津实习工场售出四百三十九件,代天津教育品制造所售出货品二件,代天津同陞号售出货品六件,代天津芝兰香公司售出货品一百六十八件,代天津公益造胰公司售出货品六百六十八件,代天津造胰有限公司售出货品一千件,代天津鸿兴汽水公司售出货品四十八件,代天津文美斋售出货品一件,代天津益丰成售出货品十五件,代唐山述记公司售出货品一件,代大城县工艺局售出货品三十九件,代四川劝工总局售出货品六件,以上统共售出货品计二千四百三十件。天津劝工陈列所谨启。

(宣统元年五月初四日—宣统元年五月初八日"告白"栏目)

天津县董事会禀督宪管理公产事宜文

敬禀者,窃查议事会禀请接办义阡公所一案,蒙批开据禀已悉。候行天津道府县核议详覆饬遵缴等因。嗣因该公所出售义地刨坟弃骸,并有将西门外义地卖与津浦铁路之说,复经议事会禀明宪台,请札饬公所及津浦铁路购地委员,于所有义地未经议准应由何人管理,先暂缓授受。蒙批开,据禀已悉。仰候札饬天津府道县严禁盗卖并从速核议具覆。此缴等因各在案。现在议董两会划分议决、执行权限,经议事会议决,将此案交由董事会接续办理。业于本年四月初六日移交在案,董事会按此案前既两奉批谕,自应静候核议。惟董事会接办伊始,意见所及,窃有不能不渎陈钧听者。查义阡公所即义阡局所管一切埋棺掩骨义地,其创设之始,或系庙地或系无主荒地或为绅商捐款购舍,总之皆为地方公产,原由地方绅士经理其事,嗣改官督绅办,始派委员协理,窃思董事会执行自治,以地方人办地方事,其性质与绅士无殊。而试办地方自治章程第九十九条,又叙明县自治之监督官初级为本府知府,最高级为本省总督,其属于各司道主管之事务,各该司道亦得监督之等语,是义阡公所交由董事会接管,仍不失官督绅办义旨,况董事会为津郡全体人民代表,负有管理公产责任,与其管理王绅一人,致滋疑谤,何如交团体代表经理,既顺舆情,复除弊窦,区区之见,未便缄默,谨即缮禀陈请宪鉴,仍候批示遵行,虔请崇安,伏维垂鉴。

(宣统元年五月十三日"公牍录要"栏目)

天津南段巡警总局白话告示

为出白话示严禁事,照得妖书妖言,大干禁令,重者亦犯死罪,轻者也要发遣充军,前据二局一区禀送,拿获谣言传单的宋世德同抄写的李宝祥两犯送到本总局,当即派员研审,查看传单上写的,都是荒诞怪异、鄙俚不经的话,本应送交地方官照例治罪,因查内有"吃斋""念佛""做善"等字样,又有柴胡、生姜药方,另钞道符三个,愁话十句。若论语言,荒唐已极。迹其居心,不过劝人为善。幸而传单还没遍贴,不曾煽惑众心,这种愚蠢的人,情节尚有可原,为首的宋世德,从轻判罚苦力五年,抄写的李宝祥,薄罚苦力半年,以示儆戒。论尔城乡军民诸色人等,以后见有这等捏造谣言的人,随时拿获,就近送交各局区,转送本总局严审究办,地保村正副们,倘敢容隐不报,查出定要重办的。毋违切切,特示。

（宣统元年五月十八日"文告录要"栏目）

天津劝工陈列所第五次报考工业简章

一、本所为提倡工业起见,禀蒙督宪批准招考工业,业于光绪三十一年、三十二年、三十三年、三十四年举行四次考给奖牌,洵足以资观感而昭激劝。兹拟于今年夏秋间复开第五次考奖,各工业家应在招考限内（自五月起,外州县以五个月为限,本埠以四个月为限）,将自制物品送所考验,送到先给收条为据,外埠愿来投考者,或径送本所,或由地方官转送,均听其变。

二、所有上四次投考各工业家,无论已取、未取,今年仍可将新制物品送所投考,倘有进步定仍给奖,以为改良进步者劝。

三、凡送制品,必须标明名目、商标、价值、出品地,以及制造人之姓名、年岁、籍贯、住址并习业年数,如系出自公共之手,可只书字号与总理人之姓名,至价值,均以折合洋元为准。

四、本埠及外处各项工业,凡在限期之内送制品到所者,均得与考各自比较,择其精美者各定名次,出榜后发给奖牌,其未送制品到所或逾定限后始到者,物品虽优,即不得与此次之考。

五、发奖后,其所送制品任凭原主取回,倘有愿将制品寄陈者听。如有愿在本所寄售者,倘经售出,全价均归本主,本所不取分文。

六、天津工业售品总所现设于北马路老考工厂地方,专为各工厂商店代售物品,倘有考得本所奖牌者,该工商尽可将制品送往寄售,不取分文,以示优异。

七、奖牌共分二类,以金银二色别之,而二类中各分超、特、优三等。

八、考取之法共分五事,以百分为额:（一）考其制造之难易,作法之巧拙,装潢之美恶,以四十分为足额;（二）考其成色之高低,价值之贵贱,参合比较以物美价廉者为上,物美价不廉或价廉而物不美者次之,以十分为足额;（三）考其利用之广狭,以十分为足额;（四）考其利用所关之美恶,以与世俗人心或卫生上之最有利益者为上,以十分为足额;（五）考其工人及该厂号之名誉道德并其办法章程如何,以十分为足额。

九、凡非独出心裁创造新法新式,及不能抵制洋货行销外国,而积分如下者,皆给予银色奖牌:(一)积分由九十一至一百者,给予超等;(二)积分由八十一至九十者,给予特等;(三)积分由七十一至八十者给予优等。

十、凡积分如上,而为独出心裁,创造新法新式,或能抵制洋货,行销外国者,皆给予金色奖牌。

十一、凡制造人能自出心裁、成品精良、保守名誉、不染嗜好者,应遵农工商部奏定成例,禀请总局详部分别给予奖牌以示鼓励,领牌以后,如有欺坏公益、品行不端情事,查明立将奖牌撤销。

十二、审查员由本所选派,其各行中亦可酌选公正明通者一二人,作为参证员,均书名于奖牌。

十三、每年考工一次,均编列次数,如第一次以至若干次,各将投考及给奖花名注簿,并录行各地方官备案,以资保护。

十四、考取名次发榜宣示,并题名本厂之优待室内,兼登报章,以志光荣。

十五、考取之名目分类如下:(一)木制品类,(二)五金制品类,(三)丝绵毛麻制品类,(四)草竹制品类,(五)纸张及纸制品类,(六)皮角牙制品类(七)玻璃制品类,(八)教育品类,(九)服饰品类,(十)刷印品类,(十一)油漆品类,(十二)染色品类,(十三)雕塑品类,(十四)绘画品类,(十五)化学制造品类,(十六)食物品类,(十七)机械类,(十八)照像类,(十九)陶器类,(二十)珐琅镀金类,(二十一)杂品类。

(宣统元年五月二十八日、宣统元年六月初一日"北洋官报汇编"栏目)

天津劝工陈列所广告

谨将本所自五月份游览人数并代售货品件数开列于左:优待票共九十五位,入览/参考客票共八百五十五位/五七百八十八位,四次礼拜五入览/参考女客票二百八位/一百九十五位,代北京农工商部工艺局售出货品三十四件,代北洋官报局售出货品二件,代天津实习工场售出四百三十九件,代天津造胰有限公司售出货品九百四十件,代天津公益造胰公司售出货品四百六十件,代天津公兴造胰公司售出货品二百件,代天津同陞号售出货品二件,代天津麟记烟卷公司售出货品一百件,代天津民立第八工场售出货品三件,代天津同升德售出货品六件,代天津王紫鹏售出货品一件,代天津芝兰香公司售出货品二百七十八件,代天津四省堂售出货品七件,代天津益丰成售出货品十七件,代天津元隆号售出货品二件,代大城县工艺局售出货品四件,代扬州梁福盛售出货品一件,代四川劝工总局售出货品六件。

(宣统元年六月初四日"告白"栏目)

天津巡警总局告示

为出示晓谕事,照得现据天津造胰公司董事严智怡、宋寿恒、王锡瑜禀称,窃公司创制之特别黑胰,业于光绪三十四年六月禀蒙农工商部批准在天津境内专办五年,并咨行直隶督宪及工艺总局查照在案,查天津乃通商大埠,兴创实业者固多,而篡夺利益者亦颇众,深恐有冒利之辈仿造伪货侵害利权。为此,叩恳宪局请发告示若干张粘贴通衢,以便专利而保商业等情。据此,查专卖特许律有明条,仿造侵利在所必禁,该公司所请出示应即照准,除批示外合行出示晓谕,为此,示仰阖郡诸色人等一体知悉,尔等须知此项黑胰既据该公司禀奉农工商部批准有案,自应准其专办五年,以维商业,自示之后倘有牟利之徒影射,仿造希图渔利,致侵损该公司利权,一经查出或被告发,定即从严惩办,决不宽贷,其各懔遵毋违,特示。

(宣统元年六月初十日"文告录要"栏目)

天津劝工陈列所广告

谨将本所六月份所有售票数目以及代售各商号货品件数开列于左:计开:优待票共五十二位,入览/参考客票共九百六十五位/九百零十九位,四次礼拜五入览/参考女客票二百七十五位/二百七十位,代北京农工商部工艺局售出货品十一件,代北京辅春号售出货品一件,代天津实习工场售出货品五百四十一件,代天津有限公司售出货品七百五十六件,代天津公兴造胰公司售出货品三百九十八件,代天津益丰成售出货品二十五件,代天津公益公司售出货品四百四十八件,代天津芝兰香公司售出货品一百三十二件,代天津同陞号售出货品一件,代天津王子彭售出货品七件,代天津民八工场售出货品十二件,代天津四省堂售出货品二件,代天津元隆号售出货品二件,代天津三毛洋行售出货品一件,代唐山述记公司售出货品三件,代故城县工艺局售出货品一百十三件,代山东农产制造所售出货品一件,代扬州梁福盛售出货品一件,代四川劝工总局售出货品四件,代日本福岛县售出货品四件。以上统共售出货品四百八十三件,天津劝工陈列所谨启。

（宣统元年七月初二日"告白"栏目）

工商演说广告

启者,本所前因天气炎热暂停演说,今已天气凉爽,拟订于七月十八日晚八钟至十一钟,仍借东宣讲所内演说工商各项要理,并请韩镜湖先生演说发电机之制造与功用,李子鹤先生演说外国贸易,金受伯先生演说日本商业之现象,宋则久先生演说弱肉强食之商业。务希各工商届时惠临入听,不取分文,特先布告。天津劝工陈列所启。

（宣统元年七月十五日—宣统元年七月二十二日"告白"栏目）

天津商会禀请保护芝兰香牙粉商标文并批

敬禀者,现据芝兰香牙粉公司商人何瑞霖禀称,窃商自去岁开创芝兰香牙粉公司,曾在贵会及工艺总局挂号注册各在案,忽于四月初八日,审判厅交涉股派差前来,声称商现被大阪日商松井香粉公司代表人大亦呈控,假冒商标,恳请查封,将货充公等语。商即随同来差,到厅过堂讯问,并将敝公司与该日商两家货样呈堂比较,并不相同,绝非假冒。蔡委员谕以商标略似,饬商更改以避嫌疑,商因既无假冒情弊,碍难以相似,更改递禀声明并堂判,及批另抄呈阅,迄今两月有余,过堂七次,仅与日商对质一次,初讯承审各员尚属和平,饬商委曲从权磋商更改,不料,自换□委员承审,纯用野蛮手段屡次更改呈验,终未洽意。于六月二十一日断令将一切装潢花样删去,仅准商用带白签书明中国造白粉字样等语。商自创办以来,煞费苦心,研究改良,始克奏效,香水粉一项销路颇畅,未免遭嫉,遂为日商大亦以冒牌朦控,伏查中国工业幼稚时代,将来所造各物及一切装潢无不模仿东西洋式,"略似"二字所包甚广,亦非法律公认之名词,若以此而定是非,则交涉大开,多事之门各国必源源而来,华商虽无假冒情弊,必以"略似"为词,无理要求办交涉者惟命是从,华商势必灭绝。夫商应遵守者,法律也,

339

非承审员之心意也,承审者作法律之代表足矣,似此欺灭华商,尚何法律之足言?当此商务竞争世代,无论何物,销路之多寡,必以装潢之美恶为凭,若商仅改作带字白签,将装潢之花样删去,则无人认买,商既系国家之子民,应遵国家代表者之命令,倘商一时冒昧具结了案,有关工业等种种利害得失非浅,倘后来外国人援此为例,深恐全国工业受无限之影响一旦失计,再欲挽回势若登天之难,惟有另禀恭请督宪特简明正公允之员秉公理结,以保商权而宏工业。为此,具禀伏乞贵总会鉴核,准予转详则感荷实无涯,泱矣。

上禀等情,查中国工艺利权外溢已非一日,屡奉明诏饬各省讲求实业,以期抵制而挽利权,华商风气大开,各存竞争思想,现在,工场公司无不效法欧东,日有进步。商标一项,为工业发明表面,已蒙农工商部设局经理,是诚不可少之举,乃洋商见中国实业发达,意存压制,为独占优胜之计,若不竭力维持,恐工业前途大受影响,兹据报告前情,理合遵章代诉,叩乞宪台查核,并代呈诉,禀伏候批示施行,实为公便,肃此,具禀恭叩勋安,伏祈垂鉴。

督宪端批:据禀已悉。候将原禀札发津海关道查核妥办。此缴。

（宣统元年七月二十日"公牍录要"栏目）

火柴公司之成立

天津商人伊廷玺于上年冬间租定天津芥园以东地设立火柴公司,股分银三万两,本年闰二月初十日呈部注册核准给照在案,兹于七月初五日张,业经禀准直隶工艺总局出示晓瑜,附近居民人等不得藉端搅扰,并由局移行巡警总局天津县一律出示保护以兴商业,而裨民生。

（宣统元年七月二十日"新政纪闻"栏目）

工商演说广告

启者,八月初三日晚八钟至十一钟仍在东马路宣讲所内演说工商各项要理,并请何子琴先生演说机器论马力之理由,李子鹤先生演说商业竞争,宋则久先生演说南洋劝业会与工商之关系。务希各工商届时惠临入听,不取分文,特此布告。天津劝工陈列所谨启。

（宣统元年七月二十八日"告白"栏目）

天津劝工陈列所广告

谨将本所七月份所有售票数目以及代售各商号货品件数开列于左:计开:优待票共五十二位,入览/参考客票共八百三位/七百九十一位,四次礼拜五入览/参考女客票三百三十九位/三百三十位,代北京农工商部工艺局售出货品二十六件,代北京工艺商局售出货品五件,代北京樊敦甫售出货品一件,代天津胜大公司售出货品一件,代天津实习工场售出货品六百七十九件,代天津育婴堂售出货品十二件,代天津同陞号售出货品一件,代天津造胰公司售出货品一千件,代天津公益公司售出货品一千二十六件,代天津公兴公司售出货品二百件,代天津王子彭售出货品五百零六件,代天津益丰成售出货品三十七件,代天津四省堂售出货品四件,代天津潘星辰售出货品一件,代唐山述记公司售出货品二件,代福建林树臣售出货品二件,代四川劝工总局售出货品三件。以上统共售出货品计三千五百零五件,天津劝工陈列所谨启。

(宣统元年八月初四日"告白"栏目)

函覆查勘车站界址事(路况)

天津县董事会昨接津浦铁路购地局函覆云:敬启者,前准贵会催嘱,将赵家场站址迅速划定,俾界外业户得以照常授受等因,当经敝局据情转禀核示,并一面先行函覆在案。兹于七月二十九日奉督办大臣徐、帮办大臣沈批开,据禀并抄折已悉,总站界址现经派员履勘,候勘定再行饬知,仰即转饬遵照。缴等因。奉此,除俟续奉勘定明文,再行布告外,相应函达贵会查照。

(宣统元年八月初六日"新政纪闻"栏目)

劝业会协理之颂词

天津工商两界于初五日开欢迎会及督宪演说各节已纪昨报,兹将是日南洋劝业会协理钱观察宝书颂词续录如下:

本日为同乡王竹林观察暨诸君子欢迎□阳督帅宾主联欢,百僚矜式,

341

诚盛举也。宝书寄籍大兴,同属部民,此次随节来直,得以躬逢其盛,私衷欣幸,莫可言喻,第念欢迎非古也,而吾直绅商之欢迎督帅亦属创举,良由督帅数十年善政爱民,而于提倡工商尤为注意。二者实强国之根本,教民之要图,节钺北来,部民固有欢迎鼓舞而,敬仰之出于至诚者,竹林观察尤为绅商领袖,平日极热心极有毅力之人联合同志官绅一气,吾知组织美满,于工商界必能相与有成。即此次协赞会及出品协会气象蒸蒸日上,宝书承乏其间,正在珥笔以志其盛。然则今日之会所以预为歌颂功德地者,即异日工商进行之左券,爰本斯义谨作颂曰,天予嘉粥,绥我畿疆体国注重工商,庇荫之下,乐也洋洋,凡吾绅民,云霓是望,既富方谷转弱成强,共保贞吉名誉,永昌钱宝书谨颂。

(宣统元年八月初八日"新政纪闻"栏目)

工商开欢迎会纪盛

天津工商两界以南洋劝业会系督宪在两江时奏请创办,此次移节北洋,仍殷殷以提倡工商为主义,因于初六日假李公祠开欢迎会,到者四百余人,督宪于四点钟莅会,由商会总理王观察竹林、协理宁太守星普、坐办刘司马樾臣、工商研究总会宋会长则久、李会长子鹤、曹会长琴孙、朱会长兰圃率引工商界迎迓入正厅,少座振铃开会,宋则久君述开会词,曹琴孙君代表宣读颂词,督宪答词,来宾金观察邦平演说工商要义,协赞会坐办钱幼琴观察演说毕,茶话片时,敬陪督宪周览李文忠公祠内水亭,拍照,散会,恭送督宪回辕。兹将是日督宪演说照录如下:

今日辱承工商界诸君欢迓,愧不敢当,本部堂统览世局,深知工商为立国根本,此次莅津对于工商两界极愿维持、保护、提倡、奖掖。总期发达工艺,以利用天产推广商务以振兴市面。泰西人士谓吾国为天赋货值之民,愿我工商诸君争意匠戒欺伪屏骄奢尚信用但使实业日盛一日,一切惠民之政乃有回施民生乐利乃有可望,愿工商界诸君共勉之也。至于今日大势,尤有愿为诸君告者,孟德斯鸠有言,通商者所以治囿习拘墟之圣药也,吾国人士第知海通以来原料外输,土货日绌,为通商之弊,然须知有交通乃有比较,有比较乃有竞争,有竞争乃有进步。历来计学家言,均以通商为两利之事,今日天津工厂凡所陈列五光十色,争妍斗美,要何非从模仿来也,故现在工商要义在巩固内,业不在阻遏通机,此事有关市面治安,有关工商业前途,故愿为诸君附言之。

（宣统元年八月初九日"新政纪闻"栏目）

工商演说广告

启者,八月十八日晚八钟至十一钟仍在东马路宣讲所内演说工商各项要理,并请刘巨川先生演说通商论,张伯苓先生演说工商要理,何子琴先生续演机器论马力之理由,李子鹤先生演说公司之利益。务希各工商届时惠临入听,不取分文,特此布告。天津劝工陈列所谨启。

（宣统元年八月十七日"告白"栏目）

工商演说

启者,九月初三日晚八钟至十一钟仍借东马路宣讲所内演说工商各项要理,并请刘巨川先生演说银行论,纪管涔先生演说印花税作用,何子琴先生续演机器论马力之理由,李子鹤先生演说商业以信用为本。务希各工商届时惠临入听,不取分文,特光布告。天津劝工陈列所谨启。

（宣统元年二十九日"告白"栏目）

天津劝工陈列所广告

谨将本所八月份游览人数并代售货品件数开列下:优待票共一百五十二位,入览/参考客票共八百四十位/八百十一位,四次礼拜五入览/参考女客票六百四十八位/五百九十八位,代北京农工商部工艺局售出货品八十四件,代北京工艺商局售出货品十件,代天津实习工场售出货品九百六十八件,代天津公兴公司售出货品一百七十四件,代天津造胰公司售出货品一千件,代天津公益公司售出货品五百九十件,代天津王子鹏售出货品一千二十八件,代天津芝兰香牙粉公司售出货品一百十二件,代天津益丰成售出货品三十九件,代天津万德栈售出货品一件,代四川劝工总局售出货品十四件。天津劝工陈列所谨启。

（宣统元年九月初六日"告白"栏目）

记实习工场纵览会演说

　　天津实习工场于上月二十日起开第四次纵览会七日略纪本报,兹将直隶工艺总局督办孙观察演说补录如下,其词曰:本场开纵览会,今系第四次,开会宗旨非图饰观瞻博美誉也,首望本场工作之人皆知精益求精,力求进步;次望渐推渐远,使全国之人皆知实业为当务之急,合群策群力以争生计而塞漏卮,制造日进,实业日兴,此乃富强之本也。鄙人本无学识谬承,历任督宪以实业相委任,而新任督宪汶阳尚书于实业一门尤提倡不遗余力,自顾轻材深惧无以副上宪,振兴实业之至意乃历届开会承绅商各界诸君惠临游览,甚或加以奖饰,鄙人且感且愧,论此间近年工艺较前实有进步,然以此之外洋进化,究嫌濡滞,此则鄙人之责,而亦本场工作之人所当共加策励者也。鄙人督办工艺局不独附属各工场,为鄙人之责任,即全省工艺亦皆鄙人之责任,今所希望于前途者,有三阶级:一、改良土货、仿造各种精致洋货。二、通国实业大兴,以杜洋货入口。三、不仅杜洋货不来而已,且更能使中国货品畅销外洋。中国工艺如能到此地步,始为登峰造极之境,我直隶一省如高阳县自织业改良而来,日有起色,昨闻调查员纪君管浵云,该县织业大兴,民皆富足,合境有机一万余张,每日可出布三千匹,每匹可获利一千余文,以全年以计之,可获利百万千文之谱。使我直隶全省各州县之织业皆能如高阳县之发达,于民间生计岂曰小补?且查高阳之织工皆系我场工徒传习指授,并及家庭妇女皆精织业,是以事半功倍,获利较丰。寻流溯源,我工场实有荣幸,现在我场工徒日见众多,倘能恪守场章,尽力学习,将来何患无谋生之路?高阳一县其明验也,我工场工徒其勉之,尤愿与工界诸君及本场执事共勉之。

(宣统元年九月初七日"新政纪闻"栏目)

工商演说广告

　　启者,本月十八日晚八钟至十一钟仍在东宣讲所内演说工商各项要理,并请张伯苓先生演说工商要理,刘巨川先生演说银行论,纪管浵先生演说工商有无调查之关系,何子琴先生演说马力之理由关系于全份机器各件之布置,韩镜湖先生演说天气、压力之关系,李子鹤先生演说农工商三者并重，宋则久先生演说货币原理。务希各工商届时惠临入听，不取分文，特此布告。天津劝工陈列所谨启。

（宣统元年九月十五日"告白"栏目）

天津商务总会禀呈赞助出品会有限公司章程文并批

　　敬禀者，窃奉大帅饬设出品协会，征集工商普通出品赴南洋赛会。造端宏远，自宜广为搜罗，藉资比较。本省各工商讲求工艺，日有进步，惟出品赴赛事属创举，恐工商观望不前，转与征品前途受其影响，亟须官商合力提倡，以图公益。职会熟计筹商，拟设维持之法，举办直隶赞助出品有限公司，筹集股本洋十万元，官商分认，凡在工商不能自行赴赛者，由调查员调查明确，报告公司分别办理，照章运赴南洋比赛。如有亏赔，并拟援照劝业会章程，先尽官股补助，不使商股受亏，以资提倡。仍援照部定有限公司办法，官商联络筹办总期款，不虚縻维持公益，藉副大帅振兴实业之至意。谨拟简章十五条，另缮清折，呈候钧核。如蒙俯允，容俟公司开办以前，再由职会具禀，请领官股以资应用。所有拟办直隶赞助出品有限公司缘由，理合禀请大帅鉴察批示只遵，实为公便，肃此具禀，恭叩勋安。

　　直隶赞助出品有限公司简章：

　　一、本公司系为赞助直隶出品协会而立，名曰：直隶赞助出品有限公司。

　　一、本公司专收南洋劝业会赴赛货品，他项货物不得牵入，以符名实。

　　一、本公司拟筹集股本银十万元作一千股，每股龙洋百元，官商各认五百股；如有亏赔，先尽官股贴补，决不累及商股，以资提倡。

　　一、本公司拟举总理一人、协理一人、经理二人、董事九人，均为名誉职员，分任各事，不支薪水。其司事人等应由总协经理公约，以专责成。

　　一、本公司拟请直隶出品协会总协理坐办，为本公司督理，以便遇事维持。

　　一、本公司办理出品，自本年九月起至明年三月止，如逾期限，概不代办。

　　一、本公司赞助出品办法分为四等：甲代运。如工商制造货品无暇亲自赴赛，应将该货品自行定价，由本公司代为运往销售，将价值带回交付货主，倘未售出仍将原货缴回。乙押款。如工商制造精贵货品价值较巨，本

345

公司资本无多,力难一律购运,拟酌付货价二三成作为押本,俟运宁销售后将押本扣回,余价统交原主;如未售出,原主仍以押本赎回原物。丙收买。如工商制造品无力自行运赛,并资本式微势难积压者,由调查员确查报告,由本公司评定价值,酌量购买。丁借本。如工商有新奇赛品无力制造,应由制造人觅具妥保商,由本公司先行借给资本,俟货品制成后,再将货品送呈公司,由货价内扣还原本。

一、货品不拘精粗贵贱但能合普通应用者,悉照第六条章程办理。

一、工商所出货品曾经出品,协会调查明确与本公司章程相符,先期由前往直省各州县调查员报告,本公司分别办理,以昭核实。

一、本公司代办货品,应由出品各工商先期将货样呈交公司,俟起运赴赛时比照查收,以免参差不齐。

一、本公司购赛品得利与否,概归本公司担承,以示界限。

一、本公司各工商赛品开会后如余剩,赛品原主有愿购回者,均在天津本公司照原价核算,一切费用概由本公司担认。

一、本公司购运赛品,如比赛优胜得有奖励各事,仍归原出货品工商承受。

一、本公司专为提倡南洋劝业会赛品起见,闭会后本公司应即停办,照章将各股本缴回,如有盈余,官商按股均分。

一、以上所拟简章如有疏漏窒碍之处,随时会议酌量变通,以期美善。

督宪端批:禀折均悉。察核所拟《赞助出品有限公司简章》各条,尚属妥协,应准照议。由官商分认集股所需官股五万元,候行天津官银号如数筹备,随时给领应用。仰仍切实筹办,勿使稍有糜费,是为至要,併候分行协赞会出品协会知照。缴。

（宣统元年九月二十四日"公牍录要"栏目）

工商演说广告

启者,十月初三日晚八钟至十一钟仍借东马路宣讲所内演说工商各项要理,并请李子鹤君演说商业泛论,张伯苓先生演说工商要理,刘巨川先生演说银行论,纪管涔先生续演工商有无调查之关系,宋则久先生演说货币原理。务希各工商届时惠临入听,不取分文,特先布告。天津劝工陈列所启

（宣统元年十月初一日"告白"栏目）

天津劝工陈列所广告

　　谨将本所九月份游览人数并代售各商号货品件数列下：优待票共一百二十四位，入览/参考客票六百三十三位/六百七十位，五次礼拜五入览/参考女客票二百七十六位/二百七十位，代北京工艺商局售出货品二件，代天津实习工场售出货品一千五十九件，代天津益丰成售出货品六件，代天津芝兰香牙品公司售出货品一百八十五件，代天津造胰售出货品一千件，代天津公兴公司售出货品五百件，代天津公益公司售出货品七百二十三件，代天津四省堂售出货品二件，代天津潘星辰售出货品二件，代天津合记造胰公司售出货品二件，代天津永和行堂售出货品一件，代天津兴盛德售出货品一件，代唐山述记公司售出货品二件，代四川劝工总局售出货品二件。天津劝工陈列所启

（宣统元年十月初五日"告白"栏目）

纪农科品评会

　　天津西关农业学堂于十二、十三两日开农产品评会，令人进堂游览，头门高插国旗，颇极一时之盛。

（宣统元年十月十八日"新政纪闻"栏目）

天津河北公园直隶出品协会广告

　　启者，直隶出品协会现已议定于本年十一月初一日在河北公园内开办展览进行会，所有直省产制各品均由本协会征集齐备，惟查南洋劝业会寄到之出品分类纲目第三部内有图书一门，现因此一门尚无出品可供陈列，似形缺点，我津人士素以书画名家者实不乏人，且宝藏、碑帖、字画及富有著作者，亦颇不少用特登报广告，无论绅商士族，如有此项品物或存有自行书画各件，愿交本会陈列者，尽可赐送到会，以备陈设而壮观瞻。至明春运往南洋比赛与否，应听自便。倘蒙赐寄，实级公益，特此广告。天津河北公园内直隶出品协会谨启。

（宣统元年十月十八日"告白"栏目）

工商演说广告

启者,月之十八日晚八钟至十一钟为工商演说之期,仍借东宣讲所内,并请刘巨川先生演说银行开办法,纪管涔先生演说人民纳税之理兼国税地方之分别,宋则久先生演说改良商业谈。务乞诸君届时听演,不取分文此专布告。天津劝工陈列所谨启。

(宣统元年十月十八日"告白"栏目)

工商演说广告

启者,十一月初三日晚八钟至十一钟仍借东宣讲所内演说工商各项要理,并请韩镜湖先生演说流质上、下、侧三者压力之功用,纪管涔先生演说立宪国之国民有担任国债之责任,宋则久先生演说工商研究之要素。务乞各工商届时惠临入听,不取分文,特先布告。天津劝工陈列所谨启。

(宣统元年十一月初一日"告白"栏目)

展览会添改会场规则

天津河北公园展览进行会原议三、六、九日为女客入览之期,应设招接员优待一切,但男女有别,现议嗣后凡女客临会,只须接待入室,毋须陪坐,深谈。又,本年入冬多风少雪,天干物燥,火烛一事尤宜小心谨慎,已示知售品所各商店除照章不得炊爨,即煤油、洋烛及火柴、烟卷,亦须格外留神,不得稍涉大意云。

(宣统元年十一月初八日"新政纪闻"栏目)

天津劝工陈列所广告

谨将本所十月份游览人数并代售货品件数列下:优待票共一百五十二位,入览/参考客票七百二十三位/五百九十七位,四次礼拜五入览/参考女客票一百三十三位/一百二十七位,代北京工艺商局售出货品一件,代北洋官报局售出货品二件,代天津实习工场售出货品一千五十五件,代天津益丰成售出货品六件,代天津芝兰香公司售出货品一百九十七件,代天津造胰有限公司售出货品一千件,代天津公兴公司售出货品五百件,代天津公益公司售出货品七百二十三件,代天津合记造胰公司售出货品一件,代王紫鹏售出货品三件,代民立第三工厂售出货品二件,代四川劝工总局售出货品四件。

(宣统元年十一月初十日"告白"栏目)

议事会请款公决

天津县议事会于初五日下午四钟余复行开会,全体议员到者十五人,首议锦衣卫桥民立五十四小学堂请补助案,既据董事会劝学所调查报告,该学堂成立年限虽浅,而经费颇省成绩,又优公决补助二百五十元。又议穆家庄民立第八小学堂请款案,据董事会劝学所调查报告,该堂不但成绩优,经费省,即常年经费多出自绅捐,共计学生一百二十余人,每年除由绅捐外,尚亏三百五十元,公决每年补助三百五十元。迨至闭会时已六钟矣。

(宣统元年十一月初九日"新政纪闻"栏目)

协会招商开设饭馆

天津河北公园开展览会,各行生意色色俱全,惟尚少饭馆,现拟赶紧招商,在畅观茶楼速为开设,以助游兴。

(宣统元年十一月十一日"新政纪闻"栏目)

会场添设溜马厂

天津河北公园开展览会场游人日多,香车、宝马络绎而来,惟往来游客趾错肩摩,若在沿路卸车、放马,殊非所宜,现择定春发花局后添设溜马厂,已制造木牌标示矣。

(宣统元年十一月十一日"新政纪闻"栏目)

售品所开门时刻

又,展览会售品所借用学会处陈设各品,议定每日早九点开门,至闭门时刻似不便拘定矣。

（宣统元年十一月十一日"新政纪闻"栏目）

直隶出品协赞会公启

启者,天津现开出品协会及展览进行会,以备协助南洋劝业大会,凡有本省所出天产、制造、教育、美术各品,均经分致各州县及各工厂赶紧送会,以凭分别陈列出售,并因素业农工商艺诸君或习专门、普通各学,定不乏智慧超群、材艺拔萃之士,如能改良旧贯,或独出新材,或自出机杼造作新器,或深明格致默运灵思,于各实业确有心得,别有意见者,并经函致各赐教言抒君所长,补我所短。惟去函已久,赐教甚稀,转瞬大会将届敝会,将何以对南洋? 闻上海前次所征物品已有一万数千种四万数千件,岂北力一省物产尚不抵南省一郡之多耶? 方隅之识见无多,普通之研究宜亟仍请实业各方家各抒所见,各就己知迅惠指南,总期多多之益善,俾免逐北,幸勿少少日以相推藉,可占优胜之基,庶免蹈劣败之渐,永祛贫弱,驯致富强,在此一举,弗再金玉其音。是则鄙等所翘盼者,夫匆匆续布,顺颂台安,仍候速答百一。

（宣统元年十一月十三日"文告录要"栏目）

展览会纵观人数

天津河北公园展览进行开会后,初八日以前来宾人数均经登报,兹特查明初九日女宾入场人数约一万六千以上,初十日长至风霾,竟日男宾来游稍稀,核计人数亦有二千四百二十六人,十一日计入场男宾一万三千四百零六人。

（宣统元年十一月十四日"新政纪闻"栏目）

会场内部之组织

天津河北公园展览进行会内部陈列,按南洋劝业会二十四部分类编列,以定次序。近日,各处品物征集到会者络绎而来,故各检查员对于此事为开始之准备,拟于逐日上午在出品协会议事处将品物各项加以标识,附以评语,以期完善。至招待来宾及陈列稽查各员,以从前悬挂徽章难以辨别,因于日前特编记号上书姓名俾便识别云。

（宣统元年十一月十四日"新政纪闻"栏目）

会场外容之状况

又,该会自冬月朔日开会后,来宾观览入场者倍极其胜,而公园内之操场又极辽阔,凡茶摊酒肆,无不备具,而习拳弄棒卖艺者流及傀儡诸戏,均集于其间,锣鼓喧天,观者如堵,售品所又百货山积珍奇罗列,令人如游山阴道上应接不暇,警察则四面梭巡,异常严密,故一时宝马、香车联镳逐队,其与会十分圆满云。

（宣统元年十一月十四日"新政纪闻"栏目）

征集各货物品图样

天津现开出品协会以备协助来年四月南洋大会各项物品,多已征集运送会所分别陈列兼可出售,第查外洋各国凡有赛会陈列出售各货,皆照物之式样,预绘图本惟妙惟肖,故购觅之家按图而索照式以求,是以生意倍觉兴旺。今中国于各项画本不甚讲求,以致生涯每多冷落,当此商务竞争优胜劣败时代,事事仿照西法,何不于此事略为注意,倍加讲求,亦照西法办理,凡有一物必绘一图,俾各买主照图购取,则各行贸易自占优胜之地矣,务望各工厂商店一体知照绘图送会存案,并可按图拍照多张,或悬诸闹市或贴诸店门藉作招贴,亦广招徕之一道也。

（宣统元年十一月十五日"新政纪闻"栏目）

展览会议添设侦探

天津河北公园展览进行会因日前有游客入园观览遗失物件,曾经盘获一人送交警局讯办,现复议添设侦探,专以访缉盗贼云。

(宣统元年十一月十五日"新政纪闻"栏目)

工商演说广告

启者,十一月十八日晚八钟至十一钟仍借东宣讲所内演说工商各项要理,并请韩镜湖先生电镀五金法,宋则久先生演说家庭工艺,纪管涔先生演说饮食品与经济、卫生之关系。务乞各工届时惠临入听,不取分文,特先布告。天津劝工陈列所谨启。

(宣统元年十一月十六日"告白"栏目)

展览会协理注意火灾

津埠入冬以来多风少雪,物燥天干,以致火警频闻,自本月初间金华桥北、金刚桥南大火之后,迭于初十、十一、十二等日计大小十余次,凡灯火、煤炭、柴薪等各易于引火之物,均亟宜加意严防,以杜不测。刻下,公园正开展览大会,陈列处则珍奇罗列,售品处则货品堆集,尤宜格外留意小心。协理钱观察每于夜静时常亲自巡行一周,阖园之大,无不躬历殆遍云。

(宣统元年十一月十八日"畿辅近事"栏目)

会中酒肆开市日期

天津公园出品协会前因饭馆酒肆甚为阙如,当经招商开设。兹有某馆情愿在该会公园内畅观茶楼开设饭馆,字号"永义",专卖中外饭菜点心一概俱全,已于十六日开市矣。

(宣统元年十一月十八日"畿辅近事"栏目)

续纪入会游览人数

天津河北公园展览进行会连日游览人数迭纪本报,兹又调查十四日大风,计收入场券四千一百六十六纸。十五日微风,共收入场券二万零七百十纸。

（宣统元年十一月十八日"畿辅近事"栏目）

展览会游览人数

天津公园展览进行会入览人数迭记本报,兹又调查上月二十七日计收入场券二万五千二百六十纸,二十八日复收入场券八千五百七十三纸。

（宣统元年十二月初二日"畿辅近事"栏目）

移请照支简易识字学塾亏款

天津县议事会移覆董事会文云:准贵会移开追加简易识字本年亏款及每年常款预算一案,查简易识字为预备立宪之要政,况为教育所关,敝会更有筹议推行之责,此项经费万无不准照支之理。惟贵会经理学款有限,未能敷此项之用。兹经敝会议决所有本年亏款拟请贵会于自治经费项下开支。至来年常款,敝会现经筹议办法,俟决定后再行移知。所有议决简易识字学塾缘由,相应移覆即祈贵会查照施行。

（宣统元年十二月初六日"畿辅近事"栏目）

催送物品陈列之照会

天津商会照会各分会文云:为照会事,宣统元年十二月十九日奉直隶督宪陈札开,为饬札事,案查前准南洋大臣咨南洋创设第一次劝业会以开风气,咨送简章草案前来,业经札行布政司通饬各属,天津商会移行各商会一体遵照,嗣经前督部堂于直隶设立南洋劝业会出品协会,派委总协理妥为筹办,其该会搜集赴赛物品运输陈列事极繁赜,当据该会详拟派员分赴各属调查搜采,并援照南洋章程,恳请通饬各府厅州县一律作为本省出品

353

协会赞助员,即经批准,札行布政司通饬各属一体遵照,并由司详定奖惩章程,亦经行饬该协会转饬各属一体遵照各在案,现在会期将届,应有该司再行通饬各府厅州县,天津商会再移行各商会会同劝告各工商精选物品迅速运津以备输送陈列,庶免贻误会期,是为至要,合行札饬,札到该商会,即便遵照办理。此札。等因。奉此,除分别照会并登报宣布外,相应备文照会贵分会烦为查照办理施行,须至照会者。

(宣统二年正月初九日"畿辅近事"栏目)

照会南洋劝业会事宜

天津商会接上海商会照会云:为照会事,案据南洋第一次劝业会经南洋大臣奏定,以宣统二年四月朔日为开会之期。届时,由农工商部奏请钦派大臣为审查总长,亲莅会场鉴别物品,以定等差而给奖赏典至隆礼至重也。目下,会期已近,会场馆院均次第告竣,一切进行事宜,如开设商店陈赛出品须预为筹备以求完善,方足免疏陋之差而增游观之色。查会场区域在南京丁家桥地方,面积之数约一千亩左右,且与下关临近,航轨交通地势便利,八通四辟,实据水陆之冲要。明年运赛出品概免税厘,舟车之资亦议酌减以广招徕。朝廷体恤商人至矣尽矣,蔑以加矣。凡我商人,允宜竭诚赞助租地营业,俾得增进盛况,不致贻笑于外人也。所有会场前后左右均应广设廛肆,以便游客或设书信馆,或设杂货店,或设汇兑,或设油画,与夫酒楼、茶肆、戏园、旅馆以及各项杂物之贸易。凡足以助会场之发达,壮士女之观瞻者,尤望竭意经营以开风气,务使荒落之区变为繁盛。则其地既因会而得名,其人必有加而无已,其所获之利,当亦不可以数计也。除分行各埠商会并函致各业董事协力筹备外,相应备文照会。为此照会贵会请烦查照,务望招徕各商同莅会场租地设廛以广贸易,并希传知出品商人于明年二月初十以前一律到会陈赛,一面分劝各界人员前来观会以收观摩之益,至创公谊,须至照会者。

(宣统二年正月十六日"畿辅近事"栏目)

工商演说广告

启者,正月十八日晚七钟半至十钟半为本所本年第一次演说之期,仍借东宣讲所内演说工商各项要理,并请张伯苓先生演说实业教育,韩镜湖先生发电机(即代那摸)与蒸汽机工业致用之比较,李子鹤先生演说商业非竞争不能进步,宋则久先生演说商业信誉之真谛。务希各工商届时惠临入听,不取分文,特布告。天津劝工陈列所启。

(宣统二年正月十六日"告白"栏目)

劝工陈列所演说纪略

本月十八日晚为本所天津劝工陈列所借东宣讲所内开本年第一次演说之期,首由工商研究总会长宋则久君登台演说商业信誉之真谛,复由中等商业学堂监学李子鹤君演说商业非竞争不能进步之理由并演有人拟在津郡创设家庭工艺之事,又由麟记烟卷公司总经理纪管涔君演说爱国与工商之关系,末由制造所总技师韩镜湖先生发电机(即代那模)与火轮机工业致用之比较,当将发电机模型带去数种陈于桌上,当众试验。是晚,听演者约三百余人云。

(宣统二年正月二十二日"畿辅近事"栏目)

陈列所研究纪略

本月二十二晚为津埠铜铁两工开本年第一次研究会,计到者十余人,有南斜街恩兴和民立第四铁工厂孙厂长声称伊现在创制有水力自行机器一架,并云该机器系借水力动转,灵便异常,园田稻地尽可适用。拟不日送呈出品协会考验后即运赴南洋赛会。又由实习工场管理朱君兰圃劝令各工仿造法国输入无烟火炉一种,并将图式传观。因该炉用法较之烟煤炉实属灵便,之至务期照制,坚固耐久,物美价廉,不可再令此项洋货独占优胜等语。各工闻之,均各称善。时至十一钟闭会分散。

(宣统二年正月二十五日"畿辅近事"栏目)

工商演说广告

启者,二月初三日晚八钟至十一钟仍借东宣讲所内演说工商各项要理,并请刘巨川先生演说开办银行法,李子鹤先生演说外国贸易,宋则久先

355

生演说买卖要诀,纪管涔先生演说工徒教育与工商之关系。务希各工商届时惠临入听,不取分文,特先布告。天津劝工陈列所启。

(宣统二年二月初二日"告白"栏目)

天津劝工陈列所广告

谨将本所自正月初六日至二十九日游览人数并代售货品件数列下:计开:优待票共一百五十二位,入览客票共三百三十七位,参考客票共三百三十四位,四次礼拜五入览女客票一百六十一位,参考女客票一百六十位,代北京农工商部工艺局售出货品二十四件,代北京工艺商局售出货品五件,代天津实习工场售出货品三百五十件,代天津广仁堂售出货品四十件,代天津公益造胰公司售出货品二百三十六件,代天津造胰有限公司售出货品二百五十件,代天津永兴承售出货品三件,代天津益丰成售出货品一十四件,代天津同陞号售出货品一件,代天津民立第八工场售出货品二件,代天津芝兰香公司售出货品一十二件,代天津合记造胰公司售出货品一件,代天津四省堂售出货品一件,代唐山述记公司售出货品一件,代山东农产制造所售出货品一十七件,代四川劝工局售出货品三件,共统售出九百六十件。

(宣统二年二月初四日"告白"栏目)

工商演说广告

启者,二月十八日晚八钟至十一钟仍借东宣讲所内演说工商各项要理,并请刘巨川先生续演开办银行法,王怀清先生演说中国币制应如何改良,李子鹤先生演说公司之利益,宋则久先生演说中国经商有特别之难,纪管涔先生演说兴工商乃练兵强国之起点。务希各工商届时惠临入听,不取分文,特先布告。天津劝工陈列所启。

(宣统二年二月十八日"告白"栏目)

工商演说广告

启者,三月初三日晚八钟至十一钟仍借东宣讲所内演说工商各项要

理,并请王怀清先生演说中国币制应如何改良,刘巨川先生续演开办银行
法,李子鹤先生演说公司之利益,宋则久先生演说中国商业之特难,纪管涔
先生演说兴工商乃练兵强国之起点。务希各工商届时惠临入听,不取分
文,特先布告。天津劝工陈列所谨启。

（宣统二年二月三十日"告白"栏目）

天津实习工厂供差人员一览表

督办	新授劝业道	孙多森	荫庭	安徽
总办	军机处存记道	周家鼎	鸣九	安徽
帮办	候补知府	刘世珍	聘卿	安徽
管理	候选知县	朱寿祺	兰圃	天津
总稽查	候选县丞	吴春瀛	芳洲	天津
稽查	县丞衔	赵联奎	捷三	平谷
检查	候选县丞	冯运昌	凤锵	河南
收支	议叙从九	刘桂芬	仲华	天津
帮收支	县丞	王兆任	章卿	浙江
学习收支	文童	杨一林	汉卿	天津
采办兼庶务	议叙从九	王肇元	志庭	天津
管库	—	姜汝霖	蔚苍	天津
帮庶务	—	唐荃武	少园	天津
议员兼窑业科木科	候选通判	陈成善	小庵	天津
图画教习兼汉文教习	高等工业学堂毕业生	张维新	少文	天津
图画教习兼汉文教习	—	张增钰	琴轩	天津
售品所	议叙从九	魏云青	小舫	天津
售品处学习司事	—	李连元	仲三	天津

东织机科监工	监生	纪维祺	价堂	天津
西织机科监工	—	吴荣柯	贵三	安徽
染色科兼肥皂科	五品项戴	王济泰	赞臣	天津
提花科兼肥皂科	—	朱秉钺	蔚荪	天津
制燧科	候选从九	徐振声	子纯	通州
图画刺绣科	县丞衔	刘孝先	彭龄	安徽
油漆科	候选县丞	唐广经	品三	安徽
纸厂	县丞衔	王瀛芝	绥如	定州
	—	郭建勋	耀卿	天津
巡查	后补监大使	柴晋芳	康侯	山西

（宣统二年三月初四日、宣统二年三月初六日"北洋官报汇编"栏目）

天津劝工陈列所广告

谨将本所自二月初一至三十日游览人数并代售货品件数列下：优待票三百四十三位，入览客票共九百五十七位，参考客票共四百四十四位，二次礼拜五入览/参考女客票一百十位。以上由二月初六日至十五日因出品协会借本所开正式展览会，所有入览票尚未计算在内。

代北京农工商部工艺局售出货品二十四件，代天津实习工场售出货品三百八十件，代天津罪犯习艺所售出货品二件，代天津同陞号售出货品四件，代天津民立第八工场售出货品一件，代天津王子彭售出货品一百六十件，代天津造胰有限公司售出货品三百件，代天津芝兰香公司售出货品一百件，代天津四省堂售出货品三件，代天津潘景辰售出货品三件，代山东农产制造所售出货品一件，代扬州梁福盛售出货品二件，代福建州府售出货品一件，代四川劝工总局售出货品三件。

（宣统二年三月初六日"告白"栏目）

天津习艺所供差人员一览表

总办	天津道	谢崇基	履壮	云南
坐办	分省道	何炳庠	甲三	安徽
总稽查员	候补县丞	屠义复	信清	湖北
典狱官	府经历	范炳勋	筱元	河南
罪犯所典狱	直隶州州判	蔡振洛	梦潇	福建
统计员	从九品	曹廷衔	佩绅	浙江
罪犯所会计	候选州吏目	朱涛	海秋	河南
罪犯考工	候补知县	耿家俊	惠文	山东
罪犯科管库兼画绣两科	分省知县	刘五辰	沐垣	江西
罪犯所教习	试用按经历	阮景修	述岑	河南
罪犯所看守	河工主簿	蔡毓春	幼舫	奉天
料库裁剪	府经职衔	卓城	书百	浙江
纸厂监工	候补巡检	吴守文	聘之	安徽
游民所提调	候选府经历	林瀚	少仙	福建
游民所书记	候补典史	卢吏田	子修	江苏
游民所考工	拣选知县	林孝曾	馥丞	福建
游民所监工	候补县丞	叶培元	健伯	浙江
游民所庶务	分缺先典史	廖孜	阮初	福建
稽查员	从九品	张左弧	佩弦	奉天

（宣统二年三月十一日"北洋官报汇编"栏目）

工商演说广告

启者,本月十八日晚八钟至十一钟仍借东马路宣讲所内演说工商各项
要理,添请王怀清先生演说论中国现行之租税与宪政之关系,及将来改良

之方法若何,吴金印先生演说中国农工商无籍宗旨,李子鹤先生演说专利之宗旨,纪管涔先生演说海军乃商战之前敌。务希各工商届时惠临入听,不取分文,特此布告。天津劝工陈列所谨启。

(宣统二年三月十六日"告白"栏目)

纪天津医药研究会

天津河东盐坨祖师庙东路医药研究总会与上月二十二日晚照章开会研究,到者三十余人,当有冯锡三君演说外科,邢彬然君演说咽喉十一样险症,袁晓峰君演说眼科,李月庭君演说瘟疫,张锦波君编辑成文。

(宣统二年四月初一日"畿辅近事"栏目)

工商演说广告

启者四月初三日晚八钟至十一钟,仍借东马路宣讲所内演说工商各项要理,并请李华甫先生敬告手工业者,王怀清先生演说商业成功之秘诀,刘巨川先生续演银行开办法,吴金印先生演说工商业旅行之困难,李子鹤先生演说英国商务情形。务希各工商届时惠临入听,不取分文,特先布告。天津劝工陈列所谨启。

(宣统二年四月初一日—宣统二年四月初四日"告白"栏目)

天津劝工陈列所公布

谨将三月份游览人数并代售货品件列下:优待票共二百三十九位,入览客票五百七十四位,参考客票五百七十四位,四次礼拜五入览女客票一百十四位,参考女客票一百十四位,代北京公益商局售出货品二件,代天津第三工场售出货六十件,代天津实习工场售出八百二十九件,代天津公益造胰公司售出四百件,代天津永兴承售出二件,代天津造胰有限公司售出二百十八件,代天津益丰成售出十四件,代天津王子鹏售出二件,代天津公兴造胰公司售出五百十件,代天津同陞号售出二件。

(宣统二年四月初六日"畿辅近事"栏目)

工商演说广告

启者,四月初八日晚八钟至十一钟,仍借东马路宣讲所内演说工商各项要理,并请李华甫先生敬告手工业者,王怀清先生演说商业成功之秘诀,刘巨川先生续演银行开办法,吴金印先生演说工商业旅行之困难,李子鹤先生演说英国商务情形。务希各工商届时惠临入听,不取分文,特此布告。天津劝工陈列所谨启。

（宣统二年四月十五日—宣统二年四月二十三日"告白"栏目）

工商演说广告

启者,五月初三日晚八钟至十一钟,仍借东马路宣讲所内演说工商各项要理,并请韩镜湖先生演说自来水之利益,刘巨川先生续演银行开办法,李子鹤先生演说英国商务情形。务希各工商届时惠临入听,不取分文,特此布告。天津劝工陈列所谨启。

（宣统二年四月二十九日"告白"栏目）

本局会同藩运两司禀遵饬会议通用纸品
请由纸商印售专用品仍准归局办理文并批

敬禀者,窃奉宪台札开:据天津商务总会禀称,南纸各商仍恳停办印刷官纸缘由,理合遵章代诉,叩乞俯念商艰曲予矜全等情到本大臣。据此,除批查前据官报兼印刷局来禀,声明所印官纸酌准该商等承领发卖,坐收什一之利,乃该商等误听传言一再渎禀,大失本部堂体恤商艰之意,官纸事(势)在必行,所请停办自毋庸议,惟应如何变通办理量加体恤之处,姑候札饬藩运两司会同官报兼印刷局迅速核议,详夺印发并分行外,札饬局遵照等。因本司等亦蒙札同前因,奉此,遵查官用纸品维持信用消灭诈伪,与行政之利害暨地方之治安均有关系,实预备立宪时代所不可不急切改良者,故创办之宗旨,在乎裨益行政,原与商业无关,前经职局禀定通用品程式,暨拟具发行大概办法,案内曾经声明,凡商家到局贩运分销及批发各纸店者,均酌予利益而于商民用品概不印售,一切听其自便,无非于整齐公牍之

361

中,仍寓体恤商民之意,兹奉前因,是纸商误听传言,未悉开办宗旨事既关乎政体,岂能遽请中止,诚如宪批官纸事在必行,万无停办之理,惟念此事系为画一文牍起见,并非注重筹款,当经本司职道等会同核议,请将官报局禀定官中通用品十有一种作为北洋文牍定式由该纸商等遵照样式印售,勿误实行之期。以仰副宪台轸念商艰之至意,至官中专用各品,向不归纸商出售者,仍由职局印刷通行,以免参差而维体制。如此变通办理,分清界限,该纸商等尚复何辞,似上于政体无伤,下于舆情亦顺。所有遵饬会议官中通用纸品,请由纸商印售,暨官中专用纸品仍归职局办理各缘由,经本司职道等往返函商意见相同,理合会同具禀,呈请宪台批示祇遵,并请札饬商会转谕纸商遵照办理,实为公便。再,本藩司远在保定,会衔不会印合并声明,肃禀恭徽钧安,伏乞垂鉴。

督宪陈批:据禀已悉。所拟请将官印刷局禀定官中通用纸品十有一种作为北洋文牍定式,由该纸商等遵照式样印售,至官中专用各品不归纸商出售者,仍由该局印刷通行,具见该司道等,于政体商情斟酌允协,应即照准候行商会转饬,该纸商等遵照前定官中通用纸品式样一律印售,以示格外体恤,其官中专用纸品仍由该局分别印行,俾昭慎重,仰即查照。此缴。

(宣统二年五月初八日"公牍录要"栏目)

本局禀覆酌拟官纸专用品办法文并批

敬禀者,窃于本月二十六日奉宪台札开以咨议局呈请将官纸改定办法颁示缘由札局禀覆以凭核夺。等因。奉此查此案前奉钧谕当将职局现办情形于本月二十一日函致该局查照在案,兹奉前因复查咨议局原呈所谓不可行不能行者,皆凭理想立论多属臆度之词,即如该局据经济学供求之理,谓官纸成本必高,价值不能不腾贵,又谓民间前日购纸可以十文者,今必增至二三十文,殊不知,职局改良官纸,系为画一整齐以防诈伪而昭信用起见,并非志在筹款,故一切纸品定价均较市价尤廉,何致有腾贵之理,该局又谓"官纸可制定划一之格式,不可占专卖之权利""可令人民遵用一定之规程,不可强人民必用一家之构制"等语,职局前次会同藩运两司禀请将通用品十一种发交纸商印售,即系如此办法,何尝占专卖之权利,何尝强人民以必用,该局不察事实,徒以凭空理想妄相推测,故其说愈出愈歧,早在宪台洞鉴之中,是亦勿庸深辩,至该局请将专用品颁示一节,查各学堂之课本、讲义等项，前经提学司详明，仍由教育图书局自印，自可勿庸置议，其他营署局各件有交职局刷印者，自应仍为办理，至各州县专用品名目不一、形式各别，非先考核详明不能拟议程序，现经职局详细调查，酌拟程序六种：一曰牙税单；一曰拘票；一曰传票；一曰状纸；一曰尸格；一曰保结。以上六种，拟俟印刷齐备再行详请核准颁行，作为北洋州县专用品定式，由职局精印出售，订价从廉，以维公益，惟直省百余州县，路途窎远，若一律向职局订购，恐交通不便，贩运为难，于事实不无窒碍，拟俟制定后颁发每州县一份作为程序，其原备价来局领取或愿就近自行印刷者，悉听其便，以免稽延，所有拟定印刷专用品办法缘由是否有当，理合呈请宪台查核俯赐批示祇遵。实为公便，肃禀恭请钧安，伏乞垂鉴。

督宪陈批：据禀已悉。候札行咨议局查照，缴。

（宣统二年五月初九日"公牍录要"栏目）

广告

启者，五月十八日晚八钟至十一钟仍借东马路宣讲所内演说工商各项要理，并请李华甫先生敬告手工业者，刘巨川先生续演开办银行法，李子鹤先生演说工艺改良方法，宋则久先生演说物价。务希各工商届时惠临入听，不取分文，特此布告。天津劝工陈列所谨启。

（宣统二年五月十七日"告白"栏目）

天津劝工陈列所告示

为出示谕禁事，案查本所兼管之劝业会场原定游览章程内载，本会场所种花草树木原系公家之物，理宜共同爱护，不可毁坏，倘有任意攀折及偷移等事，应由该管巡警随时扭办等语，曾经本所移知警局并登载报端悬挂牌示，务期遵办在案。现据会场事务所司事报称，园中花木近因游览之人合于文明举动者固属不乏，而无知之辈任意攀折花枝妨害公益者，亦属不免，亟请函会巡警局随时查缉严惩等情。据此，查本园所植花木原所以供人游览，理应公同爱惜，方合文明举动，乃无知之徒止知为一己所欲为，并不解公益为何事，似此情形殊堪痛恨。为此，不惮苦口重申禁令，嗣后入园游览者不但不可顺手乱折花枝，毁坏器具，并不许随意演唱时调小曲，及有容心争吵等事,除由本所再行函会巡警局随时查禁扭办并严饬本园夫役协同查缉惩责外,为此,牌示晓谕,仰即遵照慎勿自贻后悔。切切特示。

（宣统二年五月二十八日"文告录要"栏目）

广告

谨将本所自五月分游览人数并代售货品件数列下:优待票共一百五十二位,入览票共五百三十位,参考票共五百二十九位,三次礼拜五入览女客票一百九位,参考女客票一百九位。代北京农工商部工艺局售出货品一百八件,代北京工艺商局售出货品九件,代天津实习工场售出货品二百八十八件,代教育品制造所售出货品一件,代罪犯习艺所售出货品三十三件,代广仁堂售出货品五十件,代鸿兴汽水公司售出货品一件,代同陛号售出货品一件,代芝兰香牙粉公司售出货品十二件,代王子彭售出品三百十四件,代益丰成售出货品十六件,代永兴承售出品二件,代华兴烛皂公司售出品三百八十八件,代造胰公司售出货品七百四十件,代公兴公司售出品六十件,代公益公司售出六百三十二件,代唐山述记公司售出货品二件。天津劝工陈列所启。

（宣统二年六月初七日"告白"栏目）

天津劝工陈列所广告

谨将本所自六月分游览人数并代售货品件数列下:优待票五十二位,入览票共八百四十二位,参考票共八百三十八位,四次礼拜五入览女客票一百八十一位,参考女客票一百八十一位。代北京农工商部工艺局售出货品十二件,代天津王子彭售出货品一百九十六件,代天津四省堂售出货品一件,代天津华胜烛皂公司售出货品四百六十件,代天津实习工场售出货品三百十一件,代天津公益造胰公司售出货品六百二十件,代天津益丰成售出货品十四件,代天津造胰公司售出货品六百八十九件,代天津永兴承售出货品二件。天津劝工陈列所谨启。

（宣统二年七月初六日"告白"栏目）

招考工业广告

列位呀,今年为劝业道第一次考工啦,与前次考工大不相同,所有取列超、特、优三等,俱各给予奖牌,各积奖至两次超等者,由劝业道给予匾额三次者,请督院赏匾或七八品功牌,四次者,请部考验给发商勋以示优异,各行工业家数年来,必有制造新奇物件。自七月起,外州县予以四个月期,本埠予以三个月期,逾限概不收录,勿遗后悔,各工业家须知一经品题而声价十倍也。快来投考,慎勿自误,切切,此白。直隶劝工陈列所启。

（宣统二年七月二十五日"告白"栏目）

工商研究会汇纪

本月初四、初七、十三等日为天津竹工竹商研究分会借用天津工商研究总会开会研究之期,该工商到会者每晚约有四五十人。首由竹工会长苑士林带有自制花竹万字书桌、并三角花竹茶几及六角熏竹盆架各一件,当由总会长李子鹤、曹琴荪君反复观看,以该品制法颇觉精美且甚坚固,已饬该会长于次日送往劝工陈列所作为投考之品。又,竹工会员王文起带有自制水磨竹帖架二个;又,会员刘文彬带有自制洋炉刷一把;又,会员周作清带有自制油漆刷、机器刷各一把,查其所造各件形式颇觉精巧,核与洋货不少相让,且订价亦颇相宜,其研究进步可见一斑。惟机器刷之木柄系属方式恐不适用,当由曹总会长琴荪告其将该刷带回换用圆式木柄,或用竹柄,务使用者无碍手之虞,方觉完美,嗣经该会员带回改良矣。末由总会长纪君管涔演说算学、格物并人生须以"勤劳"二字为首务,方能有济等语。每晚约至十一钟余始分散。

（宣统二年八月二十二日"畿辅近事"栏目）

工商演说广告

启者,前因天气炎热暂停演说,今已天气凉爽照常开演,拟于九月初三日晚八钟至十一钟仍借东宣讲所内演说工商各项要理,并请王怀清先生演说商业教育,李子鹤先生演说南洋劝业会大概情形,宋则久先生演说工业与个人之关系,纪管溽先生演说设立商团之利益。务希各工商届时惠临入听,不取分文,特先布告。天津劝工陈列所。

(宣统二年八月二十九日"告白"栏目)

广告

谨将八月分游览人数并代售货品件数列下,计开:优待票一百四十八张,入览客票七百十三位,参考客票共七百十一位,四次礼拜五入览女客票七十五位,参考女客票六十七位。代天津实习工场售出货品一百四十二件,代天津广仁堂女工厂售出货品九十件,代天津造胰公司售出货品八百九件,代天津华胜公司售出货品一百九十八件,代天津公益公司售出货品五百件,代天津益丰成售出货品十六件。天津劝工陈列所谨启。

(宣统二年九月初七日"告白"栏目)

定期演说工商要理

天津劝工陈列所公启云九月十八日晚八钟至十一钟借东宣讲所演说工商各项要理,并请刘巨川先生演说工商之资格,李子鹤先生演说商人游历之利益,宋则久先生演说市面恐慌及救济法中外之异点,纪管溽先生演说国会商民应负之责任。务希各工商届时惠临入听,不取分文,特先布告。

(宣统二年九月十七日"畿辅近事"栏目)

工商演说广告

启者,十月十八日晚八钟至十一钟,仍在东宣讲所内演说工商各项要理,并请李华甫先生演说商业教育之必要,王怀清先生演说鸦片烟买卖问题,李子鹤先生演说工商当有国外之思想,宋则久先生演说多怪不怪,纪管溽先生演说提倡土货可以致富之理。务希各工商届时惠临入听,不取分文,特先布告。天津劝工陈列所启。

(宣统二年十月十七日"告白"栏目)

工商演说广告

启者,十一月十八日晚八钟至十一钟仍借东宣讲所内演说工商各项要理,并请李子鹤君演说商业之竞争,纪管涔先生演说立宪前工商应筹备之要件,郭云五先生演说同舟共济,英国戴乐仁先生演说试电影并演说英国工艺情形。务希各工商届时惠临入听,不取分文,特先布告。天津劝工陈列所启。

(宣统二年十一月十八日"告白"栏目)

工商演说广告

启者,十二月初三日晚八钟至十一钟仍借东宣讲所内演说工商各项要理,并请王怀清先生演说欧美各国工艺发达之原因,李子鹤先生演说无学不可为以商,纪管涔先生演说立宪前工商应筹备之要件,郭云五先生演说智战。务祈各工商届时惠临入听,不取分文,特先布告。天津劝工陈列所启。

(宣统二年十二月初二日"告白"栏目)

天津劝学所暂停演讲

劝学所公告云:现届学年考试各堂职员甚形忙迫所有本月应开之学术讲演会已商明主讲及发起诸先生暂行停讲。

(宣统二年十二月初四日"畿辅近事"栏目)

天津劝工陈列所广告

谨将本所自十一月分游览人数并代售货品件数列下,计开:优待票共一百五十二位,入览客票共二百四十七位,参考客票共二百四十七位,五次礼拜五入览女客票三十七位,参考女客票三十七。代北京工艺商局售出货品一件,代天津实习工场售出货品三十八件,代天津益丰成售出货品十一件,代天津广仁堂女工厂售出货品四十六件,代天津造胰公司售出货品六

367

百十三件,代天津华胜公司售出货品八十八件,代天津公益公司售出货品二百四十件,代天津麟记烟卷公司售出货品五十件,代天津福建林树臣售出货品一件。

(宣统二年十二月初五日"广告"栏目)

天津卫生总局防疫办法

第一节 防疫布置三大纲

一、天津城厢内外分为八段,由卫生局派医生四名严密防查。

二、各段巡警,应协同卫生局所派之医生、稽查员认真查验,遇事接洽。

三、各段绅士应担协同防查之义务,并将防疫利害开导居民,免滋疑虑。

第二节 卫生局所办事项

一、各段之稽查员及医生,每日分二次周巡本管段内。上午由八钟至十二钟为一次,下午由一钟至五钟为一次。每次每员由某街巷起,至某街巷止,查得有无病人及病人之姓名、门牌号数,列表挨次呈报卫生局。

二、稽查员、医生查有病人,即往诊视,认别所患病症。如验系瘟疫,即送防疫医院。其与病人同居者,均送留验所留验五日。此五日内倘有患疫及涉疑似者,亦送防疫医院医治。如留验五日,诊验健全,送还本居。患疫人病愈,亦即妥送出院。

三、凡染疫人所住房舍,由卫生局设法消毒封闭五日。

四、各段内如有患病之人,由其家属或亲友邻右报告卫生局派医往诊。所患系疫,照章办理。如隐匿不报,一经查觉,罚其家属或邻右。

五、各段内如有病故之人,由其家属或亲友、邻右报告卫生局派医往验,给予执照,方准买棺殓殡。如隐匿不报,私行殓殡,罚其家属、邻右,并究治售棺者违章之罪。

六、由医生稽查员将预防传染方法详告各段住户,俾能自卫,预防传染方法如左:

(一)染病及病毙各牲畜,不可宰食。病毙牲畜,应即抬埋;已病各畜,亦不准宰卖。违者严惩。

（二）食物之上，宜用盖罩，不可使苍蝇嗅集。厨房门窗，均宜挂帘；厨房以外，更要洁净，不可堆积秽物。

（三）须设法捕尽鼠子，因病鼠或死鼠身上跳虱，均跳离鼠身，即将鼠疫传人。而病鼠与好鼠之分别，亦不可不知。病鼠走路若慢，见人并不惊走，最易捕捉。此种病鼠，最为危险。无论已毙与否，万不可用手摩之或脚踢之。应即用棍或石将其打毙，随后以开水浇之。如是则可荡毙鼠身之跳虱，再将此鼠埋在深坑之中，坑中务多放白灰。

（四）病鼠经过之地及床铺等物，均应用开水浇之，并铺白灰一层，再用水浇之。屋内墙根，应下灰水至二尺高。如是则无一处尚可容纳跳虱也。

（五）居民床铺如有木虱，最易传染宜用火薰一整日。如系五金或木质之床铺，应用煤油擦之。常用凉席毡子及一切衣物，应常晒晾。

（六）人须常沐浴，衣服尤须常换。因恐藏有虱虫，由病人或病畜之地方带来者。

（七）跳虱咬人最为危险，宜常穿鞋袜，并将裤腿扎紧，穿靴最好。

（八）民居院内、屋内，勿积秽物，以免引进蝇子或鼠子。厕所以内，更要洁净。出恭之后，即用灰渣盖好。院内不可存粪及一切污水。

七、凡道路之是否清洁有无传染瘟疫之媒介物，责令各住户自行扫除，至店栈、茶寮、酒肆各种游戏场为人众聚集之地，医生稽查员应特别注意遇事报告。

八、凡因疫致死之枢，由医生及稽查员督催从速掩埋。

第三节　巡警所办事项

一、各段住民如有抗违卫生局医生、稽查员之验视者，巡警得干涉之。

二、如有造言煽惑、藉端生事者，巡警即时拘拿，严行究治。

三、凡因疫封闭之房舍，巡警须严密看守，负保护其财物之责任。

四、卫生局医生、稽查员防查未周之处，巡警务实力补助，以期缜密。

第四节　由芦台河来津之冰排，以大毕庄为要路，由卫生局遴派医生、巡警道加派警兵，在该庄设卡查验。

第五节　所有本章程未尽事宜，应由卫生局、巡警道、交涉司随时会商增订，详请督宪核夺。

（宣统三年正月十四日"北洋官报汇编"栏目）

工商演说广告

启者,正月十八日晚八钟至十一钟为本所本年第一次开会演说之期,仍借东宣讲所内演说工商各项要理,并请李子鹤先生演说商业大势,纪管涔先生演说工商各户应注意之卫生,郭云五先生演说羡鱼不如结网。务布各工商届时惠临入听,不取分文,特先布告。天津劝工陈列所启。

(宣统三年正月十六日"告白"栏目)

工商演说广告

启者,三月初三日晚八钟至十一钟仍请李子鹤先生、宋则久先生、郭云五先生在东宣讲所内演说工商要理。务希各工商届时惠临入听,不取分文。天津劝工陈列所启。

(宣统三年三月初一日"告白"栏目)

工商演说广告

启者,本月十八日晚七钟半至十钟半仍请李子鹤先生、宋则久先生、郭云五先生在东宣讲所内演说工商各项要理。务希各工商届时惠临入听,不取分文,特先布告。天津劝工陈列所启。

(宣统三年三月十七日"告白"栏目)

工商演说广告

启者,四月初三日晚七钟半至十钟半仍请李子鹤先生、宋则久先生、纪管涔先生、郭云五先生在东宣讲所内演说要理。务希各工商届时惠临入听,不取分文,特先布告。天津劝工陈列所启。

(宣统三年四月初一日"告白"栏目)

天津劝工陈列所广告

谨将本所春季分游览人数并代售货品件数列下,计开:优待票三百五十二位,入览客票二千五十位,参考客票二千二十四位,十一次礼拜入览女客票四百三十一位,参考女客票四百二十七位。代北京农工商部工艺局售出货品二十五件,代北京花汉冲售出货品一件,代天津同陞号售出货品三件,代天津四省堂售出货品五件,代天津元隆号售出货品四件,代天津文美斋售出货品三件,代北京工艺商局售出货品七件,代天津实习工场售出货品一千六十九件,代天津鸿兴汽水公司售出货品十件,代天津麟记烟卷公司售出货品二百件,代天津吴协兴售出货品四件,代唐山述记公司售出货品六件,代唐山吴仰曾售出货品三件,代濬县售出货品一件,代福建永春府售出货品一件,代福建林树臣售出货品一件,代扬州梁福盛售出货品十一件,代四川劝工总局售出货品五十六件,代日本农商务省售出货品三十五件。劝工陈列所启。

(宣统三年四月初五日"广告"栏目)

演说工会之利益

天津工商研究总会函送工界一分子稿云:前两天报上登著一段演说,是天津工商研究总会的传单,说是目下天津要仿照商会立一个工会,定规初九那天晚上在东马路宣讲所开一个大会,教工界的人 全去题名,但不知工界的人全知道了没有,这件事本是工界最难得的一件事,要是在十年头里吾们中国的工人作梦亦梦不见,中国的工人向来是作人的奴隶,见了作活的主家敢站著不敢坐著,而今竟能入工会为会员,充会董,当总理,还要由农工商部加札委派,要不是目下提倡工艺、预备立宪,你想那还梦的见吗? 吾自从得了这个信息,吾喜欢的连觉亦睡不着。到了那一天,吾一定要去题名,天津卫的工人多的狠,代手艺的买卖亦多的狠,吾愿意知道这件事的人一个传十个,十个传百个,教天津卫的工人,天津卫代手艺的买卖,全知道这件事,全去题名入会,万不可吝惜那一块钱。入了工会,好处多的狠,莫说是一块钱,要是没有工会,就是花百块千块,亦未必买的到,吾不只盼望吾们工人全去入会,吾还盼望吾们工人要大家振作,提高吾们工人的

371

人格,虽然从前是国家不重看吾们工人,实在亦是吾们工人自轻自贱,教人家不重看,你看素常吾们工人的行为,来不来的就讲打讲骂,走在街上光著膀子,挽著辫子,嘴里头还要唱唱咧咧的,是比那别的人粗野,于今国家既然是要立工会,拿吾们工人当极体面的人看待,吾们工人就当把从前一切的恶习一概除去,方不愧负吾们国家提倡工艺的一番苦心了。闲话少说,初九已经算到了,请大家去题名罢,快去题名罢。

(宣统三年四月初十日"畿辅近事"栏目)

工商演说广告

四月十八日晚八点半钟至十一钟半仍请李子鹤先生、纪管涔先生、郭云五先生在东宣讲所内演说工商各项要理。务希各工商届时惠临入听,不取分文,特先布告。天津劝工陈列所谨启。

(宣统三年四月十六日"告白"栏目)

演说工会之利益

天津劝工陈列所函送麟记公司纪钜汾稿云:中国之国弱尤来已久,因闭关自守,没有比较,虽弱而不自知。自与各国通商,已被各国商战把我战败,我仍不自知,继之以兵战,我以屡败始改革维新,才知富国以农工商为主,三者不可缺其一。以有农才有原料,有原料才能兴工,有工造出器才能有商,因商号较多,故先立商会。保定府立个农会,今天津要立工会,因为甚么立工会?因为工艺不发达。怎么中国工艺就不发达?因为大家如同散沙一样,不仅不能连合,同行是冤家,你恨吾,吾恨你,恨不能的同行全没有,就是自己独门,自己就发财咧。哼哼。可是想错了,自己同行不连络,著人家外国人来一样,就把吾们的顶一样,我们可就闲下了。说说洋货吧,洋布、洋线、洋针、洋火、洋色、洋纸、洋钉、洋铜铁丝、洋胰子、洋烛,中国人以上这些行的人,全得改行,这就是大家不连络的坏处。从此立了工会,大家连成团体,一洗旧日的毛病,一盘散沙变成一个大团体,同行是冤家变成同行是好友,互相气恨改成互相照应,留艺业不传人改成研究新理。从此,中国的工艺发达,驾乎欧美之上,因之国富兵强,争雄于天下,未尝不因工会起?冒然一听,这话靠不住吧,立这们个工会,有这们大的好处?连吾自己也是有点犹疑,细细这们一想,并不是难事,你想万里之远,走三百六十万步才到,也是一步一步的走的,不是一句话就到了。只要总起了身,就有日子到。要是总不动,那可是没有日子到,十丈高楼也是从底下第一个砖先垒,与垒数尺之墙一样的动手。可见,事情不在大小,不在好办不好办,就在肯办不肯办,只要肯办没有办不了的事情,比方吾们手艺人要立个银行,要站最稳不求自来的生意,净交吾们工艺的人工艺铺子,吾们手艺人,勿论出入,全用这个银行的票子,这个银行就可以发财。冒然一听,又是怪事。你们手艺人立个银行,得多大本钱?吾一想很容易,就以这一县论,平均五百个村庄,每村有十个手艺人,每县是五千人,我们直隶百四十州县,就是七十万手艺人,要是每人每年省下一块钱,五年工夫就是三百五十万元,可以立个大银行不可以?每人每年拿一块钱,还是当银行股东,拿的了拿不了,大约也不算回事吧。少听两天戏就有咧。有这行一个银行,维持工艺自然不难,一省如此,若全国看著吾们的法子好,都是这们办,二十二行省合成一个银行,本钱有七千七百万,大约天下的银行也没有这们大的本钱,中国人变成工业世界,到了那时候工人当站在前边咧,这还是远的事情,最近的除了互换智识、增长本领外,入了工会就可以有保护,可不是著你借著工会欺负人,是工会可以保护你不著外人欺负,就如同为冒充牌号,要是打官司,不定花多少钱,未必准得理,工会里一问就能明白,还省著跪著,再说不好听的,比方贼攀咧那个烈害,要是在工会的他可不敢攀拉。

(宣统三年四月十七日"畿辅近事"栏目)

天津劝工陈列所广告

敬启者,本月二十五日下午一钟,劝业道宪在敝所举行南洋赴赛授奖典礼,是日,停止售票一日,恐未周知,特先布告。天津劝工陈列所启。

(宣统三年四月二十二日"告白"栏目)

工商演说广告

启者,五月初三日晚八点半钟至十一钟仍请李子鹤先生、宋则久先生、纪管涔先生、郭云五先生在东宣讲所内演说工商各项要理。务希各工商届时惠临入听,不取分文,特先布告。天津劝工陈列所谨启。

(宣统三年五月初一日"告白"栏目)

工商演说广告

启者,五月十八日晚八钟半至十一钟半仍请李子鹤先生、宋则久先生、纪管涔先生、郭云五先生在东宣讲所内演说工商各项要理。务希各工商届时惠临入听,不取分文,特先布告。天津劝工陈列所启。

(宣统三年五月十六日"告白"栏目)

工商演说广告

启者,六月初八日晚八钟半至十一钟半仍请李子鹤先生、宋则久先生、纪管涔先生、郭云五先生在东宣讲所内演说工商各项要理。务希各工商届时惠临入听,不取分文,特先布告。天津劝工陈列所启。

(宣统三年六月初一日"告白"栏目)

工商演说广告

启者,七月初三日晚八钟至十一钟半仍请李子鹤先生、宋则久先生、纪管涔先生、郭云五先生在东宣讲所内演说工商各项要理。务希各工商届时惠临入听,不取分文,特先布告。天津劝工陈列所启。

(宣统三年七月初三日"告白"栏目)

工商演说广告

启者,七月十八日晚八钟至十一钟仍请李子鹤先生、宋则久先生、纪管涔先生、郭云五先生在东宣讲所内演说工商各项要理。务希各工商届时惠临入听,不取分文,特先布告。天津劝工陈列所启。

(宣统三年七月十七日"告白"栏目)

女子戒烟医院成立

天津官立女子戒烟医院广告云:本医院假妥河北育婴堂旁女医学堂房

间现在强迫室普通室,均已收拾完备优待室,大约在二十五日以后即能一律齐全,凡我天津女界吸烟之人,无论贫富老少,均可到本医院报名,以便挨次戒除,每日饭食医药均由本医院备办,并有女仆伺候,不取分文。

（宣统三年七月二十四日"畿辅近事"栏目）

工商演说广告

启者,八月初三日晚八钟至十一钟仍请李子鹤先生、宋则久先生、纪管浍先生、郭云五先生在东宣讲所内演说工商各项要理。务希各工商届时惠临入听,不取分文,特先布告。天津劝工陈列所启。

（宣统三年八月初一日"告白"栏目）

工商演说广告

启者,八月十八日晚八钟至十一钟仍请李子鹤先生、宋则久先生、纪管浍先生、郭云五先生在东宣讲所内演说工商各项要理。务希各工商届时惠临入听,不取分文,特先布告。天津劝工陈列所启。

（宣统三年八月十六日"告白"栏目）

工商演说广告

启者,九月初三日晚七钟半至十钟半,仍请李子鹤先生、宋则久先生、纪管浍先生、郭云五先生在东宣讲所内演说工商要理。务希各工商届时惠临入听,不取分文,特先布告。天津劝工陈列所启。

（宣统三年九月初一日"告白"栏目）

天津劝学所公启

敬启者,现拟于九月十五日下午一钟招集围墙以内及围墙以外地址较近之官民立各小学学堂高等第一学年级学生在西马路宣讲所会考,其试题系国文、算术各一道,务祈贵堂将应行与考学生若干,于初七日以前函致敝所,预为造册备卷,但用草书开具姓名、年岁,不必书写三代,并请将各学生现在算术科程度随函示悉以便拟题,届时仍祈管理员带领学生早到为盼。

(宣统三年九月初一日"畿辅近事"栏目)

发给奖牌

天津劝学所举办小学体育观摩会,业纪前报,兹奉学宪札发奖牌,以昭鼓励,当由劝学所抄札分送并定于十五日上午九时召集得奖诸生著操服佩带奖牌,在劝学所拍照以为纪念,札文录后:为札发事,案照此次天津劝学所开办各小学堂体育观摩会经本司亲临并派员阅视各该学堂学生运动游戏体操均能振励精神共同一致,洵堪嘉尚,自应择优奖给金银奖牌以示提倡而昭鼓励。为此,开单札发金奖牌八枚,银奖牌十四枚,仰该劝学所查收转给,尚期各堂员生益加奋勉,共求进步,用副厚望,切切特札。计粘单:盲目拾球:第一,郭鸿,广北,第二,张文魁,西方庵。顶囊竞走,第一,杨毓彬,民六,第二,王凤林,河北大寺。计算竞走,第一,曾中毅,直小,第二,刘振钰,放生院。提灯竞走,第一,韩遽幹,育小,第二,姚思彤,放生院。服装竞走,第一,李鸿元,河北大寺,第二,于希源,陈家沟。竞走百码,第一,赵镇,慈慧寺,第二,尹金藻,旧营务处。平跃高,第一,高世琪,督署小学,第二,储学礼,督署小学。跃远,第一,高世琪,督署小学,第二,方甘棠,营务处。以上八项第一名各奖金牌一枚,第二名各江银牌一枚。盲哑竞走,直指庵小学堂冯道梁、郭世权。接力竞走,太阳宫小学堂汪瑞玲、李锡田、罗学谦、费立言。以上二项每名各奖银牌一枚。

(宣统三年九月十五日"畿辅近事"栏目)

禀报到差日期

会办天津习艺所萧道禀,窃职道于宣统三年八月二十三日接奉宪台札开,为札委事,照得毕道奎回避姻亲,所遗天津习艺所会办差使应委萧道允文接,充照案支给薪水,由九月起支。除分行外,合行札委,札到该道,即便遵照此札等因。奉此,遵于九月初一日到差,所有所中一切应办事宜,谨当随时会同认真经理,以仰副宪台委任之至意等情,奉督宪陈批:具禀已悉。缴。

(宣统三年九月十九日"畿辅近事"栏目)

督宪陈据天津镇呈请饬通永镇
就近调拨军队驻永照饬该镇查照文

为照饬事，据天津镇呈称，窃蒙宪台照饬内开，据永平府恩守禀称，陆军现又他去，请派新募巡防营二三营来永镇札以资保卫，等情。到本大臣据此，除批据禀已悉。候饬天津镇酌夺办理。等因。蒙此查新队尚未操练遽行驻彼诸多不便，且该处系通永镇辖境，拟恳饬由王镇就近调拨分布，以资便捷。兹蒙前因理合呈覆宪台察照。为此呈乞照验施行等情到，本大臣据此，合行照饬。照到该镇即便查照办理须至照饬者。

（宣统三年十一月初九日"公牍"栏目）

工商演说广告

启者，十一月十八日晚七钟半至十钟半仍请李二彤先生、李子鹤先生、宋则久先生、纪管涔先生、郭云五先生在东宣讲所内演说工商要理。务希各工商届时惠临入听，不取分文，特先布告。天津劝工陈列所启。

（宣统三年十一月十六日"告白"栏目）

李茂林新接各报广告

《北洋官报》《北洋政学旬报》，并代售官报局所出各种书报《直隶教育官报》《大公报》《中外实报》《经纬报》《民兴报》《天津白话报》《日日新闻报》《天津商报》《醒华两日报》《醒华日报》《中国报》《北方日报》《时闻报》《醒报》《天津国风报》《民意报》《北京内阁官报》《商务官考》《北京日报》《法政浅说报》《顺天时报》《帝国日报》《国民公报》《国风日报》《北京民视报》《京津时报》《爱国报》《京都日报》《华制存考》《帝京新闻》《国学萃编》《上海时报》《神州日报》《时事新报》《风闻报》《申报》《天铎报》《国粹学报》《民立报》《国风册报》《神州国光集》《东三省日报》《吉长日报》《上海图画日报》，发卖最新植物学教科书，增补瘟疫论每部小洋四角，国朝遗事赐愿诸君本埠风雨勿阻外埠原班回件空函不覆，电话三百八十三号。

天津乡祠南北洋官报派报处李茂林启
（宣统三年十一月十六日"告白"栏目）

直隶藩法两司详覆核议天津习艺所
暨县监人犯分别酌量办理文并批

　　为详覆事案,奉宪台批:"据天津县议事会呈天津习艺所暨县监人犯众多,拟恳设法疏通,请察鉴缘由。"奉批:"据呈已悉,仰藩法两司迅速核议,详覆饬遵抄呈批发。"等因,奉此本司等查,前据保定绅商以省城司府县监并习艺所羁犯共三百余名之多,恳请分别安置以防不测,本法司因查庚子司监曾有反狱之事,现在自宜谨备,拟将三监并习艺所人犯酌量暂发原州县监禁,事定再行解省以安人心,电请法部示遵,旋奉覆电,省监及习艺所人犯解回原州县监禁,即照所拟办法。等因。当经本法司将保定习艺所罪干军流并内结及列入汇咨暨审判庭判决徒犯均无论刑期是否逾半,一律饬所分起,陆续票发清苑县解赴原州县监禁,若原州县程徒稍远或毗连邻省有警之处,改发邻封各州县寄禁,其外结徒罪及监禁工作、苦力等项五年以下人犯,如刑期尚未及半或监禁十年者尚未及六年,一律解回原州县监禁,统俟事定再行解所习艺。如监禁十年人犯刑期已逾六年徒罪等项刑期过半,揆诸刑法有量予假出狱之条,即准从宽票发清苑县,分别递籍保释予以自新。遇有情节较重之犯仍解回监禁,不准释放。又,违反烟禁判定工作之犯,情罪较轻且与匪徒不同,不论刑期是否过半,均准发回工巡局就近保释以示宽大。业已汇开清折,详明饬所遵办,至从前各属解省留羁各监人犯,司酌发其高等审检厅审办,人犯由该厅发回,事定已拟结者即留羁原监候示,不必解省,其未拟结者,仍行解厅审办,又保定地方审检厅审办,业经监禁人犯,凡已结者,即分发保定府属各州县暂行寄禁,其未拟结情轻者,取妥保候讯,情节重者,亦分发保属各州县寄禁,俟事定提回审办。至看守所犯证,与羁禁人犯不同,如何安置,应由该厅酌办,亦分别照札各该厅查照办理又清苑县监徒前由县拟结,及奉各署局发羁监禁人犯,饬县查明犯籍情罪解回原州县监禁,其籍隶该县者,暂解同府各州县寄禁,亦俟事定提回还禁具报名在案。兹奉前因覆查天津习艺所审判厅及县监暨苦力场各犯与保定情事相同,应由天津习艺所并天津高等审检各厅暨天津地方审检厅及天津县将管理人犯仿照保定各厅县所办法分别酌量办理以昭慎重而保治安。除分别移行遵办外,拟合会详呈,请宪台查核。再,此系本法司主稿合并陈明,为此备由具册。伏乞照详施行。须至册者。

督宪陈批:据详已悉。缴。

（宣统三年十一月十八日"公牍"栏目）

工商演说广告

启者,十二月初三日晚七钟半至十钟半仍请李二彤先生、李子鹤先生、宋则久先生、纪管涔先生、郭云五先生在东宣讲所内演说工商要理并各项专门实业。务希各工商届时惠临入听,不取分文,特先布告。天津劝工陈列所启。

（宣统三年十二月初二日"告白"栏目）

法　　政

天津县请准苦力人犯剃发禀

敬禀者,窃照卑县现押罚充苦力人犯,或系奉发拿获贼匪,或系自理案内情有可恶之被证,皆因罪名尚轻,故予酌罚示惩以冀渐知悔改,一经限满省释即为良民,必须时加矜恤方免系累瘐弊。伏查已结斩绞监犯每届伏暑例准剃发一次。原所以除旧污而防疾疫,此等苦力人犯则更非狱囚可比,当此天气酷热,若任其蓬首垢面,不为剃除非特秽汗蒸熏,易沾时疫,且每日带赴各处做工效力,亦不足以示体恤。卑职拟请自本年五月起将管押苦力人犯每届半月即予剃发一次。庶该犯等形色清净或可少滋疾病而每日随带赴工亦便于效力似系祛病恤囚之法,如蒙俯准现在尚有在押苦力人犯高锁、赵怀三两名本系剃头营生,应即责令该两犯为各犯分班轮剃。届时并由经营押犯委员亲临监视,俾免争竞滋事,其所需剃刀木梳等物即由卑县捐廉购置,饬发备用。所有管押苦力人犯拟予按时剃发缘由是否可行,理合禀请察核示遵,实为公便。

(光绪二十九年五月初十"本省公牍"栏目)

绘呈裁判所图式

天津县署添设裁判所一事,刻已派工勘修,闻拟建造洋楼三十间,当于日前详细绘图呈送道辕候批照办。

(光绪三十二年闰四月十九日"本省近事"栏目)

裁判所竣工在即

天津县署新建之裁判所现已将梁柱一律安架,约秋间可望建成矣。

(光绪三十二年七月初四日"本省近事"栏目)

禀设谳法研究所

探闻天津府凌太守于日前具禀督辕谓学习发审公所改为谳法研究所请领银二百两添置家具等件,当蒙批准由支应局拨付并将留东学习法政毕业生归入研究以为自治地步云。

（光绪三十二年八月十六日"本省近事"栏目）

裁判章程编辑稿成

天津府凌太守及留学日本法政毕业各员商订《改良裁判章程》一节，兹闻该章程业经草成，都一百四十有八条，名曰《谳局试办章程》，其内容合裁判所编制法、民刑诉讼法及诉讼各种规则为一，以归简便。俾民间易知易从，大约俟县署新谳所落成，再拟实行云。

（光绪三十二年八月二十八日"本省近事"栏目）

颁发审判厅章程

天津设立审判厅开办在迩，业经津府凌太守将拟定审判厅章程一百四十六条刷印成本，日前颁发谳局委员每员一本以便遵行云。

（光绪三十二年十一月十四日"畿辅近事"栏目）

审判厅派定讲员

天津审判厅规则拟定后即开讲习会一节已纪前报。兹已由督宪派定高子兰君种加以原派之黎伯渊君同为该会讲员。约于十二月初择期开讲云。

（光绪三十二年十一月二十三日"畿辅近事"栏目）

审判厅定期会议

天津审判厅派员编制等情略纪前报，兹悉各种规则，业经一一拟成，准于二十五日下午一时邀请谘议一员、厅长二员、部长四员会议定稿云。

（光绪三十二年十一月二十五日"畿辅近事"栏目）

天津审判厅会议情形

天津审判厅定二十五日为会议之期已纪本报。兹悉是日议定规则计七种：一、审判厅执事人员议事规则；二、检事职务规则；三、书记规则；四、承发吏规则；五、司法警察规则；六、印纸发卖规则；七、堂丁规则。其所设之讲习会闻准于十二月朔开班，以二十日为毕业之期云。

（光绪三十二年十一月二十八日"畿辅近事"栏目）

天津审判厅讲习会规则

一、本会系奉宫保札谕调集谳法研究所府县发审警谳局四处人员讲演审判事宜。二、讲演以二十日为期，每日下午一时起四时止。三、本会即以审判厅楼上为讲习之地。四、本会讲习限于天津审判厅章程及外国民、刑诉讼立法之原理。五、讲习完毕禀请宫保定期亲临试验。六、俟派定审判厅职员后，由该职员等举行演习。

（光绪三十二年十一月二十九日"畿辅近事"栏目）

审判厅开办讲习会

天津审判厅讲习会准于十二月朔开班，已由府县先期柬约谳法研究所府县发审警谳局四处委员届时上班，至该厅应募司法警察六十名，前日下午已由天津县章大令先行点验二十人送往南段总局教练一切矣。

（光绪三十二年十二月初一日"畿辅近事"栏目）

再纪天津审判厅事

本月初一日为天津审判厅讲习会开班之期。先由地方审判厅厅长章大令报告开会之原因。继由该会讲员黎伯颜孝廉演说自本日始每日一时起至四时止为讲习时间。闻黎孝廉担任讲解本章程条文，高君子阑（兰）则担任讲解诉讼法学理云。

（光绪三十二年十二月初三日"畿辅近事"栏目）

试验司法官吏

天津府凌太守奉宫保谕于十七日会同黎伯颜孝廉即在本署试验审判官,上午十点命题,分法理及章程二种。法理问题二道,一问刑事诉讼与民事诉讼不同之点安在。试晰而详论之。一问检事之性质及其职务。章程问题二道,一问本章程所定之票共有几种,各举其名目、用处暨发票之人,以对各票中有定明有效期间者,试并及之。一问刑事案件,以检事起诉为原则。有时不经检事起诉亦得审判者。本章程中亦定有此例外乎,试举其事而详其理。是日,场规极为整齐。至下午四点一律交卷,计与考者共三十二人。

(光绪三十二年十二月十九日"畿辅近事"栏目)

考试审判厅毕业谳员

天津谳法研究所、府县谳局、警谳局谳员前奉督宪札饬,入审判厅讲习者共七十余员现已毕业,当经天津府凌太守于十七日在府署考试分别优劣,呈请督宪核定以便札派云。

(光绪三十二年十二月二十一日"畿辅近事"栏目)

审判厅颁发章程

天津审判厅挑选书记生承发吏入厅听讲等情已纪前报。近经张云抟大令每日宣讲章程并每名发给章程一本,以便遵行云。

(光绪三十二年十二月二十一日"畿辅近事"栏目)

请领审判厅经费

天津审判厅拟于开篆后即行开办,天津府凌太守、天津县章大令前因经费无出,会衔禀请督宪暂由官银号指拨,业经批准。日前经府县会衔造具印领前往支领矣。

(光绪三十三年正月初八日"畿辅近事"栏目)

审判厅会议事宜

天津审判厅于初七日下午三钟公议,所有审判各员如张太守良暹、戚太守朝卿并章之澄、邵孔亮和绅布杨大芳、韩树梅、张俦、李骏、孙鸿烈、黄祖戴、崔蕴珍、陈曾、翰同书、方大年、徐永启、陆作炘诸大令皆入该厅会议云。

(光绪三十三年正月十一日"畿辅近事"栏目)

督宪袁札委天津审判厅各员文

为札委事,照得天津试办裁判业经核定章程,并委前沧州知州戚朝卿为高等审判分厅民事部长,候补知府李兆珍为高等审判分厅刑事部长,署天津河防同知阮国桢为地方审判厅民事部长,候补知府张良暹为地方审判厅刑事部长,各在案。兹查李守兆珍已留充行营营务处提调,所遗高等审判分厅刑事部长一差,应改委候补知县章之澄充当,其余检事审判等员,应照研究员试验成绩表分别委派。兹据天津府凌守开单请委前来,查有即用知县邵孔亮、即用知县和绅布、即用知县杨大芳、候补知县韩树梅等四员应委充高等审判官。候补知县张俦、候补知县李骏、即用知县孙鸿烈、候补知州黄祖戴、试用通判崔蕴珍、候补知县陈曾翰、截取知县同书等七员应委充地方审判官。候选通判方大年应委充地方检事官,候补知县龚世昌应委充地方预审官,候补知县徐永启、大挑知县陆维炘等二员应委充乡谳局承审员,均照凌守拟定薪水数目,按月支领,由天津府给发,以资办公。其原拟高等审判官之候补知县伍钧、原拟高等预审官之截取知县雷澍、原拟地方审判官之大挑知县周焌圻、试用通判叶澄、原拟地方预审官之候补知县胡中英、原拟乡谳局承审员之候补知县丁其慰等六员试验成绩皆在五十分以下,而五十分以上之李祖熙、心田、姚和羹、李泽宸、李松材、王祝三、胡献琳、金复生、张允翰、李重光、刘思鉴等十一员俱未拟派。又原拟高等检事长之候补知县孙家瑜、原拟高等检事官之候补知州王仁铎、原拟高等预审官之候选知县张一鹏、原拟地方审判官之候补知县苏鼎铭、原拟地方检事长之候补知县蔡济勋、原拟乡谳局承审员之候补知县王树泰等成绩表均无其名,应由该守查覆另拟详候核委,其一、二、三等书记暨乡谳局书记各官即由该分厅长遴选委派。除分行外,合行札委,札到该口即便遵照办理,毋负委任,并将到差日期汇报。此札。

(光绪三十三年正月十七日"文牍录要"栏目)

赶缮书记官札谕

天津府审判厅刻正赶缮高等地方及城谳、乡谳各局书记官札谕计分为三:一、高等。二、地方审判厅书记官各四员。三、城谳局与乡谳局书记官各三员,不日即可札发饬令各员任事云。

(光绪三十三年正月二十一日"本省近事"栏目)

传谕书记听候派用

天津审判厅开办在即,昨经天津县章大令遴派值日班役,按照前经点验之书记生一律传齐,听候派用云。

(光绪三十三年正月二十二日"本省近事"栏目)

县署裁汰书吏

天津县署案件俟审判厅开办后概不管理,所有办理案卷各房无所事事。日前,章大令先将承发房书吏裁汰五名,仅留二名以资办公云。

(光绪三十三年正月二十三日"本省近事"栏目)

纪天津审判厅事

天津县章大令于前日下午邀同审判厅编制各员分配厅中办公各室。闻大门两旁为高等地方厅之民事收呈处,第二进为地方审判民事刑事公堂,两旁厢房一系高等检事局,一系地方检事局,第三进为高等审判民事刑事公堂,两旁厢房分住高等地方厅之书记生,其预审处待质人之憩坐室以及管收处,承发吏之办公处。皆由章大令将署中最高厂之室二十余间圈入,以备厅中选用云。

(光绪三十三年正月二十六日"本省近事"栏目)

审判厅订期会议

天津县章大令于昨日上午十点钟邀集审判厅局各员会议一切开办事宜。

（光绪三十三年正月二十八日"本省近事"栏目）

审判厅分设乡谳局

天津审判厅已定初十开办,其东南西北各村镇分设之乡谳局计有四处:一、杨柳青。一、赵家场。一、咸水沽。一、永丰屯。并派承审官、检事官、书记官各一员分治地方事宜。统于初十日一律开办。日前,该厅已将薪工银两并纸笔墨砚一并分发,以资办公。并闻天津府李太守亦是日拟是日到厅查验一切。

（光绪三十三年二月初八日"新闻录要"栏目）

天津高等审判分厅牌示

为牌示事,照得审判厅之设,原期判断平允,弊绝风清。前奉督宪谆谆告诫,厅中各员均应恪守功令,自顾考成。倘有投递信函,请托情事,即将原信送呈上宪核办。特此牌示。

（光绪三十三年二月十二日"文告录要"栏目）

天津地方审判厅牌示

为牌示事,照得本厅收理呈状每日自上午九点钟起至十一点钟止,下午自一点钟起至五点钟止。凡尔递呈告状人等,均应恪遵办理毋违。切切特示。

（光绪三十三年二月十二日"文告录要"栏目）

天津县移送呈状

天津县前次放告期所收之呈词,现经章大令汇齐,移送审判厅核办矣。

(光绪三十三年二月十二日"新闻录要"栏目)

审判厅开厅纪略

本月初十日为天津府县审判厅开厅之期。上午十钟,两厅厅长及各员齐集厅中行开厅礼。高等厅长李星野太守慰谕各员,大致谓:此系长差,且以办事之勤惰别功过。上白宫保定赏罚焉。是日,告状人甚多。其法:先由告状人赴印纸发卖处买状纸,每张津钱百文。再赴写状书记室由写状书记生代为写状,不取分文。然后遵章贴好印纸,民事则投收呈处,刑事则投检事局。每日收呈之期自上午九钟起至下午六钟止。较诸旧时非放告之期不能投递者,便利颇多。又于审判厅门首悬有白色黑字木牌二具,一书地方审判厅,一书高等审判分厅,并颁示高等审判分厅审判章程十八条、地方审判厅诉讼规则二十二条。

(光绪三十三年二月十二日"新闻录要"栏目)

天津审判厅示

为出示晓谕事,照得前奉督宪谕饬令即试办裁判先由天津办起等因,蒙此,当经妥议章程、勘定地址,在天津县署东设立地方审判厅公署,并在附近郭赵家场、永丰屯、杨柳青、咸水沽等处各立乡谳局一处。现在,本厅择于光绪三十三年二月初十日开办。除分别申报、移行外,诚恐乡民未及周知,合行摘录简明章程出示晓谕。为此,示仰阖邑军民人等一体知悉,自后遇有命盗及户婚、钱债一切案件,均应查照查照后开规则,分别赴厅、赴局随时据实控诉,毋庸再赴天津县衙门呈告,以免周折毋违。切切特示。
(规则续录)

(光绪三十三年二月十八日"文告录要"栏目)

天津高等审判分厅示

为出示晓谕事,照得津郡试办裁判先由天津办起,专设地方审判厅并乡漖局四区审理刑事民事案件,定于本月初十日开办。业经该厅摘叙简明章程示谕在案。本厅为上级审判厅专理,阖郡军民人等上挫之案,现与地方审判厅同日开办。除分行沧、南、青、静、庆、盐六州县知照外,合行摘叙简明章程出示晓谕。为此,示仰阖郡军民人等一体知悉。嗣后来厅上控之案,均应遵照后开规则投递诉状毋违。切切特示。

(光绪三十三年二月二十日"文告录要"栏目)

天津县审判厅晓示诉讼规则

一、凡一切呈状须用本厅颁发状式贴用印纸,否则概不收理。

一、凡一切词讼案件无论命盗户婚钱债均应先购本厅状纸书写呈状径送本厅收呈处听候遵照定章分别贴用印纸。

一、凡控告诉讼、保限领交甘结各纸定价每张津钱一百文。

一、凡起诉及上控之各诉状,其评定诉讼物之价值,应从起诉当时之定价,如讼诉物之价值在十两以内者,应贴用印纸银三钱;二十两以内者,六钱;五十两以内者,一两五钱;七十两以内者,二两二钱;百两以内者,三两;二百五十两以内者,六两五钱;五百两以内者,十两;七百五十两以内者,十三两;千两以丙者,十五两;二千五百两以内者,二十两;五千两以内者,二十五两;五千两以上者,每达千两加银二两。

一、凡前项之禀呈,每件贴用印纸银二钱。

一、凡诉讼费用归理曲者,呈缴;如两造各有曲直,承审官酌量按成分派;理曲者有数人时,亦同。

一、凡前项诉讼费用如因理直者自己懒忽,以致费用增多者,其增多之数,仍由理直者自行呈缴。

一、凡理直人因理曲人故意或过失之行所受有形无形之损害,得向承审官申请讯明,如果确实,结案时由承审官酌量令理屈人赔偿。

一、凡被告如欲查看原告所缴之证据、文书,可由书记生钞录给付。

一、凡书记生钞录案卷之费,每百字连纸征收库平足银五分,但审判官认为秘密之案件,不得擅自钞发。

一、凡被告抗传不到而逃匿者,作为情虚畏审,听原告一面之词判决执行。

一、凡原告堂期不到,又不申明故障事由者,作为情虚畏审应将本案注销仍照例向原告征收讼费。

一、凡钱债如数在一百元以下及口角细故罪止笞杖者,应就近自赴各该乡谳局呈告,如实审断不公,方准赴厅控诉。

一、写状书记生不得向递状人需索分文。

一、印纸发卖处设于本厅之旁,由本厅雇佣人经理。

一、经理发卖印纸人须具殷实铺保。

一、印纸发卖处无论昼夜准人购买,不得托故留难拒绝。

一、印纸价银或用铜子或用银元,应听购买人自便,但必遵照官银号逐日所定之银价折算。

一、笞杖罚金仍照定章办理外,其有寻常钱债案件,应由本厅随时酌罚示惩。

一、本厅办理一切案件,除照以上所定各项规则酌收公费外,其余并无丝毫花费,有额外需索者,准指名赴厅禀究或即扭送来案,以凭从严惩办,倘尔等以财行求或自甘欺骗,查出定即与受同科,决不姑宽。

一、审判官得斟酌诉讼人之情形,定诉讼人呈缴相当之保证金或觅可靠之铺保。

一、诉讼费用,限内不即呈缴,其有证金者,即在证金内扣除;其无证金而有保人者,责令保人呈缴。

一、凡叛逆、谋杀、故杀、伪造货币印信强刦并他项应遵刑律审判之案为刑事案件。

一、凡因钱债房屋地亩契约、婚姻及索取赔偿等涉讼为民事案件。

一、上控之诉状应照地方审判厅条示贴用印纸,违则概不受理。系刑事,在检事官处投呈;系民事,在承发吏处投呈,毋得歧误。

一、职官妇女老幼残废,于民事诉讼及刑事原告,均得用抱告。

一、职官妇女并未成丁及有心疾疯疾者,均不得充当抱告。

一、抱告除祖孙、父子、夫妇及同胞兄弟不必用委任状外,其余须具委任状,违者不准。

一、委任状须遵写呈处牌示规则办理。

一、关于刑事案件,须经厅局及州县衙门判断后,如因审讯不公或裁判不合供证及违背法律而心不甘服者,自判决后十日内先在原审厅局州县提出上控状,请求送交上级审判厅覆审,一面来厅投递诉状,如原案未经厅局州县判决,辄先越诉,概不准理。

一、关于民事案件,因前项理曲而上控者,其上控期间以二十日为限。

一、已逾上控期限而不行上控者,其原判决即为确定,但因天灾或意外事变等之障碍而未能上控者,虽已逾上控期限,准其于障碍原因终止后立即具状详细声明,由原审判员查无虚伪,仍准上控。

一、上控案件如刑事被告照例跪供其原告,与民事原被告及各证人亦照地方审判厅定章,均准站立陈述供诉。

一、刑事、民事各案之原告、被告均可带同证人到堂供证,并可呈请公堂传令某人到堂作证。

一、证人奉到传票后,即须依限到堂,如有疾病或不得已之事故不能到堂,必须先期呈明,方准展期。

一、证人临期不到又不呈明不到之原委,即处以相当之罚金。

一、证人到堂供证后,具有随时听传甘结,听其从便,概不拘留。

一、证人须据实供述,不得捏造污蔑,违则当处以罚金,如关于刑事而误入人罪者,以诬告论,关于民事致人损害者,责令赔偿。

一、上控之案如系民事,因有公正人调处和解自请销案者,无论何时,准将上控呈状注销。

一、原告上控传讯后经过堂期两次不到者,所控作为注销。

（光绪三十三年二月二十日—光绪三十三年二月二十一日"要件"栏目）

天津高等审判厅批示

津邑民妇胡祝氏呈批查尔夫被控原案,现经天津县移交地方审判厅接审案,既未结尔,又未遵章,在该厅提出上控状辄先越诉,照章不准。著仍自赴地方审判厅诉理,并候据呈照会该厅知照。

（光绪三十三年二月二十七日"文告录要"栏目）

天津高等审判厅批示

沧州民人王云起呈批控关诬赌诈赃,候先饬州录案详夺。如果系尔等捏诉,定即严惩不贷,凛之。

(光绪三十三年三月初七日"文告录要"栏目)

天津审判厅禀嗣后传讯租界人证请径归厅局
直接发票送各该领事画押协传文并批

敬禀者,窃查厅局之设所以图民间便利,为收回治外法权张本。卑府等就事之日凛遵宪论,将试办章程未尽事宜随时增补改良,是以开厅以来本日所收呈状,次日挂批传人,第三日即行审讯。若遇刑事随到随批,随传随审,虽被告住所相离较远,亦视其距离之里数以定到堂之时日,不敢稍有延搁,民间交口称便。惟被告之住居各国租界者,向章须由县署备具印票送请关道签票,由巡警总局派洋员请领事画押之后,再饬探访局弁协同租界巡捕始能往传,文书往还既费时日,则审讯结案必至遥遥无期。查卑厅开办已及半月,所传租界被证无一到堂,延宕日久,拖累堪虞。卑府等公同商议欲使租界住民同受审判厅之利益,莫如由审判厅直接发票,请该领事画押后即同该租界巡捕协传。在关道署省承转之烦,而审判厅无扞格之患,即各国领事知审判厅办事敏速,亦必乐与赞成。拟请札饬关道分别照会各国领事,嗣后凡在厅局收理之词讼案件,其案中人证之住居租界者,径归厅局自行发票,送请领事画押后即同该租界巡捕协傅到案,以归简捷而示画一。是否有当,理合禀请宪台核示祗遵。肃肃恭请勋安,伏祈崇鉴。

督宪袁批:据禀各情自为审结便捷起见,查向例所以由警局派员请领事画押,再饬探访局弁协同租界巡捕传人者,因有警谳局之故,兹警谳局之案既划归审判厅办理自无须多此层折。惟厅局自行发票送请领事画押一节,应由关道商明,各领事覆准,再行饬遵,候行关道酌核办理仰即知照。此缴。

(光绪三十三年三月十五日"公牍录要"栏目)

天津审判厅禀拟添收正佐人员入厅学习以备委用文并批

敬禀者,窃维裁判改良为异日收回治外法权之基础,而预备审判人才尤为重要。今天津审判各厅局业经开办,蒙官保主待于上,各委员勉励于下,总期弊绝风清以洗从前积习。惟审判人才非预养于先,此后恐难为继。查光绪二十九年间,我宪台整顿吏治,于天津设立发审公所。凡正途新到省人员俾入该所学习,厥后补署差遣,果皆能实心任事无负恩植。嗣于三十二年凡留学日本法政毕业人员归国后亦均令入所,俾于中外法律互相参证以备器使。旋因研究裁判各项新政,将发审公所改名谳法研究所,各员新旧两班智识互换,而于审判一事尤能知其性质,熟其情形,故此次设立高等审判分厅、地方审判厅及乡谳各局。凡审判、检事、书记等员大抵取材于此。设非我宫保近年造就多数之人才,一时审判需员乌克应用。今该所旧班学习人员均已奉委分入各厅局任事,亟应接招新班以广造就而资预备。查日本裁判构成法本有候补阙位之例,名曰司法官,试补用意至为深远。凡以司法与行政分立,非精通法学、熟悉听断则不可立于司法地位。倘以未经研究法政人员滥竽充数,不特冒昧从事有误要公,且值此创办之初实为众目所注视,设或办理不善,必将贻笑外人。是以卑府等悉心商酌拟请考取本省候补正印人员八名,无论正途、捐纳分在高等并地方审判厅,先令观审藉资练习,作为额外学员不给薪水。俟到厅三个月后由卑府等会同各部长考察,该学员果能潜心励学、深明法律具有裁判资格,再行按名酌给车马费,俟有审判员与书记官因递升缺额,准得以领车马费之额外,学员挨次提补。如各学员于到厅三个月后试无成绩,准再展学期三月,若届半年之久学无心得应即撤退,似此明定员额、限制学期,庶经费不致虚糜而各学员均知感奋,且遇委署、差缺之时亦免乏才任使之虞,洵属一举而数善得矣。

抑卑府等犹有请者,书记官一差关系亦甚紧要,非研究法政有素之人不足以责,得力拟请嗣后不分正、佐考取八名,令其一并入厅肄习,随时考察。如遇书记官内间有缺出即以此项人员择尤顶充,亦办理裁判之一助也。卑府等商诸各部长意见相同。所请是否有当,理合会衔禀请宫保查核训示祗遵,实为公便。肃此具禀恭请勋安,伏乞钧鉴。

督宪袁批:如禀办理。仰即遵照并录报司道查照。此缴。

（光绪三十三年三月十七日"公牍录要"栏目）

审判厅招生正佐

　　天津审判厅现拟招考本省正印十二员,佐贰四员,在高等审判及地方审判观审,至三个月后考查,果能潜心励学、深明法律具有审判之资格者,酌给车马费,候有审判员、书记官递升遗额,以便顶补。如三个月无成效,可推限三个月,再无成效,即行撤退。拟于日内招考,即在地方书记办公处注册云。

　　　　　　　　　　　　（光绪三十三年三月二十一日"新闻录要"栏目）

审判厅改良待质所

　　天津自设审判厅以来,民间无不称便。日前,地方审判厅部长张晋芝太守又将待质所大加整顿,高搭凉棚,以避炎曦,分绅商、平民、妇女为三室。又置茶碗、茶台等件,并准卖蒸食人,给以腰牌,每日到所二三次,以备待质之人购食云。

　　　　　　　　　　　　（光绪三十三年三月二十六日"新闻录要"栏目）

审判厅加添竹签

　　天津审判厅待质所刻下添有竹签多号,所有候审原被及中证人等赴待质所者,阍人按照人数发给竹签,与司法巡警及承发吏,如临审时,该司吏凭签提案,以免疏漏。

　　　　　　　　　　　　（光绪三十三年三月二十六日"新闻录要"栏目）

学生参观审判厅

　　天津创设高等地方两审判厅以来,中外人前往参观者后先相望,日前曾有日本法学十二人前往该厅参观,而法政学堂学生亦不时前往旁听,北洋大学堂法律全班学生日内已诣厅观审,以资历练。

　　　　　　　　　　　　（光绪三十三年四月初一日"新闻录要"栏目）

改定缮写呈状时间

天津审判厅现因时届夏令,今将书记缮写呈状时间重加改定,每日上午自八点至十一点,下午三点至六点。昨已示谕,俾众周知。

（光绪三十三年四月初五日"新闻录要"栏目）

学台批示（政法）

天津教育制枪局林富春等禀不遵理处恳恩传讯以全局面事批,仰候查明核办。

（光绪三十三年四月初七日"文告录要"栏目）

天津审判厅告示

为出示晓谕事,照得本厅定章,凡尔诉讼人等来厅诉讼,仅有状纸两项须照章购买,本厅即取以充书吏、巡警、检验吏、官媒人等工食之用。业经晓谕在案,惟恐日久弊生,或尔等尚有未曾过目者,合再出示晓谕。为此,示仰阖邑诸色人等一体知悉,自示之后,要知本厅颁发各种状纸,每件定价津钱百文。应贴印纸若干,分别列表悬挂印纸发卖处门首定章征收,丝毫不容出入。自起诉至结案,除三联单注明各项外之外,别无规费。倘有格外需索分文者,准尔等指名来厅喊控,或竟自扭送以凭,尽法严惩,如尔等以财行求,或自甘欺骗,一经察出,定即与受同科,断不宽假,各宜凛遵毋违。切切特示。

（光绪三十三年四月十八日"文告录要"栏目）

审判厅重编厅章

天津审判厅编定章程一百四十六条,开办以来将及三月,其有未尽合宜之处,历经两厅厅长会议稍加更正,当于日前将更正章程呈送督宪,禀请核示祗遵。

（光绪三十三年四月十八日"新闻录要"栏目）

天津审判厅广告

为广告事,照得本厅前为预备审判人才起见,曾仿照日本司法官试补之例,拟考取本局正印人员十二名,佐贰四名作为额外学员,不给薪水,无论正途捐纳,分发高等并地方两厅分别观审肄业等情,当经禀蒙宫保批准并出示招考在案。兹据各同寅陆续报名招考前来,合行定期考试,为此广告报考注册有名各员一体知照。现择于本月二十一日早六点钟备卷,在府署局门考试,届期务望诸同寅携带笔墨前往投考,以便按名给卷,秉公校阅,分别取去。幸勿自误。切切谨白。

(光绪三十三年四月十九日"文告录要"栏目)

地方审判厅之成绩

天津地方审判厅章程,凡民事百元以下、刑事徒罪以下者,均归乡谳局审理。近日巡警各局区,民事不及百元、刑事不及徒罪者,亦皆送地方审判厅办理,以致乡谳局案件无多,该厅则异常忙碌云。

(光绪三十三年四月二十五日"新政纪闻"栏目)

谳法研究所禀请改名审判研究所暨添收学员文并批

敬禀者,窃维谳法研究所本就学习发审公所旧规改设,专为培养吏才地方。溯查初定章程,仅令分发新到省即用大挑以及由举拔议叙正印各员入所学习。所中购备会典、律例、刑案诸书,旁及公法、约章,委派教习董率各员,互相讨论。仰赖宪恩鼓励,甄陶人才辈出。凡奉补署各要缺类能励精图治、卓著政声,实于吏治民生大有裨益。嗣于上年八月因举办裁判新政,更章之始尤须得人而理,适值派赴日本学习法政速成科候补各员毕业回直,当经卑府福彭会同前监督张守良遄禀,蒙宪台准将发审公所改名谳法研究所,并变通旧章、宽定员额,准令由法政毕业各员一并入所肄习,与原有即用大挑、正途各员重加讨论,由是新旧法学融会贯通,颇多可用之才。前蒙遴选天津高等与地方审判厅应备豫审、检事、审判、书记各官,多由卑所学员充膺。现查在所研究各员新旧并计仅有十九名,按照前定三十名员额悬缺尚多。卑府等窃思审判厅任事各员,间有奉委补署之时,自应豫储人才以资接替,况将来由津属推办审判则需员尤多,是以前厅长李守兆珍与章令师程有仿照日本司法官试补之例。拟考取本省正印人员十二名作为额外学员之请,业蒙宪台允准照办。查谳法研究所之设专习吏治原为豫备审判人才起见,自可与审判厅考取额外学员之议相辅而行,不分畛域。况近年科举既停分发即用大挑,人员自少。卑府等愚昧之见,拟请将谳法研究所改名审判研究所,一面添收本省正印人员,无论正途捐纳一经考取即系可造之才,概准收所肄习,仍以三十名为定额,缺则补取,照章给予津贴膳费。由卑府守佑与教习候选知县严令保荣将原续定功课、规条,酌量损益,令各学员于在所修业时互相观摩、研究,每日午后分班派往高等与地方审判厅并北洋行营发审处观审案件,以为实事之经验,自与从事往籍未经躬亲阅历者不同,庶可造成有用之才,藉收坐言起行之效。嗣后凡遇各级审判厅员缺需人并请先尽在所肄习各员遴选充补,似此明定章程,则在所学员既有效用之地,即审判厅署亦无乏才之虞,洵称一举而数善备矣。除俟奉到宪示按额取定学员另开名单呈报外,所请是否允当,理合会禀宫保察核俯赐示遵。肃禀恭请勋安,伏乞钧鉴。

督宪袁批:据禀已悉。所拟将谳法研究所改为审判研究所并添收正印各员肄习,事属可行,仰即遵照,并将取定员名开单报查。此缴。

(光绪三十三年五月初七日"公牍录要"栏目)

天津审判厅纪事

前纪津海关道梁观察、天津道凌观察奉督宪札委为高等地方审判厅督理李太守兆珍为总稽查,兹悉观察等均于十八日入厅视事,又、高等审判厅前经详奉督宪批准,拟以天津府署改充,其天津府有拟迁至城守营内办公,惟尚未定夺云。

(光绪三十三年五月十九日"新政纪闻"栏目)

考取审判书记人员

天津审判厅于上月内招考试补、审判、书记等官兹已发出榜示,计取正班十二名:试用知县吴远基、大挑知县吴懋卿、试用知县张祖厚、候补知县周宝辰、教习知县杨廷选、候补知州郑润东、试用知县凌绍彭、试用知县孙毓藻、候补知县王崇焱、试用知县何烈、试用知县丁之铣、候补知县冯麟淮。佐班六名：试用县丞刘炳蔚、试用县丞尚葆澍、试用府经历谢宝华、试用直隶州州判唐懿坤、试用府经历陈毓瑞、候补县丞吴习礼。

（光绪三十三年五月二十六日"新政纪闻"栏目）

天津审判厅禀查覆整顿审判厅条陈呈候鉴核文并批

敬禀者，窃奉宪台札开，有人条陈整顿审判厅十二事，委卑府兆珍会同卑府朝卿良暹按照折开各节分别切实查覆以凭核办等因。奉此卑府等遵将折开各节逐一访查，复经卑府等公同商酌，其中有可照办者，有须缓办者，有原折所不及，据卑府等管见所宜急行者，谨按折开各节逐加注语缮折呈候鉴核；再原折所称两厅均须速筑一节，业经禀明地址、顷已绘图估价。又拨定经费一节，应令两厅厅长从速豫算，呈候指拨；又整顿研究所一节，应令该所监督范守另拟办法，呈候酌定。以上三端似可毋庸再议，合并陈明。专肃恭叩钧安，伏祈慈鉴。谨将遵查整顿、审判事宜缮折，恭呈宪鉴。

计开：

确定判决宜实行一条：

谨查确定判决之设即为上控期间起见，二者互相关连断不能一行一不行。惟审判当以便民为要务，民间已视习惯为自然，苟不行之以渐反或窒而不通。设有过路之客临行时与客店因账目不清纠葛涉讼，此系民事，一堂既结，今必欲于二十日后执行，则是客亦须于二十日后启行，设有要事，设无路费，愚民不知，目为虐政。故上控须在确定判决之间执行，须在确定判决之后洵属杜绝缠讼之良法，允宜实行。而事关初办，似又不得不量予变通，拟请嗣后除重大刑事案件外，其民事案件之一结即了者，准其于完案具结时声明永不上控，即时执行，以免延累。俟民智大开后一律实行以符定章。

合议制宜确守一条：

谨查合议制宜之善，原文已详言之。在会审员并可藉此历练，允宜确守，嗣后并由卑府等谆嘱各会审员务将卷宗细阅，先须暸然情案方可表决意见，以补承审员之不及。卑府良暹前于指派承审会审时，祇以案件太多、委员太少，若必拘于二会审必至延搁案件，则遵章反不能便民。询诸归自日本者皆言彼国初办裁判所时亦以人不敷用,有以一人而兼二资格时,故斟酌再三惟有派一人会审,隐嘱书记官以一人而兼会审事宜。如此则形式虽或不备,而精神实存,且得勉副宪台谆谆便民之谕。此时试补各员业经先后到厅,仍当每案指派三人以符定章。

检事长两厅派一人一条:

谨查两厅检事长章程使然反至无事可办,拟请略为更改,于高等分厅设检事长一员兼行检事官事,并监督、指挥地方厅检事官;地方厅事较繁设检事官二员,如此则劳逸既均亦符厅章。

豫审官不必派专员一条:

谨查原文之意似因现时豫审员未能称职,故拟临时于审判员中指派。此豫审员对于此案不能再派承审,似可采用。惟勘验死伤是豫审之职务,时交夏令地方厅相验案日必数起,非设专员不可。惟高等分厅则应行豫审事甚少,拟请高等分厅设豫审官一员,地方厅仍设二员,以专责成。遇有重大案件准由部长于审判员中指派,惟对于此案不能再派承审,如此通融办理既昭疑实亦符厅章。

部长宜久任一条:

谨查原文之意,两厅之成绩卜诸部长之得人,部长之成绩在乎章程之熟悉久任一层,允宜实行。应否规定年限及奖励之处,宪台自有权衡,勿庸擅拟。

委员宜甄别一条:

谨查现在厅员至三十余人之多,当时急于开办,先时并无预备,人各有能有不能,必欲强其不能以为能,于彼于厅两无裨益。今各员中有才堪器使,特不宜于审判者,故甄别一层目前万不可缓。惟委员与部长最密接,部长之知委员必较厅长为真切,拟请嗣后甄别委员应由厅长会同部长行之较为核实,甄别部长则专责之厅长。原文所陈胡、李、龚三令虽于开厅之初或有不谙章程之弊,业已知过能改,皆系厅中得力之员,李令结案尤多,惟胡令情节较重,仍由卑府等随时察看,该三令应请宽其既往以观后效。

用刑宜慎重一条:

谨查高等厅自开厅后于民事尚无用刑之案,地方厅事既繁琐有先以民事起诉,审至中间知系刑事者,原文内有民事亦用手凳一语,即此误会亦未可知。嗣后遵当严谕各员民事执手,刑事用凳,不许通融滥用。

书吏宜约束一条:

谨查本厅书吏既系临时招募,又无学问,故开厅后随时稽查,间有在外滋事及需索者无不立时严办。原文所指各节业经明查、暗访皆无实据,三月间曾由两厅会衔示谕:凡承发吏、司法、巡警因公外出不许坐车,一面分谕各段巡警见有穿本厅号衣之承发吏、司法、巡警而坐车者,令其扭厅候办。惟须赏罚分明,方足以昭激劝,拟请嗣后定期或一年、或二年甄别一次,凡书记生、承发吏之实系廉慎者保给奖剳。司法、巡警之实系廉慎者保送巡警总局充当巡长,其已属巡长者充当巡官。如有不知自爱收受额外规费者加等治罪,仍责令带队警官随时训练约束不得稍懈,其带队警官宜优给薪水,以资鼓励。

判词宜刊报一条:

谨查判词刊报实备数善。原文三善之外,并可使候补人员之未经考入研究所者亦得藉此研究。拟请暂时不设专报,谕令官报局每日报末附装一页专载两厅判词,名为审判厅判词录,不与原报文相接连,日后仍可分装成书并由卑府兆珍示谕遍贴。各署州县官厅将来考验处于批判一门就中出题,有能记忆援引者多给分数,以期人人皆看此报,既省厅中经费又广官报销路,如此办理最为简易。

漱局宜调查一条:

谨查此条万不可少,亦万不可缓。除由卑府兆珍派专员密查外,仍责令地方厅厅长互相派人查访以杜滋弊。

两厅宜合筑一条:

谨查此条在建议者甚有见地,此时金谋未同,拟请从缓商办。

外人宜优待一条:

谨查开厅以后对于交涉案件事事顺手,此时益当格外优待,使其心悦诚服。就我范围久之又久撤回领事权之基础,莫不肇于此时。原文所指各节皆由现在厅小所致,拟请嗣后改筑新厅时另设外人待质室一所,凡案内之外人憩于斯;设接待室一所,凡领事派来观审之外人及路经此地之观审者憩于斯。开堂时刻既经定明不可或先或后,以昭信用。至办理交涉案牍已由天津府添委一等书记官阮令专办,交涉案牍对于重大案件兼由卑府良遏等公同商办。惟地方厅案牍纷繁宜加设二等书记官一员帮同,现充一等书记官柳令办理民刑案件,方可持久而免贻误。

督宪袁批:据禀复查,整顿各节尚系实情。凡举一新政须贯以全副精神,若稍松劲势必渐复旧观,应即按照所拟切实整顿。此时建筑新厅必须完全合法,研究、审判尤须精选人才,并谆嘱各员虚心研鞫务为民间设身处地,勿以一时结案为能。各该守等皆历任地方素著政绩,务期任劳任怨,始终勿懈。仰即遵照。折存。此缴。

(光绪三十三年六月十七日"公牍录要"栏目)

直督袁奏天津试办审判厅章程折

奏:为专设审判,先由天津地方试办,使行政、司法逐渐分立,恭折缮单,仰祈圣鉴事。

窃臣伏读光绪三十二年九月二十日上谕:刑部著改为法部,专任司法;大理寺著改为大理院,专掌审判等因。钦此。又十月二十七日,大理院奏请厘定审判权限一折,奉旨依议。钦此。查大理院原奏审判权限,其设在外省者,曰高等审判厅,曰地方审判厅,曰乡谳局,各有限制,秩然不淆。臣维司法独立,万国通例。吾国地方官兼司听断,救过不遑。近今新政繁兴,诸需整顿,亟宜将司法一事分员而治,各专责成,以渐合立宪各国制度。但势成积重,若一旦同时并举,使划然分离,则法官既少专家,布置亦难藉手。惟有逐渐分析,择一二处先行试办,视情形实无窒碍,然后以次推行。臣于上年迭饬天津府县暨谙习法律并法政毕业各人员拟议章程,稿凡数易,至本年二月初十日始克成立。现经试办数月,积牍一空,民间称便。谨将详细情形,为我皇太后、皇上缕晰陈之。

此项审判,系从天津一府试办,而一府之中又先从天津一县试办。于变通旧法之中,寓审慎新章之意。天津县审判,名为地方审判厅,天津府审判,名为高等审判分厅。又量分天津城乡,匀设乡谳局四处。期与大理院原奏吻合,以为法院编制之先声。所有两厅及谳局办事人员,就平日研究谳法暨由日本法政学校毕业回国之成绩最优者,并原有府县发审各员,先令学习研究,试验及格,按照分数高下,分别派充。故人争濯磨,尚无滥竽充数之事。此设置厅局、选用官员之实在情形也。

各国诉讼,民刑二事,办法迥乎不同。盖民事只钱债细故,立法不妨从宽,刑事系社会安危,推鞫不可不慎。日本刑事案件,多由检事提起公诉,以免冤狱而省拖累,采取此制,可期庶狱之敉平,而旧日之借端讹诈,及舫法私和等事,亦即不禁自绝。至起诉之后,所有搜查证据,逮捕人犯,必非一、二承审官所能为力。是以特设预审一官,以为承转机关。盖既经预审,则案中节目,必已成竹在胸,然后移送公判,众证确凿,供招较易。此慎重刑事之实在情形也。

厅局雇用之人,皆由招考而得。写状录供,整理公牍,则有书记生;收受民事诉状、递送文书传票,则有承发吏;搜查、逮捕、执行、处刑,则有司法巡警,以上三者,皆优给工食,严杜需索。其人证到案,向与书差杂处,殊易滋弊,乃为之设待质所,分绅商、平民、妇女三室,以示区别。其紧要人犯之尚未定罪而碍难保释者,为设管收所,准其亲友到省视送食,无力者由厅酌给钱文。所中扫除洁净,并洒避疫药水,以重卫生。此用雇役及设待质管收等所之实在情形也。

从前酌收讼费,定数太多,且征收于结案之后,往往延宕不缴,无法传催。今变通旧章,一切状纸,由厅发卖,每纸制钱五十文,并遵章贴用印纸方予收理。此外,承发吏规费俱限有定数,交厅存储,务使酬其奔走之劳,而较从前书差等费,民力已轻倍蓰。既有画一章程,丝毫不容出入,是以行之数月,民间翕然从风,良由费省而事便,无从上下其手。此明定讼费之实在情形也。

向例,外国商民控告华人事件,类皆先赴领事衙门投禀,再由领事转交关道,或由关道自行讯断,或发交县署判决。开厅以来,由县署移交暨关道发交以及洋商径自来厅控告者,已断结十余起。外人于过堂时则脱帽致敬,于结案时则照缴讼费,悉遵该厅定章。亦有不先赴该国领事投禀而径赴该厅起诉者,虽司法独立,诚未易一蹴而几,但既亦有端倪,则此后之进步改良,尚非难事。至目前府县虽不专亲审判,则仍兼厅长之职,亦因报案文移,既用守令印信,且一切布置建筑,不能使府县不任责成。应俟法部颁有新章,再行遵守。盖弊当去其太甚,物有开而必先。臣仍督饬在事各员,始终勿懈,以期仰副圣朝矜恤庶狱之仁。

所有天津试办审判厅章程,理合缮具清单,仰恳天恩敕部立案施行。谨恭折具陈,伏乞皇太后、皇上圣鉴、训示。谨奏。

奉朱批:法部知道,单并发。钦此。

（光绪三十三年六月十八日"奏议录要"栏目）

津海关道详天津审判厅审理
交涉案件办法十二条请核示文并批

　　为详请事，光绪三十三年十二月初六日，据天津地方审判厅禀称，窃查津埠华洋互市，租界林立，各国侨商控告华民负债等案日益繁多，其案情或因包揽招工、批定货物，或因彼此交易借贷长支。凡此，皆关银钱出入争讼到官，一经传讯，证据未确互相狡执者，有之或因讯实而被告赤贫乏产无力还者有之，又由原告证人不到，莫可质对者，亦有被告避匿租界，屡传不获及远出无从讯究者，往往经年累月艰于判结承谳者，心力交瘁，无法设施，在各国领事不知种种障碍，为难情形，或疑厅中不予速办，在洋商只图获得银钱不知逋欠者，穷困无措，辄曰官府未为严追而尤不肯量事减让通融完结。每使承审员顾虑交涉，勿敢遽断，欲求追出款项，计惟展限宽期因而至再至三，遂成延宕莫结之势，两造人证羁押守候拖累无穷，甚有在押数载患病瘐毙之事，殊非保商恤民之道。

　　卑厅开办审判以来，督饬承谳各员详细鞫讯，实心实力勤慎从事，以前旧案多已次第就绪，近来新案亦俱随时核判，可速则速，尚无积压延搁之弊。惟新旧并计，刻下现审交涉共有数十起之谱，来日方长，不可不预订妥善办法，俾资遵守，庶几案无积滞，原被两获其益，兹经卑厅公同酌议规定办法十二条，另缮清折呈请呈请裁夺并恳转详督宪批示立案，暨照会各国驻津领事官一体备案施行。至此，此章程定妥之后，以前未结各案应请援照办理，以清庶狱而昭画一，除将现审各案仍饬原审官竭力讯追具报外，所有卑厅审理交涉案件酌拟清理办法，缘由是否有当，理合开折禀请察夺，俯赐转详照会立案，实为公便。计禀呈清折一扣等情，据此，职道复加查阅该厅所拟办法十二条，系清厘交涉积案起见，事属可行，除抄折照会各国领事备案并批示外，理合照录清折具文详请宪台查核，俯赐批示立案，实为公便。为此，备由具详，伏乞照详，施行须至册者。

　　谨将天津地方审判厅审理交涉案件酌拟清厘办法十二条照缮清折，恭呈宪鉴。计开：

　　一、凡各国洋商控告华人负欠钱债之案，如审明，实系意存诓骗掯勒不还者，究明房地财产由官查封，分别估价折变拍卖补偿，仍视情节轻重钱数多寡酌量治罪。

二、凡华人与洋商交易往来亏欠银钱如审系买卖赔累,生理荒闭,并非欲图坑害者,如查有财产器物,不论多寡先令尽数变抵下欠之款,断令写立期条分年摊还。

三、凡各国洋商控告华民短欠债务,审查被告赤贫如洗,家产尽绝,实系无法归偿者,应视其欠款多寡酌定惩役期之长短,以期速结而免悬讼。

四、凡追债之案,华洋各商次第呈控到厅,被告因所欠不止一家,情愿将产业、资财、器物交官变卖,分偿众债者,如调查确实并无隐匿、寄顿情弊,应即照准齐集两造订期拍卖折变,按成均匀摊还,华洋债主均须承认不得违异。

五、凡罚办欠债之人,应视欠数多寡为断,假如负欠债款至一万元上下者,拟伐苦工三年;八千元以下五千元以上者,拟罚苦工二年半;三千元以上者,拟罚苦工二年;二千元以上者,拟罚苦工一年半;一千元以上者,拟罚苦工一年;一千元以下五百元以上者,拟罚苦工半年;三百元以上者,拟罚苦工三个月;一百元以上者,拟罚苦工一个月。

六、凡光绪三十三年以前旧案,如欠数在三千元上下,而被告家产尽绝无力措还,因讼羁押拖累已及二三年之久者,核其情罪已足相抵,应即据实声明,由领事官谕饬原告免追息讼,即将被告提案释放,作为完结。

七、凡旧案被告因讼羁累已及一年或半年以上,核其情罪较轻屡限严追,未能措缴,又无财产可以封抵者,应集两造质证明确并无欺饰,即行分别提案开放或酌罚苦工完结以清麈牍。

八、凡华人负欠洋商钱债如承审官查讯确实,该被告一时无力清偿,经承审官或原告认为被告日后可以设法归补者,应即证明断令被告开具期条,分年分月陆续付清,以期案可速结,原被两获裨益。

九、凡钱债之案,一经断定,分年分月之后,必须按期交付撤销凭条,倘被告违背判断,逾期不还,经原告二次控追,立将被告提案罚苦工完结,其役期长短仍以欠数多寡为准。

十、凡华洋商民互相交易,多因合同等项证据未明、账目纠葛,致启争讼而被告因原告未与对词,往往空言狡饰,迨行文传质辗转费时,遂使案难连结,嗣后控诉事件应请由各国领事官预嘱原告洋商或遣派华夥随时赴厅投审,听候质对,以省周折。

十一、凡原告洋商控案之后,如延至两月期限并不赴厅候审又不预行声明事故,或系回国而无指定代表人守候者,应将控案注销,被证释放,以免无辜羁累,久悬案牍。

十二、凡被告华民及案内证佐寓居租界一经由厅呈请榷宪票传,应请各国领事官见票后立即签字,饬派内巡捕协同传获,弗使隐避脱逃。如果访查明确,被告或紧要证人,实系外出谋食,不知去向,屡次探访,期至两月之后仍无下落者,应将控案暂行注销,俟被告回归,准由原告另行呈控,以凭传究,理合签明。

督宪杨批:如详立案。折存。此缴。

(光绪三十四年正月初七日"公牍录要"栏目)

天津县议事会为控告赖地一案移请审判厅查卷核议文

为移请事,案查李张氏呈递说帖内称,前赴审判厅控坟役陈明欺孀赖地蒙断将茔地充公一案,敝会谨遵《试办天津自治章程》有代人民申述困苦及对于地方官所办之事上书质问各条,特就该氏说帖内述各节移示知,当接覆函历叙李张氏原呈情节及案中人证各条,承嘱向双造剀切开导妥为详议,务使悦服其心,以免缠累等因。敝会展读再四,正在核议未决,又接李张氏说帖,内称本月十八日又蒙审判厅传讯,仍接前断只给银一千两,又不说明向谁手去领,勒令具结氏以七旬孱弱妇女恐遭责押之辱,暂时不敢不具查,该地曾经经纪估价值银四千两上下,今只断给一千,不能养生并难葬死,此后祖茔平毁,先尸暴露,为人后者情何以堪? 备陈冤抑请会核详议前来,敝会原难据该氏一面之词遽行议决,惟按贵函所叙各节该案头绪纷如,碍难一时剖晰,未便以空言开,导致难折服其心,拟援梁逢中控杨学圃一案,请将李张氏控陈明全案检出,发交敝会借观一过,冀以资公议而慰舆情,所有李张氏控陈明赖地一案,请借阅全卷以便核议缘由,理合备文移请贵厅查照施行,实为公便。

(光绪三十四年八月初六日"公牍录要"栏目)

移查审讯公产案

天津县议事会移地方审判厅文云:窃于宣统元年十一月十五日有商人韩式周来会呈递说帖内称,该商前租云霞观庙地,兹有张国璧认为己产在乡谳局呈控等因,敝会以事关公产,一再备文向乡谳局,请将一切证据赐交敝会,以便核议并曾否将此地断归民产,祈并从速见覆,去后于宣统二年二月初八日据乡谳局覆称,查此案于上年五月间据韩式周来局呈控脱尘和尚张国璧等合谋陷害等情一案,经敝局集讯。据张国璧供称,有茔地毗连坑地一段,于本年三月间在地方审判厅将脱尘和尚呈控,业经勘丈明确,断给小的管业等语。查敝局仅据张国璧供词为凭,现在此案尚未断结,未及调查厅卷,该原被即赴贵会投递说帖,究竟厅中如何讯结,应由贵会移查,自有原卷可稽等因。敝会拟合移请贵厅将审讯此案情形并有何证据查明示知,以便核议,无任企盼。为此,备文即祈查照,施行。

（宣统二年三月初十日"畿辅近事"栏目）

天津高等审判分厅供差人员一览表

厅长	天津府知府	黄昌年	杼舆	湖南
刑事部长	候补道现奏准试署厅丞	俞纪琦	仲韩	浙江
民事部长	补用知州	何焕典	慎五	湖北
高等地方两厅检事长	补用道	刘思鉴	子衡	湖南
审判官	大挑知县	王祝三	华峰	山西
	候补知县	何维彬	星南	安徽
	候补知县	李文吉	迪伯	安徽
	候补知县	周宝辰	仲绥	江苏
	试用知州	刘观龙	桐村	湖南
预审官	即用知县	杨大芳	晓荃	山西
高等地方两厅收支员	候补知县	金复生	寅叔	浙江
一等书记官	试用县丞	罗志瀛	士心	浙江
二等书记官	试用知县	王瑾	云川	安徽
	教习知县	杨廷选	又甦	江苏
	候选府经历	谢有光	淦卿	浙江

三等书记员	试用县丞	吴习礼	立三	安徽
	试用知县	张学礼	子中	河南
会审官	试用直隶州知州	张敬效	茂藻	浙江
	补用知县	朱学轼	次瞻	河南
	补用知县	袁书清	海平	山东
	试用州判	牛照荃	芗斋	山西
	试用直隶州州判	董柏楹	铭丹	奉天
	候补知县	裴景宋	仲璟	安徽
	候补知县	陈钟伊	叔衡	四川
	候补知县	吴放	慧佛	江苏
	补用知州	周庆瑗	仰璩	浙江
	候补典史	张裕华	茂南	山东

（宣统二年三月二十四日"北洋官报汇编"栏目）

天津高等审判分厅北洋新政人员一览表

县丞	候补道	余纪琦	监督推事兼刑科庭长	缓设	
候补监督推事	候补知府	李维钰	民科庭长	候补知县	伍钧
刑科推事	即用知县	杨大芳	刑科推事	候补知县	何维彬
刑科推事	即用知县	胡献琳	民科推事	大挑知县	王祝三
民科推事	候补知县	李文吉	民科推事	候补知州	刘觐龙
典簿	试用知县	朱俊	主簿	教习知县	杨廷选
主簿	试用县丞	罗志瀛	录事	试用县丞	吴习礼
录事	试用州判	牛照荃	录事	候选县丞	沈尚志

翻译官（地方厅亦得调用）	分省试用县丞	关葆麟	候补推事	补用知县	朱学轼
候补推事	候补知县	吴放	候补推事	即用知县	崇文
候补推事	截取知县	谭恺	候补推事	截取知县	龚景韶
候补推事	补用直隶州州判	董柏楹	—	—	—

（宣统二年五月十八日"北洋官报汇编"栏目）

天津地方审判厅新改职员表一览表

地方厅长兼刑科庭长	候补直隶州知州	李绍勋	民科庭长	候补知县	陈毓瑞
刑科推事	候补知县	胡式金	刑科推事	候补通判	叶征
刑科推事	候补知县	吴宝棣	刑科推事	候补知县	冯麟淮
民科推事	候补知县	凌绍彭	民科推事	试用知县	王曰端
民科推事	候补知县	陈楷	民科推事	大挑知县	林钟琪
典簿	试用知县	柳廷黼	主簿	候补知县	恽福华
主簿	候补从九	陆诗	—	—	—

（宣统二年五月十八日"北洋官报汇编"栏目）

天津地方审判厅新改职员表一览表

地方厅长兼刑科庭长	候补直隶州知州	李绍勋	民科庭长	候补知县	陈毓瑞
刑科推事	候补知县	胡式金	刑科推事	候补通判	叶征

刑科推事	候补知县	吴宝棣	刑科推事	候补知县	冯麟淇
民科推事	候补知县	凌绍彭	民科推事	试用知县	王曰端
民科推事	候补知县	陈楷	民科推事	大挑知县	林钟琪
典簿	试用知县	柳廷黼	主簿	候补知县	恽福华
主簿	候补从九	陆诗	主簿	候选县丞	朱学宝
录事	候补知县	林孝曾	录事	候补州判	张嘉乐
录事	候补县丞	刘炳蔚	录事	候选从九	陈建
所官	候补知县	王莲堂	翻译官（高等厅亦得调用）	补用千总	金在业
候补推事	补用直隶州知州	宝信	候补推事	拣选知县	曾湘泽
候补推事	即用知县	高绍辛	候补推事	候补知县	朱蔚然
候补推事	候补知县	余耀祖	候补推事	补用知县	英斌
候补推事	试用知县	余耕礼	候补推事	准补安平县知县	薛馨山
候补推事	候补知县	向莹	候补推事	候补典史	张裕华

（宣统二年五月十八日"北洋官报汇编"栏目）

天津地方检察厅额支经费表

名称	人数	职务	月计	合计
一等书记生	二	经理稿件，管收存库物件	十六两	三十二两
二等书记生	二	缮写文牍，经理统计	十两	二十两

一等检验吏	一	检验伤痕	二十元（约合银十四两）	—
二等检验吏	一	检验伤痕	十二元（约合银八两四钱）	—
医生	一	医治押犯	十二两	—
承发吏/巡警管带	一	管带吏巡，稽查一切	十四两	—
承发吏长	二	管束承发吏	九元（约合银六两三钱）	十二两六钱
承发吏	十八	递送文书，传案、查封等事	八元（约合银五两六钱）	一百两八钱
警长	四	管束巡警	九元（约合银六两三钱）	二十五两二钱
巡警	三十六	搜查逮捕、押解巡守等事	八元（约合银五两六钱）	二百一两六钱
庭丁	一	听候使令	四元（约合银二两八钱）	—
承发吏/巡警伙夫	六	执炊	四元（约合银二两八钱）	十六两八钱
男看守所巡警津贴	六	看守人犯	四元（约合银二两八钱）	十六两八钱
女看守	三	看守人犯	七元（约合银四两九钱）	十四两七钱
禁卒	二	管理刑具，洒扫所房，听候使令	六元（约合银四两二钱）	八两四钱

| 看守所伙夫 | 一 | 执炊 | 五元（约合银三两五钱） | 一 |

总每月共支银五百三两六钱,每年共支银六千四十三两二钱,计闰年共支银六千五百四十六两八钱。

（宣统二年五月二十九日"北洋官报汇编"栏目）

天津地方检察厅约算活支经费表

类别	月计	年计	遇闰
官吏相验夫马费	八十两	九百六十两	一千四十两
巡吏衣服靴帽	一	七百二十两	一
办公纸张笔墨簿籍等件	六两	七十二两	七十八两
男女押犯及苦力人等口粮	一百四十两	一千六百八十两	一千八百二十两
巡吏丁役节赏	一	三十四两	一
冬季煤炭	一	六十两	一
赏给无名尸棺	一	七十两	一
杂项	六两	七十二两	七十八两

总每年共支银三千六百六十八两,计闰年共支银三千九百两。备考:饭食油烛茶水由地方审判厅备办。

（宣统二年五月二十九日"北洋官报汇编"栏目）

详派检查天津厅录事

提法司详称:窃照天津地方检察厅录事尚未派员,应以天津第一初级厅录事太史格调充,所遗第一初级厅录事,应委候补书记官薛维庠接充。除照会并分别札委外,拟合详请宪台查核等情,奉督宪陈批据,详已悉缴。

（宣统三年十一月初五日"畿辅近事"栏目）

军　政

北洋陆军武备学堂暂行试办章程

学堂办法

一、此次筹办陆军学堂,钦遵谕旨以广储武备人材为准则,凡学堂阶级、学业课程、学生额数、学成年限,均须统合筹定,方足以收实效。今酌采东西邦制分为三等,曰:陆军小学堂,曰:陆军中学堂,曰:陆军大学堂。次第设立,循序递进,综以十二年毕业。惟此项三等学堂规模虽具,取效需时,应别设速成学堂,限二年毕业,以备目前官弁教习之选。

二、陆军小学堂拟在省外择地设立,分为四区,每堂额定学生二百名,每年限招五十,分四年递招,以第一年所招学生五十名为第一班,次年续招者为第二班。至第四年,三班、四班均已招齐,则四年期满毕业之第一班学生升入中学堂,应即以第二班学生推升为第一班,嗣后以次递招,即以次递升至第一班为止。留堂肄业学生总不得逾二百名之额。

三、陆军中学堂拟在省城设立,额定学生六百名。每年分取四处小学堂毕业生二百名升入,授以中学课程,三年毕业。计三年后,每年有中学堂毕业生二百名,令随营历练,其历练之程,约以二年为限。初年授以小枝队伍,次年授以大枝队伍。其讲堂、操场诸课,皆使实历考求,确有把握,然后择学识明通,志趣阔远者,由军政司考取五十名入大学堂肄业。其余即留各军营,量材任使。

四、陆军大学堂即参谋学堂。拟在省城设立,额定学员一百五十名。每年考选在营实历期满中学学生五十名入堂肄业,三年额足。则第一年学员学亦毕业,应即将以后第二三年选入者以次递升。计自小学至大学阅十二年之后,每年可得大学堂毕业学员五十名。应如何考验录用,再另详订章程。

五、陆军速成学堂拟在省城设立,与小学堂同时,并建第一年招取新生二百名,嗣后每年添招一百名。教法务择精要,程限力求简速。定以二年毕业,分布军营,派充官长,或遣赴学堂,充当教习。四年以后,小学堂学生已经毕业,即将此堂改为陆军中学堂。

六、招考小学堂学生自十七岁至二十岁,须相貌魁梧,身体强壮,文理通顺,方为合格。其家无兄弟,素行不修,及习染嗜好者,概不收录。每堂额限五十名,四堂共选二百名。应由各府直隶州饬属分额考送,俟学堂派员复试录取,方准留堂。考送人数须按应选人数加倍,以备复试淘汰。

七、招考速成学堂学生,自十八岁至二十五岁,其格式与小学堂同。无论土著、客籍、文武生童、世家子弟悉准投考录取。以土著六成客籍,四成为率。

八、招考新生预于前两月出示详载某日报名、某日考验身体、某日考试文义,应考诸生无论远近,必须先期报到,逾期概不收考。其报名时,须先由学生父兄、家属、族邻出具甘结保状呈请存案。学生父兄家属出具甘结式:某府某州县某姓名为出具甘结事,依奉结得陆军学堂考选学生,今有亲子胞弟胞侄某名年若干岁,愿令学习武备,恳请考送学堂肄业。在家曾读过经史,体质强壮,并无习气、疾病、嗜好。自入堂后,若因资质鲁钝,或疾病难愈,致须开除该生,所用一切公款听候酌量免赔。如不遵定章,无故自请告退,或私自逃逸及有过犯黜革者,该生所用一切公项应照在堂日月赔缴。所具甘结是实,学生族邻出具保状式:具保结人某姓名今结得某学生自愿学习武备已蒙陆军学堂考取入堂,除由本生出具甘结外,素知该生身家清白,品行端方,既无过犯,亦非孤子。自入堂后,倘以资质鲁钝或疾病难愈,致干黜退该生,在堂公中用项听候酌量免赔。若不遵定章,无故自请告退,或私自逃逸及有过犯黜革者,所用公项应照在堂日月赔缴。如该生无力缴还,惟保是问,所具保结是实。

九、新生入堂开学后,三月期满,严加甄别一次,历试堂内所授功课,分别优劣,酌定去留。其有不遵约束及不敦品行者,虽堂课稍优,亦必汰去。资质过钝,口齿不灵,不堪造就者,概不留堂。

十、学生最忌随时增收,新旧参差,难于施教。今学堂招收新生,每年一次,概不准瞻徇情面,陆续增收,纵有空额,宁缺勿滥。

十一、学生考取入堂,均须实力肄业,束身自爱。如有错失,分别记过。倘所犯情节较重者,即由总办酌量斥革。

学堂职掌

一、总办:总理堂内一切事宜。有选聘教习,检查学生,督率各员之责。凡章程因革学课程度,薪费盈绌,员役进退,督同提调,办理事前有规画、筹定之权。临事有稽核整顿之任务,须公慎廉勤,为一堂表率。

二、提调:专司堂内一切事宜。有考察教习,稽查学生,督理员司、弁役之责。凡房室书籍、器具、饮食、起居、银钱出纳,应行整理、购备、察核者,均归分派办理。上承总办,以创改诸务;下率各员,以奉行定章。务须联合职掌,整顿规制,为一堂之枢纽。

三、总教习:总司堂内教授事宜。有督率分教,改定课程,及奖罚生徒之责。凡事与总办会商而后行。立教习考勤簿,按月同提调核实填注。教习所记学生功过簿,均归核夺。教习请假与总办商办,学生请假交提调准驳。

四、分教习:专司教授各课事宜。有稽查、考验学生之责。在堂则严督功课,平时则细察品行。遇事奖励、劝戒,其功课分数、品行优劣各立册记录,每月汇呈总办、总教习查核。至分门教授程课,别定专章,各宜遵守。

五、学长:专司稽查本班学生事宜。开办一二年后,择初班学生品端学勤者派充。有约束、规劝、考察之责。主联合同学统率全班,以口规过劝善之谊,以补教习之阙,每月将本班各生学行分数列表呈教习查核。各生有过失、竞争,学长不能劝戒者,随时进告教习。学长若存私意,教习可加戒饬。

六、医官:专司堂内一切卫生事宜,富有管理医药房养病所之责。凡学生起居有违度者,饮食有失宜者,皆纠察之。堂内扫除污秽,预防疫诸事,皆督理之。有患病者,随时医治。学生病假验实,书给病单上提调查核准驳。

七、文案:专司堂内往来文牍事宜。凡应办公件,禀承提调,所拟稿件,侯覆核定妥上总办判行。至表簿、榜册及课单、学规等件,应发交抄录改定者,应随时监理校阅。

八、支应委员:专司堂内收支账目事宜。凡额支各款,如薪工、火食、零星各项,应照定章按时发给。其活支各款,如学生操衣、靴帽,及功课所需,由总教习筹议开单。修理房屋,添置器具,由提调筹议开单,均上总办核定,然后办理。凡账目月有结,岁有报,由总办提调随时稽查,严禁侵亏舞弊等事。

九、杂项人员:分司堂内军装、书籍,督理马廐、司阍、厨役等项,应用员司、弁役,由总办提调酌量人数,议定职事,禀明军政司另颁简明章程,以便遵守。

学堂条规

一、学生接见总办提调及总分各教习均执弟子礼。除年节揖拜外，平时无论堂内堂外，均肃立致敬。如途次相遇，骑者宜下，步者屏立道旁。

二、每年恭逢万寿庆辰及孔子、关圣诞日，由总办率领堂内员生，齐班行礼。

三、每逢万寿庆辰及孔子、关圣诞日，堂内员生均放假一日。端午、中秋节各放假二日。每逢星房虚昴日，上午考课，下午放假。年节按军营停操日期放假。至暑假日期，由总教习与总办临时酌定。

四、堂内课业时刻，每日以八点钟为度，无论冬夏，皆限日出前半点钟。堂内一切人等闻号即起，各堂教习生徒应遵总教习酌定功课，限日出后半点钟到堂授课。至寝兴食息，均有定时，应由总教习随时改定。冬季或添夜课，总不得逾八点钟之限。

五、学生上讲堂须先教习五分钟时刻，依次徐行，不得争先落后。既入堂，须按号列坐，不得喧哗、笑语及高声诵读。俟教习到堂，起立致敬，以昭严肃。

六、学生在讲堂授课，须端坐静听。其不解者，准诣教习前请质教习。所授课程，其文字、图式书于黑板上，若学生坐次居后，远视未审准，其诣前详视，随即就坐。

七、学生上讲堂须按功课单将应需书籍、文具等件随时携带，不准任意出堂取物。如系临时加课，应用各件准其禀明教习往取。授课时不准随意出位及吸烟、茶话。

八、外场功课操规严如军令，所有演习各项操法及测量等事均须恪恭循顺，听教习指挥，违者罚惩。

九、学生旷课一日，则教学均有参差。除照章放假及有疾病大故外，凡假满不归者，按日扣饷。非要事，概不准假。假满回堂，应补习所欠课程，以便一律教授。

十、学生每遇放假日期，近者准其归省，限满回堂，远者留住堂，凡外出者，均须禀明挂号。

十一、教习常年督课，各有专责，不得时常请假，致误课程。如有紧要事故，须先两日开具假单，声明假限，候总办、总教习核准，以便派员代理。

如逾限不回,按日照扣薪俸。逾限在两个月以外,即将原额开除。至暑假、年假,则照章办理。

十二、堂内员役司事人等均须按照章程认真办事,如有违犯堂规、废职舞弊者,员司则申饬撤罚,弁役则惩治斥逐,由提调禀承总办查明,分别办理。

十三、堂内设养病房一所,并储备各项药料,派医官司事经理。有患病者,即禀明提调,饬医就诊。其有因病乞假者,应由医官呈验病单,由提调核夺。

十四、堂内设藏书、阅报室各一所,置各种中外书籍、报章,分派员司管理。教习、学生皆准课余前往阅看,不得吸烟、闲谈,以杜嚣扰。书分两种,报章及查阅之书只准就室取阅。其关各课诵习之书,许借归寝室。借者亲署书名、册数、期限,限满归还。倘有遗失、损坏,责令赔偿。

十五、堂内设客厅一所。凡教习学生有亲友来访,由司阍延入通报、接晤,惟课时不得通知。并设一会客簿,由司阍注明,每晚呈提调查核。

十六、学生装服定式均系短衣。内堂习课用寻常装服,至外场功课及考试日期必须一律戎装。

十七、课余随意在寝室温习功课,或出门外附近宽敞地方散步,可著寻常装服。出外则须一律戎装,违者罚办。

十八、军器宜遵教习指授之法,加意擦洗、防护。倘不加检点致有损失,按章罚办。由堂发给之戎衣以及军装、书籍、文具,亦须一律珍借,不得私相掉换,故意损坏。

十九、寝室内,某军装置某□,某物件置某所,均按定位,不得任意堆放。

二十、斋舍器具已经派定,不得占取。至室中衣物,各生须自简料。如遗失私物,非有确据,概不追理。如遗失公物,照章罚办。

二十一、各生应领功课所需各件,禀请教习开条加章,向该管处支领。教习立领物簿,随时注明,按月呈核。

二十二、功课纸本只准抄写功课,每本书名编号,视功课之多寡发给。笔墨、纸张亦按时匀发,不得额外请领。

二十三、新闻纸、图书、杂志及他项物料,非经教习允准,不得携带入堂,违者罚办。

二十四、各生不得结党立社,妄发议论,传递私函,以及赌质财物,借贷赊欠等事。

二十五、学堂门禁启闭有时,学生出入均穿操衣,夫役各带腰牌,无者,由司阍查禁。凡送公文信件人等,概由司阍接收转递。

二十六、堂内饮食派有专司管理。教习、学生同厅用膳。如有不洁,由教习禀知提调,惟该司事是问。

二十七、堂内各处院宇、厕所,由提调派役按时扫除。倘有不洁,准学生禀明值日教习,请提调惩治。学生寝室即由该号专役随时扫除,惰者禀请惩办。

二十八、堂内储备水龙两具,令兵役人等乘闲练习。如遇堂内或邻近火灾,须令号兵吹放警号,各生均自带军装齐集操场,听官长分派。或由教习率学生分为卫兵、扑火、搬物等队,分头料理,务须镇静,行止必听号令,不得紊乱纪律。

学堂课程

一、武备学堂分为三等,又别设速成一学。所有一切功课大要分内堂外场两门,除大学堂从缓厘订外,其小学堂第一、二年授以经义、史鉴、文法、地理、算学、洋文、操法。第三、四年加授绘图、格致、军器等学。中学堂第一年授以史学、文法、洋文、算学、测绘、地理、博物、兵学、军器、操法。第二、三年授以兵学及步马、炮工、辎重。各专门速成学堂第一年授内堂各学,如:经史、文法、地理、算学、医学、物理、测绘、兵学、操法等项。第二年授外场操法,如:步马、炮工、辎重各专门。凡专门之学,令学生各认一门,以便精求深造。

二、学堂考核功课,按北宋国学、积分之法,每种功课以十分为最。每考功课几种,以几除之,为总分数。各教习立一考课分数簿,每届星期午前将前六日所授课程,或命题,或问答,或背诵考试一次。

三、每届第四星期为月课,合前三星期考课总分数及躬行分数以五除之,为月课总分数,按名次照章各给奖励考语。

四、每届第三次月课为季考,合前两月考课分数再加本月躬行分数以四除之,按名次照章升班,酌给奖赏。

五、每届第四次季考为岁考,限期三日,总一年所习课程逐项考试,所得分数加前三季所考分数以四除之,为岁考总分数,按名次照章升班,酌给奖赏。

六、每届毕业期满之岁考为大考,所得分数须合以前崴考分数几次以几除之,为大考分数。按名定榜,是为毕业,照章升堂,酌给奖赏。

七、考课责成总教习及分教习按期考校,兼采品行、学艺,以定等级。

八、每届考试命题、监场,宜有定章。兹定星期考试,由本班各教习会同命题、监场。月课、季课由总教习命题、监场。岁考、大考由总办禀请军政司亲临或派员命题、监试。

九、学生考试日期或因病及有他故未与试者,准于放假之日补考。惟岁考、大考不准补考。

十、考试所以判优劣,各堂学生肄业年限浅深不同,所有升班、奖赏诸事,届时由各堂总办酌量核给。

十一、学生躬行分数,每月由教习核定一次,呈总办查核。总办兼凭素日见闻,以定优劣。学长亦暗记各生分数,月呈教习用备恭考。

十二、学堂所订各项课程均须分季教授,应俟开办后由总教习商同各分教悉心酌订,其逐日课程亦须酌订榜示讲堂。兹将分年课程列表于左[下]:

陆军武备小学堂分年课程

第一年,经义:选授经传大义,史鉴:中国历代统系及治乱大略、国朝掌故要略,文法:学作浅近论说并习字,地理:地形说略、亚东考略、中国地名详考、中国山川土产户口财赋军备及农工商业各要略,算学:加减乘除、小数分法、比例开方、各种求积法,洋文:拼音、习字、单字、文法、问答、默书,操法:各种柔软体操。

第二年,经义:选授经传大义、古文策论,史鉴:列国至三国史鉴并名将事迹,文法学作论说并习字,地理:日本地志、三韩地志、俄国地志、俄国东方地志详考,算学:代数加减乘除、代数比例开方、代数一次方程式、代数多次方程式,洋文:单字、文法、问答、翻译、读书、默书,操法:各种器械体操。

第三年,经义:选授古文策论,史鉴:晋至明史鉴并名将事迹、日韩史略并名将事迹,文法:策论并习常用书信,地理:欧非美三洲地志考略、岛国地志考略,算学:代数无定式、代数难题、代数九章、演题、几何新本、体积几何,图学:学用器具、习练手法、照绘成图、缩放成图、几何图初步、各项面式图,格致:植物、动物、矿务各学大略,洋文:文法、问答、翻译、阅报、读书、默书、尺牍,操法:兵式体操、各种步法、单人操法、排队操法、击刺,军器枪学。

第四年,经义:选授武经精义并诸子要旨,史鉴:欧美非澳各洲史略并名将事迹、万国史事总略,文法:策论并习常用书信,地理:英属及德日韩各国地志详考、华俄交界详考,算学:平三角、数理、八线对数、弧三角择要、温习旧课演题汇集各种应用成法,图学:图画写影学、立体侧影画法、几何画法,格致:声、光、汽、机、物理各学大略,洋文:文法、问答、翻译、阅报、读书、尺牍,操法:兵式体操、各种场操、跪卧瞄准、试验打靶、原野习战、击刺,军器:枪学。

陆军武备中学堂分年课程

第一年,史学:温习小学课程并演说中外时势变迁、文物沿革与交涉要领,文法:就小学课程深造授课并习军用公牍,洋文:翻译、作文,算学:代数、三角、数理、初等重学,测绘:各面式图、地图缩放法、初级置图、置图渲描渝晕、设色各法,地理,温习小学旧课并取新式图说详加考证,博物:热光磁电之性质作用,化学摘要,兵学:初级兵法、陆军礼式服制各章,军器:枪学,操法:柔软体操、器械体操、单人操练、练习瞄准、演习打靶、剑术击刺、成排操练、一队操练、原野习战、习骑。

第二年,普通学:就第一年课程深造,兵学:军制、战法、军器、建筑、各兵操法、工作教法、行军提要、马学、陆军卫生学,以上系兵学总法。以下分步、马、炮工、辎重各专门授课,步兵科:柔软器械各体操、单人操练、成排操练、一队操练、演习瞄准、测量远近、试验打靶、打靶、击刺、步兵工作、原野习战、旗语、各炮用法、手枪用法、习骑、行军;马兵科:柔软器械各体操、徒步单人操练、徒步成排操练、徒步一队操练、乘马单人操练、乘马成排操练、乘马一队操练、演习瞄准、测量远近、打靶军刀操法、旗语、通信法、马体拂拭法、毁敌营垒桥梁工作等法、各炮用法、手枪用法、水马习练、长枪用法;炮兵科:柔软器械各体操、徒步操练、过山炮单炮用法、陆路炮单炮用法、瞄准法、过山炮数炮用法、陆路炮数炮用法、过山炮驼卸各法操练、过山炮部队操练、炮兵工作、旗语、调教新马、测量远近、陆路炮部队操练、行军、打靶、军刀操法、扎包装载法、炮兵辎重操练、水马操法、各枪用法;工兵科:柔软器械体操、徒步单人操练、演习瞄准、试验打靶、打靶、习骑、击刺、原野习战、筑城法、通信法、测绘法、军路学、隧路学、铁路学、一队操法、地道抵御法、架桥法、器具材料使用法、扎包装载法、行军、各炮用法、游泳荡舟法；辎重兵科：柔软器械各体操、徒步单人操练、演习瞄准、乘马单人操练、驮马单个操练、挽马单个操练、扎包法、装载法、徒步成排操练、驮马部队操练、测量远近、军刀操法、原野习战、徒步一队操练、打靶、挽马成排操练、调教新马、水马操法、行军、游泳、旗语、各炮用法。

第三年，各科兵学悉照第二年课程再加深造。

陆军武备速成学堂分年课程

第一年，经史：纲常名教修身大要，及中外历代史略、名将事迹，文法：常用书信及军用公牍，地理：地形说略及中外地志，算学：加减乘除、比例开方及应用切要诸法，医学：救急法大要，物理学：讲明原理及应用大概，测绘：习练手法及缩放图法，兵学：体操教法、步兵操法、打靶教法、剑术教法、行军提要，操法：体操、单人操法、击刺、打靶、测量远近、成队操练、原野习战、马术。

第二年，步兵科：测绘、战法、军制、军器、卫生学、马学、兵棋、步兵操法、体操教法、行军提要、打靶章程、剑术教法、步兵工作教法、体操、单人操练、演习瞄准、试验打靶、测量远近、成排操练、刺枪、习骑、打靶、工作、一队操练、原野习战、各炮用法、手枪用法。马兵科：测绘、战法、军制、军器、卫生学、马学、兵棋、体操教法、马兵操法、打靶章程、行军提要、剑术教法、通信学、体操、徒步单人操练、演习瞄准、试验打靶、测量远近、乘马单人操练、徒步成排操练、剑术、打靶、乘马大排操练、一队操法、原野习战、通信法、各炮用法、手枪用法。炮兵科：测绘、战法、军制、军器、卫生学、马学、兵棋、体操教法、炮兵操法、打靶章程、行军提要、剑术教法、炮兵工作教法、体操、徒步单人操练、测绘远近、剑术、单炮操法、成排操练、一队操练、工作、原野习战、各枪用法。工兵科：测绘、战法、军制、军器、卫生学、马学、兵棋、体操教法、工兵操法、打靶章程、行军提要、剑术教法、体操、单人操练、演习瞄准、试验打靶、测量远近、成排操练、击刺、习骑、打靶、各项工作实用、原野习战、一队操练、各炮用法。辎重兵科：测绘、战法、军制、军器、卫生学、马学、兵棋、体操教法、辎重兵操法、打靶章程、行军提要、剑术教法、体操、徒步单人操练、演习瞄准、测量远近、成排操练、捆包积载法、乘马操练、各炮用法。

学堂经费

一、常年经费分额支、活支两项。由各堂总办总理大纲,支应委员专司账目,提调随时稽查。

二、薪饷、工食等项均属额支,详细数目分列于后,以便逐年查照办理。如有应行增减之处,亦由各堂总办随时呈请更正。

三、考试奖赏、笔、墨、纸张、油烛、薪炭各杂费并购置书籍、报章、仪器、家具、修补房屋、添备药材、购备军衣马匹及格致化学所需物料器皿等项,均归活支,由各堂总办随时酌量请领。惟数在五百两以上者,须呈候军政司核定。

四、教习员司支领薪水由提调查照订定数目,月缮清册呈总办查阅,签押后再饬支应委员发给,均不得提前预支。

五、每月下旬支应委员应将堂内学生、夫役人等花名分造清册呈总办提调查阅后,即将应支饷项工食分别秤足,各包书明数目、姓名,届时由总办提调点名发给。

六、建造学堂需款甚巨,不在常年经费之内,应由军政司遴员绘图饬工程局核实估计拨款办理。

七、学堂分为三等学额,既有参差,经费即难画一。堂内员司视堂务之繁简为定,学生薪伙以年限之深浅递增。除陆军大学堂须俟小学、中学毕业后始能开办临时再订章程外,其小学、中学速成三项学堂逐年额支经费分列于左[下]:

陆军武备小学堂分年经费

一堂学生新生月支薪水银四两,一年生月支薪水银四两五钱,二年生月支薪水银五两,三年生月支薪水银五两五钱。第一年,新生五十名,需银二千四百两。第二年,一年生五十名,新生五十名,需银五千一百两。第三年,二年生五十名,一年生五十名,新生五十名,需银八千一百两。第四年,三年生五十名,二年生五十名,一年生五十名,新生五十名,需银一万一千四百两。总办每月支薪水公费银二百两,一、二、三、四年均设一员,每年需银二千四百两。提调每月支薪水银六十两,第一、二、三、四年均设一员,每年需银七百二十两。总教习每月支薪水银一百两,第一年不设,第二、三、四年均设一员,每年需银一千二百两。操法教习每员支月薪水银四十五两,第一年一员,需银五百四十两,第二年二员,需银一千八十两,第三年三员,需银一千六百二十两,第四年四员,需银二千一百六十两。洋文普通教习每员月支薪水银五十五两,第一年二员,需银一千三百二十两,第二年三员,需银一千九百八十两,第三年四员,需银二千六百四十两,第四年五员,需银三千三百两。汉文教习每员月支薪水银二十五两,第一年一员,需银三百两,第二年二员,需银六百两,第三年三员,需银九百两,第四年四员,需银一千二百两。文案每月支薪水银二十四两,第一、二、三、四年均设一员,每年需银二百八十八两。西学医官兼洋文副教习 每月支薪水银五十五两,第一、二、三、四年均设一员,每年需银六百六十两。委员每月支薪水银二十四两,第一、二、三、四年均设一员,每年需银二百八十八两。司事每月支薪水银十六两,第一、二年不设,由书识兼办,第三、四年均用一名,每年需银一百九十二两。书识每名月支薪水银十二两,第一、二、三、四年均用二名,每年需银二百八十八两。差目每名月支工食银九两,第一、二年二名,需银二百十六两,第三、四年四名,需银四百三十二两。夫役每名月支工食银三两,第一年十二名,需银四百三十二两,第二年十八名,需银六百四十八两,第三年二十四名,需银八百六十四两,第四年三十名,需银一千八十两。第一年共需银九千八百五十二两,四堂统计共需银三万九千四百八两。第二年共需银一万五千四百六十八两,四堂统计共需银六万一千八百七十二两。第三年共需银二万五百九十二两,四堂统计共需银八万二千三百六十八两。第四年共需银二万五千六百八两,四堂统计共需银十万二千四百三十二两。以上皆系常年额款,闰月照加,活支在外。

陆军武备中学堂分年经费

学生新生月支薪水银六两,一年生月支薪水银六两五钱,二年生月支薪水银七两。第一年新生二百名,需银一万四千四百两,第二年一年生二百名,新生二百名,需银三万两,第三年二年生二百名,一年生二百名,新生二百名,需银四万六千八百两。总办每月支薪水公费银二百五十两,第一、二、三年均设一员,每年需银三千两。提调每月支薪水银八十两,第一、二、三年均设一员,每年需银九百六十两。总教习每月支薪水银一百五十两,第一、二、三年均设一员,每年需银一千八百两。操法教习每员月支薪水银六十五两,第一年六员,需银四千六百八十两,第二年十员,需银七千八百两,第三年十四员,需银一万九百二十两。洋文普通教习每员月支薪水银七十五两,第一年六员,需银五千四百两,第二年八员,需银七千二百两,第三年十员,需银九千两。汉文教习每员月支薪水银三十两,第一年四员,需银一千四百四十两,第二年五员,需银一千八百两,第三年六员,需银二千一百六十两。文案每月支薪水银三十两,第一、二、三年均设一员,每年需银三百六十两。西学医官兼洋文副教习,每月支薪水银六十五两,第一、二、三年均设一员,每年需银七百八十两。委员每员月支薪水银三十两,第一年一员,需银三百六十两,第二年二员,需银七百二十两,第三年三员,需银一千八十两。司事每名月支薪水银十六两,第一、二、三年均用二名,每年需银三百八十四两。书识每名月支薪水银十二两,第一、二、三年均用四名,每年需银五百七十六两。马医每月支工食银二十四两,第一、二、三年均用一名,每年需银二百八十八两。差目每名月支工食银九两,第一年四名,需银四百三十二两,第二年六名,需银六百四十八两,第三年八名,需银八百六十四两。夫役、马夫在内,每名月支工食银三两,第一年四十名,需银一千四百四十两,第二年六十名,需银二千一百六十两,第三年七十名,需银二千五百二十两。马每匹月支马干银四两五钱,第一、二、三年均备五十匹,每年需银二千七百两。第一年统共需银三万九千两,第二年统共需银六万一千一百七十六两,第三年统共需银八万四千一百九十二两。以上皆系常年额款,闰月照加,活支在外。

陆军武备速成学堂分年经费

学生新生每名月支薪水银三两五钱,一年生月支薪水银四两。第一年新生二百名,需银八千四百两。第二年一年生二百名,新生一百名需银一万三千八百两。第三年一年生一百名,新生一百名需银九千两。第四年一年生一百名,需银四千八百两。总办每月支薪水公费银二百两,第一、二、三、四年均设一员,每年需银二千四百两。提调每月支薪水银八十两,第一、二、三、四年均设一员,每年需银九百六十两。总教习每月支薪水银一百二十两,第一、二、三、四年均设一员,每年需银一千四百四十两。操法教习每员月支薪水银五十五两,第一年四员,需银二千六百四十两,第二年八员,需银五千二百八十两,第三年四员,需银二千六百四十两,第四年三员,需银一千九百八十两。普通教习每员月支薪水银五十五两,第一年五员,需银三千三百两,第二年六员,需银三千九百六十两,第三年五员,需银三千三百两,第四年不设。汉文教习每员月支薪水银二十五两,第一年三员,需银九百两,第二年四员,需银一千二百两,第三年三员,需银九百两,第四年一员,需银三百两。文案每月支薪水银二十四两,第一、二、三、四年均设一员,每年需银二百八十八两。委员每月支薪水银二十四两,第一、二、三、四年均设一员,每年需银二百八十八两。西学医官每月支薪水银六十五两,第一、二、三、四年均设一员,每年需银七百八十两。司事每名月支薪水银十六两,第一、二、三、四年均用一名,每年需银一百九十二两。书识每名月支薪水银十二两,第一、二、三、四年均用二名,每年需银二百八十八两。马医每月支薪工银二十四两,第一、二、三、四年均用一名,每年需银二百八十八两。差目每名月支工食银九两,第一、二、三、四年均用四名,每年需银四百三十二两。夫役、马夫在内,每名月支工食银三两,第一年四十名,需银一千四百四十两,第二年五十名,需银一千八百两,第三年四十名,需银一千四百四十两,第四年三十名,需银一千八十两。马每匹月支马干银四两五钱,第一、二、三、四年均备五十匹,每年需银二千七百两。第一年统共需银二万六千七百三十六两,第二年统共需银三万六千九十六两,第三年统共需银二万七千三百三十六两,第四年统共需银一万八千二百十六两。以上皆系常年额款,闰月照加,活支在外。

（光绪二十九年三月初二日至三月十三日"本省公牍"栏目）

北洋大臣、直隶总督袁遵旨建立北洋陆军武备学堂折

奏:为遵旨建立北洋陆军武备学堂,谨将拟订章程缮单呈览,恭折仰祈圣鉴事。

窃臣前奉谕旨。现在整顿兵制,停止武科,亟应于各省省会建立武备学堂,以期培养将才,练成劲旅。查南北洋、湖北所设武备学堂及山东所设随营学堂,均已办有规模,应即酌量扩充,认真训练。一切规制章程,务再悉心核议,斟酌尽善,奏请施行。其余各省,即著该督抚设法筹建,一体仿照办理。等因。钦此。并续准政务处咨催开办前来。仰见圣朝因时制宜,储才奋武之至意,钦服莫名。

臣查北洋前设武备学堂成材甚众。自经庚子之乱,该堂业已鞠为茂草,扫地无余。而臣所统武卫右军,曾设随营学堂,数年以来,训练陶熔,亦颇不乏成材之士。臣莅直以后,添募新军,拣派将弁,教习以及分应各省调遣,往往取资于其中。虽规制不宏,而裨益已非浅鲜。今值朝廷振兴戎政,饬令各省筹建武备学堂,敢不竭力经营,期臻美备。惟是各国兵学,考求至精,学堂有等次高下之不同,学业有课程浅深之互异,必须层次递进,未容陵躐而施。臣体查今日中国情形,参考东西洋各国章制,谨将学堂分为三等:曰小学堂,曰中学堂,曰大学堂。合计通筹以十二年为卒业程度。现在中国风气初开,根柢尚浅,中学、大学规模虽不可不备,而阶级断难以骤跻,只可从缓建立。为今之计,惟有赶紧兴办小学,以为造端之基。并拟别设速成学堂一区,以为救时之用。庶几按期进业,循序程功,既可收捷效于目前,仍可期大成于异日。谨将拟订暂行试办章程缮具清单,只呈御览,仰恳敕下政务处核议施行。

至建造学堂,以及学堂应用各经费,为数不赀,容臣察看情影,设法筹拨,俟筹有的款,再随时奏明立案。

所有遵旨建立北洋陆军武备学堂缘由,除分咨外,理合恭折具陈。伏乞皇太后、皇上圣鉴、训示。谨奏。

(光绪二十九年二月二十七日"奏议录要"栏目)

天津县示

出示晓谕事,现蒙陆秋操递运处宪函开以此次秋季大操阅兵处及各处并军队需用船只甚多,均按民价发给,绝不施以压力,诚恐在事人员藉端抑勒船户赔累,殊非仰体宫保帅宪轸恤民艰之至意,合即出示晓谕,如有藉端克扣船价并索钱卖放致误要公,许该船户指名禀控,究追该船户亦不得故昂价值,有意刁难致干惩处等因,蒙此合亟出示晓谕,为此示仰军民船户人等一体遵照毋违。切切特示。

(光绪三十一年九月十六日"畿辅近事"栏目)

驻津德军起程回国

《京津日报》云:驻扎北洋之德国军队,其一部分定于明、后两日分起,从老车站乘坐火车前往大沽口乘德国运送船启程回国云。

（光绪三十二年三月十八日"本省近事"栏目）

挑选旗兵发营分补

陆军第一镇前派第二标队官陆荣带排长等由镇江挑选旗兵七十九名，现乘安平船莅津，即于初七日赴保定各营分补。

（光绪三十二年四月初八日"本省近事"栏目）

陆军秋操兵弁回津

陆军第四镇辎重营汽球队官弁兵夫等八十余名前赴彰德会操事竣，各带车辆马匹于十三日乘坐火车回津。

（光绪三十二年九月十五日"本省近事"栏目）

讲武堂听讲毕业

天津韩家墅讲武堂前陆军各镇所派之听讲员已于本月初一日毕业，所有第六镇听讲各员订定初五、六日回营。闻下班听讲员约于五月间方可选派入堂云。

（光绪三十三年四月初七日"新闻录要"栏目）

考试军医学生揭晓

天津军医学堂二班毕业学生现经陆军部核定分数于前日揭晓，兹将全榜照录如下：崇启、庆禄、金怀忠、印勋、邹鹤年、连杰、王连中、那丹珠、清全、德茂、信海、玉麟、舒霖、福元、恩龄、吉拉敏、陈鈨、忠钰、杨福泰、英寿。

（光绪三十四年正月二十七日"新政纪闻"栏目）

天津巡警总局示谕

为通传事，巡警外表首在军装，而军装之整齐首在皮带，是紧束皮带一

431

项,于军装极有关系。兹查,本月十一日下午四钟,查有二局二区沿河巡逻,西边岗兵军装整齐,皮带紧束腰间,丝毫不皱,尤属合法,着奖洋一元,以示鼓励而照激劝,查各局区岗警军装整齐者固多,不整齐者在所难免,合行通传各该局区遵照。嗣后,于军装一切倘有不认真整顿者,一经查出,岗警、副官一并罚办,决不宽贷,切切特传。

（光绪三十四年七月二十三日"文告录要"栏目）

督宪陈据天津镇呈请饬通永镇
就近调拨军队驻永照饬该镇查照文

为照饬事,据天津镇呈称,窃蒙宪台照饬内开,据永平府恩守禀称,陆军现又他去,请派新募巡防营二三营来永镇扎以资保卫,等情。到本大臣据此,除批据禀已悉。候饬天津镇酌夺办理。等因。蒙此查新队尚未操练遽行驻彼诸多不便,且该处系通永镇辖境,拟恳饬由王镇就近调拨分布,以资便捷。兹蒙前因理合呈覆宪台察照。为此呈乞照验等情到,本大臣据此,合行照饬。照到该镇即便查照办理须至照饬者。

（宣统三年十一月初九日"公牍"栏目）

警　　政

盐务警察

北洋监务添设警察以资巡缉,现已委定水巡兼监务缉私各分汛地以专责成计塘沽、葛沽、咸水沽、泥沽、王文龙、杨庄、曹希如、北仓、双街口、彭炳墀大横庄、孙庄、范庄、元恒、梅厂、曹植乡。

（光绪二十九年二月初九日"新闻录要"栏目）

委洋员曼德稽查巡警札

为札委事,照得警务为地方要政,巡兵有清理地面之责,一切规矩必须整肃严明,方足以收保卫闾巷之实效,天津仿照西法设立巡警,应委洋员曼德稽查各段巡兵规矩,如有违反,随时具单呈报。合行札委,札到该员即便遵照办理此札。

（光绪二十九年三月初五日"本省公牍"栏目）

警务毕业

天津警务学堂自上年九月开堂,宫保派委天津府凌分府沈总办学堂,聘请东洋教习六员,招集文武官学生六十员名,巡警兵学生二百名。山东省附课文武官学生九员名,巡警兵学生四十名,分堂教习现已七个月,毕业经总办会同各教习于三月十六至二十日分班考试,详核警法、律例、操法均尚合格。于四月初四日分别等第给发执照。择其人品端正、警务功深者,加给优执照以示鼓励,并详明督宪择尤（优）差委计得优等执照者,文学生王景福、朱元炯、李丙光、韩宝瀛、赵毓衡、陆寿昌等六员,武学生刘晋奎、李先魁、佟宝桢、张捷、杨士鹏、赵荣光等六名。

（光绪二十九年四月初六日"时政纪要"栏目）

天津警务学堂示

照得本学堂第一批文武各官巡警学生以及巡警兵学生业经毕业分别等第各给凭照,详报督宪在案,所有本堂第二批学生应由本总办查照本堂考验章程察看年貌,示期开考。兹准于四月二十日考文学生,二十一日考武学生,二十二日考兵学生,务须品行端正、性情和平、文理皆通、身材合格,始准录取。为此,出示晓谕,仰前经学堂报名,照准存记。各文武兵三项学生知悉,届期各带笔砚,于十一点钟来本堂听候点名,出题考试,毋得观望自误。所有考验章程开列于后。其各凛遵。切切特示。

计开:一、前经报称,候选以及军功人员务须呈验执照。一、兵学生需粗识文字。一、年岁具限:二十岁以上三十五岁以下。一、五官齐整,言语清楚。一、身体强壮,无残废暗疾。一、曾犯案被刑责者不录。一、曾充当兵役被革退者不录。一、曾吸食洋烟,嗜酒滋事、性情强暴者不录。

(光绪二十九年四月十二日)

考取警务学生名单

天津警务学生第二班考取文官巡卞各学生试卷,兹奉督宪鉴定,分别甲乙出榜晓示如左:文官学生争取二十名:贺时熙、严凤岐、房廷章、李伦、顾绳直、李禀勋、葛康煜、韩树梅、饶亮采、汪德霖、钱杰、施丛桂、徐绍阳、王鸿勋、阮文忠、屠义质、许廷绶、杨荫清、桂岩、阮忠发。

(光绪二十九年五月初四日)

天津府凌守署河防同知沈丞会禀
警务毕业学生请赏给功牌由并批

敬禀者,窃警务学堂内头班毕业兵学生中,平日功课勤奋、品行端正者,约有三四十人,节经教习考试列入优等。该优等中或系文生或系武职以及奖札功牌者,均不计外,内有文童蔺子宣等一十三名现在分派任事,自应开折呈请查核,伏乞宪恩,可否各给七品功牌以示奖励?用昭激劝之处,出自鸿慈。是否有当?理合禀请裁夺,俯赐批示只遵,实为德便。计开:蔺子宣、尹宜春、耿锡龄、郑俊彦、任金谟、刘玉珂、王锡恩、杨春荫、蒋心田、崔铭伍、李钟毓、杨炳煦、孙让。以上共一十三名。

(光绪二十九年闰五月十一日"本省公牍"栏目)

直督饬天津道会同巡警局议覆改良监狱事宜札

为札饬事。据天津府凌守禀陈考查日本监狱情形，核阅所呈节略甚为详细。中国监狱亟宜改良，其罪犯习艺一节，现在正需兴办，尤可藉资。则效究应如何，采酌办理之处仰天津道会同南北两段巡警局，妥议具复，除分行外合行札饬，札到该道局即便遵照办理。此札。

（光绪二十九年十月二十八日"文牍录要"栏目）

天津道等禀会议采择日本狱制分别缓急办法由奉

批据禀日本监狱之制，有未决、已决、民事、惩治、军狱、民狱区分六等，惟已决、民事、惩治三监宜急仿办。拟将军流徒三项人犯专归已决监，学习工艺；余如追偿欠债、词讼命盗、牵连人证、应候押追押讯暨窃贼土棍从严惩办，各犯拨人民事监；其南北巡警局营务处天河二府属罚充苦力人犯概入惩治监。以上三监，房屋即在西门外拓地建置，现在开办伊始，先建监房一区可容囚犯五百人，将来再行扩充。所议均属妥协，仰即遵照办理。至监狱名目应否沿袭其名，抑或另易他号，候行臬司核议具覆，余照行此缴。

（光绪二十九年十二月十一日"文牍录要"栏目）

天津巡警总局示

为出示严禁事，照得津埠为南北通衢、商贾荟萃，前因制钱短少不敷周转，始行创造铜元以资补救，市面稍觉疏通。查近来铜元日乏，价值日贵，银价亦因之涨落无定。此中必有私贩铜元出境之弊，要知制钱出境例禁綦严，铜元本与制钱一律，岂容任意私贩致害地方而碍市面，除饬各分局一体实力查拿外，合行出示严禁，为此示仰津埠军民人等知悉。自示之后如再有贩运铜元出境，一经拿获，将铜元尽数充公外，定即从严惩办，决不宽贷。其各凛遵毋违特示。

（光绪二十九年十二月十七日"畿辅近事"栏目）

巡警改章

天津南段巡警总局现改新章,将旧设五分局之正巡官五员改名总区官,并将各分局第五队巡弁裁撤,其第五队巡兵四十名则分拨一、二、三、四队听用,每局改为四队,名曰四区,每区添派警务学堂学生一名曰区官,协同巡官办事。

(光绪三十年二月初九日"畿辅近事"栏目)

判定监禁

天津巡警探访局前在西门外娃娃庄地方拿获贼匪韩七一名,经总局研讯后发交县署锁押,复经营务处提讯,已判定发县监禁十五年。

(光绪三十年二月十二日"畿辅近事"栏目)

天津巡警救火章程

本局准天津南段巡警总局送到现行救火章程,为录如下:

第一条　凡遇火灾,警察官指挥动作须神速、机敏,是以平素必当准备齐全,不可有一刻懈怠。

第二条　非常预备员下班之巡弁,以三分之二留局不准出外,若有,切己要事必待上司批准而后行。

第三条　失火之时,一闻警钟,须急速照章传递,尤应不分畛域,赶赴失火场,协力救护。

第四条　所管段内有失火之处,正副巡官、巡弁,及休息巡长、巡兵均须驰赴救护,惟现时值班巡长巡兵不在应往之例。

第五条　距失火场一里之内,无论是否该管地段,并无论带岗、站岗巡兵,一闻警信均须首先救护。其非应管地段之值班巡警、弁兵,一俟该管官弁到后,即可自归本段。

第六条　距失火场一里之外三里之内,一闻警信,正副巡官以一人留本局办事,一人驰往救护,并带领下班巡警三分之一同往。如副巡官有事,即巡弁带往亦可。

第七条　失火场所到员、弁,遇总办或提调、总巡到时,即须禀明所到人数,如不禀报,则总办、提调、总巡亦须查明记数。

第八条　凡遇非常火灾(如衙署、局所、祠庙之类),须设特别警报所,有各局不值班之巡弁、巡长、巡警,均须驰往。惟人数既多,尤应静候本管官长之指挥。

第九条　如失火在两局交界之处,须查明系何局所管,始可由得力风迅速传报,不得因忙乱舛误。总局得信后,亦即转报各局。至于火熄之后,将因何起火,是何姓名,焚屋几间,伤人与否,由该管巡官一一查明,详细绘图禀报总局。

第十条　现以鼓楼之钟暂时作为警钟,遇有火灾击钟报警,并于官银号前,府署后,两消防队瞭望杆上,昼则悬旗,夜则悬灯,俾一闻钟声,分别旗灯颜色,即知失火地段。其钟点数目旗灯用法开列于后:一、周知报(一点三回),每打一点叫某某地方失火一声,此但于失火之初用之。二、总出报(乱点),警兵与消防队一闻总出报,必须赶紧前往。三、熄火报(斑点),火势既熄,则打熄火报。

附旗灯用法:东路(昼悬绿旗,夜悬绿灯);南路(昼悬红白旗,夜悬红白灯);西路(昼悬白旗,夜悬白灯);北路(昼悬红旗,夜悬红灯);各国租界(昼悬白黑旗,夜悬白黑灯)。

第十一条　失火及熄火情形,总局及分局均当揭示门外,俾众咸知,其告示式样如左[下]

火熄		火失	
全烧几户 半烧几户	现在 时刻 熄火	失火缘由写于此	现在 胡同 失火

第十二条　失火场警察职务分为二种,一曰警戒,一曰救护。于警戒线界内,不准车马及闲人拦入,此警戒之职也。保全被难者之性命,及搬运

之财货,此救护之职也。但人命与财货有时不能两全,则必先人命而后财货。

第十三条　警戒线界视风势之上下,地势之广狭,虽不一致,大率至失火处半里以内为围圆界线,此线由所管地段之巡官临时定之。

第十四条　警戒线内禁止闲人滥入,惟左开各项人等不在禁止之例。至于识别真伪,则在巡警平时留心矣。一、线界内有家屋或居住者。二、前项之亲戚、朋友往救援者。三、线界内衙署之执事人员,及他处人员之与线界内衙署有公事交涉者。四、线界内祠庙、学堂、公所之有执务人员。五、消防队欲帮助者(各租界消防队或军队消防队等亦在此例)。六、泥工、木匠及机器匠之帮助消防队办事者。

第十五条　消防队运动机器先须开通道路,务令无所障碍。

第十六条　夜中失火之时,凡一里以内居民,须各于门首点灯,以便救援者奔走救护。

第十七条　上风半里,下风一里之居民,临时须各于门外备置木桶盛水备用。

第十八条　凡在下风之屋,无论自屋、赁屋,均须于屋上预备遏灭火势之具。若未住人家,则屋主或管理此屋之人,当任其事。

第十九条　房屋、墙壁如当火势所冲,须拆毁以断火道者,一经消防队审定有不得不拆之势,则无论官产、民产,皆可立时拆毁。

第二十条　失火场之消防队有需人助力之处,附近居民不得抗拒。

第二十一条　失火之际,居民不知灌救,往往惶恐奔避,酿成大灾,先到者应先下手防救,力遏火源为第一义。

第二十二条　失火之际,群聚杂沓,须竭力弹压、遣散,使居民搬运物件便于出入,即运用救火器具,亦无窒碍。

第二十三条　失火之所,应留心照顾者列左:一、老人、小儿、妇女及病者,须加意救护。二、家财务使整齐搬出,如有贵重物件,应帮同搬运。三、火患近身,尚搜集家财者,应速令远避。四、搬出家财,即应令置于安稳处所,派人看守。五、搬运财物时,于群聚杂沓处,须严查有无抢火土匪。六、衙门失火,或衙门左近失火,应先搬运案卷、簿册,加意照管,勿使残缺散逸。

第二十四条　以上各条,凡巡官、弁兵赴火场均须振刷精神,实力从事,不得束手旁观,致成具文。

第二十五条　火势全熄后，未经上官允许，不得擅自退散。

（光绪三十年五月十三日—光绪三十年五月十四日"畿辅近事"栏目）

巡警纪事

天津巡警总办赵观察近因屡获冒充巡警案查，实于地方大有关碍，特饬各分局队下岗兵等遇有明查暗访及司事人等无庸立正，必须认明腰牌、戳印以别真伪。倘该兵等遇有误公滋事等情，既经查访属实，亦必记明号数认真禀办。又南段辖境内调查死亡人数计三月分三百一十七人，四月分二百八十四人。

（光绪三十年五月二十日"畿辅近事"栏目）

开办习艺

天津监犯习艺所已于十七日开办。是日，巡警局关道天津道府县各官均莅所阅视一周。

（光绪三十年六月二十一日"畿辅近事"栏目）

直督袁奏筹设天津及海口一带巡警情形折

奏：为天津及海口一带设立巡警，谨将先后筹办情形恭折具陈，仰祈圣鉴事，窃臣于光绪二十八年四月间创办保定巡警，业经奏明在案。天津地处海滨，民俗强悍，大兵之后，人心浮动，伏莽尤多；其各海口一带商旅骈集，海盗出没靡常。臣于莅任之初，即预筹津地收回，必当有以善其后，而尤虑华洋交替之际，匪徒乘间思逞，情形较内地尤为紧，是非举办巡警无以靖地面而清盗源。查各国都统衙门驻津时，本有警察，而中外情形隔膜，流弊滋多，未便仍其旧制。臣前驻保定，即经陆续招募警兵勤加训练，限以速成，为未雨绸缪之计。惟津郡及各海口地方，或负山控海，或华洋错居，在在均须设备，非得四五千人不能分布。无如饷源支绌，罗掘为难，不得不立以始基，徐图开拓。因先招募三千名，编列十局，于二十八年五六月间先后成队，暂驻省垣，俟地面收回，即分驻要区，以资捍卫。迨至交津有期，而各国订立条约。

维时天津盗贼繁多,疮痍满目,兵力既不能到,则惟赖巡警以镇慑而绥靖之。臣即于交收之日,饬派巡警一千五百名留津驻扎,就津设立总局,考察情形,督饬巡查以专责成而收实效。其余一千五百名分布西沽、塘沽、山海关、秦王岛、北塘等处,即归大沽、山永两协副将暨北塘游击等管带,俾可就近钤制。查各国警务本为专门之学,臣设立各处巡警,事属草创,且期在速成,亦只粗具规模,欲其精益求精,非设学堂不足以资考校。当于二十八年冬间,在津设立警务学堂,饬令各巡局官弁、兵丁分班肄业,延订洋员充当教习,编译外国警务诸书,立定课程为之讲贯,务令一兵一弁皆由训练而成。现在头二两班均已毕业,仍当续招三班如法教授,以供任使。至各局办法虽均遵照奏定章程,惟地方有繁简之殊,即薪饷应有多寡之别,而局制亦不能不因地制宜,变通酌定。天津及各海口为水路冲衢,且系通商巨埠,华洋户市之地,巡警保护弹压,责任匪轻,与内地情形大有区别。查各国以警察为内政要务,其视警兵也至重,故其定薪饷也至优。即就天津而论,各租界雇用华人充当巡兵,其口粮自洋银十余元至二十余元不等,中国警兵若照保定饷章则数不及半,相距咫尺而厚薄悬殊,不免相形见绌。且津地百物昂贵,实不敷口食之资,自应量予加增以示体恤;其官弁人等亦皆优给薪公,庶可严核功过。各局名额因津郡、海口等处非地广人稠即边关要隘,自巡官以下均以保定三局人数作为一局,计每局二百九十五员名,凡此皆体察情形,量为增益。其余如山永协所属之山海关、秦王岛等处,辖境绵长,难于控制,添练马巡五十名。天津市廛繁盛,火警频闻,捍患救灾本系警察应办之事,另设消防队百名以防火患。

又由各国都统移交小轮三艘,专为巡查海河之用。综计每年饷项杂支及学堂、小轮经费,需款浩繁,非有大宗的款不能济事,不得不仍就津防练饷项下设法腾挪。查津防练军原存十三营,迭经酌量裁并,截至二十九年年底,实存六营一哨,旋复裁撤一哨;二十八年秋间,复添新练军两营,合为八营;计腾出练军五营全年之饷移供警务七月之需,是以二十八年份尚可勉强匀拨,二十九年则短绌甚巨。且经按照奏定章程增练马巡、河巡、暗巡等队,不敷更多。不得已复将练军裁撤四营,以资挹注,犹觉竭蹶万分。诚以津防练饷皆系本省自筹,年来地方凋敝,筹不足数,遂致动形支绌。警兵饷项事关要政,不容稍有缺乏,经臣移挪补助,勉强供支,仍归津防练饷项下,按年造报以符定章。现在巡警开办两年,规制大备,盗风屏息,民情又安,实已成效昭著,仍当设法扩充,以期周密,仰副朝廷保卫民生之至意。

所有天津及海口筹办巡警缘由，除咨部查照外，谨缮具简明饷章清单，恭呈御览，伏乞皇太后、皇上圣鉴训示。谨奏。

奉朱批该衙门知道单并发，钦此。

（光绪三十年十二月初七日"奏议录要"栏目）

定章收禀

津郡巡警总局现定收禀章程六条，牌示局门，照录如下：

一、每日午后一点钟至四点钟为本总局接收禀呈之时限，逾限不收，其有迫不及待情事，仍准随时来局呈控，不在此限。

一、禀词内应将原被人名、住址详细注明。

一、凡关涉控案之凭据、契纸等件，务各携带呈验。

一、控诉之人应亲自来局，随时由门岗、警兵带交发审处当堂投递禀词以凭讯问情形。

一、门岗警兵如有拦阻需索情事，准于审时当堂供明。

一、凡所递禀词，应据实书写，其有捏词诬控者，一经讯明定即治以诬告之罪，决不稍有宽假。

（光绪三十年十二月十九日"畿辅近事"栏目）

驱逐巡弁

天津南段巡警五局四队巡弁王连升因私藏军器为正巡官，查获禀送总局，经总办赵观察发交提调审讯明确，饬派警兵将弁驱逐出境，以昭炯戒。

（光绪三十一年二月十九日"畿辅近事"栏目）

天津南段巡警局详拿获女贼崔李氏请发县永远监禁文并批

为详报事，案据职局探访队拿获女贼崔李氏并买赃人于姓等到案，起获贼械大小各色钥匙一串、原赃多件及当票数张。当经讯据该氏供"明年五十三岁，向系携篮售卖针线等类，各家多因买卖针线相识，因系妇女不相疑忌，因而门户熟悉，曾经乘隙偷过南斜街石桥胡同、刘家胡同一带公馆住户多次，又在香店后人家门口骗过小孩手带银镯一付，均各当钱花用"等

443

语。质之,买赃人于姓、王姓、孙姓均供买赃属实,并据孙宅家人赵连璧来局认明,所获坐钟坎肩系客厅被窃之物,当堂给还,其余赃物存库候领。职道查挖窟越墙之辈人人皆知防范,而赃贼所在侦缉亦易著手,独此等卖婆与人家妇女最易熟习(悉),出入无禁,防范易疏,其中流弊有不止于窃物者。此案,崔李氏名为卖婆,实系女贼,探访非易,著手甚难,今既人赃并获,供认迭窃不讳。自应从严惩办,使此辈知惧,亦使住户人家闻而知戒,除出示晓谕,并将该女贼标明事由派差锁带游街示众外,拟请发交天津县永远监禁,以免复出生事。所有此案拟议缘由,是否允协,理合具文详请宪台察核,俯赐批示祗遵。

督宪袁批:据详已悉。应如所拟,将该女贼崔李氏发交天津县永远监禁,以示儆戒。仰即转饬该县遵照,并移臬司查照。此徼。

（光绪三十一年四月初三日"文牍录要"栏目）

招募警务学生

天津警务学堂现拟招募兵学生若干名,经南段总局饬由各分局分招,于本月十五日送赴总局,听候考验。

（光绪三十一年四月十四日"畿辅近事"栏目）

论禁私议

天津巡警总局会同府县出示晓谕,略谓聚众结会,本干例禁,现奉督宪面谕。嗣后如有集众议事数至二十人以上者,必须先将所议宗旨,聚议日期报明本处巡警总局,届时派员前往察听,倘敢私立名目,巧为说辞,擅自集众聚议者,将首倡之人严拿究办,等因。为此,示仰在津诸色人等一体遵照毋违。

（光绪三十一年五月二十二日"畿辅近事"栏目）

总查警务

天津南段巡警总办赵观察,现因警察事务日加繁剧,特派探访队杨管带敬林总查全部警务,仍兼管探访、消防各队事宜。

（光绪三十一年六月十二日"畿辅近事"栏目）

赵道秉钧呈送天津四乡巡警现行章程暨各图表禀并批

敬禀者,窃考各国警察都邑乡村,无不遍设政界文明胥基于此,盖警察实居内政一大部分,未有警察不立而内政能组织尽善者也。津埠巡警办已三年,次第改良稍有进步,四乡巡警已办数月,现又将小站改设一局,共计八局十五区。惟是乡间与商埠情形迥不相同,职道悉心研究,谨拟现行章程十二条,简而易行,期收实效,以地方本有之青苗会、支更费及一切无益有余,等款移作巡警之用,因地制宜,以公款济公用,视村庄之大小定巡警之多少。殷富之区按十户挑巡警一名,荒僻之处按百户挑巡警一名。地方情势不一,初次清查四乡共有七万五千四百七十八户,约略合计暂定巡警七百二十四名,月饷由村董酌定支给,官不经手。至总、分局区官弁薪工、马匹、杂支月需银一千八百余两,应由官发以示体恤。开办之初,先从清查户口入手,其宗旨先去其害民者,酌定禁令,加意查察犯者名曰“违警”,巡官可以受理,即警察应有之司法权也。此外,命、盗、户、婚、田土仍归地方官管理,现在裁判未立,即地方官固有之裁判权也,次在维持治安,凡有关于公共利害之事,官绅联合逐渐兴革,但使实力奉行,得人而理数年以后,不独乡曲愚民可渐明公理,渐知公益,即州县衙役亦可次第裁革,催科传案,悉责巡警一呼即至,断无扰累,推及募兵、退伍,均有册籍可稽,不至顶替,一切与学校维风化推行新政有事半而功倍者。查天津一县城乡人民共有七十六万一千八百九十七口之多,责成知县一人治理,虽贤者不能为功。此巡警不能不亟事推行也,所有遵拟天津四乡巡警现行章程并附图表,恭呈宫保鉴核是否可行,伏乞训示祗遵。

督宪袁批:据禀,天津四乡巡警章程权限分明,条理缜密,从清查户口入手而归结于用绅。与外国田野警察属地方自治制者用意相合,候具奏另檄行知图表苦心分明,精能之至,仰即连同章程速刊印一千本呈候通饬各属仿照办理,并备各省调查之用,章程存,图表发还。徽。

（光绪三十一年七月初八日“文牍录要”栏目）

直督袁奏拟定天津四乡巡警章程折

奏:为拟定天津四乡巡警章程缮具清单恭折,仰祈圣鉴事:

窃臣前于直隶省城遵旨创设保定警务局,并添设警务学堂,当将拟定章程于二十八年七月初五日专折奏陈。钦奉朱批:"知道了。著即认真举办,逐渐推行。单并发。"钦此。钦遵在案。嗣经通饬各属,一律仿办。现据各州县陆续禀设者,虽已有九十余处,而大半有名无实。惟天津为通商巨埠,华洋杂处,办理尤为注意。三年以来,次第改良,奸宄不行,闾阎安堵。成效昭著,中外翕然。只以财力未充,仅及城乡,尚遗村镇。

查外国警察之制,上通政府,下达穷乡,就地抽捐,以取诸民者仍用诸民。故官无筹款之劳,民无横征之怨。证诸《周礼》修闾野庐之职,《管子》轨里连乡之制,今古同符。臣惟立法贵乎因时,时既至,则迎机易导。治民期乎立信,信既乎,则下令如流:因督饬天津巡警总局道员赵秉钧,先从天津四乡办起,以为各属模范。该道心精力果,遇事讲求,呈拟章程十二条,业经试办数月。所需经费,以地方本有之青苗会、支更费及赛会、演戏一切无益有余之款酌提充用。视村庄之大小定警兵之多寡。殷富之区,按五十户出一名;荒僻之区,按百户出一名。初次清查四乡,共有七万五千四百七十八户,暂定巡警七百二十四名,月饷由村董酌定支给,官不经手。其总、分局区官弁薪工、马匹、杂支月需银一千八百余两,应由官发以示体恤。开办之初,先从清查户口入手,酌定禁令,务去民害犯者名曰"违警",由巡官可以受理,即警察应有之司法权也。此外,命、盗、户、婚、田土仍归地方官管理,即地方官固有之裁判权也,次在维持治安,凡有关于公共利害之事,官绅联合徐议兴革,但使实力奉行,绵历岁月,不独乡曲愚民渐明公理,渐知公益,汛兵、衙役亦可以次裁撤。催科传案,则一呼即至,无扰累之虞。募兵、退伍,则有籍可稽,无顶替之弊。一切兴学校、清赋税、推行新政、移易风俗,有事半而功倍者。即天津一县计之,城乡人民共有七十六万一千八百九十七口之多,责成知县一身,虽贤者不能为治。远稽汉代乡亭之职,近师日本町村之法,昔人谓小官多则天下治,谅哉斯言。

朝廷振兴庶政,百度维新,方将更定裁判之权,画一地方之制。惟学校驱民为善,而巡警禁民为非,道前定则不穷,事易能则可久。此臣所谓兢兢夙夜不敢以苟简自安者也。此项《天津四乡巡警章程》,虽未必悉臻美备,但据目前程度,实为新政根基。

除通饬各属认真筹办外,谨恭折缮单,上呈御览。伏乞皇太后、皇上圣鉴训示。谨奏。

奉朱批:该衙门知道。单并发。钦此。

(光绪三十一年七月十二日"文牍录要"栏目)

拟定天津四乡巡警章程

第一条　划区域。天津四乡纵横七八十里,海河一带斜迤东南至大沽口止,计长百余里。四乡按东西南北分为四路,每一路设一局。东局地面较阔,划为三区;西局、南局、北局各划为二区。海河一带分为四段,每一段设一局。第一局毗连租界,事务纷繁,划为一区;第二局村庄较密,划为三区;第三局划为二区;小站改为第四局,共计八局十五区。每局约万户上下,每区约三千户左右。

第二条　挑巡警。村庄大小不同,地方贫富不一,段富之区按五十户挑巡警一名,穷僻之区按百户挑巡警一名,责成村董各在本村挑选保充。以年力强壮、粗识字义者为合格,吸食洋烟,素不安分及曾当官役者,概不准充。按天津四乡及海河一带之户数分地方之贫富,约略合计应募巡警七百二十四名。其每名每月应给工食,亦系斟酌地方情形,由村董核定,多在八九元,少在四五元不等。其款就用乡间向有之秋季青苗会,冬季支更费改办巡警。如有不敷,及军衣、器械一切杂费,即以不入祀典庙田之有余者,酌量抽提。至若迎神赛会、演戏一切无益之举,一律改为巡警经费。款皆责成绅董,官不经手,然须按月稽查,年终将出入数目榜示村中,以昭信实。

第三条　教功课。巡警挑齐后,由巡官在本区择适中之地,按月调集区内巡警讲授警察各法及操练各法。各巡警早来晚归,仍可照料本村事务,限两个月毕业。以后,每一星期调集一次,择其心地明白,功课能解,操法合度者,拔为巡长。以下,按其程度定其等次。工食初募时,不妨略少留有余地,以便分等加增,俾示鼓舞。

第四条　查户口。每一区内所管村庄,不论土著、客籍,教民或学堂,或庙宇,均须挨户编号注册,注明某户、第几号、家长姓名、年岁、系何生业、有无地亩房屋、男几丁、女几口。客籍者,注明年月、来自何处。区中各住户如有迁移,及婚丧、生死等事,本村巡警随时查报,随时更正,按季列表,每年秋后覆查一次。

第五条　重巡逻。乡间巡警办法与城市不同,既无多人轮流站岗,其功用以巡逻为重。另有定式巡逻表,值班巡警携以巡行,行至某村即由某村盖用戳记。巡逻应行留意者,曰违警,曰现行保护,曰预行保护。细目如下:违警:一、牧放牲畜践踏青苗者。二、负担未熟稼禾,形似偷窃者。三、牵骡、马、牛、驴绕走小道,形似偷窃者。四、怀藏引火物,欲行放火者。五、酗酒滋事,沿街肆横者。六、游僧恶道恃强讹索者。七、地棍、土豪欺压良民者。八、开场聚赌者。九、男女同行,形似拐逃者。十、携带凶器势欲行凶者。十一、藏匿铜铁丝,形似偷窃电线者。十二、恃强斗殴,不听劝解者。十三、聚集多人结党成群者。十四、神色仓皇,形迹可疑者。以上妨害治安违犯者,立时盘诘,扭局惩诫。十五、符咒治病骗钱者。十六、沿街招贴售卖春药者。十七、歌唱淫词戏曲者。十八、卖春宫图画、洋片及淫词曲本者。十九、假装医卜星相骗钱者。二十、卖不熟或腐烂果物,有碍卫生者。以上有关风化,有妨卫生,见即禁止,不服者送局讯究。

现行保护:一、幼童稚女迷者,问明姓名、住处,近者送归,远者交局,送信候领,不能说出姓名,查询村人。二、妇女怀愤投水投井,欲寻自尽者,善言劝慰,送交家长。三、因病倒卧路旁不能行动者,设法觅汤水饮之,能走者扶送回家,不能走者集夫抬送。四、醉倒不能行走者,查看明白,赶与家人送信,或扶持送回。

预行保护:一、成熟稼禾堆集场圃者,随时加意保护,如有偷窃,送局究办。二、坟园树木,查见有人砍锯时,须问是否本主家人,偷窃者,送局究办。三、道旁树木随时查看,不令损伤。有偷窃者,根究。四、各处电杆,随时查看,如有损伤,报局知照该管官修理。偷窃者,究治。五、各处学堂及学生过往者,随时保护,不准阻扰。六、文武官员因公过往者,随时保护。如有问讯,详细禀白。七、外国人传教、游历过境者,加意保护,不准愚民围观。购买食物,不准抬价。八、各处教堂无论大小,及教堂施医院,均应一律保护。九、解送官库银及解送罪犯过境者,加意保护。设遇犯人有途中逃脱者,相应帮同捕拿。十、民间遇有婚丧大故者,均应保护,不准乞丐任意讹索。十一、桥梁、渡口处随时查看,以防危险。十二、停泊船支处随时保护。

第六条　慎访查。巡官、巡弁、巡长、巡兵平日应各留意,无论本区、外区,及远近村庄,设有暗中设坛习拳,暨妖言惑众,谋为不轨者,容留从前漏网著名巨盗者,开炉私铸销毁制践者,一闻消息,迅即访拿,解送总局,审实,给赏。隐匿不报者,罪及邻佑,邻佑举发者,赏。

第七条　防灾害。遇有失慎起火者,官弁督同巡警协力拨救,凡有妨害卫生一切者,均宜设法预防。如清理街道、疏通沟渠、栽种树木等事,务须善言劝导,总期一律洁净,免传疫气。

第八条　维风化。官绅均应平时留意,闻有不敬尊长及忤逆不孝者,考查邻佑,责令随时举发,立即拿解总局,从严惩办。并将首先举发之邻佑,奖励。邻佑隐匿不报者,究治。

第九条　联绅董。凡绅董来局,及官弁因公到各村,均须互相优礼。凡有关于地方之事,小则立时商同举办,大则禀候总局批行。凡有一切商量事件均应和颜悦色,推诚布公,不准稍有官气。

第十条　备器械。巡警昼夜巡逻须有枪械,方足自卫。如遇抢劫重案盗贼拒捕时,准其巡警放枪抵御。平时无故不准放枪。各村富户如有存枪者,皆可捐出,由巡官验明、列号,发册注明系某家之枪暂归公用,或由村董设法筹款购置,由巡官禀明总局给照购买。

第十一条　定权限。凡有妨害治安干犯违警者,警官可以讯办,即行政警察应有之权。如命盗、户婚、田土案情重大者,仍归地方官管理。本属地方官固有之权,如事出仓卒,迫不及待时,若捕凶、拿贼、搜赃、检证之数警官亦应力任其责,以补助地方官之不及。

第十二条　明赏罚。无论官绅、弁兵,果能办事勤慎,著有成效,随时记功。三功为一大功,积大功至三次之多,或三年无故者,由总局分别请奖。拿获重案者,随时请奖。懒惰者,分别记过,三过为一大过,积至三大过者,撤究。另有功过表。

（光绪三十一年七月十三日—光绪三十一年七月十四日"专件"栏目）

巡警局颁行成绩表

津郡巡警南段总局日昨（昨日）传发行政司法警察成绩表,每区一份,共七张,计警察分三门,一为罪犯发现二十二则,一为刑事定拟二十一则,一为刑余查察二十则。其行政计四科,一交通科三十六则、风俗科二十九则、保安科五十五则、卫生科二十则。饬令各区将每月成绩开具清单汇报分别每项若干,以昭核实。

（光绪三十一年七月二十五日"畿辅近事"栏目）

天津南段总局告示

　　为出示晓谕事，照得永顺长铺东周永年家房地契据八十余张，早已悉数押借他人银两，本不应另行当卖，现经本局将契取到分别核办，如有人与周永年私相授受私立契据作为当卖，应将所立契据视同废纸，以昭公允而杜影射，为此，示仰诸色人等一体知照。特示。

　　　　　　　　　　　　　　（光绪三十二年二月初二日"本省近事"栏目）

天津南段警局传单

　　为传知示，照得讲求警务始基，首在注重长警，长警果皆巡逻站岗，必能日有进步，上年终举行功过，已将官弁长警严加核定，并于正月底分别考试在案，现在酌定新章，应自本年二月为始，所有各局区队副官巡长巡警应考成，该巡队官长等认真稽核，于十日考试一次，月底汇齐，出具切实考语，务于每月二十六日核明等次，呈送总局以凭复核察试，如此行之日久，既有该局区队平日考核后经总局随时询事，考言及证办公站岗各务，按月按季分别升降，群情鼓舞，警察必能日有起色，除巡官等次考核应由总局办理外，为此合行传知各局区队一体遵照，切切此传。

　　　　　　　　　　　　　　（光绪三十二年二月初九日"本省近事"栏目）

总局饬递条陈办法

　　日前天津南段总局传知各局区以后呈递条陈均用小手折缮写词句，务期简明点出句段以便易于览阅。每于礼拜六、日下午五点钟时齐送总局，以便查阅。

　　　　　　　　　　　　　　（光绪三十二年二月十四日"本省近事"栏目）

督宪札南段总局

　　为札饬事，照得巡警为内治要政，除天津外现在各州县尚未一律办齐，章程亦不画一，亟应切实整顿，查有候补吴道钱孙堪以委派筹办通省巡警事务,该道务即督饬各属迅筹举办,并委臬司会同办理以重警政,除分行外,合行札饬,札到该局即便查照,此札。

(光绪三十二年二月二十四日"本省近事"栏目)

天津南段总局传单

为传知事,照得本总局访闻现在天津城厢内外宵小繁多,易滋窃案,殊于地方治安有碍,况河路业已开通,查察尤关紧要,前曾通传各局区一体严密稽查以期防患未然,诚恐日久懈生,合再传知各该管局区队官弁等务于夜间督同弁长加意巡逻,严行查缉。自此次传谕之后,如该管地面出有案件,定将该官弁等分别撤惩,决不宽假,传到各该局区队,仰即一体遵照,切切此传。

(光绪三十二年二月二十四日"本省近事"栏目)

天津南段巡警总局传单

为传知事,照得凡事必求改良进步方能日起而有功。天津自开办警务以来于今五年,办理颇非易。易,深恐日久生懈。其进步或较逊于前。本总办兼有督练处事宜,不能终日在局办事。陈帮办又奉巡警部调京当差,所有局内应行事件,应由申提调切实经理,但申提调到差伊始,诸事生疏。查四乡总局崔提调于天津地方情形素甚熟悉,应即无分畛域暂行帮同。申提调办理一切事宜以期警务日有起色,所有局外地方之事,应责成各该管局区官弁认真经理,并由本总局每日轮派明查员前往抽查各区。如查有巡警不守岗规者,随时登记回局禀明,即由本总办酌核情形,将该区官弁、长警分别记过,责革以肃警政而示劝惩。本总办为整顿警务起见,合行传知,传到各该局区队,仰即一体遵照。切切此传。

(光绪三十二年三月初九日"本省近事"栏目)

天津巡警各分局示

为晓谕事,照得总局现准卫生局函开嗣后民人请领殡照须令病故家属当日即将姓名、年籍、病原及患病日期书明前往该管警务局呈报领照,俟择定出殡或抬埋日期再行投局填注照内。其应缴送之存根随送卫生局以便考查病原等因传知前来,此为预防瘟疫慎重卫生起见。据此,除将原单抄录遵照外,合亟出示晓谕,为此,示仰居民人等知悉。自示之后,该民人遇有患病亡故,务令家属当日赴局呈报领照,毋得延迟致干未便。切切特示。

(光绪三十二年三月十七日"本省近事"栏目)

巡警北局调拨访员

天津北段巡警局有添探访人员之议,现拟由南段探访局调拨弁差数名前往当差,仍归探访局专理,已于前日到差禀见总办入局办公云。

(光绪三十二年三月十九日"本省近事"栏目)

警务生毕业有期

天津警务头班官学生闻定于二十八日毕业,二班推升头班,三班推升二班,大约二、三班于闰四月底亦可毕业云。

(光绪三十二年三月二十六日"本省近事"栏目)

整顿巡警新章

天津巡警总局于前日传谕各局转谕岗兵令,各于站岗时携带铅笔及日记簿,以便遇事登记,报知该管官弁择要禀报总局以备查察云。

(光绪三十二年三月二十九日"本省近事"栏目)

派遣乐队进京

天津南段总局以北京大学堂于初一、初二、初三等日开大运动会,特遣队官郑文发君率同乐队队弁及乐兵二十名于前日上午八点钟起程进京,以备赴会作乐。

(光绪三十二年四月初一日"本省近事"栏目)

巡警学堂补招学生

天津巡警学堂续招十三班兵学生，上月底报名投考者已有二三百名。业于日前齐集考验，共取六十五名，前四十名谕于四月初四日自带保状入堂肄业，其余二十五名作十四班再行候期入堂肄业云。

（光绪三十二年四月初三日"本省近事"栏目）

毕业官学生领凭

天津巡警学堂第四期速成科官学生现届九个月，毕业之期已由总办徐观察于上月二十八日详加考试，并发给毕业文凭，谕令听候差遣云。

（光绪三十二年四月初四日"本省近事"栏目）

巡警局军乐队回津

天津南段巡警总局军乐队二十名于日前晋京赴大学堂赛会，事毕，随于前日由队官率带回津。

（光绪三十二年四月初七日"本省近事"栏目）

饬传副官赴局议事

天津南段巡警总局代理督操官黄君前日电传各区副官于上午十二点齐赴总局会议公务。

（光绪三十二年四月十二日"本省近事"栏目）

派员来津学习警务

探闻陕西派有警务员共十四名于日前来津，已送警务总局学习警务矣。

（光绪三十二年四月十二日"本省近事"栏目）

天津南段巡警局传单

为传知事,照得现在工程、捐务两项均归并本局办理事务,愈益纷繁财政须当清晰,兹拟全局共分三科,一曰警察科,二曰工程科,三曰捐务科。每科各有一提调以资管理各该科事务,此后所有各科应用款项,均由各该科核实开报,由本科提调核明盖戳,各向本科收支处支领以清界限而便考核。如无提调戳记,无论巨细各款收支处概不照发,合行传知传到各该科,仰即一体遵照,切切此传。

（光绪三十二年四月二十七日"本省近事"栏目）

巡警学堂暂不招考

天津巡警学堂卒业在即,招考须俟秋间,乃刻下应考者又纷至沓来,非但徒劳往返或恐,在津久候不免空耗旅资,特志数言以代布告。

（光绪三十二年四月二十九日"本省近事"栏目）

裁判所暂拟章程

天津县署拟改裁判所一节,闻所订章程照南段谳局试办,其中分为三所,一为检事所,一为民事所,一为刑事所。暂拟章程二十条,并有差遣队百名,书记十名,验伤吏二名,大约不日即当备文通详各宪核办矣。

（光绪三十二年闰四月初六日"本省近事"栏目）

天津南段总局传单

为传知事,照得总局设立值日,原为全局公事总汇之区,现在工程捐务均已归并办理。全局共分三科:一曰警察科,二曰工程科,三曰捐务科。权限虽各分清而势力均各平等,当工程捐务未经归并之前,所有一切警察事宜均由值日所经理今工程捐务,既已归并,则三科事同一律,值日所均有过问之权。此后工程、捐务两科如有关乎重要之事件,即由该两科提调径自禀明,本总监办理所有一切日行事件,有宜知照总局者行函告值日所以便接头。此种函件只可盖以工程科或捐务科之戳记,毋须提调出名,值日所与该两科通函,如仅关乎该两科之事件,即盖以值日所之戳记,如关乎警察与该两科交通之件,即盖以巡警总局警察科之戳记以示区别而定事权,除已谕知值日所课长刘孟扬,科员钱杰、甘景煌、周阶鼎、陈仪恒认真经理外,合行传知,传到该两科,仰即一体遵照,切切此传。

（光绪三十二年闰四月十一日"本省近事"栏目）

警务学堂毕业改章

天津警务学堂志在速成,故现在学员照章于本月举行毕业,闻以后招考各生则定为三年毕业以期深造云。

（光绪三十二年闰四月十三日"本省近事"栏目）

天津南段巡警总局告示

为出示晓谕事,照得天津工巡捐局现已归并南段总局,总局设有谳员,所有捐务科审判事宜自应统归总局办理。自出示之日起,捐务科原有收呈木箱业已撤销,凡捐户递禀呈报免捐、减捐者,均应来局呈递,即该科查明漏捐罚款,亦应由总局审判员酌断应减者酌予减免,应罚者决不宽饶。本总办自接管以来,力求除弊,决不使纳捐各户稍有偏畸。现查房铺各捐历来漏捐之户甚属不少,除派员详细澈查外,尔住户、业户如能于月内切实呈报者,以前漏捐者,免追究,自从闰四月以后,如有本户并未呈报纳捐速即到局报捐,如隐匿不报经本局查出,定应从重科罚,现定自九月分起收捐不再发给收条,一律改用三联单:一、发捐户,一、存捐务科,一、存总局。捐户来局上捐随时发给联单。自五月分起,如查各捐户无联单者,即照漏捐罚办决不宽贷。本总办不忍不教而惩,特先剀切劝谕,为此示仰捐户人等一体知悉,其各凛遵毋违特示。

（光绪三十二年闰四月十五日"本省近事"栏目）

巡警会议改期

天津四乡巡警向定每月初一、十五两日各巡官等齐集来津在总局会议,闻刻已改期于每月初三、十八日举行。

(光绪三十二年闰四月二十三日"本省近事"栏目)

巡警学员毕业给凭

天津巡警学堂第四期学员一百五六十名刻已毕业,定于今日一律发给文凭。

(光绪三十二年闰四月二十九日"本省近事"栏目)

天津南段巡警总局告示

为出示严禁事,照得广仁堂本清洁严肃之地,自扩充女工厂、添设女学堂以后,左近贫妇皆得入党学习,现在堂中女工日有加增,早出晚归,有道远者,即在附近租房居住,乃近来访闻,竟有不肖之徒串合土娼在近处托足闲游络绎不绝,尚复成何事体,除饬五局三区严查驱逐外,合行出示禁止,为此示仰该处附近人等知悉。自示之后,傥再有闲游人等勾串土娼在广仁堂左近居住惹事生风招摇引诱,立即提案严加惩办,决不姑宽,其各懔遵毋违。特示。

(光绪三十二年五月十四日"本省近事"栏目)

巡警总局轮班考试

天津南段巡警各局区副官巡长巡警现奉总办谕令于初四日起每日早晚两次轮班齐集总局候考,奉谕后每日共有百名齐到听候提调申太守考试。闻自初四日起须考至十六日为止云。

(光绪三十二年七月初七日"本省近事"栏目)

警局整顿招贴处

天津南段总局现因各街巷粘贴传单、告白等件满壁糊涂,刻拟按贴报单处添设木牌,限定尺寸。业经传饬各局区查明处所开明地基。限以三天具报以便汇数,饬令工程科建造木牌钉以墙上,以后按类贴于牌上,以划界限以免狼藉云。

（光绪三十二年九月初一日"本省近事"栏目）

警局传谕警章

天津南段总局传饬各区局于九月初一日改为每日按三点、六点、九点、十二点换岗，于晚六点换枪站岗，早六点收枪。

（光绪三十二年九月初二日"本省近事"栏目）

巡警兵弁操毕回津

天津南北段巡警兵弁前赴彰德秋操，现已事竣。已于初十日由彰德府乘加车，至十一日早九点钟一律回津。

（光绪三十二年九月十三日"本省近事"栏目）

巡警局更调巡官

天津一局三区副官阎恩荣、二局二区副官韩振山现经调赴营口，所遗一局三区副官一差经段总监以五局三区超等巡长崔凤舞拔补，二局二区副官一差以二等一区超等巡长蒋慎修拔补。

（光绪三十二年九月二十二日"本省近事"栏目）

县署招募司法巡警

天津裁判所开办有期，所有钱财细故户婚财产，凡司法事宜，均归裁判所总理，至勘验命盗案件仍归县署。天津县章大令现奉督宪面谕，将县差分别裁撤，另募司法巡警六十名，必须年力富强，粗识文字、无嗜好者，方准入选。

（光绪三十二年十月初三日"本省近事"栏目）

天津南段巡警第一局告示

金汤桥中间道路电车、往来车马繁多,单身行人参杂,其中不但行走不便,而且危险已极桥之两旁,修有便道专为单身行人而设。此后除挑担及搬运物件的准由中间行走外,其余无论男妇老幼,一概不准步行,中间如有故意违抗不听巡警指导者,送局惩罚,决不姑宽,此为预保公安起见,各宜凛遵。切切特示。

(光绪三十二年十月十一日"畿辅近事"栏目)

示期验看司法巡警

天津县招考司法巡警一节已纪前报。兹悉现在报考者约有三百余名,经县署示期于十四日午堂点验。

(光绪三十二年十月十三日"畿辅近事"栏目)

巡警学生分班考试

天津巡警学堂近日谕招五期学生,兹悉日来报考者已有四百名,当经该堂总办徐观察。谕以二百名为一班,于本月十六、十七两日分班考试。

(光绪三十二年十月十五日"畿辅近事"栏目)

警务学堂招自费生

天津军医学堂改建警务学堂。兹悉此堂专招佐杂,各职均须自费,卒业后与官费并用,名为警务自费官学堂。

(光绪三十二年十月十六日"畿辅近事"栏目)

审判庭详委编制员

天津设立审判庭迭志本报。兹闻因章程中各种规则尚有未定并拟组织一讲习会,将此项章程先行逐条研究,已由天津府凌太守详请札委张大令一鹏等为审判庭编制员兼充讲习会讲员。

（光绪三十二年十一月初九日"畿辅近事"栏目）

审判厅预备开办

天津设立审判厅及派定部长编制各员均纪本报，十一日下午二时天津县暨各委员先后到厅，议定自本日始每日下午二时起四时至编制员先将章程中应补编之各种细节逐一编出，并限两礼拜编完，即接开讲习会以备实习开办云。

（光绪三十二年十一月十三日"畿辅近事"栏目）

司法巡警肄习条规

天津司法巡警肄习条规共分八条，照录如下：一、体操；二、站岗；三、传事；四、站班；五、解递；六、巡查；七、差遣；八、下夜。

（光绪三十二年十二月初九日"畿辅近事"栏目）

天津警谳局改章

天津南段巡警总局特奉督宪批谕，将警谳局每月应领局费银一千二百两自明年正月起全行停支，其警察捐务工程三科每月裁节银七百余两洋二百八十余元，亦应自明正一律截止。警谳局改名南段发审处，每月尚需六百两，即以各科节省之款移用，勿庸再向支应局具领，已经总局传谕各局区一体知照矣。

（光绪三十二年十二月二十二日"畿辅近事"栏目）

天津南段巡警总局牌示

为牌示事，照得本总局定于本月二十五日停审，明正初六日开审。合先谕知该原被人等遵照。须至牌示者。

（光绪三十二年十二月二十五日"畿辅近事"栏目）

459

警务学堂注重法律

天津警务学堂自经总办徐观察增出法律一科前,已拣选资质明敏者肄习。现闻该堂已将法律一门作为专科云。

(光绪三十三年正月二十三日"本省近事"栏目)

巡警裁判分定权限

天津自设立审判厅后,凡户婚、田产均由该厅裁判,业经详定有案,凡巡警各局区自未便再行干预,以一事权闻。自本年开篆后,遇有民事讼案,均由该厅审理,其有因田产争殴有违巡警章程者,亦一律扭送该厅讯办云。

(光绪三十三年正月二十四日"本省近事"栏目)

巡警局饬领文凭

天津巡警兵学生于毕业后拨入总局充当警兵,三个月后,始行发给文凭。现前班毕业生已届期满。日前,传饬各局区查明应领凭照之警生,务将姓名、年貌、籍贯三代造具清册,汇呈总局,以便发给云。

(光绪三十三年二月十一日"新闻录要"栏目)

天津警务劝办戒烟善会公启并简章

窃维不强种无以强国,不除嗜好无以振精神而救国,夫鸦片烟之害:害身、害家、害种、害国,不待智者而明之。固无俟吾侪赘述,方今贡奉明诏,严禁吸烟,转弱为强,莫此为善。凡我同胞,均属国民,各宜发愤为雄以仰体国家改行宪政之旨,为保种自强之始基。现在明达绅商曾有组织戒烟会者,其热心爱国爱种裨益于社会,实非浅鲜。然若无官府为之提倡,终恐鼓舞不力,风气难开。援拟于津郡地方创立警务劝办戒烟善会以树风声,鼓大众之热心,救国民之沉痼。谅在大公德家必愿赞助也。但开办伊始,筹款固属艰难,而经久之方,一切尤虞支绌,果能各发热力,众志自可成城。从此共结善缘,群生同登彼岸,事关公益,谅有同心。如蒙慨发仁慈,请列芳衔于左：

　　天津警务劝办戒烟会赞成人：宁世福、李士铭、王贤宾、沈观保、杨以德、陈元龄。

　　发起人：张桂甡、王祖尧、高士卿、刘孟扬、田玉成、王桂林。

　　公启：一、本会系由警务发起人联络郡绅组织，名曰：天津警务劝办戒烟善会。

　　一、本会拟暂借李绅寄生。所内照章验收戒烟之人，随时发给凭票。

　　一、凡入会戒烟，预赴本会账房挂号，将年岁若干、烟瘾大小、年限远近，逐一声明，由本会诊无疾病，再给凭票，以便届期照票入会。

　　一、入会戒烟者，须取切实妥保。如出局后在外私自吸烟，或不到放排之期私自逃走，故违定章，即须议罚，该保人应认其咎。

　　一、入会戒烟者，服药三日，留养三日，至七日即行放出，一切饮食、药费悉由会中筹备，不取分文。如有家资充裕愿助经费者，听其自便。

　　一、入会戒烟之人须恪守规条，如有紊乱滋扰者，立即驱出会外。

　　一、本会为普济同胞起见，凡会中司事人等，均须妥为照料，各尽义务，万勿大意，以失众望。

　　一、戒烟人入会后，一时或有疾病，应通知保人立时领回调治，痊愈之时，仍可入会戒烟，万勿观望。

　　一、本会日行事件应另订专条，交执事人遵照办理，以期妥善。

　　　　　　　　　　（光绪三十三年三月初七日"要件"栏目）

天津南段巡警总办示谕

　　论各局区案，查警察为地方要政，事无巨细，皆有干涉管理之权，但地方事项日出无穷，应付之方亦不能限于一格。总之，改良振顿全赖得人，敷衍因循万难，进步诸君供差既久，体验必深。就现在地方情势而观，何事当兴，何事当革，务望各据所知，详申其说。惟须就实能办到者，切实陈之，以备采择，勿为迂阔之论，勿求辞藻之工切。近事情方为经济诸君，其斟酌为之本，总办有厚望焉。此谕。

　　　　　　　　　　（光绪三十三年三月二十一日"文告录要"栏目）

天津南段巡警第三局二区示

为出示严禁事,照得歌词、戏剧足以感人心而关风化,是以演唱淫戏迭经示禁,近查各园所演仍有不免淫荡之处,致使无知匪徒高声喊好,分外异样,殊属不成事体。为此。出示严禁。自示之后,仰该园演戏均以纯正为宗旨,所禁淫戏概不准演,即听戏人等亦不准高声喊好,如敢故违定,即究惩不贷,切切凛遵毋违特示。

(光绪三十三年四月初九日"文告录要"栏目)

南段巡警局会同天津府县详
拟定局厅划分权限暨试办违警罪目文并批

为会详请示遵行事,案据职局五分局正巡官王桂林等联衔禀称,窃局长等于光绪三十二年十二月十九日接奉总局传单内开,以警谳局已改为南段发审处,所有钱债、户婚、田土案件概归审判厅讯理,各局区以后遇有此等案件,无庸再理等因,伏读之下,仰见曲体。督宪关心民瘼力图整顿之至意。惟从前各局区与天津县同担地方义务,虽分门别户,事权究合而不分,以致户婚、田产、口角案件,民间随处皆可控告,县与局区随事皆可判结。今审判厅既专为地方裁判而设,总局发审处又不过集各局区违警案件之成,民刑诉讼诸件势难过问。若不将违警罪目条分缕晰,轻重酌定,则界限不清,必致事权不一,非遇事瞻顾,即越俎代谋。今就管见所及,胪列数条,分开清折,并表式二纸,伏乞采择施行等情。据此,职道随即发交职局检事长蔡令济勖等,详加核定后,移由卑府福彭督饬卑县师程会同两厅部长按照折开各条逐一考核,公同拟定,谨缮折绘表,会衔详请宪台查核立案,俯赐批示,以便分饬遵行,实为公便。

再巡警本有保护治安之责,无论罪情轻重均有制禁、捕拿之权。至审理案件悉照此次所定权限办理,合并陈明,为此备由,具册具呈,伏乞照详施行,须至详册者。

督宪袁批:据详已悉。查阅折开,该厅局划分权限第二条违警治罪,罚金拘留两项,本为各国警务通行办法。惟惩戒,则非巡警应有之权,如暂为下等人民而设,必须叙明,亦可见视违警人之身分如何,暂行酌与相当之惩戒等语,以符通例。第三条,情罪较重人犯,核其情罪既在违警罪目范围之外,即非巡警权限所及,自应送交审判厅,不得再送该局发审处办理。第七条,户婚、田债等案,原可听民自行控理,但既已争斗,有害治安,即应拘送审判厅讯办,不得以饬令自行申诉了事。第八条,凶犯、债户人等,若云准事主报由各局区送审,则可如谓均由各局区送审,则义有未尽。十一条,中外人民互殴之案,尤应归厅处断,俾合于原设,审判厅系为改良裁判,预备收回治外法权之本旨,不得送发审处审理。以上各节均系该局、厅等划分权限之大端,应饬查照批词,会同另改妥洽,详候覆核饬遵。总之,审判厅有审理案件之权,而民刑诉讼归之,但不能因此而理及违警。巡警局有拿禁人犯之权,而违警治罪归之,亦不得因此而预及诉讼,此明定权限之大别也。至所拟违警罪目各条尚属妥协,并由巡警局分饬遵照。此缴,折表存。

(光绪三十三年四月二十六日"公牍录要"栏目)

天津巡警局与审判厅划分权限酌拟试办违警罪目章程

计开:一、巡警以维持秩序、保护安宁为宗旨。凡人民有妨害治安、有碍行政等事,无论罪情轻重,巡警均有制禁、捕拿之权。

二、违警治罪办法,拟以惩戒、罚金、拘留三项并行。但看违警人之身分情况如何,酌与相当罚办。

三、违警轻罪惩戒自十数以至四十,罚金自一角至二元,拘留自一日至十日,均由各局区自行核办。如违警情罪较重,送请总局发审处办理惩戒办法系恐现时下等人民程度来及而拟将来酌免。

四、遇有应送审判厅案件,拟用送案簿,由各局区径送,须填明罪犯姓名、缘由,存根盖戳发还,以归简便而备考查(另有表式)。

五、罚金拟用三联单,一给被罚者,一呈总局,一存分局。除月终汇缴总局外,再由各局区将罚金数目榜示局门,以杜流弊,而昭大信(另有表式)。

六、因户婚、田债到各局区呈诉者,概不收理。

七、因户婚、田债互相争斗,不服巡警弹压者,先由该管局区照违警罪酌办后,饬其自赴审判厅申诉。

八、因户婚、田债殴打已成伤者,若恐凶犯逃逸,或负债避匿,偶经债主寻获者拟均由各局区迳送审判厅审理。

九、凡巡警如欠商民钱财,或因他事被人在审判厅控诉,应先由审判厅将该巡警被控情节函致巡警总局查明,将该巡警开除,送厅归案讯办,不得派司法巡警到该管局区票传,以示区别。

十、巡警因违犯警章被人在审判厅控告,应由审判厅饬赴巡警总局控诉。

十一、外国人殴打中国人或中国人殴打外国人,无论已否成伤者,拟由该管局区均送发审处审理。

十二、电车碰伤行人,无论伤之轻重,均由岗口扭送发审处核讯,如伤罪在杖徒以上者仍转送审判厅审办。

以上所拟暂行试办,嗣后如有增减之处,随时斟酌改良。

(光绪三十三年四月二十六日"要件"栏目)

天津巡警局酌拟违警罪目

一、子孙违犯教令,迹近触忤者。

二、不遵守规则,贮藏火药及他项能炸裂之物与磷质物者。

三、不遵守规则,搬运火药及他项能炸裂之物于街市者。

四、怀藏引火之物,迹近放火者。

五、捏造谣言惑众,尚未滋事者。

六、设坛习拳,尚未激成事端者。

七、议会过十人以上不先呈报,以及不合例之议会者。

八、携带幼小子女,迹近诱拐者。

九、假藉医卜星相,施符念咒,扶鸾治病骗钱者。

十、随带凶器,势欲行凶者。

十一、携带刀、剑、枪械匿不呈报者。

十二、纠伙持械共殴,尚未成伤者。

十三、地棍、土豪欺压良民,尚无凶恶实迹者。

十四、旅店容留形迹可疑之人,匿不禀报,或店簿记载不实,不遵定章者。

十五、家主毒打奴仆,或家长虐待养媳,铺长虐待匠徒者。

十六、僧道恶化,及江湖流丐恃强索钱者。

十七、马车、人力车夫拐逃坐客物件者。

十八、身著军衣冒充官役,尚无别项情事者。

十九、邮传匿名揭帖,损人名誉者。

二十、藉端科敛,飞帖打纲,尚无逼勒重情者。

二十一、私开押当,及出放印钱,重利盘剥贫民者。

二十二、在火场徘徊,迹近行窃者。

二十三、疏纵疯人、狂犬、猛兽,奔突于路上,未致伤人者。

二十四、不遵定章,私储煤油数过十箱者。

二十五、挑掘沟井,不设标灯阑围者。

二十六、妓女设骗,隐瞒客人财物者。

二十七、于人烟稠密之地任意焚火,或玩弄烟火及一切火器者。

二十八、未得官许而制造贩卖烟花、火炮者。

二十九、堆积柴薪甚伙,易肇火灾者。

三十、私放各项烟火及双响起花,容易起火者。

三十一、车马误撞行人未至成伤者。

三十二、损毁禁止通行之榜示,及指示道路之标识者。

三十三、毁路上之植木,及路灯、公厕者。

三十四、故违榜示例禁者。

三十五、粘贴告白于木牌以外者。

三十六、车船夫役以及各项牙纪于定价外讹索钱财者。

三十七、各爆竹铺不遵防火章程者。

三十八、强买强卖,勒赊货物者。

三十九、洋车强揽坐客,以及强行讹索车资者。

四十、电车疾行之际强越轨道者。

四十一、电车驰行坐客任意上下者。

四十二、铁桥开放强行越过者。

四十三、电车铁轨以上抛弃物件者。

四十四、在电车轨道任意行走,不服巡警指挥者。

四十五、恃强争斗不服解劝者。

四十六、酒醉、疯癫游行街市者。

四十七、深夜玩弄乐器妨害安眠者。

四十八、深夜喧哗及聚众闲谈不息灯烛者。

四十九、晚十二钟后行人未持燃灯者。

五十、在街市无故嘲骂者。

五十一、昏夜潜匿黑暗处所以及庙宇空房者。

五十二、神色仓皇，形迹可疑，不服盘诘者。

五十三、私入他人园圃摘食菜果及采取花卉者。

五十四、行无营业，住无定所，各处游荡者。

五十五、男女同行，盘诘言语支离，形似拐逃者。

五十六、无知幼童三五成群沿街呼噪、跳舞者。

五十七、戏园演剧晚十二钟尚未停演者。

五十八、房屋将圮，不遵督促修理者。

五十九、火场未穿号坎，未带执照搬运物件者。

六十、已查户口生死、迁移、婚娶，匿不呈报者。

六十一、仆婢、佣工不受主人约束；学徒、雇工不服师长管教者。

六十二、无故登高眺远，及上他人房顶墙垣者。

六十三、并非己物，擅行拾取者。

六十四、无故擅入人家，或在门窥探者。

六十五、老幼残废违章拉车者。

六十六、损毁电杆、电线及公家建物，及示禁之标榜者。

六十七、渡船乘载多人势颇危险者。

六十八、乘骑车马疾驰于冲衢要道未至伤人者。

六十九、牵车马于人烟群集之处，而不肯制止者。

七十、堆积木石于道路，不设防围，又怠于点灯标识者。

七十一、并牵牛马车辆漫不经意妨碍行人者。

七十二、并舟于水路妨碍通行者。

七十三、人马、车辆不遵左道行走，以及任意停放，有碍往来行人者。

七十四、上下货物阻碍通衢者。

七十五、在官道地方摆设贷摊有碍行人者。

七十六、街道窄狭处所铺户所设之标杆、招牌过远妨碍行人车辆者。

七十七、禁止出入之处滥行出入者。

七十八、抛弃冰雪尘芥等于路上者。

七十九、抛掷瓦砾于道路及他人房屋园圃者。

八十、私行掘取官土者。

八十一、各国洋人游行街市聚众围观者。

八十二、建筑房屋未领执照者。

八十三、各项铺户及大小车辆漏捐者。

八十四、污画各处墙垣门户者。

八十五、逼良为娼，尚无局奸，图骗情事者。

八十六、暗娼卖淫，或代跑合者。

八十七、茶园、戏馆演唱淫词淫戏者。

八十八、收买子女，磨折虐待，或因缠足教戏非理殴打尚未成伤者。

八十九、粘贴圆光、符水治病等招纸者。

九十、赌博偶尔聚会输赢无多者。

九十一、出版侵害，请有禁人翻印告示应行保护之版权者。

九十二、贩卖淫书、淫画照片，淫词曲本者。

九十三、在街市歌唱淫词戏曲者。

九十四、洋篇内藏春画者。

九十五、学堂、工厂妇女出入旁立围观嘲笑者。

九十六、男女携手同入澡堂者。

九十七、肩荷妓女游行街市者。

九十八、客店隐匿流娼者。

九十九、男子与及笄女子同坐洋车者。

一百、帖贴花柳、打胎春药告白者。

一百零一、赤身裸体于街市者。

一百零二、在街市摆摊叫卖迹近各项赌博，及沿街小卖赌签者。

一百零三、暗设烟馆及茶楼、饭庄、妓院，开灯卖烟供客者。

一百零四、私行售卖吗啡针者。

一百零五、售卖春药及打胎药方者。

一百零六、医药不精，骗人钱财者。

一百零七、私行毒毙猫犬货卖谋利者。

一百零八、私设狗肉锅及卖狗肉者。

一百零九、贩卖不熟果品，及腐烂饮食物者。

一百一十、患传染瘟疫，匿不呈报者。

一百十一、宰杀病牛及各样禽兽者。

一百十二、迷信风水，久停棺木，延不葬埋者。

一百十三、售卖假药及冒充字号者。

一百十四、抛掷瓦砾尘垢以及禽兽死尸于沟渠者。

一百十五、抛掷秽物,倾泼秽水于街巷者。

一百十六、在街巷随意便溺者。

一百十七、担挑秽水、脏物在街任意行走,不遵限定时刻者。

一百十八、院内门外任意污秽不扫除者。

一百十九、人烟稠密处所开设粪厂,及收粪人不用有盖之肩挑木桶者。

一百二十、染患恶疾卖娼者。

一百二十一、毁伤肢体,酬神还愿者。

一百二十二、毁伤肢体,售卖假药者。

一百二十三、夏令水嬉,冬日履冰,不遵巡警劝止者。

一百二十四、殡葬未领执照者。

一百二十五、拉运白灰未曾遮盖者。

以上违警各罪,凡惩戒自十数至四十,拘留自一日至十日,科罚自银洋一毛至二元者,均由该管局区自行核办。其情罪较重者,送由总局发审处讯理。

(光绪三十三年四月二十七日—光绪三十三年四月二十八日"要件"栏目)

天津警务学堂榜示

为榜示事,照得本学堂第五期第二班外省咨送学员入堂肄习,警务现届六个月速成科期满毕业,业经各教习详考功课、核算分数、评定甲乙填给凭照,祇领收执,除详报督宪外,合亟榜示。为此,仰各学员一体遵照,须至榜者。计开:沈德祺、黄止干、牛兆升、郭兆槐、李世权、马成麟、阮毓昌、宋得舟、嵩山、夏秉文、汪为浚、马振中、王毓麟、李铭新、王维翰、张允中、杨冠英、徐延龄、盛廷选、刘希卿、王兆勋、张熙辰、张凌辰、王敬式、李崇钰、任赐庚、聂耀昆、牛永清、张心田、秦至纯、李芳辰、衣绣章、何树勋、姜占福、李溪梅、润霖、陈日昌、侯封岐、潘濂、书凤、胡佐清、冉昌、王恩洪、张瑞理、夏甸民、马绣基。

(光绪三十三年五月初四日"文告录要"栏目)

天津巡警学堂榜示

为榜示事,照得本学堂第四期毕业学员留堂加习中学科六个月期满毕业,现经督饬各教习逐一详较课程、稽核分数、评定甲乙填发凭照,除详报督宪外,合行榜示。为此,仰各学员一体遵照,须至榜者。计取二十七名,兹饰录前十名如下:段翘柟、陈钟麟、单壮观、董振瀛、王金铭、董金泽、董希贤、钮仪玺、王家禄、黄桂芳。

（光绪三十三年五月十二日"文告录要"栏目）

天津巡警学堂榜示

为榜示事,照得本学堂第五期甲乙两班正班学员补习随意两科,第一学期期满举行考试,现经督饬各教习逐一详校课程、核定分数、评定甲乙,取列名次合行榜示。为此,仰各学员一体遵照,须至榜者。计开:路世枞、刘焕文、吕文德、汤建鎏、于贵良、姜治光、贺鸿慈、德惠、徐毓芝。余略。

（光绪三十三年五月十五日"文告录要"栏目）

督宪批示录要

天津南段巡警局暨北洋巡警学堂详遵饬会考留学日本毕业生王梦仙合格并送保结由,批:据详已悉。该生王梦仙既经考验合格应准收入该局试用保结存,此缴。

（光绪三十三年五月二十日"文告录要"栏目）

天津南段巡警总局告示

为出示严禁事,照得现在天气炎热,大家全当注重卫生,免得染受疫气,乃查近来道路上常有泼洒秽水,不但道路上不能洁净,及至被日晒干之后,尘土飞扬,扑入口鼻。其臭恶之气,实属有碍卫生。本局为洁净道路、注重卫生起见。此后,倘有向道路上泼洒秽水者,一经查见,即行扭局究办,决不宽贷。除传饬各长警随时查禁外。为此,出示晓谕,仰即一体遵照毋违。切切特示。

（光绪三十三年五月二十一日"文告录要"栏目）

天津南段巡警总局详送改定局厅权限章程

一、巡警以维持秩序、保护安宁为宗旨。凡人民有妨害治安、有碍行政等事，无论罪情轻重，巡警均有制禁、捕拿之权。

二、违警治罪办法，拟以惩戒、罚金、拘留三项并行。但惩戒暂为下等人民而设，应视违警人之身分如何，暂行酌与相当之惩戒。

三、违警轻罪惩戒自十数以至四十，罚金自一角以至二元，拘留自一日至十日，均由各局区自行核办。如违警情罪较重，即送地方审判厅办理。

四、遇有应送审判厅案件，拟用送案簿，由各局区径送，须填明罪犯姓名、缘由，存根盖戳发还，以归简便而备查考（另有表式）。

五、罚金拟用三联单，一给被罚者，一呈总局，一存分局。除月终汇缴总局外，再由各局区将罚金数目榜示局门，以杜流弊，而昭大信（另有表式）。

六、因户婚、田债到各局区呈诉者，概不收理。

七、因户婚、田债互相争斗，不服巡警弹压者，即属有害治安，应由该管局区拘送地方审判厅讯办。

八、因户婚、田债殴打已成伤者，若恐凶犯逃逸，或负债避匿，准事主报由各该管局区送地方审判厅讯办。

九、凡巡警，如欠商民钱财，或因他事被人在审判厅控诉，应先由审判厅将该巡警被控情节函致巡警总局查明，将该巡警开除，送厅归案讯办，不得派司法巡警到该管局区票传，以示区别。

十、巡警因违犯警章彼人在审判厅控告，应由审判厅饬赴巡警总局控诉。

十一、中外人民互殴之案，无论已否成伤者，均送审判厅处断。

十二、车电碰伤行人，无论伤之轻重，均送审判厅核办。

以上所拟暂行试办，嗣后如有增减之处，随时斟酌改良。

五月十九日奉督宪袁批，据送折开局厅划分权限各条大致尚属妥协，惟第三条所叙违警轻罪自系对于重罪而言，德、日等国警视厅条例亦有轻罪由警署责释，重者转解裁判所审讯治罪之文。此次试办审判厅章程第七条,乡谳局项下载明违警罪及轻罪止于笞杖,归其办理。原折第三条"即送地方审判厅办理"一语,应改为"即送附近乡谳局办理"。以与厅章相合,仰即照改,另呈备案。此缴。

（光绪三十三年五月二十二日"要件"栏目）

督宪袁准驻津法领事照会法界烟馆并赌局业经闭歇札饬津海关道暨巡警局查照文

为札饬事,光绪三十三年五月二十三日接准驻津法领事官高照会,内开:照得前接来函,敬悉贵大臣深欲本领事将法国租界各烟馆勒令一律歇业关闭等因,本领事兹以遵照贵大臣之意,拟将界内各烟馆一律饬令歇闭。再,本租界内前有赌局二处,现亦一律饬其关闭矣。理合备文照会贵大臣,请烦查照为荷等因,到本督部堂准此。除函覆并分行外,合行札饬,札到该□,即便查照。此札。

（光绪三十三年六月初二日"公牍录要"栏目）

天津南段巡警总局白话告示

为出示劝谕事,照得近来天津风气日见开通啦,市面也日见推广啦,国民的程度也渐进于文明啦,那(哪)知道还有一种最不文明的就是在大街上行走及卖力气的人,往往光著脊梁,露着胳膊。自己不觉不好看,可就相习成风了。你们看看文明各国的人,有一个光脊梁、露胳膊的吗?但凡有一件破坏的腌脏褂子,洗补洗补很能够遮体了。在这点儿体面上,要不讲究,赤身露体的满街上跑,实在是一件极丑的事。你们何苦丢这个体面呢?为此,劝谕你们大众,以后不论何项人等,均要穿着褂子在街上行走,如违干究。切切此谕。

（光绪三十三年六月初七日"文告录要"栏目）

天津南段巡警总局传单

为通传饬遵事,照得现在天气炎热,服苦人等多有坦臂露胸游行街市者,虽系向来旧习,未免太不雅观,亟应禁戒以正风化。而禁戒之法,应婉

471

言劝谕,不可滥用强权。盖积习已深,苟操之过激,则易招人怨也。除出示劝谕外,合行传饬,传到该各局区,仰即转饬长警认真劝禁,勿得视为具文。切切此传。

(光绪三十三年六月初十日"文告录要"栏目)

饬令警员宣讲巡警律

天津巡警督办以违警律既已实行,而小民无知,往往有误犯者,警察、上官则抓获惩办,未免不教而杀谓之虐,殊非教育之道,因谕令嗣后各局区巡官轮班赴宣讲所宣讲违警律,演成白话,俾愚民易于知晓,不致误犯,且警察有行政、司法之分,既为行政警察,在乎平素教导,使人人自爱,恪遵警章,方不失高等警察之办法,闻警官拟不日轮班赴宣讲所演说云。

(光绪三十四年七月十三日"新政纪闻"栏目)

示警妨碍风俗卫生

天津巡警督办日前通传各局区内开津郡地方与河道相离,最近虽当炎暑,每值夜间难免河风吹逼,倘不留神,最易生病。近查夜深更阑之时,每见下等人民或在街上或在空旷地面席地睡卧,甚有赤身裸体不加遮盖者,种种情形实于风俗卫生两有妨害,拟请通传各局区督饬巡逻长警随时认真查禁,遇有此等人民,务须妥为劝谕,以端风俗而重卫生。

(光绪三十四年七月十三日"新政纪闻"栏目)

谕饬查禁迎神赛会

天津巡警督办日前通饬各局区内开迎神赛会,大干例禁,近日民智渐开,保护安宁,先当破除迷信神权之习,查津郡风俗,每届七月间,无论通衢小巷,争办盂兰会,若为例之不可免者,灯烛辉煌,焚烧冥糦,以纸糊竹遍涂青红,作种种鬼物,牛鬼蛇神不可名状,以有用之资财做无益之消耗,连宵达旦招集闲人,小则聚众争闹,大则酿成火灾,此种恶习实堪痛恨,合行通传查禁。为此,仰合各局区遵照立即传谕界内铺户居民,一律查照停办。

(光绪三十四年七月十三日"新政纪闻"栏目)

拟定风俗警察办法

天津南段总局现拟定风俗警察办法四则,已通饬各局区一体遵照。一、演说各场须有一定办法规则,然有关于火灾、卫生、风俗、建筑等事即其开张歇业,关乎人民之生计者,概归警察管理,务各认真查察,令将营业宗旨及成本多寡具禀分别呈报,该管局区以便给照设法预防。一、说书演剧如近于淫词荡韵,描摹残忍,形像及伤风败俗等类,应认清限制,倘有假游戏以赌博而起争端者,尤当加意查究。一、演说诸场,不论说书、占卦、看相,倘有无稽之谈、淆惑人心者,务须体察情形,带局讯究或强止,行人占相不定、卦资藉词多索者,一律严行禁止。一、凡愿作何种营业,无论开张歇业,均须先行领照,以备临时考证,恐有藉营业为名而有设计骗人、匿匪等事。

(光绪三十四年八月初二日"新政纪闻"栏目)

天津县董事会移天津地方审判厅调查庙产文

为移请事,案据花翎游击李飞鹏说帖声称,于光绪三十二年经族弟李耀庭代办倒租如意庵坑地六亩零六厘,每年租价二十七元,一坐落如意巷南习艺所马路北,后因开马路划用一亩零,即按五亩纳租并经清丈公所改定租,则每年纳洋十二元,共租洋六十元,自租之后并无争竞情事,忽于今年七月间有北邻李起龙擅钉木橛侵占坑地七弓,余职屡次质问,不理,当于八月初十日在地方审判厅呈控有案,连讯十数次,至十月初八日堂判令李起龙仍按钉橛侵占之地,管业职所亏之弓口则令原租主常姓将所亏之地按倒租价缴职窃思所上地租系五亩之租价,有董事会执照及租条可凭,李起龙并无董事会执照,亦无纳租收条,竟得指手为边侵占地亩,实属无理已极。此项坑地既由贵会掌领,贵会即有保护租户直接查问之权,思维再四,惟有恳祈诸大议员将此案提归贵会作主追究,令伊将木橛拔去以清界限,而儆刁顽等情,前来查清丈公所经理各项庙产前经移交议事会转交敝会接管在案。兹据李飞鹏陈述各节,当即检查庙产底簿李飞鹏认租如意奄坑地五亩属实,李起龙并未租有庙地,竟无故侵占人地,殊不可解,事关竞争庙产,敝会应详为调查,分别理楚,拟请贵厅将此案全卷借阅一过,即希饬承检齐发交敝会以凭查悉涉讼情形,不胜盼祷之至。为此,备文移请贵厅查照见覆,施行须至移者。

（光绪三十四年十一月二十四日"公牍录要"栏目）

天津南段总局传单

为通传饬遵事,照得津地俗习,每逢新年各商家出散红帖,往往字据不真,时有伪造,以致用帖者无从兑取,殊非便民之道,亟应设法整顿,合行通传。为此,传仰各居区队一体遵照,务各转饬该管界内各商家如出散红帖时,务须找有切实铺保书明真实字号,方准行使,以清市面而昭核实,毋违此传。

（光绪三十四年十二月初六日"文告录要"栏目）

饬令悬挂天津全埠新图

天津巡警总局通传各局区队内开,照得天津全埠详细新图现已刷印齐备,应即发给各局区队每局二份,每巡所一章以备查考,合亟通传,仰各局区队一体遵领。

（宣统元年二月初三日"新政纪闻"栏目）

天津巡警总局传单

通传各局区,为通传事,兹将稽查员会议拟定先行办理要件通传一体遵照:一、巡所巡视表各局区长、副官、巡长等如有不亲到盖戳者,翌日由稽查员按日盖用未到戳记以资考查。一、议事公函称接匿名信言及津埠有藏储子弹之家,奉督批限十日查出具覆,务须认真严密访查具报,以靖地方。一、小贩抽签虽经传禁在案,近查各处仍有暗带签筒乘隙窃发,拟请饬各局区严行确查禁止。

（宣统元年三月十五日"文告录要"栏目）

警局申明警官服装

天津巡警总局日前通饬各局区队内开照得警察为人民之表率，必须军服整齐，举止庄严，庶足以启人民之敬爱，遵查《民政部定章》，警察官吏有礼服、常服之别，凡遇庆典差事，始著礼服，平时执行职务，均著常服，斯为定制。乃近查各局区队官长有著礼服随时出外及到火场者，殊与定制不符，实于军容大有关系，亟应拟订划一服装章程，为此，通传各局区队一体遵照，勿违云。

（宣统元年三月十九日"新政纪闻"栏目）

天津巡警总局传单

兹将各巡官会议应办事件一体知照：一、各局区巡警分所最宜洁净，若平日息于打扫，不特令人观之不雅，且于卫生有害，兹值天气炎热，秽气熏蒸，该管官弁务当加意查察，各巡所长警亦宜督饬夫役勤加扫除，雨衣不可存在卧室，厨房喝水尤要洁净，每日早晚饬将窗门开闭数次，务得空气流通，以重卫生。一、各局区队嗣后凡经送审判厅案件，自四月初一日起每至月终应将获案大概情形及原被姓名摘录案由汇报总局以资考查。一、现值天气炎热，各岗警异常苦渴，自应仍照向章每日上下午派人按岗送茶。一、地方自治办法章程，警察官员即应研究以便施行，每局区各发《谘议局各项选举章程》并《谘议局筹办处文件录要》等书，以资参考云云。

（宣统元年四月二十二日"文稿录要"栏目）

天津南段巡警总局告示

为出示严禁事，照得每年七月十三、四、五各日有等游手好闲的人，借著办盂兰会挨门敛钱，在白骨塔地方搭起席棚，摆开道场，那些说书唱曲的，合打拳卖艺玩耍戏法的，亦都到那里引诱得无知的愚民都去瞧看热闹，男女混杂已经不成事体，每天夜间，又非到十二点钟不散，那些好事的人，只顾深更半夜里瞧看熟闹，那知那些贼人匪类便乘这热闹的时候，混到里面生出事来，有剪绺物件的，亦有拐骗小孩的，甚有无耻之徒引诱妇女的，等到闹出事来,后悔已晚。况这盂兰会名为施祭无祀的孤魂,实是件杳杳无凭、极可笑极荒唐的事,稍明白道理的人,决不肯迷信他。现当我们中国力求文明时候,更不可迷信这等荒诞无理的事,招外人的笑话,就是那敛钱办会的人,亦不过借著落些钱,决不是要做好事,你们亦不可把有用的钱财办这□有害无益的事。本局为维持治安、挽回敝俗起见,特出白话告示,苦口劝导。自这次出示后,亦不准再给会钱,更不准借名摆会引诱男女聚看,滋生事端。倘敢故违,一经传案,定把你们从重惩办,决不宽恕,各宜凛遵毋违,特示。

(宣统元年七月十九日"文告录要"栏目)

路　　矿

天津火车开行时刻

天津至北京:早八点四十五分开晚三点十二分到,晚三点十五分开晚六点三十分到;北京至天津:早七点正分开早十点十分到,早十一点三十五分开晚三点五十三分到。天津至榆关:早六点四十五分开晚六点四十到,早十点廿五分开晚六点二十分到。早十二点廿二分开晚五点十七分到唐山。晚四点十五分开晚五点三十六分到塘沽。

(光绪二十八年十一月三十日"告白"栏目)

铁路总局递寄官报谕帖

总办关内外铁路公司杨谕:天津、北京等处站长以及管守铁路之兵勇等,自西十二月二十五日以后,凡《官报》局发往车站之报,该站务当从速以火车递送,不得耽延。收报之站长等理应慎重收存以便官报局派人持取,切切特谕。

(光绪二十八年十二月初二日"告白"栏目)

关内外铁路官局与天津汽水有限公司订立合同

一、彼此互给洋一元均各已收到,以后彼此均应遵守以下所列条款办理。

一、有限公司应赶速在直隶省山海关铁路产业地方安设机器,以便制作汽水,或即将天津旧有机器移去开办,或在该处另设机器,仍照天津旧有机器一样。

一、铁路允将山海关铁路产业之汽水地亩,即按图上绘明红色地段,每七亩五厘租与有限公司,以一年为期,每年付租价天津洋一千二百元,按季预先交付。如期满后,仍准该有限公司尽先续租九年。

一、铁路所租出之产业,该有限公司以及接办者,余照该有限公司定章应用外,不得改作他用。

一、该地亩内所有之房屋均作租与有限公司,但修葺房屋各费,仍列有限公司之账。

一、有限公司如将该地亩内之房屋商拟改造,或另添筑铁路亦可允准,但此项用费均由有限公司自备,至期满后亦准有限公司将新添之屋移去。倘有限公司有欠铁路款项,准铁路将新添之屋留作抵押。

一、有限公司将本合同一经签字,应按照香港所订有限公司章程并有限公司所订章程,请各股友会议,应新添赍本天津行平化宝银五千两为五十股,即每股一百两。然该新添之五十股,应派交铁路承领,俟将股票领到,即可将行平银五千两送交有限公司。

一、本合同期内,铁路有权柄可以派人到有限公司内为总办部之一人,然此人须照有限公司所订章程堪胜任者,并由有限公司承允,俾各股友公举此人为总办部之人。倘此总办自行辞退或不胜任者,如系自退,则该总办之缺仍有限公司公举铁路之人接充。

一、本合同期内,有限公司允将每年所得之利,除按股本之数扣提一分息外,应将余利三分之一给与铁路,即于每年结清账目后,核计照数送来。

一、有限公司每于年终核计余利,除一切养费折价应公允核算,但动用股本所获余利,不得以此项作为寻常费用。

一、铁路在山海关现有之汽水机器并材料等,必须由有限公司充为尽数承购,然所有价值,应由铁路与有限公司各请一人公允核估,倘此二人估订意见不合,仍由此二人公请一人核夺为准。

一、本合同期内,铁路允将石河水供给有限公司之用,管送到厂,该水即按每十二瓶付价半仙士,有限公司已允照付,然此项水价安月结清。

一、本合同期内,有限公司允供铁路员司每月用汽水六千瓶,在山海关交付,该汽水价即按天津市价七五折算。

一、本合同期内,铁路允以二十吨篷车供给有限公司,在本路所到各处装送汽水之空瓶,用该车脚,按每一英里每车收洋四角,有限公司已允照付,并订明随时按所运之货多寡,照备车辆。

一、铁路代有限公司运送货物,如需别式车辆,吨数或多或少,应按照二十吨篷车所定之价比例增减核算,但所有车脚账目应安月结清。

一、本合同期内,倘在直隶省有他家汽水公司距津站三十英里远者,欲运货到津,铁路已允此项车脚,不能较有限公司运货到津之车价再为相宜。

一、有限公司租铁路产业,照合同订明为造汽水之用,该有限公司开办一日,均应照合同办理一日,倘无论何时该有限公司停办,本合同即作罢论。

一、铁路与有限公司无论彼此将来接办者为谁,仍互应按照本合同所定办理。

（光绪二十九年二月十五日"本省公牍"栏目）

北洋大臣委津海关道唐候选知府梁会议津镇铁路札

为札委事,准外务部咨开,光绪二十九年四月十九日准英□署使照,称天津至镇江铁路一事,现在华英公司会同德华银行拟与中国政府开议定立正合同,总望此事速行商妥等语,同日又准德葛署使照称光绪二十五年四月初九日所订草合同,准德国、英国会同盖造天津至南京铁路。并奉谕旨,允准嗣于光绪二十八年七月十六日照请奏请添派督办大臣一人,并饬其会同张侍郎开议,等因二十八年七月二十九日准贵部照称本月二十六日具折奏奉。

朱批:著派袁世凯为督办大臣,钦此。等因。各在案,查现在德华银行之德国公司、汇丰银行之中英公司,彼此均已商妥,俱各派员迅速开议会商德国认定之一段与英国议定之一段津镇铁路详细合同。今德华银行派天津领事柯达士,中英公司派前驻上海毕总领事应会同中国所派袁宫保暨张大臣商议应请转致袁宫保等悉知,并候迅速示复等情相应咨行贵大臣查照办理并将会议情形随时谘报本部为要,再,此项铁路系天津至镇江,该署使来照称系天津至南京系笔误,已照复应行更正矣。等因。到本大臣准此,查津镇铁路,本大臣前奉谕旨督办兹准,前因应派津海关唐道绍仪、候选知府梁守如浩会同德华银行所派之天津柯领事、中英公司所派之前上海毕总领事先行开议,随时将会议情形随时请示核定合行札委。札到即便遵照办理。此札。

（光绪二十九年五月初二日"本省公牍"栏目）

天津道详覆津郡水会可否准其复设请示遵行由并批

为详覆事,本年四月初一日,奉宪台批,职道详阖津水局首事李珍等禀,天津各水局拟请照旧行会传"送信锣",请示遵缘由奉批据详已悉,津郡从前设有水会防御火灾,洵系地方善举,惟阖津地面各水局共有若干处,所需经费是否由居铺户摊捐,并闻该水会常有聚众滋事情形,现在民情困苦,

481

人心浮动,不得不慎之又慎。仰该道督同府县一一查明,详究利弊,禀覆核夺。此缴。等因,奉此,遵即行府督县查覆。去后,兹于五月十六日据天津府凌守详称,蒙此当经札饬天津县查覆,去后兹据覆称查此案前据阖津水局首事等拟遇火灾,照旧传"送信锣",随同官设水龙协力扑救,等情,当因事关保护地面先行详请示遵,一面批饬该首事等查明水局,现在尚有几处器具等物是否齐备,原议章程有无常年经费,并在会绅董夫役各有若干名开折禀覆,兹据阖津水局首事李珍等以阖津各水局原立有八十处之多,现在家具齐备者,仅有四十四局。各水局原无常年公费,遇有敬神酬善添补家具等事,该局首董自行筹款,并无向居民铺户苛敛等弊,再水会聚众滋事一节,向因各处私立小会所名目假公济私,招集土棍聚赌窝匪,一遇火场掺杂其间,滋事在所不免。拟请嗣后责成各局公正首董,凡立有小所名目之处,或巧立防险名目以需索街,而准禀请将该会所及防险等名目查封入官。一面严办为首之人,至各局伍善平日挑选守分之人,一闻锣警仍宜恪守会规不得以好善之举易而为。斗胜之场自应听局董约束,如有争吵滋事,除严惩该局伍善外,该局首董科以"约束不严之罪"等词禀覆前来,据此,卑职查,水会所以救焚拯急,为地方所应有。津郡人烟稠密,火患又多,似宜照旧举行以备不虞。该首事等所称:各水局款由自筹,并无向居民铺户派敛情事,尚非饰词,详覆到府,由府转详等情。据此,职道覆核所呈章程向属妥善,应否准其复设水会以御灾患,职道未敢擅专,除批饬候示外,理合具文详覆,宪台查核批示祈遵。

批:详折均悉,天津水会既据该道督饬府县查明,情形系为地方御灾捍患并无向居民铺户派敛之事暨严立条规约束,会众应即准其复设,惟现在津地巡警设有消防队,自应联合一气较资得力。饬据南北巡警局会议章程十条,随批发去,仰即督同府县覆加考订,与从前水局条规互相参酌,核定施行仍知会两巡警局查照。缴。

(光绪二十九年闰五月十七日"本省公牍"栏目)

天津道据禀请设官车局请示办理详文并批

为详请示遵事案:查接管卷内据津郡西关各车店、客店、铺民王荫槐等联名具禀,以差使络绎需车甚多,无款可垫,请循旧设立官车局,以供要差等情,并据天津县转详前来,当经庞前署道饬据天津府凌守督县查明,上年设立工巡局所收车捐,系按郡城有车之户,无论有无生意,空载重载,按日纳捐,凡往来街市之车,必须完捐。其乱前官车局所收贴费,乃系收取拉运生意出境之远行车辆及载运来境之二三四套大车,所收贴费按每百分脚价收取二分,以作车差之津贴,如不装出境生意,即任其往来拉运,不取分文。遇有数套大车由外境来津者,拟住何处车店,即由车户先往知会该车店,均先预起有工巡局捐照,以备领车之需,临时饬店伙持照将车领入该店,去时再行持照领走,于车户无干,该店原为多住车辆,将甲车领来又将乙车领出,如有捐照一张,一月之间即可领无数车辆出入,其官车局所收贴费,取之出境之车拉一次买卖缴一次津贴,于工巡局两不相妨,请循旧设局应差等情详复到道,庞前署道以入境车辆工巡局皆应纳捐,出境装货即系此车,不得谓为各不相涉,若再收官车局津贴二分,不免近于重捐。若谓店伙持照将车领入,并非出自车户,是直车店预买捐照以为朦混,一照可以领入数车,尤与工巡捐局章程窒碍,此不过该车店藉官差名目,抽收客车钱文,难保无影射希冀情弊,当经批驳。职道抵任复据该车店等以应差苦累,请仍设局收捐亦经援案批驳各在案,嗣又据各车店沥陈苦累情形,一再禀求,随饬天津县会同工巡局查明妥议去后。

兹据天津县唐令则瑀会同工巡捐局提调委员王倅文光禀称,卑职则瑀遵即移会卑职文光,并督同前办官车局董事刘典史寓瀛,悉心考察,查得工巡局所收车捐,系筹工程巡警经费之需,凡车辆出入本境无论远来、内地,均按月纳捐领照以凭查验,与向来官车局所收之捐不同,而官车局所收之捐名为贴费,系取于外来重载长车及拉运出境远行之车户,以作差车之津贴。无论系官车局应收捐之车与不应收捐之车,若果到境巡警查时,均有工巡局捐照查验,即与工巡局捐款无所妨碍。卑职等察看情形,如蒙复设官车局,委系商民乐从,别无流弊,而遇有要差得以随时应雇,洵属大有裨益,合无仰恳,仍照前详准予设局开办,俾顺舆情而免贻误会禀,察核示遵等情前来。职道查该县等所禀,设立官车局收捐应差,于工巡局捐款尚无妨碍,现在该县差务繁多,需车甚伙,迭据各车店以应差苦累联名具禀,应否准如所请,设立车局供差之处,职道未敢擅定,理合详请宪台鉴核批示祗遵,为此备由具呈,伏乞照详施行。

批:据详已悉。天津设立官车局,既于工巡局捐款无碍,应准照办,总以毋扰为主,且不得重捐,以示体恤,仰即饬遵。缴。

（光绪二十九年十月初四日"文牍录要"栏目）

车站纪事

会办练兵大臣铁侍郎商部左丞徐京卿同于前早十点钟由津乘专车晋京,北洋营务处刘观察永庆、段观察祺瑞,王观察英楷、马副将龙标、吴镇军凤岭、卢游击永祥同于前早由津赴保定,交卸口北道张观察翊宸仍奉委保定营务处,亦于是晨同车赴省。

(光绪二十九年十月初十日"畿辅近事"栏目)

挑修官沟

天津卫生局饬派印捕一名巡捕二名率同局中苦工四十名,在西南隅广仁堂前地方挑修官沟一道,直通西关外,已于日前开工。

(光绪二十九年十月十六日"畿辅近事"栏目)

天津工程总局示

为出示晓谕事,照得本局遵奉督宪谕饬,在河北一带开筑马路,建造市场,所有垫地修工,一切业经禀明,由附近之金钟、新开、北御等河内取土,尔界内商民垫地、盖房亦准一体挖取,或由本局铁路运送,以期便捷但必须遵照定章先行禀明,本局派员前往查验明确,与河堤无碍方准动工,合行出示晓谕。为此示仰乡民人等知悉,尔等凡境内修垫地基、起盖房屋,前往各河取土,务即遵章先行来局禀明,以凭委员查验,倘敢故违,私自取垫,定即究办不贷,各宜凛遵。切切特示。

(光绪二十九年十月二十日"畿辅近事"栏目)

挑浚旁沟

天津南关外迤西马路一带路旁无沟,不便泄水,现经卫生局派捕率同局内苦工数十名,前往挑浚。

(光绪二十九年十一月初十日"畿辅近事"栏目)

兴修码头

紫竹林下梁家园至小刘庄一带德国租借沿河拟修筑码头，以为明春德国商轮停泊，便于起卸各货。

（光绪二十九年十一月十二日"畿辅近事"栏目）

铁桥工竣

老龙头建造铁桥工程已竣，闻于十六日准令行人来往，其通桥岸道路现在各工人每日赶筑云。

（光绪二十九年十一月十八日"畿辅近事"栏目）

整顿路政

天津城厢马路街市冲衢，车马行人昼则分路，夜则燃灯，均有定章，俾免拥挤。近来日久玩生，渐就废弛，现经直督严札申明禁令，并定罚锾章程，初犯，面加警斥；再犯，罚洋五角；三犯，罚洋二元。屡犯不悛，扣留车马充公。于日前饬行北段巡警总局实力整顿，以肃路政。

（光绪二十九年十一月二十二日"畿辅近事"栏目）

法界贺桥

西正月九号（即华十一月二十二日）下午三点钟，天津法租界万国公桥行开桥典礼，该桥系法国法夫力公司包办，价约合华银十六万两左右，前订合同期约由西历一千九百三年三月起至四年七月工竣。嗣开工后六个月已将应用各料预备停妥。今遂俨已告成，论其造法，则河底工程须下至七十五尺之深，必用气管以便工人呼吸天气，该总工程师李察与其副手均事事小心，故始终未碍一人。该桥长计九十一迈当，宽当计九迈当另六分（每迈当合中国二尺八寸上下）。其桥上之路分作三停，中停车道计宽六迈当，两旁走道计各宽一迈当有半。其开桥过船之路，上水下水两路均宽六丈，其动转之桥梁，计重一百四十吨，至其开时之敏捷，但用桥夫四人转运机器

485

自开,论者谓包办。兹工惟该公司能胜其任,余或不及焉。

(光绪二十九年十一月二十四日"畿辅近事"栏目)

添修官道

天津榷署前之老铁桥两岸及桥之迤东北岸沿河一带。于日前有工程局入役勘丈地势,闻拟修官道一条,绘图待办。

(光绪二十九年十二月初七日"畿辅近事"栏目)

工程局禀津郡四围墙以内不准挖坑请准
就河淤取土请示立案由

奉批:据禀津郡四面围墙以内,近有无知之人任意挖坑取土,实属不成事体,亟宜查禁。拟请嗣后准商民由各河河淤取土,以免河身日就浅窄,俾洼坑及早垫平,仍须由该局派员查勘,与河提无碍,河流通畅方能动工,事属可行应准如禀立案,仰即出示晓谕俾资遵守。此缴。

(光绪三十年正月初十日"文牍录要"栏目)

行船规条

天津南段巡警局以内河船只拥挤,亟宜设法疏通以便稽查而清河面,爰拟具行船规条,禀奉袁宫保札饬天津道示谕:船户人等一体遵照(示略),录其规条如左:

一、派巡船一艘驻茶店口上聚丰恒斗店前专司稽查,河路每日按所定各条分段认真查察,第一段自东浮桥起至北大关止,第二段由北大关起至西头怡和斗店止,第三段由斗店起至芥园止。

一、大小各船一律不准横泊。

一、运河各船停处须在南岸不得寄椗北岸。

一、各船驶行时应鱼贯而进,相距至少以五尺为限,不得争越。

一、各船应衔尾停泊,首尾应离二尺空隙,谓此船船首与彼船船尾相离二尺空地也。前后均下椗或拴于岸椿。

一、河道宽处大船只准平泊二艘小船,狭处均准平泊两艘。

一、载草之船,不准在茶店口等狭处停泊,亦不准入界停泊。

一、各船装卸时,应另悬红旗一面,事毕即行收下,开往他处不准停滞空船泊处,以梁家嘴至芥园为界。

一、各船户亦不准私雇印人持械开路。

一、各船桅上晚间悬一灯,二更后须将跳板撤去。

(光绪三十年五月初一日"畿辅近事"栏目)

慎重路工

天津工程总局示:照得津郡为北洋商务最盛之区,举凡清理沟渠、平垫道涂,均关重要。本局办理此项工程煞费经营,需款甚巨,无非为便益行人起见,理宜共为保护,乃各街铺房檐前滴水均约束于两槽名曰"天沟",每值大雨之时势如瀑注,甚有楼房天沟愈高水势愈猛,直注街心致将官道石子冲激活动,麋烂不堪,修不胜修,虚糜巨款诚为可惜,嗣后,凡各该铺楼房檐前滴水,务即设法约拦或用洋铁做成直筒安贴墙上,由天沟而下,使水直注路旁沟中,庶足以保路工而便行人。合行出示晓谕,为此示仰津郡各大街商民人等一体知悉,统限于本月内一律做齐,倘有不遵示谕,仍前作践路工者,实属有意抗违,一经本局查出何家门前官道被天沟之水冲坏,即责令何家赔修。勿谓言之不预也。各宜凛遵。切切特示。

(光绪三十年六月二十四日"畿辅近事"栏目)

按察司核议天津县请准驿站填发溜单通饬遵办详文并批

为详覆事,光绪三十年十一月初一日奉宪台批:据天津县详报,奉饬禁发驿站溜单,拟请按月造报,并将九月分溜单各差开具衔名事由清折,请查核立案缘由,奉批如详立案。仰按察司核明通饬遵办,具覆折存。此缴。等因。奉此,本司查驿站之用溜单按站支应夫马。原为事关要公,俾利遄征起见,故地当孔道差使络绎之州县,原未便一概禁绝。该县所请如有奉公差遣,实需拨付夫马者,准给溜单,仍将衔名事由按月造报各节,是于变通之中仍寓整顿之意,事属可行,应准照办。惟是再三体察天津、清苑两处,一为北洋首剧,一为省会要区,固有不能不给溜单之势。此外州县则情形迥异,未便相提并论,致滋驿骚。本司悉心核议,拟请通饬嗣后天津、清

487

苑两县,除寻常无关紧要差使,仍遵例不准填给溜单外,如有真正公干并非假托者,准其填给,仍于溜单内将实在应给缘由详细注明,俾下站有所稽考,即可供应以免迟误,否则准下站照例严驳,不得徇情应付,一面禀明以便将滥给之州县记过示惩。如不禀驳率行违例应付,一经查出,与上站一体记过,仍由天津、清苑两县并各州县将每月填给及应付过溜单所有衔名事由,逐细声明,开折禀送本司衙门查考。此外各州县仍一概不准滥给溜单,以示限制。似此办理庶驿站可免骚扰,而公务仍无窒碍矣。除分别移札饬遵外,拟合详覆,宪台查核。

督宪袁批:据详已悉,应如所拟办理。仰即通,饬遵照缴。

(光绪三十年十二月十九日"文牍录要"栏目)

纪新铁桥

天津大胡同南新铁桥落成,题名曰"金华桥",已于本月初八日行开桥礼,工程坚固,开合之法已极灵便,且较旧桥加宽,车马行人不致十分拥挤。

(光绪三十一年二月十三日"畿辅近事"栏目)

天津工程总局禀定变通新章十三条

一、勘定河北市场地界四址,东至铁路,西至北运河,南至金钟河,北至新开河。凡界内地亩区分段落俾可稽察。

二、该界内各户居民,应归地方官及工程总局管辖。会同出示一体遵守。

三、自出示之日起,该界内凡未经注册之业主限三个月内,到工程总局将地业印契呈验照章注册。

四、工程总局开通沟道及一切工程应需之地,即按官价发给地主。

五、该界内募设巡警、开筑路沟、备设街灯、打扫街道、栽种树木等在在均需巨费,除应遵照工程总局所定章程纳捐外,所有一切地亩分别酌核收捐,以备公用,即按该地时价值银百两每年收捐银五钱,其地价每年按段核定一次,捐随价增并将价目绘图悬挂局前以资众览,如有以所核之价不符,准其来局声明重定,以昭公允。

六、所有界内一切水坑地,再限一年内一律垫平。附近该界四里内空地,不许擅自挖坑取土。如建房垫地必须用土,应即照章禀明工程总局准由就近各河淤取挖,每方收土价洋一角五分。

七、该界内所有卖买租押地业等事,须先禀明工程总局方能交易。

八、界内开设道路方向均由工程总局绘图悬示,此项道路之上,不准建造房屋并作别用。其在路外盖房安修门前台阶,均与路外取齐,不得稍有侵占。

九、该界内所有业主,统限三年,将界内地段一律修盖房屋,其靠马路者,均盖砖瓦房,不靠马路者,方准盖造灰瓦土坯房,惟至低之房亦必须将房檐高出平地一丈以外。

十、该界内凡建造房屋、栈房、机器房,均须照章绘图,禀准工程总局方能兴工。

十一、凡遇茊积引火货物,如火药、炸药、火油等类,均须禀准工程总局,方能运存。

十二、凡有不遵以上章程者,查明议罚。

十三、此次酌拟变通新章系为便民起见,自此次出示之日起,凡界内各户,应一律遵照新章办理,其有未尽事宜,随时察看情形分别禀办。

（光绪三十一年三月初五日"文牍录要"栏目）

派设车站

京津铁路现在西沽地方添设车站一所,往来客商佥称便捷,并闻铁路局自设立新站后,所收车价亦较前为多。

（光绪三十一年三月十一日"畿辅近事"栏目）

天津海防同知等整顿塘沽车站脚夫禀并批

敬禀者,窃查塘沽铁路车站内外为客商搬运行李之所,脚夫原有旧章立法极为美备,只以奉行不力,弊端遂由渐而生,此处濒临海口,地当孔道,每次轮船火车客商上下络绎不绝,脚夫扛送行装往往不守成规,任意索价,稍不遂欲,辄即顾而之他,客商行色匆匆,不得不俯就范围听其要挟,其值至逾于定章数倍,过客无不含恨而去,为害行旅,迹类把持,恶习相沿,匪伊朝夕,推原其故,缘火车栅栏以内脚夫向归管车站者主持,栅栏以外,则由本地董事经理人,皆知脚夫之恣横,而不知若辈之敢于如此者,悉皆约束之不严有以致之也。卑职源抵任以来访悉情形,屡经出示晓谕严禁需索,然必须车站内外一律办理方能有整顿之策。卑职炳文莅差后见闻所及,同具是心,彼此晤商,意见相合,爰邀集董事站长再三诰诫,与之申明定章,此后饬令脚夫实力遵行,不准额外多取,并由卑职等订立两联票单选派稳妥司事随时稽查,遇有客商行李均眼同脚夫估计担数(每百觔一担),每担照章给洋一角,填明票端,票照给客为凭证票根存案备稽考。客商照票发价,则脚夫自不敢额外需索,而栈伙等亦无从通同弊混,并另具小启旧章刷印多张遍贴客栈所有房间,亦均一律粘贴以便周知。遂于二月初一日举办,固以体恤行旅为第一要义,亦不可剥削,小人迹近于苛刻,考察舆情宽严并济,行之匝月以来,商民称便悉臻妥协。此卑职等申明定章整顿脚夫兴用联票之大概情形也。卑职等为整顿脚夫便于行旅起见,是否有当,伏祈宪台批示只遵,实为公便。

　　督宪袁批:据禀已悉。塘沽铁路车站脚夫现经该丞等明定章程,所办甚是。仰仍随时稽查,勿稍疏懈。并录报关内外铁路局知照。缴。

(光绪三十一年三月二十九日"文牍录要"栏目)

修筑电车轨路

　　天津创行电车前经公司董事禀明,袁宫保因东马路一带人稠地狭,拟在路外泄水沟上修成马路,安设双轨,当奉批准照办,近日已有工人在东马路一带沟底挑挖暗沟,俟暗沟竣工,即于其上垫筑轨路,其电车铁轨已运卸路旁矣。

(光绪三十一年四月十八日"畿辅近事"栏目)

电车设轨

　　天津电车公司测量路线情形早纪前报,现闻该公司已于日前鸠集工人从西南城隅起依次安设铁轨,其轨道与地面相平,于车马行人并无障碍。

(光绪三十一年六月初六日"畿辅近事"栏目)

运石筑坝

天津新铁桥迤东河岸忽于去夏坍塌一段，当经工程局派工填筑，究未坚固，现已运到碎石多方建筑石坝，以资保障。

（光绪三十一年六月初六日"畿辅近事"栏目）

津保特设专车

天津至保定之火车向系半途换接，车头既费晷刻且不灵便，现经铁路局特设专车，标明此车"自天津直抵保定""保定直抵天津"字样，较平时尤为迅捷矣。

（光绪三十一年七月初三日"畿辅近事"栏目）

电车公司请验车路

天津电车公司于日前在头等电车上设备茶点，恭请海关道梁观察、铁路总办梁观察如浩、工程局麦观察信坚、卫生局屈观察永秋及办理洋务局蔡观察绍基等入座后开车绕行四城马路及闸口等处，藉请查验。

（光绪三十二年二月初九日"本省近事"栏目）

决议开通河道

《京津日报》云，去夏所议开深大沽口一节，虽有轮船公司等与保护海河会商议其时各存异见，以致延缓至今，刻闻已按照天津英国商业会议所铁纪生君预估经费之数，公同决定以后津埠商业家比前利便多矣。

（光绪三十二年三月二十一日"本省近事"栏目）

天津工程局拟扩修马路便道清查侵占
并议定货摊限制禀并批

敬禀者，窃照津郡地方人烟稠密，各马路往来车马行人平时已不免拥挤之处,近自电车开行以来,道路益形狭隘,亟宜设法疏通免致危险堪虞。查马路两旁余地原系预备行人便道,乃商民任意侵占,或于市房门外接支吊搭或藉墙根摆设货摊。初不过暂为之计,待盘踞既久,坚柱建屋据为己有。此津郡城乡内外街巷狭窄之所由来也。虽经职局竭力整顿而相习成风,视为故常。甚至东驱西占,此退彼侵,实属不成事体,况商民等一经乘间侵占,及至房已盖成,再令拆退,势必多方藉口任意抗违。办理甚为棘手,本扰统筹全局。禀请严行驱退以便随时扩充。适因安修电车轨路以故尚未举行。现在电车铁轨以及电报杆线均已安设妥协,局势已定,自应及时清理,一体推展,以利行人。现经职道等公同商酌,凡马路两旁侵占之处,即行一律驱退。一面体察情形,或将马路加宽,或将便道修齐。来者往者各有范围,不至漫无头绪。如此办理,实于路政、警规均有裨益。自经此次清理以后,永不准再有侵占。至于街旁各项货摊,原与侵占情形不同,况系贫民小本经营,日谋蝇头之利,生计攸关,似难禁止,竟任其随意铺张,亦非整理路政之道。拟请酌定限制,俾各遵循,俟后无论何项货摊,除要隘地方永远禁止外,其余疏散之处,准自墙根起以三尺为度,不得多占。倘再有藉立吊搭图占官街以及摆摊违章逾界者,一经查明除饬退外,按所占之地,每方尺罚洋一毛以示儆戒,如在各街道搭盖凉蓬等项,有立柱者必须禀明查验,与行人无碍,方准动工。以上各事巡防弹压,一切在在均关紧要。而地面广阔,职局稽察难周,应请宪台分饬巡警、卫生两局转饬各段弁兵巡捕随时随地认真巡查照料,俾大街僻巷一律遍及防范于未然。如蒙批准,即由职局会同出示晓谕一体遵照,所有酌拟修筑马路便道清查侵占,并议定街市货摊限制各缘由是否有当,理合禀请宫保查核批示饬遵,实为公便。肃此恭请崇安,伏乞垂鉴。

督宪袁批:据禀已悉。查津郡地方人烟稠密,近自电车开行,道路益形狭隘,其马路两旁余地原系预备行人便道,岂容商民人等任意侵占,应将马路两旁侵占之处即行一律驱退,并酌量情形,或将马路加宽,或将便道修齐,庶来往各有范围,自经此次清理以后,永不准再有侵占。至街旁各项货摊,虽系贫民小本经营,亦应酌定限制。嗣后无论何项货摊,除要隘地方永远禁止外,其余疏散之处,应自墙根起以三尺为度,不得多占。倘有违章逾界者,按所占之地每方尺罚洋一毛以示儆戒,如在各街有搭篷立柱者,必须禀明查验,与行人无碍,方准动工巡防弹压,均关紧要。而地面广阔,该局稽查难周,候分饬巡警、卫生两局查照办理,并责成巡警局转饬各段弁兵随时认真巡查照料,以重路政。仰即会同出示晓谕,商民人等一体遵照。此徽。

（光绪三十二年三月二十四日"文牍录要"栏目）

奥界拟拓马路

天津奥国租借已将东西马路开通,现又拟由新马路东头向北另开南北马路一条,直达小盐店止,业已分别勘丈,并传知该处民房一律迁让,限六个月交地云。

（光绪三十二年闰四月初六日"本省近事"栏目）

引盐拟改陆运

长芦南引盐商拟改陆运,由挂甲寺盐坨添设支路通至老龙头车站,以便转运盐斤,日前经引商晋、益恒等赴运署禀请派设,已蒙运台移会铁路总局,饬派工师勘估矣。

（光绪三十二年闰四月十七日"本省近事"栏目）

天津南段巡警总局禀开修马路情形文并批

敬禀者,窃查接管工程局卷内前奉宪谕金钢桥上游南岸河淤有被板厂侵占之处,令即查明办理等因,当经麦道查明开折,呈蒙宪台札委署河防同知单丞确查详覆在案,奉饬归并后职道复委员会同单丞履勘查得该河南岸多有居民就河淤地圈筑板墙内盖房屋开设木厂、柴厂,以致河身日隘,一遇大汛,盛涨横溜排冲,北岸势必塌陷。拟自金钢桥南岸至北营门沿河开修马路一条。若按离河十丈定章,则占地太多,拆退匪易。拟请量为变通办理,期与民便,由金钢桥至炮台计四千余尺,该处木厂、柴厂占据较多,均须一律退让,拟修六丈宽路,需填土六千余方。河沿既开,马路所占木厂、柴厂地基即以旧道抵还,俾该民等仍可照旧营生,以示体恤。由炮台至营门,计一千余尺,本系土围墙基,又无居民,仍修十丈宽路,其南岸淤滩及凸出河岸分别挑挖裁齐,使水势畅流,以免冲刷北岸。以上各节经职道芝贵面禀宪台允准自应遵照兴修,理合绘图禀呈宫保查核,肃此具禀恭请崇安,伏

493

乞垂鉴。

督宪袁批:如禀办理,图存。此缴。

(光绪三十二年七月二十日"文牍录要"栏目)

会商电车防险章程

探闻津海关道梁观察、南段巡警局段总监连日于天津电车公司洋人会议行车防险保安章程,大致已有端绪,俟该公司签字后即可遵行。

(光绪三十二年八月十四日"本省近事"栏目)

天津南段巡警总局详覆查明由北大关清理河岸缘由文并批

为详覆事,本年九月二十一日,奉宪台札开,案据天津县章令师程具详,该县商人张少增等禀称改移修筑马路,请据情转详等情到本大臣。据此,除批示外合行札饬,札到该局,即便迅速查明,妥议筹办具覆核夺。此札。计粘抄详等因,奉此,查南北运河两岸前经天津张道莲芬拟定离河十丈不准盖房。业于光绪二十八年九月间详请宪台批准行知在案,无如天津人烟稠密,寸地寸金,沿河两岸早经商民侵占,曾于光绪三十一年三月间,经工程局详请,由金华桥迤西单街至北大关。先行清理南岸,亦蒙批准行知在案。本年闰四月间,职局因民间侵占南北河两岸淤浅,有碍河流。禀奉宪台批:据禀已悉。候饬天津县会同该局逐细查丈,认真勘定,以示限制而资整顿,仍将遵办情形禀覆查考。此缴。等因。奉此,遵即派员与天津县章令师程所派书差、弓手沿河查勘,由北大关起清理,至赵家场渡口止,南岸应拆退之房不过四十八户,共房一百五十四间,另有职局官房三十二间。此次清理仍照麦道办理,俟家后章程清出纤道二丈五尺,俾水陆畅行,商民利便尚未达。前张道禀准离河十丈之目的,只不过暂绝该处住户侵占河淤、垫土成坝、障水冲刷对岸之弊。该商民等所禀数万户惊慌等情语多失实,未悉其详。现在职局款项支绌,虽派员履勘,约估需银一万余两,暂时尚无的款明筹办,此项工程合并陈明,所有查明天津县章令师程详报由北大关清理河岸各缘由,理合详覆宪台鉴核。为此,备由缮册具呈,伏乞照详施行。须至册者。

督宪袁批:据详已悉。查北大关至赵家场筑路工程既经该局派员勘估

约需银一万余两,虽该局款项支绌,但工程紧要,亦必须设法筹办,以重路
政而便商,民母得违延。切切仰即遵照,并饬天津县查照。此徼。

(光绪三十二年十月二十九日"畿辅近事"栏目)

天津巡警总局工程科批示

职员徐广生、商民李静齐、郭恩荣、王静轩、孙元藻、王恩元、杨金波,民
人高永德、于筱廷、于宝善、单起发、邓恩甫、彭玉闻、孙国顺、管凤和、张玉
庆、韩广兴、高忠美、陈宝善、蔡书元禀批以上各户经核准,仰即来局领照此
批。永积堂陆禀批:据禀已悉。该堂拟在河沿起土,以垫小道,事尚可行,
并准免缴土价,但不得过高,约以一尺为度。俟将来清理河沿仍须一律垫
平。此批。

(光绪三十三年三月十二日"文告录要"栏目)

津海关道告示

河东四甲监管厅下居民四十三户等禀批:查奥界开沟系为公益起见,
该沟经过各房,必须三月十五日以前拆让,叠(送)经堂谕饬遵,现为期已
迫,碍难再延所请,俟发价后限六个月腾空,断难照准。至禀求增价一节,
俟本道与奥领事商妥再行谕知。所有未经领价各户,仰即来署照领,毋再
延宕干咎。

(光绪三十三年三月十三日"文告录要"栏目)

天津官银号详开办滦州煤矿拟呈办法章程文附再禀并批

为详请事,窃照光绪三十二年十二月奉宪台札开,滦州一带煤矿经铁
路总局勘定,饬令迅速筹议,招股开办,当经职号将遴派员绅,前往购地筹
画开采各节,先后详蒙宪台鉴核批示各在案。窃维富强之道,以开辟地利
为先,而矿务尤为天地自然之利,近年北洋商务日盛,海舶轮车运输既便,
人烟繁庶用煤益多,而官家水师制造等事,尤以煤为命脉,迥非开平、林西
两矿井所能敷给。现遵饬勘定滦州一带煤苗地亩,业经择要购买,并拟于
马家沟先行借款开采,一面招集商股。惟事关公益,必须妥定办法章程以

维久远,本司职道等公同商酌,谨拟订公司办法并招股章程,绘具矿界图说,呈恳宪台察核,并将招股章程矿界图说各备一分,仰祈转咨农工商部俯准立案,另由职号照章径缴照费,承领开矿执照,理合备文,详请宪台核夺示遵,为此备由具详,伏乞照详施行。再查部章每矿不得过三十方里,惟此矿系为北洋官家用煤便益而设,与他矿事体不同,自宜稍事区别,其矿界特为宽展,嗣后他矿不得援以为例,合并陈明,须至详者。

敬再禀者,窃查开平煤矿当日初开唐山煤井之时,曾经唐道廷枢禀蒙北洋大臣李批准,距唐山十里之内不准他人开采,并订明如煤价过于每斛东钱八百文,即仍准民间开矿等因。迨后添开林西煤井时,并无十里内不准他人开采之案。此次英公司移交约内,虽有半壁店、马家沟、无水庄、赵各庄等地名,系指开平局曾在该处买有民地数段而言,并非有批准开矿之案,此不过同民间耕种完粮之地亩一律管业而已,与开矿无涉,况该地亩至今并未税契,亦未在滦州地方衙门过割立案。张道翼前在英公堂即以此为辩论,英官颇直之,所以前年开平洋人在半壁店、马家沟等处打钻,经杨道善庆率同滦州知州禁阻,该洋人即将办停撤。又,上年郭连山请领商部执照,在白道子、陈家岭、马家沟等处开矿,开平洋人并不过问,此开平移交约内所载地名不足据之明征也。至此次职号所定矿界,系按照距唐山十里以外作为西界边线,其东界并酌距林西六里以外,因林西并无十里成案,只按照商部矿章预留三十方里地步,实已仁至义尽,彼无可言,纵彼将来强词争较,而我亦理直气壮。至职号将来开井之处,现已购买民地,足敷应用,并不占开平原买之地亩,此则各管各业,更不能越境阻挠,尤不足虑此,职号现订矿界,并无与开平干涉之情形也。总之,矿产与地亩系属两事,人人皆可买地,不能人人皆得开矿,此中外通例,开平距唐山十里之外,即非其矿界,无论是何地主,非经禀奉地方官批准,转请商部执照,不得开采矿产,此即开平至今在华人之手,亦应如此办理,何况开平原买界外,地亩至今并未移交清楚,亦未呈明地方官过割立案,是其地亩管业之权,尚为中国官所不承认,遑言开矿耶? 以上各节本司学熙曾充开平总办有年,知之甚确,故言之能详,窃恐以后年久无人知其原委,爰缕晰陈明,伏乞宪台察核立案,并饬行矿政调查局,暨滦州一体遵照备案,实为公便,肃此具禀,恭请钧安,伏乞垂鉴。

督宪袁批:据详已悉。所拟开办滦州煤矿办法,并招股章程应准如拟办理,仰候分别奏咨立案。至此矿系为北洋官家用煤而设,与他矿情形不同所,请将矿界方里量为宽展之处,自可照准,他矿仍不得援以为例,另禀现订矿界所经白道子等处,实与开平矿产地址毫无交涉,并准立案,仍候分饬矿政调查局,暨滦州一体遵照备案,图折式单存。此缴。

(光绪三十三年四月二十七日"公牍录要"栏目)

署天津道窦道延馨禀遵饬履勘河工情形文并批

敬禀者,窃查接管卷内前据准补永定河南岸同知沈丞葆恒禀称,案奉赈抚局宪札,奉督宪面谕,查看武清县廊房、杨村一带铁路左右,民地皆有积水未消,应即设法宣泄,以免久淹为患等因。行令克日前往杨村、韩家墅等处察勘究竟,各该处积水系从何处灌入?共有来源几股?下游有无去路?北运河水面与平地孰高孰低?能否在于下口开沟引水?俾入正河,应如何宣泄疏导,方不致泛滥横溢,务须确切考察,逐细测量,酌拟办法禀候核夺等因。奉此,卑职遵即带同测绘之员余巡检国英等束装起程驰抵武清县杨村镇,连日亲诣履勘查自杨村迤上,铁路两旁有水之处,周围一百余里,其中数十村庄被淹之地约有二千余顷,而水之由来盖因永定河北岸至包营以下,原无北堤,该处地势南高北洼,水至并无收束,以致散漫横溢,支沟数十余道,遂由铁路第三十五六道两桥,节节窜入北洼与龙凤二河汇流,转由第三十四道桥南行漫流,归达子辛庄口门,汇入北运河,测量运河水面,较平地稍低,是有水之处皆系来源活水,并非沥水所积。卑职覆查,预防水患必须阻止来源,如将永定河改归南泓,仍由韩家墅故道入津,诚为正办。然经费太巨,庚子以前曾经吴升道廷斌估需工款百余万两,刻下款项奇绌,势难筹办,若不阻止来源,虽能开渠宣泄,亦恐无益。卑职现拟由永定河北堤尾起接至马家口,与北运河西堤相连,以御北窜之水,约需筑堤长三十里之谱。凡窜沟之处均作鱼鳞大坝,再于马家口迤上将北运河西堤挖一缺口,以泄龙凤河之水,并可助北运河刷浑水之淤。查龙凤二河来源向不甚旺,惟通州迤下鲇鱼沟地方向有决口一道,闻尚未堵筑,此水下入凤河,应将此口堵筑,并挑浚凤河之淤,如是则现在被淹村庄,将来皆可免受其害矣。采诸舆论亦属相符,惟统计约需工款十万两之谱,从此民间可收二千余顷之利益,刻因已冻薄冰,舟车难行,是以未能详细勘估,理合绘图禀请覆勘。

再查永定河南八汛现不临河,如此堤筑成,拟请即将该泛移驻管理修防名为北八汛,仍兼南八汛事宜合并声明等情。周升道未及核办移交到职道,昨经开具节略并拟亲往察勘,呈蒙宪台批饬即往等因,此职道当即遵于二月初六日带同沈丞驰赴杨村迤上,按照所禀亲历铁路两旁及黄花店马家口等处,计积水周围约一百数十余里,其中二十余村庄悉被水浸,复经设法雇用小船,往查各村,见其田园庐舍凋敝不堪。据各该乡民金称,自十九年起至今十余年粿粒未收,纷纷环泣吁恳代求宫保慈施拯救,语随泪下,情实堪怜。推原此项积水,实因永定河近年水势北迁,北岸与包营以下无堤,每遇河水盛涨无所收束,即漫溢横流过洼,则窜水至由铁路第三十五六等桥窜入北洼。又加龙凤两河下游灌注,凰河东堤冲刷无形,直至达子辛庄汇归入于北运河,遂成有源活水,非疏消所能为力。若分别引归故道,款巨工艰筹办匪易,该丞所禀拟由永定河北岸七泛工尾起,接至马家口与北运河西堤相连,另筑新堤一道,计长约三十余里,以资阻御浑水。另于北运河西堤,作一缺口专出清水,使清浑分走不至涌激变迁。并挑龙凤两河之淤,堵筑鲇鱼沟决口,共约需银十余万两,此堤筑成,诚于铁路民生两有裨益。但查铁路迤东北运河西岸之堤,残缺过甚,设遇水大倒漾,必致漫溢西窜,然铁路两旁村庄忍受小患,而此堤则有腹背受水冲刷之虞,如果修筑稳固,防守得力,不出坍塌,此项清水平漫消涸甚速,民田尚可收获晚稼,当不致过于为大害也。所有职道履勘情形,理合绘具图说,禀请宪台鉴核,如蒙钧允,刻下春水盛旺车船不通,应俟秋后水势稍落再行派员,详细勘估以昭核实,至拟将南八泛移驻新堤改为北八泛,应俟修筑时再禀办,是否有当,伏候训示祗遵,实为公便,肃此恭请钧安,伏乞垂鉴。

　　督宪袁批:来禀并图说均悉。据称永定河近来水势北迁,北岸至包营以下无堤,每遇河水盛涨漫溢横流,遇洼则窜,由铁路第三十五六道桥窜入北洼与龙凤二河汇流,转由第三十四道桥,南行归达子辛庄口门汇入北运河,遂成有源活水,以致杨村迤上铁路两旁二千余顷之地,均被浸淹。所拟自永定河北堤尾起至马家口运河西堤相连,另筑新堤一道,长约三十余里,以御浑水,另于北运河西堤挖一缺口,以泄龙凤河清水,并挑龙凤两河之淤,堵筑鲇鱼沟决口,被淹各村皆可免害。以上各工共约需银十余万两,所拟办法不为无见,惟披阅图说拟筑新堤以内,有未淹之包营等村在内,民情有无不愿,至北运河西堤作一缺口,是否无碍工防,均应审慎周详,以期有利无害。现在春水盛旺未易从事,应俟秋后水势稍落,由道禀请派员再行详细勘估议办,以昭妥实,并由该道会商永定、通永两道妥议详办,仰即遵照,暨先移永定、通永两道并赈抚局查照。此缴。

（光绪三十三年五月初三日"公牍录要"栏目）

天津官银号详呈开办滦州煤矿有限公司办法

一、请咨部立案以凭注册也。查此项煤矿在滦州地方,拟集股次第开办,名为北洋滦州煤矿有限公司。现已绘具图说,拟请咨部查照立案,并请发给开矿执照,俾资遵守。

二、刊刻关防以昭信守也。查公司禀牍往还及收款股票,均应盖用关防,拟请北洋大臣刊发木质关防一颗,文曰北洋滦州煤矿有限公司关防,以昭信守。

三、宜定矿界以免争端也。查此矿坐落滦州地面,计东自范各庄起,迤西无水庄、白道子、石佛寺、杨子岭、陈家岭、马家沟至半壁店止,其北依山脉为界,南至开平洼里古冶等车站,并八里庄杨家套于家庄为界,东西约长四十里,南北约宽十八里,先拟在马家沟开采,其余以次扩充,陆续举办。此矿系为北洋官家用煤便益而设,与他处商矿事体不同,其矿界故较部章三十方里特别宽展,并定明他矿不得援以为例,应请饬知该处地方官出示晓谕,所有此矿指明地界之内,不准他人私行开采,以杜争端。

四、招集商股以彰公益也。查此矿产煤极富,地面甚广,自须宽筹资本以期扩充,拟招集商股按天津行平北宝银二百万两,分为二万股,每股银一百两,定于注册之日,先收银五十两,即给收条,限至六个月后再交五十两,即行换给股票。自收银之日为始,先行发给官利六厘,俟出煤后,办有余利,再按第十一条分红章程办理。

五、集股宜有限制以保利权也。查此矿系为振兴中国商务,并接济北洋官用煤斤起见,即招股分均系华股,概不附搭洋股。凡入股者务将姓名、籍贯及寄居处址注明,以便常通信息,易于调查,如有外人冒名附股,本公司概不承认,或有华商所买股票转售洋人情事,亦即作废,以免纠葛。

六、酌借本银以早开办也。查购买矿地定购机器,及开挖井口,建盖房屋,现已起手部署,拟由天津银号暂行主持,借银开办按月起息,俟股本集有成数,即行归还。

七、明定事权以专责成也。创办之初,款由银号筹借,事即由银号主持兼办,并禀委监督一员驻矿经理一切,仍遇事秉承银号示行,至矿内应用矿师及司事人等,由监督酌拟细章禀核。

八、选举董事以维久远也。俟股分集齐后,应照公司章程,由股东中选举总董一人、正董二人、副董四人。总董、正董常川驻局,专司查账议事,副董非届大会议可不到,如正董出缺,可由副董选补,此三项董事首期以五年为限,以后以三年为限,限满另举,惟首次限满须留正副各一人缓更一年,以资接续情形。总董、正董给薪水,副董不给,惟至期会议给川资。

九、搏节经费以昭核实也。查此项公司全按商规办理,所有官场习气一概屏除,所用之人亦照生意规矩,须一人得一人之用,不得瞻徇情面以致人浮于事,薪水须酌量材干及办事多少为准,每月按定发给,不得挪移挂借分文,至应酬一切,不准开支,以重公本。

十、详稽簿籍以防流弊也。所有出煤售煤及各项银钱出入数目,每日均有流水簿,每月有小结,每年有总结,并将四柱清册刊刻成本,分送稽核,如股东在二百股以上者,准其派人来厂察看细账,以昭大信。

十一、结账分红以示公允也。每年结账一次,刊刻分送有股之人,惟第一年总须见煤后十二个月为期,即将每年所得余利,除提官利六厘外,其余作十成分派,内提办事花红一成,公积二成,报效二成,下余按股均分。

十二、划一税厘以免歧异也。查开平煤矿与此矿相近,所完税厘必须援照开平成案一律,庶无畸轻畸重之弊,此拟禀请奏咨通行立案。

十三、声明法律以资约束也。查矿厂工役人数众多,难保无争斗情事,应另订章程,严申禁约以免滋事,倘有违犯,轻则由矿惩罚,重则送交地方官究办,应预行饬知地方官,随时弹压保护。至工役人等遇有水火不测之事,应查照开平成案,拟具恤赏章程,另禀核定。

以上十三条系创始办法,此外未尽事宜,仍随时请示遵行。

（光绪三十三年五月初五日—光绪三十三年五月初六日"要件"栏目）

天津官银号详呈滦州煤矿有限公司招股章程

一、本公司开设北洋滦州地方,经北洋大臣咨部注册,名为北洋滦州煤矿有限公司,并颁发关防一颗,所有收款股票均盖用关防,藉昭慎重。

二、本公司招股处即在天津北马路天津银号,外埠如北京、上海、汉口、保定、张家口、唐山等处均有天津官银号分号,愿附股交银者,亦可就近缴款填给股单,如无分号之处,亦可由票庄商号汇寄天津银号。惟汇费须股商自付,不得在股本内扣算。

三、本公司招股数目,按天津行平化宝银二百万两,分为两万股,每股一百两,以招足两万股为额,逾额附股不收。

四、本公司收股银色,无论各处平色不同,总以申合天津行平化宝银为准,俾臻划一。

五、本公司招股期限,定于注册时先收银五十两,即给收条为据,限至六个月后再交五十两,即行换给股票。自收银之日起,按长年算先给六厘官利。

六、本公司股银收条须俟第二期银数交清,再将收条撤回换给股票,倘已到期不能如数交银,照章于十五日通知,逾期不缴再展限十五日,若再不缴则按其已交银数悬存公司帐内,不给官利,将未发股票另招他人接受。

七、本公司招股权限专为华商附股,概不搭入洋股,如查有托名华商,希图影射情事,此项股票当注明作废。

八、本公司股票本银,不得藉端提取,只准转售于人,以资挹注。惟须报明公司注册,方能作准,亦不许售与洋商,致违本章。

九、本公司股商挂号,须将姓名、籍贯、住址、职业及交银地处、某年月日,均详细开列,以便公司注册编次字号,填给股单,庶免讹误。

十、本公司股商列名,凡数人合购一股,及一人承购十股、百股均听其便,惟应得权利本公司只认出名之人承受。至缴纳股银不能应期交足,亦惟此出名人是问。

十一、本公司股商荐人,须满二百股者,准派一人到公司司事,其能充何职任,应受薪水若干,由公司监督酌定。若其人不称职,或不守本分,当由监督辞退,仍请原荐人之股商,另行改派,以免误公,并准该股商来公司考查辞退原由,俾昭公允。

十二、本公司股商议事权限,须有股本全数百分之一以上方可与议,凡各股商欲举行特别会议,须有全数股本三分之二股商知照本公司,方可举行,并须将请议事项及缘由逐一声明,经公司监督覆准,当于十五日内定期开议,其公司遇有更改事件,须招集各股商会议,亦须于十五日前通知,并登报布告,其知单告白中应载明所议事项。

十三、本公司股商查账,如附股在二百股以上者,准其派人来公司察看细账,或纠合二百股股商,内举一股,作为众股商代表人,亦准与二百股以上之股商,一同调查账目,以期集思广益。

十四、本公司股商分红,除将年总刊刻清册,分送股商备查外,所得余利每年结账一次,附刻清单布告有股之人,惟第一年总以见煤后十二个月为期,将每年余利先照章提付六厘官利外,其余作十成分派,内提办事人花红一成、公积二成、报劾二成,下剩按股均分。

十五、本公司股票存本,实为有利无害,公司遇有意外亏累情事,当照有限公司律章,不得向各股商追补。

十六、股票失事,如实系遗失、被窃、火毁等情,须向公司呈报缘由,由失票股商将字号、日期、银数先于地方衙门存案,并广登各报声明,俟一年结账后,无人支取息银,准取具股实绅商保结,方能补给新票,倘查出捏冒情弊,当将禀根涂销。

十七、本公司附股人等不论职官绅商何项人等,皆得入股署名,股单所应得权利,一律享受无稍偏倚。

十八、本公司招股章程,凡入股各商无论股数多寡,一经附搭股分,即应遵守公司所定章程办理,不得故意违背。

（光绪三十三年五月初七日"要件"栏目）

大学士张外务部尚书袁等奏改订津浦铁路借款合同折

奏:为津镇铁路改为津浦借款兴修,与德英两公司改定合同恭折具陈,仰祈圣鉴事,窃本年二月十六日准军机处交片称:军机大臣面奉谕旨:都察院代递直隶、江苏、山东三省京官以津镇铁路筹款自行建筑,呈请代奏一折,著袁世凯、张之洞妥商办理。钦此。钦遵照录原奏,钞交到臣。当经臣等往返筹商,将大概办法,于四月十七日合同电奏,并请派梁敦彦会同筹议,相机与德、英商论,奉旨允准在案。查天津至镇江铁路,经总理衙门会同矿路局,于光绪二十四年十月间奏准特派大员自立公司,向英、德两国银行商订借款,督饬妥办。旋由督办铁路大臣与英、德两国银行订立借款草合同三十五条,于光绪二十五年四月十三日具奏。奉旨:依议。钦此。

草合同内载:由天津至峄县为北段,由峄县至镇江为南段,共长一千八百余里,约借英金七百四十万镑,合市价五千六十余万两。九扣交付,周年五厘起息,以五十年为期。借款未清还以前,造路及行车一切事宜,由该银行代为调度经理,每段设立总局一处。所设各总局,派华洋员共五人,又派委银行代办一员,洋总办一员,总工程司一员。所有出入款项,归总局管

理。每年所余款项,先提十分之二归银行等作为酬劳;次提十分之一作为
公积,交两银行存储各等语。当经总理衙门恭录谕旨,照会英、德两国使臣
查照立案。迨光绪二十八年七月间,外务部奏请特派督办大臣与德、英银
行议订津镇铁路正合同,奉朱批:著派袁世凯为督办大臣。钦此。臣世凯
遵即札委唐绍仪、梁如浩,会同德、英银行所派洋员议订一切。

旋因德员柯达士呈送北段合同底稿,载借款英金八百万镑,核与原议
不符。又以德使添索接造枝路二道,一由德州至正定,一由兖州至开封,为
原议所无。且因南北两段,不能同时合议,以致旋议旋辍。虽经陆续磋商,
迄难就范。此历年筹办津镇铁路借款大概情形也。

该三省京官,以英、德使臣催订正约甚急,联衔呈请准由绅商筹款建
筑。情辞迫切,自系为保全商民生计起见。惟此项草合同业经奏奉谕旨允
准,断难议废。且准外务部电称:德、英两使迭次来署催询路事,谓成约具
在,磋商已有进步,乃遽改易办法,实于两国邦交大有妨碍,特代本国政府
诘问等语。似此据约力争,诚非空言所能抵御,只能相机设法改正。臣敦
彦奉命会同筹议,遵即与德银行代表柯达士、中英公司代表濮兰德竭力磋
磨。臣之洞、臣世凯随时与臣敦彦电商机宜。五月内,柯达士复亲至武昌,
催促订约。经臣之洞与之详商两次,手书要义十五条付之,力言断不能逾
此范围。臣敦彦与该公司等争持五越月,会晤数十次,始与议定,将借款、
办路分为二事,另指的款作押,给以现利,抵换将来二成余利及购料、行用,
使两公司不能藉口干预路权。此项的款,只作担保之用,并非实在动拨。
将来还本还利,仍取给于铁路进款。惟既指款作押,自以筹定的款为最要
关键。当由外务部与三省督抚等往复电商,经各该省允认常年抵款:直隶
省厘税一百二十万两,山东省厘税一百六十万两,江宁厘税九十万两,江苏
省厘税十万两,合计银三百八十万两,约符借款抵押之数。该银行等均无
异说。

臣等复以津镇路约既不日可成,所有《胶澳条约》第二端第一款所载各
路线,应均包括在内,一并归入津镇官路办理,由外务部照会德国使臣。旋
准该使臣复到节略内称:德国政府愿津镇路约画押后,即行开议。甲、德国
允:一、由胶澳至沂州府一段,仍作为津镇支路,归入官路;二、由济南府往
山东界之一道,包入津镇官路。乙、中国允:由德州至正定府及由兖州府或
干路中之他处,过济宁州至开封府两支路,于十五年内由中国自行筹办;倘
用洋款,须向德华公司商借等语。是德使于从前所争造各枝路,亦大有让

步,自可照此定议。现由臣敦彦与该银行等改订借款合同二十四条,名为"中国国家天津浦口铁路五厘利息借款",系英金五百万镑,以三十年为期,十年后全数清还,每百镑加还二镑半,二十年后无须加价。初次债票三百万镑,虚数九三折。纳于初次售票时提留二十万镑,以代余利。所造之路,仍分南北段,约二千一百七十里。勘量路线,由督办大臣核办,约计四年造竣。于合同画押后,不得延至六个月外。建造工程以及管理一切之权,全归中国国家办理。聘用德、英两总工程司合同由督办大臣自行独订。臣之洞、臣世凯逐条核订,窃以该合同内所载办法,确能于造路、借款划分两事,不特主权、利权均无损失,于原订之草合同多所补救,即凡兴工、用人、购料,以及提款、还款各事宜,均操之在己,毫不授人以柄。较之他项路约,实为周密。复经臣等将此项合同转商之外务部五大臣详细校阅,亦意见相同,均无异议。谨缮具合同清单,恭呈御览,俟奉旨允准,再行签印。即由臣等知照外务部照会英、德两国使臣,伤令该银行等按照合同妥速办理;并一面由外务部分别行知度支部、邮传部暨各该省督抚等查照。至一切枝路办法,仍由外务部按照德使前送节略,与该使妥为定议,俾臻完善。所有改定《津浦铁路正合同》缘由谨合词恭折具陈,伏乞皇太后、皇上圣鉴训示,谨奏。光绪三十三年十二月初十日具奏奉旨依议。钦此。

(光绪三十四年正月初八日"奏议录要"栏目)

大学士张外务部尚书袁等奏改订津浦铁路借款合同折

此合同系光绪三十三年十二月初十日即西历一千九百〇八年正月十三日在北京订立,其订立合同之人一系署外务部右侍郎梁醇彦已奉旨允准订立合同,一系上海德华银行伦敦中铁路有限公司(此后名为公司)。兹议订条款如左:

第一款　中国国家准银行等办五厘利息金磅借款数目系英金五百万磅,此借款系光绪三十三年十二月初十日订定名为中国国家天津浦口铁路五厘利息借款。

第二款　此借款指明系为建造官铁路之资本。其路由天津或附近天津接连津榆官铁路,经过德州济南府,至附近山东南界之峄县,此后条款均称"天津浦口铁路北段";再由峄县至或附近扬子江南京对岸之浦口,此后条款均称"天津浦口铁路南段"。此二段共长约一千八十五启罗迈当,当合中国约二千一百七十里,其勘量路线可由督办大臣核办。

　　第三款　所备之资本专为建造铁路。购办地段、车辆及一切应配物料,并经营行车,又于造路期内付还借款利息,均在其内。其建造工程自实在开工之日起,估计约需四年造竣。其开工日期于此合同画押后,不得延至六个月外。该公司亦于此期内预佣五十万磅,知会督办大臣,听其或在欧洲或在中国提用,作为银行等代垫第一期出售债票进款。此五十万磅全数,或经实在提用之数,并其利息,均由第一期出售债票进款扣除。其利息常年不得过六厘。

　　第四款　此借款利息按虚数常年五厘,由中国国家交付。或由借款进项,或由别款交付。嗣后先由该铁路进款交付,次由中国国家以为合宜之别项进款交付。每半年按照此合同附表数目日期,于十四日前交付一次。

　　第五款　此借款除后开之第六款详载外,以三十年为期,自定义定借款之日起,至第十一年起还本。每年应付还银数由该铁路进项,或由中国国家以为合宜之别项进款交付。每半年按照此合同附表数目日期,于十四日前交付银行等一次。

　　第六款　由订定借款之日起,至第十年后,无论何时,若中国国家欲将借款全数清还,或欲先还合同附表所载未到期之数若干,均可照办。至第二十年内,照债票上数目加价二磅半,即系每一百磅债票一张还一百〇二磅半。第二十年后无须加价。惟每次预还若干,中国国家应于六个月之前,用公文知会公司其预还之数。照借款招帖内载拈阄日期,多加拈阄次数。

　　第七款　德华银行、汇丰银行既经德、英两公司派为经理借款代表,其每年应还本利,除第四款详载外,照此合同附表数目日期,由督办大臣或在上海或在天津,以上海或天津纹银交付该银行,足敷在泰西交还金磅。其磅价与该银行同日订定,又可于还本利期前六个月内,无论何时皆可随便订定。此所还之本利可以交付金磅。若中国国家遇有金磅实在存在欧洲,欲提用交还本利,亦可用金付还。但不得为此故,由中国汇去每年付还借款之本利。德华银行、汇丰银行于每百两计收用银二钱五分作为经理费用。

　　第八款　此借款本利,中国国家承认全还。若铁路进项,及或借款进款不敷全还本利之数,督办大臣奏明,由中国国家设法以别项款项补足,按期交付银行清还本利。

第九款　此借款以下列之款作保:直隶省厘税,每年关平银一百二十万两;山东省厘税,每年关平银一百六十万两;江宁厘金局厘税,每年关平银九十万两;江苏省淮安关厘税,每年关平银十万两。以上厘税不得牵连他项进款,若本利照常交付,不得干预各该省之厘税。倘若到期本利欠付,除展缓公道时日外,即应于各该省厘金及合宜税项内,拨足上开数目,交与海关办理,以保执债票人之利权。嗣后若再有抵该三省之厘税,总以此次借款本银利息尽先偿还。此借款或全未还,或未还清之先,倘有用该三省厘税借抵他款,用付本利一切事宜,不得订明在此次借款之前,亦不得订明与此借款平行办理,并总不得令此借款以该三省厘税逐年抵还之质保有所窒碍减色。将来若再订立,抵以上所言该三省厘税之借款,务于合同内载明,所有应付还本利等事,俱在此次借款之后办理等语。此借款未还清以先,不得将此铁路及其收款抵押他款。此借款未还清以前,倘遇中国国家议定修改海关税则,减免厘税,现在议明,不得因此借款系厘税抵押,而阻止修改减免税厘。但若拟将此次所指厘税减免,则应先向银行等商明,务于新增洋税内如数拨足,补抵借款。

第十款　此借款全数准银行等印发债票,其数目由银行等酌定。其式样由银行等商同督办大臣,或中国驻德英出使大臣,酌定债票,或用中英文,或用中德文刊雕,均随其便。督办大臣签字之名及其关防,均摹刻于上,以省其亲自画押之烦。惟中国驻德或驻英出使大臣,于债票发售之前须逐张盖印,并其签字之名摹仿于上,以示中国国家允准及承认发售此项债票。该公司驻伦敦或柏林代表人,亦在债票上签押,作为发售债票经理人。倘此借款发出之债票,或遗失,或被窃,或经焚毁,银行等随即知会督办大臣或中国驻德驻英出使大臣,由该大臣饬知银行等在新闻纸上刊登告白,声明已失之票不能凭以取银,并设法按各该国例章办理。倘所失之票已过银行等限期仍未觅回,督办大臣或中国驻德、驻英出使大臣,照原数重发副票,加盖印信交该银行等收领,所有一切费用均由银行自备。

第十一款　所有此借款之债票、息票以及收付各款,在借款期内不纳中国各样厘税。

第十二款　所有借款招帖,以及付还本一切详细办法,未经本合同详载者,由银行等会商中国驻柏林或伦敦出使大臣酌定,俟此合同签字后,即准银行等出此借款招帖。中国国家饬知驻柏林或伦敦出使大臣,遇有应会同办理之事,与银行等协同酌办,并将此借款招帖签字。

第十三款　此借款分两次或数次出售债票,俟此合同签字后,将头次债票三百万磅之数从速出售,不得延过十二个月外。其价值系按照虚数九三折,即每百磅实交九十三磅交付。中国国家其第二次及后次出售债票之期,总以不误建造铁路工程为准。其数目由督办大臣酌定,其价值将来系按照售出之实数交付。中国国家银行等于每百分扣留用银五分半,即每一百磅债票扣留用银五磅半。银行等在欧洲及在中国招人购买,中国人与欧洲人一律照章办理。若中国国家定购,自应尽先照给,但须于未发出借款招帖之前定购。

第十四款　借款进项,或在中国,或在英国,或在德国,交付德华银行暨汇丰银行收存,归入天津浦口官铁路项下。至交付此款,系按照购票章程内所载,购票人交付银两之日期办理。其在伦敦、在柏林所存之铁路款项,按常年四厘给发利息。在中国所存之铁路款项,或作来往,或作定期存放,其利息嗣后酌定。借款进项暨生发之利息,除造路期内交付借款利息并经手用银外,银行等将此款存放,听候督办大臣提用。督办大臣提用款项若过二万磅之数,应于用款前十日知照银行等。借款进项按照建造铁路工程所需随时提用,由铁路总办,或其代办出支取凭单,向汇丰银行暨德华银行支取。并须将所提用之款另单声明缘由,及给发工程所需之价值。在中国所需款项开支费用,可由总办自定,向汇丰银行暨德华银行汇至上海。所汇之款存放该银行,听候为铁路事提用。铁路账目用中英文字登记,按照妥善新法办理,并佐以收支单为据。于造路期内,该账目并收支凭单,随时任由银行等自给薪水雇用之稽查账目人查看。稽查账目人之职,只专为公司查察此项借款是否按照本合同第三款所载提用开支,并为公司查明按照第十八款内载铁路总局每月所购外洋材料账目而已。该查账人可与铁路总局商订验看账目日期,以便办理上开职事。铁路总局每年年终结账后,将铁路收支账目及行车进款,用中英文刊印,以便任人取阅。

第十五款　设若建造铁路时借款进项并生发之利息,除付借款利息外,不敷修造铁路以及装配所需,其不敷之数先由中国款项提付,以免延误建造工程。如仍有不敷之数,则向银行等续借洋款,其利息并条款仍照现时之合同办理。其价值则照此次借款之第二次及后次出售债票订定。若铁路造成后,铁路项下尚有存款,将此未用之款移入后详第二十一款内载借款利息公积项下,以备中国国家拨还此合同承认应还之款。

第十六款　此借款出售债票招帖未发之先,如有关系大局或银市格外之事,致中国国家现在市面之债票价值有碍,以致此次借款未能按章办理,银行等准展期缓办。惟所展之期由立此合同之日起不得过十八个月。若在限内第一次债票仍未售出,将此合同作废。所有第三款内载银行等付过之款并其利息由中国国家付还,但概不给别项酬金。

第十七款 此铁路建造工程以及管理一切之权,全归中国国家办理。建造南北段工程之时,中国国家选用公司认可之德、英总工程司各一人。若银行等以所选之总工程司为不合宜,须将其不合之缘由声明。此两总工程司须听命于总办或其代办,所有绘图造路各事,须遵照总局之意办理。其平日行为须敬重督办大臣与总办。其聘用该两总工程师合同,由督办大臣自行独订。至铁路上派用专门人员,分派各该员应办各事,以及辞退各该员,总办或其代办与该段总工程司商酌办理。遇有彼此意见不合,禀请督办大臣判断。判定后彼此均不得异言。工程造竣后,中国国家即将南北两段合为一官办铁路,派一总工程司料理。此总工程司在借款期内须用欧洲人,但不须与银行等商酌。

第十八款 此铁路南北两段于造路期内,德华银行暨华中铁路有限公司作为此铁路经理,购买须由外洋运来各材料机器什物之人,所有购买此项紧要材料,由总办招人投票。若所购之材料货物系购由外洋者,该经理须以铁路最合宜之价购买,按照原买实价每百两加用银五两。惟定购材料及支取费用非经总办核准,不能照行。德华银行暨华中铁路有限公司,既得上文所详之用银,自应各在其段内代为监购铁路所需建造装配各外洋材料,此等材料须在于公共市场,择价值最廉而质料最佳者购买。若材料运至中国有与原单不符者,铁路总局有权退收。德英所制货物若质料及价值与他国所制者相同,南北段应先尽由德英购买。铁路总局如欲在中国或在外国招他人经理购买各项外洋材料以为更觉合宜者,可以有权照办。惟用银仍照上文所详给该经理人。所有买货单及验单均呈总办查核,所有各项回用扣头均归还入铁路项下。所有该经理人购买各材料,须有制造厂原卖单并验单为据。该经理人除得上文所详用银外,不再给用银。惟遇有雇用工程顾问员,总局须由铁路项下提给薪水。中国材料及经在中国制造之货物,若质料价值与德英或他外洋材料相同,自应先尽购买,以鼓励中国工艺。购买中国材料不给用银。全路造竣后,铁路总局若为南北段内购买外洋材料,应先尽向德华银行暨华中铁路有限公司经理购买。其办法章程嗣后彼此商酌办理。

第十九款　本合同内所言之铁路,将来或以为有益,或以为必需建造枝路,由中国国家以中国款项自行修造。如须用外国资本,则先尽公司商办。

第二十款　遵奉上谕订立之草合同,内载提余利十分之二给银行等作担任酬劳,今免提给余利,改由头次发售借款债票项内提留二十万磅给银行等以代之。其提留之法按照借款招帖所登买票人交付银数日期,照摊核算办理。所有此借款后次发售债票或续办借款,不再给予抵换余利之款。

第二十一款　历年除付借款本利外,铁路总局将本年铁路净进款盈余,足敷交付来年到期借款利息之数,在天津或在上海存放。银行等所存放之款,按照市面情形给发最优之利息。

第二十二款　德华银行暨华中铁路有限公司,可将本合同应有之权利及责任,全行或分别交与他德国公司或他英国公司接办。或再交代理人代办。其接办、代办应商请督办大臣核准。

第二十三款　本合同系遵光绪三十三年十二月初十日上谕签定,已由外务部用公文照会英德驻北京出使大臣。

第二十四款　本合同缮写华英文各五分,中国国家存三分,银行等存二分。如有翻译文字可疑之处,以英文为准。

光绪三十三年十二月初十日,西历一千九百〇八年正月十三号在北京签定。

（光绪三十四年正月初八日—光绪三十四年正月十一日"要件"栏目）

大学士张尚书袁等奏津浦铁路预定官商合股办法折

奏:为津浦铁路预定将来官商合股办法,请准立案恭折仰祈圣鉴事,窃臣等奉命筹办津镇铁路事宜,业于本年十二月初十日将改道津浦,自行建修,与英、德两国公司订立借款合同,缮单具奏,奉旨:依议。钦此。

查此项铗路,光绪三十一年间,臣世凯迭准外务部转商部咨:据山东京官柯劭忞、直隶京官惮毓鼎、江苏京官翁斌孙等先后联衔具呈,略谓近来各省铁路,类皆由本地绅商筹款自办。津镇铁路,亦应仿照办理。现拟筹备款项,自行建筑,无须别借外款等语。当经臣世凯以津镇预约,系因借款而定。三省绅士,若欲收回自修,先必筹集的款若干,何时可以兴造,务须从长计议;咨覆在案。本年二月,惮毓鼎等复具呈由都察院代奏,申明前说。

是三省绅士,确知铁路关系国家命脉,商民生计,而津铁一路,延袤两千余里,商贾辐辏,南北贯输,尤为群情所系属。请照各省商办成案,集款自修,立论不为不正。惟英、德两国,订约在先,牵涉滋多,万难议废。臣之洞到京后,接晤该绅等,即面达机要,许于改订正约时,设法挽回,仍留后来商办地步。现在借款合同业经签印,并钦奉特派大臣督办。该三省绅士等深明大义,均能恪遵谕旨,无复异言。臣等悉心经画,幸未贻误。

查津镇铁路,当日本系国家与英、德两国公司议造,本年议改此约之时,三省绅士往诣该公司商办,该公司拒不与商。现经臣等将此剂改定妥协,改名津浦,是此路由官议定,自应仍属于官。惟是开物成务,诚经国之远猷,利用厚生,亦后民之要义。朝廷广兴乐利,一视同仁。凡利源之开自民间者,无不与斯民共之,必不与兹三省稍存歧视。所有津浦织路借款股票,除按照合同第十三款,两公司应在中国招人购买外,迨至第十年后,中国国家清还借款之时,拟恳天恩准令三省绅商自集成本,将此项股票拨与一半,任其收回。惟三省应得此路权利,应各视其境内地段若干里,以为摊买股票之准绳,方昭平允。且为数甚巨,亦非仓卒所能募集,三省绅商,应于此十年中预计其境内路线共长若干,赎路之时应摊收回股票银若干,早为设法集款。筹募既较为从容,利益亦各有定分,庶可免偏枯而杜推诿。此项津浦铁路,即为官商合办之路,以期上下相济,昭示大公。而该绅等迭次呈请自办之说,亦可臻诸实行,不至觖望,斯地无旷土,民有余财,皞皞熙熙,同戴高厚生成之德于无既已。如蒙俞允,即由外务部行知督办大臣、邮传部,暨三省各督抚,先期立案,以便届时遵照办理。所有预定津浦铁路将来官商合股办法,是否有当,谨合词恭折具陈。

(光绪三十四年正月十八日"奏议录要"栏目)

传谕各局区整理路政

天津巡警总局吴督办以路政与警察相辅而行,苟路政腐败即难期警务完全。查津地一带除马路外,尚属平坦可观,而各僻巷胡同坎坷污秽之处在在皆有,殊于警政未臻完善。兹拟各该局区长、督率长警勤为查视,如查出谁界内有道路坎坷不平及污秽不堪之处,径可列表,五日汇报其表式一曰交通警察表,一曰卫生除秽表。其坎坷不平之处则列于交通表内,污秽不净之处则列于除秽表内,以便整理路政,现已传饬各该局区一律实行矣。

(光绪三十四年二月十三日"新政纪闻"栏目)

津浦铁路测勘桥工

督办津浦铁路大臣吕尚书海寰日前已饬工程师李春湘测勘黄河桥工，以为后日筑造气（汽）车轨道、铁桥之预备。

（光绪三十四年二月二十一日"新政纪闻"栏目）

招购津浦铁路债票章程

中国国家津浦铁路五厘利息借款，认购债票挂号单，定于星期一，即华历三十四年二月二十八日，西历一千九百〇八年三月三十日开办，至星期二即华历三十四年二月二十九日，西历一千九百〇八年三月三十一日，或于是二日以内截止。本借款英金五百万镑。头次先售五厘利息金镑，债票计英金三百万镑，以备建造中国国家官铁路之资本。其路线由天津或附近天津接达京奉铁路，经过山东省之德州、济南府至峄县，直至扬子江南京对岸之浦口附近地方，共长约计一千〇八十五启罗迈，当合中国二千一百七十里。业于华历三十三年十二月初十日，西历一千九百〇八年正月十三日，钦奉谕旨允准，曾经照会英德两国驻扎北京出使大臣在案。此借款本利由中国国家特将直隶、山东两省厘税，以及江宁厘金局暨江苏省之淮安关厘税作保，每年指定以关平银三百八十万两之数为限，债票每张英金一百镑书给来人，并附常年五厘利息。每半年应付利息之息票，定于每年西历四月一号、十月一号付给。其第一期息票每张计英金二镑十先令，系按常年五厘整半年之利息，定于华历三十四年九月初七日，西历一千九百〇八年十月初一日付给。借款本利在英京伦敦、德京柏林两处，以英金二镑或以德金马克合成金镑之数目还付，或在北京，或在上海，照银行买进现期英德两京市价，以银合金还付。债票每张英金一百镑，计实价英金九十八镑十五先令。汇丰银行既为华中铁路有限公司之代理人，并同德华银行经收认购此项三百万镑借款之金镑，债票每张计收实价英金九十八镑十五先令，分期交付如下：

认购债票之日，付英金五镑；派给债票之日，付英金二十镑。华历三十四年三月十五日，西历一千九百〇八年四月十五日，付英金三十镑。华历三十四年四月初五日，西历一千九百〇八年五月初四日，付英金四十三镑十五先令口。共付英金九十八镑十五先令。以上付款可在北京,或在上海汇丰、德华两银行。北京用公砝银,上海用规银,按照付银之日,以伦敦电汇市价合算。此项债票除汇丰、德华两银行出售一百镑之债票外,又在德京出售二十镑之债票。如愿购者请向德华银行认购。债票付款在派给债票之日,可将全数交付。均按常年二厘利息扣算。如在派给债票之日无票可以派给,即将前付之款全数付还。如所认债票数目在派给债票之日不敷分派,只能按照成数派给,所存余款以补应付派给之款。如付款到期不交,可将前付之款充公。

此项借款自此次债票发售之日起,以三十年为期。自第十一年为始,每年拈阄还本英金二十五万镑。惟中国国家有权于第十年以后,至第二十年以内,无论何时可以加增还本。其加增收回之票,每一百镑应加二镑十先令,合一百○二镑十先令之数。如在第二十年以后加增还本,无须加价。此项借款业于华历三十三年十二月初十日,西历一千九百○八年正月十三日,由中国国家与德华银行,及华中铁路有限公司合成之借款公司订立合同,曾于是日钦奉谕旨允准在案。本公司遵照合同所订条款,应在借款项内提留英金二十万镑,以作草合同所订应分铁路余利之酬劳。接到派给债票信之日,先行发给凭票,俟债票印就,由中国驻扎英德两京出使大臣加盖印信之后,即将凭票收回换给债票,招购债票章程及认购债票空白格式,可向北京或上海汇丰银行或德华银行询取,其借款合同印本请向该银行阅看可也。

光绪三十四年二月一日

西历一千九百○八年三月一日

(光绪三十四年三月初八日"要件"栏目)

督宪杨准邮传部咨认购津浦股票应行交款各日期
请查照核办札饬司道转饬各属遵照文

为札饬事,光绪三十四年三月十一日准邮传部咨,路政司案呈准督办津浦铁路大臣吕咨称:现接德华、汇丰银行函称,中国国家津浦铁路五厘借款第一批发售三百万金镑债票一事,中国国家按照借款合同第十三款所载,认购该路债票,合计英金二十六万镑之数,业经照数派定。敝行兹收到大清银行交来该款中百分之二十五分,即认购时应交之五分,及派分时应

交之二十分,由敝银行分别收入各数于下:

北京汇丰银行,一万八千三十七镑十先令;北京德华银行,三万七百十二镑十先令。以上在北京合计四万八千七百五十镑。上海汇丰银行,六千十二镑十先令;上海德华银行,一万二百三十七镑十先令。以上在上海合计一万六千二百五十镑。四款合计共收六万五千镑。其余分期应交之款分别开列于下:

西四月十五号,即中历三月十五日应交百分之三十分,即北京汇丰银行应收二万一千六百四十五镑,北京德华银行应收三万六千八百五十五镑。以上在北京应交合计五万八千五百镑。上海汇丰银行应收七千二百十五镑,上海德华银行应收一万二千二百八十五镑。以上在上海应交合计一万九千五百镑。四款合计应交七万八千镑。西五月四号,即中历四月初五日应交百分之四十三分又十五先令,即北京汇丰银行应收三万一千五百六十五镑十二先令六本士,北京德华银行应收五万三千七百四十六镑十七先令六本士。以上在北京应收合计八万五千三百十二镑十先令。上海汇丰银行应收一万五百二十一镑十七先令六本士,上海德华银行应收一万七千九百十五镑十二先令。以上在上海应收合计二万八千四百三十七镑十先令。四款合计应交十一万三千七百五十镑。合照函请查照施行等语,转咨前来,相应咨行贵督查照办理可也等因。到本署大臣准此,除分行外,合行札饬,札到即便转饬各属一体查照。此札。

(光绪三十四年三月二十三日"公牍录要"栏目)

天津县议事会申天津道拟开水利情形文

为申请事,窃查试办《天津县地方自治章程》第二十八条"自治事务有水利"一项,又奉升任督宪袁批准应行协议之事第三项"水利重要事件是水利"一项统在自治范围以内,理应详咨,博访,以慰列宪轸恤民艰之至意。兹据议员刘光锡提议东乡排地中渠淤塞日甚,亟宜疏浚。查该中渠于光绪七年蒙前任督宪李文忠公派委前道宪吴查明地势实属碱瘠,若不开挖中渠,则排地水利无著,仍是荒碱不毛,十数村人民难以求生。兹请拨款开渠排地,由此而兴居民得水饮用,不致流离失所至今二十余年。迨庚子后,被洋工程司将进水下口堵筑土坝,不进潮水,民心惶惧。光绪二十八年蒙前道宪张接收地面,查知民情缺水,难以为生。因由土坝安设进水涵洞以救民命,无如中渠淤塞,北边已成干河,所进之水尚难供民吃饮,以之灌溉田园诚不敷用。议员确知一方困苦,理宜诉明详求道宪速为拨款,疏淤筑堤以救万民生活等情,议员等当即公同评议,佥以乡间园田全资水利,若沟渠淤塞,则一切排地不能耕种,即日用所需亦患饥渴。刘议员提议开浚排地中渠,自是为一方民生困苦起见,事关水利,自未便壅于上闻。惟有仰恳俯赐查核施行,俾便耕作。为此,备文申请宪台察核示遵,实为公便,须至申者。

(光绪三十四年五月十六日"公牍录要"栏目)

天津县议事会函询工程总局开拓马路情形文

敬启者,敝县议事遵奉自治局示,于本月初十日禀经督宪批准,行知开会遵章,应将关于地方官及各局所应行协议等事,均须次第议行,当日开议之时,首由侯家后众商民李秉文等禀称:"贵局拟将侯家后中街及大小胡同勘丈立旗,并拆临街民房以修马路"等语,查本会章程第三十五条所载"议事会得代人民申述其困苦,不能上达之事于地方官",又蒙督宪批令议事会应行协议一项内开工程重要事件,此次侯家后若欲开拓马路改造楼房,工程浩大,利害攸关,虽民间知识或有不齐,既据该处商民请求协议前来,自未便遽然屏拒,然其呈内一面之词亦难凭信,但未悉贵局创办章程如何擘画,拟请颁赐章程一分并地图一纸,俾敝会详细讨论,以便与贵局协议亦即可作答复,该商民之本据也。谅贵局提倡公益,不厌推详或不必烦渎见拒,是所拜祷! 专此,祗请勋安,伏乞公鉴。敬候回示

(光绪三十四年七月二十七日"公牍录要"栏目)

天津县议事会为海河淤地招租移请天津县查核文

为移请事,案查本年二月二十八日接奉照会,内开接管卷内蒙府宪批,敝前县详准贵会遵饬议覆海河裁湾取直淤地碍难变价请核示缘由,蒙批:据详已悉。查海河裁湾取直淤地应照禀定章程办理,以符原案,至海河淤地应如何议租,仰即遵分别妥议办法详覆核夺。此缴。册图等件存案。等因。当蒙县台录批照行到会,仰见府宪保全公款历久不移之至意。惟敝会谨查前因,业经李议员耀曾、李议员宗政等前往调查,将未便变价之情形报

告在案,兹复遵批分别会议,金谓变价既多窒碍,仍以招租为正当,拟将此项淤地(除七顷十亩有零)业经招租开垦充作劝学所经费外,下余二十余顷概拟招租垦种,所得租价仍照前议解充自治局经费,将来各级团体成立裁撤自治局后,收列地方自治经费项下不得拨归他项,局所均行公同议决,应遵试办地方自治章程二十九条"议事会得以议决事项交董事会办理",刻值董事会业经成立,应恳详请府宪批示,将此项淤地发交敝会转交该会派干事经理,以重公产而免荒芜,所有海河淤地招租恳请转详批示缘由,相应备文移请县台查核施行。

（光绪三十四年八月初六日"公牍录要"栏目）

天津道详查明南北河淤塞及铁帽桥设闸情形文并批

为详请事,窃于本年八月二十三日奉宪台札开,据津海关道蔡道绍基禀称:窃查本年三月二十一日奉宪台札,据候补左道运玑试用张道建勋具禀:以海河去小站十有八里,旧有南北河一道,由小站直通咸水沽海河。庚子后,海河工程司在中闸筑坝,海潮不能内注,河道几成废弃,拟请札饬关道商明海河工程局,将土坝挑开,在下游海河口建大木闸一座。再查减河下游,去小站三十余里,有铁帽桥一座,昔年减河当伏水盛涨之时,由此将大水宣泄海中。光绪二十九年新筑石闸一座,近已堵闭,直与拦河筑坝无异。今拟仍将此闸开通,以便启闭等情,札道查照办理等因。

奉此,当经函致海河工程局办理。见覆去后,兹准该局洋员唐嘉敦函称:当即转致傅工程司前往,查勘报告。去后,旋据该工程司于四月间将查勘情形并办法呈具报单前来,因译汉延迟至今。查报单内所论铁帽桥一节,既已办妥,自无须再议矣。相应将原呈报单录送函覆,即希贵道查核为荷。附抄件等因。准此,理合照录清折,禀请查核等情。到本大臣据此,合行札饬札到该道,即便查照核议具覆。此札计抄折等因。奉此,即经札委试用知县沈尔章往勘,去后兹据沈令尔章禀称:遵于九月初二日束装就道,是日午刻行至距津南五十里之咸水沽桥下,南北河口迤南查看。该处筑有东西拦河土坝,现余东半段,其西半段已经挖去,来往船只尚堪行驶。惟自北闸口村迤南,直至小站肥水闸迤北之菜园止,计长约十二里,步步淤高。询诸乡民金称,自拦河筑坝后,致将此河淤塞,营田、商务大受损伤。察看情形,似须即时修浚,以兴水利而卫商业。卑职拟将此情,就近禀商营田局会办。当即赴局,值会办王观察回省,随即晤商张提调凤魁,意见相同,当公同酌核。若将该河中心挑挖宽深,再将北闸口、闸门、闸座、灰岸修理完备,俾舟楫得以畅行无滞,似于营田、商务两有利益。据舆论,此河昔年为盛军挑成,今若能仿而行之,派工程队挑挖,津贴数千金即可集事。谅士卒得此奖赏,必争先恐后乐于经营。且用款少而成功速,莫便于是。此查明南北河大概办法之情形也。

初六日,卑职至小站迤东三十五里之铁帽桥。详查该桥闸原为运盐之槽船而设,该处本为减河下游,直通大沽海口。自设闸后,减河逐渐淤垫。访问该处渔户据称,伏秋盛涨时尚可宣泄,惟潮水不能内注。卑职随赴大沽海口相度形势。该处步步淤高,万年桥下近海口处,海河工程司在彼建立洋闸一座,减水能出闸而海潮不能进闸,缘该闸系向外开之门,减溜去即冲开,海潮上行即自闭,不假人力,起闭自然。询其原因,实为便于轮船行驶。此查明铁帽桥及洋闸之实在情形也。

至请引黄水一节,自铜瓦厢黄河决口以后,原系借黄济运,每年山东挑河经费必须十余万两,其时尚有汶泗之水并入南运河,达入直境,故直隶南运河尚无浅阻之虞。自庚子南粮停运后,借黄附近之河道久已不挖,而汶泗之水亦由东境归入黄河,其运河上游河南彰德府一带,又复截水灌田,遂致直境之河,每至四五月间必异常枯竭,此外亦无可引之水。时势使然,无从设法,理合将两河情形绘具图说,禀请查核等情。据此,职道查傅工程司具报各节,现据沈令尔章查明,咸水沽桥下南北河口迤南筑有拦河土坝,尚余东半段,其西半段已经挖去,船只尚堪行驶。北闸口村迤南至小站肥水闸迤北,河道淤塞,须即修浚,以兴水利。又查铁帽桥自设闸后,逐渐淤垫,潮水不能内注。至引黄水一节,自庚子南粮停运后,借黄附近之河道久已不挖,而汶泗之水亦由东境归入黄河,其运河上游河南彰德府一带,又复截水灌田,遂致直境运河,每至四五月间异常枯竭,此外亦无可引之水。均系实在情形,应请饬由运司委员覆同查勘,以免窒碍。除批示外,理合照绘图说,具文详请宪台查核,俯赐札行运司遴员,覆同查勘,实为公便。为此,备由具呈,伏乞照详施行。须至册者。

督宪杨批:据详已悉。候将图说札发长芦运司,遴员覆同查勘具覆。缴。

(光绪三十四年十月二十一日"公牍录要"栏目)

天津商会禀关道代请减免河工码头捐文

敬禀者,窃前奉宪台批,职会具禀绸缎洋货商等,现因生意萧索,恳乞减免河工、码头捐款,请核示缘由。蒙批来牍阅悉,查码头捐起于光绪八年,禀定专为修筑码头平治道路之用,大概办法系华洋商捐款合收分用,而英法两领事即将两界靠船之费减轻,以示体恤。定章内声明,用款三项:一、作一千八百八十二年四月领事会议所修路工之用,一、作法英美三界修造码头之用,一、作两项工程报竣后将所有收捐作为有益商务各项工程经费。所有全案均经前关道详咨总理衙门暨各领事报明各国驻使有案,载在《约章成案汇览》,可以按牍而稽。嗣因英法等租界码头工程修竣,即将华商捐款拨作工程局,为专修全埠路工之用,按月由道支给工程局银五千两。

近年,码头捐每年不过二万余金,以收抵支,不敷积数甚巨,均由本道挪垫,已属拮据万分,若再将捐款豁免,更难支持矣!天津为通商大埠,近年于路政极力讲求,中外同声称便,为众商所共见共闻。为今之计,必须商情与工用统筹,方不至顾此失彼。据禀商力困难,本道亦所深知;仅请核减,尚属近情。仰候据情详请院宪饬下工程局,将常年局用极力撙节,每年按原支之数能核减若干成,本道即将捐款核减若干成,以慰群情而昭大信,希即传谕该商并各帮商人一体周知。至河工捐载在约章,现准函称,嗣后河工捐不特毋须再加,将来尚能将目下章程减轻等语,容再函商。目下能否照减,俟其覆到,另檄饬知并即知照。此缴。等因。当即转饬该商等遵照在案。兹于闰二月二十三日,据隆聚等十八号公禀内称,窃商等三次禀请减免河工、码头两捐,于二月二十六日奉到商务总会宪交来榷宪批示,码头捐候详请院宪饬下工程局,按原支之数能核减若干成,即将捐款核减若干成。至河工捐,现准海河工程局函称,嗣后河工捐不特毋庸再加,尚能将目下章程减轻等因,商等只聆之下曷胜感激,乃迟之已久,不闻后命,商等不无大旱望雨之情;且码头捐只承核减而未邀豁免,河工捐虽承核减而尚待将来,诚恐宪台之嘉惠虽施,商等之艰难莫济,不得不请格外推恩,于当免者全数豁免,可减者从速减轻,庶稍舒商等之筋力,启商务之生机。窃查码头捐创始之时,原议三年为限,乃限满未蒙停收。商等末便遽请豁免者,以前此商务尚属流通,故捐纳犹能为力。今当商务困顿、财力艰难之际,何能再为支持,此不得不请豁免者一也。码头捐修筑码头而用,以之拨归工程局修治道路,顾名思义,实不相符,且由何年而拨,商等前未奉有明文,今于禀请豁免之时始邀批示大略,故商等终未豁然。

查庚子以前无房铺捐、修治道路捐,以码头捐修道路,或出一时权宜之计。自庚子后增设房捐、铺捐、各项车捐,除办警政而外,工程局路已有专款可支,况遇大宗工程尚有临时劝捐,是将码头捐全数豁免于路政毫无影响,此不得不请豁免者又一也。至若河工捐,既云载在约章,势难裁撤,惟河工现非吃紧捐款,大可从轻。现在河工捐尚未轻减,又于原捐之外另欲加增。然既蒙允准核减,即乞速赐核减若干成,以便遵行。商等自庚子以来,被兵燹之伤,受贴水之累,营口、青岛、旅大等埠开通又复多方充斥,若不亟思补救,则商务终无转机。为此,再三烦渎叩求商务总会宪大人,据情转详权宪大人作主,迅将码头捐全数豁免,河工捐酌量减成,并祈速赐批示实行,以顺舆情而维商务,实为恩公两便。上禀等情前来,复查河工、码头两捐,原订期限早经届满,嗣以此款移作别项工需,该商等稍可挹注,何敢一再禀渎?只因市面窳败,疲累已深,禀蒙宪台分别转请核减,仰见体恤商艰有加无已。特恐工程局视为例款,不肯立予实行,诚如该商所云,宪台恩惠虽施,众商之艰难莫济。惟有仍恳宪台准予格外实行轻减,以恤商情。除饬该商等候示外,理合禀请宪台查核示遵,实为公便,肃此具禀,恭叩勋安。

（宣统元年三月二十一日"公牍录要"栏目）

天津巡警总局白话告示

为出白话告示晓谕事,照得天津地方自从修筑马路以来,拉洋车的人越来越多,如今,约计已有一万多人,大半都是没有受过教育的,不知警章是甚么,最容易违犯,上年本局因此编定停车规则张贴各处,并派送巡警管理约束,实盼的你门(们)都知道守法,不敢再犯。谁想,仍是遵的少,违犯的多,亦有任意奔跑冲撞伤人的,亦有不分左右道路乱拉乱走的,亦有多索钱文争吵打架的,亦有见客遗物起意拐逃的。种种恶状,难以悉数,还有一种赶马车的人,不知主人尊重,不管车马价高,每到路窄拥挤的地方,不踏响铃,又不喊叫让道,任意驰骤,直待撞伤人马,碰坏车辆。责令赔偿懊悔已就晚了,现将奏定违警律条并禀定违警罚章摘录在后,通饬各局区遵照办理外,合行出示晓谕,仰拉洋车、赶马车的人一体知悉,自出示之后,你们务须遵守,倘敢故违,定要照章罚办,各宜遵照。切切特示。

（宣统元年三月二十三日"文告录要"栏目）

天津商会禀督宪津浦铁路各河拟请改修活桥文

敬禀者,现据天津阖郡众商禀称:窃查津埠为招商码头,各行销货皆以外客为本,运入运出无不取资于河路。是河路有关天津商业民生,诚非浅鲜。兹蒙津浦铁路总局测量路线,由西北两营门外循行直达河北于南运,并上下西河分筑铁桥三道,作为车行之路。伏查津埠各河接通直、东、豫三省,百货流通最为要路,尤以盐粮为转运大宗,津郡商民命脉相与维系。若于河路中间建筑死桥,船路断绝,天津商业民生何堪设想?运船虽有免桅,然船有大小之别,桥有高低之分。南运河尤非上下西河可比,装运盐粮船只,桅高船笨,加以满载,有不能免桅之势。虽火车亦能运货,而不通之处须恃河路为转运。现在津埠捐税加重,铁路四通八达,商业已成弩末。只有河路尚可通运,勉力支持。设再堵绝水道,天津码头不难立至荒凉。且值国家振兴商务,抚恤民艰,凡有不便于商、有害于民者,皆蒙列宪设法维持,达其目的。而此固有之河源天然之利便,反使闭塞不通,将来客商视为畏途,绕越别口交易,不特商业受害,即税课恐亦受此影响。税命两悬,将何了局?商等非不知铁路为国家富强基础,何敢妄行阻止,必须筹画两全善策,维持大局。商等窃计熟商莫若稍示变通,保卫商民隐患。查火车行止原有一定时刻,铁桥开闭亦有成规可循,拟请仿照已设铁桥办法,修筑活桥。在火车未到以先,如有货船抵桥,令其停候,火车行过再开桥放船,于车政毫无阻碍,即河路亦免废弛。如此两得其宜,则津郡之商民获福非浅矣。事关商民生命,不得不泥首吁诉,叩乞会宪大人恩准,作主转详,设法变通,以示维持而保商业,则顶祝公侯万代矣。

上禀等情,查天津为通商要区,华洋绉毂百货骈集,商货之来源去路,率以河路为转运通衢。早年生计尚有富庶之观,自庚子之后,市面萧索,非复旧时之盛。所幸者河路流通,客商运货资斧尚轻,商民生计藉以抱注。若各该商所禀河路中间修筑死桥,水路不通,客商裹足,不特航业消灭,即商业亦不堪设想。以衰微之,津埠复加摧残,将有不可收拾之日。且查芦台镇为京榆铁路要道,前蒙李文忠公提倡建筑活桥,树碑垂久。至庚子之役,英人占据改为死桥,以致船路不通,市镇立变荒凉,尤为明证。当此商

519

业凋敝之秋,若再堵绝来源,更有难乎此者? 似宜设法维持,以保大局。核议该商请设活桥,则于路政尚无违碍。但较之修筑死桥,不过工料加增。然以商业大局计,何敢安于缄默,再四筹商,询谋金同,为此吁恳大帅俯赐转咨督办津浦铁路吕大臣,准予变通饬建活桥,仰副大帅维持商务之至意,所有津浦铁路于南运各河修筑铁桥请改活桥,以通商务缘由,理合禀请大帅查核批示,祗遵。实为公便。肃此具禀,恭叩勋安。

（宣统元年四月初六日"公牍录要"栏目）

静海县吴令增鼎详子牙河埝要工
按地摊款培修以防水患暨派委督查情形文并批

为转详事,案据县属独流等十八村庄绅民郑汝重、岳景铭等联名禀称:窃独流北泊子牙河溜,自近年修筑要埝以来,沈灾既遇,积困得苏,民命攸赖,实非浅鲜。每届开工加修之际,蒙历前邑尊赏发示谕在案。至去年,因河水平常,未曾修补,讵八月间,子牙、大清两河水涨,河道势不能容,该溜埝险危已极,几有不可收拾之虑,仰蒙我邑尊亲临查灾,履勘水势,谕令独流巡官逐日呈报涨落,并饬巡警驻工梭巡,拨夫抢护,绅民等齐力督率各村民,以及雇觅土夫群相搭铺防守,沿埝插杆填压软草,渐有坍塌立即赶垫,计数十昼夜未敢稍懈,是以十八村生灵幸保无恙。

兹查自独流大桥工头起,至杨柳青白塔寺叠道工尾止,工段虽不甚残缺,而低矮卑薄实难敌御非常之水。惟清河下口相对处,所为尤甚。草坝尽行腐烂,木桩一律糟朽,若不格外加工培厚,清河之水撞腰,不免直冲,必至决口。绅民等深虑及此,公同再三妥商,挨段勘估,咸以一律加修为是。现计子牙河溜旧埝并运河子埝残缺,约需新土五万余方之谱,虽无难工,间有远土过梁,每方约均价津钱三百文,计约需钱一万五千余千。经费杂支约钱一千千上下,又前年旧亏洋一千八百余元,合津钱三千七百余千以上,总共约需钱一万九千七百余千。按埝内地亩七百顷上下核算,每亩酌摊铜元十八枚,按八数扣合约共摊集津钱二万余千。果能如数敛齐,剩有余资,以备伏汛时防险经费。此系绅民等十八村熟商妥议,共为保全生产起见。现择本月二十一日开工,理合缮具清单,禀请给示晓谕等情。

据此,查子牙河埝捍御横流,为县属北泊数十村田庐生命所关,历年修筑要工,由来已久。庚子以前,案卷毁失,无可稽考。光绪三十年伏秋两汛,河水陡涨,埝坝险工叠出冲决,灌注田禾,为灾綦重。三十一年,经卑前署县潘令震声禀请,发给春抚银两,旋据该乡民等吁请转禀,以工代抚,大加修筑,并声明嗣后工款应仰按亩摊办,不得援此为例。至三十二三等年,培修两次,均按地亩筹摊办理。各在案。上年伏汛涨发,经卑职督饬巡警、民夫极力防护,幸保无虞。

　　兹据前情,卑职当即亲诣,逐段勘估。自独流大桥起,至杨柳青白塔寺止,约长三十余里,所有应修工程核与该绅民等禀折相符。覆查埝内地亩,计七百顷上下。据该绅民等会同各村地户公议妥筹,每亩酌摊铜元十八枚,照市价八折核扣,共计摊捐京钱二万一百数十千。除此次培修工料暨归还前年历办垫款共钱一万九千七百余千外,尚余钱四百千上下,留备伏汛防险经费。筹议尚称周妥。咨询各村民,金以河埝要工按地出资本,系循旧办理,无不翕愿乐从,应即照案示谕,饬令认真修筑,务须工坚料实,不得草率虚糜。但此项工程,既系民捐民办,将来工竣,请免造册报销,当由卑职亲往验收,并饬开列收支细款,榜示通衢,俾众周知。再事关河工,若无督修之员,不足以昭慎重。查卑县典史路金鉴熟悉河工,堪以派令督查。该典史虽有监狱之责,第各工所距县城一二十里不等,路既非遥,工亦不日可竣,该典史随时稽查督察,朝往暮还,尚称便捷,既于河工有裨,而监狱亦不致失于防范。并据该绅民等禀请,派委前来,合无仰恳宪恩,俯赐批示照准,实为公便。所有培修子牙河埝要工民捐民办暨派员督查缘由,理合具文,详请宪台查核。为此,备由缮册具呈,伏乞照详施行。

　　督宪杨批:据详已悉。仰天津道查核饬遵。折存。此缴。

　　　　　　　　　(宣统元年四月十五日"公牍录要"栏目)

天津县董事会为堵河断水事申请津海关道核办文

　　为据情申请事,案据海河四十七村各村正副刘恩林等具说帖到会,内称为堵河霸地断绝民命恳乞据情详移列宪立予拯救事,窃村正等环居海河裁湾,旧河两岸该处土咸水苦,所有灌溉田园及日用饮料专赦旧河口,引水为生活衅,因本年正月间有海河工程局张贴告白,拟在旧河裁湾淤滩栽树,村正等以该项淤滩于光绪三十三年经府尊派委勘量,禀奉前督宪袁批准划归自治局经费,业饬各村民在贵会承垦纳租在案,何至遽行栽树比赴贵会具递说帖,请详关道宪移海河工程局为之理阻,复又呈催,迄未奉

521

批,讵于上月间有曹观察家祥之家丁石桂三领工多名,称工程局委派将旧河两岸遍栽树秧,非独自治司官淤不留寸土,并占去民地无数,又就旧河筑坝数道,均长四十余丈,宽三四丈或七八丈不等,用机器将新河余泥拥入旧河套内,致泥与岸相平,水道全行堵塞,硬挖民地数十亩,砍伐民树数十株,除官淤十五顷被误,不能兴种外,更毁伤民间私产及田苗合计三段十有余顷,因水道不通,干壤谷菜各种至一百四十余顷之多,小民何辜遭此蹂躏。一时妇人孺子奔走呼号,其迫切可怜之情状,有非笔墨所能形容者。当拟趋赴督辕吁恳挽救,适值督宪晋京,只得同赴关道宪拦控;奉谕:既然如此,拔掉。拔掉,各村闻命欢欣万状。村正等仍竭力劝止,迨本月初四日工程局洋人傅某往各段查看,亦知太不近理面,嘱乡民如有树占民地者,即照拔。乡民群向村正等诘问,谓前有关道宪之谕,今洋人又有此语,及今拔除,斯地尚可补种,且所栽之树栉此衔接,行走不慎,稍触其树,看守者非打即罚,早拔一日早除一日之害,村正等闻言虽是,然犹再四婉劝免滋事端,不得已于初七日来津禀请关道宪作主,而乡民迫不及待,乘间将树拔掉,嗣奉县尊驰往,乡民环诉,抚慰散归。

窃思旧河淤滩既归自治局,并有各村在贵会认垦缴租,其不在该工程局应管权限之内已可想见,何得攘为己有?至淤滩外民地皆各户活命之源,尤不应平空侵占,矧两岸村民不幸而生居碱地,灌田养生,全恃河水。兹被堵绝,不为饿莩即为涸鲋。迁既无力,留则待毙,乡民惶恐。职此之由,总计三段已打之坝,将来拆毁,约需工数万民力更有不逮,此中苦楚自在洞见之中。惟各村已种之苗被毁被干已经殆尽,其未种者,因此耽延,亦复坐误收成失望,生计何来?现在乡民男女成行,逐日向村正等哀告,必须全数索偿,以保众命,却之则缠绕不已,问之则伸诉又难伏。维贵会有代伸人民困苦之责,用敢历陈拟恳详请督宪申请海关道宪并移会县尊,迅赐收回公地,拆去坝堨,并令将伤害民地各物如数赔偿以维自治而全众生,无任感激。再闻此次栽树系树艺公司石桂三所办,特假工程局之名以为护符,果尔则藉仗洋残害国民,其丧心已极,是否属实,并乞详移列宪饬将石桂三提案澈讯,自得底蕴,为此联名恳乞电鉴施行等因。据此查此案前经董事会备文申请宪台查核,据理交涉收回淤地在案。兹据该村正副说帖所陈相应据情代达,惟查该说帖内有闻此次栽树系树艺公司派石桂三所为,特假工程局之名以为护符,是否属实,并乞详移列宪饬将石桂三提案澈讯自得底蕴等语。按此事如果属实,是该树艺公司倚托工程局势力扰民营利,以致激动公愤。可否传石桂三到案讯究？敬祈钧裁。所有海河四十七村村正副联名递具说帖请据情代达缘由，相应备文申请宪台查核办理，以顺舆情，实为公便，须至申者。

（宣统元年四月十七日"公牍录要"栏目）

天津静海两县绅士岳景铭等禀藁城议挑滹沱河旧道与下游各州县农民大有妨碍请查办文并批

为擅禀挑河，不顾大局，糜费巨款，利寡害多，公恳恩慈，揆情度势，俯赐拯救，以弭祸源，而保民命事，窃职等两县，均临子牙河，向以种地为生。自光绪八年，滹沱河水改归子牙河故道，开挖饶阳新河，滹沱河水直灌子牙河身，两水并注，以致天津静海运河迤西村庄，尽成泽国，历时至十九年之久，民皆离散，村落成墟。嗣滹沱河水道渐平，两县村民近数年间，亿万生灵之命死而复生，谓非天乎！此滹沱河改归子牙河之贻害至巨也。迨二十二年，大清河下游静境当城至津境西沽等处，被永定河水淤高，水不下行。东淀水深至三四丈，是以静境第六堡南之格淀堤溃决两道，大清河之水，无路入海，竟由缺口径达子牙河。两水并流，一遇伏秋大汛，已有难容之势。又况潞河及永定等河水势暴涨之时，均注天津入海。下游顶拖，子牙河水不得畅行，定有溃决之患。倘滹沱又挖直河，来源尤骤，水何能容？

职等恭阅三月初七日《北洋官报》内载：藁城县尊详据该县冯汝堂等禀，请挑挖滹沱河旧道，裁湾取直，以兴航业而利商民等情，职等不胜惶恐之至。及阅大帅钧批：禀折甘结均悉，候札委史守善诒前往，详细覆勘，妥议禀办。此缴等因。捧读之下，仰见大帅统筹全局，深悉河防关系极大，不欲偏重一隅之至意。查史道宪克宽挑挖饶阳新河，本为顺上游之水性，救上游之民生，置下游数县于不顾，既挑之后，该河洪水泛溢，上游所救之州县仍被水淹，而下游所害数县日不聊生，始则鬻妻卖子，继而颠沛流离，死于沟壑者无算。试问昔年天津粥厂一炬焚骨碎身者，非皆避水灾之难民乎？十数年之大患，尚复心悸，而藁城之人但图私利，而忘公害，竟敢具乐从甘结十三张，禀请上达，其亦不思之甚矣！夫藁城区区一县耳，姑无论其彼县果有利否，即或有利，而下游数县不皆有利而无害。职等虽不能确指其受害何如，若青县、大城、静海、天津四县，必受害无穷，今伊等具乐从甘结十三张，请为挑河，职等两县，即敢具有害无利甘结数百张，青大两县亦

523

敢具不乐从甘结数百张,孰多孰寡? 孰从孰违? 况裁湾取直,浚深引水,一值子牙河盛涨,必然截流不下,定至倒漾,而上欲为归槽,势必出槽,槽漫则决口,堤决则夺流,流缓则蓄沙,沙淤则河垫,费数十万之巨款,挑不数年必淤之河,以害千百万之民命,兴利何在? 除害何在? 职等本不明治河之法,揆之水势,度之地势,不挑河而害犹小,果挑河而害实大,非特下游子牙河居民被害,即原禀中游正定、深泽等府县,亦不能无害。且史道宪克宽前筑之北堤,亦不足恃,而死而复生之文安大洼,亦复仍前淹没,尤不能无害,此势所必至者也。

自史道宪挑挖之后,该河淤填不止一年,果能复挑,藁城县尊历经循良数任,何不筑堤挑河,独待冯汝堂等借口以兴? 该县种种利益为词,而忘其移害于人耶! 即谓挑河可以使藁城商业、农业美利,并获下游之民身家性命一任付之洪波,亦当审其土质何如。试观大清河下口,原在天津西沽第六堡,至西沽长不过四十余里,何不挑挖下口? 竟令借走格淀堤之缺口,插入子牙河身。推原其故,实因该下游沙土松浮,随挖随淤,不能仍复旧制。是以大清河下游至今作废,考之光绪二十二三等年,水利局彦道宪章委宪挑挖大清河下游,动用巨款三十余万,挑而复淤,有明征焉。

夫清河下游仅四十余里,尚随挑随淤,况如原禀中游长百五六十里之多,松沙五六尺之深,该河中游土性与大清河下游土性无异,且与永定河沙泥带水水性相同,有不挑未成河而泥沙旋即淤塞者乎? 藁城之人不明水性,不识土性,更不顾利己损人,但凭臆见,冒请挑挖。职等两县二百余村之民,固置之死地,而天津红桥为子牙河下口,既有大清河并流而下,又有滹沱河直注而来,千百里合溜奔腾,均不外红桥一河一线之下口,以达于海。天津为北洋精华之地,职等被害尚不过淹没田庐,犹可迁移就食,而天津系众水会归之地,一经永定北河伏汛顶拖,其害岂堪设想! 总之,滹沱河发源于山西繁峙县,绕五台曲折而下,由大陆泽奔流至河南界,再折而北。今纵不能改复故道,断不可擅开直河,贻害下游。

再藁城县凡河流波及之处,地亩早经除粮,已不与水争地。该县地居高阜,水退极速,尚得获一水一麦之利。职等两县,若一年被水,无可宣泄,受害必至三年,其地亩淹灌,较藁城千百倍之多,岂可据藁城一面之词,为兴航业,使下游农民一概捐弃耶! 事关大局,民命攸赖,除本县经已禀请通详,并议事会呈递说帖外,谨绘图附呈联境合词,匍匐奔辕,公叩督宪大帅大人恩准,揆情度势,俯赐拯救,以弭祸源,而保民命,则职等两县二百余村子子孙孙,咸感公侯万代矣。上禀。

督宪扬批:禀图均悉。查此案前据天津县议事会具禀,业经札委林守际康前往查勘在案,据禀前情,仍候行该守一并核议,禀覆核夺。此批。

(宣统元年五月十一日"公牍录要"栏目)

天津县议事会函致津浦铁路总局文

敬肃者,前奉钧谕内开,津浦铁路北段天津车站,究以何处最为相宜,嘱为会同调查等因,由敝会函覆,业经举定代表人候示前往,遵谕认定范围办理在案。嗣于本月初八日接准商会函知,订于初九日前往履勘。是日,由敝会代表人会同孙观察钟祥、张直刺广建及商务总会代表人同往赵家场后、西营门外南开御河两岸等处履勘一切。初十日由敝会代表报告,到会议员等公同核议,佥谓设立总站之地,比较利弊,当以赵家场后为最相宜。兹将赵家场后、南开两处设立总站之利弊分条缕叙如左:

一、查赵家场后地方居御河、子牙河两流域之间,地势宽广,十余年前间有水患,自近岁修筑长堤以防子牙河汛,该处甚形安堵。且天津地势北高南下,似较南开地方尚为高燥。若就该处设立总站,另修马路三条、铁桥一座,即与各处市场交通便利。且其地庐墓无多,购价应亦合宜,实与钧函开列四端均属相合。

一、查南开地方,地势虽形宽敞,然较赵家场实形洼下。虽与城市交通便利,但御河以南路线所经坟墓甚多,实与避重就轻之旨不合。且该处地主抬价居奇已在洞鉴之中,似于设立总站不甚相宜。

一　查津浦铁路告成后,南北往来货物自以行销内地者为大宗,其出口各货自有天津、汉口两处航路以通海运。则设立津站,自应就内地行销货物,谋屯积转输之利便。赵家场北临子牙,南接御河,船舶往来转输便利;马路修成,直接天津著名市场,屯积货物尤当称便。若南开地方,无论于内地行销货物不便转输,且观该处形势,东南一带坦坦平原,直接各国租界,遇有军事,总站应为必争之地。形势如此,殊为兵家之忌。国家睦邻修好,自必永弭兵端。然要政所关,似应预为虑及。

以上各端比较利害,自以赵家场后设立总站最为相宜。至开修马路,拟就北营门以西之墙濠旧址,拆垫平坦。南通河北大街,北通红桥各处,由车站至赵家场摆渡口,即仁天寺修马路一条,中间庐墓极少,购地自易。再

525

造铁桥一座,以渡御河。沿御河南岸,按工程局原定临河马路东向开辟马路一条,直达北大关浮桥。中间拆房无多,亦无大宗生意,如优予房地各价,当不棘手。此路开后,如针市街、竹竿巷、估衣街、锅店街等著名市场直接交通,无往不利。再总站既设于赵家场后,则原定御河以南路线自应迁徙,以避庐墓。查杨柳青为直省巨镇,自该镇至赵家场后有新筑之千金堤。若在良王庄及杨柳青中间,择地修桥渡御河,经杨柳青附近安设分站,就千金堤敷设铁轨,直达赵家场后。一可避南辛庄之坟墓,二可兴杨柳青之市场,三可省路线购地之费。至开修马路,修筑仁天寺铁路,及经过杨柳青,路线较长,动用经费自必加多。然省出御河以南至良王庄购地之费,挹彼注兹,所差当不甚巨。

以上敝会履勘议决情形,证之商务总会意见大致相同,理合绘图贴说,肃此函覆可否?采择之处统候卓裁,专此敬请钧安,统希鉴察。

（宣统元年五月二十一日"公牍录要"栏目）

天津县议事会函覆商务总会核议改设车站事宜文

敬覆者,顷奉台函内开,两准孙麟伯观察来函,以奉督办吕大臣饬议齐玉祥等禀陈各节,嘱即会同议决覆核等因,应即遵照办理。相应照录来函并抄禀原件,一并奉请查照核议,决定示覆,以凭会覆核办等因。查此案,敝会会同贵会履勘议决,函覆津浦铁路总局,总站处所以设在赵家场后为最相宜。兹阅抄函,又经詹眷臣观察会同覆勘后,面禀吕大臣,决定是赵家场后宜设车站,再三履勘情形均属相符。兹阅齐玉祥等原禀,除刘培云等所禀各节已另函奉覆津浦铁路总局,以该处非路线所经,碍难设立分站,应勿庸置议外,查齐玉祥及三津众磨房商董崔辅廷等原禀三件,敝会均曾接到该绅商说帖,前言各节大致相同。查齐玉祥所陈八利,多属偏重南门外一隅之言,与我两会履勘核议情形不符。且齐玉祥禀称:如站台设立南门外,商等与阖郡绅商向该公司妥议,令其照原买之价售卖该公司等,亦无不认可等语。不知齐玉祥等与各该公司平素有何深交,乃能担保其认可。况闻某公司于购地后已加添价目,在农工商部立案,预为居奇之地。即使照原买之价售卖该公司,已获利不资。齐玉祥等之为该公司谋者亦周密矣。至称各处宣传,因此铁路之事恐其又起交涉。此等恐吓之词,当此公法大明之日,岂宜出诸绅民之口。督办大臣亦必不为其所动也。至称赵家场乃两河相夹,各河联脉,久经犯水之地,倘遇大水之时,车站难保不受水患。而洼地设站总属不甚相宜,若南门外尚无犯水之时等语。而王鼎元禀内有子牙河堤不过防水抢种,不能捍住北水,永保无虞各语。查赵家场、南开旧年皆有犯水之时,前次我两会之会同履勘,以总站设在赵家场为最相宜者,因既有千金堤,以防子牙河汛。设立总站后,则该路工程司更应就该处堤防益谋巩固,以保将来。至王鼎元等禀堤顶甚窄,不知与路政有合与否等语。查此事亦在铁路工程范围之内,断无不加修筑,即行敷设铁轨之办法。

以上敝会核议各禀情形,相应专函奉覆,是否与贵会意见相同,尚祈酌核见覆,再行会议核办。即此敬请公安。

(宣统元年六月十七日"公牍录要"栏目)

天津县议事会禀督宪在津各帮商
求减河工码头捐一案请迅赐批示文

敬禀者,案于本年十一月初八日接到天津山东绸缎洋货商潮、建、广、福州各行商投递说帖内称,为请减码头、河工两捐,仰祈转求速赐批示,实行事商等。于本年七月间,为请减码头、河工两捐,曾具说帖,恳请据情转详督宪,已蒙如请办理矣。惟数月以来,未奉督宪批示,商等实深渴望,刻下市面萧索,谅在洞鉴之中。至码头、河工两捐,始末缘由,并可以从减之处,前具说帖已详,无庸再赘。惟商等望减捐之恩谕,有如大旱之望云霓,不得不亟求甘雨之施,以救田苗之槁。为此,仍祈议事会转恳督宪大人,速赐批示,实行核减,则感云情无既矣等语。

当查在津各帮,目下势成弩末,久在宪台洞鉴之中。议员等业据该商等实在情形,于十月初间代陈一切,当奉钧批。查此案,前据天津商会来禀,业经端前大臣札饬长芦运司津海关道会同妥议具覆,饬遵在案。至今两月有余,尚未具覆,据禀各情,仍候札行该司道,迅速会同议覆核夺。此缴。等因。蒙此,当由敝会等转饬该商遵照在案。前又据该商等接准前因投具说帖,特恳转请迅赐批示前来。谨按该商仰希实惠,实有缓不可待之机,拟将该项工程目下是否完竣两项捐款,可否俯从核减?应请宪台据情查核,行知运宪榷宪从速会同核议具覆,即希从速批行,冀以慰群情而纾商困。所有在津各帮,求免河工、码头两捐,据请速赐批示缘由,理合备具禀由,敬候批准施行,只请崇安,代维钧鉴。

(宣统元年十二月初五日"公牍录要"栏目)

议决电车公司改修轨道事(路况)

天津县议事会申津海关道文云：窃于本月十二日奉宪委周委廉来会面谕，电车公司在城东南隅改修电道未曾禀明批准，该公司业知违章，情甘认罚。惟该处改修之线是否与行人有碍，奉督宪札饬议事会核议等因，遵此，当即面告董事会派员会同周委廉前往调查，以便核议，据覆称查看南马路电车路线，日界内轨道均已铺平，惟南马路铁轨业经铺齐，轨内之道尚未压平，电车已按新改之路线通行，来往洋车尚无滞碍处，是于路政无妨等语。嗣经会议佥谓，既与路政无妨，是可照准。惟该处终属要冲路线，改直车行必速，应令该公司多派执旗之人，方免有伤残行人之处。至未曾禀明批准遽行迁改，实系违背章程，必须从重议罚，方昭儆戒，以重主权，理合备文申请宪台查照施行，实为公便。

（宣统二年二月二十八日"畿辅近事"栏目）

邮　　电

中国邮政比较表

中国邮政近年颇见起色,兹将光绪二十七年与三十年情形互相比较,列表如左:按以上邮件一项,上海居一千三百万件,天津六百五十万件,牛庄五百万件,北京三百万件,汉口五百万件,福州二百万件,广州三百万件。

(光绪三十一年八月初三日"本省近事"栏目)

津郡邮政之扩充

津郡东北隅马路邮政分局拟加扩充,欲在局后建房三所以备办公,添募信差十余名并闻有添雇洋员之信,刻下已添书记七人,足见邮政日有起色云。

(光绪三十二年四月十九日"本省近事"栏目)

邮政添设分局

天津邮政总局已在承德府、平泉州开设邮政分局,并在滦平、建昌两处开设代办邮政分柜,凡寄交承德、平泉、滦平三处信件,均每日发唐山由遵化转去,寄交建昌信件则由锦州转去,合亟登录,俾众周知。

(光绪三十二年闰四月二十三日"本省近事"栏目)

天津南段巡警总局告示

为出示晓谕事,照得本年十一月十一日奉督宪杨照会内开,十一月初九日准民政部咨开前准税务大臣咨称:据总税务司申称邮件内有语涉悖逆之书报应如何稽查等因咨行酌核见覆,当经本部以邮局应如何区别查看之处事关邮政,咨行邮传部核办,兹据复称《大清邮政章程》关于书报递寄条项内各局人员只有查验装里合式与否之责任,并无查看内容文字如何之规条,咨请通饬各地方警察区内刷印所及书肆,凡语涉悖逆之书报,一律严查禁其刷印贩卖等因到部,本部查语涉悖逆之书报,自宜严行查禁,相应通行各省转饬所属认真办理,除分咨外咨行转饬办理可也等因,到本大臣准此,除分行外相应照请转饬一体严行查禁施行等因。奉此,除分别照会暨传饬各局区队一体严行查禁外,合行出示晓谕,为此,示仰军民人等一体知悉,自经此次示谕之后,无论刷印所及各书肆凡有语涉悖逆之书报,一律禁止刷印、贩卖,倘敢不遵,一经查出定即严拿究办不贷,其各凛遵毋违,特示。

(光绪三十四年十一月二十日"文告录要"栏目)

天津邮政添设分局

天津邮政总局现择定法租界梨栈对过开设邮政分局一处,命名天津邮政乙局,于九月十六日起开局办公,如有寄挂号信件以及包裹暨汇票等均于总局无异云。

(宣统元年九月十八日"新闻纪要"栏目)

文化

附天津唐大令复某洋商书

贵商入览前承书并惠木匣一件,发缄展诵,知因李鸿滨以官地浮房指借洋元一案,经敝县设法拨地断结,贵商巨资有着而李鸿滨亦贸易如常。特送贵国之佳珍致谢! 敝县不敢拜嘉,即藉使当时璧还者。因忝为此地有司审理案件,皆职份所当为,准理衡情,尚恐思虑不周,判断或有未当,万一偏听上以千宪谴下。即以拂民情则偶然一案之贵,当惬心其不可自居功也,明矣。屡接贵商来词"感谢""幸福"等语。不一而足,读之已觉抱愧,而贵商以物见惠,则于鄙人之官声有损,更于我国之功令有违。匆促之间,片言奉璧未能将此意发明,今早又劳枉顾,复赠宝镜一方,委之而去,情致殷殷,谅亦自谓各行其是。不知今日若可受则前日亦可受矣。敝县于此一案,见贵商少年老成、和厚诚实,甚为嘉许,能终身如此处世接物,其前程未可量,其后福亦无穷焉。所有留赠宝镜仍旧送转,即希察收。勿以我为固执矫情。幸甚! 感甚!

(光绪二十九年四月十四日"本省公牍"栏目)

广告天津文美斋

本斋因新政之始,各省学堂林立,特将木板、石印、铅印时务、西学以及各种新旧书籍格外减价从廉发售,原为开风气有益士林起见,并售笺简、帖套、徽墨、湖笔、端歙、广砚、泥金、颜料八宝印色,接裱名人字画,各种南纸、线锦、耿绢、苏杭雅扇,各样铜器、文玩俱全。新出《李文忠公海军函稿》,请惠顾者早为移玉,是幸谨启。

(光绪二十九年五月二十二日"告白"栏目)

广告天津官书局

自运各省官刻家藏木板、石印、铅印经史子集,新译东西时务,并采原刻洋文各种应用书籍、地图、报章。赐顾者请至北马路平市银钱局、西路南本局购取价值格外从廉,划一不二,特此布告。

(光绪二十九年五月二十二日"告白"栏目)

北洋官商合办烟草公司招股广告

启者,本公司先在保定农务局试造纸烟,进呈御用,当蒙天语褒奖,现禀准直督宪袁宫保改为官商合办公司,先发保定,天津义善源、上海虹口工艺沪局均有章程,可到该处阅看也。

官商股总董黄勇、黄思勇启

（光绪二十九年五月二十二日"告白"栏目）

天津县请整顿文庙乐舞禀

敬禀者,本年八月奉宪台面谕,以文庙乐悬残缺未备佾舞参差不齐,饬令查明现存若干禀覆核夺,并奉本府札饬整顿佾舞各等因,当即捡阅《天津府志》及《皇朝三通》诸书,参稽考证志书并未详载,《通考》内载:"直省先师孔子、庙乐、县镈钟、特磬各一,编钟、编磬各十有六,建鼓一,祝、敔各一,琴六,瑟四,箫六,笛六,排箫二,笙二,埙二,篪四,搏拊二,旌二,麾一。各有油饰、锦缋、流苏、雀钥各三十有六"等语,并函属府学传严两教职详查,嗣准傅教职等函称镈钟、特磬、建鼓、编钟、磬、祝、敔、旌、麾各件如数俱存,琴存二、翟、钥各三十有五。现寄存与祭会又佾生孟广慰处有笙二笛二,通计缺短,琴四、瑟四、箫六、笛四、排箫二、埙二、篪四、搏拊二、筍虡、饰缋均不全,又翟、钥各缺一,佾生冠服亦无存具复。前来伏查释菜为春秋巨典,自应礼明乐备以肃明,裡况津郡为互市名区,东西各国旅居官商将于是乎观礼,尤宜整齐严肃,用表上仪。卑职未仕家居时二仲上丁每多助祭,窃见举行礼节,与今秋所见殊观,而遍查现存各书,止有《通考》较为详备。惟并无图说亦难一览暸然。兹由原籍桂省购来丁祭礼乐辑要一书,简当精详,足为考证之助,用特禀呈宪览,并祈查核如何制备修购之处。伏候钧裁再歌章应属何人,《通考》并无明文,桂省则属之博士弟子鸣赞时及祭祀榜称"乐生",津郡谓为"歌童",犹记保垣碑文亦纪以"歌童"二字,似欠庄雅,改称"乐生"。执钥秉翟者称"佾生"藉示循名,核实《戴记》云"敬则用祭器",现在礼器是否齐全,似应一并查考以肃祀典,所有遵谕详查缘由,理合具禀,伏乞批示祗遵。

（光绪二十九年十一月二十日"文牍录要"栏目）

新闻公园

天津英工部局之公家花园颇极亭林之胜，近复于跑马场新关公园为郊游憩息之所。

（光绪三十年四月初三日"畿辅近事"栏目）

西报踵开

天津西报向有英文二种、法文一种，现闻德人凤克拟设一德文日报。已择定紫竹林西宾馆后作为馆舍约于西八月底发行并闻凤君久主上海德报颇有名云。

（光绪三十年五月二十日"畿辅近事"栏目）

纪《警卫报》

天津一埠计有英、法、德文日报四种，近又新出英文晚报，其报端有中文曰《警卫报》。主笔者为英国武员牛曼君由益文西报馆代印。

（光绪三十年七月二十七日"畿辅近事"栏目）

仪器到津

直隶工艺总局在天津至玉皇阁创设之教育品陈列馆所需各种仪器、图画、标本，已派人由日本购运到津，共有三十余箱，一俟馆屋修缮竣工，即可分类陈列，以供众览。

（光绪三十年十一月二十七日"畿辅近事"栏目）

造纸公司近闻

商部创设造纸公司拟先在天津设局试办，奏派庞京卿经理，其事早纪前报，近闻庞京卿在沪招股已有成数，昨已呈报商部，定于明年正月前往日本调查一切。

（光绪三十年十二月十一日"畿辅近事"栏目）

奥界建置公园

天津河东奥国租界修建领事馆工程局将次竣工,现闻奥领事欲于领事馆南偏建置公家花园一区,已丈量地基绘具图样,不日兴工。

(光绪三十一年正月二十七日"畿辅近事"栏目)

宣讲所牌示

前奉宫保面谕设立宣讲所,兹先就东门外天齐庙内改建一处,准于六月初一日晚间开讲,每晚自八点钟至十点半钟宣讲《圣谕广训》及古今中外各种有益之书,无论士庶工商均可入座听讲,茶水足用,不取分文,届时务祈惠临,是所至盼,十五岁以内不必入听。

(光绪三十一年五月三十日"畿辅近事"栏目)

天津宣讲所规则

天津东门外天齐庙设立宣讲所,已纪前报,今将所定规则照录如左:一、本所首重圣谕广训,凡遇宣讲之时听者当肃立致敬,不得懈怠。一、本所仿各国通俗演说之例以转移旧俗为宗旨。一、本所聘定主讲先生每晚共讲四段,若有特别演说之人,主讲者即可休息。一、每晚自八点钟开讲至十点二刻钟停讲,中间每讲二刻休息十分钟,讲者、听者幸勿愆时。一、听讲之时不得接谈,以防乱人听闻,即休息之时亦宜敬肃,放言浪笑皆所宜戒。一、听讲者总宜郑重其事,正身端坐。一、每逢休息,饮茶、吸烟、大小便等事宜,趁此时。他时不得随意离座。一、听讲人数不厌其多,量本所地势以能容为度。一、听讲者无论何等人,均可来所即衣履不整者,亦不拒绝,惟妇女请暂缓听讲。一、凡学堂肄业学生,不必来听讲,年在十五岁以内者无论何人,一概免入,惟学生特来演说者不在此例。

(光绪三十一年六月初四日"畿辅近事"栏目)

河东添设宣讲所

天津自设宣讲所以来,风气渐开,成效颇著,近又在河东地藏庵内添设一处,已于初六日开讲,所中附设半日学堂,现亦悬牌招考学生矣。

（光绪三十二年正月初十日"本省近事"栏目）

北仓创设讲报社

宣讲报纸原为开通下流社会起见,近来天津城厢内外创设启文、启明、进明各讲报社,每晚讲演,迄今颇著成效,惟四乡距城稍远,不便来听,现闻有北仓鲍君约集同志亦在本村创设讲报社一处,订于月之二十日开讲。

（光绪三十二年正月十四日"本省近事"栏目）

商务印书馆开市

上海商务印书馆近在天津设立分馆,已于十八日开市,是日,该馆门首高悬国徽,灯旗灿烂,中外仕商纷纷往贺,颇极一时之盛,并闻是日前往该馆购书者络绎不绝,津埠风气开通,于斯可见矣。

（光绪三十二年正月二十日"本省近事"栏目）

阅报社之发达

进来津埠已设有启文、启明、进名阅报社等处,现由某君等发起,在城隍庙后马路添设阅报社一所,曹君建秋愿将楼房借助,其他助报、助款者亦有多人,一俟经费敷用即行开办。

（光绪三十二年二月初二日"本省近事"栏目）

法员订期演说

天津西头如意庵自改归官立中学后,日有进步,前经理中法学堂之法武员古乐君时常称美,现闻该武员拟于今日下午二钟前往该堂演说政治、法律诸学,并邀集学界中人及各法员前往观听云。

(光绪三十二年二月十四日"本省近事"栏目)

拟编《北洋评论》

昨译《北洋日报》云,近有日本名士大和君拟在天津倡设《北洋评论》,每月刊行一次,装订成册,每编均用中日文对译,期助学界之进步云。

(光绪三十二年三月初四日"本省近事"栏目)

天津县详学董林兆翰等拟倩人
分赴茶馆通衢宣讲报纸文并批

为详请事,案据津郡学务总董事林兆翰、卞禹昌,襄办学务董事华泽沅、王新铭、乔保谦禀称:窃维欲开民智宜求教育普及。自设立宣讲所及阅报社以来,其入听入览者大都为识字之人,其目不识丁者既不能入社阅报,又恐宣讲文义深奥不肯入听。董等伏思,茶馆乃四民聚集之区、通衢行人往来之地,拟倩文人携带有益之报到各茶馆及通衢择要宣讲,但恐有无知之人故意喧扰,则于讲报诸多不便。为此恳请俯赐转详巡警局宪赏发会衔白话告示张贴各茶馆门首;至通衢,则由讲报人随身携带到讲报处自行张挂,讲毕携去较为简便。伏乞恩准施行等情。据此,卑职覆查该总董等所拟倩人携带报纸逐日赴茶馆及通衢地方宣讲时事,俾里巷粗人同沾,教化见闻日新,实为教育普及之先导。自应准如所请,责成该总董等认经理,克日举办以开风气而广学界,除批饬将办法、规则所讲各报名目及讲报人名详细禀报,并缮就会衔白话告示送请南段巡警局钤印饬发,暨请派站岗巡兵随处妥为弹压外,拟合具文详报宪台查核。为此备由具册具呈,伏乞照详施行。须至册者。

督宪袁批:据详已悉。林总董等所拟倩人携带报纸逐日赴茶馆、通衢宣讲时事,俾里巷粗人同沾教化,用意甚为诚恳,仰学务处即饬督率认真经理,期收实效,并将办法、规则及各报名目、讲报人名分晰报查。此缴。

(光绪三十二年三月二十一日"文牍录要"栏目)

探访局宣讲侦探

　　天津巡警探访局拟开宣讲等情已纪前报,兹闻已于二十三日下午开演,侦探、妙诀、弁目、差役一并赴堂听讲。首演宜讲之宗旨;次演侦探之方法,并有各种侦探小说、各种报纸择其有益侦探者;研究妙理意在由浅入深,并拟将时事编成白话演说以广见闻而资诱劝。

(光绪三十二年三月二十五日"本省近事"栏目)

女士演说国民捐

　　天津普育女学堂校长徐女士同诸女教习拟于下星期五下午二点钟假陈列馆讲堂演说国民捐之义务,按津埠国民捐一事办理,颇有成效,惟女界尚属缺如,今诸女士以热心提倡,想不难闻风兴起,而北方上学之发达亦可预卜矣。

(光绪三十二年四月十三日"本省近事"栏目)

青年会特别演说

　　天津法界中国青年会闻昨晚特请西沽大学堂副教习德君到会演说中国煤矿要题,听者颇众。

(光绪三十二年四月十三日"本省近事"栏目)

阅报社演说纪闻

　　天津东马路启文阅报社由十三晚起每晚讲说商报,内之三十年过去、未来之历史,以期开通民智云。

(光绪三十二年四月十六日"本省近事"栏目)

两人定期春赛

　　《北洋日报》云天津西人定于本月二十二、二十三、二十四三日举行春季赛马,闻各国银行于赛马期内每日暂停交易半天。

(光绪三十二年四月二十日"本省近事"栏目)

河北拟添宣讲所

天津河北大街甘露寺前后一带,闻将有添设宣讲所之说,惟该处铺户、房间均须移挪云。

(光绪三十二年四月二十一日"本省近事"栏目)

女士演说国民捐

十八日为天津普育女学校各女士借陈列馆演说之期,是日午后,先由该堂校长温太太将倡办女子国民捐之宗旨细为演说,继由教员王女士演说国民捐之关系,教员陆贞女演说国民义务,闻女士之往听者约四五十人,并有保母讲习所华监偕同女学生十余人、鼓楼南李氏女塾教员姜女士带有学生数人,均往听讲。姜女士并登台演讲,惜是日为雨所阻,大半不获前往,然津郡女学之进步于此可见矣。

(光绪三十二年四月二十二日"本省近事"栏目)

西商赛马届期

寓津西人择定二十二、二十三、二十四三日赛马一节已纪前报,兹已于昨日起开赛,所有该三日内新关办事人员均于下半日停公,已先期出示晓谕矣。

(光绪三十二年四月二十三日"本省近事"栏目)

定期开演马戏

《北洋日报》云,刻有欧洲日斯巴尼亚马戏于日前来津,择日界三井洋行左傍空地盖栅,定于十一日开演云。

(光绪三十二年闰四月初十日"本省近事"栏目)

永平倡设讲报社

天津阅报社林立,洵足大开风气,现闻永平县中学堂教习何、杨二君亦在永平府城内创设讲报社,每值三、六、九日演说新理、新学,并及国民捐之义务,真可谓热心教育矣。

（光绪三十二年闰四月十三日"本省近事"栏目）

筹款拟设宣讲所

天津北乡汉沟镇刘绅守仁前已创设蒙小学堂一所,兹又集三村首事及村正副等会议,拟从集镇抽用项下另行筹款若干,再设宣讲所一处,以开风气,一切章程俱仿天津成例办理云。

（光绪三十二年闰四月十八日"本省近事"栏目）

天津道周观察参观保定警务学堂演说文

中国疆域之广人民之众物产之饶,在环球之上可谓首屈一指,近年以来与列强比较声誉顿减者何也?因法律政治不知变通之故,欲求自强,当先从内治始,欲修内治,当先从警察始。英人穆勒·约翰有言:国家政府其最重之天职在扶植国民,使有独立自治之能,又云:国之能事终视其民之能事为等差。宫保深明乎此,特在保定创设通省警务学堂造就人才,以立地方自治基础,遴委增廉访为督办、吴观察为总办。本道奉宫保命来堂参观,得见规制崇宏课程完备。为国家贺,为直省贺,并为学生贺。盖数千百年未有之奇遇,诸生得身与其、选其,为庆幸讵可言喻。惟是一年毕业期限,甚促诸生于各科功课务须切实考求,以期日有进步。毋负宫保栽培、盛意暨总办经营苦心。总办规矩严明,正诸生受益之处,万事由规矩得来,方是有本之学,将来学成任事,上为国家,下为民生,定收莫大效果,积县而为府,积府而为省,积省而为国。团体日固,国势自强。本道与贵总办有厚望焉。

（光绪三十二年闰四月二十四日"文牍录要"栏目）

筹议创立愿习社

探闻津埠学董现在拟立习兵会,名之曰"愿习社",该社章程必须在二十左右稍通文理,身体健壮者为合格,除供馈外不与津贴。一俟筹妥经费,即行详明督宪定日开社。无论土著、客籍均准报名。

(光绪三十二年五月十二日"本省近事"栏目)

报界同人开俱乐部

天津中日报界同人近日倡议设立新闻俱乐部,由北洋日报馆发起,于初十日下午六(点)钟邀集各报馆记者在日界芙蓉馆开第一会,是日到者有《北洋日报》《北支那报》《大公报》《天津日日新闻》《津报》《北方日报》《朝野开新报》及本报,各记者彼此互议将来继续开会之法,至十点余钟始散。

(光绪三十二年五月十二日"本省近事"栏目)

报界同人开第二会

天津报馆各同人为研究改良报务起见,倡议设立新闻俱乐部,于上月初十日开第一会,公议章程由各报馆按月输值,本月初九日为第二次开会之期,由《大公报》《北支那报》,值会于午后一点半钟假李公祠河亭茶会,到会者为《北洋日报》《北支那报》《大公报》《天津日日新闻》《津报》《商报》《中外实报》《北方日报》《开新报》及本局各同人,由大公报馆主英敛之君提议七事:一、主公理而戒私愤,二、邮递,三、电费,四、对于采访人,五、对于售报人,六、对于排字人,七、电话均经大众赞成,至四点余钟拍一合影而散。

(光绪三十二年六月初十日"本省近事"栏目)

大关改设宣讲所

天津河北大关自巡警二局移出后,所遗房舍近经学董议定拟改宣讲所,刻已鸠工修理,大约伏暑后即可开讲矣。

(光绪三十二年六月十二日"本省近事"栏目)

商业学堂定期面试

　　天津南斜街中等商业学堂简易科定于十八日在东马路宣讲所考试,届期须携带笔墨、算盘,听候点名,给卷面试。

　　　　　　　　　　　　　　(光绪三十二年六月十四日"本省近事"栏目)

东宣讲所开会纪念

　　天津自东马路创设启文阅报社迄今颇著成效,闻明日为该社创始之期,由社中发起人联合同志拟于是日开纪念会,自下午二钟至八钟间约学界演说家在该社演说阅报之大旨及要义以志纪念。

　　　　　　　　　　　　　　(光绪三十二年六月十七日"本省近事"栏目)

天津学务总董林兆翰卞禹昌华泽沅等禀提学司改良戏剧文

　　为改良戏剧藉资开化事,窃维戏曲之道,协乎律,应乎文,称乎事实,阐历史之幽微,描社会之情状。苟善用其术则足以激扬人心,转移风化,甚可尚已。夫人之情,不能郁而无所泄也,于是发之为声,假物而鸣,以如怨如慕之状,写可歌可泣之忧,此在恒情皆然。故荒古之民,百化未兴,歌谣聿起,或以发扬武德,或以颂美神功。庆也有祝哀,哀也有喧,男歌款款,妇和鸣鸣,其作始也。不过各遣所怀,鸣野人得意之常态,浸淫成俗。遂演为公众之剧观,相聚以为乐。文化渐启,音律肇修,制曲之风倡,而和歌之词寖作。然视为典要,举行不常,往往循宗教上之观感,用以侑神。及王政昌明,和声所播,形为诗歌,被之管弦。于是朝觐、燕飨之间,歌舞之仪大备。世日变,制日繁,俗骛于奢侈,好行僭越,遂有以向日燕飨、祭祀之典,施于私家之燕会。此虽世风递变之渐,要亦运会之所必趋,人情之所不能禁。自歌舞普行于民间,而制曲、谱词各徇其俗之所好,务为时调以娱听。由是北里之舞、郑卫之声,得以风行一世。盖古乐之节奏,意既深远,词又清高,非妇孺之所晓,流俗人之所好,是以猥亵鄙俚之调,得攘正乐之席而代之,。而文人词士,又不屑为浅易之曲,以化导风俗。至降为俳优,不齿上流,为人心世道之隐忧。造端于秦汉,寖甚于元明。文言歧而戏曲之谐俗难,乐学微而戏曲之古意变,有自来已。

　　窃闻欧西戏曲,属诸文学,与诗歌并重,其制曲大家往往登场开演,为时所敬。文学与戏曲合而为一,故能以乐府之余韵、风人之微旨,鼓吹国民。希腊之热心宗教,罗马之荡败贵绅,论者归于演剧之感召,非偶然也。吾国演戏之风积习相仍,微特不能顺势利导,反致亵词俚调中人人心,为风俗害,可羞孰甚。夫图教育之普及必无其害风俗、坏人心者,而后善良之教育,行而无所阻。然事有禁之愈甚,而其毒弥滋。天下最弊之习无过娼妓。昔墺女皇禁妇女卖淫,而私娼之风数倍往日,卒以废令。吾国虽娼优并名,然天子赐宴、士夫庆贺,公然召梨园子弟演剧,律令不以为禁,耆儒不以为非,盖相习非一日矣。与其禁之,而阳奉阴违,何如即事改良,无流氓失业之虑,而有隐彰风化之益。此黎维斯所以身登剧场,福地樱痴所以托迹优伶,虽杂伍下流而不为羞。卒之作,拉丁人民自由之活气,助日本明治维新之盛。业令闻垂于当代,流风被于奕世,何其伟也! 是以近世教育家言,以改良戏曲为国家革新时普及教育之一方。

　　盖学校之设,只可造中年以下与国学有素之人才。若夫村竖野叟,亥豕弗辨,囿于遗传之习惯,不识国事为何物。欲稍以新学之事理,激刺其脑部,而变换其知识,厥途有三:曰白话报、曰宣讲、曰戏曲。宣讲与白话报,皆近世创见之事。宣讲之例,旧虽有之,其事不恒见,抑非众所乐闻。事之不经创见者,每足以惊世而骇俗,虽主事者,极其苦口婆心,而不易为世俗所亮察。然二者之倡行,今且收其效矣。况于以人人目中之所乐观,耳中之所欢听,苟利用其术而导之,其收效当何如耶。惟虑夫文人不识调,伶工不晓事,两者之间隔阂太甚。日本维新之初士商自海外归来者,以日本演剧不及泰西,盛唱改革,于是有所谓演艺矫风会起,其宗旨在以新制脚本登场开演,以高尚其事。然不久遂废,其后演艺协会继起,亦无所成。推其原因皆由文学家与剧部难于调和,故依田学海所制诸出为当时最著名之作,亦祗二三落魄俳优为之试演。虽福地樱痴亲为梨园教师,其改削旧本尚来未甚适切之讥,脚本与舞台之投合,固若斯之难也。尝冥思其故,凡事之起无论造意之善否,苟当乎社会之心理必能历久而弗弊。晚近之戏曲虽鄙俚不足道,然以切近时宜暨足动习俗之观听,彼文人挟其词章之技以写讥时愤俗之怀,其调不易谱,其意不易识,故演者为难而听者生倦。今欲改良戏曲势必按社会之心理,求俗乐与时相投之旨,依之以制曲。

　　窃本此意求之而得其要旨有三,曰神仙,曰儿女,曰英雄。三者之中以儿女、神仙之戏感人最切,而其害风俗、坏人心也亦最巨。正惟其可害风俗而利用之,则足以振风俗;正惟其可坏人心而利用之,则足以救人心。盖蚩蚩之氓知识未备,宗教之迷信深,情欲之观念重,非顺机以入之则不能有所观感,但使准相当之心理演高尚之事实,情衷诸正,则玛尼他之侑觞,意人不以为秽德意有所托,则桃太郎之出征,日人不以为诞言。旧所尚者去其太甚,新所制者不为高论。神仙而不涉于妖妄,儿女而不失之淫亵,英雄而不流为盗贼,扮演各存其真浅近,勿伤夫雅以此而谱为歌舞,其于国民之道德与庸俗之耳目两相融洽也必矣。然如今日之俳优类皆失业游民,或无赖之养子,鬻技以求活者。无中人之行,而欲寄以国民之事,势必不行。其或慕黎维斯福地樱痴之为人,欲亲身试演,无如品格卑下,知礼之士羞与为伍,固世所戏弄娼妓蓄之流俗之所轻也。人虽欲不苟与俗同,岂能损丧人格以自绝于贤者?是欲强学士大夫假演剧以改良社会于名义,似有未安,然观于剧乐之起原与欧洲各国之所尚,固无虑此,虽曰国俗异宜,积习难返,试问文人之鄙夷武事,数年前之现象,固何如也?今则有以俊秀之士耻求入营而不得矣。以此类推,上有倡者下必甚焉。诚使聘文人募伶工相与研究乐曲,召集学生而肄习之,及其既成登台试演始而新旧杂作,继而陈言屏去,循序而进则不为庚俗宇舍,务为其华陈设必求其精气象一新,则观者必众虑民情之难与图始也。申其旨于新闻,广其意于宣讲,虑效力之未能推行也。能制新曲者奖励之,能演新曲者尊敬之,虑邪之妨正也。各州县之淫戏必通饬禁止,各剧园之脚本必呈警局审视,官吏提倡于上,绅者劝导于下士,以遣怀而鼓其进取之气。民以求乐而收其观摩之益,将不数年而风气变,不十年而郑声绝,一举两得,岂非燕民之幸。各行省闻风兴起,感化直及于全国,其稗助于革新时代之普及教育,无善于此。所有拟请改良戏剧藉资开化缘由,相应合词,呈乞转详以备采择,实纫公益。

(光绪三十二年六月二十四、二十五日"文牍录要"栏目)

天津钞关告示

为出示晓谕事,照得本关新刊《土货估价册》第三十九页内载"玻璃片",八十四页内之"猪鬃""马尾",八十七页内之"头发"各项,嗣后不按中国尺寸计算,均照英尺核税。为此,示仰各商一体知悉特示。

(光绪三十二年六月二十九日"本省近事"栏目)

丰台开设宣讲所

津北丰台镇河西宝坻界学堂教员单荫庭于上月初在该镇组织宣讲所一区,业已成立。日前特邀许筱林君前往演说,听者不下数百,亦可见直省风气之日开矣。

（光绪三十二年七月初一日"本省近事"栏目）

新宣讲所定期开演

天津河北甘露寺内改设宣讲所已工竣,定于今晚八点钟开讲,闻已聘定著名演说家数人并请府县各官届期亲临该所以资提倡。

（光绪三十二年七月初五日"本省近事"栏目）

新宣讲所开讲计盛

天津河北甘露寺内新设宣讲定期初五日开讲等情略纪,本报兹悉是日晚八点余钟天津府县暨众学董等均同时莅所,由乐队官督率私立第三中学堂军乐生先做国乐次则李颂臣君宣讲。

（光绪三十二年七月初八日"本省近事"栏目）

报界同人订期茶会

天津报馆俱乐部已于五六月内两次开会,本月应开第三会,业经订期十四日下午一点钟至四点钟仍假李公祠河亭茶座研究一切改良事宜,会规悉照上次已分发传单知照矣。

（光绪三十二年七月十三日"本省近事"栏目）

阅报社拟设讲报处

天津过街阁阅报社现有吴君邀集同志拟在该社内添设讲报社一处,专备不识字者入内听讲,藉开知识云。

（光绪三十二年七月二十一日"本省近事"栏目）

铸新学社定期演说

天津英租界铸新学社现定本月二十八日午后二钟邀请大演说家学董李子鹤君、天津中学堂学监慕元辅君、西方庵小学堂教习吴召棠君在英界沿河俄国桥口本学社内演说,已遍发知单邀约各同志到社听演。

(光绪三十二年七月二十七日"本省近事"栏目)

开第十次秋季盛会

探闻天津法界中国青年会定于昨晚开第十届秋季盛会,至会演说者为中外著名官绅,所演之题即近来商学界之进步及立宪之宗旨。届时拟请英国军乐队并西乐师独奏风琴以助余兴。

(光绪三十二年七月二十八日"本省近事"栏目)

特开演说立宪大会

天津各学堂定于今日借座李公祠内齐集演说立宪大旨,兹将其所定附章照录如下:八月初五日假李文忠公祠为开会处所。赴会学生均着操衣,人少不成队者,听各堂。赴会学生须认定各本堂名签就坐。各堂勿(毋)须自带听差以期整齐。分立司簿处(理银钱)、执事员(理庶务)、接待员(接来宾)。无论何堂教员学生均可临时声明注册。演说员聚坐一处以便延请。此次开会费用无多,所有开销均由北洋大学堂措办。嗣后开会扩充办法,再有阖津各堂筹集公款。各堂演说员预将演说大意草具一纸,演说毕,交本会书记,以备校对。开会次序:(一)会长宣布开会宗旨并恭读上谕,毕齐呼万岁三次。(二)奏军乐。(三)演唱祝立宪歌。(四)来宾演说。(五)演说员按次演说。(六)演说毕时奏军乐。(七)余兴(或风琴演奏或唱歌)。(八)闭会。

(光绪三十二年八月初五日"本省近事"栏目)

《美术画报》第一期出版

天津日本租界美术会第一期《美术画报》现已出版,前半册摹印各图极为精美,后半册于图绘功用及篆刻源流,均能发表大旨后,复搜集各种杂说,足资谈屑,是亦讲求美术之一助也。

(光绪三十二年八月初七日"本省近事"栏目)

宣讲地方自治简章

天津自治局宣讲所简章如下:一、宣讲宗旨,在使人人知自治之利益、方法,以为著手实行张本;一、津郡四城本有宣讲所,本局即借该所为宣讲之地;一、本局派定宣讲员四人,各认地段,除星期外以间日出讲为定期,若宣讲员自愿多讲或局员有志出讲者,可于定期外酌量插入,不得与定期相妨。一、定期宣讲自晚八时起至八时三十分为止,非大风雨不得愆期误时。一、听讲人数除妇女暂行从缓外,并无限制,以宣讲所房舍能容为度。一、讲演材料由宣讲员自行编就,纯用白话不尚文饰,每月终汇呈文书课鉴定后即行发刊,《白话报》分布各属。一、宣讲所一切规则均遵守宣讲所原定章程。

(光绪三十二年八月初九日"本省近事"栏目)

禀请编辑教育新书

武清县文生杨开智前拟教育条陈十则呈由学台鉴核施行,日前又来天津赴学署递禀,略谓教育以爱国为先,恳饬辑精神、爱国等书以启发学生爱国之热忱,旋奉批示谓该生前禀十议法多可行具征,留心教育,兹拟编辑教科书,特重精神,教育所见甚是,但专责中国四十年来战败之事迹,似于心理教育尚有未合。该生为学有素,仰即查照编辑呈请审定通行可也。

(光绪三十二年八月十四日"本省近事"栏目)

筹拟添设宣讲所

天津宣讲所已设东西南北四处,近闻当道,又拟添设两处以便多派演说员分段宣讲,藉以广开民智云。

（光绪三十二年八月二十五日"本省近事"栏目）

拟派学生襄同宣讲

天津北乡王庄于设立学堂后即试办宣讲所,延请本村绅士分期宣讲,近来堂中甲班学生程度已高闻由学董商诸教员拟择其口齿清利者,于每礼拜日登台襄同演说,以资练习云。

（光绪三十二年九月十二日"本省近事"栏目）

自治研究所刊印讲义

天津自治研究所调集七属士绅共同研究以为预备立宪等情已纪前报。兹闻该所于每早八点半至十二点半经留学日本法政学员诸君分门宣讲,以期研究立宪之预备。现经研究学员等商定每于宣讲后将讲义照印分布各处参阅,以期实济云。

（光绪三十二年九月十六日"本省近事"栏目）

教科书准给版权

天津商务印书分局总司理夏君瑞芳昨赴提学司呈送编辑教科书多种,当经学台鉴阅,旋即批示所呈图书,均尚合教科参考之用,准出示申禁翻版,以保版权。

（光绪三十二年十一月十八日"畿辅近事"栏目）

医药研究会演说

天津医药研究会于二十二日又在西宣讲所聚会。首由闻志愚君演说医药研究会之责任勉励大众。又论天津地面自治之精神日见发达,足可养成立宪人格。次又将戒烟会章散与大众。次由纪君管涔演东西洋及中国病名之异同兼证讹误。有由马君冶亭演说医道。末由张君宜闲演说"病"与"症"之别,并说痧症。大略至十一钟始行闭会。

(光绪三十二年十一月二十六日"畿辅近事"栏目)

宣讲所定期演说

天津地藏庵宣讲所已定于二十日在本所约集河东各学堂教员登台演说。

(光绪三十三年正月二十日"畿辅近事"栏目)

考工厂订期演说

天津考工厂现定于三月初三晚借东马路天齐庙宣讲所演说工商要旨,并请刘巨川君演说矿学,韩镜湖君演说物理学,宋则久君演说生利分利之别,李子鹤君演说经济学。想届时工商中人欣然联袂往听也。

(光绪三十三年二月三十日"新闻录要"栏目)

北洋官报总局详请饬催各州县积欠报费文并批

窃查职局前于光绪二十九年二月以推广《(北洋)官报》,禀蒙宪台通饬各属广为购阅,且于销数多寡、解费迟速分别严核功过。等因。又于三十年四月拟订章程,各属批解报价为两月一次,前两月之款应将第三月清解,倘迟逾四月尚未解者,即移咨藩司委员守提,又职局经收报费统归现任州县核算,其有前任未解之款,即责成后任补解,以免繆轕。禀奉宪批饬由职局会同藩司通饬遵照各在案查职局近来扩充报务,工本浩繁且邮政新章陡增寄费,加以按月指拨客籍学堂暨筹还支应局等款,需费尤亟,全恃收回报价,藉资周转,乃屡经饬催各州县,如期批解者固不乏人,而仍前疲玩(顽)亦复不少,一遇交替,辄以前任欠解为词互相诿卸。殊于宪批定章,显有违碍,现查各处积欠零整,并计将及三万余两,长此迁延,互相尤效,职局连年亏垫,将何以支? 况官报之设,所以扩充见闻,开通智识,实为新政之机关,我宫保锐意提倡,视同要政,检查旧案通饬诰诫不止一次,复经外务部奏准推广,以为转移风气之要图,果使各牧令热心公益,实力奉行,何至区区报费而玩(顽)延。一至于此若不申明定章,不惟贻悮要需且恐日久视为具文,催解更属不易,刻值帑项支绌之际,岂能因各属欠款稽延另行请款,再四愁思,惟有仰恳宪恩,通饬各属迅将积欠各款扫数清解,以济要需,并申明旧章,嗣后州县新旧接替,应纳保障费务须交代清晰,倘有蒂欠,职局惟有责之于现任之员,勿得借词推诿,除开单分别咨行外,所有各州县欠解报费银两为数过钜,分别饬催。

(光绪三十三年四月初五日"公牍录要"栏目)

改定粘贴印纸数目

天津审判厅民事、刑事、诉讼曾定有粘贴印纸章程,兹将其现行改定者录下:

一、十两以内者,三钱。

二、百两以内者,每达十两,三钱。

三、千两以内者,每达五十两,一两。

四、万两以内者,每达百两,一两。

五、万两以外者,每达二百两,一两。

刑事诉讼除命盗案件免贴印花外,其余概贴印花一两。民事诉讼之非财产诉讼者,贴用印花二两。和解状照起诉应贴印花减半贴用。

前二条以外,禀呈每件用印花二钱。

(光绪三十三年六月二十五日"新政纪闻"栏目)

直隶图书馆暂定章程
第一章　宗旨

第一条　本馆搜集中外古今图书,以保存国粹输入文明,供学人阅览参考之,资省士子购求搜寻之力为宗旨。

第二章　名称

第二条　本馆遵照部章设立,名曰"直隶图书馆"。

第三章　设置

第三条　本馆设于河北大经路劝业会场以东,附直隶学务公所之内。

第四章　图书

第四条　搜罗图书如左:

子、直隶学务公所图书课旧存之图书。

丑、直隶官绅学员及各书肆呈请密查之图书。

寅、呈请咨取京外各衙门官纂图书。

卯、呈请咨取各直省官局图书。

辰、呈请咨取各国官纂图书。

巳、呈请咨行各书肆凡经官审定印行之图书随时寄赠一部。

午、(捐赠)、(借取)、(寄陈)收藏家图书。

未、(捐赠)、(借取)、(寄陈)私家著作。

申、请取秘本佚书。

酉、与中国各书肆订定合同,凡新出图书,减价寄送一部。

戌、与外国书肆订定合同,凡新出图书,减价寄送一部。

亥、收买古版残书。

第五条　捐赠图书至千金以上者,代请立案详咨奏奖。

第六条　请取捐赠、借取之图书运费、邮费由馆出。

第七条　凡悖逆、猥亵、迷信等图书概不收受。

第五章　陈列

第八条　图书之种类如左:

子、中国图书,经、史、子、集、丛书、图画。

丑、各种科学(中文、东文、西文)。

寅、各种教科书(中文、东文、西文)。

卯、各种挂图、册幅(中文、东文、西文)。

辰、各种教育杂志、官报及各报章(中文、东文、西文)。

第九条　按图书收入之性质约分次序：

子、旧藏。

丑、购入。

寅、请取。

卯、发行。

辰、捐赠。

巳、借取。

午、寄陈。

第十条　按前子、丑、卯、辰四项所列图书均盖本馆戳记,以防遗失。

第十一条　按前子、丑、卯、辰四项所列图书分架陈列,用字编号(或用干支,或用千字文字)以便收发。

子、华装书于书头标志,并于书面签题书名;每部几函、几册、并某字、第几号(纸式地位应一律)。

丑、洋装书于书脊之书名下首粘签,注明某类、某字、第几号。书脊无字者补签题名,并著译者姓氏(纸式地位亦应一律)。

寅、挂图画幅于纸背注明某类、某字、第几号。

第六章　阅览

第十二条　凡欲阅览本馆图书者,除特别赠送优待券者外,入馆门时须购入览券,券分两种:子、特别入览券。丑、普通入览券。

子、入览各室并取阅各书不限册数,铜币二枚。

丑、每券得取阅各书十册,铜币一枚。

第十三条　购券后至馆门内换取领书证,书明领用何种图书交司书,以便检付后入阅书室观览。

第十四条　每换取一次由司书于证上注明"阅毕",交司书加盖收清戳记,出阅览室缴证于原领入览券之处。

第十五条　学堂职员、教员、学生有编辑参考之急需,由各堂函请寄赠特别普通券,俱免取券资,但每堂以五券为限,入门时向购券处验明,换取领书证与前条同,惟缴证时仍将原券领还。

第十六条　寄赠之券,每年终仍缴本馆,失迷时应速告知,以便补寄。

第十七条　捐赠本馆图书者,由本馆特别寄赠优待券,换证缴券等与前二条同。

第十八条　本馆图书除总理调取及学务公所编辑取用册记外,概不出借,然调取与取用俱须有本人取某书图记条证。

第十九条　入览人携带伞包等物具及禽畜类者,交购券处,出门时交还,不得带入馆内。

第二十条　入览人欲抄记者,只得带铅笔纸册等件,其余各种笔墨等恐有翻泼污染之时致毁图书,然无论何种铅笔俱不得在图书上圈点批评。

第二十一条　图书为公共之物,入览人须格外爱惜,在阅书室并以肃静整洁为最要。

第二十二条　如将图书损坏,照原价赔偿。

第二十三条　饮茶、吸烟、唾痰有一定之处,阅书室内俱请同守禁例,格外谨慎。

第二十四条　本馆无论士、农、工、商、军界,皆得入览,限定每星期日及星期二三四等日,女学堂职员教员学生限定星期五六等日。

第二十五条　癫痴疮疥及醺醉者,免入。

第二十六条　开馆、闭馆、休息,有一定时日牌示馆门。

第七章　调查

第二十七条　本馆应备各种应用表簿,以资存记而便调查,其名类如左:

子、存书簿按照第五章之次序分类陈列,表列图书,名目,部册,幅数,编著、译述者之姓名,刊行之处所,出版或数版之年月,华装、和装、洋装之区别,价值若干,何年月日购入,或某人捐赠或请取或寄陈或发交或借取之类。

丑、学务公所取用图书簿。

寅、每日阅览人取书簿,每月一统计缮清呈总理查核。

卯、入览人数分普通入览、特别入览二种,逐日登记。

辰、收入票费逐日登记簿。

巳、用木签分载图书目录,插列墙壁以便指明取阅。

第八章　职司

第二十九条　现定职司如左:

子、总理一人,提学使兼任主持进退职员、指筹经费及全馆一切重要事务。

丑、经理无定员,学部奏章、学务公所分设图书课,载有"并管图书馆"字样,应由该课长员兼任之,掌筹画添置,调度理处一切无例规之事,仍受总理之指挥。

寅、司书暂设一员,掌收发、保存图书署签、登簿、印票,造册整理馆务,阅览图书等事项,并督饬书记馆役管理馆中一切会计零杂庶务。

卯、书记听经理、司书之指挥,管誊写并零用杂物。

第三十条　总理以外皆住馆。

第三十一条　馆务甚忙时,经理可指派图书课司事以下协助办理。

第九章　经费

第三十二条　开办费如左:

子、馆室用学务公所西南角大楼下之各房间,只须修改之费约一百金。

丑、已添购东文图书约一千五百金。

寅、拟购置西文图书约一万余金。

卯、阅书三人,凳桌二十具,约一百五十金。

辰、添置厨架柜牌等约三百金。

巳、其余印票、表簿、戳记等约五千金。

第三十三条　经常费如左:

子、司书一人,年薪、伙食二百八十八金。

丑、书记一人,年工、伙食约百金。

寅、馆役一人,年工、伙食约五十金。

卯、其余随时添置中外新出图书及零费,俟试办数月再行估计。

第三十四条　右开经费由总理向学务公所会计课指拨每年约 金。

第三十五条　入览费,月交会计课核存。

第三十六条　支领零款可由司书商明经理直接会计课办理,其大宗用项,须经总理核准,再行支取。

第十章　设备

第三十七条　必要之设备如左:

子、藏书室

丑、阅书室

寅、事务室

卯、售券处

辰、领书处

第三十八条　拟附设者如左:

子、阅报室

丑、游艺室(如案球、弹棋之类)

寅、学堂成绩品陈列室

第三十九条　应用器具不备载

第十一章　时期

第四十条　本馆除每年自十二月二十五日至来年正月初五日及每星期一之外,每日开馆(如星期一遇万寿诞或端午、中秋节时照常开馆)。

第四十一条　本馆之开闭时限如左:

正月、二月,上午九钟开馆,下午四钟半闭馆。

三月、四月,上午八钟开馆,下午四钟半闭馆。

五月至七月,上午七钟开馆,下午五钟闭馆。

八月、九月,上午八钟开馆,下午四钟半闭馆。

十月至十二月,上午九钟开馆,下午四钟半闭馆。

第四十二条　备开馆时限及本日休息木牌,逐日分别悬示馆门。

第十二章　附则

第四十三条　开馆之前,本章程即登报广告并示开馆日期。

第四十四条　藏书室、阅书室、售券处另拟详细规则。

第四十五条　本馆房舍无多,组织尚未完善,所有未尽事宜,随时扩充改良。

（光绪三十四年三月初三日—光绪三十四年三月初六日"要件"栏目）

天津县董事会七月朔开会演说
议事会议长开会词

七月朔为董事会开办吉期,天津自治之局成矣,列宪贲临来宾咸集,名誉员亦相助,为理敬,为吾邑贺,更为我国家立宪前途贺。忆自上年七月间经议事会悉心筹画,设法组织,幸得斯会成立,又得会长为北洋之贤宰官,副会长为天津之名富绅,诸会员亦皆卓卓有声望孚闾里,吾知诸公必能谨守章程,认定权限,恪遵法令办理公益,以成从来未有之盛举可预决也,第自来办地方大事,易于图终难于谋,始开办之际,往往局中各持意见,局外过事讥评时所不免,惟望议事会握议决之权,董事会著执行之效,行之以暂,持之以恒,和衷共济,一秉大公,俾上副列宪望治之心,下慰里人,观成之意,出其成绩,通行各省更足模范于将来,是则馨香企祷者也。

董事会会长张县尊演说

光绪三十二年七月十日为天津府属自治局开办之始,三十三年七月十日为天津县议事会成立之始,今年今日为天津县董事会开会之始,仅阅三寒暑,合力组织,以有今日,固足征一邑进化之速益,以见诸君之心热提创,为不可及,鄙人承乏斯邑忝居会长,其光宠愉快,岂可以言语罄,鄙人尚有一言敬告诸君,曰:"天下事,言之非艰,行之维艰。"董事会为执行机关,务当出以毅力,现值新旧过渡时代,往往阻力多,而成功少,诸君富于自治,深于研究,谅能实心实力担任此举,鄙人之期望诸君者,远而且大,固不仅欲睹议事会之议决、董事会之执行,以共成完全之自治,而且国会之先声,立宪之基础，胥于是乎，在鄙人拭目俟之。

董事会副会长演说

今天是我们董事会举行开会式的日期，中国数千年来别说没有办过，就是自古的名臣大儒也并没有谈过，现在各省官绅虽也研究地方政治，惟这董事会未办寔是一大缺点。杨大帅莅任直隶，一切措施固然不少，独于提倡董事会尤为热心的很，又幸各官府同吴京卿力任其难，于库帑支绌时代筹此巨款，成立这旷古未有的大会，又有议长、副议长及议员诸君有组织的，有赞成的，所以我们天津竟成了中国董事会起点的地方，我们天津觳多们大的幸福。今日不才承诸君厚爱，公举这副会长的职任，不才自问，愧未敢当。只因大众俱都公认，又责以国民义务，休说义不容辞也，万万不敢辞了，但不才素无学识，于这地方政治又少研究，虽曾忝列议员，不过是黾勉从事，未有甚么建白，年已六十，负担如此重任，万一贻误事机，将官府提倡的热心，议事会组织的热心，岂不是白用了吗？况名誉员以及来宾均是热心志士，早经社会公认的程度之高超，不才远甚，所有会员诸君又都是年力精强、熟谙新政，不才素所佩服，望而不能及的，全仗毅力热心，爱而助我。不才有见不到行不到的地方，总期破除情面，随时指陈，幸勿吝教，寔因这董事会虽与议事会相辅而行，比较命名的意思，却合著一个寔行的主义，况这会的成立，既由我们天津起点，将来各省州县全要取法，我们的这关系岂小吗？所以，我们同人更宜共相奋勉，将这董事会造就到完全地步，以副地方长官提倡的苦心，以慰全体社会的希望，不才幸甚！地方幸甚！

名誉员宋君寿恒演说

一个盛会，吾们天津阖郡八十万人盼望可不是一天啦，真是若大旱之望云霓，而今可盼成啦！这阖郡八十万人今天虽未能全来与会，然追摹情状，这八十万人欢欣鼓舞的情形实有非一言所能喻者。但今日之会，就鄙见观之，不过如经济学中所说以货易币为交易之半途，缘币之为物，饥不可食，寒不可衣。以货易币，志在得钱，而其志究不在钱。世人之所以珍贵而亲爱之者，以其能购物能成事，欲购何物，有钱即能源源而来。欲成何事，有钱即能应手，而立钱之一物，善用之则能生无限之能力，不善用之而宛如无用之废物。今合郡八十万人之渴盼董事会,固在董事会之成立,然其所以盼究,不在董事会之成立,而在董事会成立后之办事耳!如董事会成立后并不办事或办事而不得其当,则董事会虽成立与不成立等,即如以货易币若藏而不用,或用不得其当,则有钱亦与无钱同,在下今日与此盛会,蒙诸君雅嘱登台演说,若夫自治法理,自治制度,诸君满腹经纶,何待鄙人赘述。如其随风逐俗,聊献颂扬客套之语,又非在下之本意,然今日之会为吾国数千年来未有之创举,在下既来观礼,若不略献庆贺之芜词,又殊觉不恭。今在下之庆贺,不愿庆贺于当时,而愿庆贺于日后,深盼明年今日回首后,顾觉前次之风俗浮奢者,今则变为敦厚,何人之力?董事会之力也!前此讲势力蔑公理,今则事无大小纯以公理是。归到处不霭,然触目皆善。何人之功?董事会之功也!前此饥不得食,寒不得衣。八十万人,中贫者,居其大半。今则人人皆得饱暖,何人之所赐?董事会之所赐也!斯时吾津郡八十万人对于董事会当生一种之特别爱情,将今日闾津会馆天津县议事会之会场移作天津阖郡数十里之大会场,此情此景目下虽尚未得睹,然凭空设想,即不禁心为之怡,今愿将此数语敬献于各大会员之前,当作贺天津县董事会成立之祝词,并为吾津阖郡八十万人馨香祝祷,而愿速睹其盛也。

名誉员徐君霨演说

今日承议事会柬招,躬逢我邑董事会开会盛典,为天津一县贺!为直隶全省贺!为中国前途贺!盖直隶之地方自治以天津为起点,全国之地方自治又以直隶为前提,自前岁朝廷颁布预备立宪谕旨以来,政府诸公每断断以国民程度不足为虑而醉心欧化者,又以国民日受外界激刺,爱国热诚渐达高度,并非不足,究之国民程度之足不足,必临事而后见,是则今日董事会之成立,正我全邑之民之试验场也。自光绪三十二年秋创设自治局,是年冬而有期成会之组织,次年而议事会成立,及今日而董事会成立,赖项城宫保提倡于前。杨大帅赓续于后,复由各大宪及本地绅耆同心协力,苦意经营,始有今日之效果,此年余中诸君子牺牲现在之利益,以谋将来之利益,牺牲一己之利益,以谋公群之利益,其热心可感,其毅力可钦!西人每谓立宪政体,为国民流血之代价,不知彼则要之自下,我国则畀之,自上要之,自下,其势逆常,不免暴动之举,畀之自上其势,顺而或有不知爱护之,虞即如法国当十七世纪国民久倦伏于专制政体之下,加以贵族之侵陵、僧侣之豪横，一旦愤极，思逞全国扰扰历数世，而后即安中国，自尧舜以来治日多而乱日少，小民但知服从政令，非有豪猾奸宄煽惑。其间不复有冲突之思想，然坐是之。故遂致事事倚赖政府，不知何者为权利，并不知何者为义务。甘自放弃，而于地方当兴当革之事，漠然不加喜戚于其心，外人讥我为散沙，其实则痿痹也！如人身然一方负痛，以肢百体不能应念而捍救。岂不深可痛哉！观于今日外力之压迫、内乱之潜滋、水旱兵荒相为循环。决非政府一手一足之烈所能弭患于无形，迩来国会请愿之声各省响应，自一方面言之，国会不开则立宪政体不能实行，自又一方面言之，地方自治不能实行，则国会之基础，亦不能确定，是故有国会之请求，必先有地方人才之预备，诸君为全邑代表。此后人民所希望经议会议决者，一一将见诸实行。其间阻挠牵掣压迫冲突之举，必不能免霭，所欲贡刍言于左右者，一、在不徇情面。地方利弊官之代谋必不如，生长斯土者，自谋之亲切也，然往往以情面攸关而是非或不能尽得其平，举措或不能尽得其当，局外窥测故为已甚之词。顽固者引为殷鉴，轻薄者信口雌黄，此不仅我津一邑之关系，实为宪政前途一大障碍也。一、在不避劳怨。任事之初，往往竭尽心力谋地方之幸福，言人所不敢言，任人所不敢任，然行之日久，怨谤丛兴，渐至意阻心灰引身思退，否则随时俯仰，毫无建白。地方之事，遂任其日趋腐败，而不可收拾，非所以爱桑梓而副兴望也。况就天津目前之状况言之教育力求普及，而及岁儿童未入学堂者尚居多数。董事会之当筹者此其一。工厂虽立，而游手之徒尚多，强者为盗贼为赌棍，弱者则行乞于途。董事会之当代筹者，又其一。卫生局虽经设立，然四乡之沟渠不洁，饮食不检，遇有时疫流行，死者仍不免相属于道，董事会之当代筹者，又其一。其他水利宜兴，火患宜弭，市场之整理，道路桥梁之修冶，全赖董事会统筹全局，随手补救，而其尤要者，则以天津一隅风俗侈靡，民心浮薄，分利人多，生利人少，长此不改，隐忧方大，当亦诸君子熟计于心，亟思假手以矫正之者也，抑霭尤有言者！各国政党有持急进主义，有持渐进主义，以中国今日万物之废弛群情之碍阻，操之过蹙，有欲速不达之弊。惟望抱定宗旨，艰险不辞行之以渐，而守之以恒，由一县推及一省，由一省推及全国，所谓不动声色而措天下于泰山之安，此则四万万同胞之福，而亦霭馨香颂祷者也。

（光绪三十四年七月初八日—光绪三十四年七月初九日"要件"栏目）

天津巡警总局示谕

为通传事，警察之要，首重风俗。近查各僻巷每值晚间，见有摆列桌案演说大鼓书词，众人围观，拥挤异常，来往行人颇称不便，并有附近青年妇女随同瞧看，于是不良之徒，任意调笑，殊不雅观，实于风俗、交通两有妨碍，合行通传各局区一体认真查禁，以维风俗，而利交通，切切特示。

（光绪三十四年七月二十五日"文告录要"栏目）

议事会申天津府请交义地图册账目文

为申请事，案照地方自治章程第二章第二节议事会职务权限内开第二十八条应行议决之事，其第二目为"自治事务之创设改良并其方法"内列救恤一项，第三目为"地方入款之清厘及筹集事"，第五目为"地方公款公产及利息之存储并动用事"，嗣经议员等遵照章程第一章第三节议定条例共三十八条，禀蒙督宪批准其第十四条应作为地方公款公产者，一、无主荒地，二、庙宇及其产业，三、地方学务经费，四、地方善举经费各等语。又于光绪三十三年七月初十日议事会开会之初，奉到自治总局移开，升任督宪袁批定议事会筹办、协议、监察三项权限范围筹办之事，第三项为调查地方公款、公产并注明指向归绅士管理者，已由议事会照章分别通详公布各在案，今查天津县境创有义阡局公所，向由官督绅士经理，择境内庙地或无主荒地作为义冢，凡地方人民或他乡侨客无地掩埋者，皆可于该地埋葬办理，多年枯骨被泽实为地方善举。惟现在津埠繁盛市场扩充，而义阡义冢遂有刨掘迁移等事，小民无知，不谓为要政所关，只谓为惟利是视，前由敝会函询义阡公所，已经该公所将禀明督意立案情形钞示前来，无如地方人民犹谓有由经理一二人私卖者，或一方强横霸占者，敝会以地为地方公款公产，事关善举救恤，责任所在，不敢放弃。窃思义阡公所办理有年，经理屡易一切，图册账目自必历历可考。为此，公恳宪台饬知该公所将天津县境共有义地若干处，每处若干亩禀明承租之地共有若干，每亩租价若干，屡年进款共计若干，开销若干，及一切图册账目发交敝会，以便核议，庶使地方善举不致贻人口实，则地方幸甚！为此，申请宪台查照，施行须至申者。

（光绪三十四年八月十七日"公牍录要"栏目）

天津商务印书分馆戊申出版最新各种教科书籍

书名	定价
《欧洲大陆市政论》	一元四角
《宪法研究书》	一元
《立宪国民读本》（二册）	三角
《孟德斯鸠法意》（第六册）	六角
《自治论》	七角
《地方自治浅说》	三角
《新体中国地理》（附图五角）	一元二角
《中学修身教科书》（五册）	每册二角半
《简明修身教科书》（第二册）	六分
《简明修身教科书教授法》（第二册）	八分
《高等小学国文教科书详解》（八册）	一元四角半
《简明国文教科书教授法》（第二册）	三角
《女子国文教科书教授法》（第二册）	三角
《大代数学难题详解》	五角
《新撰平面三角法教科书》	六角
《小代数学》	七角五分
《初等格致教科书》（一二三册）	每册一角
《小学格致教科书》（一二三册）	每册二角
《初等格致教科书教授法》（一二三册）	每册二角
《小学格致教科书教授法》（一二三册）	每册五角
《几何学难题详解》	七角五分
《新编初等代数学教科书》	三角五分

《物理学讲义》（第一二三册）	每册一元三角
《新撰动物学教科书》	五角
《新撰化学教科书》	一元
《初等农学教科书作物学》	二角
《学校卫生》	三角
《初等英文典》	二角五分
《中等英文典》	四角
《伍编英文范纲要》	五角
《新撰瀛寰全图》	一元
《手风琴教科书》	三角
《欧美教育实际》	一元二角
《十六国议院典例》	一元五角
《地理读本·甲编·欧洲》	一元五角
《地理读本·乙编·美洲》	一元二角
《平面几何学新教科书》	八角
《林编中学国文读本》（第一二册）	每册一角五分
《简明国文教科书》（第三四册）	每册一角
《女子国文教科书》（第三四册）	每册一角
《初等小学手工教科书》	一元
《新体英语教科书》	三角五分

（光绪三十四年九月十九日"告白"栏目）

《家庭教育蒙养镜》（十大特色）

一、专说父母失教得蒙养不止之根源。二、全书反面用意为从来教育小说所未有。三、寓言明快，警醒恰合小说分际。四、每事自为一篇，无复冗可厌之弊。五、笔墨简洁多趣，逼似《聊斋》，大可消遣。六、谈家庭事，如镜照人,妍丑毕露。七、一般社会男女皆可读。八、于长上之心德身仪尤有所匡正。九、有当代名家鉴定赐序,阐明书之原理。十、印刷装钉极其精工。书全一册,德国撒耳氏著日本大村氏编述,桐城吴梦雏君译补。

代售处:天津各大书坊、北京琉璃厂官书局、龙文阁、保定官书局、上海商务印书馆、文明书局,总售处,天津教育图书局告。

(光绪三十四年十一月初九日"告白"栏目)

天津官民立小学教员分科研究会公决议案

十一月二十七日下午在劝学所开会,各科员先期将议案送交各科代表。是日,由各科代表逐条提议、决议,兹将各科议案录后:

教授管理议案

提议:讲授时无论何科,均不宜读参考及小注之原文以告之,至经学、格致两科尤易坐此弊,即对于高等班亦似宜解以极浅近之白话。

决议:法极善,可实行,格致一科尤应参用仪器讲授

提议:讲解宜缓宜清,似不宜促,尤不可呆,当时有问答以启发其知识。

决议:讲解时应用此法。

提议:学生在讲堂按身高矮以定位次,其弊有三:一、学生性质不同,久坐一处彼此相染,易引起种种不良之行为,及其行为已发,教员再设法处置,必致妨碍教授时间。二、各班学生年龄不等,其身体之高矮亦甚相殊,即如同一桌椅(专指二人并坐之桌椅)十一二岁学生坐之则有余,十三四岁学生坐之则拥挤不堪,习字、图画等时往往二生因左右逼近致起冲突。三、同班学生其程度优劣不同,劣等学生教员须特别注意,若不使同在一列,难免不有顾此失彼之虑,陈家沟小学堂体验学生情形有此三弊,拟改用按月榜名次先后以定坐位法,一月一换,如此或可免去三弊,冀藉此以激动学生竞争之心,未知可否?

决议:此法拟自陈堂试行之坐位分两行或三行,优生与劣生不令其同在一行,既可免染恶习,且不致因拥挤而起冲突,每行中仍宜参用身体之高矮、视线之长短以定前后位次之法,然劣生既专在一行,教员尤须特别训练。

提议:教授星期录教员应随时填写,堂长应不时检查。

决议:此与教授细目编纂颇有补助,且教授新班生豫备亦较易填写,检查自不应少忽。

提议:堂长应不时入斋察视教员之教法与学生之规矩,以为商酌改良地步。

决议:无可议,应实行。

提议:教员于授课之先一日必须按时切实预备,庶临时教授时方能应付自如。

决议:无可议,应实行。

提议:批评各生答案,应以满分为极,则不得再行加分,致有不均之憾。

决议:加分之议,止于批判作文,间有行之者,既恐不均,仍按规定分数为准则。

修身科议案

提议:最新初等小学《修身》教科书第五册第十五课《鲁朱家以侠闻》,朱家是人姓名抑是朱姓之家二说,未知孰是?

决议:朱家人之姓名。

提议:商务馆初等《修身》第八册第十三课"诸子群言靡不览综教授法",作综览何者为是?

决议:应按教授法作综览。

提议:中学《修身》第四章第三节"今世之人往有一期会之约而违之者不少",似否脱一"往"字或"有"字改一"往"字?

决议:应增"往"字。

提议:又第四节"殆至习气一成贻误修身",而不知"殆"字是否讹错?

决议:应改作"迨"字。

提议:教授修身科于学生领悟后,似不必注重在读,应就本课事实多比较其本身之素行以劝勉之。

决议:于教授修身科要义极合可实行。

提议:修身一科各堂教授之时,有用彼书有用此书,莫衷一是,应用何本可使划一?

决议:应遵照学部第一次审定初小暂用书目表甲种书目。

读经科议案

提议:孟子或问乎曾西曰:"注曾西曾子之孙。"考曾子之次子名申字,子西疑曾西,即曾申当为曾子之子,未知是否?

决议:注恐有误,似应改作"曾子之子"。

提议:孟子,晋人以垂棘之璧屈产之乘,注屈音掘地名,公羊谓屈产为地名,今山西汾州府石楼县东南四里有屈产泉牧马川上多产名驹,疑即孟子所谓屈产之乘也,未知是否?

决议:仍应从注屈地名。

提议:读经声音不得类如唱歌,语气应分轻重,字句应有顿挫,气宁促毋缓,音宁低勿高,合读之先应先择数生单读未知可否?

决议:可实行。

提议:讲授经书、国文预在黑板上写本课文一段、此法恐其费时,可否免去?

决议:应将生字提出写于黑板,无庸照写全文。

提议:于未授正课之先,可否稍加谈话? 谈话即谈所应授之课。

决议:用五段教授法第一段,预备之教法兼令学生练习,应对言语亦可实行。

提议:论孟讲毕是否接讲学庸抑系改讲诗经,请公众议订教法以期划一。

决议:学庸,若按奏章,尚在孟子之前,现因学庸语意较孟子深奥,故在孟子之后讲授学庸,讲授毕然后再讲诗经。

提议:经义夹入作文可否月课一艺,然须择学生对于此题理解明晓者。

决议:可实行,讲经时贵有预备。

国文科议案

提议:初等小学《国文》教科书第四册第五十四课"布重帛且厚","重"字读去声则为轻重之重,读平声则为重叠之重,二说孰是。

决议:读作去声。

提议:又第五册第四十一课"曾不能毁山之一毛",此"毛"字若作实字解,即山之草也,不能毁山之一草,似觉未妥,若以一毛作少许解,未知可否?

决议:可作少许解。

提议:又第五册第四十五课"朔望必奉以香火","望"字应作"朢",读平声,月满也,未知可否?

决议:仍应从通用者,作"望"字,读去声。

提议:高等小学《最新国文教科书》第一册第七课"孔子尝兄事子产",按孔子生平未尝与子产相见,安得有兄事之事,孔子兄事晏平、仲诚有之,此言兄事子产,不知何据?

决议:按《史记·郑世家》云,子产为人仁爱人,事君忠厚,孔子尝过郑与子产如兄弟云,及闻子产死,孔子为泣曰:"古之遗爱也。"又按《家语》云,子贡问曰:"夫子之于子产、晏子可谓至矣,敢问夫子所以与之者?"子曰:"子产于民为惠主,于学博物,晏子于君为忠臣,而行为敬敏,故吾皆以兄事之。"按此二说,则兄事子产不为无据。

提议:《国文教科书》八册第三十九课鱼图内"　"字,字典注似乌鱼而小(音未详),然教授应读何音为正?

决议:可从俗读作"子"字音。

提议:又九册第三十五课"燕噙取小虫以喂之",""噙"应读何音? 可否改用"衔"字或"囗衔"字?

决议:"噙"字即用原字,读作"禽"字音。

提议:讲授单字向用《字课图说》,本是书既不合教科,且注释多落边际,拟不再用。

决议:日后教授单字专取材于《国文教科书》中可以应用之字。

提议:高等班所授国文于各生领悟后宜令其晚间自行诵读切实记忆,庶作文可望进步。

决议:可实行。

提议:讲授后若令一生引读,即令引读者一人起立,余可安坐合读。

决议:合读各生亦应起立较有秩序。

提议:学生所读之《国文》书中生字,平日必能默写,作文时方能运用无误,若讲堂中专重讲解,学生必至能识能讲而不能默写,至作文时学生问字者必多,非特问生字即极熟之字亦有问者,先生恒有应接不暇之势,倘一禁止,其文必讹字累累,甚至有不成字形者,于作文之进步大有妨碍,教授时似宜注意默写之法。

决议:默写之法可实行,然亦在教员教法神而明之也,学生问字,惟考试时必须禁止,余时可少从宽。

提议:学生所作之文时有字体错误、句法点断者,先生必一一改正说明,而不用心之生,仍有复犯者,今拟每课文改毕令诸生订本誊清点句,复呈查阅,如仍有不合处,即痛戒之久之庶,可期其能改。

决议:可实行,但教员复多一番劳力,然学生字句终可期其无有错误,此法甚佳。

提议:初等一二年学生思想薄弱,作文时先生于黑板书一二字,每字上下恒书数圈,令学生觅字填补,是为填字法。此法之圈识最易束缚学生思路,似宜略为变通先生所出之字,可否于上下无庸书圈令学生随意联字上下,不必拘定字数,此法似可行于二年生,若一年生可将国文中已讲明之字择易联络者数十字,先生纵横错杂书于黑板,令诸生择板上字自行联缀,以观其运用妥否。

决议:可酌一二年程度行之,亦似不必拘定专用此法。

提议:小学普通知识全括于《国文》课本中,讲师任此席者急应研究教授法,或五段或三段,切不可痴讲、呆回、滑口、读过,常见同此一书,同此一课,甲讲则索然无味,乙讲则意趣横生,是教授法之优劣不同也,窃谓当教员者宜揣摩各种教法,如能描摹尽致学生声入心通,自无浮嚣之气而多领悟之功矣。

决议:教员应揣摩教授法及参观他人教授法之优者。

提议:当教员者无论讲何种科学,均宜贴合教育宗旨,如忠君、尊孔、尚公、尚武、尚实,当时提醒输入于儿童脑中,久之则国家思想油然而生,如此则为活教育而非死教育矣。至于国耻国仇尤当时常提示,除历史、地理、修身、读经最易联络外,即算术、手工、图画等科亦可联络而牵合之,如算术则可出赔款借息等题,手工则可作军帽、洋枪等式,图画则可绘堕城、毁台等形,触目惊心,热诚奋发,庶可收教育之效果矣。

决议:提醒宗旨任教育者之要务,自不应一时或忘然尤贵,善于投机,虽教科书中不能尽合,宗旨亦应善为联络方妙。

提议:作文一科在初学本极困难,苦无捷径,窃拟先由官话入手,即就讲堂上师生谈话间令其写明一二句,或发问,或对答,令其学作短小说条,再进则课以书札、记事之文,再进又于记事文中渐有议论,以上数者按年级分定课程,果皆一一收效,而后再课以理想之题,则生徒自鲜不明白、不确切、不成说诸弊,是否有当?

决议:教学生作文可以按年增入此法,亦可于讲国文应用时参用此法。

提议:最新初等小学《国文教科书》第十册第十五课"域中号西湖者三十有一",疑"西"字属讹字,可否改作"为"字,又"自南而北有桥六",未悉何名?

决议:疑"西"字为讹字,拟改作"为"字似乎不妥,按王晫《西湖考》(文长不录),西湖共有三十确指在某省某府某州县,并引古诗轶事以证之,似非附会,较之国文仅少一处,而国文谓三十有一者,亦必有所本,说域中是指中国全国而言,并非指杭州一府而言,若改作"为"字,则中国之大号为湖者,岂止三十有一乎?似仍其原文而不加参考则得矣,至自南而北有桥六,按名胜志苏公堤开六桥通水,一曰跨虹,二曰东浦,三曰压堤,四曰望山,五曰锁澜,六曰映波。

提议:学堂授课重讲解不重诵读,惟国文一门不诵读,则文气不熟,况高等生授以古文,尤非勤读,不能有得学生之勤者,在家或能自习,其惰者当如何?

决议:可用背讲国文之法以策励,不知勤读之学生。

提议:各堂有书札一科,查《尺牍》教科书文理稍深,各生学习未免隔膜,而浅近书札又鲜善本,拟就来往说片择其浅要易知者,汇萃成编,以备各堂讲授之用。

决议:拟暂用彪蒙书室编往来短札,俟征集各堂说片选择妥当后再行改授。

提议:预备立宪培植公民必当从小学入手,查各种教科书多不关系宪政,今读商务印书馆《立宪国民读本》及预备立宪公会《公民必读》两书,宗旨纯正、辞句简明,拟请折衷一部于高等班,讲文时每星期添授一课何如?

决议:二书以《公民必读》为佳,然用作国文讲宗旨欠合,拟于高等班讲修身时授之。

提议:书札、珠算两科宜多加钟点、以备学生毕业后应用。

决议:酌量旧有时限办理。

习字课议案

提议:学生研墨不能同在一时,斋内为之不静,拟令学生听教员口号行之。

决议:可实行。

提议:学生习字交卷已毕,倘仍有时限,不妨令其温他课,万勿默坐,致锢性灵。

决议:可实行,但温理他课,仍恐易生流弊,拟在习字科范围以内者,令其练习,以足时限为度。

算术科议案

提议:初等一二年学生拟多加心算。

决议:可实行。

提议:自初一至高四九个学年笔算程度,拟公议一教授之顺序。

决议:初一年上(下)学期十数以内(二十数以内)加减乘除心算兼式,初二年上(下)学期五十数以内(百数以内)加减乘除心算兼题兼式,初三年上(下)学期五百数以内(千数以内)加减乘除算题兼式,初四年上(下)学期简单加减乘除合问(繁数加减乘除合问,初五年上(下)学期小数加减乘除简单诸等法,高一年上(下)学期杂数诸等法公度公倍,高二年上(下)学期分数加减乘除(分数加减乘除合问),高三年上(下)学期比例(百分及利息),高四年上(下)学期利息积正平方(及求正立方)。

历史科议案

提议:《高小历史》一册第四十八课物色处士周处,严光按周处晋人,考东汉与严光同时者,有周党,"处"字应系"党"字之误,宜否改正。

决议:"处"字当为"党"字之误,见《后汉书·逸民传》宜即改正无疑。

提议:又第五十三课党人之议始于甘陵,有南北部,考周福、房植均甘陵人,不知南北何由分?

答议:汉党锢有南北二部,不知周房谁为南部谁为北部,遍查史书,实无确据拟暂阙,疑待质海内诸史学家。

提议:《高等小学历史教科书》第一册第三十六课"使力士操铁锥狙击之",考《通鉴》,"锥"字作"椎",宜否改正?

决议:"操铁锥狙击之",《通鉴》作"椎",按"锥"与"椎"音同而义别,锥锐器也,针也,利也,此为锥刀之锥,其体甚小,不可用以击人,兹云"操铁椎狙击之"铁椎明系兵器,字当依《通鉴》作"椎","椎"通作"槌",《史记·信陵君传》:"朱亥袖四十斤铁椎,"椎杀晋鄙即此物也。

提议:第二册八课"前秦之亡",按此课皆叙前燕之亡,符秦之败特为伏笔,其败亡详叙于第十一课,然则前秦之秦可否改为燕。

决议:此课中明言前燕事,"前秦"当为"前燕"之讹。

提议:第九课"时都下汹汹云欲诛王谢",《通鉴》作"恟恟",字典注:"汹汹,鼓动声。""恟恟,惊懼也。"果用何字为确?

决议:"都下汹汹"《通鉴》作"恟恟",汹汹,鼓动貌,恟恟,惶惧貌,此桓温拥重兵入朝,传言欲诛王谢,因移晋祚则都下人情惶惧亦何待言,兹言"都下汹汹","汹汹"二字疑误,宜依《通鉴》作"恟恟"。

提议:第十二课又有"陇西人李暠据燉(敦)煌称凉公为南凉",表中为"西凉","南"字应"西"字之讹,即为改正,可否?

决议:陇西人李暠据燉(敦)煌称凉公,是谓南凉,表中李暠列于西凉之下,按此当以表为正课中,云南凉者误,李暠,陇西狄道人,为李广十六世孙,后凉段业叛时,燉(敦)煌众推李暠为燉(敦)煌太守,而自立为西凉,称南凉者为秃发氏也。

提议:商务馆《中国历史》第一课十七国注内多误字,"汉"字当删,以汉即前赵也,后燕重复,应有一作后赵者,并少前燕、西燕二国,宜按第二册"五胡十七国兴亡表"更正。

决议:应即更正。

(光绪三十四年十二月十七日、光绪三十四年十二月十八日、

光绪三十四年十二月二十一日、

光绪三十四年十二月二十三日"要件"栏目)

天津南段总局白话告示

为出白话告示事，照得烧香许愿本是迷信的事，只因年深日久，都成了习惯了，但是男女混杂有伤风化，查天津的地面五方杂处，各样的人全都有的。每月在初一、十五，无论老幼妇女成群结夥都到庙里烧香许愿。现当新年的时候，比著平常日子更多，这几天什么三太爷庙咧、娘娘宫咧，男男女女混杂在一处，实在不成事体了，要是年老幼女呢尚可，还有一般良家的少年妇女，平常都是规规矩矩的，轻易不敢出门，男女界限也分的很清，现在到了庙里，男女同在一处烧香，与那些游客娼妓们也同挤在一堆，以致良莠不分，往往的闹出事来，与脸面上很不好看。上年不是因为这个闹出事来，你仍还不知道吗？最可恨的那些游荡子弟也趁著烧香去偷看人家的妇女，甚至于指手画脚评头评（品）足，无所不至。你们仔细想想谁家没有少年妇女呢？你们只顾偷看人家的妇女，评论人家的好歹，你不想你家的妇女要是到了庙里，不是也叫人家一样的评论吗，试问你心里愿意不愿意呢，现当我们中国力求文明的时代，总要破除迷信方好，不要惹外人笑话。本局为维持风化起见出这个白话告示，劝导你们各家长嘱咐少年妇女不可再进庙里烧香，亦免得叫那些游荡子弟们评论，那才是体面人家呢。各宜懔遵毋违。特示。

（宣统元年正月十三日"文告录要"栏目）

静海县吴令增鼎开办宣讲所阅报社文附章程并批

敬禀者，窃近来新政迭兴、新学日炽，而欲开通民智，立普及教育之基础，非宣讲不能补其劝导之所不足，非广以阅报尤不能浚辟其灵明，于是，各州县社所林立，风气赖此大开，而静邑独未举办，殊属缺点，卑职抵任后亟拟竭力提倡，妥筹举行。每因财力支绌以致多方阻滞，未能如愿以偿，然终不敢由此中止。惟有计及捐廉，开办宣讲所并创设阅报社坿入其中，以冀并行不悖益人见闻。查本城北街旧有宣讲所空屋一处，系卑前县潘令甫办中辍，由此门设常关墙垣倾圮现经卑职谕令，绅董估工购料，重加修整，一面安置应用器具，气象一新，所需工料等费，概由卑职给领节用，不动公款并购选宗旨纯正教育新书暨《北洋官报》《政治官报》《学部官报》《警察汇报《农务官报》《商务官报》《北洋法政学报》《北洋法政官话报》《白话警务报》《商报》《大公报》《中外时报》《竹园报》《天津日日新闻报》《采新画报》《爱群画报》，共十数种。遴选通达事务者为宣讲员逐日宣讲，不论绅商士民，一体准其阅听，并派绅董为名誉管理员专司其事先期出示晓谕，遍贴城乡村镇俾众周知。业于十一月二十二日开办，维时入所入社者络绎不绝，每逢本城集期，乡民观听日以数十计，似此需费不多而兴感较速，将来行之既久而风俗不难移易，文明由此日进矣。除由卑职随时督饬经理外，所有卑县开办宣讲所暨创设阅报社缘由，理合并拟规则缮折禀请大帅查核，俯赐批示立案，实为公便。肃此具禀，恭敬钧安，伏乞垂鉴。

　　谨将卑县开办宣讲所暨设阅报社简章开折恭呈宪鉴。计开：

　　宣讲所规则：一、本所与阅报社并设，专以浚沦民智，广人见闻，俾得日进文明为宗旨。一、谕牛绅光斗为名誉管理员，专司本所一切事务。一、谕附生翟玉琦为宣讲员，每月薪水暂由高等小学堂盈余项下拨付。一、本所应用桌椅等物，均由卑职备办齐整，并雇夫役二名以供驱使。一、宣讲员担任本所宣讲职务，届时开演风雨无间。一、本所每逢朔望添讲圣谕。一、道平日采择有关风化及兴辟利益等书，详细演说使人易晓，若非至理名言概不宣布。一、每日上午九钟至十二钟宣讲，届时不拘何项人等均可入所坐听，惟不得男女混杂。一、听讲诸人均宜挨次端坐，不得任意出入，亦不得彼此嬉笑碍人听闻。一、宣讲时如有不肖之人故意搅扰不敷，在座之人阻止因而逞凶滋事者，准由管理员随时禀送。一、每值星期，各学堂学生如愿赴所听讲，即由宣讲员接待，遇有质问，各宜细心剖别，但不得无理辩论。

　　阅报社规则：

　　一、本社以开通风气俾人增长智识通晓时事为宗旨，备有各报十数种，阅者不取分文。

　　一、谕牛绅光斗为名誉管理员，专司本社一切事务。

　　一、每日阅报时刻上午八钟至十二钟，下午两钟至五钟。

　　一、阅某报须持某牌向管报人取阅，阅毕送交原处，不得携出，仍将此牌挂于壁上。

　　一、阅报诸人须挨次排坐，不得紊乱，并不得喧哗争嚷。

　　一、阅报诸人须彼此各阅各报，不得藉以互相议论妄谈他事。

　　一、本社备有茶水，以便阅报诸人取饮，但不得嬉戏吐泼，有违社规。

　　一、本社附设宣讲，所内每日宣讲员按时宣讲，阅报诸人兼可坐听，如有不明报内事理者,并可随时质问。

一、阅报诸人如携带零物要件,须各自照看,如有遗失,与本社无涉。

一、以上规条均系粗定,当再随时变通改良,期臻完善。

督宪杨批:禀折均悉。该县开办宣讲所、阅报社任人观听,以期启发新知办法甚善,应准立案,仰提学司查照饬知。缴。

(宣统元年正月十七日"公牍录要"栏目)

天津南段巡警总局白话告示

为出白话示劝谕事,照得女子既已出嫁,男人的父母,即称为翁父婆母,不论大家小户,都要孝敬的。近来城乡各处,当有婆母虐待儿媳、媳妇触犯婆母、以大凌小的,已不免为野蛮,以卑犯尊的,人人恶其悖逆。前日有二局一区禀送纪有贵的女人纪崔氏违反其婆母陈氏,实在不孝的狠啦。本总局已经委员申明,纪崔氏每逢其夫回归,假意孝顺婆母,等他出外工作,诸事不服管教,早晚寻闹,撒泼辱骂,乃其常事,甚有动手就打的。这种妇人,真是禽兽不如。本应送交地方官,照律治以大辟之罪,因查纪有贵尚称孝顺,其母念及崔氏生有孙子,求为轻定罪名,故予从宽发县监禁两年,以儆恶逆。限满如能悔过自新,必须纪陈氏来案呈明,才能保回安度呢。谅必乡间妇女,大半没有受过教育的,自示以后,你们必要父母训其女儿,兄弟劝其姊妹,丈夫诫其女人,务宜痛改前非,都要存点良心,讲究孝敬尊长为是,倘敢再有违犯,一定要重办的。毋违切切,特示。

(宣统元年五月十九日"文告录要"栏目)

李茂林新接各报广告

阅报诸君赐顾者,本埠风雨无阻,外埠原班回件,空函概不奉覆,所售之报列后,天津代派:《北洋官报》《法政学报》,并代售官报局各种书报兼《大公报》《日报》《商报》《民兴报》《中国报》《忠言报》《实报》《时闻报》《中国萃报》《醒华日报》《醒华三日报》《古今画萃报》暨北京《政治官报》《北京日报》《顺天时报》《爱国报》《华制存考》《京话实报》《京都日报》《东三省日报》《新铭画报》《浅说日日新闻画报》《通报》并上海《时报》《时事报》《中外日报》《新闻报》《神州日报》《申报》《图画日报》《民呼日报》及《东方杂志》《国

粹学报》《外交报》《国粹丛编》，以上之报均一代售。天津乡祠南北洋官报代派处李茂林

（宣统元年十一月二十五日—宣统元年十二月初三日"告白"栏目）

推广阅报社之说帖

天津县人王君庆昌前曾备具说帖陈请议事会推广阅报社一节，兹将说帖原稿照录如下：

为推广阅报社，以开民智而益宪政事，窃自上年吴芷洲君，将东西南三处阅报社交由董事会承办后，除南社房间为县尊赞助外，其东西二社归并于东西宣讲所内，取便省费办法，实堪钦佩。惟北马路及河北关上下一带尚无阅报社，拟请贵会议请董事会于河北大街甘露寺宣讲所内仿照前法附设阅报社，以开民智而益宪政，事关地方自治，用恳议事会诸大绅核议，俯允议办，实为公便。肃此，即请公安。

（宣统二年二月二十一日"畿辅近事"栏目）

李茂林新接各报广告

阅报诸君赐顾者，本埠风雨无阻，外埠原班回件，空函概不奉覆，所售之报列后，天津代派：《北洋官报》《法政学报》，并代售官报局各种书报，《教育官报》《大公报》《民兴报》《天津白话报》《醒华日报》《中外日报》《醒华三日报》《天津商报》《中国报》《燕报》《日日新闻报》《时闻报》《北京政治官报》《商务官报》《北京日报》《顺天时报》《帝国日报》《爱国报》《华制存考》《京都日报》《京话实报》《京师画报》《新铭画报》《醒世画报》《浅说日日新闻画报》《东三省日报》《吉长日报》《吉林自治日报》《上海时报》《神州日报》《中外日报》《新闻报》《时事报》《申报》《图画日报》《外交报》《东方杂志》《国粹学报》《神州国光集》《国风报》《汉口中四报》《国粹丛编》，以上之报均一代售（电话三百八十三号）。天津乡祠南北洋官报代派处李茂林

（宣统二年四月初二日"告白"栏目）

函请购阅自治宣讲书

督宪准民政部函开地方自治为宪政之基础,筹办伊始务期民间家喻户晓,方可推行无阻,查由预备之宪公会刊行之城镇乡地方自治宣讲书一种,依据奏定章程阐发义例演成白话极为浅显,以之劝导齐民使皆有自治之知识,殊于宪政前途裨益匪鲜,用特函陈,嗣后遇有自治研究所或宣讲所需购之处即希饬局酌量购取以广大使佈,是所深企等因,已札饬自治总局查照办理矣。

(宣统二年四月十九日"畿辅近事"栏目)

天津宣讲所扩充办法

本埠河东地藏庵宣讲所现出广告自十一月初四日起逢星期一、星期四两日晚间照旧开讲,其余晚间则移在后开四处分所宣讲,星期二,河东奥界马路日新阅报社内,星期三,西头先春园、育德庵小学堂后,星期五,锦衣卫桥火神庙单级模范小学堂内,星期六,广仁堂北小学堂内。

(宣统二年十月二十九日"畿辅近事"栏目)

外　交

天津县唐大令复俄国领事馆函

敬覆者,窃诵专函拟于明日三钟来至敝署观看刑讯情形及监狱押所嘱即暂候。等因。敝县自应拱候,但刑部之事未能常有,明日查无重案应加刑讯,且宾朋往来理应扫径以俟,即使果有刑讯之案,一遇贵客临莅亦当暂停,况国家律例、刑责审讯系属两事,唯命盗重犯实在狡玩者,方许略用重刑拷问,然亦不过如跪练笞责等类,其余皆为非刑例有明禁,此外词讼案件则更不能律用刑责,敝县历任五六邑审理大小讼案不下数千件,皆系恪遵令申,虚衷研鞫,从不轻用刑讯,偶有供情狡展者,亦无非予以掌责戒饬或酌量笞责别无重刑。此次来津,仍守成法,不能时有刑讯之事,至敝县监狱押所因上年改建衙署已在初冬冰凌凝结未能如式修整。昨经敝县禀明各上宪将监狱房屋及押犯公所分别修改。甫于本月二十一日开工,现在尚未修竣,既承函约,惟有暂请观看监狱押所以副盛怀,敝县当在属只候也,泐此覆颂日社。

(光绪二十九年三月二十九日"本省公牍"栏目)

外务部咨北洋大臣准和使照称奥波米补授天津领事公文

为咨行事,接准和国欧署使照称:接奉本国外部文开钦,接奉谕旨天津领事官即着奥波米补授该领事官不日到任,应请转知地方官吏暨海关人员以便照办。等因。除照复外相应咨行贵大臣转饬该关道查照可也。

(光绪二十九年九月初六日"文牍录要"栏目)

津海关道保工局会详工人病殁斐洲
应令公司抚恤运柩请咨商附入原约文并批

为详请事,窃查英属南斐洲招募华人,其《作工章程》第十三条载明,意外丧命给回抚恤银两。而无工人病故应给抚恤专条,缘订约伊始,不过略举大纲,其详细节目,自可随时增入,期于两无窒碍,方足以持平而永守。现查工人张起泰等百十九名病殁斐洲,该公司既不运回,复不给恤。职道等再三争辩,该国保工委员及公司董理始则以条约未载为辞,继则以不能

581

作主推诿,终则以函致斐洲商量。然往返需时,能否有成,尚无把握。又恐不能著为定例,况应招之人不仅直隶一省办理,尤未便两歧。溯自招工以来,未及一载。以本省三万余人核计病故已百十人,应得抚恤、运柩等费二万余元。若将来合数省数十万工人计之,死者或及万千。则此两项费用必增至一二百万元,为数积多,势必吝而不与,故不得不及早妥筹办法,以尽保工之义。且所招华工类皆贫苦,远离故国,原冀博事蓄之资。乃不幸而病殁异乡,致令家属人财两无。所见撰诸情况,殊足矜怜。虽修短不齐,生死有数。然察其致病之由,该公司实不得委为天命者。盖斐洲地居热带,水土既与中国不同。而矿井邃深,风气又与地面迥异。工人受病大都因不服水土及下井受瘴,而二者均为血中中毒,较之皮外受伤罹劫更酷,自可视为效力捐驱,悉与意外丧命一律抚恤,方能折服众心。若谓约章无病故之文,则查合同载打政府招工律例第九款二十六节,有工人或因疾病打政府例,可令公司送伊回国之文,并无指明何病,亦无病故字样,是工人有病即当照例遣回。乃公司于该工人等病时不遣回华,听其病逝。该洲已与招工原例大旨相背,倘谓急遽未遑资遣,即系意外之事,更应按照意外丧命给回抚恤。复查合同载招工律例第十款二十七节及十一款二十八节,倘工人期满返国,或照例遣回,该公司给足水脚使费遣回中国。不肯回者,送官究治,罚款不过十镑。不能缴者,监禁不过三个月。如仍不肯回者,总监察官勒令返回,是工人应回。而不肯回者,例有应得之罪。今工人患病,例应资回。而公司不遣之回者,该公司又当如何受罚?监察官又当如何勒令送回?再查作工章程第三条,合同期满之日,或因别故致令合同作了者,工人须要即回,所有使费,公司支给。今工人不幸而死,岂非合同作了者乎?该公司照章应给使费,将柩运回。若谓约章合同均无运柩回国明文,试问约章合同亦有工人殁后即当埋葬斐洲之语否?总之,工人为公司效力,以致受病,而公司并不照例资回,令其病故斐洲,该公司自应照意外丧命给回抚恤。又工人出洋必须返国,一人有一人回华之水脚使费。公司既藉工人之力而获利,断不能因其已死即省其应得回华脚费以为己利,而不将其柩运回。第运柩与抚恤两层倘能并行,固为尽善。如二者必不可兼,则与其争运柩而回不若争抚恤为上。盖棺柩运回,只能抵出洋之通商口岸,由口岸而转运至工人故里,费实不赀。若竟由公家筹款代运,则库藏支绌,办理似属为难。若仍由各家属自行运葬,则该工人家苟素康断不致为月辛十余元冒险远游。职道等筹画再四,轻重相权,实以争给抚恤,赡其家属较为要著。拟请按照应给回华脚费作为抚恤银两,在公司原系应付之款,实属惠而不费,在工人家属得此养赡,亦可免饥寒之虑。惟事关保工交涉要政,应如何办理,职道等未敢擅专。理合具文详请宪台鉴核,并请转咨外务部与该国使臣商订附条添入原约,以安游魂,而惠穷黎,实为公便。

督宪袁批:据详已悉。仰候咨呈外务部与英国公使商订附条添入原约,以安游魂,而惠穷黎。仍俟外务部示复再行饬遵。此缴。

(光绪三十一年四月二十七日"文牍录要"栏目)

日本公使过津

日本驻京公使内田氏前日由京起程,乘坐晚车到津南段巡警总局,派差遣队并乐队前往老龙头车站迎迓,日使并未下车,直赴塘沽登轮回国。

(光绪三十二年四月二十八日"本省近事"栏目)

调查北省日侨

《北洋日报》云:天津日本总领事馆于西六月底调查在津之日本人计男子九百七十七名,女子六百七十四名;在北京之男子三百四十二名,女子二百四十名;其余在保定府、山海关、塘沽以及宣化、太原等外约合男女三百名云。

(光绪三十二年六月十五日"本省近事"栏目)

函请保护游历法商

驻津法国领事高禄待函至津海关道并送到护照一纸,内开:兹有本国商人布龙由津赴直隶山西各地方游历等情,当有梁观察盖印呈请督宪分谘各省,转饬照约:一体妥为保护。

(光绪三十三年三月初十日"新政纪闻"栏目)

照请秉公核发地价

津海关道日前因奥界购地一事照会驻津奥领事,谓奥界居民以发价不符,请再勘丈应拆房地,秉公核发等因。闻奥领事地已覆请委员来界会勘云。

(光绪三十三年四月二十三日"新政纪闻"栏目)

洋员赴审判厅听审

天津试办裁判以为收回治外法权,自审判厅开办以来,时有洋人到厅投质者,日前又有永裕洋行英人控华商欠债一案,该洋人昨已投质,并由英领事派翻译官翰君来厅听审。

(光绪三十三年四月二十三日"新政纪闻"栏目)

函请保护游历日人

驻津日本国代理领事河西信函致津海关道并送到护照一纸,内开:兹有本国留学生日下清痴由津赴直隶、盛京、蒙古一带游历等情,当由梁观察呈请督宪分咨各处转饬,照约一体妥为保护云。

(光绪三十三年六月二十四日"新政纪闻"栏目)

天津劝学所传单

本月二十六日恭逢皇上万寿圣节,各堂职员率领学生前往学会处祝嘏,望阙行三跪九叩礼毕,宫保学宪率领职员、学生北乡立,军乐队奏国乐,学生三呼万岁(本年酌改办法及应行预备事宜分条附后)。

一、本年学生加多,学会处势不能容,应分两班行礼(班次另有花单)。第一班准六点半钟在学会处齐集行礼。第二班准七点半钟先到中州会馆齐集,听信前往(时限既定,迟则不候,虽遇风雨,亦不更改)。

一、各堂职员或袍褂或行装如素服者,务必换青辫绳,或不前往亦可。

一、各堂学生有奖牌者,一律佩带。

一、各堂总斋长姓名及在堂学生总数共有若干人,务费神预先开一清单,临时交办公处账房(在学会处大门外)。

一、各堂自带职员手版一个,学生手版一个(临时交办公处账房)。

一、凡我同人在路上督率学生行走,请免吸烟、挥扇,以昭庄重(此条亦经旁视人指摘）。

一、各堂在路行走，如两堂相遇，各按大中小半日半夜阶级，不得彼此争竞，以壮观瞻而昭秩序。

一、各堂鼓号留放学会处正门外南首，请各派专人看守，不可携带入棚。

一、棚内幸勿吹哨及喊口号等事，缘从前宫保面谕学宪转饬各学堂一律肃静，不可喧哗。

一、第一次振铃即不可离位出入，第二次振铃即宜肃静无声，预备行礼。

一、行礼时不可两手拍打衣服之浮土。

一、天气太热，如道路较远或学生太幼、身体太弱者前往与否，不妨听便。

一、各堂自带茶壶茶碗。

一、去年十月各堂学生所领点心钱一律报效国民捐，今年仍拟照办。

（光绪三十三年六月二十五日"文告录要"栏目）

函请保护游历英人

驻津英国总领事金璋函致津海关道并送到护照三纸，内开前任领事官福公司总董梁恪思，又福公司副矿施久尔，又福公司库房玛塔卫，均由津赴直隶、河南、山西、湖北游历呈请盖印等情，现已申请督宪分咨外务部及各省转饬所属照约一体妥为保护。

（光绪三十三年七月二十日"新政纪闻"栏目）

函请保护游历德员

驻津德国领事克尼平函致津海关道并送到护照五纸，内开本国都司司德扑尔满随带仆人丁国奇，又守备麦尔，又千总子爵礼德斯尔由津赴东三省地方游历，又井陉矿务办事古伦又本署翻译官马克林随带华仆一名由津赴直隶、山东、山西一带地方游历，呈请盖印等情，现已申请督宪分咨外务部及各省转饬所属一体妥为保护。

（光绪三十三年七月二十日"新政纪闻"栏目）

照请保护游历日人

驻津日本国代理总领事河西信日前函致津海关道并送到护照二纸,内开兹有武官步兵少佐林二辅外赴滦州、昌黎、山海关、永平、抚宁等处游历,又日商绫井干次由津赴山东、直隶、陕西、河南、湖北、蒙古等省游呈请盖印等情,现已申请督宪分咨外务部及各省转饬所属照约一体妥为保护。

(光绪三十三年七月二十二日"新政纪闻"栏目)

照请保护俄人游历

津海关道梁观察日前接准驻津俄国领事珀佩来函,据本国神甫锡门函称带同教民唐姓、范姓、唐姓等三人前往永平府教堂并卢龙县台营、刘家营、建昌营、迁安县、抚宁县等处游历,呈请给护照一张等情,当经据情呈请督宪咨请外务部查照矣。

(光绪三十三年七月二十三日"新政纪闻"栏目)

咨请保护游历德商

驻津德国总领事克尼平日前函致津海关道并送到护照一张,内开兹有本国瑞生洋行西夥高敷曼由津赴东三省一带地方游历等情,当经据情呈请督宪分咨外务部并奉天、吉林、黑龙江巡抚部院转饬所属一体妥为保护矣。

(光绪三十三年七月三十日"新政纪闻"栏目)

咨请保护游历法商

津海关道梁观察日前接准驻津法国领事高禄待来函并送到护照一纸,内开法商陆西亚尼由津赴直隶、河南、山东、山西、湖北等省游历,呈请盖印等情,现已申请督宪分咨外务部及各省督抚转饬所属照约保护矣。

(光绪三十三年八月初五日"新政纪闻"栏目)

咨请保护游历英商

驻津英国总领事金璋函日前函致津海关道并送到护照一纸,内开英商克甘由津赴直隶、河南、山西、湖北等省游历,呈请盖印等情,现已申请督宪分咨外务部及各省督抚转饬妥为保护。

(光绪三十三年八月初五日"新政纪闻"栏目)

日本官商联翩游历

驻津日本代理总领事河西信日前先后函致津海关道,内开日本武官佐佐松外七名由津前赴抚宁县、永平府、捧子镇一带游历,又日商望月元之助由津赴直隶、山西省一带游历,并送到护照呈请盖印等情,现已申请督宪分咨外务部及山西抚部院转饬各属一体照约保护。

(光绪三十三年八月初六日"新政纪闻"栏目)

德国官商联翩游历

津海关道梁观察日前迭准驻津德国代理领事道弥乐先后来函并送到护照三纸,内开本国人石梅子赴直隶、山西地方游历,又,工程局司员温沱浦特授裁判所副审官敖葛亭均由津赴直隶、河南、湖北、四川、安徽、江苏等省游历等情,当经呈请督宪分咨外务部并各省督抚转饬所属妥为保护矣。

(光绪三十三年八月初六日"新政纪闻"栏目)

咨请保护游历德人

驻津德国代理领事道弥乐日前函致津海关道梁观察并送到护照二张,内开:兹有本国守备侯斯满又商人司排翎均由津赴东三省地方游历,呈请盖印等情,现已申请督宪分咨外务部并东三省督抚转饬所属妥为保护。

(光绪三十三年八月初七日"新政纪闻"栏目)

日领事接替有人

驻津日本总领事加藤本四郎君移任奉天,现闻继加藤君之任者为内田兼吉君。一俟加藤君去任有期,即来津接替云。

(光绪三十三年八月二十日"新政纪闻"栏目)

申请保护游历德商

津海关道日前接准驻津德国代理领事道弥乐函送到护照一纸,内开:兹有本国顺威洋行商人德和由津赴直隶、东三省地方游历,又护照一纸内开,兹有秘丽行·东米勒尔由津赴直隶、东三省、哈尔滨地方游历。又护照一纸内开:兹有泰来洋行西夥德罗由津赴直隶、河南、山西、陕西、甘肃兰州地方游历,呈请盖印等情,当经据情申请督宪分咨外务部并各省督抚转饬所属一体妥为保护。

(光绪三十三年九月初八日"新政纪闻"栏目)

申请保护游历人员

津海关道日前接准驻津英国总领事金璋函送到护照一纸,内开:兹有本国教师纪正纲由津赴直隶、河南、山东、山西、陕西、湖北等省游历,又驻津美国总领事若士得函送到护照一纸,内开:兹有美国商人赵习农由津赴保定府游历经过上西河地方。又驻津日本国总领事加藤本四郎送到护照一纸,内开:兹有日商樋口贞藏赴直隶、东三省地方游历,呈请盖印等情,当经据情申请督宪分咨外务部并各省督抚转饬所属一体妥为保护。

(光绪三十三年九月初八日"新政纪闻"栏目)

申请保护游历日商

津海关道日前接准驻津日本国领事加藤本四郎函送到护照一纸,内开:兹有学生清藤幸七郎由津赴直隶、山东、山西、河南、湖北、湖南、江西、安徽等省游历,又商人中田壮太郎由津赴直隶、山西等省游历。又商人樱井幸三郎由津赴直隶、山东、河南等省游历。又准驻津英国总领事金璋函送到护照一张,内开兹有印度人阿立堪赴甘肃省游历。各等情当经先后据情呈请北洋大臣分咨外务部及各省大府转饬所属照约保护矣。

(光绪三十三年九月二十一日"新政纪闻"栏目)

函请保护游历日商

津海关道日前接准驻津日本国总领事加藤本四郎函送到护照一纸,内开:兹有商人菊池荣由津赴直隶、山西省及蒙古地方游历,当经据情呈请督宪转咨外务部及山西巡抚、察哈尔、热河都统转饬所属照约一体妥为保护矣。

(光绪三十三年九月二十二日"新政纪闻"栏目)

德国领事赴晋游历

津海关道日前接准驻津德国领事克尼平函称本领事拟于西本月二十一号即华九月十五日前赴山西省游历,所有本署日行公事,由本署副领事道代理等情,除函覆并函致咨行外,现已据情呈请北洋大臣咨请外务部查照矣。

(光绪三十三年九月三十日"新政纪闻"栏目)

札饬保护游历士商

津海关道日前接准驻津瑞典国代理领事谢乐函送到护照一张,内开:兹有本国教士白庚龄挈眷由烟台到津,拟于明后日由津起程回陕西韩城县地方传教。又准驻津日本国总领事加藤本四郎函送到护照一张,内开:兹有本国商人中山高藏由津赴直隶、山西、河南、陕西、湖北、湖南、江西、安徽、江苏、浙江等省地方游历,各等情当经据情呈请北洋大臣分咨外务部及山西、河南、陕西、湖南、江西、安徽、江苏、浙江、湖北等省转饬所属照约保护矣。

(光绪三十三年九月三十日"新政纪闻"栏目)

东西官商联翩游历

津海关道日前接准驻津日本领事加藤本四郎函送到护照一张,内开:兹有商人大田万吉由津赴直隶、河南两省游历,又准驻津德国领事克尼平先后函送到护照四张,内开:兹有本国商人克雷满由津前赴直隶、山西一带游历,又本国都司库楼由津赴东三省一带地方游历,又本国参谋部医官额贝科,又本国都司恩额尔均由津赴直隶、山东、江苏、安徽、湖北、河南一带地方游历各等情,当经先后据情呈请北洋大臣分咨外务部及河南、山西、东三省、山东、江苏、安徽、湖广等省转饬所属照约保护矣。

(光绪三十三年十月初四日"新政纪闻"栏目)

札饬保护游历士商

津海关道日前接准驻津日本国代理领事山内四郎函送到护照二纸,内开:一系日商泽田伊三郎,一系日商野村增治郎均由津赴直隶、山西、河南、湖北、安徽等省游历等情,当经据情呈请北洋大臣分咨外务部及山西、河南、湖广督抚院转饬所属照约保护矣。

(光绪三十三年十月初九日"新政纪闻"栏目)

日本官商请照游历

津海关道日前接准驻津日本国代理总领事山内四郎函送护照二张,一系日本武官柴田久之辅外六名由津赴直隶、北京等处游历;一系商人长谷川惠次由津赴直隶、山西、陕西、甘肃、青海、蒙古等省一带游历。当即呈请督宪饬属保护。又有日本武官持田米九郎由津赴遵化、平谷、北京一带游历。陆军步兵少佐柚原完藏由津赴山东省德州、济南、青岛地方游历。均先后据情呈请督宪咨请外务部并山东、山西、陕西、甘肃各省,察哈尔、热河都统转饬所属照约一体妥为保护矣。

(光绪三十三年十月二十六日"新政纪闻"栏目)

照请保护游历人员

津海关道日前接准驻津德国总领事克尼平函致送到护照一张,内开滋有本国商人马思满由津赴直隶、山西省地方游历,又准英国领事金璋送到护照三张,内开一系本国医生伊迩文,一系本国商人佛毕斯,一系本国商人施爵尔均由津赴奉天、吉林、黑龙江游历,又准日本国代理领事山内四郎送到护照二张,一系商人中村正造,一系游历员横山孝平均由津赴盛京、吉林、黑龙江及内外蒙古地方地方游历各等情,当经分别据情呈请督宪分咨外务部及山西、东三省、黑龙江各督抚并察哈尔、热河都统转饬照约保护矣。

(光绪三十三年十一月初三日"新政纪闻"栏目)

日本官商联翩游历

津海关道日前接准驻津日领事先后函送到护照五张:一系商人大仓昇由津赴盛京、吉林、黑龙江等省游历;一系游历员二见昇喜知由津赴盛京、吉林、黑龙江、内外蒙古、山西、直隶等处游历;一系本国步兵少尉大内幸二又兵一名由北京至天津游历,一系本国陆军大尉田山富弥外一名由津赴塘沽、芦台、开平等处游历,一系本国陆军大尉小野滕雄外一名由津赴静海县、唐官屯、大城等处游历,当经分别据情呈请督宪分咨外务部及盛京、吉林、黑龙江、内外蒙古、山西等省转饬所属妥为保护矣。

(光绪三十三年十一月初四日"新政纪闻"栏目)

东西士商游历内地

津海关道日前接准驻津日本国代理总领事山内四郎函送到护照一张:内开兹有本国学生加藤壮司由津赴张家口一带地方游历,又准法国领事高禄待函送到护照一张,内开兹有本国商人利威洋行洋东甘思毕拉瑞乐由津前往山西、河南、湖北等处游历,又准德国领事克尼平函送到护照一张,内开兹有本国商人李贝由津赴直隶、河南、湖北、陕西、山西一带地方游历,各等情当经分别据情呈请督宪分咨外务部及河南、陕西、山西、湖广等省转饬照约保护矣。

（光绪三十三年十一月初八日"新政纪闻"栏目）

咨请保护游历英员

　　津海关道日前接准驻津英国总领事金璋函送到护照四纸,内开一系福公司监工赫兰得特瑞、西监察高德韦、书记瑞益斯均由津赴直隶、河南、山西湖北游历。又本国特派来华武员德威施刻已到津,拟赴山东、江苏、浙江、安徽、江西等省游历及考查各地方风制等情,当经先后据情呈请督宪分咨外务部、河南、山西、山东、江苏、浙江、安徽、江西等省转饬所属照约一体妥为保护。

（光绪三十三年十一月初八日"新政纪闻"栏目）

函请保护游历德人

　　津海关道日前接驻津美国总领事若士得函送到护照二张,一系德国人施路满,一系柯德瑞均由天津起程往直隶省各处地方游历。以后再由北京至汉口等情,当经据情呈请督宪分咨外务部及湖广总督、部堂转饬所属照约保护。

（光绪三十三年十一月八日"新政纪闻"栏目）

呈请保护游历日商

　　津海关道蔡观察接准驻津日本国代理总领事山内四郎送到护照一张,内开:前有日商林房之助由津赴山西省一带地方游历,呈请盖印等情,当经据情呈请督宪分咨外务部、山西巡抚查照矣。

（光绪三十三年十一月二十一日"新政纪闻"栏目）

日本商人请照游历

　　津海关道日前接准驻津日本国代理总领事山内四郎送到护照一张,内开:兹有商人佐藤铁治郎由津赴直隶全省地方游历,当即呈请督宪饬属保护及咨行外务部查照矣。

（光绪三十三年十二月十五日"新政纪闻"栏目）

函请保护游历英人

津海关道日前接准驻津英国总领事金璋送到护照二纸，一系英国女教师乌姓由津赴直隶、山东、内蒙古游历，一系英国女教师韩世锜由津赴直隶、山东、河南、山西、陕西、湖北游历，又准送到护照，一纸系福公司魏拨由津赴直隶、河南、山西、湖北游历，已先后据情呈请督宪分咨外务部并山东、陕西、河南、陕西、湖北、内蒙古等省督抚、都统转饬所属照约保护矣。

（光绪三十三年十二月十八日"新政纪闻"栏目）

呈请保护游历印人

津海关道日前接准驻津英国总领事金璋送到护照一张，内开：兹有印度人葛兰海德由津赴直隶、山西、陕西、甘肃游历，当即呈请督宪饬属保护及咨行外务部并各省督抚部院查照矣。

（光绪三十三年十二月十九日"新政纪闻"栏目）

呈请保护游历日商

津海关道日前接准驻津日本国代理总领事山内四郎函送到护照一张，内开：兹有商人毛利吾郎由津赴直隶、山东、山西、河南、内蒙古等处地方游历，当经据情呈请督宪盖印并请分咨外务部暨各该省大府转饬所属照约保护。

（光绪三十三年十二月二十三日"新政纪闻"栏目）

呈请保护游历英人

津海关道日前接准驻津英国总领事金璋函送到护照二张，一系英国人卜策，一系英国教习倪克森均由津赴山西太原府游历，当即呈请督宪分咨外务部并山西巡抚转饬一体保护矣。

（光绪三十四年正月十一日"新政纪闻"栏目）

593

呈请保护游历医生

津海关道日前接准驻津英国总领事金璋函送到护照一张,系有英国医生威乐由津赴直隶、山西游历,当经据情呈请督宪盖印转咨保护等情,现已分咨外务部及山西抚院转饬照约保护。

(光绪三十四年正月十四日"新政纪闻"栏目)

比领事假满回津

津海关道日前接准驻津比国领事狄西业照会内开:照得本领事现已假满回津,十二月十五日业已接印视事,当经据情呈请督宪转咨保护等情,现已咨请外务部查照矣。

(光绪三十四年正月十四日"新政纪闻"栏目)

税司函报出入口米石

津海关道日昨接准新关税务司墨贤理将上年十二月分津秦两关米石出入数目分别开单函送前来,当经照录清折,呈请转咨等情,现奉督宪咨送外务部查照矣。

(光绪三十四年二月初一日"新政纪闻"栏目)

照请保护游历日员

津海关道日前接准驻津日本国代理总领事小(山)内四郎函送到护照一纸,内开:兹有步兵中尉服部兵次郎由津赴直隶蓟州、三河、平谷、怀柔、密云、顺义等处游历,当经据情呈请盖印、转咨查照等情,现奉督宪咨请外务部查照矣。

(光绪三十四年二月初一日"新政纪闻"栏目)

呈请保护游历日商

津海关道接准驻津日本国代理总领事小幡酉吉送到护照一纸，系帮助牙医生伊东丰作由津赴山西省一带地方游历，呈请转咨保护等情，已由督宪分咨外务部、山西巡抚查照矣。

（光绪三十四年四月初五日"新政纪闻"栏目）

呈请保护德国武员

津海关道接准驻津德国领事克尼平函送到护照二纸，一系德国驻北京兵队都司裴特森，一系驻津兵队都司舒威达，均由津赴山西、蒙古一带地方游历，呈请转咨保护等情，已由督宪分咨外务部、山西巡抚、察哈尔热河都统查照矣。

（光绪三十四年四月初五日"新政纪闻"栏目）

呈请保护游历日人

津海关道接准驻津日本国代理总领事小幡酉吉送到护照二纸，一系日商森山元由津赴直隶、山西、陕西、河南、山东等省一带游历，一系日本武官中濑利藏由津赴直隶省一带游历等情，当即呈请督宪饬属保护咨行外务部并各省督抚查照矣。

（光绪三十四年四月十二日"新政纪闻"栏目）

日本官商联翩游历

津海关道日前接准驻津日本国代理总领事小幡酉吉君先后送到护照七纸，一系日本步兵大尉渡边宽外、步兵一等卒福岛新、中国人福全林；一系日本陆军大尉门马武明从者名和邦吉，又中国人李顺均由津赴直隶省一带游历；一系日本商人小川长春由津赴直隶、山东一带游历；一系日本学生平田恒太郎由津赴山东、山西、河南、直隶等省一带游历；一系农业技师笠井善次郎；一系村上茂均由津赴直隶省张家口一带游历；一系日本报馆主笔大和正夫由津赴直隶、山西、东三省一带游历。当即呈请盖印咨行保护等情,现督宪已分咨外务部及各省大府转饬所属妥为保护矣。

(光绪三十四年四月二十日"新政纪闻"栏目)

英国教师医士游历

津海关道接准驻津英国总领事金璋送到护照二十一纸,一系教师古约翰携眷,一系医生罗威灵携眷,一系教师尹慈慕携眷,一系女教师马多识,一系教师史礼门携眷,一系教师宓记励携眷,一系教师宓记励携眷,一系医生雷宝礼,一系女教师白玉玺,一系教师贾振邦携眷,一系教师苏道顺携眷,一系女教师秦教师,一系教师劳海德携眷,一系教师慕化德携眷,一系女教师林素贞,一系教师费约翰携眷,一系教师汤善携眷,一系教师狄吉礼携眷,一系医生施恪德携眷,一系医生梅美德,一系女教师唐逊,一系女教师吉丽,均由津赴直隶、河南、山东、山西、湖北一带游历,呈请督宪保护及盖印等情,现已分咨外务部及各省大府转饬所属一体妥为保护矣。

(光绪三十四年四月二十日"新政纪闻"栏目)

德国兵官请照游历

津海关道日前接准驻津德国署理领事道弥乐函送护照各一纸,一系德国驻津兵队都司古罗由津乘火车赴湖广、四川、贵州、两江一带游历;一系德国驻津兵队都司恩额尔由津赴直隶、山西、蒙古一带地方游历,随带手枪一枝、猎枪二枝,并需用子弹以为防身游猎之用等情,当即呈请督宪饬属保护并咨行外务部并各省大府查照办理矣。

(光绪三十四年四月二十三日"新政纪闻"栏目)

详报驻津领事名单

津海关道现将本年春季驻津各国总、副领事姓名列表具文详报督宪转咨外部备案。兹将名单照录:英国总领事金璋,法国领事高禄待,美国总领事若士得,法国领事道弥乐,日本国总领事小幡酉吉,俄国领事珀佩,英国副领事布辣德,奥国领事贝瑙尔,法国副领事兰必思,义国领事达维拉,德

国副领事道弥乐,比国领事狄西业,美国副领事爱美思,和国领事布润格,
俄国副领事穆流津,瑞典国领事谢乐,日本国副领事井田守三,那威国领事
肃茂。

（光绪三十四年五月十七日"新政纪闻"栏目）

杂　记

赞助游学

天津青年会诸君拟创立游学会,以教育青年男女、赏助有志之士赴西国游学为宗旨,定于本月初九日晚七点钟在法界青年公所议立会章,由会董遍出请帖,想届时会集者必不少也。

（光绪二十九年二月初九日"新闻录要"栏目）

青年会运动章程

天津青年会开第四次运动大会,其章程如下:地界:天津城外西南隅青年会体操场。日期:西十月二十日即中九月初三日礼拜六下午一点钟。名目:一、阻物赛跑;二、掷十二磅铁弹;三、赛跑百码;四、倒行;五、跃高;六、衔鸡子羹匙赛跑;七、跃远;八、拣山药豆赛跑;九、囊中赛跑;十、植竿跃高;十一、接力赛跑;十二、拉绳。

（光绪三十二年八月二十五日"本省近事"栏目）

青年会开会运动

天津普通中学青年会社招集各小学堂于初三日在城西南隅操场举行第四次运动大会,于午后一钟开会,至五钟散会,如跳竿、掷弹、拾蛋、竞走等技均各尽妙,又有军乐。助兴各学生及来宾约数千人。

（光绪三十二年九月初六日"本省近事"栏目）

学界举行运动会

探闻天津初级师范学堂联合官立中学堂于昨日在城西如意庵操场举行运动大会。已于先期遍发知单,通知各学堂各带学生前往比赛。

（光绪三十二年九月十一日"本省近事"栏目）

旅津西人举行秋赛

旅津各国西人于十九日起举行秋季赛马,至今日为止,天津海关及各银行均于三日停办公事半天。

(光绪三十二年九月二十一日"本省近事"栏目)

定期开中国青年会

天津中国青年会社定于本月二十五日晚七句半钟假座英工部局戈登堂举行第十一次大会,延有中外名家莅会演说,并有头等军乐队助兴。惟凡赴会者,必须接有本会之请帖及入座票者,方可入内,否则,恕不接待。

(光绪三十三年三月二十五日"新闻录要"栏目)

青年会开纪念大会

天津青年会志学会社定于三月十四日晚七句半钟假座英国工部局戈登堂举行第十二次纪念大会,请有中西名家到会演说,督署头等军乐队奏凯歌并演照津郡各学堂维新电影,已于先期分布传单,凡官绅学商诸界届时如欲前往参观,务须于初十日起至十三日止前赴法租界中国青年会或城内经司胡同志学会社领取执照,否则不纳。

(光绪三十四年三月十四日"新政纪闻"栏目)

天津县董事会为树艺公司占用民地申津海关道查核文

为据情申请事,案于本年四月初八日准天津县议事会函开,据监生钱金镛说帖声称,为强占民地,栽种树秧有碍耕种,恳请评议,申请关道宪照会海河工程局拔去树秧以保主权而安民产事,窃生在金钟河闸下北岸自置地六亩,有官契、粮票为凭,正要及时耕种,讵料三月十一日忽被海河工程局令树兴公司华人石金堂在生地内之河滩插种树秧数百株,地被强占不能耕种,生辩论再三,乃石金堂倚仗洋人直若无闻,抗不腾地,生理不敌势,实难争论。为此,恳请恩准评议申请关道宪照会海河工程局拔去树秧以保主权而安民产,实为公便等情。当查说帖所称各节与海河工程局占地种树一案,相关应请并案办理等因,四月初九日复据钱金镛具说帖到董事会声述前因。

据此,查树兴公司即树艺公司石金堂即石桂三之弟前据海河四十七村村正副说帖内称,此次占地栽树系树艺公司石桂三等倚托海河工程局势力营私谋利,应否提传追究,恳请代达列宪等语,当于本年四月十三日据情申请宪台查核在案,兹查钱金镛陈诉各节,是该树艺公司不特强占海河裁湾公地并占及民田夺人血产,证以前此筑坝截水妨害民生情形。石桂三等之恃庇妄为,扰乱治安,自非澈底查究实无以保主权而全民产。谨即据情上达恳请宪台知照海河工程局勿任树艺公可倚势扰民,令将海河淤地迅交董事会收管,并将所占钱金镛民地即行退还,至石桂三、石金堂藉势强占民产,应如何传案惩以儆效,尤而顺舆情,敬候钧裁,所有钱金镛民地被树艺公司藉势强占据情代达,恳请饬速退还缘由,相应具文申请宪台查核迅赐施行,实为公便,须至申者。

(宣统元年四月十九日"公牍录要"栏目)

天津县董事会申津海关道查明海河各村
无第二次拔树情事并请饬传石桂三等讯究文

为申覆事,案于本年四月十四日接奉宪台札开,为饬札事,本年四月十二日准海河工程局函称富工程司报称,本局从前在第三段海河旧种树秧万余棵,现又被该处村正副率领居民人等全行拔除净尽,实属目无法纪,定必责令照赔,相应函致即希查照迅为传案核办见复,望速施行,盼切之至等因。准此,查此事前准局函覆办法三条,业经札饬核议在案,乃彼此正在商办之际,民间又有暴动之学,实属嚣张之极,亟应由县查拿,首事严行惩办,以儆效尤,一面仍会同该会将该局前拟办法悉心核议,决定可否具报以凭交涉,除禀报北洋大臣查核并分行外,合行札饬,札到该会即便遵照办理此札等因。奉此,当经派员往第三段废河查看,该处树株系在三月初间海河各村人拔树秧时同时扳倒,所余树茎尚存并无第二次拔情事,询之海河巡警二局,据覆相同。

本月十九日复据海河四十七村代表人范从周、孙鸿宾、周汝珍、杨春泰说帖声称,搆谋栽诬,设计陷害,恳乞分详列宪饬提讯,究以免冤纵而成信谳事,窃于本年二月间海河工程局在旧河栽树堵坝,民不堪命,各节当经禀蒙权,宪谕各村民扒坝拔树,乃拔犹未尽,复奉县尊亲往谕令未拔者勿拔,并饬各村正副协同巡警留意看护,是以遗留之树无人援除,突于本月初间李家楼村正徐绅向各村正等称伊闻乡人云,屡见石桂三所派之看树人夜间伐树,遂即禀报海河二局一区苗区官派警搜查,先后在李家楼看树人绰号撞天李名李成发之胞弟李成德家搜出树株百余棵,当经苗区官将李成德责释,忽于十五日贵会派员赴各村查询,谓海河工程局复控村正等率众伐树等情,猝闻之下始恍然看树人伐之意,实为石桂三使以为诬蔑地步,诡计害人,令人发指。惟有据情恳乞,详请督宪权宪饬县传同石桂三、李成德到案讯究,不难水落石出。为此,联名陈诉恳请迅与施行等因。据此,董事会覆查撞天李之弟李成德偷取树株,经村正报由巡警局查获各情,海河二局一区有案可稽,该代表人所陈石桂三唆使看树人偷树以为诬蔑地步,自系实情,查此次占地栽树系石桂三等凑集资本,设立树艺公司又名树兴公司,倚托海河工程局藉势横行,前此筑坝截水妨害各村民命,并强占钱金铸民地栽树夺人血产,近又纵人拔树,设词朦报诬告各村,似此种种扰民,石桂三实有应得之罪。惟海河工程局既已承认该淤地应由董事会管理,又复为石桂三多方要求虚报第二次拔树,殊不可解,或由海河工程局妄信石桂三一面之词,以致又生枝节,惟有恳请宪台向海河工程局声明石桂三扰民劣迹,饬传到案,严行究惩,以儆效尤而顺舆情,不胜祷盼之至,所有查明海河各村无第二次拔树情事,并石桂三藉势扰民,请传究缘由,相应备文申请宪台查核,敬祈速赐施行,实为公便须至申者。

(宣统元年五月初三日"公牍录要"栏目)

青年会订期开运动会

天津青年会历年开运动大会以资体育,闻该会已择定九月初三日下午两点钟开第七次大会,刻经发布传单知照学界临期入会。

(宣统元年七月二十八日"新政纪闻"栏目)

青年会开会演说

天津经司胡同青年会于十九晚七句钟开特别宣讲会,请自美洲新到第一善歌家亚力山大君演说家查丕门博士等演讲歌唱,并有翻译代达其意,届时前往听演者颇极一时之盛云。

(宣统元年八月二十一日"新政纪闻"栏目)

青年会所之组织

　　天津青年会于本月初九日开会演说关于组织新会所之事,略谓:大凡都会名埠繁华之区,其败坏青年品格诸业日新月盛,若无青年会所备置阅报、谈经、游艺、运动、沐浴各室,时开演说、宣讲、研究、音乐、茶话等会。与之抵制,则迷津莫指,前途尚堪,问乎东西洋各国通都大邑青年会所林立,其规模之广狭,形式之轩轾,捐项之巨细,与本处之文明进化、急公乐善之风有正比例。天津原租旧会所试办数年,就现在情形而论,已不敷用。今春中韩青年会总委办巴君过津,与公董决议,当为本埠青年建一合宜会所,其修筑费可由美国善会代筹购地一节例,皆就地募捐以表同情。近于东马路觅得地基一段,坐落适中,业经订定草约价银三万一千五百两,合之建修期内常年经费应共筹银四万二千八百两重,九日晚刻,本会干事为此开特别演说会,邀请赞成诸公会员、会友宣布如何扩充青年会事宜。拟按定期筹款之法,自本日至十月十一日一月内筹足是款,并声明所举各委办长诸君某某云,当由利和公司总理欧阳旭德观察独力慨捐银二万两,为购地建新会所之用,所缺之款,谅不难指日筹集矣。

(宣统元年九月十三日"新政纪闻"栏目)

青年会劝捐迻言

　　天津青年会日前刊有劝捐迻言云,近年需款之端不一,劝捐之事颇多,学堂宜添设也,需款,新政宜急修也,需款。西省遭旱,南方遭水,并莫不有事于捐款,募捐之举,盖数见不鲜矣。今青年会复不自揣欲,为建新会所,购地筹款不亦赘乎,不亦难乎?而抑知不然,试申其说如下:幸高明采择焉,学堂不可以不立,特造就者有限之青年,而会所陶铸者,则无限之青年也,新政不可以不兴,第号令科条纳民于有形之轨物;而会所之功能则潜消默化,纳民于无形之轨物也。推之己,溺己饥宜关痛痒,或肥或瘠莫比,秦越皆贵,有能解囊慨助者,然民之于仁,甚于水火,内心之陷溺,甚于外身。

605

行不著,习不察放心,不知求舍正路不由之青年,何可胜计,孰无子弟,孰非青年,而忍旁观袖手,任令多数年富力强之国民玩愒,自甘荒业以嬉也,耶况学务、政治皆有专司。津郡次第举办者,为各省冠,而于青年会,所尚未建立一处,揆以新世界、新城镇应有之规模、景象不犹遗一大缺点乎?乐善诸君子,曷留意察之。

或谓青年会之利益,洵彰明较著矣,建新会所固为当务之急,其奈经济困难,银根短绌,何曰此亦市面之现,况尽人料及者也,抑思财之为物,贵用于正,正用虽多于实际,无所亏损,其源不竭,妄用虽少于社会,无所补益;其流宜节,节无益之挥霍,所以为有益之经营,蓄其势,亦惟助有益之经营,可以使无益之挥霍滞,其机语云不患寡而患不均,不患贫而患不安,财用亦何,莫不然。本埠庚子而后。景物全更微。特学堂林立。局所扩张,有一日千里之势也,降格以求,即茶坊、酒肆、妓馆、娼寮无不继长,增高竞多斗靡焉,游其中者,浪掷金钱,贾取病祸,大有流连忘反之致聊,举烟卷一宗言之据。最近确实调查某公司进款均数,日售万元,统数处公司计之,当日有数万元之消耗,其他无益之生涯,有损之嗜好,所费巨款可以类推,然则流俗办公之财力,不见有余循私之财力,实未尝不足,正用之捐输,似乎既竭,吾财妄投之货利,仍系欲罢不能。倘肯化私为公,改妄归正撙节,其需赞成善举,则四万金之地基早能建立,斯十万金之楼阁不致幻空,惟望同志、师友逢人说项,广为吹嘘,将见人之欲善,谁不如我新会所之营造可立竣已。

(宣统元年九月二十九日"新政纪闻"栏目)

天津青年会购地募捐启

敬启者,敝舍忝属教育界一部分,创设本埠已试办十有三年矣,本体育、智育、德育之宗旨以造就青年,庚子以还,首开普通学堂以启迪后学为北洋大高官私立各学堂之预备科,渐此扩充会务,添设阅报处、体操场、游艺所、格致博物各室,并方言夜馆时开演说、宣讲、茶话等会,以期仰副国家开通风气,输入文明之至重,第因办公会所向系租用,非特租价匪轻规模,亦有未备,今春中韩青年会总委办巴乐满君过津,与公董决议,当为本青年会建一合宜会所,其修筑费十万元,允由美国善会代筹购地一节例,皆就地筹款,七月上旬于东马路已购妥地基一段,坐落适中,价值及建修限内所缺经费应共筹四万二千八百金,方可敷用。夫集腋可以成裘,众擎乃见易举,除自月前已经募得捐款外,尚缺万两之谱,不得不仰仗官绅商学各界善士解囊慨助。兹特展限至本月二十五日,冀凡热心公益有意赞成者,勿拘捐数多寡,皆可就本会募捐委办员册内书明,或径函寄城内经司胡同,交志学会社董理处,掣取收条为据,务祈将台衔及住址开清以便登报,且愿造访领教也。

(宣统元年十月十五日"新政纪闻"栏目)

青年会捐款之踊跃

天津商会总理王竹林观察于地方一切公益无不热心赞助,今为青年会购地建新会所之举,与创办房山县高线铁路、转运公司兼理陈梓臣,总经理李子赫(鹤),副总理陈秉璋,总董事吴洁南、魏信臣诸君商定,共助款银三千元,为绅商赞成之先导,又闻邑绅王君益孙助款五百元、卞君酌泉助款三百元,皆为青年会购置地基之用云。

(宣统元年十一月初三日"新政纪闻"栏目)

天津青年会开会公启

谨启者,本会于月之十七十八日两晚均于七句钟在东门迤北马路西新置会所特请美国大博学家罗基君演讲新科学,按罗君自美国耶鲁大学堂毕业后复在美国哈瓦德、英国安得伯布及德国斯盘司克各大学校历练四年之久,现充美国旧金山大哲学宗教之总教员。此次宣讲,定有一番阔论。届时,务希官绅商学界诸君惠临。

(宣统元年十一月十七日"畿辅近事"栏目)

青年会定期开记念会

天津青年会刊有公启云,本会与三月十九日晚刻仍假英租界戈登学堂举行第十四次记念大会。凡欲赴会诸君须先期至东马路领取执照,否则,恐无座号。自本月十六日起至礼拜三即那月之十八日发给执照以后截止。有执照者,本会留座至八点钟,过时即将座位让于他人。青年会董理人谨启

(宣统二年四月初一日"畿辅近事"栏目)

种植园开卖入览票

天津新车站东种植园每届夏间花木繁盛之际，游人络绎不绝，该园因恐有无知粗人任意折损践踏，历年皆出售入览票以示限制，凡往来游者须先在门口买票始可入览，现闻已于初七日起开始卖票，其入览时限及乘船饮茶等章程俱与去年相同并闻今年花木较往年尤盛，且有禽鸟豹鹿等物可助游兴。

（宣统二年四月初十日"畿辅近事"栏目）

青年会订期演说

天津东马路青年会定于本月十六晚八钟开宣统三年第一次演说大会，特请万国改良会丁义华先生讲述檀香山情形并演照该岛各类风景。想届时定有一番热闹也。

（宣统三年二月十五日"畿辅近事"栏目）

附录一

《北洋官报·序一》

大易之义,上下交而志通为泰,反之为否。诚以民与民相积而成国,必有人焉以治之。其积愈众,待治之事愈多,其势亦愈急。而治之者之心必愈劳,其法亦必愈求详而不已。此其相维相系之故,至切极巨。凡所以求其志之交通者,故不可苟焉已也。古者鼗铎之设,刍荛之询,皆欲使下之情毕达于上;而象魏之悬书,月吉之读法,则欲使上之意遍喻于下。后世如书、疏、章、表一切奏议之类,皆所以述下之情也;制、诰、谕、勒一切诏令之类,皆所以明上之意也。然自三代以前,以封建治天下,百里数十里之间,常有君卿大夫士以分治之。一国之情事,上下得以周知,其相通也犹易。自秦以后,易封建以郡县,合数千里或万里而统其治于一人。守宰令长,不得专制。上下之间,已有难以相通之势矣。且上之所以治下者,代有国家之律令勒为成书,臣若民相与遵而守之。承平日久,国家诏诰,率皆依于故事;则遵守者相习相安,而渐以相忘。乃至自簿书期会以外,一若上之意别无待喻于民者。此在安常处顺之时,固亦未觉其弊也。及乎世变,多故一切因时为治之法,非小民所习见,则相与惊异而不安,有告以立法之意者,亦或仍顽固而不信。上下岌岌,势不得已,乃取其尤愚梗者,一切以法绳之;于是上下阂阻之弊暴着而大显,而所谓求其志之交通者,乃愈知其不可一日已矣。泰西报纸之兴,所以广见闻、开风气而通上下,为国家之要务。中外大通以来,中国识时之士,亦稍稍仿西法立报馆矣。然皆私家之报,非官报。官报尝一设于京师,未久而旋罢。夫私家之报,识议宏通,足以觉悟愚蒙者,诚亦不少。独其间不无诡激失中之论,及或陷蛊愚民,使之莫知所守。然则求其所以交通上下之志,使人人知新政新学,为今日立国必不可缓之务,而勿以狃习旧故之见,疑阻上法,固不能无赖于官报也。今设直隶官报,以讲求政治学理,破痼习,浚智识,期于上下通志,渐致富强为宗旨。不取空言危论,首载圣谕广训直解,次上谕,次本省政治,次本省学务,次本省兵事,次近今时务,次农学,次工学,次商学,次兵学,次教案,次交涉,次外省新闻,次各国新闻。事必其切实可行,文必其明显易晓。凡百有位,与我士民,尚其详观而审察之哉。"

《北洋官报·序二》

"太史公曰：物盛则衰，时极而转，一质一文，终始之变也，岂不然哉？岂不然哉！芒芒下土，积民成国，立君立师，纲纪粲着，一人微精一于上，以安兆姓之生，命百而疏附奔走，于下以分惟辟之负荷，是以禹咎飏拜颂，曰元首勋华咨儆，命以股肱。由此观之，芸芸有众皆为一体。外至肤革，织及毛发，瘁泽与共，悲喜攸同，不言可知也。中古亁铎元风渐邈，迄乎暴秦愚乱黔首，承讹袭谬，绵绵朝禩文野成贵贱之差，岩廊"有关山之隔，虽以圣哲之王，忠孝之族，君不得门到户说以亲其民，民无由披肝剖心以见其君，黠者舞之，因缘为奸利，寖远寖离，百病乃生，上有绝阳之络，下有破阴之纽。虢太子不过秦，越人吁其殆矣，运会浡兴员与大通西人之子，车船如卿荐食，思启之谋略，蹋据于户庭，尚同兼爱之学术，渐被乎江海。时局之变，振古未闻。夫其上下合德之美，言行相顾之实，盈科返约之学，猛鸷疆忍、无所于屈之风。即起我二千年前，春秋战国，秀异绝特，岂况容容簪绂，婉婉襟裾，大夫寡过，而未能苍生救死而不瞻策。积弱之众御方刚之敌，若咳婴与乌获交绥，不其慎乎！通使以来，凡彼中名物器械之效应昭显者，师法取则惟恐不似，倾资巨万，荏苒岁年。虽观听有耀而因仍效绩，无亦堂陛草莽之交，行谊有未孚手足腹心之恩，报礼有未称款此。深识前虑之士，呼号闵叹，而当代大贤所为，汲汲不皇，终食者也，泱泱群雄，天浑交泰舆诵。觇国报章，斯亟可谓沦智之针石，通诚之驿骑。甄其品类，洪织匪一文博理辨，厘然各当。官司报告，陈义最高，思齐之指盲宜。窃比夫防民之口甚于防川，自非谬戾不至禁绝，居今之世，弛苛禁宽，文纲莫扪朕舌，纵其所如，犹未足以见君民一德之盛，知微之子望治之，氓乃尤斤斤于宫府謇笑之间，鼎铉密勿之地。见一政令之昭晰，则莞尔而喜，以为君王与我亲也。闻一事理之隐秘则蹙焉不怡，以为有司待我薄也。眇眇群伦，怀忠抱爱奚可深闭，固拂天下之望乎！宫保项城哀公愸(ni)然轸之，远则欧美之轨范，俯顺明黎之歌诵。奏设《北洋官报》于天津，将以翌赞涣汗，禔福畿疆（指王畿和九畿的疆界）甚盛事也。

如丝如纶，令甲令乙，条举件系，昭若发蒙，此邦长吏及我士民，咸使闻知，以备观览。若夫搜军劝学，贡粟通工，并为宏大之端，不厌再三之渎。至于基督摩西等诸道释，何所不容孔孟之训戒！前事后帅，孟谈之名言。

缨冠涕泣,匪可缄默。他日北方之学者,人奋龙惊,户闻纨诵,心通家国之故,熟知彼我之情,博采见闻附庸,谲谏私家箸馔,相辅并行,如两翼之鸟一螯冲天,双轮之车千里坐致于焉。宣上德、抒下情,吏治蒸蒸百姓,又安君、臣、民之间拨云雾而见青天,若父老子弟坐于一堂,以共谋其室家焉。如此而人犹有能侮夺我、蹴踏我者乎? 吾不信也。

《北洋官报·序三》

昔汉司马迁氏之作史记也，尝慨百家之言，其文不雅驯，至于荐绅先生难言之。迄于今日，书缺有闲，所谓百家之言，类皆散佚沉湮，莫传片义，顾以臆测。其云不雅训者，要必诡激示异，瞢于典实，无由别昭昧而定一尊，荐绅难言之，世俗必乐称之，固知卮言日出不得谓非古今，世纪中之大惑也。泰西报章之设，自近代始繁。所以流通公论，详著近闻，其效至宏，其例至绩。入国观政，略具于斯。报馆多者，若英、若美、若法、若俄、若日，其都鄙乡邑之闲，星骈棊列，出报积数万种，售报计数千万纸，其为烦衍，当不下于古百家之言。然论其为体亦有旨要，凡所胪列，必当事情而纪载，之间尤昭戒慎，故自议院问答之词，政府刊示之件，登诸报册，务尽其词，自余必愍算深谋有关至计者，亦率深闭固拒，而不欲有所表襮。其余举措之得失，意见之歧异，就事论定词约旨婉，而无所容其诋諆，既以防觇国之微，亦以恩本朝之谊，内其国而外诸夏，有圣人作宜在所取者矣。我国自乙未以来，二三时流创念大局，始多仿西法刊报以行于国中者，初轫于通商海壖，渐散列于内地，其宗旨虽纯驳不一，而发为议论，参以事实，往往有资于当世。故近日言华文报者尚焉要而论之，其于扫旧文，去积习，未必无摧廓之功也。独惜其习于纵横家言，好为跅弛奔放之词，语气抑扬，惟恐不溢，其量又往往偏重，使人以意气相高。新旧之际，党派纷竞，门户显分，识者谓民德之不和，其患甚于民智之不开，未尝不引为世道人心之深虑也。且报之为具西国学者称之为现世史，时至今日，外患迭乘至乃扬挖失当，传闻互歧，所托已荒讵关史义，天下事理之应实亦何常之有以民族地望之不同，则所呈之效亦异昔者。梭伦以诗歌感动全国，而雅典终收复地之功，阿桂两度以戏曲鼓舞战友，而斐律宾亦有自治之望，明哲用心或将以是为则，徒以风俗未齐，国势迥异，文字语言之细而祸患乃至。隐中于国家宜亦非始故之所及料者也矣。近人鉴报章诸失至议参考欧美各国报律，酌定专条，奏请颁行，而揆诸情事，牵制比多，欲剂其平。莫若官自为报，周官调人掌调和万民，其义固通于后世也，官报为例，略区部分篇首恭载圣谕广训直解，则远法春秋王周正月之文，次以敬录上谕并本省政治学务军政则兼取古人载在京都之义，时务教案交涉诸类。旁采中外新闻则史氏掌书中失瞽师职诏美恶之旨也。农工之事，兵商之学，则墨家出于清庙，畴人散在四陲之微也,记曰命太师陈诗以观民风,命市纳贾以观民之好恶,考古之证,此其权舆,至议报选报二者亦专重节取而不事条驳,其涉于危言耸论,或譬诸郢书燕说,概屏弗录,懔小辩破道之嫌去文字相倾之习,此物此志勿□北驰而已,嗟乎！沧海横流,龙蛇起陆,风云倏忽,来日大艰,物竞天择,近之徒嗾于名言尊王庇民远之深惭乎,曩哲国家惩前毖后咸与维新,官报之设亦不过新政之略一见端而。陆宣公有云感人以言所得已浅言不善,其谁从焉？区区官报,愿与吾直省官民勖之,或亦辅世长民之君子所不忍遽加摈斥者款！

《北洋官报·序四》

昔孔子取十五国之诗而录之为风。风之为义也,起于独始,而具有相感之理,故曰挠万物者莫疾乎风。又曰君子之德风,小人之德草,草上之风必偃,美哉！风乎。自上而流下其殆有不期然而然者乎。直隶自曾文正、李文忠相继而为政也,已云取西人之长补中国之短。此新学之风之所由肇始者乎。此数十年中出洋之学生、延聘之教习、创设之各公司、各学堂、各制造厂,其经营殆不遗余力也。乃或有其作之无其应之,有其始之无其成之。以两公之

磊磊然,疲精竭虑数十年,治不加进而变故迭生者何也,创之之难固与因之者异也。况乎吏仍于苟且之治而奉行不力,士弊于无用之学而研究无人,岂惟不信而从之。方群惊且骇目为大怪,而号为不祥。当其时矫然以新学倡率者,大抵如郭筠仙薛叔耘数君,孑然而士林姗笑之声、唾骂之口至今犹在人耳,其阻遏之力可知矣。今夫力不屈则不伸,智不困则不悟,心不耻则不奋,气不激则不雄,祸患迭乘士论亦异。世之言新政者,又复为议者之的,而引而射者群相集焉。然以较郭筠仙薛淑耘之世,其知识固已大进矣。举一世之哮者嗷者号者,一倡之百和之,所谓吹万不同者。是耶非耶子？子产有云:其所善者吾则从之,其所否者吾则改之,是吾师也后起救时之彦、媚学学之俦。庶几曾文正、李文忠之风而勃然兴起乎,虽然吾惧其托诸空言而不适于实用也；吾惧其有愤时嫉俗之气而无忠君爱国之实也；吾惧其好为新奇可喜之论而无下学之功、格致之效也。今者学堂之高等科,课吏馆之前列,其甚辩而有口者,岂乏人哉？然而学之术多端课之程不一,其有待于时论需于研极者,非一朝一夕之事,又难于人论而户说者也。是以于学堂课吏馆而外,设官报以辅之,所以开风气益见闻也云尔。

附录二

《北洋官报》一百册缀言

　　《北洋官报》发行之翌年,闰月出版之数达于百册,中更岁除,盖茌苒二百日有奇。于报章之成立,则有其祝典;于世事之迁变,则有其纪念。虽欲不言,乌可以不言？天下建一议立一事,必始有宗旨,中有实力,而后终有效果。然而宗旨有显晦,则实力有大小,效果有迟速,往往同一宗旨,而所处之地,所际之时,所与共事之人不同,则其组织之现状即不能无异。报章亦然。彼夫抽毫、吐思、纪事、篹言,件系部居斐如棨如是,报之形式也。有物焉,匪神匪奇,据于灵台,终食不达,万变不离是,报之精神也。有精神,则谓之有宗旨。宗旨定矣,发表文章抒其怀抱,根干贞固,枝叶繁荣。论断机要,则洞幽入神;掊击回邪,则诛心鉥肾。所畏不能默,所爱不能私,则谓之有实力。实力充满,感而遂通,人手一纸,动数十万,全国之士夫氓庶,待其闻见为智识。政府之内治外交,仰其趋向为权衡,拿皇畏如四千火枪,英懦称为第四种族。则谓之有效果报章而至于如此,其庶几功德圆满,克尽天职矣乎！吾念及此,吾内愧。吾念吾中国之报,吾念吾所从事之《北洋官报》。

　　中国他报不具论,若《北洋官报》而犹欲哓哓然,表襮于报界,其亦不可以已乎。虽然固有其宗旨焉,其辞甚约,而其心甚长也。其貌若忘,而其志则苦也,其取义也晦,晦故藏,藏故不动,若百虫之蛰于穴。其为物也稚,稚故弱,弱故不完备。若万卉之萌于苞。晦焉者,运会主之,非吾力所能及。若夫稚弱不完备之方面,进而改良扩张之,虽有阻阂,不敢不勉。

　　吾观日本官报,皆官司往来文书,不载他事。胥史舞文,旷日之弊空焉。欧美列国,制度不一,有纯载官事如日本者,有论议国是与全国报界上下其唇吻者。相其国度之所,宜用选择而取法,是在因时变通之君子。

　　抑斯报而为私立,则可惜也。以官名则可喜也。官报而见于欧美,则为辽豕;见于吾国,则为前鱼。十年以前,官与报之两名词,殆渺不相属也。渐而吸引焉,渐而合并焉。循进化之轨,日异月新,他日必有魁士鸿哲。朝登台鼎之座,夕握主记之笔,退持舆论之枢纽,进操国际之铨衡者,皆将记取官报成立之日,以为二大政党联约合盟之大纪念焉,未可知也。书之以为未来之希望,且以自勖,兼为吾国民勖。

附 录 三

《北洋官报》第一千册纪念辞

国于二十世纪地球之上将欲恢张骏业，巩固皇图，兼独立之旗，树自强之帜，自非组织宪政、陶铸国民不足以启文明而资进化。报纸者，固组织宪政之机关、陶铸国民之利器也。中国报界萌芽于十九世纪之中，发达于二十世纪之始，然其时官办之报，尚付阙如。近年来，朝廷锐意更新，痛除锢弊，凡一切练兵、兴学、通商、惠公诸要政，无不次第举行，风气为之一变。项城宫保敷幽皇猷，奉宣德化知政体固不容不立，民智尤不可不开，于是，首以兹事为请，设局北洋，而中国官报之名即权舆于此。今当新政酿成之日，正本报一千册出版之期，概自壬寅以迄丙午已四阅年于兹矣，其间斟酌损益，初由间日报而改为日报，继则增学报，以辅教科，编官话报以资宣讲，体例日求完备，规模逐渐扩充，此固本报于开办之处所希望不及者也。夫报界之发达与国力之膨胀、民族之文明，互为消息，方今中国官报虽尚在幼稚时代，然自本报创办以来，为时不过四年，为数不过千册，而各省闻风响应，若南洋，若山东，若豫皖，若川楚，若闽粤秦晋诸省，无不效仿成规，接踵并起。是本报一千册出版之日亦即中国官报成立之期，则继此以往文明益进，风气益开。上以辅冀国家，下以改良社会，务使朝廷立宪之政体日以完全，国民自治之精神日益增长。起贫弱而进富强，轶汉唐而驾欧美，安见我中国文明之化不可灌溉全球哉，则斯图之出，不但为本报今日之纪年，抑亦中国前途之一大纪念也。

附 录 四

《北洋官报》丁未正月六日发刊词

西哲有言:"国家文化之消长,国民程度之高下,恒视其国报纸之多寡。"以为比例差,故十九世纪泰西智巧之竞争,得力于报纸者居其多数无他。报纸组织愈多,则其鼓吹文明输沦智识效力愈大,而国势为之膨胀,民智为之开通,有不期然而然者,然则谓报纸为文明之利器非虚语也。方今东西各国官报与商报并重,《日本官报》握政府之机关。一国之法律、政治,胥于是乎宣布,不啻象魏之悬书,中枢之政要寓焉,国民之观听萃也,故其程度极高、价值极重,不特足以扩见闻,并可资政治之研究,增法律之练习,以养国民自治之能力,以表国家立宪之精神,关系顾不重乎? 我中国之有官报,自本局始,数稔以来,行销渐广。今则朝政维新,植自治之萌芽,树立宪之基础,报界躬逢其盛,尤当实事求是,藉以鼓吹文明,输沦智识。爰及本年出报为始,益求详备,用资考查,并于附录之内纂辑各种新学,轮流发刊(记者自纂《中外通商源流考》一书不日脱稿),总期有裨实用,用以副阅者之雅意,若夫编纂之宗旨其最要者有三,请详陈之:

一曰发明法政。法律、政治者,国家之精神,即国民全体之精神,利害实有相关之势。西人言:"人民有五分之程度,国家定七分之法制。"勉而行之,功效斯着,若以五分程度之人民而行十分完备之法典,则未有不立见颠踬者。法政之与人民之关系之密切如是,是则国民全体不可无政治思想,不可无法律知识也明矣,然而因材而教之则,职司教育者之责;迎机而导之,以助教育之普及,则主持报务者之责。本报爰于紧要奏议、文牍及一切法律章程博采旁搜,详加甄录,其有言近指远,而非一般普通人民所能晓然于其意者,则纂为言论,触类而引伸之,以符宣德达情之恉。

一曰鼓吹学说。言论者,事实之母,是非利害,大有影响于国家,而对于社会之文明尤居原动力之地位,是故有梭格拉底(苏格拉底)、伯(柏)拉图之学说,洗伐国民之骨髓,而后启希腊之文明,有陆(卢)克边沁之学说印入国民之脑筋,而后成英国之郅治。今我国民智识尚处幼稚时代,苟欲以文明之理想灌输于社会之中,尤非发明学说吸收文化不为功。本报所以有科学丛录之辑也，不宁惟是东西各国富强新法，层出不穷，人皆警其成功之大而不知其造端之始，皆由格致中无意之研究。彼那端因坠苹而悟吸力，革利底因因悬灯而悟钟摆，贾法尼因田鸡而悟交感之电，吴斯德因沸水而悟蒸汽之机，其已事也。本报爰本保存国粹，输入欧化主义。凡一切科学均于附录中详加搜讨，用资研究之助。

一曰注重实业。斯宾塞而有言："人群不外两种，曰殖产之群，曰尚武之群。"谅哉言乎，时至今日，强权风潮震荡大地，铁血主义发为国魂，论者遂偏重于政治竞争，不知二十世纪已由政治竞争之时代进为经济竞争之时代。非殖产主义开辟实业之利源，发达国民之经济，何以立于交通之世界，况中国自互市以来输入恒溢于输出，彼以我之原料，归为制成物品，仍以售诸我国，循环往复，获利无穷，而我之精华几尽。言念及此真芒刺之在背也。所幸者中原地处温带，土脉沃饶，佣值廉，物产富，海绵长，计学家以土地资本劳力为生力之三要素，而我独擅其二，天府之雄国，陆海之陕区，不是过也，诚能运以实心实力，造就讵可限量。本报爰于农工商一切新法，吸取欧美之文明，以为我国民介绍焉。

以上三者之中，其最重要者尤在宪政，恭读上年七月十三日立宪上谕饬各省将军督抚晓谕士庶人等，发慎为学，期各明君臣爱国之意，合群进化之理等，因大哉皇言洵握图治之本矣，夫以学理而论，必种尊君爱国之美，因乃收合群进化之良果，古今中外殆无异理，奥国宪法第一条，皇帝神圣不可侵，义（意）国宪法第四条国王神圣不可犯。宪政之精神在此，即国民之精神在此。政体不重乎，此不能成立宪完全之政体，国民不知乎，此不足为立宪资格之国民。窃愿我报界中人，谨守此义，互相提倡互相磋磨，使国民之与国家互相维系之原理注入人人之脑中，庶几仰副朝廷图治之盛心下为国民进化之助力。

附 录 五

《北洋学报·发刊辞》

自有契书以来,经史之粹言、诸子百家之宏旨,垂竹帛而削汗青者,不知其几千万也。自有互市以来,旁行斜上之文字伊吕波之纪载,随欧亚之风云以贡献于吾学界者,又不知其几千万也。生古人之后,居竞争之场,虽穷目力绞脑浆,皓首殚精,曾不能尽其万一,奚以报为?曰是不然。天地之道,一纵一横,纵迈千古,横亘八瀛。书居其纵,报居其横。四库之所收,各国图书馆之所录,直欲上求结绳下测倚杆,然时代所限,知识所阖,只有过去并无现在。若夫一新理之发明,一奇异之创造,如劳脱根之射光、火星之人迹,书所未及载者,报已得而概之,其异一也。又书之为用,具有体裁,不相杂厕,道苟舛驳,通人斯讥,譬诸车服礼器灿然具陈,庄而非谐,雅而非俊,报则百物光怪,人工精英,五都珍奇,万花锦绣,目眩心骇,能移人情,其异二也。况乎书也者,刊板既竣,未遑赓续,俯仰之间,已成刍狗。报则前轨方遒,来轸踵至,博士新论,技师片场,朝腾于欧,夕手于亚,日计不足,霹诸一狐之腋,月计有余乃如群蜂之蜜,其异三也。加以巨帙,粗于牛腰,牙签纷其束笋,少有暇日,读不终篇,饮河已饱,望洋旋叹,报则寥寥短章已具众美,计日授课,如程氏分年之程,涉目成趣,无魏文思卧之倦,其异四也。是以彼都人士古今兼营,藏书之楼,阅报之社,遍地林立,从无偏废,何则积轻而易举,值贱而易购取,携便而利赖宏也。今夫人自壮年以往,回思孩提之岁,一颦一笑、一举一动,靡不可嗤。中国今日百具幼稚,学术尤甚。吾知自今以后,萌芽苗长,日新无疆。未几丱兮,突而弁兮,以视吾今日所急,讥表暴以为新奇可喜者,将且笑存之,以为童心之未化也。则是报也以之覆瓿可也,以之代薪,亦可也,又何学之足云。

客有问者曰:"报与书之异同,既得而闻命矣。若夫以文学、质学标题。"亦有说乎曰:"人之初,生无极。太极自内界之激刺,生外界之感触。"朕兆豁呈,群治递衍,交互错综,乃有对待,就此对待从而厘此焉、排列焉。一因一果,一动一静,调和折中,万化已成,此其公例。无古无今,无中无西,莫不皆然。请言泰西,泰西学术自希腊全盛,至文治复古,为二大枢纽。

由前言之,则苏格拉底、柏拉图、亚里士多德,其代表也。由后言之,则培根、笛卡尔、康德,其巨擘也。苏氏之学,有客观主观之别;柏氏之学,有综合分析之概,此自为对待者也。后人以苏氏为唯心派、柏氏为唯物派,则又互为。互为其对待亚氏集二氏之大成,其论学也,分演绎归纳亦不能无对待也。其后若培氏之勿观心观,笛氏之意识智识,犹之苏柏也。后人以培为实验,笛为推理,亦由之苏柏也,而康氏实两得之。康氏之论学不常分立,言制行为二纲乎,则亦亚氏之意也。于吾国,孔子之学,集群圣之成,立人道之极,可谓完全而无缺矣,而其后乃复分为汉宋二家,汉儒详训诂,宋儒言性理,此其大较也。然而伏董之学不同于马郑朱程之学,亦异于陆王一主积极一主消极也。子贡之论道也,贤者识大,不贤者识小。孟子之论性也,仁内而义外。大小也,内外也,其诸吾所谓对待者乎! 由是观之,旷览古今纵论中西,道出一途,理无二致。文胜质则史,质胜文则野,文质彬彬,然后君子。大哉! 圣言盖包,举古今中西一炉而冶之矣,抑又闻之天演之理,由文而质,历观史传,大抵皆精神上之发达宏,而后事业上之设施大。彼震于欧西之文明者,莫不警其物质之竞进,而不知皆自硕学钜儒探赜索隐而来,非一二机师技长所能专美者也。然则先后缓急之份,亦学者所当熟思而神处之矣。

附录六

《北洋学报·总叙》

《北洋官报》既印,行之明年,帙及二百,思所以恢扩精进、补助于邦之人者,考询涉时,众议毕谐。乃决于方春之元,增辑学报为纲二,曰质曰文,为目二十。有奇通愚纳新,用馈来学。于是承事者进而言曰:'位于积弱之下,丁乎群雄之会,号为忧世识时务者,曰唱可警怖之言,谩骂之辞早夜聒于其群。若是者,今代才士之何与也?'此无论其说之未甚,平理之未甚,当平矣。当矣知其将死,而卒不能生之,何贵喋喋为达者之论事也!不必尤悔其既往,而务黾勉于方来。不作无益之愁叹,而争有形之切磋,故其抒一论、建一议,非苟为口舌博辨以耸饰,凡近将使国之人用吾言循涂述以往,愚必明,柔必强,人人可自树立。如是则言者不虚发,闻者不虚听,而枝辞奢义庶乎免矣。学报之谓所以惩空,言之无足存,而进以质,实明示轨辙也。盖常思之,古之为学约今之为学,赜古之为学,将以利德业,优游渐泽以待其熟,而常有翛然自得之乐;今之为学,将以救灭亡,急起直追,并力而营,若旅客戴星而行于广漠之野,皇皇乎惟虎狼盗贼是惧。夫所业繁则畏难之心生,责效急则时患不及事。而世势之迫促,诡变又恒足,使学人中道隳弃。故壮岁以往,不复能率黉塾之命,令人事牵役之。既久开卷而读,或不能终篇,学报之为用匪直!后生小儒,披道有序,即腐心瘁神劳苦之士庶司百职烦剧之地,必不能尽日无暇。及是时手一编,而观之为幅隘,则易读而不厌为类,错则心目屡接异境而不疲,更历岁月百科之崖略,咸可以窥见。大凡常识,既具择所笃嗜者,而精焉其诸异乎,警怖其辞,而嫚(谩)骂人者款嗟乎,立国于今之世,未有其民无特异之质、独至之行,而足以上人者也,即未有不荡涤其陋,不增益其美,而长此幸免者也,吾起视吾民,其去高尚至善之程何远乎!毋亦敛其气、潜其力、厚积所恃,以叙俟其功之为愈矣。缀述咫闻,日就月将,挹精而遗粗,证往以知来,理立于至当,说求其最新,责望所属,不敢不勉,鸿骏君子,倘无讥焉。